9급 국가직·지방직·고졸 채용을 위한 **기술직 공무원** 합격 완벽 대비서

기계일반

TECH BIBLE

시대에듀

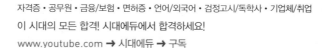

머리말

이 책은

공무원을 준비하는 수험생이 시험 전 반드시 알아두어야 할 이론과 국가직·지방직 기출문제의 해설을 수록함으로써 이 한 권으로 기계일반 과목의 출제 경향을 파악할 수 있게 집필하였습니다.

기계일반에서

가장 많이 출제되는 과목 순으로 정리하면 기계재료, 기계요소설계, 기계공작법, 소성가공, 공유압, 용접, 연소, 주조, 기계제도, 측정, 자동차, 기구, 안전 및 품질관리 등 많은 이론에서 출제되기 때문에 폭넓게 지식을 습득해야 합니다.

따라서

자신만의 합격 전략이 필요하며 암기노트를 작성해서 매일매일 관련 이론들을 숙지하고 있는지 파악할 필요가 있습니다. 저자 역시 공무원 시험을 준비하면서 마인드맵 방식으로 암기노트를 만든 후 매일 이 암기노트의 숙지 여부를 체크한 점이 합격에 큰 도움이 되었습니다.

"나는 대한민국 공무원으로서 헌법과 법령을 준수하고 국가를 수호하며, 국민에 대한 봉사자로서의 임무를 성실히 수행할 것을 엄숙히 선서합니다."라는 공무원 선서문을 낭독하기 위해 오늘도 학원이나 도서관에서 열심히 공부하고 있을 많은 수험생들이 합격이라는 관문을 무사히 넘을 수 있기를 진심으로 기원합니다.

편저자 홍순규

시험안내

기술직 공무원의 업무

기계, 전기, 화공, 농업, 토목, 건축, 전산 등 각 분야에 대한 전문적이고 기술적인 업무를 수행

응시자격

● 응시연령 : 18세 이상(2007.12.31. 이전 출생자)

　※ 단, 교정 및 보호직렬은 20세 이상(2005.12.31. 이전 출생자)

● 학력 및 경력 : 제한 없음

국가공무원법 제33조, 지방공무원법 제31조(결격사유)

• 피성년후견인
• 파산선고를 받고 복권되지 아니한 자
• 금고 이상의 실형을 선고받고 그 집행이 끝나거나(집행이 끝난 것으로 보는 경우를 포함) 집행이 면제된 날부터 5년
  이 지나지 아니한 자
• 금고 이상의 형의 집행유예를 선고받고 그 유예기간이 끝난 날부터 2년이 지나지 아니한 자
• 금고 이상의 형의 선고유예를 선고받고 그 선고유예 기간 중에 있는 자
• 법원의 판결 또는 다른 법률에 따라 자격이 상실되거나 정지된 자
• 공무원으로 재직기간 중 직무와 관련하여 형법 제355조(횡령, 배임) 및 제356조(업무상의 횡령과 배임)에 규정된 죄
  를 범한 사람으로서 300만원 이상의 벌금형을 선고받고 그 형이 확정된 후 2년이 지나지 아니한 자
• 형법 제303조 또는 성폭력범죄의 처벌 등에 관한 특례법 제10조에 규정된 죄를 범한 사람으로서 300만원 이상의 벌
  금형을 선고받고 그 형이 확정된 후 2년이 지나지 아니한 사람(2019.4.16. 이전에 발생한 행위에 적용)
• 성폭력범죄의 처벌 등에 관한 특례법 제2조에 따른 성폭력범죄를 범한 사람으로서 100만원 이상의 벌금형을 선고받
  고 그 형이 확정된 후 3년이 지나지 아니한 사람(2019.4.17. 이후에 발생한 행위에 적용)
• 미성년자에 대하여 성폭력범죄의 처벌 등에 관한 특례법 제2조에 따른 성폭력범죄 또는 아동 · 청소년의 성보호에 관
  한 법률 제2조제2호에 따른 아동 · 청소년대상 성범죄를 범한 사람으로서 다음의 어느 하나에 해당하는 날부터 20년
  이 지나지 아니한 사람
  – 금고 이상의 실형을 선고받고 그 집행이 끝나거나(집행이 끝난 것으로 보는 경우를 포함) 집행이 면제된 날
  – 금고 이상의 형의 집행유예를 선고받고 그 집행유예가 확정된 날
  – 벌금 이하의 형을 선고받고 그 형이 확정된 날
  – 치료감호를 선고받고 그 집행이 끝나거나 집행이 면제된 날
  – 징계로 파면처분 또는 해임처분을 받은 날
• 정보통신망 이용촉진 및 정보보호 등에 관한 법률 제74조제1항제2호 및 제3호에 규정된 죄를 범한 사람으로서 100만원
  이상의 벌금형을 선고받고 그 형이 확정된 후 3년이 지나지 아니한 사람(2022.12.27. 이후에 발생한 행위에 적용)
• 스토킹범죄의 처벌 등에 관한 법률 제2조제2호에 따른 스토킹범죄를 범한 사람으로서 100만원 이상의 벌금형을 선
  고받고 그 형이 확정된 후 3년이 지나지 아니한 사람(2022.12.27. 이후에 발생한 행위에 적용)
• 징계로 파면처분을 받은 때부터 5년이 지나지 아니한 자
• 징계로 해임처분을 받은 때부터 3년이 지나지 아니한 자

- 지역별 구분모집의 거주기간 제한 및 임용 안내
  - 지역별 구분모집은 2025.1.1.을 포함하여 연속 3개월 이상 해당 지역에 주민등록이 되어 있어야 응시 가능(다만, 서울·인천·경기지역은 주민등록지와 관계없이 누구나 응시)
  - 행정직 지역별 구분모집 합격자는 해당 지역에 소재한 각 중앙행정기관의 소속기관에 임용
  - 지역별 구분모집 응시자격 확인은 필기시험 합격자를 대상으로 실시

시험일정

원서접수	필기시험	가산점 등록	필기시험 합격자 발표	면접시험	면접시험 합격자 발표
2.3~2.7	4.5	4.5~4.7	5.9	5.28~6.2	6.20

시험요강

- 시험과목 : 국어, 영어, 한국사, 기계일반, 기계설계
- 시험방법 : 제1·2차시험(병합실시) → 선택형 필기, 제3차시험 → 면접
- 시험시간 : 10:00~11:50(110분, 국어·영어 각 5분씩 연장) / 장애인 : 10:00~13:10(190분)
  ※ 2025년 시행되는 9급 공채시험부터 국어·영어 과목의 출제 기조가 지식암기 위주에서 현장직무 중심으로 전환되는 데 따른 것임

가산점

가산점 적용대상자 및 가산점 비율표		
구 분	가산비율	비 고
취업지원대상자	과목별 만점의 10% 또는 5%	• 취업지원대상자 가점과 의사상자 등 가점은 1개만 적용
의사상자 등	과목별 만점의 5% 또는 3%	• 취업지원대상자/의사상자 등 가점과 자격증 가산점은 각각 적용
직렬별 가산대상 자격증 소지자	과목별 만점의 3~5% (1개의 자격증만 인정)	• 기술사, 기능장, 기사, 산업기사 : 5% / 기능사 : 3%

※ 세부 사항은 변경될 수 있으니 원서접수 홈페이지를 확인하시기 바랍니다.
※ 폐지된 자격증으로서 국가기술자격법령 등에 따라 그 자격이 계속 인정되는 자격증은 가산대상 자격으로 인정됨

구성 및 특징

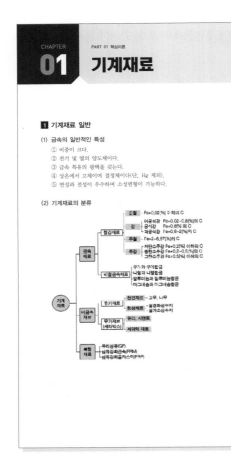

01

핵심이론

필수적으로 학습해야 하는 중요한 이론들을 한눈에 이해할 수 있도록 각 단원별로 체계적으로 정리하여 수록하였습니다. 시험에 꼭 나오는 이론을 중심으로 효과적으로 공부하십시오.

02

필수확인문제

시험 출제경향을 완벽하게 분석하여 핵심이론당 필수적으로 풀어보아야 할 문제를 선정하였습니다. 각 문제마다 핵심을 찌르는 명쾌한 해설이 수록되어 있습니다.

03

국가직·지방직 기출문제

과년도부터 최근까지 시행된 기출문제를 수록했습니다. 과년도 기출문제와 최근에 실시된 기출문제를 풀어보며 최신의 출제경향을 파악할 수 있습니다.

PART 02 기출문제

2024년 국가직 기계일반

01 금속재료 표면에 주철이나 세라믹 입자를 분사하여 표면층에 압축잔류응력을 발생시키는 가공법은?

① 클래딩(Cladding)
② 스퍼터링(Sputtering)
③ 숏피닝(Shot Peening)
④ 진공증착(Vacuum Deposition)

해설

숏피닝은 강이나 주철로 만든 작은 강구(볼)를 금속재료의 표면에 고속으로 분사시켜 금속표면이 냉간가공에 의한 가공경화 및 압축잔류응력이 발생함으로써 피로수명을 향상시키는 표면경화법이다.
① 클래딩 : 금속재료 표면을 보호(Cladding) 금속으로 얇은 층을 형성시켜 덮어 버리는 공정이다. 코팅보다 더 두꺼운 작업으로 높은 접합 강도와 내구성 및 내식성, 미관 개선을 위해 사용한다.
② 스퍼터링 : 물리적 증착법(PVD)의 일종으로, 제4의 물질 상태인 플라즈마를 발생시키면 불활성기체인 아르곤(Ar) 양전하가 음극과 연결된 목표 물체로 이동하면서 큰 운동에너지로 부딪히고, 이때 증착시킬 금속 입자가 튕겨져 나오면서 반대편에 있는 금속 표면에 얇게 부착시키는 공정이다. 낮은 진공에서도 가능하며 증착속도가 진공증착보다 느리다.
④ 진공증착 : 물리적 증착법(PVD)의 일종으로, 증착시킬 재료를 고진공 상태에서 고온이나 플라즈마, 전자빔으로 기열하면 증발(기화)되면서 금속재료 표면에 달라붙어 고품질의 얇은 박막을 정밀 제작하는 공정이다. 정밀도는 스퍼터링보다 낮은 편이나 증착속도가 빠르다.

02 다음 금속 중 용점이 가장 높고 고온에서 고강도 특성이 있어 전구의 필라멘트 선이나 용접 전극으로 활용되는 것은?

① 아 연
② 텅스텐
③ 티타늄
④ 마그네슘

해설

텅스텐(W)은 금속 중 용점이 가장 높고 고온에서도 고강도의 특성을 갖기 때문에 발열적 환경에서 사용하는 전구의 필라멘트 선이나 용접용 전극 재료(텅스텐봉, TIG)로 사용된다.
① 텅스텐(W)의 용융점 : 3,410[℃]
② 아연(Zn)의 용융점 : 420[℃]
③ 티타늄(Ti)의 용융점 : 1,668[℃]
④ 마그네슘(Mg)의 용융점 : 650[℃]

PART 02 기출문제

2024년 지방직 기계일반

01 재료를 두드리거나 압착하면 얇고 넓게 퍼지는 기계적 성질은?

① 전성
② 소성
③ 탄성
④ 취성

해설

전성은 재료에 외력을 가했을 때 넓게 퍼지는 성질로 가단성이라고도 불린다. 전성(가단성)이 크면 큰 외력에도 쉽게 부러지지 않아서 단조가공의 난이도를 나타내는 척도로 사용된다.
② 소성 : 물체에 가한 힘을 제거해도 원래 형태로 되돌아가지 않고 변형된 상태로 남는 성질이다.
③ 탄성 : 물체에 가한 힘을 제거하면 원래의 형태로 되돌아가는 성질로 변형이 남지 않는다.
④ 취성 : 재료가 외력에 견디지 못하고 파괴되는 성질이다.

02 열가소성 수지(Thermoplastic Resin)에 해당하는 것만을 모두 고르면?

ㄱ. 폴리에틸렌(Polyethylene)
ㄴ. 에폭시 수지(Epoxy Resin)
ㄷ. 페놀 수지(Phenol Resin)
ㄹ. 나일론(Nylon)

① ㄱ, ㄴ
② ㄱ, ㄹ
③ ㄴ, ㄷ
④ ㄷ, ㄹ

해설

폴리에틸렌과 나일론은 열가소성 수지이다. 에폭시와 페놀 수지는 열경화성 수지에 속한다.
• 열가소성 수지 : 열을 가해 성형한 뒤에도 다시 열을 가하면 형태를 변형시킬 수 있는 수지
• 열경화성 수지 : 한 번 열을 가해 성형을 하면 다시 열을 가해도 형태가 변하지 않는 수지

합성수지의 종류 및 특성

종류		특징
열경화성 수지	요소수지	• 광택이 있다. • 착색이 자유롭다. • 건축재료, 성형품에 이용한다.
	페놀수지	• 전기절연성이 높다. • 베크라이트라고도 불린다. • 전기 부품재료, 식기, 판재, 무음기어, 프로펠러 등에 사용한다.
	멜라민 수지	• 내수성, 내열성이 있다. • 택상, 테이블판 가공에 이용한다.
	에폭시 수지	• 내열성, 전기절연성, 접착성이 우수하다. • 경화 시 휘발성 물질을 발생시켜 부피가 수축된다.
	폴리에스테르	• 치수 안정성과 내열성, 내약품성이 있다. • 소형차의 차체, 선체, 물탱크 재료로 이용한다.
	거품 폴리우레탄	• 비중이 작고 강도가 크다. • 매트리스나 자동차의 쿠션, 가구에 이용한다.
열가소성 수지	폴리에틸렌	• 전기절연성, 내수성, 방습성이 우수하며 독성이 없다. • 연료 탱크나 어망, 코팅 재료로 이용한다.
	폴리프로필렌	• 기계적, 전기적 성질이 우수하다. • 가전제품의 케이스, 의료기구, 단열재로 이용한다.
	폴리염화비닐	• 내산성, 내알칼리성이 우수하다. • 텐트나 도료, 완구 제품에 이용한다.
	폴리비닐알코올	• 무색, 투명하며 인체에 무해하다. • 접착제나 도료에 이용한다.
	폴리스티렌	• 투명하고 전기절연성이 좋다. • 통신기의 전열재료, 선풍기 팬, 계량기류에 이용한다.
	폴리아마이드(나일론)	• 내식성과 내마멸성의 합성 섬유이다. • 타이어나 로프, 전선 피복재료로 이용한다.

목 차

한눈에 보는 기출문제 분석

기출문제분석

9급 기계일반 기출문제 종합 분석

국가직, 지방직, 서울시, 고졸경쟁채용 기출문제 종합 분석

출제영역	국가직 (2007~2024)	지방직 (2009~2024)	서울시 (2016~2024)	고졸경쟁채용 (2016~2024)	합 계
기계재료	79	71	32	44	226
기계공작법	71	60	25	49	205
기계설계	68	58	28	42	196
소성가공	23	30	8	4	65
공유압	18	16	9	18	61
재료역학	17	15	20	1	53
용 접	15	15	11	8	49
자동차	14	11	9	8	42
열역학	7	10	17	5	39
주 조	15	12	7	2	36
유체역학	7	4	15	4	30
기계제도	10	5	9	5	29
측 정	6	5	8	7	26
기구학	5		1	1	7
기 타	5	8	1	2	16
합 계	360	320	200	200	1,080

출제영역	2007	2008	2009	2010	2011	2012	2013	2014	2015	2016	2017	2018	2019	2020	2021	2022	2023	2024	합 계
기계재료	6	4	4	4	5	4	6	3	5	6	5	4	4	3	4	4	4	4	79
기계공작법	2	4	5	3	5	2	2	5	2	3	5	6	4	4	5	5	6	3	71
기계설계	4	5	3	5	4	3	4	3	4	4	4	4	3	4	4	6	3	1	68
소성가공	1		2	1		3	2		1	1	1	2	3	2	2			2	23
공유압	1	2		1	1	2		1	1			2			1	1	1	2	18
재료역학	1	1	1	1	1		1		2				1	2	1		1	4	17
용 접	1	1	1	3	1		1	1	1		1	1				1	2		15
주 조	1	1	1		1		1			1	1		1	1	1	1		2	15
자동차	1	2	1	1		1	1		1	2	1		1	1		1			14
기계제도			1			1	2	3							2			1	10
열역학					1			1				1	1	1			1	1	7
유체역학					1				1	2		1	2						7
측 정			1	1		1		1	1					1					6
기구학	1					1		1	1	1									5
기 타	1					1						1			1	1			5
합 계	20	20	20	20	20	20	20	20	20	20	20	20	20	20	20	20	20	20	360

2024년 9급 국가직 기계일반 출제영역

번 호	출제영역	내 용	확 인
1	기계재료	숏피닝의 정의	
2	기계재료	텅스텐의 특징	
3	재료역학	연강 인장시험에서 응력과 변형률 관계	
4	재료역학	응력집중 완화를 위한 설계 방안	
5	기계제도	베어링 호칭 번호 해석 '6212 ZZ'	
6	재료역학	축의 전달동력[W] 구하기	
7	기계공작법	선반가공 심압대 편위량(e) 구하기	
8	소성가공	소성가공의 종류	
9	주 조	주물사의 특징	
10	재료역학	잔류응력의 특징	
11	주 조	진원심 주조의 특징	
12	기계재료	쇼어 경도의 특징	
13	공유압	기어펌프 폐입현상의 특징	
14	공유압	유압 작동유 점도의 특징	
15	기계공작법	보링 가공의 특징	
16	열역학	냉매가 가져야 할 조건	
17	소성가공	압출공정에서 발생하는 불량의 종류	
18	기계설계	평벨트 전동장치의 특징	
19	기계공작법	쾌속조형 – 3D프린팅	
20	기계재료	심랭처리(서브제로)의 특징	

2024년 9급 국가직 기계일반 출제영역별 비중

출제영역	기계재료	재료역학	기계공작법	공유압	주 조	소성가공	열역학	기계제도	기계설계	합 계
수	4	4	3	2	2	2	1	1	1	20

▌2023년 9급 국가직 기계일반 출제영역

번 호	출제영역	내 용	확 인
1	용 접	플러그용접의 특징	
2	기계설계	기어의 특징(헬리컬, 스퍼, 하이포이드기어, 사이클로이드 치형)	
3	기계설계	삼각나사 규격 해석(M20× 2)	
4	공유압	서징(맥동현상)의 특징	
5	기계재료	알루미늄 합금의 특징(초두랄루민)	
6	기계재료	섬유강화플라스틱(FRP)의 특징	
7	재료역학	진응력과 진변형률 관계에서 단위부피당 에너지 구하기	
8	주 조	주물결함(콜드셧)	
9	기계공작법	센터리스 연삭의 특징	
10	기계재료	0.6%C 탄소강의 온도 상승에 따른 조직변화	
11	열역학	랭킨사이클의 특징	
12	기계재료	비정질합금의 특징	
13	기계설계	기계요소의 특징(클러치, 코터, 나사, 리벳)	
14	기계공작법	밀링머신의 특징	
15	기계공작법	연삭숫돌 눈메움의 원인	
16	용 접	산소-아세틸렌 용접 시 안전수칙	
17	기계공작법	셰이퍼의 특징	
18	기계공작법	절삭공구수명	
19	기계공작법	열간등압성형(HIP)의 특징	
20	공유압	수차의 특징	

▌2023년 9급 국가직 기계일반 출제영역별 비중

출제영역	기계공작법	기계재료	기계설계	공유압	용 접	주 조	열역학	재료역학	합 계
수	6	4	3	2	2	1	1	1	20

PART 03 9급 지방직 기출문제 분석(2009~2024년)

출제영역	2009	2010	2011	2012	2013	2014	2015	2016	2017	2018	2019	2020	2021	2022	2023	2024	합계
기계재료	4	6	5	4	4	5	4	4	5	5	3	4	5	4	5	4	71
기계공작법	3	1	2	6	6	4	6		2	5	4	4	4	4	4	5	60
기계설계	4	3	2	4	4	5	4	4	4	3	3	4	3	4	2	5	58
소성가공		2	3	1	2	2	1	2	4	2	3	1	2	2	1	2	30
공유압	2	1	1	2				1	1	1			2	2	2	1	16
용접	2		2	1	1	2	1	2		1	1					2	15
재료역학	3	2	3	1				2	1	1	1				1		15
주조	2	1		1			1	2	1	1	1	1	1				12
자동차		1	1				1	1	1	1	1	1		1	1	1	11
열역학		1	1			1			1	1		1	2	1	1		10
기계제도							1				1	2			1		5
측정								1			1			1	2		5
유체역학		1			1							1	1				4
기구학																	0
기타		1			3		1				1	1		1			8
합계	20	20	20	20	20	20	20	20	20	20	20	20	20	20	20	20	320

2024년 9급 지방직 기계일반 출제영역

번 호	출제영역	내 용	확 인
1	기계재료	전성의 정의	
2	기계재료	열가소성 수지의 종류	
3	기계재료	비철금속 재료	
4	기계재료	탄소강 기본 열처리 4단계의 정의(담금질, 뜨임, 불림, 풀림)	
5	기계설계	나사의 구조 및 그 특징(피치, 유효지름)	
6	기계설계	사각나사의 효율 구하기	
7	기계설계	유연 커플링의 종류	
8	기계설계	나사의 풀림방지 방법	
9	기계설계	두 축이 평행할 때 사용하는 기어의 종류	
10	소성가공	압연의 정의	
11	용 접	압접의 특징	
12	기계공작법	선반 가공의 종류	
13	용 접	용접 결함의 종류	
14	기계공작법	선반 – 연동척의 특징	
15	소성가공	소성가공의 종류	
16	기계공작법	연삭숫돌의 3요소	
17	기계공작법	밀링 – 밀링커터의 절삭속도 구하기	
18	공유압	펌프 중 용적형 펌프의 종류	
19	자동차	디젤 노킹 저감방법	
20	기계공작법	드릴 가공의 종류(태핑, 가운터 싱킹)	

2024년 9급 지방직 기계일반 출제영역별 비중

출제영역	기계공작법	기계설계	기계재료	소성가공	용 접	공유압	자동차	합 계
수	5	5	4	2	2	1	1	20

▮ 2023년 9급 지방직 기계일반 출제영역

번 호	출제영역	내 용	확 인
1	재료역학	최대응력과 최소응력 사이 응력진폭 구하기	
2	기계설계	나사의 특징(삼각나사의 나사산각도)	
3	측 정	마이크로미터 측정값과 분해능	
4	기계설계	기계요소 특징(리벳, 클러치, 커플링, 판스프링)	
5	기계공작법	밀링가공 커터의 날 수 구하기	
6	기계재료	마멸의 특징(부식, 피로, 충격마멸, 스카핑)	
7	기계공작법	호닝가공의 특징	
8	공유압	공동현상(캐비테이션)의 특징	
9	자동차	가솔린기관 노크의 특징	
10	기계재료	금속의 결정구조	
11	기계제도	구름베어링 호칭번호	
12	기계재료	강괴의 탈산 정도에 따른 분류	
13	측 정	하이트게이지의 특징	
14	소성가공	압출가공의 특징	
15	공유압	유체용 밸브 특징(스풀, 체크, 교축 셔틀밸브)	
16	열역학	열기관 사이클의 특징(카르노, 오토, 랭킨, 디젤사이클)	
17	기계공작법	마찰차의 특징	
18	기계재료	탄성한도, 탄성변형, 소성변형의 특징	
19	기계재료	인장시험에서 재료의 단면감소율 구하기	
20	기계공작법	선반-널링가공의 특징	

▮ 2023년 9급 지방직 기계일반 출제영역별 비중

출제영역	기계재료	기계공작법	기계설계	측 정	공유압	열역학	자동차	소성가공	기계제도	재료역학	합 계
수	5	4	2	2	2	1	1	1	1	1	20

9급 서울시 기출문제 분석(2016~2024년)

분 류	2016	2017	2018 2회	2019 1회	2020	2021	2022	2023	2024 1회	2024 2회	합 계
기계재료	6	2	1	3	3	6	3	3	3	2	32
기계설계	1	2	1		4	2	5	5	3	5	28
기계공작법	1	2	2	2	2	2	3	3	5	3	25
재료역학	1	1	2	2	3	1	3	3	3	1	20
열역학	2	4	2	2	1	1		1	1	3	17
유체역학	3	1	2	3		2	1	1	2		15
용 접	3	1		1	1	1	1	1		2	11
자동차		2	1	2		1		1	1	1	9
공유압	1	2	3		2			1			9
기계제도	1		2	1	1	2			1	1	9
측 정	1	2	2	1	1		1				8
소성가공				1	1	2	2		1	1	8
주 조		1	2	1	1			1		1	7
기구학				1							1
기 타							1				1
합 계	20	20	20	20	20	20	20	20	20	20	200

2024년 9급 서울시 제1회 기계일반 출제영역

번 호	출제영역	내 용	확 인
1	기계재료	표면경화 열처리법의 종류	
2	기계설계	리벳의 특징	
3	유체역학	용기 내부의 최대 내부압력 구하기	
4	재료역학	도르래의 회전축에 걸리는 모멘트와 전달동력 구하기	
5	기계공작법	단인공구의 종류 및 특징	
6	소성가공	박판 이음법의 종류	
7	기계설계	평기어의 원주피치 구하기	
8	기계공작법	스프링 백의 특징	
9	유체역학	맥동현상의 정의	
10	기계공작법	니형 밀링머신의 특징	
11	재료역학	원형봉의 비틀림각 구하기	
12	기계재료	재료의 경도 측정법의 종류	
13	기계제도	나사 제도방법	
14	재료역학	원판의 각가속도 구하기	
15	기계설계	나사의 피치와 줄 수를 이용하여 수나사의 회전수 구하기	
16	기계공작법	절삭작업 시 소실된 에너지 비율 구하기	
17	기계공작법	표면정밀도 향상을 위한 가공법의 종류	
18	열역학	역카르노 사이클 냉동기의 성적계수 구하기	
19	자동차	4행정 사이클 가솔린 기관의 밸브 개폐 시기	
20	기계제도	기하공차의 종류(기호, 명칭)	

2024년 9급 서울시 제1회 기계일반 출제영역별 비중

출제영역	기계공작법	기계설계	기계재료	재료역학	유체역학	소성가공	열역학	기계제도	자동차	합 계
수	5	3	3	3	2	1	1	1	1	20

2024년 9급 서울시 제2회 기계일반 출제영역

번 호	출제영역	내 용	확 인
1	소성가공	열간압출에 비교한 냉간압출의 장점	
2	기계설계	마찰차의 전달토크 구하기	
3	기계공작법	재료의 전단력 구하기	
4	기계설계	두 축이 평행하지도 교차하지도 않을 때 사용하는 기어	
5	재료역학	축 A와 축 B의 압축 응력비 구하기	
6	열역학	기체 동력사이클의 종류	
7	주 조	주조의 종류 및 특징(다이캐스팅, 인베스트먼트)	
8	기계설계	세레이션의 특징	
9	기계공작법	구성인선 방지대책	
10	자동차	평균 제동력으로 등감속할 때 멈추기 위한 시간 구하기	
11	기계재료	표면경화법의 종류 및 특징	
12	열역학	비열의 특징	
13	용 접	용접의 특징	
14	기계설계	기어 치형의 종류 및 특징	
15	용 접	심용접의 특징	
16	기계설계	수나사와 암나사의 골지름 표시	
17	기계재료	연강 인장시험의 특징	
18	기계공작법	선반의 구조	
19	기계제도	구의 반지름 표시하기	
20	열역학	압력과 체적이 변할 때 온도변화 구하기	

2024년 9급 서울시 제2회 기계일반 출제영역별 비중

출제영역	기계설계	열역학	기계공작법	용 접	기계재료	기계제도	자동차	주 조	재료역학	소성가공	합 계
수	5	3	3	2	2	1	1	1	1	1	20

2023년 9급 서울시 기계일반 출제영역

번 호	출제영역	내 용	확 인
1	기계설계	스프링상수 구하기	
2	기계재료	바우싱거 효과의 특징	
3	기계재료	크리프 현상의 특징	
4	기계설계	스퍼기어 종동차의 회전수 구하기	
5	기계설계	외접 원추마찰차의 회전속도비 구하기	
6	기계공작법	기어절삭용 절삭공구	
7	기계공작법	트위스트 드릴의 재료제거율 구하기	
8	주 조	원심주조법의 특징	
9	용 접	피복금속아크용접의 특징	
10	재료역학	집중하중 P가 작용하는 단순지지보의 굽힘모멘트 선도	
11	자동차	내연기관의 특징	
12	열역학	카르노사이클의 열효율 및 열량 구하기	
13	재료역학	원형 단면봉의 안전계수 구하기	
14	기계공작법	선반가공의 특징	
15	기계설계	나사의 특징	
16	공유압	가변용량형 유압펌프 기호	
17	기계설계	체인전동장치의 특징	
18	기계재료	구리의 특징	
19	유체역학	원형평판이 물 속에 잠겨 있을 때 압력 구하기	
20	재료역학	질량관성모멘트 구하기	

2023년 9급 서울시 기계일반 출제영역별 비중

출제영역	기계설계	기계공작법	기계재료	재료역학	열역학	유체역학	용 접	자동차	주 조	공유압	합 계
수	5	3	3	3	1	1	1	1	1	1	20

PART 05

9급 고졸경력채용 기출문제 분석(2016~2024년)

분 류	2016	2017	2018	2019	2020	2021	2022	2023 지방직	2023 서울시	2024 서울시	합 계
기계공작법	3	5	3	4	3	5	4	5	8	9	49
기계재료	4	4	4	5	4	4	6	4	4	5	44
기계설계	5	3	5	2	6	5	5	5	3	3	42
공유압	2	2	1	3	2	3	2	2	1		18
용 접	1	1	2	1	1				1	1	8
자동차		1	1		1	1		2	1	1	8
측 정	1		1	2	1	1			1		7
기계제도		2	1		1				1		5
열역학	1		1	1		1		1			5
소성가공	2						1	1			4
유체역학		1			1		2				4
주 조		1		1							2
재료역학	1										1
기구학			1								1
기 타				1						1	2
합 계	20	20	20	20	20	20	20	20	20	20	200

2024년 9급 서울시 고졸경력채용 기계일반 출제영역

번 호	출제영역	내 용	확 인
1	기계공작법	유연 생산 시스템의 정의	
2	기계재료	탄성 및 소성의 정의	
3	기 타	표준화의 장점	
4	기계재료	황동 및 청동의 특징	
5	기계공작법	윤활유, 절삭유, 작동유의 역할	
6	기계공작법	드릴링 머신의 종류 및 특징	
7	기계재료	풀림 열처리의 특징	
8	용 접	용접부 결함의 종류 및 특징	
9	기계공작법	액체 호닝의 정의	
10	기계공작법	바이트의 구조 및 특징	
11	기계재료	탄소강의 5대 합금 원소	
12	기계설계	스퍼기어의 두 축간 거리 구하기	
13	기계설계	기어 이의 크기 표시 방법	
14	기계공작법	연삭숫돌의 수정 방법 및 특징	
15	기계재료	비파괴 검사(침투탐상검사)의 특징	
16	기계설계	나사의 리드(L)값 구하기	
17	기계공작법	외측 마이크로미터의 구조	
18	기계공작법	와이어프레임 모델링의 특징	
19	기계공작법	수치제어(NC) 공작기계 프로그램의 주요 기능	
20	자동차	4행정 사이클 가솔린기관의 행정 순서	

2024년 9급 서울시 고졸경력채용 기계일반 출제영역 비중

출제영역	기계공작법	기계재료	기계설계	용 접	자동차	기 타	합 계
수	9	5	3	1	1	1	20

2023년 9급 고졸경력채용 기계일반 출제영역

번 호	출제영역	내 용	확 인
1	기계재료	전기 전도율이 높은 금속 순서 나열하기	
2	기계공작법	공구가 회전하며 가공하는 공작기계	
3	기계공작법	절삭유가 갖추어야 할 조건	
4	소성가공	소성가공의 종류	
5	자동차	4행정 사이클에서 크랭크축 4회전 시 폭발 횟수	
6	기계설계	외접 스퍼기어에서 종동기어 잇수 구하기	
7	기계설계	구름베어링-리테이너 특징	
8	기계재료	강의 열처리 특징	
9	열역학	내연기관 중 왕복형 기관의 종류	
10	기계공작법	연삭가공의 특징	
11	기계설계	동력전달용 기계요소의 특징	
12	기계설계	나사의 피치 구하기	
13	기계설계	운동용 나사의 종류	
14	기계공작법	카운터 보링가공의 특징	
15	기계공작법	슈퍼피니싱 가공의 특징	
16	기계재료	쇼어 경도의 특징	
17	공유압	압력제어밸브의 종류 및 특징	
18	기계재료	탄소강 합금원소의 종류 및 특징	
19	공유압	공압기기의 특징	
20	자동차	자동차 ABS의 특징	

2023년 9급 고졸경력채용 기계일반 출제영역별 비중

출제영역	기계설계	기계공작법	기계재료	공유압	자동차	소성가공	열역학	합 계
수	5	5	4	2	2	1	1	20

교육은 우리 자신의 무지를 점차 발견해 가는 과정이다.

— 윌 듀란트 —

PART 01

핵심이론

9급 국가직 · 지방직 · 고졸 채용을 위한

합격 완벽 대비서

TECH BIBLE

기계재료

1 기계재료 일반

(1) 금속의 일반적인 특성

① 비중이 크다.

② 전기 및 열의 양도체이다.

③ 금속 특유의 광택을 갖는다.

④ 상온에서 고체이며 결정체이다(단, Hg 제외).

⑤ 연성과 전성이 우수하며 소성변형이 가능하다.

(2) 기계재료의 분류

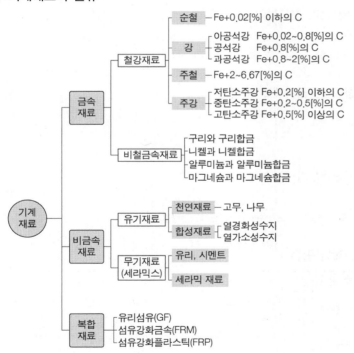

필 / 수 / 확 / 인 / 문 / 제

금속에 대한 일반적인 설명으로 알맞지 않은 것은?

① 소성변형이 가능하다.

② 전기 및 열의 양도체이다.

③ 금속 특유의 광택을 갖는다.

④ 모든 금속은 상온에서 고체 상태이며 결정체이다.

해설

금속의 일종인 수은(Hg)은 상온(약 24[℃])에서 액체 상태이다.

답 ④

순철에 C(탄소)가 1[%]가 합금되어 있다면 이 강(Steel)의 명칭은?

① 공석강　　　　　② 아공석강

③ 과공석강　　　　④ 초공석강

해설

순철에 0.8~2[%]의 탄소가 합금되어 있는 이 금속은 과공석강이다.

답 ③

금속에 대한 설명으로 틀린 것은?

① 리튬(Li)은 물보다 가볍다.
② 고체 상태에서 결정구조를 가진다.
③ 텅스텐(W)은 이리듐(Ir)보다 비중이 크다.
④ 일반적으로 용융점이 높은 금속은 비중도 큰 편이다.

해설
이리듐의 비중이 22로 텅스텐(19.1)보다 더 크다.

답 ③

자기장이 사라져도 자화가 계속 남아 있는 금속은?

① Fe   ② Al
③ Cu   ④ Sb

해설
강자성체인 금속은 자기장이 사라져도 자화가 계속 남아 있게
되는데, 이 강자성체에 속하는 금속은 Fe이다.

답 ①

(3) 금속의 용융점[℃]

금 속	W	Fe	Ni	Cu	Au	Ag	Al	Mg	Zn	Hg
용융점	3,410	1,538	1,453	1,083	1,063	960	660	650	420	−38.4

(4) 금속의 비중

경금속		중금속			
Mg	1.7	Sn	5.8	Mo	10.2
Be	1.8	V	6.1	Ag	10.4
Al	2.7	Cr	7.1	Pb	11.3
Ti	4.5	Zn	7.14	W	19.1
		Mn	7.4	Au	19.3
		Fe	7.8	Pt	21.4
		Ni	8.9	Ir	22
		Cu	8.9		

※ 경금속과 중금속을 구분하는 비중의 경계 : 4.5

(5) 열 및 전기 전도율이 높은 순서

Ag > Cu > Au > Al > Mg > Zn > Ni > Fe > Pb > Sb

※ 열전도율이 높을수록 고유저항은 작아진다.

(6) 연성이 큰 금속재료 순서

Au > Ag > Al > Cu > Pt > Pb > Zn > Fe > Ni
(금)   (은) (알루미늄) (구리) (백금) (납) (아연) (철) (니켈)

(7) 선팽창계수가 큰 순서

Pb(납) > Mg(마그네슘) > Al(알루미늄) > Cu(구리) > Fe(철) > Cr(크롬)

※ 선팽창계수 : 온도가 1[℃] 변화할 때 단위길이당 늘어난 재료의 길이

(8) 자성체의 종류

종 류	특 성	원 소
강자성체	자기장이 사라져도 자화가 남아 있는 물질	Fe(철), Co(코발트), Ni(니켈), 페라이트(α−고용체)
상자성체	자기장이 제거되면 자화하지 않는 물질	Al(알루미늄), Sn(주석), Pt(백금), Ir(이리듐), Cr(크롬), Mo(몰리브덴)
반자성체	자기장에 의해 반대 방향으로 자화되는 물질	Au(금), Ag(은), Cu(구리), Zn(아연), 유리, Bi(비스무트), Sb(안티몬)

(9) 금속의 결정구조

종류	체심입방격자(BCC) (Body Centered Cubic)	면심입방격자(FCC) (Face Centered Cubic)	조밀육방격자(HCP) (Hexagonal Close Packed lattice)
성질	• 강도가 크다. • 용융점이 높다. • 전성과 연성이 작다.	• 전기전도도가 크다. • 가공성이 우수하다. • 장신구로 사용된다. • 전성과 연성이 크다. • 연한 성질의 재료이다.	• 전성과 연성이 작다. • 가공성이 좋지 않다.
원소	W, Cr, Mo, V, Na, K	Al, Ag, Au, Cu, Ni, Pb, Pt, Ca	Mg, Zn, Ti, Be, Hg, Zr, Cd, Ce
단위격자	2개	4개	2개
배위수	8	12	12
원자충진율	68[%]	74[%]	74[%]

(10) 결정립의 크기 변화에 따른 금속의 성질변화

① 결정립이 작아지면 강도와 경도는 커진다.
② 용융 금속이 급랭되면 결정립의 크기가 작아진다.
③ 금속이 응고되면 일반적으로 다결정체를 형성한다.
④ 용융 금속에 함유된 불순물은 주로 결정립 경계에 축적된다.
⑤ 결정립이 커질수록 외력에 대한 보호막의 역할을 하는 결정립계의 길이가 줄어들기 때문에 강도와 경도는 감소한다.

2 기계재료의 성질

(1) 기계재료가 일반적으로 갖추어야 할 성질

① 가공특성 : 절삭성, 용접성, 주조성, 성형성
② 경제성 : 목적 대비 적절한 가격과 재료 공급의 용이성
③ 물리 화학적 특성 : 내식성, 내열성, 내마모성
④ 열처리성

⭐ TIP

기계재료가 기구학적 특성을 갖출 필요는 없다.

필 / 수 / 확 / 인 / 문 / 제

금속결정 중 체심입방격자(BCC)의 단위격자에 속하는 원자의 수는?

① 1개 　　　　② 2개
③ 4개 　　　　④ 8개

해설
체심입방격자(BCC ; Body Centered Cubic)의 단위격자는 2개이다.

답 ②

조밀육방격자의 구조이며 비중이 1.7로 실용금속 중에서 가장 가벼운 금속은?

① Cu 　　　　② Al
③ Ni 　　　　④ Mg

해설
마그네슘(Mg)의 성질
비중이 1.74로 실용금속 중 가장 가볍다.

답 ④

결정립의 크기 변화에 따른 금속의 성질로 알맞지 않은 것은?

① 결정립이 작아지면 강도와 경도는 커진다.
② 용융 금속이 급랭되면 결정립의 크기가 작아진다.
③ 금속이 응고되면 일반적으로 다결정체를 형성한다.
④ 결정립계의 길이가 줄어들면 강도와 경도는 커진다.

해설
결정립이 커질수록 외력에 대한 보호막의 역할을 하는 결정립계의 길이가 줄어들기 때문에 강도와 경도는 감소한다.

답 ④

금속의 인장시험의 기계적 성질에 대한 설명으로 옳지 않은 것은?

① 응력이 증가함에 따라 탄성영역에 있던 재료가 항복을 시작하는 위치에 도달하게 된다.
② 탄력(Resilience)은 탄성범위 내에서 에너지를 흡수하거나 방출할 수 있는 재료의 능력을 나타낸다.
③ 연성은 파괴가 일어날 때까지의 소성변형의 정도이고 단면감소율로 나타낼 수 있다.
④ 인성(Toughness)은 인장강도 전까지 에너지를 흡수할 수 있는 재료의 능력을 나타낸다.

해설
인성(Toughness) : 파괴되기(파괴강도) 전까지 재료가 에너지를 흡수할 수 있는 능력

답 ④

소성가공에서 이용하는 재료의 성질로 옳지 않은 것은?

① 가소성   ② 가단성
③ 취 성   ④ 연 성

해설
취성 : 재료가 외력에 견디지 못하고 파괴되는 성질을 말하는데 소성가공은 재료에 외력을 가해 원하는 형상을 만드는 작업이므로 취성이 있는 재료는 소성가공에 이용되지 못한다.

답 ③

적열취성의 방지를 위해 금속 내 황(S)을 제거하려고 할 때 합금시키는 금속원소는?

① Cr   ② Ni
③ Mn   ④ P

해설
적열취성을 방지하려면 Mn(망간)을 합금하여 S을 MnS로 석출시키면 된다.

답 ③

(2) 재료의 성질

① **탄성** : 외력에 의해 변형된 물체가 외력을 제거하면 다시 원래의 상태로 되돌아가려는 성질을 말한다.
② **소성** : 물체에 변형을 준 뒤 외력을 제거해도 원래의 상태로 되돌아오지 않고 영구적으로 변형되는 성질로 가소성이라고도 한다.
③ **전성** : 넓게 펴지는 성질로 가단성으로도 불린다. 전성(가단성)이 크면 큰 외력에도 쉽게 부러지지 않아서 단조가공의 난이도를 나타내는 척도로 사용된다.
④ **연성** : 탄성한도 이상의 외력이 가해졌을 때 파괴되지 않고 잘 늘어나는 성질을 말한다.
⑤ **취성** : 물체가 외력에 견디지 못하고 파괴되는 성질로 인성에 반대되는 성질이다. 취성재료는 연성이 거의 없으므로 항복점이 아닌 탄성한도를 고려해서 다뤄야 한다.
  ㉠ 적열취성(붉을 적 赤 더울 열 熱, 철이 빨갛게 달궈진 상태)
    S(황)의 함유량이 많은 탄소강이 900[℃] 부근에서 적열(赤熱)상태가 되었을 때 파괴되는 성질로 철에 S의 함유량이 많으면 황화철이 되면서 결정립계 부근의 S이 망상으로 분포되면서 결정립계가 파괴된다. 적열취성을 방지하려면 Mn(망간)을 합금하여 S을 MnS로 석출시키면 된다. 이 적열취성은 높은 온도에서 발생하므로 고온취성으로도 불린다.
  ㉡ 청열취성(푸를 청 青 더울 열 熱, 철이 산화되어 푸른빛으로 달궈져 보이는 상태)
    탄소강이 200~300[℃]에서 인장강도와 경도값이 상온일 때보다 커지는 반면, 연신율이나 성형성은 오히려 작아져서 취성이 커지는 현상이다. 이 온도범위(200~300[℃])에서는 철의 표면에 푸른 산화피막이 형성되기 때문에 청열취성이라고 불린다. 따라서 탄소강은 200~300[℃]에서는 가공을 피해야 한다.
  ㉢ 저온취성 : 탄소강이 천이온도에 도달하면 충격치가 급격히 감소되면서 취성이 커지는 현상을 말한다.
  ㉣ 상온취성 : P(인)의 함유량이 많은 탄소강이 상온(약 24[℃])에서 충격치가 떨어지면서 취성이 커지는 현상을 말한다.
⑥ **인성** : 재료가 파괴되기(파괴강도) 전까지 에너지를 흡수할 수 있는 능력
⑦ **강도** : 외력에 대한 재료 단면의 저항력
⑧ **경도** : 재료 표면의 단단한 정도
⑨ **연신율**(ε, 변형률) : 재료에 외력이 가해졌을 때 처음 길이에 비해 나중에 늘어난 길이의 비율

$$\varepsilon = \frac{\text{나중길이} - \text{처음길이}}{\text{처음길이}} = \frac{l_1 - l_0}{l_0} \times 100[\%]$$

⑩ 피로한도 : 재료에 하중을 반복적으로 가했을 때 파괴되지 않는 응력변동의 최대범위로 S−N곡선으로 확인할 수 있다. 재질이나 반복하중의 종류, 표면 상태나 형상에 큰 영향을 받는다.

⑪ 피로수명 : 반복 하중을 받는 재료가 파괴될 때까지 반복적으로 재료에 가한 수치나 시간

⑫ 크리프 : 고온에서 재료에 일정 크기의 하중(정하중)을 작용시키면 시간이 경과함에 따라 변형이 증가하는 현상

⑬ 잔류응력 : 변형 후 외력을 제거해도 재료의 내부나 표면에 남아 있는 응력이다. 물체의 온도변화에 의해서 발생할 수 있는데 추가적으로 소성변형을 해 주거나 재결정 온도 전까지 온도를 올려 줌으로써 감소시킬 수 있다. 표면에 남아 있는 인장잔류응력은 피로수명과 파괴강도를 저하시킨다.

⑭ 재결정온도 : 1시간 안에 95[%] 이상 새로운 재결정이 형성되는 온도이다. 금속이 재결정되면 불순물이 제거되어 더 순수한 결정을 얻어낼 수 있는데, 이 재결정은 금속의 순도나 조성, 소성변형 정도, 가열시간에 큰 영향을 받는다.

⑮ 가단성 : 단조가공 동안 재료가 파괴되지 않고 변형되는 금속의 성질이다. 단조가공의 난이도를 나타내는 척도로써 전성의 다른 말로도 사용되는데 합금보다는 순금속의 가단성이 더 크다.

(3) Fe−C 평형상태도

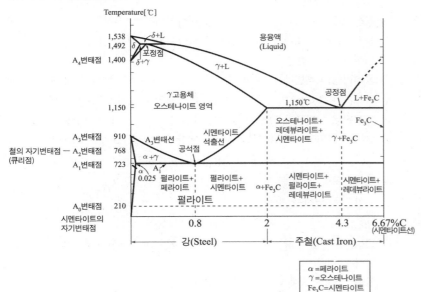

α =페라이트
γ =오스테나이트
Fe₃C=시멘타이트

지름이 20[mm], 길이가 800[mm]인 강재에 인장하중이 작용하여 길이가 806[mm]가 되었다면 변형률(ε)은?

① 0.25[%]　　　　　② 0.5[%]
③ 0.75[%]　　　　　④ 0.9[%]

해설

변형률 $\varepsilon = \dfrac{l_2 - l_1}{l_1} \times 100[\%]$

$= \dfrac{806 - 800}{800} \times 100[\%] = 0.75[\%]$

답 ③

고온에서 재료에 일정 크기의 하중(정하중)을 작용시키면 시간이 경과함에 따라 변형이 증가하는 현상을 시험하여 온도에 따른 재료의 특성인 크리프 한계를 결정하거나 예측하기 위한 시험법은?

① 피로시험　　　　　② 크리프시험
③ 광탄성시험　　　　④ 비틀림시험

해설

크리프(Creep)시험 : 고온에서 재료에 일정 크기의 하중(정하중)을 작용시키면 시간이 경과함에 따라 변형이 증가하는 현상을 시험하여 온도에 따른 재료의 특성인 크리프 한계를 결정하거나 예측하기 위한 시험법이다. 이 시험을 통해서 보일러용 파이프나 증기 터빈의 날개와 같이 장시간 고온에서 하중을 받는 기계 구조물의 파괴를 방지하기 위해 실시한다. 그 단위로는 [kg/mm²]를 사용한다.

답 ②

재결정온도에 대한 설명으로 옳은 것은?

① 1시간 안에 완전하게 재결정이 이루어지는 온도
② 재결정이 시작되는 온도
③ 시간에 상관없이 재결정이 완결되는 온도
④ 재결정이 완료되어 결정립성장이 시작되는 온도

해설

재결정온도는 1시간 안에 95[%] 이상 새로운 입자인 재결정이 완전히 형성되는 온도이다. 재결정을 하면 불순물이 제거되며 더 순수한 결정을 얻어낼 수 있는데, 이 재결정은 금속의 순도, 조성, 소성변형의 정도, 가열시간에 큰 영향을 받는다.

답 ①

Fe-C상태도에서 각각의 변태점에 대한 설명으로 알맞지 않은 것은?

① 철의 공석변태점은 723[℃]이다.
② 철의 자기변태점은 768[℃]이다.
③ 시멘타이트의 자기변태점은 210[℃]이다.
④ 철은 1,410[℃]에서 원자배열이 BCC → FCC로 변한다.

해설
변태점은 변태가 일어나는 온도로 각각의 온도점은 다음과 같다.
- A_0변태점(210[℃]) : 시멘타이트의 자기변태점
- A_1변태점(723[℃]) : 철의 동소변태점(=공석변태점)
- A_2변태점(768[℃]) : 철의 자기변태점
- A_3변태점(910[℃]) : 철의 동소변태점,
  체심입방격자(BCC) → 면심입방격자(FCC)
- A_4변태점(1,410[℃]) : 철의 동소변태점,
  면심입방격자(FCC) → 체심입방격자(BCC)

답 ④

자기변태에 대한 설명으로 옳지 않은 것은?

① 자기변태가 일어나는 점을 자기변태점이라 하며, 이 변태가 일어나는 온도를 퀴리점(Curie Point)이라고 한다.
② 자기변태점에서 원자배열이 변화함으로써 자기강도가 변화한다.
③ 철, 니켈, 코발트 등의 강자성 금속을 가열하여 자기변태점에 이르면 상자성 금속이 된다.
④ 순철의 자기변태점은 768[℃]이다.

해설
자기변태
철이 퀴리점이라고 불리는 자기변태온도(A_2변태점, 768[℃])를 지나면 원자배열은 변하지 않으나 자성이 큰 강자성체에서 자성을 잃어버리는 상자성체로 변하는 현상으로 금속마다 자기변태점이 다르다.

답 ②

다음 중 응고반응이 아닌 것은?

① 공석반응   ② 포정반응
③ 편정반응   ④ 공정반응

해설
공석반응
하나의 고상에서 다른 2개의 고상이 나오는 반응이므로 응고반응에는 속하지 않으나 포정, 편정, 공정반응은 모두 액체에서 고체가 석출되는 반응이므로 응고반응에 속한다.

답 ①

① **변태** : 철이 온도변화에 따라 원자 배열이 바뀌면서 내부의 결정구조나 자기적 성질이 변화되는 현상
② **변태점** : 변태가 일어나는 온도
  ㉠ A_0변태점(210[℃]) : 시멘타이트의 자기변태점
  ㉡ A_1변태점(723[℃]) : 철의 동소변태점(= 공석변태점)
  ㉢ A_2변태점(768[℃]) : 철의 자기변태점
  ㉣ A_3변태점(910[℃]) : 철의 동소변태점,
      체심입방격자(BCC) → 면심입방격자(FCC)
  ㉤ A_4변태점(1,410[℃]) : 철의 동소변태점,
      면심입방격자(FCC) → 체심입방격자(BCC)
③ **철의 동소체** : 고체상태에서 순철은 온도변화에 따라 α철, γ철, δ철로 변하는데, 이 3개가 철의 동소체이다. α철(체심입방격자), γ철(면심입방격자), δ철(체심입방격자)
④ **동소변태** : 동일한 원소 내에서 온도변화에 따라 원자 배열이 바뀌는 현상으로 철(Fe)은 고체상태에서 910[℃]의 열을 받으면 체심입방격자(BCC) → 면심입방격자(FCC)로, 1,410[℃]에서는 FCC → BCC로 바뀌며 열을 잃을 때는 반대가 된다.
⑤ **자기변태** : 철이 "퀴리점"으로 불리는 자기변태 온도(A_2변태점, 768[℃])를 지나면, 원자배열은 변하지 않으나 자성이 큰 강자성체에서 자성을 잃어버리는 상자성체로 변하는 현상으로 금속마다 자기변태점이 다르다. 예 시멘타이트는 210[℃]이다.
⑥ **공정반응** : 두 개의 성분 금속이 용융 상태에서는 하나의 액체로 존재하나 응고 시에는 1,150[℃]에서 일정한 비율로 두 종류의 금속이 동시에 정출되어 나오는 반응
⑦ **공석반응(공석변태)** : 철이 하나의 고용체 상태에서 냉각될 때 A_1변태점(723[℃])을 지나면서 두 개의 고체가 혼합된 상태로 변하는 반응
⑧ **포정반응** : 액상과 고상이 냉각될 때는 또 다른 하나의 고상으로 바뀌나 반대로 가열될 때는 하나의 고상이 액상과 또 다른 고상으로 바뀌는 반응
      α고용체 + 용융액 $\Leftrightarrow$ β고용체
⑨ **포석반응** : 두 개의 고상이 냉각될 때 처음의 두 고상과는 다른 조성의 고상으로 변하는 반응
      고용체 + 고상(B) $\Leftrightarrow$ 고상(A)
⑩ **편정반응** : 냉각 중 액상이 처음의 액상과는 다른 조성의 액상과 고상으로 변하는 반응
⑪ **초정** : 액체 속에서 처음 생긴 고체결정
⑫ **정출** : 액체 속에서 새로운 고체결정이 생기는 현상
⑬ **석출** : 고체 속에서 새로운 고체가 생기는 현상

(4) 금속조직의 종류 및 특징

① 페라이트(Ferrite) : α철

체심입방격자인 α철이 723[℃]에서 최대 0.02[%]의 탄소를 고용하는데, 이때의 고용체가 페라이트이다. 전연성이 크고 자성체이다.

② 펄라이트(Pearlite)

α철(페라이트) + Fe_3C(시멘타이트)의 층상구조 조직으로 질기고 강한 성질을 갖는 금속조직이다.

③ 시멘타이트(Cementite)

순철에 6.67[%]의 탄소(C)가 합금된 금속조직으로 경도가 매우 크나 취성도 크다. 재료 기호는 Fe_3C로 표시한다.

④ 마텐자이트(Martensite)

강을 오스테나이트 영역의 온도까지 가열한 후 급랭시켜 얻는 금속조직으로 강도와 경도가 크다.

⑤ 베이나이트(Bainite)

공석강을 오스테나이트 영역까지 가열한 후 250~550[℃]의 온도 범위에서 일정시간 동안 항온을 유지하는 "항온열처리" 조작을 통해서 얻을 수 있는 금속조직이다. 펄라이트와 마텐자이트의 중간 조직으로 냉각온도에 따라 분류된다.

항온 열처리 온도에 따른 분류

• 250~350[℃] : 하부 베이나이트
• 350~550[℃] : 상부 베이나이트

⑥ 오스테나이트(Austenite) : γ철

강을 A_1변태점 이상으로 가열했을 때 얻어지는 조직으로 비자성체이며 전기저항이 크고 질기고 강한 성질을 갖는다.

(5) Fe-C계 평형상태도에서의 3개 불변반응

종 류	반응온도	탄소 함유량	반응내용	생성조직
공석반응	723[℃]	0.8[%]	γ고용체 $\leftrightarrow$ α고용체 + Fe_3C	펄라이트조직
공정반응	1,147[℃]	4.3[%]	융체(L) $\leftrightarrow$ γ고용체 + Fe_3C	레데뷰라이트조직
포정반응	1,494[℃] (1,500[℃])	0.18[%]	δ고용체 + 융체(L) $\leftrightarrow$ γ고용체	오스테나이트조직

금속 조직 중에서 순철에 6.67[%]의 탄소(C)가 합금된 금속조직으로 경도가 매우 크나 취성도 큰 것은?

① 페라이트　　　　② 펄라이트
③ 시멘타이트　　　④ 마텐자이트

해설

순수한 철(Fe)에 탄소를 6.67[%] 합금시킨 금속조직은 시멘타이트이다.

답 ③

Fe-C 평형상태도에 표시된 S, C, J점에 대한 설명으로 옳은 것은?

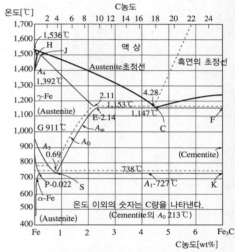

Fe-C계 상태도(실선 : Fe-Fe₃C계, 점선 : Fe-흑연계)

	S	C	J
①	포정점	공정점	공석점
②	공정점	공석점	포정점
③	공석점	공정점	포정점
④	공정점	포정점	공석점

해설

Fe-C 평형상태도는 온도에 따라 Fe에 C가 합금된 상태를 그래프로 나타낸 것이다.

답 ③

전위의 종류에 속하지 않는 것은?

① 칼날전위
② 소성전위
③ 나사전위
④ 혼합전위

답 ②

(6) 전위(구를 轉 자리하다 位, Dislocation)

① 전위의 정의

안정된 상태의 금속결정은 원자가 규칙적으로 질서정연하게 배열되어 있는데, 이 상태에서 어긋나 있는 상태를 말하며 이는 전자현미경으로 확인이 가능하다.

② 전위의 종류

㉠ 칼날전위 : 전위선과 버거스 벡터 – 수직

잉여반면 끝을 따라서 나타나는 선을 중심으로 윗부분은 압축응력이, 아래로는 인장응력이 작용한다.

㉡ 나사전위 : 전위선과 버거스 벡터 – 수평

원자들의 이동형상이 나사의 회전 방향과 같이 뒤틀리며 움직이는 현상으로 전단응력에 의해 발생한다.

㉢ 혼합전위 : 전위선과 버거스 벡터 – 수직이나 수평은 아니다.

칼날전위와 나사전위가 혼합된 전위로 결정재료의 대부분은 이처럼 혼합전위로 이루어져 있다.

※ 버거스 벡터 : 전위에 의한 격자의 뒤틀림의 크기와 방향을 나타낸 벡터

③ 소성변형과 전위의 관계

㉠ 전위의 움직임에 따른 소성변형 과정이 슬립이다.

㉡ 외력에 원자가 미끄러지는 슬립은 결정면의 연속성을 파괴한다.

㉢ 전위의 움직임을 방해할수록 금속재료의 강도와 경도는 증가한다.

3 공구재료

(1) 절삭공구 재료의 구비 조건

① 내마모성이 커야 한다.
② 충격에 잘 견뎌야 한다.
③ 고온경도가 커야 한다.

※ 고온경도 : 접촉 부위의 온도가 높아지더라도 경도를 유지하는 성질

④ 열처리와 가공이 쉬워야 한다.
⑤ 절삭 시 마찰계수가 작아야 한다.
⑥ 강인성(억세고 질긴 성질)이 커야 한다.
⑦ 성형성이 용이하고 가격이 저렴해야 한다.

(2) 공구강의 고온경도 및 파손강도가 높은 순서

다이아몬드 > 입방정 질화붕소 > 세라믹 > 초경합금 > 주조경질합금(스텔라이트) > 고속도강 > 합금공구강 > 탄소공구강

(3) 공구수명이 다 되었음을 판정하는 기준

① 절삭저항이 급격히 증가했을 때
② 공구 인선의 마모가 일정량에 달했을 때
③ 가공물의 완성치수 변화가 일정량에 달했을 때
④ 제품 표면에 자국이나 반점 등의 무늬가 있을 때

(4) 절삭공구의 피복(Coating)

① 목 적

절삭공구의 성능 향상을 위해 공구의 표면에 화학적 기상 증착법(CVD)이나 물리적 기상증착법(PVD)으로 피복제를 코팅하면 강도와 경도, 열적 특성이 향상된다. 피복제로는 주로 TiC, TiN, Al_2O_3가 사용되며 상대적으로 용융온도가 높은 WC(탄화텅스텐)는 사용하지 않는다.

② 절삭공구용 피복제의 종류

　㉠ TiC(티타늄탄화물)
　㉡ TiN(티타늄질화물)
　㉢ TiCN(티타늄탄화질화물)
　㉣ Al_2O_3(알루미나)

➕ **TIP**

상대적으로 고용융점인 WC는 공구 재료로만 사용되고 공구의 코팅용 재료로는 사용하지 않는다.

(5) 공구재료의 종류

① 탄소공구강(STC)

300[℃]의 절삭열에도 경도변화가 작고 열처리가 쉬우며 값이 저렴한 반면 강도가 작아서 고속절삭용 공구재료로는 사용이 부적합하며 수기가공용 공구인 줄이나 쇠톱날, 정의 재료로 사용된다.

② 합금공구강(STS)

탄소강에 W, Cr, W-Cr, Mn, Ni 등을 합금하여 제작하는 공구재료로 600[℃]의 절삭열에도 경도변화가 작아서 바이트나 다이스, 탭, 띠톱용 재료로 사용된다.

③ 고속도강(HSS)

탄소강에 W-18[%], Cr-4[%], V-1[%]이 합금된 것으로 600[℃]의 절삭열에도 경도변화가 없다. 탄소강보다 2배의 절삭속도로 가공이 가능하기 때문에 강력 절삭 바이트나 밀링 커터용 재료로 사용된다. 고속도강에서 나타나는 시효변화를 억제하기 위해서는 뜨임처리를 3회 이상 반복함으로써 잔류응력을 제거해야 한다. W계와 Mo계로 크게 분류된다.

④ 주조경질합금

스텔라이트라고도 하며 800[℃]의 절삭열에도 경도변화가 없다. 열처리가 불필요하며 고속도강보다 2배의 절삭속도로 가공이 가능하나 내구성과 인성이 작다. 청동이나 황동의 절삭재료로도 사용된다.

절삭가공에서 공구수명을 판정하는 방법으로 옳지 않은 것은?

① 공구날의 마모가 일정량에 달했을 때
② 절삭저항이 절삭개시 때와 비교해 급격히 증가하였을 때
③ 절삭가공 직후 가공표면에 반점이 나타날 때
④ 가공물의 온도가 일정하게 유지될 때

해설

공작물을 절삭할 때는 바이트와 공작물 사이에 마찰열이 발생하는데 가공할수록 온도가 상승하므로 가공물의 온도를 일정하게 유지하는 것은 불가능하다. 따라서 이것으로 공구의 수명을 판정할 수는 없다.

답 ④

절삭공구의 피복(Coating)재료로 적절하지 않은 것은?

① 텅스텐탄화물(WC)
② 티타늄탄화물(TiC)
③ 티타늄질화물(TiN)
④ 알루미늄산화물(Al_2O_3)

해설

절삭공구의 성능향상을 위해 공구의 표면에 화학적 기상증착법(CVD)이나 물리적 기상증착법(PVD)으로 피복재를 코팅하면 강도와 경도, 열적특성이 향상된다. 피복재로는 주로 TiC, TiN, Al_2O_3가 사용되며 상대적으로 용융온도가 높은 WC(탄화텅스텐)는 사용하지 않는다.

답 ①

고속도강에 합금되는 W-Cr-V의 합금비율로 알맞은 것은?

① W : 12[%], Ni : 8[%], V : 2[%]
② W : 12[%], Cr : 4[%], V : 1[%]
③ W : 18[%], Cr : 4[%], V : 1[%]
④ W : 20[%], Ni : 8[%], V : 2[%]

해설

고속도강(HSS)

탄소강에 W 18[%], Cr 4[%], V 1[%]이 합금된 것으로 600[℃]의 절삭열에도 경도변화가 없다. 탄소강보다 2배의 절삭속도로 가공이 가능하기 때문에 강력 절삭 바이트나 밀링 커터용 재료로 사용된다. 고속도강에서 나타나는 시효변화를 억제하기 위해서는 뜨임처리를 3회 이상 반복함으로써 잔류응력을 제거해야 한다. W계와 Mo계로 크게 분류된다.

답 ③

1,100[℃]의 고온에서도 경도변화 없이 고속절삭이 가능한 절삭공구로 WC, TiC, TaC 분말에 Co나 Ni 분말을 함께 첨가한 후 1,400[℃] 이상의 고온으로 가열하면서 프레스로 소결시켜 만든 공구재료는?

① 탄소공구강　　　② 합금공구강
③ 초경합금　　　　④ CBN공구

해설
초경합금(소결 초경합금)
1,100[℃]의 고온에서도 경도변화없이 고속절삭이 가능한 절삭공구로 WC, TiC, TaC 분말에 Co나 Ni 분말을 함께 첨가한 후 1,400[℃] 이상의 고온으로 가열하면서 프레스로 소결시켜 만든다. 진동이나 충격을 받으면 쉽게 깨지는 단점이 있으나 고속도강의 4배의 절삭속도로 가공이 가능하다.

답 ③

다이아몬드 다음으로 경한 재료로 철계금속이나 내열합금의 절삭에 적합한 것은?

① 세라믹(Ceramic)
② 초경합금(Carbide)
③ 입방정 질화붕소(CBN ; Cubic Boron Nitride)
④ 고속도강(HSS ; High Speed Steel)

해설
CBN공구라고도 불리는 입방정 질화붕소(Cubic Boron Nitride)는 미소분말을 고온이나 고압에서 소결하여 만든 것으로 다이아몬드 다음으로 경한 재료이다. 내열성과 내마모성이 뛰어나서 철계금속이나 내열합금의 절삭, 난삭재, 고속도강의 절삭에 주로 사용한다.

답 ③

⑤ 초경합금(소결 초경합금)
　1,100[℃]의 고온에서도 경도변화 없이 고속절삭이 가능한 절삭공구로 WC, TiC, TaC 분말에 Co나 Ni 분말을 함께 첨가한 후 1,400[℃] 이상의 고온으로 가열하면서 프레스로 소결시켜 만든다. 진동이나 충격을 받으면 쉽게 깨지는 단점이 있으나 고속도강의 4배의 절삭속도로 가공이 가능하다.
　㉠ 초경합금의 특징
　　• 경도가 높다.
　　• 내마모성이 크다.
　　• 고온에서 변형이 작다.
　　• 고온경도 및 강도가 양호하다.
　　• 소결합금으로 이루어진 공구이다.
　　• HRC(로크웰 경도 C스케일) 50 이상으로 경도가 크다.
　㉡ 초경합금 공구의 종류 및 특징

종 류	색 상	절삭재료
P계열	푸른색	강, 합금강
M계열	노란색	주철 및 주강, 스테인리스강
K계열	붉은색	주철, 비철금속

⑥ 세라믹
　무기질의 비금속 재료를 고온에서 소결한 것으로 1,200[℃]의 절삭열에도 경도변화가 없는 신소재이다. 주로 고온에서 소결시켜 만들 수 있는데 내마모성과 내열성, 내화학성(내산화성)이 우수하나 인성이 부족하고 성형성이 좋지 못하며 충격에 약한 단점이 있다.

⑦ 다이아몬드
　절삭공구용 재료 중에서 가장 경도가 높고(HB 7000), 내마멸성이 크며, 절삭속도가 빨라서 가공이 매우 능률적이나 취성이 크고 값이 비싼 단점이 있다. 강에 비해 열팽창이 크지 않아서 장시간의 고속절삭이 가능하다.

⑧ 입방정 질화붕소(Cubic Boron Nitride, CBN공구)
　미소분말을 고온이나 고압에서 소결하여 만든 것으로 다이아몬드 다음으로 경한 재료이다. 내열성과 내마모성이 뛰어나서 철계 금속이나 내열합금의 절삭, 난삭재, 고속도강의 절삭에 주로 사용한다.

4 탄소강

(1) 탄소강의 정의

탄소강(Carbon Steel)은 순수한 철에 C(탄소)를 2[%]까지 합금한 것으로 내식성은 탄소량이 감소할수록 증가하지만 일정 함유량 이하가 되면 내식성이 계속 증가하지 않고 일정하게 된다.

(2) 탄소함유량 증가에 따른 철강의 특성

① 경도 증가

② 취성 증가

③ 항복점 증가

④ 충격치 감소

⑤ 인장강도 증가

⑥ 인성 및 연신율 감소

(3) 탄소량 증가에 따른 금속재료의 성질 변화

① 증가하는 성질 : 전기저항성

② 감소하는 성질 : 비중, 열전도도, 열팽창계수, 용융점

(4) 탄소강의 5대 합금 원소

C(탄소), Si(규소, 실리콘), Mn(망간), P(인), S(황)

(5) 탄소의 함유량에 따른 철강의 분류

분 류	순 철	강	주 철
영 문	Pure Iron	Steel	Cast Iron
탄소 함유량	0.02[%] 이하	0.02~2.0[%]	2.0~6.67[%]
담금질성	담금질이 안 된다.	좋다.	잘 되지 않는다.
강도/경도	연하고 약하다.	크다.	경도는 크나 잘 부서진다.
활 용	전기재료	기계재료	주조용 철
제 조	전기로	전 로	큐폴라

(6) 순철(순수할 純, 쇠 鐵, Pure Iron)

① 순철의 정의

순수한 철을 의미한다. 불순물이 거의 없고 탄소함유량이 0.02[%] 이하인 고순도의 철이다.

② 순철의 활용 : 전기저항성이 작아서 전기재료로 많이 사용된다.

③ 순철(Pure Iron)의 특징

㉠ 비중은 7.86이다.

㉡ 용융점은 1,538[℃]이다.

㉢ 연신율은 80~85[%] 정도이다.

㉣ 고온에서 산화작용이 심하다.

㉤ 인장강도가 20~28[kgf/mm²]이다.

㉥ 단접이 용이하고, 용접성도 좋다.

㉦ 바닷물이나 화학약품에 잘 부식된다.

㉧ 투자율이 높아 변압기나 발전기용 재료로 사용된다.

㉨ 철강재료 중 담금질 열처리에 의해 경화되지 않는다.

철강에 포함된 탄소함유량의 영향에 대한 설명으로 옳지 않은 것은?

① 탄소량이 증가하면 연신율이 감소한다.

② 탄소량이 감소하면 경도가 증가한다.

③ 탄소량이 감소하면 내식성이 증가한다.

④ 탄소량이 증가하면 단면수축률이 감소한다.

해설

철강에 포함된 탄소함유량의 영향

• 탄소량이 감소하면 경도가 감소하나 내식성은 증가한다.

• 탄소량이 증가하면 연신율과 단면수축률이 감소한다.

답 ②

강의 탄소함유량이 증가함에 따라 나타나는 특성 중 옳지 않은 것은?

① 인장강도가 증가한다.

② 항복점이 증가한다.

③ 경도가 증가한다.

④ 충격치가 증가한다.

해설

강(Steel)은 순철에 탄소(C)가 0.02~2[%] 합금된 것으로 탄소 함유량이 증가함에 따라 취성이 커지기 때문에 재료의 내충격성을 나타내는 충격치는 감소한다.

답 ④

탄소강에 합금되어 있는 5대 원소에 속하지 않는 것은?

① C

② Si

③ Mn

④ Ni

해설

탄소강의 5대 합금 원소

C(탄소), Si(규소, 실리콘), Mn(망간), P(인), S(황)

답 ④

다음 중 옳지 않은 것은?

① 아공석강의 서랭조직은 페라이트(Ferrite)와 펄라이트(Pearlite)의 혼합조직이다.
② 공석강의 서랭조직은 페라이트로 변태종료 후 온도가 내려가도 조직의 변화는 거의 일어나지 않는다.
③ 과공석강의 서랭조직은 펄라이트와 시멘타이트(Cementite)의 혼합조직이다.
④ 시멘타이트는 철과 탄소의 금속간 화합물이다.

해설
순철에 0.8[%]의 C가 합금된 공석강을 서랭(서서히 냉각)시키면 펄라이트조직이 나온다. 강을 오스테나이트 영역까지 가열한 후 급랭시키면 마텐자이트조직이 얻어지나 서랭시키면 C의 함유량에 따라 각기 다른 성질의 금속조직이 생성된다.

답 ②

용선(Molten Steel)을 제조하기 위해 용광로에 반드시 장입해야 하는 원료에 속하지 않는 것은?

① 유 황   ② 석회석
③ 철광석   ④ 코크스

해설
선철을 용광로에서 녹이면 이것이 선철이 되는데, 선철을 만들기 위해서는 용광로(고로)에 코크스, 석회석, 철광석을 기본으로 장입해야 한다.

답 ①

평로나 전로에서 제조된 것으로 Fe-Mn(페로망간)으로 가볍게 탈산시킨 강은?

① 킬드강   ② 림드강
③ 캡트강   ④ 세미킬드강

해설
림드강은 Fe-Mn으로 가볍게 탈산시킨 강이므로 강괴의 내부에 기포가 많이 존재한다.

답 ②

(7) 연철(Mild Iron)

순철에 0.2[%] 이하의 탄소가 합금된 재료로 성질이 연해서 전성과 연성, 자기적 성질이 좋아서 전기재료로 많이 사용된다.

(8) 강(Steel)

순철에 탄소(C)가 0.02~2[%] 함유된 것으로 탄소함유량이 증가함에 따라 취성이 커지기 때문에 재료의 내충격성을 나타내는 값인 '충격치'는 감소한다.

① **아공석강** : 순철에 0.02~0.8[%]의 C가 합금된 강으로 서랭시키면 페라이트와 펄라이트의 혼합조직이 나온다.
② **공석강** : 순철에 0.8[%]의 C가 합금된 강. 공석강을 서랭(서서히 냉각)시키면 펄라이트조직이 나온다.
③ **과공석강** : 순철에 0.8~2[%]의 C가 합금된 강으로 서랭시키면 펄라이트와 시멘타이트의 혼합조직이 나온다.

(9) 선철(Pig Iron)

선철을 만들기 위해 용광로에 장입하는 것을 말한다.
① **코크스** : 선철을 제조하는 과정에서 연료 겸 환원제로 사용
② **석회석** : 불순물 제거
③ **철광석** : Fe(철)을 10~60[%] 함유하고 있는 광석

(10) 강괴의 탈산 정도에 따른 종류

① **킬드강**
평로, 전기로에서 제조된 용강을 Fe-Mn, Fe-Si, Al 등으로 완전히 탈산시킨 강으로 상부에 작은 수축관과 소수의 기포만이 존재하며 탄소 함유량이 0.15~0.3[%] 정도인 강을 말한다.
② **세미킬드강**
탈산의 정도가 킬드강과 림드강 중간으로 림드강에 비해 재질이 균일하며 용접성이 좋고, 킬드강보다는 압연이 잘 된다.
③ **림드강** : 평로, 전로에서 제조된 것을 Fe-Mn으로 가볍게 탈산시킨 강을 말한다.
④ **캡트강** : 림드강을 주형에 주입한 후 탈산제를 넣거나 주형에 뚜껑을 덮고 리밍작용을 억제하여 표면을 림드강처럼 깨끗하게 만듦과 동시에 내부를 세미킬드강처럼 편석이 적은 상태로 만든 강을 말한다.

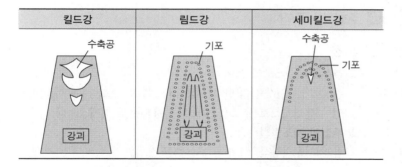

킬드강	림드강	세미킬드강
수축공 / 강괴	기포 / 강괴	수축공 / 기포 / 강괴

(11) 탄소강에 함유된 원소들의 영향

종 류	영 향
탄소(C)	• 경도를 증가시킨다. • 인성과 연성을 감소시킨다. • 일정 함유량까지 강도를 증가시킨다. • 함유량이 많아질수록 취성(메짐)이 강해진다.
규소(Si)	• 유동성을 증가시킨다. • 용접성과 가공성을 저하시킨다. • 인장강도, 탄성한계, 경도를 상승시킨다. • 결정립의 조대화로 충격값과 인성, 연신율을 저하시킨다.
망간(Mn)	• 주철의 흑연화를 방해한다. • 고온에서 결정립성장을 억제한다. • 주조성과 담금질효과를 향상시킨다. • 탄소강에 함유된 S(황)을 MnS로 석출시켜 적열취성을 방지한다.
인(P)	• 상온취성의 원인이 된다. • 결정입자를 조대화시킨다. • 편석이나 균열의 원인이 된다. • 주철의 용융점을 낮추고 유동성을 좋게 한다.
황(S)	• 절삭성을 양호하게 한다. • 편석과 적열취성의 원인이 된다. • 철을 여리게 하며 알칼리성에 약하다.
수소(H_2)	백점, 헤어크랙의 원인이 된다.
몰리브덴 (Mo)	• 내식성을 증가시킨다. • 뜨임취성을 방지한다. • 담금질 깊이를 깊게 한다.
크롬(Cr)	• 강도와 경도를 증가시킨다. • 탄화물을 만들기 쉽게 한다. • 내식성, 내열성, 내마모성을 증가시킨다.
납(Pb)	절삭성을 크게 하여 쾌삭강의 재료가 된다.
코발트(Co)	고온에서 내식성, 내산화성, 내마모성, 기계적 성질이 뛰어나다.
Cu(구리)	• 고온 취성의 원인이 된다. • 압연 시 균열의 원인이 된다.
니켈(Ni)	내식성 및 내산성을 증가시킨다.
티타늄(Ti)	• 부식에 대한 저항이 매우 크다. • 가볍고 강력해서 항공기용 재료로 사용된다.

주철에 함유된 원소 중 인(P)의 영향으로 옳은 것은?

① 스테다이트(Steadite)를 형성하여 주철의 경도를 낮춘다.
② 공정온도와 공석온도를 상승시킨다.
③ 주철의 융점을 낮추어 유동성을 양호하게 한다.
④ 1[wt%] 이상 사용할 때 경도는 상승하지만 인성은 감소한다.

해설
인(P) : 주철의 용융점을 낮추고 유동성을 좋게 하는 장점이 있으나 상온취성과 편석 및 균열의 원인이 된다.

답 ③

강에 크롬(Cr)을 첨가하는 목적으로 옳지 않은 것은?

① 내식성 증가
② 내열성 증가
③ 강도 및 경도 증가
④ 자기적 성질 증가

해설
크롬(Cr)이 강에 합금되면 내식성과 내열성, 강도, 경도를 증가시키나 자기적 성질은 큰 영향을 미치지 못하거나 떨어뜨린다.

답 ④

5 주철 및 주강

(1) 주 철

① 주철(Cast Iron)의 정의
순철에 2~6.67[%]의 탄소를 합금한 재료로 탄소함유량이 많아서 단조작업이 곤란하므로 주조용 재료로 사용되는 철강재료이다.

② 주철의 제조방법
용광로에 철광석, 석회석, 코크스를 장입한 후 1,200[℃]의 열풍을 불어넣어주면 쇳물이 나오는데 이 쇳물의 평균 탄소 함유량은 4.5[%]이다.

③ 주철의 특징
㉠ 주조성이 우수하다.
㉡ 기계 가공성이 좋다.
㉢ 압축 강도가 크고 경도가 높다.
㉣ 가격이 저렴해서 널리 사용된다.
㉤ 고온에서 기계적 성질이 떨어진다.
㉥ 주철 중의 Si은 공정점을 저탄소강 영역으로 이동시킨다.
㉦ 용융점이 낮고 주조성이 좋아서 복잡한 형상을 쉽게 제작한다.
㉧ 주철 중 탄소의 흑연화를 위해서는 탄소와 규소의 함량이 중요하다.
㉨ 주철을 파면상으로 분류하면 회주철, 백주철, 반주철로 구분할 수 있다.
㉩ 강에 비해 탄소의 함유량이 많기 때문에 취성과 경도가 커지나 강도는 작아진다.

④ 주철의 종류
㉠ 보통주철(GC 100~GC 200) : 주철 중에서 인장강도가 가장 낮다.
인장강도가 100~200[N/mm²](10~20[kgf/mm²]) 정도로 기계가공성이 좋고 값이 싸며 기계 구조물의 몸체 등의 재료로 사용된다. 주조성이 좋으나 취성이 커서 연신율이 거의 없다. 탄소함유량이 높기 때문에 고온에서 기계적 성질이 떨어지는 단점이 있다.
㉡ 고급주철(GC 250~GC 350) : 펄라이트주철
편상흑연주철 중 인장강도가 250[N/mm²] 이상의 주철로 조직이 펄라이트라서 펄라이트주철로도 불린다. 고강도와 내마멸성을 요구하는 기계 부품에 주로 사용된다.
㉢ 회주철(Gray Cast Iron)
'GC200'으로 표시되는 주조용 철로서 200은 최저인장강도를 나타낸다. 탄소가 흑연 박편의 형태로 석출되며 내마모성과 진동흡수 능력이 우수하고 압축강도가 좋아서 엔진블록이나 브레이크드럼용 재료, 공작기계의 베드용 재료로 사용된다. 이 회주철 조직에 가장 큰 영향을 미치는 원소는 C와 Si이다.

회주철의 특징
- 주조와 절삭가공이 쉽다.
- 인장력에 약하고 깨지기 쉽다.
- 탄소강이 비해 진동에너지의 흡수가 좋다.
- 유동성이 좋아서 복잡한 형태의 주물을 만들 수 있다.

㉣ 구상흑연주철

주철 속 흑연이 완전히 구상이고 그 주위가 페라이트조직으로 되어 있는데 이 형상이 황소의 눈과 닮았다고 해서 불스아이 주철로도 불린다. 일반주철에 Ni(니켈), Cr(크롬), Mo(몰리브덴), Cu(구리)를 첨가하여 재질을 개선한 주철로 내마멸성, 내열성, 내식성이 대단히 우수하여 자동차용 주물이나 주조용 재료로 사용되며 다른 말로 노듈러주철, 덕타일주철로도 불린다.

⭐ TIP

흑연을 구상화하는 방법
황(S)이 적은 선철을 용해한 후 Mg, Ce, Ca 등을 첨가하여 제조하는데, 흑연이 구상화되면 보통주철에 비해 강력하고 점성이 강한 성질을 갖게 한다.

㉤ 백주철

회주철을 급랭하여 얻는 주철로 파단면이 백색이다. 흑연을 거의 함유하고 있지 않으며 탄소가 시멘타이트로 존재하기 때문에 다른 주철에 비해 시멘타이트의 함유량이 많아서 단단하기는 하나 취성이 큰 단점이 있다. 마모량이 큰 제분용 볼(Mill Ball)과 같은 기계요소의 재료로 사용된다.

㉥ 가단주철

백주철을 고온에서 장시간 열처리하여 시멘타이트 조직을 분해하거나 소실시켜 조직의 인성과 연성을 개선한 주철로 가단성이 부족했던 주철을 강인한 조직으로 만들기 때문에 단조작업이 가능한 주철이다. 제작 공정이 복잡해서 시간과 비용이 상대적으로 많이 든다.

가단주철의 종류
- 흑심가단주철(흑연화가 주목적)
- 백심가단주철(탈탄이 주목적)
- 특수가단주철
- 펄라이트가단주철

회주철을 급랭하여 얻을 수 있으며 다량의 시멘타이트(Cementite)를 포함하는 주철로 옳은 것은?

① 백주철　　　　　② 주 강
③ 가단주철　　　　④ 구상흑연주철

해설
백주철
회주철을 급랭하여 얻는 주철로 파단면이 백색이다. 흑연을 거의 함유하고 있지 않으며 탄소가 시멘타이트로 존재하기 때문에 다른 주철에 비해 시멘타이트의 함유량이 많아서 단단하기는 하나 취성이 큰 단점이 있다. 마모량이 큰 제분용 볼(Mill Ball)과 같은 기계요소의 재료로 사용된다.

답 ①

가단주철에 대한 설명으로 옳지 않은 것은?

① 가단주철은 연성을 가진 주철을 얻는 방법 중 시간과 비용이 적게 드는 공정이다.
② 가단주철의 연성이 백주철에 비해 좋아진 것은 조직 내의 시멘타이트의 양이 줄거나 없어졌기 때문이다.
③ 조직 내에 존재하는 흑연의 모양은 회주철에 존재하는 흑연처럼 날카롭지 않고 비교적 둥근 모양으로 연성을 증가시킨다.
④ 가단주철은 파단 시 단면감소율이 10[%] 정도에 이를 정도로 연성이 우수하다.

해설
가단주철은 백주철을 고온에서 장시간 열처리하여 시멘타이트 조직을 분해하거나 소실시켜 조직의 인성과 연성을 개선한 주철이므로 제작공정이 복잡해서 시간과 비용이 상대적으로 많이 든다.

답 ①

Fe-Si 또는 Ca-Si 등의 접종제로 접종처리하여 흑연을 미세화하고 바탕조직을 펄라이트(Pearlite)조직화하여 강도와 인성을 높인 주철은?

① 백주철(White Cast Iron)
② 칠드주철(Chilled Cast Iron)
③ 미하나이트주철(Meehanite Cast Iron)
④ 흑심가단주철(Black Heart Malleable Cast Iron)

해설
미하나이트주철은 흑연을 미세화하고 바탕조직을 펄라이트(Pearlite)조직화하여 강도와 인성을 높인 주철이다.

답 ③

주철의 성장 원인이 아닌 것은?

① 시멘타이트의 흑연화에 의한 팽창
② 고용된 원소인 Mn의 산화에 의한 팽창
③ 불균일한 가열로 생기는 균열에 의한 팽창
④ 흡수되는 가스의 팽창으로 인해 항복되어 생기는 팽창

해설
주철의 물리적 성질은 화학 조성과 조직에 따라 크게 달라진다. 또한 주철을 600[℃] 이상의 온도에서 가열과 냉각을 반복하면 부피가 증가하여 파열되는데, 이 현상을 주철의 성장이라고 한다. 주철의 성장 원인은 페라이트 중 고용된 Si(규소)의 산화에 의한 팽창 때문으로 Mn의 산화와는 거리가 멀다.

답 ②

ⓐ 미하나이트주철
바탕이 펄라이트조직으로 인장강도가 350~450[MPa]인 이 주철은 담금질이 가능하고 인성과 연성이 대단히 크며, 두께 차이에 의한 성질의 변화가 매우 작아서 내연기관의 실린더 재료로 사용된다.

ⓞ 고규소주철
C(탄소)가 0.5~1.0[%], Si(규소)가 14~16[%] 합금된 내식용 주철재료로 화학 공업 분야에 널리 사용된다. 경도가 높아서 가공성이 낮으며 재질이 여리다는 결점이 있다.

ⓩ ADI(Austempered Ductile Iron)주철
재질을 경화시키기 위해 구상흑연주철을 항온열처리법인 오스템퍼링으로 열처리한 주철이다.

⑤ 주철의 성장
　㉠ 정 의
주철을 600[℃] 이상의 온도에서 가열과 냉각을 반복하면 부피의 증가로 재료가 파열되는데, 이 현상을 주철의 성장이라고 한다.
　㉡ 주철 성장의 원인
　　• 흡수된 가스에 의한 팽창
　　• A_1변태에서 부피 변화로 인한 팽창
　　• 시멘타이트(Fe_3C)의 흑연화에 의한 팽창
　　• 페라이트 중 고용된 Si(규소)의 산화에 의한 팽창
　　• 불균일한 가열에 의해 생기는 파열, 균열에 의한 팽창
　㉢ 주철의 성장을 방지하는 방법
　　• 편상 흑연을 구상 흑연화한다.
　　• C와 Si의 양을 적게 해야 한다.
　　• 흑연의 미세화로서 조직을 치밀하게 한다.
　　• Cr, Mn, Mo 등을 첨가하여 펄라이트 중의 Fe_3C(시멘타이트) 분해를 막는다.

⑥ 주철과 강의 차이점
주철은 주조작업이 가능한 철로서 탄소의 함유량이 대략 2~6.67[%]인데 강(0.02~2[%])에 비해 탄소의 함유량이 많기 때문에 취성과 압축강도가 크나 연신율이 작아진다.

⑦ 마우러 조직도

　㉠ 정 의

　　주철조직을 지배하는 주요 요소인 C와 Si의 함유량에 따른 주철조직
　　의 변화를 나타낸 그래프이다.

　㉡ 마우러 조직도

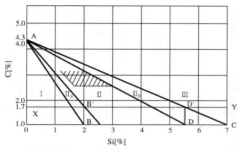

영 역	주철 조직	경 도
I	백주철	
II_a	반주철	
II	펄라이트 주철	최대
II_b	회주철	⇕
III	페라이트 주철	최소

※ 빗금친 부분은 고급주철이다.

⑧ 주철의 흑연화에 영향을 미치는 원소

　㉠ 주철의 흑연화 촉진제 : Al, Si, Ni, Ti

　㉡ 주철의 흑연화 방지제 : Cr, V, Mn, S

⑨ 주철조직에 나타나는 흑연 형상

　㉠ 편 상

　㉡ 구 상

　㉢ 공정상

(2) 주 강

① 주강의 정의

　주철에 비해 C(탄소)의 함유량을 줄인 용강(용융된 강)을 주형에 주입해
　서 만든 주조용 강재료로, 주철에 비해 기계적 성질이 좋고 용접에 의한
　보수작업이 용이하며 단조품에 비해 가공공정이 적으면서 대형제품을 만
　들 수 있는 장점이 있어서 형상이 크거나 복잡해서 단조품으로 만들기
　곤란하거나 주철로는 강도가 부족한 경우 사용한다. 그러나 주조조직이
　거칠고 응고 시 수축률도 크며 취성이 있어서 주조 후에는 완전풀림을
　통해 조직을 미세화하고 주조응력을 제거해야 한다는 단점이 있다.

② 주강의 특징

　㉠ 주철로서는 강도가 부족한 곳에 사용된다.

　㉡ 일반적인 주강의 탄소함량은 0.1~0.6[%] 정도이다.

　㉢ 함유된 C(탄소)의 양이 많기 때문에 완전풀림을 실시해야 한다.

　㉣ 기포나 기공 등이 생기기 쉬우므로 제강작업 시 다량의 탈산제가 필요
　　하다.

마우러 조직도는 탄소(C)와 어떤 금속원소와의 관계를
나타낸 것인가?

① Cr　　　　　② Mo

③ Si　　　　　④ Co

답 ③

주철의 흑연화를 방지하는 원소는?

① Al　　　　　② Mn

③ Ti　　　　　④ Si

답 ②

③ 주강의 종류

　　㉠ 탄소주강

　　　Fe과 C의 합금만으로 만들어진 주강으로 탄소의 함유량에 따라 기계적 성질이 다르게 나타난다.

　　　탄소주강의 분류

　　　• 저탄소주강 : 0.2[%] 이하의 C가 합금된 주조용 재료

　　　• 중탄소주강 : 0.2~0.5[%]의 C가 합금된 주조용 재료

　　　• 고탄소주강 : 0.5[%] 이상의 C가 합금된 주조용 재료

　　㉡ 합금주강

　　　원하는 목적에 따라 탄소주강에 다양한 합금원소를 첨가해서 만든 주조용 재료로 탄소주강에 비해 강도가 우수하고 인성과 내마모성이 크다.

　　　합금주강의 분류

　　　• Ni주강 : 강인성 향상을 위해 1~5[%]의 Ni을 첨가한 것으로 연신율의 저하를 막고 강도 및 내마멸성이 향상되어 톱니바퀴나 차축용 재료로 사용된다.

　　　• Cr주강 : 탄소주강에 3[%] 이하의 Cr을 첨가하여 강도와 내마멸성을 증가시킨 재료로 분쇄기계용 재료로 사용된다.

　　　• Ni-Cr주강 : 1~4[%]의 Ni, 약 1[%]의 Cr을 합금한 주강으로 강도가 크고 인성이 양호해서 자동차나 항공기용 재료로 사용된다.

　　　• Mn주강 : Mn을 약 1[%] 합금한 저망간주강은 제지용 롤러에, 약 12[%] 합금한 고망간주강(= 하드필드강)은 오스테나이트 입계의 탄화물 석출 때문에 취약하나 약 1,000[℃]에서 담금질하면 균일한 오스테나이트조직이 되면서 조직이 강인해지므로 광산이나 토목용 기계부품에 사용이 가능하다.

6 합금강 및 특수강

(1) 합금강

① 합금강의 정의

　탄소강 본래의 성질을 더 뚜렷하게 개선하거나 새로운 특성을 갖게 하기 위해 보통 탄소강에 합금 원소를 첨가하여 만든 강이다.

② 합금강을 만드는 목적

　㉠ 높은 강도와 연성을 유지하기 위해

　㉡ 내식성과 내열성, 내산화성을 개선하기 위해

　㉢ 고온과 저온에서의 기계적 성질을 개선하기 위해

　㉣ 내마멸성 및 피로 특성 등 특수한 성질을 개선하기 위해

　㉤ 강을 경화시킬 수 있는 깊이를 증가시켜 기계적 성질을 개선하기 위해

보통주강에 3[%] 이하의 Cr을 첨가하여 강도와 내마멸성을 증가시켜 분쇄기계, 석유화학 공업용 기계 부품 등에 사용되는 합금주강은?

① Ni주강

② Cr주강

③ Mn주강

④ Ni-Cr주강

해설

강은 보통순철에 탄소의 함유량이 2[%] 이하인 것을 말하는 것으로, 여기에 합금원소가 어떤 것이 첨가되느냐에 따라서 명칭이 달라진다. 여기서는 Cr이 함유되었으므로 Cr주강이 된다.

답 ②

합금강을 만드는 목적으로 알맞지 않은 것은?

① 내식성을 개선하기 위해

② 기계적 성질을 개선하기 위해

③ 내식성과 내열성, 내산화성을 높이기 위해

④ 강을 경화시킬 수 있는 깊이를 감소시키기 위해

해설

합금강은 강을 경화시킬 수 있는 깊이를 크게 하기 위해서 만든다.

답 ④

(2) 스테인리스강

① 정의

일반강재료에 Cr(크롬)을 12[%] 이상 합금하여 만든 내식용 강으로 부식이 잘 일어나지 않아서 최근 조리용 재료로 많이 사용되는 금속재료이다. 스테인리스강에는 Cr(크롬)이 가장 많이 함유된다.

② 스테인리스강의 분류

구 분	종 류	주요성분	자 성
Cr계	페라이트계 스테인리스강	Fe + Cr 12[%] 이상	자성체
	마텐자이트계 스테인리스강	Fe + Cr 13[%]	자성체
Cr + Ni계	오스테나이트계 스테인리스강	Fe + Cr 18[%] + Ni 8[%]	비자성체
	석출경화계 스테인리스강	Fe + Cr + Ni	비자성체

③ 스테인리스강의 종류

㉠ STS 304 : STainless Steel
- 오스테나이트계 스테인리스강
- 면심입방격자이며 자성이 없고 열처리로 경화되지 않는다.
- 일반적으로 많이 사용되는 스테인리스강이다.

㉡ STS 304L
- 오스테나이트계 스테인리스강
- 면심입방격자이며 자성이 없고 열처리로 경화되지 않는다.
- STS 304의 탄소함유량을 최저로 줄인 강으로 강도는 떨어진다.
- STS 304보다 입계부식에 강한 편이다.
- STS 304보다 용접성과 내식성, 내열성이 우수하다.

㉢ STS 316
- 오스테나이트계 스테인리스강
- 면심입방격자이며 자성이 없고 열처리로 경화되지 않는다.
- STS 304보다 내식성과 내산성이 우수하다.
- STS 304에 Mo(몰리브덴)을 첨가한 강이다.
- STS 304보다 강도가 약하다.

㉣ STS 316L
- 오스테나이트계 스테인리스강
- 면심입방격자이며 자성이 없고 열처리로 경화되지 않는다.
- STS 316의 탄소함유량을 최저로 줄인 강으로 강도는 떨어진다.
- STS 316 보다 입계부식에 강한 편이다.

⭐ TIP

STS 304L과 STS 304

STS는 STainless Steel의 약자이며 뒤 숫자는 계열을 의미하므로 큰 의미를 둘 필요는 없다.

STS 304L은 STS 304에서 탄소의 함량을 줄인 것으로 뒤에 붙은 L은 (Low carbon)의 약자이다.

STS 304보다 용접성과 내식성, 내열성이 우수하나 강도는 떨어진다.

스테인리스강(Stainless Steel)의 구성성분 중에서 함유율이 가장 높은 것은?

① Mo   ② Mn
③ Cr   ④ Ni

해설
스테인리스강은 일반 강(Steel)에 Cr(크롬)을 12[%] 이상 합금하여 만든 내식용 강으로 부식이 잘 일어나지 않아서 최근에 많이 사용되는 금속재료이다. 따라서 스테인리스강에는 Cr(크롬)이 가장 많이 함유되어 있다.

답 ③

스테인리스강의 분류에 속하지 않는 것은?

① 페라이트계
② 시멘타이트계
③ 마텐자이트계
④ 오스테나이트계

해설
시멘타이트계는 스테인리스강으로 분류되지 않는다.

답 ②

(3) 특수강

① 특수강의 종류

종류	특징
Co강	강에 강도와 경도 증가를 위해 소량의 Co(코발트)를 첨가한 강이다.
Si강	자기적 감응도가 크고 잔류자기와 항자력이 작아서 변압기의 철심용 재료로 사용된다.
레일강	경강으로 철도의 레일을 만드는 데 사용된다.
쾌삭강	강을 절삭할 때 Chip을 잘게 하고 피삭성을 좋게 하기 위해 황이나 납 등 특수원소를 첨가한 강으로 일반 탄소강보다 인(P), 황(S)의 함유량을 많게 하거나 납(Pb), 셀레늄(Se), 지르코늄(Zr) 등을 첨가하여 제조한 강
다이스강	Cr, Mo, W 등을 합금해서 내마모성을 높여 다이스용 재료로 사용한다.

② 자경성(특수강의 주요성질)

담금질 후 대기 중에서 방랭하는 것만으로도 마텐자이트 조직이 생성되어 조직이 단단해지는 성질로 Ni, Cr, Mn 등이 함유된 특수강에서 볼 수 있다.

7 비철금속 재료

(1) 구리와 그 합금

① 구리(Cu)의 성질

㉠ 비중은 8.96이다.
㉡ 비자성체이다.
㉢ 내식성이 좋다.
㉣ 용융점 1,083[℃]
㉤ 끓는점 2,560[℃]
㉥ 전기전도율이 우수하다.
㉦ 전기와 열의 양도체이다.
㉧ 전연성과 가공성이 우수하다.
㉨ Ni, Sn, Zn 등과 합금이 잘 된다.
㉩ 건조한 공기 중에서 산화하지 않는다.
㉪ 방전용 전극재료로 가장 많이 사용된다.
㉫ 아름다운 광택과 귀금속적 성질이 우수하다.
㉬ 결정격자는 면심입방격자이며 변태점이 없다.
㉭ 황산, 염산에 용해되며 습기, 탄소가스, 해수에 녹이 생긴다.

구리의 특징으로 알맞지 않은 것은?

① 비중은 8.9 정도이다.
② 내식성이 좋은 편이다.
③ 건조한 공기 중에서도 쉽게 산화한다.
④ 황산, 염산에 용해되며 습기, 탄소가스, 해수에 녹이 생긴다.

해설

건조한 공기 중에서 산화하지 않는다.

답 ③

② 구리 합금의 대표적인 종류

청 동	황 동
Cu + Sn, 구리 + 주석	Cu + Zn, 구리 + 아연

③ 청 동

　㉠ 청동의 정의

　　Cu에 Sn을 합금한 재료로 오래 전부터 장신구, 무기, 불상, 종 등에 이용되어 왔다. 내식성과 내마모성이 우수해서 각종 기계 주물용 재료나 미술 공예품 등에도 광범위하게 사용된다.

　㉡ 특 징

　　• 마찰저항이 크다.

　　• 내식성이 양호하다.

　　• 구리와 주석의 합금이다.

　　• 주조하기 쉬워 선박용 부품이나 밸브류, 동상, 베어링 등에 사용된다.

　㉢ 청동의 종류

켈밋합금	• Cu 70[%] + Pb 30~40[%]의 합금이다. • 열전도성과 압축 강도가 크다. • 마찰계수가 작아서 고속, 고하중용 베어링에 사용된다.
베릴륨청동	• Cu에 1~3[%]의 베릴륨을 첨가한 합금이다. • 담금질한 후 시효경화시키면 기계적 성질이 합금강에 뒤떨어지지 않는다. • 내식성이 우수하다. • 기어, 판스프링, 베어링용 재료로 쓰인다. • 가공하기 어렵다는 단점이 있다.
연청동	• 납청동이라고도 한다. • 베어링용이나 패킹 재료로 사용된다.
알루미늄청동	• Cu에 2~15[%]의 Al을 첨가한 합금이다. • 강도가 극히 높고 내식성이 우수하다. • 기어나 캠, 레버, 베어링용 재료로 사용된다.

　㉣ 인청동에서 P의 영향

　　• 탄성을 좋게 한다.

　　• 내식성을 증가시킨다.

　　• 쇳물의 유동을 좋게 한다.

　　• 강도와 인성을 증가시킨다.

④ 황 동

　㉠ 황동의 정의

　　놋쇠라고도 불리는 황동은 Cu(구리) + Zn(아연)의 합금이다. 가장 많이 사용되는 합금의 비율은 30~40[%]의 Zn이 합금된 것으로 Zn의 함량이 높으면 판이나 봉, 선재나 주물로 사용되며, 낮은 것은 장식품이나 공예품으로 사용된다. Cu에 비해 주조성과 가공성, 내식성이 우수하며 색상이 아름답다.

황동을 만들 때 합금시키는 대표적인 원소로 알맞은 것은?

① Cu + Sn

② Cu + Zn

③ Al + Pb

④ Al + Mg

답 ②

상원사의 동종과 같이 고대부터 사용한 청동의 합금은?

① 철과 아연

② 철과 주석

③ 구리와 아연

④ 구리와 주석

답 ④

황동의 특징으로 알맞지 않은 것은?

① Zn의 함유량에 따라 합금의 색상이 달라진다.
② Zn의 함유량이 증가하면 인장강도는 커지나 비중은 떨어진다.
③ Zn의 함유량이 증가하면 연신율도 30[%]까지 증가하다가 40~50[%]에서 급격히 감소한다.
④ 7 : 3 황동은 600[℃]까지는 연신율이 내려가나 그 이상이 되면 연신율이 급격히 증가하므로 300~500[℃]에서는 가공을 피하고 그 이상의 온도에서 가공한다.

해설
• 7 : 3 황동은 600[℃] 이상에서 취성이 생기므로 높은 온도의 가공은 부적당하나 500[℃] 부근에서는 가공이 가능하다.
• 6 : 4 황동은 600[℃]까지는 연신율이 내려가나 그 이상이 되면 연신율이 급격히 증가하므로 300~500[℃]에서는 가공을 피하고 그 이상의 온도에서 가공한다.

답 ④

Cu에 Zn을 5~20[%] 합금한 것으로 색깔이 아름답고 냉간가공이 쉽게 되어 단추나 금박, 금 모조품과 같은 장식용 재료로 사용되는 구리합금은?

① 톰 백
② 델타메탈
③ 쾌삭황동
④ 강력황동

답 ①

ⓛ 황동의 특징
• Zn의 함유량에 따라 합금의 색상이 달라진다.
• Zn의 함유량이 증가하면 인장강도는 커지나 비중은 떨어진다.
• Zn의 함유량이 증가하면 연신율도 30[%]까지 증가하다가 40~50[%]에서 급격히 감소한다.
• 6 : 4 황동은 600[℃]까지는 연신율이 내려가나 그 이상이 되면 연신율이 급격히 증가하므로 300~500[℃]에서는 가공을 피하고 그 이상의 온도에서 가공한다.
• 7 : 3 황동은 600[℃] 이상에서 취성이 생기므로 높은 온도의 가공은 부적당하나 500[℃] 부근에서는 가공이 가능하다.

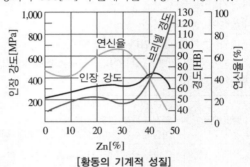

[황동의 기계적 성질]

ⓒ 황동의 종류

톰 백	• Cu에 Zn을 5~20[%] 합금한 것이다. • 색깔이 아름답고 냉간가공이 쉽다. • 단추나 금박, 금 모조품과 같은 장식용 재료로 사용된다.
문쯔메탈	• 60[%]의 Cu와 40[%]의 Zn이 합금된 것이다. • 인장강도가 최대이다. • 강도가 필요한 단조제품이나 볼트나 리벳용 재료로 사용한다.
알브락	• Cu 75[%] + Zn 20[%] + 소량의 Al, Si, As의 합금이다. • 해수에 강하다. • 내식성과 내침수성이 커 복수기관과 냉각기관에 사용한다.
애드미럴티 황동	• 7 : 3 황동에 Sn 1[%]를 합금한 것이다. • 콘덴서 튜브에 사용한다.
델타메탈	• 6 : 4 황동에 1~2[%] Fe를 첨가한 것이다. • 강도가 크고 내식성이 좋아 광산기계나 선박용, 화학용 기계에 사용한다.
쾌삭황동	• 황동에 Pb을 0.5~3[%] 합금한 것이다. • 피절삭성 향상을 위해 사용한다.
납황동	• 3[%] 이하의 Pb을 6 : 4 황동에 첨가하여 절삭성을 향상시킨 쾌삭황동이다. • 기계적 성질은 다소 떨어진다.
강력황동	4 : 6 황동에 Mn, Al, Fe, Ni, Sn 등을 첨가하여 한층 더 강력하게 만든 황동이다.
네이벌 황동	• 6 : 4 황동에 0.8[%] 정도의 Sn을 첨가한 것이다. • 내해수성이 강해 선박용 부품에 사용한다.

※ 6 : 4 황동 : Cu 60[%] + Zn 40[%]의 합금

ㄹ 황동의 자연균열
- 정의 : 냉간 가공한 황동재질의 파이프나 봉재 제품이 보관 중에 내부 잔류응력에 의해 자연적으로 균열이 생기는 현상이다.
- 황동의 자연균열의 원인 : 암모니아(NH_3)나 암모늄(NH_4^+)에 의한 내부응력 발생
- 황동의 자연균열의 방지법
  - 수분에 노출되지 않도록 한다.
  - 200~300[℃]로 응력제거 풀림을 한다.
  - 표면에 도색이나 도금으로 표면처리를 한다.

⑤ Cu와 Ni의 합금

콘스탄탄	Cu에 Ni을 40~45[%] 합금한 재료로 온도변화에 영향을 많이 받으며 전기 저항성이 커서 저항선이나 전열선, 열전쌍의 재료로 사용된다.
니크롬	니켈과 크롬의 이원합금으로 고온에 잘 견디며 높은 저항성이 있어서 저항선이나 전열선으로 사용된다.
모넬메탈	Cu에 Ni이 60~70[%] 합금된 재료로 내식성과 고온강도가 높아서 화학기계나 열기관용 재료로 사용된다.
큐프로니켈	Cu에 Ni을 15~25[%] 합금한 재료로 백동이라고도 한다. 내식성이 좋고 비교적 고온에서도 잘 견디어 열교환기의 재료로 사용된다.
베네딕트메탈	Cu 85[%]에 Ni이 14.5[%] 정도 합금된 재료로 복수기관이나 건축공구, 화학기계의 부품용으로 사용되는 내식용 백색합금이다.
니켈실버 (Nikel Silver)	은백색의 Cu + Zn + Ni의 합금으로 기계적 성질과 내식성, 내열성이 우수하여 스프링재료로 사용되며, 전기저항이 작아서 온도 조절용 바이메탈재료로도 사용된다. 기계재료로 사용될 때는 양백, 식기나 장식용으로 사용 시에는 양은으로 불리는 경우가 많다.

(2) 알루미늄과 그 합금

① 알루미늄(Al)의 성질
  ㉠ 비중은 2.7이다.
  ㉡ 용융점 : 660[℃]이다.
  ㉢ 면심입방격자이다.
  ㉣ 비강도가 우수하다.
  ㉤ 주조성이 우수하다.
  ㉥ 열과 전기전도성이 좋다.
  ㉦ 가볍고 전연성이 우수하다.
  ㉧ 내식성 및 가공성이 양호하다.
  ㉨ 담금질 효과는 시효경화로 얻는다.
  ㉩ 염산이나 황산 등의 무기산에 잘 부식된다.
  ㉪ 보크사이트 광석에서 추출하는 경금속이다.
  ※ 시효경화 : 열처리 후 시간이 지남에 따라 강도와 경도가 증가하는 현상

냉간가공한 황동재질의 파이프나 봉재 제품이 보관 중에 내부 잔류응력에 의해 자연적으로 균열이 생기는 현상인 황동의 자연균열을 방지하는 방법으로 알맞지 않은 것은?

① 수분에 노출되지 않도록 한다.
② 200~300[℃]로 응력제거 풀림을 한다.
③ 표면에 도색이나 도금으로 표면처리를 한다.
④ 암모니아(NH_3)나 암모늄(NH_4^+)의 환경에서 보관한다.

해설
황동의 자연균열의 원인은 암모니아(NH_3)나 암모늄(NH_4^+)에 의한 내부응력 발생으로 인한 것이므로 이 환경에서 보관하면 안 된다.

답 ④

알루미늄재료의 특징에 대한 설명으로 옳지 않은 것은?

① 열과 전기가 잘 통한다.
② 전연성이 좋은 성질을 가지고 있다.
③ 공기 중에서 산화가 계속 일어나는 성질을 가지고 있다.
④ 같은 부피이면 강보다 가볍다.

해설
알루미늄은 내식성이 강한 금속이므로 공기 중에서 산화가 잘 일어나지 않는다.

답 ③

알루미늄에 대한 설명으로 옳지 않은 것은?

① 비중이 작은 경금속이다.
② 내부식성이 우수하다.
③ 연성이 높아 성형성이 우수하다.
④ 열전도도가 작다.

해설
알루미늄은 열전도도가 크고 비중이 2.7로 실용금속 중 마그네슘(1.7) 다음으로 작으며 내식성과 성형성이 우수한 비금속재료이다.

답 ④

내연기관의 피스톤용 재료로 사용되는 Y합금의 합금원소로 알맞은 것은?

① Al + Mg
② Al + Cu + Ni
③ Al + Cu + Mg + Ni
④ Al + Cu + Mg + Mn

답 ③

Al에 Si(규소, 실리콘)가 고용될 수 있는 한계는 공정온도인 577[℃]에서 약 1.6[%]이고, 공정점은 12.6[%]이다. 이 합금에 나트륨이나 수산화나트륨, 플루오르화알칼리, 알칼리염류 등을 용탕 안에 넣고 10~50분 후에 주입하면 조직이 미세화되며, 공정점과 온도가 14[%], 556[℃]로 이동하는 이 처리의 명칭은?

① 시효처리
② 개량처리
③ 불림처리
④ 표면처리

해설
개량처리(Modification)는 Al에 Si(규소, 실리콘)가 고용될 수 있는 한계를 높임으로써 실용적인 합금으로 만드는 작업으로, Al에 10~13[%]의 Si가 함유된 실루민(Silumin)이 가장 유명한 개량처리 재료이다.

답 ②

② 시험에 자주 등장하는 주요 알루미늄 합금

Y합금	Al + Cu + Mg + Ni → 알구마니
두랄루민	Al + Cu + Mg + Mn → 알구마망

③ 알루미늄 합금의 종류 및 특징

분 류	종 류	구성 및 특징
주조용 (내열용)	실루민	• Al + Si(10~14[%] 함유), 알팩스로도 불린다. • 해수에 잘 침식되지 않는다.
	라우탈	• Al + Cu 4[%] + Si 5[%] • 열처리에 의하여 기계적 성질을 개량할 수 있다.
	Y합금	• Al + Cu + Mg + Ni • 내연기관용 피스톤, 실린더 헤드의 재료로 사용된다.
	로-엑스 합금 (Lo-Ex)	• Al + Si 12[%] + Mg 1[%] + Cu 1[%] + Ni • 열팽창 계수가 작아서 엔진, 피스톤용 재료로 사용된다.
	코비탈륨	• Al + Cu + Ni에 Ti, Cu 0.2[%] 첨가 • 내연기관의 피스톤용 재료로 사용된다.
가공용	두랄루민	• Al + Cu + Mg + Mn • 고강도로서 항공기나 자동차용 재료로 사용된다.
	알클래드	고강도 Al합금에 다시 Al을 피복한 것
내식성	알 민	• Al + Mn • 내식성과 용접성이 우수한 알루미늄 합금
	알드레이	• Al + Mg + Si • 강인성이 없고 가공변형에 잘 견딘다.
	하이드로날륨	• Al + Mg • 내식성과 용접성이 우수한 알루미늄 합금

④ 개량처리
  ㉠ 개량처리의 정의
    Al에 Si(규소, 실리콘)가 고용될 수 있는 한계는 공정온도인 577[℃]에서 약 1.6[%]이고, 공정점은 12.6[%]이다. 이 부근의 주조조직은 육각판의 모양으로, 크고 거칠며 취성이 있어서 실용성이 없는데, 이 합금에 나트륨이나 수산화나트륨, 플루오르화알칼리, 알칼리염류 등을 용탕 안에 넣고 10~50분 후에 주입하면 조직이 미세화되며, 공정점과 온도가 14[%], 556[℃]로 이동하는데 이 처리를 개량처리라고 한다.
  ㉡ 개량처리된 합금의 명칭
    실용합금으로는 10~13[%]의 Si가 함유된 실루민(Silumin)이 유명하다.
  ㉢ 개량처리에 주로 사용되는 원소 : Na(나트륨)

(3) 니켈과 그 합금

① 니켈(Ni)의 성질
- ㉠ 용융점은 1,455[℃]이다.
- ㉡ 밀도는 8.9[g/cm³]이다.
- ㉢ 아름다운 광택과 내식성이 우수하다.
- ㉣ 강자성체로서 자성을 띠는 금속원소이다.
- ㉤ 냄새가 없는 은색의 단단한 고체금속이다.

② Ni-Fe계 합금의 특징
- ㉠ '불변강'으로 내식용 니켈 합금이다.
- ㉡ 일반적으로 강하고 인성이 좋으며 공기나 물, 바닷물에도 부식되지 않을 정도로 내식성이 우수하여 밸브나 보일러용 파이프에 사용된다.

③ Ni-Fe계 합금(불변강)의 종류

종 류	용 도
인 바	• Fe에 35[%]의 Ni, 0.1~0.3[%]의 Co, 0.4[%]의 Mn이 합금된 불변강의 일종으로 상온 부근에서 열팽창계수가 매우 작아서 길이 변화가 거의 없다. • 줄자나 측정용 표준자, 바이메탈용 재료로 사용한다.
슈퍼인바	Fe에 30~32[%]의 Ni, 4~6[%]의 Co를 합금한 재료로 20[℃]에서 열팽창계수가 0에 가까워서 표준척도용 재료로 사용한다.
엘린바	Fe에 36[%]의 Ni, 12[%]의 Cr이 합금된 재료로 온도변화에 따라 탄성률의 변화가 미세하여 시계태엽이나 계기의 스프링, 기압계용 다이어프램, 정밀 저울용 스프링 재료로 사용한다.
퍼멀로이	Fe에 35~80[%]의 Ni이 합금된 재료로 열팽창계수가 작아서 측정기나 고주파 철심, 코일, 릴레이용 재료로 사용된다.
플래티나이트	Fe에 46[%]의 Ni이 합금된 재료로 열팽창계수가 유리, 백금과 가까우며 전구 도입선이나 진공관의 도선용으로 사용한다.
코엘린바	Fe에 Cr 10~11[%], Co 26~58[%], Ni 10~16[%] 합금한 것으로 온도변화에 대한 탄성률의 변화가 작고 공기 중이나 수중에서 부식되지 않아서 스프링, 태엽, 기상관측용 기구의 부품에 사용한다.

(4) 마그네슘(Mg)의 성질
① 절삭성이 우수하다.
② 용융점은 650[℃]이다.
③ 조밀육방격자 구조이다.
④ 고온에서 발화하기 쉽다.
⑤ Al에 비해 약 35[%] 가볍다.
⑥ 알칼리성에는 거의 부식되지 않는다.

비철금속에 대한 설명으로 옳지 않은 것은?

① 비철금속으로는 구리, 알루미늄, 티타늄, 텅스텐, 탄탈륨 등이 있다.
② 지르코늄은 고온강도와 연성이 우수하며 중성자 흡수율이 낮기 때문에 원자력용 부품에 사용한다.
③ 마그네슘은 공업용 금속 중에 가장 가볍고 진동감쇠 특성이 우수하다.
④ 니켈은 자성을 띠지 않으며 강도, 인성, 내부식성이 우수하다.

해설
니켈(Ni)은 강자성체로서 자성을 띠는 금속원소로 아름다운 광택과 내식성이 우수하다. 따라서 ④번은 틀린 표현이다.

답 ④

다음 합금 중에서 열에 의한 팽창계수가 작아 측정기재료로 가장 적합한 것은?

① Ni-Fe
② Cu-Zn
③ Al-Mg
④ Pb-Sn-Sb

해설
퍼멀로이는 Ni과 Fe의 합금으로 열팽창계수가 작아서 측정기나 고주파 철심용 재료로 사용된다.

답 ①

마그네슘의 특징이 아닌 것은?

① 비중이 알루미늄보다 크다.
② 조밀육방격자이며 고온에서 발화하기 쉽다.
③ 대기 중에서 내식성이 양호하나 산 및 바닷물에 침식되기 쉽다.
④ 알칼리성에 거의 부식되지 않는다.

해설
마그네슘의 비중은 1.74이나 알루미늄은 2.7이므로 마그네슘의 비중이 알루미늄보다 작다.

답 ①

⑦ 구상흑연주철 제조 시 첨가제로 사용된다.

⑧ 비중이 1.74로 실용금속 중 가장 가볍다.

⑨ 열전도율과 전기전도율은 Cu, Al보다 낮다.

⑩ 비강도가 우수하여 항공기나 자동차 부품으로 사용된다.

⑪ 대기 중에는 내식성이 양호하나 산이나 염류(바닷물)에는 침식되기 쉽다.

8 신소재

(1) 형상기억합금

항복점을 넘어서 소성변형된 재료는 외력을 제거해도 원래의 상태로 복원이 불가능하지만, 형상기억합금은 고온에서 일정 시간 유지함으로써 원하는 형상으로 기억시키면 상온에서 외력에 의해 변형되어도 기억시킨 온도로 가열만 하면 변형 전 형상으로 되돌아오는 합금이다. 그 종류에는 Ni-Ti계, Ni-Ti-Cu계, Cu-Al-Ni계 합금이 있으며 니티놀이 대표적인 제품이다.

① 형상기억합금의 특징

　ⓐ 어떤 모양을 기억할 수 있는 합금

　ⓑ 형상기억합금의 대표적인 합금은 Ni-Ti합금(니티놀)이다.

　ⓒ 형상기억 효과를 나타내는 합금은 마텐자이트 변태온도 이하에서 한다.

② 형상기억합금인 니티놀(Nitinol)의 성분 : Ni-Ti

(2) 비정질합금

일정한 결정구조를 갖지 않는 아모르포스(Amorphous) 구조이며 재료를 고속으로 급랭시키면 제조할 수 있다. 강도와 경도가 높으면서도 자기적 특성이 우수하여 변압기용 철심재료로 사용된다.

(3) 내열재료

상당한 시간 동안 고온의 환경에서도 강도가 유지되는 재료를 말한다.

(4) 초소성 합금

금속재료가 일정한 온도와 속도하에서 일반 금속보다 수십~수천 배의 연성을 보이는 재료로 연성이 매우 커서 작은 힘으로도 복잡한 형상의 성형이 가능한 신소재이다. 최근 터빈의 날개 제작에 사용된다.

형상기억합금을 제조할 때 주로 사용하는 합금 성분으로 알맞은 것은?

① Ni + Ti　　　　② Al + Cu + Si

③ W + Cr + V　　④ Al + Cu + Mg + Ni

해설

형상기억합금은 Ni-Ti계, Ni-Ti-Cu계, Cu-Al-Ni계 합금이 있으며 니티놀이 대표적인 제품이다.

답 ①

일정한 결정구조를 갖지 않는 아모르포스(Amorphous) 구조이며 재료를 고속으로 급랭시키면 제조할 수 있다. 강도와 경도가 높으면서도 자기적 특성이 우수하여 변압기용 철심재료로 사용되는 신소재는?

① 제진재료　　　　② 비정질합금

③ 초소성합금　　　④ 형상기억합금

해설

결정구조를 갖지 않는 아모르포스 구조의 재료는 비정질합금이다.

답 ②

초소성 합금의 특징으로 알맞지 않은 것은?

① 고온강도가 높다.

② 결정입자가 아주 미세하다.

③ 미세결정입자 초소성과 변태 초소성으로 나뉜다.

④ Al-Zn합금은 플라스틱 성형용 금형을 제작하는 데 사용된다.

해설

초소성 합금은 고온강도(고온의 환경에서도 강도가 유지되는 성질)가 낮다.

답 ①

초소성 합금의 특징

- 고온강도가 낮다.
- 결정입자가 아주 미세하다.
- 미세결정입자 초소성과 변태 초소성으로 나뉜다.
- Al-Zn 합금은 플라스틱 성형용 금형을 제작하는 데 사용된다.

(5) 초전도합금

순금속이나 합금을 극저온으로 냉각시키면 전기저항이 0에 근접하는 합금으로 전동기나 변압기용 재료로 사용된다.

(6) 파인세라믹스(Fine Ceramics)

① 파인세라믹의 정의

세라믹(Ceramics)의 중요 특성인 내식성과 내열성, 전기 절연성 등을 더욱 향상시키기 위해 만들어진 차세대 세라믹으로 흙이나 모래 등의 무기질 재료를 높은 온도로 가열하여 만든다.

가볍고 금속보다 훨씬 단단한 특성을 지닌 신소재로 1,000[℃] 이상의 고온에서도 잘 견디며 강도가 잘 변하지 않으면서 내마멸성이 커서 특수 타일이나 인공 뼈, 자동차 엔진용 재료로 사용되나 부서지기 쉬워서 가공이 어렵다는 단점이 있다.

② 대표적인 파인세라믹스의 종류
- ㉠ 탄화규소
- ㉡ 산화티탄
- ㉢ 질화규소
- ㉣ 티탄산바륨

③ 파인세라믹스의 특징
- ㉠ 무게가 가볍다.
- ㉡ 원료가 풍부하다.
- ㉢ 금속보다는 단단하다.
- ㉣ 강도가 잘 변하지 않는다.
- ㉤ 강도가 약해서 부서지기 쉽다.
- ㉥ 1,000[℃] 이상의 고온에서도 잘 견딘다.
- ㉦ 내마모성, 내열성, 내화학성이 우수하다.
- ㉧ 금속에 비해 온도변화에 따른 신축성이 작다.

신소재에 대한 설명으로 틀린 것은?

① 형상기억합금 : 항복점을 넘어서 소성변형된 재료는 외력을 제거해도 원래의 상태로 복원이 불가능하지만, 형상기억합금은 고온에서 일정시간 유지함으로써 원하는 형상으로 기억시키면 상온에서 외력에 의해 변형되어도 기억시킨 온도로 가열만 하면 변형 전 형상으로 되돌아오는 합금

② 초소성 합금 : 금속재료가 일정한 온도와 속도하에서 일반 금속보다 수십~수천 배의 연성을 보이는 재료로 연성이 매우 커서 작은 힘으로도 복잡한 형상의 성형이 가능한 합금

③ 초전도 합금 : 순금속이나 합금을 극저온으로 냉각시키면 전기저항이 0에 근접하는 합금

④ 방진재료 : 상온에서 자화시켜 강한 자기장을 얻을 수 있는 재료

해설
- 방진재료 : 진동을 방지해 주는 재료로 고무나 주철 등 다양한 재료가 사용된다.
- 자성재료 : 상온에서 자화시켜 강한 자기장을 얻을 수 있는 재료

답 ④

흙이나 모래 등의 무기질재료를 높은 온도로 가열하여 만든 것으로 특수 타일, 인공 뼈, 자동차엔진 등에 사용하며 고온에도 잘 견디고 내마멸성이 큰 소재는?

① 파인세라믹
② 형상기억합금
③ 두랄루민
④ 초전도합금

해설
파인세라믹(Fine Ceramic)
세라믹(Ceramics)이 가진 중요한 특성인 내열성, 내식성, 전기 절연성 등을 더욱 향상시키기 위해 만들어진 차세대 세라믹으로 가볍고 금속보다 훨씬 단단한 특성을 지닌 신소재이다. 1,000[℃] 이상의 온도에서도 잘 견디며 강도가 잘 변하지 않는 장점이 있으나 부서지기 쉬워 가공이 어렵다는 단점도 있다. 흙이나 모래 등의 무기질 재료를 높은 온도로 가열하여 만든 것으로 특수 타일, 인공 뼈, 자동차엔진 등에 사용하며 고온에도 잘 견디고 내마멸성이 큰 신소재이다.

답 ①

강화플라스틱재료에 대한 설명으로 옳지 않은 것은?

① 강화플라스틱은 분산상의 섬유와 플라스틱모재로 구성되어 있다.

② 강화플라스틱에서 최대강도는 인장력이 작용하는 방향에 수직으로 섬유가 배열될 때 얻어진다.

③ 강화플라스틱은 비강도 및 비강성이 높고 이방성이 크다.

④ 강화플라스틱은 섬유와 플라스틱모재 간의 경계면에서 하중이 전달되기 때문에 두 재료의 접착력이 매우 중요하다.

해설

강화플라스틱재료로 최대강도를 얻으려면 섬유를 하중의 방향과 상관없이 균일하게 배열해야 한다.

강화플라스틱의 특징

• 두 재료 간 접착력이 중요하다.
• 비강도 및 비강성이 높고 이방성이 크다.
• 분산상의 섬유와 플라스틱모재로 구성된다.
• 피로저항과 인성, 크리프저항이 일반 플라스틱에 비해 높다.

 답 ②

---

(7) 강화플라스틱(Reinforced Plastic)

① 강화플라스틱의 정의

섬유와 플라스틱 모재로 구성된 재료로 최대강도를 얻으려면 결함이 없는 재료를 만들거나, 합금재료를 균일하게 배열시키면 된다.

② 강화플라스틱의 특징

㉠ 두 재료 간 접착력이 중요하다.

㉡ 비강도 및 비강성이 높고 이방성이 크다.

㉢ 분산상의 섬유와 플라스틱 모재로 구성된다.

㉣ 피로저항과 인성, 크리프 저항이 일반 플라스틱에 비해 높다.

㉤ 일반 플라스틱 재료는 금속에 비해 강도와 마찰계수가 작지만 강화플라스틱(RP) 또는 섬유강화플라스틱(FRP)은 금속보다 강도가 우수하다.

(8) 방진재료

진동을 방지해 주는 재료로 고무나 주철 등 다양한 재료가 사용된다.

(9) 자성재료

상온에서 자화시켜 강한 자기장을 얻을 수 있는 재료이다.

(10) 제진(制振) 합금

소음의 원인이 되는 진동을 흡수하는 합금재료로 제진강판 등이 있다.

① 제진(制振) : 절제할 제, 떨 진, 떨림을 절제함

② 제진(除塵) : 뜰 제, 티끌 진, 공기 중에 떠도는 먼지를 없앰

(11) 합성수지

① 수지(Resin)의 정의

수지는 일반적으로 천연수지(Natural Resin)와 합성수지(Synthetic Resin)로 나뉘는데 천연수지란 식물이나 나무, 동물에서 나오는 자연 유출물이 고화된 것이고, 합성수지란 석유 정제 시에 생성되는 것으로 일반적으로 이 합성수지를 플라스틱이라고 부른다.

② 합성수지의 특징

㉠ 가볍고 튼튼하다.

㉡ 큰 충격에는 약하다.

㉢ 전기 절연성이 좋다.

㉣ 금속에 비해 열에 약하다.

㉤ 가공성이 크고 성형이 간단하다.

㉥ 임의의 색을 입히는 착색이 가능하다.

ⓐ 가공 시 형태를 유지하는 가소성이 좋다.

ⓒ 내식성이 좋아 산, 알칼리, 기름 등에 잘 견딘다.

③ 합성수지의 종류 및 특징

  ㉠ 열경화성 수지 : 한 번 열을 가해 성형을 하면 다시 열을 가해도 형태가 변하지 않는 수지

  ㉡ 열가소성 수지 : 열을 가해 성형한 뒤에도 다시 열을 가하면 형태를 변형시킬 수 있는 수지

종 류		특 징
열경화성 수지	요소 수지	• 광택이 있다. • 착색이 자유롭다. • 건축재료, 성형품에 이용한다.
	페놀 수지	• 높은 전기 절연성이 있다. • 베이클라이트라고도 불린다. • 전기 부품재료, 식기, 판재, 무음기어, 프로펠러 등에 사용된다.
	멜라민 수지	• 내수성, 내열성이 있다. • 책상, 테이블판 가공에 이용한다.
	에폭시 수지	• 내열성, 전기절연성, 접착성이 우수하다. • 경화 시 휘발성 물질을 발생하고 부피가 수축된다.
	폴리에스테르	• 치수 안정성과 내열성, 내약품성이 있다. • 소형차의 차체, 선체, 물탱크 재료로 이용한다.
	거품 폴리우레탄	• 비중이 작고 강도가 크다. • 매트리스나 자동차의 쿠션, 가구에 이용한다.
열가소성 수지	폴리에틸렌	• 전기 절연성, 내수성, 방습성이 우수하며 독성이 없다. • 연료 탱크나 어망, 코팅 재료로 이용한다.
	폴리프로필렌	• 기계적, 전기적 성질이 우수하다. • 가전제품의 케이스, 의료기구, 단열재로 이용한다.
	폴리염화비닐	• 내산성, 내알칼리성이 풍부하다. • 텐트나 도료, 완구 제품에 이용한다.
	폴리비닐알코올	• 무색, 투명하며 인체에 무해하다. • 접착제나 도료에 이용한다.
	폴리스티렌	• 투명하고 전기 절연성이 좋다. • 통신기의 전열재료, 선풍기 팬, 계량기판에 이용한다.
	폴리아미드 (나일론)	• 내식성과 내마멸성의 합성 섬유이다. • 타이어나 로프, 전선 피복 재료로 이용한다.

한 번 열을 가해 성형을 하면 다시 열을 가해도 형태가 변하지 않는 수지의 종류에 속하지 않는 것은?

① 페놀 수지

② 폴리에틸렌

③ 에폭시 수지

④ 폴리에스테르

답 ②

열가소성 수지가 아닌 재료는?

① 멜라민 수지

② 초산비닐 수지

③ 폴리에틸렌 수지

④ 폴리염화비닐 수지

해설
멜라민 수지는 열경화성 수지에 속하는 합성수지이다. 수지(Resin)란 일반적으로 천연수지(Natural Resin)와 합성수지(Synthetic Resin)로 나뉘는데 천연수지란 식물이나 나무, 동물에서 나오는 자연 유출물이 고화된 것이고, 합성수지란 석유 정제 시에 생성되는 것으로 플라스틱이라고도 한다.

답 ①

재료를 파괴하면서 시험할 때 샤르피식 시험기로 사용하는 시험방법은?

① 경도시험   ② 충격시험
③ 굽힘시험   ④ 피로시험

해설
충격시험은 시험편에 V형 또는 U형의 노치부를 만들고 이 시편에 충격을 주어 충격량을 계산하는 방식의 시험법으로 시험방식의 차이에 따라 샤르피식과 아이조드식으로 나뉜다.

답 ②

응력-변형률 곡선에 대한 설명으로 잘못된 것은?

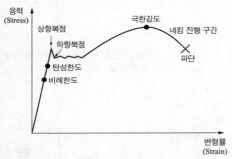

① 탄성한도(Elastic Limit) : 하중을 제거하면 원래의 치수로 돌아가는 구간
② 비례한도(Proportional Limit) : 응력과 변형률 사이에 정비례관계가 성립하는 구간 중 응력이 최대인 점으로 훅의 법칙이 적용된다.
③ 항복점(Yield Point) : 인장 시험에서 하중이 증가하여 어느 한도에 도달하면, 하중을 제거해도 원위치로 돌아가지 않고 변형이 남게 되는 그 순간의 하중
④ 극한강도(Ultimate Strength) : 재료가 파괴되는 점이다.

해설
극한강도(Ultimate Strength) : 재료가 파단되기 전에 외력에 버틸 수 있는 최대의 응력

답 ④

---

9 재료시험

(1) 재료시험의 분류

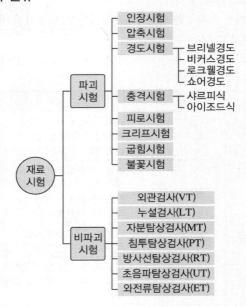

(2) 인장시험

항복점, 연신율, 단면수축률, 변형률, 종탄성계수를 알 수 있다.

① 응력-변형률 곡선($\sigma - \varepsilon$ 선도)

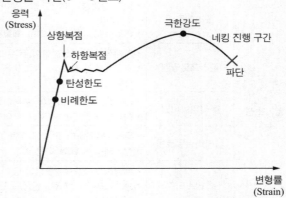

㉠ 비례한도(Proportional Limit) : 응력과 변형률 사이에 정비례관계가 성립하는 구간 중 응력이 최대인 점으로 훅의 법칙이 적용된다.

㉡ 탄성한도(Elastic Limit) : 하중을 제거하면 원래의 치수로 돌아가는 구간을 말한다.

© 항복점(Yield Point) : 인장 시험에서 하중이 증가하여 어느 한도에 도달하면, 하중을 제거해도 원위치로 돌아가지 않고 변형이 남게 되는 그 순간의 하중을 나타낸다.

② 극한강도(Ultimate Strength) : 재료가 파단되기 전에 외력에 버틸 수 있는 최대의 응력을 나타낸다.

⑩ 네킹구간(Necking) : 극한 강도를 지나면서 재료의 단면이 줄어들면서 길게 늘어나는 구간이다.

⑪ 파단점 : 재료가 파괴되는 점이다.

(3) 압축시험

재료의 단면적에 수직 방향의 외력이 작용할 때, 그 저항의 크기를 측정하기 위한 시험이다.

(4) 충격시험

충격력에 대한 재료의 충격 저항인 인성과 취성을 측정하기 위한 시험이다.

① 샤르피식 충격시험법

시험편을 40[mm] 떨어진 2개의 지지대 위에 가로 방향으로 지지하고, 노치부를 지지대 사이의 중앙에 일치시킨 후 노치부 뒷면을 해머로 1회만 충격을 주어 시험편을 파단시킬 때 소비된 흡수 에너지 (E)와 충격값(U)를 구하는 시험방법을 말한다.

[샤르피 시험기]

$$E = WR(\cos\beta - \cos\alpha) \, [\mathrm{kgf \cdot m}]$$

여기서, E : 소비된 흡수 에너지
 W : 해머의 무게[kg]
 R : 해머의 회전축 중심에서 무게 중심까지의 거리[m]
 α : 해머의 들어올린 각도
 β : 시험편 파단 후에 해머가 올라간 각도

$$U = \frac{E}{A_0} \, [\mathrm{kgf \cdot m/cm^2}]$$

여기서, A_0 : 소비된 흡수 에너지

② 아이조드식 충격시험법

시험편을 세로방향으로 고정시키는 방법으로 한쪽 끝을 노치부에 고정하고 반대쪽 끝을 노치부에서 22[mm] 떨어뜨린 후 노치부와 같은 쪽 면을 해머로 1회의 충격으로 시험편을 파단시킬 때 그 충격값을 구하는 시험법이다.

제품의 시험검사에 대한 설명으로 옳지 않은 것은?

① 인장시험으로 항복점, 연신율, 단면감소율, 변형률을 알아낼 수 있다.

② 브리넬시험은 강구를 일정 하중으로 시험편의 표면에 압입시킨다. 경도값은 압입자국의 표면적과 하중의 비로 표현한다.

③ 비파괴검사에는 초음파검사, 자분탐상검사, 액체침투검사 등이 있다.

④ 아이조드충격시험은 양단이 단순 지지된 시편을 회전하는 해머로 노치를 파단시킨다.

해설

• 샤르피식 충격시험법 : 가로방향으로 양단의 끝부분을 단순 지지해 놓은 시편을 회전하는 해머로 노치부를 타격하여 재료를 파단시켜 그 충격값을 구하는 시험법이다.

• 아이조드식 충격시험법 : 시험편을 세로방향으로 고정시키는 방법으로 한쪽 끝을 고정시킨 상태에서 노치부를 중앙에 고정시킨 다음 노치부가 있는 면을 해머로 타격하면 시험편이 파단되는데, 해머가 올라간 높이를 고려해서 그 충격값을 구하는 시험법이다.

답 ④

③ 시험편 세팅 및 해머의 타격 위치

아이조드 시험기	샤르피 시험기
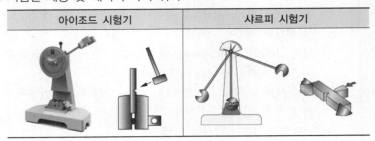	

(5) 경도시험

재료의 표면 경도를 측정하기 위한 시험으로 강구나 다이아몬드와 같은 압입자에 일정한 하중을 가한 후 시험편에 나타난 자국을 측정하여 경도값을 구한다.

종 류	시험 원리	압입자
브리넬 경도 (H_B)	압입자인 강구에 일정량의 하중을 걸어 시험편의 표면에 압입한 후, 압입 자국의 표면적 크기와 하중의 비로 경도를 측정한다. $$H_B = \frac{P}{A} = \frac{P}{\pi Dh} = \frac{2P}{\pi D(D - \sqrt{D^2 - d^2})}$$ 여기서, D : 강구 지름, d : 압입 자국의 지름, h : 압입 자국의 깊이, A : 압입 자국의 표면적	강 구
비커스 경도 (H_V)	압입자에 1~120[kg]의 하중을 걸어 자국의 대각선 길이로 경도를 측정한다. 하중을 가하는 시간은 캠의 회전 속도로 조절한다. $$H_V = \frac{P(하중)}{A(압입 자국의 표면적)}$$	136°인 다이아몬드 피라미드 압입자
로크웰 경도 (H_{RB}, H_{RC})	압입자에 하중을 걸어 압입 자국(홈)의 깊이를 측정하여 경도를 측정한다. • 예비하중 : 10[kg] • 시험하중 : B스케일 : 100[kg] 　　　　　　C스케일 : 150[kg] $H_{RB} = 130 - 500h$　　　$H_{RC} = 100 - 500h$ 여기서, h : 압입 자국의 깊이	• B스케일 : 강구 • C스케일 : 120° 다이아몬드(콘)
쇼어 경도 (H_S)	추를 일정한 높이(h_0)에서 낙하시켜, 이 추의 반발 높이(h)를 측정해서 경도를 측정한다. $$H_S = \frac{10,000}{65} \times \frac{h(해머의 반발 높이)}{h_0(해머 낙하 높이)}$$	다이아몬드 추

(6) 비파괴시험법

① 비파괴시험법의 분류

내부결함	표면결함
• 방사선투과시험(RT) • 초음파탐상시험(UT)	• 외관검사(VT) • 누설검사(LT) • 자분탐상검사(MT) • 침투탐상검사(PT) • 와전류탐상검사(ET)

② 비파괴검사의 종류 및 검사방법

㉠ 방사선투과시험(RT ; Radiography Test)

용접부 뒷면에 필름을 놓고 용접물 표면에서 X선이나 선을 방사하여 용접부를 통과시키면, 금속 내부에 구멍이 있을 경우 그 만큼 투과되는 두께가 얇아져서 필름에 방사선의 투과량이 그만큼 많아지게 되므로 다른 곳보다 검게 됨을 확인함으로써 불량을 검출하는 방법이다.

㉡ 초음파탐상검사(UT ; Ultrasonic Test)

사람이 들을 수 없는 매우 높은 주파수의 초음파를 사용하여 검사 대상물의 형상과 물리적 특성을 검사하는 방법이다. 4~5[MHz] 정도의 초음파가 경계면, 결함표면 등에서 반사하여 되돌아오는 성질을 이용하며 반사파의 시간과 크기를 스크린으로 관찰하여 결함의 유무, 크기, 종류 등을 검사한다.

㉢ 와전류탐상검사(ET ; Eddy Current Test)

도체에 전류가 흐르면 도체 주위에는 자기장이 형성되며, 반대로 변화하는 자기장 내에서는 도체에 전류가 유도된다. 표면에 흐르는 전류의 형태를 파악하여 검사하는 방법을 말한다. 결함의 크기나 두께, 재질의 변화를 동시에 검사할 수 있으며 결함지시가 모니터에 전기적 신호로 나타나므로 기록보존과 재생이 용이하다. 또한 표면부 결함의 탐상감도가 우수하며 고온에서의 검사 및 얇고 가는 소재와 구멍의 내부 등을 검사할 수 있다. 그러나 재료 내부의 결함은 찾을 수 없는 단점이 있다.

㉣ 육안검사(VT ; Visual Test) = 외관검사

용접부의 표면이 좋고 나쁨을 육안으로 검사하는 것으로 가장 많이 사용하며 간편하고 경제적인 검사 방법이다.

㉤ 자분탐상검사(MT ; Magnetic Test)

철강재료 등 강자성체를 자기장에 놓았을 때 시험편 표면이나 표면 근처에 균열이나 비금속 개재물과 같은 결함이 있으면 결함 부분에는 자속이 통하기 어려워 공간으로 누설되어 누설 자속이 생긴다. 이 누설 자속을 자분(자성 분말)이나 검사 코일을 사용하여 결함의 존재를 검출하는 방법이다.

비파괴검사법의 종류와 그 용어가 알맞게 연결되지 않는 것은?

① 방사선투과시험 – RT
② 초음파탐상검사 – VT
③ 침투탐상검사 – PT
④ 자분탐상검사 – MT

해설

• 초음파탐상검사 : UT, Ultrasonic Test
• 육안검사(외관검사) : VT, Visual Test

답 ②

비파괴시험법 중 도체에 전류가 흐르면 도체 주위에는 자기장이 형성되며, 반대로 변화하는 자기장 내에서는 도체에 전류가 유도된다. 표면에 흐르는 전류의 형태를 파악하여 검사하는 방법은?

① 방사선투과시험(RT ; Radiography Test)
② 초음파탐상검사(UT ; Ultrasonic Test)
③ 와전류탐상검사(ET ; Eddy Current Test)
④ 자분탐상검사(MT ; Magnetic Test)

답 ③

연성파괴에 대한 설명으로 알맞은 것은?

① 균열이 급격히 진행된다.
② 네킹현상은 발생되지 않는다.
③ 취성파괴보다는 작은 에너지가 필요하다.
④ 파단되는 순간은 큰 변형이 순식간에 일어난다.

해설
연성(Ductile)파괴의 특징
① 균열이 천천히 진행된다.
② 파괴 전 어느 정도의 네킹이 일어난다.
③ 취성파괴보다 큰 변형 에너지가 필요하다.

답 ④

연성파괴에 대한 설명으로 옳지 않은 것은?

① 진전하는 균열 주위에 상당한 소성변형이 일어난다.
② 취성파괴보다 작은 변형률 에너지가 필요하다.
③ 파괴가 일어나기 전에 어느 정도의 네킹현상이 나타난다.
④ 균열은 대체적으로 천천히 진전한다.

해설
연성파괴는 취성파괴처럼 갑작스럽게 재료가 끊어지는 것이 아니라 소성변형을 수반하면서 서서히 끊어지므로 균열도 매우 천천히 진행된다. 이 연성재료가 파단되는 그 순간에는 파단 조각이 많지 않을 정도로 큰 변형이 순식간에 이루어지므로 취성파괴보다 더 큰 변형에너지가 필요하다.

답 ②

금속재료의 기계적 성질과 그것을 평가하기 위한 시험을 서로 짝지은 것 중 적합하지 않은 것은?

① 종탄성계수 – 인장시험
② 피로한도 – 압축시험
③ 전단항복응력 – 비틀림시험
④ 경도 – 압입시험

해설
② 피로한도 : 인장-압축시험

답 ②

ⓗ 침투탐상검사(PT ; Penetrant Test)
검사하려는 대상물의 표면에 침투력이 강한 형광성 침투액을 도포 또는 분무하거나 표면 전체를 침투액 속에 침적시켜 표면의 흠집 속에 침투액이 스며들게 한 다음 이를 백색 분말의 현상액을 뿌려서 침투액을 표면으로부터 빨아내서 결함을 검출하는 방법이다.
※ 침투액이 형광물질이면 = 형광침투 탐상시험이라고 불린다.

ⓢ 누설검사(LT ; Leaking Test)
탱크나 용기 속에 유체를 넣고 압력을 가하여 새는 부분을 검출함으로써 구조물의 기밀성, 수밀성을 검사하는 방법이다.

(7) 연성파괴시험

① 연성파괴시험의 정의
연성파괴는 취성파괴처럼 갑작스럽게 재료가 끊어지는 것이 아니라 소성변형을 수반하면서 서서히 끊어지므로 균열도 매우 천천히 진행된다. 이 연성재료가 파단되는 그 순간에는 파단 조각이 많지 않을 정도로 큰 변형이 순식간에 이루어지므로 취성파괴보다 더 큰 변형 에너지가 필요하다.

② 연성(Ductile)파괴의 특징
㉠ 균열이 천천히 진행된다.
㉡ 취성파괴에 비해 덜 위험하다.
㉢ 컵-원뿔 모양의 파괴형상이 나온다.
㉣ 파괴 전 어느 정도의 네킹이 일어난다.
㉤ 취성파괴보다 큰 변형 에너지가 필요하다.
㉥ 균열 주위에 소성변형이 상당히 일어난 후에 갑작스럽게 파괴된다.
㉦ 파단되는 순간은 파단 조각이 많지 않을 정도로 큰 변형이 순식간에 일어난다.

(8) 비틀림시험

비틀어지는 외력에 저항하는 힘의 크기를 측정하기 위한 시험이다.

(9) 피로시험(Fatigue Test)

재료의 강도시험으로 재료에 인장-압축응력을 반복해서 가했을 때 재료가 파괴되는 시점의 반복수를 구해서 S(응력)-N(횟수)곡선에 응력(S)과 반복횟수(N)와의 상관관계를 나타내서 피로 한도를 측정하는 시험이다.

(10) 크리프(Creep)시험

고온에서 재료에 일정 크기의 하중(정하중)을 작용시키면 시간이 경과함에 따라 변형이 증가하는 현상을 시험하여 온도에 따른 재료의 특성인 크리프 한계를 결정하거나 예측하기 위한 시험법이다. 이 시험을 통해서 보일러용 파이프나 증기 터빈의 날개와 같이 장시간 고온에서 하중을 받는 기계 구조물의 파괴를 방지하기 위해 실시한다. 그 단위로는 $[kg/mm^2]$를 사용한다.

(11) 광탄성 시험

광탄성 시험은 피측정물에 하중을 가해서 재료의 내부와 표면의 응력을 측정하여 응력의 분포 상태를 파악하는 파괴 시험법이다.

10 열처리

(1) 열처리의 분류

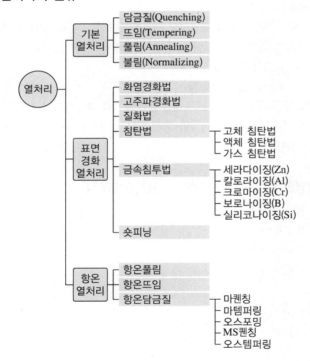

재료시험항목과 시험방법의 관계로 옳지 않은 것은?

① 충격시험 : 샤르피(Charpy)시험
② 크리프시험 : 표면 거칠기시험
③ 연성파괴시험 : 인장시험
④ 경도시험 : 로크웰 경도시험

해설

크리프시험은 재료의 고온특성을 실험하는 것으로 표면거칠기 시험과는 거리가 멀다.

답 ②

재료의 성질에 대한 설명으로 옳지 않은 것은?

① 경도 – 영구적인 압입에 대한 저항성
② 크리프 – 동하중이 가해진 상태에서 시간의 경과와 더불어 변형이 계속되는 현상
③ 연성 – 파단될 때까지 단위 체적당 흡수한 에너지의 총량
④ 연성 – 파단 없이 소성변형할 수 있는 능력

해설

크리프(Creep)시험

고온에서 재료에 일정 크기의 하중(정하중)을 작용시키면 시간이 경과함에 따라 변형이 증가하는 현상을 시험하여 온도에 따른 재료의 특성인 크리프한계를 결정하거나 예측하기 위한 시험법이다. 이 시험을 통해서 보일러용 파이프나 증기터빈의 날개와 같이 장시간 고온에서 하중을 받는 기계구조물의 파괴를 방지하기 위해 실시한다. 그 단위로는 $[kg/mm^2]$를 사용한다.

답 ②

금속 조직 중 경도가 작은 순서로 알맞게 나열한 것은?

① 페라이트<소르바이트<오스테나이트<펄라이트
  <베이나이트<트루스타이트<마텐자이트<시멘타
  이트
② 페라이트<오스테나이트<펄라이트<소르바이트
  <베이나이트<트루스타이트<마텐자이트<시멘타
  이트
③ 오스테나이트<펄라이트<페라이트<소르바이트
  <베이나이트<트루스타이트<마텐자이트<시멘타
  이트
④ 펄라이트<소르바이트<베이나이트<트루스타이트
  <마텐자이트<시멘타이트<페라이트<오스테나
  이트

답 ②

재료를 강하게 만들기 위하여 변태점 이상의 온도인 오스테나이트 영역까지 가열한 후 물이나 기름 같은 냉각제 속에 집어넣어 급랭시킴으로써 강도와 경도가 큰 마텐자이트 조직을 만들기 위한 열처리 조작은?

① 담금질(Quenching, 퀜칭)
② 뜨임(Tempering, 템퍼링)
③ 풀림(Annealing, 어닐링)
④ 불림(Normalizing, 노멀라이징)

해설
담금질은 재료를 가열한 후 급랭시켜 강하게 만들기 위한 열처리 조작이다.

답 ①

금속을 열처리할 때 냉각방법에 따른 금속조직을 연결한 것으로 알맞지 않은 것은?

① 노랭 – 펄라이트
② 공랭 – 소르바이트
③ 유랭 – 트루스타이트
④ 수랭 – 시멘타이트

해설
금속을 가열한 후 수냉 처리하면 마텐자이트 조직이 생성된다.

답 ④

(2) 금속 조직의 경도가 작은 순서

페라이트 < 오스테나이트 < 펄라이트 < 소르바이트 < 베이나이트 < 트루스타이트 < 마텐자이트 < 시멘타이트

※ 강의 열처리 조직 중 Fe에 C(탄소)가 6.67[%] 함유된 시멘타이트 조직의 경도가 가장 높다.

(3) 기본 열처리

① 담금질(Quenching, 퀜칭)
  재료를 강하게 만들기 위하여 변태점 이상의 온도인 오스테나이트 영역까지 가열한 후 물이나 기름 같은 냉각제 속에 집어넣어 급랭시킴으로써 강도와 경도가 큰 마텐자이트 조직을 만들기 위한 열처리 조작이다.

② 뜨임(Tempering, 템퍼링)
  잔류 응력에 의한 불안정한 조직을 A_1변태점 이하의 온도로 재가열하여 원자들을 좀더 안정적인 위치로 이동시킴으로써 잔류응력을 제거하고 인성을 증가시키는 위한 열처리법이다.

③ 풀림(Annealing, 어닐링)
  강 속에 있는 내부 응력을 제거하고 재료를 연하게 만들기 위해 A_1변태점 이상의 온도로 가열한 후 가열 노나 공기 중에서 서랭함으로써 강의 성질을 개선하기 위한 열처리법이다.

④ 불림(Normalizing, 노멀라이징)
  주조나 소성가공에 의해 거칠고 불균일한 조직을 표준화 조직으로 만드는 열처리법으로 A_3변태점보다 30~50[℃] 높게 가열한 후 공랭시킴으로써 만들 수 있다.

(4) 금속을 가열한 후 냉각하는 방법에 따른 금속조직

① 노랭 : 펄라이트
② 공랭 : 소르바이트
③ 유랭 : 트루스타이트
④ 수랭 : 마텐자이트

(5) 표면경화 열처리

① 표면경화 열처리의 종류

종 류		열처리 재료
화염 경화법		산소-아세틸렌불꽃
고주파 경화법		고주파 유도전류
질화법		암모니아가스
침탄법	고체 침탄법	목탄, 코크스, 골탄
	액체 침탄법	KCN(시안화칼륨), NaCN(시안화나트륨)
	가스 침탄법	메탄, 에탄, 프로판
금속침투법	세라다이징	Zn
	칼로라이징	Al
	크로마이징	Cr
	실리코나이징	Si
	보로나이징	B(붕소)

② 질화법

암모니아(NH_3)가스 분위기(영역) 안에 재료를 넣고 500[℃]에서 50~100시간을 가열하면 재료표면에 Al, Cr, Mo원소와 함께 질소가 확산되면서 강재료의 표면이 단단해지는 표면경화법이다. 내연기관의 실린더 내벽이나 고압용 터빈날개를 표면경화할 때 주로 사용된다.

③ 침탄법

순철에 0.2[%] 이하의 C가 합금된 저탄소강을 목탄과 같은 침탄제 속에 완전히 파묻은 상태로 약 900~950[℃]로 가열하여 재료의 표면에 C(탄소)를 침입시켜 고탄소강으로 만든 후 급랭시킴으로써 표면을 경화시키는 열처리법이다. 기어나 피스톤 핀을 표면경화할 때 주로 사용된다.

침탄법 vs 질화법의 차이점

특 성	침탄법	질화법
경 도	질화법보다 낮다.	침탄법보다 높다.
수정여부	침탄 후 수정가능	불 가
처리시간	짧다.	길다.
열처리	침탄 후 열처리 필요	불필요
변 형	변형이 크다.	변형이 작다.
취 성	질화층보다 여리지 않다.	질화층부가 여리다.
경화층	질화법에 비해 깊다.	침탄법에 비해 얇다.
가열온도	질화법보다 높다.	낮다.

침탄법과 질화법의 차이점으로 알맞은 것은?

① 침탄법의 처리시간은 질화법보다 더 짧다.
② 침탄법의 가열온도는 질화법보다 더 낮다.
③ 질화처리한 재료는 침탄처리한 재료보다 변형이 크다.
④ 질화처리한 재료는 수정이 가능하나 침탄처리한 재료는 불가능하다.

답 ①

표면경화법의 특징으로 알맞지 않은 것은?

① 고주파경화법 : 고주파 유도전류로 강(Steel)의 표면층을 급속 가열한 후 급랭시키는 방법으로 가열시간이 짧고, 피가열물에 대한 영향을 최소로 억제하며 표면을 경화시키는 표면경화법
② 숏 피닝 : 강이나 주철제의 작은 강구(볼)를 금속표면에 고속으로 분사하여 표면층을 냉간가공에 의한 가공경화 효과로 경화시키면서 압축 잔류응력을 부여하여 금속부품의 피로수명을 향상시키는 표면경화법
③ 샌드 블라스트 : 분사가공의 일종으로 직경이 작은 구를 압축 공기로 분사시키거나, 중력으로 낙하시켜 소재의 표면을 연마작업이나 녹 제거 등의 가공을 하는 방법
④ 침탄법 : 암모니아(NH_3)가스 분위기(영역) 안에 재료를 넣고 500[℃]에서 50~100시간을 가열하면 재료표면에 Al, Cr, Mo원소와 함께 질소가 확산되면서 강재료의 표면이 단단해지는 표면경화법

해설

④ 침탄법 : 순철에 0.2[%]이하의 C가 합금된 저탄소강을 목탄과 같은 침탄제 속에 완전히 파묻은 상태로 약 900~950[℃]로 가열하여 재료의 표면에 C(탄소)를 침입시켜 고탄소강으로 만든 후 급랭시킴으로써 표면을 경화시키는 열처리법이다. 기어나 피스톤 핀을 표면경화할 때 주로 사용된다.

답 ④

표면경화 열처리 방법 중 KCN(시안화칼륨), NaCN(시안화나트륨)을 열처리 재료로 사용하는 것은?

① 질화법
② 고체 침탄법
③ 액체 침탄법
④ 금속 침투법

답 ③

금속침투법의 일종인 보로나이징에 침투시키는 원소는?

① Zn
② Al
③ B
④ Br

답 ③

금속표면에 구슬알갱이를 고속으로 발사해 냉간가공의 효과를 얻고, 표면층에 압축잔류응력을 부여하여 금속부품의 피로수명을 향상시키는 방법은?

① 쇼트피닝(Shot Peening)
② 샌드블라스팅(Sand Blasting)
③ 텀블링(Tumbling)
④ 초음파세척(Ultrasonic Cleaning)

해설
쇼트피닝
강이나 주철제의 작은 강구(볼)를 고속으로 표면층에 분사하여 냉간가공효과를 얻으면서 표면층을 가공경화시키는 표면경화법으로 표면층에 압축잔류응력을 부여하여 금속부품의 피로수명을 향상시킨다.

답 ①

④ 금속침투법

종 류	세라다이징	칼로라이징	크로마이징	실리코나이징	보로나이징
침투 원소	Zn	Al	Cr	Si	B(붕소)

⑤ 고주파경화법
고주파 유도전류로 강(Steel)의 표면층을 급속 가열한 후 급랭시키는 방법으로 가열시간이 짧고, 피가열물에 대한 영향을 최소로 억제하며 표면을 경화시키는 표면경화법이다. 고주파는 소형 제품이나 깊이가 얕은 담금질층을 얻고자 할 때, 저주파는 대형 제품이나 깊은 담금질 층을 얻고자 할 때 사용한다.
고주파경화법의 특징
• 작업비가 싸다.
• 직접 가열하므로 열효율이 높다.
• 열처리 후 연삭과정을 생략할 수 있다.
• 조작이 간단하여 열처리시간이 단축된다.
• 불량이 적어서 변형을 수정할 필요가 없다.
• 급열이나 급랭으로 인해 재료가 변형될 수 있다.
• 경화층이 이탈되거나 담금질 균열이 생기기 쉽다.
• 가열시간이 짧아서 산화되거나 탈탄의 우려가 적다.
• 마텐자이트 생성으로 체적이 변화하여 내부응력이 발생한다.
• 부분 담금질이 가능하므로 필요한 깊이만큼 균일하게 경화시킬 수 있다.

⑥ 쇼트피닝(숏피닝)
강이나 주철제의 작은 강구(볼)를 금속표면에 고속으로 분사하여 표면층을 냉간가공에 의한 가공경화 효과로 경화시키면서 압축 잔류응력을 부여하여 금속부품의 피로수명을 향상시키는 표면경화법을 말한다.

⑦ 샌드블라스트
분사가공의 일종으로 직경이 작은 구를 압축 공기로 분사시키거나, 중력으로 낙하시켜 소재의 표면을 연마작업이나 녹 제거 등의 가공을 하는 방법이다.

⑧ 피닝효과
액체 호닝에서 표면을 두드려 압축함으로써 재료의 피로한도를 높이는 방법이다.

(6) 항온열처리

① 항온열처리의 정의

변태점의 온도 이상으로 가열한 재료를 연속 냉각하지 않고 500~600[℃]의 온도인 염욕 중에서 냉각하여 일정한 시간동안 유지한 뒤 냉각시켜 담금질과 뜨임처리를 동시에 하여 원하는 조직과 경도값을 얻는 열처리법이다. 그 종류에는 항온풀림, 항온담금질, 항온뜨임이 있다.

② 항온 열처리의 종류

항온풀림		재료의 내부응력을 제거하여 조직을 균일화하고 인성을 향상시키기 위한 열처리 조작으로 가열한 재료를 연속적으로 냉각하지 않고 약 500~600[℃]의 염욕 중에 냉각하여 일정 시간동안 유지시킨 뒤 냉각시키는 방법이다.
항온뜨임		약 250[℃]의 열욕에서 일정시간을 유지시킨 후 공랭하여 마텐자이트와 베이나이트의 혼합된 조직을 얻는 열처리법이다. 고속도강이나 다이스강을 뜨임처리하고자 할 때 사용한다.
항온 담금질	오스템퍼링	강을 오스테나이트 상태로 가열한 후 300~350[℃]의 온도에서 담금질을 하여 하부 베이나이트 조직으로 변태시킨 후 공랭하는 방법이다. 강인한 베이나이트 조직을 얻고자 할 때 사용한다.
	마템퍼링	강을 Ms점과 Mf점 사이에서 항온 유지 후 꺼내어 공기 중에서 냉각하여 마텐자이트와 베이나이트의 혼합조직을 얻는 방법이다. ※ Ms : 마텐자이트 생성 시작점 　Mf : 마텐자이트 생성 종료점
	마퀜칭	강을 오스테나이트 상태로 가열한 후 Ms점 바로 위에서 기름이나 염욕에 담그는 열욕에서 담금질하여 재료의 내부 및 외부가 같은 온도가 될 때까지 항온을 유지한 후 공랭하여 열처리하는 방법으로 균열이 없는 마텐자이트 조직을 얻을 때 사용한다.
	오스포밍	가공과 열처리를 동시에 하는 방법으로 조밀하고 기계적 성질이 좋은 마텐자이트를 얻고자 할 때 사용된다.
	MS 퀜칭	강을 Ms점보다 다소 낮은 온도에서 담금질하여 물이나 기름 중에서 급랭시키는 열처리 방법으로 잔류 오스테나이트의 양이 적다.

(7) 스페로다이징(Spherodizing)

공석온도 이하에서 가열하는 것으로 최고의 연성을 가진 재료를 얻고자 할 때 사용하는 열처리법이다.

(8) 마에이징(Maraging)

마텐자이트를 시효처리하는 것을 말하며, 마래징이라고도 한다.

변태점의 온도 이상으로 가열한 재료를 연속 냉각하지 않고 500~600[℃]의 온도인 염욕 중에서 냉각하여 일정한 시간동안 유지한 뒤 냉각시켜 담금질과 뜨임처리를 동시에 하여 원하는 조직과 경도값을 얻는 열처리법은?

① 시효경화
② 자연시효
③ 항온열처리
④ 연속냉각법

답 ③

항온열처리의 종류 중에서 항온담금질에 속하지 않는 것은?

① 마템퍼링
② 마퀜칭
③ 오스포밍
④ 항온뜨임

해설
항온담금질에는 오스템퍼링, 마템퍼링, 마퀜칭, 오스포밍, MS 퀜칭이 있다.

답 ④

11 표면처리

(1) 표면처리의 정의
부식방지나 장식, 표면경화를 목적으로 금속이나 비금속의 표면에 화학적, 물리학적 처리를 실시하는 작업을 말한다.

(2) 부 식
① 부식의 정의

금속이 물이나 공기 중의 산소와 반응하여 금속산화물이 되면서 녹스는 현상을 말한다.

② 부식과정

철로 만들어진 재료에 물이 묻으면 물방울이 전해질의 역할을 함으로써 철이온(Fe^{2+})으로 산화되고, 물방울 속의 산소는 환원된다.

③ 부식방지

㉠ 페인트처리 : 물과 공기와의 접촉을 막는다.

㉡ 합금 : 다른 종류의 금속이나 비금속과 녹여서 섞은 후 제품을 만든다.

㉢ 표면처리법 : 금속표면에 다른 금속을 도금하거나 산화피막을 형성시킨다.

㉣ 음극화보호 : 철보다 이온화 경향이 더 큰 금속을 연결하여 철 대신 부식이 일어나게 한다.

㉤ 양극산화법 : 알루미늄에 많이 적용되며 다양한 색상의 유기 염료를 사용하여 소재표면에 안정되고 오래가는 착색피막을 형성하는 표면처리법이다.

㉥ 부동태피막 형성 : 금속표면을 산화하여 부동태피막을 형성하는 방법으로 철에 사산화삼철의 피막을 입히거나, 알루미늄에 산화알루미늄의 피막을 입혀서 보호한다.

(3) 양극산화법(Anodizing)
① 양극산화법의 정의

전기 도금과 달리 표면처리하려는 금속을 양극으로 하여 산화 반응에 의한 표면처리를 하는 것으로 취사도구나 건축자재, 장식품 등 다양하게 이용된다. 알루미늄에 많이 적용되며 다양한 색상의 유기 염료를 사용하여 소재표면에 안정되고 오래가는 착색피막을 형성하는 표면처리법이다.

② 양극산화법의 특징

피막에 다공질 층을 형성하여 매우 단단하게 변하기 때문에 방식성, 전기절연성, 열방사성을 지닌다. 염료나 안료로 착색하거나 전해 착색을 하면 다공질 층의 섬유 모양으로 착색 물질이 달라붙어서 안정된 착색이 가능하다.

(4) 화학기상증착법(CVD ; Chemical Vapor Deposition)

① 화학기상증착법의 정의

기체상태의 혼합물을 가열된 기판의 표면 위에서 화학 반응시킴으로써 그 생성물이 기판의 표면에 증착되도록 만드는 기술을 말한다.

② 화학기상증착법의 장점

㉠ 증착되는 박막의 순도가 높다.

㉡ 여러 종류의 원소 및 화합물의 증착이 가능하다.

㉢ 대량 생산이 가능하여 비용이 PVD법에 비해 적게 든다.

㉣ 공정조건의 제어 범위가 매우 넓어서 다양한 특성의 박막을 쉽게 얻을 수 있다.

㉤ 용융점이 높아서 제조하기 어려운 재료를 용융점보다 낮은 온도에서 제조가 가능하게 한다.

③ 화학기상증착법의 단점

㉠ 균일한 증착이 어렵다.

㉡ 기판에 충격이 가해진다.

(5) 물리적 기상증착법(PVD ; Physical Vapor Deposition)

① 물리적 기상증착법의 정의

기체 상태의 혼합물을 가열된 기판의 표면 위에서 스퍼터링 증착, 전자빔 증착, 열 증착, 레이저분자빔 증착, 펄스레이저빔 증착과 같이 물리적으로 반응시킴으로써 그 생성물이 기판의 표면에 증착되도록 만드는 기술을 말한다.

② 물리적 기상증착법의 장점

㉠ 친환경적인 공정이다.

㉡ 내마모성이 우수하다.

㉢ 코팅 두께가 정밀하다.

㉣ 다양한 종류의 코팅에 사용할 수 있다.

㉤ 금속의 열처리 온도보다 낮은 온도에서 한다.

③ 물리적 기상증착법의 단점

㉠ 코팅 면적의 한계가 있을 수 있다.

㉡ 균일한 코팅 면을 얻기 위해서는 항상 제품을 회전시켜야 한다.

(6) 산화물막 형성

① 산화물막의 정의 : 공정 중 발생하는 불순물로부터 실리콘의 표면을 보호하는 막이다.

② 산화물막 형성방법

㉠ 열산화물 방법 : 1,000[℃] 내외의 고온에서 얇고 균일하게 산화막 형성

㉡ 전기 화학적 산화

㉢ 화학적 기상 증착법

㉣ 플라스마 화학 기상 증착법

화학기상증착법(CVD)에 대한 설명으로 알맞지 않은 것은?

① 화학기상증착법은 대량생산이 가능하여 비용이 PVD법에 비해 적게 든다.

② 화학기상증착법은 공정조건의 제어 범위가 매우 좁아서 다양한 특성의 박막을 얻기 힘들다.

③ 화학기상증착법은 용융점이 높아서 제조하기 어려운 재료를 용융점보다 낮은 온도에서 제조가 가능하게 한다.

④ 화학기상증착법은 기체상태의 혼합물을 가열된 기판의 표면 위에서 화학반응시킴으로써 그 생성물이 기판의 표면에 증착되도록 만드는 기술이다.

해설

화학기상증착법은 공정 조건의 제어 범위가 매우 넓어서 다양한 특성의 박막을 쉽게 얻을 수 있다.

답 ②

물리적 기상증착법(PVD)의 특징으로 알맞지 않은 것은?

① 친환경적인 공정이다.

② 내마모성이 우수하다.

③ 코팅의 두께가 정밀하지 못하다.

④ 금속의 열처리 온도보다 낮은 온도에서 처리한다.

해설

코팅 두께가 정밀하다.

답 ③

기계요소

왼나사를 표시할 때 알맞은 표시 방법은?

① L
② LH
③ R
④ RH

답 ②

---

1 나사(Screw)

(1) 나사의 정의

환봉의 외면(수나사)이나 구멍의 내면(암나사)에 나선모양의 홈을 절삭한 것으로 기계 부품 간 결합을 위해 너트와 함께 조이거나 위치조정, 체결, 동력 전달을 목적으로 사용하는 체결용 기계요소이다.

(2) 나사의 분류

① 수나사(Male Screw)와 암나사(Female Screw)

수나사	암나사
수나사부	암나사부

② 왼나사(LH ; Left Hand Screw)와 오른나사(RH ; Right Hand Screw)

왼나사	오른나사

③ 1줄 나사와 2줄 나사(다줄나사)

1줄 나사($L = np = p$)	2줄 나사($L = np = 2p$)
피치(Pitch)	피치(Pitch)

(3) 나사의 구조

① 수나사부와 암나사부

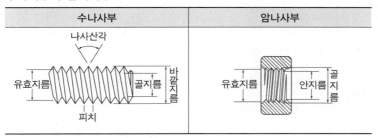

수나사부	암나사부

② 나선곡선과 피치

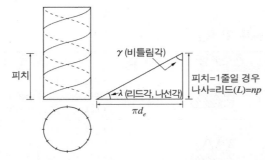

㉠ 리드(L) : 나사를 1회전시켰을 때 축 방향으로 이동한 거리

$$L = n \times p$$

예 1줄 나사와 3줄 나사의 리드(L)

1줄 나사	$L = np = 1 \times 1 = 1[\text{mm}]$
3줄 나사	$L = np = 3 \times 1 = 3[\text{mm}]$

※ 특별한 언급이 없는 한 피치(p)는 1이다.

㉡ 피치(p) : 나사산과 바로 인접한 나사산 사이의 거리 또는 골과 바로 인접한 골 사이의 거리

㉢ 리드각(λ) : 나사의 바닥면과 나선(Helix)이 이루는 각도이며, '나선각'이라고도 불린다.

$$\tan\lambda = \frac{L}{\pi d_e}$$

㉣ 비틀림각(γ) : 나사의 축선과 나선(Helix)이 이루는 각도

리드각(λ) + 비틀림각(γ) = 90°

㉤ 나선(Helix) : 원통의 표면에 직각 삼각형을 감았을 때, 빗변이 원통 표면에 그리는 곡선을 말하며, 나사곡선의 줄임말이다.

㉥ 골지름(d_1) : 골과 골 사이의 직경으로, 수나사는 최소지름, 암나사는 최대지름이다.

㉦ 바깥지름(d_2) : 나사산의 꼭지점과 꼭지점 사이의 직경이다. 수나사는 최대지름, 암나사는 최소지름이다.

피치(p)가 6[mm]인 2줄 나사를 1회전시켰을 때 나아간 거리인 리드값은 얼마인가?

① 2[mm]
② 6[mm]
③ 10[mm]
④ 12[mm]

해설
$L = np = 2 \times 6 = 12[\text{mm}]$

답 ④

나사를 1회전시켰을 때 축방향 이동거리가 가장 큰 것은?

① M48×5
② 2줄 M30×2
③ 2줄 M20×3
④ 3줄 M8×1

해설
나사를 1회전시켰을 때 축방향으로 이동한 거리는 리드(L)이다. $L = n \times p$이므로 이 식에 대입하면 이동한 거리가 6[mm]인 ③번이 가장 크다.
① M48×5, $L = 1$줄$\times 5 = 5[\text{mm}]$
② 2줄 M30×2, $L = 2$줄$\times 2 = 4[\text{mm}]$
③ 2줄 M20×3, $L = 2$줄$\times 3 = 6[\text{mm}]$
④ 3줄 M8×1, $L = 3$줄$\times 1 = 3[\text{mm}]$

답 ③

암나사와 수나사의 호칭지름은 어떻게 표시하는가?

① 수나사의 안지름
② 수나사의 바깥지름
③ 암나사의 안지름
④ 암나사의 바깥지름

해설
암나사와 수나사의 호칭지름은 모두 수나사의 바깥지름으로 표시한다.

답 ②

나사에 대한 설명으로 옳은 것은?

① 나사의 지름은 수나사에서는 대문자로, 암나사에서는 소문자로 표기한다.
② 피치는 나사가 1회전할 때 축방향으로 이동하는 거리이다.
③ 피치가 같으면 한 줄 나사와 다중나사의 리드(Lead)는 같다.
④ 나사의 크기를 나타내는 호칭은 수나사의 바깥지름으로 표기한다.

해설
나사의 크기는 암나사와 수나사 모두 수나사의 바깥지름으로 표시한다.

답 ④

◎ 호칭지름(d_e) : 골지름과 바깥지름의 중간지점으로 수나사와 암나사의 호칭지름은 모두 수나사의 바깥지름으로 표시한다.

$$d_e = \frac{d_1 + d_2}{2}$$

ⓩ 나사산의 높이(h)

$$h = \frac{d_2 - d_1}{2}$$

ⓩ 사각나사에서 높이(h)가 주어지지 않을 경우

$$h ≒ \frac{p}{2}$$

(4) 나사의 종류 및 특징

명 칭		그 림	용 도	특 징
삼각나사	미터나사		기계조립 (체결용)	• 미터계 나사 • 나사산의 각도 60° • 나사의 지름과 피치를 [mm]로 표시한다.
	유니파이나사		정밀기계조립 (체결용)	• 인치계 나사 • 나사산의 각도 60° • 미, 영, 캐나다 협정으로 만들어져 ABC 나사라고도 한다.
	관용나사		유체기기 결합 (체결용)	• 인치계 나사 • 나사산의 각도 55° • 관용평행나사 : 유체기기 등의 결합에 사용한다. • 관용테이퍼나사 : 기밀유지가 필요한 곳에 사용한다.
사각나사			동력전달용 (운동용)	• 프레스 등의 동력전달용으로 사용한다. • 축방향의 큰 하중을 받는 곳에 사용한다.
사다리꼴나사			공작기계의 이송용 (운동용)	• 애크미나사라고도 불린다. • 인치계 사다리꼴나사(TW) : 나사산 각도 29° • 미터계 사다리꼴나사(Tr) : 나사산 각도 30°
톱니나사			힘의 전달 (운동용)	• 힘을 한쪽 방향으로만 받는 곳에 사용한다. • 바이스, 압착기 등의 이송용 나사로 사용한다.
둥근나사			전구나 소켓 (운동용) (체결용)	• 나사산이 둥근모양이다. • 너클 나사라고도 불린다. • 먼지나 모래가 많은 곳에서 사용한다. • 나사산과 골이 같은 반지름의 원호로 이은 모양이다.
볼나사			정밀공작기계의 이송장치 (운동용)	• 나사축과 너트 사이에 강재 볼을 넣어 힘을 전달한다. • 백래시를 작게 할 수 있고 높은 정밀도를 오래 유지할 수 있으며 효율이 가장 좋다.

(5) 볼나사(Ball Screw)

① 볼나사의 정의

나사 축과 너트 사이에서 볼(Ball)이 구름 운동을 하면서 물체를 이송시키는 고효율의 나사로 백래시가 거의 없고 전달효율이 높아서 최근에 CNC 공작기계의 이송용 나사로 사용된다.

② 볼나사의 특징

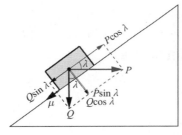

ㄱ 너트의 크기가 크다.

ㄴ 자동체결이 곤란하다.

ㄷ 윤활유는 소량만으로 충분하다.

ㄹ 피치를 작게 하는데 한계가 있다.

ㅁ 미끄럼나사보다 전달 효율이 높다.

ㅂ 시동 토크나 작동 토크의 변동이 적다.

ㅅ 마찰계수가 작아서 미세이송이 가능하다.

ㅇ 미끄럼나사에 비해 내충격성과 감쇠성이 떨어진다.

ㅈ 예압에 의하여 축 방향의 백래시(Backlash, 뒤틈, 치면높이)를 작게 (거의 없게) 할 수 있다.

(6) 나사 관련 이론

여기서, P : 접선방향으로 가하는 회전력

Q : 축방향으로 작용하는 하중

마찰계수 $\mu = \tan\rho$

나사를 죌 경우

- 나사면에 수직한 힘 $= P\sin\lambda + Q\cos\lambda$
- 나사면에 수평한 힘 $= P\cos\lambda + Q\sin\lambda$
- 마찰력$(F) = \mu P$, 마찰계수 $\mu = \tan\rho$
- 수평방향의 힘 $=$ 마찰력 $\times$ 수직방향의 힘

$$P\cos\lambda + Q\sin\lambda = \mu(P\sin\lambda + Q\cos\lambda)$$

- 여기서, 회전력(P)으로 정리하면

$$P = Q\frac{\mu + \tan\lambda}{1 - \mu\tan\lambda} = Q\tan(\lambda + \rho)$$

여기에 $\tan\lambda = \dfrac{p}{\pi d_e}$ 를 적용하면

$$P = Q\frac{\mu\pi d_e + p}{\pi d_e - \mu p}$$

다음 중 볼나사(Ball Screw)에 대한 설명으로 옳지 않은 것은?

① 마찰계수가 극히 작아서 정확한 미세이송이 가능하다.

② 윤활은 아주 소량으로도 가능하다.

③ 축방향의 백래시를 작게 할 수 있다.

④ 미끄럼나사보다 전달효율이 상대적으로 낮다.

해설

볼나사는 미끄럼나사보다 전달효율이 높다.

답 ④

사각나사의 나선각이 λ, 나사면의 마찰계수 μ에 따른 마찰각이 $\rho(\mu = \tan\rho)$인 사각나사가 외부 힘의 작용 없이 스스로 풀리지 않고 체결되어 있을 자립조건은?

① $\rho \geq \lambda$

② $\rho \leq \lambda$

③ $\rho < \lambda$

④ ρ 및 λ와 상관없음

해설

사각나사의 자립조건(Self Locking Condition)

나사를 죄는 힘을 제거해도 체결된 나사가 스스로 풀리지 않을 조건으로, 나사가 자립할 조건은 나사를 푸는 힘(P')을 기준으로 구할 수 있다.

나사를 푸는 힘 $P' = Q\tan(\rho - \lambda)$에서

- P'가 0보다 크면, $\rho - \lambda > 0$이므로 나사를 풀 때 힘이 든다. 따라서 나사는 풀리지 않는다.
- P'가 0이면, $\rho - \lambda = 0$이므로 나사가 풀리다가 정지한다. 따라서 나사는 풀리지 않는다.
- P'가 0보다 작으면, $\rho - \lambda < 0$이므로 나사를 풀 때 힘이 들지 않는다. 따라서 나사는 풀린다. 위를 종합하면 다음과 같은 나사의 자립조건 공식이 도출된다.

나사의 마찰각(ρ)≧나사의 리드각(λ)

답 ①

① 나사를 죄는 힘(P)

$$P = Q\tan(\lambda + \rho)$$

② 나사를 푸는 힘(P')

$$P' = Q\tan(\rho - \lambda)$$

③ 사각나사의 자립조건(Self Locking Condition)

나사를 죄는 힘을 제거해도 체결된 나사가 스스로 풀리지 않을 조건이다. 나사가 자립할 조건은 나사를 푸는 힘(P')을 기준으로 구할 수 있다.

나사를 푸는 힘 $P' = Q\tan(\rho - \lambda)$에서

㉠ P'가 0보다 크면, $\rho - \lambda > 0$이므로 나사를 풀 때 힘이 든다. 따라서 나사는 풀리지 않는다.

㉡ P'가 0이면, $\rho - \lambda = 0$이므로 나사가 풀리다가 정지한다. 따라서 나사는 풀리지 않는다.

㉢ P'가 0보다 작으면, $\rho - \lambda < 0$이므로 나사를 풀 때 힘이 들지 않는다. 따라서 나사는 풀린다.

㉣ 위를 종합하면 다음과 같은 나사의 자립조건 공식이 도출된다.

$$\text{나사의 마찰각}(\rho) \geqq \text{나사의 리드각}(\lambda)$$

④ 나사의 효율(η)

㉠ 사각나사의 효율

$$\eta = \frac{\text{마찰이 없는 경우의 회전력}}{\text{마찰이 있는 경우의 회전력}} = \frac{pQ}{2\pi T} = \frac{\tan\lambda}{\tan(\lambda + \rho)}$$

㉡ 삼각나사의 효율

$$\eta = \frac{\text{마찰이 없는 경우의 회전력}}{\text{마찰이 있는 경우의 회전력}} = \frac{pQ}{2\pi T} = \frac{\tan\lambda}{\tan(\lambda + \rho')}$$

(7) 나사의 풀림방지법

① 철사를 사용하는 방법

② 와셔를 사용하는 방법(스프링와셔, 고정와셔 등)

③ 분할 핀을 사용하는 방법

④ 로크너트를 사용하는 방법

⑤ 멈춤나사를 이용하는 방법

⑥ 자동 죔너트를 사용하는 방법

⑦ 플라스틱 플러그를 사용하는 방법

하중을 들어 올릴 때 효율이 30[%]이고 피치가 4[mm]인 1줄 나사를 40[N·mm]의 토크로 회전시킬 때, 나사에 작용하는 축방향의 하중(N)은?(단, π는 3으로 계산한다)

① 18 　　　　② 19

③ 20 　　　　④ 21

해설

나사의 효율(η) 구하는 식

$\eta = \dfrac{pQ}{2\pi T}$

여기서, Q : 축방향하중

　　　　p : 나사의 피치

　　　　T : 토크

$Q = \dfrac{2\pi T\eta}{p}$

　$= \dfrac{2\pi \times 40[\text{N·mm}] \times 0.3}{4}$

　$= 18[\text{N·mm}]$

따라서 축방향하중(Q) $= 18[\text{N·mm}]$

답 ①

나사결합부에 진동하중이 작용하든가 심한 하중변화가 있으면 어느 순간에 너트는 풀리기 쉽다. 너트의 풀림 방지법으로 사용하지 않는 것은?

① 나비너트 　　　② 분할 핀

③ 로크너트 　　　④ 스프링 와셔

해설

너트의 풀림을 방지하는 방법에는 분할핀이나 로크너트, 스프링 와셔를 이용한다. 나비너트는 조이는 부분이 나비 모양으로 만들어진 너트로서 체결 시 좀더 쉽게 조이는 역할만을 한다.

답 ①

2 볼트와 너트

(1) 볼 트

① 볼트의 종류 및 특징

종류 및 형상	특 징
스테이볼트	두 장의 판의 간격을 유지하면서 체결할 때 사용하는 볼트
아이볼트	나사의 머리 부분을 고리 형태로 만들어 이 고리에 로프나 체인, 후크 등을 걸어 무거운 물건을 들어올릴 때 사용한다.
나비볼트	볼트를 쉽게 조일 수 있도록 머리 부분을 날개 모양으로 만든 볼트
기초볼트	콘크리트 바닥 위에 기계 구조물을 고정시킬 때 사용한다.
육각볼트	일반 체결용으로 가장 많이 사용한다.
육각 구멍 붙이 볼트	볼트의 머리부에 둥근머리 육각구멍의 홈을 판 것으로, 볼트의 머리부가 밖으로 돌출되지 않는 곳에 사용한다.
접시머리 볼트	볼트의 머리부가 접시 모양인 것으로, 머리부가 외부에 노출되지 않는 곳에 사용한다.
스터드볼트	양쪽 끝이 모두 수나사로 되어 있는 볼트로 한쪽 끝은 암나사가 난 부분에 반영구적인 박음 작업을 하고, 다른 쪽 끝은 너트를 끼워 조이는 볼트
관통볼트	구멍에 볼트를 넣고 반대쪽에 너트로 죄는 일반적인 형태의 볼트
탭볼트	너트로 죄기 힘든 부분에 암나사를 낸 후, 머리가 있는 볼트로 죄어 체결하는 볼트
더블 너트 볼트(양 너트볼트)	양쪽에 너트를 죌 수 있도록 수나사로 만들어진 볼트

양쪽 끝이 모두 수나사로 되어 있고, 관통하는 구멍을 뚫을 수 없는 경우에 사용하며, 한쪽 끝은 상대 쪽에 암나사를 만들어 미리 반영구적으로 박음을 하고 다른 쪽 끝에는 너트를 끼워 조이는 볼트는?

① 관통볼트　　② 탭볼트
③ 스터드볼트　　④ 양너트볼트

해설

스터드볼트

양쪽 끝이 모두 수나사로 되어 있는 볼트로 한쪽 끝은 암나사가 난 부분에 반영구적인 박음 작업을 하고, 다른 쪽 끝은 너트를 끼워 조이는 기계요소이다.

답 ③

증기나 기름 등이 누출되는 것을 방지하는 부위 또는 외부로부터 먼지 등의 오염물 침입을 막는 데 주로 사용하는 너트는?

① 캡너트(Cap Nut)
② 와셔붙이너트(Washer Based Nut)
③ 둥근너트(Circular Nut)
④ 육각너트(Hexagon Nut)

해설
캡너트는 기계의 연결 부위에서 증기나 기름 등이 누출되는 것을 방지하기 위해 사용하는 너트이다.

답 ①

② 축하중을 받을 때 볼트의 지름(d)을 구하는 식

골지름(안지름)	$d_1 = \sqrt{\dfrac{4Q}{\pi\sigma_a}}$
바깥지름(호칭지름)	$d = \sqrt{\dfrac{2Q}{\sigma_a}}$

(2) 너 트

① 너트의 종류

명 칭	형 상	용도 및 특징
둥근너트		겉모양이 둥근 형태의 너트
육각너트		외형이 육각형인 너트로 일반적으로 가장 많이 사용한다.
T너트		공작 기계 테이블의 T자 홈에 끼워 공작물을 고정하는데 사용하는 너트
사각너트		겉모양이 사각형으로 주로 목재에 사용하는 너트
나비너트		너트를 쉽게 조일 수 있도록 머리 부분을 나비의 날개 모양으로 만든 너트
캡너트		유체가 나사의 접촉면 사이의 틈새나, 볼트와 볼트 구멍의 틈으로 새어 나오는 것을 방지할 목적으로 사용하는 너트
와셔붙이 (플랜지) 너트		육각의 대각선 거리보다 큰 지름의 자리 면이 달린 너트로 볼트 구멍이 클 때, 접촉면을 거칠게 다듬질 했을 때나 큰 면 압력을 피하려고 할 때 사용하는 너트
스프링 판 너트		보통의 너트처럼 나사 가공이 되어 있지 않아 간단하게 끼울 수 있기 때문에 사용이 간단하여 스피드 너트(Speed Nut)라고도 불린다.

② 육각너트의 호칭

규격번호	종 류	형 식	부품등급	나사의 호칭	–	강도구분	재료	–	지정사항
KS B 1012	육각너트	스타일 1	B	M12	–	8	MFZnⅡ	–	C

3 키, 핀, 코터

(1) 키의 정의

서로 다른 기계요소들을 연결해서 동력을 전달할
수 있도록 해 주는 결합용 기계요소

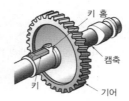

(2) 키의 종류 및 특징

① 안장키(= 새들키, Saddle Key)

축에는 키 홈을 가공하지 않고 보스에만 키 홈을 파서 끼운 뒤, 축과 키
사이의 마찰에 의해 회전력을 전달하는 키로 작은 동력의 전달에 적당하다.

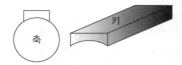

② 평키(= 납작키, Flat Key)

축에 키의 폭만큼 편평하게 가공한 키로 안장키보다는 큰 힘을 전달한다.

축의 강도를 저하시키지 않으며 $\frac{1}{100}$ 기울기를 붙이기도 한다.

③ 반달키(Woodruff Key)

반달 모양의 키로 키와 키홈을 가공하기 쉽고 보스의 키 홈과의 접촉이
자동으로 조정되는 이점이 있으나 키 홈이 깊어 축의 강도가 약하다. 그러
나 일반적으로 60[mm] 이하의 작은 축과 테이퍼 축에 사용될 때 키가
자동적으로 축과 보스 사이에서 자리를 잡을 수 있다는 장점이 있다.

④ 성크키(= 묻힘키, Sunk Key)

가장 널리 쓰이는 키(Key)로 축과 보스 양쪽에 모두 키 홈을 파서 동력을

전달하는 키이다. $\frac{1}{100}$ 기울기를 가진 경사키와 평행키가 있다.

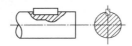

홈이 깊게 가공되어 축의 강도가 약해지는 결점이 있으나
가공하기 쉽고, 60[mm] 이하의 작은 축에 사용되며, 특
히 테이퍼축에 사용하면 편리한 키는?

① 평행키 ② 경사키
③ 반달키 ④ 평 키

해설
반달키
홈이 깊게 가공되어 축의 강도가 약해지는 단점이 있으나 키와
키 홈 가공이 쉽고 자동적으로 축과 보스 사이에서 자리를 잡을
수 있어서 자동차나 공작기계에서 60[mm] 이하의 작은 축에
널리 사용된다. 특히 테이퍼축에 사용하면 편리하다.

답 ③

묻힘키(Sunk Key)에 관한 설명으로 틀린 것은?
① 기울기가 없는 평행 성크키도 있다.
② 머리 달린 경사키도 성크키의 일종이다.
③ 축과 보스의 양쪽에 모두 키 홈을 파서 토크를 전달시
킨다.
④ 대개 윗면에 1/5 정도의 기울기를 가지고 있는 수가
많다.

해설
성크키로도 불리는 묻힘키는 $\frac{1}{100}$ 기울기를 가진 경사키와 평
행키가 있다.

답 ④

⑤ 경사키(Taper Key) : 묻힘키에서 키가 $\frac{1}{100}$ 의 기울기를 가진 키이다.

⑥ 평행키(Parallel Key) : 키의 상·하면이 평행인 키로 묻힘키의 일종이다.

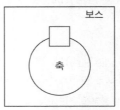

⑦ 접선키(Tangential Key)

전달토크가 큰 축에 주로 사용되며 회전 방향이 양쪽 방향일 때 일반적으로 중심각이 120°가 되도록 한 쌍을 설치하여 사용하는 키이다. 90°로 배치한 것은 케네디키라고 불린다.

⑧ 스플라인키(Spline Key)

축의 둘레에 원주방향으로 여러 개의 키 홈을 깎아 만든 것으로 세레이션키 다음으로 큰 동력(토크)을 전달할 수 있다. 내구성이 크고 축과 보스와의 중심축을 정확히 맞출 수 있어서 축 방향으로 자유로운 미끄럼 운동이 가능하므로 자동차 변속기의 축용 재료로 많이 사용된다.

⑨ 세레이션키(Serration Key)

축과 보스에 작은 삼각형의 이를 만들어 조립시킨 키로 키 중에서 가장 큰 힘을 전달한다.

⑩ 미끄럼키(= 패더키, Sliding Key)

회전력을 전달하면서 동시에 보스를 축 방향으로 이동시킬 수 있다. 키를 작은 나사로 고정하며 기울기가 없고 평행하다. 패더키, 안내키라고도 불린다.

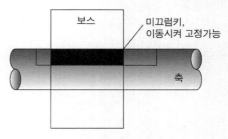

스플라인키의 특징인 것은?

① 축에 원주방향으로 같은 간격으로 여러 개의 키 홈을 깎아낸 것이다.

② 큰 토크를 전달하지 않는다.

③ 키 홈으로 인하여 축의 강도가 저하된다.

④ 키와 축의 접촉면에서 발생하는 마찰력으로 회전력을 발생시킨다.

해설

스플라인키는 축의 둘레에 원주방향으로 여러 개의 키 홈을 깎아 만든 것으로 세레이션키 다음으로 큰 동력(토크)을 전달할수 있다. 내구성이 크고 축과 보스와의 중심축을 정확히 맞출수 있어서 축방향으로 자유로운 미끄럼운동이 가능하므로 자동차 변속기의 축용 재료로 많이 사용된다.

답 ①

⑪ 원뿔키(Cone Key)

축과 보스 사이에 2~3곳을 축 방향으로 쪼갠 원뿔을 때 려 박아 축과 보스가 헐거움 없이 고정할 수 있도록 한 키로 마찰에 의하여 회전력을 전달하며 축의 임의의 위 치에 보스를 고정한다.

⑫ 둥근키(Round Key) : 둥근 환봉형태의 키로 동력을 전달하는 키

(3) 키의 전달 강도가 큰 순서

세레이션키 > 스플라인키 > 접선키 > 성크키(묻힘키) > 경사키 > 반달키 > 평키(납작키) > 안장키(새들키)

(4) 키 관련 계산하기

① 키에 작용하는 전단응력 구하는 식

$$\tau = \frac{F \text{ 또는 } W}{A} = \frac{F \text{ 또는 } W}{b(\text{키의 폭}) \times l(\text{키의 길이})}$$

② 키의 길이(l) 구하는 식

$$l = \frac{FD}{bd\tau_a}$$

③ 묻힘키의 길이(l)구하기

　㉠ 전단응력 고려 시

$$\tau = \frac{W}{bl} = \frac{2T}{bdl}, \quad l = \frac{2T}{bd\tau}$$

　㉡ 압축응력 고려 시

$$\sigma_c = \frac{2W}{hl} = \frac{4T}{hdl}, \quad l = \frac{4T}{hd\sigma_c}$$

④ 묻힘키가 파손되지 않는 길이(l) 구하기

$$l = \frac{\pi d^2}{8b}$$

⑤ 묻힘키가 전단하중만 받을 때 파손되지 않을 키의 길이(L)

$$L = 1.5d$$

키의 전달강도가 큰 순서부터 나열된 것은?

① 성크키(묻힘키) > 접선키 > 경사키 > 반달키 > 평 키(납작키) > 안장키(새들키)
② 성크키(묻힘키) > 경사키 > 반달키 > 접선키 > 평 키(납작키) > 안장키(새들키)
③ 접선키 > 성크키(묻힘키) > 경사키 > 반달키 > 평 키(납작키) > 안장키(새들키)
④ 접선키 > 성크키(묻힘키) > 경사키 > 반달키 > 안 장키(새들키) > 평키(납작키)

답 ③

성크키(묻힘키 ; Sunk Key)에 의한 축이음에서 축의 외 주에 작용하는 접선력이 1[N]일 때 키(Key)에 작용하는 전단응력[N/m²]은?(단, 키의 치수는 10[mm] × 8[mm] × 100[mm]이다)

① 1,000　　　　　② 1,250
③ 2,000　　　　　④ 2,500

해설

성크키로 축이음했을 때 축에 작용하는 외력(접선력)이 1N일 때 전단응력(τ)을 구하면

$$\tau = \frac{F}{A} = \frac{F}{\text{키의 폭}(b) \times \text{키의 길이}(l)}$$
$$= \frac{1[\text{N}]}{0.01[\text{m}] \times 0.1[\text{m}]}$$
$$= \frac{1[\text{N}]}{0.001[\text{m}]}$$
$$= 1,000[\text{N/m}^2]$$

답 ①

묻힘키(Sunk Key)가 파손되지 않는 길이(l)를 구하는 식 과 전단하중만 받을 때 파손되지 않을 키의 길이(L)을 모두 알맞게 나타낸 것은?

① $l = \dfrac{\pi d^2}{4b}$, $L = 1.5d$

② $l = \dfrac{\pi d^2}{8b}$, $L = 1.5d$

③ $l = \dfrac{3\pi d^2}{16b}$, $L = 2d$

④ $l = \dfrac{\pi d^3}{16b}$, $L = 2d$

답 ②

테이퍼핀에 대한 설명으로 옳은 것은?

① 보통 $\frac{1}{50}$ 의 테이퍼를 가지며 호칭지름은 작은 쪽의 지름으로 표시한다.

② 보통 $\frac{1}{200}$ 의 테이퍼를 가지며 호칭지름은 작은 쪽의 지름으로 표시한다.

③ 보통 $\frac{1}{50}$ 의 테이퍼를 가지며 호칭지름은 큰 쪽의 지름으로 표시한다.

④ 보통 $\frac{1}{100}$ 의 테이퍼를 가지며 호칭지름은 가운데 부분의 지름으로 표시한다.

답 ①

(5) 핀의 종류 및 용도

명 칭	형 상	용 도
평행핀		리머 가공된 구멍에 끼워서 위치 결정에 사용하는 핀
테이퍼핀		키의 대용이나 부품 고정 용도로 사용하는 핀으로 테이퍼 값은 $\frac{1}{50}$ 이다. 테이퍼핀을 때려 박으면 단단히 구멍에 들어가서 잘 빠지지 않는다. 테이퍼핀의 호칭지름 = 두께가 가는 쪽의 지름
분할핀		핀 전체가 두 갈래로 되어 있어 너트의 풀림방지나 핀이 빠져나오지 않게 하는 데 사용된다.
너클핀		한쪽 포크(Fork)에 아이(Eye)부분을 연결하여 구멍에 수직으로 평행핀을 끼워 두 부분이 상대적으로 각운동을 할 수 있도록 연결한 핀

4 리벳(Rivet)

(1) 리벳의 정의

판재나 형강을 영구적인 이음을 할 때 사용되는 결합용 기계요소로 구조가 간단하고 잔류변형이 없어서 기밀을 요하는 압력용기나 보일러, 항공기, 교량 등의 이음에 주로 사용된다. 간단한 리벳작업은 망치도 가능하나, 큰 강도를 요하는 곳을 리벳이음을 하기 위해서는 리베팅 장비가 필요하다.

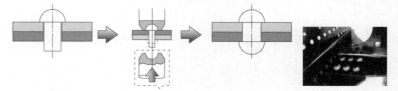

(2) 리벳의 특징

① 열응력에 의한 잔류응력이 생기지 않는다.
② 경합금과 같이 용접이 곤란한 재료의 결합에 적합하다.
③ 리벳이음의 구조물은 영구 결합으로 분해가 되지 않는다.
④ 구조물 등에 사용할 때 현장조립의 경우 용접작업보다 용이하다.

리벳이음의 특징으로 알맞은 것은?

① 열응력에 의해 잔류응력이 발생한다.
② 결합 중 잘못되었을 경우 재조립이 가능하다.
③ 현장조립 시 용접이음보다 작업이 더 복잡하다.
④ 경합금과 같이 용접이 곤란한 재료의 결합에 적합하다.

해설
리벳이음은 영구결합법에 속하는 접합기술로 경합금과 같이 용접이 곤란한 재료의 결합에 적합하다.

답 ④

(3) 코킹과 풀러링 – 리벳 후 기밀을 위한 연계작업

① 코킹(Caulking)

물이나 가스 저장용 탱크를 리베팅한 후 기밀(기체 밀폐)과 수밀(물 밀폐)을 유지하기 위해 날 끝이 뭉 뚝한 정(코킹용 정)을 사용하여 리벳머리와 판의 이 음부의 가장자리를 때려박음으로써 틈새를 없애는 작업이다.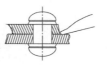

② 풀러링(Fullering)

기밀을 더 좋게 하기 위해 강판과 같은 두께의 풀러링 공구로 재료의 옆 부분을 때려 붙이는 작업을 말한다.

(4) 관련 계산 문제

① 리벳에 작용하는 하중(W)을 구하는 식

$$W = \frac{\pi d^2}{4} \tau n$$

② 리벳이음에서 강판의 효율(η) 구하는 식

$$\eta = \frac{\text{구멍이 있을 때의 인장력}}{\text{구멍이 없을 때의 인장력}} = 1 - \frac{d}{p}$$

여기서, d : 리벳 지름

p : 리벳의 피치

③ 리벳의 지름 구하는 식

$$\tau \frac{\pi d^2}{4} = dt\sigma_c, \quad d = \frac{4t\sigma_c}{\pi\tau}, \quad d = \sqrt{\frac{4R_{max}}{\pi\tau}}$$

④ 리벳에 작용하는 인장응력

한 줄 겹치기 이음에서 리벳구멍 사이가 절단된다는 것은 이 구멍 사이의 단면 부분이 외력에 견디지 못해 파손됨을 의미하므로 응력 계산 시 이 부분이 외력에 대응하는 단면적이 되어야 한다. 따라서 이 부분의 단면적 은 $(p-d)t$로 계산이 가능하다.

인장응력(σ) 구하는 식 : $\sigma = \dfrac{P}{(p-d)t}$

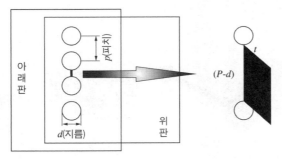

리벳작업에서 코킹을 하는 목적으로 가장 옳은 것은?

① 패킹재료를 삽입하기 위해

② 파손재료를 수리하기 위해

③ 부식을 방지하기 위해

④ 기밀을 유지하기 위해

해설

리벳작업 시 코킹을 하는 목적은 끼워진 틈새를 막음으로써 기밀(기체밀폐)과 수밀(물밀폐)을 유지하기 위함이다.

답 ④

강판의 효율이 60[%]인 리벳이음에서 피치가 25[mm]라 면 리벳구멍의 지름[mm]은?

① 5[mm]   ② 10[mm]

③ 15[mm]   ④ 20[mm]

해설

$\eta = 1 - \dfrac{d}{p}$

$\dfrac{d}{p} = 1 - \eta$

$d = p(1-\eta) = 25(1-0.6) = 10[\text{mm}]$

답 ②

한줄 겹치기리벳이음에서 리벳구멍 사이가 절단되는 경 우 리벳이음강도 P는?(단, 리벳의 지름 d, 리벳의 피치 p, 강판의 두께 t, 리벳의 중심에서 강판의 가장자리까지 의 거리 e, 리벳의 전단응력 τ, 강판의 인장응력 σ_t, 강판 또는 리벳의 압축응력 σ_c이다)

① $P = \dfrac{\pi}{4}d^2\tau$ ② $P = 2et\tau$

③ $P = (p-d)t\sigma_t$ ④ $P = dt\sigma_c$

해설

한줄 겹치기이음에서 리벳구멍 사이가 절단된다는 것은 이 구 멍 사이의 단면부분들만이 리벳에 작용하는 외력에 견디므로, 응력계산 시에는 이 구멍 사이의 단면적을 하중에 대항하는 단 면적으로 적용해야 한다. 따라서 이 부분의 단면적은 $(p-d)t$ 로 계산이 가능하다.

위의 단면적 관련 식을 응력을 구하는 식에 대입해 보면 리벳의 이음강도(P)는 응력을 구하는 식에서 이음강도(P) 구하는 식 을 유도할 수 있다.

$\sigma = \dfrac{P}{A}, \quad \sigma = \dfrac{P}{(p-d)t}$

$P = (p-d)t\sigma$

답 ③

양쪽 덮개판 2줄 지그재그 리벳이음을 나타낸 것은?

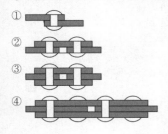

①

②

③

④

답 ④

축의 종류별 특징으로 알맞은 것은?

① 차축 : 자동차나 철도차량 등에 쓰이는 축으로 중량을 차륜에 전달한다.
② 스핀들 : 주로 비틀림에 의해서 동력을 전달한다.
③ 플렉시블축 : 증기 기관이나 내연 기관 등에서 피스톤의 왕복 운동을 회전 운동으로 바꾸는 역할을 한다.
④ 크랭크축 : 축의 지름에 비해 길이가 짧은 축을 말하며 비틀림과 굽힘을 동시에 받는 축으로 공작기계의 주축 및 터빈 축등에 사용한다.

답 ①

증기기관이나 내연기관 등에서 피스톤의 왕복운동을 회전 운동으로 바꾸는 기능을 하는 축(Shaft)의 명칭은?

① 차 축　　　　　② 스핀들
③ 크랭크축　　　④ 플렉시블축

해설
크랭크축 : 증기 기관이나 내연 기관 등에서 피스톤의 왕복 운동을 회전 운동으로 바꾸는 기능을 하는 축

답 ③

---

⑤ 리벳이음의 형식

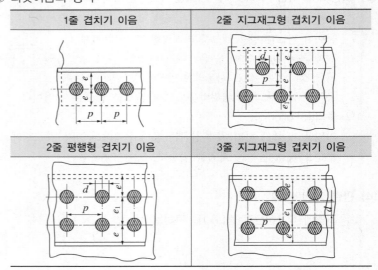

1줄 겹치기 이음	2줄 지그재그형 겹치기 이음
2줄 평행형 겹치기 이음	3줄 지그재그형 겹치기 이음

5 축과 축이음

(1) 축

① 축(Shaft)의 정의
베어링에 의해 지지되며 주로 회전력을 전달하는 기계요소를 말한다.

② 축의 분류
㉠ 차축 : 자동차나 철도차량 등에 쓰이는 축으로 중량을 차륜에 전달하는 역할을 하는 축
㉡ 전동축 : 주로 비틀림에 의해서 동력을 전달하는 축
㉢ 스핀들 : 축의 지름에 비해 길이가 짧은 축을 말하며 비틀림과 굽힘을 동시에 받는 축으로 공작기계의 주축 및 터빈 축 등에 사용된다.
㉣ 플렉시블축(유연성 축) : 고정되지 않은 두 개의 서로 다른 물체 사이에 회전하는 동력을 전달하는 축
㉤ 크랭크축 : 증기기관이나 내연기관 등에서 피스톤의 왕복 운동을 회전 운동으로 바꾸는 기능을 하는 축
㉥ 직선축 : 직선형태의 동력전달용 축

[차 축]　　　　　[전동축]　　　　　[스핀들]

[플렉시블축(유연성 축)]

[크랭크축]

[직선축]

③ 축을 설계할 때 고려사항
  ㉠ 진 동
  ㉡ 열응력
  ㉢ 강도 및 변형
  ㉣ 고유진동수
  ㉤ 위험속도

④ 축용 재료

　　Cr, Ni, Mo은 재료에 내식성과 강도 및 경도 향상을 위해 합금하는 축용 재료이며 실제 현장에서 SCM415(크롬 - 몰리브덴강), SNC410(니켈 - 크롬강)의 명칭으로 사용된다.

　　※ 베릴륨은 상온에서 무르고, 고온에서도 전성과 연성 및 탄성이 크기 때문에 큰 하중이나 고속회전을 하는 축 재료에는 부적합하다.

⑤ 축의 위험속도(n_c, Critical Speed)
  ㉠ 위험속도의 정의 : 축의 고유 진동수와 축의 회전속도(n)가 일치했을 때 진폭이 점차 커져서 축이 위험상태에 놓이게 되어 결국 파괴에 이르게 되는 축의 회전수
  ㉡ 위험속도의 발생원인 : 보통 축의 중심이 그 단면의 중심선상에 오도록 정확히 가공한다는 것은 매우 어려우므로 보통 약간의 편심을 갖게 된다. 또한 축의 자중이나 하중에 의해서도 편심이 생기는데, 편심이 된 상태에서 축이 고속회전을 하면 원심력에 의해 축에 진동이 생기는데 이때 이 축이 가진 고유진동수와 축의 속도가 같아졌을 때 축의 원심력이 축의 저항력을 이겨 결국 축이 파괴에 이르게 되는데, 이때의 속도가 위험속도가 되는 것이다. 따라서 물체의 고유 진동은 고속회전하는 기계에는 매우 중요한 문제이다.
  ㉢ 위험속도를 방지를 위한 방법 : 축의 일상적인 사용 회전속도(상용 회전수)는 위험속도로부터 25[%] 이상 떨어진 상태에서 사용하도록 설계 시 고려해야 한다.
  ㉣ 축의 위험속도 계산식
    • 축 중앙에 1개의 회전질량을 가진 축

$$N_c = \frac{30}{\pi} w_c = \frac{30}{\pi} \sqrt{\frac{g}{\delta}} = 300 \sqrt{\frac{1}{\delta}}$$

    • 여러 개의 회전체를 가진 축(Dunkerley의 실험공식에 의해)

$$\frac{1}{N_c^{\,2}} = \frac{1}{N_{c1}^{\,2}} + \frac{1}{N_{c2}^{\,2}} + \frac{1}{N_{c3}^{\,2}} + \cdots$$

축의 위험속도에 대한 설명으로 알맞지 않은 것은?

① 축의 위험속도는 축의 회전속도 및 고유진동수(f)와 관련이 크다.
② 여러 개의 회전체를 가진 축은 Dunkerley의 실험공식에 의해 구할 수 있다.
③ 위험속도란 축의 고유 진동수와 축의 회전속도(n)가 일치했을 때 진폭이 점차 커져서 축이 위험상태에 놓이게 되어 결국 파괴에 이르게 되는 축의 회전수를 말한다.
④ 축의 일상적인 사용 회전속도(상용회전수)는 위험속도까지 사용하도록 설계 시 고려해야 한다.

해설
축의 일상적인 사용 회전속도(상용회전수)는 위험속도로부터 25[%] 이상 떨어진 상태에서 사용하도록 설계 시 고려해야 한다.

답 ④

다음 중 축의 위험속도와 가장 관련이 깊은 것은?

① 축에 작용하는 최대비틀림모멘트
② 축베어링이 견딜 수 있는 최고회전속도
③ 축의 고유진동수
④ 축에 작용하는 최대굽힘모멘트

해설
축의 위험 회전속도(n_c)를 구하기 위해서는 각속도(ω) 구하는 식을 응용해야 한다.

$\omega = \frac{2\pi n}{60}$

위 식에 ω 대신 위험각속도(ω_c), 회전수 n 대신 축의 위험 회전수(n_c)를 대입하면

위험각속도 $\omega_c = \frac{2\pi n_c}{60}$

$n_c = \frac{60 \omega_c}{2\pi} = \frac{30}{\pi} \omega_c = \frac{30}{\pi} \sqrt{\frac{k}{m}}$

고유진동수(f)는 강성(k)에 비례하고, 질량(m)에 반비례하므로 $f \propto \sqrt{\frac{k}{m}}$ 로 표시한다.

따라서 n_c와 f 모두 $\sqrt{\frac{k}{m}}$ 와 관련되므로 축의 위험속도(n_c)는 고유진동수(f)와 관련이 크다.

답 ③

ⓑ 축의 위험속도 특징

• 축의 위험속도는 축의 회전
  속도 및 고유진동수(f)와 관
  련이 크다.

• 고유진동수(f)는 강성(k)에
  비례하고, 질량(m)에 반비

TIP

고유진동수(f)는 단위시간당 진동수
이며, 단위로는 [Hz]를 사용한다. 이는
구조물의 동적 특성을 표현한다.

$$f \propto \sqrt{\frac{k}{m}}$$

례하므로 이를 기호로 나타내면 다음과 같다.

$$f \propto \sqrt{\frac{k}{m}}$$

이것을 위험각속도(ω_c)식에 적용하면 $\omega_c = \sqrt{\dfrac{k}{m}}$ 이 된다.

• 축의 위험 각속도(ω_c)를 구하려면 $\omega = \dfrac{2\pi n}{60}$ 에 ω 대신 위험각속도
  (ω_c), 회전수 n 대신에 축의 위험회전수(n_c)를 대입하면

  위험각속도 $\omega_c = \dfrac{2\pi n_c}{60}$, $n_c = \dfrac{60\omega_c}{2\pi} = \dfrac{30}{\pi}\omega_c = \dfrac{30}{\pi}\sqrt{\dfrac{k}{m}}$

⑥ 축 관련 계산식

㉠ 비틀림각(θ) 구하는 식

$$\theta = \frac{T \cdot L}{G \cdot I_P} = \frac{T \cdot L}{G \cdot \dfrac{\pi d^4}{32}} = \frac{32\,T \cdot L}{G \cdot \pi d^4}$$

여기서, I_P : 극단면 2차 모멘트

$$I_P = \frac{\pi d^4}{32}$$

굽힘모멘트 M과 비틀림모멘트 T를 동시에 받는 축에서
최대주응력설에 적용할 상당굽힘모멘트 M_e은?

① $M_e = \dfrac{1}{2}(M + \sqrt{M^2 + T^2})$

② $M_e = (\sqrt{M^2 + T^2})$

③ $M_e = (M + \sqrt{M^2 + T^2})$

④ $M_e = \dfrac{1}{2}(M + T)$

해설

굽힘모멘트(M)와 비틀림모멘트(T)가 동시 작용할 때 상당굽
힘모멘트(M_e) 구하는 식

$M_e = \dfrac{1}{2}(M + \sqrt{M^2 + T^2})$

여기서, M : 굽힘모멘트
      T : 비틀림모멘트

답 ①

㉡ 상당굽힘모멘트(M_e) 및 상당비틀림모멘트(T_e) 구하는 식

상당굽힘모멘트(M_e)	$M_e = \dfrac{1}{2}(M + \sqrt{M^2 + T^2})$
상당비틀림모멘트(T_e)	$T_e = \sqrt{M^2 + T^2}$

여기서, M : 굽힘모멘트
      T : 비틀림모멘트

㉢ 비틀림모멘트를 받는 중실축의 지름 구하는 식

$$d = \sqrt[3]{\frac{16\,T}{\pi \tau_a}}$$

㉣ 축의 최대(허용)전단응력 구하는 식

$$\tau_a = \frac{16\,T_e}{\pi d^3}$$

㉤ 축의 최대비틀림응력 구하는 식

$$T = \tau Z_p = \tau \frac{\pi d^3}{16}$$

ⓑ 모멘트(L) 구하는 식

$$L = 작용\ 힘(F) \times 작용점과의\ 직선거리(L)$$

ⓢ 축의 위험속도(N_c) 구하는 식

$$N_c = \frac{30}{\pi} \sqrt{\frac{g}{\delta \times 10^{-3}}}\ [\text{rpm}]$$

여기서, g : 중력가속도

δ : 처짐량[mm]

ⓞ 중실 스핀들 축의 최소 지름 구하는 식

$$d = \sqrt[3]{\frac{5.1T}{\tau_a}}\ [\text{mm}]$$

ⓩ 중공축이 정하중으로 굽힘모멘트(σ_a)만 받는 경우 바깥지름(d_2) 구하는 식

$$M = \sigma_a \times Z$$

$$M = \sigma_a \times \frac{\pi {d_2}^3 (1 - x^4)}{32}$$

이 식을 d_2로 정리하면

$${d_2}^3 = \frac{32M}{\pi(1 - x^4)\sigma_a}$$

$$d_2 = \sqrt[3]{\frac{32M}{\pi(1 - x^4)\sigma_a}}$$

ⓩ 중실축과 중공축에 따른 계수

종 류	기 호	중실축	중공축
전단탄성계수	G		$\dfrac{\tau}{\gamma}$
단면계수	Z	$\dfrac{\pi {d_2}^3}{32}$	$\dfrac{\pi {d_2}^3 (1 - x^4)}{32}$ $x(\text{내외경비}) = \dfrac{d_1}{d_2}$
극단면 2차 모멘트	I_P	$\dfrac{\pi d^4}{32}$	$\dfrac{\pi({d_2}^4 - {d_1}^4)}{32}$
극단면계수	Z_P	$\dfrac{\pi d^3}{16}$	$\dfrac{\pi}{16} \cdot \dfrac{({d_2}^4 - {d_1}^4)}{d_2}$

(2) 축 이음

① 축 이음의 정의

서로 떨어져 있는 원동축과 종동축을 연결시키는 기계요소로서, 작동 중 분리가 불가능한 커플링과, 작동 중에도 단속이 가능한 클러치로 분류된다.

중실축의 직경이 3배로 작아질 경우 전달 가능한 토크는 처음과 비교해서 얼마가 되는가?

① $\dfrac{1}{3}$ 　　　　② $\dfrac{1}{6}$

③ $\dfrac{1}{18}$ 　　　　④ $\dfrac{1}{27}$

해설

$T = \tau \times Z_P$

$T = \tau \times \dfrac{\pi d^3}{16}$ 이 식에서 d만을 떼어내서 응용하면

$\dfrac{T_{\frac{d}{3}}}{T_d} = \dfrac{\left(\dfrac{d}{3}\right)^3}{d^3} = \dfrac{\dfrac{d^3}{27}}{d^3} = \dfrac{d^3}{27d^3} = \dfrac{1}{27}$

답 ④

② 축 이음의 분류

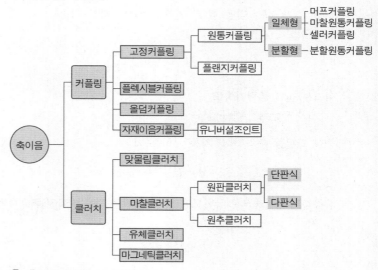

두 축의 중심선을 일치시키기 어렵거나 고속 회전, 또는 급격한 전달력의 변화로 진동이나 충격이 발생하는 경우에 사용하는 축이음 요소로 두 축이 평행하고 거리가 아주 가까울 때 사용하는 것은?

① 올덤커플링
② 플렉시블커플링
③ 유니버설조인트
④ 플랜지커플링

해설
플렉시블커플링(Flexible Coupling)
두 축의 중심선을 일치시키기 어렵거나 고속 회전 또는 급격한 전달력의 변화로 진동이나 충격이 발생하는 경우에 사용하는 축이음 요소이다. 두 축이 평행하고 거리가 아주 가까울 때, 각속도의 변동 없이 토크를 전달하는 데 가장 적합하나 윤활이 어렵고 원심력에 의한 진동 발생으로 고속 회전에는 적합하지 않다. 진동 완화를 위해 고무나 가죽, 스프링을 사용한다.

답 ②

두 축의 중심이 일치하지 않는 경우에 사용할 수 있는 커플링은?

① 올덤커플링(Oldham Coupling)
② 머프커플링(Muff Coupling)
③ 마찰원통커플링(Friction Clip Coupling)
④ 셀러커플링(Seller Coupling)

해설
올덤커플링(Oldham's Coupling)
두 축이 평행하면서도 중심선의 위치가 다소 어긋나서 편심이 된 경우 각 속도의 변동 없이 토크를 전달하는 데 적합한 축이음용 기계요소이다. 윤활이 어렵고 원심력에 의해 진동이 발생하므로 고속회전에는 적합하지 않다. 머프커플링, 마찰원통커플링, 셀러커플링은 모두 두 축의 중심이 일치하는 경우에 사용한다.

답 ①

③ 축이음 설계 시 주의사항
  ㉠ 가볍고 가격이 적당할 것
  ㉡ 회전균형을 알맞도록 할 것
  ㉢ 전동에 의해 이완되지 않을 것
  ㉣ 토크 전달 시 충분한 강도를 가질 것
  ㉤ 양 축 상호 간에 관계위치를 고려할 것
  ㉥ 축의 중심과 일치하는지 여부를 고려하여 설계해야 한다.

➕ TIP
원통형커플링에 속하는 머프커플링, 마찰원통커플링, 셀러커플링은 모두 두 축의 중심이 일치하는 경우에 사용한다.

④ 커플링의 종류
  ㉠ 올덤커플링(Oldham Coupling)
    두 축이 평행하면서도 중심선의 위치가 다소 어긋나서 편심이 된 경우 각속도의 변동 없이 토크를 전달하는데 적합한 축이음 요소이다. 윤활이 어렵고 원심력에 의해 진동이 발생하므로 고속 회전에는 적합하지 않다.
  ㉡ 플렉시블커플링(Flexible Coupling)
    두 축의 중심선을 일치시키기 어렵거나 고속 회전 또는 급격한 전달력의 변화로 진동이나 충격이 발생하는 경우에 사용하는 축이음 요소이다. 두 축이 평행하고 거리가 아주 가까울 때, 각속도의 변동 없이 토크를 전달하는 데 가장 적합하나 윤활이 어렵고 원심력에 의한 진동 발생으로 고속 회전에는 적합하지 않다. 진동 완화를 위해 고무나 가죽, 스프링을 사용한다.

ⓒ 유니버설조인트(Universal Joint)

두 축이 만나는 각이 운전 중에 수시로 변화하는 경우에도 자유롭게 동력을 전달할 수 있는 축이음으로 공작기계나 자동차의 동력 전달용 축이음에 사용된다.

ⓔ 플랜지커플링(Flange Coupling)

대표적인 고정커플링으로 일직선상의 두 축을 볼트나 키로 연결한 축이음이다.

ⓜ 슬리브커플링(Sleeve Coupling)

주철제의 원통 속에서 두 축을 맞대기 키로 고정하는 것으로 축 지름과 동력이 아주 작을 때 사용한다. 단, 인장력이 작용하는 축에는 적용이 불가능하다.

ⓗ 머프커플링(Muff Coupling) : 주철 재질의 원통 속에 두 축을 맞대고 키(Key)로 고정한 축이음으로 축 지름과 하중이 매우 작을 때 주로 사용한다. 그러나 인장력이 작용하는 곳은 축이 빠질 우려가 있으므로 사용을 자제해야 한다. 또한 두 축의 중심이 일치하는 경우에 사용한다.

ⓢ 마찰원통커플링(Friction Clip)

바깥둘레가 분할된 주철 재질의 원통으로 두 축의 연결 단을 덮어씌운 후 연강재의 링으로 양 끝을 때려 박아 고정시키는 축 이음으로 설치와 분해가 쉽고 축을 임의 장소에 고정할 수 있어서 긴 전동축의 연결에 유용하다. 그러나 큰 토크의 전달은 하지 못하며 150[mm] 이하의 축을 진동이 없는 곳에서 사용해야 한다. 또한 두 축의 중심이 일치하는 경우에 사용한다.

ⓞ 셀러커플링(Seller Coupling) : 테이퍼슬리브커플링으로 커플링의 안쪽 면이 테이퍼 처리되어 있으며 두 축의 중심이 일치하는 경우 사용한다. 원뿔과 축 사이는 패터키로 연결한다.

⑤ 클러치(Clutch)

㉠ 클러치의 정의 : 운전 중에도 축이음을 차단(단속 ; 끊을斷 이을續)시킬 수 있는 동력전달장치

㉡ 클러치 설계 시 유의사항

• 균형 상태가 양호해야 한다.
• 회전 부분의 평형이 좋아야 한다.
• 단속을 원활히 할 수 있어야 한다.
• 관성력이 작고 과열되지 않아야 한다.
• 마찰열에 대하여 내열성이 좋아야 한다.
• 구조가 간단하고 고장률이 적어야 한다.

㉠, ㉡에 들어갈 축이음으로 적절한 것은?

두 축의 중심선을 일치시키기 어렵거나 진동이 발생되기 쉬운 경우 (㉠)을 사용하여 축을 연결하고, 두 축이 만나는 각이 수시로 변화하는 경우에는 (㉡)이(가) 사용된다.

	㉠	㉡
①	플랜지커플링	유니버설조인트
②	플렉시블커플링	유니버설조인트
③	플랜지커플링	유체커플링
④	플렉시블커플링	유체커플링

해설

• 플렉시블커플링 : 두 축의 중심선을 일치시키기가 어렵거나 고속 회전이나 급격한 전달력의 변화로 진동이나 충격이 발생하는 경우에 사용하는 축이음요소이다. 두 축이 평행하고 거리가 아주 가까울 때나 각속도의 변동 없이 토크를 전달하는데 가장 적합하나 윤활이 어렵고 원심력에 의한 진동발생으로 고속 회전에는 적합하지 않다. 진동완화를 위해 고무나 가죽, 스프링을 사용한다.

• 유니버설커플링 : 두 축이 만나는 각이 운전 중에 수시로 변화하는 경우에도 자유롭게 동력을 전달할 수 있는 축이음으로 공작기계나 자동차의 동력전달용 축이음에 사용된다.

달 ②

대표적인 고정 커플링의 일종으로 두 축 간의 축 경사나 편심을 흡수할 수 없는 축이음 요소는?

① 올덤커플링
② 유체커플링
③ 플랜지커플링
④ 유니버설커플링

달 ③

클러치를 설계할 때 유의할 사항으로 옳지 않은 것은?

① 균형상태가 양호하도록 하여야 한다.
② 관성력을 크게 하여 회전 시 토크변동을 작게 한다.
③ 단속을 원활히 할 수 있도록 한다.
④ 마찰열에 대하여 내열성이 좋아야 한다.

해설
클러치 : 운전 중에도 축이음을 차단(단속)시킬 수 있는 동력전달장치로 관성력은 작게 해야 한다.

답 ②

ⓒ 클러치의 종류
• 맞물림 클러치 : 축의 양 끝이 맞물릴 수 있도록 각각 한 쌍의 돌기부를 만들어 맞물리는 축이음 요소로 동력 전달 중 끊었다가 다시 연결할 수 있다.
• 원판 클러치 : 롤러와 원판장치로 구성된 것으로 롤러가 원판의 중앙과 외곽을 자유롭게 왕복 이동하면서 원판의 회전속도를 변화시키는 축이음 요소로 마찰클러치의 일종이다.
마찰원판의 수에 따른 분류
– 마찰원판의 수가 1개 : 단판 클러치
– 마찰원판의 수가 2개 이상 : 다판 클러치
• 원추 클러치 : 원추의 상부와 하부의 지름의 차이를 이용하여 회전속도를 조절하는 축이음요소이다. 접촉면이 원추 형태로 되어 있어 원판 클러치에 비해 마찰 면적이 크므로 축 방향 힘에 대해 더 큰 마찰력을 발생시킬 수 있다. 구동축과 종동축을 동시에 사용하는 경우 회전속도비를 더욱 크게 할 수 있다.

6 기어(Gear)

(1) 기어의 정의

두 개의 축 간 동력 전달을 목적으로 원판의 끝부분에 돌기부인 이(이齒)를 만들어 서로 맞물려 돌아가게 한 기계요소로 미끄럼이나 에너지의 손실 없이 운동이나 동력을 전달할 수 있다. 다른 말로는 치차(이齒 수레바퀴車)라고도 한다.

(2) 기어전동의 특징

① 직접 동력을 전달하므로 동력 손실이 거의 없다.
② 평행하거나 평행하지 않는 축 모두 동력 전달이 가능하다.
③ 기어 이를 정밀하게 작업하지 않으면 치차 면에 언더컷이 발생한다.
④ 기어 A와 기어 B가 맞물려 돌아가면, 서로에게 가해지는 동력은 서로 같다.
⑤ 모듈(m)은 기어의 크기를 나타내는 척도로 서로 맞물려 돌아가려면 기어의 모듈은 같아야 한다.
⑥ 기어 A의 잇수가 B보다 2배 많으면 A가 한 바퀴 돌 때 B는 2배 회전하므로 기어 B는 A보다 회전각속도가 2배이다.
⑦ 치형곡선은 2개의 기어가 모든 물림위치에서 일정한 각속도비를 가져야 한다는 필요조건이 있기 때문에 인벌류트 치형과 사이클로이드 치형은 모두 중심거리가 변해도 공통법선 방향의 속도는 같다.

서로 맞물려 돌아가는 기어 A와 B의 피치원의 지름이 각각 100[mm], 50[mm]이다. 이에 대한 설명으로 옳지 않은 것은?

① 기어 B의 전달동력은 기어 A에 가해지는 동력의 2배가 된다.
② 기어 B의 회전각속도는 기어 A의 회전각속도의 2배이다.
③ 기어 A와 B의 모듈은 같다.
④ 기어 B의 잇수는 기어 A의 잇수의 절반이다.

해설
기어 A와 기어 B가 서로 맞물려 돌아가므로 이 두 기어에 가해지는 동력은 서로 같다.

답 ①

(3) 기어의 종류

종 류	명칭 및 형상			
두 축이 평행한 기어	스퍼기어	내접기어	헬리컬기어	랙과 피니언기어
				피니언기어 / 랙기어
두 축이 교차하는 기어	베벨기어	스파이럴 베벨기어		마이터기어
두 축이 나란하지도 교차하지도 않는 기어	하이포이드기어	웜과 웜휠기어	나사기어	페이스기어
		웜기어 / 웜휠기어		

(4) 주요 기어의 특징

① 평기어(= 스퍼기어, Spur Gear)

치형이 직선이고 잇줄이 축에 평행하므로 기어의 제작이 상대적으로 편하여 현재 가장 널리 사용되는 기어이다.

② 내접기어(Internal Gear)

원통의 안쪽에 기어 이가 만들어진 기어로, 크기가 작은 스퍼기어를 내접기어의 안쪽에서 맞물리게 함으로써 동력을 전달시킨다. 맞물리는 기어와 내접기어의 회전 방향이 같은 것이 특징이다.

③ 헬리컬기어(Helical Gear)

잇줄이 축 방향과 일치하지 않고 사선으로 나아 있는 기어로 맞물리는 기어의 잇줄방향은 서로 반대이다. 이의 물림이 좋고 조용한 운전이 가능하나 축방향의 하중이 발생하는 단점이 있다.

④ 나사기어(Screw Gear)

서로 교차하지도, 평행하지도 않는 두 축 간에 동력을 전달할 때 사용한다.

⑤ 마이터기어(Miter Gear)

직각인 두 축 간에 운동을 전달하고, 잇수가 같은 한 쌍의 원추형 기어로서 베벨기어의 일종이다.

⑥ 하이포이드기어(Hypoid Gear)

서로 교차하지도, 평행하지도 않는 두 축 사이의 동력 전달을 위해 사용하는 기어로, 일반 스파이럴 베벨기어에서 피니언기어의 위치만 이동시켜 구동한다.

두 축이 평행하지도 만나지도 않을 때 사용하는 기어를 모두 고른 것은?

㉠ 나사기어	㉡ 헬리컬기어
㉢ 베벨기어	㉣ 웜기어

① ㉠, ㉡   ② ㉡, ㉢

③ ㉢, ㉣   ④ ㉠, ㉣

해설

두 축이 평행하지도 만나(교차)지도 않을 때 사용하는 기어는 나사기어와 웜과 웜휠기어이다.

답 ④

직각인 두 축 간에 운동을 전달하고, 잇수가 같은 한 쌍의 원추형 기어는?

① 스퍼기어

② 마이터기어

③ 나사기어

④ 헬리컬기어

해설

마이터기어 : 직각인 두 축 간에 운동을 전달하고, 잇수가 같은 한 쌍의 원추형 기어로서 베벨기어의 일종이다.

답 ②

⑦ 웜 기어장치(웜과 웜휠기어로 구성)

회전운동하는 운동축을 90°로 회전시켜서 다시 회전운동을 시키는 기어
장치로 역회전을 방지할 수 있다.

　㉠ 웜과 웜휠기어의 특징

　　• 부하용량이 크다.

　　• 잇 면의 미끄럼이 크다.

　　• 역회전을 방지할 수 있다.

　　• 감속비를 크게 할 수 있다.

　　• 운전 중 진동과 소음이 거의 없다.

　　• 진입각이 작으면 효율이 떨어진다.

　　• 웜에 축방향의 하중이 발생된다.

(5) 유성기어 장치

① 목 적

자동차의 자동 변속기나 종감속기어 장치 등에 사용되는 기계요소로 기어
비를 변경하고자 할 때 사용한다. 가운데 선기어가 있으며 이 선기어와
링기어 사이에 유성기어로 연결되어 있다. 유성기어는 유성기어 캐리어
를 통해 적정 간격이 유지된다. 하나를 고정시키거나 자유공전시킴으로
써 속도비를 변경할 수 있다.

② 유성기어장치의 구조

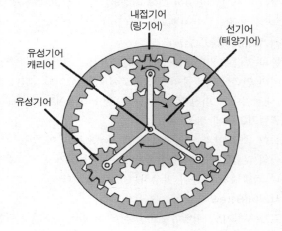

③ 유성기어장치의 회전 특성

고정시키는 기어	구동시키는 기어	종속되어 회전하는 기어	
유성기어 캐리어	태양기어	링기어	태양기어와 반대로 감속
	링기어	태양기어	링기어와 반대로 증속
선기어	유성기어 캐리어	링기어	유성기어 캐리어 방향으로 증속
	링기어	유성기어 캐리어	링기어 방향으로 증속
링기어	태양기어	유성기어 캐리어	태양기어 방향으로 감속
	유성기어 캐리어	태양기어	유성기어 캐리어 방향으로 증속
유성기어 자전 정지	태양기어와 링기어는 직접 연결되어 1 : 1의 기어비로 회전한다.		
링기어, 선기어, 유성기어 캐리어 모두 고정하지 않고 구동하게 하면			중립상태

※ 선기어(Sun Gear, 태양기어), 링기어(내접기어), 유성기어 캐리어(캐리어)

(6) 차동기어 장치

자동차가 울퉁불퉁한 요철부분을 지나갈 때 서로 다른 좌우 바퀴의 회전수를 적절히 분배하여 구동시키는 장치로서 다음 그림처럼 직교하는 사각구조의 베벨기어를 사용한다.

(7) 전위기어(Profile Shifted Gear)

래크공구의 기준 피치선(이 두께와 홈의 길이가 같은 곳)이 기어의 기준 피치원에 접하지 않는 기어로 전위량은 래크공구의 기준 피치선과 기어의 기준 피치원과의 거리를 말한다.

① 전위기어(Profile Shifted Gear)의 사용목적
  ㉠ 언더컷 방지
  ㉡ 물림률 증가
    ※ 물림률(Contact Ratio) : 동시에 물릴 수 있는 이의 수로 물림길이를 법선피치로 나눈 값이다.
  ㉢ 이의 강도 증가
  ㉣ 최소 잇수 작게
  ㉤ 두 기어 간 중심거리의 자유로운 변화

다음 중 유성기어장치에 대한 설명으로 옳은 것은?(단, 내접기어 잇수는 Z_I, 태양기어 잇수는 Z_S이며 $Z_I > Z_S$이다)

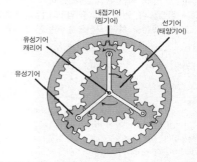

① 태양기어를 고정하고 캐리어를 구동할 경우 내접기어는 감속한다.
② 캐리어를 고정하고 내접기어를 구동할 경우 태양기어는 역전 증속한다.
③ 내접기어를 고정하고 태양기어를 구동할 경우 캐리어는 증속한다.
④ 태양기어를 고정하고 내접기어를 구동할 경우 캐리어는 역전 감속한다.

해설
② 캐리어를 고정하고 내접기어(링기어)를 구동하면 태양기어(선기어)는 역회전으로 증속한다.
답 ②

자동차에서 직교하는 사각구조의 차동기어 열(Differential Gear Train)에 사용되는 기어는?

① 평기어   ② 베벨기어
③ 헬리컬기어 ④ 웜기어

해설
차동기어장치
자동차가 울퉁불퉁한 요철부분을 지나갈 때 서로 달라지는 좌우바퀴의 회전수를 적절히 분해하여 구동시키는 장치로 직교하는 사각구조의 베벨기어를 차동기어 열에 적용한 장치이다.
답 ②

전위기어(Profile Shifted Gear)를 사용하는 목적이 아닌 것은?

① 두 기어 간 중심거리의 자유로운 변화
② 이의 강도 증가
③ 물림률 증가
④ 최소 잇수 증가

해설
전위기어는 기어의 최소 잇수를 작게 하기 위하여 사용한다.
답 ④

기어의 치형 곡선 중 평면 위의 일직선상에서 원을 회전시킨다고 가정했을 때, 원의 둘레 중 임의의 한 점이 회전하면서 그리는 곡선을 치형 곡선으로 사용한 것은?

① 인벌류트 곡선   ② 사이클로이드 곡선
③ 하이포이드 곡선   ④ HELIX 곡선

해설

사이클로이드 곡선
평면 위의 일직선상에서 원을 회전시킨다고 가정했을 때, 원의 둘레 중 임의의 한 점이 회전하면서 그리는 곡선을 치형으로 사용한 곡선이다. 피치원이 일치하지 않거나 중심거리가 다를 때는 기어가 바르게 물리지 않으며, 이뿌리가 약하다는 단점이 있으나 효율성이 좋고 소음과 마모가 적다는 장점이 있다.

답 ②

기어에 대한 설명으로 옳지 않은 것은?

① 한 쌍의 원형기어가 일정한 각속도비로 회전하기 위해서는 접촉점의 공통법선이 일정한 점을 지나야 한다.
② 인벌류트(Involute) 치형에서는 기어 한 쌍의 중심거리가 변하면 일정한 속도비를 유지할 수 없다.
③ 기어의 모듈(Module)은 피치원의 지름[mm]을 잇수로 나눈 값이다.
④ 기어물림률(Contact Ratio)은 물림길이를 법선피치(Normal Pitch)로 나눈 값이다.

해설

치형곡선은 2개의 기어가 모든 물림 위치에서 일정한 각속도비를 가져야 한다는 필요조건이 있기 때문에 인벌류트 치형곡선 역시 중심거리가 변해도 일정한 속도비를 유지할 수 있어야 한다.

답 ②

② 언더컷 방지를 위한 이론적인 전위계수(x)

　㉠ 압력각(α)이 14.5°인 기어의 전위계수 : $x \geq 1 - \dfrac{Z}{32}$

　㉡ 압력각(α)이 20°인 기어의 전위계수 : $x \geq 1 - \dfrac{Z}{17}$

여기서, 17과 32는 각각의 압력각에서 언더컷을 일으키지 않을 기어의 최소 잇수이다.

(8) 치형곡선

① 사이클로이드 곡선

평면 위의 일직선상에서 원을 회전시킨다고 가정했을 때, 원의 둘레 중 임의의 한 점이 회전하면서 그리는 곡선을 치형으로 사용한 곡선이다. 피치원이 일치하지 않거나 중심거리가 다를 때는 기어가 바르게 물리지 않으며, 이뿌리가 약하다는 단점이 있으나 효율성이 좋고 소음과 마모가 적다는 장점이 있다.

② 인벌류트 곡선

원기둥을 세운 후 여기에 감은 실을 풀 때, 실 중 임의의 1점이 그리는 곡선 중 일부를 치형으로 사용한 곡선이다. 이뿌리가 튼튼하며 압력각이 일정할 때 중심거리가 다소 어긋나도 속도비가 크게 변하지 않고 맞물림이 원활하다는 장점이 있으나 마모가 잘 된다는 단점이 있다.

※ 물림률(Contact Ratio) : 동시에 물릴 수 있는 이의 수로 물림길이를 법선피치로 나눈 값이다. 기어의 물림률이 클수록 소음은 작아진다.

(9) 카뮤의 정리

2개의 기어가 일정한 속도로 회전하기 위해서는 접촉점의 공통법선은 일정한 점을 통과해야 한다.

(10) 이의 간섭

한 쌍의 기어가 맞물려 회전할 때, 한 쪽 기어의 이끝이 상대쪽 기어의 이뿌리에 부딪쳐서 회전할 수 없게 되는 간섭 현상으로 이에 대한 대책으로는 압력각을 크게 해야 한다.

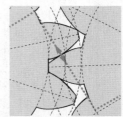

이의 간섭에 대한 원인과 대책

원 인	대 책
• 압력각이 작을 때	• 압력각을 크게 한다.
• 피니언의 잇수가 극히 적을 때	• 피니언의 잇수를 최소 치수 이상으로 한다.
• 기어와 피니언의 잇수비가 매우 클 때	• 기어의 잇수를 한계치수 이하로 한다.
	• 치형을 수정한다.
	• 기어의 이 높이를 줄인다.

(11) 주요 계산식

① 두 기어 간 중심거리 구하는 식

$$중심거리(C) = \frac{D_1 + D_2}{2}$$

② 지름피치(P_d) 구하는 식

$$P_d = \frac{1}{m}[\text{inch}] = \frac{Z}{D[\text{inch}]} \times 25.4[\text{mm}]$$

③ 원주피치(P) 구하는 식

피치원 지름의 둘레를 잇수로 나눈 값

$$PZ = \pi d, \quad P = \frac{\pi d}{Z} = \pi m$$

7 베어링

(1) 베어링의 정의

회전하고 있는 기계의 축을 본체 내부의 일정한 위치에 고정시키고 축의 자중과 축에 걸리는 하중을 지지하면서 동력을 전달하고자 하는 곳에 사용하는 기계요소이다.

구름(볼)베어링	미끄럼베어링

(2) 구름 베어링의 구성 요소

① 내 륜
② 외 륜
③ 리테이너
④ 볼 또는 롤러

외륜
볼 or 롤러
리테이너
내륜

지름피치가 4이고, 압력각은 20°이며 구동기어에 대한 종동기어의 속도비는 1/3, 중심거리는 10인치인 한 쌍의 스퍼기어가 물려 있는 경우 구동기어의 잇수는?

① 10개
② 20개
③ 30개
④ 60개

해설

구동기어의 잇수(Z_1)는 지름피치(P_d)와 중심거리(C)를 구하는 식을 응용해서 20개임을 알 수 있다.

- 중심거리(C) = $\frac{D_1 + D_2}{2}$

  $1[\text{inch}] = 25.4[\text{mm}]$ 이므로

  $10[\text{inch}] \times 25.4 = \frac{D_1 + D_2}{2}$

  $254[\text{mm}] = \frac{D_1 + D_2}{2}$

  $508[\text{mm}] = D_1 + D_2$

  속도비가 $\frac{D_1}{D_2} = \frac{1}{3}$ 이므로 $3D_1 = D_2$

  $508[\text{mm}] = D_1 + 3D_1$

  $127[\text{mm}] = D_1$

  $508[\text{mm}] = D_1 + D_2$ 식에 $D_1 = 127[\text{mm}]$을 대입하면

  $508[\text{mm}] = 127[\text{mm}] + D_2$

  $381[\text{mm}] = D_2$

- 지름피치(P_d) = $25.4[\text{mm}]\frac{Z_1}{D_1}$

  $4 = \frac{25.4 \times Z_1}{127}$

  $508 = 25.4 \times Z_1$

  $20 = Z_1$

답 ②

구름베어링의 구성요소 중 볼의 위치를 일정하게 고정시키는 역할을 하는 요소는?

① 내 륜
② 외 륜
③ 하우징
④ 리테이너

답 ④

미끄럼베어링에 대한 구름베어링의 특징으로 알맞지 않은 것은?

① 미끄럼베어링에 비해 구름베어링의 수명이 더 짧다.
② 미끄럼베어링에 비해 구름베어링의 소음이 더 크다.
③ 미끄럼베어링에 비해 구름베어링의 윤활성이 더 좋다.
④ 미끄럼베어링에 비해 구름베어링의 정밀도가 더 커야 한다.

해설
미끄럼베어링의 정밀도가 구름베어링보다 더 커야 한다.

답 ④

미끄럼베어링과 구름베어링의 특성을 비교한 설명으로 옳지 않은 것은?

	미끄럼베어링	구름베어링
①	자체 제작하는 경우가 많음	표준형 양산품임
②	강성이 작음	강성이 큼
③	진동 및 소음이 적음	진동 및 소음이 발생하기 쉬움
④	저속회전에 적합	고속회전에 적합

해설
미끄럼베어링은 마찰계수가 커서 저속회전에 알맞고 구름베어링은 고속에 적합한 것이 일반적이나 이 문제는 구름베어링이 고속회전은 가능하나 이는 공진속도의 영역 내에서만 가능할 뿐, 공진속도를 지나서도 운전이 가능한 미끄럼베어링이 고속회전에 더 적합하다는 것이 출제진의 의도로 보인다.

답 ④

일반적으로 베어링은 내륜, 외륜, 볼(롤러), 리테이너의 4가지 주요 요소로 구성된다. 다음 중에서 볼 또는 롤러를 사용하지 않는 베어링은 어느 것인가?

① 공기정압베어링
② 레이디얼베어링
③ 스러스트 롤러베어링
④ 레이디얼 롤러베어링

해설
공기정압베어링은 일반 구름베어링처럼 볼이나 롤러와 같은 구동체를 사용하지 않고, 압축공기의 압력만으로 내륜과 외륜 사이를 띄워서 베어링의 역할을 한다.

답 ①

(3) 미끄럼베어링과 구름베어링의 특징

미끄럼베어링	구름베어링(볼 또는 롤러베어링)
• 가격이 싸다.	• 가격이 비싸다.
• 마찰저항이 크다.	• 마찰저항이 작다.
• 동력 손실이 크다.	• 동력 손실이 적다.
• 윤활성이 좋지 않다.	• 윤활성이 좋은 편이다.
• 진동과 소음이 작다.	• 소음이 있고 충격에 약하다.
• 비교적 큰 하중에 적용한다.	• 비교적 작은 하중에 적용한다.
• 구조가 간단하며 수리가 쉽다.	• 수명이 비교적 짧고 조립이 어렵다.
• 충격값이 구름베어링보다 크다.	• 고속 회전에 적합하며 과열이 적다.
• 비교적 낮은 회전속도에 사용한다.	• 너비를 작게 해서 소형화가 가능하다.
• 구름베어링보다 정밀도가 더 커야 한다.	• 특수강을 사용하며 정밀가공이 필요하다.
• 시동 시뿐만 아니라 구동 중에도 구름 베어링에 비해 마찰저항이 크다.	• 표준화된 규격품이 많아서 교환하기 쉽다.

※ 주의사항
일반적으로 미끄럼베어링-저속회전, 구름베어링-고속회전에 적용한다. 그러나 2015년 국가직 기술직 기출문제에서는 미끄럼-저속회전, 구름-고속회전을 오답으로 처리했다. 그 이유는 구름베어링이 고속 회전은 가능하나 이는 공진 속도의 영역 내에서만 가능할 뿐, 공진 속도를 지나서도 운전이 가능한 미끄럼베어링이 고속 회전에 더 적합하다는 것이 출제진의 의도로 보인다. 따라서 베어링 문제는 문제를 꼼꼼히 읽어본 후 상황에 맞게 정답을 골라야 한다.

(4) 베어링의 종류

① 구름베어링
　베어링과 저널 사이에 볼이나 롤러에 의해서 구름 접촉을 하는 베어링이다.

② 미끄럼베어링
　베어링과 저널부가 서로 미끄럼 접촉을 하는 베어링이다. 미끄럼 베어링은 축 재료보다 단단할 경우 축에 손상이 가해질 수 있으므로 강도와 강성은 커야 하나 일반적으로는 축 재료보다는 덜 단단한 주철, 구리합금, 화이트메탈, 알루미늄합금, 카드뮴합금 등을 사용한다.

③ 공기정압베어링
　일반 구름베어링처럼 볼이나 롤러 같은 구동체를 사용하지 않고, 그 빈 공간을 압축 공기의 압력으로 띄워서 베어링의 역할을 한다.

④ 레이디얼베어링
　축에 직각방향의 하중을 받쳐 주는 베어링을 말한다.

⑤ 원통롤러베어링
　중하중이 축에 가해지는 경우에 사용하는 베어링으로 충격에 강하다.

⑥ 원뿔롤러베어링
　회전축에 수직인 하중과 회전축 방향의 하중을 동시에 받을 때 사용하는 베어링으로 주로 공작기계의 주축에 사용된다.

⑦ 자동조심롤러베어링

큰 반지름 하중과 양방향의 트러스트 하중도 지지할 수 있는 베어링으로 충격에 강해서 산업용 기계에 널리 사용된다. 축심의 어긋남을 자동으로 조정할 수 있다는 장점도 있다.

⑧ 니들롤러베어링

길이에 비해 지름이 매우 작은 롤러를 사용하는 베어링으로 좁은 장소에서 비교적 큰 충격 하중을 받는 내연기관의 피스톤 핀에 사용된다. 리테이너 없이 니들 롤러만으로 전동하므로 단위 면적당 부하량이 크다는 특징이 있다. 축의 직각방향의 하중을 지지하는데 적합하다.

⑨ 테이퍼롤러베어링

테이퍼가 형상의 롤러가 적용된 베어링으로 자동차나 공작 기계의 베어링에 널리 사용된다.

⑩ 오일리스베어링

금속 분말을 가압, 소결하여 성형한 뒤 윤활유를 입자 사이의 공간에 스며들게 한 베어링으로 급유가 곤란한 곳이나 급유를 하지 않는 곳에 사용된다.

오일리스베어링의 특징
• 다공질의 재료이다.
• 강인성은 다소 떨어진다.
• 대부분 분말야금법으로 제조한다.
• 기름 보급이 곤란한 곳에 적당하다.
• 너무 큰 하중이나 고속 회전부에는 부적당하다.

(5) 베어링 재료의 구비조건(미끄럼 및 구름베어링)

① 내식성이 클 것
② 피로한도가 높을 것
③ 마찰계수가 작을 것
④ 유막의 형성이 용이할 것
⑤ 방열을 위하여 열전도율이 클 것
⑥ 하중 및 피로에 대한 충분한 강도를 가질 것

(6) 베어링 설계 시 주의사항

① 마모가 작을 것
② 마찰저항이 작을 것
③ 강도를 충분히 유지할 것
④ 손실동력이 감소하도록 할 것
⑤ 구조가 간단하여 유지보수가 쉬울 것

오일리스베어링의 특징으로 알맞은 것은?

① 다공질의 재료이다.
② 고속회전에 적합하다.
③ 주로 주조법에 의해 제조된다.
④ 기름의 보급이 용이한 곳에 사용된다.

해설
오일리스베어링의 특징
• 다공질의 재료이다.
• 강인성은 다소 떨어진다.
• 대부분 분말야금법으로 제조한다.
• 기름 보급이 곤란한 곳에 적당하다.
• 너무 큰 하중이나 고속회전부에는 부적당하다.

답 ①

베어링 재료의 구비조건으로 알맞지 않은 것은?

① 내식성이 클 것
② 마찰계수가 클 것
③ 피로한도가 높을 것
④ 유막의 형성이 용이할 것

해설
베어링 재료는 마찰계수가 작아야 한다.

답 ②

레이디얼 저널베어링(Radial Journal Bearing)에 관한 설명으로 옳지 않은 것은?

① 베어링은 축반경방향의 하중을 지지한다.
② 베어링이 축을 지지하는 위치에 따라 끝저널과 중간저널로 구분한다.
③ 베어링 평균압력은 하중을 압력이 작용하는 축의 표면적으로 나눈 것과 같다.
④ 베어링재료는 열전도율이 좋아야 한다.

해설
레이디얼 저널베어링은 축 선에 직각으로 작용하는 하중을 지지하는 기계요소로, 베어링 평균압력(P_m)은 하중(W)을 압력이 작용하는 축의 표면적이 아닌 단면의 투영면적($d \times l$)으로 나눈 것과 같다.

답 ③

50[rpm]으로 전동축을 지지하고 있는 미끄럼베어링에서 저널의 지름 $d = 5$[cm], 저널의 길이 $l = 10$[cm]이고 4.2[kN]의 레이디얼 하중이 작용할 때, 이 베어링의 압력은 몇 [kPa]인가?

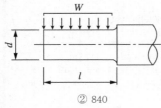

① 820
② 840
③ 860
④ 880

해설
최대베어링하중 $W = P \times d \times l$
$4,200[\text{N}] = P \times 0.05[\text{m}] \times 0.1[\text{m}]$
$P = \dfrac{4,200[\text{N}]}{0.005[\text{m}^2]} = 840,000[\text{N}/\text{m}^2] = 840[\text{kN}/\text{m}^2]$
$= 840[\text{kPa}]$

답 ②

저널베어링에서 사용되는 페트로프식에서 마찰저항과의 관계에 대한 설명으로 알맞지 않은 것은?

① 회전수가 클수록 마찰저항은 커진다.
② 베어링 압력이 클수록 마찰저항은 커진다.
③ 축의 반지름이 클수록 마찰저항은 커진다.
④ 유체의 절대점성계수가 클수록 마찰저항은 커진다.

해설
페트로프식에서 베어링 압력(p)이 분모에 위치하므로, p가 클수록 마찰저항은 반대로 작아진다.

답 ②

(7) 주요 계산식

① 최대베어링하중(W)

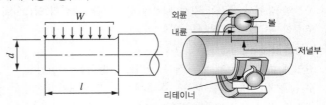

최대베어링하중(W) $W = P \times d \times l$

여기서, P : 최대베어링압력
　　　　d : 저널의 지름
　　　　l : 저널부의 길이
※ 저널이란 베어링에 의해 둘러싸인 축의 일부분을 말한다.

② 레이디얼 저널베어링에 작용하는 압력(p) 구하는 식

$$p = \frac{W}{dl}\ [\text{kgf}/\text{mm}^2]$$

여기서, W : 베어링 하중
　　　　p : 베어링 압력
　　　　$d \times l$: 축의 투영면적

③ 페트로프(Petroff)가 정의한 축과 베어링 사이의 마찰계수(μ)

$$\mu = \frac{\pi^2}{30} \cdot \eta \frac{N}{p} \cdot \frac{r}{\delta}$$

여기서, p : 베어링 압력　　δ : 유막두께
　　　　r : 축의 반지름　　N : 축의 회전속도

저널베어링에서 사용되는 페트로프의 식에서 마찰저항과의 관계
• 회전수가 클수록 마찰저항은 커진다.
• 축의 반지름이 클수록 마찰저항은 커진다.
• 베어링 압력이 클수록 마찰저항은 작아진다.
• 유체의 절대점성계수가 클수록 마찰저항은 커진다.

④ 베어링의 수명시간(L_h) 구하는 식

$$L_h = 500\left(\frac{C}{P}\right)^r \frac{33.3}{N}\ \text{또는}\ L_h = 500 f_n^3 \left(\frac{C}{P_{th} \times f_w}\right)^3$$

여기서, C : 기본부하용량　　P_{th} : 베어링 이론하중
　　　　f_w : 하중계수　　　　N : 회전수
　　　　f_n : 속도계수　　　　f_h : 수명계수

㉠ 볼베어링의 하중계수(r) = 3
㉡ 롤러베어링의 하중계수(r) = $\dfrac{10}{3}$
㉢ 볼베어링의 수명 : 반지름방향 동등가하중의 3승에 반비례한다.

⑤ 베어링의 기본 정격수명(L_n, Rating Life)

같은 베어링 여러 개를 동일 조건에서 각각 운전시켰을 때 이들 중 90%가 전동체인 구름이나 롤러의 손상 없이 회전할 수 있는 신뢰도로 100만 회전(10^6)하는 것을 기준으로 정한 것이다.

베어링의 기본 정격수명(L_n)

$$L_n = \left(\frac{C}{P} \right)^r \ [10^6] \, 회전$$

㉠ 볼 베어링의 하중계수(r) = 3

㉡ 롤러 베어링의 하중계수(r) = $\dfrac{10}{3}$

8 벨트전동

(1) 벨트전동의 정의

벨트풀리에 평벨트나 V벨트를 감아서 이 벨트를 동력매체로 하여 원동축에서 동력을 전달받아 종동축으로 전달하는 역할을 하는 감아걸기 전동장치의 일종인 기계요소이다.

평벨트	V-벨트

(2) 평벨트와 V-벨트전동장치의 동력전달방식

평벨트 전동	바로걸기 (Open)	이완측(T_s) 긴장측(T_t) 원동풀리　　　　종동풀리
	엇걸기 (Cross)	원동풀리　　　　종동풀리
V-벨트 전동	바로걸기 (Open)	

벨트전동장치의 특징으로 알맞지 않은 것은?

① V벨트는 바로걸기만 가능하다.
② 평벨트에 비해 V벨트의 마찰력이 더 크다.
③ 평벨트는 바로걸기와 엇걸기가 모두 가능하다.
④ 바로걸기방식은 원동풀리와 종동풀리의 회전방향이 반대이다.

해설
바로걸기 시 원동과 종동풀리의 회전방향은 같다.

 ④

미끄럼을 방지하기 위하여 안쪽 표면에 이가 있는 벨트로 정확한 속도가 요구되는 경우에 사용되는 전동벨트는?

① 링크(Link)벨트
② V벨트
③ 타이밍(Timing)벨트
④ 레이스(Lace)벨트

해설
타이밍벨트
미끄럼을 방지하기 위하여 벨트의 안쪽의 접촉면에 치형(이)을 붙여 맞물림에 의해 동력을 전달하는 벨트로 정확한 속도비가 필요한 경우에 사용한다. 레이스벨트(Lace Belt)는 Lace 무늬가 새겨진 천소재의 벨트이다.

답 ③

평벨트에 비해 V벨트 전동장치에 대한 특징으로 옳지 않은 것은?

① 미끄럼이 적고 속도비가 보통 크다.
② 운전이 정숙하고 충격을 잘 흡수한다.
③ 바로걸기와 엇걸기에 사용한다.
④ 작은 장력으로 큰 동력을 전달할 수 있다.

해설
평벨트는 바로걸기와 엇걸기가 가능하나 V벨트는 바로걸기만 가능하다.

답 ③

(3) 벨트의 종류

① 평벨트

벨트의 단면이 직사각형으로 벨트의 안쪽 면과 바깥쪽 면이 균일하므로 잘 굽혀져서 작은 풀리나 고속전동에 주로 사용한다. 평벨트로는 바로걸기와 엇걸기가 모두 가능하다.

② V-벨트

벨트의 단면이 V형상인 벨트로 벨트풀리에 거는 방식은 바로걸기만 가능하다. 쐐기작용에 의해 평벨트보다 마찰력이 더 커서 전달효율도 더 좋다.

③ 타이밍벨트

미끄럼을 방지하기 위하여 벨트 안쪽의 접촉면에 치형(이)을 붙여 맞물림에 의해 동력을 전달하는 벨트로 정확한 속도비가 필요한 경우에 사용한다.

④ 링크벨트

링크를 연결시켜 벨트로 사용한다. 벨트길이를 조절할 수 있다는 장점이 있다.

⑤ 레이스벨트

레이스(Lace) 무늬가 새겨진 천소재의 벨트

(4) V-벨트의 특징

① 운전이 정숙하다.
② 고속운전이 가능하다.
③ 미끄럼이 적고 속도비가 크다.
④ 베어링에 작용하는 하중이 비교적 적다.
⑤ 벨트의 벗겨짐 없이 동력전달이 가능하다.
⑥ 바로걸기 방식으로만 동력전달이 가능하다.
⑦ 이음매가 없으므로 전체가 균일한 강도를 갖는다.
⑧ 비교적 적은 장력으로 큰 동력의 전달이 가능하다.

(5) 벨트 길이(L)

① 바로걸기 : $L = 2C + \dfrac{\pi(D_1 + D_2)}{2} + \dfrac{(D_2 - D_1)^2}{4C}$

② 엇걸기 : $L = 2C + \dfrac{\pi(D_1 + D_2)}{2} + \dfrac{(D_2 + D_1)^2}{4C}$

(6) 벨트의 접촉각(θ)

① 바로걸기 : $\theta_1 = 180 - 2\sin^{-1}\left(\dfrac{D_2 - D_1}{2C}\right)$

$\theta_2 = 180 + 2\sin^{-1}\left(\dfrac{D_2 - D_1}{2C}\right)$

② 엇걸기 : $\theta = 180 + 2\sin^{-1}\left(\dfrac{D_2 + D_1}{2C}\right)$

(7) 아이텔바인(Eytelvein)식

$$\frac{T_t(긴장측\ 장력)}{T_s(이완측\ 장력)} = e^{\mu\theta}$$

여기서, $e = 2.718$

⑨ 마찰차 및 캠 기구

(1) 마찰차

① 마찰차(Friction Wheel)의 정의

마찰차는 중심 거리가 비교적 짧은 두 축 사이에 마찰이 큰 바퀴를 설치하고, 이 두 바퀴에 힘을 가해 접촉면에 생기는 마찰력으로 동력을 종동축에 전달하는 직접 전동 장치의 일종으로 회전 운동의 확실한 전동이 요구되는 곳에는 부적합하고, 속도비가 일정하게 유지되지 않아도 되는 곳, 과부하의 전달로 인한 원동축의 손상을 막을 수 있고 운전 중에도 접촉을 분리하지 않고 속도비를 변화시키는 곳에 주로 사용된다.

② 마찰 전동 장치의 특징

㉠ 과부하로 인한 원동축의 손상을 막을 수 있다.

㉡ 회전 운동의 확실한 전동이 요구되는 곳에는 부적당하다.

㉢ 속도비가 일정하게 유지되지 않아도 되는 곳에 적당하다.

㉣ 두 마찰차의 상대적 미끄러짐을 완전히 제거할 수는 없다.

㉤ 운전 중 접촉을 분리하지 않고도 속도비를 변화시키는 곳에 주로 사용된다.

오픈 타입으로 감겨 있는 감아걸기 전동장치의 총 벨트 길이를 구할 때 사용하는 식은?

① $L = 2C + \dfrac{\pi(D_1 + D_2)}{2} + \dfrac{(D_2 - D_1)^2}{4C}$

② $L = 2C + \dfrac{\pi(D_1 + D_2)}{4} + \dfrac{(D_2 - D_1)^2}{4C}$

③ $L = 2C + \dfrac{\pi(D_1 + D_2)}{2} - \dfrac{(D_2 - D_1)^2}{4C}$

④ $L = 2C + \dfrac{\pi(D_1 + D_2)}{2} + \dfrac{(D_2 + D_1)^2}{4C}$

답 ①

Cross Type으로 감겨 있는 감아걸기 전동장치의 접촉 중심각(θ)을 구하려고 할 때 사용하는 식은?

① $\theta = 180° + 2\sin^{-1}\dfrac{D_2 - D_1}{2C}$

② $\theta = 180° + 2\sin^{-1}\dfrac{D_2 + D_1}{2C}$

③ $\theta = 180° - 2\sin^{-1}\dfrac{D_2 + D_1}{2C}$

④ $\theta = 180° - 2\sin^{-1}\dfrac{D_2 + D_1}{2C}$

답 ②

마찰차에 대한 설명으로 알맞지 않은 것은?

① 과부하로 인한 원동축의 손상을 막을 수 있다.

② 회전운동의 확실한 전동이 요구되는 곳에는 적당하다.

③ 두 마찰차의 상대적 미끄러짐을 완전히 제거할 수는 없다.

④ 운전 중 접촉을 분리하지 않고도 속도비를 변화시키는 곳에 주로 사용된다.

해설

마찰전동장치는 두 마찰차의 상대적 미끄러짐을 완전히 제거할 수는 없으므로 확실한 전동이 요구되는 곳에는 부적당하다.

답 ②

마찰차에서 원동차의 지름이 500[mm], 종동차의 지름이 250[mm]일 때, 두 축간 중심거리(C)와 원동차에 대한 종동차의 각속도비(i)를 알맞게 구한 것은?

① 중심거리(C) : 350[mm], 각속도비(i) : 1
② 중심거리(C) : 350[mm], 각속도비(i) : 2
③ 중심거리(C) : 375[mm], 각속도비(i) : 2
④ 중심거리(C) : 375[mm], 각속도비(i) : 4

해설

• 중심거리 $C = \dfrac{D_1 + D_2}{2} = \dfrac{500 + 250}{2} = 375\,[\mathrm{mm}]$

• 각속도비 $i = \dfrac{n_2}{n_1} = \dfrac{D_1}{D_2} = \dfrac{500}{250} = 2$

답 ③

캠기구에 대한 설명으로 알맞지 않은 것은?

① 캠기구의 압력각은 클수록 좋다.
② 캠기구는 원동캠과 종동절로 구성되어 있다.
③ 압력각을 줄이는 방법은 기초원의 직경을 증가시킨다.
④ 압력각은 캠과 종동절의 공통 법선이 종동절의 운동 경로와 이루는 각이다.

해설

캠기구의 압력각은 작을수록 좋으며 30°를 넘지 않도록 해야 한다.

답 ①

③ 마찰차의 중심거리(C) 구하는 식

$$중심거리 \quad C = \frac{D_1 + D_2}{2}$$

④ 마찰차의 각속도비(i) 구하는 식

$$각속도비 \quad i = \frac{n_2}{n_1} = \frac{D_1}{D_2}$$

(2) 캠기구

① 캠기구(장치, Cam System)의 정의
불규칙한 모양을 가지고 구동 링크의 역할을 하는 캠이 회전하면서 거의 모든 형태의 종동절의 상·하 운동을 발생시킬 수 있는 간단한 운동변환장치

② 캠기구의 구조 : 원동캠과 종동절로 구성된다.

③ 캠의 압력각
  ㉠ 정 의
  캠과 종동절의 공통 법선이 종동절의 운동 경로와 이루는 각이다. 압력각은 작을수록 좋으며 30°를 넘지 않도록 해야 한다.
  ㉡ 압력각을 줄이는 방법
  기초원의 직경을 증가시키거나 종동절의 상승량을 감소시킨다.

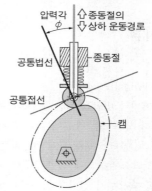

10 스프링(Spring)

(1) 스프링의 정의

재료의 탄성을 이용하여 충격과 진동을 완화하는 기계요소

(2) 스프링의 역할

① 충격 완화
② 진동 흡수
③ 힘의 축적
④ 운동과 압력의 억제
⑤ 에너지를 저장하여 동력원으로 사용

(3) 스프링의 종류

① 코일스프링(원통코일스프링, Coiled Spring)

코일형상의 스프링은 가해지는 하중의 방향에 따라 압축 코일과 인장코일 스프링으로 나뉘며, 스프링의 형상에 따라서는 원통코일스프링과 원주코일스프링으로 분류된다. 이들 중 일반적으로 코일스프링이라 함은 원통코일스프링을 말하는데, 이 코일스프링은 제작이 상대적으로 쉬우므로 하중이나 진동, 충격 완화를 위해 널리 사용되고 있다.

ⓐ 압축코일스프링(Compressive Spring)

코일의 중심선 방향으로 압축 하중을 받는 스프링으로 자동차의 현가장치나 자전거 안장 등에 적용되어 충격과 진동 완화용으로 사용한다.

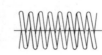

ⓑ 인장코일스프링(Extension Spring)

코일의 중심선 방향으로 인장 하중을 받는 스프링으로 재봉틀의 실 걸이나 자전거 앞 브레이크의 스프링으로 사용된다.

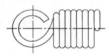

ⓒ 원통코일스프링의 스프링상수(k)

$$k = \frac{P}{\delta} = \frac{P}{\dfrac{8nPD^3}{Gd^4}} = \frac{Gd^4 \cdot P}{8nPD^3} = \frac{Gd^4}{8nD^3}$$

ⓓ 스프링상수(k) 공식으로 분석한 코일스프링의 특징

- 코일스프링의 권선수(n)가 분모에 있으므로 권선수가 크면 스프링상수(k)는 작아지므로 반비례 관계가 성립한다.
- 소선의 탄성계수(G)가 분자에 있으므로 탄성계수가 크면 스프링상수(k)가 커지므로 비례 관계가 성립한다.
- 소선의 지름(d)의 4제곱 d^4이 분자에 있으므로 d^4이 크면 스프링상수(k)가 커지므로 비례 관계가 성립한다.
- 코일스프링의 평균 지름(D)이 분모에서 D^2이 아니라 D^3, 즉 평균지름의 세제곱에 반비례한다.

원통코일스프링의 스프링상수에 대한 설명으로 옳지 않은 것은?

① 코일스프링의 권선수에 반비례한다.
② 코일을 감는 데 사용한 소선의 탄성계수에 비례한다.
③ 코일을 감는 데 사용한 소선지름의 네제곱에 비례한다.
④ 코일스프링 평균지름의 제곱에 반비례한다.

해설

코일스프링의 스프링상수(k) 공식에 의하여 정확한 표현은 "평균지름의 세제곱에 반비례한다"이다.

답 ④

코일스프링에 $500[\mathrm{kgf}]$의 하중이 작용할 때 처짐량이 $25[\mathrm{cm}]$이었다면, 스프링 상수$[\mathrm{N/cm}]$는?

① $98[\mathrm{N/cm}]$ ② $138[\mathrm{N/cm}]$
③ $196[\mathrm{N/cm}]$ ④ $256[\mathrm{N/cm}]$

해설

스프링상수 $k = \dfrac{P}{\delta}$

$$k = \frac{500[\mathrm{kgf}] \times 9.8}{25[\mathrm{cm}]} = \frac{4{,}900[\mathrm{N}]}{25[\mathrm{cm}]} = 196[\mathrm{N/cm}]$$

답 ③

코일스프링의 처짐량(δ)에 대한 설명으로 알맞지 않은 것은?

① 유효권수에 비례한다.
② 스프링 하중에 비례한다.
③ 소선의 지름에 대하여 비례한다.
④ 전단탄성계수에 대하여 반비례한다.

해설

코일스프링의 처짐량(δ)은 소선의 지름(d)의 네제곱에 반비례한다.

답 ③

ㅁ 코일스프링의 처짐량(δ) 구하는 식

$$\delta = \frac{8nPD^3}{Gd^4}$$

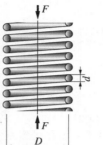

여기서, δ : 코일스프링의 처짐량[mm]

n : 유효 감김수(유효권수)

P : 하중이나 작용 힘[N]

D : 코일스프링의 평균 지름[mm]

d : 소선의 직경(소재지름)[mm]

G : 가로(전단)탄성계수[N/mm^2]

양단지지형 겹판스프링에 대한 설명으로 옳지 않은 것은?

① 조립 전에는 길이가 달라도 곡률이 같은 판자(Leaf)를 사용한다.

② 모판(Main Leaf)이 파단되면 사용할 수 없다.

③ 판자 사이의 마찰은 스프링이 진동하였을 때 감쇠력으로 작용한다.

④ 철도차량과 자동차의 현가장치로 사용한다.

해설
양단지지형 겹판스프링은 다음 그림과 같이 조립하는 판의 길이가 짧을수록 곡률이 작은 판자(Leaf)를 사용해야 한다.

답 ①

② 비틀림코일스프링(Torsion Coil Spring)
코일의 중심선 주위에 비틀림을 받는 스프링으로 인장 코일 스프링과 비슷한 용도로 사용한다.

③ 양단지지형 겹판스프링(Multi-leaf, End-supported Spring)
중앙에 여러 개의 판으로 되어 있고 단순 지지된 양단은 1개의 판으로 구성된 스프링으로 최근 철도차량이나 화물 자동차의 현가장치로 많이 사용되고 있다. 판 사이의 마찰은 스프링 진동 시 감쇠력으로 작용하며 모단이 파단되면 사용이 불가능한 단점이 있고 길이가 짧을수록 곡률이 작은 판을 사용한다. 스프링 제도 시에는 원칙적으로 상용하중 상태에서 그리므로, 겹판스프링은 항상 휘어진 상태로 표시된다.

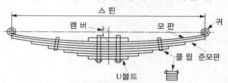

④ 장구형코일스프링 : 스프링의 모양이 장구형으로 감긴 스프링이다.

⑤ 원뿔형코일스프링 : 스프링의 모양이 원뿔형으로 감긴 코일 스프링이다.

⑥ 벌루트스프링(Volute Spring)
스프링의 모양이 고등같이 보인다고 하여 벌루트 스프링으로도 불리는데, 직사각형 단면의 평강을 코일 중심선에 평행하게 감아 원뿔 형태로 감아서 만든 스프링이다.

⑦ 스파이럴스프링(Spiral Spring)
단면의 크기가 일정한 밴드를 감아서 중심선이 평면상에서 소용돌이 모양으로 만든 스프링으로 한정된 공간에서 비교적 큰 에너지를 저장할 수 있어서 태엽스프링으로 사용한다.

⑧ 원판스프링(Diaphragm Spring)

축방향의 하중을 받는 곳에 사용하는 스프링으로 직렬과 병렬 스프링의 스프링 상수가 각각 다르다. 또한 원판의 양쪽 끝에 물건을 꽂을 수도 있어서 메모용지 등을 꽂아 놓는 용도로도 사용한다.

[벌루트스프링]　　[스파이럴스프링]　　　　　[원판스프링]

⑨ 토션바(Torsion Bar)

긴 봉의 한쪽 끝을 고정하고 다른 쪽 끝을 비트는데, 그때의 비틀림 변위를 이용하는 스프링이다.

⑩ 쇽업소버(Shock Absorber)

축 방향의 하중 작용 시 피스톤이 이동하면서 작은 구멍의 오리피스로 기름이 빠져나가면서 진동을 감쇠시키는 완충장치이다.

⑪ 고무 완충기 : 고무를 사용하여 충격을 흡수하고 완화한다.

⑫ 링스프링 완충기 : 스프링을 포개어 압축된 스프링으로 큰 에너지를 흡수한다.

[토션바]　　　　[쇽업소버]　　　[고무 완충기]　　[링스프링 완충기]

⑬ 고무스프링(Rubber Spring)

고무는 성형성이 좋아서 다양한 형상이나 크기의 고무스프링의 제작이 가능하므로 용도가 무한하다.

고무스프링(Rubber Spring)의 특징

• 방진 및 방음 효과가 우수하다.
• 인장하중에 대한 방진효과는 취약하다.
• 저온에서는 방진 등의 역할에 충실하지 못하다.
• 형상을 자유롭게 제작할 수 있어서 다양한 용도로 사용이 가능하다.
• 하나의 고무로 여러 방향에서 오는 하중에 대한 방진이나 감쇠가 가능하다.
• 영하인 −10[℃] 이하에서는 탄성이 작아지기 때문에 저온 저장고와 같은 저온 환경의 방진장치에는 사용되지 않는다. 보통 0~60[℃]의 범위에서 사용하는 것이 좋다.

고무스프링의 특징으로 알맞지 않은 것은?

① 저온 및 고온에서도 방진효과가 우수하다.
② 인장하중에 대한 방진효과는 다소 취약하다.
③ 1개의 고무로 2, 3축 방향의 하중에 대한 흡수가 가능하다.
④ 형상을 자유롭게 할 수 있어서 다양한 용도로 사용이 가능하다.

해설
고무스프링은 저온에서 취약한 단점이 있다.

답 ①

고무스프링에 대한 설명으로 옳지 않은 것은?

① 충격흡수에 좋다.
② 다양한 크기 및 모양 제작이 어려워 용도가 제한적이다.
③ 변질방지를 위해 기름에 접촉되거나 직사광선에 노출되는 것을 피해야 한다.
④ 방진효과가 우수하다.

해설
고무는 성형성이 좋아서 다양한 형상이나 크기의 고무스프링 제작이 가능하므로 그 용도가 무한하다.

답 ②

스프링상수가 200[N/mm]인 접시스프링 8개를 다음 그림과 같이 겹쳐 놓았다. 여기에 200[N]의 압축력(F)을 가한다면 스프링의 전체 압축량[mm]은?

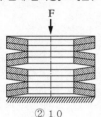

① 0.125 　　　　② 1.0
③ 2.0 　　　　　④ 8.0

해설
먼저 그림을 보면 병렬로 겹쳐진 2개의 스프링이 다시 직렬로 4개 연결되어 있다.
우선 2개씩 겹친 부분은 병렬 겹침이므로
병렬 겹침 2개의 스프링상수($k_{병렬}$) = $k_{병렬1}$ + $k_{병렬2}$ = 200 + 200 = 400이다.
이 병렬 겹침스프링 4개를 직렬로 연결한 직렬 스프링상수($k_{직렬}$)를 구하면

$$k_{직렬} = \cfrac{1}{\cfrac{1}{k_{직렬1}} + \cfrac{1}{k_{직렬2}} + \cfrac{1}{k_{직렬3}} + \cfrac{1}{k_{직렬4}}}$$
$$= \cfrac{1}{\cfrac{1}{400} + \cfrac{1}{400} + \cfrac{1}{400} + \cfrac{1}{400}} = \frac{400}{4} = 100$$

스프링상수(k) 구하는 식을 응용해서 압축량 δ를 구하면
$k = \dfrac{P}{\delta}$[N/mm]에서 $\delta = \dfrac{200}{100} = 2$[mm]

답 ③

코일스프링에서 유효 감김수를 2배로 하면 같은 축 하중에 대하여 처짐량(δ)은 몇 배인가?

① 1배 　　　　② 2배
③ 3배 　　　　④ 4배

해설
코일 스프링의 처짐량 구하는 식에서 분자에 위치한 유효 감김수(n)을 2배로 하면 처짐량(δ)도 2배가 된다.

답 ②

⑭ 접시스프링 : 안쪽에 구멍이 뚫려 있어서 접시모양의 원판 모양인 스프링

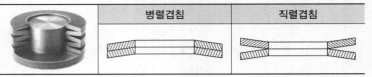

	병렬겹침	직렬겹침

⑮ 선형 스프링 : 스프링력과 길이의 변화가 선형인 함수를 갖는 스프링

(4) 주요 스프링의 계산식

① 병렬 및 직렬로 연결된 스프링 상수(k) 구하기

병렬 연결 시	$k = k_1 + k_2$	
직렬 연결 시	$k = \cfrac{1}{\cfrac{1}{k_1} + \cfrac{1}{k_2}}$	

② 스프링상수(k) 구하는 식
$$k = \frac{P}{\delta}[\mathrm{N/mm}]$$

③ 스프링처짐량 구하는 식
$$\delta = \frac{8nPD^3}{Gd^4}$$

④ 스프링의 최대 전단응력(τ)
$T = P \times \dfrac{D}{2}$에 $T = \tau \times Z_p$를 대입하면 $\tau \times Z_p = \dfrac{PD}{2}$

$Z_p = \dfrac{\pi d^3}{16}$ 을 대입하면 $\tau \times \dfrac{\pi d^3}{16} = \dfrac{PD}{2}$

$\tau = \dfrac{PD}{2} \times \dfrac{16}{\pi d^3} = \dfrac{8PD}{\pi d^3}$

여기서, D : 평균직경
d : 소선의 직경

⑤ 외팔보형 단판 스프링에서 자유단의 최대 처짐($\delta_{\max}$)
$$\delta_{\max} = \frac{4Pl^3}{bh^3E}$$

11 브레이크

(1) 브레이크(Brake)의 정의
움직이는 기계장치의 속도를 줄이거나 정지시키는 제동장치로 마찰력을 이용하여 운동에너지를 열에너지로 변환시킨다.

(2) 브레이크의 분류

분 류	세분류
축압식 브레이크	디스크 브레이크(원판브레이크)
	원추 브레이크
	공기 브레이크
전자 브레이크	
원주 브레이크	블록 브레이크
	밴드 브레이크
자동하중 브레이크	웜 브레이크
	캠 브레이크
	나사 브레이크
	코일 브레이크
	체인 브레이크
	원심 브레이크

① 블록 브레이크

마찰 브레이크의 일종으로 브레이크 드럼에 브레이크 블록을 밀어 넣어 제동시키는 장치이다.

② 밴드 브레이크

브레이크 드럼의 바깥 둘레에 강철 밴드를 감고 밴드의 끝이 연결된 레버를 잡아당겨 밴드와 브레이크 드럼 사이에 마찰력을 발생시켜서 제동력을 얻는 장치이다.

③ 원판 브레이크(디스크 브레이크)

압축식 브레이크의 일종으로, 바퀴와 함께 회전하는 디스크를 양쪽에서 압착시켜 제동력을 얻어 회전을 멈추는 장치이다. 브레이크의 마찰 면인 원판의 수에 따라 1개-단판 브레이크, 2개 이상-다판 브레이크로 분류된다.

④ 드럼 브레이크

바퀴와 함께 회전하는 브레이크 드럼의 안쪽에 마찰재인 초승달 모양의 브레이크 패드(슈)를 밀착시켜 제동시키는 장치이다.

단면이 직사각형이고 길이가 ℓ인 외팔보형 단판스프링에서 최대처짐이 δ_0이고, 스프링의 두께를 2배로 하였을 때 최대처짐이 δ일 경우 δ/δ_0는?(단, 다른 조건은 동일하다)

① 1/16
② 1/8
③ 1/4
④ 1/2

해설

외팔보형 단판스프링의 양단은 고정단과 자유단으로 구성되며 자유단에 하중(P)가 작용한다. 자유단의 최대 처짐 구하는 식을 응용하면

$$\delta_{max} = \delta_0 = \frac{4Pl^3}{bh^3 E}$$

여기서 두께인 h를 $2h$로 높이고, 두께와 처짐만을 고려하면

$$\delta_0 : \frac{1}{h_0^{\,3}} = \delta : \frac{1}{h^3}$$

$$\delta_0 \frac{1}{h^3} = \delta \frac{1}{h_0^{\,3}}$$

$$\frac{1}{8}\delta_0 = \delta$$

$$\frac{1}{8} = \frac{\delta}{\delta_0}$$

답 ②

브레이크를 분류할 때 자동하중 브레이크에 속하지 않는 것은?

① 원추 브레이크
② 나사 브레이크
③ 코일 브레이크
④ 원심 브레이크

해설

원추 브레이크는 축압식 브레이크에 속한다.

답 ①

축압 브레이크의 일종으로 회전축 방향에 힘을 가하여 회전을 제동하는 제동장치는?

① 드럼 브레이크
② 밴드 브레이크
③ 블록 브레이크
④ 원판 브레이크

해설

원판 브레이크(디스크 브레이크)

압축식 브레이크의 일종으로, 바퀴와 함께 회전하는 디스크를 양쪽에서 압착시켜 제동력을 얻어 회전을 멈추는 장치이다. 브레이크의 마찰면인 원판의 수에 따라 1개는 단판 브레이크, 2개 이상은 다판 브레이크로 분류된다.

답 ④

브레이크 블록이 확장되면서 원통형 회전체의 내부에 접촉하여 제동되는 브레이크는?

① 블록 브레이크
② 밴드 브레이크
③ 드럼 브레이크
④ 원판 브레이크

해설
드럼 브레이크
바퀴와 함께 회전하는 브레이크 드럼의 안쪽에 마찰재인 초승달 모양의 브레이크 패드(슈)를 밀착시켜 제동시키는 장치이다.

답 ③

(3) 브레이크의 구조

블록브레이크	밴드브레이크
드럼 브레이크	디스크 브레이크(원판 브레이크)
자동하중브레이크	축압식 디스크 브레이크
원추 브레이크	전자 브레이크

(4) 브레이크 용량($Q = \mu qv$, Capacity)

브레이크의 성능을 알 수 있는 용어로 마찰계수와 단위면적당 작용 압력이다. 브레이크 드럼의 원주 속도가 클수록 더 향상된다.

브레이크 용량(Q) = 마찰계수(μ) × 단위면적당 작용하는 압력(q)
× 브레이크 드럼의 원주 속도(v)

$$Q = \mu qv = \frac{H(P, \text{제동동력})}{A(\text{마찰면적})}$$

(5) 브레이크 재료별 마찰계수(μ)

종 류	마찰계수(μ)	종 류	마찰계수(μ)
섬 유	0.05~0.1	목 재	0.15~0.25
주 철	0.1~0.2	가 죽	0.23~0.3
청동, 황동	0.1~0.2	석면직물	0.35~0.6
강철밴드	0.15~0.2		

(6) 드럼 브레이크의 제동력(P) 구하는 식

$$T = P \times \frac{D}{2} = \mu Q \times \frac{D}{2}$$

여기서, T : 토크

P : 제동력($P = \mu Q$)

D : 드럼의 지름

Q : 브레이크 드럼과 블록 사이의 수직력

μ : 마찰계수

(7) 브레이크 블록을 밀어붙이는 힘(F)

$$F = \frac{f(b + \mu c)}{\mu a}$$

12 진동(Vibration)

(1) 진동의 정의

물체가 기준 좌표계나 평형위치에 대해서 반복적으로 운동하는 현상

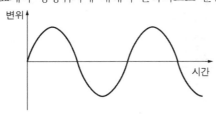

(2) 진동의 발생원인

① 기계 표면에 가해진 충격음에 의한 진동

② 회전체의 질량 및 치수의 불균형에 의한 진동

③ 물체의 바닥을 통해 전달되는 떨림에 의한 진동

④ 베어링에서 볼이나 롤러 표면의 불균형에 의한 진동

⑤ 항공기의 추진날개 주위에 흐르는 유체의 난류흐름에 의한 진동

⑥ 기계의 고유진동수와 외력이 동일한 주파수가 되었을 때 공진의 발생으로 인한 진동

브레이크의 재료 중 마찰계수가 가장 큰 것은?

① 주 철 ② 가 죽

③ 구리합금 ④ 석면직물

해설

석면직물의 마찰계수가 0.35~0.6으로 가장 크다.

답 ④

지름이 600[mm]인 브레이크 드럼의 축에 4,500[N·cm]의 토크가 작용하고 있을 때, 이 축을 정지시키는 데 필요한 최소제동력[N]은?

① 15 ② 75

③ 150 ④ 300

해설

$$T = P \times \frac{D}{2}$$

$$4,500[\text{N} \cdot \text{cm}] = P \times \frac{60[\text{cm}]}{2}$$

$$P = 4,500[\text{N} \cdot \text{cm}] \times \frac{1}{30[\text{cm}]} = 150[\text{N}]$$

답 ③

물체에 진동이 발생했을 때 직접적인 발생 원인으로 알맞지 않은 것은?

① 아크(Arc)

② 주파수[Hz]

③ 유체의 난류흐름

④ 회전체의 질량 및 치수의 불균형

해설

아크(Arc)는 용접에 사용되는 열원으로 진동의 직접적인 원인과는 관련이 없다.

답 ①

단위시간당 진동하는 횟수를 나타내는 고유진동수(f)에 대한 특징으로 알맞지 않은 것은?

① 고유진동수는 강성(k)에 비례한다.
② 고유진동수는 주기(T)에 비례한다.
③ 고유진동수는 질량(m)에 반비례한다.
④ 고유진동수는 축의 위험속도(N_c)와 관련이 크다.

해설
고유진동수는 주기(T)에 반비례한다.
$T = \dfrac{1}{f}$

답 ②

(3) **진동의 방지대책**

① 댐핑 판 부착
② 스펀지나 방진고무 부착
③ 하중이 큰 경우는 강철 Spring 사용
④ 천연고무나 합성고무 등의 진동 보호받침대 사용

(4) **고유진동수(f)**

① 고유진동수의 정의
단위시간당 진동하는 횟수. 구조물의 동적 특성을 표현하는 가장 대표적인 개념

② 고유진동수(f) 구하는 식

$$f = \frac{1}{2\pi}\sqrt{\frac{k}{m}}$$

여기서, m : 질량
k : 강성

③ 고유진동수(f)의 특징
㉠ 강성(k)에 비례한다.
㉡ 질량(m)에 반비례한다.
㉢ 고유 진동 주기(T) $= \dfrac{1}{f}$
㉣ 구속위치에서 멀리 떨어진 위치에 집중된 질량은 관성 효과로 고유진동수를 크게 감소시킨다.

기계공작법

1 공작기계의 종류 및 일반사항

(1) 공작기계(Machine Tools)의 정의

절삭이나 연삭과 같이 칩(Chip)을 발생시키면서 금속이나 비금속 등의 재료를 가공하여 필요한 부품을 만들어내는 기계를 말하는 것으로 그 종류에는 범용선반, 범용밀링, CNC선반, MCT(머시닝센터), 드릴링머신, 연삭기, 방전가공기, 초음파가공기 등이 있다.

(2) 공작기계의 종류

종 류	특 징
범용 공작기계	• 일반적으로 널리 사용되고 있으며 넓은 범위의 가공이 가능하다. • 가공하려는 공작물이 소량일 때는 능률적이나 대량생산에는 알맞지 않다. • 종류에는 선반, 밀링, 드릴링머신, 셰이퍼, 플레이너, 슬로터 등이 있다.
단능 공작기계	• 범용 공작기계를 단순화시킨 것으로 한 종류의 제품만 가공할 수 있어서 융통성이 없다. • 종류에는 바이트를 연삭하는 공구 연삭기나 센터링 머신이 있다.
전용 공작기계	• 같은 종류의 제품을 대량 생산하는데 적합하며 조작이 간단하다. • 사용범위가 한정되므로 다품종 소량 생산에는 적합하지 않다. • 종류에는 트랜스퍼 머신, 차륜선반, 크랭크축 선반이 있다.
만능 공작기계	• 범용 공작기계의 구조에 부속장치를 추가하여 한 대의 기계에서 2종, 3종의 다양한 가공이 가능하도록 만든 기계이나 대량생산에는 알맞지 않다. • 테이블의 선회가 가능한 구조로 복잡한 제품의 가공도 가능하다. • 소규모 공장에서 다양한 수리를 해야 할 경우에 적합하다.

(3) 공작기계의 3가지 기본운동

① 절삭운동
② 이송운동
③ 위치조정운동

여러 가지 종류의 공작기계에서 할 수 있는 가공을 1대의 기계에서 가능하도록 만든 것은?

① 단능 공작기계
② 만능 공작기계
③ 전용 공작기계
④ 표준 공작기계

해설
만능 공작기계란 범용 공작기계의 구조에 부속장치를 추가하여 한 대의 기계에서 2종, 3종의 다양한 가공이 가능하도록 한 기계이며 표준 공작기계란 명칭은 일반적으로 사용되지 않는다.

답 ②

절삭가공의 기본운동에는 주절삭운동, 이송운동, 위치조정운동이 있다. 다음 중 주로 공작물에 의해 이송운동이 이루어지는 공작기계끼리 짝지어진 것은?

① 선반, 밀링머신
② 밀링머신, 평면연삭기
③ 드릴링머신, 평면연삭기
④ 선반, 드릴링머신

해설

밀링머신과 평면연삭기는 모두 테이블에 공작물을 고정시킨 후 이 테이블에 이송운동을 주면서 주축에서 장착된 커터와 연삭숫돌을 회전시켜 공작물을 절삭하는 공작기계이다. 테이블에 이송운동을 주는 것은 곧 공작물에 이송운동을 주는 것과 같다.

답 ②

현장에서 매일 기계설비를 가동하기 전 또는 가동 중에는 물론이고 작업의 종료 시에 행하는 점검은?

① 일상점검
② 특별점검
③ 정기점검
④ 월간점검

해설

② 특별점검 : 점검주기에 의한 것이 아닌 수시점검 또는 부정기적인 점검
③ 정기점검 : 1개월, 6개월, 1년 또는 2년 등 일정한 기간을 정해서 행하는 점검
④ 월간점검 : 매월 정해진 일자에 행하는 점검

답 ①

(4) 공작기계의 절삭가공 방법

종 류	공 구	공작물
선 반	축 방향 및 축에 직각(단면방향) 이송	회 전
밀 링	회 전	고정 후 이송
보 링	직선 이송	회 전
	회전 및 직선이송	고 정
드릴링머신	회전하면서 상·하 이송	고 정
셰이퍼, 슬로터	전·후 왕복 운동	상하 및 좌우 이송
플레이너	공작물의 운동방향과 직각 방향으로 이송	수평 왕복 운동
연삭기 및 래핑	회 전	회전, 또는 고정 후 이송
호 닝	회전 후 상하운동	고 정
호 빙	회전 후 상하운동	고정하고 이송

(5) 공작기계의 점검주기

일상점검	외관점검, 유량점검, 작동점검, 압력점검
월간점검	이송부의 백래시 정도, 오일류 점검, 필터류 점검
연간점검	전기적 회로점검, 기계정도(일종의 정밀도) 점검, 수평도 점검
특별점검	점검주기에 의한 것이 아닌 수시 또는 부정기적인 점검

(6) 공작 용어 해설

① 절삭(切削) : 공작물을 끊어서 깎음(끊을 切, 깎을 削)
② 가공(加工) : 더해서 만듦(더할 加, 만들 工)
③ 선반(旋盤) : 재료를 받쳐서 돌림(돌다 旋, 받침 盤)
④ 연삭(研削) : 재료를 깎아 갈다(갈다 旋, 깎을 盤)
⑤ 소성(塑性) : 형상이 만들어지는 성질(흙으로 형상을 만들 塑, 성질 性)
⑥ 단조(鍛造) : 쇠를 달구어 만들다(쇠를 불에 달굴 鍛, 지을 造).
⑦ 용접(鎔接) : 쇠를 녹여서 붙이다(쇠를 녹일 鎔, 접할 接).

2 절삭유 및 윤활유

(1) 절삭유

① 절삭유의 정의

금속이나 비금속을 절삭작업할 때 사용하는 기름이나 액체로 절삭작업 중 발생되는 칩을 연속적으로 제거하기 때문에 칩에 의한 제품 표면의 손상을 방지하고 가공면의 표면 조도(표면거칠기)를 향상시키며 절삭열을 낮춤으로써 공구의 손상을 방지하기 위해 사용한다.

② 절삭유의 종류별 특징

구 분	종 류	특 징
수용성 절삭유	알칼리성 수용액	냉각작용이 좋은 물에 알칼리성 첨가제를 방부제로 혼합한 중크롬산 수용액이 대표적이며 주로 연삭작업에 사용된다.
	유화유	광유에 비누를 첨가하면 유화되는데, 냉각작용과 윤활성이 좋고 값이 싸므로 절삭제로 주로 사용되며 용도에 따라 물을 섞어 사용한다.
불수용성 절삭유	광 유	• 경유, 머신오일, 스핀들 오일 등이 있다. • 윤활성은 좋으나 냉각성능이 떨어져서 경절삭용으로 사용된다.
	동·식물유	• 냉각작용이 좋아서 다듬질 가공에 주로 사용된다. • 돈유, 올리브유, 피자마유, 콩기름, 종자유 등이 있다. • 라드유는 점성이 높아서 저속 절삭에 적합하다.

ⓗ 수용성유 : 광물성유를 화학 처리하여 원액에 80[%] 정도의 물을 혼합하여 사용한다. 점성은 낮으나 비열이 커서 냉각효과도 크다.

ⓛ 광물성유 : 불수용성 절삭유 중에서 점성이 낮고 윤활성은 좋으나 냉각 성능이 좋지 못해서 주로 경절삭용으로 사용된다.

③ 절삭유의 역할 및 특징

ⓗ 공구와의 마찰을 감소시킨다.

ⓛ 다듬질 면의 정밀도를 좋게 한다.

ⓒ 공구와 가공물의 친화력을 줄인다.

ⓔ 냉각작용과 윤활작용을 동시에 한다.

ⓜ 절삭된 칩을 제거하여 절삭작업을 쉽게 한다.

ⓗ 공구의 마모를 줄이고 윤활 및 세척작용으로 가공표면을 좋게 한다.

ⓢ 가공물과 절삭공구를 냉각시켜 공구의 경도저하를 막고 수명을 늘린다.

ⓞ 식물성 유제는 윤활성이 다소 떨어지나 냉각성능이 좋은 반면, 광물성유는 윤활성은 좋으나 냉각성능은 떨어진다.

환경친화형 가공기술 및 공작기계 설계를 위한 고려조건으로 옳지 않은 것은?

① 절삭유를 많이 사용하는 습식가공의 도입
② 공작기계의 소형화
③ 주축의 냉각방식을 오일냉각에서 공기냉각으로 대체
④ 가공시간의 단축

해설

절삭유를 사용하는 습식가공은 작업 후 중금속이 포함된 절삭유가 발생하기 때문에 반드시 후처리시설이 필요하다. 따라서 습식가공은 환경친화형의 가공기술과는 거리가 멀다.

답 ①

절삭유제의 3가지 주된 작용에 속하지 않는 것은?

① 냉각작용
② 세척작용
③ 윤활작용
④ 마모작용

해설

절삭유란 금속이나 비금속을 절삭 작업할 때 사용하는 유체로써 절삭 작업 중 발생되는 칩을 계속적으로 제거하기 때문에 칩에 의한 표면의 손상을 방지하여 가공면의 표면 조도(표면거칠기)를 향상시키고, 절삭공구와 재료 사이에 발생하는 마찰력을 감소시켜 절삭공구의 마모를 방지하는 역할을 한다.

답 ④

절삭유의 구비조건으로 알맞지 않은 것은?

① 마찰계수가 작을 것
② 화학적 변화가 작을 것
③ 유막의 내압이 작을 것
④ 산화나 열에 대한 안정성이 높을 것

해설
절삭유는 유막을 형성할 때 내압이 커야 한다.

답 ③

미끄럼베어링의 유체윤활에 대한 설명으로 옳지 않은 것은?

① 미끄럼표면들이 윤활막으로 완전히 분리된 상태이다.
② 점도가 높아지면 마찰계수가 증가한다.
③ 베어링면의 평균압력이 증가하면 마찰계수가 감소한다.
④ 회전속도가 증가하면 마찰계수가 감소한다.

해설
미끄럼베어링의 유체윤활 시 회전속도가 증가하면 마찰계수도 증가한다.

답 ④

④ 절삭유의 구비조건
ㄱ 마찰계수가 작을 것
ㄴ 화학적 변화가 작을 것
ㄷ 유막의 내압이 높을 것
ㄹ 산화나 열에 대한 안정성이 높을 것

(2) 윤활유(젖을 潤 미끄러울 滑 기름 油)

① 윤활유의 정의
베어링과 축, 피스톤과 실린더같이 서로 접촉하면서 상대 운동을 하는 기계요소의 접촉면에 윤활막을 형성하여 마찰을 감소시키면서 상대 운동을 원활하게 만들기 위해 사용하는 유체이다. 기계의 접촉면은 마찰열이 발생되기 때문에 원활하고 일정한 윤활작용을 유지하기 위해서는 한계윤활 상태에서도 견디는 유성을 갖고 있어야 하며 온도변화에 따라 점도의 변화도 작아야 한다.

② 윤활유의 사용목적
ㄱ 청정작용
ㄴ 냉각작용
ㄷ 윤활작용
ㄹ 밀폐(밀봉)작용
ㅁ 제품 표면의 손상을 방지

③ 윤활의 종류
윤활은 윤활막의 두께와 표면 조도에 따라 유체윤활, 혼합윤활, 경계윤활로 분류된다.
ㄱ 유체윤활(Hydrodynamic Lubrication)
접촉면이 윤활제에 의해 완전히 분리된 상태로 접촉표면에 걸리는 하중은 모두 접촉면의 상대운동에 의해 발생되는 유압에 의해 지지된다. 접촉면의 마모량이 매우 작고 마찰 손실도 오직 윤활막 내에서만 이루어지는 것이 특징이다. 보일의 법칙($P_1v_1 = P_2v_2$)에 따라 회전속도가 증가하면 베어링면을 둘러싼 유체의 평균압력이 감소하므로 마찰계수는 증가한다.
반대로 작동 유체의 평균압력이 증가하면 마찰계수는 감소하게 된다.
ㄴ 혼합윤활(Mixed-film Lubrication)
접촉 표면의 돌기들 간 간헐적인 접촉과 부분적인 유체윤활이 혼합된 상태로 접촉표면의 마모가 다소 발생한다.

TIP

점도(Viscosity)
점도란 유체의 흐름에 대한 저항력의 척도로 유체의 끈끈한 정도라고 이해하면 쉽다. 따라서 점도지수가 높으면 그만큼 분자 간 결합력이 큰 것이므로 온도 변화에 대한 점도변화는 점도지수가 낮을 때보다 더 작게 된다. 또한 점도가 높아지면 마찰계수도 증가한다.

ⓒ 경계윤활(Boundary Lubrication)

표면의 접촉상태가 심하나 윤활유를 접촉면으로 계속 공급하여 접촉
표면에 윤활막을 형성시킴으로써 마찰과 마모를 감소시키는 윤활이다.

④ 윤활유의 구비조건

㉠ 카본 생성이 적을 것

㉡ 금속의 부식이 없을 것

㉢ 산화나 열에 대한 안정성이 높을 것

㉣ 사용 상태에서 충분한 점도를 유지할 것

㉤ 온도 변화에 따른 점도의 변화가 적을 것

㉥ 화학적으로 불활성이며 깨끗하고 균일할 것

㉦ 한계의 윤활 상태에서도 견디는 유성이 있을 것

⑤ 윤활제의 급유 방법

종 류	특 징
손급유법 (핸드급유법)	윤활 부위에 오일을 손으로 급유하는 가장 간단한 방식으로 윤활이 크게 문제 되지 않는 저속, 중속의 소형기계나 간헐적으로 운전되는 경하중의 기계에 이용된다.
적하급유법	급유할 마찰면이 넓은 경우, 윤활유를 연속적으로 공급하기 위해 사용되는 방법으로 니들밸브를 이용하여 급유량을 정확히 조절할 수 있다.
분무급유법	액체 상태의 기름에 $9.81[\mathrm{N/cm^2}]$의 압축공기를 이용하여 소량의 오일을 미스트화시켜서 베어링이나 기어, 슬라이드, 체인 드라이브 등에 급유하고, 압축공기는 냉각제의 역할을 하도록 고안된 급유방법이다.
패드급유법	털실, 무명실, 펠트 등으로 만든 패드를 오일 속에 침지시켜 패드의 모세관 현상을 이용하여 각 윤활 부위에 공급하는 방식으로 경하중용 베어링에 많이 사용된다.
기계식 강제 급유법	기계 본체의 회전축에 부착된 캠이나 모터에 의해 구동되는 소형 플런저 펌프에 의한 급유방식으로 비교적 소량이면서 고속으로 윤활부에 간헐적으로 압송시켜 급유한다.

⑥ 내연기관용 윤활유가 갖추어야 할 성질

㉠ 산화안정성이 클 것

㉡ 부식방지성이 좋을 것

㉢ 적당한 점도를 가질 것

㉣ 기포 발생이 적을 것(기포 발생이 크면 작동 불량 및 캐비테이션(공동
현상)의 발생 우려가 높다)

윤활제의 급유방법 중 급유할 마찰면이 넓은 경우, 윤활
유를 연속적으로 공급하기 위해 사용되는 방법으로 니들
밸브를 이용하여 급유량을 정확히 조절할 수 있는 것은?

① 적하급유법
② 분무급유법
③ 패드급유법
④ 기계식 강제급유법

답 ①

내연기관에 사용되는 윤활유가 갖추어야 할 조건으로 옳
지 않은 것은?

① 산화안정성이 클 것
② 기포발생이 많을 것
③ 부식방지성이 좋을 것
④ 적당한 점도를 가질 것

해설
내연기관용 윤활유는 기포발생이 적어야 한다. 기포발생이 크
면 작동불량 및 캐비테이션(공동현상)의 발생우려가 높다.

답 ②

3 절삭공구 및 절삭이론

(1) 절삭공구의 정의

재료를 끊거나 깎을 때 사용하는 장인의 도구 절삭공구(끊을切 깎을削 장인工 설비具)

(2) 절삭공구의 구비 조건

① 내마모성이 커야 한다.
② 충격에 잘 견뎌야 한다.
③ 고온경도가 커야 한다.
④ 열처리와 가공이 쉬워야 한다.
⑤ 절삭 시 마찰계수가 작아야 한다.
⑥ 강인성(억세고 질긴 성질)이 커야 한다.
⑦ 형상을 만들기 쉽고(성형성 좋음) 가격이 적당해야 한다.
※ 고온경도 : 접촉 부위의 온도가 높아지더라도 경도를 유지할 수 있는 성질

구성인선의 특징으로 알맞은 것은?

① 재질이 경한 금속을 절삭할 때 주로 발생한다.
② 공구재료와 친화력이 작은 재료를 가공할 때 발생한다.
③ 발생 → 성장 → 분열 → 탈락의 과정을 반복한다.
④ 재료가 공구에 달라붙어 공구의 수명이 길어지는 현상이다.

답 ③

(3) 구성인선(Built-Up-Edge)

연강이나 스테인리스강, 알루미늄과 같이 재질이 연하고 공구 재료와 친화력이 큰 재료를 절삭가공할 때, 칩과 공구의 윗면 사이의 경사면에 발생되는 높은 압력과 마찰열로 인해 칩의 일부가 공구의 날 끝에 달라붙어 마치 절삭날과 같이 공작물을 절삭하는 현상으로 발생 → 성장 → 분열 → 탈락의 과정을 반복한다.

구성인선의 방지대책
• 절삭깊이를 작게 한다.
• 세라믹 공구를 사용한다.
• 절삭속도를 빠르게 한다.
• 바이트의 날 끝을 예리하게 한다.
• 윤활성이 좋은 절삭유를 사용한다.
• 바이트의 윗면 경사각을 크게 한다.
• 마찰계수가 작은 절삭공구를 사용한다.
• 피가공물과 친화력이 작은 공구 재료를 사용한다.
• 공구면의 마찰계수를 감소시켜 칩의 흐름을 원활하게 한다.

바이트날 끝의 고온 · 고압 때문에 칩이 조금씩 응착하여 단단해진 것을 무엇이라 하는가?

① 구성인선(Built-Up Edge)
② 채터링(Chattering)
③ 치핑(Chipping)
④ 플랭크(Flank)

해설
구성인선(Built-Up Edge)
연강이나 스테인리스강, 알루미늄과 같이 재질이 연하고 공구 재료와 친화력이 큰 재료를 절삭가공할 때, 칩과 공구의 윗면 사이의 경사면에 발생되는 높은 압력과 마찰열로 인해 칩의 일부가 공구의 날 끝에 달라붙어 마치 절삭날과 같이 공작물을 절삭하는 현상으로 발생 → 성장 → 분열 → 탈락의 과정을 반복한다.

답 ①

(4) 공작물 절삭 시 발생되는 절삭온도 측정법

① 열량계에 의한 측정
② 열전대에 의한 측정
③ 칩의 색깔에 의한 육안 측정

(5) 고속절삭가공(고속가공)의 특징

① 절삭능률이 크다.
② 구성인선이 감소한다.
③ 가공변질 층이 감소한다.
④ 열처리된 소재도 가공할 수 있다.
⑤ 절삭저항이 감소하고 공구수명이 길어진다.
⑥ 표면거칠기 값이 향상되어 표면조도가 향상된다.
⑦ 난삭재(절삭가공이 어려운 재료)의 가공도 가능하다.
⑧ 칩에 열이 집중되어 가공물에는 절삭열의 영향이 적다.
⑨ 황삭부터 정삭까지 한 번의 셋업으로 가공이 가능하다.

(6) 테일러(Tayer)의 공구 수명식

$$VT^n = C$$

여기서, V : 절삭속도
T : 공구수명
C : 절삭깊이, 공구재질 등에 따른 상수값
n : 공구와 공작물에 따른 지수

(7) 절삭깊이와 표면거칠기(표면조도)와의 관계

① 경질의 재료일수록 절삭저항이 더 크다.
② 절삭속도를 증가시키면 바이트의 설치 위치 및 절삭깊이, 경사각 등에 따라 표면조도를 좋게 할 수 있다.
③ 절삭속도를 감소시켜도 절삭깊이가 깊으면 표면조도가 불량할 수 있다.
④ 절삭깊이를 감소시키면 절삭 시 공구에 작용하는 압력과 마찰열이 줄어들기 때문에 구성인선의 발생을 감소시키며, 공구날 끝에 절삭 칩이 달라붙어 정밀절삭을 불가능하게 하는 이 구성인선이 발생하지 않으므로 표면조도 또한 양호하다.

테일러(Tayer)의 공구 수명식으로 알맞은 것은?

① $VT^n = C$ ② $VT^c = n$
③ $T^c = n$ ④ $T^n = C$

해설

테일러(Tayer)의 공구 수명식
$VT^n = C$
여기서, V : 절삭속도
T : 공구수명
C : 절삭깊이, 공구재질 등에 따른 상수값
n : 공구와 공작물에 따른 지수

답 ①

절삭가공에 대한 일반적인 설명으로 옳은 것은?

① 경질재료일수록 절삭저항이 감소하여 표면조도가 양호하다.
② 절삭깊이를 감소시키면 구성인선이 감소하여 표면조도가 양호하다.
③ 절삭속도를 증가시키면 절삭저항이 증가하여 표면조도가 불량하다.
④ 절삭속도를 감소시키면 구성인선이 감소하여 표면조도가 양호하다.

해설

절삭깊이를 감소시키면 절삭 시 공구에 작용하는 압력과 마찰열이 줄어들기 때문에 구성인선의 발생을 감소시킨다. 또한 구성인선이 발생하지 않으므로 표면조도 또한 양호하다.

답 ②

선반가공의 종류에 속하지 않는 것은?

① 널링가공
② 단면가공
③ 평면가공
④ 테이퍼가공

해설
선반은 공작물을 회전시켜 가공하므로 평면가공이 불가능하다. 평면가공은 주로 밀링이나 연삭기 등의 공작기계를 사용한다.

답 ③

4 선반가공

(1) 선반의 정의

주축대에 장착된 척(Chuck)에 공작물을 고정시킨 후 적당한 회전수(rpm)로 회전시키면서 절삭공구인 바이트를 직선 이송시켜 절삭하는 공작기계

선반의 가공 종류

외경가공	내경(보링)가공	단면가공
홈가공	테이퍼가공	나사가공(수나사, 암나사)
널링가공	총형가공	절단가공
곡면깎기	구멍가공	드릴가공

※ 널링가공 : 기계의 손잡이 부분에 올록볼록한 돌기부를 만들어 손으로 잡고 돌리기 쉽도록 만드는 가공방법

(3) 선반의 구조

① 주축대(Head Stock)

　㉠ 주축대의 역할

　　베드 윗면의 왼쪽 상단에 장착되어 있으며 주축(Spindle)과 베어링, 주축속도변환장치로 구성되어 있다. 주축이 고속으로 회전하더라도 흔들림 없이 가공하도록 지지하는 역할을 한다. 주축은 긴 봉 재료를 가공할 수 있도록 중공축으로 되어 있으며 끝 부분에 척(Chuck)이 장착된다.

　㉡ 선반의 주축이 중공축인 이유

　　• 굽힘 응력과 비틀림 응력에 대응하기 위하여

　　• 길이가 긴 공작물의 고정 및 가공을 편리하게 하기 위하여

　㉢ 선반 주축의 재질 : 니켈–크롬강 같은 특수합금강으로 제조된다.

② 심압대(Tail Stock)

　㉠ 심압대의 역할

　　베드 윗면의 오른쪽 상단인 주축의 맞은편에 장착되어 있으며 가공되는 공작물의 길이가 길어서 회전 중 떨림이 발생되는 재료를 지지하거나 드릴 같은 내경절삭공구를 고정할 때 사용한다. 심압대 센터의 중심은 주축과 일치시키거나 어긋나게 조정이 가능해서 테이퍼 절삭을 가능하게 하며, 끝부분은 모스테이퍼로 되어 있어서 드릴 척을 고정시킬 수 있다.

　㉡ 선반의 심압대가 갖추어야 할 조건

　　• 센터는 편위시킬 수 있어야 한다.

　　• 심압축의 끝부분은 모스테이퍼로 되어야 한다.

　　• 베드의 안내면을 따라 이동 할 수 있어야 한다.

　　• 베드 위 임의의 위치에서 고정할 수 있어야 한다.

선반 심압대 축 구멍의 테이퍼 형태는?

① 자르노테이퍼

② 브라노샤프트형 테이퍼

③ 자콥스테이퍼

④ 모스테이퍼

해설

선반에 장착되는 심압대 축 구멍의 테이퍼는 모스테이퍼로 되어 있다.

답 ④

선반에서 고정식 방진구를 설치하는 부분으로 맞는 것은?

① 공구대
② 베 드
③ 왕복대
④ 심압대

해설

방진구는 선반 작업에서 공작물의 지름보다 20배 이상의 가늘고 긴 공작물을 가공할 때 공작물이 휘거나 떨리는 것을 방지하기 위해 베드 위에 설치하여 공작물을 받쳐주는 부속기구이다.

답 ②

③ 왕복대(Carriage)
　㉠ 왕복대의 역할
　　• 새들과 에이프런, 공구대, 복식공구대를 장착하고 있는 하나의 기계모듈로 왕복대의 맨 위에 장착된 공구대에 바이트를 장착한 후 절삭을 위해 공작물로 이송시키는 역할을 한다.
　　• 주축대와 심압대 사이에 위치하고 있으며 왕복대에 부착된 손잡이를 돌려서 베드 윗면을 길이 방향이나 전·후 방향으로 이송하며 절삭하는데 나사 깎기에 사용되는 이송장치도 장착하고 있다.
　㉡ 왕복대의 구조
　　• 새들(Saddle)
　　• 에이프런(Apron)
　　• 공구대(Tool Post)
　　• 복식공구대(Compound Rest)

④ 베드(Bed)
　㉠ 베드의 역할
　　선반의 몸체로서 주축대와 심압대, 왕복대를 장착하고 있다. 강력 절삭에도 쉽게 변형되거나 마멸되지 않는 강성을 필요로 한다.
　㉡ 선반 베드의 재질 : 고급주철을 주로 사용하며, 합금주철이나 구상흑연주철도 제조한다.
　㉢ 선반의 베드(Bed)의 제조방법
　　베드의 표면은 미끄럼면으로 사용되므로 기계가공이나 스크레이핑 작업과 연삭가공을 통해 표면 정밀도를 높여야 한다. 또한 내마모성 향상을 위하여 표면경화 열처리도 실시한다.
　㉣ 베드의 단면 모양

미국식 - 산형	영국식 - 평행형
정밀 절삭용으로 사용하며 중소형 선반에 사용된다.	강력 절삭용으로 사용되며 대형 선반에 사용된다.

(4) 선반의 종류

종류	특징
보통선반	• 가장 일반적으로 사용되는 선반으로 범용선반으로도 불린다. • 수직가공, 수평가공, 절단가공, 홈가공, 나사가공 등 다양한 가공이 가능하다.
자동선반	보통선반에 자동화장치를 부착하여 자동으로 절삭가공을 실시하는 선반으로 대량생산에 적합하다.
정면선반	• 길이가 짧고 지름이 큰 공작물의 절삭에 사용되는 선반으로 면판을 구비하고 있다. • 베드의 길이가 짧고 심압대가 없는 경우가 많아서 단면절삭에 주로 사용한다.
터릿선반	• 보통선반과 같이 가공물을 회전시키면서 터릿에 6~8종의 절삭공구를 장착한 후 가공순서에 맞게 절삭공구를 변경하며 가공하는 선반으로 동일 제품의 대량생산에 적합하다. • 터릿은 절삭공구를 육각형 모양의 드럼에 가공 순서대로 장착시킨 기계장치이다.
공구선반	• 보통선반과 같은 구조이나 테이퍼 깎기 장치와 릴리빙 장치가 장착되어 있다. • 보통선반에 비해 가공 정밀도를 높이고자 할 때 사용한다.
탁상선반	크기가 작아서 작업대 위에 설치하며 시계와 같은 소형 공작물 가공에 사용한다.
차륜선반	• 면판이 부착된 주축대 2대를 마주 세운 구조로 차륜이나 축바퀴, 속도조절바퀴 등의 가공에 사용된다. • 차륜 : 차축에 끼워져서 차체의 하중을 지탱해 가면서 구르는 바퀴
수직선반 (직립선반)	• 대형 공작물이나 불규칙한 가공물을 가공하기 편하도록 척을 테이블 위에서 수직으로 설치한 선반으로 공작물은 테이블 위 수평면 내에서 회전하며 공구가 수직방향으로 이송되어 절삭한다. • 가공물의 장착이나 탈착이 편하고 공구이송 방향이 보통선반과 다른 것이 특징이다.
모방선반	모방절삭이 가능하도록 만들어진 선반으로 전용설비를 사용하거나 보통선반에 모방 장치를 부착하여 사용한다.
릴리빙선반	나사탭이나 밀링 커터의 플랭크절삭에 사용하는 특수선반으로 릴리프면 절삭선반이라고도 불린다.
크랭크축선반	크랭크축을 전문으로 가공하는 선반
차축선반	철도나 차량의 차축을 전문으로 가공하는 선반

(5) 보통선반의 규격

① 양센터 사이의 최대거리 : 깎을 수 있는 공작물의 최대거리
② 베드 위의 스윙 : 일감이 베드에 닿지 않고 깎을 수 있는 공작물의 최대 지름
③ 왕복대 위의 스윙 : 왕복대 위에서 공작물이 닿지 않고 깎을 수 있는 최대 지름

필 / 수 / 확 / 인 / 문 / 제

길이가 짧은 가공물을 절삭하기 편리하며, 베드의 길이가 짧고, 심압대가 없는 경우가 많은 선반은?

① 터릿선반
② 릴리빙선반
③ 정면선반
④ 보통선반

해설

정면선반은 베드의 길이가 짧아서 짧은 길이의 가공물을 절삭하기에 적합하다.

답 ③

선반의 척 중 불규칙한 모양의 공작물을 고정하기에 가장 적합한 것은?

① 압축공기 척
② 연동 척
③ 마그네틱 척
④ 단동 척

해설
선반의 척 중 불규칙한 모양의 공작물을 고정하기에는 조를 한 개씩 움직일 수 있는 단동 척이 적합하다. 압축공기 척, 연동 척, 마그네틱 척은 각각의 조가 동시에 움직이므로 불규칙한 공작물을 올바르게 고정시키기 힘들다.

답 ④

(6) 선반용 부속장치

① 척(Chuck)

  ㉠ 척의 역할
  주축의 끝에 설치되며 공작물을 고정하고 회전시키는 데 사용한다.

  ㉡ 척의 종류

종 류		특 징
단동척		• 척핸들을 사용해서 조(Jaw)의 끝부분과 척의 측면이 만나는 곳에 만들어진 4개의 구멍을 각각 조이면, 4개의 조(Jaw)도 각각 움직여서 공작물을 고정시킨다. • 편심가공이 가능하다. • 공작물의 중심을 맞출 때 숙련도가 필요하며 시간이 다소 걸리지만 정밀도가 높은 공작물을 가공할 수 있다.
연동척		• 척핸들을 사용해서 척의 측면에 만들어진 1개의 구멍을 조이면, 3개의 조(Jaw)가 동시에 움직여서 공작물을 고정시킨다. • 공작물의 중심을 빨리 맞출 수 있으나 공작물의 정밀도는 단동척에 비해 떨어진다.
유압척		연동척과 같은 형식이나 조(Jaw)를 유압으로 작동한다.
마그네틱척		원판 안에 전자석을 설치하고 전류를 흘려보내면 척이 자화되면서 공작물을 고정시킨다.
콜릿척		• 3개의 클로를 움직여서 직경이 작은 공작물을 고정하는데 사용하는 척이다. • 주축의 테이퍼 구멍에 슬리브를 꽂은 후 여기에 콜릿척을 끼워서 사용한다.
공기척		• 공작물을 가공하는 중에도 설비를 정지시키지 않고 공작물을 제거하거나 삽입할 수 있는 척이다. • 지름이 10[mm] 정도인 균일한 가공물을 대량으로 생산하기에 적합하다.

② 방진구(Work Rest)

㉠ 방진구의 역할

지름이 작고 길이가 지름보다 20배 이상 긴 공작물(환봉)을 가공할 때 공작물이 휘거나 떨리는 것을 방지하기 위해 베드 위에 설치하여 공작물을 받쳐주는 역할을 하는 부속장치

➕ **TIP**

방진구로 테이퍼 절삭은 불가능하다. 테이퍼(Taper)란 축이나 관 등의 원통형 재료에서 경사가 있는 부분이다.

㉡ 선반에서 이동용 방진구를 설치하는 장소 : 왕복대(새들)

③ 센터(Center)

㉠ 센터의 역할

선반작업에서 척에 물린 공작물의 떨림 방지를 위해 반대 면을 고정시키기 위한 부속장치로 심압대에 장착하여 사용하는데 삽입되는 자루부분은 모스테이퍼로 되어 있다. 일반적으로는 일반 센터를 사용하는데, 일반 센터의 한쪽 면을 깎아서 만든 "하프센터"는 바이트와 센터 간의 간섭현상이 발생할 때 이를 방지하기 위해 사용한다.

㉡ 센터 선단의 각도

• 보통일감 : 60°

• 가공물이 무겁고 대형인 경우 : 75°, 90°

④ 맨드릴(Mandrel, 심봉)

㉠ 맨드릴의 역할

선반에서 기어나 벨트, 풀리와 같이 구멍이 있는 공작물의 안지름과 바깥지름이 동심원을 이루도록 가공할 때 사용한다.

㉡ 표준 맨드릴의 테이퍼값 : $\frac{1}{100} \sim \frac{1}{1,000}$

선반에서 지름이 작고 길이가 지름보다 20배 이상 긴 공작물(환봉)을 가공할 때 공작물이 휘거나 떨리는 것을 방지하기 위해 베드 위에 설치하여 공작물을 받쳐주는 역할을 하는 부속장치는?

① 척　　　　　　② 센 터
③ 방진구　　　　④ 돌림판

답 ③

⑤ 면판(Face Plate)

척으로 고정하기 힘든 큰 크기의 공작물이나 불규칙하고 복잡한 형상의
공작물을 고정할 때 사용한다.

면판 - 공작물 장착 전	면판 - 공작물 장착 후

⑥ 돌림판(Driving Plate)과 돌리개(Dog)

　㉠ 돌리개의 역할

　　양 센터 작업 시 주축의 회전력을 돌림판을 사용해서 공작물에 전달하
　　는 장치이다. 돌림판을 주축(스핀들)의 끝에 설치한 후 돌리개를 연결
　　해서 사용한다.

　㉡ 돌림판의 형상

　㉢ 돌리개의 종류

종 류	곧은 돌리개	굽은(곡형) 돌리개	평행(클램프) 돌리개
형 상			

양 센터 작업 시 주축의 회전력을 돌림판을 사용해서 공
작물에 전달하는 장치인 돌리개의 종류에 속하지 않는
것은?

① 곧은 돌리개
② 굽은 돌리개
③ 평행 돌리개
④ 맨드릴 돌리개

답 ④

(7) 선반용 공구

① 바이트(Bite)

ⓐ 바이트의 구조

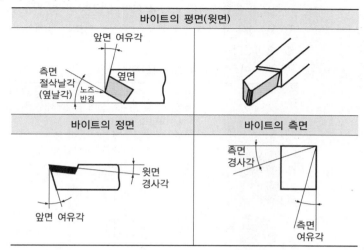

바이트의 평면(윗면)	
앞면 여유각 / 측면 절삭날각 (옆날각) / 옆면 / 노즈 반경	
바이트의 정면	바이트의 측면
윗면 경사각 / 앞면 여유각	측면 경사각 / 측면 여유각

ⓑ 바이트의 명칭

• 윗면 경사각 : 바이트의 절삭날의 윗면과 수평면이 이루는 각도로 절삭력에 가장 큰 영향을 주는 각도이다. 윗면경사각이 크면 절삭성과 표면정밀도가 좋아지나 날 끝이 약하게 되어 빨리 손상된다.

• 날 여유각 : 바이트의 앞면이나 측면과 공작물의 마찰을 방지하기 위하여 공구면에 각도를 부여한 것으로 공구의 무게를 감소시켜 베어링에 작용하는 하중을 줄이는 기능도 한다. 날 여유각을 너무 크게 하면 공구의 날 끝이 날카로워져서 공구인선의 강도가 저하되므로 적절하게 설계해야 한다.

ⓒ 바이트의 종류

• 일체형 바이트(완성 바이트) : 절삭날 부분과 섕크(자루) 부분이 모두 초경합금으로 만들어진 절삭공구로 절삭날은 연삭가공으로 만들어서 사용하는데 현재는 거의 사용되지 않는다.

• 클램프 바이트(Throw Away 바이트) : 절삭 팁(인서트 팁)을 클램프로 고정시킨 후 절삭하는 바이트로 날과 자루가 분리되어 있다. 절삭 팁이 파손되면 버리고(Throw Away) 다른 팁으로 교체하는 방식이므로 사용이 편리해서 현재 대부분의 선반가공에 사용되고 있다.

• 비트 바이트 : 크기가 작은 절삭 팁을 자루 내부에 관통시킨 후 볼트로 고정시켜 사용하는 바이트이다.

• 팁 바이트(용접 바이트) : 섕크에서 절삭날(인선) 부분만 초경합금이나 바이트용 재료를 용접해서 사용하는 바이트이다.

선반작업에서 공구 절인의 선단에서 바이트 밑면에 평행한 수평면과 경사면이 형성하는 각도는?

① 여유각
② 경사각
③ 측면여유각
④ 측면절인각

해설

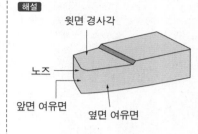

윗면 경사각 / 노즈 / 앞면 여유면 / 옆면 여유면

답 ②

바이트의 인선과 자루가 같은 재질로 구성된 바이트는?

① 단체 바이트
② 클램프 바이트
③ 팁 바이트
④ 인서트 바이트

해설

바이트의 인선과 자루가 같은 재질로 구성된 바이트는 단체 바이트(일체형 바이트)이다.

답 ①

선반용 바이트의 마멸 현상 중 절삭공구의 측면(여유면)과 가공면의 마찰에 의하여 발생되는 것은?

① 치 핑
② 여유면 마멸
③ 채터링 마멸
④ 크레이터 마멸

해설

여유면 마멸(플랭크 마모)은 주철과 같이 취성이 있는 재료를 절삭할 때 발생하여 절삭 날(공구인선)을 파손시킨다.

경사면마멸

여유면마멸

답 ②

절삭가공에서 발생하는 크레이터 마모(Crater Wear)에 대한 설명으로 옳지 않은 것은?

① 공구와 칩 경계에서 원자들의 상호이동이 주요 원인이다.
② 공구와 칩 경계의 온도가 어떤 범위 이상이면 마모는 급격하게 증가한다.
③ 공구의 여유면과 절삭면과의 마찰로 발생한다.
④ 경사각이 크면 마모의 발생과 성장이 지연된다.

해설

경사면 마멸로도 불리는 크레이터 마모는 공구날의 윗면이 칩과의 마찰에 의해 오목하게 파이는 현상이다. 공구의 여유면과 절삭면의 마찰로 발생하는 공구불량은 플랭크 마모이다.

답 ③

ⓔ 선반 바이트의 설치방법
• 바이트 자루는 수평으로 고정한다.
• 받침(Ship)은 바이트 자루의 전체 면이 닿도록 한다.
• 바이트의 돌출거리는 작업에 지장이 없는 한 짧게 고정해야 한다.
• 높이를 정확히 맞추기 위해서는 받침 1개 또는 두께가 다른 여러 개를 준비한다.

ⓜ 선반용 바이트 공구의 마멸 및 이상 현상

경사면 마멸 (크레이터 마모)	특 징	• 공구날의 윗면이 유동형 칩과의 마찰로 오목하게 파이는 현상으로 공구와 칩의 경계에서 원자들의 상호 이동 역시 마멸의 원인이 된다. • 공구 경사각을 크게 하면 칩이 공구 윗면을 누르는 압력이 작아지므로 경사면 마멸의 발생과 성장을 줄일 수 있다.
	형 상	 가공물 / 바이트 크레이터 공구면 / 크레이터 마모 / R 공구반경 [크레이터 마모]　　　[크레이터 현상]
여유면 마멸 (플랭크 마모)	특 징	절삭공구의 측면(여유면)과 가공면 과의 마찰에 의하여 발생되는 마모현상으로 주철과 같이 취성이 있는 재료를 절삭할 때 발생하여 절삭날(공구인선)을 파손시킨다.
	형 상	바이트 여유면 마찰부분(상면) 플랭크 마모 / 마모 노치 / 플랭크 마모
치 핑	특 징	경도가 매우 크고 인성이 작은 절삭공구로 공작물을 가공할 때 발생되는 충격으로 공구날이 모서리를 따라 작은 조각으로 떨어져 나가는 현상이다.
	형 상	
채터링	특 징	절삭 가공 중 공구가 떨리는 현상이다.

ⓗ ISO 선삭용 인서트의 규격표기법(예 'T N M G 12 04 08'인 경우)

T	N	M	G	12	04	08	B25
인서트 팁 형상	인서트 팁 여유각	공 차	단면 형상	절삭날 (인선) 길이	절삭날 (인선) 높이	날끝 (노즈) 반지름	칩브레 이커 형상

ⓢ 선반 외경용 툴 홀더의 규격표시(예 'C S K P R 25 25 M12'인 경우)

C	S	K	P	R	25	25	M	12
클램핑 방식	인서트 형상	홀더 형상	인서트 여유각	공구 방향	홀더 (섕크) 높이	홀더 (섕크) 폭	홀더 길이	절삭날 길이

② 홀더(섕크)

홀더 높이	홀더 폭

③ 척 핸들(Chuck Handle)

(8) 선반작업 시 발생하는 3분력의 크기순서

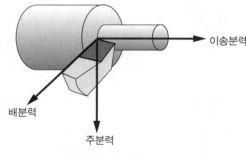

주분력 > 배분력 > 이송분력

(9) 보통선반 사용 시 주의사항

① 바이트는 가급적 짧게 설치한다.
② 바이트를 교환할 때는 기계를 정지시켜야 한다.
③ 나사가공이 끝나면 반드시 하프너트를 풀어 놓는다.
④ 기계를 가동하는 중에는 주축속도를 변환시키면 안 된다.

선반작업 시 발생하는 3분력의 크기는?

① 주분력 = 배분력 = 이송분력
② 주분력＞배분력＞이송분력
③ 배분력＞주분력＞이송분력
④ 배분력＞이송분력＞주분력

해설
3분력의 크기순서 : 주분력＞배분력＞이송분력

답 ②

선반가공 시 연속적으로 발생되는 유동형 칩으로 인해 작업자가 다치는 것을 방지하기 위하여 칩을 짧게 절단시켜 주는 안전장치는?

① 보호막
② 방진구
③ 칩브레이커
④ 페이스 플레이트

답 ③

선반작업에서 연하고 인성이 큰 재질을 큰 경사각으로 고속절삭 시 발생되는 형태로 가공 표면이 가장 매끄러운 칩은?

① 유동형 칩
② 전단형 칩
③ 열단형 칩
④ 균열형 칩

해설
선반에서 절삭작업 시 발생하는 유동형 칩은 재질이 연하고 인성이 큰 재료를 큰 경사각으로 고속절삭 시 발생하는 칩의 형태이다.

답 ①

(10) 칩 브레이커

① 칩 브레이커의 역할
선반가공 시 연속적으로 발생되는 유동형 칩으로 인해 작업자가 다치는 것을 방지하기 위하여 칩을 짧게 절단시켜 주는 안전장치

② 칩 브레이커의 종류
㉠ 평행형
㉡ 각도형
㉢ 홈 달린형

칩 브레이커

(11) 선반작업 시 발생하는 칩(Chip)의 종류

종 류	현 상	특 징
유동형 칩		• 칩이 공구의 윗면 경사면 위를 연속적으로 흘러 나가는 형태의 칩으로 절삭저항이 작아서 가공표면이 가장 깨끗하며 공구의 수명도 길다. • 발생원인 – 절삭깊이가 작을 때 – 공구의 윗면 경사각이 클 때 – 절삭공구의 날 끝 온도가 낮을 때 – 윤활성이 좋은 절삭유를 사용할 때 – 재질이 연하고 인성이 큰 재료를 큰 경사각으로 고속절삭할 때
전단형 칩		• 공구의 윗면 경사면과 마찰하는 재료의 표면은 편평하나 반대쪽 표면은 톱니 모양으로 유동형 칩에 비해 가공면이 거칠고 공구 손상도 일어나기 쉽다. • 발생원인 – 공구의 윗면 경사각이 작을 때 – 비교적 연한 재료를 느린 절삭속도로 가공할 때
균열형 칩		• 가공면에 깊은 홈을 만들기 때문에 재료의 표면이 매우 불량하게 된다. • 발생원인 주철과 같이 취성(메짐)이 있는 재료를 저속으로 절삭할 때
열단형 칩		• 칩이 날 끝에 달라붙어 경사면을 따라 원활히 흘러나가지 못해 공구에 균열이 생기고 가공표면이 뜯겨진 것처럼 보인다. • 발생원인 절삭 깊이가 크고 윗면 경사각이 작은 절삭공구를 사용할 때

(12) 선반작업 시 절삭속도를 결정하는 요인

① 가공물의 재질

② 바이트의 재질

③ 절삭유의 사용유무

(13) 선반가공으로 테이퍼 절삭하는 방법

① 심압대 편위

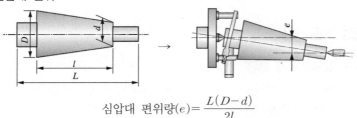

심압대 편위량$(e) = \dfrac{L(D-d)}{2l}$

② 복식공구대 회전

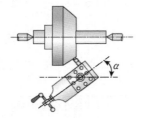 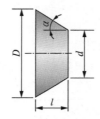

공구대 회전각(α) : $\tan\alpha = \dfrac{D-d}{2l}$

③ 총형바이트 사용

④ 테이퍼 절삭장치 사용

(14) 주요 선반 공식

① 선반가공에서 절삭속도(v) 구하는 식

$$v = \frac{\pi dn}{1{,}000}$$

여기서, v : 절삭속도[m/min]

d : 공작물의 지름[mm]

n : 주축 회전수[rpm]

② 선반가공에서 회전수(n) 구하는 식

$$n = \frac{1{,}000v}{\pi d}[\text{rpm}]$$

선반가공에서 테이퍼의 절삭방법이 아닌 것은?

① 방진구에 의한 방법

② 심압대 편위에 의한 방법

③ 복식공구대에 의한 방법

④ 테이퍼 절삭장치에 의한 방법

해설

방진구는 선반작업에서 공작물의 지름보다 20배 이상의 가늘고 긴 공작물을 가공할 때 공작물이 휘거나 떨리는 것을 방지하기 위해 베드 위에 설치하여 공작물을 받쳐주는 부속기구로 테이퍼 절삭은 불가능하다.

답 ①

지름이 50[mm]인 공작물을 절삭속도 314[m/min]으로 선반에서 절삭할 때, 필요한 주축의 회전수[rpm]는? (단, π는 3.14로 계산하고, 결괏값은 일의 자리에서 반올림한다)

① 1,000   ② 2,000

③ 3,000   ④ 4,000

해설

$v = \dfrac{\pi dn}{1{,}000}$

$314 = \dfrac{3.14 \times 50[\text{mm}] \times n}{1{,}000}$

$314{,}000 = 157n$

$2{,}000 = n$(주축회전수)

답 ②

선삭가공에서 공작물의 회전수가 200[rpm], 공작물의 길이가 100[mm], 이송량이 2[mm/rev]일 때 절삭시간은?

① 4초

② 15초

③ 30초

④ 60초

해설

$$T = \frac{l}{n \cdot f}$$

$$= \frac{\text{가공할 길이[mm]}}{\text{회전수[rev/min]} \times \text{이송속도[mm/rev]}}$$

$$= \frac{100}{200 \times 2} = 0.25[\min]$$

$$= 0.25 \times 60[s] = 15[s]$$

답 ②

밀링가공의 종류에 속하지 않는 것은?

① 정면가공

② T홈가공

③ 널링가공

④ 비틀림 홈가공

해설

널링가공 : 기계의 손잡이 부분에 올록볼록한 돌기부를 만들어 손으로 잡고 돌리기 쉽도록 만드는 가공방법

답 ③

소재에 없던 구멍을 가공하는 데 적합한 것은?

① 브로칭(Broaching)

② 밀링(Milling)

③ 셰이핑(Shaping)

④ 리밍(Reaming)

해설

완제품을 가공할 때 원래 그 소재에 없던 구멍을 가공하는 데 가장 적합한 가공법은 밀링가공이다. 브로칭가공도 구멍가공은 할 수 있으나 정밀도가 밀링가공에 비해 떨어진다.

답 ②

③ 선반가공의 가공시간(T) 구하는 식

$$T = \frac{l}{n \cdot f} = \frac{\text{가공할 길이[mm]}}{\text{회전수[rpm]} \times \text{이송속도[mm/rev]}}$$

④ 선반가공 시 이론적인 최대높이($H_{\max}$) 구하는 식

$$H_{\max} = \frac{f^2}{8R}$$

5 밀링가공

(1) 밀링가공의 정의

여러 개의 절삭날을 가진 밀링커터를 공작물 위에서 회전시키고 공작물을 고정한 테이블을 전·후, 좌·우, 상·하 방향으로 이송하여 절삭하는 공작기계이다. 평면가공을 주로 하며 다양한 공구를 사용하여 불규칙한 면의 가공이나 각도가공, 드릴의 홈 가공, 기어의 치형가공, 나선가공 등에 사용한다.

(2) 밀링가공의 분류

완제품에서 원래 그 소재에 없던 구멍을 가공하는 데 가장 적합한 것은 밀링머신이다.

정면가공	평면가공	각도가공(더브테일)	홈가공
T홈가공	기어가공	키홈가공	비틀림홈가공
측면가공(곡면가공)	총형가공	윤곽가공	절단가공

(3) 밀링머신의 구조

수직밀링머신	수평밀링머신
주축 칼럼 테이블 새들 니 베이스	오버 암 주축 칼럼 테이블 새들 니 베이스
만능밀링머신	램형밀링머신

(4) 밀링가공의 특징

① 드릴의 홈이나 기어의 치형도 가공할 수 있다.

② 평면가공은 물론 불규칙하고 복잡한 면을 가공할 수 있다.

③ 이미 만들어진 제품의 손상없이 구멍을 뚫고자 할 때 가장 적합한 공작기
계이다.

(5) 밀링머신의 종류

① 수직밀링머신

주축이 테이블 면에 수직으로 설치된 것으로 정면 밀링커터와 엔드밀을
사용하여 절삭한다.

※ 수직밀링머신용 공구 : T홈 커터, 엔드밀, 정면커터 등

② 수평밀링머신

주축이 수평방향으로 설치된 것으로 주로 평면커터나 측면 커터, 메탈소
를 사용하여 공작물을 가공하는 공작기계이다.

㉠ 수평밀링머신의 특징

• 주축은 기둥 상부에 수평으로 설치한다.

• 공작물은 전후, 좌우, 상하의 3방향으로 이동한다.

• 주축에 아버를 고정하고 회전시켜서 가공물을 절삭한다.

새들 위에 선회대가 있어 테이블을 일정한 각도로 회전시키거나 테이블 상·하로 경사시킬 수 있는 밀링머신은?

① 수직밀링머신
② 수평밀링머신
③ 만능밀링머신
④ 램형밀링머신

해설
만능밀링머신은 새들 위에 선회대가 있어 테이블을 일정한 각도로 회전시키거나 테이블 상·하로 경사시킬 수 있는 밀링머신이다.

답 ③

• 테이블을 필요한 각도로 회전시켜 이송하거나, 테이블의 회전 기능은 없으나 주축의 방향을 임의로 회전할 수 있는 만능 헤드를 장착한 공작기계이다.

ⓒ 수평밀링머신의 주축(Spindle)의 특징
  • 보통 테이퍼 롤러베어링으로 지지된다.
  • 기둥(칼럼)에 설치되어 있으며 아버를 고정한다.
  • 주축단은 보통 테이퍼진 구멍이며 크기는 규격화되어 있다.

ⓒ 수평밀링머신용 공구의 고정장치
  • 아 버
  • 콜 릿
  • 어댑터

ⓔ 수평밀링머신의 긴 아버를 사용하는 절삭공구
  • 플레인커터
  • 앵귤러커터
  • 사이트 밀링커터

③ 만능밀링머신
주축이 수평이며, 칼럼, 니, 테이블 및 오버 암 등으로 되어 있다. 새들 위의 선회대로 테이블을 일정한 각도로 회전시키거나 테이블을 상·하로 경사시킬 수 있다. 분할대나 헬리컬 절삭장치를 사용하여 헬리컬 기어, 트위스트 드릴의 비틀림 홈 등의 가공에 적합하다.

④ 모방밀링머신
형판이나 모형을 본뜨는 모방장치를 사용하여 프레스나 단조, 주조용 금형과 같은 복잡한 형상을 높은 정밀도로 능률적인 가공이 가능하다.

⑤ 나사밀링머신
나사를 깎는 전용밀링머신으로 작동이 간단하고 가공 능률이 좋으며 깨끗한 다듬질면의 나사를 가공할 수 있다.

⑥ 회전밀링머신(테이블형)
생산형 밀링머신으로 대량생산에 적합하도록 자동화되어 있다.

⑦ 램형 밀링머신
기둥 위의 램에 주축헤드가 장착되어 있어서, 이 램이 재료의 앞뒤를 왕복하면서 공작물을 절삭한다.

⑧ 플레노형 밀링머신
대형의 공작물이나 중량물의 강력절삭으로 가공하는 밀링머신으로 평면이나 홈 가공에 주로 사용한다.

(6) 밀링머신의 부속장치

① 밀링바이스 : 공작물을 고정시키는 데 사용한다.

② 오버암

수평밀링머신의 상단에 장착되는 부분으로 아버(Arbor)가 굽는 것을 방지하는 아버 지지부를 설치하는 빔(Beam)으로 한쪽 끝 부분은 기둥(Column) 위에 고정되어 있다.

③ 아 버

수평밀링머신이나 만능밀링머신에서 평면밀링커터나 옆면밀링커터 등 구멍이 있는 밀링커터를 고정시키는 데 사용한다.

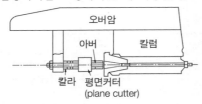

④ 회전테이블

주로 수직밀링머신에 사용되는 부속장치로 공작물을 회전시킨 후 분할작업과 윤곽가공을 하면서 원형의 홈이나 바깥둘레 가공을 가능하게 한다. 수동이나 자동으로 테이블의 좌우 및 전후이송이 가능하다.

⑤ 래크절삭장치

밀링머신의 칼럼에 장착하며 래크기어를 절삭할 때 사용한다.

⑥ 슬로팅장치

밀링머신의 칼럼(기둥)에 장착하여 사용한다. 주축의 회전운동을 공구대의 직선 왕복운동으로 변환시키는 부속장치로 평면위에서 임의의 각도로 경사시킬 수 있어서 홈이나 스플라인, 세레이션의 가공에 사용한다.

⑦ 테이블 이송나사

밀링머신에서 테이블의 뒤틈(Backlash, 백래시) 제거를 위해 설치된다.

⑧ 분할판(분할장치, 분할대)

밀링 머신에서 둥근 단면의 공작물을 사각이나 육각 등으로 가공하고자 할 때 사용하는 부속장치로 기어의 치형과 같은 일정한 각으로 나누어 분할할 수 있는데, 그 방법에는 직접 분할법, 단식 분할법, 차동 분할법이 있다.

⑨ 밀링 수직축 장치

수평방향의 스핀들의 회전을 기어를 거쳐 수직방향으로 변환시키는 장치로 수평밀링머신의 칼럼 전면에 고정해서 수직밀링머신으로 변환하게 된다. 일감에 따라 요구되는 각도로 선회시켜 가공할 수 있는 것이 특징이다.

밀링 분할법의 종류에 속하지 않는 것은?

① 직접 분할법
② 단식 분할법
③ 복식 분할법
④ 차동 분할법

해설

밀링의 분할법에 복식 분할법이 없으므로 일반적인 기계직 시험에서 오답으로 출제된다.

답 ③

밀링 분할법에서 단식 분할이 가능한 등분 수는?

① 60등분
② 61등분
③ 63등분
④ 67등분

해설

밀링가공에서 기어의 치형 등을 제작하고자 할 때 가장 먼저 둥근 단면의 공작물을 일정한 각으로 나누어야 하는데 이때 사용하는 분할 방법에는 직접 분할법, 단식 분할법, 차동 분할법의 3가지가 있다. 단식 분할법으로는 60, 62, 64, 65, 66, 68, 70 등의 등분이 가능하다.

답 ①

⑩ 분할판(Dividing Plate)
  ㉠ 분할판의 역할

  공작물이나 축과 같은 원형의 공작물을 정확히 $\frac{1}{n}$로 등간격의 분할을 위해 사용하는 기계장치

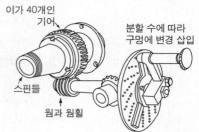

이가 40개인 기어
분할 수에 따라 구멍에 변경 삽입
스핀들
웜과 웜휠

  ㉡ 분할법의 종류

종 류	특 징	분할가능 등분수
직접 분할법	• 큰 정밀도를 필요로 하지 않은 키 홈과 같이 단순한 제품의 분할가공에 사용되는 분할법 • 스핀들의 앞면에 있는 24개의 구멍에 직접 분할핀을 꽂아서 분할한다. $$n=\frac{24}{N}$$ 여기서, n : 분할 크랭크의 회전수 N : 공작물의 분할 수	24의 약수인 2, 3, 4, 6, 8, 12, 24
단식 분할법	직접 분할법으로 분할할 수 없는 수나 정확한 분할이 필요한 경우에 사용하는 분할법 $$n=\frac{40}{N}=\frac{R}{N'}$$ 여기서, R : 크랭크를 돌리는 분할 수 N' : 분할판에 있는 구멍수 ※ 각도로는 분할 크랭크 1회전당 스핀들은 9° 회전한다.	2~60의 등분수, 60~120 중 2와 5의 배수, 120 이상의 등분 수 중에서 $\frac{40}{N}$의 분모가 분할판의 구멍수가 될 수 있는 등분수를 분할 시 사용하는 분할법
차동 분할법	직접 분할법이나 단식 분할법으로 분할할 수 없는 특정수(67, 97, 121)의 분할에 사용하는 분할법	

  ㉢ 단식 분할법에 사용되는 분할판의 구멍수

형 식	분 류	구멍수
브라운 샤프형 (Brown & Sharp)	No1	15~20
	No2	21, 23, 27, 29, 31, 33
	No3	37, 39, 41, 43, 47, 49
신시내티형 (Cincinnati)	전 면	24, 25, 28, 30, 34, 37, 38, 39, 41, 42, 43
	뒷 면	46, 47, 51, 53, 54, 57, 58, 59, 62, 66

(7) 밀링가공용 커터의 종류

종 류	형 상	특 징
페이스커터 (Face Cutter)		넓은 평면을 빨리 깎는 데 적합하며 외경 주위로 여러 개의 절삭날(인서트팁)이 장착된다.
평면커터 (Plane Cutter)		공작물과 닿는 면적이 모두 절삭날이 되며 평면가공에 사용된다.
앵귤러커터 (앵글커터)		각도 가공에 사용된다.
사이드밀링커터 (측면밀링커터)		측면 가공에 사용된다.
T홈커터 (T-cutter)		T형의 홈을 가공할 때 사용하는 수직 밀링머신용 커터로 밀링척과 콜릿에 장착하여 사용한다.
엔드밀 (End-mill)		수직밀링머신에서 가공물의 홈과 좁은 평면, 윤곽가공, 구멍가공 등에 사용한다.
볼 엔드밀 (Ball End-mill)		밀링커터 중 자유곡면의 가공에 사용되는 커터로 CAM으로 3차원 자유 곡면을 가공 시 주로 사용된다.
인벌류트 밀링커터		총형 커터에 의한 방법으로 치형을 절삭할 때 사용한다.

(8) 밀링머신의 크기

① 테이블의 좌우 이동거리

② 니(Knee)의 상하 이동거리

③ 새들(Saddle)의 전후 이동거리

(9) 밀링가공에서 일감의 떨림 현상에 대한 원인 및 방지대책

원 인	방지책
• 공작물의 길이가 길 때 • 절삭속도가 부적당할 때 • 공작물의 고정이 불량할 때 • 바이트의 날 끝이 불량할 때	• 회전속도를 늦춘다. • 절삭조건을 개선한다. • 공작물을 확실하게 고정한다. • 밀링커터의 정밀도를 좋게 한다.

필 / 수 / 확 / 인 / 문 / 제

밀링머신의 크기를 나타내는 기준으로 알맞지 않은 것은?

① 니의 상하 이동거리
② 밀링머신의 회전반경
③ 새들의 전후 이동거리
④ 테이블의 좌우 이동거리

답 ②

(10) 상향절삭과 하향절삭

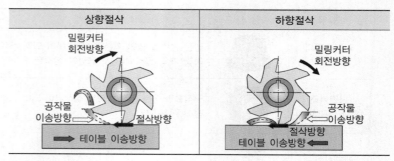

상향절삭	하향절삭

밀링커터 회전방향 / 공작물 이송방향 / 절삭방향 / 테이블 이송방향

밀링커터 회전방향 / 공작물 이송방향 / 절삭방향 / 테이블 이송방향

밀링가공에서 상향절삭의 특징으로 알맞지 않은 것은?

① 동력 소비가 크다.
② 표면거칠기가 좋지 않다.
③ 공구날의 마모가 빨라서 공구 수명이 짧다.
④ 절삭된 칩이 이미 가공된 면 위에 쌓이므로 작업 시야가 좋아 가공하기 편하다.

해설
상향절삭은 칩이 가공할 면 위에 쌓이므로 작업 시야가 좋지 않다.

답 ④

밀링절삭 중 상향절삭에 대한 설명으로 옳지 않은 것은?

① 공작물의 이송방향과 날의 진행방향이 반대인 절삭 작업이다.
② 이송나사의 백래시(Backlash)가 절삭에 미치는 영향이 거의 없다.
③ 마찰을 거의 받지 않으므로 날의 마멸이 적고 수명이 길다.
④ 칩이 가공할 면 위에 쌓이므로 시야가 좋지 않다.

해설
상향절삭은 마찰이 커서 마모가 더 빨리되어 공구수명도 짧다.

답 ③

① 상향절삭(Up Milling)
  ㉠ 정의 : 밀링 커터 날의 절삭방향과 공작물 이송방향이 서로 반대인 가공방법이다.
  ㉡ 상향절삭의 특징
    • 마찰열이 크다.
    • 동력 소비가 크다.
    • 표면거칠기가 좋지 않다.
    • 공구날의 마모가 빨라서 공구 수명이 짧다.
    • 칩이 가공할 면 위에 쌓이므로 작업 시야가 좋지 않다.
    • 백래시(뒤틈)의 영향이 적어 백래시 제거장치가 필요 없다.
    • 날 끝이 일감을 치켜 올리므로 일감을 단단히 고정해야 한다.
    • 하향절삭에 비해 가공면이 깨끗하지 않고 표면거칠기가 나쁘다.
    • 기계에 무리를 주지 않으므로 강성은 하향절삭에 비해 낮아도 된다.

② 하향절삭(Down Milling)
  ㉠ 정의 : 커터날의 절삭방향과 공작물 이송방향이 같은 가공방법이다.
  ㉡ 하향절삭의 특징
    • 고정밀 절삭이 가능하다.
    • 날 하나마다의 날 자리 간격이 짧다.
    • 백래시 제거장치가 반드시 필요하다.
    • 날의 마멸이 적어서 공구의 수명이 길다.
    • 가공면이 깨끗하여 표면거칠기가 좋다.
    • 절삭가공 시 마찰력은 적으나 충격량이 크기 때문에 높은 강성이 필요하다.
    • 절삭된 칩이 이미 가공된 면 위에 쌓이므로 작업 시야가 좋아 가공하기 편하다.
    • 커터날과 일감의 이송방향이 같아서 날이 가공물을 누르는 형태이므로 가공물 고정이 간편하다.

③ 백래시(Backlash, 뒤틈) 제거장치
　㉠ 상향절삭과 하향절삭 시 백래시 현상
　　상향절삭은 테이블의 이송방향과 절삭방향이 반대가 되어 백래시의
　　영향이 없는 반면, 하향절삭은 테이블의 이송방향과 절삭방향이 같아
　　서 테이블 이송나사의 백래시의 양만큼 가공 중에 떨림이 발생한다.
　　따라서 하향절삭 시에는 반드시 백래시 제거장치를 장착해야 한다.

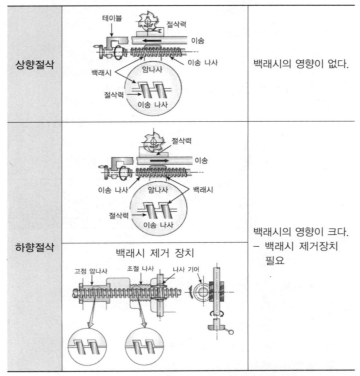

| 상향절삭 | 백래시의 영향이 없다. |
| 하향절삭 | 백래시의 영향이 크다.
– 백래시 제거장치
　필요 |

　㉡ 백래시의 영향 : 공작물과 커터에 손상을 입히고 정밀절삭을 어렵게
　　한다.
　㉢ 백래시 제거장치에 의한 백래시 제거방법
　　고정 암나사 외에 또 다른 백래시 제거용 조절나사를 회전시키면, 나
　　사기어에 의해 암나사가 회전하여 백래시를 제거한다.

(11) 공작물 및 공구 고정 장치

공작물 고정			공구 고정
바이스	회전테이블	지 그	아 버

인벌류트치형을 갖는 평기어의 백래시(Backlash)에 대
한 설명으로 옳은 것은?

① 피치원 둘레상에서 측정된 치면 사이의 틈새이다.
② 피치원상에서 측정한 이와 이 사이의 거리이다.
③ 피치원으로부터 이끝원까지의 거리이다.
④ 맞물린 한 쌍의 기어에서 한 기어의 이끝원에서 상대
　편 기어의 이뿌리원까지의 중심선상 거리이다.

해설
백래시(Backlash)란 기어의 이 사이의 뒤틈을 의미하므로 피
치원직경(PCD)상에서 전동할 물체와 치(이)면 사이의 틈새를
의미한다. 백래시가 공작기계에 발생하면 틈새의 간격만큼 제
품에 오차가 발생하므로 정밀절삭을 어렵게 한다.

답 ①

밀링가공에서 밀링커터의 날(Tooth)당 이송 0.2[mm/tooth], 회전당 이송 0.4[mm/rev], 커터의 날 2개, 커터의 회전속도 500[rpm]일 때, 테이블의 분당 이송속도[mm/min]는?

① 100   ② 200

③ 400   ④ 800

해설

$f = f_z \times z \times n = 0.2 \times 2 \times 500 = 200[\mathrm{mm/min}]$

답 ②

(12) 밀링 관련 주요 계산식

① 밀링가공에서 절삭속도(v) 구하는 식

$$v = \frac{\pi d n}{1,000}$$

여기서, v : 절삭속도[m/min]

d : 밀링 커터의 지름[mm]

n : 주축(커터)의 회전수[rpm]

② 밀링가공에서 회전수(n) 구하는 식

$$n = \frac{1,000v}{\pi d} [\mathrm{rpm}]$$

③ 밀링머신의 테이블 이송속도(f) 구하는 식

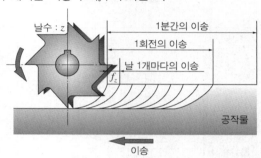

$$f = f_z \times z \times n$$

여기서, f : 테이블의 이송 속도[mm/min]

f_z : 밀링 커터날 1개의 이송[mm]

z : 밀링 커터날의 수

n : 밀링 커터의 회전수[rpm]

④ 밀링가공에서 가공시간 구하는 식

$$T = \frac{L+D}{f} = \frac{절삭길이 + 커터의 \ 바깥지름}{테이블 \ 이송속도} [\mathrm{min}]$$

⑤ 양쪽 더브테일 홈 계산식

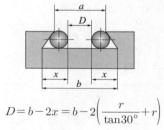

$$D = b - 2x = b - 2\left(\frac{r}{\tan 30°} + r\right)$$

여기서, r : 핀의 반지름

6 드릴링 가공(Drilling)

(1) 드릴링 가공의 정의

드릴링 머신의 테이블 위에 고정된 바이스에 공작물을 고정시킨 후 척에 드릴을 장착한 다음 회전시키면서 이송 레버로 드릴을 상·하로 이송하며 공작물에 구멍을 가공하는 방법이다. 드릴링 머신에 장착하는 공구를 드릴 대신 리머나 보링 바, 탭 등을 장착하면 리밍이나 보링, 태핑 등 구멍을 응용한 다양한 가공이 가능해서 활용도가 높다.

(2) 드릴링 머신의 구조

주축 / 테이블 / 칼럼 / 베이스

(3) 드릴링 가공의 종류

종 류	그 림	방 법
드릴링		드릴로 구멍을 뚫는 작업
리 밍		드릴로 뚫은 구멍의 정밀도 향상을 위하여 리머 공구로 구멍의 내면을 다듬는 작업
보 링		보링바이트로 이미 뚫린 구멍을 필요한 치수로 정밀하게 넓히는 작업
태 핑		탭 공구로 구멍에 암나사를 만드는 작업
카운터 싱킹		접시머리나사의 머리가 완전히 묻힐 수 있도록 원뿔 자리를 만드는 작업

드릴링 머신에서 가공할 수 없는 작업은?

① 보링가공
② 리머가공
③ 수나사가공
④ 카운터싱킹가공

해설
수나사가공은 다이스에 의하여 수작업을 하거나 선반으로도 가공할 수 있다.

답 ③

드릴링머신가공에서 접시머리나사의 머리가 들어갈 부분을 원추형으로 가공하는 작업으로 옳은 것은?

① 리밍(Reaming)
② 카운터보링(Counterboring)
③ 카운터싱킹(Countersinking)
④ 스폿페이싱(Spotfacing)

해설
카운터싱킹
접시머리나사의 머리가 완전히 묻힐 수 있도록 원뿔(원추형)자리를 만드는 작업

답 ③

드릴링가공에서 접시머리나사의 머리가 완전히 묻힐 수 있도록 원뿔 자리를 만드는 작업은?

① 리 밍
② 보 링
③ 스폿페이싱
④ 카운터싱킹

해설
접시머리나사를 묻히는 가공은 카운터싱킹이다.

답 ④

종 류	그 림	방 법
스폿 페이싱		볼트나 너트의 머리가 체결되는 바닥 표면을 편평하게 만드는 작업
카운터 보링		고정 볼트의 머리 부분이 완전히 묻히도록 원형으로 구멍을 뚫는 작업

(4) 드릴링 머신의 종류

종 류	그 림	방 법
탁상 드릴링 머신 (Bench Drilling Machine)		크기가 작아 작업대 위에 설치해서 사용하는 소형 드릴링머신으로 13[mm] 이하의 작고 깊이가 얕은 구멍의 가공에 적합하다.
직립 드릴링 머신 (Upright Drilling Machine)		비교적 큰 공작물의 가공에 적합하며 주축의 정회전과 역회전이 가능하다. 자동이송장치가 부착되어 있으며 스윙의 크기 표시는 주축의 중심부터 칼럼표면까지 거리의 2배이다.
다축 드릴링 머신 (Multiple Spindle Drilling Machine)		여러 개의 스핀들에 각종 공구를 장착해서 가공하는 드릴링 머신으로 공정 순서에 따라 연속 작업이 가능하다.
레이디얼 드릴링머신 (Radial Drilling Machine)		대형이면서 무거운 제품(중량물)의 구멍을 가공 할 때 사용하는 드릴링 머신으로 암과 드릴헤드의 위치를 임의로 수평 이동시키면서 가공이 가능하다. 또한 수직 기둥을 중심으로 암의 회전도 가능하다.
다두 드릴링 머신 (Multi Head Drilling Machine)		다수의 스핀들이 각각의 구동축에 의해 가공하는 드릴링 머신이다.

(5) 드릴의 구조

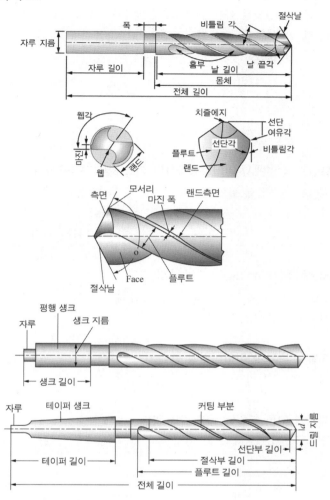

① **선단각(= 날끝각, Point Angle)**

드릴 끝에서 두 개의 절삭날이 이루는 각으로 표준 날끝각은 118°이다. 이 선단각이 너무 크면 이송이 어려우나 너무 작으면 날 끝의 수명이 짧아지기 때문에 공작물의 재질에 따라 선단각을 알맞게 조절해서 사용해야 한다.

② **생크(Shank)**

드릴을 고정시키는 부분으로 형상은 직선이나 모스테이퍼로 되어 있다.

③ **마진(Margin)**

드릴의 홈을 따라서 만들어진 좁은 날 부분으로, 드릴을 안내하는 역할을 하는 부분이다.

④ **웹각(= 치즐에지각)**

트위스트 드릴의 홈과 홈 사이의 각을 말하는 것으로 드릴의 뼈대가 되는 부분이다.

드릴의 표준 날끝각은 얼마인가?

① 70°　　　　　② 90°

③ 118°　　　　　④ 135°

해설

드릴의 표준 날끝각은 118°이다.

답 ③

드릴의 구조에서 드릴을 고정시키는 부분으로 형상은 직선이나 모스테이퍼로 되어 있는 것은?

① 생 크　　　　　② 마 진

③ 선단각　　　　　④ 몸통여유

해설

② 마진 : 드릴의 홈을 따라서 만들어진 좁은 날 부분으로 드릴을 안내하는 역할을 한다.

③ 선단각 : 드릴 끝에서 두 개의 절삭 날이 이루는 각으로 표준 날끝각은 118°이다.

④ 몸통여유 : 공작물이 드릴 몸통에 접촉되지 않도록 여유각을 두는 부분이다.

답 ①

⑤ 몸통 여유

공작물이 드릴 몸통에 접촉되지 않도록 여유각을 두는 부분이다.

⑥ 웹 두께

(6) 드릴링 작업에서 미터보통나사의 기초구멍 지름구하기

드릴로 큰 지름을 뚫기 위해서는 먼저 절삭저항을 줄이기 위해 작은 구멍을 만드는데 이 작은 구멍을 기초구멍이라고 한다.

기초구멍의 지름 = 나사의 유효지름 − 피치

(7) 시닝작업(Thinning) : 드릴 수정 작업

드릴로 구멍을 뚫을 때 절삭저항을 작게 해 주기 위해서 드릴의 웹각(치즐에 지각)을 원호상으로 갈아내는 작업이다.

(8) 드릴에 비교한 리머작업의 특징

리머작업은 드릴작업에 비해 저속에서 절삭하고 이송을 크게 해야 한다.

(9) 재질에 따른 드릴날 끝의 여유각

재 료	여유각	재 료	여유각
공구강	7~15°	주 철	12~15°
스테인리스강	10~12°	알루미늄	12~17°
강	12~15°		

(10) 드릴링가공 관련 계산식

① 드릴작업으로 구멍을 뚫는 데 걸리는 시간(T) 구하는 식

드릴작업으로 구멍을 뚫는 데 걸리는 시간은 다음 2개의 식으로 계산이 가능하다.

[계산식 1] $T = \dfrac{l \times i}{n \times s} = \dfrac{\text{구멍 가공 길이} \times \text{구멍 수}}{\text{주축회전속도} \times \text{1회전당 이송량}}$[min]

여기서, l : 구멍 가공 길이[mm]

i : 구멍 수

n : 주축회전속도[rpm]

s : 1회전당 이송량[mm]

드릴날을 연삭하여 사용할 경우 드릴 웹(Web)의 두께가 두꺼워져 절삭성이 저하된다. 절삭성을 좋게 하기 위하여 웹의 두께를 얇게 연삭해 주는 작업은?

① 그라인딩(Grinding)

② 드레싱(Dressing)

③ 시닝(Thinning)

④ 트루잉(Truing)

시닝(Thinning) : 드릴의 웹(웨브)각을 연삭하여 드릴로 구멍을 뚫을 때 절삭 저항을 작게 해주기 위해서 치즐에지를 원호상으로 갈아내는 작업

답 ③

[계산식 2]　$T = \dfrac{t+h}{ns} = \dfrac{\pi D(t+h)}{1,000vf}$ [min]

　　　여기서, t : 구멍의 깊이[mm]

　　　　　　s : 1회전 시 이동 거리[mm/rev]

　　　　　　h : 드릴 끝 원뿔의 높이[mm]

　　　　　　v : 절삭속도[m/min]

　　　　　　f : 드릴의 이송속도[mm/rev]

② 드릴의 회전수 구하는 식

$$n = \frac{1,000v}{\pi d}$$

　　　여기서, v : 절삭속도[m/min]

　　　　　　d : 드릴의 지름[mm]

　　　　　　n : 드릴의 회전수[rpm]

7 연삭가공(Grinding)

(1) 연삭가공의 정의

연삭기를 사용하여 절삭입자들로 결합된 연삭숫돌을 고속으로 회전시켜 재료의 표면을 매끄럽게 만드는 정밀입자가공법이다.

[평면연삭기]

(2) 연삭가공의 분류

① 외경연삭

② 내경연삭

③ 센터리스연삭

(3) 일반적인 연삭가공의 특징

① 경화된 강과 같이 단단한 재료도 가공할 수 있다.

② 가공물과 접촉하는 연삭점의 온도가 비교적 높다.

③ 칩이 미세하여 정밀도가 높은 가공을 할 수 있어 표면거칠기가 우수하다.

④ 숫돌 입자가 마모되면 탈락하면서 새로운 입자가 생기는 자생작용을 한다.

⑤ 결합도가 높은 연삭숫돌은 접촉 면적이 작은 연삭작업일 경우에 사용한다.

⑥ 연삭압력과 절삭저항이 작아서 마그네틱 척으로도 공작물의 고정이 가능하다.

⑦ 양두 그라인더의 숫돌차로 일감 연삭 시 받침대와 숫돌의 간격은 3[mm] 이내로 조정해야 한다.

드릴작업에서 구멍을 뚫는 데 걸리는 시간 T[min]를 구할 경우 옳은 계산식은?(단, t는 구멍깊이[mm], h는 드릴끝 원뿔높이[mm], v는 절삭속도[m/min], f는 드릴의 이송[mm/rev], D : 드릴의 지름[mm]이다)

① $T = \dfrac{t+h}{1,000vf}$ [min]

② $T = \dfrac{1,000v}{\pi D(t+h)}$ [min]

③ $T = \dfrac{\pi D(t+h)}{1,000vf}$ [min]

④ $T = \dfrac{\pi D(t+h)}{f}$ [min]

답 ③

(4) 연삭가공의 종류

① 외경연삭 : 공작물의 바깥면을 가공하는 연삭방법

테이블 왕복형 (트래버스 연삭)	연삭숫돌 왕복형	플런지 컷형
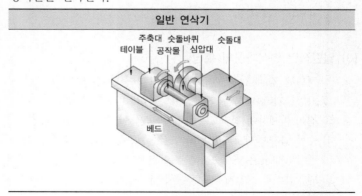		

② 내경(내면)연삭 : 공작물의 내면을 가공하는 연삭방법

내면연삭의 특징

• 숫돌 축의 회전수가 빨라야 한다.
• 외경연삭에 비해 숫돌의 마멸이 심하다.
• 내경연삭 시 공작물의 원주속도는 600~1,800[m/min]로 한다.
• 숫돌축은 지름이 작기 때문에 가공물의 정밀도가 다소 떨어진다.
• 가공 도중 안지름 측정이 곤란하므로 자동치수 측정장치가 필요하다.
• 내면연삭의 정밀도(정도)를 높게 하는 것이 외면연삭보다 더 어렵다.
• 연삭숫돌의 지름은 가공물의 지름보다 작아야 내면에 삽입되어 연삭이
  가능하다.

③ 센터리스 연삭

㉠ 센터리스 연삭의 정의

가늘고 긴 원통형의 공작물을 센터나 척으로 고정하지 않고 바깥지름
이나 안지름을 연삭하는 가공방법으로 연삭숫돌바퀴, 조정숫돌바퀴,
받침날의 3요소가 공작물의 위치를 유지한 상태에서 연삭숫돌바퀴로
공작물을 연삭한다.

일반 연삭기

공작물의 별도의 고정장치로 지지하지 않고 그 대신에 받침판을 사용하여 원통면을 연속적으로 연삭하는 공정은?

① 크립피드연삭(Creep Feed Grinding)
② 센터리스연삭(Centerless Grinding)
③ 원통연삭(Cylindrical Grinding)
④ 전해연삭(Electrochemical Grinding)

[해설]

센터리스연삭
가늘고 긴 원통형의 공작물을 센터나 척으로 고정하지 않고 바깥지름이나 안지름을 연삭하는 가공방법으로 연삭숫돌바퀴, 조정숫돌바퀴, 받침날의 3요소가 공작물의 위치를 유지한 상태에서 연삭숫돌바퀴로 공작물을 연삭한다.

[답] ②

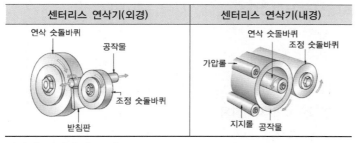

센터리스 연삭기(외경)	센터리스 연삭기(내경)
연삭 숫돌바퀴 / 공작물 / 조정 숫돌바퀴 / 받침판	연삭 숫돌바퀴 / 조정 숫돌바퀴 / 가압롤 / 지지롤 공작물

ⓛ 센터리스 연삭의 특징
- 연삭 여유가 작아도 된다.
- 연삭작업에 숙련을 요구하지 않는다.
- 연속작업이 가능하여 대량생산에 적합하다.
- 연삭깊이는 거친 연삭의 경우 0.2[mm] 정도이다.
- 센터가 필요하지 않아 센터구멍을 가공할 필요가 없다.
- 센터구멍이 필요 없는 중공물의 원통 연삭에 편리하다.
- 가늘고 긴 공작물을 센터나 척으로 지지하지 않고 가공한다.
- 일반적으로 조정숫돌은 연삭축에 대하여 경사시켜 가공한다.
- 긴 홈이 있는 가공물이나 대형 또는 중량물의 연삭은 곤란하다.
- 연삭숫돌의 폭이 커서 숫돌의 지름방향으로 마멸이 적고 수명이 길다.

ⓒ 센터리스 연삭기에서 조정숫돌의 역할 : 공작물 이송

④ 크립피드연삭(Creep Feed Grinding)
기존 평면 연삭법에 비해 절삭깊이를 크게 하고 많은 횟수의 테이블 이송으로 연삭 다듬질을 하는 방법이다. 숫돌의 형상 변화가 적고 연삭능률이 높아서 성형연삭에 주로 응용된다.
※ 기출 시험지상에 그립피드연삭이 나와 있으나 정식 명칭은 크립피드연삭(Creep Feed Grinding)이다.

⑤ 전해연삭(Electrolytic Grinding)
전해작용에 의한 금속의 용해작용과 일반 연삭가공을 병행하는 가공법으로 연삭숫돌이 전기가 통하기 때문에 음극의 역할을 한다. 전해액으로는 질산나트륨을 사용하며, 연삭숫돌은 주로 다이아몬드나 알루미늄 산화물 입자를 메탈본드로 결합시킨 것을 사용한다. 가공액은 전해액을 사용하고 전기가 통하는 숫돌을 사용하므로 숫돌과 공작물 사이에는 전기가 잘 통한다.

연삭숫돌의 3요소에 포함되지 않는 것은?

① 기 공
② 결합재
③ 숫돌입자
④ 숫돌중량

해설
숫돌중량은 포함되지 않는다.

답 ④

연삭숫돌에 눈메움이나 무딤이 발생하였을 때 이를 제거하기 위한 방법으로 가장 옳은 것은?

① 드레싱(Dressing)
② 폴리싱(Polishing)
③ 연삭액의 교환
④ 연삭속도의 변경

해설
드레싱(Dressing)
눈메움이나 눈무딤 발생 시 절삭성 향상을 위해 연삭숫돌표면의 숫돌입자를 제거하고, 새로운 절삭날을 숫돌표면에 생성시켜 절삭성을 회복시키는 작업의 명칭으로 이때 사용하는 공구를 드레서라고 한다.

답 ①

연삭가공에 대한 설명 중 옳지 않은 것은?

① 숫돌의 3대 구성요소는 연삭입자, 결합제, 기공이다.
② 마모된 숫돌면의 입자를 제거함으로써 연삭능력을 회복시키는 작업을 드레싱(Dressing)이라 한다.
③ 숫돌의 형상을 원래의 형상으로 복원시키는 작업을 로딩(Loading)이라 한다.
④ 연삭비는 $\dfrac{연삭에 의해 제거된 소재의 체적}{숫돌의 마모체적}$으로 정의된다.

해설
연삭면이 균일하지 못한 숫돌을 원래의 형상으로 복원시키는 작업의 명칭이 트루잉이며, 로딩(눈메움)은 숫돌표면의 기공에 칩이 메워져서 연삭성이 나빠지는 현상이다.

답 ③

(5) 연삭숫돌의 3요소

① 기 공
② 결합재
③ 숫돌입자

(6) 연삭숫돌의 자생작용

① 글레이징(Glazing) : 눈무딤
연삭숫돌의 자생작용이 잘되지 않음으로 입자가 납작해져 날이 무뎌짐으로 인해 연삭성이 나빠지는 현상이다. 발생원인은 연삭숫돌의 결합도가 클 때, 원주 속도가 빠를 때, 공작물과 숫돌의 재질이 맞지 않을 때 발생하는데 연삭숫돌에는 열과 균열이 발생하고 재질이 변색된다.

② 로딩(Loading) : 눈메움
숫돌 표면의 기공에 칩이 메워져서 연삭성이 나빠지는 현상이다.
로딩(눈메움)의 발생원인
• 조직이 치밀할 때
• 연삭깊이가 클 때
• 기공이 너무 작을 때
• 연성이 큰 재료를 연삭할 때
• 숫돌의 원주 속도가 너무 느릴 때

③ 드레싱(Dressing)
눈메움이나 눈무딤 발생 시 절삭성 향상을 위해 연삭숫돌 표면의 숫돌입자를 제거하고, 새로운 절삭날을 숫돌 표면에 생성시켜 절삭성을 회복시키는 작업이며, 이때 사용하는 공구를 드레서라고 한다.

④ 트루잉(Truing)
연삭숫돌은 작업 중 입자가 떨어져 나가면서 원래의 모양이 점차 변하게 되는데, 이때 숫돌을 원래의 모양으로 수정하는 작업이다. 공구는 주로 드레서를 사용하므로 트루잉과 드레싱 작업이 동시에 된다는 장점이 있다.

연삭숫돌 구조, 입자탈락	글레이징(눈무딤)	로딩(눈메움)
기공 입자 결합제 / 입자탈락	눈무딤	눈메움 / 공작물 가공면

(7) 숫돌 표시 방법

① 다이아몬드 연삭숫돌의 표시기호

M	D	100	L	75	B
제조업자 기호	연삭입자의 종류	입 도	결합도	다이아몬드 함유율	결합제
	B : 큐빅보론 질화물 D : 다이아몬드	20~1,000	A(연함)~Z(단단함)	25(낮음), 50, 75, 100(높음)	B : 레지노이드 M : 메탈 V : 비트리파이드

② 일반적인 연삭숫돌의 표시기호

WA	60	K	m	V	1호	205	x	19	x	15
입자	입도	결합도	조직	결합제	숫돌 모양	바깥 지름	x	두께	x	구멍 지름

🏆 TIP

입 도

입도란 숫돌 입자 크기를 숫자로 나타낸 것으로 연삭 가공면의 표면 정밀도를 결정하는 주요 요소이다. 입도번호가 클수록 더 고운 입자임을 나타내는 수치이므로 입도번호가 클수록 우수한 표면을 가진 제품을 얻을 수 있다.

• 연삭숫돌의 입도번호

구 분	거친 연마용	일반 연마용	정밀 연마용
입도번호	4~220	230~1200	240~8000

(8) 연삭숫돌 입자의 종류

종 류	입자 기호	특 징	경도 및 취성값
알루미나계	A	• 연한 갈색(흑갈색)의 알루미나 입자로 인장강도가 크다. • 일반 강재료의 강력연삭이나 절단 작업용으로 사용한다.	작다.
	WA	• 담금질한 강의 다듬질에 사용한다. • 주성분인 산화알루미늄의 함유량은 99.5[%] 이상이다. • 순도가 높은 백색 알루미나의 인조입자를 원료로 만든다.	
탄화규소계	C	• 주철, 자석 등 비철금속의 다듬질에 사용한다. • 주철이나 칠드주물과 같이 경하고 취성이 많은 재료의 연삭에 적합하다. • 흑자색 탄화규소로 인장강도가 매우 커서 발열이 되면 안 된다.	
	GC	• 초경합금이나 유리 등의 연삭에 사용한다. • 녹색의 탄화규소로 경도가 매우 높아서 발열이 되면 안 된다.	크다.

M-D-100-L-75-B로 표시된 연삭숫돌에서 L이 의미하는 것은?

① 결합도
② 연삭입자의 종류
③ 결합제의 종류
④ 입도지수

해설

연삭숫돌 중 다이아몬드숫돌의 표시기호에서 L은 결합도가 중간임을 나타낸다.

답 ①

연삭숫돌의 검사항목에 해당하지 않는 것은?

① 음향검사
② 회전검사
③ 균형검사
④ 자생검사

[해설]
연삭숫돌의 검사항목에서는 음향검사, 회전력검사, 회전할 때의 균형검사 등이 있으며 무뎌진 숫돌이 탈락되면서 새로운 숫돌이 다시 생겨나는 자생검사는 해당되지 않는다.

답 ④

(9) 연삭숫돌의 검사

① 연삭숫돌 검사순서 : 외관검사 → 음향검사 → 회전검사
연삭숫돌은 먼저 눈으로 외관검사로 균열과 결함유무를 점검한 후 음향검사를 실시한다.

음향검사	균형검사	회전검사

② 음향검사
㉠ 결함이 없는 연삭숫돌은 맑은 소리가 난다.
㉡ 결합이 있는 연삭숫돌은 둔탁한 소리가 난다.
㉢ 지름이 작은 연삭 돌은 손으로 구멍을 잡고 검사한다.
㉣ 지름이 큰 것은 바닥에 세우거나 줄로 매단 후 고무해머를 내리쳐서 검사한다.
㉤ 고무해머로 때렸을 때 울림이 없거나, 둔탁한 소리가 날 경우는 균열이 생긴 숫돌이다.

③ 회전시험
㉠ 변속 회전 시험기에 연삭숫돌을 설치한 후 사용 회전수의 1.5배에서 3~5분 동안 회전시험을 한다.
㉡ 숫돌커버를 장착하고 시험하며 연삭숫돌의 정면에 서지 않는다.

④ 숫돌바퀴를 다룰 때 유의사항
㉠ 고무해머로 두드려 음향검사를 한다.
㉡ 숫돌바퀴를 굴리거나 쓰러뜨리지 않는다.
㉢ 연삭숫돌을 보관할 때는 목재로 된 보관함에 보관한다.
㉣ 제조 후 사용 회전수의 1.5~2배의 속도로 회전시켜 안전성 검사를 한다.

(10) 연삭숫돌의 천연입자와 인공입자

천연입자		인공입자	
	석 영		알루미나(Al_2O_3)
			탄화규소(SiC)
	코런덤		알록사이트
			카보런덤
	다이아몬드		탄화붕소

(11) 연삭숫돌의 연삭조건에 따른 입도(Grain Size) 선택

① 연하고 연성이 있는 재료의 연삭 : 거친입도
② 경도가 높고 메진 일감의 연삭 : 고운입도
③ 숫돌과 일감의 접촉면이 작을 때 : 고운입도
④ 숫돌과 가공물의 접촉 면적이 클 때 : 거친입도

(12) 연삭숫돌의 결합제 및 기호

결합제 종류		기 호
레지노이드	Resinoid	B
비트리파이드	Vitrified	V
고 무	Rubber	R
비 닐	Poly Vinyl Alcohol	PVA
셀락(천연 수지)	Shellai	E
금 속	Metal	M
실리케이트	Silicate	S

(13) 공구 연삭기의 종류

공구연삭기로 연삭하는 절삭공구로는 드릴이나 바이트, 밀링 커터 등이 있다.

① 드릴 연삭기
   드릴의 날끝각을 정확하게 연삭하기 위해 사용하는 드릴 전용 연삭기이다.
② 바이트(커터) 연삭기
   밀링 커터와 같은 절삭공구를 연삭하는 연삭기이다.
③ 만능 공구 연삭기
   다양한 부속 장치를 사용하여 드릴이나 리머, 밀링 커터, 호브 등을 연삭할 수 있는 연삭기로 정밀도가 높다.
④ 초경공구 연삭기
   초경공구의 연삭이 가능한 연삭기이다. 초경공구란 경도가 다이아몬드에 가까울 정도로 높으며 고온에서도 내산화성이 뛰어나 고속으로 중절삭작업을 할 수 있는 절삭공구이다.

(14) 연삭가공 시 떨림의 발생원인

① 숫돌축이 편심되어 있을 때
② 숫돌의 결합도가 너무 클 때
③ 숫돌의 평형상태가 불량할 때

필 / 수 / 확 / 인 / 문 / 제

연삭숫돌의 연삭조건에 따른 입도 선택 시 알맞지 않은 것은?

① 연하고 연성인 재료 – 거친입도
② 경도가 높고 메진 재료 – 거친입도
③ 숫돌과 일감의 접촉면이 작을 때 – 고운입도
④ 숫돌과 가공물의 접촉면이 클 때 – 거친입도

해설
경도가 높고 메진(취성) 재료는 고운입도의 연삭조건을 적용해야 한다.

답 ②

연삭액의 구비조건에 해당하지 않는 것은?

① 냉각성이 우수할 것
② 인체에 해가 없을 것
③ 화학적으로 안정될 것
④ 거품이 많이 생성될 것

해설
연삭액에 거품이 생성되면 효율성이 떨어지고 냉각능력이 저하되므로 거품이 발생하면 안 된다.

답 ④

연삭기가 회전할 때 연삭숫돌의 파괴를 대비해서 설치하는 안전요소는?

① 덮 개   ② 받침판
③ 모 터   ④ 본 체

해설
연삭숫돌의 파괴를 대비한 안전장치는 덮개(커버)이다.

답 ①

(15) 연삭액

① 연삭액의 역할
　㉠ 눈메움 방지와 공작물에 부착한 절삭칩을 씻어낸다.
　㉡ 연삭열을 흡수하고 제거시켜 공작물의 온도를 저하시킨다.
　㉢ 방청제가 포함되어 연삭가공된 면을 보호하고 연삭기의 부식을 방지한다.

② 연삭액의 구비조건
　㉠ 냉각성이 우수할 것
　㉡ 인체에 해가 없을 것
　㉢ 화학적으로 안정될 것
　㉣ 거품이 발생되지 않을 것

(16) 연삭기의 안전장치

① 회전 중에 연삭숫돌이 파괴될 것을 대비하여 설치하는 안전요소 : 덮개

　　　　　　　　　　　　　　　　　　　　커버
　　　　　　　　　　　　　　　　　　　　숫돌 바퀴

② 연삭형 칩 브레이커의 종류
　㉠ 평행형
　㉡ 각도형
　㉢ 홈 달린형

(17) 핸드그라인딩

연마석을 회전시키면서 손으로 핸드그라인더를 잡고 직접 공작물의 표면을 연삭하는 작업

(18) 연삭가공 관련 계산식

① 연삭가공에서 숫돌바퀴의 회전수(N) 구하는 식

$$N = \frac{1,000v}{\pi d}[\text{rpm}]$$

여기서, v : 연삭속도[m/min]
　　　　d : 공작물의 지름[mm]
　　　　N : 숫돌바퀴(주축)의 회전수[rpm]

② 연삭기의 효율(η)

$$H = \frac{PV}{75\eta}, \ \eta = \frac{PV}{75H}$$

8 셰이퍼, 플레이너, 슬로터

(1) 셰이퍼(Shaper)

램에 설치된 절삭공구인 바이트를 전진시키
면서 공작물을 절삭하고 공구를 뒤로 후퇴시
킨 후 다시 전진시키면서 가공하는 공작기계
이다. 구조가 간단하고 다루기가 쉬워서 주로
소형 공작물의 평면가공에 널리 사용된다.

① 셰이퍼가공의 특징

　㉠ 가공 정밀도 낮다.

　㉡ 셰이퍼의 자루는 굽어져 있다.

　㉢ 바이트 날끝이 자루의 밑면 높이를 초과해서는 안 된다.

　㉣ 바이트가 전진 시에만 절삭하고 후퇴할 때는 가공하지 않으므로 시간
　　의 낭비가 많다.

② 셰이퍼의 절삭속도

$$v = \frac{L \times n}{1{,}000 \times k} \ [\mathrm{m/min}]$$

여기서, L : 행정 길이[mm]

　　　 n : 1분간 램의 왕복횟수[stroke 수/min]

　　　 k : 바이트의 절삭행정 시간과 1회 왕복하는 시간의 비

③ 셰이퍼에서 램의 왕복속도

전진 행정보다 귀환 행정일 때의 속도가 더 빠르다.

(2) 플레이너(Planer)

바이트가 고정되어 있는 상태에서, 크고 튼튼한 테이블 위에 공작물을 설치
한 후 테이블을 앞뒤로 이송하면서 가공한다.

① 플레이너가공의 특징

　㉠ 테이블의 후진이 절삭 행정이고 전진은 귀
　　환행정이다.

　㉡ 절삭속도를 크게 하는 것이 가공시간을 줄
　　이는 데 더 효과적이다.

　㉢ 귀환행정속도를 절삭행정속도보다 빠르게
　　하면 가공시간을 절약할 수 있다.

　㉣ 절삭속도비를 높이면 절삭시간을 줄일 수 있으나, 실제 가공에서는
　　속도비를 무한정 높일 수는 없다.

셰이퍼가공의 특징으로 알맞지 않은 것은?

① 가공 정밀도가 높다.

② 셰이퍼의 자루는 굽어져 있다.

③ 전전 시에만 절삭하고 후퇴 시에는 가공하지 않는다.

④ 바이트 날 끝이 자루의 밑면 높이를 초과해서는 안
　된다.

해설

셰이퍼의 가공 정밀도는 다른 가공법에 비해 떨어진다는 단점
이 있다.

답 ①

슬로터(Slotter)를 바르게 설명한 것은?

① 선반보다 원통 절삭에 편리하다.
② 치수가 큰 공작물의 수평 절삭에 편리하다.
③ 치수가 작은 공작물의 수직 절삭에 편리하다.
④ 주로 헬리컬기어 가공에 편리하게 사용된다.

해설
슬로터(Slotter)는 상하로 왕복운동하는 램의 절삭운동으로 테이블에 수평으로 설치된 일감을 절삭하는 공작기계로서 셰이퍼를 직립형으로 세운 공작기계로 이해하면 된다. 셰이퍼와 램의 운동방향이 다를 뿐 절삭 방법은 같으므로 수직 셰이퍼라고도 불린다.

답 ③

(3) 슬로터(Slotter)

상하로 왕복 운동하는 램의 절삭운동으로 테이블에 수평으로 설치된 일감을 절삭하는 공작기계이다. 셰이퍼를 직립으로 세운 형태로 셰이퍼와 램의 운동방향만 다를 뿐 절삭 방법은 같으므로 수직 셰이퍼라고도 불린다.

① 슬로터가공의 특징

　㉠ 램이 상하로 직선운동을 하며 급속귀환 장치가 장착되어 있다.

　㉡ 바이트가 아래로 내려오면서 절삭하므로 수직 절삭만 가능하다.

　㉢ 재료의 직선가공에 적합하며 원통 절삭은 작업이 용이하지 않다.

　㉣ 스퍼기어와 같이 기어 이의 형상이 일직선인 기어만 절삭이 가능하다.

　㉤ 공구는 상하 직선 왕복운동을, 테이블은 수평면에서 직선 또는 원운동을 하면서 주로 키 홈이나 스플라인, 세레이션의 내면가공에 주로 사용된다.

② 슬로터를 이용한 가공

　㉠ 세레이션

　㉡ 내경 키 홈

　㉢ 내경 스플라인

(4) 급속귀환장치가 있는 기계

셰이퍼	슬로터
공작물 / 바이트 / 바이스 / 테이블	슬로터 바이트 / 공작물
플레이너	**브로칭 머신**
이송 운동 / 공구(바이트) / 절삭 운동 / 공작물	

※ 급속귀환장치 : 절삭작업 시 작업 진행 방향의 속도는 느리지만 복귀하는 속도는 빠르게 하는 기구

9 정밀입자가공

(1) 정밀입자가공의 정의
촘촘하고 크기가 작은 절삭날들을 하나의 공구로 만들어서 공작물을 빈틈없고 치밀하게 가공함으로써 표면이 매끈하고 치수정밀도가 높은 제품을 만들수 있는 가공법이다(빈틈없고 치밀할 精 촘촘할 密 날알粒 아들子 더할加 공工).

(2) 정밀입자가공의 분류
① 래 핑
② 액체호닝
③ 샌드블라스트
④ 초음파가공
⑤ 배럴연마
⑥ 버핑가공
⑦ 텀블링

(3) 정밀입자가공의 종류
① 래핑(Lapping)
    주철이나 구리, 가죽, 천 등으로 만들어진 랩(Lap)과 공작물의 다듬질할 면 사이에 랩제를 넣고 적당한 압력으로 누르면서 상대 운동을 하면, 절삭입자가 공작물의 표면으로부터 극히 소량의 칩(Chip)을 깎아내어 표면을 다듬는 가공법이다. 주로 게이지블록의 측정 면을 가공할 때 사용한다.
② 슈퍼피니싱(Super Finishing)
    입도와 결합도가 작은 숫돌을 공작물에 가볍게 누르고 매 분당 수백~수천의 진동과 수 [mm]의 진폭으로 진동하면서 왕복운동을 하면서 공작물을 회전시켜 가공면을 단시간에 매우 평활한 면으로 다듬는 가공방법이다.
③ 호닝(Honing)
    드릴링, 보링, 리밍 등으로 1차 가공한 재료를 더욱 정밀하게 연삭하는 가공법으로 각봉 형상의 세립자로 만든 공구를 공작물에 스프링이나 유압으로 접촉시키면서 회전운동과 왕복운동을 동시에 주어 매끈하고 정밀한 제품을 만드는 가공법이다. 주로 내연기관의 실린더와 같이 구멍의 진원도와 진직도, 표면거칠기 향상을 위해 사용한다.
④ 액체호닝(Liquid Honing)
    물과 혼합한 연마제를 압축 공기를 이용하여 노즐로 가공할 표면에 고속으로 분사시켜 공작물의 표면을 매끄럽게 다듬는 가공법이다.

다음 중 정밀입자가공에 해당하지 않는 것은?
① 호빙(Hobbing)
② 래핑(Lapping)
③ 슈퍼피니싱(Super Finishing)
④ 호닝(Honing)

해설
호빙머신
호브라는 공구를 사용해서 기어를 절삭하는 공작기계로 절삭된 칩의 크기나 절삭하는 공구도 커서 정밀입자가공과는 거리가 멀다.

답 ①

회전하는 통속에 가공물과 숫돌입자, 가공액, 컴파운드 등을 함께 넣어 회전시킴으로써 가공물이 입자와 충돌하는 동안에 그 표면의 요철(凹凸)을 제거하여 매끈한 가공면을 얻는 가공법은?

① 폴리싱　　　　② 텀블링
③ 배럴가공　　　④ 버핑가공

🅳 ③

다음 기계가공 중에서 표면거칠기가 가장 우수한 것은?

① 내면연삭가공　　② 래핑가공
③ 평면연삭가공　　④ 호닝가공

해설
표면의 가공정밀도가 높은 순서
일반 연삭가공 < 호닝가공 < 슈퍼피니싱 < 래핑가공

🅳 ②

방전가공(EDM)과 전해가공(ECM)에 사용하는 가공액에 대한 설명으로 옳은 것은?

① 모두 도체의 가공액을 사용한다.
② 모두 부도체의 가공액을 사용한다.
③ 방전가공은 부도체, 전해가공은 도체의 가공액을 사용한다.
④ 방전가공은 도체, 전해가공은 부도체의 가공액을 사용한다.

해설
• 방전가공(EDM ; Electric Discharge Machining) : 절연성의 가공액 내에서 전극과 공작물 사이에서 일어나는 불꽃방전에 의하여 재료를 조금씩 용해시켜 원하는 형상의 제품을 얻는 가공법으로 가공속도가 느린 것이 특징이다. 주로 높은 경도의 금형가공에 사용하는데 콘덴서의 용량을 크게 하면 가공시간은 빨라지나 가공면과 치수정밀도가 좋지 않다.
• 전해가공(ECM ; Electro Chemical Machining) : 공작물을 양극에, 공구를 음극에 연결하면 도체성질의 가공액에 의한 전기화학적 작용으로 공작물이 전기분해되어 원하는 부분을 제거하는 가공법이다.

🅳 ③

⑤ 버핑가공(Buffing)

모, 면직물, 펠트 등을 여러장 겹쳐서 적당한 두께의 원판을 만든 다음 이것을 제품 표면 위에서 회전시키고 여기에 미세한 연삭입자가 혼합된 윤활제를 사용하여 공작물의 표면을 매끈하고 광택이 나게 만드는 가공법이다.

⑥ 폴리싱(Polishing)

알루미나 등의 연마입자가 부착된 연마벨트로 제품 표면의 이물질을 제거하여 제품의 표면을 매끈하고 광택나게 만드는 정밀입자가공법으로 버핑가공의 전 단계에서 실시한다.

⑦ 배럴가공(Barrel Finishing)

회전하는 통속에 가공물과 숫돌입자, 가공액, 컴파운드 등을 함께 넣어 회전시킴으로써 가공물이 입자와 충돌하는 동안에 그 표면의 요철(凹凸)을 제거하여 매끈한 가공면을 얻는 가공법이다.

⑧ 텀블링(Tumbling)

배럴가공과 유사한 방식의 가공법으로, 제품 표면의 스케일 제거를 목적으로 할 뿐이며, 표면거칠기나 정밀 가공을 위한 것이 아니므로 배럴가공에 비해 다듬질 면의 상태가 좋지 않다.

(4) 표면의 가공정밀도가 높은 순서

| 래핑가공 | > | 슈퍼피니싱 | > | 호닝가공 | > | 일반 연삭가공 |

10 방전가공(EDM ; Electric Discharge Machining)

(1) 방전가공의 정의

절연성의 가공액 내에서 전극과 공작물 사이에서 일어나는 불꽃방전에 의하여 재료를 조금씩 용해시켜 원하는 형상의 제품을 얻는 가공법으로 가공속도가 느린 것이 특징이다. 주로 높은 경도의 금형가공에 사용하는데 콘덴서의 용량을 크게 하면 가공 시간은 빨라지나 가공면과 치수정밀도가 좋지 않다.

🟊 TIP

방전가공과 전해가공의 차이점
방전가공은 절연성인 부도체의 가공액을 사용하나, 전해가공은 전기가 통하는 양도체의 가공액을 사용해서 절삭가공을 한다.

(2) 방전가공의 특징

① 전극이 소모된다.
② 가공속도가 느리다.
③ 열에 의한 변형이 작아 가공정밀도가 우수하다.
④ 간단한 전극만으로도 복잡한 가공을 할 수 있다.
⑤ 담금질한 재료처럼 강한 재료도 가공이 용이하다.
⑥ 전극으로 구리나 황동, 흑연을 사용하므로 성형성이 용이하다.
⑦ 아크릴과 같이 전기가 잘 통하지 않는 재료는 가공할 수 없다.
⑧ 미세한 구멍이나 얇은 두께의 재질을 가공해도 변형되지 않는다.
⑨ 콘덴서의 용량을 크게 하면 가공시간은 빨라지나 가공면과 치수정밀도가 좋지 않다.

(3) 방전가공에서 전극재료의 조건

① 공작물보다 경도가 낮을 것
② 방전이 안전하고 가공속도가 클 것
③ 기계가공이 쉽고 가공정밀도가 높을 것
④ 가공에 따른 가공전극의 소모가 적을 것
⑤ 가공을 쉽게 하게 위해서 재질이 연할 것
⑥ 재료의 수급이 원활하고 가격이 저렴할 것

(4) 방전가공이 가능한 재료

탄소공구강, 합금공구강, 고속도강, 초경합금, 스테인리스강, 다이아몬드와 같이 경한 재질의 합금(경질합금)이면서도 전기가 통하는 재료는 대부분 가공이 가능하다.

(5) 방전가공이 불가능한 재료

방전가공은 일반적으로 공구에 (+)전극을, 공작물에는 (−)전극을 연결한 후 가공하기 때문에 전기가 잘 통하지 않는 아크릴과 같은 재료는 가공이 불가능하다.

(6) 가공물의 진직 정도(직선의 정도)에 영향을 주는 요인

① 와이어에 진동이 발생할 경우 정밀도가 떨어진다.
② 가공액의 분사 압력에 차이가 있을 경우 일정한 절단이 어렵다.
③ 가공 칩에 대한 2차 방전이 있을 경우 불필요한 가공이 이루어진다.

방전가공에 대한 설명으로 옳지 않은 것은?

① 절연액 속에서 음극과 양극 사이의 거리를 접근시킬 때 발생하는 스파크방전을 이용하여 공작물을 가공하는 방법이다.
② 전극재료로는 구리 또는 흑연을 주로 사용한다.
③ 콘덴서의 용량이 적으면 가공시간은 빠르지만 가공면과 치수정밀도가 좋지 못하다.
④ 재료의 경도나 인성에 관계없이 전기도체이면 모두 가공이 가능하다.

해설
콘덴서의 용량을 크게 하면 가공시간은 빨라지나 치수정밀도가 좋지 않다.

답 ③

방전가공의 특징으로 알맞지 않은 것은?

① 전극이 소모된다.
② 가공속도가 느리다.
③ 전기가 잘 통하지 않는 재료도 가공할 수 있다.
④ 담금질한 재료처럼 강한 재료도 가공이 용이하다.

해설
아크릴과 같이 전기가 잘 통하지 않는 재료는 가공할 수 없다.

답 ③

와이어 방전가공에 대한 설명으로 옳지 않은 것은?

① 가공액은 일반적으로 수용성 절삭유를 물에 희석하여 사용한다.
② 와이어전극은 동, 황동 등이 사용되고 재사용이 가능하다.
③ 와이어는 일정한 장력을 걸어주어야 하는데 보통 와이어 파단력의 1/2 정도로 한다.
④ 복잡하고 미세한 형상가공이 용이하다.

해설
와이어 컷 방전가공용 전극재료는 열전도가 좋은 구리나 황동, 흑연을 사용하므로 성형성이 용이하나 스파크방전에 의해 전극이 소모되므로 재사용은 불가능하다.

답 ②

초음파가공의 장점이 아닌 것은?

① 구멍을 가공하기 쉽다.
② 가공재료의 제한이 매우 적다.
③ 복잡한 형상도 쉽게 가공할 수 있다.
④ 납, 구리, 연강 등 연성이 큰 재료를 쉽게 가공할 수 있다.

해설
초음파가공이란 봉이나 판상의 공구와 공작물 사이에 연삭입자와 공작액을 혼합한 혼합액을 넣고 초음파 진동을 주면 공구가 반복적으로 연삭입자에 충격을 가하여 공작물의 표면이 미세하게 다듬질되는 가공법으로 납, 구리, 연강 등 연성이 큰 재료는 가공성능이 나쁘다.

답 ④

(7) 와이어 컷 방전가공

① 와이어 컷 정의
기계가공이 어려운 합금재료나 담금질한 강을 가공할 때 널리 사용되는 가공법으로 공작물을 (+)극으로, 가는 와이어 전극을 (−)극으로 하고 가공액 중에서 와이어를 감으면서 이 와이어와 공작물 사이에서 스파크 방전을 일으키면서 공작물을 절단하는 가공법이다.

② 와이어 컷 방전가공의 전극 재료
열전도가 좋은 구리나 황동, 흑연을 사용하므로 성형성이 용이하나 스파크 방전에 의해 전극이 소모되므로 재사용은 불가능하다.

③ 피가공물의 큰북 형상
㉠ 정의 : 와이어 컷 방전가공이나 CNC 방전가공에서 피절삭재의 중앙부가 움푹하게 파이면서 큰북의 형상이 되는 현상으로 가공물의 치수 정도 중에서 진직 정도에 영향을 미친다.
㉡ 큰북 형상의 발생원인
• 와이어의 진동
• 가공액 분사 압력의 차이
• 가공된 칩에 대한 2차 방전

11 초음파가공(Ultrasonic Machining)

(1) 초음파가공의 정의
공구와 공작물 사이에 연삭입자와 공작액을 섞은 혼합액을 넣고 초음파 진동을 주면 공구가 반복적으로 연삭입자에 충격을 가하여 공작물의 표면을 미세하게 다듬질하는 가공법이다.

(2) 초음파가공의 특징
① 가공속도가 느리다.
② 공구의 마모가 크다.
③ 구멍을 가공하기 쉽다.
④ 복잡한 형상도 쉽게 가공할 수 있다.
⑤ 가공면적이나 가공깊이에 제한을 받는다.
⑥ 소성변형이 없는 공작물을 가공하는 경우 가장 효과적이다.
⑦ 납이나 구리, 연강 등 연성이 큰 재료는 가공성능이 나쁘다.
⑧ 금속이나 비금속 재료의 종류에 관계없이 광범위하게 이용된다.
⑨ 연삭입자에 의한 미세한 절삭으로 도체는 물론 부도체도 가공할 수 있다.

(3) 초음파가공의 가공방법

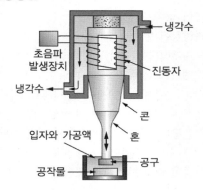

(4) 초음파가공에 사용되는 공작액

연삭입자에 물이나 기름, 석유를 혼합하여 사용한다.

(5) 초음파가공용 연삭입자의 재질

① 알루미나
② 탄화규소
③ 탄화붕소

12 전해연마, 전해연삭, 전해가공

(1) 전해연마(Electrolytic Polishing)의 정의

전해액을 이용하여 전기화학적인 방법으로 공작물을 연삭하는 방법으로 전기도금과는 반대의 방법으로 가공한다. 광택이 있는 가공면을 비교적 쉽게 가공할 수 있어서 거울이나 드릴의 홈, 주사침, 반사경 및 시계의 기어 등을 다듬질하는 데도 사용된다.

(2) 전기도금과 전해연마의 차이점

전기도금은 가공물의 표면에 도금물질을 입히는 것이나, 전해연마는 반대로 가공층을 제거하여 거울과 같은 매끈한 광택면을 얻고자 할 때 사용한다.
전기도금
산화 전극(양극)에는 도금에 사용되는 금속재료를 연결하고, 환원 전극(음극)에는 도금할 제품을 직류 전원(정류기)에 연결하여 전류를 통하게 하면, 환원 전극(음극)에서 환원 반응을 하여 금속 이온이 금속으로 석출되어 도금 피막을 얻게 되는데, 전기도금용 재료로는 구리, 니켈, 크롬, 금 등이 사용된다.

연마공정에 대한 설명으로 옳지 않은 것은?

① 호닝(Honing)은 내연기관 실린더 내면의 다듬질공정에 많이 사용된다.
② 래핑(Lapping)은 공작물과 래핑공구 사이에 존재하는 매우 작은 연마입자들이 섞여 있는 용액이 사용된다.
③ 슈퍼피니싱(Super Finishing)은 전해액을 이용하여 전기화학적 방법으로 공작물을 연삭하는 데 사용된다.
④ 폴리싱(Polishing)은 천, 가죽, 펠트(Felt) 등으로 만들어진 폴리싱 휠을 사용한다.

해설
전해액을 이용하여 전기화학적인 방법으로 공작물을 연삭하는 가공법은 전해연마이다. 슈퍼피니싱은 절삭가공으로 기계적 가공법에 속한다.

슈퍼피니싱(Super Finishing)
• 입도와 결합도가 작은 숫돌을 낮은 압력으로 공작물에 접촉하고 가볍게 누르면서 분당 수백에서 수천의 진동과 수 [mm]의 진폭으로 왕복운동을 하면서 공작물을 회전시켜 제품의 가공면을 단시간에 매우 평활한 면으로 다듬는 가공방법이다.
• 원통면과 평면, 구면을 미세하게 다듬질하고자 할 때 주로 사용한다.

답 ③

---

(3) 전해연마의 특징

① 가공 변질층이 없다.
② 가공면에 방향성이 없다.
③ 내마모성과 내부식성이 좋다.
④ 표면이 깨끗해서 도금이 잘 된다.
⑤ 복잡한 형상의 공작물도 연마가 가능하다.
⑥ 공작물의 형상을 바꾸거나 치수 변경에는 부적당하다.
⑦ 알루미늄이나 구리합금과 같은 연질 재료의 연마도 가능하다.
⑧ 치수의 정밀도 보다는 광택의 거울면을 얻고자 할 때 사용한다.
⑨ 철강재료와 같이 탄소를 많이 함유한 금속은 전해연마가 어렵다.
⑩ 연마량이 적어 깊은 홈은 제거가 되지 않으며 모서리가 둥글게(라운딩)된다.
⑪ 가공층이나 녹, 공구 절삭 자리의 제거, 공구날 끝의 연마, 표면처리에 적합하다.

(4) 전해연삭(Electrolytic Grinding)의 특징

① 정밀도는 기계연삭보다 떨어진다.
② 경도가 큰 재료일수록 연삭능률은 기계연삭보다 높다.
③ 박판이나 형상이 복잡한 공작물의 변형 없이 연삭할 수 있다.
④ 연삭저항이 작으므로 연삭열의 발생이 적고 숫돌 수명이 길다.

(5) 전해가공(ECM ; Electro Chemical Machining)의 정의

공작물을 양극에, 공구를 음극에 연결하면 도체 성질의 가공액에 의한 전기화학적 작용으로 공작물이 전기 분해되어 원하는 부분을 제거하는 가공법이다.

---

13 기어 제작법

(1) 기어 제작법의 분류

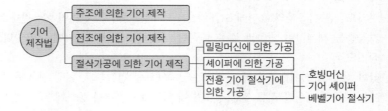

(2) 기어 제작법의 종류

① 총형 커터에 의한 방법

기어의 치형과 같은 형상을 가진 래크나 커터공구를 회전시키면서 공작물을 1피치씩 회전시켜 가며 치형을 1개씩 가공하는 방법이다. 치형 곡선이나 피치의 정밀도와 생산성이 낮아서 소량의 기어 제작에 사용한다. 인벌류트 치형을 정확히 가공할 수 있다는 장점이 있다.

② 형판에 의한 방법

셰이퍼의 테이블에 공작물을 고정하고 치형과 같은 형상(곡선)으로 만들어진 형판 위를 따라 움직이면서 바이트를 움직여서 기어를 모방 절삭하는 방법이다. 매끈한 다듬질 면을 얻기 힘들고 가공 능률이 낮아서 대형 스퍼기어나 직선 베벨기어 가공에 사용된다.

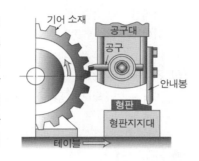

③ 창성법(만들創 이룰成 법칙法)

기어의 치형과 동일한 윤곽을 가진 커터를 피절삭 기어와 맞물리게 하면서 상대운동을 시켜 절삭하는 방법으로 그 종류에는 래크 커터, 피니언 커터, 호브에 의한 방법이 있다.

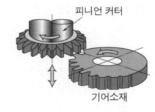

창성법의 종류
- 래크 커터에 의한 방법 : 마그식 기어 셰이퍼
- 피니언 커터에 의한 방법 : 펠로즈식 기어 셰이퍼
- 호브에 의한 방법 : 호빙머신

④ 호빙머신에 의한 절삭

절삭공구인 '호브'를 사용해서 기어의 치면을 절삭하는 방법

호빙머신의 특징
- 호빙머신의 차동장치는 헬리컬 기어를 절삭가공할 때 사용한다.
- 호빙머신의 이송은 기어 소재의 1회전에 대하여 호브공구의 피드(이송)로 나타낸다.
- 호빙머신에서 가공되는 기어 피치의 정밀도는 웜과 웜기어의 정밀도에 의해 좌우된다.

필 / 수 / 확 / 인 / 문 / 제

기어의 치형과 동일한 윤곽을 가진 커터를 피절삭기어와 맞물리게 하면서 상대운동을 시켜 절삭하는 창성법의 종류에 속하지 않는 것은?

① 호브에 의한 방법
② 래크 커터에 의한 방법
③ 총형 커터에 의한 방법
④ 피니언 커터에 의한 방법

해설

총형 커터에 의한 방법은 기어의 치형과 같은 형상을 가진 래크나 커터공구를 회전시키면서 공작물을 1피치씩 회전시켜가며 치형을 1개씩 가공하는 방법이므로 창성법과는 가공 방식이 다르다.

답 ③

(3) 기어가공에 사용되는 공구와 공작기계

공 구	공작기계
래크 커터	마그식 기어 셰이퍼
피니언 커터	펠로즈식 기어 셰이퍼
호 브	호빙머신
총형 커터	밀링머신

기어를 가공하는 방법에 대한 설명으로 옳지 않은 것은?

① 주조법은 제작비가 저렴하지만 정밀도가 떨어진다.
② 전조법은 전조공구로 기어소재에 압력을 가하면서 회전시켜 만드는 방법이다.
③ 기어모양의 피니언공구를 사용하면 내접기어의 가공은 불가능하다.
④ 호브를 이용한 기어가공에서는 호브공구가 기어축에 평행한 방향으로 왕복이송과 회전운동을 하여 절삭하며, 가공될 기어는 회전이송을 한다.

해설
기어모양의 피니언공구를 사용하면 내접기어도 가공할 수 있다.
답 ③

(4) 기어 셰이퍼(Gear Shaper)

기어를 가공하는 공작기계로 피니언 공구 또는 래크형 공구를 왕복운동시켜 기어 소재와 공구에 적당한 이송을 주면서 가공한다.

(5) 기타 기어가공법

기어 모양의 피니언 공구를 사용하면 내접기어도 가공할 수 있다.

[내접기어]

14 CNC 가공

(1) CNC 가공의 정의

CNC 가공(Computer Numerical Control)은 범용선반을 자동화시킨 수치제어선반을 이용한 가공으로 영문자 Computer Numerical Control를 해석하여 수치제어가공으로도 불린다. 수치제어선반에 장착된 컴퓨터를 이용하여 가공부인 절삭공구와 이송장치를 수치제어를 통한 정밀제어로서 범용선반보다 정밀도가 높은 가공품의 제작이 가능하다.

생산 현장에서 자동화 시스템의 발달 과정 순서는?

① NC → CNC → DNC → FMS
② NC → CNC → FMS → DNC
③ CNC → NC → FMS → DNC
④ CNC → FMS → DNC → NC
답 ①

(2) 수치제어 자동화 시스템의 발달과정

(3) CNC 장치의 일반적인 정보흐름도

(4) NC 공작기계의 특징

① 다품종 소량생산에 적합하다.
② 가공조건을 일정하게 유지할 수 있다.
③ 복잡한 형상인 부품의 가공에 능률적이다.
④ 공구가 표준화되어 보유 공구 수를 줄일 수 있다.

(5) 제조설비의 연도별 발전단계

Copy Machine 개발 → CNC 개발 → FMS 개발 → IMS 개발

(6) CNC 공작기계의 일반적인 특징

① 제조단가를 낮출 수 있다.
② 고장 발생 시 자기진단이 가능하다.
③ 품질이 균일한 제품을 얻을 수 있다.
④ 복잡한 형상의 제품을 제작할 수 있다.
⑤ 작업시간 단축으로 생산성이 향상된다.
⑥ 전원 투입 후에는 가장 먼저 기계원점복귀를 시켜야 한다.
⑦ 인치 단위의 프로그램을 쉽게 미터단위로 자동변환할 수 있다.
⑧ 파트 프로그램을 매크로 형태로 저장시켜 필요 시 불러올 수 있다.
⑨ 공작기계가 공작물을 가공하는 중에도 파트 프로그램의 수정이 가능하다.
⑩ 제품의 일부가 일정한 사이클을 가지고 변화하는 제품 가공에 적응성이 좋다.
⑪ 특수공구를 특별히 제작할 필요가 없이 범용기계용 절삭 툴의 사용도 가능하다.
⑫ 강전반이나 CNC 유닛의 먼지는 압축공기를 사용하지 않고 부드러운 먼지털이를 사용한다.
⑬ CNC선반이나 머시닝센터와 같은 자동화설비에서 축의 이동단위는 모두 [mm]단위를 사용한다.
⑭ 기계원점은 고정되어 있고, 제2원점은 공구 교체를 위해 사용하는데 작업자 임의지정이 가능하다.

(7) CNC 공작기계의 구성요소

① 주축대(Head Stock)
CNC선반의 왼쪽 끝에 고정되어 있는 동력발생 부분으로 그 속에 중공 형태의 주축이 내장되어 있다.
② 심압대(Tail Stock)
가늘고 긴 공작물의 떨림방지를 위하여 공작물의 중심을 지지하는 장치로 CNC선반의 오른쪽에 위치해 있다.
③ 공구대(Tool Post)
터릿의 형태로 여러 개의 공구를 장착한 후 회전시키면서 원하는 공구를 교체하여 사용할 수 있다. CNC선반의 중앙부에 위치해 있다.

CNC 공작기계에서 사람의 손과 발의 역할을 하는 구성 요소는?

① 주축대
② 심압대
③ 공구대
④ 서보기구

해설
서보기구는 위치 및 속도검출기가 장착된 부속장치로 사람의 손과 발의 역할을 한다.

답 ④

CNC 공작기계의 움직임을 전기적인 신호로 속도와 위치를 표시하는 일종의 회전형 피드백 장치는?

① 서보모터
② NC TAPE
③ 리졸버
④ 엔코더

답 ③

④ 척(Chuck)
공작물을 고정하는 장치로 연동척의 형태로 유압척과 공압척 등이 주로 사용된다.

⑤ 서보기구(위치 및 속도검출기)
CNC 시스템에서 사람의 손과 발의 역할을 하는 기구로 범용 공작기계에서 사람이 손으로 핸들을 돌리는 기능을 자동으로 하는 실행시키는 장치이다.

※ 위치검출기 : 기계 내부 장치들의 위치를 검출하여 제어장치로 전송하기 위한 신호로 변환시키는 장치

⑥ 컨트롤러
제어란 의미로 기계나 전기 등 모든 제어기기에 사용되나 대표적으로는 전동기의 운전, 정지, 속도 등을 조정하는 제어기이다.

⑦ 서보모터
서보기구의 조작부로 제어신호에 의하여 부하를 구동하는 동력원의 총칭이다.

⑧ NC TAPE
펀치 테이프라고도 불리는 이 NC 테이프는 통상 1개의 열에 8개의 구멍이 뚫려 1바이트의 수치를 나타냄으로써 그 내용을 NC 공작기계가 읽게 하는 프로그램의 기록 장치로 오늘날에는 플로피디스켓과 USB가 이것을 대신하고 있다.

⑨ 리졸버(Resolver)
CNC공작기계의 움직임을 전기적인 신호로 속도와 위치를 표시하는 일종의 회전형 피드백 장치이다.

⑩ 볼나사(볼스크루)
CNC공작기계에서 서보 모터의 회전력을 테이블의 직선운동으로 바꾸어주는 기구로서 백래시(Backlash)를 줄이고 운동저항을 작게 하기 위하여 사용되는 기계요소이다.
볼나사(Ball Screw)의 특징
• 마찰이 매우 적고 기계효율이 높다.
• 시동 토크나 작동 토크의 변동이 적다.
• 예압에 의하여 백래시를 작게 할 수 있다.
• 미끄럼 나사에 비해 내충격성과 감쇠성이 떨어진다.
• 예압에 의하여 치면높이(Backlash)를 작게 할 수 있다.

⑪ 엔코더(Encoder)
CNC 시스템의 구성요소 중 실제 테이블의 이송량을 감지하는 장치로 일반적으로 서보모터 뒤쪽에 부착되어 있다.

(8) CNC 공작기계의 서보기구의 종류

CNC의 서보시스템 제어방법에서 피드백 장치의 유무와 검출 위치에 따라 4가지 제어방식이 있다.

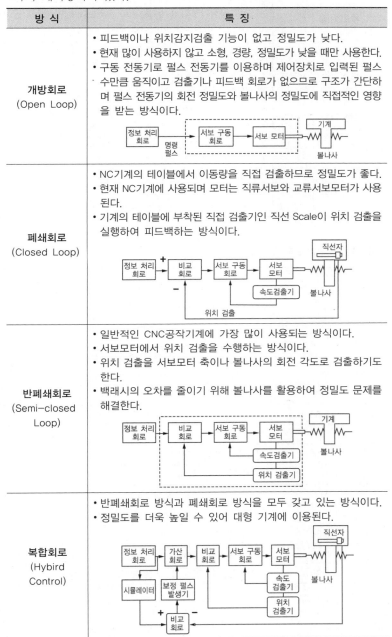

방 식	특 징
개방회로 (Open Loop)	• 피드백이나 위치감지검출 기능이 없고 정밀도가 낮다. • 현재 많이 사용하지 않고 소형, 경량, 정밀도가 낮을 때만 사용한다. • 구동 전동기로 펄스 전동기를 이용하며 제어장치로 입력된 펄스 수만큼 움직이고 검출기나 피드백 회로가 없으므로 구조가 간단하며 펄스 전동기의 회전 정밀도와 볼나사의 정밀도에 직접적인 영향을 받는 방식이다.
폐쇄회로 (Closed Loop)	• NC기계의 테이블에서 이동량을 직접 검출하므로 정밀도가 좋다. • 현재 NC기계에 사용되며 모터는 직류서보와 교류서보모터가 사용된다. • 기계의 테이블에 부착된 직접 검출기인 직선 Scale이 위치 검출을 실행하여 피드백하는 방식이다.
반폐쇄회로 (Semi-closed Loop)	• 일반적인 CNC공작기계에 가장 많이 사용되는 방식이다. • 서보모터에서 위치 검출을 수행하는 방식이다. • 위치 검출을 서보모터 축이나 볼나사의 회전 각도로 검출하기도 한다. • 백래시의 오차를 줄이기 위해 볼나사를 활용하여 정밀도 문제를 해결한다.
복합회로 (Hybird Control)	• 반폐쇄회로 방식과 폐쇄회로 방식을 모두 갖고 있는 방식이다. • 정밀도를 더욱 높일 수 있어 대형 기계에 이용된다.

CNC 공작기계의 서보기구 중 서보모터에서 위치와 속도를 검출하여 피드백시키는 방식으로 일반적인 CNC 공작기계에 가장 많이 사용되는 방식은?

① 개방회로 방식
② 반폐쇄회로 방식
③ 폐쇄회로 방식
④ 복합회로 서보 방식

해설
반폐쇄회로 방식은 일반적인 CNC 공작기계에 적용되고 있는 제어 방식으로 서보모터에서 위치와 속도를 검출하여 피드백시키는 특징이 있다.

답 ②

(9) CNC프로그램의 5대 코드 및 기능

종 류	코 드	기 능
준비기능	G코드	CNC기계의 주요 제어장치들의 사용을 위해 준비시킨다. G코드는 CNC 공작기계의 준비기능으로 불리는데 일반적으로 공구를 준비시키는 기능으로 이해하면 된다. 예 G00 : 급속이송, G01 : 직선보간, G02 : 시계 방향 공구 회전
보조기능	M코드	CNC기계에 장착된 부수 장치들의 동작을 실행하기 위한 것으로 주로 ON/OFF기능을 한다. 예 M02 : 주축 정지, M08 : 절삭유 ON, M09 : 절삭유 OFF
이송기능	F코드	절삭을 위한 공구의 이송속도를 지령한다. 예 F0.02 : 0.02[mm/rev]
주축기능	S코드	주축의 회전수 및 절삭속도를 지령한다. 예 S1800 : 1,800[rpm]으로 주축 회전
공구기능	T코드	공구 준비 및 공구 교체, 보정 및 오프셋량을 지령한다. 예 T0100 : 1번 공구로 교체 후, 공구에 00번으로 설정한 보정값 적용

NC프로그램에서 보조기능인 M코드에 의해 작동되는 기능만을 모두 고른 것은?

```
㉠ 주축 정지          ㉡ 좌표계 설정
㉢ 공구반경 보정       ㉣ 원호 보간
```

① ㉠
② ㉠, ㉡
③ ㉠, ㉡, ㉢
④ ㉠, ㉡, ㉢, ㉣

해설
주축 정지는 M05와 같이 M코드 명령어로 지령하는데 좌표계 설정이나 공구반경 보정, 원호 보간은 모두 G코드를 사용한다.
CNC프로그램-M코드의 종류 및 기능

M코드	기 능
M00	프로그램 정지
M01	선택적 프로그램 정지
M02	프로그램 종료
M03	주축 정회전(주축이 시계방향으로 회전)
M04	주축 역회전(주축이 반시계방향으로 회전)
M05	주축 정지
M08	절삭유 ON
M09	절삭유 OFF
M14	심압대 스핀들 전진
M15	심압대 스핀들 후진
M16	Air Blow2 ON, 공구측정 Air
M18	Air Blow1, 2 OFF
M30	프로그램 종료 후 리셋
M98	보조프로그램 호출
M99	보조프로그램 종료 후 주프로그램으로 회기

답 ①

(10) M코드의 종류 및 기능

M코드	기 능
M00	프로그램 정지
M01	선택적 프로그램 정지
M02	프로그램 종료
M03	주축 정회전(주축이 시계방향으로 회전)
M04	주축 역회전(주축이 반시계방향으로 회전)
M05	주축 정지
M08	절삭유 ON(절삭유제 공급)
M09	절삭유 OFF
M14	심압대 스핀들 전진
M15	심압대 스핀들 후진
M16	Air Blow2 ON, 공구측정 Air
M18	Air Blow1, 2 OFF
M30	프로그램 종료 후 리셋
M98	보조프로그램 호출
M99	보조프로그램 종료 후 주프로그램으로 회기

(11) 자동화 생산 방식의 종류

① NC(Numerical Control)

수치제어장치로 사람이 하는 일을 기계가 대신해서 실행하는 시스템이다.

② DNC(Distributed Numerical Control, 직접수치제어)

중앙의 1대 컴퓨터에서 여러 대의 CNC 공작기계에 데이터를 분배하여 전송함으로써 동시에 여러 대의 기계를 운전할 수 있는 시스템으로 외부 컴퓨터에서 작성한 NC프로그램을 CNC 공작기계에 송수신하면서 가공하는 방식이다. 군관리나 군제어로 불리기도 한다.

DNC 시스템의 구성요소

• 컴퓨터
• 통신케이블
• CNC 공작기계

③ CNC(Computer Numerical Control, 컴퓨터수치제어가공)

수치제어장치(NC) 내에 컴퓨터를 내장한 것으로 수치제어 공작기계라고 불린다. 이것은 컴퓨터를 이용하여 기계의 가공부를 수치로 제어하며 가공하는 방법으로 NC데이터를 디스켓이나 통신을 통해 컴퓨터에 입력하며 기억 장치에 저장도 가능하다.

④ FMS(Flexible Manufacturing System, 유연생산시스템)

하나의 생산 공정에서 다양한 제품을 동시에 제조할 수 있는 생산 자동화 시스템으로 현재 자동차공장에서 하나의 컨베이어벨트 위에서 다양한 차종을 동시에 생산하는 시스템에 적용되고 있다. 이는 생산방식 중의 하나로써 일정 생산량 단위인 Cell 단위로 공정간 물량을 이동시킨다.

⑤ CIM(Computer Integrated Manufacturing System, CIMS, 컴퓨터통합생산시스템)

컴퓨터에 의한 통합적 생산시스템으로 컴퓨터를 이용해서 기술개발 · 설계 · 생산 · 판매 및 경영까지 전체를 하나의 통합된 생산 체제로 구축하는 시스템이다.

⑥ ERP(Enterprise Resource Planning)

기업 전체를 경영자원의 효과적 이용이라는 관점에서 통합적으로 관리하고 경영의 효율화를 기하기 위한 생산자동화 수단이다.

⑦ MRP(Material Requirement Program)

컴퓨터를 이용하여 최종 제품의 생산계획에 따라 그에 필요한 부품 소요량의 흐름을 종합적으로 관리하는 생산관리 시스템이다.

⑧ CAE(Computer Aided Engineering)

제품 설계를 완성하기 전에 제품이 실제 작동되었을 때의 조건을 컴퓨터에 입력하고 각종 공학적인 실험을 통해 최적의 제품을 만들어내는 기술이다.

⑨ CAT(Computer Aided Testing)

컴퓨터를 활용하여 제품을 자동으로 검사하는 장치이다.

한 대의 컴퓨터가 여러 대의 공작기계를 단계별로 제어하는 방식으로 가장 적절한 것은?

① 컴퓨터지원검사시스템(CAT)
② 직접수치제어(DNC)
③ 유연생산시스템(FMS)
④ 컴퓨터통합생산(CIM)

해설

직접수치제어(DNC ; Distributed Numerical Control)
중앙의 1대 컴퓨터에서 여러 대의 CNC공작기계에 데이터를 분배함으로써 동시에 여러 대의 기계를 운전할 수 있는 시스템으로 외부 컴퓨터에서 작성한 NC프로그램을 CNC공작기계에 송수신하면서 가공하는 방식이다. 군 관리나 군 제어로도 불린다.

답 ②

컴퓨터에 의한 통합 제조라는 의미로 제조부문, 기술부문 등의 제조시스템과 경영시스템을 통합 운영하는 생산시스템의 용어로 옳은 것은?

① CAM(Computer Aided Manufacturing)
② FMS(Flexible Manufacturing System)
③ CIM(Computer Integrated Manufacturing)
④ FA(Factory Automation)

해설

CIM(CIMS ; Computer Integrated Manufacturing System)
컴퓨터에 의한 통합적 생산시스템으로 컴퓨터를 이용해서 기술개발 · 설계 · 생산 · 판매, 경영까지 전체를 하나의 통합된 생산체제로 구축하는 시스템이다.

답 ③

⑩ FA(Factory Automation, 공장자동화)

컴퓨터와 각종 계측장비를 이용하여 공장의 생산공정을 자동화하는 것으로 제품의 수주에서 출하까지 일체의 생산 활동을 효율적이고 유기적으로 결합시키는 시스템으로 무인 반송차, 자동창고시스템 등을 갖춘 생산공장자동화시스템이다.

⑪ CAPP(Computer Aided Process Planning)

컴퓨터를 이용한 공정계획

⑫ CAP(Computer Aided Prison) : 컴퓨터 활용 자가 평가

⑬ MRP(Material Requirement Planning) : 자재 수급 계획

⑭ CAM(Computer Aided Manufacturing, 컴퓨터응용생산)

컴퓨터를 이용한 생산시스템으로 CAD에서 얻은 설계 데이터로부터 종합적인 생산 순서와 규모를 계획해서 CNC 공작기계의 가공 프로그램을 자동으로 수행하는 시스템의 총칭이다. 설계와 제조 분야에 컴퓨터를 도입하여 NC코드를 생성하는 과정과 CNC 공작기계를 운전하는 과정으로 나뉜다.

⑮ AGV(Automated Guided Vehicle, 무인반송차)

바닥에 설치된 유도로를 따라서 필요한 작업장 위치로 소재를 자동으로 운반하는 장치로 공장자동화시설의 핵심설비

(12) 기업 부서별 관련업무

① 품질관리실

공장에서 생산 중인 제품의 품질을 점검하고 고객사에 판매된 제품의 사후 품질관리를 하는 부서

② 제품개발실

기업의 새로운 제품을 개발하거나 시제품을 제작하는 부서

③ 설계제도실

기업에서 개발된 제품이 각각의 생산부서에서 제작될 수 있도록 설계 도면을 작성해서 배포하거나 보관하는 업무와 제품개발실과 연계하여 신규 제품의 2D 및 3D 모델링 작업을 하는 부서

④ 생산관리실

공장의 생산설비를 고려하여 생산 순서를 결정하고 하루 총생산량을 비롯한 공장의 전반적인 생산능력을 고려하여 납기일 등의 일정을 계획하는 부서

컴퓨터의 통제로 바닥에 설치된 유도로를 따라 필요한 작업장 위치로 소재를 운반하는 공장자동화 구성요소는?

① 자동창고시스템
② 3차원 측정기
③ NC공작기계
④ 무인반송차

해설

무인반송차(AGV ; Automated Guided Vehicle)
바닥에 설치된 유도로를 따라서 필요한 작업장 위치로 소재를 자동으로 운반하는 장치로 공장자동화시설의 핵심설비이다.

답 ④

생산능력과 납품기일 등을 고려하여 제품 제작순서와 생산일정을 계획하는 기계공장부서로 옳은 것은?

① 품질관리실　　② 제품개발실
③ 설계제도실　　④ 생산관리실

해설

생산관리실
공장의 생산설비를 고려하여 생산순서를 결정하고 하루 총생산량을 비롯한 공장의 전반적인 생산능력을 고려하여 납기일 등의 일정을 계획하는 부서

답 ④

15 수기 가공

(1) 브로칭(Broaching) 가공

가공물에 홈이나 내부 구멍을 만들 때 가늘고 길며 길이 방향으로 많은 날을 가진 총형 공구인 브로치를 일감에 대고 누르면서 관통시켜 단 1회의 절삭 공정만으로 제품을 완성시키는 가공법이다. 따라서 공작물이나 공구가 회전하지는 않는다.

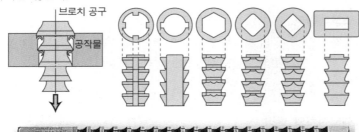

(2) 손 다듬질 가공의 종류

① 해머링
② 줄작업(Filling)
③ 스크레이핑

(3) 핸드탭

일반적으로 3개가 1조이다.

1번 탭	2번 탭	3번 탭
55[%]로 황삭	25[%]로 중삭	20[%]로 가공 정삭

탭의 파손원인

• 가공속도가 빠른 경우
• 탭이 경사지게 들어간 경우
• 탭 재질의 경도가 낮을 경우
• 탭이 구멍바닥에 부딪쳤을 경우

(4) 연강을 쇠톱으로 절단하는 방법

① 쇠톱을 앞으로 밀 때 균등한 절삭압력을 준다.
② 쇠톱작업을 할 때 톱날의 전체 길이를 사용하도록 한다.
③ 쇠톱으로 절단할 때는 톱날의 왕복 횟수는 1분에 약 50~60회가 적당하다.
④ 쇠톱은 전방으로 밀 때 재료가 절단되므로 돌아올 때는 힘을 가하지 않는다.

필 / 수 / 확 / 인 / 문 / 제

길이방향으로 여러 개의 날을 가진 절삭공구를 구멍에 관통시켜 공구의 형상으로 가공물을 절삭하는 가공법은?

① 밀링(Milling)
② 보링(Boring)
③ 브로칭(Broaching)
④ 태핑(Tapping)

해설

브로칭(Broaching)가공

가공물에 홈이나 내부 구멍을 만들 때 가늘고 길며 길이방향으로 많은 날을 가진 총형공구인 브로치를 일감에 대고 누르면서 관통시켜 단 1회의 절삭공정만으로 제품을 완성시키는 가공법이다. 따라서 공작물이나 공구가 회전하지는 않는다.

답 ③

공작기계로 가공된 평탄한 면을 더욱 정밀하게 다듬는 공구는?

① 센터펀치
② 캘리퍼스
③ 스크레이퍼
④ 서피스게이지

답 ③

(5) 금긋기 작업을 위해 사용하는 공구

① V블록
② 컴퍼스
③ 캘리퍼스
④ 하이트게이지
⑤ 서피스게이지

(6) 스크레이퍼

공작기계로 가공된 평탄한 면을 더욱 정밀하게 다듬질하는 공구로 공작기계의 베드, 미끄럼면, 측정용 정밀선반 등 최종 마무리 가공에 사용되는 수공구이다.

(7) 센터펀치의 특징

① 펀치의 선단은 열처리를 한다.
② 드릴로 구멍을 뚫을 자리 표시에 사용한다.
③ 펀치의 선단을 목표물에 수직으로 고정하고 펀칭한다.
④ 선단각도는 구멍을 뚫기 위한 드릴의 위치 표시용으로는 90°, 연한 금속의 금긋기용으로는 30~60°를 사용한다.

(8) 나사 가공용 공구

① 암나사 가공 : 탭
② 수나사 가공 : 다이스

[다이스]

(9) 버니싱

강구를 원통구멍에 압입하여 구멍의 표면을 가압 다듬질하는 방법으로 특히 구멍의 모양이 직사각형이나 기어의 키 구멍의 다듬질 가공에 알맞다.

16 신속조형기술(RP기술)

(1) 신속조형기술(RP ; Rapid Prototyping, 쾌속조형법)의 정의

3차원 형상 모델링으로 그린 제품의 설계 데이터를 사용하여 제품 제작 전에 실물 크기 모양(목업, Mock-up)의 입체 형상을 신속하고 경제적인 방법으로 제작하는 기술

[목업(Mock-up)]

(2) 신속조형기술의 종류

① 광조형법(SLA, Stereolithography)

액체 상태의 광경화성 수지에 레이저 광선을 부분적으로 쏘아서 적층해 나가는 방법으로 큰 부품의 처리가 가능하며 정밀도가 높은 장점으로 현재 널리 사용되고 있으나, 액체 재료이므로 후처리가 필요하다는 것이 단점이다.

② 용융수지압출법(FDM ; Fused Deposition Molding)

㉠ 정 의

열가소성인 3[μm] 직경의 필라멘트 선으로 된 열가소성 소재를 노즐 안에서 가열하여 용해한 후 이를 짜내어 조형 면에 쌓아 올려 제품을 만드는 방법으로 광조형법 다음으로 가장 널리 사용된다.

㉡ 용융수지압출법의 특징

- 가격 경쟁력이 있다.
- 환경 친화적인 공정이다.
- 다양한 색의 구현이 가능하다.
- 복잡한 형상의 제작이 곤란하다.
- 사용 가능한 재료의 수가 제한된다.
- 강한 플라스틱 부품 제작에 사용한다.
- 정확도가 낮고 표면 마무리가 좋지 않다.
- 넓은 단면을 만들 때는 시간이 오래 걸린다.

③ 박판적층법(LOM ; Laminated Object Manufacturing)

원하는 단면에 레이저 광선을 부분적으로 쏘아서 절단한 후 종이의 뒷면에 부착된 접착제를 사용해서 아래층과 압착시켜 한 층씩 쌓아가며 형상을 만드는 방법으로 사무실에서 사용할 만큼 크기와 가격이 적당하나 재료에 제한이 있고 정밀도가 떨어진다는 단점이 있다.

④ 선택적 레이저 소결법(SLS ; Selective Laser Sintering)

레이저는 에너지의 미세한 조정으로 재료의 가공이 가능한 장점이 있는데, 먼저 고분자재료나 금속분말가루를 한 층씩 도포한 후 여기에 레이저 광선을 쏘아서 소결시킨 후 다시 한 층씩 쌓아 올려서 형상을 만드는 방법으로 분말로 만들어지거나 용융되어 분말로 소결되어지는 모든 재료의 사용이 가능하다. 미세한 분말 가루를 소결시켜 만들기 때문에 다른 신속조형기술법 등보다 강도가 높은 제품의 제작이 가능하다.

⑤ 3차원 인쇄(3DP ; Three-Dimentional Printing)

분말 가루와 접착제를 뿌려가며 형상을 만드는 방법으로 최근 3D 프린터기의 개발로 많이 사용되고 있는 방법이다. 속도가 빠르고 크기와 가격이 적당해서 사무실에서도 사용이 가능하고 컬러 재료도 가능하다는 장점이 있으나 재료에 제한이 있고 강도가 약하며 표면처리가 필요하다는 단점이 있다.

신속조형(RP)공정과 적용 가능한 재료가 바르게 연결되지 않은 것은?

① 융해용착법(FDM) - 열경화성 플라스틱
② 박판적층법(LOM) - 종이
③ 선택적 레이저소결법(SLS) - 열 용융성 분말
④ 광조형법(STL) - 광경화성 액상 폴리머

해설

융해용착법(FDM)은 필라멘트선과 같이 만들어진 열가소성 소재를 사용하여 조형한다.

신속조형기술의 종류

- 광조형법(SLA) : 액체상태의 광경화성 수지에 레이저광선을 부분적으로 쏘아서 적층해 나가는 방법
- 박판적층법(SOM) : 원하는 단면에 레이저광선을 부분적으로 쏘아서 절단한 후 종이의 뒷면에 부착된 접착제를 사용해서 아래층과 압착시켜 한 층씩 쌓아가며 형상을 만드는 방법
- 용융수지압출법(FDM) : 필라멘트선으로 된 열가소성 소재를 노즐 안에서 가열하여 용해한 후 이를 짜내어 조형면에 쌓아 올려 제품형상을 만드는 방법
- 분말소결법(SLS) : 고분자재료나 금속분말가루를 한 층씩 도포한 후 여기에 레이저광선을 쏘아서 소결시킨 후 다시 한 층씩 쌓아 올려서 형상을 만드는 방법
- 3차원 인쇄(3DP) : 분말가루와 접착제를 뿌려가며 형상을 만드는 방법으로 최근 3D 프린터기의 개발로 많이 사용되고 있는 방법

답 ①

초기 재료의 형태가 분말인 신속조형기술(RP)을 모두 고른 것은?

㉠ 융착모델링(FDM)
㉡ 선택적 레이저소결(SLS)
㉢ 박판적층법(LOM)
㉣ 3차원 인쇄(3DP)

① ㉠, ㉢
② ㉡, ㉣
③ ㉠, ㉡, ㉣
④ ㉡, ㉢, ㉣

해설

신속조형기술 중에서 초기 재료가 분말상태인 것은 선택적 레이저소결(SLS)법과 최근 3D 프린터라고도 불리는 3차원 인쇄(3DP)법이다.

신속조형기술(RP ; Rapid Prototyping, 쾌속조형법)

3차원 형상모델링으로 그린 제품의 설계데이터를 사용하여 제품 제작 전에 실물크기 모양(목업 ; Mock-up)의 입체 형상을 빠르게 제작하는 방법이다.

답 ②

17 작업안전

(1) 작업장에서 무거운 짐을 들고 운반할 때의 주의사항

① 짐은 가급적 몸 가까이 가져온다.
② 물건을 들 때는 충격이 없어야 한다.
③ 상체를 곧게 세우고 등을 반듯이 한다.
④ 짐을 들어 올릴 때 충격이 없어야 한다.
⑤ 짐은 무릎을 편 상태에서 들어 굽힌 자세에서 내려 놓는다.
⑥ 가능한 상체를 곧게 세우고 등을 반듯이 하여 들어 올린다.
⑦ 운반작업을 용이하게 하기 위해 간단한 보조구를 사용해야 한다.

(2) 공구를 안전하게 취급하는 방법

① 공구는 사용 후 공구함에 보관한다.
② 공구는 기계나 재료 위에 올려놓지 않는다.
③ 모든 공구는 작업에 적합한 공구를 사용한다.
④ 불량 공구는 반납하고, 함부로 수리해서 사용하지 않는다.

(3) 드라이버 사용 시 유의사항

① 크기가 작은 공작물은 바이스로 고정 후 사용한다.
② 드라이버 날 끝이 홈의 폭과 길이가 같은 것을 사용한다.
③ 드라이버 날 끝이 수평이어야 하며 둥글거나 빠진 것을 사용하지 않는다.
④ 전기작업 시 금속 부분이 자루 밖으로 나와 있지 않은 절연된 자루를 사용한다.

(4) 직업병의 발생원인

① 분 진
② 소 음
③ 유해가스

(5) 화재의 종류에 따른 사용 소화기

분류	A급화재	B급화재	C급화재	D급화재
명칭	일반(보통)화재	유류 및 가스화재	전기화재	금속화재
가연물질	나무, 종이, 섬유 등의 고체 물질	기름, 윤활유, 페인트 등의 액체 물질	전기설비, 기계 전선 등의 물질	가연성 금속 (Al분말, Mg 분말)
소화효과	냉각효과	질식효과	질식 및 냉각효과	질식효과
표현색상	백색	황색	청색	–
소화기	• 물 • 분말소화기 • 포(포말)소화기 • 이산화탄소 소화기 • 강화액소화기 • 산, 알칼리 소화기	• 분말소화기 • 포(포말)소화기 • 이산화탄소 소화기	• 분말소화기 • 유기성소화기 • 이산화탄소 소화기 • 무상강화액 소화기 • 할로겐화합물 소화기	• 건조된 모래 (건조사)
사용 불가능 소화기			포(포말)소화기	물 (금속가루는 물과 반응하여 폭발의 위험성이 있다)

(6) 응급처치 시 유의사항

① 충격방지를 위하여 환자의 체온유지에 노력하여야 한다.
② 의식불명 환자에게 물 등 기타의 음료수를 먹이지 말아야 한다.
③ 응급 의료진과 가족에게 연락하고 주위 사람에게 도움을 청해야 한다.
④ 긴급을 요하는 환자가 2인 이상 발생 시 대출혈, 중독 환자부터 처치해야
한다.

화재를 연소물질에 따라 분류할 때 D급화재에 속하는 것은?

① 일반화재
② 금속화재
③ 전기화재
④ 유류화재

답 ②

04 소성가공

필 / 수 / 확 / 인 / 문 / 제

소성가공의 종류에 속하지 않는 것은?

① 단조가공
② 리머가공
③ 전조가공
④ 프레스가공

해설
리머가공은 칩(Chip)이 발생하는 절삭가공에 속한다.

답 ②

소성가공의 특징으로 알맞지 않은 것은?

① 소량생산에 적합하다.
② 가공방법이 다양해서 응용성이 크다.
③ 생산된 제품의 품질이 균일하며 치수정밀도가 높다.
④ 칩의 발생이 거의 없어서 재료의 손실이 적고 섬유상 조직이 된다.

해설
소성가공은 다이(Die)를 제작해야 하므로 대량생산에 적합한 가공방식이다.

답 ①

1 소성가공의 개요

(1) 소성가공의 정의

금속재료에 외력을 가함으로써 형태를 변화시켜 다양한 형상의 제품을 만드는 가공방법으로 그 종류에는 압연, 단조, 인발, 프레스가공 등이 있다. 소성의 반대말은 탄성이다.

TIP

탄성 : 재료에 외력을 가한 뒤 힘을 제거하면 다시 원래의 상태로 되돌아오는 성질

(2) 소성가공의 분류

소성가공 — 압연가공 / 프레스가공 / 단조가공 / 인발가공 / 압출가공 / 전조가공

(3) 소성가공의 특징

① 대량생산에 적합하다.
② 가공방법이 다양해서 응용하기 나름이다.
③ 칩의 발생이 거의 없어서 재료의 손실이 적다.
④ 생산된 제품의 품질이 균일하며 치수정밀도가 높다.
⑤ 재료에 높은 압력이 가해져서 변형이 되므로 그 조직은 압착된 섬유상 조직이 되어 강인성이 향상된다.

(4) 관련 주요용어

① 냉간가공

ⓐ 냉간가공의 정의

재결정 온도 이하의 온도에서 가공하는 방법으로 강의 조직은 치밀해지나 가공이 진행될수록 내부에 변형이 일어나서 점성이 감소하는 단점이 있다. 200~300[℃] 부근에서는 청열취성이 발생하므로 이 온도 부근에서의 가공은 피해야 한다. 냉간가공으로는 주로 경량의 형강을 만든다.

ⓑ 냉간가공한 재료의 특징

• 수축에 의한 변형이 없다.
• 인성, 연성, 연신율을 감소시킨다.
• 가공온도와 상온과의 온도차가 적다.
• 결정립의 변형으로 단류선이 형성된다.
• 가공경화로 강도, 경도, 항복점을 증가시킨다.
• 전위의 집적으로 인하여 가공경화가 발생한다.
• 가공 시 불균일한 응력으로 인해 잔류응력이 발생한다.
• 냉간가공이 많아질수록 결정핵의 생성이 많아져서 재결정 온도는 낮아진다.
• 열간가공과는 달리 표면이 산화되지 않아서 치수정밀도가 높고 깨끗한 가공면을 얻는다.
• 강을 200~300[℃]의 범위에서 냉간가공하면 결정격자에 변형이 생기고 청열취성이 발생한다.

② 열간가공

ⓐ 열간가공의 정의

재결정 온도 이상의 온도에서 가공하는 방법으로 강재를 최종 치수로 마무리 작업을 하는 경우에 사용한다.

※ 보통 Fe(철)의 재결정온도는 350~450[℃]이다.

ⓑ 열간가공한 재료의 특징

• 충격이나 피로에 강하다.
• 가공도가 매우 큰 변형이 가능하다.
• 설비와 가공할 수 있는 치수에 제한이 있다.
• 불순물이나 편석이 없어지고 재질이 균일하게 된다.
• 연화 및 재결정이 이루어져 가공성을 저하시키지 않는다.
• 새로운 결정이 생기고 이것이 다시 변형, 재결정이 반복되어 결정립을 미세화한다.
• 가공이 거듭됨에 따라 기계적 성질은 향상되나 어느 정도 이상이 되면 큰 효과가 없다.
• 열간가공된 제품은 고온에서 재료의 산화가 발생되므로 냉간가공 제품에 비해 균일성이 떨어진다.

열간가공에 대한 설명으로 옳지 않은 것은?

① 냉간가공에 비해 가공표면이 거칠다.
② 가공경화가 발생하여 가공품의 강도가 증가한다.
③ 냉간가공에 비해 가공에 필요한 동력이 작다.
④ 재결정온도 이상으로 가열한 상태에서 가공한다.

해설
가공경화는 냉간가공에서만 발생하는 현상으로 열간가공에서는 발생하지 않는다.
열간가공 : 재결정온도 이상의 온도에서 가공하는 방법으로 강재를 최종 치수로 마무리작업을 하는 경우에 사용된다.

답 ②

냉간가공과 열간가공을 구분하는 온도는?

① 용융온도   ② 취성온도
③ 산화온도   ④ 재결정온도

답 ④

냉간가공과 비교한 열간가공의 특징으로 알맞지 않은 것은?

① 동력이 많이 든다.
② 가공경화가 발생하지 않는다.
③ 제품 표면이 더 거칠다.
④ 재결정온도 이상에서 가공한다.

해설
열간가공은 냉간가공보다 동력이 더 적게 든다.

답 ①

냉간가공 vs 열간가공의 주요 차이점

구 분	냉간가공	열간가공
가공온도	재결정온도 이하	재결정온도 이상
표면거칠기	우수하다.	냉간가공에 비해 거칠다.
동 력	많이 든다.	적게 든다.
가공경화	가공경화가 발생하여 가공품의 강도가 증가	가공경화가 발생하지 않는다.

- 마찰원판의 수가 1개 : 단판 클러치
- 마찰원판의 수가 2개 이상 : 다판 클러치

③ 재결정

　㉠ 재결정의 정의

　　금속원소가 특정 온도 영역에서 새로운 결정입자가 생성되는 현상이다.

　㉡ 재결정의 일반적인 특징

　　• 가공도가 클수록 재결정온도는 낮아진다.

　　• 재결정온도는 가열시간이 길수록 낮아진다.

　　• 재결정은 강도를 저하시키나 연성은 증가시킨다.

　　• 냉간가공도가 커질수록 재결정온도는 낮아진다.

　　• 결정입자의 크기가 작을수록 재결정온도는 낮아진다.

　　• 재결정온도는 일반적으로 1시간 안에 95[%] 이상의 재결정이 이루어지는 온도로 정의한다.

　　• 금속의 용융온도를 절대온도 T_m이라 할 때 재결정온도는 대략 $0.3{\sim}0.5\,T_m$ 범위에 있다.

　㉢ 금속 재결정의 성장과정

　　| 회 복 | → | 재결정 | → | 결정립 성장 |

　㉣ 금속의 재결정 온도

금 속	온도[℃]	금 속	온도[℃]	금 속	온도[℃]
주석(Sn)	상온 이하	마그네슘(Mg)	150	백금(Pt)	450
납(Pb)	상온 이하	알루미늄(Al)	150	철(Fe)	450
카드뮴(Cd)	상 온	구리(Cu)	200	니켈(Ni)	600
아연(Zn)	상 온	은(Ag)	200	몰리브덴(Mo)	900
		금(Au)	200	텅스텐(W)	1,200

④ 가공경화(Work Hardening)

　금속을 가공하고 소성변형시킴으로써 표면경도를 증가시키는 방법이다. 소성변형의 증가에 따라 경도가 증가하나 연신율과 수축성이 저하되어 외부 충격에 약해지는 특징을 갖는다. 이 현상은 철사를 손으로 잡고 구부렸다 폈다를 반복하면 결국에 끊어지는 것으로 설명할 수 있다.

재결정에 대한 특징으로 알맞은 것은?

① 가공도가 클수록 재결정온도도 커진다.
② 재결정온도는 가열시간이 길수록 높아진다.
③ 재결정은 강도를 크게 하나 연성은 감소시킨다.
④ 냉간가공도가 커질수록 재결정온도는 낮아진다.

해설
① 가공도가 클수록 재결정온도는 낮아진다.
② 재결정온도는 가열시간이 길수록 낮아진다.
③ 재결정은 강도를 저하시키나 연성은 증가시킨다.

답 ④

금속재결정의 성장과정을 알맞게 나열한 것은?

① 회복 → 재결정 → 결정립 성장
② 회복 → 결정립 성장 → 재결정
③ 재결정 → 결정립 성장 → 회복
④ 재결정 → 회복 → 결정립 성장

답 ①

금속원소 중 재결정온도가 가장 큰 것은?

① 납(Pb)
② 철(Fe)
③ 마그네슘(Mg)
④ 텅스텐(W)

답 ④

⑤ 스프링 백(탄성복원)

굽힘가공으로 소성재료를 굽힌 후 외력을 제거하면 원상태로 복원되려는 성질로서 물체를 변형시킨 후 물체 내부에 탄성이 어느 정도 남아 있는지에 따라 그 크기가 결정되는데 이는 물체의 복원력에 비례한다. 예를 들어, 탄성 영역에서는 모든 재료의 복원력은 100[%]이나 찰흙 반죽은 표면을 누른 후 힘을 제거해도 복원되지 않으므로 스프링 백은 거의 발생하지 않는다.

스프링 백

⑥ 바우싱거 효과

재료를 탄성한도 이상으로 인장응력을 가한 후 다시 압축응력을 가하면, 처음 인장응력 시의 탄성한계보다 낮은 압축력도 재료가 변형되는 현상으로 그에 대한 탄성한계를 나타내는 곡선은 다음과 같다. 이와 같이 어떤 변형되는 힘을 가한 뒤 반대쪽 힘을 가하면 처음 항복응력보다 현저히 저하되는 현상이 바우싱거 효과이다.

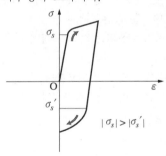

$|\sigma_s| > |\sigma_s'|$

⑦ 전자기 성형

전기를 에너지원으로 하는 고속 성형법으로 저장된 전기 에너지를 순간적으로 코일에 방전할 때 코일 주변에 형성되는 자기장과 금속 판재에 유도되는 유도전류의 상호 작용에 의해서 발생하는 전자기력을 이용하여 금속 판재를 고속으로 성형하는 방법이다.

항복인장응력이 Y인 금속을 소성영역까지 인장시켰다가 하중을 제거하고 다시 압축을 하면 압축항복응력이 인장항복응력 Y보다 작아지는 현상이 있다. 이러한 현상과 관련이 없는 것은?

① 변형률 연화
② 스프링 백
③ 가공연화
④ 바우싱거(Bauschinger) 효과

해설

스프링 백은 재료를 굽혔다가 놓았을 때 복원되려는 성질로서 재료에 인장과 압축응력을 반복적으로 가했을 때 저항력이 작아져서 처음보다 작은 외력에도 변형되는 현상들과는 거리가 멀다.

① 변형률 연화 : 같은 응력을 방향만 반대로 해서 계속 가하면 점차 큰 변형률을 일으켜 물체가 점차 연화되는 현상이다.
③ 가공연화 : 재료를 가공할수록 가공 전의 상태보다 낮은 응력에도 변형이 일어나는 현상이다.
④ 바우싱거 효과 : 재료를 탄성한도 이상으로 인장응력을 가한 후 다시 압축응력을 가하면 처음 인장응력 시의 탄성한계보다 낮은 압축력에 대한 탄성한계를 나타내는 곡선을 그린다. 이와 같이 어떤 변형되는 힘을 가한 뒤 반대쪽 힘을 가하면 처음 항복응력보다 현저히 저하되는 현상이다.

답 ②

냉간압연의 특징으로 알맞지 않은 것은?

① 동력소모가 크다.
② 변형저항이 크다.
③ 가공표면이 깨끗하다.
④ 조직의 방향성이 생기지 않는다.

[해설]
냉간압연
• 동력소모가 크다.
• 변형저항이 크다.
• 가공표면이 깨끗하다.
• 치수가 비교적 정확하다.
• 열간가공에 비해 가공 시간이 길다.
• 가공경화현상으로 강도 및 경도가 증가한다.
• 얇은 판(박판)이나 마무리 작업에 이용한다.
• 조직의 방향성이 생겨 2차 가공 시 주의가 필요하다.
답 ④

열간압연의 특징으로 알맞지 않은 것은?

① 변형저항이 작다.
② 가공시간이 짧다.
③ 가공표면이 산화되어 매끈하지 않다.
④ 냉각 시에도 재료의 변형이 적어서 정밀도가 우수하다.

[해설]
열간압연
• 동력소모가 작다.
• 변형저항이 작다.
• 가공시간이 짧다.
• 조직의 방향성이 생기지 않는다.
• 가공경화 현상이 발생하지 않는다.
• 가공표면이 산화되어 매끈하지 않다.
• 냉각 시 수축으로 인해 정밀도가 떨어진다.
• 치수가 큰 제품이나 주조 조직 개선 시 이용한다.
답 ④

2 압연가공(Rolling)

(1) 압연가공의 정의

소성변형이 비교적 잘 되는 금속재료를 두 개나, 그 이상의 롤러 사이를 통과시켜 판재나 형재, 관재 등의 제품을 만드는 가공법이다. 강괴(잉곳)나 연속주조로 만들어진 재료가 롤러로 압착됨으로써 불안정했던 내부 조직이 파괴되고 내부 기공도 압착되어 균일하고 미세한 조직으로 바뀜으로 인해 치수정밀도가 좋은 제품을 대량으로 생산할 수 있어서 최근 산업체에서 많이 사용하고 있다.

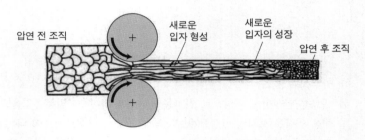

압연 전 조직 / 새로운 입자 형성 / 새로운 입자의 성장 / 압연 후 조직

(2) 압연가공의 분류

압연가공은 작업하는 온도가 재결정온도 이상 또는 이하에 따라서 열간압연과 냉간압연으로 나뉘는데 온도에 따른 주요 가공 특징은 다음과 같다.
① **열간압연** : 재료의 소성되는 정도가 커서 작은 동력으로 변형을 크게 할 수 있다.
② **냉간압연** : 반대로 큰 동력이 필요하나 치수가 정밀하고 표면이 매끄러운 제품을 만들 수 있으며, 특히 가공 경화가 되어 기계적 강도를 증가시킬 수 있다.

(3) 압연가공의 특징

냉간압연	열간압연
얇은 판(박판)이나 마무리 작업에 이용	치수가 큰 제품이나 주조 조직 개선 시 이용
동력소모가 크다.	동력소모가 작다.
변형저항이 크다.	변형저항이 작다.
열간에 비해 가공시간이 길다.	가공시간이 짧다.
가공표면이 깨끗하다.	가공표면이 산화되어 매끈하지 않다.
치수가 비교적 정확하다.	냉각 시 수축으로 인해 정밀도가 떨어진다.
가공경화현상으로 강도 및 경도 증가	가공경화현상이 발생하지 않는다.
조직의 방향성이 생겨 2차 가공 시 주의 필요	조직의 방향성이 생기지 않는다.

[공통적인 특징]
• 절삭가공에 비해 재료를 경제적으로 사용한다.
• 전체적으로 품질이 균일한 제품을 얻을 수 있다.

(4) 압연가공의 종류

① 분괴압연

잉곳을 다음 공정에서 필요로 하는 치수와 형상으로 최초 압연하는 것으로 표면의 홈을 제거한다. 그리고 잉곳에 있는 기포와 결정 입자의 크기를 줄임으로써 단련 조직으로 만든다. 연속주조법의 개발로 최근에는 많이 사용되지 않으나 소량생산에는 이용되고 있다.

② 판재압연

연속주조법이나 분괴압연으로 만들어진 재료를 이용하여 얇은 평판으로 만드는 가공법이다. 판은 6[mm] 이하일 경우 박판으로, 6[mm] 이상일 경우 후판으로 분류된다.

㉠ 박판 : 열간압연 및 냉간압연

㉡ 후판 : 열간압연

③ 연속주조법

제선공정과 제강공정을 거쳐 만들어진 용강(Molton Steel)을 주형에 넣고 강괴를 만든 다음, 연속하여 만들어진 롤러장치인 연속주조기를 통과시켜 슬래브나 블룸, 빌릿을 만드는 제조법이다. 순차적으로 생산하므로 제품의 외관이 좋으며 대량생산이 가능하다.

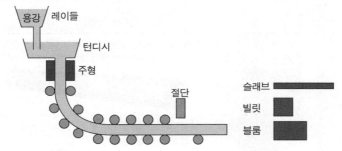

연속주조법의 장점

• 열의 이용률이 높다.
• 균일한 결정조직을 얻을 수 있다.
• 공정 자동화가 가능하여 생산성이 높다.
• 냉각속도가 빨라서 결함 및 편석이 미세하다.
• 주형 안으로 용탕이 연속으로 공급되므로 수축공의 발생이 적다.

④ 강관압연제조법

㉠ 이음매 없는 강관 제조(= 만네스만압연법(만네스만롤천공법))

속이 찬 빌릿이나 봉제에 약 1,200[℃]의 열을 가한 후 2개의 롤러에 재료를 물려 넣으면 재료 내부에 인장력이 작용하여 중심부에 구멍(공극)이 생기는데 이 구멍에 맨드릴(심봉)을 내밀어서 원하는 크기와 두께를 지닌 강관을 제조한다.

제선공정과 제강공정을 거쳐 만들어진 용강(Molton Steel)을 주형에 넣고 강괴를 만든 다음, 연속하여 만들어진 롤러장치인 연속 주조기를 통과시켜 슬래브나 블룸, 빌릿을 만드는 제조법은?

① 프레스가공
② 연속주조법
③ 스피닝가공
④ 드로잉가공

해설

연속주조법을 통해서 슬래브나 블룸, 빌릿을 만드는 제조법으로 제품을 순차적으로 생산하므로 제품의 외관이 좋으며 대량생산이 가능하다.

답 ②

연속주조법의 특징으로 알맞지 않은 것은?

① 수축공의 발생률이 적다.
② 열의 이용률이 높지 않다.
③ 균일한 결정조직을 얻는다.
④ 냉각 속도가 빨라서 결함이나 편석이 미세하다.

해설

연속주조법은 열의 이용률이 높다.

답 ②

속이 찬 봉재로부터 길이방향으로 이음매가 없는 긴 강관
(鋼管)을 제조하는 방법은?

① 프레스가공
② 전조가공
③ 만네스만가공
④ 드로잉가공

해설

강관(Steel Pipe)을 제조하는 방법으로는 주조나 단조, 압연,
인발 및 압출가공 등 다양한데 이들 중 만네스만가공은 압연에
의한 이음매 없는 강관제조법이다.
③ 만네스만가공 : 속이 찬 빌릿이나 봉재에 1,200[℃]의 열을
  가한 후 2개의 롤러에 재료를 물려 넣으면 재료 내부에 인
  장력이 작용하여 중심부에 구멍(공극)이 생기는데 이 구멍
  에 맨드릴(심봉)을 내밀어서 원하는 크기와 두께의 강관을
  제조하는 가공법이다.

답 ③

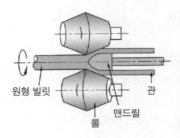

🔧 **TIP**

강관(Steel Pipe)을 제조하는 방법
주조나 단조, 압연, 인발 및 압출가공 등 다양한데 이들 중 만네스만가공은
압연에 의한 이음매 없는 강관 제조법이다.

만네스만압연의 특징
• 조잡하고 치수가 정밀하지 않다.
• 맨드릴의 크기에 따라서 관의 지름과 두께가 결정된다.
ⓛ 이음매 있는 강관 제조(= 용접)
압연된 판재를 둥글게 말아서 용접하는 것으로 일명 용접 강관으로도
불린다.

[용접 강관의 종류]

심드강관	코일로 감겨 있는 강판을 가열한 후 롤로 둥그렇게 말아서 이음부를 용접하는 방법으로 용접부의 형상이 일자가 된다.
스파이럴 강관	강판을 나사 모양과 같이 감아서 자동으로 용접하는 방법으로 용접부의 형상이 나선과 같다.

(5) 압연가공의 불량현상

① 두께결함
압연가공의 대표적인 결함으로 롤의 휨으로 인해 판재의 중앙부분과 가장
자리의 두께가 다르게 만들어지는 결함으로 롤의 열처리를 확실하게 한
것을 사용하면 된다.

② 너비 넓어짐
압연가공 후 너비가 넓어지는 불량으로 옆면에 수직 롤을 세우면 방지할
수 있다.

③ 표면결함

분류	특징	형상
웨이브에지	롤 휨에 의한 불량으로 가장자리가 물결모양이다. 롤의 강도를 조절하거나 열처리된 롤을 사용한다.	
지퍼크랙	재료의 연성이 좋지 않을 경우 중앙부가 일정 간격으로 파이는 불량으로 롤의 속도를 조절하면 된다.	
에지크랙	재료의 연성이 좋지 않을 경우 가장자리에 균열이 생기거나 파이는 불량이다.	
얼리게이터링	판재의 끝 부분에서 갈라지는 불량으로 슬래브를 압연하거나 합금재료를 압연할 때 주로 발생한다.	

(6) 압연가공의 가공도(압하율 또는 압하량으로 표시)

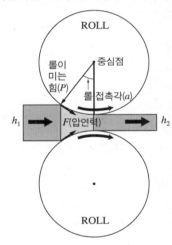

$$압하율(r) = \frac{h_1 - h_2}{h_1} \times 100[\%]$$

$$압하량 = h_2 - h_1$$

여기서, h_1 : 처음두께

h_2 : 나중두께

롤 휨에 의한 불량으로 가장자리가 물결모양이다. 롤의 강도를 조절하거나 열처리된 롤을 사용하는 압연 불량은?

① 넓어짐
② 웨이브에지
③ 지퍼크랙
④ 에지크랙

해설
① 넓어짐 : 압연가공 후 너비가 넓어지는 불량으로 옆면에 수직 롤을 세우면 방지할 수 있다.
③ 지퍼크랙 : 재료의 연성이 좋지 않을 경우 중앙부가 일정 간격으로 파이는 현상으로 롤의 속도를 조절하면 된다.
④ 에지크랙 : 재료의 연성이 좋지 않을 경우 가장자리에 균열이 생기거나 파이는 불량이다.

답 ②

압연가공의 가공도를 나타내는 것은?

① 압하량
② 롤의 크기
③ 소재의 종류
④ 소재의 용융온도

해설
압하량 = $h_2 - h_1$

답 ①

프레스가공의 종류에 속하지 않는 것은?

① 전단가공
② 굽힘가공
③ 스탬핑가공
④ 슈퍼피니싱가공

답 ④

프레스가공의 특징으로 알맞지 않은 것은?

① 가공속도가 빠르다.
② 품질이 비교적 균일하다.
③ 대형 제품의 대량생산에 적합하다.
④ 재료의 사용률이 낮아서 버려지는 양이 많다.

해설
프레스가공은 재료의 사용률이 높아서 버려지는 양이 적다.

답 ④

펀치(Punch)와 다이(Die)를 이용하여 판금재료로부터
제품의 외형을 따내는 작업은?

① 블랭킹(Blanking)
② 피어싱(Piercing)
③ 트리밍(Trimming)
④ 플랜징(Flanging)

해설
블랭킹(Blanking)
프레스가공의 일종으로 펀치와 다이를 이용해서 판금할 재료
로부터 제품의 외형을 따내는 작업이다. 따라서 따낸(잘린) 부
분이 제품이 되며 이와 반대로 따낸 나머지 부분이 제품이 되는
프레스가공법은 펀칭(Punching)이다.

답 ①

3 프레스가공(Press)

(1) 프레스가공의 정의

프레스기계를 이용하여 펀치나 다이(금형)로 판재에 인장이나 압축, 전단, 굽힘응력을 가해서 소성변형시켜 원하는 형상의 제품을 만드는 가공법이다. 기계화된 판금가공으로 치수가 정밀하고 제품의 대량생산에 적합하나 다이 제작비가 비싼 단점이 있다.

(2) 프레스가공의 분류

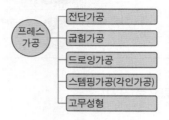

(3) 프레스가공의 특징

① 자동화가 가능하다.
② 가공속도가 빠르다.
③ 다이 제작비가 비싸다.
④ 품질이 비교적 균일하다.
⑤ 고도의 숙련을 요하지 않는다.
⑥ 치수가 정확해서 정밀도가 높다.
⑦ 대형 제품의 대량생산에 적합하다.
⑧ 가공시간과 노력이 상대적으로 적게 든다.
⑨ 재료의 사용률이 높아서 버려지는 양이 적다.

(4) 프레스가공의 종류

① 전단가공
  ㉠ 펀칭(Punching) : 판재를 펀칭으로 절단하고 남은 부분이 제품이 되는 가공이다. 잘린 부분은 스크랩이다.
  ㉡ 블랭킹(Blanking) : 펀칭으로 잘려진 부분이 제품이 되는 가공으로 제품의 외형을 따내는 작업이다. 재료 손실이 커서 비효율적이다.
    • 정밀 블랭킹(Fine Blanking) : 휨과 눌림이 적은 정밀한 블랭킹 제품을 가공하는 방법이다. 블랭킹이란 프레스가공의 일종으로 펀치와 다이를 이용해서 가공할 재료로부터 제품의 외형을 따내는 작업이다.

- 테일러 블랭킹(Tyler Blanking) : 판재가공에서 모양과 크기가 다른 판재 조각을 레이저 용접을 한 후, 그 판재를 성형하여 최종 형상을 만드는 프레스가공법이다.
- 랜싱(Lancing) : 판재의 일부분만 남기고 절단하는 프레스가공이다.
- 노칭(Notching) : 판재의 옆면을 여러 가지 모양으로 잘라내는 가공으로 전단가공(프레스가공)에 속한다.
- 피어싱(Piercing) : 구멍이 없는 제품이나 재료에 펀치로 구멍을 뚫거나, 작은 구멍에 펀치를 압입하여 구멍을 넓히는 가공방법이다.
- 트리밍(Trimming) : 제품 치수보다 크게 만드는 드로잉가공을 마친 후 제품의 최종 치수를 맞추기 위하여 여분의 재료를 절단하는 작업으로 별도의 트리밍용 다이가 필요하다.
- 분리(Parting, 분단) : 판재를 두 개나 그 이상으로 절단하는 가공이다.
- 세이빙(Saving) : 제품을 표면을 매끈하게 다듬는 가공이다.

② 굽힘가공

길이가 길고, 너비가 좁은 판재나 관, 봉 재료를 굽혀서 원하는 형상으로 굽혀서 변형시키는 가공법이다.

㉠ 컬링(Curling)

얇은 판재나 드로잉가공한 용기의 테두리를 프레스기계나 선반으로 둥글게 마는 가공법으로 가장 자리의 강도를 높이는 동시에 미관을 좋게 한다.

㉡ 플랜징(Flanging)

금속 판재의 모서리를 굽히는 가공법으로 2단 펀치를 사용하여 판재에 작은 구멍을 낸 후 구멍을 넓히면서 모서리를 굽혀 마무리를 짓는 가공법이다.

㉢ 비딩(Beeding)

판재의 끝 부분에 다이를 이용해서 일정 길이의 돌기부를 만드는 가공법이다.

㉣ 헤밍(Hemming)

판재의 끝부분을 접어서 포개는 가공법이다.

㉤ 롤 성형(Roll Forming)

길이가 긴 판재를 대량으로 굽힐 때 사용하는 가공법으로 약 1.5[m/s]의 속도로 금속 판재를 통과시켜 점차적으로 굽히는데, 열간 및 냉간 가공이 가능하며 자동차 빔이나 범퍼 등의 가공에 사용된다.

㉥ 관 굽힘가공

관처럼 속이 빈 재료 성형 시 좌굴이나 겹침 방지를 위해 모래를 채운다.

다음 설명에 해당하는 것은?

판재가공에서 모양과 크기가 다른 판재조각을 레이저용접한 후, 그 판재를 성형하여 최종형상으로 만드는 기술이다.

① 테일러 블랭킹
② 전자기성형
③ 정밀 블랭킹
④ 하이드로포밍

해설

② 전자기성형 : 전기를 에너지원으로 하는 고속 성형법으로, 저장된 전기에너지를 순간적으로 코일에 방전할 때 코일주변에 형성되는 자기장과 금속판재에 유도되는 유도전류의 상호작용에 의해서 발생하는 전자기력을 이용하여 금속판재를 고속으로 성형하는 방법이다.

③ 정밀 블랭킹 : 휨과 눌림이 적은 정밀한 블랭킹제품을 가공하는 방법이다. 블랭킹이란 프레스가공의 일종으로 펀치와 다이를 이용해서 가공할 재료로부터 제품의 외형을 따내는 작업이다.

④ 하이드로포밍 : 강관이나 알루미늄 압축튜브를 소재로 사용하며, 내부에 액체를 넣고 강한 압력을 가하여 복잡한 형상의 제품을 성형하는 제조방법이다.

답 ①

박판성형가공법의 하나로 선반의 주축에 다이를 고정하고, 심압대로 소재를 밀어서 소재를 다이와 함께 회전시키면서 외측에서 롤러로 소재를 성형하는 가공법은?

① 스피닝(Spinning)
② 벌징(Bulging)
③ 비딩(Beading)
④ 컬링(Curling)

해설
스피닝(Spinning)
선반의 주축에 제품과 같은 형상의 다이를 장착한 후 심압대로 소재를 다이와 밀착시킨 후 함께 회전시키면서 강체 공구나 롤러로 소재의 외부를 강하게 눌러서 축에 대칭인 원형의 제품 만드는 박판(얇은 판) 성형가공법이다. 탄소강 판재로 이음매 없는 국그릇이나 알루미늄 주방용품을 소량생산할 때 사용하는 가공법으로 보통 선반과 작업방법이 비슷하다.

답 ①

강관이나 알루미늄 압출튜브를 소재로 사용하며, 내부에 액체를 이용한 압력을 가함으로써 복잡한 형상을 제조할 수 있는 방법은?

① 롤포밍(Roll Forming)
② 인베스트먼트 주조(Investment Casting)
③ 플랜징(Flanging)
④ 하이드로포밍(Hydroforming)

해설
① 롤포밍 : 두 개나 그 이상으로 나란히 연속된 롤러에 의해 연속적으로 금속판재를 넣어 원하는 형상으로 성형하는 가공법으로 순차적으로 생산하므로 제품의 외관이 좋으며 대량 생산이 가능하다.
② 인베스트먼트 주조법 : 제품과 동일한 형상의 모형을 왁스(양초)나 파라핀(합성수지)으로 만든 후 그 주변을 슬러리상태의 내화재료로 도포한 다음 가열하면 주형은 경화되면서 왁스로 만들어진 내부모형이 용융되어 밖으로 빼내어짐으로써 주형이 완성되는 주조법으로 다른 말로는 로스트 왁스법, 치수정밀도가 좋아서 정밀주조법으로도 불린다.
③ 플랜징 : 금속판재의 모서리를 굽히는 가공법으로 2단 펀치를 사용하여 판재에 작은 구멍을 낸 후 구멍을 넓히면서 모서리를 굽혀 마무리를 짓는 가공법이다.

답 ④

③ 드로잉가공
비교적 편평한 철판을 다이 위에 올린 후 펀치로 눌러 다이 내부로 철판이 들어가게 함으로써 밥그릇이나 컵과 같이 이음매 없는 중공의 용기를 만드는 가공법으로 제품 표면에 균열이나 주름이 없는 성형가공법이다.

㉠ 아이어닝(Ironing) : 딥드로잉된 컵 형상의 판재 두께를 균일하게 감소시키는 프레스가공법으로 아이어닝 효과라고도 불린다. 제품 용기의 길이를 보다 길게 하는 장점이 있으나 지나친 아이어닝가공은 제품을 파단시킬 수 있다.

㉡ 스피닝가공(Spinning)
선반의 주축에 제품과 같은 형상의 다이를 장착한 후 심압대로 소재를 다이와 밀착시킨 후 함께 회전시키면서 강체 공구나 롤러로 소재의 외부를 강하게 눌러서 축에 대칭인 원형의 제품을 만드는 박판(얇은 판) 성형가공법이다. 탄소강 판재로 이음매 없는 국그릇이나 알루미늄 주방용품을 소량생산할 때 사용하는 가공법으로 보통 선반과 작업방법이 비슷하다.

㉢ 하이드로포밍
강관이나 알루미늄 압축튜브를 소재로 사용하며, 내부에 액체를 넣고 강한 압력을 가하여 복잡한 형상의 제품을 성형하는 제조방법이다.

㉣ 딥드로잉가공(Deep Drawing Work, 오므리기가공)
평판에서 이음부 없이 중공 용기를 만드는 대표적인 굽힘성형법이다.

④ 스탬핑가공(각인가공)
㉠ 코이닝(Coining)
펀치와 다이 표면에 새겨진 모양을 판재에 각인하는 프레스가공법으로 압인가공으로도 불린다. 주로 주화나 메탈 장식품을 만들 때 사용한다.

㉡ 엠보싱(Embossing)
얇은 판재를 서로 반대로 형상으로 만들어진 펀치와 다이로 눌러 성형시키는 가공법으로 주로 올록볼록한 형상의 제품 제작에 사용한다.

㉢ 허빙(Hubbing)
특정 형상으로 경화시킨 펀치로 판재의 표면을 압입하여 공동부를 만드는 작업으로 다른 제품의 성형에 사용하는 다이를 제작할 때 사용한다.

⑤ 고무성형

    ㉠ 게링법(Guering Process) : 판재를 다이 위에 놓고 고무 펀치로 압입하여 성형하는 방법이다.

    ㉡ 마포밍법(Marforming Process) : 판재를 다이 위에 놓고 고무를 채운 리테이너를 하강시키면서 펀치를 밀어 넣어 성형하는 방법이다.

    ㉢ 벌징(Bulging) : 꽃병과 같이 입구가 작고 중앙부가 큰 용기의 제작에 이용되는 성형가공법으로 펀칭이나 다이에 재료를 올려놓고 반대편에 고무나 액체를 이용해서 가압하면 펀칭이나 다이형상과 같은 제품을 만들 수 있다.

(5) 프레스가공의 불량현상

① 플로마크현상

    딥 드로잉 가공에서 성형품의 측면에 나타나는 외관 결함으로 성형재료의 표면에 유동 궤적을 나타내는 줄무늬가 생기는 불량이다.

② 플래시(Flash)현상

    금형에서 주입부 외의 부분인 Parting Line이나 Ejector Pin 등의 틈새에서 용융된 플라스틱이 흘러나와 고화되거나 얇은 조각의 수지가 생기는 불량으로 금형의 접합부에서 발생하는 성형 불량이다. 이를 방지하기 위해서는 금형 자체의 밀착성이 좋도록 체결력을 높여야 한다.

③ 제팅현상

    게이트에서 공동부(캐비티, Cavity)에 분사된 수지가 끈 모양의 형태로 고화되어 성형품의 표면에 꾸불거리는 모양으로 나타나는 불량이다.

④ 싱크마크현상

    성형제품의 냉각속도가 비교적 큰 부분에서 수축이 발생하면서 오목한 부분이 표면에 생기는 결함이다. 이 불량은 성형품의 두께를 균일하게 하거나 스프루, 러너, 게이트를 크게 하여 금형 내 압력이 균일하도록 하며, 두께가 두꺼운 위치에는 게이트를 설치하여 성형온도를 낮게 유지해야 한다.

⑤ 웰드마크현상

    플라스틱 성형 시 흐르는 재료들의 합류점에서 재료의 융착이 불완전하여 나타나는 줄무늬 불량이다. 다른 말로 웰드라인으로도 불린다.

다음은 사출성형품의 불량원인과 대책에 관한 설명이다. 어떤 현상을 설명한 것인가?

> 금형의 파팅라인(Parting Line)이나 이젝터핀(Ejector Pin) 등의 틈에서 흘러 나와 고화 또는 경화된 얇은 조각 모양의 수지가 생기는 것을 말하는 것으로 이를 방지하기 위해서는 금형 자체의 밀착성을 좋게 하도록 체결력을 높여야 한다.

① 플로마크(Flow Mark)현상
② 싱크마크(Sink Mark)현상
③ 웰드마크(Weld Mark)현상
④ 플래시(Flash)현상

해설

① 플로마크현상 : 딥드로잉가공에서 성형품의 측면에 나타나는 외관결함으로 제품표면에 성형재료의 유동궤적을 나타내는 줄무늬가 생기는 성형불량이다.
② 싱크마크현상 : 냉각속도가 큰 부분의 표면에 오목한 형상이 발생하는 불량이다. 이 결함을 제거하려면 성형품의 두께를 균일하게 하고, 러너와 게이트를 크게 하여 금형 내의 압력이 균일하도록 해야 한다.
③ 웰드마크현상 : 플라스틱 성형 시 흐르는 재료들의 합류점에서 재료의 융착이 불완전하여 나타나는 줄무늬 불량이다. 다른 말로 웰드라인으로도 불린다.

답 ④

프레스가공의 불량 중 게이트에서 공동부(캐비티, Cavity)에 분사된 수지가 끈 모양의 형태로 고화되어 성형품의 표면에 꾸불거리는 모양으로 나타나는 불량은?

① 제팅현상 　　　　② 플래시현상
③ 플로마크현상 　　④ 싱크마크현상

답 ①

다음 설명에 해당하는 현상은?

> 성형품의 냉각이 비교적 높은 부분에서 발생하는 성형수축으로 표면에 나타나는 오목한 부분의 결함을 말한다. 이를 제거하기 위해서는 성형품의 두께를 균일하게 하고, 스프루, 러너, 게이트를 크게 하여 금형 내의 압력이 균일하도록 하며, 성형온도를 낮게 억제한다. 두께가 두꺼운 위치에 게이트를 설치하여 성형온도를 낮게 억제한다.

① 플래시현상 　　　　② 싱크마크현상
③ 플로마크현상 　　　④ 제팅현상

답 ②

4 단조가공(Forging)

(1) 단조가공의 정의

기계나 다이를 이용하여 재료에 충격을 가해 제품을 만드는 가공법으로 주조 시 강괴에 발생한 편석이나 기공, 과대조직과 내부결함 등을 압착시켜 결정 입자를 미세화하여 강도와 경도, 충격값을 상승시킨다.

(2) 단조가공의 분류

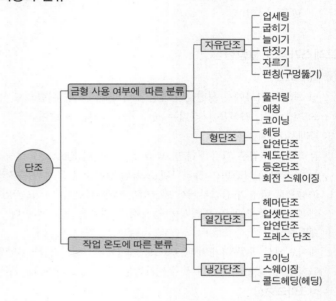

(3) 단조가공의 특징

자유단조	형단조
• 에너지가 적게 든다. • 정밀도가 떨어진다. • 작업속도가 느리다. • 간단한 제품 제작에 적합하다. • 정밀하지 않은 제품의 소량생산에 적합하다.	• 에너지가 많이 든다. • 정밀도가 우수하다. • 작업속도가 빠르다. • 자유단조보다 복잡한 제품 제작이 가능하다. • 정밀 제품의 대량생산에 적합하다. • 다이 제작비가 많이 든다. • 강인한 섬유상 조직을 얻을 수 있다. • 주물에 비해 강도가 크고 표면이 매끄럽다.

[공통적인 특징]
• 비행기 착륙기어나 크랭크축과 같이 응력을 크게 받는 제품 제작에 사용한다.
• 단조 횟수가 많을수록 결정입자가 압착된 섬유상 조직이 되어 인성과 강도가 우수하다.

자유단조에 속하지 않는 것은?

① 펀 칭
② 업세팅
③ 구멍뚫기
④ 로터리 스웨이징

해설
로터리 스웨이징은 형단조에 속한다.

답 ④

(4) 단조가공의 종류

① 자유단조

가장 간단한 단조가공법으로 에너지가 형단조에 비해 적게 드나 가공 속도가 느리고 정밀도가 떨어지기 때문에 작거나 간단한 제품 제작에 적합하다.

ⓐ 업세팅(Upsetting, 눌러붙이기)

단조의 가장 기본이 되는 작업으로 원기둥 형상의 재료를 상하로 위치한 다이 사이에 놓고 압축시켜 소재의 길이를 줄이고 지름을 크게 만드는 가공법이다. 업세팅은 재료의 조직을 미세화하고 강인한 섬유상 조직을 얻을 수 있어서 큰 강도가 필요한 기계부품 제작에 주로 사용된다.

예 커넥팅 로드, 기어

배럴링(Barreling)	정상 Upsetting
소재의 옆면이 볼록한 모양의 명칭 베럴링 → **배럴링 현상을 없애는 방법** • 다이를 예열한다. • 윤활제를 사용한다.	

ⓑ 늘이기(Stretching)

각진 재료나 환봉을 다이로 누르면서 지나감으로써 두께를 줄이고 길이를 길게 하는 가공법으로 가공의 시작은 재료의 중간이나 끝 부분부터 한다.

ⓒ 굽히기(Bending)

재료를 원하는 각도를 굽히는 가공법으로 일정한 직경을 굽히면 바깥쪽이 더 길어져서 가운데 부분의 직경이 얇아지게 되므로 미리 중앙부에 덧살을 붙임이면 이 현상을 막을 수 있다.

ⓓ 펀칭(Punching, 구멍뚫기)

재료에 온도를 가열한 후 펀치를 이용하여 구멍을 뚫는 가공법으로 두께가 얇은 경우 1~2회의 타격으로 구멍을 뚫을 수 있으나, 두꺼울 경우는 절반을 뚫은 후 뒤집어서 마무리 가공을 한다.

② 형단조

다이를 사용하는 단조가공법으로 큰 에너지를 필요로 하는 만큼 가공 속도가 빠르고 복잡하고 정밀한 제품을 얻을 수 있다. 그러나 다이 제작에 큰 비용이 들어가므로 대량생산에 적합하다.

ⓐ 헤 딩

그리퍼 다이로 재료 한쪽을 강력히 고정한 후 펀치를 사용해서 재료의 끝 부분을 축 방향으로 강하게 타격하여 머리부를 만드는 가공법으로 못이나 볼트, 리벳의 머리부를 만들 때 사용한다.

단조의 가장 기본이 되는 작업으로 원기둥 형상의 재료를 상하로 위치한 다이에 놓고 압축시켜 소재의 길이를 줄이고 지름을 크게 만드는 가공법은?

① 업세팅
② 늘이기
③ 굽히기
④ 구멍뚫기

답 ①

다이를 회전시키면서 봉이나 관, 선재의 지름을 감소시
키면서 원통형의 제품을 제작하는 단조가공법은?

① 헤 딩
② 롤 단조
③ 굽히기
④ 로터리 스웨이징

해설
로터리 스웨이징은 다이를 회전시키면서 봉이나 관, 선재의 지
름을 감소시키면서 원통형의 제품을 제작하는 단조가공법이다.

답 ④

ⓛ 롤 단조

제품 형상모양으로 움푹하게 패인 2개의 롤러 사이에 가열한 재료를
넣고 롤의 회전력으로 재료를 압연하면서 단조작업하는 것으로 주로
1차 작업 시 사용한다.

ⓒ 로터리 스웨이징

다이를 회전시키면서 봉이나 관, 선재의 지름을 감소시키면서 원통형
의 제품을 제작하는 단조가공법이다.

③ **열간단조(Hot Forging)**

소재를 재결정온도 이상으로 가열하며 단조가공하는 작업. 대부분의 재
료의 가공이 가능하다. 적은 힘으로 쉽게 가공이 가능하여 가공성이 향상
되고 제품 모양에 제약이 적다.

④ **냉간단조(Cold Forging)**

상온 부근에서 단조가공하는 작업. 비철금속이나 중, 저탄소강재료만 주
로 가능하다. 정밀도가 뛰어나고 강인한 제품 제작이 가능하나 소재에 대
한 저항이 크다.

(5) 작업공구

① 단조용 수공구
  ㉠ 모루(Anvil)
  ㉡ 해머(Hammer)
  ㉢ 정반(Surface Plate)
  ㉣ 집게(Tongs)
  ㉤ 정(Chisel)
  ㉥ 펀치(Punch)
  ㉦ 스웨이지(Swage), 단조용 탭
  ㉧ 이형공대(Swage Block)

② 단조용 기계
  ㉠ 프레스기계(유압프레스, 기계프레스, 나사프레스)
  ㉡ 해머(중력 낙하 해머, 동력 낙하 해머)
  ㉢ 가열로
  ㉣ 단조용 다이

(6) 단조가공의 불량

① 원재료의 결함 : 기공, 슬래그 혼입, 균열, 편석
② 가열에 따른 결함 : 산화 스케일, 백점, 탈탄
③ 좌 굴
④ 표면 겹침
⑤ 균 열

5 인발가공 및 압출가공, 전조가공

(1) 인발가공(Extrusion Work)

① 인발가공의 정의

다이 구멍 안에 있는 금속 재료를 구멍 밖으로 잡아 당겨 단면적을 줄이면서 선이나 봉, 관 등의 제품을 뽑아내는 가공법이다. 재료의 인장력을 이용하는데 주로 상온에서 점진적으로 제품의 단면을 줄이는 방법이 주로 사용된다.

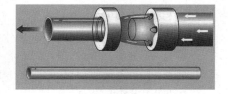

② 인발가공의 특징

㉠ 가공 공정이 많다.
㉡ 가공속도가 느리다.
㉢ 압연과 압출가공에 비해 비경제적이다.
㉣ 큰 소재보다 중간 가공된 소재를 사용한다.
㉤ 다이 형상에 따라 다양한 제품을 제작할 수 있다.
㉥ 압출이나 압연으로 힘든 가는 선재가공에 필수적인 가공법이다.
㉦ 상온에서 가공하는 냉간 인발로 가는 굵기의 선재를 가공할 때 큰 동력이 소요되지 않는다.

③ 인발가공에 영향을 미치는 요소

㉠ 인발력
㉡ 윤활법
㉢ 역장력
㉣ 다이각도
㉤ 단면감소율

④ 인발가공의 불량현상 : 심결함

(2) 압출가공(Extrusion)

① 압출가공의 정의

선재나 관재, 여러 형상의 단면재를 제조할 때 가열된 재료를 용기 안에 넣고 램이나 플런저로 재료를 높은 압력으로 다이 구멍 쪽으로 밀어내면 재료가 다이를 통과하면서 제품이 만들어지는 소성가공법이다.

② 압출가공의 특징

㉠ 작업 공정을 단순화시킬 수 있다.
㉡ 중간 소재를 다량으로 생산할 수 있다.
㉢ 압연가공이 어려운 관재나 이형의 단면재 가공에 사용된다.

소성가공법 중 압연과 인발에 대한 설명으로 옳지 않은 것은?

① 압연제품의 두께를 균일하게 하기 위하여 지름이 작은 작업롤러(Roller)의 위아래에 지름이 큰 받침롤러(Roller)를 설치한다.
② 압하량이 일정할 때 직경이 작은 작업롤러(Roller)를 사용하면 압연하중이 증가한다.
③ 연질재료를 사용하여 인발할 경우에는 경질재료를 사용할 때보다 다이(Die)각도를 크게 한다.
④ 직경이 5[mm] 이하의 가는 선 제작방법으로는 압연보다 인발이 적합하다.

해설
압하량이 일정할 경우 직경이 작은 롤러를 사용하면 압연하중이 감소하나 반대로 직경이 큰 롤러를 사용하면 압연하중은 증가한다.

답 ②

인발가공에 영향을 미치는 요소에 적합하지 않는 것은?

① 압출력
② 역장력
③ 다이각도
④ 단면감소율

해설
압출력은 인발가공보다는 프레스가공이나 압출가공에 영향을 미치는 요소이다.

답 ①

소성가공의 종류 중 압출가공에 대한 설명으로 옳은 것은?

① 소재를 용기에 넣고 높은 압력을 가하여 다이구멍으로 통과시켜 형상을 만드는 가공법
② 소재를 일정온도 이상으로 가열하고 해머 등으로 타격하여 모양이나 크기를 만드는 가공법
③ 원뿔형 다이구멍으로 통과시킨 소재의 선단을 끌어당기는 방법으로 형상을 만드는 가공법
④ 회전하는 한 쌍의 롤 사이로 소재를 통과시켜 두께와 단면적을 감소시키고 길이방향으로 늘리는 가공법

해설

압출가공
선재나 관재, 여러 형상의 단면재를 제조할 때 재료를 용기 안에 넣고 램으로 재료를 높은 압력으로 다이구멍 쪽으로 밀어내면 재료가 다이를 통과하면서 제품이 만들어지는 소성가공법이다.

답 ①

소성가공법에 대한 설명으로 옳지 않은 것은?

① 압출 : 상온 또는 가열된 금속을 용기 내의 다이를 통해 밀어내어 봉이나 관 등을 만드는 가공법
② 인발 : 금속봉이나 관 등을 다이를 통해 축방향으로 잡아당겨 지름을 줄이는 가공법
③ 압연 : 열간 혹은 냉간에서 금속을 회전하는 두 개의 롤러 사이를 통과시켜 두께나 지름을 줄이는 가공법
④ 전조 : 형을 사용하여 판상의 금속재료를 굽혀 원하는 형상으로 변형시키는 가공법

해설

전조가공
재료와 공구를 각각 또는 함께 회전시켜 재료 내부나 외부에 공구의 형상을 새기는 특수 압연법이다. 대표적인 제품으로는 나사와 기어가 있으며 절삭칩이 발생하지 않아 표면이 깨끗하고 재료의 소실이 거의 없다. 또한 강인한 조직을 얻을 수 있고 가공속도가 빨라서 대량생산에 적합하다.

답 ④

③ 압출가공에 영향을 미치는 요소
 ㉠ 압출비
 ㉡ 압출방법
 ㉢ 압출온도
 ㉣ 변형속도
 ㉤ 다이와 용기의 마찰력

(3) 전조가공(Form Rolling)

① 전조가공의 정의

두 개 또는 그 이상의 다이나 롤러 사이에 재료나 공구, 또는 재료와 공구를 함께 회전시켜 재료 내·외부에 공구의 표면 형상을 새기는 특수압연법이다. 주로 나사나 기어 제작에 사용되며 강인한 조직을 얻을 수 있고 가공속도가 빨라서 대량생산에 적합하다. 절삭 칩이 발생하지 않아 표면이 깨끗하고 재료의 소실이 거의 없다. 또한 강인한 조직을 얻을 수 있고 가공속도가 빨라서 대량생산에 적합하다.

② 전조가공과 절삭가공의 섬유상 조직

[전조가공]   [절삭가공]

③ 전조가공의 특징
 ㉠ 자동화가 가능하다.
 ㉡ 표면이 깨끗하고 경제적이다.
 ㉢ 가공속도가 빠르고 대량생산이 쉽다.
 ㉣ 재료와 공구의 부분 접촉으로 적은 동력으로도 가공이 가능하다.
 ㉤ 절삭 칩이 생기지 않으며 냉간 가공경화로 섬유상 조직이 형성되어 강인한 제품이 만들어진다.

(4) 전조가공으로 만들어지는 제품의 종류

 ① 나사전조
 ② 기어전조
 ③ 강구전조
 ④ 원통롤전조

공유압

1 유체의 기본 개념

(1) 유체의 정의

유체는 기체와 액체를 합한 것으로 공유압(공압과 유압) 기기에서 압력에너지를 전달하는 역할을 한다.

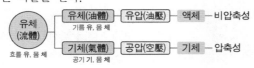

(2) 유압(油壓)과 공압(空壓, 기압)의 응답속도

유압장치에 사용되는 유체는 비압축성인 특성을 갖는 액체(기름)이므로 이 기름을 체적만큼 밀어내면 그 즉시 밀어낸 체적만큼의 응답이 이루어진다. 그러나 기체가 사용되는 공압은 기체가 압축성 유체이므로 유체와 동일한 체적만큼 밀어내도 압축이 이루어진 후 응답이 이루어지므로 응답속도는 유압보다 떨어진다. 따라서 유압은 공압에 비해 응답 속도가 **빠른** 것이다.

(3) 유체의 측정기기

① 유량 측정기기
   ㉠ 노 즐
   ㉡ 오리피스
   ㉢ 벤투리미터
   ㉣ 위어(개수로의 유량측정)
② 압력 측정기기
   ㉠ 피에조미터
   ㉡ 마노미터(액주계)
   ㉢ 부르동관 압력계(탄성식)

유압과 기압의 응답특성에 대한 특징으로 알맞은 것은?

① 유압(油壓)의 응답속도가 더 빠르다.
② 기압(氣壓)의 응답속도가 더 빠르다.
③ 유압(油壓)과 기압(氣壓)의 응답속도는 같다.
④ 온도에 따라 유압(油壓)과 기압(氣壓)의 응답속도가 달라진다.

해설
유체(流體)는 비압축성 유체이므로 압축성 유체인 기압(공압)보다 응답속도가 더 빠르다.

답 ①

유체의 측정기기 중 압력을 측정할 수 있는 것은?

① 벤투리미터
② 오리피스
③ 마노미터
④ 사각위어

해설
③ 마노미터 : 관로의 압력 측정기기
① 벤투리미터 : 관로의 유량 측정기기
② 오리피스 : 관로의 유량 측정기기
④ 위어 : 개수로의 유량 측정기기

답 ③

관로의 유속 측정이 불가능한 것은?

① 피토관
② 시차액주계
③ 피에조미터
④ 피토정압관

해설

피에조미터는 압력 측정용 측정기기이다.
유속 측정기기
• 피토관
• 피토정압관
• 시차액주계
• 열선속도계
• 초음파 유속계
• 입자영상 유속계
• 레이저도플러 유속계

답 ③

---

③ 유속 측정기기
   ㉠ 피토관
   ㉡ 피토정압관
   ㉢ 시차 액주계
   ㉣ 열선 속도계
   ㉤ 초음파 유속계
   ㉥ 입자영상 유속계
   ㉦ 레이저도플러 유속계

④ 비중량 측정
   ㉠ 비중병을 이용한 측정
   ㉡ 비중계를 이용한 측정
   ㉢ U자관을 이용한 측정
   ㉣ 아르키메데스 이론을 이용한 비중량 측정

$$\gamma = \frac{\text{대기 중 무게} - \text{액체 속에서의 무게}}{\text{물체의 체적}}$$

(4) 관련 이론

① 파스칼의 원리

밀폐된 용기 속에 있는 액체에 가한 압력은 그 액체가 접하는 모든 방향으로 같은 크기의 압력을 전달한다. 이는 유압잭의 원리로도 사용된다. 파스칼의 원리에 의해 $P_1 = P_2$이므로

$$P_1 = \frac{F_1}{A_1} = \frac{F_1}{\frac{\pi D_1{}^2}{4}} = \frac{4F_1}{\pi D_1{}^2}$$

② 점성계수(μ) : 유체 유동에 대한 저항력의 척도로 점도라고도 한다.

$$\mu = \left[\frac{\text{N} \cdot \text{s}}{\text{m}^2}\right] = \left[\frac{(\text{kg} \cdot \text{m/s}^2) \cdot \text{s}}{\text{m}^2}\right] = \left[\frac{\text{kg} \cdot \text{m} \cdot \text{s}}{\text{m}^2 \cdot \text{s}^2}\right] = \left[\frac{\text{kg}}{\text{m} \cdot \text{s}}\right]$$

점성계수의 MLT차원

MLT차원은 질량(M), 길이(L), 시간(T)의 순서로 표시되는데

$M = [\text{kg}]$, $L^{-1} = \left[\frac{1}{\text{m}}\right]$, $T^{-1} = \left[\frac{1}{\text{s}}\right]$이므로

표시는 $ML^{-1}T^{-1}$이 된다.

③ 동점성계수(Dynamic Viscosity, ν)

유체가 유동할 때 밀도를 고려한 점성계수로 점성계수를 유체가 가진 밀도로 나눈 값이다.

$$\nu = \frac{\mu}{\rho} \ [\text{m}^2/\text{s}, \ \text{cm}^2/\text{s}]$$

단위, $1\text{stokes}(\text{스토크스}, \ \text{St}) = 1[\text{cm}^2/\text{s}] = 100\,\text{centistokes}\,(\text{cSt})$

④ 딤플효과

딤플이란 골프공의 표면처럼 표면에 움푹 파인 부분을 말한다. 골프공에 딤플을 만들면 골프공이 날아갈 때 주변의 유체 흐름을 층류에서 난류로 바꾸어 줌으로써 공기의 저항을 줄여주어 더 멀리 날아가게 만드는 효과를 준다.

⑤ 매그너스 효과(Magnus Effect)

유동장 내에서 물체가 회전하는 경우 유체의 흐름에 수직 방향으로 힘을 받아서 물체의 방향이 바뀌는 현상을 말한다. 예를 들어 야구장에서 투수가 변화구를 던졌을 때 공이 휘거나, 골프공에 역회전을 주면 높이 뜨는 현상으로 설명할 수 있다.

2 유압기기

(1) 유압의 장단점

장 점	단 점
• 응답성이 우수하다.	• 고압이므로 위험하다.
• 일정한 힘과 토크를 낼 수 있다.	• 기름이 누설될 우려가 있다.
• 소형장치로 큰 힘을 발생시킨다.	• 작은 이물질에서 영향을 크게 받는다.
• 무단변속이 가능하며 원격제어가 가능하다.	• 유체의 온도에 따라 속도나 성능이 변한다.

(2) 유압장치의 특징

① 에너지의 축적이 가능하다.
② 제어하기 쉽고 비교적 정확하다.
③ 구조가 간단하고 원격조작이 가능하다.
④ 공압에 비해 출력의 응답속도가 빠르다.
⑤ 작동 유체로는 액체인 오일이나 물이 사용된다.
⑥ 유량 조절을 통해 무단 변속 운전을 할 수 있다.
⑦ 여러 동작을 수동이나 자동으로 선택하여 조작할 수 있다.
⑧ 유압유의 온도 변화에 따라 액추에이터의 출력과 속도가 변화되기 쉽다.
⑨ 파스칼의 원리를 이용하여 작은 힘으로 큰 힘을 얻는 장치의 제작이 가능하다.
⑩ 유압기기에 사용되는 작동유는 동력 전달의 효율성을 위하여 비압축성이어야 한다.

필 / 수 / 확 / 인 / 문 / 제

유압장치의 특징으로 알맞지 않은 것은?

① 에너지 축적이 가능하다.
② 구조가 간단하고 원격조작이 가능하다.
③ 공압에 비해 출력의 응답속도가 빠르다.
④ 액추에이터의 출력과 속도를 변화시키기 어렵다.

해설
유압장치는 유압유의 온도 변화에 따라 액추에이터의 출력과 속도가 변화되기 쉽다.

답 ④

유압장치의 구성요소에 속하지 않는 것은?

① 축압기
② 기체필터
③ 액추에이터
④ 모터 및 펌프

[해설]
유압을 작동유체로 액체를 사용하므로 기체필터는 필요가 없다. 기체필터는 공압장치의 구성요소이다.

답 ②

용적형 펌프에 속하지 않는 것은?

① 피스톤펌프
② 기어펌프
③ 나사펌프
④ 터빈펌프

[해설]
터빈펌프는 비용적형 펌프에 속한다.

답 ④

(3) 유압기기의 4대 요소

① 유압탱크
② 유압펌프
③ 유압밸브
④ 유압액추에이터(유압작동기)

(4) 유압장치의 구성요소

① 동력발생원 : 유압펌프, 유압모터,
② 유압 발생부 : 유압펌프, 유압모터, 오일탱크
③ 유압 청정부 : 여과기
④ 유압 제어부 : 유량제어, 압력제어, 방향제어
⑤ 유압 작동부 : 액추에이터(유압모터, 유압실린더 등)
⑥ 부속장치 : 오일냉각기, 가열기, 축압기 등

(5) 유압펌프

① 유압펌프의 정의
   유압을 에너지원으로 사용하는 펌프로 유압 에너지를 기계적 에너지로 변환시키는 기계장치이다.

> ⭐ **TIP**
>
> **펌프의 역할**
> 외부로부터 에너지를 받아 높은 압력으로 유체를 흡입하거나 토출하는 기계로서 주로 낮은 곳에 있는 유체에 압력과 속도를 줌으로써 관 속에서 유동시켜 높은 곳으로 양수하는 장치, 냉수나 온수 등을 운반하기 위해 가동되는 기기

② 유압펌프의 분류

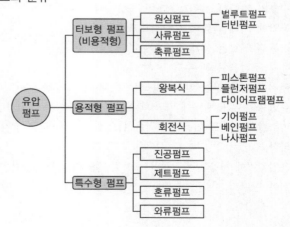

      ㉠ 정용량형 유압펌프

        1회전당 유압유의 토출량의 변동이 없는 펌프로 그 종류에는 나사펌
프, 기어펌프, 피스톤펌프, 베인펌프 등이 있다. 단, 피스톤펌프와 베
인펌프는 정용량형이면서 가변용량형이다.

      ㉡ 가변용량형 유압펌프

        1회전당 유압유의 토출량을 변화시킬 수 있는 펌프이다.

③ 펌프의 3요소

    ㉠ 송출유량[m^3/min]

    ㉡ 양정[m]

    ㉢ 회전수[rpm]

④ 유압펌프 KS기호 : ⊘

⑤ 유압펌프의 특징

    ㉠ 진동이 적다.

    ㉡ 기기의 배치가 자유롭다.

    ㉢ 일정한 힘과 토크를 낼 수 있다.

    ㉣ 구조가 간단하고 안전하며 경제적이다.

    ㉤ 유량을 조절하여 무단 변속이 가능하다.

    ㉥ 입력에 대한 출력의 응답 특성이 양호하다.

    ㉦ 제어가 쉽고 정확하며 속도 조절이 용이하다.

    ㉧ 유압유를 매체로 하므로 녹을 방지할 수 있다.

    ㉨ 윤활성이 좋고 충격을 완화하여 장시간 사용이 가능하다.

    ㉩ 파스칼의 원리에 의해 작은 힘으로 큰 힘을 전달할 수 있다.

    ㉪ 각종 제어밸브로 압력제어, 유량제어, 방향제어를 할 수 있다.

    ㉫ 작업의 반복성이 우수하여 무거운 물체의 정밀 조작이 가능하다.

    ㉬ 베인펌프의 경우 깃이 마멸되어도 펌프의 토출은 충분히 행해질 수
있다.

    ㉭ 피스톤펌프는 다른 펌프와 비교해서 상당히 높은 압력에 견딜 수 있
고, 효율이 높다.

    ㉮ 힘의 전달 기구가 간단하고 먼 거리에서도 배관을 연결하여 힘의 전달
과 방향전환이 가능하다.

    ㉯ 용적형 펌프는 정량토출을 목적으로 하고, 비용적형 펌프는 저압에서
대량의 유체를 수송하는 데 사용한다.

펌프의 3요소에 포함되지 않는 것은?

① 양 정
② 회전수
③ 송출유량
④ 펌프의 재질

               답 ④

날개(임펠러)를 회전시켜 유체에 원심력으로 인한 에너지를 줌으로써 유체를 낮은 곳에서 높은 곳으로 끌어올릴 수 있도록 한 펌프는?

① 원심펌프
② 터빈펌프
③ 피스톤펌프
④ 다이어프램펌프

해설

원심펌프(Centrifugal Pump)
날개(임펠러)를 회전시켜 유체에 원심력으로 인한 에너지를 줌으로써 유체를 낮은 곳에서 높은 곳으로 끌어올릴 수 있도록 한 펌프이다. 그 종류에는 속도에너지를 압력에너지로 변환하는 방법에 따라 벌루트펌프와 터빈펌프가 있다. 원통을 중심으로 축을 회전시킬 때, 유체가 원심력을 받아서 중심 부분의 압력이 낮아지고 중심에서 먼 곳의 압력은 높아지는 원리를 이용하여 유체를 송출한다.

답 ①

원심펌프의 특징으로 알맞은 것은?

① 가격이 비싸다.
② 맥동이 있어서 비효율적이다.
③ 평형공으로 축추력을 방지한다.
④ 크고 무거우며 구조가 복잡하다.

해설

① 가격이 저렴하다.
② 맥동이 없으며 효율이 좋다.
④ 작고 가벼우며 구조가 간단하다.

답 ③

⑥ 유압펌프의 단점
   ㉠ 화재의 위험성이 크다.
   ㉡ 전기 제어 회로에 비해 유압회로의 구성이 복잡하다.
   ㉢ 유압유의 압력이 높으면 액추에이터에 충격이 발생하여 기름이 새어 나오기 쉽다.
   ㉣ 유압유의 온도가 높아지면 점도가 변화되어 액추에이터의 출력이나 속도가 변화되기 쉽다.

⑦ 유압펌프의 종류
   ㉠ 원심펌프(Centrifugal Pump)
      • 정의 : 날개(임펠러)를 회전시켜 유체에 원심력으로 인한 에너지를 줌으로써 유체를 낮은 곳에서 높은 곳으로 끌어올릴 수 있도록 한 펌프이다. 그 종류에는 속도에너지를 압력에너지로 변환하는 방법에 따라 벌루트펌프와 터빈펌프가 있다. 원통을 중심으로 축을 회전시킬 때, 유체가 원심력을 받아서 중심 부분의 압력이 낮아지고 중심에서 먼 곳의 압력은 높아지는 원리를 이용하여 유체를 송출한다.
      • 원심펌프의 특징
        - 가격이 저렴하다.
        - 맥동이 없으며 효율이 좋다.
        - 평형공으로 축추력을 방지한다.
        - 작고 가벼우며 구조가 간단하다.
        - 고장률이 적어서 취급이 용이하다.
        - 용량이 작고 양정이 높은 곳에 적합하다.
        - 고속 회전이 가능해서 최근 많이 사용한다.
        - 비속도를 통해 성능이나 적정 회전수를 결정한다.
        - 평형공을 이용하여 축추력을 방지할 수 있다.
      ※ 평형공 : 날개의 회전력을 균형 있게 만들기 위해 날개 차에 여러 개의 구멍을 뚫어 입구 측과 날개 차 뒷면 간의 이동 통로 구멍
      ※ 비속도 : 유동 상태가 상사가 될 때의 회전수로서, 이는 유량과 양정이 주요 변수이다.
   ㉡ 베인펌프
      • 정의 : 회전자인 로터(Rotor)에 방사형으로 설치된 베인(Vane, 깃)이 캠링의 내부를 회전하면서 베인과 캠링 사이에 폐입된 유체를 흡입구에서 출구로 송출하는 펌프이다. 유량이 일정하므로 용적형 펌프에 속한다.

 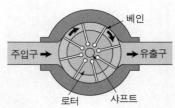

- 특 징
  - 실린더 내에서 유체를 가압하여 송출하는 용적형 펌프는 피스톤 펌프이다.
  - 원심펌프에 대한 해설로, 원심펌프는 회전차를 회전시켜 발생하는 압력으로 유체를 송출하는 비용적형 펌프이다.
  - 용적형 펌프인 베인 펌프는 상대적으로 비용적형 펌프에 비해 송출량은 크지 않다.
  - 깃이 마멸되어도 펌프의 토출은 충분히 행해질 수 있다.

ⓒ 기어펌프
- 정의 : 두 개의 맞물리는 기어를 케이싱 안에서 회전시켜 유압을 발생시키는 기어로써 구조가 간단해서 많이 사용되는 기어이다.
- 기어펌프의 특징
  - 흡입 능력이 크다.
  - 역회전이 불가능하다.
  - 유체의 오염에도 강하다.
  - 송출량을 변화시킬 수 없다.
  - 맥동이 적고, 소음과 진동도 작다.
  - 구조가 간단하며 가격이 저렴하다.
  - 1회 토출량이 일정한 정용량형펌프에 속한다.
  - 신뢰도가 높으며 보수작업이 비교적 용이하다.
- 폐입현상
  기어펌프에서 배출된 유량 중 일부가 입구로 되돌려지면서 배출량이 감소하고 축 동력이 증가하며 케이싱을 마모시키는 현상으로 기포와 진동을 발생시키는데 이를 방지하려면 기어 측면에 홈을 파면 된다.

ⓓ 피스톤펌프(플런저펌프)
- 정의 : 피스톤과 플런저의 구분은 작동부 단면이 연결부보다 크면 피스톤이고, 연결부의 끝부분이 작동부가 되면 플런저이다. 피스톤이나 플런저 작동부의 왕복운동에 의해 펌프를 작동시키는 펌프로 고압이나 고속펌프에 적합하다.
- 피스톤펌프의 특징
  - 효율이 높다.
  - 가격이 비싸다.
  - 구조가 복잡하다.
  - 흡입 능력이 작다.
  - 가변용량형의 펌프로 사용된다.
  - 다른 유압펌프에 비해 효율이 가장 크다.
  - 고속이나 고압의 유압장치에 적용이 가능하다.
  - 다른 펌프보다 상당히 높은 압력에 견딜 수 있다.

베인펌프에 대한 설명으로 옳은 것은?

① 회전자(Rotor)의 회전에 의하여 유체를 송출하는 용적형 회전펌프이다.

② 실린더 내에서 유체를 가압하여 송출하는 용적형 왕복펌프이다.

③ 회전차(Impeller)를 회전하여 발생하는 원심력으로 송출하는 터보형 원심펌프이다.

④ 송출량이 매우 커서 유체가 회전차의 축방향으로 유입되고 유출되는 터보형 축류펌프이다.

해설
베인펌프
회전자인 로터(Rotor)에 방사형으로 설치된 베인(Vane ; 깃)이 캠링의 내부를 회전하면서 베인과 캠링 사이에 폐입된 유체를 흡입구에서 출구로 송출하는 펌프이다. 유량이 일정하므로 용적형 펌프에 속한다.

답 ①

유압펌프의 특성에 대한 설명으로 옳지 않은 것은?

① 기어펌프는 구조가 간단하고 신뢰도가 높으며 운전 보수가 비교적 용이할 뿐만 아니라 가변토출형으로 제작이 가능하다는 장점이 있다.

② 베인펌프의 경우에는 깃이 마멸되어도 펌프의 토출은 충분히 행해질 수 있다는 것이 장점이다.

③ 피스톤 펌프는 다른 펌프와 비교해서 상당히 높은 압력에 견딜 수 있고, 효율이 높다는 장점이 있다.

④ 일반적으로 용적형 펌프(Positive Displacement Pump)는 정량토출을 목적으로 사용하고, 비용적형 펌프(Non-positive Displacement Pump)는 저압에서 대량의 유체를 수송하는 데 사용된다.

해설
기어펌프는 1회 토출량이 일정한 정용량형 펌프에 속하므로, 가변토출형으로 제작은 불가능하다.

답 ①

ⓜ 나사펌프
- 정의 : 나사와 케이싱 사이의 홈으로 유체를 압축시켜 유압을 발생시키는 펌프로 장기간 사용해도 성능 저하가 적은 펌프이다.
- 나사펌프의 특징
  - 맥동이 적다.
  - 진동이나 소음이 적다.
  - 장시간 사용해도 성능 저하가 작다.
  - 내구성이 풍부하고 운전이 정숙하다.
  - 저점도의 유체도 사용이 가능하다.

ⓗ 임펠러 펌프
- 정의 : 임펠러 날개가 케이싱 내부에서 회전하면서 진공상태를 만들면서 유체를 끌어들이고, 이 유체는 임펠러 날개로 담아 토출구로 배출시키는 펌프다. 임펠러 펌프는 유체에 에너지를 부여하는 터보형으로 분류된다.

⑧ 펌프의 이론동력(L) 구하는 식

$$L = pQ$$
$$= rHQ(p = rH \text{ 대입})$$
$$= \rho g HQ(r = \rho g \text{ 대입})$$
$$= 1,000 \times 9.8 HQ$$
$$= 9,800 QH[\text{W}]$$
$$= 9.8 QH[\text{kW}]$$

여기서, p : 유체의 압력
Q : 유량

(6) 유압모터

① 유압모터의 정의

유압에너지를 기계적 에너지로 변화시켜서 회전 운동을 발생시키는 유압 기기로 구동방식에 따라 기어모터, 베인모터, 피스톤모터로 분류한다.

② 유압모터의 장점
- ㉠ 내폭성이 우수하다.
- ㉡ 무단변속이 가능하다.
- ㉢ 토크제어가 가능하다.
- ㉣ 속도나 방향제어가 가능하다.
- ㉤ 출력당 큰 힘을 낼 수 있다.
- ㉥ 관성력이 작으며 정회전이나 역회전 시 모두 강하다.

펌프의 송출유량이 $Q[\text{m}^3/\text{s}]$, 양정이 $H[\text{m}]$, 액체의 밀도가 $1,000[\text{kg/m}^3]$일 때 펌프의 이론동력 L을 구하는 식으로 옳은 것은?(단, 중력가속도는 $9.8[\text{m/s}^2]$이다)

① $L = 9,800 QH[\text{kW}]$
② $L = 980 QH[\text{kW}]$
③ $L = 98 QH[\text{kW}]$
④ $L = 9.8 QH[\text{kW}]$

해설
펌프의 이론동력(L)을 구하면
$L = PQ$
여기서, P : 유체의 압력
Q : 유량
$P = rH$를 대입하면
$= rHQ$
$r = \rho g$를 대입하면
$= \rho g HQ$
$= 1,000 \times 9.8 HQ$
$= 9,800 QH[\text{W}]$
$= 9.8 QH[\text{kW}]$
따라서 정답은 ④번이 된다.

답 ④

③ 유압모터의 단점

ㄱ 보수하기 다소 복잡하다.

ㄴ 화재의 우려가 있는 곳에는 사용이 어렵다.

ㄷ 작동유의 온도변화에 의해 성질이 변한다.

ㄹ 작동유의 온도 범위를 20~80[℃]로 유지시켜야 한다.

ㅁ 작동유에 이물질이 들어가지 않도록 실링을 잘해야 한다.

(7) 밸 브

① 밸브의 정의

관로 내부에서 유체가 흐를 때 압력이나 방향, 유량이나 흐름의 정지를 위해 사용하는 부속장치로 배관에 부착되어 사용된다.

② 밸브의 분류

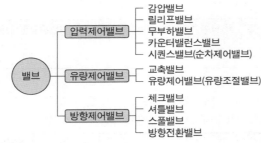

③ 압력제어밸브

ㄱ 릴리프밸브

유압회로에서 회로 내 압력이 설정치 이상이 되면 그 압력에 의해 밸브가 열려 압력을 일정하게 유지시키는 역할을 하는 밸브로서 안전밸브의 역할을 한다.

※ 유압과 공압의 도면 기호는 KS B 0054에서 확인할 수 있다.

ㄴ 감압밸브

유체의 압력을 감소시키기 위한 밸브로 급속귀환장치가 부착된 공작기계에서 고압펌프와 귀환 시 사용할 저압의 대용량 펌프를 병행해서 사용할 경우 동력 절감을 위해 사용하는 밸브이다.

ㄷ 카운터밸런스 밸브

유압회로에서 한쪽 방향의 흐름에는 배압을 생기게 하고, 다른 방향으로는 자유 흐름이 되도록 한 밸브로써 내부에는 한쪽 방향으로만 흐르게 하는 체크밸브가 반드시 내장된다. 수직형 실린더의 자중낙하를 방지하거나 부하가 급격히 제거되어 관성 제어가 불가능할 때 주로 사용한다.

유체의 압력을 감소시키기 위한 밸브로 급속귀환장치가 부착된 공작기계에서 고압펌프와 귀환 시 사용할 저압의 대용량펌프를 병행해서 사용할 경우 동력 절감을 위해 사용하는 밸브의 기호는?

①   ②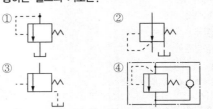

③   ④

해설

② 감압밸브

① 릴리프밸브

③ 시퀀스밸브

④ 카운터밸런스밸브

답 ②

ⓔ 시퀀스밸브

정해진 순서에 따라 순차적으로 작동시키는 밸브로서 주 회로에서 두 개 이상의 분기회로를 가질 때 각각의 회로를 순차적으로 작동시키고자 할 때 사용하므로 기계의 조작 순서를 확실하게 조정할 수 있다.

ⓜ 무부하밸브

펌프의 송출량을 필요로 하지 않을 때 펌프의 전체 유량을 직접 탱크로 되돌려 보내 펌프를 무부하상태로 만들어서 동력을 절감하거나 동작 유체의 온도 상승을 방지하는데 사용하는 밸브이다.

④ 유량제어밸브

ⓐ 유량제어밸브(= 유량조절밸브)

유압회로 내에서 단면적의 변화를 통해서 유체가 흐르는 양을 제어하는 밸브

한 방향 유량제어밸브	가변용량형 유량제어밸브

ⓑ 교축밸브

교축(얽힌 관을 수축시킴)이란 단면을 수축시켜 압력을 갑작스럽게 줄임으로써 관내 흐르는 유량을 조절하고자 할 때 사용하는 밸브이다.

고정형	조정형

ⓒ 유량제어밸브에 적용되는 회로

• 미터인 회로 : 액추에이터(실린더)의 공급측 관로에 설치하여 유량을 제어함으로써 속도를 제어하는 회로

• 미터아웃 회로 : 액추에이터(실린더)의 출구측 관로에 설치하여 유량을 제어함으로써 속도를 제어하는 회로

• 블리드오프 회로 : 액추에이터(실린더)의 공급측 관로에 설치된 바이패스 관로의 흐름을 제어함으로써 속도를 제어하는 회로

ⓓ 슬루스밸브

게이트밸브로도 불리는 슬루스밸브는 유체 차단 막인 게이트로 흐름을 차단시키는 가장 일반적인 밸브다. 유체의 흐름에 대한 저항이 적고 압력에 강해서 발전소의 도입관이나 상수도 주관과 같이 지름이 큰 관이나 자주 개폐할 필요가 없는 관의 밸브로 사용된다.

유량제어밸브에 속하지 않는 것은?

① 교축밸브　　　② 스톱밸브
③ 분류밸브　　　④ 체크밸브

해설

체크밸브는 방향전환용으로 사용된다.

답 ④

유량제어밸브에 적용되는 회로에 속하지 않는 것은?

① 미터인 회로
② 미터아웃 회로
③ 블리드오프 회로
④ 카운터밸런스 회로

해설

유량제어밸브에 적용되는 회로
① 미터인 회로 : 액추에이터(실린더)의 공급측 관로에 설치하여 유량을 제어함으로써 속도를 제어하는 회로
② 미터아웃 회로 : 액추에이터(실린더)의 출구측 관로에 설치하여 유량을 제어함으로써 속도를 제어하는 회로
③ 블리드오프 회로 : 액추에이터(실린더)의 공급측 관로에 설치된 바이패스 관로의 흐름을 제어함으로써 속도를 제어하는 회로

답 ④

⑤ 방향제어밸브

　㉠ 체크밸브

　　유체가 한쪽 방향으로만 흐르고 반대쪽으로는 흐르지 못하도록 할 때 사용하는 밸브로 기호로는 다음과 같이 2가지로 표시한다.

　㉡ 셔틀밸브

　　항상 고압인 쪽의 유압만을 통과시키는 방향전환밸브

　㉢ 스풀밸브

　　하나의 배관에 여러 개의 밸브 면을 둠으로써 유체의 흐름을 변환시키는 밸브

　㉣ 방향전환밸브

　　밸브의 스위치를 수동이나 자동으로 작동시켜 유체의 흐름을 차단하거나 방향을 전환시켜 모터나 실린더의 작동을 제어하는 밸브

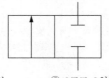

4포트 2위치 레버식 밸브

　• 방향전환밸브 해석(2/2밸브, 2포트 2위치 밸브)

　　– 포트 : 사각형의 영역 안에서 입구나 출구의 수

　　– 위치 : 사각형의 개수로, 위치를 조정하여 입구 및 출구의 방향을 바꿀 수 있는 수

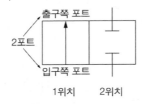

　• 작동 방식

수동 작동	누름버튼	레 버	페 달
스프링	롤러레버	플런저	솔레노이드 (전기적 작동)

다음 그림에 적용된 포트의 명칭은?

① 1포트 2위치　　② 2포트 2위치
③ 4포트 2위치　　④ 4포트 4위치

해설
• 포트 : 사각형의 영역 안에서 입구나 출구의 수
• 위치 : 사각형의 개수로, 위치를 조정하여 입구 및 출구의 방향을 바꿀 수 있는 수

답 ②

방향전환밸브의 작동 방식 중 스프링 방식은?

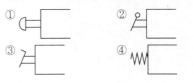

해설
④ 스프링
① 누름버튼
② 레 버
③ 페 달

답 ④

축압기의 역할로 알맞지 않은 것은?

① 충격압력을 흡수한다.
② 유압에너지를 축적한다.
③ 유압회로 내 맥동의 제거 및 완화한다.
④ 관로 내부에서 유체의 방향을 변화시킨다.

해설
유체의 방향을 변화시키는 것을 밸브로 하며 축압기의 역할은 아니다.

답 ④

유체토크컨버터의 구성요소에 속하지 않는 것은?

① 터 빈   ② 임펠러
③ 스테이터   ④ 베벨기어

답 ④

(8) 유압액추에이터

액추에이터는 모터와 실린더로 구성되어 있다.

① 유압모터 : 유체가 가진 압력을 출력축이 회전력으로 변환시키는 기기로 오일의 입구와 출구 외 드레인 포트로 새어 나온 오일을 저장탱크로 되돌려 보낸다.

② 유압실린더 : 유압모터에 의해 발생된 유압에너지를 직선형태의 기계적 에너지로 변환시켜 실제 일을 수행하는 기계요소이다.

(9) 축압기(Accumulator)

① 축압기의 정의
유체를 저장해서 충격흡수, 에너지축적, 맥동 완화 등의 역할을 하는 유압장치의 구성요소이나 유속을 증가시키지는 않는다. 유속은 관의 직경을 변화시킴으로써 변경시킬 수 있다.

② 축압기의 역할
㉠ 충격 흡수
㉡ 압력의 보상
㉢ 유압회로 내 맥동의 제거 및 완화
㉣ 관의 직경을 변화시킴으로써 유속을 변경한다.
㉤ 유압에너지의 축적으로 보조 에너지원으로 사용한다.

(10) 유체토크컨버터

① 유체토크컨버터의 정의
유체토크컨버터는 펌프 역할을 하는 임펠러와 터빈 그리고 스테이터(안내깃)로 구성된 토크변환용 유체기기로 주로 자동차용 자동변속기에 장착된다. 입력축보다 출력축의 토크가 증대되며 출력축이 정지한 상태에서도 입력축은 회전할 수 있다.

② 토크컨버터의 작동원리
엔진과 같은 회전수로 회전하는 임펠러(펌프)를 빠져나온 유체가 터빈의 깃을 쳐서 터빈을 회전시키는데 터빈을 돌리고 나온 작동유체는 안내깃인 스테이터로 유입된 후 다시 펌프로 흘러들어간다.

③ 특 징
㉠ 자동차용 자동변속기에 사용된다.
㉡ 입력축의 토크보다 출력축의 토크가 증대될 수 있다.
㉢ 출력축이 정지한 상태에서 입력축이 회전할 수 있다.

④ 유체토크컨버터의 구성요소
㉠ 터 빈
㉡ 임펠러
㉢ 스테이터

⑤ 유체토크컨버터의 구조

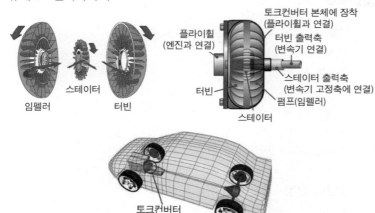

임펠러   스테이터   터빈

플라이휠
(엔진과 연결)

토크컨버터 본체에 장착
(플라이휠과 연결)

터빈 출력축
(변속기 연결)

스테이터 출력축
(변속기 고정축에 연결)

터빈

펌프(임펠러)

스테이터

토크컨버터
장착위치

유체토크컨버터(Fluid Torque Converter)에 대한 설명 중 옳지 않은 것은?

① 유체커플링과 달리 안내깃(Stator)이 존재하지 않는 구조이다.
② 압력축의 토크보다 출력축의 토크가 증대될 수 있다.
③ 자동차용 자동변속기에 사용된다.
④ 출력축이 정지한 상태에서 입력축이 회전할 수 있다.

해설
유체토크컨버터는 펌프 역할을 하는 임펠러와 터빈 그리고 스테이터(안내깃)로 구성된 토크변환용 유체기기로 주로 자동차용 자동변속기에 장착된다. 입력축보다 출력축의 토크가 증대되며 출력축이 정지한 상태에서도 입력축은 회전할 수 있다.

답 ①

(11) 유압작동유

① 유압작동유의 점도가 높을 때 발생하는 현상
  ㉠ 효율이 저하된다.
  ㉡ 캐비테이션(공동현상)이 발생한다.
  ㉢ 유압기기의 작동이 불활성된다.
  ㉣ 유압유 내부 마찰이 커지고 온도가 상승한다.
  ㉤ 유동저항이 커져서 에너지(압력) 손실이 커진다.
② 유압작동유의 점도가 낮을 때 발생하는 현상
  압력유지가 잘 되지 않는다.

(12) 냉동장치

① 냉동장치의 정의
  냉동 사이클 내부를 유동하는 동작물질인 냉매를 순환시켜 저온 측에서 고온 측으로 열을 이동시키는 장치로 이 과정을 냉동사이클이라고 한다. 여기서 냉동이란 냉매를 이용하여 어떤 계(System)나 물체의 온도를 주변의 온도보다 낮게 만드는 과정을 말한다.

② 냉동사이클의 순서
  단열팽창 → 등온팽창 → 단열압축 → 등온압축

③ 냉동사이클의 성적계수(ε_r, 성능계수)
  냉동효과를 나타내는 기준이 되는 수치

$$\varepsilon_r = \frac{\text{저온체에서 흡수한 열량}}{\text{공급열량}} = \frac{Q_2}{Q_1 - Q_2} = \frac{T_1}{T_1 - T_2}$$

$$= \frac{\text{증발기}}{\text{응축기} - \text{증발기}}$$

① 소음이 크다.
② 비압축성 유체이다.
③ 구동 비용이 많이 든다.
④ 저속에서 일정한 속도를 얻기 힘들다.

해설
공압은 압축성 유체이므로 응답속도가 유압에 비해 느리다.
답 ②

완전 진공상태를 기점으로 하여 측정한 압력인 절대압력을 구하려면?

① 절대압력 = 대기압 + 게이지압
② 절대압력 = 대기압 - 게이지압
③ 절대압력 = 대기압 - 진공압
④ 절대압력 = 대기압 + 진공압

답 ①

3 공압기기

(1) 공압의 장점

① 배관이 간단하다.
② 인화의 위험이 없다.
③ 무단변속이 가능하다.
④ 공기의 무한 공급이 가능한 에너지원이다.
⑤ 저장탱크에 공기를 압축해서 저장할 수 있다.
⑥ 작업속도는 빠르다.

(2) 공압의 단점

① 소음이 크다.
② 구동에 비용이 많이 든다.
③ 응답속도가 유압에 비해 느리다.
④ 유압보다 큰 힘의 전달이 어렵다.
⑤ 공기는 압축성 유체이므로 효율이 유압이 비해 떨어진다.
⑥ 저속에서 스틱 슬립(Stick Slip)이 발생하여 일정한 속도를 얻기 힘들다.

(3) 공압장치의 구성요소

① **동력발생원** : 엔진, 모터
② **공압발생부** : 압축기, 탱크(서지탱크), 에프터쿨러
③ **공압청정부** : 공기필터, 공기드라이어(에어드라이어)
④ **공압제어부** : 유량제어, 압력제어, 방향제어
⑤ **공압작동부** : 액추에이터(모터, 실린더 등)

(4) 공기압력

① **절대압력**(P_{abs}) : 완전 진공상태를 기점인 0으로 하여 측정한 압력이다.

$$P_{abs} = P_{a(=atm,\,대기압력)} + P_{g(게이지압력)}$$

② **대기압**(P_{atm}) : 대기에 작용하는 기체의 압력으로 기압계로 측정한다. 1643년 토리첼리에 의해 측정된 것으로 1기압은 수은기둥의 높이가 76[cmHg](= 760[mmHg])일 때의 압력이며, 이 값은 측정하는 위치나 날씨에 따라 달라진다.
  ㉠ 표준대기압 : 해상을 기준으로 측정
  ㉡ 국소대기압 : 임의의 위치를 기준으로 측정
③ **게이지압력**(P_g) : 대기압을 기점인 0으로 하여 측정한 압력
④ **진공압** : 대기압을 기준으로 그 이하의 압력으로 진공도는 진공압력의 크기를 백분율로 표시한다.

(5) 공압을 이용하는 기관

① 오토사이클 : 가솔린기관에 이용
② 디젤사이클 : 디젤기관에 이용
③ 브레이턴사이클 : 가스터빈에 이용
④ 랭킨사이클 : 증기 원동소의 이상 사이클, 발전소에서 증기터빈을 돌려 전기를 생산하는 원리가 되는 등 산업 현장에서 많이 사용하는 이론이다.

(6) 공기 조화의 4대 요소

① 온 도
② 기 류
③ 습 도
④ 청정도

4 유압기기의 이상현상

(1) 캐비테이션(Cavitation, 공동현상)

① 캐비테이션의 정의
유체가 관 속을 유동할 때 유체의 압력이 포화 증기압(기포가 발생하는 압력) 이하로 내려가면 유체에 녹아 있던 기체가 기포로 빠져나오면서 유체 내부에 공동(액체 중 존재하는 기체 공간)이 생기는 현상으로 이 기포가 관 벽을 때리면서 소음이나 진동, 깃의 손상 등이 발생하고 펌프의 성능과 효율을 저하시킨다. 유체의 증기압보다 낮은 압력이 발생하는 펌프 주위에서 주로 발생한다.
② 캐비테이션에 따른 영향
㉠ 심한 충격이 발생한다.
㉡ 소음 및 진동을 일으킨다.
㉢ 가동 날개의 부식을 일으킨다.
㉣ 펌프의 유량, 양정, 효율이 저하된다.
㉤ 수명이 단축되고 고장의 원인이 된다.
③ 캐비테이션 방지 대책
㉠ 양 흡입 펌프를 사용한다.
㉡ 펌프의 회전수를 작게 한다.
㉢ 두 대 이상의 펌프를 사용한다.
㉣ 펌프 흡입관의 직경을 크게 한다.
㉤ 스트레이너의 면적이 큰 것을 사용한다.
㉥ 회전차를 수중에 완전히 잠기도록 한다.
㉦ 펌프의 설치 높이를 낮추어 흡입 양정을 짧게 한다.

캐비테이션(Cavitation) 현상이 일어날 때 관계가 없는 것은?

① 소음과 진동 발생
② 펌프의 효율 증가
③ 가동날개에 부식 발생
④ 심한 충격 발생

해설
캐비테이션(Cavitation ; 공동현상)
유동하는 유체의 속도변화에 의해 압력이 낮아지면 포화증기압도 함께 낮아지면서 유체 속에 녹아 있던 기체가 분리되어 유체 내부에 기포가 발생하는 현상으로 이 기포가 관 벽이나 날개에 부딪치면서 소음과 진동이 발생하는 현상이다. 유체의 증기압보다 낮은 압력이 발생하는 펌프 주위에서 주로 발생한다.
캐비테이션에 의한 영향
• 심한 충격이 발생한다.
• 소음 및 진동을 일으킨다.
• 가동날개의 부식을 일으킨다.
• 펌프의 유량, 양정, 효율이 저하된다.
• 수명이 단축되고 고장의 원인이 된다.

답 ②

④ 보일의 법칙과 캐비테이션의 관계

보일의 법칙($P_1 v_1 = P_2 v_2$)에 의해 펌프의 회전수가 높아지면 압력이 낮아져서 유체 속에서 기포가 발생하는 포화 증기압도 낮아져서 캐비테이션의 발생을 더 촉진시킨다. 캐비테이션을 방지하기 위해서는 유체의 과도한 압력 저하를 막기 위해 펌프의 회전수를 낮춰야 한다.

(2) 맥동현상(= 서징현상, Surging)

① 맥동현상의 정의

펌프 운전 중 압력계의 눈금이 주기적이며 큰 진폭으로 흔들림과 동시에 토출량도 변하면서 흡입과 토출배관에서 주기적으로 진동과 소음을 동반하는 현상이며 영어로는 서징(Surging)현상이라고 한다.

② 맥동현상의 발생원인

㉠ 토출 관로가 길 때

㉡ 배관이나 유체 내부에 기포가 존재할 때

③ 맥동현상의 방지책

㉠ 배관 중간에 기체 부분이 존재하지 않도록 설계한다.

㉡ 회전차나 안내깃의 형상 치수를 바꾸어 유동 특성을 변화시킨다.

㉢ 유량조절밸브를 펌프의 토출부 직후에 위치시켜 유량을 조절한다.

㉣ 불필요한 공기탱크나 잔류공기를 제어하고, 관로의 단면적이나 유속, 저항을 바꾼다.

(3) 수격현상

① 수격현상의 정의

관내를 흐르는 유체의 유속이 급히 바뀌면 유체의 운동에너지가 압력에너지로 변하면서 관내 압력이 비정상적으로 상승하여 배관이나 펌프에 손상을 주는 현상

② 수격현상의 원인

㉠ 밸브를 급히 개폐할 경우

㉡ 정전 등으로 갑자기 펌프가 정지할 경우

㉢ 펌프의 정상 운전 시 유체의 압력변동이 있는 경우

③ 수격현상 방지대책

㉠ 펌프의 급정지를 피한다.

㉡ 송출관로에 공기실을 설치한다.

㉢ 관의 직경을 크게 하여 가능한 한 유속을 낮춘다.

㉣ 펌프 토출구에 서지탱크나 수격방지기를 설치한다.

㉤ 유량조절밸브를 펌프의 토출구 직후에 설치하여 유량을 적당히 제어한다.

㉥ 펌프 회전축에 플라이휠을 설치하여 펌프의 급격한 속도 변화를 방지한다.

관내를 흐르는 유체의 유속이 급히 바뀌면 유체의 운동에너지가 압력에너지로 변하면서 관내 압력이 비정상적으로 상승하여 배관이나 펌프에 손상을 주는 현상은?

① 수격현상
② 맥동현상
③ 병목현상
④ 캐비테이션

답 ①

5 압력용기(Pressure Vessel)

(1) 압력용기의 정의
가스용 봄베나 보일러 탱크 등으로 사용되는 고압 용기로 내압과 외압이 항상 동시에 작용하며 절단 시에는 응력의 작용 방향에 따라 원주 방향 절단과 축 방향 절단으로 나뉜다.

(2) 절단 방향에 따른 단면적 계산

축 방향 절단 시 단면적(A)	원주 방향 절단 시 단면적(A)
$A=\pi dt$	$A=2tL$ 길이 L 두께 t

(3) 힘의 작용 방향에 따른 인장응력 계산식
① 원주 방향의 인장응력

(P(압력) : 14[kgf/cm²], D(직경) : 18[cm], t(두께) : 0.6[cm]일 경우)

$$\sigma_t = \frac{PD}{2t} = \frac{14[\mathrm{kgf/cm^2}] \times 18[\mathrm{cm}]}{2 \times 0.6[\mathrm{cm}]} = 210[\mathrm{kgf/cm^2}]$$

② 축 방향의 인장응력

(P(압력) : 14[kgf/cm²], D(직경) : 18[cm], t(두께) : 0.6[cm]일 경우)

$$\sigma_t = \frac{PD}{4t} = \frac{14[\mathrm{kgf/cm^2}] \times 18[\mathrm{cm}]}{4 \times 0.6[\mathrm{cm}]} = 105[\mathrm{kgf/cm^2}]$$

압력용기에서 축 방향의 인장응력을 구하는 공식은?

① $\sigma_t = \dfrac{PD}{2t}$ ② $\sigma_t = \dfrac{PD}{4t}$

③ $\sigma_t = \dfrac{2PD}{t}$ ④ $\sigma_t = \dfrac{2P}{8t}$

해설

축 방향의 인장응력 구하는 식

$$\sigma_t = \frac{PD}{4t}$$

여기서, P : 압력
         D : 직경
         t : 두께

답 ②

용 접

필 / 수 / 확 / 인 / 문 / 제

용접법 중 용접법에 속하지 않는 것은?

① 스터드용접
② 초음파용접
③ 산소-아세틸렌용접
④ 일렉트로슬래그용접

해설
초음파용접은 압접에 속한다.

답 ②

1 용접 일반

(1) 용접의 정의

용접이란 2개의 서로 다른 물체를 접합하고자 할 때 사용하는 기술이다. 접합 부위를 용융시켜 여기에 용가재인 용접봉을 넣어 접합하거나(융접), 접합부 위를 녹기 직전까지 가열하여 압력을 통해 접합(압접)하고, 또는 모재를 녹이 지 않고 모재보다 용융점이 낮은 금속(납)을 녹여 접합부에 넣어 표면장력(원 자간 확산침투)으로 접합시키는 방법(납땜)이다.

(2) 용접의 분류

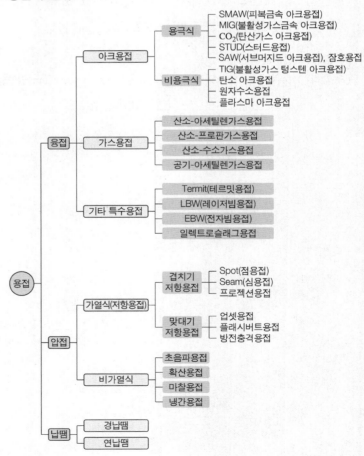

(3) 용접과 타 접합법과의 차이점

구 분	종 류	장점 및 단점
야금적 접합법	용접이음 (융접, 압접, 납땜)	• 결합부에 틈새가 발생하지 않아서 이음효율이 좋다. • 영구적인 결합법으로 한번 결합 시 분리가 불가능하다.
기계적 접합법	리벳이음, 볼트이음, 나사이음, 핀, 키, 접어잇기 등	• 결합부에 틈새가 발생하여 이음효율이 좋지 않다. • 일시적 결합법으로 잘못 결합 시 수정이 가능하다.
화학적 접합법	본드와 같은 화학물질에 의한 접합	• 간단하게 결합이 가능하다. • 이음강도가 크지 않다.

※ 야금 : 광석에서 금속을 추출하고 용융 후 정련하여 사용목적에 알맞은 형상으로 제조하는 기술

(4) 용접의 장점 및 단점

용접의 장점	용접의 단점
• 이음효율이 높다. • 재료가 절약된다. • 제작비가 적게 든다. • 이음 구조가 간단하다. • 유지와 보수가 용이하다. • 재료의 두께 제한이 없다. • 이종재료도 접합이 가능하다. • 제품의 성능과 수명이 향상된다. • 유밀성, 기밀성, 수밀성이 우수하다. • 작업 공정이 줄고, 자동화가 용이하다.	• 취성이 생기기 쉽다. • 균열이 발생하기 쉽다. • 용접부의 결함 판단이 어렵다. • 용융 부위 금속의 재질이 변한다. • 저온에서 쉽게 약해질 우려가 있다. • 용접 모재의 재질에 따라 영향을 크게 받는다. • 용접 기술자(용접사)의 기량에 따라 품질이 다르다. • 용접 후 변형 및 수축에 따라 잔류응력이 발생한다.

(5) 용접 자세(Welding Position)

자 세	KS규격	모재와 용접봉 위치	ISO	AWS
아래보기	F (Flat Position)		PA	1G
수 평	H (Horizontal Position)		PC	2G
수 직	V (Vertical Position)		PF	3G
위보기	OH (Overhead Position)		PE	4G

용접의 장점과 단점으로 알맞지 않은 것은?

① 이음 효율이 높고 제작비가 적게 든다.
② 유지와 보수가 용이하며 재료의 두께 제한이 없다.
③ 용접부의 결함을 판단하기 힘들고 저온에서 약해질 우려가 크다.
④ 용접사의 기량이나 용접 모재의 재질에 따라 영향을 받지 않는다.

해설
용접은 용접기술재(용접사)의 기량이나 모재의 재질에 따라 품질이 달라진다.

답 ④

용극식 용접법에 속하지 않는 용접법은?

① SMAW
② TIG
③ SAW
④ 이산화탄소 아크 용접(CO₂용접)

해설
TIG용접은 용가재를 따로 넣어주기 때문에 비용극식 용접법에 속한다.

답 ②

용접할 때 용접부 주위가 발생 열에 영향을 받아서 금속의 성질이 처음 상태와 달라지는 부분으로 용융점(1,538[℃]) 이하에서 금속의 미세조직이 변한 부분의 명칭은?

① 용융부
② 본드부
③ 모재부
④ 열영향부

답 ④

아크에어가우징의 특징으로 알맞지 않은 것은?

① 고압의 압축공기를 사용한다.
② 탄소전극봉을 가우징용으로 사용한다.
③ 가스가우징보다 작업 능률이 2~3배 높고 모재에도 해를 입히지 않는다.
④ 강괴나 강편, 강재 표면의 홈이나 개재물, 탈탄층 등을 제거하기 위해 사용한다.

해설
아크에어가우징은 홈 가공이나 구멍 뚫기, 절단 작업에 사용되는 것으로 강괴나 강편, 강재 표면의 홈이나 개재물, 탈탄층 등을 제거하기 위한 것은 스카핑이다.

답 ④

(6) 용극식 vs 비용극식 아크용접법

용극식 용접법 (소모성 전극)	용가재인 와이어 자체가 전극이 되어 모재와의 사이에서 아크를 발생시키면서 용접 부위를 채워나가는 용접 방법으로 이때 전극의 역할을 하는 와이어는 소모된다. 예 서브머지드 아크용접(SAW), MIG용접, CO₂용접(탄산가스 용접), 피복금속아크용접(SMAW)
비용극식 용접법 (비소모성 전극)	전극봉을 사용하여 아크를 발생시키고 이 아크열로 용가재인 용접봉을 녹이면서 용접하는 방법으로 이때 전극은 소모되지 않고 용가재인 와이어(피복금속아크용접의 경우 피복 용접봉)는 소모된다. 예 TIG용접

(7) 열영향부(HAZ ; Heat Affected Zone)

① 정 의
용접할 때 용접부 주위가 발생 열에 영향을 받아서 금속의 성질이 처음 상태와 달라지는 부분으로 용융점(1,538[℃]) 이하에서 금속의 미세조직이 변한 부분이다.

② 열영향부의 특징
㉠ 열영향부의 경계는 뚜렷하지 않다.
㉡ 열영향부는 융합부에 접해 있어서 금속조직이 변한 부분이다.
㉢ 열영향부는 용융되지는 않았으나 용접 열에 의해 영향을 받은 부분이다.

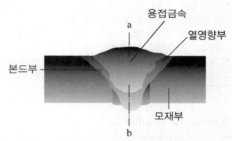

(8) 보수용접

① 아크에어가우징
탄소아크절단법에 고압(5~7[kgf/cm²])의 압축공기를 병용하는 방법으로 용융된 금속에 탄소봉과 평행으로 분출하는 압축공기를 전극 홀더의 끝부분에 위치한 구멍을 통해 연속해서 불어내어 홈을 파내는 방법으로 홈 가공이나 구멍 뚫기, 절단 작업에 사용된다. 이것은 철이나 비철금속에 모두 이용할 수 있으며, 가스가우징보다 작업 능률이 2~3배 높고 모재에도 해를 입히지 않는다.

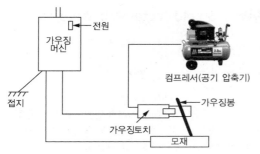

전원
가우징
머신
접지
컴프레서(공기 압축기)
가우징봉
가우징토치
모재

아크에어가우징의 구성요소
• 가우징머신
• 가우징봉(탄소전극봉)
• 가우징토치
• 컴프레서(압축공기)

② 스카핑(Scarfing)

강괴나 강편, 강재 표면의 홈이나 개재물, 탈탄층 등을 제거하기 위한 불꽃 가공으로 가능한 얇으면서 타원형의 모양으로 표면을 깎아내는 가공법이다.

(9) 용착법의 종류 및 운봉 방식

구 분	명 칭	특 징	운봉방식
용착 방향에 의한 용착법	전진법	• 한쪽 끝에서 다른 쪽 끝으로 용접을 진행하는 방법으로 용접 진행 방향과 용착 방향이 서로 같다. • 용접 길이가 길면 끝부분 쪽에 수축과 잔류응력이 생긴다.	1 2 3 4 5
	후퇴법	• 용접을 단계적으로 후퇴하면서 전체 길이를 용접하는 방법으로 용접 진행 방향과 용착 방향이 서로 반대가 된다. • 수축과 잔류응력을 줄이는 용접 기법이나 작업 능률이 떨어진다.	5 4 3 2 1
	대칭법	변형과 수축응력의 경감법으로 용접의 전 길이에 걸쳐 중심에서 좌우 또는 용접물 형상에 따라 좌우 대칭으로 용접하는 기법이다.	4 2 1 3
	스킵법 (비석법)	용접부 전체의 길이를 5개 부분으로 나누어 놓고 1-4-2-5-3 순으로 용접하는 방법으로 용접부에 잔류응력을 적게 해야 할 경우에 사용한다.	1 4 2 5 3
다층 비드 용착법	덧살올림법 (빌드업법)	각 층마다 전체의 길이를 용접하면서 쌓아 올리는 방법으로 가장 일반적인 방법이다.	4 3 2 1
	전진 블록법	한 개의 용접봉으로 살을 붙일만한 길이로 구분해서 홈을 한층 완료 후 다른 층을 용접하는 방법이다.	4 8 12 3 7 11 2 6 10 1 5 9
	캐스 케이드법	한 부분의 몇 층을 용접하다가 다음 부분의 층으로 연속시켜 전체가 단계를 이루도록 용착시켜 나가는 방법이다.	4 3 2 1

강괴나 강편, 강재 표면의 홈이나 개재물, 탈탄층 등을 제거하기 위한 불꽃 가공으로 가능한 얇으면서 타원형의 모양으로 표면을 깎아내는 가공법은?

① 드릴링 ② 스카핑
③ 가스가우징 ④ 아크에어가우징

답 ②

용착법의 종류에 대한 설명으로 알맞지 않은 것은?

① 전진법은 한쪽 끝에서 다른 쪽 끝으로 용접을 진행하는 방법으로 용접 진행 방향과 용착 방향이 서로 같다.
② 후퇴법은 용접을 단계적으로 후퇴하면서 전체 길이를 용접하는 방법으로 용접 진행 방향과 용착 방향이 서로 반대가 된다.
③ 스킵법은 용접부 전체의 길이를 5개 부분으로 나누어 놓고 1-4-2-5-3 순으로 용접하는 방법으로 용접부에 잔류 응력을 적게 해야 할 경우에 사용한다.
④ 대칭법은 한 부분의 몇 층을 용접하다가 다음 부분의 층으로 연속시켜 전체가 단계를 이루도록 용착시켜 나가는 방법이다.

해설
대칭법은 변형과 수축응력의 경감법으로 용접의 전 길이에 걸쳐 중심에서 좌우 또는 용접물 형상에 따라 좌우 대칭으로 용접하는 기법이다.

답 ④

피복아크용접봉의 피복제의 주된 역할로 알맞은 것은?

① 스패터의 발생을 많게 한다.
② 용착금속에 필요한 합금원소를 제거한다.
③ 모재 표면에 산화물이 생기게 한다.
④ 용착금속의 냉각속도를 느리게 하여 급랭을 방지한다.

해설
피복제는 용착금속 위를 덮음으로써 냉각속도를 느리게 하며 급랭을 방지한다.
① 피복제는 스패터의 발생을 적게 한다.
② 피복제는 용착금속에 필요한 합금원소를 첨가한다.
③ 피복제는 모재 표면에 산화물의 발생을 억제한다.

답 ④

2 피복금속아크용접(SMAW ; Shield Metal Arc Welding)

(1) 피복금속아크용접의 정의

용접 홀더에 피복제로 둘러 싼 용접봉을 끼운 후 용접봉 끝의 심선을 용접물에 접촉시키면 아크가 발생되는데, 이 아크열로 따로 떨어진 모재들을 하나로 접합시키는 영구결합법이다. 용접봉 자체가 전극봉과 용가재 역할을 동시에 하는 용극식 용접법에 속한다.

TIP

아크용접
아크(Arc)를 열원으로 하여 용접하는 방법으로 그 종류에는 피복금속아크용접으로 TIG용접, MIG용접, CO$_2$용접, 서브머지드 아크용접(SAW) 등이 있다.

① 아크의 정의
이온화된 기체들이 불꽃 방전에 의해 청백색의 강렬한 빛과 열을 내는 현상으로 아크 중심의 온도는 약 6,000[℃]이며, 보통 3,000~5,000[℃] 정도이다.

(2) 피복금속아크용접(SMAW)의 회로 순서

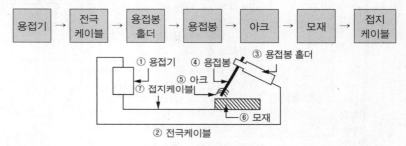

(3) 피복제(Flux)의 역할

① 아크를 안정시킨다.
② 전기 절연 작용을 한다.
③ 보호가스를 발생시킨다.
④ 스패터의 발생을 줄인다.
⑤ 아크의 집중성을 좋게 한다.
⑥ 용착금속의 급랭을 방지한다.
⑦ 용착금속의 탈산정련작용을 한다.
⑧ 용융금속과 슬래그의 유동성을 좋게 한다.
⑨ 용적(쇳물)을 미세화하여 용착효율을 높인다.
⑩ 용융점이 낮고 적당한 점성의 슬래그를 생성한다.
⑪ 슬래그 제거를 쉽게 하여 비드의 외관을 좋게 한다.
⑫ 적당량의 합금 원소를 첨가하여 금속에 특수성을 부여한다.

⑬ 중성 또는 환원성 분위기를 만들어 질화나 산화를 방지하고 용융금속을 보호한다.

⑭ 쇳물이 쉽게 달라붙도록 힘을 주어 수직자세, 위보기 자세 등 어려운 자세를 쉽게 한다.

(4) 연강용 피복아크용접봉의 규격(E4301 : 일미나이트계 용접봉)

E	43	01
Electrode (전기용접봉)	용착금속의 최소인장강도[kgf/mm^2]	피복제의 계통(종류) (일미나이트계)

(5) 직류아크용접기 vs 교류아크용접기의 차이점

특 성	직류아크용접기	교류아크용접기
아크안정성	우 수	보 통
비피복봉 사용여부	가 능	불가능
극성변화	가 능	불가능
자기쏠림방지	가 능	불가능
무부하 전압	약간 낮음(40~60[V])	높음(70~80[V])
전격의 위험	적다.	많다.
유지보수	다소 어렵다.	쉽다.
고 장	비교적 많다.	적다.
구 조	복잡하다.	간단하다.
역 률	양 호	불 량
가 격	고 가	저 렴
고 장	비교적 많다.	적다.

(6) 교류아크용접기의 규격

종 류	AW200	AW300	AW400	AW500
정격 2차 전류[A]	200	300	400	500
정격 사용률[%]	40	40	40	60
정격부하 전압[V]	30	35	40	40
사용 용접봉 지름[mm]	2.0~4.0	2.6~6.0	3.2~8.0	4.0~8.0

※ AW는 교류아크용접기를 나타내는 기호이다.

직류아크용접기와 교류아크 용접기의 차이점으로 알맞지 않은 것은?

① 교류아크용접기는 아크쏠림을 방지할 수 있다.

② 교류아크용접기는 전격의 위험이 직류아크용접기보다 작다.

③ 직류아크용접기는 정극성과 역극성으로 극성변화가 가능하다.

④ 직류아크용접기는 교류아크용접기에 비해 아크 안정성이 우수하다.

해설

교류아크용접기는 전격의 위험이 직류아크용접기보다 크다.

답 ②

용접기의 4가지 특성으로 알맞은 것은?

① 정전류특성 : 부하 전류나 전압이 변해도 단자 전압은 거의 변하지 않는다.

② 정전압특성 : 부하 전류나 전압이 변해도 단자 전류는 거의 변하지 않는다.

③ 수하특성 : 부하 전류가 증가하면 단자 전압이 낮아진다.

④ 상승특성 : 부하 전류가 증가하면 단자 전압이 낮아진다.

해설
① 정전류특성 : 부하 전류나 전압이 변해도 단자 전류는 거의 변하지 않는다.
② 정전압특성 : 부하 전류나 전압이 변해도 단자 전압은 거의 변하지 않는다.
④ 상승특성 : 부하 전류가 증가하면 단자 전압이 약간 높아진다.

답 ③

아크용접기의 사용 극성 중 직류 정극성의 특징으로 알맞은 것은?

① 용입이 얕다.

② 비드의 폭이 넓다.

③ 박판의 용접에 알맞다.

④ 용접봉의 용융속도가 느리다.

해설
직류 정극성의 경우 모재에는 (+)전극이 연결되며 70[%]의 열이 발생하고, 용접봉에는 (−)전극이 연결되며 30[%]의 열이 발생하므로 직류 역극성에 비해 용접봉의 용융속도가 느리다.

답 ④

(7) 용접기의 특성 4가지

① 정전류특성 : 부하 전류나 전압이 변해도 단자 전류는 거의 변하지 않는다.

② 정전압특성 : 부하 전류나 전압이 변해도 단자 전압은 거의 변하지 않는다.

③ 수하특성 : 부하 전류가 증가하면 단자 전압이 낮아진다.

④ 상승특성 : 부하 전류가 증가하면 단자 전압이 약간 높아진다.

(8) 용접기의 사용률

용접기를 사용하여 아크용접을 할 때 용접기의 2차 측에서 아크가 발생한 시간을 의미한다.

$$사용률[\%] = \frac{아크\ 발생\ 시간}{아크\ 발생\ 시간 + 정지\ 시간} \times 100[\%]$$

(9) 아크용접기의 극성

직류 정극성 (DCSP ; Direct Current Straight Polarity)	• 용입이 깊다. • 비드폭이 좁다. • 용접봉의 용융속도가 느리다. • 후판(두꺼운 판) 용접이 가능하다. • 모재에는 (+)전극이 연결되며 70[%]의 열이 발생하고, 용접봉에는 (−)전극이 연결되며 30[%]의 열이 발생한다.
직류 역극성 (DCRP ; Direct Current Reverse Polarity)	• 용입이 얕다. • 비드폭이 넓다. • 용접봉의 용융속도가 빠르다. • 박판(얇은 판) 용접이 가능하다. • 주철, 고탄소강, 비철금속의 용접에 쓰인다. • 모재에는 (−)전극이 연결되며 30[%]의 열이 발생하고, 용접봉에는 (+)전극이 연결되며 70[%]의 열이 발생한다.
교류(AC)	• 극성이 없다. • 전원 주파수의 $\frac{1}{2}$ 사이클마다 극성이 바뀐다. • 직류 정극성과 직류 역극성의 중간적 성격이다.

※ AW는 교류아크용접기를 나타내는 기호이다.

(10) 용접봉의 건조 온도

용접봉은 습기에 민감해서 건조가 필요하다.

① 일반용접봉 : 약 100[℃]에서 30분~1시간

② 저수소계 용접봉 : 약 300~350[℃]에서 1~2시간

(11) 피복아크용접봉의 종류

종 류		특 징
E4301	일미나이트계	• 일미나이트($TiO_2 \cdot FeO$)를 약 30[%] 이상 합금한 것으로 우리나라에서 많이 사용한다. • 일본에서 처음 개발한 것으로 작업성과 용접성이 우수하며 값이 저렴하여 철도나 차량, 구조물, 압력 용기에 사용된다. • 내균열성, 내가공성, 연성이 우수하여 25[mm] 이상의 후판용접도 가능하다.
E4303	라임티타늄계	• E4313의 새로운 형태로 약 30[%] 이상의 산화티탄(TiO_2)과 석회석($CaCO_3$)이 주성분이다. • 산화티탄과 염기성 산화물이 다량으로 함유된 슬래그 생성식이다. • 피복이 두껍고 전 자세 용접성이 우수하다. • E4313의 작업성을 따르면서 기계적 성질과 일미나이트계의 작업성 부족을 개량하여 만든 용접봉이다. • 고산화티탄계 용접봉보다 약간 높은 전류를 사용한다.
E4311	고셀룰로스계	• 피복제에 가스 발생제인 셀룰로스(유기물)를 20~30[%] 정도를 포함한 가스 생성식의 대표적인 용접봉이다. • 발생 가스량이 많아 피복량이 얇고 슬래그가 적으므로 수직, 위보기 용접에서 우수한 작업성을 보인다. • 가스 생성에 의한 환원성 아크 분위기로 용착금속의 기계적 성질이 양호하며 아크는 스프레이 형상으로 용입이 크고 용융속도가 빠르다. • 슬래그가 적으므로 비드 표면이 거칠고 스패터가 많다. • 사용전류는 슬래그 실드계 용접봉에 비해 10~15[%] 낮게 하며 사용 전 70~100[℃]에서 30분~1시간 건조해야 한다. • 도금 강판, 저합금강, 저장탱크나 배관공사에 이용된다.
E4313	고산화티탄계	• 균열에 대한 감수성이 좋아서 구속이 큰 구조물의 용접이나 고탄소강, 쾌삭강의 용접에 사용한다. • 피복제에 산화티탄(TiO_2)을 약 35[%] 정도 합금한 것으로 일반 구조용 용접에 사용된다. • 용접기의 2차 무부하 전압이 낮을 때에도 아크가 안정적이며 조용하다. • 스패터가 적고 슬래그의 박리성도 좋아서 비드의 모양이 좋다. • 저합금강이나 탄소량이 높은 합금강의 용접에 적합하다. • 다층 용접에서는 만족할 만한 품질을 만들지 못한다. • 기계적 성질이 다른 용접봉에 비해 약하고 고온 균열을 일으키기 쉬운 단점이 있다.
E4316	저수소계	• 용접봉 중에서 피복제의 염기성이 가장 높다. • 석회석이나 형석을 주성분으로 한 피복제를 사용한다. • 보통 저탄소강의 용접에 주로 사용되나 저합금강과 중, 고탄소강의 용접에도 사용된다. • 용착금속 중의 수소량이 타 용접봉에 비해 1/10 정도로 현저하게 적다. • 균열에 대한 감수성이 좋아 구속도가 큰 구조물이 용접이나 탄소 및 황의 함유량이 많은 쾌삭강의 용접에 사용한다. • 피복제는 습기를 잘 흡수하기 때문에 사용 전에 300~350[℃]에서 1~2시간 건조 후 사용해야 한다.

필 / 수 / 확 / 인 / 문 / 제

용접봉의 종류에 따른 표시규격으로 알맞은 것은?

① E4301 – 저수소계
② E4303 – 철분 산화티탄계
③ E4311 – 셀룰로스계
④ E4313 – 라임티타늄계

해설

피복아크 용접봉의 종류

E4301	일미나이트계	E4316	저수소계
E4303	라임티타늄계	E4324	철분 산화티탄계
E4311	고셀룰로스계	E4326	철분 저수소계
E4313	고산화티탄계	E4327	철분 산화철계

답 ③

저수소계 용접봉의 건조온도로 알맞은 것은?

① 건조하지 않는다.
② 100[℃]에서 30분~1시간
③ 100~200[℃]에서 30분~1시간
④ 300~350[℃]에서 1~2시간

해설

용접봉은 습기에 민감해서 건조가 필요하다.
• 일반 용접봉 : 약 100[℃]에서 30분~1시간
• 저수소계 용접봉 : 약 300~350[℃]에서 1~2시간

답 ④

CHAPTER 06 | 용 접 **185**

종 류		특 징
E4324	철분 산화티탄계	• E4313의 피복제에 철분을 50[%] 정도 첨가한 것이다. • 작업성이 좋고 스패터가 적게 발생하나 용입이 얕다. • 용착금속의 기계적 성질은 E4313과 비슷하다.
E4326	철분 저수소계	• E4316의 피복제에 30~50[%] 정도의 철분을 첨가한 것으로 용착속도가 크고 작업 능률이 좋다. • 용착금속의 기계적 성질이 양호하고 슬래그의 박리성이 저수소계 용접봉보다 좋으며 아래보기나 수평 필릿용접에만 사용된다.
E4327	철분 산화철계	• 주성분인 산화철에 철분을 첨가한 것으로 규산염을 다량 함유하고 있어서 산성의 슬래그가 생성된다. • 아크가 분무상으로 나타나며 스패터가 적고 용입은 E4324보다 깊다. • 비드의 표면이 곱고 슬래그의 박리성이 좋아서 아래보기나 수평 필릿용접에 많이 사용된다.

(12) 용접 홀더의 종류(KS C 9607)

종 류	125호	160호	200호	250호	300호	400호	500호
정격 용접 전류(A)	125	160	200	250	300	400	500
홀더로 잡을 수 있는 용접봉 지름[mm]	1.6~ 3.2	3.2~ 4.0	3.2~ 5.0	4.0~ 6.0	4.0~ 6.0	5.0~ 8.0	6.4~ 10.0
접촉할 수 있는 최대 홀더용 케이블의 도체 공정 단면적[mm²]	22	30	38	50	50	60	80

3 가스용접 및 가스절단(Gas Welding & Cutting)

(1) 가스용접

① 가스용접의 정의

주로 산소-아세틸렌가스를 열원으로 하여 용접부를 용융하면서 용가재를 공급하여 접합시키는 용접법으로 그 종류에는 사용하는 연료가스에 따라 산소-아세틸렌용접, 산소-수소용접, 산소-프로판용접, 공기-아세틸렌용접 등이 있다. 산소-아세틸렌가스의 불꽃 온도는 약 3,430[℃]이다.

② 가스의 분류

조연성가스	다른 연소물질이 타는 것을 도와주는 가스	산소, 공기
가연성가스 (연료 가스)	산소나 공기와 혼합하여 점화하면 빛과 열을 내면서 연소하는 가스	아세틸렌, 프로판, 메탄, 부탄, 수소
불활성가스	다른 물질과 반응하지 않는 기체	아르곤, 이산화탄소, 헬륨, 네온

조연성가스에 속하는 것은?

① 산 소
② 프로판
③ 아르곤
④ 아세틸렌

답 ①

③ 가스용접의 장점

    ㉠ 운반이 편리하고 설비비가 싸다.

    ㉡ 전원이 없는 곳에 쉽게 설치할 수 있다.

    ㉢ 아크용접에 비해 유해 광선의 피해가 적다.

    ㉣ 가열할 때 열량 조절이 비교적 자유로워 박판용접에 적당하다.

    ㉤ 기화용제가 만든 가스 상태의 보호막은 용접 시 산화작용을 방지한다.

    ㉥ 산화불꽃, 환원불꽃, 중성불꽃, 탄화불꽃 등 불꽃의 종류를 다양하게 만들 수 있다.

④ 가스용접의 단점

    ㉠ 폭발의 위험이 있다.

    ㉡ 금속이 탄화 및 산화될 가능성이 많다.

    ㉢ 아크용접에 비해 불꽃의 온도가 낮다(아크 : 약 3,000~5,000[℃], 산소-아세틸렌불꽃 : 약 3,430[℃]).

    ㉣ 열의 집중성이 나빠서 효율적인 용접이 어려우며 가열 범위가 커서 용접 변형이 크고 일반적으로 용접부의 신뢰성이 작다.

⑤ 가스별 불꽃 온도 및 발열량

가스 종류	불꽃 온도[℃]	발열량[kcal/m³]
아세틸렌	3,430	12,500
부 탄	2,926	26,000
수 소	2,960	2,400
프로판	2,820	21,000
메 탄	2,700	8,500

가스용접용 불꽃과 아크의 온도 비교

가스용접에서 사용되는 대표적인 불꽃인 산소-아세틸렌가스 불꽃의 온도는 약 3,430[℃]이나 아크용접의 열원인 아크(Arc)는 약 3,000~5,000[℃]이므로 열원의 온도는 아크용접이 가스용접보다 더 높다.

⑥ 가스용접봉의 표시 - GA43 용접봉의 경우

G	A	43
가스용접봉	용착 금속의 연신율 구분	용착 금속의 최저 인장강도[kgf/mm²]

가스용접에 사용되는 연료가스의 발열량이 가장 높은 것은?

① 수 소   ② 부 탄
③ 프로판   ④ 아세틸렌

해설

부탄가스의 발열량이 26,000[kcal/m³]로 가장 높다.

답 ②

가스용접봉을 다음과 같이 표시할 경우, "43"이 의미하는 것은?

GA43

① 가스용접봉
② 연신율 구분
③ 최저 인장강도
④ 최대 인장강도

답 ③

가스용접에 사용되는 용융법 중 전진법과 후진법의 차이점으로 알맞은 것은?

① 전진법의 열 이용률이 후진법보다 좋다.
② 전진법의 용접 속도가 후진법보다 빠르다.
③ 후진법의 산화정도가 전진법보다 양호하다.
④ 후진법의 기계적 성질이 전진법보다 나쁘다.

답 ③

⑦ 가스용접에서의 전진법과 후진법의 차이점

구 분	전진법	후진법
열 이용률	나쁘다.	좋다.
비드의 모양	보기 좋다.	매끈하지 못하다.
홈의 각도	크다(약 80°).	작다(약 60°).
용접속도	느리다.	빠르다.
용접 변형	크다.	작다.
용접 가능 두께	두께 5[mm] 이하의 박판	후 판
가열 시간	길다.	짧다.
기계적 성질	나쁘다.	좋다.
산화 정도	심하다.	양호하다.
토치 진행방향 및 각도		

⑧ 불꽃의 이상 현상
  ㉠ 인 화
    팁 끝이 순간적으로 막히면 가스의 분출이 나빠지고 가스 혼합실까지 불꽃이 도달하여 토치를 빨갛게 달구는 현상이다.
  ㉡ 역 류
    토치 내부의 청소가 불량할 때 내부 기관에 막힘이 생겨 고압의 산소가 밖으로 배출되지 못하고 압력이 낮은 아세틸렌 쪽으로 흐르는 현상이다.
  ㉢ 역 화
    토치의 팁 끝이 모재에 닿아 순간적으로 막히거나 팁의 과열 또는 사용가스의 압력이 부적당할 때 팁 속에서 폭발음을 내면서 불꽃이 꺼졌다가 다시 나타나는 현상이다. 불꽃이 꺼지면 산소밸브를 차단하고, 이어 아세틸렌 밸브를 닫는다. 팁이 가열되었으면 물속에 담가 산소를 약간 누출시키면서 냉각한다.

⑨ 일반 가스용기의 도색 색상

가스명칭	도 색	가스명칭	도 색
산 소	녹 색	암모니아	백 색
수 소	주황색	아세틸렌	황 색
탄산가스	청 색	프로판(LPG)	밝은 회색
아르곤	회 색	염 소	갈 색

※ 산업용과 의료용의 용기 색상은 다르다(의료용의 경우 산소는 백색).

⑩ 가스 호스의 색깔

용 도	색 깔	용 도	색 깔
산소용	검정 또는 녹색	아세틸렌용	적 색

(2) 가스절단

산소-아세틸렌가스 불꽃을 이용하여 재료를 절단시키는 작업으로 가스절단 시 팁에서 나온 불꽃의 백심 끝과 강판 사이의 간격은 1.5~2[mm]로 하며 절단한다.

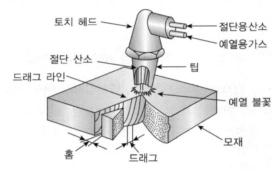

① 절단법의 열원에 의한 분류

종 류	특 징	분 류
아크절단	전기 아크열을 이용한 금속절단법	산소아크절단
		피복아크절단
		탄소아크절단
		아크에어가우징
		플라스마제트절단
		불활성가스아크절단
가스절단	산소가스와 금속과의 산화반응을 이용한 금속절단법	산소-아세틸렌가스절단
분말절단	철분이나 플럭스 분말을 연속적으로 절단 산소 속에 혼입시켜서 공급하여 그 반응열이나 용제작용을 이용한 절단법	

가스용기(봄베)의 도색 색상으로 알맞지 않은 것은?

① 산소 – 녹색
② 수소 – 주황색
③ 아르곤 – 갈색
④ 아세틸렌 – 황색

해설
아르곤(Ar)가스용기의 도색 색상은 회색으로 한다.

답 ③

② 가스절단을 사용하는 이유

자동차를 제작할 때는 기계설비를 이용하여 철판을 알맞은 크기로 자른 뒤 용접을 한다. 하지만 이는 기계적인 방법이고 용접에서 사용하는 절단은 열에너지에 의해 금속을 국부적으로 용융하여 절단하는 가스절단을 이용한다. 이는 철과 산소의 화학 반응열을 이용하는 열절단법이다.

③ 아세틸렌가스 토치의 사용압력

저압식	0.07[kgf/cm²] 이하
중압식	0.07~1.3[kgf/cm²]
고압식	1.3[kgf/cm²] 이상

④ 표준 드래그 길이[mm] = 판 두께의 20[%]

⑤ 수중 절단용 가스의 특징

ㄱ 연료가스로는 수소가스를 가장 많이 사용한다.

ㄴ 일반적으로는 수심 45[m] 정도까지 작업이 가능하다.

ㄷ 수중 작업 시 예열가스의 양은 공기 중에서의 4~8배로 한다.

ㄹ 수중 작업 시 절단산소의 압력은 공기 중에서의 1.5~2배로 한다.

ㅁ 연료가스로는 수소, 아세틸렌, 프로판, 벤젠 등의 가스를 사용한다.

수중 절단에 가장 적합한 가스로 짝지어진 것은?

① 산소 - 수소가스
② 산소 - 헬륨가스
③ 산소 - 암모니아가스
④ 산소 - 이산화탄소가스

[해설]
H_2(수소)가스는 연소 시 탄소가 존재하지 않아 납의 용접이나 수중 절단용 가스로 사용된다.

답 ①

4 TIG용접(Tungsten Inert Gas arc welding)

(1) 불활성가스 텅스텐 아크용접(TIG, 불활성가스 아크용접)의 정의

Tungsten(텅스텐) 재질의 전극봉으로 아크를 발생시킨 후 모재와 같은 성분의 용가재를 녹여 가며 용접하는 특수 용접법으로 불활성가스 텅스텐 아크용접으로도 불린다. 용접 표면을 Inert Gas(불활성가스)인 Ar(아르곤)가스로 보호하기 때문에 용접부가 산화되지 않아 깨끗한 용접부를 얻을 수 있다. 또한 전극으로 사용되는 텅스텐 전극봉이 아크만 발생시킬 뿐 용가재를 용입부에 별도로 공급해 주기 때문에 전극봉이 소모되지 않아 비용극식 또는 비소모성 전극 용접법이라고 불린다.

※ Inert Gas : 불활성가스를 일컫는 말로 주로 Ar가스가 사용되며 He(헬륨), Ne(네온) 등이 있다.

TIG 용접의 특징으로 알맞지 않은 것은?

① 전 자세 용접이 가능하다.
② 피복금속아크용접법보다 생산 단가가 높다.
③ 용접 전원으로 사용되는 극성은 용접 결과에 큰 영향을 미친다.
④ 용가재 합금 성분의 용착 효율이 타 용접방법에 비해 매우 낮다.

[해설]
용접부가 불활성가스로 보호되므로 용가재 합금 성분의 용착 효율이 거의 100[%]에 가깝다.

답 ④

(2) 불활성가스 텅스텐 아크용접의 특징

① 보통의 아크용접법보다 생산비가 고가이다.

② 모든 용접자세가 가능하며, 박판용접에 적합하다.

③ 용접 전원으로 DC나 AC가 사용되며 직류에서 극성은 용접 결과에 큰 영향을 준다.

④ 보호가스로 사용되는 불활성가스는 용접봉 지지기 내를 통과시켜 용접물에 분출시킨다.

⑤ 용접부가 불활성가스로 보호되어 용가재 합금 성분의 용착 효율이 거의 100[%]에 가깝다.

⑥ 교류에서는 아크가 끊어지기 쉬우므로 용접 전류에 고주파의 약전류를 중첩시켜 양자의 특징을 이용하여 아크를 안정시킬 필요가 있다.

⑦ 직류 정극성(DCSP)에서는 음전기를 가진 전자가 전극에서 모재쪽으로 흐르고 가스 이온은 반대로 모재에서 전극쪽으로 흐르며 깊은 용입을 얻는다.

⑧ 불활성가스의 압력 조정과 유량 조정은 불활성가스 압력 조정기로 하며 일반적으로 1차 압력은 150[kgf/cm²], 2차 조정 압력은 140[kgf/cm²] 정도이다.

⑨ 직류 역극성에서는 전극은 정극성 때보다 큰 것을 사용해야 한다. 가스 이온이 모재 표면에 충돌하여 산화막을 제거하는 청정작용이 있어 알루미늄과 마그네슘 용접에 적합하다.

(3) TIG용접용 토치의 구조

① 롱 캡
② 헤 드
③ 세라믹노즐
④ 콜릿 척
⑤ 콜릿 보디

(4) TIG용접용 토치의 종류

분 류	명 칭	내 용
냉각방식에 의한 분류	공랭식 토치	200[A] 이하의 전류 시 사용
	수랭식 토치	650[A] 정도의 전류까지 사용
모양에 따른 분류	T형 토치	가장 일반적으로 사용
	직선형 토치	T형 토치 사용이 불가능한 장소에서 사용
	가변형 머리 토치(플렉서블)	토치 머리의 각도를 조정할 수 있음

(5) 텅스텐 전극봉의 식별용 색상

텅스텐봉의 종류	순 텅스텐봉	1[%] 토륨봉	2[%] 토륨봉	지르코니아봉
색 상	녹 색	노란색	적 색	갈 색

(6) TIG용접기의 구성

① 용접토치
② 용접전원
③ 제어장치
④ 냉각수 순환장치
⑤ 보호가스 공급장치

필 / 수 / 확 / 인 / 문 / 제

아크용접법 중 전극이 소모되지 않는 것은?

① 피복 아크용접법
② 서브머지드(Submerged) 아크용접법
③ TIG(Tungsten Inert Gas) 용접법
④ MIG(Metal Inert Gas) 용접법

해설

용극식 용접법 (소모성 전극)	용가재인 와이어 자체가 전극이 되어 모재와의 사이에서 아크를 발생시키면서 용접 부위를 채워나가는 용접 방법으로 이때 전극의 역할을 하는 와이어는 소모된다. 예 서브머지드 아크용접(SAW), MIG용접, CO₂용접, 피복금속아크용접(SMAW)
비용극식 용접법 (비소모성 전극)	전극봉을 사용하여 아크를 발생시키고 이 아크열로 용가재인 용접을 녹이면서 용접하는 방법으로 이때 전극은 소모되지 않고 용가재인 와이어(피복금속아크용접의 경우 피복 용접봉)는 소모된다. 예 TIG 용접

답 ③

TIG용접기의 구성요소에 포함되지 않는 것은?

① 용접토치   ② 제어장치
③ 주행대차   ④ 냉각수 순환장치

해설
주행대차는 서브머지드 아크용접(SAW)의 구성요소에 속한다.

답 ③

5 MIG용접 & CO_2용접

(1) MIG용접(불활성가스 금속아크용접, Metal Inert Gas Arc Welding)

① MIG용접의 정의

용가재인 전극와이어($1.0 \sim 2.4\phi$)를 연속적으로 보내어 아크를 발생시키는 방법으로 용극식 또는 소모식 불활성가스 아크용접법이라고 불리며 불활성가스로는 주로 Ar(아르곤)가스를 사용한다.

② MIG용접의 특징

㉠ 분무 이행이 원활하다.

㉡ 열영향부가 매우 적다.

㉢ 용착효율은 약 98[%]이다.

㉣ 전 자세 용접이 가능하다.

㉤ 용접기의 조작이 간단하다.

㉥ 아크의 자기제어 기능이 있다.

㉦ 직류용접기의 경우 정전압 특성 또는 상승 특성이 있다.

㉧ 전류가 일정할 때 아크 전압이 커지면 용융속도가 낮아진다.

㉨ 전류밀도가 아크용접의 4~6배, TIG용접의 2배 정도로 매우 높다.

㉩ 용접부가 좁고, 깊은 용입을 얻으므로 후판(두꺼운 판)용접에 적당하다.

㉪ 전자동 또는 반자동식이 많으며 전극인 와이어는 모재와 동일한 금속을 사용한다.

㉫ 용접부로 공급되는 와이어가 전극과 용가재의 역할을 동시에 하므로 전극인 와이어는 소모된다.

㉬ 전원은 직류 역극성이 이용되며 Al, Mg 등에는 클리닝 작용(청정작용)이 있어 용제 없이도 용접이 가능하다.

㉭ 용접봉을 갈아 끼울 필요가 없어 용접속도를 빨리할 수 있으므로 고속 및 연속적으로 양호한 용접을 할 수 있다.

③ MIG용접의 제어 기능

종 류	기 능
예비가스 유출시간	아크 발생 전 보호가스 유출로 아크를 안정시키고 결함의 발생을 방지한다.
스타트시간	아크가 발생되는 순간에 전류와 전압을 크게 하여 아크 발생과 모재의 융합을 돕는다.
크레이터 충전시간	크레이터 결함을 방지한다.
번 백 시간	크레이터처리에 의해 낮아진 전류가 서서히 줄어들면서 아크가 끊어지는 현상을 제어함으로써 용접부가 녹아내리는 것을 방지한다.
가스지연 유출시간	용접 후 5~25초 정도 가스를 흘려서 크레이터의 산화를 방지한다.

④ 금속와이어의 송급 방식
  ㉠ Push방식 : 미는 방식
  ㉡ Pull방식 : 당기는 방식
  ㉢ Push-Pull방식 : 밀고 당기는 방식

(2) CO_2용접(CO_2 Gas Arc Welding)

① CO_2용접의 정의

탄산가스 아크용접(= 이산화탄소 아크용접, CO_2용접)은 Coil로 된 용접 와이어를 송급 모터에 의해 용접 토치까지 연속으로 공급시키면서 토치 팁을 통해 빠져 나온 통전된 와이어 자체가 전극이 되어 모재와의 사이에 아크를 발생시켜 접합하는 용극식 용접법이다.

② CO_2용접의 특징

  ㉠ 조작이 간단하다.
  ㉡ 가시아크로 시공이 편리하다.
  ㉢ 전 용접자세로 용접이 가능하다.
  ㉣ 용착금속의 강도와 연신율이 크다.
  ㉤ MIG용접에 비해 용착금속에 기공의 발생이 적다.
  ㉥ 보호가스가 저렴한 탄산가스이므로 경비가 적게 든다.
  ㉦ 킬드강이나 세미킬드강, 림드강도 쉽게 용접할 수 있다.
  ㉧ 아크와 용융지가 눈에 보여 정확한 용접이 가능하다.
  ㉨ 산화 및 질화가 되지 않아 양호한 용착 금속을 얻을 수 있다.
  ㉩ 용접의 전류밀도가 커서 용입이 깊고 용접속도를 빠르게 할 수 있다.
  ㉪ 용착금속 내부의 수소 함량이 타 용접법보다 적어 은점이 생기지 않는다.
  ㉫ 용제가 사용되지 않아 슬래그의 잠입이 적으며 슬래그를 제거하지 않아도 된다.
  ㉬ 아크 특성에 적합한 상승 특성을 갖는 전원을 사용하므로 스패터의 발생이 적고 안정된 아크를 얻는다.

MIG 용접용 와이어의 송급 방식에 속하지 않는 것은?

① Push   ② Pull
③ Push-Pull   ④ Pull-Up

해설
금속 와이어의 송급 방식
• Push 방식 : 미는 방식
• Pull 방식 : 당기는 방식
• Push-Pull 방식 : 밀고 당기는 방식

답 ④

CO_2용접의 특징으로 알맞지 않은 것은?

① 조작이 간단하다.
② 불가시아크로 시공이 어렵다.
③ MIG용접에 비해 용착금속에 기공의 발생이 적다.
④ 킬드강이나 세미킬드강, 림드강도 쉽게 용접할 수 있다.

해설
CO_2용접은 아크가 눈에 보이며 용접하는 가시아크형 용접법이다.
CO_2용접의 특징
• 조작이 간단하다.
• 가시아크로 시공이 편리하다.
• 전 용접자세로 용접이 가능하다.
• 용착금속의 강도와 연신율이 크다.
• MIG 용접에 비해 용착금속에 기공의 발생이 적다.
• 보호가스가 저렴한 탄산가스이므로 경비가 적게 든다.
• 킬드강이나 세미킬드강, 림드강도 쉽게 용접할 수 있다.
• 아크와 용융지가 눈에 보여 정확한 용접이 가능하다.
• 산화 및 질화가 되지 않아 양호한 용착 금속을 얻을 수 있다.
• 용접의 전류밀도가 커서 용입이 깊고 용접속도를 빠르게 할 수 있다.
• 용착 금속 내부의 수소 함량이 타 용접법보다 적어 은점이 생기지 않는다.
• 용제가 사용되지 않아 슬래그의 잠입이 적으며 슬래그를 제거하지 않아도 된다.
• 아크 특성에 적합한 상승 특성을 갖는 전원을 사용하므로 스패터의 발생이 적고 안정된 아크를 얻는다.

답 ②

③ 솔리드와이어와 복합(플럭스)와이어의 차이점

솔리드와이어	복합(플럭스)와이어
• 기공이 많다. • 용가재인 와이어만으로 구성되어 있다. • 동일전류에서 전류밀도가 작다. • 용착속도가 빠르고 용입이 깊다. • 바람의 영향이 크다. • 비드의 외관이 아름답지 않다. • 스패터 발생이 일반적으로 많다. • 아크의 안정성이 작다.	• 기공이 적다. • 용착속도가 빠르다. • 와이어의 가격이 비싸다. • 비드의 외관이 아름답다. • 동일전류에서 전류밀도가 크다. • 용제가 미리 심선 속에 들어 있다. • 탈산제나 아크 안정제 등의 합금원소가 포함되어 있다. • 바람의 영향이 작다. • 용입의 깊이가 얕다. • 스패터 발생이 적다. • 아크의 안정성이 크다.

④ CO_2용접에서 전류의 크기에 따른 가스 유량

전류 영역		가스 유량[L/min]
250[A] 이하	저전류 영역	10~15
250[A] 이상	고전류 영역	20~25

6 테르밋용접(Termit Welding)

(1) 테르밋용접의 정의

금속 산화물과 알루미늄이 반응하여 열과 슬래그를 발생시키는 테르밋반응을 이용하는 용접법이다. 강을 용접할 경우에는 산화철과 알루미늄 분말을 3 : 1로 혼합한 테르밋제를 만든 후 냄비의 역할을 하는 도가니에 넣은 후, 점화제를 약 1,000[℃]로 점화시키면 약 2,800[℃]의 열이 발생되어 용접용 강이 만들어지게 되는데 이 강(Steel)을 용접 부위에 주입 후 서랭하여 용접을 완료하며 철도 레일이나 차축, 선박의 프레임 접합에 주로 사용된다.

(2) 테르밋용접의 특징

① 전기가 필요 없다.
② 용접작업이 단순하다.
③ 홈 가공이 불필요하다.
④ 용접시간이 비교적 짧다.
⑤ 용접 결과물이 우수하다.
⑥ 용접 후 변형이 크지 않다.
⑦ 용접기구가 간단해서 설비비가 저렴하다.
⑧ 구조, 단조, 레일 등의 용접 및 보수에 이용한다.

산화철분말과 알루미늄분말의 혼합물을 이용하는 용접 방법은?

① 플러그용접　　　② 스터드용접
③ TIG용접　　　　④ 테르밋용접

해설
테르밋용접
알루미늄분말과 산화철을 1 : 3의 비율로 혼합하여 테르밋제를 만든 후 냄비의 역할을 하는 도가니에 넣어 약 1,000[℃]로 점화하면 약 2,800[℃]의 열이 발생되면서 용접용 강이 만들어지게 되는데 이 강을 용접부에 주입하면서 용접하는 용접법이다.

답 ④

테르밋용접에 대한 설명으로 옳지 않은 것은?

① 금속산화물이 알루미늄에 의하여 산소를 빼앗기는 반응을 이용한 용접이다.
② 레일의 접합, 차축, 선박의 선미프레임 등 비교적 큰 단면을 가진 주조나 단조품의 맞대기용접과 보수용접에 사용된다.
③ 설비가 간단하여 설치비가 적게 들지만 용접변형이 크고 용접시간이 많이 걸린다.
④ 알루미늄분말과 산화철분말의 혼합반응으로 발생하는 열로 접합하는 용접법이다.

해설
테르밋용접은 설비가 간단해서 설치비가 저렴하고 용접시간이 짧아서 용접변형도 작다는 장점이 있다.

답 ③

⑨ 작업장소의 이동이 쉬워 현장에서 많이 사용된다.

⑩ 차량, 선박, 접합단면이 큰 구조물의 용접에 적용한다.

⑪ 금속 산화물이 알루미늄에 의해 산소를 빼앗기는 반응을 이용한다.

⑫ 차축이나 레일의 접합, 선박의 프레임 등 비교적 큰 단면을 가진 물체의 맞대기용접과 보수용접에 주로 사용한다.

(3) 테르밋용접용 점화제의 종류

① 마그네슘

② 과산화바륨

③ 알루미늄분말

(4) 테르밋 반응식

① $3FeO + 2Al \rightleftarrows 3Fe + Al_2O_3 + 199.5[kcal]$

② $Fe_2O_3 + 2Al \rightleftarrows 2Fe + Al_2O_3 + 198.3[kcal]$

③ $3Fe_3O_4 + 8Al \rightleftarrows 9Fe + 4Al_2O_3 + 773.7[kcal]$

7 서브머지드 아크용접(SAW ; Submerged Arc Welding)

(1) 서브머지드 아크용접의 정의

용접 부위에 미세한 입상의 플럭스를 도포한 뒤 용접선과 나란히 설치된 레일 위를 주행대차가 지나가면서 와이어를 용접부로 공급시키면 플럭스 내부에서 아크가 발생하면서 용접하는 자동 용접법이다. 아크가 플럭스 속에서 발생되므로 용접부가 눈에 보이지 않아 불가시 아크용접, 잠호용접이라고 불린다. 용접봉인 와이어의 공급과 이송이 자동이며 용접부를 플럭스가 덮고 있으므로 복사열과 연기가 많이 발생하지 않는다. 특히, 용접부로 공급되는 와이어가 전극과 용가재의 역할을 동시에 하므로 전극인 와이어는 소모된다.

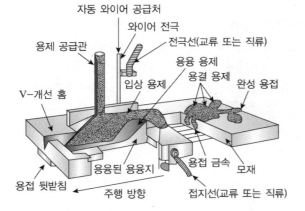

테르밋용접용 점화제의 종류에 속하지 않는 것은?

① 산화철   ② 마그네슘

③ 과산화바륨   ④ 알루미늄분말

해설

산화철은 점화제가 아니라 용융 금속을 만들게 되는 테르밋제로 사용된다.

답 ①

서브머지드 아크용접의 장점 및 단점으로 알맞은 것은?

① 용접선이 짧고 복잡한 형상의 경우에는 용접기 조작이 번거롭다.
② 높은 전류밀도로 용접이 가능하며 박판용접일 경우 용접속도는 빠르다.
③ 용접 중 대기와 차폐되지만 대기 중의 산소나 질소 등에 의해 모재에 해를 받는다.
④ 특수한 장치를 사용하지 않고서도 아래보기나 수평자세, 위보기자세의 용접이 가능하다.

해설
② 높은 전류밀도로 용접할 수 있으며 후판일수록 용접속도가 빠르다.
③ 용접 중 대기와 차폐되어 대기 중의 산소, 질소 등의 해를 받지 않는다.
④ 특수한 장치를 사용하지 않는 한 아래보기, 수평자세 용접에 한정된다.

답 ①

(2) 서브머지드 아크용접의 장점

① 내식성이 우수하다.
② 이음부의 품질이 일정하다.
③ 후판일수록 용접속도가 빠르다.
④ 높은 전류밀도로 용접할 수 있다.
⑤ 용접 조건을 일정하게 유지하기 쉽다.
⑥ 용접금속의 품질을 양호하게 얻을 수 있다.
⑦ 용제의 단열 작용으로 용입을 크게 할 수 있다.
⑧ 용입이 깊어 개선각을 작게 해도 됨으로 용접변형이 적다.
⑨ 용접 중 대기와 차폐되어 대기 중의 산소, 질소 등의 해를 받지 않는다.
⑩ 용접속도가 아크용접에 비해서 판두께 12[mm]에서는 2~3, 25[mm]일 때 5~6배 빠르다.

(3) 서브머지드 아크용접의 단점

① 설비비가 많이 든다.
② 용접시공 조건에 따라 제품의 불량률이 커진다.
③ 용제의 흡습성이 커서 건조나 취급을 잘해야 한다.
④ 용입이 크므로 모재의 재질을 신중히 검사해야 한다.
⑤ 용입이 크므로 요구되는 이음가공의 정도가 엄격하다.
⑥ 용접선이 짧고 복잡한 형상의 경우에는 용접기 조작이 번거롭다.
⑦ 아크가 보이지 않으므로 용접의 적부를 확인해서 용접할 수 없다.
⑧ 특수한 장치를 사용하지 않는 한 아래보기, 수평자세 용접에 한정된다.
⑨ 입열량이 크므로 용접금속의 결정립이 조대화되어 충격값이 낮아지기 쉽다.

8 저항용접(Resistance Welding)

(1) 저항용접의 정의

용접할 2개의 금속면을 상온 혹은 가열 상태에서 서로 맞대어 놓고 기계로 적당한 압력을 주면서 전류를 흘려주면 금속의 저항 때문에 접촉면과 그 부근에서 열이 발생하는데 그 순간 큰 압력을 가하여 양면을 완전히 밀착시켜 접합시키는 용접법이다.

(2) 저항용접의 분류

겹치기 저항용접	맞대기 저항용접
• 점용접(스폿용접) • 심용접 • 프로젝션용접	• 버트용접 • 퍼커션용접 • 업셋용접 • 플래시버트용접 • 포일심용접

(3) 저항용접의 장점

① 작업자의 숙련이 필요 없다.

② 작업속도가 빠르고 대량생산에 적합하다.

③ 산화 및 변질부분이 적고, 접합강도가 비교적 크다.

④ 용접공의 기능에 대한 영향이 적다(숙련을 요하지 않는다).

⑤ 가압 효과로 조직이 치밀하며, 용접봉, 용제 등이 불필요하다.

⑥ 열손실이 적고, 용접부에 집중열을 가할 수 있어서 용접변형 및 잔류응력 이 작다.

(4) 저항용접의 단점

① 용융점이 다른 금속 간의 접합은 다소 어렵다.

② 대전류를 필요로 하며 설비가 복잡하고 값이 비싸다.

③ 서로 다른 금속과의 접합이 곤란하며, 비파괴검사에 제한이 있다.

④ 급랭 경화로 용접 후 열처리가 필요하며, 용접부의 위치, 형상 등의 영향 을 받는다.

(5) 저항용접의 3요소

① 가압력

② 용접전류

③ 통전시간

(6) 전기저항용접의 발열량

$$발열량(H) = 0.24I^2RT$$

여기서, I : 전류

R : 저항

T : 시간

(7) 주요 저항용접의 종류

① 플래시용접(플래시버트용접)

맞대기 저항용접의 일종으로 접합하려는 철판에 전류를 통전한 후 외력을 가해 용접하는 압접의 일종이다.

맞대기 저항용접의 종류에 속하지 않는 것은?

① 버트용접

② 업셋용접

③ 퍼커션용접

④ 프로젝션용접

답 ④

② 스터드용접

　　㉠ 원 리

　　　　아크용접의 일부로서 봉재, 볼트 등의 스터드를 판 또는 프레임 등의 구조재에 직접 심는 능률적인 용접 방법이다. 여기서 스터드란 판재에 덧대는 물체인 봉이나 볼트 같이 긴 물체를 일컫는 용어이다.

　　㉡ 스터드용접 순서

모재에 Stud 고정 및 Stud를 둘러싸고 있는 페룰에 의한 통전

↓

Stud를 들어올려 Arc 발생

↓

통전 단절하고 가압스프링으로 가압

↓

Stud 용접 완료

　　㉢ 페룰(Ferrule)

　　　　모재와 스터드가 통전할 수 있도록 연결해 주는 것으로 아크 공간을 대기와 차단하여 아크분위기를 보호한다. 아크열을 집중시켜 주며 용착금속의 누출을 방지하고 작업자의 눈도 보호해 준다.

③ 심용접

　　㉠ 원 리

　　　　원판상의 롤러 전극 사이에 용접할 2장의 판을 두고, 전기와 압력을 가하며 전극을 회전시키면서 연속적으로 점용접을 반복하는 용접

　　㉡ 심용접의 종류

　　　　• 맞대기 심용접

　　　　• 머시 심용접

　　　　• 포일 심용접

　　㉢ 심용접의 특징

　　　　• 얇은 판의 용기 제작에 우수한 특성을 갖는다.

　　　　• 수밀, 기밀이 요구되는 액체와 기체를 담는 용기 제작에 사용된다.

　　　　• 점용접에 비해 전류는 1.5~2배, 압력은 1.2~1.6배가 적당하다.

스터드용접장치에서 내열성의 도기로 만들며 아크를 보호하기 위한 것으로 모재와 접촉하는 부분은 홈이 패여 있어 내부에서 발생하는 열과 가스를 방출할 수 있도록 한 것을 무엇이라 하는가?

① 제어장치
② 스터드
③ 용접토치
④ 페 룰

해설

페룰(Ferrule)이란 모재와 스터드가 통전할 수 있도록 연결해 주는 것으로 아크공간을 대기와 차단하여 아크분위기를 보호한다. 아크열을 집중시켜 주며 용착금속의 누출을 방지해 주고 작업자의 눈도 보호해 준다.

답 ④

④ 점용접법(스폿용접)

　㉠ 원리 : 재료를 2개의 전극 사이에 끼워 놓고 가압하는 방법이다.

　㉡ 특 징

　　• 공해가 극히 적다.

　　• 작업속도가 빠르다.

　　• 내구성이 좋아야 한다.

　　• 고도의 숙련을 요하지 않는다.

　　• 재질은 전기와 열전도도가 좋아야 한다.

　　• 고온에서도 기계적 성질이 유지되어야 한다.

　　• 구멍을 가공할 필요가 없고 변형이 거의 없다.

　㉢ 점용접법의 종류

　　• 단극식 점용접 : 점용접의 기본적인 방법으로 전극 한 쌍으로 1개의 점용접부를 만든다.

　　• 다전극 점용접 : 전극을 2개 이상으로 2점 이상의 용접을 하며 용접 속도 향상 및 용접 변형 방지에 좋다.

　　• 직렬식 점용접 : 1개의 전류 회로에 2개 이상의 용접점을 만드는 방법으로 전류 손실이 많다. 전류를 증가시켜야 하며 용접 표면이 불량하고 균일하지 못하다.

　　• 인터랙 점용접 : 용접전류가 피용접물의 일부를 통하여 다른 곳으로 전달하는 방식이다.

　　• 맥동 점용접 : 모재 두께가 다른 경우에 전극의 과열을 피하기 위해 전류를 단속하여 용접한다.

⑤ 프로젝션용접

　㉠ 원 리

　　프로젝션용접은 모재의 편면에 프로젝션인 돌기부를 만들어 평탄한 동전극의 사이에 물려 대전류를 흘려보낸 후 돌기부에 발생된 열로서 용접한다.

　㉡ 프로젝션용접의 특징

　　• 스폿용접의 일종이다.

　　• 열의 집중성이 좋다.

　　• 전극의 가격이 고가이다.

　　• 대전류가 돌기부에 집중된다.

　　• 표면에 요철부가 생기지 않는다.

　　• 용접 위치를 항상 일정하게 할 수 있다.

　　• 좁은 공간에 많은 점을 용접할 수 있다.

　　• 돌기를 미리 가공해야 하므로 원가가 상승한다.

　　• 전극의 형상이 복잡하지 않으며 수명이 길다.

　　• 두께, 강도, 재질이 현저히 다른 경우에도 양호한 용접부를 얻는다.

제품의 한쪽 또는 양쪽에 돌기를 만들어 이 부분에 용접 전류를 집중시켜 압접하는 방법은?

① 프로젝션용접

② 점용접

③ 전자빔용접

④ 심용접

해설

프로젝션용접은 모재의 편면에 프로젝션인 돌기부를 만들어 평탄한 동전극의 사이에 물려 대전류를 흘려보내는 용접 방법이다.

답 ①

9 기타 용접법

(1) 고상용접

① 고상용접의 정의

모재를 용융시키지 않고 부품표면을 인력이 작용할 수 있는 거리까지 접근시킨 후 기계적으로 접합면에 열과 압력을 동시에 가함으로써 원자와 원자를 밀착시켜 접합시키는 용접법이다.

② 고상용접의 종류

㉠ 확산용접

모재의 접합면을 오랜 시간 동안 재결정온도나 그 이상의 온도로 장시간 가압하면 원자의 확산에 의해 재료가 접합되는 용접법이다.

㉡ 마찰용접

모재를 서로 강하게 맞대어 접촉시킨 후 상대운동을 시켜 이때 발생하는 마찰열로 접합하는 방법이다.

㉢ 폭발압접

화약에 의한 폭발을 이용하여 재료를 접합시키는 용접법으로 용가재에 폭약을 부착시켜 이를 모재의 표면에서 일정거리로 띄운 상태에서 뇌관으로 폭발시켜 재료를 접합시킨다.

㉣ 초음파용접

모재를 서로 가압한 후 초음파의 진동에너지를 국부적으로 작용시키면 접촉면의 불순물이 제거되면서 금속 원자간 결합이 이루어져 접합이 되는 용접법이다.

(2) 일렉트로 슬래그용접

① 원 리

용융된 슬래그와 용융금속이 용접부에서 흘러나오지 못하도록 수냉동판으로 둘러싸고 이 용융 풀에 용접봉을 연속적으로 공급하는데 이때 발생하는 용융 슬래그의 저항열에 의하여 용접봉과 모재를 연속적으로 용융시키면서 용접하는 방법이다.

② 일렉트로 슬래그용접의 장점

㉠ 용접이 능률적이다.

㉡ 후판용접에 적당하다.

㉢ 전기 저항열에 의한 용접이다.

㉣ 용접시간이 길지 않아 용접 후 변형이 적다.

③ 일렉트로 슬래그용접의 단점

㉠ 손상된 부위에 취성이 크다.

㉡ 가격이 비싸며, 용접 후 기계적 성질이 좋지 못하다.

㉢ 냉각하는데 시간이 오래 걸려서 기공이나 슬래그가 섞일 확률이 작다.

모재를 서로 가압한 후 1초당 가해지는 수많은 진동에너지를 국부적으로 작용시켜 금속 원자간 결합에 의한 접합을 하는 용접법은?

① 확산용접
② 마찰용접
③ 폭발용접
④ 초음파용접

답 ④

(3) 플라스마 아크용접(플라스마 제트용접)

① 플라스마의 정의

기체를 가열하여 온도가 높아지면 기체의 전자는 심한 열운동에 의해 전리되어 이온과 전자가 혼합되면서 매우 높은 온도와 도전성을 가지는 현상을 말한다.

② 플라스마 아크용접의 원리

높은 온도를 가진 플라스마를 한 방향으로 모아서 분출시키는 것을 일컬어 플라스마 제트라고 부르며, 이를 이용하여 용접이나 절단에 사용하는 용접 방법으로 설비비가 많이 드는 단점이 있다.

③ 플라스마 아크용접의 특징

㉠ 용접 변형이 작다.

㉡ 용접의 품질이 균일하다.

㉢ 용접부의 기계적 성질이 좋다.

㉣ 용접속도를 크게 할 수 있다.

㉤ 용입이 깊고 비드의 폭이 좁다.

㉥ 용접장치 중에 고주파 발생장치가 필요하다.

㉦ 용접속도가 빨라서 가스 보호가 잘 안 된다.

㉧ 무부하 전압이 일반 아크용접기보다 2~5배 더 높다.

㉨ 핀치효과에 의해 전류밀도가 크고, 안정적이며 보유 열량이 크다.

㉩ 아크용접에 비해 10~100배의 높은 에너지밀도를 가짐으로써 10,000~30,000[℃]의 고온의 플라스마를 얻으므로 철과 비철금속의 용접과 절단에 이용된다.

㉪ 스테인리스강이나 저탄소 합금강, 구리합금, 니켈합금과 같이 용접하기 힘든 재료도 용접이 가능하다.

㉫ 판 두께가 두꺼울 경우 토치 노즐이 용접 이음부의 루트면까지의 접근이 어려워서 모재의 두께는 25[mm] 이하로 제한을 받는다.

(4) 전자빔용접의 정의

고밀도로 집속되고 가속화된 전자빔을 높은 진공 속에서 용접물에 고속도로 조사시키면 빛과 같은 속도로 이동한 전자가 용접물에 충돌하면서 전자의 운동에너지를 열에너지로 변환시켜 국부적으로 고열을 발생시키는데, 이때 생긴 열원으로 용접부를 용융시켜 용접하는 방식이다. 텅스텐(3,410[℃])과 몰리브덴(2,620[℃])과 같이 용융점이 높은 재료의 용접에 적합하다.

플라스마 아크용접에 관한 설명 중 틀린 것은?

① 전류 밀도가 크고 용접속도가 빠르다.

② 기계적 성질이 좋으며 변형이 적다.

③ 설비비가 적게 든다.

④ 1층으로 용접할 수 있으므로 능률적이다.

해설

플라스마 아크용접(플라스마 제트용접)

높은 온도를 가진 플라스마를 한 방향으로 모아서 분출시키는 것을 일컬어 플라스마 제트라고 부르며, 이를 이용하여 용접이나 절단에 사용하는 것을 플라스마 아크용접이라고 한다. 단, 설비비가 많이 드는 단점이 있다.

답 ③

접합하고자 하는 모재에 구멍을 뚫고 그 구멍으로부터 용접하여 다른 한쪽 모재와 접합하는 용접방법은?

① 필릿용접
② 플러그용접
③ 초음파용접
④ 고주파용접

해설

모재에 구멍을 뚫고 그 구멍으로부터 용접하여 다른 한쪽 모재와 접합하는 용접방법은 플러그용접이다.

플러그용접 기호 : [   ]

답 ②

(5) 플러그용접

위 아래로 겹쳐진 판을 접합할 때 사용하는 용접법으로 위에 놓여진 판의 한쪽에 구멍을 뚫고 그 구멍 아래부터 용접을 하면 용접 불꽃에 의해 아래면이 용해되면서 용접이 되며 용가재로 구멍을 채워 용접하는 용접방법이다.

(6) 마찰용접

특별한 용가재 없이도 회전력과 압력만을 이용해서 두 소재를 붙이는 용접방법이다. 환봉이나 파이프 등을 가압된 상태에서 회전시키면 이때 마찰열이 발생하는데, 일정 온도에 도달하면 회전을 멈추고 가압시켜 용접한다. 이 마찰용접은 TIG, MIG, 서브머지드 아크용접과는 달리 아크를 발생하지 않으므로 발생열이 현저하게 적어 열영향부(HAZ) 역시 가장 좁다.

(7) 레이저빔용접(레이저용접)

① 레이저빔용접의 정의

레이저란 유도 방사에 의한 빛의 증폭이란 뜻이다. 레이저에서 얻어진 접속성이 강한 단색 광선으로서 강렬한 에너지를 가지고 있으며, 이때의 광선 출력을 이용하여 용접을 하는 방법이다. 모재의 열 변형이 거의 없으며, 이종 금속의 용접이 가능하고 정밀한 용접을 할 수 있다. 비접촉식 방식으로 모재에 손상을 주지 않는다는 특징이 있다.

② 레이저빔용접의 특징

• 좁고 깊은 접합부의 용접에 적합하다.
• 접근이 곤란한 물체의 용접이 가능하다.
• 전자빔 용접기 설치비용보다 설치비가 저렴하다.
• 반사도가 높은 재료는 용접효율이 감소될 수 있다.
• 수축과 뒤틀림이 작으며 용접부의 품질이 뛰어나다.
• 전자부품과 같은 작은 크기의 정밀 용접이 가능하다.
• 용접 입열이 대단히 작으며, 열영향부의 범위가 좁다.
• 용접될 물체가 불량도체인 경우에도 용접이 가능하다.
• 에너지 밀도가 매우 높으며, 고 용점을 가진 금속의 용접에 이용한다.
• 열원이 빛의 빔이기 때문에 투명재료를 써서 어떤 분위기 속에서도(공기, 진공) 용접이 가능하다.

🔟 용접부 결함

(1) 용접부의 결함

주로 용접부 내에서 기공, 슬래그 혼입, 크랙 등으로 존재하기 때문에 X-ray로 검사가 이루어져야 하므로 결함을 검사하기는 쉽지 않다.

(2) 용접 결함의 분류

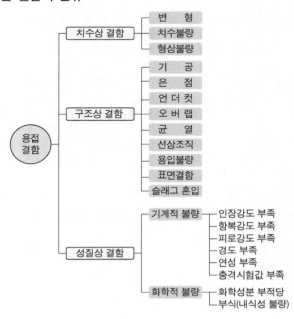

(3) 용접부 결함과 방지 대책

결 함	원 인	방지대책
언더컷	• 전류가 높을 때 • 아크 길이가 길 때 • 용접속도가 빠를 때 • 운봉 각도가 부적당할 때 • 부적당한 용접봉을 사용할 때	• 전류를 낮춘다. • 아크 길이를 짧게 한다. • 용접속도를 알맞게 한다. • 운봉 각도를 알맞게 한다. • 알맞은 용접봉을 사용한다.
오버랩	• 전류가 낮을 때 • 운봉, 작업각, 진행각과 같은 유지각도가 불량할 때 • 부적당한 용접봉을 사용할 때	• 전류를 높인다. • 작업각과 진행각을 조정한다. • 알맞은 용접봉을 사용한다.
용입 불량	• 이음 설계에 결함이 있을 때 • 용접속도가 빠를 때 • 전류가 낮을 때 • 부적당한 용접봉을 사용할 때	• 루트간격이나 치수를 크게 한다. • 용접속도를 적당히 조절한다. • 전류를 높인다. • 알맞은 용접봉을 사용한다.

용접 결함의 분류에 있어 치수상의 결함으로 볼 수 없는 것은?

① 스트레인 변형
② 용접부 크기의 부적당
③ 용접부 형상의 부적당
④ 비금속 개재물의 혼입

해설

비금속 개재물의 혼입은 슬래그의 혼입과 같은 의미로 볼 수 있으므로 이는 구조상의 결함에 속한다.

답 ④

용접부의 결함 중 슬래그 혼입의 발생 원인에 속하는 것은?

① 전류가 낮을 때
② 루트 간격이 넓을 때
③ 운봉속도가 너무 느릴 때
④ 슬래그를 깨끗하게 제거했을 때

해설
슬래그 혼입 불량은 용접 전류가 너무 낮을 때 발생한다.

답 ①

결 함	원 인	방지대책
균 열	• 이음부의 강성이 클 때 • 부적당한 용접봉을 사용할 때 • C, Mn 등 합금성분이 많을 때 • 과대전류, 용접속도가 클 때 • 모재에 유황성분이 많을 때	• 예열이나 피닝처리를 한다. • 알맞은 용접봉을 사용한다. • 예열 및 후열처리를 한다. • 전류 및 용접속도를 알맞게 조절한다. • 저수소계 용접봉을 사용한다.
기 공	• 수소나 일산화탄소 가스가 과잉으로 분출될 때 • 용접 전류값이 부적당할 때 • 용접부가 급속히 응고될 때 • 용접속도가 빠를 때 • 아크길이가 부적절할 때	• 건조된 저수소계 용접봉을 사용한다. • 전류 및 용접속도를 알맞게 조절한다. • 이음표면을 깨끗하게 하고 예열을 한다.
슬래그 혼입	• 전류가 낮을 때 • 용접 이음이 부적당할 때 • 운봉 속도가 너무 빠를 때 • 모든 층의 슬래그 제거가 불완전할 때	• 슬래그를 깨끗이 제거한다. • 루트 간격을 넓게 한다. • 전류를 약간 높게 하며 운봉 조작을 적절하게 한다. • 슬래그를 앞지르지 않도록 운봉속도를 유지한다.
선상조직	• 냉각속도가 빠를 때 • 모재의 재질이 불량할 때	• 급랭을 피한다. • 재질에 알맞은 용접봉을 사용한다.

응력과 변형률

1 응력(Stress)

(1) 응력의 정의

재료나 구조물에 외력이 작용했을 때 그 외력에 대한 재료 내부의 저항력으로 일반적으로 응력이라고 하면 공칭응력을 말한다. 힘의 작용 방향에 대한 명칭은 다르나 일반적으로 다음 식을 적용한다.

$$응력 = \frac{외\ 력}{외력\ 방향에\ 대한\ 수직\ 단면적} = \frac{F}{A}$$

$$공칭응력 = \frac{외\ 력}{최초의\ 단면적} = \frac{F}{A}$$

(2) 응력의 종류

인장응력	압축응력	전단응력
W W	W W	W W
굽힘응력		비틀림응력
W		W W

필 / 수 / 확 / 인 / 문 / 제

재료를 축 방향선상에서 바깥쪽으로 힘을 가하는 실험을 할 경우 이 재료에 가해지는 응력은?

① 인장응력
② 압축응력
③ 전단응력
④ 굽힘응력

답 ①

하중의 크기와 방향이 변화하면서 인장과 압축하중이 연속 작용하는 하중은?

① 정하중
② 반복하중
③ 교번하중
④ 집중하중

답 ③

응력집중계수(k)의 특징으로 알맞지 않은 것은?

① 응력집중계수는 단면부의 평균응력에 대한 최대응력의 비율이다.
② 응력집중을 완화하려면 단이 진 부분의 곡률 반지름을 크게 한다.
③ 응력집중을 완화하려면 단면이 변화되는 부분을 급격하게 만든다.
④ 응력집중계수는 재료의 형상에 따라 영향을 크게 받지만, 재질에는 영향을 받지 않는다.

해설
응력집중을 완화하려면 단면이 변화되는 부분을 완만하게 만들어야 한다.

답 ③

(3) 작용 방향과 시간에 따른 하중의 종류

종 류		특 징
정하중		하중이 정지 상태에서 가해지며 크기나 속도가 변하지 않는 하중
동하중	반복하중	하중의 크기와 방향이 같은 일정한 하중이 반복되는 하중
	교번하중	하중의 크기와 방향이 변화하면서 인장과 압축하중이 연속 작용하는 하중
	충격하중	하중이 짧은 시간에 급격히 작용하는 하중
집중하중		한 점이나 지극히 작은 범위에 집중적으로 작용하는 하중
분포하중		넓은 범위에 균일하게 분포하여 작용하는 하중

(4) 응력집중계수(k)

① 응력집중계수(k)의 정의
응력집중이란 단면이 급격히 변하는 부위나 노치부를 갖는 부재에서 이들 부분에 외력이 집중되는 현상을 수치로 나타낸 것이다. 각종 기계 부품이나 구조물에는 노치부를 갖게 되는데, 이 기계나 구조물들을 안전하게 사용하기 위해서는 설계 시부터 응력집중계수를 고려해야 한다.

② 응력집중계수(k) $= \dfrac{\sigma_{max}(\text{최대응력})}{\sigma_n(\text{공칭응력})}$

③ 응력집중계수(k)의 특징
  ㉠ 응력집중계수는 단면부의 평균응력에 대한 최대응력의 비율이다.
  ㉡ 응력집중을 완화하려면 단이 진 부분의 곡률 반지름을 크게 한다.
  ㉢ 응력집중을 완화하려면 단면이 변화되는 부분을 완만하게 만든다.
  ㉣ 응력집중계수는 재료의 형상에 따라 영향을 크게 받지만, 재질에는 영향을 받지 않는다.
  ㉤ 응력집중계수는 노치부의 존재 여부나 급격한 단면 변화와 같은 형상 변화에 큰 영향을 받으므로 재질이 다르더라도 형상이 같으면 그 값은 같다.

④ 단면의 형상별 응력분포상태

정상단면	구멍있는 단면	노치있는 단면

(5) 응력-변형률 곡선($\sigma - \varepsilon$선도)

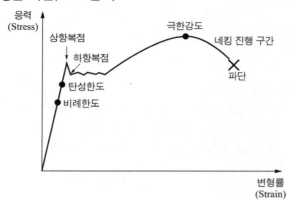

① 비례한도(Proportional Limit) : 응력과 변형률 사이에 정비례관계가 성립하는 구간 중 응력이 최대인 점으로 훅의 법칙이 적용된다.

② 탄성한도(Elastic Limit) : 하중을 제거하면 원래의 치수로 돌아가는 구간을 말한다.

③ 항복점(Yield Point) : 인장 시험에서 하중이 증가하여 어느 한도에 도달하면, 하중을 제거해도 원위치로 돌아가지 않고 변형이 남게 되는 그 순간의 하중을 나타낸다.

④ 극한강도(Ultimate Strength) : 재료가 파단되기 전에 외력에 버틸 수 있는 최대의 응력이다.

⑤ 네킹구간(Necking) : 극한 강도를 지나면서 재료의 단면이 줄어들면서 길게 늘어나는 구간을 말한다.

⑥ 파단점 : 재료가 파괴되는 점을 말한다.

(6) 훅의 법칙

비례한도 내에서 응력과 변형률은 비례한다.

$$\sigma = E \times \varepsilon$$

(7) 주요 응력설

① 최대주응력설

최대인장응력이나 최대압축응력의 크기가 항복강도보다 클 경우, 재료의 파손이 일어난다는 이론으로 취성재료의 분리파손과 가장 일치한다.

$$\sigma_{\max} = \frac{1}{2}(\sigma_x + \sigma_y) + \frac{1}{2}\sqrt{(\sigma_x + \sigma_y)^2 + 4\tau_{xy}^2}$$

응력-변형률 곡선에서 훅의 법칙이 적용되는 구간은?

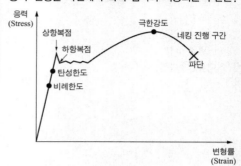

① 탄성한도   ② 비례한도

③ 항복점   ④ 극한강도

해설

① 탄성한도(Elastic Limit) : 하중을 제거하면 원래의 치수로 돌아가는 구간

② 비례한도(Proportional Limit) : 응력과 변형률 사이에 정비례관계가 성립하는 구간 중 응력이 최대인 점으로 훅의 법칙이 적용된다.

③ 항복점(Yield Point) : 인장 시험에서 하중이 증가하여 어느 한도에 도달하면, 하중을 제거해도 원위치로 돌아가지 않고 변형이 남게 되는 그 순간의 하중이다.

④ 극한강도(Ultimate Strength) : 재료가 파단되기 전에 외력에 버틸 수 있는 최대의 응력이다.

답 ②

주요 응력설의 종류에 속하지 않는 것은?

① 최대주응력설
② 최대전단응력설
③ 전단변형에너지설
④ 최대극한응력설

답 ④

② 최대전단응력설

최대전단응력이 그 재료의 항복전단응력에 도달하면 재료의 파손이 일어
난다는 이론으로 연성재료의 미끄럼 파손과 일치한다.

$$\tau_{max} = \frac{1}{2}\sigma_Y = \frac{1}{2}\sqrt{\sigma_x^2 + 4\tau^2}$$

③ 전단변형에너지설

변형에너지는 전단변형에너지와 체적변형에너지로 구분되는데, 전단변
형에너지가 인장 시 항복점에서의 변형에너지에 도달하였을 때 파손된다
는 이론으로 연성 재료의 파손 예측에 사용한다.

$$\tau_{max} = \frac{1}{\sqrt{3}}\sigma_Y = 0.577\sigma_Y$$

(8) 진변형률과 공칭응력, 진응력과의 관계

$$\varepsilon_T = \ln\left(\frac{\sigma_T}{\sigma}\right)$$

① 진응력 : 변화된 단면적에 대한 하중의 비
② 진변형률 : 현재 길이에 대한 늘어난 길이의 비

(9) 공칭응력-공칭변형률 곡선으로 알 수 있는 사항

① 재료의 극한인장강도(UTS)
② 재료가 파단에 이르기까지 소요되는 변형에너지
③ 네킹(파단)이 일어나기 시작하는 변형률(불안정의 시작점)

**(10) 선박의 프로펠러는 회전에 의한 비틀림 응력과 수압에 의한 압축, 굽힘
응력을 동시에 받는다.**

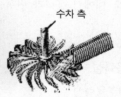

수차 측

(11) 열응력 $\sigma = E\alpha\Delta t$

철과 같은 금속으로 만들어진 관의 신축량은 열팽창계수나 길이, 온도변화에
비례한다.

(12) 피로파손 관련 식

① 조더버그선의 응력 관계식

$$\frac{\sigma_a(\text{교번응력})}{\sigma_e \text{ 또는 } S_e(\text{피로강도})} + \frac{\sigma_m(\text{평균응력})}{\sigma_y \text{ 또는 } S_y(\text{항복강도})} = 1$$

② 굿맨선(Goodman Line)

$$\frac{\sigma_a(\text{교번응력})}{\sigma_e(\text{피로강도})} + \frac{\sigma_m(\text{평균응력})}{\sigma_u(\text{극한강도})} = 1$$

③ 미국기계학회 표준선도(ASME)

$$\left(\frac{\sigma_a(\text{교번응력})}{\sigma_e \text{ 또는 } S_e(\text{피로강도})}\right)^2 + \left(\frac{\sigma_m(\text{평균응력})}{\sigma_y \text{ 또는 } S_y(\text{항복강도})}\right)^2 = 1$$

2 변형률

(1) 변형률(ε)의 정의

재료가 외력에 의해 원래 길이보다 늘어나거나 줄어든 비율로 일반적인 변형률은 공칭변형률을 의미한다.

$$\varepsilon = \frac{\text{처음길이} - \text{나중길이}}{\text{처음길이}} \times 100[\%]$$

$$\text{공칭변형률} = \frac{\text{처음길이} - \text{나중길이}}{\text{최초길이}} \times 100[\%]$$

(2) 변형률의 종류

① 인장변형률(= 연신율)

재료가 축방향의 인장하중을 받으면 길이가 늘어나는데 처음길이에 비해 늘어난 길이의 비율이다.

$$\varepsilon = \frac{\text{변형된 길이}}{\text{처음길이}} = \frac{\Delta l}{l} \times 100[\%]$$

② 푸아송의 비(Poisson's Ratio)

봉 재료가 축 방향의 인장하중을 받으면 길이가 늘어나지만 직경은 줄어들게 된다. 따라서 축방향의 변형률에 대한 직경방향의 변형률이다.

$$\nu = \frac{\varepsilon'}{\varepsilon} = \frac{\text{횡변형률}}{\text{종변형률}} = \frac{\dfrac{\delta}{d}}{\dfrac{\lambda}{l}} = \frac{\delta l}{d\lambda}$$

필 / 수 / 확 / 인 / 문 / 제

푸아송의 비(Poisson's Ratio)를 나타내는 식은?

① $\nu = \dfrac{\varepsilon}{\varepsilon'}$ ② $\nu = \dfrac{\text{종변형률}}{\text{횡변형률}}$

③ $\nu = \dfrac{\delta l}{d\lambda}$ ④ $\nu = \dfrac{\delta}{d}$

해설

푸아송의 비(Poisson's Ratio, ν)

$$\nu = \frac{\varepsilon'}{\varepsilon} = \frac{\text{횡변형률}}{\text{종변형률}} = \frac{\dfrac{\delta}{d}}{\dfrac{\lambda}{l}} = \frac{\delta l}{d\lambda}$$

답 ③

미소의 직사각형 단면이 전단응력을 받아 변형된 각도를 라디안[rad]으로 나타낸 것은?

① 종변형률   ② 횡변형률
③ 전단변형률   ④ 인장변형률

답 ③

변형량(δ)을 구하는 식은?

① $\delta = \dfrac{P}{AE}$ ② $\delta = \dfrac{PL}{A}$

③ $\delta = \dfrac{PL}{AE}$ ④ $\delta = \dfrac{2PL}{AE}$

해설

$\delta = \dfrac{PL}{AE}$

여기서, P : 작용한 하중[N]
        L : 재료의 길이[mm]
        A : 단면적[mm^2]
        E : 세로탄성계수[N/mm^2]

답 ③

운동량 보존법칙을 나타내는 식은?

① $F = ma$ ② $F = mv$
③ $Ft = m$ ④ $Ft = mv$

해설

운동량 보존법칙

Ft(충격량) $= mv$(운동량)

여기서, F : 상자를 실제 움직이게 하는 힘
        t : 상자가 움직이는 시간
        m : 상자의 질량
        v : 상자의 속도

답 ④

[푸아송의 비 공식을 응용하여 변형률 구하기]

$$\nu = \frac{\varepsilon'}{\varepsilon} = \frac{횡변형률}{종변형률} = \frac{\dfrac{\delta}{d}}{\dfrac{\lambda}{l}} = \frac{\delta l}{d\lambda}$$

$\nu = \dfrac{\delta l}{d\lambda}$, 직경의 감소량 δ로 정리하면

$$\delta = \frac{\nu \lambda d}{l}, \quad \lambda = \frac{Pl}{AE} = \sigma \frac{l}{E} \text{ 대입}$$

$$\delta = \frac{\nu \dfrac{\sigma l}{E} d}{l} = \frac{\nu \sigma l d}{E l} = \frac{\nu \sigma d}{E}$$

여기서, E : 세로탄성계수, 영률
        λ : 종변형량
        δ : 횡변형량

③ 전단변형률(γ)

미소의 직사각형 단면이 전단응력을 받아 변형된 각도를 라디안[rad]으로 나타낸 것이다.

(3) 변형량(δ) 구하기

$$\delta = \frac{PL}{AE}$$

여기서, P : 작용한 하중[N]
        L : 재료의 길이[mm]
        A : 단면적[mm^2]
        E : 세로탄성계수[N/mm^2]

(4) 운동량 보존법칙

$$Ft(충격량) = mv(운동량)$$

여기서, F : 상자를 실제 움직이게 하는 힘
        t : 상자가 움직이는 시간
        m : 상자의 질량
        v : 상자의 속도

연소 및 열기관

1 연소의 기본개념

(1) 연소(Combustion)의 정의

가연성 물질이 점화원인 불꽃으로 인해 공기 중에 있는 산소와 반응하여 열과 빛을 발생시키면서 타는 현상을 말한다.

(2) 연소가 일어날 조건

① 탈 물질(가연성 물질)
② 산소(조연성가스)
③ 점화원(불꽃)

(3) 발열량

① 정 의

1[kg]의 연료가 완전연소했을 때 발생하는 열량으로 단위는 [kcal/kg]이나 [kJ/kg]을 사용한다. 1950년경 이루어진 국제도량형 회의에서 [kJ/kg]을 사용한 이래로 [kcal]로 단위는 자취를 감추고 있는 상황이다.

② 고위발열량(H_h)

연료가 완전 연소했을 때 방출하는 열량으로 연소에 의해 발생한 수증기의 잠열도 포함한다.

$$H_h : 8,100C + 34,000\left(h - \frac{O}{8}\right) + 2,500S \,[\text{kcal/kg}]$$

여기서, C : 탄소량
O : 산소량
h : 수소량
S : 유황량

③ 저위발열량(H_l)

고위 발열량에서 연소가스에 포함된 수증기의 증발열을 뺀 열량이다.

$$H_l : 8,100C + 29,000\left(h - \frac{O}{8}\right) + 2,500S - 600w \,[\text{kcal/kg}]$$

여기서, w : 수분

연소가 일어날 3가지 조건에 포함되지 않는 것은?

① 탄 소
② 산 소
③ 점화원
④ 탈 물질

해설
연소가 일어날 3가지 조건
• 탈 물질(가연성 물질)
• 산소(조연성가스)
• 점화원(불꽃)

답 ①

연료가 완전 연소했을 때 방출하는 열량으로 연소에 의해 발생한 수증기의 잠열도 포함하는 발열량은?

① 저위발열량
② 고위발열량
③ 종합발열량
④ 연소발열량

해설
고위발열량(H_h) : 연료가 완전 연소했을 때 방출하는 열량으로 연소에 의해 발생한 수증기의 잠열도 포함한다.

$$H_h : 8,100C + 34,000\left(h - \frac{O}{8}\right) + 2,500S \,[\text{kcal/kg}]$$

답 ②

연소에 필요한 공기량(L)을 구하는 식은?

① $L : 8.89C + 26.7\left(h - \dfrac{O}{8}\right) + 3.33S\,[Nm^3]$

② $L : 8.89C + 26.7\left(h - \dfrac{O}{8}\right) + 6S\,[Nm^3]$

③ $L : 10.89C + 56\left(h - \dfrac{O}{8}\right) + 3.33S\,[Nm^3]$

④ $L : 10.89C + 60\left(h - \dfrac{O}{8}\right) + 4S\,[Nm^3]$

답 ①

아보가드로의 법칙에 따르면 기체 1[kmol]의 체적은 22.4 [N · m³]이고 산소와 탄소, 이산화탄소의 체적비는 각각 얼마가 되는가?

① 산소 : 탄소 : 이산화탄소 = 1 : 1 : 1
② 산소 : 탄소 : 이산화탄소 = 1 : 2 : 3
③ 산소 : 탄소 : 이산화탄소 = 1 : 2 : 4
④ 산소 : 탄소 : 이산화탄소 = 1 : 3 : 6

답 ①

이산화탄소 1[kmol]의 중량은?

① 12[kg]   ② 36[kg]
③ 44[kg]   ④ 56[kg]

해설
1[kmol]의 이산화탄소 중량은 1[kmol]당 탄소 12[kg], 산소 32[kg]을 합한 44[kg]이 된다.

답 ③

탄소 2[kg] 연소 시 필요한 산소의 체적[Nm³]은?

① 1[Nm³]
② 1.86[Nm³]
③ 3.72[Nm³]
④ 5[Nm³]

해설
탄소 1[kg]을 연소할 때 필요한 산소의 체적이 1.86이므로 2배인 3.72[Nm³]가 된다.

답 ③

(4) 연소에 필요한 공기량(L)

연소할 때는 산소가 조연성가스로 사용되는데, 공기 중에는 질소가 78[%], 산소가 21[%], 나머지 가스나 먼지가 1[%]를 차지하므로 연소에 필요한 산소량을 얻기 위한 공기량을 구하는 식은 다음과 같다.

$$L : 8.89C + 26.7\left(h - \dfrac{O}{8}\right) + 3.33S\,[Nm^3]$$

※ 여기서 N은 normal로서 일반적인 [m³]을 나타낼 때 사용되는 접두어일 뿐이다.

(5) 아보가드로의 법칙

기체 1[kmol]의 체적은 22.4[Nm³]이고 산소와 탄소, 이산화탄소의 체적비는 각각 1 : 1 : 1이다. 따라서 탄소 1[kg]이 완전연소할 때 산소가 1.86[Nm³] 필요하며, 연소 후에는 이산화탄소(탄산가스) 1.867[Nm³]이 된다.

	C	+	O_2	=	CO_2 + 97.200[kcal/kmol]
	1[kmol]		1[kmol]		1[kmol]
중 량	12[kg]	+	32[kg]	=	44[kg]
연소에 필요한 탄소 1[kg]당 무게	1[kg]	+	2.667[kg]	=	3.667[kg]
탄소 1[kg] 연소 시 필요 체적 [Nm³]	1		$: \dfrac{22.4}{12} = 1.86$		$: \dfrac{22.4}{12} = 1.86$

(6) 주요 연료의 화학식

① 메탄 : CH_4
② 에탄 : C_2H_6
③ 프로판 : C_3H_8
④ 부탄 : C_4H_{10}

2 연소기관 및 부속장치

(1) 보일러

연료를 연소시켜 물을 끓여서 난방이나 터빈을 돌려 전기를 생산하는데 사용된다.

(2) 가스터빈

압축기, 터빈, 연소실로 이루어진 내연기관으로 압축기에서 압축된 공기가 연소실에서 연료와 혼합되어 연소함으로써 고온 고압으로 팽창하는데, 이때 발생하는 힘으로 터빈을 구동해서 에너지를 얻는 열기관사이클로 실제로는 개방사이클로 이루어진다. 공기로 산소가 공급되며 냉각제의 역할도 한다. 브레이턴사이클이 대표적이며 완전연소를 하므로 유해성분이 적게 배출되고 증기터빈에 비해 중량당 동력이 크다는 장점이 있다. 항공기나 선박, 발전기에 적용되고 있다.

(3) 절탄기

폐열회수장치로서 연도에 흐르는 연소가스의 열을 이용하여 급수를 예열하는 장치이다. 석탄을 절약할 수 있어서 절탄기로 부르기도 한다.

3 열기관 요소

(1) 복수기(Condenser)

터빈을 돌리고 빠져나온 물과 증기가 섞인 유체를 차가운 물을 담고 유동하고 있는 파이프 주변을 지나게 하면 이 유체는 냉각되면서 물이 된다. 이처럼 증기를 수(水)로 되돌리는 장치라 하여 복수기라고 불린다.

(2) 냉동사이클의 성적계수(ε_r, 성능계수)

냉동효과를 나타내는 기준이 되는 수치

$$\varepsilon_r = \frac{\text{저온체에서 흡수한 열량}}{\text{공급열량}} = \frac{Q_2}{Q_1 - Q_2} = \frac{T_2}{T_1 - T_2}$$

$$= \frac{\text{증발기}}{\text{응축기} - \text{증발기}}$$

여기서, T_1 : 고온

T_2 : 저온

폐열회수장치로서 연도에 흐르는 연소가스의 열을 이용하여 급수를 예열하는 장치로 석탄을 절약할 수 있는 것은?

① 보일러
② 절탄기
③ 저압터빈
④ 고압터빈

답 ②

압축기, 터빈, 연소실로 이루어진 내연기관으로 압축기에서 압축된 공기가 연소실에서 연료와 혼합되어 연소함으로써 고온·고압으로 팽창하는데, 이때 발생하는 힘으로 터빈을 구동해서 에너지를 얻는 열기관 사이클은?

① 보일러
② 가스터빈
③ 급수장치
④ 랭킨시스템

답 ②

주 조

필 / 수 / 확 / 인 / 문 / 제

주조의 특징으로 알맞지 않은 것은?

① 주물의 표면이 깨끗하다.

② 원형 제작 시 시간과 비용이 많이 든다.

③ 용탕이 응고할 때 수축이 일어나서 정밀도가 떨어진다.

④ 용탕을 주형에 주입할 때 주의가 필요하며 안전사고의 위험이 있다.

해설

주조로 만들어진 주물은 절삭가공 등에 의해 만들어진 제품보다 표면이 깨끗하지 못한 단점이 있다.

답 ①

1 주조의 개요

(1) 주조의 정의

인류가 오래 전부터 사용한 제조기술로 고체 상태의 금속을 용해해서 액체로 만든 후 이것을 원하는 모양으로 만든 주형 안으로 주입한 후, 응고시켜 제품을 완성시키는 작업으로 다른 제조 방법들보다 성형성이 우수해서 복잡한 형상의 제품을 쉽게 제작할 수 있다.

(2) 주조의 분류

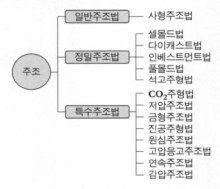

(3) 주조의 특징

① 사용가능한 재료의 범위가 넓다.

② 다른 제조 기술보다 상대적으로 작업공정이 쉽다.

③ 만들어지는 제품의 수를 임의대로 조절이 가능하다.

④ 한 개의 원형으로 여러 개의 제품을 생산할 수 있다.

⑤ 복잡한 형상의 제품을 상대적으로 쉽게 제작할 수 있다.

(4) 주조의 단점

① 주물의 표면이 깨끗하지 못하다.

② 원형 제작 시 시간과 비용이 많이 든다.

③ 용탕이 응고할 때 수축이 일어나서 정밀도가 떨어진다.

④ 용탕을 주형에 주입할 때 주의가 필요하며 안전사고의 위험이 있다.

(5) 주조작업의 공정 순서

주조 방안 결정 → 원형 제작 → 주형 제작 → 용해 → 주입 → 후처리 → 제품 검사

2 탕구계

(1) 탕구계의 구조

① 게이트(주입구)

탕도에서 용탕이 주형 안으로 들어가는 부분을 말한다. 주입 시 용탕이 주형에 부딪쳐 역류가 일어나지 않으면서 주형 안에 있는 가스가 잘 빠져나가도록 하고 주형의 구석까지 잘 채워지도록 설계한다.

② 탕 구

주입컵을 통과한 용탕이 수직으로 자유낙하하여 흐르는 첫 번째 통로이다. 탕구는 보통 수직으로 마련된 유도로로써 탕도에 연결되어 있다. 탕구에서 용탕이 수직으로 낙하할 때 튀어 오르거나 소용돌이 현상을 최소화할 수 있는 모양과 크기로 만들어져야 한다.

③ 탕도(Runner)

용탕이 탕구로부터 주형 입구인 주입구까지 용탕을 보내는 수평부분으로 용탕을 주입구(Gate)에 알맞게 분배하며, 용탕에 섞인 불순물이나 슬래그를 최종적으로 걸러주어 깨끗한 용탕이 주입구를 통해 주형 안으로 충전되도록 한다.

④ 라이저(압탕구)

응고 중 용탕의 수축으로 인해 용탕이 부족한 곳을 보충하기 위한 용탕의 추가 저장소이다. 용탕에 압력을 가한다는 압탕과 높이 솟아올라 있다는 Riser를 명칭으로 사용하는 주조의 구성요소이다.

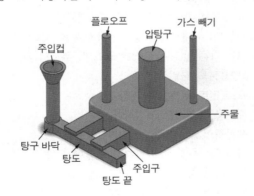

주조작업의 공정 순서로 알맞은 것은?

① 주조 방안 결정 → 원형제작 → 주형제작 → 용해 → 주입 → 후처리 → 제품검사
② 주조 방안 결정 → 주형제작 → 원형제작 → 용해 → 주입 → 후처리 → 제품검사
③ 주조 방안 결정 → 원형제작 → 주형제작 → 용해 → 후처리 → 주입 → 제품검사
④ 주조 방안 결정 → 주형제작 → 원형제작 → 용해 → 후처리 → 주입 → 제품검사

답 ①

탕구계 중에서 탕도에서 용탕이 주형 안으로 들어가는 부분은?

① 탕 도　　　　　② 탕 구
③ 라이저　　　　④ 게이트

해설

게이트(주입구)는 탕도에서 용탕이 주형 안으로 들어가는 부분이다. 주입 시 용탕이 주형에 부딪쳐 역류가 일어나지 않으면서 주형 안에 있는 가스가 잘 빠져나가도록 하고 주형의 구석까지 잘 채워지도록 설계한다.

답 ④

탕구계의 구조에 속하지 않는 것은?

① 탕 구
② 탕 도
③ 주물사
④ 압탕구

해설

주물사는 주형을 만들 때 사용하는 재료로 탕구계의 구조에 속하지 않는다.

답 ③

주물사의 구비조건으로 알맞지 않은 것은?

① 통기성이 좋아야 한다.
② 주물표면과의 접착력이 좋아야 한다.
③ 열에 의한 화학적 변화가 없어야 한다.
④ 열전도도가 낮아 용탕이 빨리 식지 않아야 한다.

해설

주물사는 제품 분리 시 파손 방지를 위해 주물표면과의 접착력
(접합력)이 좋으면 안 된다.

답 ②

**제품과 동일한 형상의 모형을 왁스(양초)나 파라핀(합성
수지)으로 만든 후 그 주변을 슬러리 상태의 내화 재료로
도포한 다음 가열하여 주형을 경화시키면서 내부의 모형
을 용융시켜 빼냄으로써 주형을 완성하는 주조법은?**

① 원심주조법
② 다이캐스트법
③ 인베스트먼트 주조법
④ 석고주형 주조법

답 ③

(2) 주물사의 구비 조건

① 통기성이 좋아야 한다.
② 성형성이 있어야 한다.
③ 열에 의한 화학적 변화가 일어나지 않아야 한다.
④ 열전도도가 낮아서 용탕이 빨리 응고되지 않아야 한다.
⑤ 제품 분리 시 파손 방지를 위해 주물표면과의 접착력(접합력)이 좋으면
안 된다.

③ 주조의 종류

(1) 사형주조법(Sand Casting)

① 사형주조법의 정의

모래를 사용해서 탕구계를 포함하는 주물 모형을 만든 후 이 내부에 용탕
을 주입하고 냉각시키면 금속이 응고된 후 모래주형을 깨뜨려 주물을 꺼
내는 주조법이다. 공작기계의 받침대나 실린더 헤드, 엔진블록, 펌프의
하우징을 만들 때 사용하는 주조법으로 현재 가장 많이 사용되고 있다.

② 사형주조법의 특징

㉠ 소모성 주형을 사용한다.
㉡ 모형으로 공동부를 만든다.
㉢ 모래 입자의 크기가 크면 통기도도 높아진다.
㉣ 용탕의 점도가 온도에 민감할수록 유동성은 낮아진다.

(2) 인베스트먼트 주조법

① 인베스트먼트 주조법의 정의

제품과 동일한 형상의 모형을 왁스(양초)나 파라핀(합성수지)으로 만든
후 그 주변을 슬러리 상태의 내화 재료로 도포한 다음 가열하여 주형을
경화시키면서 내부의 모형을 용융시켜 빼냄으로써 주형을 완성하는 주조
법이다. 다른 말로는 로스트 왁스법, 주물의 치수정밀도가 좋아서 정밀
주조법으로도 불린다.

② 인베스트먼트 주조법의 특징

㉠ 패턴을 내열재로 코팅한다.
㉡ 생산성이 낮고 제조 원가가 비싸다.
㉢ 사형주조법에 비해 인건비가 많이 든다.
㉣ 복잡하고 세밀한 제품을 주조할 수 있다.
㉤ 제작공정이 복잡하며 고비용의 주조법이다.
㉥ 주물의 표면이 깨끗하고 치수정밀도가 높다.
㉦ 패턴(주형)은 왁스, 파라핀과 같이 열을 가하면 녹는 재료로 만든다.

(3) 다이캐스트 주조법

① 다이캐스트 주조법의 정의

용융금속을 금형 다이에 고속으로 충진하여 압입하는 주조법으로 주형을 영구적으로 사용할 수 있다. 충진시간이 매우 짧아서 생산속도가 빠르므로 대량생산에 적합하다. 용융금속을 강한 압력으로 금형에 주입하고 가압하여 주물을 얻기 때문에 주물조직이 치밀하며 강도가 큰 특징이 있다. 치수정밀도가 높아서 마무리 공정수를 줄일 수 있다. 다이캐스트 주조법은 주로 비철금속의 주조에 사용된다.

② 다이캐스트 주조법의 특징

ㄱ. 영구주형을 사용한다.
ㄴ. 비철금속의 주조에 적용한다.
ㄷ. 고온 체임버식과 저온 체임버식으로 나뉜다.
ㄹ. 냉각속도가 빨라서 생산속도가 빠르다.
ㅁ. 용융금속이 응고될 때까지 압력을 가한다.
ㅂ. 기계용량의 표시는 가압유지 체결력과 관련이 있다.
ㅅ. 고속으로 충진할 수 있으며 충전시간이 매우 짧다.
ㅇ. 제품의 형상에 따라 금형의 크기와 구조에 한계가 있다.
ㅈ. 일반 주물에 비해 치수가 정밀하지만 장치비용이 비싸다.
ㅊ. 가압되므로 기공이 적고 주물조직이 치밀하며 강도가 크다.
ㅋ. 정밀도가 높은 표면을 얻을 수 있어 후 가공작업이 줄어든다.
ㅌ. 주형재료보다 용융점이 낮은 금속재료를 사용하여 주형이 녹아내리는 것을 방지한다.

(4) 셸몰드법

금속 모형을 약 250~300[℃]로 가열한 후, 모형 위에 박리제인 규소 수지를 바른다. 그리고 150~200[mesh] 정도의 SiO_2와 열경화성 합성수지를 배합한 주형재에 잠기게 하여 주형을 제작하는 주조법이다.

(5) 원심주조법

고속으로 회전하는 사형이나 금형주형에 용탕(쇳물)을 주입한 후 대략 300~3,000[rpm]으로 회전시키면, 용탕에 원심력이 작용해서 주형의 내벽에 용탕이 압착된 상태에서 응고시켜 주물을 얻는 주조법으로 관이나 중공의 주물인 주철관, 주강관, 라이너, 포신을 제작할 때 사용한다.

다이캐스팅 주조법의 특징으로 알맞지 않은 것은?

① 충전 시간이 매우 길다.
② 비철금속의 주조에 적용한다.
③ 냉각속도가 빨라서 생산속도가 빠르다.
④ 일반 주물에 비해 치수가 정밀하지만 장치비용이 비싸다.

해설
다이캐스팅 주조법은 고속으로 충전할 수 있어서 금형 안으로의 충전시간이 매우 짧다.

답 ①

다음은 어떤 주조법의 특징을 설명한 것인가?

- 영구주형을 사용한다.
- 비철금속의 주조에 적용한다.
- 고온 체임버식과 저온 체임버식으로 나뉜다.
- 용융금속이 응고될 때까지 압력을 가한다.

① 스퀴즈캐스팅(Squeeze Casting)
② 원심주조법(Centrifugal Casting)
③ 다이캐스팅(Die Casting)
④ 인베스트먼트주조법(Investment Casting)

해설
다이캐스트 주조법
용융금속을 금형(다이)에 고속으로 충진한 뒤 응고 시까지 고압을 계속 가해 주어 주물을 얻는 주조법으로 주물조직이 치밀하며 강도가 크고 치수정밀도가 높아서 마무리공정수를 줄일 수 있다. 또한 주형을 영구적으로 사용할 수 있고 충진시간이 매우 짧아서 생산속도가 빨라 대량 생산에 적합하다. 주로 비철금속의 주조에 사용된다.

답 ③

(6) 석고주형 주조법

알루미늄 합금이나 열경화성 플라스틱으로 만든 모형 위에 석고를 붓는데, 이 석고가 굳으면 모형을 제거해서 남은 습기를 건조시킨다. 건조된 주형은 120[℃]에서 약 15시간 정도 예열 후 용탕을 주입하는데, 석고주형의 통기성이 매우 불량하므로 가급적 진공상태에서 이루어져야 한다. 표면 정밀도가 좋고 서랭으로 인해 뒤틀림이 적으며 기계적 성질이 좋으나 비용이 많이 드는 단점이 있다.

4 주조용 용해로

(1) 용해로의 정의

주조작업에 사용되는 금속을 용해시키는 장치로 일반적으로 '노(Furnace)'라고 불린다. 노는 그 열원 및 용해방식에 따라 명칭이 달라진다.

(2) 용해로의 종류

① 큐폴라(= 용선로)

　㉠ 큐폴라의 정의

　　주철을 용해하는 대표적인 용해로이며 내부는 강판 위에 내열벽돌로 채워진 형태이다. 최근 전기로의 보급으로 많이 사용되지는 않으나 설치비가 적고 짧은 시간에 많은 양을 용해할 수 있어서 지속적으로 사용되고 있는 용해로이다.

　㉡ 큐폴라의 특징
- 노의 구조가 간단하다.
- 설치비가 적고 유지보수가 쉽다.
- 짧은 시간에 많은 양을 용해할 수 있다.
- 장시간의 연속 조업이 가능하므로 대량생산에 적합하다.
- 재료가 연료인 코크스와 직접 접촉하므로 열효율이 높다.

　㉢ 큐폴라의 용해 능력

　　1시간당 용해할 수 있는 양을 ton으로 표시한다[ton/h].

② 도가니로(Crucible Furnace)

　㉠ 도가니로의 정의

　　도가니에 용해시킬 재료를 넣고 열원을 가해 용해시키는 설비로써 오랜 옛날부터 제철 및 제강, 비철합금의 용해에 사용되어 왔다.

　㉡ 도가니로의 특징
- 열효율이 나쁘다.
- 용탕이 산화되지 않는다.
- 설비는 비교적 간단하다.

- 도가니의 값이 비싸서 경제적이지 않다.
- 고온에서는 도가니의 강도가 크지 않으므로 용해량에 제한이 있다.
- 용해금속이 연료가스와 접촉하지 않으므로 용탕에 불순물이 섞이지 않는다.
© 도가니로의 용량 표시법
  1회당 용해할 수 있는 구리의 양을 수치[kg]로 표시한다.
③ 전기로
  ㉠ 전기로의 정의
    전기를 열원으로 하여 금속을 용해하는 노(Furnace)로 전기의 사용 방식에 따라 아크로, 저항로, 유도로 등이 있다.
  ㉡ 전기로의 특징
    - 인건비가 절약된다.
    - 용탕의 성분 조절이 쉽다.
    - 열효율이 약 60[%] 정도이다.
    - 설치비와 유지비가 많이 든다.
    - 용해 시 손실이 거의 되지 않는다.
    - 용해 시 외부 환경에 영향을 덜 받는다.
    - 용탕의 온도를 다양하게 조절할 수 있다.
  ㉢ 용량 표시법
    1회당 용해할 수 있는 양을 [ton]으로 표시한다.
④ 아크로
  ㉠ 아크로의 정의
    전기 전극 사이에서 발생하는 아크를 열원으로 사용하는 노로 직접 아크로와 간접아크로로 나뉜다.
  ㉡ 아크로의 종류
    - 직접아크로
    - 간접아크로
⑤ 저항로
  ㉠ 저항로의 정의
    노의 내부에 니크롬과 같은 저항 발열체를 부착하고 여기에 전류를 통해서 열을 발생시켜 이 열을 이용하여 재료를 용융시키는 노이다.
  ㉡ 저항로의 특징
    - 온도 조절이 용이하다.
    - 용해 시 분위기를 조절할 수 있다.
    - 소음과 분진이 적어 작업 환경이 깨끗하다.
    - 전기에너지가 많이 사용되므로 단가가 높다.

용해로의 용해능력을 표시하는 방식으로 알맞지 않은 것은?

① 아크로는 1회당 용해할 수 있는 양을 [ton]으로 표시한다.
② 전기로는 1회당 용해할 수 있는 양을 [ton]으로 표시한다.
③ 도가니로는 회당 용해할 수 있는 철의 양을 수치[kg]로 표시한다.
④ 큐폴라는 1시간당 용해할 수 있는 양을 [ton]으로 표시한다[ton/h].

해설
도가니로는 회당 용해할 수 있는 구리의 양을 수치[kg]로 표시한다.
답 ③

전기로의 특징으로 알맞지 않은 것은?

① 용탕의 성분 조절이 어렵다.
② 설치비와 유지비가 많이 든다.
③ 용해 시 손실이 거의 되지 않는다.
④ 용해 시 외부 환경에 영향을 덜 받는다.

해설
전기로는 전기를 열원으로 하는 노로서 용탕의 성분 조절이 쉬운 장점이 있다.
답 ①

저항로의 특징으로 알맞지 않은 것은?

① 온도 조절이 어렵다.
② 용해 시 분위기를 조절할 수 있다.
③ 소음과 분진이 적어 작업 환경이 깨끗하다.
④ 전기 에너지가 많이 사용되므로 단가가 높다.

해설
저항로는 전기 전극 사이에서 발생하는 아크를 열원으로 사용하는 노의 일종으로 온도 조절이 용이한 장점이 있다.
답 ①

기계제도

1 기계제도 일반

(1) 기계제도의 목적

제도의 목적은 설계자의 제작 의도를 기계도면에 반영하여 제품제작기술자에게 말을 대신하여 전달하는 제작도로서 이는 제도 표준에 근거하여 제품제작에 필요한 모든 사항을 담고 있어야 한다. 그러나 설계자 임의의 창의성을 기록하면 제작자가 설계자의 의도를 정확히 이해하기 어렵기 때문에 창의적인 사항을 기록해서는 안 된다.

(2) 도형의 스케치 방법

① 프린트법 : 스케치할 물체의 표면에 광명단 또는 스탬프잉크를 칠한 다음 용지에 찍어 실형을 뜨는 방법이다.
② 모양뜨기법(본뜨기법) : 물체를 종이 위에 올려놓고 그 둘레의 모양을 직접 제도연필로 그리거나 납선, 구리선을 사용하여 모양을 만드는 방법이다.
③ 프리핸드법 : 운영자나 컴퍼스 등의 제도용품을 사용하지 않고 손으로 작도하는 방법으로 스케치의 일반적인 방법으로 척도에 관계없이 적당한 크기로 부품을 그린 후 치수를 측정한다.
④ 사진촬영법 : 물체를 사진 찍는 방법이다.

금속과 품질경영에 관한 KS규격으로 알맞은 것은?

① 금속 – KS A, 품질경영 – KS Q
② 금속 – KS B, 품질경영 – KS R
③ 금속 – KS D, 품질경영 – KS R
④ 금속 – KS D, 품질경영 – KS Q

답 ④

(3) 한국산업규격(KS)의 부문별 분류기호

분류기호	분 야	분류기호	분 야	분류기호	분 야
KS A	기 본	KS E	광 산	KS R	수송기계
KS B	기 계	KS F	건 설	KS V	조 선
KS C	전 기	KS I	환 경	KS W	항공우주
KS D	금 속	KS Q	품질경영	KS X	정 보

(4) 국가별 산업표준 기호

국 가		기 호
한 국	KS	Korea Industrial Standards
미 국	ANSI	American National Standards Institutes
영 국	BS	British Standards
독 일	DIN	Deutsches Institute fur Normung
일 본	JIS	Japanese Industrial Standards
프랑스	NF	Norme Francaise
스위스	SNV	Schweitzerish Norman Vereinigung

(5) 스케치할 때 재질 판정법

① 불꽃검사에 의한 법
② 경도시험에 의한 법
③ 색깔이나 광택에 의한 법

2 도면의 크기 및 척도

(1) 도면의 종류별 크기 및 윤곽치수[mm]

크기의 호칭			A0	A1	A2	A3	A4
a×b(세로×가로)			841×1,189	594×841	420×594	297×420	210×297
도면 윤곽	c(최소)		20	20	10	10	10
	d (최소)	철하지 않을 때	20	20	10	10	10
		철할 때	25	25	25	25	25

※ A0의 넓이 = 1[m²]

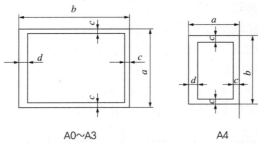

A0~A3   A4

① 도면을 철할 때 윤곽선은 왼쪽과 오른쪽이 용지 가장자리에서 띄는 간격
  이 다르다.
② 제도용지의 세로와 가로의 비는 1 : $\sqrt{2}$ 이며, 복사한 도면은 A4용지로 접
  어서 보관한다.

스위스의 산업표준으로 알맞은 것은?

① NF   ② DIN
③ SNV   ④ ANSI

답 ③

도면용지의 가로 : 세로의 비율은?

① 1 : $\sqrt{2}$ ② 2 : $\sqrt{2}$
③ $\sqrt{2}$: 1   ④ 2$\sqrt{2}$: 1

해설
제도용지의 세로와 가로의 비는 1 : $\sqrt{2}$ 이며, 복사한 도면은 A4용지로 접어서 보관한다.

답 ③

도면용지에 반드시 마련해야 하는 양식이 아닌 것은?

① 윤곽선
② 표제란
③ 부품란
④ 중심마크

해설
부품란은 일반적으로 표제란 위에 작성하는데, 반드시 도면에 작성할 필요는 없다.

답 ③

(2) 도면에 마련되는 양식

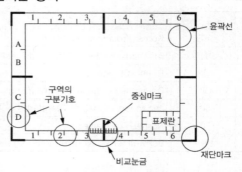

윤곽선	도면용지의 안쪽에 그려진 내용이 확실이 구분되도록 하고, 종이의 가장자리가 찢어져서 도면의 내용을 훼손하지 않도록 하기 위해서 굵은 실선으로 표시한다.
표제란	도면관리에 필요한 사항과 도면 내용에 관한 중요 사항으로서 도명, 도면번호, 기업(소속명), 척도, 투상법, 작성연월일, 설계자 등이 기입된다.
중심마크	도면의 영구 보존을 위해 마이크로필름으로 촬영하거나 복사하고자 할 때 굵은 실선으로 표시한다.
비교눈금	도면을 축소하거나 확대했을 때 그 정도를 알기 위해 도면 아래쪽의 중앙 부분에 10[mm] 간격의 눈금을 굵은 실선으로 그려놓은 것이다.
재단마크	인쇄, 복사, 플로터로 출력된 도면을 규격에서 정한 크기로 자르기 편하도록 하기 위해 사용한다.

(3) 도면에 반드시 마련해야 할 양식

① 윤곽선
② 표제란
③ 중심마크

척도에 대한 설명으로 알맞지 않은 것은?

① 1 : 1은 현척을 말한다.
② 2 : 1은 배척을 말한다.
③ 1 : 4는 축척을 말한다.
④ NS는 물체를 5배로 확대시킨 것이다.

해설
NS는 비례척이 아닌 경우에 표시한다.
척도표시 방법
A : B = 도면에서의 크기 : 물체의 실제크기
예 축적 – 1 : 2, 현척 – 1 : 1, 배척 – 2 : 1

답 ④

(4) 도면에 사용되는 척도

① 척도기입 위치
도면 전체의 그림 크기에 대한 척도값은 표제란의 척도란에 표시한다.

② 척도표시 방법
척도란 도면상의 길이와 실제 길이와의 비를 말한다.
A : B = 도면에서의 크기 : 물체의 실제크기
예 축적 – 1 : 2, 현척 – 1 : 1, 배척 – 2 : 1

종 류	의 미
축 척	실물보다 작게 축소해서 그리는 것으로 1 : 2, 1 : 20 등의 형태로 표시
배 척	실물보다 크게 확대해서 그리는 것으로 2 : 1, 20 : 1 등의 형태로 표시
현 척	실물과 동일한 크기로 1 : 1의 형태로 표시

3 선의 종류 및 문자

(1) 선의 종류 및 용도

명 칭	기호명칭	기 호	용 도
외형선	굵은 실선	———————	대상물이 보이는 모양을 표시하는 선
치수선	가는 실선		치수 기입을 위해 사용하는 선
치수보조선			치수를 기입하기 위해 도형에서 인출한 선
지시선			지시, 기호를 나타내기 위한 선
회전단면선			회전한 형상을 나타내기 위한 선
수준면선			수면, 유면 등의 위치를 나타내는 선
숨은선	가는 파선(파선)	— — — —	대상물의 보이지 않는 부분의 모양을 표시
절단선	가는 1점 쇄선이 겹치는 부분에는 굵은 실선		절단한 면을 나타내는 선
중심선	가는 1점 쇄선	—·——·—	도형의 중심을 표시하는 선
기준선			위치 결정의 근거임을 나타내기 위해 사용
피치선			반복 도형의 피치의 기준을 잡음
무게중심선	가는 2점 쇄선	—··——··—	단면의 무게 중심을 연결한 선
가상선			가공 부분의 이동하는 특정 위치나 이동 한계의 위치를 나타내는 선
특수 지정선	굵은 1점 쇄선	—·——·—	특수한 가공이나 특수 열처리가 필요한 부분 등 특별한 요구사항을 적용할 범위를 표시할 때 사용하는 선
파단선	불규칙한 가는 실선	∿	대상물의 일부를 파단한 경계나 일부를 떼어낸 경계를 표시하는 선
	지그재그 선	⌇	
해 칭	가는 실선(사선)	▨	단면도의 절단면을 나타내는 선
개스킷	아주 굵은 실선	▬▬▬	개스킷 등 두께가 얇은 부분을 표시하는 선

(2) KS에 따른 선의 굵기 기준

0.18[mm], 0.25[mm], 0.35[mm], 0.5[mm], 0.7[mm], 1[mm]

(3) 주요 선의 정의

선의 종류	기 호	설 명
실 선	———————	연속적으로 이어진 선
파 선	— — — —	짧은 선을 일정한 간격으로 나열한 선
1점 쇄선	—·——·—	길고 짧은 2종류의 선을 번갈아 나열한 선
2점 쇄선	—··——··—	긴선 1개와 짧은 선 2개를 번갈아 나열한 선

필 / 수 / 확 / 인 / 문 / 제

기계제도에서 가는 실선으로 나타내는 것이 아닌 것은?

① 치수선
② 회전단면선
③ 외형선
④ 해칭선

해설
외형선은 굵은 실선으로 나타낸다.

답 ③

한국산업표준에서 정한 도면에 사용하는 선 굵기의 기준이 아닌 것은?

① 0.18[mm]
② 0.35[mm]
③ 0.75[mm]
④ 1[mm]

해설
KS에 따른 선의 굵기 기준
0.18[mm], 0.25[mm], 0.35[mm], 0.5[mm], 0.7[mm], 1[mm]

답 ③

도면에 사용하는 선의 종류별 굵기 및 표시 색상으로 알맞은 것은?

① 윤곽선은 0.5[mm]의 굵기로 표시한다.
② 외형선은 0.7[mm]의 굵기로 표시한다.
③ 숨은선은 노란색으로 0.35[mm]로 표시한다.
④ 해칭선이나 치수선은 0.45[mm]로 표시한다.

답 ③

가상선의 용도로 맞지 않는 것은?

① 인접부분을 참고로 표시하는 데 사용
② 도형의 중심을 표시하는 데 사용
③ 가공 전 또는 가공 후의 모양을 표시하는 데 사용
④ 도시된 단면의 앞쪽에 있는 부분을 표시하는 데 사용

해설
도형의 중심을 표시하는 데 사용되는 선은 중심선이다.

답 ②

(4) 선의 굵기에 따른 색상 및 용도

선의 굵기	색 상	용 도
0.7[mm]	하늘색	윤곽선
0.5[mm]	초록색	외형선
0.35[mm]	노란색	숨은선
0.25[mm]	흰색, 빨간색	해칭, 치수선, 치수보조선, 중심선, 가상선, 지시선 등

(5) 가는 2점 쇄선(— ·· —)으로 표시되는 가상선의 용도

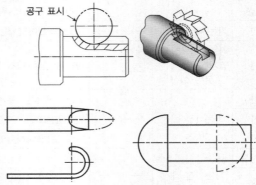

공구 표시

[가공 전·후의 모양]

① 반복되는 것을 나타낼 때
② 가공 전이나 후의 모양을 표시할 때
③ 도시된 단면의 앞부분을 표시할 때
④ 물품의 인접부분을 참고로 표시할 때
⑤ 이동하는 부분의 운동 범위를 표시할 때
⑥ 공구 및 지그 등 위치를 참고로 나타낼 때
⑦ 단면의 무게 중심을 연결한 선을 표시할 때

(6) 모따기(Chamfer 기호 입력하기)

영어의 앞글자를 따서 'C'로 쓰며 치수기입은 모따기 각도가 45°인 경우에는 주로 C7과 같이 한다.

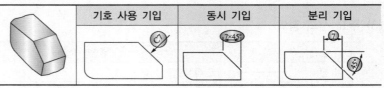

	기호 사용 기입	동시 기입	분리 기입

(7) 선의 굵기 및 우선순위

제도 시 선 굵기의 비율은 '아주 굵은 선 : 굵은 선 : 가는 선 = 4 : 2 : 1'로 해야
한다.

(8) 두 종류 이상의 선이 중복되는 경우 선의 우선순위

숫자나 문자 > 외형선 > 숨은선 > 절단선 > 중심선 > 무게 중심선 > 치수 보조선

(9) 평면 표시

기계제도에서 대상으로 하는 부분이 평면인 경우에는 단면에 가는 실선으로
대각선 표시를 해 준다. 그리고 만일 단면이 정사각형일 때는 해당 단면의
치수 앞에 정사각형 기호를 붙여 "□20"와 같이 표시한다.

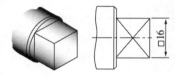

---

4 가공방법 및 재료기호

(1) 일반 구조용 압연강재 – SS400의 경우

S	Steel(강–재질)
S	일반 구조용 압연재(general Structural purposes)
400	최저인장강도 400[N/mm²]

(2) 기계 구조용 탄소강재 – SM 45C의 경우

S	Steel(강–재질)
M	기계 구조용(Machine structural use)
45C	평균탄소함유량(0.42~0.48[%]) – KS D 3752

(3) 탄소강 단강품 – SF390A

SF	carbon Steel Forgings for general use
390	최저인장강도 390[N/mm²]
A	어닐링, 노멀라이징 또는 노멀라이징 템퍼링을 한 단강품

다음 가공방법의 약호를 나타낸 것 중 틀린 것은?

① 선반가공(L)
② 보링가공(B)
③ 리머가공(FR)
④ 호닝가공(GB)

해설
호닝가공은 "GH"를 사용한다.

답 ④

(4) 회주철품 – GC 300

GC	Gray Cast iron(회주철)
300	최저인장강도 300[N/mm^2]

(5) STD 11 : 합금공구강(냉간금형)

(6) SC 360 : 탄소강 주강품

(7) 가공방법의 기호

기 호	가공방법	기 호	가공방법	기 호	가공방법
L	선 반	FF	줄 다듬질	GS	평면 연삭
B	보 링	FL	래 핑	M	밀 링
BR	브로칭	FR	리머다듬질	P	플레이닝
CD	다이캐스팅	FS	스크레이핑	PS	절단(전단)
D	드 릴	G	연 삭	SH	기계적 강화
FB	브러싱	GH	호 닝		

(8) 특수가공(SP ; Special Processing) 기호

가공방법	기 호	기호풀이
방전가공	SPED	Electric Discharge
전해가공	SPEC	Electro Chemical
전해연삭	SPEG	Elecrolytic Grinding
초음파가공	SPU	Ultrasonic
전자빔가공	SPEB	Electron Beam
레이저가공	SPLB	Laser Beam

(9) KS재료 기호

명 칭	기 호	명 칭	기 호
알루미늄 합금주물	AC1A	니켈-크롬강	SNC
알루미늄 청동	ALBrC1	니켈-크롬-몰리브덴강	SNCM
다이캐스팅용 알루미늄 합금	ALDC1	판스프링강	SPC
청동 합금주물	BC(CAC)	냉간압연 강판 및 강대(일반용)	SPCC
편상흑연주철	FC	드로잉용 냉간압연 강판 및 강대	SPCD
회주철품	GC	열간압연 연강판 및 강대 (드로잉용)	SPHD
구상흑연주철품	GCD	배관용 탄소강판	SPP
구상흑연주철	GCD	스프링용강	SPS
인청동	PBC2	배관용 탄소강관	SPW
합 판	PW	일반구조용 압연강재	SS
피아노선재	PWR	탄소공구강	STC
보일러 및 압력 용기용 탄소강	SB	합금공구강(냉간금형)	STD
보일러용 압연강재	SBB	합금공구강(열간금형)	STF
보일러 및 압력용기용 강재	SBV	일반구조용 탄소강관	STK
탄소강 주강품	SC	기계구조용 탄소강관	STKM
기계구조용 합금강재	SCM, SCr 등	합금공구강(절삭공구)	STS
크롬강	SCr	리벳용 원형강	SV
주강품	SCW	탄화텅스텐	WC
탄소강 단조품	SF	화이트메탈	WM
고속도 공구강재	SKH	다이캐스팅용 아연합금	ZDC
기계구조용 탄소강재	SM		
용접구조용 압연강재	SM 표시 후 A, B, C 순서로 용접성이 좋아진다.		

표면거칠기에 대한 설명으로 옳지 않은 것은?

① 표면거칠기에 대한 의도를 제조자에게 전달하는 경우 삼각기호를 일반적으로 사용한다.

② Rmax, Ra, Rz의 표면거칠기 표시 중에서 Ra값이 가장 크다.

③ 표면거칠기는 공작물표면의 임의위치의 기준길이 L 내에서 채취한 데이터로부터 평가한다.

④ 표면거칠기 검사법으로는 접촉식과 비접촉식 방법 모두 사용된다.

해설

표면거칠기 표시 중에서 산술평균거칠기값인 Ra값이 가장 작다.

답 ②

5 표면거칠기 기호

(1) 표면거칠기

제품의 표면에 생긴 가공 흔적이나 무늬로 형성된 오목하거나 볼록한 차를 말한다.

(2) 표면거칠기를 표시하는 방법

① 산술 평균 거칠기(중심선 평균 거칠기, R_a)

기준길이(L)의 표면 거칠기 곡선에서 기준인 중심선을 기준으로 모든 굴곡부분을 더한 후 기준길이로 나눈 것을 마이크로미터[μm]로 나타낸 값

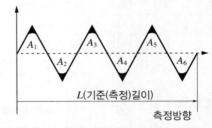

$$R_a = \frac{A(\text{굴곡부분의 전체 넓이, } A_1 + A_2 + \cdots + A_6)}{L(\text{기준길이})}$$

② 최대 높이 거칠기, R_y

기준길이(L) 중 가장 높은 산봉우리(R_P)와 가장 낮은 골 바닥선(R_V) 사이의 길이를 마이크로미터[μm]로 나타낸 값

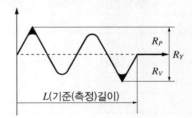

$$R_y = R_P + R_V$$

③ 10점 평균 거칠기, R_Z

기준길이(L)중 가장 높은 산봉우리에서부터 5번째 산봉우리까지의 높이들의 평균합에 대한 절대값과, 가장 낮은 골 바닥에서 5번째 골 바닥의 높이들의 평균합에 대한 절대값의 합계를 마이크로미터[μm]로 나타낸 값

(3) 가공면을 지시하는 기호

종류	의미
(기호)	제거가공을 하든, 하지 않든 상관 없다.
(기호)	제거가공을 해야 한다.
(기호)	제거가공을 해서는 안 된다.

※ 표면의 결을 도시할 때는 지시 기호를 외형선에 붙여서 쓴다.

(4) 표면거칠기 기호 및 거칠기값[μm]

기 호	용 도	표면거칠기값		
		Ra (산술평균 거칠기)	Ry(Rmax) (최대 높이)	Rz (10점 평균 거칠기)
$\overset{w}{\bigtriangledown}$	다른 부품과 접촉하지 않는 면에 사용	25a	100S	100Z
$\overset{x}{\bigtriangledown}$	다른 부품과 접촉해서 고정되는 면에 사용	6.3a	25S	25Z
$\overset{y}{\bigtriangledown}$	기어의 맞물림 면이나 접촉 후 회전하는 면에 사용	1.6a	6.3S	6.3Z
$\overset{z}{\bigtriangledown}$	정밀 다듬질이 필요한 면에 사용	0.2a	0.8S	0.8Z

25란 산술평균거칠기(Ra)값을 나타낸 것으로 거칠기 곡선에서 중심선 윗부분 면적의 합을 기준길이로 나눈 값의 평균이 25[μm] 이내가 되어야 한다는 의미이다.

※ 산술평균거칠기 : 중심선 윗부분 면적의 합을 기준 길이로 나눈 값을 마이크로미터[μm]로 나타낸 것

(5) 도면의 상단에 위치하는 표면거칠기 기호의 해석

종류	의미
$\overset{25}{\bigtriangledown}($　$)$	부품의 일부분에 다른 표면거칠기값이 주어진다면 그 부분을 제외한 모든 부분의 표면거칠기값은 $\overset{25}{\bigtriangledown}$ 를 나타냄을 말하며 괄호( ) 앞에 위치시킨다.
$(\overset{6.3}{\bigtriangledown},\overset{1.6}{\bigtriangledown})$	괄호 안에 위치하는 표면거칠기들은 부품상에 어느 부분에 이 기호들을 배치하여, 그 부분만은 이 표면거칠기값을 따라야 함을 지시하는 것이다.

표면거칠기의 표시방법 중 제거가공을 필요로 하는 경우 지시하는 기호로 옳은 것은?

① $\bigvee$　　　② $\overset{}{\bigvee}$

③ $\overset{\bigcirc}{\bigvee}$　　　④ $\bigvee$

해설

제품 표면에 제거가공을 필요로 하는 경우에는 와 같은 기호를 외형선에 붙여서 사용한다.

답 ②

그림과 같이 기입된 표면 지시기호의 설명으로 옳은 것은?

① 연삭가공을 하고 가공무늬는 동심원이 되게 한다.
② 밀링가공을 하고 가공무늬는 동심원이 되게 한다.
③ 연삭가공을 하고 가공무늬는 방사상이 되게 한다.
④ 밀링가공을 하고 가공무늬는 방사상이 되게 한다.

해설

그림은 밀링가공(M)으로 가공한 재료의 표면에는 동심원의 무늬가 생기는 것을 의미한다.

답 ②

6 줄무늬 방향기호

(1) 표면의 지시기호

a : 중심선 평균거칠기값
b : 가공방법
c : 컷오프값
d : 줄무늬 방향 기호
e : 다듬질 여유
g : 표면 파상도

(2) 줄무늬 방향기호와 의미

기 호	커터의 줄무늬 방향	적 용	표면형상
=	투상면에 평행	셰이핑	
⊥	투상면에 직각	선삭, 원통연삭	
×	투상면에 경사지고 두 방향으로 교차	호 닝	
M	여러 방향으로 교차되거나 무방향이 나타남	래핑, 슈퍼피니싱, 밀링	
C	중심에 대하여 대략 동심원	끝면 절삭	
R	중심에 대하여 대략 레이디얼 모양	일반적인 가공	

7 투상법(Projection)

(1) 투상법의 정의
도면에 작성하고자 하는 대상물을 일정한 법칙에 의해서 대상물의 형태를 평면상에 도형으로 나타내는 방법을 말한다.

(2) 투상법의 종류

(3) 주요 투상법의 특징

종 류	그 림	특 징
사투상도		• 물체를 투상면에 대하여 한쪽으로 경사지게 투상하여 입체적으로 나타낸 투상법이다. • 하나의 그림으로 대상물의 한 면(정면)만을 중점적으로 엄밀하고 정확하게 표시할 수 있다.
등각투상도		• 정면, 평면, 측면을 하나의 투상도에서 동시에 볼 수 있도록 그린 투상법이다. • 직육면체의 등각투상도에서 직각으로 만나는 3개의 모서리는 각각 120°를 이룬다. • 주로 기계 부품의 조립이나 분해를 설명하는 정비지침서 등에 사용한다.
투시투상도		• 건축, 도로, 교량의 도면 작성에 사용된다. • 멀고 가까운 원근감을 느낄 수 있도록 하나의 시점과 물체의 각 점을 방사선으로 그리는 투상법이다.
부등각 투상도		수평선과 2개의 축선이 이루는 각을 서로 다르게 그린 투상법이다.

두 개의 옆면 모서리가 수평선과 30°가 되도록 기울여 하나의 그림으로 정육면체의 세 개의 면을 나타낼 수 있으며 주로 기계 부품의 조립이나 분해를 설명하는 정비지침서 등에 사용하는 투상법은?

① 투시투상법
② 등각투상법
③ 사투상법
④ 정투상법

해설

투상법(Projection)이란 도면에 작성하고자 하는 대상물을 일정한 법칙에 의해서 대상물의 형태를 평면상에 도형으로 나타내는 방법을 말한다. 등각투상법은 부품의 조립이나 분해를 설명하는 정비지침서에 사용되는 투상법이다.

답 ②

1각법과 3각법을 비교할 때 그 위치가 항상 같은 것은?

① 정면도와 평면도
② 정면도와 배면도
③ 저면도와 평면도
④ 저면도와 배면도

답 ②

(4) 제1각법과 제3각법

제1각법	제3각법
투상면을 물체의 뒤에 놓는다.	투상면을 물체의 앞에 놓는다.
눈 → 물체 → 투상면	눈 → 투상면 → 물체

※ 3각법의 투상방법은 눈 → 투상면 → 물체로 당구에서 3쿠션을 연상시키면 그림의 좌측을 당구공, 우측을 당구 큐대로 생각하면 암기하기 쉽다. 1각법은 공의 위치가 반대가 된다.

(5) 투상도의 정의

물체를 도면에 표현하기 위해 물체의 한 면 또는 여러 면을 그리는 것으로 길이가 긴 물체는 길이 방향으로 놓은 상태로 그려야 한다.

(6) 투상도의 종류

회전투상도	정 의	각도를 가진 물체의 실제 모양을 나타내기 위해서 그 부분을 회전해서 그린다.
	도면표시	
부분투상도	정 의	그림의 일부를 도시하는 것만으로도 충분한 경우 필요한 부분만을 투상하여 그린다.
	도면표시	
국부투상도	정 의	대상물이 구멍, 홈 등과 같이 한 부분의 모양을 도시하는 것만으로도 충분한 경우에 사용한다.
	도면표시	

부분확대도	정 의	특정 부분의 도형이 작아서 그 부분을 자세히 나타낼 수 없거나, 치수기입을 할 수 없을 때, 그 부분을 가는 실선으로 둘러싸고 한글이나 알파벳 대문자로 표시한 후 근처에 확대하여 표시한다.
	도면표시	확대도-A 척도 2:1
보조투상도	정 의	경사면을 지니고 있는 물체는 그 경사면의 실제 모양을 표시할 필요가 있는데, 이 경우 보이는 부분의 전체 또는 일부분을 나타낼 때 사용한다.
	도면표시	대칭기호

(7) 대칭 물체의 투상도를 생략해서 간단히 그리기

단면도를 대칭기호로 생략	대칭 모양을 파단선으로 생략
대칭기호	

그림과 같이 축의 홈이나 구멍 등과 같이 부분적인 모양을 도시하는 것으로 충분한 경우의 투상도는?

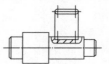

① 회전투상도
② 부분확대도
③ 국부투상도
④ 보조투상도

해설
국부투상도는 축의 홈이나 구멍 등과 같이 부분적인 모양을 도시하는 것으로 충분한 경우에 사용한다.

답 ③

(8) 모양이 반복되는 투상도를 간략하게 그리기

같은 크기의 모양이 반복되어 여러 개가 있는 경우 모두 그리지 않고 일반만 생각하면 복잡하지 않아 읽기도 쉽다.

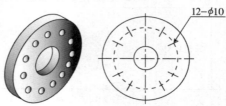

8 단면도

(1) 단면도의 정의

보이지 않는 안쪽의 모양이 간단하면 숨은선으로 나타낼 수 있지만 복잡하면 더 알아보기 어렵기 때문에 안쪽을 더 명확히 나타내기 위해서 물체에 가상의 절단면을 설치하고 그 앞부분을 떼어낸 후 남겨진 부분의 모양을 그린 것을 단면도라고 한다.

절단면 설치	앞부분을 떼어냄	단면도

(2) 해칭(Hatching)이나 스머징(Smudging)

단면도에는 필요한 경우 절단하지 않은 면과 구별하기 위해 해칭이나 스머징을 한다. 그리고 인접한 단면의 해칭은 기존 해칭이나 스머징 선의 방향 또는 각도를 달리하여 구분한다.

해 칭		해칭은 45°의 가는 실선을 단면부의 면적에 따라 2~3[mm] 간격으로 사선을 긋는다. 경우에 따라 30°, 60°로 변경해도 가능하다.
스머징		외형선 안쪽에 색칠한다.

단면도의 해칭에 관한 설명으로 올바른 것은?

① 해칭부분에 문자, 기호 등을 기입하기 위하여 해칭을 중단할 수 없다.
② 인접한 부품의 단면은 해칭선의 방향이나 간격을 변경하지 않고 동일하게 사용한다.
③ 보통 해칭선의 각도는 주된 중심선에 대하여 60°로 가는 실선을 사용하여 등간격으로 그린다.
④ 단면 면적이 넓은 경우에는 그 외형선의 안쪽 적절한 범위에 해칭 또는 스머징을 할 수 있다.

해설
① 해칭부분에 문자, 기호 등을 기입하기 위하여 해칭을 중단할 수 있다.
② 인접한 부품의 단면은 해칭선의 방향이나 간격을 달리하여 구분한다.
③ 보통 해칭선은 45°의 가는 실선을 단면부의 면적에 2~3[mm] 간격으로 사선을 긋는다.

답 ④

(3) 단면도의 해칭 방법

① 단면은 필요로 하는 부분만을 파단하여 표시할 수 있다.

② 해칭부분에 문자, 기호 등을 기입하기 위하여 해칭을 중단할 수 있다.

③ 해칭을 하지 않아도 단면이라는 것을 알 수 있을 때는 해칭을 생략해도 된다.

④ 단면 면적이 넓은 경우는 외형선의 안쪽면의 적절한 범위에 해칭 또는 스머징을 할 수 있다.

(4) 길이 방향으로 절단하여 도시가 불가능한 기계요소

길이 방향으로 절단하여 도시가 가능한 것	보스, 부시, 칼라, 베어링, 파이프 등 KS규격에서 절단하여 도시가 불가능하다고 규정된 이외의 부품
길이 방향으로 절단하여 도시가 불가능한 것	축, 키, 암, 핀, 볼트, 너트, 리벳, 코터, 기어의 이, 베어링의 볼과 롤러

(5) 단면도의 종류

온단면도 (전단면도)	도 면	
	특 징	• 전단면도라고도 한다. • 물체 전체를 직선으로 절단하여 앞부분을 잘라내고 남은 뒷부분의 단면 모양을 그린 것이다. • 절단 부위의 위치와 보는 방향이 확실한 경우에는 절단선, 화살표, 문자 기호를 기입하지 않아도 된다.
한쪽 단면도 (반단면도)	도 면	
	특 징	• 반단면도라고도 한다. • 절단면을 전체의 반만 설치하여 단면도를 얻는다. • 상하 또는 좌우가 대칭인 물체를 중심선을 기준으로 1/4 절단하여 내부 모양과 외부 모양을 동시에 표시하는 방법이다.
부분 단면도	도 면	
	특 징	• 파단선을 그어서 단면 부분의 경계를 표시한다. • 일부분을 잘라 내고 필요한 내부의 모양을 그리기 위한 방법이다.

한쪽 단면도는 대칭 모양의 물체를 중심선을 기준으로 얼마나 절단하여 나타내는가?

① 전 체　　　　　② $\frac{1}{2}$

③ $\frac{1}{4}$　　　　　④ $\frac{1}{3}$

해설

한쪽 단면도는 대칭 모양의 물체를 중심선을 기준으로 $\frac{1}{4}$ 을 절단하여 나타낸다.

답 ③

회전도시 단면도	도 면	 (a) 암의 회전 단면도(투상도 안)　　　(b) 훅의 회전 단면도(투상도 밖)
	특 징	• 절단선의 연장선 뒤에도 그릴 수 있다. • 투상도의 절단할 곳과 겹쳐서 그릴 때는 가는 실선으로 그린다. • 주투상도의 밖으로 끌어내어 그릴 경우는 가는 1점 쇄선으로 한계를 표시하고 굵은 실선으로 그린다. • 핸들이나 벨트 풀리, 바퀴의 암, 리브, 축, 형강 등의 단면의 모양을 90°로 회전시켜 투상도의 안이나 밖에 그린다.
계단 단면도	도 면	
	특 징	• 절단면을 여러 개 설치하여 그린 단면도이다. • 복잡한 물체의 투상도 수를 줄일 목적으로 사용한다. • 절단선, 절단면의 한계와 화살표 및 문자기호를 반드시 표시하여 절단면의 위치와 보는 방향을 정확히 명시해야 한다.

9 치수기입원칙 및 치수보조기호

(1) 치수기입원칙(KS B 0001)

① 중복치수는 피한다.

② 치수는 주투상도에 집중한다.

③ 관련되는 치수는 한 곳에 모아서 기입한다.

④ 치수는 공정마다 배열을 분리해서 기입한다.

⑤ 치수는 계산해서 구할 필요가 없도록 기입한다.

⑥ 치수 숫자는 치수선 위 중앙에 기입하는 것이 좋다.

⑦ 치수 중 참고치수에 대하여는 수치에 괄호를 붙인다.

⑧ 도면에 나타나는 치수는 특별히 명시하지 않는 한 다듬질 치수로 표시한다.

⑨ 치수는 투상도와의 모양 및 치수의 비교가 쉽도록 관련 투상도쪽으로 기입한다.

⑩ 치수는 대상물의 크기, 자세 및 위치를 가장 명확하게 표시할 수 있도록 기입한다.

⑪ 기능상 필요한 경우 치수의 허용 한계를 지시한다(단, 이론적으로 정확한 치수는 제외).

⑫ 대상물의 기능·제작·조립 등을 고려하여, 꼭 필요한 치수를 분명하게 도면에 기입한다.

⑬ 하나의 투상도인 경우, 수평 방향의 길이 치수는 투상도의 위쪽에, 수직 방향의 길이 치수는 투상도의 오른쪽에서 읽을 수 있도록 기입한다.

치수기입의 원칙으로 알맞지 않은 것은?

① 중복치수는 피한다.

② 치수는 주투상도에 집중한다.

③ 치수는 계산해서 구할 필요가 없도록 기입한다.

④ 관련되는 치수는 정면도와 평면도에 모아서 기입한다.

해설

치수기입원칙(KS B 0001)에 따르면 관련되는 치수는 한 곳에 모아서 기입해야 한다.

답 ④

(2) 치수기입 시 주의사항

① 한 도면 안에서의 치수는 같은 크기로 기입한다.
② 각도를 라디안 단위로 기입하는 경우 그 단위 기호인 [rad]을 기입한다.
③ [cm]나 [m]를 사용할 필요가 있는 경우 반드시 [cm]나 [m]를 기입해야 한다.
④ 길이치수는 원칙적으로 [mm]의 단위로 기입하고, 단위 기호는 붙이지 않는다.
⑤ 치수 숫자는 정자로 명확하게 치수선의 중앙 위쪽에 약간 띄어서 평행하게 표시한다.
⑥ 치수 숫자의 단위수가 많은 경우 3자리마다 숫자의 사이를 적당히 띄우고 콤마를 붙이지 않는다.
⑦ 숫자와 문자는 고딕체를 사용하고, 크기는 도면과 투상도의 크기에 따라 알맞은 크기와 굵기를 선택한다.
⑧ 각도치수는 일반적으로 도의 단위로 기입하고, 필요한 경우 분, 초를 병용할 수 있으며 도, 분, 초 등의 단위를 기입한다.

(3) 길이와 각도의 치수기입

현의 치수기입	호의 치수기입	반지름 치수기입	각도 치수기입
40	42	R8	105°

(4) 치수의 배치 방법

직렬치수 기입법	도면상 표현	
	내 용	• 직렬로 나란히 연결된 개개의 치수에 주어진 일반공차가 차례로 누적되어도 기능과 상관없는 경우 사용한다. • 축을 기입할 때는 중요도가 작은 치수는 괄호를 붙여서 참고 치수로 기입한다.
병렬치수 기입법	도면상 표현	
	내 용	• 기준면을 설정하여 개개별로 기입되는 방법 • 각 치수의 일반공차는 다른 치수의 일반공차에 영향을 주지 않는다.

치수기입방법으로 맞는 것은?

① 길이의 치수는 원칙적으로 밀리미터의 단위로 기입하고, 단위 기호를 붙인다.
② 각도의 치수는 일반적으로 도, 분, 초 등의 단위를 기입한다.
③ 관련되는 치수는 나누어서 기입한다.
④ 가공이나 조립할 때, 기준으로 하는 곳이 있더라도 상관없이 기입한다.

해설

각도치수는 일반적으로 도의 단위로 기입하고, 필요한 경우 분, 초를 병용할 수 있다.
① 길이치수는 원칙적으로 [mm]의 단위로 기입하고, 단위 기호는 붙이지 않는다.
③ 관련되는 치수는 한 곳에 모아서 기입한다.
④ 가공이나 조립할 때, 필요에 따라 기준으로 하는 점, 선, 면을 기준으로 하여 기입한다.

답 ②

누진치수 기입법에 대한 설명으로 알맞은 것은?

① 기준면을 설정하여 개개별로 기입하는 방법이다.
② 치수의 기준점에 기점기호(O)를 기입하고, 치수보조
   선과 만나는 곳마다 화살표를 붙인다.
③ 기준면에 해당하는 쪽의 치수보조선의 위치는 제품
   의 기능, 조립, 검사 등의 조건을 고려하여 정한다.
④ 직렬로 나란히 연결된 개개의 치수에 주어진 일반공
   차가 차례로 누적되어도 기능과 상관없는 경우 사용
   한다.

답 ②

치수보조기호 중에서 구의 지름을 나타내는 기호는?

① C
② t
③ R
④ Sϕ

답 ④

누진치수 기입법	도면상 표현	
	내 용	• 한 개의 연속된 치수선으로 간편하게 사용하는 방법 • 치수의 기준점에 기점기호(O)를 기입하고, 치수보조선과 만나는 곳마다 화살표를 붙인다.
좌표치수 기입법	도면상 표현	
	내 용	• 구멍의 위치나 크기 등의 치수는 좌표를 사용해도 된다. • 프레스금형이나 사출금형의 설계도면 작성 시 사용한다. • 기준면에 해당하는 쪽의 치수보조선의 위치는 제품의 기능, 조립, 검사 등의 조건을 고려하여 정한다.

(5) 치수보조기호

기 호	구 분	기 호	구 분
ϕ	지 름	p	피 치
Sϕ	구의 지름	$\overset{\frown}{50}$	호의 길이
R	반지름	$\underline{50}$	비례척도가 아닌 치수
SR	구의 반지름	$\boxed{50}$	이론적으로 정확한 치수
□	정사각형	(50)	참고 치수
C	45° 모따기	~~50~~	치수의 취소(수정 시 사용)
t	두 께		

10 치수공차 및 끼워맞춤공차, 기하공차, IT공차

(1) 공차 용어

용 어	의 미
실치수	실제로 측정한 치수로 [mm] 단위를 사용한다.
치수공차(공차)	최대허용 한계치수 – 최소허용 한계치수
위치수 허용차	최대허용 한계치수 – 기준치수
아래치수 허용차	최소허용 한계치수 – 기준치수
기준치수	위치수 및 아래치수 허용차를 적용할 때 기준이 되는 치수
허용한계치수	허용할 수 있는 최대 및 최소의 허용치수로 최대허용 한계치수와 최소허용 한계치수로 나눈다.
틈 새	구멍의 치수가 축의 치수보다 클 때, 구멍과 축간치수 차
죔 새	구멍의 치수가 축의 치수보다 작을 때 조립 전 구멍과 축과의 치수 차

(2) 치수공차

치수공차는 공차라고도 불린다.

치수공차 = 최대허용 한계치수 – 최소허용 한계치수

(3) IT(International Tolerance)공차

ISO에서 정한 국제표준공차로서 치수공차와 끼워 맞춤에 관한 공차로 IT 01, IT 00, IT 1 ~ IT 18까지 총 20등급으로 구분된다.

① IT공차의 용도별 구멍과 축의 규정 등급

용 도	게이지제작공차	끼워맞춤공차	끼워맞춤 이외의 공차
구 멍	IT 01~IT 5	IT 6~IT 10	IT 11~IT 18
축	IT 01~IT 4	IT 5~IT 9	IT 10~IT 18

② IT(International Tolerance)기본공차의 특징

   ㉠ 공차등급은 IT기호 뒤에 등급을 표시하는 숫자를 붙여 사용한다.

   ㉡ IT기본 공차는 구멍인 경우 알파벳 대문자, 축인 경우 알파벳 소문자를 사용한다.

   ㉢ 구멍일 경우 대문자 A~AZ, 축인 경우는 소문자 a~az의 범위 내에서만 사용해야 한다.

(4) 끼워맞춤공차

① 정 의

   축과 구멍을 가공할 때 정해진 치수대로 정확한 가공이 불가능하기 때문에 가공 시 일정한 오차 범위를 지정하여 목적에 맞는 끼워맞춤이 되도록 하는 공차로 그 종류에는 헐거운, 중간, 억지끼워맞춤이 있다.

구멍의 치수가 $10^{+0.012}_{-0.012}$[mm]이고, 축의 치수가 $10^{+0.025}_{+0.005}$[mm]으로 가공되었을 때 최대죔새[μm]는?

① 7   ② 13

③ 17   ④ 37

해설
최대죔새는 축의 최대허용치수인 10.025[mm]와 구멍의 최소
허용치수인 9.988[mm]의 차이다.
따라서 그 값은 10.025 − 9.988 = 0.037[mm]=37[μm]

답 ④

기준치수에 대한 공차가 $\phi150^{+0.04}_{0}$[mm]인 구멍에, $\phi150^{+0.03}_{-0.08}$[mm]인 축을 조립할 때 해당되는 끼워맞춤의 종류는?

① 억지끼워맞춤
② 중간끼워맞춤
③ 헐거운끼워맞춤
④ 아주 헐거운끼워맞춤

해설
구멍은 최대 150.04[mm], 최소 150[mm]이고
축은 최대 150.03[mm], 최소 149.92[mm]이다.
• 구멍과 축의 범위 안에 150[mm]가 존재한다.
• 구멍의 최대크기가 150.04[mm]이고 여기에 끼워지는 축의
 최대크기가 150.03[mm]이다.
위 두 사항을 고려하면 이는 중간끼워맞춤에 속한다.

답 ②

② 구멍기준 시 축의 끼워맞춤기호

헐거운끼워맞춤	중간끼워맞춤	억지끼워맞춤
b, c, d, e, f, g	h, js, k, m, n	p, r, s, t, u, x

③ 틈새와 죔새값 계산

최소틈새	구멍의 최소허용치수 − 축의 최대허용치수
최대틈새	구멍의 최대허용치수 − 축의 최소허용치수
최소죔새	축의 최소허용치수 − 구멍의 최대허용치수
최대죔새	축의 최대허용치수 − 구멍의 최소허용치수

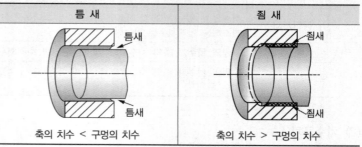

틈 새	죔 새
축의 치수 < 구멍의 치수	축의 치수 > 구멍의 치수

예 최대죔새는 축의 최대허용치수인 10.025[mm]와 구멍의 최소허용치수
인 9.988[mm]의 차이다.
따라서, 그 값은 10.025 − 9.988 = 0.037[mm] = 37[μm]

(5) 끼워맞춤공차 기입 시 주의사항

끼워맞춤기호를 기입할 때는 기준치수를 항상 맨 앞에 위치시키며, 그 다음
에 구멍을 나타내는 대문자인 H7을 먼저 기입한 후 축을 나타내는 소문자
h6을 표시한다. 또한 분수일 경우 분자에 구멍 기호인 H7을 분모에 소문자인
h6을 기입한다.

맞는 표현	$\phi12\,\dfrac{H7}{h6}$	$\phi12\ H7/h6$
틀린 표면	$\phi12\,\dfrac{h6}{H7}$	$\phi12\ h6/H7$

(6) 끼워맞춤의 종류

분 류	축과 구멍의 상관관계
억지끼워맞춤	축의 크기 > 구멍의 크기
중간끼워맞춤	축의 크기 = 구멍의 크기
헐거운끼워맞춤	축의 크기 < 구멍의 크기

11 기하공차

(1) 기하공차의 정의

기계는 다수의 부품으로 구성되어 있기 때문에 정확한 가공이 되지 않으면 조립이 잘 안 되는 경우가 있는데 그 원인으로는 부품의 형상이 기하학으로 정확하지 않기 때문이다. 따라서 형상의 뒤틀림, 위치의 어긋남, 흔들림 및 자세에 대해 어느 정도까지의 오차를 허용할 수 있는가를 나타내기 위해 사용하는 공차이다.

(2) 기하공차 종류 및 기호

형 체	공차의 종류		기 호
단독형체	모양공차	진직도	—
		평면도	▱
		진원도	○
		원통도	⌭
		선의 윤곽도	⌒
		면의 윤곽도	⌓
관련형체	자세공차	평행도	∥
		직각도	⊥
		경사도	∠
	위치공차	위치도	⊕
		동축도(동심도)	◎
		대칭도	═
	흔들림공차	원주 흔들림	↗
		온 흔들림	↗↗

(3) 데이텀(DATUM)의 도시 방법

종 류	의 미
□□A	1개를 설정하는 데이텀은 1개의 문자기호로 나타낸다.
□□A-B	2개의 데이텀을 설정하는 공통 데이텀이다. 2개의 문자기호를 하이픈(-)으로 연결한 기호로 나타낸다.
□□A B	복수의 데이텀을 표시하는 방법으로 데이텀에 우선순위를 지정할 때에는 우선순위가 높은 것을 왼쪽부터 쓰며 각각 다른 구획에 기입한다.
□□AB	2개 이상의 데이텀의 우선순위를 문제 삼지 않을 때에는 같은 구획 내에 나란히 기입한다.

단독형체로 사용되는 공차의 종류가 아닌 것은?

① 평면도　　　　② 원통도
③ 진원도　　　　④ 경사도

해설
데이텀 없이 단독으로 사용되는 공차는 모양공차이며 그 종류에 경사도는 포함되지 않는다. 경사도는 관련형체로 자세공차에 속한다.

답 ④

기하공차를 표시하는 기호가 옳지 않은 것은?

① 진원도 – ⊕
② 원통도 – ⌭
③ 평면도 – ▱
④ 동심도 – ◎

답 ①

(4) 공차기입 틀에 따른 공차의 입력 방법

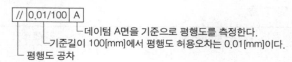

[공차값 공차의 종류기호 데이텀 문자기호]

2칸 형식	3칸 형식
─ | 0.011	// | 0.05/100 | A

(2칸 형식) 공차값 / 공차의 종류기호

(3칸 형식) 데이텀 문자기호 / 공차값 / 공차의 종류기호

(5) 기하공차의 해석

// \| 0.01/100 \| A

- 데이텀 A면을 기준으로 평행도를 측정한다.
- 기준길이 100[mm]에서 평행도 허용오차는 0.01[mm]이다.
- 평행도 공차

// \| 0.05 \| \| 0.005/100

- 전체 길이에 대한 오차 허용치 0.05[mm]
- 지정길이 100[mm]에 대해 0.005[mm]의 오차 허용치
- 평행도 공차

(6) 진원도 측정

진원도란 원형 측정물의 단면 부분이 진원으로부터 어긋남의 크기로서 그 측정방법에는 지름법과 반지름법이 있다.

① 측정방법

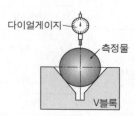

다이얼게이지 / 측정물 / V블록

진원도의 측정방법으로 알맞은 것은?

① 삼각형법
② 방사선법
③ 평행선법
④ 지름법과 반지름법

🔢 답 ④

② 진원도값 측정

$$진원도값 = 다이얼게이지\ 지침\ 이동량 \times \frac{1}{2}$$

(7) 최대실체공차 표시

MMC(Maximum Material Principle, 최대실체공차 방식) 원리가 적용될 수 있는 기하공차는 자세공차와 위치공차에 해당하는 기호들로서 정답은 위치도가 된다. 최대실체공차를 적용하는 경우의 도시방법은 공차 기입란의 공차값 다음에 Ⓜ의 부가 기호를 붙인다.

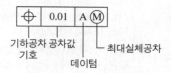

⊕ \| 0.01 \| A Ⓜ

기하공차 기호 / 공차값 / 데이텀 / 최대실체공차

12 베어링 제도

(1) 베어링의 호칭방법

볼베어링의 안지름번호는 앞에 2자리를 제외한 뒤 숫자로서 확인할 수 있다.

예 베어링 호칭번호가 6205인 경우
- 6 : 단열홈베어링
- 2 : 경하중형
- 05 : 베어링 안지름번호(05 × 5 = 25[mm])

형식번호	• 1 : 복렬 자동조심형 • 2, 3 : 상동(큰너비) • 6 : 단열홈형 • 7 : 단열앵귤러콘택트형 • N : 원통롤러형	접촉각 기호	C
		실드기호	• Z : 한쪽실드 • ZZ : 안팎실드
치수기호	• 0, 1 : 특별경하중 • 2 : 경하중형 • 3 : 중간형	내부틈새기호	C2
안지름번호	• 1~9 : 1~9[mm] • 00 : 10[mm] • 01 : 12[mm] • 02 : 15[mm] • 03 : 17[mm] • 04 : 20[mm] 04부터는 5를 곱한다.	등급기호	• 무기호 : 보통급 • H : 상급 • P : 정밀등급 • SP : 초정밀급

(2) 실드기호

개방형(6203)	ZZ형(6203 ZZ)

(3) 니들베어링의 기호

NA	49	16	V	C
니들베어링	치수계열	안지름번호	리테이너 없이 롤러로 꽉 차 있음	접촉각기호

롤링 베어링 호칭번호가 6026 P6일 때 안지름의 값은 몇 [mm]인가?

① 100   ② 120
③ 130   ④ 140

해설

볼베어링의 안지름번호는 앞에 2자리를 제외한 뒤 숫자로서 확인할 수 있다. 04부터는 5를 곱하면 그 수치가 안지름이 된다.
호칭번호가 6026 P6인 경우
6 : 단열홈 형 베어링
0 : 특별 경하중
26 : 베어링 안지름번호 − 26 × 5 = 130[mm]
P6 : 등급 기호로 정밀등급 6호

답 ③

베어링 기호 NA4916V의 설명 중 틀린 것은?

① NA : 니들 베어링
② 49 : 치수계열
③ 16 : 안지름 번호
④ V : 접촉각 기호

해설

니들 베어링의 기호에서 V는 리테이너가 없음을 나타내는 기호이다. 이 베어링은 롤러를 고정해 주는 리테이너가 없이 내부가 롤러들로 꽉 차 있는 구조를 갖는다.

답 ④

(4) 베어링의 상세 도시기호(KS B 0004-2)

단열 깊은 홈 볼베어링	복렬 깊은 홈 볼베어링	단열 자동 조심 볼베어링	복렬 자동 조심 볼베어링

단열 앵귤러 콘택트 분리형 볼베어링	복렬 앵귤러 콘택트 고정형 볼베어링	내륜 복렬 앵귤러 콘택트 분리형 볼베어링	내륜 복렬 앵귤러 콘택트 테이퍼 롤러베어링

13 CAD/CAM 시스템

(1) CAD시스템의 구성

CAD시스템은 하드웨어와 소프트웨어로 구성된다.
① 하드웨어 : 입력장치 + 출력장치
② 소프트웨어 : 운영체제(OS ; Operation System)와 데이터베이스 시스템 (Data Base System)

(2) 컴퓨터(Computer)의 기본 구성

① 컴퓨터의 3대 주요장치
　㉠ 기억장치
　㉡ 입·출력장치
　㉢ 중앙처리장치(CPU)
② 중앙처리장치(CPU)의 구성요소
　㉠ 기억장치
　㉡ 제어장치
　㉢ 연산논리장치

중앙처리장치(CPU)에 속하지 않는 것은?

① 제어장치
② 기억장치
③ 연산논리장치
④ 출력장치

답 ④

(3) 컴퓨터 주변기기의 속도 단위

종 류	특 징
BPI	Byte Per Inch, 자기테이프 등에 기록하는 데이터의 밀도
BPT	Belarc ProducT, key와 주로 관련된 기타 파일명
MIPS	Million Instruction Per Second, 계산기의 연산속도
BPS	• 1초간에 송수신할 수 있는 비트수 • Bits Per Second, 컴퓨터에서 통신속도를 나타내는 단위 • DNC 운전 시 시리얼 데이터(Serial Data)를 전송할 때의 전송속도 단위
CPS	Character Per Second, 프린터 출력속도
DPS	Dot Per Second
Pixel	디스플레이 장치의 화면을 구성하는 가장 최소의 단위
DPI	Dot Per Inch, 잉크젯이나 레이저 프린터의 해상도 단위
LPM	Line Per Minute, 분당 인쇄 라인 수
PPM	Parts Per Million, 백만분의 1
CPM	Cycle Per Minute, 분당 진동수

(4) 컴퓨터 용어 일반

종 류	정 의
Cache Memory	주기억장치와 CPU(중앙처리장치) 사이에서 속도 차이를 줄이기 위해 데이터와 명령어를 일시적으로 저장하는 고속기억장치
Core Memory	IC가 나오기 전에 컴퓨터의 주기억장치의 중심을 이루던 고속 기억장치의 일종
Volatile Memory	휘발성 기억장치로 전원을 끊어버리면 기억 내용이 소실되는 메모리 장치
Associative Memory	연상메모리로 기억장치에 기억된 정보에 접근하기 위해 주소를 사용하는 것이 아니고 기억된 내용에 접근하는 것으로 검색을 빠르게 할 수 있는 기억장치
RAM	Random Access Memory의 약자로 휘발성 메모리로 불리며 전원이 끊어지면 기억된 정보가 날아가기 때문에 주기억장치나 응용프로그램의 일시적인 저장용으로 사용된다. 정보를 랜덤으로 읽거나 쓰기 때문에 속도가 빠르다.
BIOS	컴퓨터에 전원을 연결시켰을 때, 하드웨어가 작동하기 위해 필요한 기본적인 기능을 수행할 수 있도록 하는 정보의 수록 장소
BUFFER	컴퓨터의 주기억장치와 주변장치 사이에서 데이터를 주고받을 때, 둘 사이의 전송속도 차이를 해결하기 위해 전송할 정보를 임시로 저장하는 고속기억장치

(5) 입력장치

① 입력장치의 종류

　ᄀ 섬 휠

　ᄂ 키보드

　ᄃ 마우스

　ᄅ 스캐너

　ᄆ 측정기

　ᄇ 라이트펜

　ᄉ TABLET

　ᄋ 디지타이저

　ᄌ 조이스틱 및 트랙볼

　ᄎ 광학마크 및 바코드 판독기

② 입력방식에 따른 분류

　ᄀ 로케이터(Locator)방식 : 컴퓨터화면 위에 특정한 위치의 좌표를 입력하는 방식(예 마우스, TABLET, 라이트 펜 등)

　ᄂ 실렉터(Selector)방식 : 사용자가 컴퓨터화면 상에서 특정 물체를 선택하는 방식(예 일반적인 입력장치들이 속한다)

　ᄃ 밸류에이터(Valuator, 숫자입력)방식 : 컴퓨터그래픽에서 상대적인 위치를 실수값으로 바꾸어 입력하는 방식(예 조이스틱 등)

　ᄅ 버튼입력방식 : 각종 스위치를 누르면서 입력하는 방식

(6) 출력장치

① 모니터

　ᄀ CRT모니터 VS LCD모니터의 특징

　　• CRT : 브라운관을 이용한 디스플레이장치로 아날로그 신호로 구동한다.

　　• LCD : 액정표시장치로 액정 투과도의 변화를 이용하여 각종 장치에서 발생하는 여러가지 전기적인 정보를 시각정보로 변화시켜 전달하는 전기소자로서 표현한다.

CRT모니터	LCD모니터
• 전시야각이 넓다. • 전자파 방출량이 많다. • 응답속도가 빠르다. • 크기가 크고 무겁다. • 화질 및 가독성이 좋다. • 브라운관으로 형상이 볼록하다.	• 깜빡임이 없다. • 완전한 평면이다. • 전력 소모가 작다. • CRT보다 더 밝다. • 두께가 얇고 가볍다. • 전자파 발생이 적다. • 패널에 따라 시야각이 좁다. • 주변 자기장의 영향을 받지 않는다.

컴퓨터에 사용되는 입력장치의 분류기준으로 컴퓨터 화면 위에 특정한 위치의 좌표를 입력하는 방식은?

① 실렉터 방식

② 로케이터 방식

③ 버튼입력 방식

④ 밸류에이터 방식

답 ②

ⓒ CRT모니터의 종류(주사선 방식)
  - 스토리지형 : 벡터 주사로 컬러표현이 불가능하다.
  - 랜덤 스캔형 : 전자빔 주사로 컬러표현에 제한이 있다.
  - 래스터 스캔형 : 가장 널리 사용되는 것으로 컬러표현이 가능하다.
ⓒ 컬러 CRT 화면 뒤에 사용되는 인(Phosphor)의 색상
  - Red
  - Green
  - Blue
ⓒ 화면 이상 현상
  - 플리커(Flicker) : 화면을 리프레시(Refresh)할 때 화면이 약간 흐려졌다가 다시 밝아지면서 다소 흔들리게 되는 현상
  - 포커싱(Focusing) : 화면 안쪽의 한 점에 전자빔을 집약시키는 현상
  - 디플렉션(Deflection) : 전자빔의 진행방향을 임의적으로 변화시키는 현상
  - 래스터(Raster) : 전자빔을 CRT화면의 미리 정해진 수평면 집합체에 주사하면서 이들을 일정한 간격으로 유지하게 하여 전체 화면에 고르게 퍼지도록 하는 현상
  - 컬러 래스터스캔 화면생성 방식의 색상 수
    - 3bit Plane : RGB(2^3색)
    - 4bit Plane : IRGB(2^4색)
② 프린터
  ⓒ 프린터의 형식에 따른 분류

기 준	분 류	종 류
주사 방식에 따른 분류	래스터스캔 방식	레이저프린트, 정전식프린터, 잉크젯 프린터
	벡터 방식	펜 플로터
충격에 따른 분류	충격식	펜 플로터, 도트프린터, 라인프린터
	비충격식	레이저, 열전사식, 정전식

  ⓒ COM장치(Computer Output Microfilm unit)
    도면이나 문자 등을 마이크로필름으로 출력하는 장치
  ⓒ 플로터
    도면 작성 후 출력 결과를 종이나 필름에 문자나 그림의 형태로 나타내는 출력장치

컬러 CRT 화면 뒤에 사용하는 인(Phosphor)의 색상에 속하지 않는 것은?

① RED
② BLUE
③ GREEN
④ YELLOW

답 ④

측정량과 일정한 관계가 있는 몇 개의 양을 측정함으로써 구하고자 하는 측정값을 간접적으로 유도해 내는 측정방법은?

① 절대측정　　　　② 비교측정
③ 표준측정　　　　④ 간접측정

해설
① 절대측정 : 계측기에서 기본 단위로 주어지는 양과 비교함으로써 이루어지는 측정방법
② 비교측정 : 이미 치수를 알고 있는 표준과의 차를 구하여 치수를 알아내는 측정방법
③ 표준측정 : 표준을 만들고자 할 때 사용하는 측정방법

답 ④

1 측정에 관한 일반이론

(1) 측정의 종류

종 류	특 징
절대측정	계측기에서 기본 단위로 주어지는 양과 비교함으로써 이루어지는 측정방법
비교측정	이미 치수를 알고 있는 표준과의 차를 구하여 치수를 알아내는 측정방법
표준측정	표준을 만들고자 할 때 사용하는 측정방법
간접측정	측정량과 일정한 관계가 있는 몇 개의 양을 측정함으로써 구하고자 하는 측정값을 간접적으로 유도해 내는 측정방법

(2) 오차의 종류

종 류	특 징
시 차	• 눈의 위치에 따라 눈금을 잘못 읽어서 오차가 발생한다. • 측정기가 치수를 정확하게 지시하더라도 측정자의 부주의로 발생한다.
계기 오차	• 측정기 오차라고도 불린다. • 측정기 자체가 가지고 있는 오차이다.
개인 오차	측정자의 숙련도 부족으로 오차가 발생한다.
우연 오차	• 외부적 환경 요인에 따라서 오차가 발생한다. • 측정기, 피측정물, 자연 환경 등 측정자가 파악할 수 없는 변화에 의하여 발생하는 오차로 측정치를 분산시키는 결과를 나타낸다.
후퇴 오차	측정량이 증가 또는 감소하는 방향이 달라서 생기는 오차이다.
샘플링 오차	전수 검사를 하지 않고 샘플링 검사를 실시한 때 시험편을 잘못 선택해서 발생하는 오차이다.
계통 오차	측정기구나 측정방법이 처음부터 잘못되어 생기는 오차이다.

(3) 측정기의 분류

각도 측정기	• 사인바 • 수준기 • 분도기 • 탄젠트바 • 콤비네이션세트 • 광학식 클리노미터 • 오토콜리메이터(오코콜리미터)
평면 측정기	• 서피스게이지 • 옵티컬 플랫 • 나이프 에지
길이 측정기	• 게이지블록 • 스냅게이지 • 깊이게이지 • 마이크로미터 • 다이얼게이지 • 버니어캘리퍼스 • 지침 측미기(미니미터) • 하이트게이지(높이게이지)
위치, 크기, 방향, 윤곽, 형상	• 3차원 측정기 • 윤곽 투영기
비교 측정기	• 다이얼게이지 • 지침 측미기(미니미터) • 다이얼테스트인디케이터

(4) 직접측정

① 직접측정의 특징

  ㉠ 측정자의 숙련과 경험이 요구된다.

  ㉡ 측정물의 실제치수를 직접 읽을 수 있다.

  ㉢ 측정기의 측정범위가 다른 측정법에 비해 넓다.

  ㉣ 수량이 적고, 많은 종류의 제품 측정에 적합하다.

② 직접측정의 장점

  ㉠ 측정기의 측정범위가 다른 측정법보다 넓다.

  ㉡ 피측정물의 실제치수를 직접 읽을 수 있다.

  ㉢ 수량이 적고 종류가 많은 제품의 측정에 적합하다.

  ㉣ 측정시간이 비교측정에 비해 많이 걸린다.

(5) 실제치수

측정값 + 게이지 오차

공작물의 길이 측정기에 속하지 않는 것은?

① 게이지블록

② 옵티컬 플랫

③ 마이크로미터

④ 버니어캘리퍼스

해설

옵티컬 플랫은 평면 측정에 사용하는 측정기기이다.

답 ②

(6) 관련이론

① 테일러의 원리
생산성의 향상을 위해 빠른 측정방법을 연구하면서 나온 이론으로 통과측에는 모든 치수 또는 결정량이 동시에 검사되고 정지측에는 각각의 치수가 개개로 검사되어야 한다는 것을 나타낸다는 것이다.

② 아베의 원리
표준자와 피측정물은 측정방향에 있어서 동일 축선상에 있어야 하며, 그렇지 않을 경우 오차가 발생한다.

(7) 주요 측정기의 특징

① 공구현미경 : 나사산의 피치, 나사산의 반각, 유효지름 등을 광학적으로 쉽게 측정할 수 있다.

② 투영기 : 나사, 게이지, 기계부품의 치수 및 각도를 측정할 수 있다.

③ 3차원 측정기 : 물체의 길이, 각도, 형상측정이 가능하다.

④ 윤곽 투영기 : 피측정물의 실제 모양을 스크린에 확대 투영하여 길이나 윤곽 등을 검사하거나 측정할 수 있다.

(8) 표준게이지 종류와 용도

종 류	역할 및 특징
드릴게이지	드릴의 지름 측정
와이어게이지	판재의 두께 측정
센터게이지	나사산의 각도, 나사 바이트의 날 끝각을 조사
와이어게이지	판재나 철사의 두께 측정
나사 피치게이지	나사의 피치측정
틈새게이지	작은 틈새의 간극 점검과 측정에 사용되는 측정기로 간극 또는 필러게이지라고도 불린다. 폭이 약 12[mm], 길이가 약 65[mm]의 서로 다른 두께의 강편에 각각의 두께가 표시되어 있다.
측장기	본체에 표준척을 갖고 있으며 이 표준척으로 길이가 긴 측정물의 치수를 직접 읽을 수 있다. 정밀도가 매우 높은 측정이 가능하고 측정하는 범위도 크다.

(9) 형상공차의 측정에서 진원도의 측정방법

① 3점법

② 직경법

③ 반경법

형상공차의 측정에서 진원도의 측정방법이 아닌 것은?

① 3점법   ② 직경법
③ 반경법   ④ 원통법

해설
진원도는 중심을 기준으로 정확히 그린 원에서 벗어난 정도로써 이를 측정하는 방법으로 3점법, 직경법, 반경법이 있다.

답 ④

2 길이 측정기

(1) 버니어캘리퍼스

버니어캘리퍼스의 크기를 나타내는 기준은 측정 가능한 치수의 최대 크기이다. 보통으로 사용되는 표준형 버니어캘리퍼스는 본척의 1눈금은 1[mm], 버니어의 눈금 19[mm]를 20등분하고 있으므로 최소 $\frac{1}{20}$[mm](0.05[mm])이나 $\frac{1}{50}$[mm](0.02[mm])의 치수까지 읽을 수 있다.

① 버니어캘리퍼스의 구조

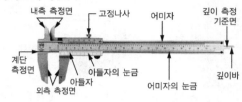

② 기어의 이(Tooth) 측정기

이 두께 버니어캘리퍼스	이 두께 마이크로미터
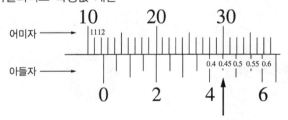	

③ 버니어캘리퍼스 측정값 계산

⊙ 아들자의 0을 바로 지난 어미자의 수치를 읽는다. → 12[mm]
ⓒ 어미자와 아들자의 눈금이 일치하는 곳을 찾아서 소수점으로 읽는다.
    → 0.45
ⓒ 이들을 합친 12.45[mm]가 측정값이다.

보통으로 사용되는 표준형 버니어캘리퍼스는 본척의 1눈금은 1[mm], 버니어의 눈금 19[mm]를 20등분하고 있는데, 이 측정기의 최소측정값은?

① 0.01[mm]
② 0.05[mm]
③ 0.015[mm]
④ 0.025[mm]

해설

버니어캘리퍼스의 크기를 나타내는 기준은 측정 가능한 치수의 최대 크기이다. 보통으로 사용되는 표준형 버니어캘리퍼스는 본척의 1눈금은 1[mm], 버니어의 눈금 19[mm]를 20등분하고 있으므로 최소 $\frac{1}{20}$[mm](0.05[mm])이나 버니어의 눈금 49[mm]를 50등분하여 $\frac{1}{50}$[mm](0.02[mm])의 치수까지 읽을 수 있다.

답 ②

외측 마이크로미터의 구조에 속하지 않는 것은?

① 앤 빌   ② 딤 블
③ 슬리브   ④ 깊이바

해설
깊이바는 버니어캘리퍼스의 구조에 속한다.

답 ④

(2) 마이크로미터

나사를 이용한 길이측정기로 정밀한 측정을 할 때 사용한다. 앤빌, 스핀들, 슬리브, 딤블(심블) 등으로 구성되었다. 측정 영역에 따라서 내경 측정용인 내측 마이크로미터와 외경 측정용인 외측 마이크로미터로 나뉜다. 나사 마이크로미터는 나사의 유효지름을 측정하기 위해 사용한다.

① 마이크로미터의 종류

외측 마이크로미터	용 도	일반적으로 사용되는 마이크로미터로 $\frac{1}{100}$[mm]까지 외경을 측정한다.
	형 상	
내측 마이크로미터	용 도	주로 안지름을 측정한다. 평면 홈 사이의 거리를 측정한다.
	형 상	
깊이 마이크로미터	용 도	깊이를 측정한다.
	형 상	
하이트 마이크로미터	용 도	게이지블록과 마이크로미터를 조합한 측정기로 0점 세팅 후 높이를 측정한다.
	형 상	
나사 마이크로미터	용 도	나사의 유효지름을 측정한다.
	형 상	
포인트 마이크로미터	용 도	두 측정면이 뾰족하기 때문에 드릴의 홈이나 나사의 골지름의 측정이 가능하다.
	형 상	

② 마이크로미터의 구조

앤빌 스핀들 슬리브 딤블
클램프
래칫 스톱
프레임

예 마이크로미터 측정값 읽기 = 7.5 + 0.375 = 7.875[mm]

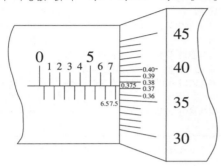

③ 마이크로미터의 최소측정값을 구하는 식

$$마이크로미터의\ 최소측정값 = \frac{나사의\ 피치}{딤블의\ 등분수}[mm]$$

④ 마이크로미터 사용 시 주의사항

ㄱ 눈금을 읽을 때는 기선의 수직 위치에서 읽는다.

ㄴ 측정 시 래칫 스톱은 1회전 반이나 2회전을 돌려서 측정력을 가한다.

ㄷ 대형 외측 마이크로미터는 실제로 측정하는 자세로 0점 조정을 한다.

ㄹ 사용 후에는 각 부분을 깨끗이 닦아 진동이 없고 직사광선을 받지 않는 곳에 보관해야 한다.

⑤ 공기 마이크로미터

공기의 흐름을 확대시키는 기구를 통해 길이를 측정하는 측정방법으로 단위 시간 내에 회로에 흐르는 공기량이 최소 유효단면적에 의하여 변화한다는 현상에 기초를 두고 물건의 치수를 측정하는 정밀측정기의 일종이다.

가스터빈에 대한 설명으로 옳지 않은 것은?

① 압축, 연소, 팽창, 냉각의 4과정으로 작동되는 외연기관이다.

② 실제 가스터빈은 개방사이클이다.

③ 증기터빈에 비해 중량당의 동력이 크다.

④ 공기는 산소를 공급하고 냉각제의 역할을 한다.

해설

가스터빈은 압축기, 터빈, 연소실로 이루어진 내연기관이다.

가스터빈

압축기, 터빈, 연소실로 이루어진 내연기관으로 압축기에서 압축된 공기가 연소실에서 연료와 혼합되어 연소함으로써 고온·고압으로 팽창하는데, 이때 발생하는 힘으로 터빈을 구동해서 에너지를 얻는 열기관 사이클로 실제로는 개방사이클로 이루어진다. 공기로 산소가 공급되며 냉각제의 역할도 한다. 브레이튼 사이클이 대표적이며 완전연소를 하므로 유해성분이 적게 배출되고 증기터빈에 비해 중량당 동력이 크다는 장점이 있다. 항공기나 선박, 발전기에 적용되고 있다.

답 ①

공기 마이크로미터의 원리에 따른 분류에 속하지 않는 것은?

① 유량식
② 배압식
③ 유속식
④ 회전식

해설
회전식 방법은 공기 마이크로미터의 원리에 속하지 않으며, 일반 마이크로미터의 경우 딤블을 회전시켜 지침값을 읽는다.

답 ④

㉠ 공기 마이크로미터의 장점 및 단점

장 점	단 점
• 배율이 높다(1,000배~40,000배). • 일반적으로 측정이 어려운 내경 측정도 가능하다. • 피측정물의 기름, 먼지를 불어내기 때문에 정확한 측정이 된다. • 내경 측정에 있어 정도가 높은 측정을 할 수 있다. • 타원, 테이퍼, 편심 등의 측정을 간단히 할 수 있다. • 반지름이 작은 다른 종류의 측정기로 불가능한 것을 측정할 수 있다. • 측정력이 작아 무접촉 측정이 가능하다. • 확대율이 매우 크고 조정도 쉽다.	• 압축 공기가 필요하다. • 디지털 지시가 불가능하다. • 응답시간이 일반적인 측정법보다 느리다. • 압축공기안의 수분, 먼지를 제거해야 한다. • 피측정물의 표면이 거칠면 측정값에 신빙성이 없다. • 측정부 지시범위가 0.2[mm] 이내로 협소해 공차가 큰 것은 측정이 불가하다. • 비교 측정기이므로 기준인 마스터가 필요하다. • 압축공기원(에어 컴프레서)이 필요하다.

㉡ 공기 마이크로미터의 원리에 따른 분류
- 유량식
- 배압식
- 유속식
- 진공식

㉢ 공기 마이크로미터의 특징
- 확대율이 매우 크고 조정도 쉽다.
- 측정력이 작아 무접촉 측정이 가능하다.
- 비교 측정기이므로 기준인 마스터가 필요하다.
- 내경 측정에 있어 정도가 높은 측정을 할 수 있다.
- 타원, 테이퍼, 편심 등의 측정을 간단히 할 수 있다.
- 반지름이 작은 다른 종류의 측정기로는 불가능한 것을 측정할 수 있다.

⑥ 그루브 마이크로미터
스핀들에 플랜지가 부착되어 있어 구멍과 튜브 내외부에 있는 홈의 너비와 깊이, 위치 등의 측정에 사용되는 측정기로 외경은 측정이 불가능하다.

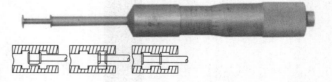

(3) 하이트게이지

정반 위에서 공작물의 높이를 측정하는 측정기기이다.

스크라이버

① 하이트게이지의 사용상 주의사항

　㉠ 정반 위에서 0점을 확인한다.

　㉡ 스크라이버는 가능한 짧게 하여 사용한다.

　㉢ 슬라이더 및 스크라이버를 확실히 고정한다.

　㉣ 사용 전에 정반 면을 깨끗이 닦고 사용한다.

② 하이트게이지의 종류

　㉠ HA형

　㉡ HC형

　㉢ HD형

(4) 게이지블록

길이 측정의 표준이 되는 게이지로 공장용 게이지들 중에서 가장 정확하다. 개개의 블록게이지를 밀착시킴으로써 그들 호칭치수의 합이 되는 새로운 치수를 얻을 수 있다. 블록게이지 조합의 종류로는 9개조, 32개조, 76개조, 103개조가 있다.

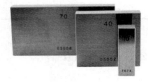

게이지블록 취급 시 주의사항

• 천이나 가죽 위에서 취급해야 한다.

• 먼지가 적고 건조한 실내에서 사용해야 한다.

• 측정면에 먼지가 묻어 있으면 솔로 털어내야 한다.

• 측정면은 휘발유나 벤젠으로 세척한 후 방청유를 발라서 보관해야 녹을 예방할 수 있다.

• 게이지블록은 방청유를 바른 상태에서 보관을 해야 하며 휘발유를 묻혀서는 안 된다.

아주 정밀한 대물렌즈로 평행 광선을 만드는 장치인 시준기와 망원경을 조합하여 미소 각도와 평면을 측정할 수 있는 광학적 각도 측정기로 망원경에는 계측기와 십자선, 조명이 장착되어 있는 것은?

① 수준기
② 탄젠트바
③ 3차원 측정기
④ 오토콜리메이터

해설

오토콜리메이터

망원경의 원리와 콜리메이터의 원리를 조합시켜서 만든 광학적 각도 측정기로 계측기와 십자선, 조명등을 장착한 망원경을 이용하여 미소한 각도의 측정이나 평면의 측정에 이용하나 안내면의 원통도는 측정이 불가능하다. 아주 정밀한 대물렌즈가 사용되는 것이 특징이다.

답 ④

(5) 오토콜리메이터

망원경의 원리와 콜리메이터의 원리를 조합시켜서 만든 광학적 측정기기로 계측기와 시준기, 십자선, 조명 등을 장착한 망원경을 이용하여 미소한 각도의 측정이나 평면의 측정에 이용하는 측정기기로 안내면의 원통도는 측정이 불가능하다.

① 오토콜리메이터의 측정항목
  ㉠ 가공기계 안내면의 진직도
  ㉡ 가공기계 안내면의 직각도
  ㉢ 마이크로미터 측정면 평행도

② 오토콜리메이터의 주요부속품
  ㉠ 변압기
  ㉡ 조정기
  ㉢ 지지대
  ㉣ 평면경
  ㉤ 반사경대
  ㉥ 펜타 프리즘
  ㉦ 폴리곤 프리즘

(6) 안지름 측정용 측정기

텔레스코핑 게이지	깊이게이지	레버식 다이얼게이지	센터게이지

(7) 기어의 이두께 측정법 : 오버핀법

3 각도 측정기

(1) 사인바(Sign Bar)

삼각함수를 이용하여 각도를 측정하거나 임의의 각을 만드는 대표적인 각도 측정기로 정반 위에서 블록게이지와 조합하여 사용한다. 이 사인바는 측정하려는 각도가 45° 이내이어야 하며 측정각이 더 커지면 오차가 발생한다.

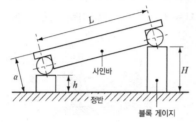

사인바와 정반이 이루는 각(α)

$$\sin\alpha = \frac{H-h}{L}$$

여기서, $H-h$: 양 롤러간 높이차
$\qquad L$: 사인바의 길이
$\qquad \alpha$: 사인바의 각도

① 양 롤러간의 높이차를 구하는 식

$$H-h = L \times \sin\alpha°$$

② 사인바(Sign Bar)의 특징
  ㉠ 사인바는 롤러의 중심거리가 보통 100[mm] 또는 200[mm]로 제작한다.
  ㉡ 정밀한 각도측정을 위해서는 평면도가 높은 평면을 사용해야 한다.
  ㉢ 사인바는 측정하려는 각도가 45° 이내이어야 한다. 측정각이 더 커지면 오차가 발생한다.
  ㉣ 게이지블록 등을 병용하고 3각 함수인 사인(sin)을 이용하여 각도를 측정하는 기구이다.
  ㉤ 길이를 측정하여 직각 삼각형의 삼각함수를 이용한 계산에 의해 임의 각의 측정 또는 임의각을 만드는 기구이다.

(2) 주요 각도게이지의 형상

요한슨식 각도게이지	N.P.L식 각도게이지
10°28′ S S 10°31′ S 10°31′ 10°29′S S 44° S 45°	+0.3′ +1′ +9′ +3° +27° 24°10′18′ 3° 27°

필 / 수 / 확 / 인 / 문 / 제

사인바의 특징으로 알맞지 않은 것은?

① 삼각함수를 이용한다.

② 정반 위에서 블록게이지와 조합하여 사용한다.

③ 사인바와 정반이 이루는 각인 $\sin\alpha = \frac{H-h}{L}$ 이다.

④ 측정하려는 각도가 45° 이내일 경우 오차가 발생하기 쉽다.

해설
사인바는 측정하려는 각도가 45° 이내여야 하며 측정각이 더 커지면 오차가 발생한다.

답 ④

(3) 수준기

액체와 기포가 들어 있는 유리관 속에 있는 기포 위치에 의하여 수평면에서 기울기를 측정하는 액체식 각도 측정기로 기계조립이나 설치 시 수평 정도와 수직 정도를 확인하는 데 주로 사용한다.

롤러 핀 게이지를 이용하여 테이퍼량를 측정하는 공식으로 알맞은 것은?(여기서 D : 테이퍼의 큰 쪽 지름 측정값, d : 테이퍼의 작은 쪽 지름 측정값, H : 게이지블록 높이)

① $\dfrac{D-d}{H}$ ② $\dfrac{D-d}{2H}$

③ $\dfrac{2(D-d)}{H}$ ④ $\dfrac{4(D-d)}{5H}$

해설
테이퍼량
$= \dfrac{\text{테이퍼의 큰 쪽 지름} - \text{테이퍼의 작은 쪽 지름}}{\text{게이지 블록 높이}}$
$= \dfrac{D-d}{H}$

답 ①

(4) 롤러 핀 게이지를 이용하여 테이퍼량(기울기)을 측정하는 방법

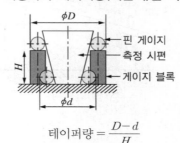

핀 게이지
측정 시편
게이지 블록

$$\text{테이퍼량} = \dfrac{D-d}{H}$$

여기서, D : 테이퍼의 큰 쪽 지름 측정값
d : 테이퍼의 작은 쪽 지름 측정값
H : 게이지블록 높이

(5) 탄젠트바

삼각함수에 의하여 각도를 길이로 계산하여 간접적으로 각도를 구하는 방법으로 블록게이지와 함께 사용하여 구하는 측정기이다.

4 비교 측정기, 한계게이지

비교 측정기와 한계게이지는 둘 다 유사한 목적이기 때문에 굳이 구분하지 않는 경우도 있다.

(1) 비교 측정의 장점

① 높은 정밀도의 측정이 비교적 용이하다.
② 측정범위가 좁으며 표준게이지가 필요하다.
③ 제품의 치수가 고르지 못한 것을 계산하지 않고도 알 수 있다.
④ 길이, 면의 각종 형상 측정, 공작기계의 정밀도 검사 등 사용범위가 넓다.

(2) 다이얼게이지

측정자의 직선 또는 원호 운동을 기계적으로
확대하여 그 움직임을 지침의 회전 변위로 변
환시켜 눈금을 읽을 수 있는 측정기이다. 이 다
이얼게이지(Dial Gauge)는 비교측정기이므로
직접 제품의 치수를 읽을 수는 없다.

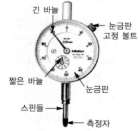

① 다이얼게이지 사용 시 주의사항

　　㉠ 스핀들이 원활히 움직이는가를 확인한다.

　　㉡ 스탠트를 앞뒤로 움직여 지시값의 차를 확인한다.

　　㉢ 스핀들을 갑자기 작동시켜 반복 정밀도를 본다.

　　㉣ 다이얼게이지의 편차가 클 때는 제작사에 A/S를 받은 후 교정하여 사
　　　용할 수 있다.

② 다이얼게이지의 특징

　　㉠ 측정범위가 넓다.

　　㉡ 연속된 변위량의 측정이 가능하다.

　　㉢ 다원측정의 검출기로서 이용할 수 있다.

　　㉣ 눈금과 지침에 의해서 읽기 때문에 오차가 적다.

　　㉤ 비교 측정기에 속하므로 직접치수를 읽을 수는 없다.

(3) 서피스게이지

정반 위에 놓고 이동시키면서 공작물에 평행선을 긋거나 평행면의 검사용으
로 사용하는 공구이다.

(4) 스냅게이지

커다란 공작물의 외경 측정에 사용되는 한계게이지이다.

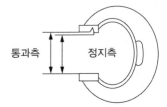

측정자의 직선 또는 원호운동을 기계적으로 확대하여 그
움직임을 지침의 회전 변위로 변환시켜 눈금을 읽을 수
있는 측정기는?

① 다이얼게이지

② 마이크로미터

③ 만능투영기

④ 3차원 측정기

해설

① 다이얼게이지 : 측정자의 직선 또는 원호운동을 기계적으로
　확대하여 그 움직임을 지침의 회전 변위로 변환시켜 눈금을
　읽을 수 있는 측정기

② 마이크로미터 : 버니어캘리퍼스보다 정밀도가 높은 외경 측
　정기기

③ 만능투영기 : 고정밀 광학영상 투영기로 광학, 정밀기계, 전
　자측정방식을 일체화한 정밀측정기

④ 3차원 측정기 : 대상물의 가로, 세로, 높이의 3차원 좌표가
　디지털로 표시되는 측정기

답 ①

허용할 수 있는 부품의 오차 정도를 결정한 후 각각 최대
및 최소치수를 설정하여 부품의 치수가 그 범위 내에 드
는지를 검사하는 게이지는?

① 블록게이지   ② 한계게이지
③ 간극게이지   ④ 다이얼게이지

해설
한계게이지
허용할 수 있는 부품의 오차범위인 최대 · 최소치수를 설정하
고 제품의 치수가 그 공차범위 안에 드는지를 검사하는 측정기
기이다. 그 종류에는 봉게이지, 플러그게이지, 스냅게이지 등이
있다.

블록게이지

간극게이지	다이얼게이지

답 ②

나사의 유효지름 측정기에 속하지 않는 것은?

① 사인바
② 공구현미경
③ 나사 마이크로미터
④ 외측 마이크로미터

해설
사인바는 각도 측정용 측정기이다.

답 ①

(5) 한계게이지

허용할 수 있는 부품의 오차범위인 최대, 최소치수를 설정하고 제품의 치수
가 그 공차범위 안에 드는지를 검사하는 측정기기로 종류에는 봉게이지, 플
러그게이지, 스냅게이지 등이 있다.
한계게이지의 특징
• 제품 사이의 호환성이 있다.
• 제품의 실제치수를 알 수 없다.
• 측정이 쉽고 대량생산에 적합하다.
• 개인차가 없고 측정 시간이 절약된다.
• 조직하기 쉽고 숙련이 필요하지 않다.
• 1개의 치수마다 1개의 게이지가 필요하다.
• 대량측정에 적합하고 합격/불합격의 판정이 용이하다.
• 최소와 최대허용치를 점검하므로 측정은 항상 성공한다.
• 측정치수가 결정됨에 따라 각각 통과측, 정지측의 게이지가 필요하다.

(6) 기타 한계게이지

봉게이지	플러그게이지	링게이지

플러그게이지의 측정 치수
• 통과측 : 구멍의 최소 허용치수
• 정지측 : 구멍의 최대 허용치수

5 나사 및 평면 측정기

(1) 나사의 유효지름 측정방법

① 만능투영기
② 공구현미경
③ 나사 마이크로미터
④ 외측 마이크로미터

(2) 나사산의 각도 측정방법

① 공구현미경에 의한 방법
② 투영기에 의한 방법
③ 만능측정현미경에 의한 방법

(3) 나사의 측정항목

① 피 치
② 골지름
③ 유효지름
④ 나사산의 각도

(4) 3침법의 측정항목 : 나사의 유효지름

① 3침법(삼침법) : 세 개의 같은 지름의 철사를 사용하여 수나사의 유효지름을 측정하는 방법
② 3침법 측정기 : 외측 마이크로미터

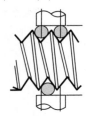

3침법의 측정항목에 속하는 것은?

① 피 치
② 리 드
③ 유효지름
④ 바깥지름

답 ③

(5) 나사 피치게이지

나사의 피치를 측정하는 기구다.

나사 ◀〰〰 ← 피치게이지

(6) 센터게이지

선반의 나사절삭작업 시 나사산의 각도를 정확히 맞추기 위하여 사용되는 측정기구

나사 피치게이지	센터게이지

다음은 도면상에서 나사가공을 지시한 예이다. 각 기호에 대한 설명으로 옳지 않은 것은?

$$4-M8 \times 1.25$$

① 4는 나사의 등급을 나타낸 것이다.
② M은 나사의 종류를 나타낸 것이다.
③ 8은 나사의 호칭지름을 나타낸 것이다.
④ 1.25는 나사의 피치를 나타낸 것이다.

해설

'4'는 나사의 개수를 나타낸다. 호칭지름이 8[mm]이고 피치(p)가 1.25[mm]인 미터나사(M)가 4개 있다는 기호이다.

$$\underset{\text{나사 개수 : 4개}}{4} - M8 \times 1.25$$
나사의 피치 : 1.25[mm]
나사의 호칭지름 : 8[mm]
나사의 종류 : 미터나사

답 ①

(7) 나사의 호칭

4는 호칭지름 8[mm], 피치가 1.25[mm]인 미터나사가 4개임을 나타낸다.

$$\underset{\text{나사 개수 : 4개}}{4} - \underset{}{M8} \times \underset{}{1.25}$$
나사의 피치 : 1.25[mm]
나사의 호칭지름 : 8[mm]
나사의 종류 : 미터나사

(8) 옵티컬 플랫

마이크로미터 측정면의 평면도 검사에 가장 적합한 측정기기로 광학적 원리를 이용한다.

(9) 광선 정반

정밀도가 매우 높은 측정기로서 마이크로미터 측정면의 평면도를 검사할 수 있다.

(10) 촉침식 측정기

10[μm] 이하의 선단 반경을 갖는 촉침을 물체 표면에 일정 속도로 이동시키면서 표면의 거친 정도를 측정한다.

1 자동차의 개요

(1) 자동차의 정의

우리나라 자동차관리법에 따르면 자동차란 원동기에 의해 육상에서 이동할 목적으로 제작한 용구 또는 이에 견인되어 육상을 이동할 목적으로 제작한 용구(피견인 자동차)로 정의한다.

※ 원동기 : 자동차의 구동을 주목적으로 하는 내연기관이나 전동기 등 동력발생장치

(2) 자동차에 속하지 않는 것

① 군수품관리법에 의한 차량
② 건설기계관리법에 의한 건설기계
③ 농업기계화촉진법에 의한 농업기계
④ 궤도나 공중선에 의해 운행되는 차량

(3) 자동차의 분류

① FF(Front engine Front drive)방식 : 앞엔진, 앞바퀴 구동
② FR(Front engine Rear drive)방식 : 앞엔진, 뒷바퀴 구동
③ RR(Rear engine Rear drive)방식 : 뒤엔진, 뒷바퀴 구동
④ 4WD(Four Wheel Drive)방식 : 앞엔진, 앞, 뒷바퀴 모두 구동

(4) 자동차의 제원

필 / 수 / 확 / 인 / 문 / 제

엔진이 앞에 위치하고 뒷바퀴를 구동시키는 자동차를 나타내는 기호는?

① FF
② FR
③ RR
④ 4WD

답 ②

2 가솔린기관 vs 디젤기관

(1) 가솔린기관

휘발유를 연료로 사용하는 열기관으로 소음이 적고 고속 운전이 가능하여 승용차에 주로 사용된다. 연료와 공기가 연소실 내에서 혼합되어 압축된 상태에서 점화플러그로 불꽃을 일으켜 착화시키는 전기점화기관이다.

(2) 디젤기관

경유를 연료로 사용하는 열기관으로 소음이 크나 출력이 커서 대형 차량에 주로 사용된다. 연소실 내에서 공기만을 압축하여 450~550[℃]의 고온이 되면 분사펌프로 연료를 분사하여 점화플러그 없이도 점화하는 자기착화기관이다.

(3) 연료의 구비조건

가솔린기관	디젤기관
• 발열량이 클 것 • 기화성이 좋을 것 • 부식성이 없을 것 • 안티노크성이 클 것 • 옥탄가가 높아야 한다. • 저장 시 안정성이 있을 것 • 연소 후 유해 화합물이 남지 않을 것	• 세탄가가 높을 것 • 점도가 적당할 것 • 불순물이 없을 것 • 부식성이 없을 것 • 착화성이 좋을 것

가솔린기관용 연료의 구비조건으로 알맞은 것은?

① 세탄가가 높아야 한다.
② 옥탄가가 낮아야 한다.
③ 기화성이 낮아야 한다.
④ 발열량이 높아야 한다.

해설
열기관은 발열량이 높은 연료를 사용해야 열효율이 좋다.

답 ④

(4) 가솔린기관 vs 디젤기관의 차이점

구 분	가솔린기관	디젤기관
점화방식	전기 불꽃 점화	압축 착화
최대압력	$30 \sim 35[\text{kg/cm}^2]$	$65 \sim 70[\text{kg/cm}^2]$
열효율	작다.	크다.
압축비	6~11 : 1	15~22 : 1
연소실 형상	간단하다.	복잡하다.
연료공급	기화기 또는 인젝터	분사펌프, 분사노즐
진동 및 소음	작다.	크다.
출력당 중량	작다.	크다.
제작비	저렴하다.	비싸다.

가솔린기관과 디젤기관의 특징으로 알맞은 것은?

① 디젤기관은 점화플러그에 의해 점화된다.
② 디젤기관은 연소실의 형상이 비교적 간단하다.
③ 가솔린기관의 최대압력이 디젤기관보다 크다.
④ 가솔린기관의 출력당 중량이 디젤기관보다 작다.

해설
가솔린기관이 디젤기관보다 가볍고 비교적 구조가 간단해서 출력당 중량도 디젤기관보다 작다.

답 ④

(5) 디젤엔진의 연소과정

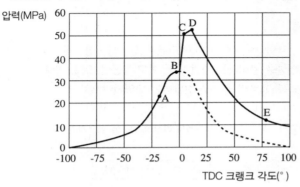

※ 점선은 정상압축곡선일 경우의 그래프이다.

① 디젤엔진의 연소과정

 ㉠ 착화지연기간 (A~B구간)

  연료가 분사되어 연소가 일어날 때까지의 기간을 말한다. 압축이 끝나기 전인 A지점에서 연료 분사가 시작되나 바로 착화되지 않고 지연되면서 B지점까지 압력이 상승한 후 착화되어 연소된다.

 ㉡ 화염전파기간 (B~C구간)

  확산연소기간이나 급격연소기간이라고도 불리는 이 구간은 착화지연기간이 끝나고 착화와 동시에 화염전파가 동시에 일어나는 구간이다. 연소실 내의 압력이 급상승하면서 동력이 발생하는 구간이다.

 ㉢ 직접연소기간 (C~D구간)

  제어연소기간이라고도 불리는 이 구간은 혼합기에서 연소가 발생하는 구간으로 연료분사량의 영향을 가장 많이 받는다.

 ㉣ 후기연소기간 (D~F구간)

  연료분사가 종료된 직후부터 연소가 끝날 때까지의 구간이다.

② 구간별 역할

 ㉠ 연료분사 개시점 : A점

 ㉡ 연료분사 완료점 : D점

 ㉢ 연소 개시점 : B점

 ㉣ 연소 완료점 : E점

다음 그림은 디젤엔진의 연소과정을 나타낸 것이다. B~C구간의 명칭은?

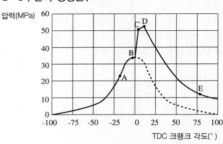

① 착화지연기간   ② 화염전파기간
③ 직접연소기간   ④ 후기연소기간

해설

화염전파기간(B~C구간)

확산연소기간이나 급격연소기간이라고도 불리는 이 구간은 착화지연기간이 끝나고 착화와 동시에 화염전파가 동시에 일어나는 구간이다. 연소실 내의 압력이 급상승하면서 동력이 발생하는 구간이다.

답 ②

4행정 사이클의 작동과정으로 알맞은 것은?

① 흡입 → 압축 → 폭발 → 배기
② 흡입 → 폭발 → 압축 → 배기
③ 압축 → 흡입 → 배기 → 폭발
④ 흡입 → 배기 → 압축 → 폭발

답 ①

3 4행정 사이클 vs 2행정 사이클 기관

(1) 4행정 사이클

① 작동원리 : 크랭크축 2회전 시 피스톤이 상·하·상·하로 4번(행정) 움직이며 사이클을 완성하는 기관이다. 이 과정동안 흡입, 압축, 폭발, 배기가 모두 완료됨으로써 동력을 전달하는 내연기관으로서 자동차용 엔진에 사용된다.

※ 행정(Stroke) : 피스톤이 상사점에서 하사점까지 움직인 거리

② 작동과정

| 흡 입 | → | 압 축 | → | 폭 발 | → | 배 기 |

(2) 2행정 사이클

① 작동원리

크랭크축 1회전 시 피스톤은 상·하로 2번(행정) 움직이며 사이클을 완성하는 기관이다. 이 과정동안 흡입, 압축, 폭발, 배기가 서로 중복되어 완료됨으로써 동력을 전달하는 내연기관으로 소형엔진 형태로 오토바이나 예초기 등에 사용된다. 실린더 수가 적어서 고장의 발생률도 작아 취급하기 쉬우나 배기가 불완전하고 유효행정이 짧으며 역화의 우려가 있다. 새로운 혼합기의 손실이 많고 평균유효압력과 효율을 높이기 어려운 특징을 갖는다.

② 작동과정

| 폭발·흡입 | → | 배기·흡입 | → | 압 축 |

(3) 4행정기관과 2행정기관의 차이점

2행정기관과 4행정기관의 차이점으로 알맞지 않은 것은?

① 4행정기관은 2행정기관에 비해 제작 단가가 비싸다.
② 4행정기관은 2행정기관에 비해 회전력이 불균일하다.
③ 2행정기관은 4행정기관에 비해 윤활유의 소비가 적다.
④ 2행정기관은 4행정기관에 비해 마력당 기관중량이 가볍다.

해설

2행정기관은 4행정기관에 비해 윤활유의 소비가 많다.

답 ③

항 목	4행정 사이클	2행정 사이클
구 조	복잡하다.	간단하다.
제작단가	고가이다.	저가이다.
밸브기구	필요하다.	필요없다.
유효행정	길다.	짧다.
열효율	높다.	낮다.
연료소비율	2행정보다 적다.	4행정보다 많다.
체적효율	높다.	낮다.
회전력	불균일	균 일
마력당 기관중량	무겁다.	가볍다.
동력발생	크랭크축 2회전당 1회	크랭크축 1회전당 1회
윤활유 소비	적다.	많다.
동일 배기량 시 출력	작다.	크다.

4 노킹현상(Knocking)

(1) 노킹의 정의

연소 후반부에 미연소가스의 급격한 연소에 의한 충격파로 실린더 내 금속을 타격하는 현상이다.

(2) 가솔린기관의 노킹현상

연소 후반부에 미연소가스의 급격한 자기연소에 의한 충격파가 실린더 내부의 금속을 타격하는 현상으로 노킹이 발생하면 실린더 내의 압력이 급상승함으로써 스파크플러그나 피스톤, 실린더 헤드, 크랭크축의 손상을 가져오며 출력 저하를 가져오므로 옥탄가가 높은 연료를 사용해야 한다.

(3) 옥탄가(Octane Number)

가솔린 연료의 안티노크성을 수치로 나타낸 값이다. 안티노크성이란 가솔린 기관에서 미연소가스의 조기점화로 인해 엔진의 출력 감소 및 실린더 과열과 같은 이상연소현상인 노킹을 일으키기 어려운 성질로 수치가 높은 것이 좋다. 내폭성이 높은 연료인 이소옥탄(C_8H_{18})과 내폭성이 낮은 연료인 정헵탄(C_7H_{16})을 100과 0으로 하고, 이 두 연료를 혼합해서 만든 연료의 가치로 '옥탄가 90 = 내폭성이 높은 연료인 이소옥탄의 체적이 90[%]'임을 의미한다.

$$옥탄가(ON) = \frac{이소옥탄}{이소옥탄 + 정헵탄} \times 100[\%]$$

(4) 세탄가(Cetane Number)

디젤엔진의 착화성을 수치적으로 표시한 것으로 착화성이 가장 좋은 세탄의 착화성을 100, 착화성이 가장 나쁜 α-메틸나프탈렌의 착화성을 0으로 설정한 후 이들을 표준 연료로 하여 착화가 지연될 때 이 표준 연료 속의 세탄의 함유량을 체적 비율로 표시한 것

$$세탄가(C.N) = \frac{세 탄}{세탄 + \alpha-메틸나프탈렌} \times 100[\%]$$

연소 후반부에 미연소가스의 급격한 자기연소에 의한 충격파가 실린더 내부의 금속을 타격하는 현상은?

① 노킹현상   ② 배력현상
③ 기화현상   ④ 수막현상

해설
가솔린기관의 노킹현상
연소 후반부에 미연소가스의 급격한 자기연소에 의한 충격파가 실린더 내부의 금속을 타격하는 현상으로 노킹이 발생하면 실린더 내의 압력이 급상승함으로써 스파크플러그나 피스톤, 실린더 헤드, 크랭크축의 손상을 가져오며 출력 저하를 가져오므로 옥탄가가 높은 연료를 사용해야 한다.

답 ①

가솔린연료의 안티노크성을 수치로 나타낸 값은?

① 세탄가   ② 옥탄가
③ 듀티비   ④ 점도지수

해설
옥탄가(Octane Number)
가솔린연료의 안티노크성을 수치로 나타낸 값이다. 안티노크성이란 가솔린기관에서 미연소가스의 조기 점화로 인해 엔진의 출력 감소 및 실린더 과열과 같은 이상 연소현상인 노킹을 일으키기 어려운 성질로 수치가 높은 것이 좋다. 내폭성이 높은 연료인 이소옥탄(C_8H_{18})과 내폭성이 낮은 연료인 정헵탄(C_7H_{16})을 100과 0으로 하고, 이 두 연료를 혼합해서 만든 연료의 가치로 "옥탄가 90=내폭성이 높은 연료인 이소옥탄의 체적이 90[%]"임을 의미한다.

답 ②

노킹방지제의 종류에 속하지 않는 것은?

① 벤 젠
② 톨루엔
③ 에탄올
④ 질소산화물

해설

노킹방지제로는 벤젠, 톨루엔, 아닐린, 에탄올이 사용된다.

답 ④

(5) 노킹방지제

벤젠, 톨루엔, 아닐린, 에탄올

(6) 디젤노크

디젤엔진은 착화지연기간이 짧을수록 좋으며, 이 기간이 길어지면 분사된 연료의 축적량이 많아져서 연소가 급격히 일어나면서 디젤노크가 발생하게 된다.

① 디젤노크의 발생원인
  ㉠ 압축비가 낮을 때
  ㉡ 착화지연기간이 길 때
  ㉢ 엔진의 회전수가 높을 때
  ㉣ 연료의 착화성이 나쁠 때
  ㉤ 착화온도가 너무 높을 때
  ㉥ 흡기온도와 실린더 외벽의 온도가 너무 낮을 때

② 디젤노크의 방지대책
  ㉠ 실린더 체적을 크게 한다.
  ㉡ 압축비와 세탄가를 높게 한다.
  ㉢ 엔진의 회전속도와 착화온도를 낮게 한다.
  ㉣ 흡기온도와 실린더 외벽의 온도를 높게 한다.

5 자동차의 주요 부속장치

(1) 배기가스 재순환 장치(EGR ; Exhaust Gas Recirculation)

자동차의 배기가스 중 일부를 흡기다기관으로 유입시켜 연소온도를 낮춤으로써 질소산화물(NO_X)의 배출을 줄여 주는 친환경 장치이다. 배기가스를 재순환시키면 배기가스 중에 포함된 가스인 N_2, CO_2 등에 의해 연소온도가 낮아져서 질소산화물의 생성을 억제시킬 수 있다. 일반적으로 질소산화물의 배출이 많은 중속 운전 영역에서 EGR 컨트롤 솔레노이드 밸브를 듀티비로 제어한다.

※ 듀티비 : 엔진회전수와 흡입공기량에 따른 기본 듀티와 냉각수온도 및 배터리 전압에 의한 보정량으로 결정

질소산화물을 저감시키는 방법
질소산화물은 높은 연소온도에서 많이 발생하는데, 연소 후 배출되는 배기가스 속의 질소산화물 저감을 위해 일부를 배기관에서 흡기관으로 재순환시켜 온소실에는 불활성가스 등이 포함되어 있어 연소온도가 낮아지게 되어 질소산화물을 억제시킨다.

(2) 차동기어장치(Differential Gear)

자동차가 울퉁불퉁한 요철부분을 지나갈 때 서로 달라지는 좌우 바퀴의 회전수를 적절히 분해하여 구동시키는 장치로 직교하는 사각구조의 베벨기어를 차동기어열에 적용한 장치이다.

(3) 현가장치(Suspension System)

자동차가 주행하는 동안 노면으로부터 전달되는 충격이나 진동을 완화시켜 바퀴와 노면과의 접착력을 향상시켜 승차감을 높여주는 장치로 차축과 차체 사이에 설치된다.

① 현가장치의 구성
  ㉠ 스프링
  ㉡ 쇽업소버
  ㉢ 스태빌라이저

② 현가장치의 종류
  ㉠ 일체차축식 현가장치(=일체식 현가장치, Rigid Axle Suspension)
    일체로 된 차축의 양 끝에 바퀴를 설치하고 차축과 차체 사이는 판스프링으로 연결한 현가장치로 하중을 지지하는 능력이 뛰어나서 대형 차량에 주로 사용된다.
  ㉡ 독립식 현가장치(Independent Suspension)
    좌우 바퀴가 독립적으로 구동되는 현가장치로 높은 승차감이 필요한 승용차에 주로 사용된다. 일체식 현가장치에 비해 구성부품이 많으며 구조가 복잡하나 스프링 아래의 질량이 작아서 승차감이 좋다.
    • 위시본식 현가장치(Wishbone Type Suspension)
      위와 아래의 컨트롤 암을 사용하여 바퀴의 구동력과 옆 방향의 저항을 지지하고, 스프링과 쇽업소버는 상하의 진동을 흡수한다.
    • 맥퍼슨식 현가장치(Mcpherson Strut Type of Suspension)
      위시본식 현가장치을 개량한 것으로 스트럿과 볼조인트, 코일 스프링, 컨트롤 암으로 구성되어 있다. 스트럿 어셈블리의 상부인 고무 마운팅 인슐레이터를 차체에 연결하고, 하부는 조향 너클과 연결한 방식으로 구조가 간단하고 설치 면적이 작아서 넓은 엔진룸을 사용할 수 있다는 장점이 있다.

현가장치의 구성요소에 속하지 않는 것은?

① 스프링
② 쇽업소버
③ 스태빌라이저
④ 차동기어장치

해설
차동기어장치는 자동차가 울퉁불퉁한 요철부분을 지나갈 때 서로 달라지는 좌우 바퀴의 회전수를 적절히 분해하여 구동시키는 장치로 직교하는 사각구조의 베벨기어를 차동기어열에 적용한 장치로 현가장치와는 거리가 멀다.

답 ④

자동차용 현가장치 중에서 위와 아래의 컨트롤 암을 사용하여 바퀴의 구동력과 옆 방향의 저항을 지지하고, 스프링과 쇽업소버는 상하의 진동을 흡수하는 것은?

① 일체식 현가장치
② 집중식 현가장치
③ 위시본식 현가장치
④ 맥퍼슨식 현가장치

해설
위시본식 현가장치는 독립식 현가장치의 일종으로 위와 아래의 컨트롤 암을 사용하여 바퀴의 구동력과 옆 방향의 저항을 지지하고, 스프링과 쇽업소버는 상하의 진동을 흡수한다.

답 ③

6 내연기관용 윤활유

(1) 내연기관 윤활유의 SAE 번호

① 겨울용 : SAE 10

② 봄, 가을용 : SAE 20~30

③ 여름용 : SAE 40

> ※ SAE(Society of Automotive Engineers) : 미국의 자동차 기술협회 오일의 점도를 SAE 다음의 번호로 표시하는데, 번호가 클수록 점도가 높다.

(2) 미국석유협회에서 지정한 API 번호

가솔린 기관용	디젤 기관용
• ML : 경 부하용 오일 • MM : 중간 부하용 오일 • MS : 고 부하용 오일	• DG : 경 부하용 오일 • DM : 중간 부하용 오일 • DS : 고 부하용 오일

> ※ API(American Petroleum Institute) : 미국석유협회

7 자동차 관련식

(1) 감쇠비(Damping Ratio, ζ(제타))

$$\zeta(제타) = \frac{c(감쇠계수)}{2\sqrt{km}} = \frac{c}{2mw_n}$$

여기서, k : 강성

(2) 총 배기량

$$Vs = A \times L \times Z = \frac{\pi D^2}{4} \times L \times Z$$

여기서, L : 행정길이
Z : 실린더 수

(3) 압축비

$$\varepsilon = 1 + \frac{V_s(행정\ 체적)}{V_c(연소실\ 체적)}$$

(4) 제동마력(BHP ; Brake Horse Power)

실제 기관 운전에 사용되는 마력으로 "축마력", "정미마력"으로도 불린다.

$$BHP = \frac{2\pi NT}{75 \times 60} \ [\text{PS}]$$

(5) 도시마력(IHP ; Indicated Horse Power)

연소실 발생 마력에서 기계적 손실마력을 뺀 마력으로 "지시마력"으로도 불린다.

$$IHP = \frac{P V_s Z N}{75 \times 60} \ [\text{PS}]$$

여기서, P : 평균유효압력

V_s : 행정체적

Z : 실린더 수

N : 회전수[rpm]

(6) 기계효율

$$\eta = \frac{제동마력}{도시마력(지시마력)} \times 100[\%]$$

기구 또는 기계를 구성하는 최소단위의 기계의 부품으로 줄여서 부르는 용어는?

① 기 소
② 링 크
③ 대 우
④ 자유도

해설
기구 또는 기계를 구성하는 최소단위의 기계의 부품으로 줄여서 기소라고 부르며 그 종류에는 기어나 나사, 축, 링크, 벨트 등이 있다.

답 ①

두 개의 링크가 서로 결합되어 연결된 것으로 서로의 특정한 상대운동을 허용하면서 연결되어 있는 한 쌍의 결합은?

① 대 우
② 캠기구
③ 크랭크
④ 슬라이더

해설
대우(Pairs, 운동대우)
두 개의 링크가 서로 결합되어 연결된 것으로 서로의 특정한 상대운동을 허용하면서 연결되어 있는 한 쌍의 결합이다.

답 ①

1 기구학

(1) 기구학(Mechanism)의 정의

인간이 필요로 하는 기계를 개발하거나 더 효율적으로 만들기 위해 기계를 구성하는 강체(Rigid Body)들의 형상이나 운동학적인 구조 그리고 동력전달 과정을 해석해서 기구 시스템이 효율적인 일을 할 수 있도록 연구하는 학문이다.

(2) 기계요소

기구 또는 기계를 구성하는 최소단위의 기계 부품을 줄여서 기소라고 부르며 종류로는 기어, 나사, 축, 링크, 벨트 등이 있다.

(3) 기계의 운동

① 평면운동 : 운동하는 물체가 하나의 평면과 항상 같은 단면에서 만나는 경우의 운동
② 구면운동 : 물체상의 한 점이 어떤 점을 중심으로 원(구면) 위를 움직이는 운동
③ 나선운동 : 나사운동과 같이 축선의 주위를 회전하면서 축 방향으로 이동하는 운동

(4) 주요 용어 해설

① 링크(Link) : 시스템을 이루어 운동하는 하나의 강체로, 구조상 불가피하게 두 개를 연결한 경우 하나의 링크로 취급한다.
② 대우(Pairs, 운동대우) : 두 개의 링크가 서로 결합되어 연결된 것으로 서로의 특정한 상대운동을 허용하면서 연결되어 있는 한 쌍의 결합이다.

(5) 자유도 수(F)와 구속 수(C)와의 관계

$$C = 6 - F$$

① $F=0$이면 하나의 운동대우를 이루는 두 링크는 서로 단단히 고정되어 있어서 하나의 강체로 간주한다.
② $F=6$이면 두 링크는 운동대우에 의해 연결되어 있지 않고, 두 링크는 서로 분리되어 자유물체처럼 운동하게 된다.

(6) 운동의 순간중심

한 물체의 속도가 영(0)이 되는 점으로 운동하는 두 물체의 상대속도도 0이 된다.

2 링크장치

(1) 토글기구

지렛대의 원리를 이용해서 작은 조작력으로 큰 힘을 내게 하는 기구로 금속절단기나 암석분쇄기, 프레스 등 짧은 거리를 운동하며 큰 힘을 내는 기계에 사용된다.

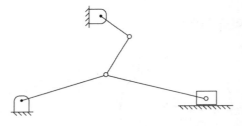

(2) 와트기구

와트가 발명한 증기기관의 피스톤 로드 끝에 직선운동을 주기 위해 고안한 것으로 8자 모양의 궤적을 따라 움직이는데 가운데 상당한 부분이 직선과 같은 근사직선운동을 한다.

근사직선운동기구의 종류
• 와트기구
• 로버트기구
• 체비세프기구
• 스콧-러셀기구의 변형

자유도 수(F)와 구속 수(C)와의 관계식은?

① $C = 2 - F$
② $C = 6 - F$
③ $C = \dfrac{2-F}{4}$
④ $C = \dfrac{6-F}{2}$

답 ②

평행운동기구에 속하지 않는 것은?

① 제도기
② 축도기
③ 4절 링크 장치
④ 체비세프기구

해설
체비세프기구는 근사직선운동기구에 속한다.

답 ④

근사직선운동기구의 종류에 속하지 않는 것은?

① 와트기구
② 토글기구
③ 로버트기구
④ 체비세프기구

해설
근사직선운동이란 직선에 가까운 운동상태를 말하는 것으로 토글기구와는 거리가 멀다.

답 ②

(3) 스카치요크기구

더블 슬라이더 크랭크기구의 일종으로 처음 크랭크의 회전운동을 슬라이더의 상하 왕복운동으로 변환 후, 이 상하 왕복운동을 다시 좌우 직선왕복운동을 변환하는 기구

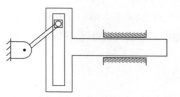

높이를 확대하거나 축소할 수 있는 기구 시스템으로 현재 철도의 집전장치에 사용되는 다음 기구의 명칭은?

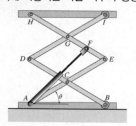

① 와트기구
② 토글기구
③ 팬토그래프
④ 스카치요크기구

답 ③

(4) 팬토그래프

원래는 도면을 제도할 때 물체의 확대나 축소 도면을 그릴 때 사용되는 제도용구의 명칭이었으나, 현재는 높이를 확대하거나 축소할 수 있는 기구시스템의 명칭으로 사용된다. 주로 철도의 집전장치나 위치 조절을 필요로 하는 기계장치에 사용된다.

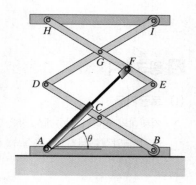

(5) 왕복슬라이드-크랭크기구

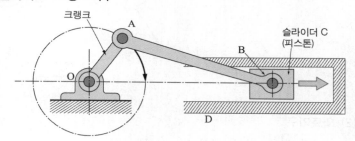

(6) 평행운동기구

기구에서 2개 이상의 링크가 운동 중 항상 평행인 상태를 유지하는 기구
평행운동기구의 종류

• 축도기
• 제도기
• 4절 링크 장치

(7) 직선운동기구

슬라이더 크랭크기구에서 크랭크가 회전하면 슬라이더는 프레임의 안내면을 따라서 왕복직선운동을 하는데, 이와 같이 기구 위의 한 점은 직선의 경로로 운동하는 기구이다. 직선운동기구의 종류로 정확직선운동과 근사직선운동으로 나뉜다.

직선운동기구의 종류

- 포슬리에기구
- 스콧 러셀기구

3 기구의 운동

기구가 순간적으로 움직일 때 시계방향의 각속도(ω, rad/s)와 반시계방향 각가속도(α, rad/s^2)으로 점 O에 대하여 평면 회전운동을 한다. 이 순간 E점의 접선가속도와 법선가속도의 방향 및 크기는 다음과 같이 구할 수 있다.

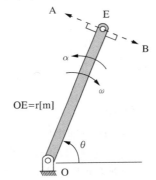

① 접선가속도 = $r \times \alpha$(각가속도) [m/s^2], 방향 : $\overrightarrow{EA}$
② 법선가속도 = $r \times \omega^2$(각속도) [m/s^2], 방향 : $\overrightarrow{EO}$

슬라이더 크랭크기구에서 크랭크가 회전하면 슬라이더는 프레임의 안내면을 따라서 왕복직선운동을 하는데, 이와 같이 기구 위의 한 점은 직선의 경로로 운동하는 기구는?

① 로버트기구
② 포슬리에기구
③ 축도기
④ 스카치요크기구

해설
직선운동기구에는 포슬리에기구와 스콧-러셀기구가 있다.

답 ②

작업안전 및 품질관리

안전율(S)을 구하는 공식은?

① $S = \dfrac{극한강도}{허용응력}$

② $S = \dfrac{항복강도}{허용응력}$

③ $S = \dfrac{허용응력}{극한강도}$

④ $S = \dfrac{파단강도}{극한강도}$

해설
안전율은 외부의 하중에 견딜 수 있는 정도를 수치로 나타낸다.

$S = \dfrac{극한강도(\sigma_u)}{허용응력(\sigma_a)}$

답 ①

연강재료의 하중에 따른 안전하중으로 알맞지 않은 것은?

① 정하중 – 3
② 동하중(일반) – 8
③ 동하중(주기적) – 8
④ 충격하중 – 12

해설
일반적인 동하중의 안전하중은 5이다.

답 ②

1 작업안전

(1) 안전율

① 안전율의 정의
외부의 하중에 견딜 수 있는 정도를 수치로 나타낸 것

$$S = \dfrac{극한강도(\sigma_u)}{허용응력(\sigma_a)}$$

② 연강재의 안전하중
  ㉠ 정하중 : 3
  ㉡ 동하중(일반) : 5
  ㉢ 동하중(주기적) : 8
  ㉣ 충격 하중 : 12

(2) 공작기계 작업 시 안전사항

① 작업 중 보안경과 안전화를 착용한다.
② CNC 방전가공 시에는 감전에 유의한다.
③ CNC선반 공작물은 무게중심을 맞춰야 안전하다.
④ 바이트 자루는 가능한 굵고 짧은 것을 사용한다.
⑤ CNC선반 작업 시 작업문은 반드시 닫아놓고 작업한다.
⑥ 항상 비상 버튼을 누를 수 있도록 염두에 두어야 한다.
⑦ 강전반 및 CNC 유닛은 어떠한 충격도 주지 말아야 한다.
⑧ 기계 주위는 항상 밝게 하여 작업하여 건조하게 유지한다.
⑨ 기계 청소 후 측정기와 공구를 정리하고 전원을 차단한다.
⑩ 기계의 움직이는 부위에는 공구나 기타 물건을 올려놓지 않는다.

(3) 응급처치의 구명 4단계

① 1단계 기도유지 : 질식을 막기 위해 기도 개방 후 이물질을 제거하고 호흡이 끊어지면 인공호흡을 한다.

② 2단계 지혈 : 상처 부위의 피를 멈추게 하여 혈액 부족으로 인한 혼수상태를 예방한다.

③ 3단계 쇼크방지 : 호흡곤란이나 혈액 부족을 제외한 심리적 충격에 의한 쇼크를 예방한다.

④ 4단계 상처의 치료 : 환자의 의식이 있는 상태에서 치료를 시작하며, 충격을 해소시켜야 한다.

(4) 화상의 등급

1도 화상	• 뜨거운 물이나 불에 가볍게 표피만 데인 화상 • 붉게 변하고 따가운 상태
2도 화상	• 표피 안의 진피까지 화상을 입은 경우 • 물집이 생기는 상태
3도 화상	• 표피, 진피, 피하지방까지 화상을 입은 경우 • 살이 벗겨지는 매우 심한 상태

(5) 화재의 종류에 따른 사용 소화기

분류	A급 화재	B급 화재	C급 화재	D급 화재
명칭	일반(보통) 화재	유류 및 가스 화재	전기 화재	금속 화재
가연물질	나무, 종이, 섬유 등의 고체 물질	기름, 윤활유, 페인트 등의 액체 물질	전기설비, 기계 전선 등의 물질	가연성 금속 (Al분말, Mg분말)
소화효과	냉각 효과	질식 효과	질식 및 냉각효과	질식 효과
표현색상	백색	황색	청색	–
소화기	• 물 • 분말소화기 • 포(포말)소화기 • 이산화탄소 소화기 • 강화액소화기 • 산, 알칼리 소화기	• 분말소화기 • 포(포말)소화기 • 이산화탄소 소화기	• 분말소화기 • 유기성소화기 • 이산화탄소 소화기 • 무상강화액 소화기 • 할로겐화합물 소화기	• 건조된 모래 (건조사)
사용불가능 소화기			포(포말)소화기	물 (금속가루는 물과 반응하여 폭발의 위험성이 있다)

뜨거운 물이나 불에 가볍게 표피만 데인 화상으로 붉게 변하고 따가운 상태는 몇 도 화상인가?

① 1도 화상
② 2도 화상
③ 3도 화상
④ 화상으로 분류되지 않는다.

답 ①

화재의 분류에 따른 명칭으로 알맞지 않은 것은?

① A급 화재 – 일반(보통) 화재
② B급 화재 – 유류 화재
③ C급 화재 – 가스 화재
④ D급 화재 – 금속 화재

해설
C급 화재는 전기 화재이다.

답 ③

C급 화재에 사용되는 소화기에 속하지 않는 것은?

① 분말 소화기
② 유기성 소화기
③ 강화액 소화기
④ 이산화탄소 소화기

해설
강화액 소화기는 액체이므로 A급 화재에 사용된다.

답 ③

응급처치 시 유의사항으로 알맞지 않은 것은?

① 충격방지를 위하여 환자의 체온유지에 노력하여야 한다.
② 의식불명 환자에게 물 등 기타의 음료수를 억지로라도 먹여야 한다.
③ 응급 의료진과 가족에게 연락하고 주위 사람에게 도움을 청해야 한다.
④ 긴급을 요하는 환자가 2인 이상 발생 시 대출혈, 중독의 환자부터 처치해야 한다.

해설
응급처치할 때는 의식불명 환자에게 물 등 기타의 음료수를 먹이지 말아야 한다.

답 ②

공구를 안전하게 취급하는 방법으로 옳지 않은 것은?

① 공구는 사용 후 공구함에 보관한다.
② 공구는 기계나 재료 위에 올려놓지 않는다.
③ 모든 공구는 작업에 적합한 공구를 사용한다.
④ 불량 공구는 반납하거나 그 즉시 수리해서 사용한다.

해설
작업 공구는 함부로 수리해서는 안 되며, 공구 제조사에 문의한 후 실시하거나 그에 따른 조치를 해야 한다.

답 ④

작업장에서 무거운 짐을 들고 운반할 때의 주의사항으로 알맞지 않은 것은?

① 짐은 가급적 몸 가까이 가져온다.
② 물건을 들 때는 충격이 없어야 한다.
③ 상체를 곧게 세우고 등을 반듯이 한다.
④ 짐은 무릎을 굽힌 상태에서 들어 편 자세에서 내려놓는다.

해설
작업장에서 짐은 무릎을 편 상태에서 들어 굽힌 자세에서 내려놓는다.

답 ④

(6) 응급처치 시 유의사항

① 충격방지를 위하여 환자의 체온유지에 노력하여야 한다.
② 의식불명 환자에게 물 등 기타의 음료수를 먹이지 말아야 한다.
③ 응급 의료진과 가족에게 연락하고 주위 사람에게 도움을 청해야 한다.
④ 긴급을 요하는 환자가 2인 이상 발생 시 대출혈, 중독의 환자부터 처치해야 한다.

(7) 작업자의 복장

① 기름이 밴 작업복은 입지 않는다.
② 작업복의 소매와 바지의 단추를 잠근다.
③ 상의의 옷자락이 밖으로 나오지 않도록 한다.
④ 수건은 옷 밖으로 나오지 않도록 한다.

(8) 공구를 안전하게 취급하는 방법

① 공구는 사용 후 공구함에 보관한다.
② 공구는 기계나 재료 위에 올려놓지 않는다.
③ 모든 공구는 작업에 적합한 공구를 사용한다.
④ 불량 공구는 반납하고, 함부로 수리해서 사용하지 않는다.

(9) 수기 가공 시 안전수칙

① 스패너는 가급적 손잡이가 긴 것을 사용한다.
② 스패너의 자루에 파이프 등을 연결하지 않는다.
③ 톱날은 틀에 끼워 두세 번 사용한 후 다시 조정을 하고 절단한다.
④ 드라이버의 날 끝은 홈의 너비와 맞는 것을 사용하며 이가 빠지거나 둥그렇게 된 것은 사용하지 않는다.
⑤ 스패너를 사용하여 볼트 머리를 조일 때에는 스패너 자루에 파이프 등을 끼워서 사용하면 안 된다.

(10) 작업장에서 무거운 짐을 들고 운반할 때의 주의사항

① 짐은 가급적 몸 가까이 가져온다.
② 짐을 들어 올릴 때 충격이 없어야 한다.
③ 짐은 무릎을 편 상태에서 들어 굽힌 자세에서 내려놓는다.
④ 가능한 상체를 곧게 세우고 등을 반듯이 하여 들어 올린다.
⑤ 운반작업을 용이하게 하기 위해 간단한 보조구를 사용해야 한다.

(11) 산업안전보건법에 따른 안전보건표지의 색채 및 용도

색 상	용 도	사 례
빨간색	금 지	정지신호, 소화설비 및 그 장소, 유해행위 금지
	경 고	화학물질 취급장소에서의 유해·위험 경고
노란색	경 고	화학물질 취급장소에서의 유해·위험 경고 이외의 위험 경고, 주의표지 또는 기계 방호물
파란색	지 시	특정 행위의 지시 및 사실의 고지
녹 색	안 내	비상구 및 피난소, 사람 또는 차량의 통행표지
흰 색		파란색 또는 녹색에 대한 보조색
검정색		문자 및 빨간색 또는 노란색에 대한 보조색

2 인증시스템

(1) ISO 8402

품질경영과 품질보증관련 개념과 용어 정리에 관한 국제표준규격이다.

(2) ISO 9004

기관이나 조직의 품질경영시스템이 국제표준화기구(ISO)가 제정한 ISO 9001의 기반 위에 '성과개선 지침'을 추가해서 이를 경영에 적용하고 있음을 인증하는 시스템이다.

(3) ISO 9000

이 규격을 바탕으로 각 기업의 체질에 맞는 품질시스템을 수립하여 제3의 인증기관으로부터 자사 품질시스템의 적합성과 실행상태를 평가받아, 고객에게 신뢰할 수 있는 제품과 서비스를 공급하는 체제(System)를 갖추어 운영하고 있음을 대외적으로 인증하는 것으로 품질경영시스템(Quality Management System)인증 또는 제3자 인증이라고도 불린다.

(4) ISO 14000

환경경영체제에 관한 국제표준화기구(ISO ; International Organization for Standardization)의 통칭으로, 기업 활동 전반에 걸친 환경경영체제를 평가하여 이를 객관적으로 인증해 주는 시스템이다.

산업안전보건법에 따른 안전보건표지의 색상으로 알맞지 않은 것은?

① 경고 - 노란색
② 지시 - 파란색
③ 안내 - 검정색
④ 금지 - 빨간색

해설
안내는 녹색으로 표시해야 한다.

답 ③

환경경영체제에 관한 국제표준규격의 통칭으로, 기업 활동 전반에 걸친 환경경영체제를 평가하여 객관적으로 인증(認證)하는 것은 무엇인가?

① ISO 14000
② ISO 9004
③ ISO 9000
④ ISO 8402

해설
② ISO 9004 : 기관이나 조직의 품질경영시스템이 국제표준화기구(ISO)가 제정한 ISO 9001의 기반 위에 성과개선지침을 추가해서 이를 경영에 적용하고 있음을 인증하는 시스템이다.
③ ISO 9000 : 이 규격을 바탕으로 각 기업의 체질에 맞는 품질시스템을 수립하여 제3의 인증기관으로부터 자사 품질시스템의 적합성과 실행상태를 평가받아, 고객에게 신뢰할 수 있는 제품과 서비스를 공급하는 체제(System)를 갖추어 운영하고 있음을 대외적으로 인증하는 것으로 품질경영시스템(Quality Management System) 인증 또는 제3자 인증이라고도 불린다.
④ ISO 8402 : 품질경영과 품질보증관련 개념과 용어 정리에 관한 국제표준규격이다.

답 ①

유체역학

1 유체의 정의

① 유체 : 기체나 액체를 하나의 용어로써 부르는 말
② 압축성 유체 : 기체는 외부 압력을 받으면 그 부피가 줄어든다. 이를 압축
성 유체라 한다.
③ 비압축성 유체 : 액체는 외부 압력을 받으면 그 부피가 거의 줄어들지 않
는다. 이를 비압축성 유체라 한다.

2 표면장력, $Y(=\sigma)$

유체 입자 간 응집력으로 인해 유체의 자유표면이 서로 잡아당기면서 얇은
탄성 막이 형성되는 성질이다. 표면장력은 바늘과 같은 물체도 물에 띄울 수
있다.

① 표면장력 : $Y = \dfrac{F}{A} = \dfrac{ma}{A} = \dfrac{[\text{kg} \cdot \text{m/s}^2]}{[\text{m}]} = [\text{kg/s}^2]$
② 표면장력의 차원 : MT^{-2}

3 유체의 흐름량

(1) 체적유량(Q)

단위시간동안 수로나 관의 단면적을 통과하는 유체의 총 양

$$Q = A \times v \,[\text{m}^3/\text{s}]$$

여기서, A : 단면적$[\text{m}^2]$
　　　　v : 유동 속도$[\text{m/s}]$

(2) 질량유량($\dot{M}$)

단위시간동안 수로나 관의 단면적을 통과하는 유체의 총 질량

$$\dot{M} = \rho \times A \times v = \rho Q \,[\text{kg/s}]$$

여기서, ρ : 밀도$[\text{kg/m}^3]$

4 차원과 물리량

(1) 기본 차원의 종류

① FLT계

[F] : Force, 힘, [L] : Length, 길이, [T] : Time, 시간

② MLT계

[M] : Mass, 질량, [L] : Length, 길이, [T] : Time, 시간

(2) 물리량별 표시방법

물리량	기 호	단 위	FLT계	MLT계
운동량	$p = mv$	N · s	FT	MLT^{-1}
응 력	σ	N/m^2	FL^{-2}	$ML^{-1}T^{-2}$
압 력	P	N/m^2	FL^{-2}	$ML^{-1}T^{-2}$
힘	$F = ma$	kg · m/s^2	F	MLT^{-2}
에너지	E	N · m	FL	ML^2T^{-2}
동 력	$H(=L)$	J/s	FLT^{-1}	ML^2T^{-3}
점성계수	μ	poise	$FL^{-2}T$	$ML^{-1}T^{-1}$
동점성계수	$\nu = \dfrac{\mu}{\rho}$	St(stokes)	L^2T^{-1}	L^2T^{-1}
표면장력	$Y(=T, \sigma)$	dyne/cm	FL^{-1}	MT^{-2}
체적유량	Q	m^3/s	L^3T^{-1}	L^3T^{-1}
토 크	T	N · m	FL	ML^2T^{-2}
속 도	v	m/s	LT^{-1}	LT^{-1}
가속도	a	m/s^2	LT^{-2}	LT^{-2}
밀 도	$\rho = \dfrac{m}{V}$	kg/m^3	$FL^{-4}T^2$	ML^{-3}
비중량	$\gamma = \dfrac{W}{V}$	kgf/m^3	FL^{-3}	$ML^{-2}T^{-2}$

5 부력(浮力, 뜰 부, 힘 력)

물체를 액체 속에 넣었을 때 중력의 반대방향으로 물체를 밀어 올리는 힘이다. 부력의 크기는 액체 내에서 물체가 차지하는 부피에 상당하는 액체의 무게로 표시한다.

$$F_B = \rho g V$$

여기서, ρ : 물의 밀도

g : 중력가속도

V : 물체의 잠긴 부피

6 유선, 유적선, 유맥선

① 유선(Stream Line)

유체 입자가 곡선을 따라 유동할 때, 모든 점에서 속도벡터의 방향을 갖는 연속적인 선

② 유적선(Path Line)

유체 입자가 시간이 지나면서 이동한 경로를 이어놓은 선

③ 유맥선(Streak Line)

일정 시간동안 임의의 점을 통과한 입자들의 위치를 순서대로 이어놓은 선. 바람 부는 날 굴뚝에서 나오는 연기를 카메라 셔터속도 1/100초로 하여 사진을 찍었을 때 유동가시화 사진에서 보이는 연기의 모양

7 베르누이 정리

(1) 정 의

유체의 에너지 보존 법칙으로 오일러 방정식을 적분하면 베르누이 정리가 된다. 베르누이 정리는 유체의 유동 관련 식을 수두의 형태로 표현한 것으로 다음과 같다.

(2) 베르누이 정리식

$$\frac{압력}{수두} + \frac{속도}{수두} + \frac{위치}{수두} = \frac{압력}{수두} + \frac{속도}{수두} + \frac{위치}{수두}$$

$$\frac{P_1}{\gamma} + \frac{v_1^2}{2g} + z_1 = \frac{P_2}{\gamma} + \frac{v_2^2}{2g} + z_2$$

(3) 베르누이 방정식을 충족시키기 위해 가정한 조건

① 정상유동이다.

② 비점성유동이다.

③ 비압축성유동이다.

④ 유체 입자는 유선을 따라서 유동한다.

8 노즐과 디퓨저

① 노즐(Nozzle)

유체가 관이나 튜브 내부를 이동할 때 기존의 통로보다 작은 구멍으로 빠져나가게 함으로써 속도를 높이기 위한 장치

② 디퓨저(Diffuser)

관내를 흐르는 고속의 유체를 감속시키면서 압력을 높이고자 할 때 사용하는 장치

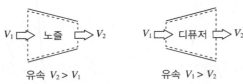

유속 $V_2 > V_1$ 유속 $V_1 > V_2$

9 강제 볼텍스 유동

유체가 흐를 때 고체처럼 회전하는 현상으로 고체의 회전운동이라고도 불린다.

10 하겐-푸아죄유의 법칙(Hagen-Poiseuille's Equation)

일정한 크기의 원형 관내를 흐르는 점성 유체의 흐름량에 관한 방정식으로 프랑스의 물리학자 푸아죄유가 발견하였으며, 독일의 하겐이 이보다 먼저 발견하여 하겐-푸아죄유(일부책 하겐-포아즈)법칙 혹은 방정식으로 불리고 있다.

점성유체가 일정 시간 동안 원형관 내를 흐르는 양은 관의 양 끝의 압력차와 반지름의 4제곱에 비례하고 관의 길이에는 반비례한다는 법칙이다.

① 원형관을 흐르는 유량

$$Q = \frac{\Delta p \pi D^4}{128 \mu L}$$

여기서, Δp : 압력구배(압력차)
　　　　D : 관의 직경
　　　　μ : 점성계수
　　　　L : 길이

② 하겐-푸아죄유 방정식은 Ostwald 점도계에 이용된다.

11 비행기에 작용하는 힘

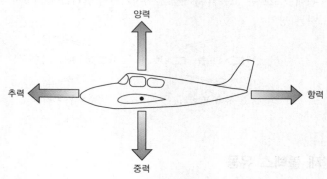

(1) 항 력

공기에 저항하는 힘으로 추력을 방해한다.

$$D = C_D \times \frac{\rho V^2}{2} A$$

여기서, C_D : 항력계수(저항계수)

V : 속도[m/s]

A : 운동방향의 투영면적[m²]

(2) 양 력

유체의 흐름 방향에서 수직으로 작용하는 힘으로 비행기가 뜨게 하는 원리로, 추력(추진력)이 커지면 양력은 더 커진다.

(3) 추 력

비행기가 앞으로 나가려는 힘이다. 추력이 클수록 양력도 커진다.

12 레이놀즈수(Re)

무차원 수로 층류와 난류를 구분하는 척도

$$Re = \frac{\text{관성력}}{\text{점성력}} = \frac{\rho v d}{\mu} = \frac{v d}{\nu}$$

여기서, ρ : 밀도

v : 속도

d : 관의 지름

ν : 동점성계수

13 프루드수(Froude Number, Fr)

유체 유동을 관성과 중력의 비로 나타내는 무차원 수로 유동의 역학적 상사성을 판단하기 위해 사용하는 것으로 자유표면 유동 해석에 중요한 영향을 미친다.

① $Fr = \dfrac{관성력}{중력} = \dfrac{v}{\sqrt{Lg}}$

　　여기서, L : 길이(예 방수로에서는 수심의 길이)

　　　　　　v : 유동속도

② 상사성(Similarity) : 모형시험을 할 때 모형(프로토 모델)이 원형에 대해 가져야 할 조건

　　프루드수를 통해 유체 흐름의 분류

　　• $Fr < 1$: 아임계 흐름, 느린 하천

　　• $Fr = 1$: 임계 흐름, 아임계와 초임계의 변환점, 자유흐름

　　• $Fr > 1$: 초임계 흐름, 빠르게 흐르는 하천

14 웨버수(We)

표면 장력에 영향을 미치는 것과 관련된 무차원 수이다.

$$We = \dfrac{관성력}{표면장력} = \dfrac{\rho v^2 L}{\sigma}$$

15 마하수

유체의 유동 속도와 음속의 비를 나타내는 용어로서 무차원 수이다.
마하 1의 유속은 음속과 같으므로 마하수 0.8는 음속의 80%를 의미한다.

$$M = \dfrac{v}{c} = \dfrac{v}{\sqrt{K/\rho}}$$

여기서, c : 음속

　　　　v : 유체속도

　　　　K : 유량계수

마하수의 분류

• $M < 1$: 아음속(Subsonic)

• $M = 1$: 천음속(Transonic)

• $M > 1$: 초음속(Supersonic)

교육이란 사람이 학교에서 배운 것을 잊어버린 후에 남은 것을 말한다.

– 알버트 아인슈타인 –

우리 인생의 가장 큰 영광은 결코 넘어지지 않는 데 있는 것이 아니라
넘어질 때마다 일어서는 데 있다.

- 넬슨 만델라 -

얼마나 많은 사람들이
책 한 권을 읽음으로써
인생에 새로운 전기를 맞이했던가.

– 헨리 데이비드 소로 –

PART 02

기출문제

9급 국가직 · 지방직 · 고졸 채용을 위한

합격 완벽 대비서

TECH BIBLE

CHAPTER

01

국가직
기출문제

2009~2024년 국가직 기계일반

9급 국가직 · 지방직 · 고졸 채용을 위한

합격 완벽 대비서

TECH BIBLE

2009년 국가직 기계일반

01 탄소강(SM30C)을 냉간가공하면 일반적으로 감소되는 기계적 성질은?

① 연신율　　　　　② 경 도
③ 항복점　　　　　④ 인장강도

해설

SM30C는 기계구조용 탄소강재로서 순철에 0.27~0.33[%]의 탄소(C)가 합금된 재료이다. 이 재료를 냉간가공을 하면 가공경화현상이 일어나서 강도와 경도, 항복점은 높아지나 연신율은 줄어든다.

냉간가공한 재료의 특징

• 수축에 의한 변형이 없다.
• 인성, 연성, 연신율을 감소시킨다.
• 가공온도와 상온과의 온도차가 적다.
• 결정립의 변형으로 단류선이 형성된다.
• 가공경화로 강도, 경도, 항복점을 증가시킨다.
• 전위의 집적으로 인하여 가공경화가 발생한다.
• 가공 시 불균일한 응력으로 인해 잔류응력이 발생한다.
• 냉간가공이 많아질수록 결정핵의 생성이 많아져서 재결정온도는 낮아진다.
• 열간가공과는 달리 표면이 산화되지 않아서 치수정밀도가 높고 깨끗한 가공면을 얻는다.
• 강을 200~300[℃]의 범위에서 냉간가공하면 결정격자에 변형이 생기고 청열취성이 발생한다.

02 Fe-C 평형상태도에 표시된 S, C, J점에 대한 설명으로 옳은 것은?

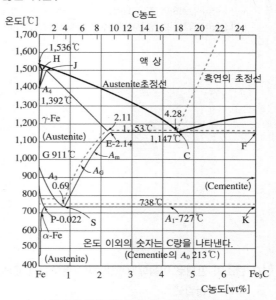

Fe-C계 상태도(실선 : Fe-Fe₃C계, 점선 : Fe-흑연계)

	S	C	J
①	포정점	공정점	공석점
②	공정점	공석점	포정점
③	공석점	공정점	포정점
④	공정점	포정점	공석점

해설

Fe-C 평형상태도는 온도에 따라 Fe에 C가 합금된 상태를 그래프로 나타낸 것으로 책에 따라 수치가 약간씩 다를 수 있으나 일반적으로는 다음과 같다.

구 분	반응온도	탄소함유량	반응내용	생성조직
공석반응	723[℃]	0.8[%]	γ 고용체 ↔ α 고용체 + Fe₃C	펄라이트 조직
공정반응	1,147[℃]	4.3[%]	융체(L) ↔ γ 고용체 + Fe₃C	레데뷰라이트 조직
포정반응	1,494[℃] (1,500[℃])	0.18[%]	δ 고용체 + 융체(L) ↔ γ 고용체	오스테나이트 조직

정답　1 ①　2 ③

03 철강에 포함된 탄소함유량의 영향에 대한 설명으로 옳지 않은 것은?

① 탄소량이 증가하면 연신율이 감소한다.
② 탄소량이 감소하면 경도가 증가한다.
③ 탄소량이 감소하면 내식성이 증가한다.
④ 탄소량이 증가하면 단면수축률이 감소한다.

해설

철이나 강에 탄소함유량이 감소하면 경도도 감소한다.
철강에 포함된 탄소함유량의 영향
• 탄소량이 감소하면 경도가 감소하나 내식성은 증가한다.
• 탄소량이 증가하면 연신율과 단면수축률이 감소한다.

04 탄소강 판재로 이음매가 없는 국그릇모양의 몸체를 만드는 가공법은?

① 스피닝   ② 컬 링
③ 비 딩   ④ 플랜징

해설

스피닝(Spinning)
선반의 주축에 제품과 같은 형상의 다이를 장착한 후 심압대로 소재를 다이와 밀착시킨 후 함께 회전시키면서 강체 공구나 롤러로 소재의 외부를 강하게 눌러서 축에 대칭인 원형의 제품을 만드는 박판(얇은 판) 성형가공법이다. 탄소강 판재로 이음매 없는 국그릇이나 알루미늄 주방용품을 소량생산할 때 사용하는 가공법으로 보통 선반과 작업방법이 비슷하다.
② 컬링(Curling) : 얇은 판재나 드로잉가공한 용기의 테두리를 프레스기계나 선반으로 둥글게 마는 가공법으로 가장자리의 강도를 높이는 동시에 미관을 좋게 한다.
③ 비딩(Beeding) : 판재의 끝부분에 다이를 이용해서 일정 길이의 돌기부를 만드는 가공법이다.
④ 플랜징(Flanging) : 금속판재의 모서리를 굽히는 가공법으로 2단 펀치를 사용하여 판재에 작은 구멍을 낸 후 구멍을 넓히면서 모서리를 굽혀 마무리를 짓는 가공법이다.

05 속이 찬 봉재로부터 길이방향으로 이음매가 없는 긴 강관(鋼管)을 제조하는 방법은?

① 프레스가공
② 전조가공
③ 만네스만가공
④ 드로잉가공

해설

강관(Steel Pipe)을 제조하는 방법으로는 주조나 단조, 압연, 인발 및 압출가공 등 다양한데 이들 중 만네스만가공은 압연에 의한 이음매 없는 강관제조법이다.
③ 만네스만가공 : 속이 찬 빌릿이나 봉재에 1,200[℃]의 열을 가한 후 2개의 롤러에 재료를 물려 넣으면 재료 내부에 인장력이 작용하여 중심부에 구멍(공극)이 생기는데 이 구멍에 맨드릴(심봉)을 내밀어서 원하는 크기와 두께의 강관을 제조하는 가공법이다.
① 프레스가공 : 프레스기계를 이용하여 펀치나 다이(금형)로 판재에 인장이나 압축, 전단, 굽힘응력을 가해서 소성변형시켜 원하는 형상의 제품을 만드는 가공법이다. 기계화된 판금가공으로 치수가 정밀하고 제품의 대량생산에 적합하나 다이제작비가 비싼 단점이 있다.
② 전조가공 : 재료와 공구를 각각이나 함께 회전시켜 재료 내부나 외부에 공구의 형상을 새기는 특수압연법이다. 대표적인 제품으로는 나사와 기어가 있으며 절삭칩이 발생하지 않아 표면이 깨끗하고 재료의 소실이 거의 없다. 또한 강인한 조직을 얻을 수 있고 가공속도가 빨라서 대량생산에 적합하다.
④ 드로잉가공 : 비교적 편평한 철판을 다이 위에 올린 후 펀치로 눌러 다이의 내부로 철판이 들어가게 함으로써 밥그릇과 같은 이음매 없는 중공의 용기를 만드는 가공법이다.

06 다음 중 정밀입자가공에 해당하지 않는 것은?

① 호빙(Hobbing)
② 래핑(Lapping)
③ 슈퍼피니싱(Super Finishing)
④ 호닝(Honing)

해설

호빙머신
호브라는 공구를 사용해서 기어를 절삭하는 공작기계로 절삭된 칩의 크기나 절삭하는 공구도 커서 정밀입자가공과는 거리가 멀다.

절삭용 공구 : 호브

② 래핑 : 주철이나 구리, 가죽, 천 등으로 만들어진 랩(Lap)과 공작물의 다듬질할 면 사이에 랩제를 넣고 적당한 압력으로 누르면서 상대운동을 하면, 절삭입자가 공작물의 표면으로부터 극히 소량의 칩(Chip)을 깎아내어 표면을 다듬는 가공법이다. 주로 게이지 블록의 측정면을 가공할 때 사용한다.
③ 슈퍼피니싱 : 입도와 결합도가 작은 숫돌을 낮은 압력으로 공작물에 접촉하고 가볍게 누르면서 분당 수백에서 수천의 진동과 수 [mm]의 진폭으로 왕복운동하면서 공작물을 회전시켜 제품의 표면을 단시간에 매우 평활한 면으로 다듬질하는 가공법이다. 원통면과 평면, 구면을 미세하게 다듬질할 때 주로 사용한다.
④ 호닝 : 드릴링, 보링, 리밍 등으로 1차 가공한 재료를 더욱 정밀하게 연삭하는 가공법으로 각봉 형상의 세립자로 만든 공구를 공작물에 스프링이나 유압으로 접촉시키면서 회전운동과 왕복운동을 동시에 주어 매끈하고 정밀한 제품을 만드는 가공법이다. 주로 내연기관의 실린더와 같이 구멍의 진원도와 진직도, 표면거칠기 향상을 위해 사용한다.

07 허용할 수 있는 부품의 오차 정도를 결정한 후 각각 최대 및 최소치수를 설정하여 부품의 치수가 그 범위 내에 드는지를 검사하는 게이지는?

① 블록게이지
② 한계게이지
③ 간극게이지
④ 다이얼게이지

해설

한계게이지
허용할 수 있는 부품의 오차범위인 최대·최소치수를 설정하고 제품의 치수가 그 공차범위 안에 드는지를 검사하는 측정기기이다. 그 종류에는 봉게이지, 플러그게이지, 스냅게이지 등이 있다.
① 블록게이지 : 길이 측정의 표준이 되는 측정기기로 공장용 측정기들 중에서 가장 정확하다. 각각의 블록게이지를 밀착시킴으로써 각 호칭치수의 합이 되는 새로운 치수를 얻는다.
    ※ 블록게이지의 종류 : 9개조, 32개조, 76개조, 103개조가 있다.
③ 간극게이지 : 작은 틈새나 간극(부품 사이의 틈)을 측정하는 측정기기로 필러게이지라고도 불린다. 폭이 약 12[mm], 길이가 약 65[mm]인 서로 다른 두께의 강편이 각각의 두께로 만들어진다.
④ 다이얼게이지 : 측정자의 직선 또는 원호운동을 기계적으로 확대하여 그 움직임을 회전 지침으로 변환시켜 눈금을 읽을 수 있도록 한 측정기이다. 다이얼게이지는 비교측정기이므로 직접 제품의 치수를 읽을 수는 없다.

블록게이지	간극게이지	다이얼게이지

08 가솔린기관의 노킹현상에 대한 설명으로 옳은 것은?

① 공기-연료혼합기가 어느 온도 이상 가열되어 점화하지 않아도 연소하기 시작하는 현상

② 흡입공기의 압력을 높여 기관의 출력을 증가시키는 현상

③ 가솔린과 공기의 혼합비를 조절하여 혼합기를 발생시키는 현상

④ 연소 후반에 미연소가스의 급격한 연소에 의한 충격파로 실린더 내 금속을 타격하는 현상

해설

가솔린기관의 노킹현상
연소 후반부에 미연소가스의 급격한 자기연소에 의한 충격파가 실린더 내부의 금속을 타격하는 현상으로 노킹이 발생하면 실린더 내의 압력이 급상승함으로써 스파크플러그나 피스톤, 실린더헤드, 크랭크축의 손상을 가져오며 출력저하를 가져오므로 옥탄가 높은 연료를 사용해야 한다.

10 다음 중에서 탄소강의 표면경화열처리법이 아닌 것은?

① 어닐링법

② 질화법

③ 침탄법

④ 고주파경화법

해설

어닐링(풀림 ; Annealing)은 재료 전체의 조직에 영향을 미치는 기본 열처리법에 속하는 것으로 표면경화열처리에는 속하지 않는다. 기본 열처리법에는 담금질(퀜칭), 뜨임(템퍼링), 풀림(어닐링), 불림(노멀라이징)이 있다.

표면경화법의 종류

종 류		침탄재료
화염경화법		산소-아세틸렌불꽃
고주파경화법		고주파 유도전류
질화법		암모니아가스
침탄법	고체침탄법	목탄, 코크스, 골탄
	액체침탄법	KCN(시안화칼륨), NaCN(시안화나트륨)
	가스침탄법	메탄, 에탄, 프로판
금속 침투법	세라다이징	Zn
	칼로라이징	Al
	크로마이징	Cr
	실리코나이징	Si
	보로나이징	B(붕소)

09 리벳작업에서 코킹을 하는 목적으로 가장 옳은 것은?

① 패킹재료를 삽입하기 위해

② 파손재료를 수리하기 위해

③ 부식을 방지하기 위해

④ 기밀을 유지하기 위해

해설

리벳작업 시 코킹을 하는 목적은 끼워진 틈새를 막음으로써 기밀(기체밀폐)과 수밀(물밀폐)을 유지하기 위함이다.

코킹(Caulking)
물이나 가스 저장용 탱크를 리벳팅한 후 기밀과 수밀을 유지하기 위해 날 끝이 뭉뚝한 정(코킹용 정)을 사용하여 리벳 머리와 판의 이음부 같은 가장자리를 때려 박음으로써 틈새를 없애는 작업이다.

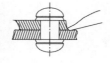

11 다음 용접의 방법 중 고상용접이 아닌 것은?

① 확산용접(Diffusion Welding)
② 초음파용접(Ultrasonic Welding)
③ 일렉트로 슬래그용접(Electro Slag Welding)
④ 마찰용접(Friction Welding)

해설

일렉트로 슬래그용접은 모재표면을 서로 용융시켜 접합시키는 용접에 속하며, 용융시키지 않고 접합시키는 고상용접과는 거리가 멀다.
고상용접
모재를 용융시키지 않고 부품표면을 인력이 작용할 수 있는 거리까지 접근시킨 후 기계적으로 접합면에 열과 압력을 동시에 가함으로써 원자와 원자를 밀착시켜 접합시키는 용접법이다.
고상용접의 종류
• 확산용접 : 모재의 접합면을 오랜 시간동안 재결정온도나 그 이상의 온도로 장시간 가압하면 원자의 확산에 의해 재료가 접합되는 용접법이다.
• 마찰용접 : 모재를 서로 강하게 맞대어 접촉시킨 후 상대운동을 시켜 이때 발생하는 마찰열로 접합하는 방법이다.
• 폭발압접 : 화약에 의한 폭발을 이용하여 재료를 접합시키는 용접법으로 용가재에 폭약을 부착시켜 이를 모재의 표면에서 일정거리로 띄운 상태에서 뇌관으로 폭발시켜 재료를 접합시킨다.
• 초음파용접 : 모재를 서로 가압한 후 초음파의 진동에너지를 국부적으로 작용시키면 접촉면의 불순물이 제거되면서 금속 원자간 결합이 이루어져 접합이 되는 용접법이다.

12 다음 기계가공 중에서 표면거칠기가 가장 우수한 것은?

① 내면연삭가공
② 래핑가공
③ 평면연삭가공
④ 호닝가공

해설

표면의 가공정밀도가 높은 순서
일반 연삭가공 < 호닝가공 < 슈퍼피니싱 < 래핑가공

13 그림과 같이 지름이 d_1에서 d_2로 변하는 축에 인장력 P가 작용하고 있다. 직경비가 $d_1 : d_2 = 1 : 2$일 때 두 단면에서 발생하는 인장응력의 비인 $\sigma_1 : \sigma_2$는?

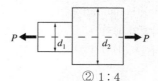

① 1 : 2
② 1 : 4
③ 2 : 1
④ 4 : 1

해설

$$\sigma_1 : \sigma_2 = \frac{P_1}{A_1} : \frac{P_2}{A_2}$$

$$\sigma_1 : \sigma_2 = \frac{P_1}{\frac{\pi d_1^2}{4}} : \frac{P_2}{\frac{\pi d_2^2}{4}}$$

$$\sigma_1 \times \frac{P_2}{\frac{\pi d_2^2}{4}} = \sigma_2 \times \frac{P_1}{\frac{\pi d_1^2}{4}}$$

$$\sigma_1 \frac{1}{d_2^2} = \sigma_2 \frac{1}{d_1^2}$$

여기서, $d_1 = 1$, $d_2 = 2$ 대입

$$\sigma_1 \frac{1}{1} = \sigma_2 \frac{1}{4}$$

양변에 4를 곱해 주면

$$4\sigma_1 = \sigma_2$$

∴ 정답은 4 : 1이다.

14 3줄 나사에서 수나사를 고정하고 암나사를 1회전시켰을 때 암나사가 이동한 거리는?

① 나사피치의 1/3배
② 나사리드의 1/3배
③ 나사피치의 3배
④ 나사리드의 3배

해설

리드 : 나사가 축방향으로 이동한 거리로서 기호로는 $L = np$이다.
$L = np = 3$줄 × 피치$(p) = 3 ×$ 피치(p)이므로 암나사가 이동한 거리는 나사피치의 3배이다.

15 연삭숫돌에 눈메움이나 무딤이 발생하였을 때 이를 제거하기 위한 방법으로 가장 옳은 것은?

① 드레싱(Dressing)
② 폴리싱(Polishing)
③ 연삭액의 교환
④ 연삭속도의 변경

해설

드레싱(Dressing)

눈메움이나 눈무딤 발생 시 절삭성 향상을 위해 연삭숫돌표면의 숫돌입자를 제거하고, 새로운 절삭날을 숫돌표면에 생성시켜 절삭성을 회복시키는 작업의 명칭으로 이때 사용하는 공구를 드레서라고 한다.

② 폴리싱(Polishing) : 알루미나 등의 연마입자가 부착된 연마벨트로 제품표면의 이물질을 제거하여 제품의 표면을 매끈하고 광택이 나도록 만드는 정밀입자가공법으로 버핑가공의 전 단계에서 실시한다.

③, ④는 눈메움이나 눈무딤의 발생을 방지하기 위한 작업이므로 정답과는 거리가 멀다.

16 SM35C, SC350으로 표현된 재료규격의 설명으로 옳지 않은 것은?

① SM35C에서 SM은 기계구조용 탄소강재라는 것이다.
② SM35C에서 35C는 탄소함유량이 3.5[%]라는 것이다.
③ SC350에서 SC는 탄소강 주강품이라는 것이다.
④ SC350에서 350은 인장강도 $350[N/mm^2]$ 이상을 나타낸다.

해설

SM35C는 기계구조용 탄소강재로서 평균 탄소함유량이 0.35(0.32∼0.38)[%]임을 나타내는 KS기호이다.

17 제품과 같은 모양의 모형을 양초나 합성수지로 만든 후 내화재료로 도포하여 가열경화시키는 주조방법은?

① 셸몰드법
② 다이캐스팅
③ 원심주조법
④ 인베스트먼트주조법

해설

인베스트먼트주조법

제품과 동일한 형상의 모형을 왁스(양초)나 파라핀(합성수지)으로 만든 후 그 주변을 슬러리 상태의 내화재료로 도포한 다음 가열하면 주형은 경화되면서 왁스로 만들어진 내부모형이 용융되어 밖으로 빼내어짐으로써 주형이 완성되는 주조법이다. 다른 말로는 로스트왁스법, 치수정밀도가 좋아서 정밀주조법으로도 불린다.

① 셸몰드법 : 금속모형을 약 250∼300[℃]로 가열한 후, 모형 위에 박리제인 규소수지를 바른다. 그리고 150∼200[mesh] 정도의 SiO_2와 열경화성 합성수지를 배합한 주형재에 잠기게 하여 주형을 제작하는 주조법이다.

② 다이캐스팅법 : 용융금속을 금형(다이)에 고속으로 충진한 뒤 응고 시까지 고압을 계속 가해 주어 주물을 얻는 주조법으로 주물조직이 치밀하며 강도가 크고 치수정밀도가 높아서 마무리 공정수를 줄일 수 있다. 또한 주형을 영구적으로 사용할 수 있고 충진시간이 매우 짧아서 생산속도가 빨라 대량생산에 적합하다. 주로 비철금속의 주조에 사용된다.

③ 원심주조법 : 고속으로 회전하는 사형이나 금형주형에 용탕(쇳물)을 주입한 후 대략 300∼3,000[rpm]으로 회전시키면 용탕에 원심력이 작용해서 주형의 내벽에 용탕이 압착된 상태에서 응고시켜 주물을 얻는 주조법으로 관이나 중공의 주물인 주철관, 주강관, 라이너, 포신을 제작할 때 사용한다.

18 절삭가공에서 공구수명을 판정하는 방법으로 옳지 않은 것은?

① 공구날의 마모가 일정량에 달했을 때

② 절삭저항이 절삭개시 때와 비교해 급격히 증가하였을 때

③ 절삭가공 직후 가공표면에 반점이 나타날 때

④ 가공물의 온도가 일정하게 유지될 때

해설

공작물을 절삭할 때는 바이트와 공작물 사이에 마찰열이 발생하는데 가공할수록 온도가 상승하므로 가공물의 온도를 일정하게 유지하는 것은 불가능하다. 따라서 이것으로 공구의 수명을 판정할 수는 없다.

공구수명이 다 되었음을 판정하는 기준

• 절삭저항이 급격히 증가했을 때

• 공구인선의 마모가 일정량에 달했을 때

• 가공물의 완성치수 변화가 일정량에 달했을 때

• 제품표면에 자국이나 반점 등의 무늬가 있을 때

19 사각나사의 축방향하중이 Q, 마찰각이 ρ, 리드각이 α 일 때 사각나사가 저절로 풀리는 조건은?

① $Q\tan(\rho+\alpha)>0$

② $Q\tan(\rho+\alpha)<0$

③ $Q\tan(\rho-\alpha)<0$

④ $Q\tan(\rho-\alpha)>0$

해설

사각나사의 자립조건(Self Locking Condition)

나사를 죄는 힘을 제거해도 체결된 나사가 스스로 풀리지 않을 조건으로 나사가 자립할 조건은 나사를 푸는 힘(P')을 기준으로 구할 수 있다.

나사를 푸는 힘 $P'=Q\tan(\rho-\lambda)$에서

• P'가 0보다 크면, $\rho-\lambda>0$이므로 나사를 풀 때 힘이 든다. 따라서 나사는 풀리지 않는다.

• P'가 0이면, $\rho-\lambda=0$이므로 나사가 풀리다가 정지한다. 따라서 나사는 풀리지 않는다.

• P'가 0보다 작으면, $\rho-\lambda<0$이므로 나사를 풀 때 힘이 안 든다. 따라서 나사는 스스로 풀린다.

※ 여기서 리드각 λ가 α이므로 정답은 $P'=Q\tan(\rho-\alpha)<0$로 ③번이 된다.

20 직각인 두 축 간에 운동을 전달하고, 잇수가 같은 한 쌍의 원추형 기어는?

① 스퍼기어

② 마이터기어

③ 나사기어

④ 헬리컬기어

해설

마이터기어 : 직각인 두 축 간에 운동을 전달하고, 잇수가 같은 한 쌍의 원추형 기어로서 베벨기어의 일종이다.

2010년 국가직 기계일반

01 길이가 3[m], 단면적이 0.01[m²]인 원형봉이 인장하중 100[kN]을 받을 때 봉이 늘어난 길이[m]는?(단, 봉의 영계수(Young's Modulus) $E = 300$[GPa]이다)

① 1×10^{-7}
② 0.001
③ 0.002
④ 0.0001

해설

봉의 늘어난 길이인 변형량(δ)을 구하면

변형량 $\delta = \dfrac{PL}{AE}$

$\therefore \dfrac{100 \times 10^3[\text{N}] \times 3[\text{m}]}{0.01[\text{m}^2] \times 300 \times 10^9[\text{N/m}^2]} = \dfrac{3 \times 10^5}{3 \times 10^9}$

$= \dfrac{1}{10^4} = 0.0001[\text{m}]$

02 펀치(Punch)와 다이(Die)를 이용하여 판금재료로부터 제품의 외형을 따내는 작업은?

① 블랭킹(Blanking)
② 피어싱(Piercing)
③ 트리밍(Trimming)
④ 플랜징(Flanging)

해설

블랭킹(Blanking)
프레스가공의 일종으로 펀치와 다이를 이용해서 판금할 재료로부터 제품의 외형을 따내는 작업이다. 따라서 따낸(잘린) 부분이 제품이 되며 이와 반대로 따낸 나머지 부분이 제품이 되는 프레스가공법은 펀칭(Punching)이다.
② 피어싱(Piercing) : 구멍이 없는 제품이나 재료에 펀치로 구멍을 뚫거나 작은 구멍에 펀치를 압입하여 구멍을 넓히는 가공법이다.
③ 트리밍(Trimming) : 제품치수보다 크게 만드는 드로잉가공을 마친 후 제품의 최종치수를 맞추기 위하여 여분의 재료를 절단하는 작업으로 트리밍용 별도의 다이가 필요하다.
④ 플랜징(Flanging) : 금속판재의 모서리를 굽히는 가공법으로 2단 펀치를 사용하여 판재에 작은 구멍을 낸 후 구멍을 넓히면서 모서리를 굽혀 마무리를 짓는 가공법이다.

03 지름이 50[mm]인 공작물을 절삭속도 314[m/min]으로 선반에서 절삭할 때, 필요한 주축의 회전수[rpm]는?(단, π는 3.14로 계산하고, 결괏값은 일의 자리에서 반올림한다)

① 1,000
② 2,000
③ 3,000
④ 4,000

해설

$v = \dfrac{\pi dn}{1,000}$

$314 = \dfrac{3.14 \times 50[\text{mm}] \times n}{1,000}$

$314,000 = 157n$

$2,000 = n(\text{주축회전수})$

절삭속도(v) 구하는 식

$v = \dfrac{\pi dn}{1,000}$

여기서, v : 절삭속도[m/min]

d : 공작물의 지름[mm]

n : 주축회전수[rpm]

04 측정기에 대한 설명으로 옳은 것은?

① 버니어캘리퍼스가 마이크로미터보다 측정정밀도가 높다.
② 사인바(Sine Bar)는 공작물의 내경을 측정한다.
③ 다이얼게이지(Dial Gage)는 각도측정기이다.
④ 스트레이트에지(Straight Edge)는 평면도의 측정에 사용된다.

해설

스트레이트에지는 평면도를 측정하는 측정기기이다.

① 마이크로미터가 버니어캘리퍼스보다 측정정밀도가 더 높다.
② 사인바는 공작물의 각도를 측정한다.
③ 다이얼게이지는 비교측정기이다.

05 브레이크블록이 확장되면서 원통형 회전체의 내부에 접촉하여 제동되는 브레이크는?

① 블록브레이크

② 밴드브레이크

③ 드럼브레이크

④ 원판브레이크

드럼브레이크

바퀴와 함께 회전하는 브레이크드럼의 안쪽에 마찰재인 초승달 모양의 브레이크패드(슈)를 밀착시켜 제동시키는 장치이다.

① 블록브레이크 : 마찰브레이크의 일종으로 브레이크드럼에 브레이크블록을 밀어 넣어 제동시키는 장치이다.

② 밴드브레이크 : 브레이크드럼의 바깥 둘레에 강철 밴드를 감고 밴드의 끝이 연결된 레버를 잡아당겨 밴드와 브레이크드럼 사이에 마찰력을 발생시켜서 제동력을 얻는 장치이다.

④ 원판브레이크(디스크브레이크) : 압축식 브레이크의 일종으로, 바퀴와 함께 회전하는 디스크를 양쪽에서 압착시켜 제동력을 얻어 회전을 멈추는 장치이다. 브레이크의 마찰면인 원판의 수에 따라 1개(단판브레이크), 2개 이상(다판브레이크)으로 분류된다.

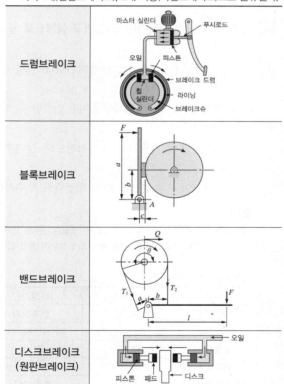

드럼브레이크	(그림)
블록브레이크	(그림)
밴드브레이크	(그림)
디스크브레이크 (원판브레이크)	(그림)

06 컴퓨터에 의한 통합 제조라는 의미로 제조부문, 기술부문 등의 제조시스템과 경영시스템을 통합 운영하는 생산시스템의 용어로 옳은 것은?

① CAM(Computer Aided Manufacturing)

② FMS(Flexible Manufacturing System)

③ CIM(Computer Integrated Manufacturing)

④ FA(Factory Automation)

CIM(CIMS ; Computer Integrated Manufacturing System)

컴퓨터에 의한 통합적 생산시스템으로 컴퓨터를 이용해서 기술개발·설계·생산·판매 그리고 경영까지 전체를 하나의 통합된 생산체제로 구축하는 시스템이다.

① CAM(Computer Aided Manufacturing) : 컴퓨터를 이용한 생산시스템으로 CAD에서 얻은 설계데이터로부터 종합적인 생산순서와 규모를 계획해서 CNC공작기계의 가공프로그램을 자동으로 수행하는 시스템의 총칭이다. 설계와 제조분야에 컴퓨터를 도입하여 NC코드를 생성하는 과정과 CNC공작기계를 운전하는 과정으로 나뉜다.

② FMS(Flexible Manufacturing System) : 유연생산시스템으로 하나의 생산공정에서 다양한 제품을 동시에 제조할 수 있는 생산자동화시스템으로 현재 자동차공장에서 하나의 컨베이어벨트 위에서 다양한 차종을 동시에 생산하는 시스템에 적용되고 있다. 이는 생산방식 중의 하나로써 일정 생산량 단위인 Cell 단위로 공정간 물량을 이동시킨다.

④ FA(Factory Automation) : 공장자동화라고 하며 무인반송차, 자동창고시스템 등을 갖춘 생산공정자동화시스템이다.

07 다음 중 큰 회전력을 전달할 수 있는 기계요소순으로 나열된 것은?

① 안장키 > 경사키 > 스플라인 > 평키

② 스플라인 > 경사키 > 평키 > 안장키

③ 안장키 > 평키 > 경사키 > 스플라인

④ 스플라인 > 평키 > 경사키 > 안장키

키의 전달강도가 큰 순서

세레이션 > 스플라인 > 접선키 > 성크키(묻힘키) > 경사키 > 반달키 > 평키(납작키) > 안장키(새들키)

08 스프링에 대한 설명으로 옳지 않은 것은?

① 병렬연결의 경우 스프링상수는 커진다.

② 직렬연결의 경우 스프링상수는 작아진다.

③ 같은 하중에서 처짐이 커지면 스프링상수는 작아진다.

④ 선형스프링의 경우 하중이 한 일은 처짐과 스프링상수의 곱과 같다.

해설

선형스프링이란 스프링의 힘과 길이의 변화가 선형(Linear)의 그래프를 갖는 스프링을 말하는 것으로 코일스프링은 비선형의 그래프를 갖는다.

선형스프링이 한 일 = 탄성에너지(U)와 같다.

$$U = \frac{1}{2}W\delta$$

여기서, $k = \dfrac{W(P)}{\delta}$ 에서 $W = k \times \delta$가 유도되고,

이를 대입하면

$$U = \frac{1}{2}W\delta = \frac{1}{2}k\delta^2$$ 이 된다.

스프링이 한 일 = $\dfrac{1}{2}$(스프링상수 $\times$ 처짐^2)이 되므로 ④번은 틀린 표현이다.

병렬 및 직렬연결에 따른 스프링상수(k)

직렬 연결 시	병렬 연결 시
$k = \dfrac{1}{\dfrac{1}{k_1} + \dfrac{1}{k_2}}$	$k = k_1 + k_2$

09 유압작동유의 점도가 지나치게 높을 때 발생하는 현상이 아닌 것은?

① 기기류의 작동이 불활성이 된다.

② 압력유지가 곤란하게 된다.

③ 유동저항이 커져 에너지손실이 증대한다.

④ 유압유 내부 마찰이 증대하고 온도가 상승된다.

해설

유압작동유의 점도가 낮으면 압력유지가 곤란하게 되므로 점도는 적당한 것이 좋다.

유압작동유의 점도가 높을 때 발생하는 현상

• 효율이 저하된다.
• 유압기기의 작동이 불활성된다.
• 캐비테이션(공동현상)이 발생한다.
• 유압유 내부 마찰이 커지고 온도가 상승된다.
• 유동저항이 커져서 에너지(압력)손실이 커진다.

10 가솔린기관과 디젤기관에 대한 비교 설명으로 옳지 않은 것은?

① 가솔린기관은 압축비가 디젤기관보다 일반적으로 크다.

② 디젤기관은 혼합기형성에서 공기만 압축한 후 연료를 분사한다.

③ 열효율은 디젤기관이 가솔린기관보다 상대적으로 크다.

④ 디젤기관이 저속성능이 좋고 회전력도 우수하다.

해설

디젤기관의 압축비가 최대 22 : 1이므로 가솔린기관의 압축비 11 : 1보다 더 크다. 또한 디젤기관은 저속에서 성능이 좋고 회전력도 우수하다.

가솔린기관과 디젤기관

구 분	가솔린기관	디젤기관
점화방식	전기불꽃점화	압축착화
최대압력	30~35[kg/cm²]	65~70[kg/cm²]
열효율	작다.	크다.
압축비	6 ~ 11 : 1	15 ~ 22 : 1
연소실 형상	간단하다.	복잡하다.
연료공급	기화기 또는 인젝터	분사펌프, 분사노즐
진동 및 소음	작다.	크다.
출력당 중량	작다.	크다.

11 일반적으로 큰 하중을 받거나 고속회전을 하는 축에 사용되는 합금의 성분이 아닌 것은?

① 베릴륨
② 니켈
③ 몰리브덴
④ 크롬

해설

베릴륨은 상온에서 무른 성질을 보이며 고온에서도 전성과 연성 및 탄성이 크기 때문에 큰 하중을 받거나 고속회전을 목적으로 하는 축용 재료로는 부적합하다. Cr(크롬), Ni(니켈), Mo(몰리브덴)은 재료에 강도와 경도, 내식성 향상을 위해 합금하는 축용 합금성분이다. 실제 현장에서 SCM415(크롬-몰리브덴강), SNC410(니켈-크롬강)과 같은 명칭으로 사용된다.

12 연강용 아크용접봉에서 그 규격을 나타낼 때, E4301에서 43이 의미하는 것은?

① 피복제의 종류
② 용착금속의 최저인장강도
③ 용접자세
④ 아크용접 시의 사용전류

해설

연강용 피복아크용접봉의 규격(E4301 : 일미나이트계 용접봉)

E	43	01
Electrode (전기용접봉)	용착금속의 최소인장강도[kgf/mm²]	피복제의 계통(종류) (일미나이트계)

13 열영향부(HAZ)를 가장 좁게 할 수 있는 용접은?

① 마찰용접
② TIG용접
③ MIG용접
④ 서브머지드용접

해설

마찰용접은 특별한 용가재 없이도 회전력과 압력만을 이용해서 두 소재를 붙이는 용접방법이다. 환봉이나 파이프 등을 가압된 상태에서 회전시키면 이때 마찰열이 발생하는데, 일정온도에 도달하면 회전을 멈추고 가압시켜 용접한다. 이 마찰용접은 TIG, MIG, 서브머지드 아크용접과는 달리 아크를 발생하지 않으므로 발생열이 현저하게 적어 열영향부(HAZ) 역시 가장 좁다.

열영향부(HAZ ; Heat Affected Zone)
용접할 때 용접부 주위가 발생 열에 영향을 받아서 금속의 성질이 처음 상태와 달라지는 부분이다.

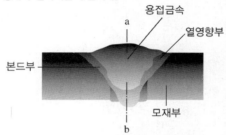

14 홈이 깊게 가공되어 축의 강도가 약해지는 결점이 있으나 가공하기 쉽고, 60[mm] 이하의 작은 축에 사용되며, 특히 테이퍼축에 사용하면 편리한 키는?

① 평행키
② 경사키
③ 반달키
④ 평키

해설

반달키
홈이 깊게 가공되어 축의 강도가 약해지는 단점이 있으나 키와 키 홈가공이 쉽고 자동적으로 축과 보스 사이에서 자리를 잡을 수 있어서 자동차나 공작기계에서 60[mm] 이하의 작은 축에 널리 사용된다. 특히 테이퍼축에 사용하면 편리하다.
① 평행키 : 상하의 면이 평행인 묻힘키이다.
② 경사키 : 묻힘키에서 $\frac{1}{100}$ 기울기를 가진 키이다.
④ 평키 : 축에 키의 폭만큼 편평하게 가공한 키로 안장키보다는 큰 힘을 전달한다. 축의 강도를 저하시키지 않으며 $\frac{1}{100}$ 기울기를 붙이기도 한다.

15 강의 열처리에서 생기는 조직 중 가장 경도가 높은 것은?

① 펄라이트(Pearlite)
② 소르바이트(Sorbite)
③ 마텐자이트(Martensite)
④ 트루스타이트(Troostite)

해설

강의 열처리 조직의 경도 순서
페라이트 < 오스테나이트 < 펄라이트 < 소르바이트 < 베이나이트
< 트루스타이트 < 마텐자이트 < 시멘타이트
※ 강의 열처리조직 중 Fe에 C(탄소)가 6.67[%] 함유된 시멘타이트 조직의 경도가 가장 높다.

16 철판에 전류를 통전하며 외력을 이용하여 용접하는 방법은?

① 마찰용접
② 플래시용접
③ 서브머지드 아크용접
④ 전자빔용접

해설

플래시용접(플래시 버트용접)은 맞대기저항용접의 일종으로 접합하려는 철판에 전류를 통전한 후 외력을 가해 용접하는 압접의 일종이다.

17 소성변형의 전위에 대한 설명으로 옳지 않은 것은?

① 전위의 움직임에 따른 소성변형 과정이 슬립이다.
② 슬립은 결정면의 연속성을 파괴한다.
③ 전위의 움직임을 방해할수록 재료는 경도와 강도가 증가한다.
④ 혼합전위는 쌍정과 나사전위가 혼합된 전위를 말한다.

해설

혼합전위는 쌍정과 나사전위가 아니라 칼날전위와 나사전위가 혼합된 전위를 말한다.

18 금속의 파괴현상 중 하나인 크리프(Creep)현상에 대한 설명으로 적절한 것은?

① 응력이 증가하여 재료의 항복점을 지났을 때 일어나는 파괴현상
② 반복응력이 장시간 가해졌을 때 일어나는 파괴현상
③ 응력과 온도가 일정한 상태에서 시간이 지남에 따라 변형이 연속적으로 진행되는 현상
④ 균열이 진전되어 소성변형 없이 빠르게 파괴되는 현상

해설

크리프(Creep)시험
고온에서 재료에 일정 크기의 하중(정하중)을 작용시키면 시간이 경과함에 따라 변형이 증가하는 현상을 시험하여 온도에 따른 재료의 특성인 크리프한계를 결정하거나 예측하기 위한 시험법이다. 이 시험을 통해서 보일러용 파이프나 증기터빈의 날개와 같이 장시간 고온에서 하중을 받는 기계구조물의 파괴를 방지하기 위해 실시한다. 그 단위로는 $[kg/mm^2]$를 사용한다.

19 원통 코일스프링의 스프링상수 k에 대한 설명으로 적절하지 않은 것은?

① 유효감김수 n에 반비례한다.

② 소선의 전단탄성계수 G에 비례한다.

③ 소선의 지름 d의 네제곱에 비례한다.

④ 스프링의 평균지름 D의 제곱에 비례한다.

원통 코일스프링의 스프링상수(k)는 스프링의 평균지름(D)의 세제곱에 반비례하고, 소선의 직경(d)의 네제곱에 비례한다.

원통 코일스프링의 스프링상수(k)

$$k = \frac{P}{\delta} = \frac{P}{\frac{8nPD^3}{Gd^4}} = \frac{Gd^4 \cdot P}{8nPD^3} = \frac{Gd^4}{8nD^3}$$

20 절삭가공에 대한 일반적인 설명으로 옳은 것은?

① 경질재료일수록 절삭저항이 감소하여 표면조도가 양호하다.

② 절삭깊이를 감소시키면 구성인선이 감소하여 표면조도가 양호하다.

③ 절삭속도를 증가시키면 절삭저항이 증가하여 표면조도가 불량하다.

④ 절삭속도를 감소시키면 구성인선이 감소하여 표면조도가 양호하다.

절삭깊이를 감소시키면 절삭 시 공구에 작용하는 압력과 마찰열이 줄어들기 때문에 구성인선의 발생을 감소시킨다. 또한 구성인선이 발생하지 않으므로 표면조도 또한 양호하다.

① 경질의 재료일수록 절삭저항이 더 크다.

③ 절삭속도를 증가시키면 바이트의 설치 위치 및 절삭깊이, 경사각 등에 따라 표면조도를 좋게 할 수 있다.

④ 절삭속도를 감소시켜도 절삭깊이가 깊으면 표면조도가 불량할 수 있다.

2011년 국가직 기계일반

01 항온열처리방법이 아닌 것은?

① 오스템퍼링(Austempering)
② 마래징(Maraging)
③ 마퀜칭(Marquenching)
④ 마템퍼링(Martempering)

해설

마래징(Maraging ; 마에이징)은 마텐자이트를 시효처리하는 것으로 항온열처리와는 관련이 없다.

※ 시효처리 : 강을 일정온도로 가열 후 강 속의 물질을 미세하게 석출시켜 재료를 경화시키는 열처리법

항온열처리의 정의

변태점 이상의 온도로 가열한 재료를 연속 냉각하지 않고 500~600[℃]의 염욕에서 일정시간 동안 유지한 후 냉각시켜 담금질과 뜨임 처리를 동시에 하여 원하는 조직과 경도를 얻는 열처리법이다. 그 종류에는 항온풀림, 항온담금질, 항온뜨임이 있다.

항온열처리의 종류

항온풀림		재료의 내부응력을 제거하여 조직을 균일화하고 인성을 향상시키기 위한 열처리 조작으로 가열한 재료를 연속적으로 냉각하지 않고 약 500~600[℃]의 염욕 중에 냉각하여 일정시간 동안 유지시킨 뒤 냉각시키는 방법이다.
항온뜨임		약 250[℃]의 열욕에서 일정시간을 유지시킨 후 공랭하여 마텐자이트와 베이나이트의 혼합된 조직을 얻는 열처리법이다. 고속도강이나 다이스강을 뜨임처리하고자 할 때 사용한다.
항온담금질	오스템퍼링	강 오스테나이트 상태로 가열한 후 300~350[℃]의 온도에서 담금질을 하여 하부 베이나이트 조직으로 변태시킨 후 공랭하는 방법이다. 강인한 베이나이트 조직을 얻고자 할 때 사용한다.
	마템퍼링	강을 Ms점과 Mf점 사이에서 항온 유지 후 꺼내어 공기 중에서 냉각하여 마텐자이트와 베이나이트의 혼합조직을 얻는 방법이다. ※ Ms : 마텐자이트 생성 시작점 Mf : 마텐자이트 생성 종료점
	마퀜칭	강을 오스테나이트 상태로 가열한 후 Ms점 바로 위에서 기름이나 염욕에 담그는 열욕에서 담금질하여 재료의 내부 및 외부가 같은 온도가 될 때까지 항온을 유지한 후 공랭하여 열처리하는 방법으로 균열이 없는 마텐자이트조직을 얻을 때 사용한다.
	오스포밍	가공과 열처리를 동시에 하는 방법으로 조밀하고 기계적 성질이 좋은 마텐자이트를 얻고자 할 때 사용된다.
	MS퀜칭	강을 Ms점보다 다소 낮은 온도에서 담금질하여 물이나 기름 중에서 급랭시키는 열처리 방법으로 잔류 오스테나이트의 양이 적다.

02 보일러 효율을 향상시키는 부속장치인 절탄기(Economizer)에 대한 설명으로 옳은 것은?

① 연도에 흐르는 연소가스의 열을 이용하여 급수를 예열하는 장치이다.
② 석탄을 잘게 부수는 장치이다.
③ 연도에 흐르는 연소가스의 열을 이용하여 연소실에 들어가는 공기를 예열하는 장치이다.
④ 연도에 흐르는 연소가스의 열을 이용하여 고온의 증기를 만드는 장치이다.

해설

절탄기

폐열을 회수하여 보일러의 효율을 향상시키는 장치로 보일러의 연도에 흐르는 연소가스의 열을 이용하여 급수를 예열하는 장치이다. 석탄을 절약할 수 있어서 절탄기로 불린다.

03 클러치를 설계할 때 유의할 사항으로 옳지 않은 것은?

① 균형상태가 양호하도록 하여야 한다.
② 관성력을 크게 하여 회전 시 토크변동을 작게 한다.
③ 단속을 원활히 할 수 있도록 한다.
④ 마찰열에 대하여 내열성이 좋아야 한다.

> **해설**
>
> 클러치
> 운전 중에도 축이음을 차단(단속)시킬 수 있는 동력전달장치로 관성력은 작게 해야 한다.
> 클러치 설계 시 유의사항
> • 균형상태가 양호해야 한다.
> • 회전부분의 평형이 좋아야 한다.
> • 단속을 원활히 할 수 있어야 한다.
> • 관성력이 작고 과열되지 않아야 한다.
> • 마찰열에 대하여 내열성이 좋아야 한다.
> • 구조가 간단하고 고장률이 적어야 한다.

04 산업설비자동화의 장점에 대한 설명으로 옳지 않은 것은?

① 생산속도를 향상시키고 생산량을 증대시킬 수 있다.
② 위험한 작업환경에서 작업자의 안전성을 높인다.
③ 생산품의 품질이 균일해지고 향상된다.
④ 자동화라인은 단위 기계별 고장대처 및 유지보수에 유리하다.

> **해설**
>
> 산업현장에서 사용되는 자동화생산라인은 단위 기계들이 서로 연결되어 하나의 설비처럼 연계되어 제품을 생산하므로 고장 시 대처나 유지보수가 어려운 단점이 있다.

05 주물에 사용하는 주물사가 갖추어야 할 조건으로 옳지 않은 것은?

① 열전도도가 낮아 용탕이 빨리 응고되지 않도록 한다.
② 주물표면과의 접합력이 좋아야 한다.
③ 열에 의한 화학적 변화가 일어나지 않도록 한다.
④ 통기성이 좋아야 한다.

> **해설**
>
> 주물사가 주물표면과 접착력(접합력)이 좋으면 제품분리 시 파손의 위험이 있으므로 접착력은 적당해야 한다.
> 주물사가 갖추어야 할 조건
> • 통기성이 좋아야 한다.
> • 성형성이 있어야 한다.
> • 열에 의한 화학적 변화가 일어나지 않아야 한다.
> • 열전도도가 낮아서 용탕이 빨리 응고되지 않아야 한다.
> • 제품분리 시 파손방지를 위해 주물표면과의 접착력(접합력)이 좋으면 안 된다.

06 특정한 온도영역에서 이전의 입자들을 대신하여 변형이 없는 새로운 입자가 형성되는 재결정에 대한 설명으로 가장 부적절한 것은?

① 재결정온도는 일반적으로 약 1시간 안에 95[%] 이상 재결정이 이루어지는 온도로 정의한다.
② 금속의 용융온도를 절대온도 T_m 이라 할 때 재결정온도는 대략 $0.3 \sim 0.5\,T_m$ 범위에 있다.
③ 재결정은 금속의 연성을 증가시키고 강도를 저하시킨다.
④ 냉간가공도가 클수록 재결정온도는 높아진다.

> **해설**
>
> 냉간가공도가 클수록 결정핵의 생성수가 많아지며 이에 따라 재결정온도는 낮아진다.
> 재결정
> 특정한 온도영역에서 이전의 입자들을 대신하여 변형이 없는 새로운 입자가 형성되는 현상
> 재결정의 일반적인 특징
> • 가공도가 클수록 재결정온도는 낮아진다.
> • 재결정온도는 가열시간이 길수록 낮아진다.
> • 재결정은 강도를 저하시키나 연성은 증가시킨다.
> • 냉간가공도가 커질수록 재결정온도는 낮아진다.
> • 결정입자의 크기가 작을수록 재결정온도는 낮아진다.
> • 재결정온도는 일반적으로 1시간 안에 95[%] 이상의 재결정이 이루어지는 온도로 정의한다.
> • 금속의 용융온도를 절대온도 T_m 이라 할 때 재결정온도는 대략 $0.3 \sim 0.5\,T_m$ 범위에 있다.

07 단인공구가 사용되는 공정으로만 묶인 것은?

① 외경선삭, 형삭, 평삭

② 리밍, 브로칭, 밀링

③ 밀링, 드릴링, 형삭

④ 드릴링, 브로칭, 외경선삭

해설

단인공구

공구의 인선 즉, 절삭하는 부분이 하나인 공구로서 선반이나 플레이너, 슬로터 등에 설치되는 바이트공구가 그 대표적인 예이다. 밀링가공, 드릴링가공, 리밍가공, 브로칭가공 등은 모두 다인공구를 사용한다.

단인공구	다인공구
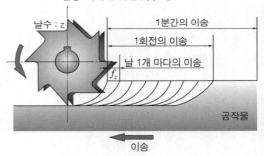	

08 절삭속도 628[m/min], 밀링커터의 날수를 10, 밀링커터의 지름을 100[mm], 1날당 이송을 0.1[mm]로 할 경우 테이블의 1분간 이송량[mm/min]은?(단, π는 3.14이다)

① 1,000　　　　② 2,000

③ 3,000　　　　④ 4,000

해설

테이블의 이송속도(이송량)를 구하기 위해서는 먼저 회전수(n)를 구해야 한다.

$$n = \frac{1,000v}{\pi d} = \frac{1,000 \times 628}{3.14 \times 100} = 2,000[\text{rpm}]$$

다음으로 테이블 이송속도(f)구하는 식에 대입하면

$$f = f_z \times z \times n$$
$$= 0.1[\text{mm}] \times 10 \times 2,000[\text{rpm}]$$
$$= 2,000[\text{mm/min}]$$

밀링 및 머시닝센터에서 테이블 이송속도(f) 구하는 식

$$f = f_z \times z \times n$$

여기서, f : 테이블의 이송 속도[mm/min]

　　　　f_z : 밀링 커터날 1개의 이송[mm]

　　　　z : 밀링 커터날의 수

　　　　n : 밀링 커터의 회전수[rpm]

09 산화철분말과 알루미늄분말의 혼합물을 이용하는 용접 방법은?

① 플러그용접

② 스터드용접

③ TIG용접

④ 테르밋용접

테르밋용접

알루미늄분말과 산화철을 1 : 3의 비율로 혼합하여 테르밋제를 만든 후 냄비의 역할을 하는 도가니에 넣어 약 1,000[℃]로 점화하면 약 2,800[℃]의 열이 발생되면서 용접용 강이 만들어지게 되는데 이 강을 용접부에 주입하면서 용접하는 용접법이다.

① 플러그용접 : 위아래로 겹쳐진 판을 접합할 때 사용하는 용접법 으로 위에 놓인 판의 한쪽에 구멍을 뚫고 그 구멍 안의 바닥부터 용접을 하면 용접불꽃에 의해 아랫면이 용해되면서 용접되어 용가재로 구멍을 채워가는 용접법이다.

② 스터드용접 : 점용접의 일종으로 봉재나 볼트와 같은 스터드를 판이나 프레임과 같은 구조재에 직접 심는 능률적인 용접법이다. 여기서 스터드란 판재에 덧대는 물체인 봉이나 볼트같이 긴 물체 를 일컫는 용어이다.

③ TIG용접 : Tungsten(텅스텐)재질의 전극봉으로 아크를 발생시 킨 후 모재와 같은 성분의 용가재를 녹여가며 용접하는 특수용접 법이다. 용접표면을 Inert Gas(불활성가스)인 Ar(아르곤)가스로 보호하기 때문에 용접부가 산화되지 않아 깨끗한 용접부를 얻을 수 있다.

10 스테인리스강(Stainless Steel)의 구성성분 중에서 함 유율이 가장 높은 것은?

① Mo

② Mn

③ Cr

④ Ni

스테인리스강은 일반 강(Steel)에 Cr(크롬)을 12[%] 이상 합금하여 만든 내식용 강으로 부식이 잘 일어나지 않아서 최근에 많이 사용되 는 금속재료이다. 따라서 스테인리스강에는 Cr(크롬)이 가장 많이 함유되어 있다.

스테인리스강의 분류

구 분	종 류	주요성분	자 성
Cr계	페라이트계 스테인리스강	Fe + Cr 12[%] 이상	자성체
	마텐자이트계 스테인리스강	Fe + Cr 13[%]	자성체
Cr + Ni계	오스테나이트계 스테인리스강	Fe + Cr 18[%] + Ni 8[%]	비자성체
	석출경화계 스테인리스강	Fe + Cr + Ni	비자성체

11 알루미늄재료의 특징에 대한 설명으로 옳지 않은 것은?

① 열과 전기가 잘 통한다.

② 전연성이 좋은 성질을 가지고 있다.

③ 공기 중에서 산화가 계속 일어나는 성질을 가지고 있다.

④ 같은 부피이면 강보다 가볍다.

알루미늄은 내식성이 강한 금속이므로 공기 중에서 산화가 잘 일어 나지 않는다.

알루미늄의 성질

• 비중은 2.7이다.

• 용융점은 660[℃]이다.

• 면심입방격자이다.

• 비강도가 우수하다.

• 주조성이 우수하다.

• 열과 전기전도성이 좋다.

• 가볍고 전연성이 우수하다.

• 내식성 및 가공성이 양호하다.

• 담금질 효과는 시효경화로 얻는다.

• 염산이나 황산 등의 무기산에 잘 부식된다.

※ 시효경화란 열처리 후 시간이 지남에 따라 강도와 경도가 증가하 는 현상이다.

12 미끄럼베어링의 장점이 아닌 것은?

① 충격흡수력이 크다.
② 고속회전에 적당하다.
③ 시동할 때 마찰저항이 작다.
④ 진동과 소음이 작다.

미끄럼베어링은 시동할 때나 구동할 때 모두 구름베어링에 비해 마찰저항이 크다.

미끄럼베어링과 구름베어링의 특징

미끄럼베어링	구름베어링 (볼 또는 롤러베어링)
• 가격이 싸다. • 마찰저항이 크다. • 동력손실이 크다. • 윤활성이 좋지 않다. • 진동과 소음이 작다. • 비교적 큰 하중에 적용한다. • 구조가 간단하며 수리가 쉽다. • 충격값이 구름베어링보다 크다. • 비교적 낮은 회전속도에 사용한다. • 구름베어링보다 정밀도가 더 커야 한다.	• 가격이 비싸다. • 마찰저항이 작다. • 동력손실이 작다. • 윤활성이 좋은 편이다. • 소음이 있고 충격에 약하다. • 비교적 작은 하중에 적용한다. • 수명이 비교적 짧고 조립이 어렵다. • 고속회전에 적합하며 과열이 적다. • 너비를 작게 해서 소형화가 가능하다. • 특수강을 사용하며 정밀가공이 필요하다. • 표준화된 규격품이 많아서 교환하기 쉽다.

※ 일반적으로 미끄럼-저속회전, 구름-고속회전에 적용한다. 그러나 2015년 국가직 9급 기출문제에서는 미끄럼-저속, 구름-고속회전의 적용을 오답으로 처리했다. 그 이유는 구름베어링이 고속회전은 가능하나 이는 공진속도의 영역 내에서만 가능할 뿐, 공진속도를 지나서도 운전이 가능한 미끄럼베어링이 고속회전에 더 적합하다는 것이 출제진의 의도로 보인다. 따라서 베어링 문제는 문제를 꼼꼼히 읽어본 후 정답을 골라야 한다.

13 공작물을 양극으로 하고 공구를 음극으로 하여 전기화학적 작용으로 공작물을 전기분해시켜 원하는 부분을 제거하는 가공공정은?

① 전해가공
② 방전가공
③ 전자빔가공
④ 초음파가공

전해가공
공작물을 양극에, 공구를 음극에 연결하면 도체성질의 가공액에 의한 전기화학적 작용으로 공작물이 전기분해되어 원하는 부분을 제거하는 가공법이다.

② 방전가공(EDM) : 절연성의 가공액 내에서 전극과 공작물 사이에서 일어나는 불꽃방전에 의하여 재료를 조금씩 용해시켜 원하는 형상의 제품을 얻는 가공법으로 가공속도가 느린 것이 특징이다. 주로 높은 경도의 금형가공에 사용하는데 콘덴서의 용량을 크게 하면 가공시간은 빨라지나 가공면과 치수정밀도가 좋지 않다.

③ 전자빔가공 : 진공 속에서 고밀도의 전자빔을 용접물에 고속으로 조사시키면 전자가 용접물에 충돌하여 국부적으로 고열을 발생시키는데 이때 생긴 열원으로 용접하는 방법이다. 주로 전자빔용접으로 불린다.

④ 초음파가공 : 공구와 공작물 사이에 연삭입자와 공작액을 섞은 혼합액을 넣고 초음파진동을 주면 공구가 반복적으로 연삭입자에 충격을 가하여 공작물의 표면을 미세하게 다듬질하는 가공법이다.

14 미끄럼을 방지하기 위하여 안쪽 표면에 이가 있는 벨트로 정확한 속도가 요구되는 경우에 사용되는 전동벨트는?

① 링크(Link)벨트
② V벨트
③ 타이밍(Timing)벨트
④ 레이스(Lace)벨트

타이밍벨트
미끄럼을 방지하기 위하여 벨트의 안쪽의 접촉면에 치형(이)을 붙여 맞물림에 의해 동력을 전달하는 벨트로 정확한 속도비가 필요한 경우에 사용한다. 레이스벨트(Lace Belt)는 Lace 무늬가 새겨진 천소재의 벨트이다.

타이밍벨트	링크벨트	V벨트

15 유압회로에서 접속된 회로의 압력을 설정된 압력으로 유지시켜 주는 밸브는?

① 릴리프(Relief)밸브
② 교축(Throttling)밸브
③ 카운터밸런스(Counter Balance)밸브
④ 시퀀스(Sequence)밸브

릴리프밸브
유압회로에서 회로 내 압력이 설정치 이상이 되면 그 압력에 의해 밸브가 열려 압력을 일정하게 유지시키는 역할을 하는 밸브로서 안전밸브의 역할을 한다.

② 교축밸브 : 교축(얽힌 관을 수축시킴)이란 단면을 수축시켜 압력을 갑작스럽게 줄임으로써 관내 흐르는 유량을 조절하고자 할 때 사용하는 밸브이다.
③ 카운터밸런스밸브 : 유압회로에서 한쪽방향의 흐름에는 배압을 생기게 하고, 다른 방향으로는 자유흐름이 되도록 한 밸브로서 내부에는 한쪽방향으로만 흐르게 하는 체크밸브가 반드시 내장된다.
④ 시퀀스밸브 : 정해진 순서에 따라 순차적으로 작동시키는 밸브로서 주회로에서 두 개 이상의 분기회로를 가질 때 각각의 회로를 순차적으로 작동시키고자 할 때 사용하므로 기계의 조작순서를 확실하게 조정할 수 있다.

16 동일재질로 만들어진 두 개의 원형단면축이 같은 비틀림모멘트 T를 받을 때 각 축에 저장되는 탄성에너지의 비 $\left(\dfrac{U_1}{U_2}\right)$는?(단, 두 개의 원형단면축 길이는 L_1, L_2이고, 지름은 D_1, D_2이다)

① $\dfrac{U_1}{U_2} = \left(\dfrac{D_1}{D_2}\right)^4 \dfrac{L_2}{L_1}$

② $\dfrac{U_1}{U_2} = \left(\dfrac{D_1}{D_2}\right)^4 \dfrac{L_1}{L_2}$

③ $\dfrac{U_1}{U_2} = \left(\dfrac{D_2}{D_1}\right)^4 \dfrac{L_2}{L_1}$

④ $\dfrac{U_1}{U_2} = \left(\dfrac{D_2}{D_1}\right)^4 \dfrac{L_1}{L_2}$

탄성에너지$(U) = \dfrac{1}{2}W\delta$, 하중$(W) = \dfrac{T}{r}$, 처짐$(\delta) = r\theta$을 대입하면

$$U = \dfrac{1}{2}\dfrac{T}{r}r\theta = \dfrac{T\theta}{2}$$

여기서 비틀림각$(\theta) = \dfrac{TL}{GI_P}$, $I_P = \dfrac{\pi d^4}{32}$

$$U = \dfrac{T\dfrac{TL}{GI_P}}{2} = \dfrac{T^2L}{2GI_P} = \dfrac{T^2L}{2G\dfrac{\pi d^4}{32}} = \dfrac{32T^2L}{2G\pi d^4} = \dfrac{16T^2L}{G\pi d^4}$$

위 식을 응용하면

$$\dfrac{U_1}{U_2} = \dfrac{\dfrac{16T^2L_1}{G\pi d_1^{\,4}}}{\dfrac{16T^2L_2}{G\pi d_2^{\,4}}} = \dfrac{\dfrac{L_1}{d_1^{\,4}}}{\dfrac{L_2}{d_2^{\,4}}} = \dfrac{d_2^{\,4}L_1}{d_1^{\,4}L_2} = \left(\dfrac{d_2}{d_1}\right)^4\dfrac{L_1}{L_2}$$

따라서 정답은 ④번이다.

17 선반을 이용한 가공으로 옳지 않은 것은?

① 나사깎기(Threading)
② 보링(Boring)
③ 구멍뚫기(Drilling)
④ 브로칭(Broaching)

> **해설**

브로칭가공은 단 1회의 공정만으로 구멍이나 홈을 가공하는 가공법으로 선반을 이용한 가공과는 거리가 멀다.

선반의 가공의 종류

외경가공	내경(보링)가공	단면가공
홈가공	테이퍼가공	나사가공(수나사, 암나사)
널링가공	총형가공	절단가공
곡면깎기	구멍가공	드릴가공

※ 널링가공 : 기계의 손잡이 부분에 올록볼록한 돌기부를 만들어
  손으로 잡고 돌리기 쉽도록 만드는 가공법이다.

브로칭(Broaching)가공

가공물에 홈이나 내부구멍을 만들 때 가늘고 길며 길이방향으로 많은 날을 가진 총형공구인 브로치를 일감에 대고 누르면서 관통시켜 단 1회의 절삭공정만으로 제품을 완성시키는 가공법이다. 따라서 공작물이나 공구가 회전하지는 않는다.

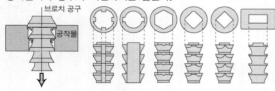

18 펌프의 송출유량이 $Q[\text{m}^3/\text{s}]$, 양정이 $H[\text{m}]$, 액체의 밀도가 1,000[kg/m³]일 때 펌프의 이론동력 L을 구하는 식으로 옳은 것은?(단, 중력가속도는 9.8[m/s²]이다)

① $L = 9,800\,QH[\text{kW}]$
② $L = 980\,QH[\text{kW}]$
③ $L = 98\,QH[\text{kW}]$
④ $L = 9.8\,QH[\text{kW}]$

> **해설**

펌프의 이론동력(L)을 구하면
$L = PQ$
여기서, P : 유체의 압력
　　　　 Q : 유량
$P = rH$를 대입하면
　$= rHQ$
$r = \rho g$를 대입하면
　$= \rho g HQ$
　$= 1,000 \times 9.8\,HQ$
　$= 9,800\,QH[\text{W}]$
　$= 9.8\,QH[\text{kW}]$
따라서 정답은 ④번이 된다.

19 다음 중 옳지 않은 것은?

① 아공석강의 서랭조직은 페라이트(Ferrite)와 펄라이트(Pearlite)의 혼합조직이다.
② 공석강의 서랭조직은 페라이트로 변태종료 후 온도가 내려가도 조직의 변화는 거의 일어나지 않는다.
③ 과공석강의 서랭조직은 펄라이트와 시멘타이트(Cementite)의 혼합조직이다.
④ 시멘타이트는 철과 탄소의 금속간 화합물이다.

> **해설**

순철에 0.8[%]의 C가 합금된 공석강을 서랭(서서히 냉각)시키면 펄라이트조직이 나온다. 강을 오스테나이트 영역까지 가열한 후 급랭시키면 마텐자이트조직이 얻어지나 서랭시키면 C의 함유량에 따라 각기 다른 성질의 금속조직이 생성된다.
① 아공석강은 순철에 0.02~0.8[%]의 C가 합금된 강이다.
③ 과공석강은 순철에 0.8~2[%]의 C가 합금된 강이다.
④ 시멘타이트는 순철에 6.67[%]의 C가 합금(금속간 화합물)된 재료로 표시는 Fe_3C로 한다.

20 기어의 설계 시 이의 간섭에 대한 설명으로 옳지 않은 것은?

① 이에서 간섭이 일어난 상태로 회전하면 언더컷이 발생한다.

② 전위기어를 사용하여 이의 간섭을 방지할 수 있다.

③ 압력각을 작게 하여 물림길이가 짧아지면 이의 간섭을 방지할 수 있다.

④ 피니언과 기어의 잇수 차이를 줄이면 이의 간섭을 방지할 수 있다.

해설

이의 간섭이란 한 쌍의 기어가 맞물려 회전할 때, 한쪽 기어의 이 끝이 상대쪽 기어의 이뿌리에 부딪쳐서 회전할 수 없게 되는 간섭현상으로 이에 대한 대책으로는 압력각을 크게 해야 한다.

이의 간섭에 대한 원인과 대책

원 인	• 압력각이 작을 때 • 피니언의 잇수가 극히 적을 때 • 기어와 피니언의 잇수비가 매우 클 때
대 책	• 압력각을 크게 한다. • 피니언의 잇수를 최소치수 이상으로 한다. • 기어의 잇수를 한계치수 이하로 한다. • 치형을 수정한다. • 기어의 이 높이를 줄인다.

2012년 국가직 기계일반

01 금속결정 중 체심입방격자(BCC)의 단위격자에 속하는 원자의 수는?

① 1개   ② 2개
③ 4개   ④ 8개

해설

체심입방격자(BCC ; Body Centered Cubic)의 단위격자는 2개이다.

금속의 결정구조

종 류	체심입방격자 (BCC) (Body Centered Cubic)	면심입방격자 (FCC) (Face Centered Cubic)	조밀육방격자 (HCP) (Hexagonal Close Packed lattice)
성 질	• 강도가 크다. • 용융점이 높다. • 전성과 연성이 작다.	• 전기전도도가 크다. • 가공성이 우수하다. • 장신구로 사용된다. • 전성과 연성이 크다. • 연한 성질의 재료이다.	• 전성과 연성이 작다. • 가공성이 좋지 않다.
원 소	W, Cr, Mo, V, Na, K	Al, Ag, Au, Cu, Ni, Pb, Pt, Ca	Mg, Zn, Ti, Be, Hg, Zr, Cd, Ce
단위격자	2개	4개	2개
배위수	8	12	12
원자충진율	68[%]	74[%]	74[%]

02 재결정온도에 대한 설명으로 옳은 것은?

① 1시간 안에 완전하게 재결정이 이루어지는 온도
② 재결정이 시작되는 온도
③ 시간에 상관없이 재결정이 완결되는 온도
④ 재결정이 완료되어 결정립성장이 시작되는 온도

해설

재결정온도는 1시간 안에 95[%] 이상 새로운 입자인 재결정이 완전히 형성되는 온도이다. 재결정을 하면 불순물이 제거되며 더 순수한 결정을 얻어낼 수 있는데, 이 재결정은 금속의 순도, 조성, 소성변형의 정도, 가열시간에 큰 영향을 받는다.

재결정

특정한 온도영역에서 이전의 입자들을 대신하여 변형이 없는 새로운 입자가 형성되는 현상

재결정의 일반적인 특징

• 가공도가 클수록 재결정온도는 낮아진다.
• 재결정온도는 가열시간이 길수록 낮아진다.
• 재결정은 강도를 저하시키나 연성은 증가시킨다.
• 냉간가공도가 커질수록 재결정온도는 낮아진다.
• 결정입자의 크기가 작을수록 재결정온도는 낮아진다.
• 재결정온도는 일반적으로 1시간 안에 95[%] 이상의 재결정이 이루어지는 온도로 정의한다.
• 금속의 용융온도를 절대온도 T_m 이라 할 때 재결정온도는 대략 $0.3 \sim 0.5\,T_m$ 범위에 있다.

금속의 재결정온도

금 속	온도[℃]	금 속	온도[℃]
주석(Sn)	상온 이하	은(Ag)	200
납(Pb)	상온 이하	금(Au)	200
카드뮴(Cd)	상 온	백금(Pt)	450
아연(Zn)	상 온	철(Fe)	450
마그네슘(Mg)	150	니켈(Ni)	600
알루미늄(Al)	150	몰리브덴(Mo)	900
구리(Cu)	200	텅스텐(W)	1,200

03 잔류응력(Residual Stress)에 대한 설명으로 옳지 않은 것은?

① 변형 후 외력을 제거한 상태에서 소재에 남아 있는 응력을 말한다.

② 물체 내의 온도구배에 의해서도 발생할 수 있다.

③ 잔류응력은 추가적인 소성변형에 의해서도 감소될 수 있다.

④ 표면의 인장잔류응력은 소재의 피로수명을 향상시킨다.

해설

재료의 내부나 표면에 어떤 잔류응력이라도 존재한다면 그 재료의 피로수명은 감소한다.

피로수명(Fatigue Line)

반복하중을 받는 재료가 파괴될 때까지 하중이 가해진 수치나 시간이다.

잔류응력

변형 후 외력을 제거한 상태에서 소재에 남아 있는 응력이다. 물체 내의 온도변화에 의해서 발생할 수 있으며 추가적인 소성변형이나 재결정온도 전까지 온도를 올려주는 작업을 통해서 감소시킬 수 있다.

04 스테인리스강에 대한 설명으로 옳지 않은 것은?

① 스테인리스강은 뛰어난 내식성과 높은 인장강도의 특성을 갖는다.

② 스테인리스강은 산소와 접하면 얇고 단단한 크롬산화막을 형성한다.

③ 스테인리스강에서 탄소량이 많을수록 내식성이 향상된다.

④ 오스테나이트계 스테인리스강은 주로 크롬, 니켈이 철과 합금된 것으로 연성이 크다.

해설

스테인리스강은 일반 강재료에 Cr(크롬)을 12[%] 이상 합금하여 만든 내식용 강으로 부식이 잘 일어나지 않아서 최근에 많이 사용되는 금속재료이다. 만일 스테인리스강에 탄소량이 많아지면 부식이 잘 일어나게 되므로 내식성은 저하된다.

스테인리스강의 분류

구 분	종 류	주요성분	자 성
Cr계	페라이트계 스테인리스강	Fe + Cr 12[%] 이상	자성체
	마텐자이트계 스테인리스강	Fe + Cr 13[%]	자성체
Cr + Ni계	오스테나이트계 스테인리스강	Fe + Cr 18[%] + Ni 8[%]	비자성체
	석출경화계 스테인리스강	Fe + Cr + Ni	비자성체

05 회전운동을 병진운동으로 변환시키는 기구로 옳지 않은 것은?

① 원통캠과 종동절
② 크랭크 – 슬라이더기구
③ 크랭크 – 로커기구
④ 랙 – 피니언기구

해설

크랭크-로커기구는 회전운동을 회전운동이나 회전-반복운동으로 변환될 뿐 병진운동으로 변환되지는 않는다.
크랭크-로커기구
크랭크의 회전운동으로 로커는 그 길이에 따라 회전운동을 하거나 자동차와이퍼와 같이 반복운동을 한다.

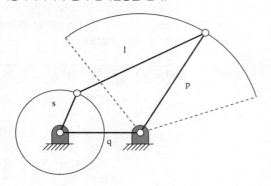

06 키(Key)에 대한 설명으로 옳지 않은 것은?

① 축과 보스(풀리, 기어)를 결합하는 기계요소이다.
② 원주방향과 축방향 모두를 고정할 수 있지만 축방향은 고정하지 않아 축을 따라 미끄럼운동을 할 수도 있다.
③ 축방향으로 평행한 평행형이 있고 구배진 테이퍼형이 있다.
④ 키홈은 깊이가 깊어서 응력집중이 일어나지 않는 좋은 체결기구이다.

해설

키홈의 깊이가 깊어질수록 축의 직경은 작아지므로 응력집중이 더 잘 일어나서 파손의 우려가 커진다. 따라서 이는 좋은 체결기구라고 볼 수 없다.

07 구성인선(Built-Up Edge)에 대한 설명으로 옳지 않은 것은?

① 구성인선은 일반적으로 연성재료에서 많이 발생한다.
② 구성인선은 공구 윗면경사면에 윤활을 하면 줄일 수 있다.
③ 구성인선에 의해 절삭된 가공면은 거칠게 된다.
④ 구성인선은 절삭속도를 느리게 하면 방지할 수 있다.

해설

선반가공에서 바이트 끝부분에 발생되는 구성인선을 방지하기 위해서는 절삭속도를 빠르게 해야 한다.
구성인선(Built-Up Edge)
연강이나 스테인리스강, 알루미늄과 같이 재질이 연하고 공구재료와 친화력이 큰 재료를 절삭가공 할 때, 칩과 공구의 윗면 사이의 경사면에 발생되는 높은 압력과 마찰열로 인해 칩의 일부가 공구의 날 끝에 달라붙어 마치 절삭날과 같이 공작물을 절삭하는 현상으로 발생 → 성장 → 분열 → 탈락의 과정을 반복한다. 구성인선이 발생되면 공작물의 정밀절삭이 어렵게 되며 공구의 손상을 가져온다.
구성인선의 방지대책
• 절삭깊이를 작게 한다.
• 세라믹공구를 사용한다.
• 절삭속도를 빠르게 한다.
• 바이트의 날 끝을 예리하게 한다.
• 윤활성이 높은 절삭유를 사용한다.
• 바이트의 윗면경사각을 크게 한다.
• 마찰계수가 작은 절삭공구를 사용한다.
• 피가공물과 친화력이 작은 공구재료를 사용한다.
• 공구면의 마찰계수를 감소시켜 칩의 흐름을 원활하게 한다.

08 공구수명을 단축시키는 요인 중 하나인 치핑(Chipping)에 대한 설명으로 옳은 것은?

① 절삭 중 칩이 연속적으로 흐르는 현상이다.
② 칩과 공구의 마찰에 의해 공작물에 열이 발생하는 현상이다.
③ 절삭공구 끝이 절삭저항에 견디지 못해 떨어지는 현상이다.
④ 절삭저항이 증가하여 절삭공구가 떨리는 현상이다.

해설

치핑불량은 절삭 시 절삭공구가 절삭저항에 견디지 못하고 공구 끝부분이 떨어져 나가는 현상이다.

① 절삭 중 칩이 연속적으로 흐르는 현상은 절삭 칩의 종류 중 유동형칩과 관련이 있다.
② 마찰로 인해 공작물에 열이 발생하는 현상은 치핑과는 관련이 없다.
④ 절삭가공 중 공구가 떨리는 현상은 채터링이다.

09 주조법의 특성에 대한 비교설명으로 옳지 않은 것은?

① 일반적으로 석고주형주조법은 다이캐스팅에 비해 생산속도가 느리다.
② 일반적으로 인베스트먼트주조법은 사형주조법에 비해 인건비가 저렴하다.
③ 대량생산인 경우에는 사형주조법보다 다이캐스팅방법을 사용하는 것이 바람직하다.
④ 일반적으로 석고주형주조법은 사형주조법에 비해 치수정밀도와 표면정도가 우수하다.

해설

인베스트먼트주조법은 제작공정이 복잡하고 제품의 모형제작 시 왁스나 파라핀을 사용하므로 모래주형을 쓰는 사형주조법보다 인건비가 더 든다.

다이캐스트주조법
용융금속을 금형(다이)에 고속으로 충진한 뒤 응고 시까지 고압을 계속 가해 주어 주물을 얻는 주조법으로 주물조직이 치밀하며 강도가 크고 치수정밀도가 높아서 마무리공정수를 줄일 수 있다. 또한 주형을 영구적으로 사용할 수 있고 충진시간이 매우 짧아서 생산속도가 빨라 대량생산에 적합하다. 주로 비철금속의 주조에 사용된다.

석고주형주조법
알루미늄합금이나 열경화성 플라스틱으로 만든 모형 위에 석고를 붓는데 이 석고가 굳으면 모형을 제거해서 남은 습기를 건조시킨다. 건조된 주형은 120[℃]에서 약 15시간 정도 예열 후 용탕을 주입하는데, 석고주형의 통기성이 매우 불량하므로 가급적 진공상태에서 이루어져야 한다. 표면정밀도가 좋고 서랭으로 인해 뒤틀림이 적으며 기계적 성질이 좋으나 비용이 많이 드는 단점이 있다.

인베스트먼트주조법
제품과 동일한 형상의 모형을 왁스(양초)나 파라핀(합성수지)으로 만든 후 그 주변을 슬러리 상태의 내화재료로 도포한 다음 가열하면 주형은 경화되면서 왁스로 만들어진 내부모형이 용융되어 밖으로 빼내어짐으로써 주형이 완성되는 주조법이다. 다른 말로는 로스트 왁스법, 치수정밀도가 좋아서 정밀주조법으로도 불린다.

10 딥드로잉된 컵의 두께를 더욱 균일하게 만들기 위한 후속공정은?

① 아이어닝
② 코이닝
③ 랜 싱
④ 허 빙

아이어닝(Ironing)
딥드로잉된 컵 형상의 판재두께를 균일하게 감소시키는 프레스가공법으로 아이어닝효과라고도 불린다. 제품용기의 길이를 보다 길게 하는 장점이 있으나 지나친 아이어닝가공은 제품을 파단시킬 수 있다.
② 코이닝(Coining) : 펀치와 다이 표면에 새겨진 모양을 판재에 각인하는 프레스가공법으로 압인가공으로도 불린다. 주로 주화나 메탈장식품을 만들 때 사용한다.
③ 랜싱(Lancing) : 판재의 일부분만 남기고 절단하는 프레스가공법이다.
④ 허빙(Hubbing) : 특정 형상으로 경화시킨 펀치로 판재의 표면을 압입하여 공동부를 만드는 프레스가공법으로 다른 제품의 성형에 사용하는 다이를 제작할 때 사용한다.

11 표면거칠기에 대한 설명으로 옳지 않은 것은?

① 표면거칠기에 대한 의도를 제조자에게 전달하는 경우 삼각기호를 일반적으로 사용한다.
② Rmax, Ra, Rz의 표면거칠기 표시 중에서 Ra값이 가장 크다.
③ 표면거칠기는 공작물표면의 임의위치의 기준길이 L 내에서 채취한 데이터로부터 평가한다.
④ 표면거칠기 검사법으로는 접촉식과 비접촉식 방법 모두 사용된다.

표면거칠기 표시 중에서 산술평균거칠기값인 Ra값이 가장 작다.
※ 산술 평균 거칠기(중심선 평균 거칠기), R_a
　기준길이(L)의 표면거칠기 곡선에서 기준인 중심선을 기준으로 모든 굴곡부분을 더한 후 기준길이로 나눈 것을 마이크로미터 [μm]로 나타낸 값

표면거칠기 기호 및 거칠기값[μm]

기 호	용 도	표면거칠기값		
		Ra (산술 평균 거칠기)	Ry (Rmax) (최대 높이)	Rz (10점 평균 거칠기)
$\underset{w}{\nabla}$	다른 부품과 접촉하지 않는 면에 사용	25a	100S	100Z
$\underset{x}{\nabla}$	다른 부품과 접촉해서 고정되는 면에 사용	6.3a	25S	25Z
$\underset{y}{\nabla}$	기어의 맞물림 면이나 접촉 후 회전하는 면에 사용	1.6a	6.3S	6.3Z
$\underset{z}{\nabla}$	정밀 다듬질이 필요한 면에 사용	0.2a	0.8S	0.8Z

12 다음 설명에 해당하는 현상은?

> 성형품의 냉각이 비교적 높은 부분에서 발생하는 성형수축으로 표면에 나타나는 오목한 부분의 결함을 말한다. 이를 제거하기 위해서는 성형품의 두께를 균일하게 하고, 스프루, 러너, 게이트를 크게 하여 금형 내의 압력이 균일하도록 하며, 성형온도를 낮게 억제한다. 두께가 두꺼운 위치에 게이트를 설치하여 성형온도를 낮게 억제한다.

① 플래시현상
② 싱크마크현상
③ 플로마크현상
④ 제팅현상

해설

싱크마크현상
성형제품의 냉각속도가 비교적 큰 부분에서 수축이 발생하면서 오목한 부분이 표면에 생기는 결함이다. 이 불량은 성형품의 두께를 균일하게 하거나 스프루, 러너, 게이트를 크게 하여 금형 내 압력이 균일하도록 하며, 두께가 두꺼운 위치에는 게이트를 설치하여 성형온도를 낮게 유지해야 한다.

① 플래시현상 : 금형의 주입부 이외의 부분인 Parting Line이나 Ejector Pin 등의 틈에서 용융된 플라스틱이 흘러나와 고화되거나 경화된 얇은 조각의 수지가 생기는 불량현상으로 금형의 접합부에서 발생하는 성형불량이다. 이를 방지하기 위해서는 금형자체의 밀착성을 크게 하기 위해 체결력을 높여야 한다.

③ 플로마크현상 : 딥드로잉가공에서 성형품의 측면에 나타나는 외관결함으로 성형재료의 표면에 유동궤적을 나타내는 줄무늬가 생기는 불량이다.

④ 제팅현상 : 게이트에서 공동부(캐비티 ; Cavity)에 분사된 수지가 끈모양의 형태로 고화되어 성형품의 표면에 꾸불거리는 모양으로 나타나는 불량이다.

13 다음과 같이 지름이 D_1인 A피스톤에 F_1의 힘이 작용하였을 때, 지름이 D_2인 B실린더에 작용하는 유압은?
(단, $D_2 = 4D_1$이다)

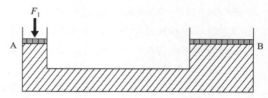

① $\dfrac{4F_1}{\pi D_1^2}$

② $\dfrac{F_1}{\pi D_1^2}$

③ $\dfrac{F_1}{2\pi D_1^2}$

④ $\dfrac{F_1}{4\pi D_1^2}$

해설

파스칼의 원리에 의해 $P_1 = P_2$이므로

$$P_1 = \frac{F_1}{A_1} = \frac{F_1}{\dfrac{\pi D_1^2}{4}} = \frac{4F_1}{\pi D_1^2}$$

파스칼의 원리
밀폐된 용기 속에 있는 액체에 가한 압력은 그 액체가 접하는 모든 방향으로 같은 크기의 압력을 전달한다. 이는 유압잭의 원리로도 사용된다.

14 통계적 품질관리에 사용되는 용어에 대한 설명으로 옳지 않은 것은?

① 모집단은 표본을 통한 조사의 대상이 되는 어떤 특성을 가진 모든 개체들의 전체 집합이다.

② 표본크기는 전체 모집단에 관한 정보를 얻기 위하여 표본의 성질을 조사할 때 표본으로 추출되어 검사되는 개체의 수량이다.

③ 계량법은 기계가공, 성형가공 또는 용접가공된 부품의 내부와 외부결함이나 판금제품의 표면흠집 등 정성적인 특성의 존재여부를 조사하는 방법이다.

④ 도수분포는 각 조건에 맞는 개체의 수를 곡선으로 나타낸 분포도이다.

해설

계량법은 구체적인 수치를 조사하여 수량으로 표시하는 것으로 정량적인 조사방법에 속한다.

정성적 조사와 정량적 조사

구 분	정성적 조사	정량적 조사
조사목적	근본적인 원인이나 동기에 대한 질적인 이해를 얻고자 한다.	자료를 계량화하여 수치화시켜서 표본으로부터 모집단의 결과를 일반화하기 위함이다.
자료수집	비구조화	구조화
자료분석	비통계적	통계적
표 본	대표적인 소규모 사례	대표적인 대규모 사례
조사방법	관찰법, 심층면접법	설문조사

15 다음 설명에 해당하는 것은?

> 판재가공에서 모양과 크기가 다른 판재조각을 레이저용접한 후, 그 판재를 성형하여 최종형상으로 만드는 기술이다.

① 테일러블랭킹
② 전자기성형
③ 정밀블랭킹
④ 하이드로포밍

해설

테일러블랭킹

판재가공에서 모양과 크기가 다른 판재조각을 레이저용접한 후, 그 판재를 성형하여 최종형상을 만드는 프레스가공법이다.

② 전자기성형 : 전기를 에너지원으로 하는 고속 성형법으로, 저장된 전기에너지를 순간적으로 코일에 방전할 때 코일 주변에 형성되는 자기장과 금속판재에 유도되는 유도전류의 상호작용에 의해서 발생하는 전자기력을 이용하여 금속판재를 고속으로 성형하는 방법이다.

③ 정밀블랭킹 : 휨과 눌림이 적은 정밀한 블랭킹제품을 가공하는 방법이다. 블랭킹이란 프레스가공의 일종으로 펀치와 다이를 이용해서 가공할 재료로부터 제품의 외형을 따내는 작업이다.

④ 하이드로포밍 : 강관이나 알루미늄 압축튜브를 소재로 사용하며, 내부에 액체를 넣고 강한 압력을 가하여 복잡한 형상의 제품을 성형하는 제조방법이다.

16 개수로를 흐르는 유체의 유량측정에 사용되는 것은?

① 벤투리미터(Venturimeter)
② 오리피스(Orifice)
③ 마노미터(Manometer)
④ 위어(Weir)

해설

외부에 개방된 수로인 개수로의 유량측정에 사용하는 측정기는 위어이다.

① 벤투리미터 : 관로의 유량측정기기
② 오리피스 : 관로의 유량측정기기
③ 마노미터 : 관로의 압력측정기기

17 내연기관에 사용되는 윤활유가 갖추어야 할 조건으로 옳지 않은 것은?

① 산화안정성이 클 것
② 기포발생이 많을 것
③ 부식방지성이 좋을 것
④ 적당한 점도를 가질 것

해설

내연기관용 윤활유는 기포발생이 적어야 한다. 기포발생이 크면 작동불량 및 캐비테이션(공동현상)의 발생우려가 높다.
내연기관용 윤활유가 갖추어야 할 성질
• 산화안정성이 클 것
• 기포발생이 적을 것
• 부식방지성이 좋을 것
• 적당한 점도를 가질 것

18 캐비테이션(Cavitation) 현상이 일어날 때 관계가 없는 것은?

① 소음과 진동 발생
② 펌프의 효율 증가
③ 가동날개에 부식 발생
④ 심한 충격 발생

해설

캐비테이션(Cavitation ; 공동현상)
유동하는 유체의 속도변화에 의해 압력이 낮아지면 포화증기압도 함께 낮아지면서 유체 속에 녹아 있던 기체가 분리되어 유체 내부에 기포가 발생하는 현상으로 이 기포가 관 벽이나 날개에 부딪치면서 소음과 진동이 발생하는 현상이다. 유체의 증기압보다 낮은 압력이 발생하는 펌프 주위에서 주로 발생한다.
캐비테이션에 의한 영향
• 심한 충격이 발생한다.
• 소음 및 진동을 일으킨다.
• 가동날개의 부식을 일으킨다.
• 펌프의 유량, 양정, 효율이 저하된다.
• 수명이 단축되고 고장의 원인이 된다.

19 인벌류트치형을 갖는 평기어의 백래시(Backlash)에 대한 설명으로 옳은 것은?

① 피치원 둘레상에서 측정된 치면 사이의 틈새이다.
② 피치원상에서 측정한 이와 이 사이의 거리이다.
③ 피치원으로부터 이끝원까지의 거리이다.
④ 맞물린 한 쌍의 기어에서 한 기어의 이끝원에서 상대편 기어의 이뿌리원까지의 중심선상 거리이다.

해설

백래시(Backlash)란 기어의 이 사이의 뒤틈을 의미하므로 피치원 직경(PCD) 상에서 전동할 물체와 치(이)면 사이의 틈새를 의미한다. 백래시가 공작기계에 발생하면 틈새의 간격만큼 제품에 오차가 발생하므로 정밀절삭을 어렵게 한다.

20 평벨트의 접촉각이 θ, 평벨트와 풀리 사이의 마찰계수가 μ, 긴장측 장력이 T_t, 이완측 장력이 T_s일 때, $\dfrac{T_t}{T_s}$의 비는?(단, 평벨트의 원심력은 무시한다)

① $e^{\mu\theta}$
② $\dfrac{1}{e^{\mu\theta}}$
③ $1 - e^{\mu\theta}$
④ $1 - \dfrac{1}{e^{\mu\theta}}$

해설

벨트의 장력비$(e^{\mu\theta}) = \dfrac{T_t(긴장\ 장력)}{T_s(이완\ 장력)}$

따라서 정답은 ①번이다.

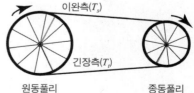

2013년 국가직 기계일반

01 소성가공의 종류 중 압출가공에 대한 설명으로 옳은 것은?

① 소재를 용기에 넣고 높은 압력을 가하여 다이구멍으로 통과시켜 형상을 만드는 가공법

② 소재를 일정온도 이상으로 가열하고 해머 등으로 타격하여 모양이나 크기를 만드는 가공법

③ 원뿔형 다이구멍으로 통과시킨 소재의 선단을 끌어당기는 방법으로 형상을 만드는 가공법

④ 회전하는 한 쌍의 롤 사이로 소재를 통과시켜 두께와 단면적을 감소시키고 길이방향으로 늘리는 가공법

해설

압출가공

선재나 관재, 여러 형상의 단면재를 제조할 때 재료를 용기 안에 넣고 램으로 재료를 높은 압력으로 다이구멍 쪽으로 밀어내면 재료가 다이를 통과하면서 제품이 만들어지는 소성가공법이다.

② 단조가공에 대한 설명

③ 인발가공에 대한 설명

④ 압연가공에 대한 설명

02 금속의 인장시험의 기계적 성질에 대한 설명으로 옳지 않은 것은?

① 응력이 증가함에 따라 탄성영역에 있던 재료가 항복을 시작하는 위치에 도달하게 된다.

② 탄력(Resilience)은 탄성범위 내에서 에너지를 흡수하거나 방출할 수 있는 재료의 능력을 나타낸다.

③ 연성은 파괴가 일어날 때까지의 소성변형의 정도이고 단면감소율로 나타낼 수 있다.

④ 인성(Toughness)은 인장강도 전까지 에너지를 흡수할 수 있는 재료의 능력을 나타낸다.

해설

인성(Toughness) : 파괴되기(파괴강도) 전까지 재료가 에너지를 흡수할 수 있는 능력

① 재료에 응력이 증가하게 되면 탄성영역을 지나 항복점까지 도달한 후 결국에는 파괴된다.

② 탄력 : 탄성범위 내에서 에너지를 흡수하거나 방출할 수 있는 재료의 능력이다.

③ 연성 : 탄성한도 이상의 외력이 가해졌을 때 파괴되지 않고 잘 늘어나는 성질로 파괴가 일어날 때까지 소성변형의 정도이며 단면감소율로도 나타낼 수 있다.

정답 1 ① 2 ④

03 길이방향으로 여러 개의 날을 가진 절삭공구를 구멍에 관통시켜 공구의 형상으로 가공물을 절삭하는 가공법은?

① 밀링(Milling)
② 보링(Boring)
③ 브로칭(Broaching)
④ 태핑(Tapping)

브로칭(Broaching)가공

가공물에 홈이나 내부 구멍을 만들 때 가늘고 길며 길이방향으로 많은 날을 가진 총형공구인 브로치를 일감에 대고 누르면서 관통시켜 단 1회의 절삭공정만으로 제품을 완성시키는 가공법이다. 따라서 공작물이나 공구가 회전하지는 않는다.

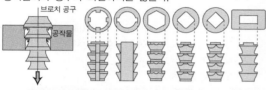

04 강의 열처리방법에 대한 설명을 순서대로 옳게 나열한 것은?

가. 강을 표준 상태로 하기 위하여 가공조직의 균일화, 결정립의 미세화, 기계적 성질의 향상
나. 강 속에 있는 내부응력을 완화시켜 강의 성질을 개선하는 것으로 노(爐)나 공기 중에서 서랭
다. 불안정한 조직을 재가열하여 원자들을 좀더 안정적인 위치로 이동시킴으로써 인성을 증대
라. 재료를 단단하게 하기 위해 가열된 재료를 급랭하여 경도를 증가시켜서 내마멸성을 향상

	가	나	다	라
①	뜨임	불림	담금질	풀림
②	불림	풀림	뜨임	담금질
③	불림	뜨림	풀림	담금질
④	뜨임	풀림	불림	담금질

기본 열처리 4단계

• 불림(Normalizing, 노멀라이징) : 주조나 소성가공에 의해 거칠고 불균일한 조직을 표준화조직으로 만드는 열처리법으로 A_3 변태점보다 30~50[℃] 높게 가열한 후 공랭시킴으로써 만들 수 있다.

• 풀림(Annealing, 어닐링) : 강 속에 있는 내부응력을 제거하고 재료를 연하게 만들기 위해 A_1 변태점 이상의 온도로 가열한 후 가열 노나 공기 중에서 서랭함으로써 강의 성질을 개선하기 위한 열처리법이다.

• 뜨임(Tempering, 템퍼링) : 잔류응력에 의한 불안정한 조직을 A_1 변태점 이하의 온도로 재가열하여 원자들을 좀더 안정적인 위치로 이동시킴으로써 잔류응력을 제거하고 인성을 증가시키기 위한 열처리법이다.

• 담금질(Quenching, 퀜칭) : 재료를 강하게 만들기 위하여 변태점 이상의 온도인 오스테나이트 영역까지 가열한 후 물이나 기름 같은 냉각제 속에 집어넣어 급랭시킴으로써 강도와 경도가 큰 마텐자이트 조직을 만들기 위한 열처리조작이다.

05 박판성형가공법의 하나로 선반의 주축에 다이를 고정하고, 심압대로 소재를 밀어서 소재를 다이와 함께 회전시키면서 외측에서 롤러로 소재를 성형하는 가공법은?

① 스피닝(Spinning)
② 벌징(Bulging)
③ 비딩(Beading)
④ 컬링(Curling)

해설

스피닝(Spinning)
선반의 주축에 제품과 같은 형상의 다이를 장착한 후 심압대로 소재를 다이와 밀착시킨 후 함께 회전시키면서 강체 공구나 롤러로 소재의 외부를 강하게 눌러서 축에 대칭인 원형의 제품 만드는 박판(얇은 판) 성형가공법이다. 탄소강 판재로 이음매 없는 국그릇이나 알루미늄 주방용품을 소량생산할 때 사용하는 가공법으로 보통 선반과 작업방법이 비슷하다.

② 벌징 : 꽃병과 같이 입구가 작고 중앙부가 큰 용기의 제작에 이용되는 성형가공법으로 펀칭이나 다이에 재료를 올려놓고 반대편에 고무나 액체를 이용해서 가압하면 펀칭이나 다이 형상과 같은 제품을 만들 수 있다.

③ 비딩 : 판재의 끝 부분에 다이를 이용해서 일정 길이의 돌기부를 만드는 가공법이다.

④ 컬링 : 얇은 판재나 드로잉가공한 용기의 테두리를 프레스기계나 선반으로 둥글게 마는 가공법으로 가장자리의 강도를 높이는 동시에 미관을 좋게 한다.

06 제품의 시험검사에 대한 설명으로 옳지 않은 것은?

① 인장시험으로 항복점, 연신율, 단면감소율, 변형률을 알아낼 수 있다.
② 브리넬시험은 강구를 일정 하중으로 시험편의 표면에 압입시킨다. 경도값은 압입자국의 표면적과 하중의 비로 표현한다.
③ 비파괴검사에는 초음파검사, 자분탐상검사, 액체침투검사 등이 있다.
④ 아이조드 충격시험은 양단이 단순 지지된 시편을 회전하는 해머로 노치를 파단시킨다.

해설

샤르피식 충격시험법
가로방향으로 양단의 끝부분을 단순 지지해 놓은 시편을 회전하는 해머로 노치부를 타격하여 재료를 파단시켜 그 충격값을 구하는 시험법이다.

아이조드식 충격시험법
시험편을 세로방향으로 고정시키는 방법으로 한쪽 끝을 고정시킨 상태에서 노치부를 중앙에 고정시킨 다음 노치부가 있는 면을 해머로 타격하면 시험편이 파단되는데, 해머가 올라가 높이를 고려해서 그 충격값을 구하는 시험법이다.

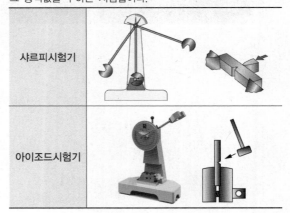

| 샤르피시험기 | |
| 아이조드시험기 | |

07 알루미늄합금인 두랄루민은 기계적 성질이 탄소강과 비슷하며 무게를 중시하고 강도가 큰 것을 요구하는 항공기, 자동차, 유람선 등에 사용되는데 두랄루민의 주요 성분은?

① Al-Cu-Ni
② Al-Cu-Cr
③ Al-Cu-Mg-Mn
④ Al-Si-Ni

해설

두랄루민
Al에 Cu＋Mg＋Mn이 합금된 가공용 알루미늄합금으로 기계적 성질이 탄소강과 비슷하며 강도가 커서 항공기나 자동차용 재료로 사용된다.
시험에 자주 등장하는 주요 알루미늄합금

| Y합금 | Al ＋ Cu ＋ Mg ＋ Ni → 알구마니 |
| 두랄루민 | Al ＋ Cu ＋ Mg ＋ Mn → 알구마망 |

08 인베스트먼트주조법의 설명으로 옳지 않은 것은?

① 모형을 왁스로 만들어 로스트왁스주조법이라고도 한다.
② 생산성이 높은 경제적인 주조법이다.
③ 주물의 표면이 깨끗하고 치수정밀도가 높다.
④ 복잡한 형상의 주조에 적합하다.

해설

인베스트먼트주조법은 생산성이 낮고 제조원가가 비싼 단점이 있다.
인베스트먼트주조법
제품과 동일한 형상의 모형을 왁스(양초)나 파라핀(합성수지)으로 만든 후 그 주변을 슬러리 상태의 내화재료로 도포한 다음 가열하면 주형은 경화되면서 왁스로 만들어진 내부모형이 용융되어 밖으로 빼내어짐으로써 주형이 완성되는 주조법이다. 다른 말로는 로스트 왁스법, 치수정밀도가 좋아서 정밀주조법으로도 불린다.
인베스트먼트주조법의 특징
• 패턴을 내열재로 코팅한다.
• 생산성이 낮고 제조원가가 비싸다.
• 사형주조법에 비해 인건비가 많이 든다.
• 복잡하고 세밀한 제품을 주조할 수 있다.
• 제작공정이 복잡하며 고비용의 주조법이다.
• 주물의 표면이 깨끗하고 치수정밀도가 높다.
• 패턴(주형)은 왁스, 파라핀과 같이 열을 가하면 녹는 재료로 만든다.

09 강화플라스틱재료에 대한 설명으로 옳지 않은 것은?

① 강화플라스틱은 분산상의 섬유와 플라스틱모재로 구성되어 있다.
② 강화플라스틱에서 최대강도는 인장력이 작용하는 방향에 수직으로 섬유가 배열될 때 얻어진다.
③ 강화플라스틱은 비강도 및 비강성이 높고 이방성이 크다.
④ 강화플라스틱은 섬유와 플라스틱모재 간의 경계면에서 하중이 전달되기 때문에 두 재료의 접착력이 매우 중요하다.

해설

강화플라스틱재료로 최대강도를 얻으려면 섬유를 하중의 방향과 상관없이 균일하게 배열해야 한다.
강화플라스틱(Reinforced Plastic)
일반 플라스틱에 유리섬유를 보강재로 사용해서 만든 고강도의 플라스틱재료로 비강도와 비강성이 높고 이방성이 크다. 최대강도는 섬유가 결함 없이 균일하게 배열될 때 얻을 수 있는데 섬유와 플라스틱 간의 경계면에서 하중이 전달되므로 두 재료의 접착력은 매우 중요하다.
강화플라스틱의 특징
• 두 재료 간 접착력이 중요하다.
• 비강도 및 비강성이 높고 이방성이 크다.
• 분산상의 섬유와 플라스틱모재로 구성된다.
• 피로저항과 인성, 크리프저항이 일반플라스틱에 비해 높다.

10 포정반응의 설명으로 옳은 것은?

① 냉각할 때 액상이 두 개의 고상으로 바뀌고, 가열할 때 역반응이 일어난다.
② 철탄화물계에서 냉각 시 액상이 γ철과 시멘타이트로 바뀌는 반응이다.
③ 가열할 때 하나의 고상이 하나의 액상과 다른 하나의 고상으로 바뀌고, 냉각할 때 역반응이 일어난다.
④ 냉각할 때 고상이 서로 다른 두 개의 고상으로 바뀌고, 가열할 때 역반응이 일어난다.

해설

포정반응
가열할 때는 하나의 고상이 액상과 또 다른 고상으로 바뀌고, 반대로 냉각될 때는 액상과 고상이 하나의 고상으로 바뀌는 반응이다.

11 와이어 방전가공에 대한 설명으로 옳지 않은 것은?

① 가공액은 일반적으로 수용성 절삭유를 물에 희석하여 사용한다.

② 와이어전극은 동, 황동 등이 사용되고 재사용이 가능하다.

③ 와이어는 일정한 장력을 걸어주어야 하는데 보통 와이어 파단력의 1/2 정도로 한다.

④ 복잡하고 미세한 형상가공이 용이하다.

해설

와이어 컷 방전가공용 전극재료는 열전도가 좋은 구리나 황동, 흑연을 사용하므로 성형성이 용이하나 스파크방전에 의해 전극이 소모되므로 재사용은 불가능하다.

와이어 컷 방전가공

기계가공이 어려운 합금재료나 담금질한 강을 가공할 때 널리 사용되는 가공법으로 공작물을 (+)극으로, 가는 와이어전극을 (−)극으로 하고 가공액 중에서 와이어를 감으면서 이 와이어와 공작물 사이에서 스파크방전을 일으키면서 공작물을 절단하는 가공법이다.

12 디젤기관의 일반적인 특성에 대한 설명으로 옳은 것은?

① 공기와 연료를 혼합하여 동시에 공급한다.

② 전기점화방식을 사용하여 연료를 착화한다.

③ 소음과 진동이 적어 조용한 운전이 가능하다.

④ 연료장치로 연료분사펌프와 노즐을 사용한다.

해설

디젤기관은 소음과 진동이 커서 정숙한 운전이 힘들다.

13 길이가 L이고 스프링상수가 k인 균일한 스프링이 있다. 이 스프링 길이의 2/3를 잘라내고 남은 길이가 1/3인 스프링의 스프링상수는 얼마인가?(단, 스프링에는 길이방향하중만 작용한다)

① $\dfrac{k}{3}$

② $\dfrac{2k}{3}$

③ $\dfrac{3k}{2}$

④ $3k$

해설

• $\delta = 1$일 때 스프링상수 $k = \dfrac{P}{\delta}$

• $\delta = \dfrac{1}{3}$일 때 스프링상수 $k = \dfrac{P}{\frac{1}{3}\delta} = \dfrac{3P}{\delta}$

※ $P : 3P$ 이므로 정답은 3배인 ④번이 된다.

14 국가의 산업표준기호를 바르게 연결한 것은?

① 미국 − ANSI

② 영국 − BN

③ 독일 − DIS

④ 일본 − JIN

해설

국가별 산업표준기호

국 가		기 호
한 국	KS	Korea Industrial Standards
미 국	ANSI	American National Standards Institutes
영 국	BS	British Standards
독 일	DIN	Deutsches Institute fur Normung
일 본	JIS	Japanese Industrial Standards
프랑스	NF	Norme Francaise
스위스	SNV	Schweitzerish Norman Vereinigung

15 전기저항용접법에서 겹치기 저항용접에 속하지 않는 것은?

① 점(Spot)용접
② 플래시(Flash)용접
③ 심(Seam)용접
④ 프로젝션(Projection) 용접

해설

플래시(플래시 버트)용접은 맞대기저항용접에 속한다.
용접법의 분류

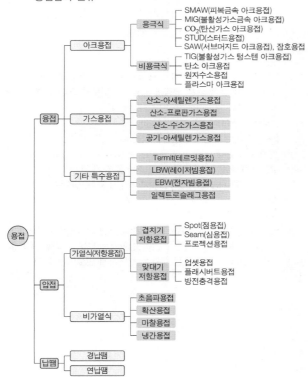

16 축압브레이크의 일종으로 회전축방향에 힘을 가하여 회전을 제동하는 제동장치는?

① 드럼브레이크
② 밴드브레이크
③ 블록브레이크
④ 원판브레이크

해설

원판브레이크(디스크브레이크)
압축식 브레이크의 일종으로, 바퀴와 함께 회전하는 디스크를 양쪽에서 압착시켜 제동력을 얻어 회전을 멈추는 장치이다. 브레이크의 마찰면인 원판의 수에 따라 1개는 단판브레이크, 2개 이상은 다판브레이크로 분류된다.

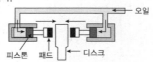

① 드럼브레이크 : 바퀴와 함께 회전하는 브레이크드럼의 안쪽에 마찰재인 초승달 모양의 브레이크 패드(슈)를 밀착시켜 제동시키는 장치이다.
② 밴드브레이크 : 브레이크드럼의 바깥 둘레에 강철밴드를 감고 밴드의 끝이 연결된 레버를 잡아당겨 밴드와 브레이크드럼 사이에 마찰력을 발생시켜서 제동력을 얻는 장치이다.
③ 블록브레이크 : 마찰브레이크의 일종으로 브레이크드럼에 브레이크블록을 밀어 넣어 제동시키는 장치이다.

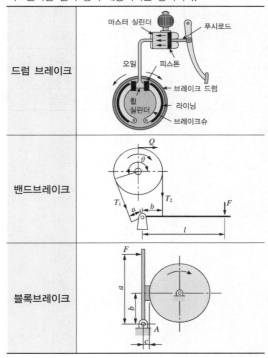

17 기하공차를 표시하는 기호가 옳지 않은 것은?

① 진원도 – ⊕

② 원통도 – ⌀

③ 평면도 – ▱

④ 동심도 – ◎

기하공차 종류 및 기호

형 체	공차의 종류		기 호
단독형체	모양공차	진직도	—
		평면도	▱
		진원도	○
		원통도	⌀
		선의 윤곽도	⌒
		면의 윤곽도	◠
관련형체	자세공차	평행도	//
		직각도	⊥
		경사도	∠
	위치공차	위치도	⊕
		동축도(동심도)	◎
		대칭도	≡
	흔들림공차	원주 흔들림	↗
		온 흔들림	↗↗

18 응력집중현상이 재료의 한계강도를 초과하면 균열이 발생되어 파손을 초래하는 원인이 된다. 이러한 응력집중현상에 대한 설명으로 옳지 않은 것은?

① 필릿의 반지름을 크게 하여 응력집중현상을 감소시킨다.

② 노치, 구멍, 홈 및 단 부위에 응력집중현상이 발생된다.

③ 응력집중 정도를 알아보기 위한 응력집중계수는 재료의 크기와 재질에 영향을 크게 받는다.

④ 단면부분을 열처리하거나 표면거칠기를 향상시켜서 응력집중현상을 감소시킨다.

응력집중계수(k)는 노치부의 존재여부나 급격한 단면변화와 같이 재료의 형상변화에 큰 영향을 받을 뿐, 재료의 크기나 재질에는 영향을 받지 않는다.

응력집중계수(k)

응력집중이란 단면이 급격히 변하는 부위나 노치부가 있는 재료에서 이들 부분에 외력이 집중되는 현상을 수치로 나타낸 값이다. 각종 기계부품이나 구조물에는 노치부를 갖게 되는데, 기계나 구조물의 안전한 사용을 위해서는 설계 시부터 응력집중계수(k)를 고려해야 한다.

응력집중계수(k)의 특징

• 응력집중계수는 단면부의 평균응력에 대한 최대응력의 비율이다.

• 응력집중을 완화하려면 단면이 변화되는 부분의 곡률반지름을 크게 함으로써 단이 진 부분을 완만하게 만들어야 한다.

19 ㉠, ㉡에 들어갈 축이음으로 적절한 것은?

> 두 축의 중심선을 일치시키기 어렵거나 진동이 발생되기 쉬운 경우 (㉠)을 사용하여 축을 연결하고, 두 축이 만나는 각이 수시로 변화하는 경우에는 (㉡)이(가) 사용된다.

	㉠	㉡
①	플랜지커플링	유니버설조인트
②	플렉시블커플링	유니버설조인트
③	플랜지커플링	유체커플링
④	플렉시블커플링	유체커플링

해설

㉠ 플렉시블커플링 : 두 축의 중심선을 일치시키기가 어렵거나 고속 회전이나 급격한 전달력의 변화로 진동이나 충격이 발생하는 경우에 사용하는 축이음요소이다. 두 축이 평행하고 거리가 아주 가까울 때나 각속도의 변동 없이 토크를 전달하는데 가장 적합하나 윤활이 어렵고 원심력에 의한 진동발생으로 고속 회전에는 적합하지 않다. 진동완화를 위해 고무나 가죽, 스프링을 사용한다.

㉡ 유니버설커플링 : 두 축이 만나는 각이 운전 중에 수시로 변화하는 경우에도 자유롭게 동력을 전달할 수 있는 축이음으로 공작기계나 자동차의 동력전달용 축이음에 사용된다.

20 레이디얼 구름베어링의 구성요소가 아닌 것은?

① 내 륜
② 리테이너
③ 전동체
④ 고정륜

해설

고정륜은 구름베어링의 구성요소에 포함되지 않는다.
구름베어링의 구성요소

외륜
볼 or 롤러
리테이너
내륜

• 내 륜
• 외 륜
• 리테이너
• 볼 또는 롤러

2014년 국가직 기계일반

01 강에 크롬(Cr)을 첨가하는 목적으로 옳지 않은 것은?

① 내식성 증가   ② 내열성 증가
③ 강도 및 경도 증가   ④ 자기적 성질 증가

해설

크롬(Cr)이 강에 합금되면 내식성과 내열성, 강도, 경도를 증가시키나 자기적 성질은 큰 영향을 미치지 못하거나 떨어뜨린다.

탄소강에 함유된 원소들의 영향

종 류	영 향
탄소(C)	• 경도를 증가시킨다. • 인성과 연성을 감소시킨다. • 일정 함유량까지 강도를 증가시킨다. • 함유량이 많아질수록 취성(메짐)이 강해진다.
규소(Si)	• 유동성을 증가시킨다. • 용접성을 저하시킨다. • 가공성을 저하시킨다. • 연신율과 충격값을 저하시킨다. • 인장강도, 탄성한계, 경도를 상승시킨다. • 결정립의 조대화로 충격값과 인성을 저하시킨다.
망간(Mn)	• 주철의 흑연화를 방해한다. • 고온에서 결정립성장을 억제한다. • 주조성과 담금질효과를 향상시킨다. • 탄소강에 함유된 S(황)을 MnS로 석출시켜 적열취성을 방지한다.
인(P)	• 상온취성의 원인이 된다. • 결정입자를 조대화시킨다. • 편석이나 균열의 원인이 된다.
황(S)	• 절삭성을 양호하게 한다. • 편석과 적열취성의 원인이 된다. • 철을 여리게 하며 알칼리성에 약하다.
수소(H_2)	• 백점, 헤어크랙의 원인이 된다.
몰리브덴(Mo)	• 내식성을 증가시킨다. • 뜨임취성을 방지한다. • 담금질깊이를 깊게 한다.
크롬(Cr)	• 강도와 경도를 증가시킨다. • 탄화물을 만들기 쉽게 한다. • 내식성, 내열성, 내마모성을 증가시킨다.
납(Pb)	• 절삭성을 크게 하여 쾌삭강의 재료가 된다.
코발트(Co)	• 고온에서 내식성, 내산화성, 내마모성, 기계적 성질이 뛰어나다.
구리(Cu)	• 고온취성의 원인이 된다. • 압연 시 균열의 원인이 된다.
니켈(Ni)	• 내식성 및 내산성을 증가시킨다.
티타늄(Ti)	• 부식에 대한 저항이 매우 크다. • 가볍고 강력해서 항공기용 재료로 사용된다.

02 서브머지드 아크용접에 대한 설명으로 옳지 않은 것은?

① 용접부가 곡선형상일 때 주로 사용한다.
② 아크가 용제 속에서 발생하여 보이지 않는다.
③ 용접봉의 공급과 이송 등을 자동화한 자동용접법이다.
④ 복사열과 연기가 많이 발생하지 않는다.

해설

서브머지드 아크용접(SAW)

서브머지드 아크용접(SAW)은 용접 부위에 미세한 입상의 플럭스를 도포한 뒤 용접선과 나란히 설치된 레일 위를 주행대차가 지나가면서 와이어를 용접부로 공급시키면 플럭스 내부에서 아크가 발생하면서 용접하는 자동용접법이다. 아크가 플럭스 속에서 발생되므로 용접부가 눈에 보이지 않아 불가시 아크용접, 잠호용접이라고 불린다. 용접봉인 와이어의 공급과 이송이 자동이며 용접부를 플럭스가 덮고 있으므로 복사열과 연기가 많이 발생하지 않는다. 따라서 레일 위를 지나가야 하므로 용접선이 곡선보다는 직선일 때 주로 사용한다.

1 ④ 2 ① **정답**

03 운동용 나사 중 다음 조건을 충족시키는 것은?

> • 애크미(Acme)나사라고도 하며, 정밀가공이 용이하다.
> • 공작기계의 리드스크루와 같이 정밀한 운동의 전달용으로 사용한다.

① 사각나사
② 톱니나사
③ 사다리꼴나사
④ 둥근나사

해설

애크미나사라고도 불리는 사다리꼴나사는 공작기계에서 이송용(운동용)으로 사용된다.

나사의 종류 및 특징

명 칭		그 림	용 도	특 징
삼각나사	미터나사		기계조립 (체결용)	• 미터계 나사 • 나사산의 각도 60° • 나사의 지름과 피치를 [mm]로 표시한다.
	유니파이나사		정밀기계조립 (체결용)	• 인치계 나사 • 나사산의 각도 60° • 미, 영, 캐나다 협정으로 만들어져 ABC나사라고도 한다.
	관용나사		유체기기 결합 (체결용)	• 인치계 나사 • 나사산의 각도 55° • 관용평행나사 : 유체기기 등의 결합에 사용한다. • 관용테이퍼나사 : 기밀유지가 필요한 곳에 사용한다.
사각나사			동력전달용 (운동용)	• 프레스 등의 동력전달용으로 사용한다. • 축방향의 큰 하중을 받는 곳에 사용한다.
사다리꼴나사			공작기계의 이송용 (운동용)	• 애크미나사라고도 불린다. • 인치계 사다리꼴나사(TW) : 나사산 각도 29° • 미터계 사다리꼴나사(Tr) : 나사산 각도 30°
톱니나사			힘의 전달 (운동용)	• 힘을 한쪽 방향으로만 받는 곳에 사용한다. • 바이스, 압착기 등의 이송용 나사로 사용한다.

명 칭	그 림	용 도	특 징
둥근나사		전구나 소켓 (운동용) (체결용)	• 나사산이 둥근모양이다. • 너클나사라고도 불린다. • 먼지나 모래가 많은 곳에서 사용한다. • 나사산과 골이 같은 반지름의 원호로 이은 모양이다.
볼나사		정밀공작기계의 이송장치 (운동용)	• 나사축과 너트 사이에 강재 볼을 넣어 힘을 전달한다. • 백래시를 작게 할 수 있고 높은 정밀도를 오래 유지할 수 있으며 효율이 가장 좋다.

04 연삭가공에 대한 설명으로 옳지 않은 것은?

① 연삭입자는 불규칙한 형상을 가진다.
② 연삭입자는 깨짐성이 있어 가공면의 치수정확도가 떨어진다.
③ 연삭입자는 평균적으로 큰 음의 경사각을 가진다.
④ 경도가 크고 취성이 있는 공작물 가공에 적합하다.

해설

연삭가공은 정밀한 입자가공에 속하므로 가공면의 치수정밀도는 비교적 정확하다.

05 기어와 치형곡선에 대한 설명으로 옳은 것은?

① 사이클로이드곡선은 기초원에 감은 실을 잡아당기면서 풀어나갈 때 실의 한 점이 그리는 곡선이다.

② 인벌류트곡선은 기초원 위에 구름원을 굴렸을 때 구름원의 한 점이 그리는 곡선이다.

③ 물림률이 클수록 소음이 커진다.

④ 2개의 기어가 일정한 각속도비로 회전하려면 접촉점의 공통법선은 일정한 점을 통과해야 한다.

해설

카뮤의 정리에 따르면 2개의 기어가 일정한 속도로 회전하기 위해서는 접촉점의 공통법선은 일정한 점을 통과해야 한다. 따라서 정답은 ④번이 된다.

① 사이클로이드곡선 : 평면 위의 일직선상에서 원을 회전시킨다고 가정했을 때, 원의 둘레 중 임의의 한 점이 회전하면서 그리는 곡선을 치형으로 사용한 곡선이다. 피치원이 일치하지 않거나 중심거리가 다를 때는 기어가 바르게 물리지 않으며, 이뿌리가 약하다는 단점이 있으나 효율성이 좋고 소음과 마모가 적다는 장점이 있다.

② 인벌류트곡선 : 원기둥을 세운 후 여기에 감은 실을 풀 때, 실 중 임의 1점이 그리는 곡선 중 일부를 치형으로 사용한 곡선이다. 이뿌리가 튼튼하며 압력각이 일정할 때 중심거리가 다소 어긋나도 속도비가 크게 변하지 않고 맞물림이 원활하다는 장점이 있으나 마모가 잘된다는 단점이 있다.

③ 기어의 물림률이 클수록 소음은 작아진다.

※ 물림률(Contact Ratio) : 동시에 물릴 수 있는 이의 수로 물림길이를 법선피치로 나눈 값이다.

06 기준 치수에 대한 공차가 $\phi 150^{+0.04}_{0}$[mm]인 구멍에, $\phi 150^{+0.03}_{-0.08}$[mm]인 축을 조립할 때 해당되는 끼워맞춤의 종류는?

① 억지 끼워맞춤

② 중간 끼워맞춤

③ 헐거운 끼워맞춤

④ 아주 헐거운 끼워맞춤

해설

구멍은 최대 150.04[mm], 최소 150[mm]이고 축은 최대 150.03[mm], 최소 149.92[mm]이다.

• 구멍과 축의 범위 안에 150[mm]가 존재한다.

• 구멍의 최대크기가 150.04[mm]이고 여기에 끼워지는 축의 최대크기가 150.03[mm]이다.

위 두 사항을 고려하면 이는 중간 끼워맞춤에 속한다.

끼워맞춤의 종류

분 류	축과 구멍의 상관관계
억지끼워맞춤	축의 크기 > 구멍의 크기
중간끼워맞춤	축의 크기 = 구멍의 크기
헐거운끼워맞춤	축의 크기 < 구멍의 크기

07 금형용 합금공구강의 KS규격에 해당하는 것은?

① STD 11

② SC 360

③ SM 45C

④ SS 400

해설

① STD 11 : 합금공구강(냉간금형)

② SC 360 : 탄소강 주강품

③ SM 45C : SM – 기계 구조용 탄소강재,
　　　　　　45C – 평균탄소함유량(0.42~0.48[%])

④ SS 400 : SS – 일반 구조용 압연강재(Structural Steel),
　　　　　　400 – 최저인장강도(41[kgf/mm²]×9.8=400[N/mm²])

08 한 대의 컴퓨터가 여러 대의 공작기계를 단계별로 제어하는 방식으로 가장 적절한 것은?

① 컴퓨터지원검사시스템(CAT)
② 직접수치제어(DNC)
③ 유연생산시스템(FMS)
④ 컴퓨터통합생산(CIM)

해설

직접수치제어(DNC ; Distributed Numerical Control)
중앙의 1대 컴퓨터에서 여러 대의 CNC공작기계에 데이터를 분배함으로써 동시에 여러 대의 기계를 운전할 수 있는 시스템으로 외부 컴퓨터에서 작성한 NC프로그램을 CNC공작기계에 송수신하면서 가공하는 방식이다. 군 관리나 군 제어로도 불린다.

① 컴퓨터지원검사시스템(CAT ; Computer Aided Testing) : 컴퓨터를 활용하여 제품을 자동으로 검사하는 장치이다.
③ 유연생산시스템(FMS ; Flexible Manufacturing System) : 하나의 생산공정에서 다양한 제품을 동시에 제조할 수 있는 생산자동화시스템으로 현재 자동차공장에서 하나의 컨베이어벨트 위에서 다양한 차종을 동시에 생산하는 시스템에 적용되고 있다. 이는 생산방식 중의 하나로써 일정 생산량 단위인 Cell 단위로 공정간 물량을 이동시킨다.
④ 컴퓨터통합생산시스템(CIM 또는 CIMS ; Computer Integrated Manufacturing System) : 컴퓨터에 의한 통합적 생산시스템으로 컴퓨터를 이용해서 기술개발·설계·생산·판매 그리고 경영까지 전체를 하나의 통합된 생산체제로 구축하는 시스템이다.

09 드릴링머신으로 가공할 수 있는 작업을 모두 고른 것은?

| ㄱ. 리 밍 | ㄴ. 브로칭 | ㄷ. 보 링 |
| ㄹ. 스폿페이싱 | ㅁ. 카운터싱킹 | ㅂ. 슬로팅 |

① ㄱ, ㄴ, ㄷ, ㅁ
② ㄱ, ㄴ, ㄷ, ㄹ
③ ㄱ, ㄷ, ㄹ, ㅁ
④ ㄱ, ㄷ, ㅁ, ㅂ

해설

브로칭가공과 슬로팅가공은 공구의 직선운동으로 가공하는 방법으로 공구의 회전에 의해 제품을 가공하는 드릴링머신에 의한 가공과는 거리가 멀다.

드릴링머신에 의한 가공의 종류

종 류	그 림	방 법
드릴링		드릴로 구멍을 뚫는 작업
리 밍		드릴로 뚫은 구멍의 정밀가공을 위하여 리머공구로 구멍의 내면을 다듬는 작업
보 링		보링바이트로 이미 뚫린 구멍을 필요한 치수로 정밀하게 넓히는 작업
태 핑		탭 공구로 구멍에 암나사를 만드는 작업
카운터싱킹		접시머리나사의 머리가 완전히 묻힐 수 있도록 원뿔 자리를 만드는 작업
스폿페이싱		볼트나 너트의 머리가 체결되는 바닥 표면을 편평하게 만드는 작업으로 구멍주위를 평면으로 깎는 작업
카운터보링		고정 볼트의 머리 부분이 완전히 묻히도록 원형으로 구멍을 뚫는 작업

10 유압회로에서 사용되는 릴리프밸브에 대한 설명으로 가장 적절한 것은?

① 유압회로의 압력을 제어한다.
② 유압회로의 흐름의 방향을 제어한다.
③ 유압회로의 유량을 제어한다.
④ 유압회로의 온도를 제어한다.

해설

릴리프밸브
유압회로에서 회로 내 압력이 설정치 이상이 되면 그 압력에 의해 밸브가 열려 압력을 일정하게 유지시키는 역할을 하는 밸브로서 안전밸브의 역할을 한다. 따라서 릴리프밸브는 유압회로의 압력을 제어한다.

11 사형주조에 대한 설명으로 옳지 않은 것은?

① 소모성 주형을 사용한다.
② 모형으로 공동부를 만든다.
③ 모래입자의 크기가 크면 통기도가 낮아진다.
④ 용탕의 점도가 온도에 민감할수록 유동성은 낮아진다.

해설

사형주조에 사용되는 모래입자의 크기가 크면 통기도는 커진다. 통기도란 공기가 통하는 정도를 수치화한 것이다.
사형주조(Sand Casting)
모래를 사용해서 탕구계를 포함하는 주물모형을 만든 후 이 내부에 용탕을 주입하고 냉각시키면 금속이 응고된 후 모래주형을 깨뜨려 주물을 꺼내는 주조법이다. 공작기계의 받침대나 실린더헤드, 엔진블록, 펌프의 하우징을 만들 때 사용하는 주조법으로 현재 가장 많이 사용되고 있다.

12 다음 그림의 마이크로미터 측정값에 가장 가까운 것은?

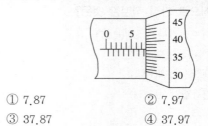

① 7.87
② 7.97
③ 37.87
④ 37.97

해설

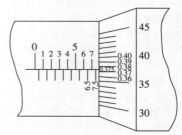

마이크로미터 측정값 계산
7.5[mm] + 0.375 = 7.875[mm]이므로 측정값에 가장 가까운 것은 ①번이다.

13 상원사의 동종과 같이 고대부터 사용한 청동의 합금은?

① 철과 아연
② 철과 주석
③ 구리와 아연
④ 구리와 주석

해설

대표적인 구리합금의 종류

청 동	황 동
Cu +Sn(구리 +주석)	Cu +Zn(구리 +아연)

14 가스터빈에 대한 설명으로 옳지 않은 것은?

① 압축, 연소, 팽창, 냉각의 4과정으로 작동되는 외연기
   관이다.
② 실제 가스터빈은 개방사이클이다.
③ 증기터빈에 비해 중량당의 동력이 크다.
④ 공기는 산소를 공급하고 냉각제의 역할을 한다.

가스터빈은 압축기, 터빈, 연소실로 이루어진 내연기관이다.
가스터빈
압축기, 터빈, 연소실로 이루어진 내연기관으로 압축기에서 압축된
공기가 연소실에서 연료와 혼합되어 연소함으로써 고온·고압으로
팽창하는데, 이때 발생하는 힘으로 터빈을 구동해서 에너지를 얻는
열기관사이클로 실제로는 개방사이클로 이루어진다. 공기로 산소
가 공급되며 냉각제의 역할도 한다. 브레이턴사이클이 대표적이며
완전연소를 하므로 유해성분이 적게 배출되고 증기터빈에 비해 중
량당 동력이 크다는 장점이 있다. 항공기나 선박, 발전기에 적용되고
있다.

15 금속의 응고에 대한 설명으로 옳지 않은 것은?

① 용융금속에 함유된 불순물은 결정립 경계에 주로 축
   적된다.
② 금속이 응고되면 일반적으로 다결정체를 형성한다.
③ 용융금속이 급랭되면 결정립의 크기가 작아진다.
④ 결정립이 커질수록 강도와 경도가 증가한다.

금속의 결정립이 커질수록 외력에 저항하는 방어막과 같은 역할을
하는 결정립계의 길이가 작아지므로 강도와 경도는 감소한다. 결정
립이 작아질수록 강도와 경도는 반대로 더 크게 된다.
금속이 응고할 때의 특징
• 결정립이 커지면 강도와 경도는 작아진다.
• 결정립이 작아지면 강도와 경도는 커진다.
• 용융금속이 급랭되면 결정립의 크기가 작아진다.
• 금속이 응고되면 일반적으로 다결정체를 형성한다.
• 용융 금속에 함유된 불순물은 결정립 경계에 주로 축적된다.

16 초기 재료의 형태가 분말인 신속조형기술(RP)을 모두
고른 것은?

> ㄱ. 융착모델링(FDM)
> ㄴ. 선택적 레이저소결(SLS)
> ㄷ. 박판적층법(LOM)
> ㄹ. 3차원 인쇄(3DP)

① ㄱ, ㄷ
② ㄴ, ㄹ
③ ㄱ, ㄴ, ㄹ
④ ㄴ, ㄷ, ㄹ

신속조형기술 중에서 초기 재료가 분말상태인 것은 선택적 레이저
소결(SLS)법과 최근 3D프린터라고도 불리는 3차원 인쇄(3DP)법
이다.
신속조형기술(RP ; Rapid Prototyping, 쾌속조형법)
3차원 형상모델링으로 그린 제품의 설계데이터를 사용하여 제품
제작 전에 실물크기 모양(목업 ; Mock-up)의 입체 형상을 빠르게
제작하는 방법이다.
신속조형기술의 종류
• 광조형법(SLA) : 액체상태의 광경화성 수지에 레이저광선을 부분
  적으로 쏘아서 적층해 나가는 방법이다.
• 박판적층법(SOM) : 원하는 단면에 레이저광선을 부분적으로 쏘아
  서 절단한 후 종이의 뒷면에 부착된 접착제를 사용해서 아래층과
  압착시켜 한 층씩 쌓아가며 형상을 만드는 방법이다.
• 용융수지압출법(FDM) : 필라멘트선으로 된 열가소성 소재를 노즐
  안에서 가열하여 용해한 후 이를 짜내어 조형면에 쌓아 올려 제품
  형상을 만드는 방법이다.
• 분말소결법(SLS) : 고분자재료나 금속분말가루를 한 층씩 도포한
  후 여기에 레이저광선을 쏘아서 소결시킨 후 다시 한 층씩 쌓아
  올려서 형상을 만드는 방법이다.
• 3차원 인쇄(3DP) : 분말가루와 접착제를 뿌려가며 형상을 만드는
  방법으로 최근 3D 프린터기의 개발로 많이 사용되고 있는 방법이다.

17 미끄럼베어링의 유체윤활에 대한 설명으로 옳지 않은 것은?

① 미끄럼표면들이 윤활막으로 완전히 분리된 상태이다.
② 점도가 높아지면 마찰계수가 증가한다.
③ 베어링면의 평균압력이 증가하면 마찰계수가 감소한다.
④ 회전속도가 증가하면 마찰계수가 감소한다.

해설
미끄럼베어링의 유체윤활 시 회전속도가 증가하면 마찰계수도 증가한다.

유체윤활
접촉면이 윤활제에 의해 완전히 분리된 상태이다. 보일의 법칙 ($P_1 v_1 = P_2 v_2$)에 따라 회전속도가 증가하면 베어링면의 평균압력이 감소하므로 마찰계수는 증가한다. 반대로 평균압력이 증가하면 마찰계수는 감소하게 된다. 또한 점도가 높아지면 마찰계수도 증가한다.

윤활의 목적
상대운동을 하는 물체들의 접촉면을 윤활제로 윤활막을 형성하여 제품표면의 손상을 방지하는 것이다. 윤활막두께와 표면조도에 따라 유체윤활, 혼합윤활, 경계윤활로 분류된다.

윤활의 종류
· 유체윤활(Hydrodynamic Lubrication) : 접촉면이 윤활제에 의해 완전히 분리된 상태이다. 접촉표면에 걸리는 하중은 모두 접촉면의 상대운동에 의해 발생되는 유압으로 지지된다. 접촉면의 마모량도 매우 작으며 마찰손실도 오직 윤활막 내에서만 이루어진다.
· 혼합윤활(Mixed-film Lubrication) : 접촉표면의 돌기들 간 간헐적인 접촉과 부분적인 유체윤활이 혼합된 윤활상태로 접촉표면의 마모가 다소 발생한다.
· 경계윤활(Boundary Lubrication) : 표면의 접촉상태가 심하지만 윤활유는 접촉면으로 계속 공급하여 접촉표면에 윤활막을 형성시켜 마찰과 마모를 감소시킨다.

18 탁상스탠드의 구조를 단순화하여 다음과 같은 평면기구를 얻었다. 이 기구의 자유도는?(단, 그림에서 ○는 핀절점이다)

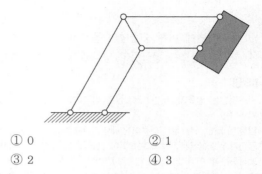

① 0　　　　　　　　② 1
③ 2　　　　　　　　④ 3

해설
자유도란 자유롭게 이동할 수 있는 수이다. 모든 점이 핀으로 연결되어 있으므로 4절 링크 2개가 모두 각각 좌우로 이동할 수 있으므로 총자유도는 2개가 된다.

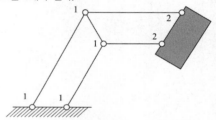

19 베인펌프에 대한 설명으로 옳은 것은?

① 회전자(Rotor)의 회전에 의하여 유체를 송출하는 용적형 회전펌프이다.

② 실린더 내에서 유체를 가압하여 송출하는 용적형 왕복펌프이다.

③ 회전차(Impeller)를 회전하여 발생하는 원심력으로 송출하는 터보형 원심펌프이다.

④ 송출량이 매우 커서 유체가 회전차의 축방향으로 유입되고 유출되는 터보형 축류펌프이다.

해설

베인펌프

회전자인 로터(Rotor)에 방사형으로 설치된 베인(Vane ; 깃)이 캠링의 내부를 회전하면서 베인과 캠링 사이에 폐입된 유체를 흡입구에서 출구로 송출하는 펌프이다. 유량이 일정하므로 용적형 펌프에 속한다.

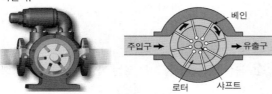

② 실린더 내에서 유체를 가압하여 송출하는 용적형 펌프는 피스톤 펌프이다.

③ 원심펌프에 대한 해설로, 원심펌프는 회전차를 회전시켜 발생하는 압력으로 유체를 송출하는 비용적형 펌프이다.

④ 용적형 펌프인 베인펌프는 상대적으로 비용적형 펌프에 비해 송출량은 크지 않다.

20 압연가공에 대한 설명으로 옳은 것은?

① 윤활유는 압연하중과 압연토크를 증가시킨다.

② 마찰계수는 냉간가공보다 열간가공에서 작아진다.

③ 압연롤러와 공작물 사이의 마찰력은 중립점을 경계로 반대방향으로 작용한다.

④ 공작물이 자력으로 압입되기 위해서는 롤러의 마찰각이 접촉각보다 작아야 한다.

해설

압연롤러와 공작물 사이의 마찰력은 중립점을 경계로 반대방향으로 작용한다.

① 윤활유는 압연하중과 압연토크를 감소시킨다.

② 마찰계수는 냉간가공에서 더 작아진다.

④ 공작물이 자력으로 압입되려면 롤러의 마찰각이 접촉각보다 커야 한다.

2015년 국가직 기계일반

01 구조용 강의 인장시험에 의한 공칭응력-변형률선도(Stress-Strain Diagram)에 대한 설명으로 옳지 않은 것은?

① 비례한도(Proportional Limit)까지는 응력과 변형률이 정비례의 관계를 유지한다.

② 탄성한도(Elastic Limit)에 이를 때까지는 하중을 제거하면, 시험편이 최초의 변형이 없는 상태로 돌아간다.

③ 항복점(Yield Point)에서는 하중이 증가하더라도 시험편의 변형이 일어나지 않는다.

④ 극한응력(Ultimated Stress)은 선도상에서의 최대 응력이다.

해설

응력-변형률선도에서 재료에 작용한 응력이 항복점에 이르게 되면 하중을 제거해도 재료는 변형된다.

강(Steel)재료를 인장시험하면 다음과 같은 응력-변형률선도를 얻을 수 있다. 응력-변형률 곡선은 작용 힘에 대한 단면적의 적용방식에 따라 공칭응력과 진응력으로 나뉘는데 일반적으로는 시험편의 최초 단면적을 적용하는 것을 공칭응력 혹은 응력이라고 하며 다음 선도로 표현한다.

※ 공칭응력(Tominal Stress) : 시험편의 최초단면적에 대한 하중의 비
    진응력(True Stress) : 시험 중 변화된 단면적에 대한 하중의 비

응력-변형률 곡선($\sigma - \varepsilon$선도)

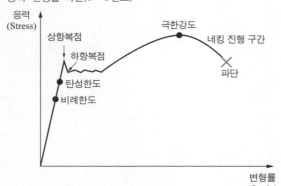

• 비례한도(Proportional Limit) : 응력과 변형률 사이에 정비례관계가 성립하는 구간 중 응력이 최대인 점으로 후크의 법칙이 적용된다.

• 탄성한도(Elastic Limit) : 하중을 제거하면 시험편의 원래 치수로 돌아가는 구간

• 항복점(Yield Point, σ_y) : 인장시험에서 하중이 증가하여 어느 한도에 도달하면 하중을 제거해도 원위치로 돌아가지 않고 변형이 남게 되는 그 순간의 하중이다.

• 극한강도(Ultimate Strength, σ_u) : 재료가 파단되기 전에 외력에 버틸 수 있는 최대의 응력이다.

• 네킹구간(Necking) : 극한 강도를 지나면서 재료의 단면이 줄어들면서 길게 늘어나는 구간이다.

• 파단점 : 재료가 파괴되는 점이다.

02 금속의 접촉부를 상온 또는 가열한 상태에서 압력을 가하여 결합시키는 용접은?

① 가스용접   ② 아크용접

③ 전자빔용접   ④ 저항용접

해설

저항용접

용접할 2개의 금속면을 상온 혹은 가열 상태에서 서로 맞대어 놓고 기계로 적당한 압력을 주면서 전류를 흘려주면 금속의 저항 때문에 접촉면과 그 부근에서 열이 발생하는데 그 순간 큰 압력을 가하여 양면을 완전히 밀착시켜 접합시키는 용접법이다.

① 가스용접 : 주로 산소-아세틸렌가스를 열원으로 하여 용접부를 용융하면서 용가재를 공급하여 접합시키는 용접법으로 그 종류에는 사용하는 연료가스에 따라 산소-아세틸렌용접, 산소-수소용접, 산소-프로판용접, 공기-아세틸렌용접 등이 있다. 산소-아세틸렌가스의 불꽃 온도는 약 3,430[℃]이다.

② 아크용접 : 아크란 이온화된 기체들이 불꽃방전에 의해 청백색의 강렬한 빛과 열을 내는 현상으로 아크중심의 온도는 약 6,000[℃]이며, 보통 4,000~5,000[℃]이다. 용접홀더에 용접봉을 끼운 후 용접봉 끝의 심선을 용접물에 접촉시키면 아크가 발생되며 그 열로 접합시키는 용접법이다. 용접봉 자체가 전극과 용가재의 역할을 동시에 하는 용극식 용접법이다. 아크용접의 종류에는 피복금속 아크용접, TIG용접, MIG용접, CO₂용접, 서브머지드 아크용접(SAW) 등이 있다.

③ 전자빔용접 : 진공 속에서 고밀도의 전자빔을 용접물에 고속으로 조사시키면 전자가 용접물에 충돌하여 국부적으로 고열을 발생시키는 데 이때 생긴 열원으로 접합시키는 용접법이다.

03 평벨트에 비해 V벨트 전동장치에 대한 특징으로 옳지 않은 것은?

① 미끄럼이 적고 속도비가 보통 크다.

② 운전이 정숙하고 충격을 잘 흡수한다.

③ 바로걸기와 엇걸기에 사용한다.

④ 작은 장력으로 큰 동력을 전달할 수 있다.

해설

평벨트는 바로걸기와 엇걸기가 가능하나 V벨트는 바로걸기만 가능하다.

평벨트와 V-벨트 전동장치의 형상

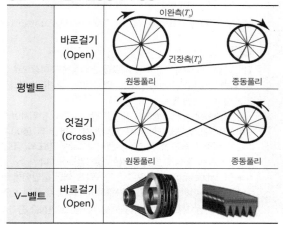

평벨트	바로걸기 (Open)	이완측(T_s) 긴장측(T_t) 원동풀리　　　　종동풀리
	엇걸기 (Cross)	원동풀리　　　　종동풀리
V-벨트	바로걸기 (Open)	

04 단면적 500[mm²], 길이 100[mm]의 봉에 50[kN]의 길이방향하중이 작용했을 때, 탄성영역에서 늘어난 길이는 2[mm]이다. 이 재료의 탄성계수는?

① 5[GPa]　　　　　　② 2[GPa]

③ 5[MPa]　　　　　　④ 2[MPa]

해설

$$\delta = \frac{PL}{AE}$$

$$2[\text{mm}] = \frac{50 \times 10^3 [\text{N}] \times 100[\text{mm}]}{500[\text{mm}^2] \times E}$$

$$E = \frac{50 \times 10^3 [\text{N}] \times 100[\text{mm}]}{500[\text{mm}^2] \times 2[\text{mm}]}$$

$$= 5,000[\text{N/mm}^2]$$

$$= 5,000 \times 10^{-6}[\text{N/m}^2]$$

$$= 5 \times 10^{-9}[\text{N/m}^2]$$

$$= 5[\text{GPa}]$$

변형량(δ) 구하기

$$\delta = \frac{PL}{AE}$$

여기서, P : 작용한 하중[N]

　　　　L : 재료의 길이[mm]

　　　　A : 단면적[mm²]

　　　　E : 세로탄성계수[N/mm²]

05 재료의 경도측정에 사용되는 시험법과 그 시험에서 사용하는 압입자 및 측정하는 값을 나타낸 것 중 옳지 않은 것은?

① Brinell 경도 : 강구(Steel Ball), 압입자국의 깊이
② Vickers 경도 : 다이아몬드 피라미드, 압입자국의 대각선길이
③ Shore 경도 : 다이아몬드 추, 반발되는 높이
④ Rockwell C 경도 : 다이아몬드 콘(Cone), 압입자국의 깊이

해설

브리넬경도는 강구를 일정한 하중으로 시험편의 표면에 압입시킨 후, 압입자국의 표면적 크기와 하중의 비로 경도를 측정한다. 따라서 압입자국의 깊이만을 고려하지는 않는다.

경도시험법의 종류

종 류	시험 원리	압입자
브리넬 경도 (H_B)	압입자인 강구에 일정량의 하중을 걸어 시험편의 표면에 압입한 후, 압입 자국의 표면적 크기와 하중의 비로 경도 측정 $H_B = \dfrac{P}{A} = \dfrac{P}{\pi Dh}$ $= \dfrac{2P}{\pi D(D - \sqrt{D^2 - d^2})}$ 여기서, D : 강구 지름 　　　　d : 압입 자국의 지름 　　　　h : 압입 자국의 깊이 　　　　A : 압입 자국의 표면적	강 구
비커스 경도 (H_V)	압입자에 1~120[kg]의 하중을 걸어 자국의 대각선 길이로 경도 측정한다. 하중을 가하는 시간은 캠의 회전속도로 조절한다. $H_V = \dfrac{P(\text{하중})}{A(\text{압입 자국의 표면적})}$	136°인 다이아몬드 피라미드 압입자
로크웰 경도 (H_{RB}, H_{RC})	압입자에 하중을 걸어 압입 자국(홈)의 깊이를 측정하여 경도 측정 • 예비하중 : 10[kg] • 시험하중 : B스케일 100[kg], 　　　　　　 C스케일 150[kg] $H_{RB} = 130 - 500h$ $H_{RC} = 100 - 500h$ 여기서, h : 압입 자국의 깊이	• B스케일 : 강구 • C스케일 : 120° 다이아몬드(콘)
쇼어 경도 (H_S)	추를 일정한 높이(h_0)에서 낙하시켜, 이 추의 반발 높이(h)를 측정해서 경도 측정 $H_S = \dfrac{10,000}{65} \times \dfrac{h(\text{해머의 반발 높이})}{h_0(\text{해머 낙하 높이})}$	다이아몬드 추

06 ㉠, ㉡에 들어갈 말을 올바르게 짝지은 것은?

강에서 (㉠)이라 함은 변태점온도 이상으로 가열한 후 물 또는 기름과 같은 냉각제 속에 넣어 급랭시키는 열처리를 말하며, 일반적으로 강은 급랭시키면 (㉡)조직이 된다.

	㉠	㉡
①	어닐링(Annealing)	마텐자이트(Martensite)
②	퀜칭(Quenching)	오스테나이트(Austenite)
③	어닐링(Annealing)	마텐자이트(Martensite)
④	퀜칭(Quenching)	오스테나이트(Austenite)

해설

담금질(Quenching ; 퀜칭)은 재료를 변태점온도 이상으로 가열한 후 급랭시켜 마텐자이트 조직을 얻기 위한 열처리법이다.

기본 열처리 4단계
• 담금질(Quenching ; 퀜칭) : 재료를 강하게 만들기 위하여 변태점 이상의 온도인 오스테나이트 영역까지 가열한 후 물이나 기름 같은 냉각제 속에 집어넣어 급랭시킴으로써 강도와 경도가 큰 마텐자이트 조직을 만들기 위한 열처리조작이다.
• 뜨임(Tempering ; 템퍼링) : 잔류응력에 의한 불안정한 조직을 A_1 변태점 이하의 온도로 재가열하여 원자들을 좀더 안정적인 위치로 이동시킴으로써 잔류응력을 제거하고 인성을 증가시키기 위한 열처리법이다.
• 풀림(Annealing ; 어닐링) : 강 속에 있는 내부응력을 제거하고 재료를 연하게 만들기 위해 A_1 변태점 이상의 온도로 가열한 후 가열 노나 공기 중에서 서랭함으로써 강의 성질을 개선하기 위한 열처리법이다.
• 불림(Normalizing ; 노멀라이징) : 주조나 소성가공에 의해 거칠고 불균일한 조직을 표준화 조직으로 만드는 열처리법으로 A_3 변태점보다 30~50[℃] 높게 가열한 후 공랭시킴으로써 만들 수 있다.

07 미끄럼베어링과 구름베어링의 특성을 비교한 설명으로 옳지 않은 것은?

	미끄럼베어링	구름베어링
①	자체 제작하는 경우가 많음	표준형 양산품임
②	강성이 작음	강성이 큼
③	진동 및 소음이 적음	진동 및 소음이 발생하기 쉬움
④	저속 회전에 적합	고속 회전에 적합

해설

미끄럼베어링은 마찰계수가 커서 저속 회전에 알맞고 구름베어링은 고속에 적합한 것이 일반적이나 이 문제는 구름베어링이 고속 회전은 가능하나 이는 공진속도의 영역 내에서만 가능할 뿐, 공진속도를 지나서도 운전이 가능한 미끄럼베어링이 고속 회전에 더 적합하다는 것이 출제진의 의도로 보인다. 저자도 이 문제를 보았을 때는 다소 난해하였으나 정답을 반드시 1개 고른다면 ④번이 된다.

미끄럼베어링과 구름베어링의 특징

미끄럼베어링	구름베어링 (볼 또는 롤러베어링)
• 가격이 싸다.	• 가격이 비싸다.
• 마찰저항이 크다.	• 마찰저항이 작다.
• 동력손실이 크다.	• 동력손실이 적다.
• 윤활성이 좋지 않다.	• 윤활성이 좋은 편이다.
• 진동과 소음이 작다.	• 소음이 있고 충격에 약하다.
• 비교적 큰 하중에 적용한다.	• 비교적 작은 하중에 적용한다.
• 구조가 간단하며 수리가 쉽다.	• 수명이 비교적 짧고 조립이 어렵다.
• 충격값이 구름베어링보다 크다.	• 고속 회전에 적합하며 과열이 적다.
• 비교적 낮은 회전속도에 사용한다.	• 너비를 작게 해서 소형화가 가능하다.
• 구름베어링보다 정밀도가 더 커야 한다.	• 특수강을 사용하며 정밀가공이 필요하다.
	• 표준화된 규격품이 많아서 교환하기 쉽다.

08 원형축에 비틀림모멘트를 가했을 경우에 축의 비틀림 각에 대한 설명으로 옳은 것은?

① 축재질의 전단탄성계수값이 작을수록 비틀림각은 감소한다.
② 축길이가 증가할수록 비틀림각은 감소한다.
③ 단면 극관성모멘트값이 클수록 비틀림각은 감소한다.
④ 축지름이 작을수록 비틀림각은 감소한다.

해설

비틀림각 구하는 공식을 고려하여 문제를 풀어야 한다.

비틀림각 $\theta = \dfrac{T \cdot L}{G \cdot I_P} = \dfrac{T \cdot L}{G \cdot \dfrac{\pi d^4}{32}} = \dfrac{32 T \cdot L}{G \cdot \pi d^4}$

단면 극관성모멘트(극단면 2차 모멘트 ; I_P)값이 분모에 있으므로 이 값이 클수록 비틀림각(θ)은 감소한다.

① 분모에 있는 전단탄성계수(G)값이 작을수록 비틀림각(θ)은 커진다.
② 분자에 있는 축길이(L)가 증가할수록 비틀림각(θ)은 커진다.
④ 분자에 있는 축지름(d)이 작을수록 비틀림각(θ)은 커진다.

비틀림각(θ) 구하는 식

$\theta = \dfrac{T \cdot L}{G \cdot I_P} = \dfrac{T \cdot L}{G \cdot \dfrac{\pi d^4}{32}} = \dfrac{32 T \cdot L}{G \cdot \pi d^4}$

여기서, I_P : 극단면 2차 모멘트, G : 전단탄성계수

$I_P = \dfrac{\pi d^4}{32}$ (중실축), $\dfrac{\pi(d_2{}^4 - d_1{}^4)}{32}$ (중공축)

09 하중을 들어 올릴 때 효율이 30[%]이고 피치가 4[mm] 인 1줄 나사를 40[N · mm]의 토크로 회전시킬 때, 나사에 작용하는 축방향의 하중[N]은?(단, π는 3으로 계산한다)

① 18 ② 19
③ 20 ④ 21

해설

나사의 효율(η) 구하는 식

$\eta = \dfrac{pQ}{2\pi T}$

여기서, Q : 축방향하중, p : 나사의 피치, T : 토크

$Q = \dfrac{2\pi T \eta}{p} = \dfrac{2\pi \times 40[\text{N} \cdot \text{mm}] \times 0.3}{4[\text{mm}]} = 18[\text{N}]$

따라서 축방향하중(Q) = 18[N]

10 밀링가공에서 밀링커터의 날(Tooth)당 이송 0.2[mm/tooth], 회전당 이송 0.4[mm/rev], 커터의 날 2개, 커터의 회전속도 500[rpm]일 때, 테이블의 분당 이송속도[mm/min]는?

① 100   ② 200
③ 400   ④ 800

$f = f_z \times z \times n = 0.2 \times 2 \times 500 = 200 [mm/min]$
밀링머신의 테이블 이송속도(f) 구하는 식

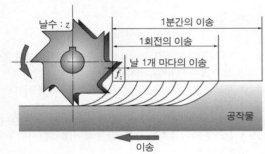

$f = f_z \times z \times n$
여기서, f : 테이블의 이송 속도[mm/min]
f_z : 밀링 커터날 1개의 이송[mm]
z : 밀링 커터날의 수
n : 밀링 커터의 회전수[rpm]

11 드릴링머신가공에서 접시머리나사의 머리가 들어갈 부분을 원추형으로 가공하는 작업으로 옳은 것은?

① 리밍(Reaming)
② 카운터보링(Counterboring)
③ 카운터싱킹(Countersinking)
④ 스폿페이싱(Spotfacing)

카운터싱킹
접시머리나사의 머리가 완전히 묻힐 수 있도록 원뿔(원추형)자리를 만드는 작업

12 소성가공법에 대한 설명으로 옳지 않은 것은?

① 압출 : 상온 또는 가열된 금속을 용기 내의 다이를 통해 밀어내어 봉이나 관 등을 만드는 가공법
② 인발 : 금속봉이나 관 등을 다이를 통해 축방향으로 잡아당겨 지름을 줄이는 가공법
③ 압연 : 열간 혹은 냉간에서 금속을 회전하는 두 개의 롤러 사이를 통과시켜 두께나 지름을 줄이는 가공법
④ 전조 : 형을 사용하여 판상의 금속재료를 굽혀 원하는 형상으로 변형시키는 가공법

전조가공
재료와 공구를 각각이나 함께 회전시켜 재료 내부나 외부에 공구의 형상을 새기는 특수압연법이다. 대표적인 제품으로는 나사와 기어가 있으며 절삭칩이 발생하지 않아 표면이 깨끗하고 재료의 소실이 거의 없다. 또한 강인한 조직을 얻을 수 있고 가공속도가 빨라서 대량생산에 적합하다.
프레스가공
프레스기계를 이용하여 펀치나 다이(금형)로 판재에 인장이나 압축, 전단, 굽힘응력을 가해서 소성변형시켜 원하는 형상의 제품을 만드는 가공법이다. 기계화된 판금가공으로 치수가 정밀하고 제품의 대량생산에 적합하나 다이 제작비가 비싼 단점이 있다.

13 피치원지름 D, 기어잇수 Z, 공구압력각 a인 평기어의 기초원피치로 옳은 것은?

① $\dfrac{\pi D}{Z} \sin a$ ② $\dfrac{\pi D}{Z} \cos a$

③ $\dfrac{Z}{\pi D} \sin a$ ④ $\dfrac{\pi D^2}{Z} \cos a$

• 기초원지름$(D_g) = D \cos \alpha$
• 기초원피치 = 원주피치$(p) = \dfrac{\pi D}{z}$
여기에 D 대신 기초원지름 $D_g = D \cos \alpha$를 대입하면
$p = \dfrac{\pi D \cos \alpha}{z} = \dfrac{\pi D}{z} \cos \alpha$
따라서 정답은 ②번이다.

14 금속표면에 구슬알갱이를 고속으로 발사해 냉간가공의 효과를 얻고, 표면층에 압축잔류응력을 부여하여 금속부품의 피로수명을 향상시키는 방법은?

① 숏피닝(Shot Peening)
② 샌드블라스팅(Sand Blasting)
③ 텀블링(Tumbling)
④ 초음파세척(Ultrasonic Cleaning)

해설

숏피닝
강이나 주철제의 작은 강구(볼)를 고속으로 표면층에 분사하여 냉간가공효과를 얻으면서 표면층을 가공경화시키는 표면경화법으로 표면에 압축잔류응력을 부여하여 금속부품의 피로수명을 향상시킨다.

② 샌드블라스트 : 분사가공의 일종으로 직경이 작은 구를 압축공기로 분사시키거나 중력으로 낙하시켜 재료의 표면을 연마작업하거나 녹 제거가공을 하는 방법이다.
③ 텀블링 : 배럴가공과 유사한 방식의 가공법으로, 제품표면의 스케일제거를 목적으로 할 뿐 표면거칠기나 정밀가공을 위한 것이 아니므로 배럴가공에 비해 다듬질면의 상태가 좋지 않다.
④ 초음파세척 : 세정액 속에 주로 복잡한 형상의 세척할 제품을 담근 후 초음파를 가하여 발생하는 충격파로 제품을 세척하는 방법이다.

15 냉간가공과 열간가공에 대한 설명으로 옳지 않은 것은?

① 냉간가공을 하면 가공면이 깨끗하고 정확한 치수가공이 가능하다.
② 재결정온도 이상에서의 가공을 열간가공이라 한다.
③ 열간가공은 소재의 변형저항이 적어 소성가공이 용이하다.
④ 냉간가공은 열간가공보다 표면산화물의 발생이 많다.

해설

냉간가공은 열간가공보다 표면산화물이 발생하지 않아서 정밀가공이 가능해서 가공면이 매우 깨끗하다.
냉간가공한 재료의 특징
• 수축에 의한 변형이 없다.
• 인성, 연성, 연신율을 감소시킨다.
• 가공온도와 상온과의 온도차가 적다.
• 결정립의 변형으로 단류선이 형성된다.
• 가공경화로 강도, 경도, 항복점을 증가시킨다.
• 전위의 집적으로 인하여 가공경화가 발생한다.
• 가공 시 불균일한 응력으로 인해 잔류응력이 발생한다.
• 냉간가공이 많아질수록 결정핵의 생성이 많아져서 재결정온도는 낮아진다.
• 열간가공과는 달리 표면이 산화되지 않아서 치수정밀도가 높고 깨끗한 가공면을 얻는다.
• 강을 200~300[℃]의 범위에서 냉간가공하면 결정격자에 변형이 생기고 청열취성이 발생한다.
열간가공한 재료의 특징
• 충격이나 피로에 강하다.
• 가공도가 매우 큰 변형이 가능하다.
• 설비와 가공할 수 있는 치수에 제한이 있다.
• 불순물이나 편석이 없어지고 재질이 균일하게 된다.
• 연화 및 재결정이 이루어져 가공성을 저하시키지 않는다.
• 새로운 결정이 생기고 이것이 다시 변형, 재결정이 반복되어 결정립을 미세화한다.
• 가공이 거듭됨에 따라 기계적 성질은 향상되나 어느 정도 이상이 되면 큰 효과가 없다.
• 열간가공된 제품은 고온에서 재료의 산화가 발생되므로 냉간가공 제품에 비해 균일성이 떨어진다.

16

M은 질량, L은 길이, T는 시간이라고 할 때, 점성계수의 차원은?

① $ML^{-1}T^{-2}$

② $ML^{-1}T^{-1}$

③ MLT^{-1}

④ $M^{-1}L^{-1}T^{-2}$

해설

점성계수(μ)

유체유동에 대한 저항력의 척도로 점도라고도 간단히 부른다.

$$\mu = \frac{[N \cdot s]}{[m^2]} = \frac{([kg \cdot m/s^2]) \cdot [s]}{[m^2]} = \frac{[kg \cdot m \cdot s]}{[m^2 \cdot s^2]} = \frac{[kg]}{[m \cdot s]}$$

MLT 차원은 질량(M), 길이(L), 시간(T) 순서로 표시되므로 $\frac{[kg]}{[m \cdot s]}$ 을 구분하면

$M = [kg]$, $L^{-1} = \left(\frac{1}{[m]}\right)$, $T^{-1} = \left(\frac{1}{[s]}\right)$ 이므로

표시는 $ML^{-1}T^{-1}$ 이 된다.

※ 1[kgf]를 [N]으로 변환하기 1[kgf] = 1[kg] × 9.8[m/s²] = 9.8[N]

17

버니어캘리퍼스의 길이측정이 그림과 같을 때 측정값 [mm]은?(단, 아들자는 39[mm]를 20등분한 것이다)

※ 아들자 아홉 번째 눈금과 일치

① 12.20　　　　② 12.30

③ 12.45　　　　④ 12.90

해설

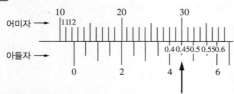

버니어캘리퍼스 측정값 계산

• 아들자의 0을 바로 지난 어미자의 수치를 읽는다. → 12[mm]

• 어미자와 아들자의 눈금이 일치하는 곳을 찾아서 소수점으로 읽는다. → 0.45[mm]

이들을 합치면 12.45[mm]로 측정값이 되므로 정답은 ③번이다.

18

내연기관에서 도시열효율, 이론열효율, 제동(순)열효율 사이의 관계로 옳은 것은?

① 이론열효율 < 도시열효율 < 제동(순)열효율

② 제동(순)열효율 < 이론열효율 < 도시열효율

③ 제동(순)열효율 < 도시열효율 < 이론열효율

④ 도시열효율 < 이론열효율 < 제동(순)열효율

해설

내연기관의 열효율 중 이론적으로 계산된 이론열효율이 가장 크며, 크랭크축이나 기어의 손실을 반영한 제동열효율이 가장 작다.

제동열효율 < 도시열효율 < 이론열효율

내연기관의 효율

종 류	계산식
이론 열효율	사이클이 진행될 때 손실이 전혀 없다고 가정했을 때 피스톤이 한 일로 열량을 공급열량으로 나눈 수이다.
도시 열효율	사이클이 진행될 때 약 24~28[%]의 열손실이 발생하며 피스톤에 하는 도시일과 공급된 총열량과의 비이다.
제동 열효율	정미효율이라고도 불리며 피스톤이나 크랭크축의 마찰손실과 기어의 손실로 일부가 소비되어 실제로 도시열효율보다도 작다.

19 기계 및 구조물의 1자유도계 선형(Linear)진동과 관련된 설명으로 옳지 않은 것은?

① 질량이 증가할 때 고유진동수는 감소한다.

② 강성이 증가할 때 고유진동수는 증가한다.

③ 감쇠가 존재하면 공진에서 변위가 무한대로 되지 않는다.

④ 가진력이 클수록 고유진동수는 증가한다.

해설

가진력(Exciting Force)은 진동발생의 원인으로 물체에 진동을 주는 외력이다. 이 가진력이 클수록 진폭이 커져서 단위시간당 진동하는 횟수인 고유진동수는 감소하게 된다. 따라서 ④번은 잘못된 표현이다. 또한 감쇠가 존재하면 공진 시 변위가 줄어들게 되므로 무한대로 되지는 않는다.

진 동

어떤 물체가 기준좌표계나 평형위치에 대해서 물체가 반복적으로 운동하는 현상이다.

고유진동수

단위시간당 진동하는 횟수로 구조물의 동적특성을 표현하는 가장 대표적인 개념이다.

고유진동수(f)의 특징

• 강성(k)에 비례한다.

• 질량(m)에 반비례한다.

• 고유진동주기(T) $= \dfrac{1}{f}$

• 고유진동수(f) $= \dfrac{1}{2\pi}\sqrt{\dfrac{k}{m}}$

• 구속위치에서 멀리 떨어진 위치에 집중된 질량은 관성효과로 고유진동수를 크게 감소시킨다.

20 회로의 압력이 설정치 이상이 되면 밸브가 열려 설정압력 이상으로 증가하는 것을 방지하는 데 사용되는 유압밸브의 기호는?

①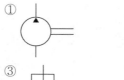

②

③

④

해설

릴리프밸브

유압회로에서 회로 내 압력이 설정치 이상이 되면 그 압력에 의해 밸브가 열려 압력을 일정하게 유지시키는 역할을 하는 밸브로서 안전밸브의 역할을 한다.

KS B 0054에 따른 유압, 공기압 도면기호

종 류	기 호	역 할
일정용량형 유압펌프		• 1회전당 토출량의 변동이 없는 펌프 • 종류 : 나사펌프, 기어펌프, 피스톤펌프, 베인펌프 ※ 단, 피스톤펌프와 베인펌프는 정용량형이면서 가변용량형이다.
감압밸브		유체의 압력을 감소시키기 위한 밸브로 급속귀환장치가 부착된 공작기계에서 고압펌프와 귀환 시 사용할 저압의 대용량 펌프를 병행해서 사용할 경우 동력 절감을 위해 사용하는 밸브이다.
시퀀스밸브		정해진 순서에 따라 순차적으로 작동시키는 밸브로 기계의 조작 순서를 확실하게 조정한다.

2016년 국가직 기계일반

01 관통하는 구멍을 뚫을 수 없는 경우에 사용하는 것으로 볼트의 양쪽 모두 수나사로 가공되어 있는 머리 없는 볼트는?

① 스터드볼트
② 관통볼트
③ 아이볼트
④ 나비볼트

해설

스터드볼트

양쪽 끝이 모두 수나사로 되어 있는 볼트로 한쪽 끝은 암나사가 난 부분에 반영구적인 박음 작업을 하고, 반대쪽 끝은 너트를 끼워 고정시킨다.

② 관통볼트 : 구멍에 볼트를 넣고 반대쪽에 너트로 죄는 일반적인 형태의 볼트

③ 아이볼트 : 나사의 머리 부분을 고리 형태로 만들고 고리에 로프나 체인, 훅 등을 걸어 무거운 물건을 들어 올릴 때 사용하는 볼트

④ 나비볼트 : 볼트를 쉽게 조일 수 있도록 머리 부분을 날개 모양으로 만든 볼트

스터드볼트	관통볼트	아이볼트	나비볼트

02 압력용기 내의 게이지 압력이 30[kPa]로 측정되었다. 대기압력이 100[kPa]일 때 압력용기 내의 절대압력 [kPa]은?

① 130
② 70
③ 30
④ 0

해설

$$P_{abs} = P_{a(=atm)} + P_g$$
$$= 100[\text{kPa}] + 30[\text{kPa}]$$
$$= 130[\text{kPa}]$$

• 절대압력(P_{abs}) : 완전 진공상태를 기점인 0으로 하여 측정한 압력

$$P_{abs} = P_{a(= \text{atm, 대기압력})} + P_{g(\text{게이지 압력})}$$

03 가공경화(Work Hardening) 혹은 변형경화(Strain Hardening) 현상이 발생하는 예가 아닌 것은?

① 선재의 단면적을 감소시키기 위한 인발 공정
② 제작된 부품에 수행하는 어닐링(Annealing) 공정
③ 볼트 머리 제작을 위한 단조 공정
④ 자동차 차체용 박판 제작을 위한 압연 공정

해설

풀림은 담금질이나 가공경화로 인해 경화된 재료의 내부 응력을 제거하고 연하게 만들기 위한 열처리 조작으로 가공경화 현상을 발생시키지는 않는다.

• 풀림(Annealing ; 어닐링) : 강 속에 있는 내부 응력을 제거하고 재료를 연하게 만들기 위해 A_1 변태점 이상의 온도로 가열한 후 가열 노나 공기 중에서 서랭함으로써 강의 성질을 개선하기 위한 열처리법이다.

• 가공경화(Work Hardening) : 금속을 가공하고 소성변형시킴으로써 표면 경도를 증가시키는 방법이다. 소성변형의 증가에 따라 경도가 증가하나 연신율과 수축성이 저하되어 외부 충격에 약해지는 특징을 갖는다. 따라서 이 현상은 철사를 손으로 잡고 구부렸다 폈다를 반복하면 결국에 끊어지는 것으로 설명할 수 있다.

04 연삭숫돌 및 연삭공정에 대한 설명으로 옳지 않은 것은?

① 연삭숫돌의 숫돌입자 크기를 나타내는 입도번호가 낮을수록 연삭공정으로 우수한 표면 정도를 얻을 수 있다.

② 결합도가 높은 연삭숫돌은 연한 재료의 연삭공정에 사용된다.

③ 연삭숫돌은 숫돌입자, 결합제, 기공의 세 가지 요소로 구성된다.

④ 연삭공정은 전통적인 절삭공정보다 높은 비에너지를 요구한다.

해설

입도란 숫돌입자 크기를 숫자로 나타낸 것으로 연삭 가공면의 표면 정밀도를 결정하는 주요 요소이다. 입도번호가 클수록 더 고운 입자임을 나타내는 수치이므로 입도번호가 클수록 우수한 표면을 가진 제품을 얻을 수 있다.

연삭숫돌의 입도번호

구 분	거친 연마용	일반 연마용	정밀 연마용
입도번호	4~220	230~1,200	240~8,000

05 다음의 공구재료를 200[℃] 이상의 고온에서 경도가 높은 순으로 옳게 나열한 것은?

> 탄소공구강, 세라믹공구, 고속도강, 초경합금

① 초경합금 > 세라믹공구 > 고속도강 > 탄소공구강

② 초경합금 > 세라믹공구 > 탄소공구강 > 고속도강

③ 세라믹공구 > 초경합금 > 고속도강 > 탄소공구강

④ 고속도강 > 초경합금 > 탄소공구강 > 세라믹공구

해설

공구강은 절삭 시 발생되는 열에도 그 강도를 유지해야 하는데 이 중 세라믹공구의 고온경도가 가장 높다.

공구강의 고온경도 및 파손강도가 높은 순서

> 다이아몬드 > 입방정 질화붕소 > 세라믹 > 초경합금 > 주조경질합금(스텔라이트) > 고속도강 > 합금공구강 > 탄소공구강

세라믹공구 : 무기질의 비금속 재료를 고온에서 소결한 것으로 1,200[℃]의 절삭열에도 경도 변화가 없는 신소재이다. 주로 고온에서 소결시켜 만들 수 있는데 내마모성과 내열성, 내화학성(내산화성)이 우수하나 인성이 부족하고 성형성이 좋지 못하며 충격에 약한 단점이 있다.

06 길이 2[m]의 강체 OE는 그림에서 보여지는 순간에 시계방향의 각속도 $\omega = 10$[rad/s]와 반시계방향 각가속도 $\alpha = 1,000$[rad/s²]으로 점 O에 대하여 평면 회전운동한다. 이 순간 E점의 가속도에 대한 설명으로 옳은 것은?

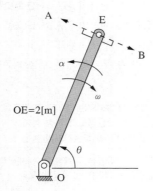

OE=2[m]

	접선가속도		법선가속도	
	방향	크 기	방향	크 기
①	$\overrightarrow{EA}$	200[m/s²]	$\overrightarrow{OE}$	2,000[m/s²]
②	$\overrightarrow{EA}$	2,000[m/s²]	$\overrightarrow{EO}$	200[m/s²]
③	$\overrightarrow{EA}$	2,000[m/s²]	$\overrightarrow{OE}$	200[m/s²]
④	$\overrightarrow{EB}$	2,000[m/s²]	$\overrightarrow{EO}$	200[m/s²]

해설

• 접선가속도 $= r \times \alpha$(각가속도) $= 2$[m] $\times 1,000$[rad/s²]
$= 2,000$[m/s²], 방향 : $\overrightarrow{EA}$
• 법선가속도 $= r \times \omega^2$(각속도) $= 2$[m] $\times (10$[rad/s]$)^2$
$= 200$[m/s²], 방향 : $\overrightarrow{EO}$

07 내연기관에 사용되는 윤활유의 점도에 대한 설명 중 옳지 않은 것은?

① SAE 번호가 높을수록 윤활유의 점도가 높다.
② SAE 번호는 윤활유의 사용가능한 외기온도를 나타내는 지표가 된다.
③ 점도지수(Viscosity Index)가 높은 것일수록 온도변화에 대한 점도변화가 크다.
④ 절대점도의 단위로 Pa·s 또는 Poise를 사용한다.

해설

점도(Viscosity)
유체의 흐름에 대한 저항력의 척도로 유체의 끈끈한 정도로 이해하면 쉽다. 따라서 점도지수가 높으면 그만큼 분자 간 결합력이 큰 것이므로 온도변화에 대한 점도변화는 점도지수가 낮을 때보다 더 작게 된다.
※ 점도가 높아지면 마찰계수도 증가한다.

08 철(Fe)에 탄소(C)를 함유한 탄소강(Carbon Steel)에 대한 설명으로 옳지 않은 것은?

① 탄소함유량이 높을수록 비중이 증가한다.
② 탄소함유량이 높을수록 비열과 전기저항이 증가한다.
③ 탄소함유량이 높을수록 연성이 감소한다.
④ 탄소함유량이 0.2[%] 이하인 탄소강은 산에 대한 내식성이 있다.

해설

다음 표를 참고하면 Fe(철)의 밀도(ρ)가 C(탄소)의 밀도보다 2~3배가 더 크기 때문에 동일 체적인 경우 Fe이 C보다 무거운 것을 알 수 있다. 따라서 순수한 철에 탄소의 함유량이 높아질수록 합금되는 탄소강의 비중은 낮아진다.

Fe과 C의 차이점

구 분	밀도(ρ)	원자량
Fe(철)	7.87[g/cm³]	55.8[g/mol]
C(탄소)	1.8 ~ 3.5[g/cm³]	12[g/mol]

09 특정한 온도 영역에서 이전의 결정립을 대신하여 새로운 결정립이 생성되는 금속의 재결정에 대한 설명으로 옳지 않은 것은?

① 재결정은 금속의 강도를 낮추고 연성을 증가시킨다.
② 냉간가공도가 클수록 재결정 온도는 낮아진다.
③ 냉간가공에 의한 선택적 방향성은 재결정 온도에서 등방성으로 회복된다.
④ 냉간가공도가 일정한 경우에는 온도가 증가함에 따라 재결정 시간이 줄어든다.

해설
냉간가공에 의한 선택적 방향성은 재결정 온도에서 등방성의 결정립이 재생성되는 것이며, 등방성으로 회복되는 것은 아니다.
※ 재결정 : 금속원소가 특정 온도 영역에서 새로운 결정입자가 생성되는 현상

10 강의 열처리 및 표면경화에 대한 설명 중 옳지 않은 것은?

① 구상화 풀림(Spheroidizing Annealing) : 과공석강에서 초석탄화물이 석출되어 기계가공성이 저하되는 문제를 해결하기 위해 행하는 열처리 공정으로, 탄화물을 구상화하여 기계가공성 및 인성을 향상시키기 위해 수행된다.
② 불림(Normalizing) : 가공의 영향을 제거하고 결정립을 조대화시켜 기계적 성질을 향상시키기 위해 수행된다.
③ 침탄법 : 표면은 내마멸성이 좋고 중심부는 인성이 있는 기계 부품을 만들기 위해 표면층만을 고탄소로 조성하는 방법이다.
④ 심랭(Subzero)처리 : 잔류 오스테나이트(Austenite)를 마텐자이트(Martensite)화 하기 위한 공정이다.

해설
불림처리는 결정립을 조대화시키지 않는다.
불림(Normalizing ; 노멀라이징)
주조나 소성가공에 의해 거칠고 불균일한 조직을 표준화 조직으로 만드는 열처리법으로 A_3 변태점보다 $30 \sim 50[℃]$ 높게 가열한 후 공랭시킴으로써 만들 수 있다.

11 전달 토크가 크고 정밀도가 높아 가장 널리 사용되는 키(Key)로서, 벨트풀리와 축에 모두 홈을 파서 때려 박는 키는?

① 평 키   ② 안장키
③ 접선키   ④ 묻힘키

해설
성크키(묻힘키 ; Sunk Key)
가장 널리 쓰이는 키(Key)로 축과 보스 양쪽에 모두 키 홈을 파서 동력을 전달하는 키이다. $\frac{1}{100}$ 기울기를 가진 경사키와 평행키가 있다.

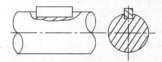

① 평키 : 축에 키의 폭만큼 편평하게 가공한 키로 안장키보다는 큰 힘을 전달한다. 축의 강도를 저하시키지 않으며 $\frac{1}{100}$ 기울기를 붙이기도 한다.
② 안장키 : 축에는 키 홈을 가공하지 않고 보스에만 키 홈을 파서 끼운 뒤, 축과 키 사이의 마찰에 의해 회전력을 전달하는 키로 작은 동력의 전달에 적당하다.
③ 접선키 : 전달토크가 큰 축에 주로 사용되며 회전 방향이 양쪽 방향일 때 일반적으로 중심각이 120°가 되도록 한 쌍을 설치하여 사용하는 키이다. 90°로 배치한 것은 케네디키라고 불린다.

12 축압 브레이크의 일종으로 마찰패드에 회전축 방향의 힘을 가하여 회전을 제동하는 장치는?

① 블록 브레이크
② 밴드 브레이크
③ 드럼 브레이크
④ 디스크 브레이크

원판 브레이크(디스크 브레이크)
압축(축압)식 브레이크의 일종으로, 바퀴와 함께 회전하는 디스크를 양쪽에서 압착시켜 제동력을 얻어 회전을 멈추는 장치이다. 브레이크의 마찰 면인 원판의 수에 따라 1개–단판 브레이크, 2개 이상–다판 브레이크로 분류된다.

① 블록 브레이크 : 마찰 브레이크의 일종으로 브레이크 드럼에 브레이크 블록을 밀어 넣어 제동시키는 장치
② 밴드 브레이크 : 브레이크 드럼의 바깥 둘레에 강철 밴드를 감고 밴드의 끝이 연결된 레버를 잡아당겨 밴드와 브레이크드럼 사이에 마찰력을 발생시켜서 제동력을 얻는 장치
③ 드럼 브레이크 : 바퀴와 함께 회전하는 브레이크 드럼의 안쪽에 마찰재인 초승달 모양의 브레이크 패드(슈)를 밀착시켜 제동시키는 장치

블록 브레이크	밴드 브레이크
드럼 브레이크	디스크 브레이크(원판 브레이크)

13 수차에 대한 설명으로 옳지 않은 것은?

① 프란시스 수차는 반동수차의 일종이다.
② 프란시스 수차에서는 고정깃과 안내깃에 의해 유도된 물이 회전차를 회전시키고 축방향으로 송출된다.
③ 프로펠러 수차는 축류형 반동수차로 수량이 많고 저낙차인 곳에 적용된다.
④ 펠턴 수차는 고낙차에서 수량이 많은 곳에 사용하기 적합하다.

펠턴 수차는 낙차가 크고 유량(수량)이 적은 곳에 사용한다.

14 연신율이 20[%]인 재료의 인장시험에서 파괴되기 직전의 시편 전체 길이가 24[cm]일 때 이 시편의 초기 길이[cm]는?

① 19.2
② 20.0
③ 28.8
④ 30.0

$$\varepsilon = \frac{\Delta l}{l} \times 100[\%]$$

$$0.2 = \frac{l' - l}{l}$$

$$0.2 = \frac{24 - x}{x}$$

$$0.2x = 24 - x$$

$$1.2x = 24$$

$x = 20$, 따라서 처음 길이는 20[cm]이다.

• 변형률(인장변형률, 연신율) : 재료가 축 방향의 인장하중을 받으면 길이가 늘어나는데 처음 길이에 비해 늘어난 길이의 비율이다.

$$\varepsilon = \frac{\text{변형된 길이}}{\text{처음 길이}} = \frac{\Delta l}{l} \times 100[\%]$$

15 ㉠, ㉡에 들어갈 말을 올바르게 짝지은 것은?

(㉠)은/는 금속 혹은 세라믹 분말과 폴리머나 왁스 결합제를 혼합한 후, 금형 내로 빠르게 사출하여 생형을 제작하고, 가열 혹은 용제를 사용하여 결합제를 제거한 후, 높은 온도로 (㉡)하여 최종적으로 금속 혹은 세라믹 제품을 생산하는 공정이다.

	㉠	㉡
①	인베스트먼트 주조	소 결
②	분말야금	경 화
③	금속사출성형	경 화
④	분말사출성형	소 결

해설

① 인베스트먼트 주조법 : 제품과 동일한 형상의 모형을 왁스(양초)나 파라핀(합성수지)으로 만든 후 그 주변을 슬러리 상태의 내화재료로 도포한 다음 가열하면 주형은 경화되면서 왁스로 만들어진 내부 모형이 용융되어 밖으로 빼내어짐으로써 주형이 완성되는 주조법이다. 다른 말로는 로스트 왁스법, 치수 정밀도가 좋아서 정밀 주조법으로도 불린다.

② 분말야금법 : 분말과 야금의 합성어로 금속분말을 압축 성형하여 가열하면 입자 사이에 확산이 일어나는데 이때 분말이 서로 응착하는 소결현상이 일어나면서 원하는 형상으로 성형시키는 제조 기술이다.

③ 금속사출성형 : 사출 실린더 안에 지름이 약 10[μm]의 금속분말을 넣고 사출기로 성형하여 제품을 만드는 제조 기술이다.

※ 소결 : 분말 재료를 적당한 형상으로 가압하여 성형시키는 작업

16 절삭속도를 변화시키면서 공구 수명시험을 하였다. 절삭속도를 60[m/min]으로 하였을 때 공구의 수명이 1,200[min], 절삭속도를 600[m/min]으로 하였을 때 수명은 12[min]이었다. 절삭속도가 300[m/min]일 때 그 공구의 수명[min]은?

① 24   ② 48

③ 240   ④ 600

해설

상수값을 구하기 위한 식

1번식, $VT^n = C$

$\quad\quad 60 \times 1,200^n = C$

2번식, $VT^n = C$

$\quad\quad 600 \times 12^n = C$

3번식, $60 \times 1,200^n = 600 \times 12^n$

$\quad\quad 1,200^n = 10 \times 12^n$

$\quad\quad 100^n = 10$

$\quad\quad n = \frac{1}{2}$

4번식, $60 \times 1,200^{\frac{1}{2}} = 2,078, \quad C = 2,078$

테일러공구 수명식에 대입하면, $VT^n = C$

$\quad\quad 300 \times x^{\frac{1}{2}} = 2,078$

$\quad\quad x^{\frac{1}{2}} = 6.92$

$\quad\quad x = 48$

테일러(Tayer)의 공구 수명식

$$VT^n = C$$

여기서, V : 절삭속도

$\quad\quad T$: 공구수명

$\quad\quad C$: 절삭깊이, 공구재질 등에 따른 상수값

$\quad\quad n$: 공구와 공작물에 따른 지수

17 가솔린기관과 디젤기관의 비교 설명으로 옳지 않은 것은?

① 디젤기관은 연료소비율이 낮고 열효율이 높다.

② 디젤기관은 평균유효압력 차이가 크지 않아 회전력 변동이 작다.

③ 디젤기관은 압축압력, 연소압력이 가솔린기관에 비해 낮아 출력당 중량이 작고, 제작비가 싸다.

④ 디젤기관은 연소속도가 느린 경유나 중유를 사용하므로 기관의 회전속도를 높이기 어렵다.

해설

디젤기관이 가솔린 엔진보다 작동압력(압축 및 연소압력) 및 출력당 중량이 더 크고 제작 단가도 더 비싸다.

가솔린기관과 디젤기관의 차이점

구 분	가솔린기관	디젤기관
점화방식	전기 불꽃 점화	압축 착화
최대압력	30~35[kg/cm^2]	65~70[kg/cm^2]
열효율	작다.	크다.
압축비	6~11 : 1	15~22 : 1
연소실 형상	간단하다.	복잡하다.
연료공급	기화기 또는 인젝터	분사펌프, 분사노즐
진동 및 소음	작다.	크다.
출력당 중량	작다.	크다.
제작비	저렴하다.	비싸다.

18 연삭가공 및 특수가공에 대한 설명으로 옳지 않은 것은?

① 방전가공에서 방전액은 냉각제의 역할을 한다.

② 전해가공은 공구의 소모가 크다.

③ 초음파가공 시 공작물은 연삭입자에 의해 미소 치핑이나 침식작용을 받는다.

④ 전자빔가공은 전자의 운동에너지로부터 얻는 열에너지를 이용한다.

해설

전해가공은 공구의 소모량이 많지 않다.

전해가공(ECM ; Electro Chemical Machining)

공작물을 양극에, 공구를 음극에 연결하면 도체 성질의 가공액에 의한 전기화학적 작용으로 공작물이 전기 분해되어 원하는 부분을 제거하는 가공법이다.

19 호칭이 2N M8×1인 나사에 대한 설명으로 옳지 않은 것은?

① 리드는 2[mm]이다.

② 오른나사이다.

③ 피치는 1[mm]이다.

④ 유효지름은 8[mm]이다.

해설

"M8"에서 M : 미터나사(M), 8 : 호칭지름이 8[mm]

20 사출성형품의 불량원인과 대책에 대한 설명으로 옳지 않은 것은?

① 플래싱(Flashing) : 고분자 수지가 금형의 분리면 (Parting Line)의 틈으로 흘러나와 고화 또는 경화된 것으로, 금형 자체의 체결력을 높임으로써 해결될 수 있다.

② 주입부족(Short Shot) : 용융수지가 금형공동을 완전히 채우기 전에 고화되어 발생하는 결함으로, 성형압력을 높임으로써 해결될 수 있다.

③ 수축(Shrinkage) : 수지가 금형공동에서 냉각되는 동안 발생하는 수축에 의한 치수 및 형상 변화로, 성형수지의 온도를 낮춰 해결될 수 있다.

④ 용접선(Weld Line) : 용융수지가 금형공동의 코어 등의 주위를 흐르면서 반대편에서 서로 만나는 경계 부분의 기계적 성질이 떨어지는 결함으로, 게이트의 위치변경 등으로 개선할 수 있다.

해설

사출성형품에 수축 불량이 발생하는 원인은 금속이 응고할 때 부피가 수축되는 현상 때문인데, 이를 방지하기 위해서는 용탕을 추가로 보충해 주거나 급랭을 피해야 한다. 따라서 성형수지의 온도를 낮추는 것은 해결방안이 아니다.

2017년 국가직 기계일반

01 금속재료의 기계적 성질을 측정하기 위해 시편에 일정한 하중을 가하는 시험은?

① 피로시험
② 인장시험
③ 비틀림시험
④ 크리프시험

해설
크리프(Creep)시험 : 고온에서 재료에 일정 크기의 하중(정하중)을 작용시키면 시간이 경과함에 따라 변형이 증가하는 현상을 시험하여 온도에 따른 재료의 특성인 크리프 한계를 결정하거나 예측하기 위한 시험법이다. 이 시험을 통해서 보일러용 파이프나 증기 터빈의 날개와 같이 장시간 고온에서 하중을 받는 기계구조물의 파괴를 방지하기 위해 실시한다. 단위로는 [kg/mm²]를 사용한다.

02 외경 선삭에서 가공 전과 후의 평균 지름이 100[mm]인 황동봉을 절삭깊이 1[mm], 이송속도 0.3[mm/rev], 주축 회전속도 1,000[rpm]으로 가공하였을 때, 재료제거율[cm³/min]은?(단, π는 3.14로 하고 가공 전과 후의 평균 지름, 평균 절삭속도를 이용하여 재료 제거율을 계산하라)

① 30
② 300
③ 9.42
④ 94.2

해설
선반가공 시 재료 제거율을 구하는 공식은 다음과 같다.
재료 제거율 = 제거면적 × 회전수 × 이송속도
$$= \pi d t \times 1{,}000[\mathrm{rpm}] \times 0.3[\mathrm{mm/rev}]$$
$$= (3.14 \times 10[\mathrm{cm}] \times 0.1[\mathrm{cm}]) \times 1{,}000[\mathrm{rev/min}]$$
$$\times 0.03[\mathrm{cm/rev}]$$
$$= 94.2[\mathrm{cm^3/min}]$$

03 1줄 나사에서 나사를 축방향으로 20[mm] 이동시키는데 2회전이 필요할 때, 이 나사의 피치[mm]는?

① 1
② 5
③ 10
④ 20

해설
리드(L) : 나사가 축방향으로 이동한 거리로 $L = np$이다.
$L = n$(나사의 줄 수) $\times p$(피치)
여기서, 2회전 시 20[mm]를 이동했으므로 1회전 시 $L = 10$[mm]가 된다.
$$p = \frac{L}{n} = \frac{10[\mathrm{mm}]}{1} = 10[\mathrm{mm}]$$

정답 1 ④ 2 ④ 3 ③

04 체인(Chain)에 대한 설명으로 옳지 않은 것은?

① 큰 동력을 전달할 수 있다.
② 초기 장력을 줄 필요가 있으며 정지 시에 장력이 작용한다.
③ 미끄럼이 적으며 일정한 속도비를 얻을 수 있다.
④ 동력 전달용으로 롤러 체인(Roller Chain)과 사일런트 체인(Silent Chain)이 사용된다.

해설

체인전동장치는 초기 장력이 필요 없어서 베어링 마멸이 적고, 정지 시 장력이 작용하지 않는다.

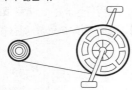

체인전동장치의 특징
• 유지 및 보수가 쉽다.
• 접촉각은 90° 이상이 좋다.
• 체인의 길이를 조절하기 쉽다.
• 내열이나 내유, 내습성이 크다.
• 진동이나 소음이 일어나기 쉽다.
• 축간거리가 긴 경우 고속전동이 어렵다.
• 여러 개의 축을 동시에 작동시킬 수 있다.
• 마멸이 일어나도 전동효율의 저하가 적다.
• 큰 동력전달이 가능하며 전동효율이 90[%] 이상이다.
• 체인의 탄성으로 어느 정도의 충격을 흡수할 수 있다.
• 고속회전에 부적당하며 저속회전으로 큰 힘을 전달하는 데 적당하다.
• 전달효율이 크고 미끄럼(슬립)이 없이 일정한 속도비를 얻을 수 있다.
• 초기 장력이 필요 없어서 베어링 마멸이 적고, 정지 시 장력이 작용하지 않는다.
• 사일런트(스) 체인은 정숙하고 원활한 운전과 고속 회전이 필요할 때 사용되는 체인이다.

05 웜 기어에 대한 설명으로 옳은 것만을 모두 고른 것은?

> ㄱ. 역전 방지를 할 수 없다.
> ㄴ. 웜에 축방향 하중이 생긴다.
> ㄷ. 부하용량이 크다.
> ㄹ. 진입각(Lead Angle)의 증가에 따라 효율이 증가한다.

① ㄱ, ㄹ
② ㄴ, ㄷ
③ ㄱ, ㄴ, ㄷ
④ ㄴ, ㄷ, ㄹ

해설

웜 기어(웜과 웜휠기어로 구성)는 회전운동하는 운동축을 90°로 회전시켜서 다시 회전운동을 시키는 기어장치로 역회전을 방지할 수 있다.

웜과 웜휠기어의 특징
• 부하용량이 크다.
• 잇면의 미끄럼이 크다.
• 역회전을 방지할 수 있다.
• 감속비를 크게 할 수 있다.
• 운전 중 진동과 소음이 거의 없다.
• 진입각이 작으면 효율이 떨어진다.
• 웜에 축방향의 하중이 발생된다.

06 유압기기에 대한 설명으로 옳지 않은 것은?

① 유압기기는 큰 출력을 낼 수 있다.

② 비용적형 유압펌프로는 베인 펌프, 피스톤 펌프 등이 있다.

③ 유압기기에서 사용되는 작동유의 종류에는 석유 계통의 오일, 합성유 등이 있다.

④ 유압실린더는 작동유의 압력 에너지를 직선 왕복운동을 하는 기계적 일로 변환시키는 기기이다.

해설

베인펌프와 피스톤펌프는 용적형 펌프에 속한다.
유압펌프의 종류

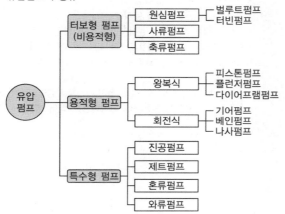

07 내연기관에 대한 설명으로 옳지 않은 것은?

① 디젤기관의 압축비가 가솔린기관의 압축비보다 높다.

② 가솔린기관에서는 노크(Knock)를 저감하기 위해 실린더 체적을 작게 한다.

③ 디젤기관에서는 노크(Knock)를 저감하기 위해 압축비를 높인다.

④ 벤투리(Venturi)는 공기의 압력을 높이기 위해서 설치한 단면이 좁은 통로이다.

해설

벤투리(Venturi)는 관로 내부를 흐르는 유체의 압력을 떨어뜨리기 위해 설치한 단면이 좁은 통로이다.

08 압출에서 발생하는 결함이 아닌 것은?

① 솔기결함(Seam)

② 파이프결함(Pipe Defect)

③ 세브론균열(Chevron Cracking)

④ 표면균열(Surface Cracking)

해설

솔기결함(심결함) : 재료의 길이방향으로 발생되는 흠집이나 자국으로 인발가공에서 발생되는 결함이다.

인발가공은 다이 구멍 안에 있는 금속재료를 구멍 밖으로 잡아 당겨 단면적을 줄이면서 선이나 봉, 관 등의 제품을 뽑아내는 가공법이다.

09 강의 표면 처리법에 대한 설명으로 옳은 것은?

① 아연(Zn)을 표면에 침투 확산시키는 방법을 칼로라이징(Calorizing)이라 한다.

② 고주파 경화법은 열처리 과정이 필요하지 않다.

③ 청화법(Cyaniding)은 침탄과 질화가 동시에 일어난다.

④ 강철입자를 고속으로 분사하는 숏 피닝(Shot Peening)은 소재의 피로수명을 감소시킨다.

해설

청화법은 침탄법보다도 더 얇은 경화층을 얻고자 할 때 사용하는 방법으로 청화칼리나 청산소다와 같은 화학물질이 사용되며, 처리방법에는 간편뿌리기법과 침적법이 있는데 침탄과 질화가 동시에 발생한다는 특징이 있다.

10 소모성 전극을 사용하지 않는 용접법만을 모두 고른 것은?

> ㄱ. 일렉트로가스 용접(Electrogas Welding)
> ㄴ. 플라스마 아크 용접(Plasma Arc Welding)
> ㄷ. 원자 수소 용접(Atomic Hydrogen Welding)
> ㄹ. 플래시 용접(Flash Welding)

① ㄱ, ㄴ
② ㄴ, ㄷ
③ ㄱ, ㄷ, ㄹ
④ ㄴ, ㄷ, ㄹ

해설
- 일렉트로가스 용접(EGW) : 용접하는 모재의 틈을 물로 냉각시킨 구리 받침판으로 둘러싸고 용융 풀의 위부터 이산화탄소가스인 실드가스를 공급하면서 와이어를 용접부에 연속적으로 공급하여 와이어 선단과 용융부와의 사이에서 아크를 발생시켜 그 열로 와이어와 모재를 용융시키는 용접법이다. 이때 전극으로 사용되는 와이어는 소모된다.
- 플라스마 아크 용접 : 양이온과 음이온이 혼합된 도전성의 가스체로 높은 온도를 가진 플라스마를 한 방향으로 모아서 분출시키는 것을 일컬어 플라스마 제트라고 부르는데, 이를 이용하여 용접이나 절단에 사용하는 용접법으로 용접 품질이 균일하며 용접속도가 빠른 장점이 있으나, 설비비가 많이 드는 단점이 있다.
- 원자 수소 아크 용접 : 2개의 텅스텐 전극 사이에서 아크를 발생시키고 홀더의 노즐에서 수소가스를 유출시켜서 용접하는 방법으로 연성이 좋고 표면이 깨끗한 용접부를 얻을 수 있으나, 토치 구조가 복잡하고 비용이 많이 들기 때문에 특수 금속 용접에 적합하다. 가열 열량의 조절이 용이하고 시설비가 싸며 박판이나 파이프, 비철합금 등의 용접에 많이 사용된다.
- 플래시 용접(플래시 버트 용접) : 2개의 금속 단면을 가볍게 접촉시키면서 큰 전류(대전류)를 흐르게 하면 열이 집중적으로 발생하면서 그 부분이 용융되고 불꽃이 튀게 되는데, 이때 접촉이 끊어지고 다시 피용접재를 전진시키면서 용융과 불꽃 튀는 것을 반복하면서 강한 압력을 가해 압접하는 방법으로 불꽃 용접이라고도 불린다.

11 절삭가공에서 절삭유(Cutting Fluid)의 일반적인 사용 목적에 해당하지 않는 것은?

① 공구와 공작물 접촉면의 마찰 감소
② 절삭력 증가
③ 절삭부로부터 생성된 칩(Chip) 제거
④ 절삭부 냉각

해설
절삭유는 절삭작업을 쉽게 할 뿐 절삭력을 증가시키지는 않는다.
절삭유의 역할 및 특징
- 공구와의 마찰을 감소시킨다.
- 다듬질 면의 정밀도를 좋게 한다.
- 공구와 가공물의 친화력을 줄인다.
- 냉각작용과 윤활작용을 동시에 한다.
- 절삭된 칩을 제거하여 절삭작업을 쉽게 한다.
- 공구의 마모를 줄이고 윤활 및 세척작용으로 가공표면을 좋게 한다.
- 가공물과 절삭공구를 냉각시켜 공구의 경도저하를 막고 수명을 늘린다.
- 식물성 유제는 윤활성이 다소 떨어지나 냉각성능이 좋은 반면, 광물성유는 윤활성은 좋으나 냉각성능은 떨어진다.

12 전해가공(Electrochemical Machining)과 화학적가공(Chemical Machining)에 대한 설명으로 옳지 않은 것은?

① 광화학블랭킹(Photochemical Blanking)은 버(Burr)의 발생 없이 블랭킹(Blanking)이 가능하다.
② 화학적가공에서는 부식액(Etchant)을 이용해 공작물 표면에 화학적 용해를 일으켜 소재를 제거한다.
③ 전해가공은 경도가 높은 전도성 재료에 적용할 수 있다.
④ 전해가공으로 가공된 공작물에서는 열 손상이 발생한다.

해설
전해가공(ECM ; Electro Chemical Machining)
공작물을 양극에, 공구를 음극에 연결하면 도체 성질의 가공액에 의한 전기화학적 작용으로 공작물이 전기 분해되어 원하는 부분을 제거하는 가공법으로 가공된 공작물에는 열 손상이 발생되지 않는다.

13 상온에서 금속결정의 단위격자가 면심입방격자(FCC)인 것만을 모두 고른 것은?

ㄱ. Pt	ㄴ. Cr
ㄷ. Ag	ㄹ. Zn
ㅁ. Cu	

① ㄱ, ㄷ, ㄹ
② ㄱ, ㄷ, ㅁ
③ ㄴ, ㄷ, ㄹ
④ ㄷ, ㄹ, ㅁ

해설

면심입방격자는 금속이 무른 것이 특징으로 Pt와 Ag, Cu가 이에 속한다.

철의 결정구조

종류	성질	원소	단위격자	배위수	원자충진율
체심입방격자 (BCC) (Body Centered Cubic)	• 강도가 크다. • 용융점이 높다. • 전성과 연성이 작다.	W, Cr, Mo, V, Na, K	2개	8	68[%]
면심입방격자 (FCC) (Face Centered Cubic)	• 전기전도도가 크다. • 가공성이 우수하다. • 장신구로 사용된다. • 전성과 연성이 크다. • 연한 성질의 재료이다.	Al, Ag, Au, Cu, Ni, Pb, Pt, Ca	4개	12	74[%]
조밀육방격자 (HCP) (Hexagonal Close Packed lattice)	• 전성과 연성이 작다. • 가공성이 좋지 않다.	Mg, Zn, Ti, Be, Hg, Zr, Cd, Ce	2개	12	74[%]

※ 결정구조란 3차원 공간에서 규칙적으로 배열된 원자의 집합체를 말한다.

14 연마 입자(Abrasive Particle)를 이용하는 가공방법으로만 묶은 것은?

① 래핑(Lapping), 초음파가공(Ultrasonic Machining)
② 허빙(Hubbing), 호닝(Honing)
③ 슈퍼피니싱(Super Finishing), 방전가공(Electric Discharge Machining)
④ 스피닝(Spinning), 버핑(Buffing)

해설

래핑과 초음파가공이 연마 입자를 사용한 정밀입자가공법에 속한다.

• 래핑가공 : 주철이나 구리, 가죽, 천 등으로 만들어진 랩(Lap)과 공작물의 다듬질할 면 사이에 랩제를 넣고 적당한 압력으로 누르면서 상대운동을 하면, 절삭입자가 공작물의 표면으로부터 극히 소량의 칩(Chip)을 깎아내어 표면을 다듬는 가공법이다. 주로 게이지 블록의 측정면을 가공할 때 사용한다.

• 초음파가공 : 공구와 공작물 사이에 연삭입자와 공작액을 섞은 혼합액을 넣고 초음파 진동을 주면 공구가 반복적으로 연삭입자에 충격을 가하여 공작물의 표면이 미세하게 다듬질하는 가공법이다.

15 공기 스프링에 대한 설명으로 옳지 않은 것은?

① 2축 또는 3축 방향으로 동시에 작용할 수 있다.
② 감쇠특성이 커서 작은 진동을 흡수할 수 있다.
③ 하중과 변형의 관계가 비선형적이다.
④ 스프링 상수의 크기를 조절할 수 있다.

해설

공기스프링은 작동유체인 Air의 특성으로 2축이나 3축을 동시 제어하기 힘들다.

16 비커스 경도(HV) 시험에 대한 설명으로 옳지 않은 것은?

① 꼭지각이 136°인 다이아몬드 사각추를 압입한다.
② 경도는 작용한 하중을 압입 자국의 깊이로 나눈 값이다.
③ 질화강과 침탄강의 경도 시험에 적합하다.
④ 압입자국의 대각선 길이는 현미경으로 측정한다.

비커스 경도는 하중을 압입 자국의 표면적 크기로 나눈 값이다.

경도 시험법의 종류

종류	시험 원리	압입자
브리넬 경도 (H_B)	압입자인 강구에 일정량의 하중을 걸어 시험편의 표면에 압입한 후, 압입 자국의 표면적 크기와 하중의 비로 경도 측정 $$H_B = \frac{P}{A} = \frac{P}{\pi D h}$$ $$= \frac{2P}{\pi D(D - \sqrt{D^2 - d^2})}$$ 여기서, D : 강구 지름 d : 압입 자국의 지름 h : 압입 자국의 깊이 A : 압입 자국의 표면적	강구
비커스 경도 (H_V)	압입자에 1~120[kg]의 하중을 걸어 자국의 대각선 길이로 경도를 측정한다. 하중을 가하는 시간은 캠의 회전 속도로 조절한다. $$H_V = \frac{P(하중)}{A(압입\ 자국의\ 표면적)}$$	136°인 다이아몬드 피라미드 압입자
로크웰 경도 (H_{RB}, H_{RC})	압입자에 하중을 걸어 압입 자국(홈)의 깊이를 측정하여 경도를 측정한다. • 예비하중 : 10[kg] • 시험하중 : B스케일 100[kg], C스케일 150[kg] $H_{RB} = 130 - 500h$ $H_{RC} = 100 - 500h$ 여기서, h : 압입 자국의 깊이	• B스케일 : 강구 • C스케일 : 120° 다이아몬드(콘)
쇼어 경도 (H_S)	추를 일정한 높이(h_0)에서 낙하시켜, 이 추의 반발 높이(h)를 측정해서 경도 측정 $$H_S = \frac{10,000}{65} \times \frac{h(해머의\ 반발\ 높이)}{h_0(해머의\ 낙하\ 높이)}$$	다이아몬드 추

17 펌프(Pump)에 대한 설명으로 옳지 않은 것은?

① 송출량 및 송출압력이 주기적으로 변화하는 현상을 수격현상(Water Hammering)이라 한다.
② 왕복펌프는 회전수에 제한을 받지 않아 고양정에 적합하다.
③ 원심펌프는 회전차가 케이싱 내에서 회전할 때 발생하는 원심력을 이용한다.
④ 축류 펌프는 유량이 크고 저양정인 경우에 적합하다.

수격현상은 관내를 흐르는 유체의 유속이 급히 바뀌면 유체의 운동에너지가 압력에너지로 변하면서 관내압력이 비정상적으로 상승하여 배관이나 펌프에 손상을 주는 현상이다. 송출량과 송출압력이 주기적으로 변하는 현상은 맥동현상이다.
※ 맥동현상(서징현상, Surging)
펌프 운전 중 압력계의 눈금이 주기적이며 큰 진폭으로 흔들림과 동시에 토출량도 변하면서 흡입과 토출배관에서 주기적으로 진동과 소음을 동반하는 현상이며 영어로는 서징(Surging)현상이라고 한다.

18 방전가공에 대한 설명으로 옳지 않은 것만을 모두 고른 것은?

> ㄱ. 스파크 방전을 이용하여 금속을 녹이거나 증발시켜 재료를 제거하는 방법이다.
> ㄴ. 방전가공에 사용되는 절연액(Dielectric Fluid)은 냉각제의 역할도 할 수 있다.
> ㄷ. 전도체 공작물의 경도와 관계없이 가공이 가능하고 공구 전극의 마멸이 발생하지 않는다.
> ㄹ. 공구 전극의 재료로 흑연, 황동 등이 사용된다.
> ㅁ. 공구 전극으로 와이어(Wire) 형태를 사용할 수 없다.

① ㄱ, ㄷ 　　　② ㄴ, ㄹ
③ ㄷ, ㅁ 　　　④ ㄴ, ㅁ

해설

방전가공에서는 와이어 형태의 전극재료가 사용되며 공구 전극은 소모된다.
방전가공의 특징
• 전극이 소모된다.
• 가공속도가 느리다.
• 열 변형이 적어서 가공 정밀도가 우수하다.
• 강한 재료와 담금질 재료의 가공도 용이하다.
• 간단한 전극만으로도 복잡한 가공을 할 수 있다.
• 전극으로 구리, 황동, 흑연을 사용하므로 성형성이 용이하다.
• 아크릴과 같이 전기가 잘 통하지 않는 재료는 가공할 수 없다.
• 미세한 구멍, 얇은 두께의 재질을 가공해도 변형이 생기지 않는다.
방전가공(EDM) : 절연성의 가공액 내에서 전극과 공작물 사이에서 일어나는 불꽃 방전에 의하여 재료를 조금씩 용해시켜 원하는 형상의 제품을 얻는 가공법으로 가공속도가 느린 것이 특징이다. 주로 높은 경도의 금형가공에 사용하는데 콘덴서의 용량을 크게 하면 가공시간은 빨라지나 가공면과 치수 정밀도가 좋지 않다.

19 주조 공정중에 용탕이 주입될 때 증발되는 모형(Pattern)을 사용하는 주조법은?

① 셸 몰드법(Shell Molding)
② 인베스트먼트법(Investment Process)
③ 풀 몰드법(Full Molding)
④ 슬러시 주조(Slush Casting)

해설

③ 풀 몰드법 : 용탕이 주입될 때 증발되는 소모성 모형을 사용하는 것으로 조형 후 모형을 빼내지 않고 주물사 안으로 용탕을 주입하여 그 열에 의해 모형을 기화시키면서 그 안을 용탕으로 채워 주물을 만드는 주조법이다. 복잡한 형상의 주물 제작이 용이하고 작업시간을 단축시킬 수 있으나 용탕 주입 시 다량의 매연과 모형 변형에 의한 치수 결함의 발생 가능성이 있다는 단점이 있다.
① 셸 몰드법 : 금속모형을 약 250~300[℃]로 가열한 후, 모형 위에 박리제인 규소수지를 바른다. 그리고 150~200[mesh] 정도의 SiO₂와 열경화성 합성수지를 배합한 주형재에 잠기게 하여 주형을 제작하는 주조법이다.
② 인베스트먼트주조법 : 제품과 동일한 형상의 모형을 왁스(양초)나 파라핀(합성수지)으로 만든 후 그 주변을 슬러리 상태의 내화재료로 도포한 다음 가열하여 주형을 경화시키면서 내부의 모형을 용융시켜 빼냄으로써 주형을 완성하는 주조법이다. 다른 말로는 로스트 왁스법, 주물의 치수 정밀도가 좋아서 정밀 주조법으로도 불린다.
④ 슬러시주조법 : 코어를 사용하지 않고 속이 빈 주물을 만드는 주조법으로 용융금속을 금형 안으로 주입시킨 후 회전시켜 주물을 만든다.

20 마그네슘(Mg)에 대한 설명으로 옳은 것은?

① 산소와 반응하지 않는다.
② 비중이 1.85로 공업용 금속 중 가장 가볍다.
③ 전기 화학적으로 전위가 높아서 내식성이 좋다.
④ 열전도율은 구리(Cu)보다 낮다.

해설

구리의 열전도율이 마그네슘보다 높다.
열 및 전기 전도율이 높은 순서
Ag > Cu > Au > Al > Mg > Zn > Ni > Fe > Pb > Sb

2018년 국가직 기계일반

01 용접 안전에 대한 설명으로 옳지 않은 것은?

① 아크용접에서 방출되는 자외선에 주의해야 한다.
② 유독가스를 배출하기 위한 환기시설이 필요하다.
③ 아크용접에서 작업자는 감전의 위험이 있다.
④ 가스용접에서 아세틸렌 가스는 화재의 위험이 없다.

해설

아세틸렌 가스는 가연성 가스의 일종으로 화재의 위험이 있다.

02 재료의 비파괴시험에 해당하는 것은?

① 인장시험
② 피로시험
③ 방사선 탐상법
④ 샤르피 충격시험

해설

방사선 투과검사는 재료를 파괴하지 않고 용접부 뒷면에 필름을 놓고 용접물 표면에서 X선이나 γ선을 방사하여 용접부를 통과시키면, 금속 내부에 구멍이 있을 경우 그 만큼 투과되는 두께가 얇아져서 필름에 방사선의 투과량이 그만큼 많아지게 되므로 다른 곳보다 검게 됨을 확인함으로써 불량을 검출하는 방법이다.

비파괴시험법의 종류

내부결함	방사선투과시험(RT)
	초음파탐상시험(UT)
표면결함	외관검사(VT)
	누설검사(LT)
	자분탐상검사(MT)
	침투탐상검사(PT)
	와전류탐상검사(ET)

03 축방향 하중을 지지하는 데 가장 부적합한 베어링은?

① 단열 깊은 홈 볼베어링(Single-row Deep-groove Ball Bearing)
② 앵귤러 콘택트 볼베어링(Angular Contact Ball Bearing)
③ 니들 롤러베어링(Needle Roller Bearing)
④ 테이퍼 롤러베어링(Taper Roller Bearing)

해설

니들 롤러베어링은 리테이너 없이 니들 롤러만으로 전동하기 때문에 축의 직각 방향의 하중을 지지하는 데 적합하다. 길이에 비해 지름이 매우 작은 롤러를 사용하는 베어링으로 좁은 장소에서 비교적 큰 충격 하중을 받는 내연기관의 피스톤 핀에 사용된다. 리테이너가 없이 니들 롤러만으로 전동하므로 단위 면적당 부하량이 크다.

04 밀링가공에서 하향절삭(Down Milling)의 특징으로 옳지 않은 것은?

① 절삭날의 마모가 작고 수명이 길다.
② 백래시(Backlash)가 자연히 제거된다.
③ 절삭날이 공작물을 누르는 형태여서 고정이 안정적이다.
④ 마찰력은 작으나 하향으로 큰 충격력이 작용한다.

해설

하향절삭은 커터 날과 공작물의 이송 방향이 같아서 절삭 시 백래시(뒤틈)가 발생하기 때문에 백래시 제거장치가 반드시 필요하다.

05 골프공에 역회전을 주었을 때 높이 뜨거나, 투수가 던진 공이 상하좌우로 휘는 것과 같이 유동장 내에 있는 물체가 회전하는 경우 유체 흐름에 수직한 방향으로 힘을 받는 현상은?

① 딤플효과(Dimple Effect)

② 웨지효과(Wedge Effect)

③ 스트레치 효과(Stretch Effect)

④ 마그누스 효과(Magnus Effect)

마그누스 효과(Magnus Effect) : 유동장 내에서 물체가 회전하는 경우 유체의 흐름에 수직 방향으로 힘을 받아서 물체의 방향이 바뀌는 현상을 말한다. 예를 들어 야구장에서 투수가 변화구를 던졌을 때 공이 휘거나, 골프공에 역회전을 주면 높이 뜨는 현상으로 설명할 수 있다.

딤플효과 : 딤플이란 골프공의 표면처럼 표면에 움푹 파인 부분을 말한다. 골프공에 딤플을 만들면 골프공이 날아갈 때 주변의 유체흐름을 층류에서 난류로 바꾸어 줌으로써 공기의 저항을 줄여 주어 더 멀리 날아가게 만드는 효과를 준다.

06 2개의 스프링을 연결한 장치에 같은 크기의 하중이 작용할 때, 변위가 가장 큰 것은?

① 스프링 상수가 k인 스프링 2개를 직렬로 연결

② 스프링 상수가 $k/2$인 스프링 2개를 병렬로 연결

③ 스프링 상수가 $2k$인 스프링 2개를 직렬로 연결

④ 스프링 상수가 k인 스프링 2개를 병렬로 연결

스프링 상수$(k) = \dfrac{P}{\delta}$ [N/mm]

변위량 $\delta = \dfrac{P}{k}$ 이므로, k가 작아야 변위량이 커진다.

또한 스프링 상수 k는 직렬이 병렬로 연결할 때보다 더 작다. 따라서 직렬이면서 수치가 작은 ①번이 정답이다.

병렬 및 직렬로 연결된 스프링 상수(k) 구하기

직렬연결 시	병렬연결 시
$k = \dfrac{1}{\dfrac{1}{k_1} + \dfrac{1}{k_2}}$	$k = k_1 + k_2$

07 재료의 절삭성이 좋다는 의미로 사용할 수 있는 것만을 모두 고른 것은?

> ㄱ. 작은 절삭력과 절삭동력
> ㄴ. 긴 공구수명
> ㄷ. 가공품의 우수한 표면 정밀도 및 표면 완전성
> ㄹ. 수거가 용이한 칩(Chip)의 형태

① ㄱ   ② ㄱ, ㄴ

③ ㄱ, ㄴ, ㄷ   ④ ㄱ, ㄴ, ㄷ, ㄹ

절삭성이란 재료가 쉽게 절삭되는 정도를 말하는데, 절삭력이 작거나 공구수명이 길어지고 가공 정밀도가 우수한 것은 모두 절삭성이 좋음을 의미한다. 또한 칩이 공구의 날 끝에 달라붙은 열단형 칩과 같이 나올 경우 수거하기 어렵기 때문에 ㄹ.도 절삭성이 좋은 것을 의미한다.

08 원기둥 형상의 소재를 열간 업세팅(Upsetting)할 때 발생하는 배부름(Barrelling) 현상에 대한 설명으로 옳지 않은 것은?

① 금형과 소재가 접촉하는 면에서 발생하는 마찰이 주원인이다.

② 소재의 변형이 금형과 접촉되는 부위에 집중되기 때문에 나타난다.

③ 금형에 초음파 진동을 주면서 작업을 진행하면, 이 현상을 줄일 수 있다.

④ 금형의 온도가 낮을 경우에도 발생될 수 있다.

> **해설**
>
> 업세팅 가공에서 배럴링은 금형과 접촉되지 않은 부분에서 발생한다. 업세팅(Upsetting, 눌러 붙이기)은 단조의 가장 기본이 되는 작업으로 원기둥 형상의 재료를 상하로 위치한 다이 사이에 놓고 압축시켜 소재의 길이를 줄이고 지름을 크게 만드는 가공법이다. 조직을 미세화하고 강인한 섬유상 조직을 얻을 수 있어서 커넥팅 로드나 기어와 같이 강도가 필요한 기계부품 제작에 주로 사용된다.
>
> | 배럴링(Barreling) | 정상(Upsetting) |
> |---|---|
> | 소재의 옆면이 볼록한 모양의 명칭 | |
> | 배럴링 | |
>
> 배럴링 현상을 없애는 방법
> • 다이를 예열한다.
> • 윤활제를 사용한다.

09 다음 그림의 NC 공작기계 이송계에 가장 가까운 제어 방식은?

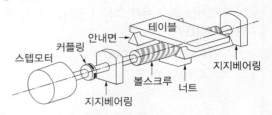

① 개회로(Open Loop) 제어방식

② 적응(Adaptive) 제어방식

③ 폐회로(Closed Loop) 제어방식

④ 적분(Integral) 제어방식

> **해설**
>
> 개회로(개방회로) 제어방식은 검출기나 피드백 회로가 없으므로 구조가 간단하며 펄스 전동기의 회전 정밀도와 볼나사의 정밀도에 직접적인 영향을 받는 서보기구 제어방식이다.

10 기어 이(Gear Tooth)의 크기가 가장 큰 것은?(단, m은 모듈(Module), p_d는 지름피치(Diametral Pitch), p는 원주피치(Circular Pitch)이다)

① $p = 15$ ② $p_d = 8$

③ $m = 5$ ④ $m = 3$

> **해설**
>
> 모듈은 기어 이의 크기를 나타내는 척도이다.
>
> ① 원주피치 $p = \dfrac{\pi D}{Z}$, $15 = \pi m$, $m = \dfrac{15}{\pi} ≒ 4.77$
>
> ② 지름피치 $p_d = 25.4[\mathrm{mm}] \times \dfrac{Z}{D}$,
>
> $$8 = 25.4 \times \dfrac{1}{m}, \quad m = \dfrac{25.4}{8} = 3.175$$
>
> 따라서 모듈이 5로 가장 큰 ③번이 정답이다.

11 기계 구성요소 상호 간의 운동관계를 결정하는 기구의 접촉형태에 따른 운동양식의 분류에서 면접촉에 해당하지 않는 것은?

① 볼과 베어링 내륜
② 수나사와 암나사
③ 피스톤과 실린더
④ 미끄럼 베어링과 축

해설

볼은 둥글기 때문에 베어링의 내륜과 접촉할 때 점접촉을 한다.

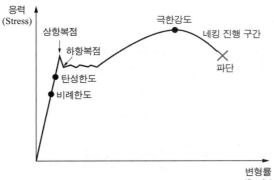

12 연강(Mild Steel)의 상온 인장시험으로 공칭응력-변형률 선도를 작성하였을 때 가장 큰 값은?

① 비례한도
② 항복강도
③ 인장강도
④ 파단강도

해설

응력-변형률 곡선에서 가장 큰 값을 일반적으로 극한강도라고 한다. 이 극한강도를 달리 부르는 말이 인장강도이다.

응력-변형률 곡선($\sigma - \varepsilon$선도)

13 증기기관에서 수증기를 물로 변환하는 열교환장치는?

① 터 빈
② 보일러
③ 복수기
④ 급수 펌프

해설

복수기(Condenser) : 터빈을 돌리고 빠져나온 물과 증기가 섞인 유체를 차가운 물을 담고 유동하고 있는 파이프 주변을 지나게 하면 이 유체는 냉각되면서 물이 된다. 이처럼 증기를 수(水)로 되돌리는 장치라 하여 복수기라고 한다.

14 저항용접에 대한 설명으로 옳지 않은 것은?

① 작업속도가 느려 대량 생산에 적용하기 어렵다.
② 전극과 모재 사이의 접촉저항을 작게 한다.
③ 통전시간은 모재의 재질, 두께 등에 따라 다르다.
④ 금속의 전기저항 특성을 이용한다.

해설

저항용접의 특징
• 작업속도가 빠르고 대량 생산에 적합하다.
• 산화 및 변질 부분이 적고, 접합강도가 비교적 크다.
• 용접공의 기능에 대한 영향이 작다(숙련을 요하지 않는다).
• 가압효과로 조직이 치밀하며, 용접봉, 용제 등이 불필요하다.
• 용융점이 다른 금속 간의 접합은 다소 어렵다.
• 대전류를 필요로 하며 설비가 복잡하고 값이 비싸다.
• 서로 다른 금속과의 접합이 곤란하며, 비파괴검사에 제한이 있다.
• 열손실이 적고, 용접부에 집중열을 가할 수 있어서 용접 변형 및 잔류응력이 적다.
• 급랭경화로 용접 후 열처리가 필요하며, 용접부의 위치, 형상 등의 영향을 받는다.

전기저항용접

용접하고자 하는 2개의 금속면을 서로 맞대어 놓고 적당한 기계적 압력을 주며 전류를 흐르게 하면 접촉면에 존재하는 접촉저항 및 금속 자체의 저항 때문에 접촉면과 그 부근에 열을 발생시켜 온도가 올라가면 그 부분에 가해진 압력 때문에 양면이 완전히 밀착하게 되며, 이때 전류를 끊어서 용접을 완료한다.

15 강의 담금질 열처리에서 냉각속도가 가장 느린 경우에 나타나는 조직은?

① 소르바이트
② 잔류 오스테나이트
③ 트루스타이트
④ 마텐자이트

해설

소르바이트(= 솔바이트) 조직은 트루스타이트보다 냉각속도를 더 느리게 했을 때 얻어지는 조직으로 펄라이트보다 강인하고 단단하다.

16 신속금형(Rapid Tooling)기술에 대한 설명으로 옳지 않은 것은?

① 신속조형기술로 주형이나 주형 인서트 등을 제작하는 기술을 의미한다.
② 설계과정이 단순해지고, 소프트웨어로 수축을 보상하여 제작할 수 있다.
③ 이 기술로 제작된 금형은 기계가공 등으로 가공된 기존의 금형보다 수명이 길다.
④ 금속분사금형기술(Sprayed-metal Tooling), 켈툴(Keltool)공정 등이 활용되고 있다.

해설

신속금형기술은 다양한 적층방식과 재료로 만들어지나 열처리를 통해 강도를 높인 강(Steel)으로 제작된 금형의 내구성을 넘어설 수는 없다.

17 절삭공정에 따른 절삭운동과 이송운동의 조합으로 옳지 않은 것은?

절삭공정	절삭운동	이송운동
① 선삭공정	공작물의 회전운동	공구의 직선운동
② 평삭공정	공구의 회전운동	공작물의 직선운동
③ 드릴링공정	공구의 회전운동	공구의 직선운동
④ 밀링공정	공구의 회전운동	공작물의 직선운동

해설

평삭(平削, Planing)
평삭가공이란 평면을 절삭하는 가공법으로 셰이퍼나 플레이너가 그 대표적인 공작기계로 공구의 직선운동과 공작물의 직선운동의 조합으로 가공한다.
※ 平 : 평평할 (평), 削 : 깎을 (삭)

18 다음은 NC 밀링 프로그램의 일부이다. 이 프로그램에 따른 가공 순서로 옳은 것은?

```
N10  G00  X112.0  Y112.0;
N20  M03  S1000;
N30  G01  X130.0  F160;
N40  G02  X115.0  Y115.0  R15.0;
N50  M09;
N60  M05;
```

① 급속이송 → 직선보간 → 주축 시계 방향 회전
② 직선보간 → 주축 정지 → 절삭유 정지
③ 주축 시계 방향 회전 → 직선보간 → 원호보간
④ 원호보간 → 직선보간 → 주축 정지

해설

NC밀링 설비의 가공 순서는 다음과 같다.
G00(급속이송) → M03(주축 정회전(시계 방향)) → G01(직선보간) → G02(원호보간) → M09(절삭유 정지) → M05(주축 정지)

19 다음 그림의 단조공정에 사용되는 프레스 기계의 기구부에 대한 설명으로 옳지 않은 것은?

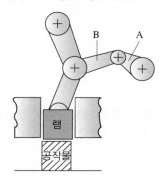

① 너클조인트 프레스 기계이다.
② 링크 A가 회전하면서 램이 직선운동을 하는 구조이다.
③ 가압행정의 마지막 단계에서 큰 힘을 얻을 수 있다.
④ 링크 A와 B가 직각을 이룰 때, 램은 상사점 또는 하사점에 있게 된다.

해설
A와 B가 일직선이 될 때, 램에 연결된 링크가 직선이 되면서 램이 하사점에 있을 수 있다.

20 금속합금과 그 상태도에 대한 설명으로 옳지 않은 것은?

① 2개의 금속 성분이 용융되어 있는 상태에서는 균일한 액체를 형성하나, 응고된 후 각각의 결정으로 분리하여 2개의 성분이 일정한 비율로 혼재된 조직이 되는 것을 공정이라고 한다.
② 용융 상태에서 냉각하면 일정한 온도에서 고용체가 정출되고, 이와 동시에 공존된 용액이 반응을 하여 새로운 별도의 고용체를 형성하는 것을 편정이라고 한다.
③ 두 개 이상의 금속이 혼합되어 용융 상태에서 합금이 되거나 혹은 고체 상태에서도 균일한 융합 상태가 되어, 각 성분을 기계적인 방법으로 구분할 수 없는 것을 고용체라고 한다.
④ 2종 이상의 화학적 친화력이 큰 금속이 간단한 원자비로 결합되어 본래의 물질과는 전혀 별개의 물질이 형성되는 것을 금속 간 화합물이라고 한다.

해설
두 개의 금속 성분이 용융 상태에서는 하나의 액체로 존재하나 응고 시에는 1,150[℃]에서 일정한 비율로 두 종류의 금속이 동시에 정출되어 나오는 반응은 공정반응이다. 편정반응이란 냉각 중 액상이 처음의 액상과는 다른 조성의 액상과 고상으로 변하는 반응이다.
※ 정출 : 액체 속에서 새로운 고체 결정이 생기는 현상

2019년 국가직 기계일반

01 큰 토크를 전달할 수 있어 자동차의 속도변환기구에 주로 사용되는 것은?

① 원뿔키(Cone Key)
② 안장키(Saddle Key)
③ 평키(Flat Key)
④ 스플라인(Spline)

해설

스플라인 키는 축의 둘레에 원주방향으로 여러 개의 키 홈을 깎아 만든 것으로 축과 보스의 중심축을 정확하게 맞출 수 있어서 축 방향으로 자유로운 미끄럼 운동이 가능하여 자동차 변속기의 축용 재료로 많이 사용된다. 세레이션 키 다음으로 큰 동력(토크)을 전달할 수 있으며 내구성이 크다.

02 선반의 부속장치 중 관통 구멍이 있는 공작물을 고정하는 데 사용되는 것은?

① 센터(Center)
② 심봉(Mandrel)
③ 콜릿(Collet)
④ 면판(Face Plate)

해설

② 맨드릴(Mandrel, 심봉) : 선반가공에서 기어나 벨트, 풀리와 같이 구멍이 있는 공작물의 안지름과 바깥지름이 동심원을 이루도록 가공할 때 공작물 고정을 위해 사용하는 부속장치다.

맨드릴

① 센터(Center) : 선반가공에서 척에 물린 공작물의 떨림 방지를 위해 척으로 물린 공작물의 반대쪽을 고정시키기 위한 부속장치로 심압대에 장착하여 사용한다. 이때 심압대의 고정부인 자루는 모스테이퍼로 되어 있다.
③ 콜릿(Collet) : 3개의 클로(Claws)를 움직여서 직경이 작은 공작물을 고정하는데 사용한다.
④ 면판(Face Plate) : 척으로 고정하기 힘든 큰 크기나, 불규칙하고 복잡한 형상의 공작물을 고정할 때 사용한다.

03 판재의 끝단을 접어서 포개어 제품의 강성을 높이고, 외관을 돋보이게 하며 날카로운 면을 없앨 수 있는 공정은?

① 플랜징(Flanging)
② 헤밍(Hemming)
③ 비딩(Beading)
④ 딤플링(Dimpling)

해설

② 헤밍(Hemming) : 판재의 끝부분을 접어서 포개는 가공법으로 제품의 강성을 높이면서도 외관의 날카로운 면을 제거할 수 있다.

180° 접는다

[헤밍작업]

① 플랜징(Flanging) : 금속 판재의 모서리를 직각으로 굽히는 가공법으로 굽힘선의 형상에 따라 스트레이트, 스트레치, 슈링크 플랜징법으로 분류된다.

| 스트레이트 플랜징 | 스트레치 플랜징 | 슈링크 플랜징 |

③ 비딩(Beading) : 판재에 다이를 이용해서 일정 길이의 돌기부를 만들어 제품 표면의 강도 증가를 위한 가공법

비딩

④ 딤플링(Dimpling) : 박판(얇은 판)의 일부분에 오목한 모양의 돌기부를 만드는 가공법

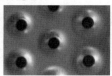

04 철강재료에 대한 설명으로 옳지 않은 것은?

① 합금강은 탄소강에 원소를 하나 이상 첨가해서 만든 강이다.
② 아공석강은 탄소함유량이 높을수록 강도와 경도가 증가한다.
③ 스테인리스강은 크롬을 첨가하여 내식성을 향상시킨 강이다.
④ 고속도강은 고탄소강을 담금질하여 강도와 경도를 현저히 향상시킨 공구강이다.

해설

고속도강은 합금성분을 통해 재료의 성질을 변화시킨 후 열간 단조와 열처리, 마무리 절삭가공을 통해 완성되기 때문에 담금질만으로 강도와 경도가 현저히 향상되지는 않는다.
고속도강(High Speed Steel)은 W(18[%]), Cr(4[%]), V(1[%])이 합금된 것으로 600[℃] 정도에서도 경도 변화가 없다. 탄소강보다 2배의 절삭 속도로 가공이 가능하기 때문에 강력 절삭 바이트나 밀링 커터에 사용된다.

05 100[MW]급 발전소가 석탄을 연료로 하여 전기를 생산하고 있다. 보일러는 627[℃]에서 운전되고 응축기에서는 27[℃]의 폐열을 배출하고 있다면 이 발전소의 이상 효율[%]에 가장 가까운 것은?

① 4[%]   ② 33[%]
③ 67[%]   ④ 96[%]

해설

열역학의 기본 온도단위는 켈빈(Kelvin)이므로 계산 시 [℃]를 [K](Kelvin)으로 변환하여 대입한다.
• 열기관의 열효율

$$\eta = 1 - \frac{T_L(\text{저온, 절대온도})}{T_H(\text{고온, 절대온도})}$$

$$= 1 - \frac{273+27[℃]}{273+627[℃]} \fallingdotseq 0.666 \times 100[\%]$$

∴ 67[%]

06 평판 압연 공정에서 롤압력과 압하력에 대한 설명으로 옳지 않은 것은?

① 롤압력이 최대인 점은 마찰계수가 작을수록 입구점에 가까워진다.

② 압하율이 감소할수록 최대 롤압력은 작아진다.

③ 고온에서 압연함으로써 소재의 강도를 줄여 압하력을 감소시킬 수 있다.

④ 압연 중 판재에 길이 방향의 장력을 가하여 압하력을 줄일 수 있다.

해설

평판 압연 공정에서 롤압력이 최대인 점은 마찰계수가 클수록 입구점에 가까워진다.

07 그림과 같이 판재를 블랭킹할 때 필요한 최소 펀치 하중은?(단, 펀치와 판재 사이 마찰은 없고 전단이 되는 면은 판재에 수직하며, 판재의 두께는 1[mm], 전단강도는 2[kgf/mm²]이고 π는 3으로 계산한다)

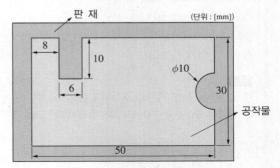

① 180[kgf]　　② 320[kgf]

③ 370[kgf]　　④ 400[kgf]

해설

펀치 하중은 펀치다이를 미는 힘, F

$F = P$(응력) $\times A$(절단 단면적)

$P = 2[kgf/mm^2]$

A = 절단면의 총 길이 $\times$ 두께

$= \left(50+30+8+10+6+10+36+10+\dfrac{3\times10}{2}+10\right)$[mm]$\times$1[mm]

$= 185[mm^2]$

$\therefore F = A$(응력) $\times P$(절단 단면적)

$\quad = 2[kgf/mm^2] \times 185[mm^2]$

$\quad = 370[kgf]$

블랭킹(Blanking)

펀치와 다이를 이용해서 판금할 재료로부터 제품의 외형을 따내는 프레스 가공의 일종이다. 따라서 따낸(잘린) 부분이 제품이 되며 이와 반대로 따낸 나머지 부분이 제품이 되는 가공법은 펀칭(Punching)이다.

08 금속의 응고 시 나타나는 현상에 대한 설명으로 옳지 않은 것은?

① 결정립이 커질수록 항복강도가 증가한다.

② 금속이 응고되면 일반적으로 다결정을 형성한다.

③ 결정립계의 원자들은 결정립 내부의 원자에 비해 반응성이 높아 부식되기 쉽다.

④ 용융금속이 급랭이 되면 핵생성률이 증가하여 결정립의 크기가 작아진다.

> **해설**
> 금속이 응고할 때 결정립의 크기가 작아질수록 외력에 저항하는 방어막의 일종인 결정립계의 길이가 더 길어져서 항복강도가 증가한다. ①번은 반대로 서술되었다.

09 크리프(Creep)에 대한 설명으로 옳지 않은 것은?

① 크리프 현상은 결정립계를 가로지르는 전위(Dislocation)에 기인한다.

② 시간에 대한 변형률의 변화를 크리프 속도라고 한다.

③ 고온에서 작동하는 기계 부품 설계 및 해석에서 중요하게 고려된다.

④ 일반적으로 온도와 작용하중이 증가하면 크리프 속도가 커진다.

> **해설**
> 크리프(Creep)란 고온에서 재료에 일정 크기의 하중(정하중)을 작용시키면 시간이 경과함에 따라 변형이 증가하는 현상으로 결정립을 가로지르는 전위는 크리프에 큰 역할을 하지 못한다.
> 크리프 시험은 보일러용 파이프나 증기 터빈의 날개와 같이 장시간 고온에서 하중을 받는 기계 구조물의 파괴를 방지하기 위해 실시하며 단위로는 [kg/mm²]을 사용한다.

10 자중을 무시할 수 있는 길이 L인 외팔보의 자유단에 연결된 질량 m이 그림과 같이 화살표 방향으로 진동할 때의 고유진동수가 f로 주어져 있다. 외팔보의 길이가 $\frac{1}{2}$로 줄었을 때, 고유진동수는?(단, 외팔보 단면적의 변화는 없다)

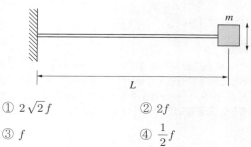

① $2\sqrt{2}\,f$

② $2f$

③ f

④ $\frac{1}{2}f$

> **해설**
> • 외팔보의 끝단에 하중이 작용할 때의 처짐량, $\delta = \dfrac{PL^3}{3EI}$
>
> • 스프링 하중, $P = k \times \delta$
> $$k = \frac{P}{\delta} = \frac{P}{\frac{PL^3}{3EI}} = \frac{3EI}{L^3}$$
>
> • 고유진동수를 f로 하면,
> $$f = \frac{1}{2\pi}\sqrt{\frac{k(\text{스프링강성})}{m(\text{질량})}}$$
> $$= \frac{1}{2\pi}\sqrt{\frac{3 \cdot EI}{L^3 \cdot m}}$$
>
> • 길이를 $\frac{1}{2}$ 한 고유진동수
> $$f_2 = \frac{1}{2\pi}\sqrt{\frac{3 \cdot EI}{\left(\frac{L}{2}\right)^3 \cdot m}}$$
>
> • 위 식을 비례식으로 풀면,
> $$f : f_2 = \frac{1}{2\pi}\sqrt{\frac{3 \cdot EI}{L^3 \cdot m}} : \frac{1}{2\pi}\sqrt{\frac{3 \cdot EI}{\left(\frac{L}{2}\right)^3 \cdot m}}$$
> $$f \times \frac{1}{2\pi}\sqrt{\frac{3 \cdot EI}{\left(\frac{L}{2}\right)^3 \cdot m}} = f_2 \times \frac{1}{2\pi}\sqrt{\frac{3 \cdot EI}{L^3 \cdot m}}$$
> $$f \times \sqrt{8} = f_2$$
> $$\therefore f_2 = 2\sqrt{2}\,f$$

11 입도가 작고 연한 연삭 입자를 공작물 표면에 접촉시킨 후 낮은 압력으로 미세한 진동을 주어 초정밀도의 표면으로 다듬질하는 가공은?

① 호 닝
② 숏피닝
③ 슈퍼 피니싱
④ 와이어브러싱

해설

슈퍼 피니싱이란 입도와 결합도가 작은 숫돌을 낮은 압력으로 회전하는 공작물의 표면에 접촉시키면서 분당 수백~수천의 진동과 상하 방향으로의 왕복운동을 주어 단시간에 공작물의 가공 면을 매우 평활한 초정밀도의 면으로 다듬는 가공법이다.

12 기어 치형에 대한 설명으로 옳지 않은 것은?

① 사이클로이드 치형의 기어는 맞물리는 두 기어의 중심 간 거리가 변하여도 각속도비가 변하지 않는다.
② 사이클로이드 치형은 균일한 미끄럼률로 인해 마멸이 균일해져서 치형의 오차가 작다.
③ 대부분의 기어에는 인벌류트 치형이 사용된다.
④ 인벌류트 치형은 랙 커터에 의한 창성법 절삭으로 정확한 치형을 쉽게 얻을 수 있다.

해설

기어는 치형의 종류와 관련 없이 두 기어 간 중심거리가 변하면 각속도가 변한다.
속도, $V = r$(반지름) $\times \omega$(각속도)식을 응용하면 ①번 보기가 오류임을 알 수 있다.
각속도, $\omega = \dfrac{V(속도)}{r(반지름)}$이므로 두 기어의 중심 간 거리가 변하면 각속도도 변한다.

13 그림의 TTT곡선(Time-Temperature-Transformation Diagram)에서 화살표를 따라 오스테나이트 강을 소성가공 후 담금질하는 열처리 방법은?

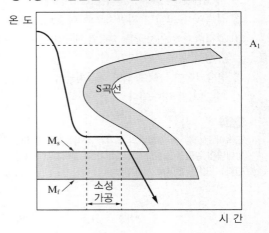

① 마템퍼링(Martempering)
② 마퀜칭(Marquenching)
③ 오스템퍼링(Austempering)
④ 오스포밍(Ausforming)

해설

오스포밍 : 가공과 열처리를 동시에 실시하는 항온열처리법으로 오스테나이트 강을 M_s 온도점 보다 높은 온도에서 일정시간 유지하며 소성가공한 후에 M_s와 M_f점을 통과시켜 열처리를 완료한다. 조직이 조밀하면서 기계적 성질이 좋은 마르텐사이트를 얻고자 할 때 사용된다.
• Ms(Martensite start) : 마텐자이트 생성 시작 온도
• Mf(Martensite finish) : 마텐자이트 생성 완료 온도

14 수차에 대한 설명으로 옳지 않은 것은?

① 충격수차는 대부분의 에너지를 물의 속도로부터 얻는다.
② 펠턴 수차는 저낙차에서 수량이 비교적 많은 곳에 사용하기에 적합하다.
③ 프로펠러 수차는 유체가 회전차의 축방향으로 통과하는 축류형 반동수차이다.
④ 반동수차는 회전차를 통과하는 물의 압력과 속도 감소에 대한 반동작용으로 에너지를 얻는다.

해설

펠턴 수차는 낙차가 크고(고낙차) 유량(수량)이 적은 곳에 사용한다.

15 연삭공정에서 온도 상승이 심할 때 공작물의 표면에 나타나는 현상으로 옳지 않은 것은?

① 온도변화나 온도구배에 의하여 잔류응력이 발생한다.
② 표면에 버닝(Burning) 현상이 발생한다.
③ 열응력에 의하여 셰브론 균열(Chevron Cracking)이 발생한다.
④ 열처리된 강 부품의 경우 템퍼링(Tempering)을 일으켜 표면이 연화된다.

해설
셰브론 균열은 인발작업 시 발생하는 균열이다.

---

16 주조 시 용탕의 유동성(Fluidity)에 대한 설명으로 옳지 않은 것은?

① 합금의 경우 응고범위가 클수록 유동성은 저하된다.
② 과열 정도가 높아지면 유동성은 향상된다.
③ 개재물(Inclusion)을 넣으면 유동성은 향상된다.
④ 표면장력이 크면 유동성은 저하된다.

해설
유동성이란 액체인 용탕이 주형 안으로 원활히 유입되는 정도를 나타내는데, 만일 불순물의 일종인 개재물이 용탕에 섞여 있다면 유동성은 저하된다.

---

17 구름 베어링에 대한 설명으로 옳지 않은 것은?

① 반지름 방향과 축방향 하중을 동시에 받을 수 없다.
② 궤도와 전동체의 틈새가 극히 작아 축심을 정확하게 유지할 수 있다.
③ 리테이너는 강구를 고르게 배치하고 강구 사이의 접촉을 방지하여 마모와 소음을 예방하는 역할을 한다.
④ 전동체의 형상에는 구, 원통, 원추 및 구면 롤러 등이 있다.

해설
테이퍼 롤러 베어링은 테이퍼 형상의 롤러가 적용된 베어링으로 축방향과 축에 직각(반지름 방향)인 하중을 동시에 지지할 수 있어서 자동차나 공작 기계용 베어링으로 널리 사용된다. 따라서 ①번은 틀린 표현이다.
테이퍼(Taper) : 중심축을 기준으로 원뿔과 같이 양 측면의 경사진 형상을 말하는 용어

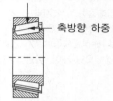

[테이퍼 롤러 베어링]

---

18 유체전동장치인 토크컨버터에 대한 설명으로 옳지 않은 것은?

① 속도의 전 범위에 걸쳐 무단변속이 가능하다.
② 구동축에 작용하는 비틀림 진동이나 충격을 흡수하여 동력 전달을 부드럽게 한다.
③ 부하에 의한 원동기의 정지가 없다.
④ 구동축과 출력축 사이에 토크 차가 생기지 않는다.

해설
토크컨버터는 구동축과 출력축을 담당하는 기어의 크기와 잇수 등이 다르기 때문에 토크 차가 발생한다.

---

19 가솔린 기관에 사용되는 피스톤 링에 대한 설명으로 옳지 않은 것은?

① 오일링은 실린더 기밀 작용과는 거의 관계가 없다.
② 피스톤 링은 피스톤 헤드가 받는 열의 대부분을 실린더 벽에 전달하는 역할을 한다.
③ 압축링의 장력이 크면 피스톤과 실린더 벽 사이의 유막이 두껍게 되어 고압 가스의 블로바이를 일으키기 쉽다.
④ 피스톤 링 이음의 간극이 작으면 열팽창으로 이음부가 접촉하여 파손되기 쉽다.

해설
압축링의 장력이 크면 피스톤과 실리더벽 사이의 유격이 거의 없어 유막이 얇게 되므로 블로바이 가스의 발생확률은 작다.
피스톤 링
피스톤에 장착되는 피스톤 링은 일반적으로 3개가 장착된다. 피스톤 헤드의 제일 꼭대기부터 장착되는 Top Ring과 중간의 Second Ring은 압축링이고, 마지막은 오일링이다.
• Top Ring(압축링) : 연소가스 밀폐(Sealing), 열전달
• Second Ring(압축링) : 연소가스 밀폐(Sealing), 열전달
• Oil Ring : 오일 제어, 실린더 벽의 여분 오일을 긁어 낸다.

20 그림과 같은 제네바 기어(Geneva Gear)에 대한 설명으로 옳지 않은 것은?

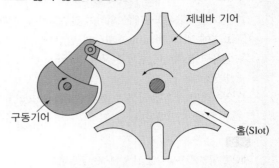

① 구동기어가 1회전하는 동안 제네바 기어는 60°만큼 회전한다.
② 간헐적 회전운동을 제공하는 캠과 같은 기능을 한다.
③ 커플러가 구름-미끄럼 조인트(Roll-Slide Joint)로 대체된 4절링크 장치로 볼 수 있다.
④ 제네바 기어가 회전하는 동안 제네바 기어의 각속도는 일정하다.

해설
제네바 기어장치는 구동기어의 연결봉과 제네바 기어의 홈이 서로 맞물리면서 제네바 기어를 회전시키는 기계장치다. 따라서 구동기어가 1회전하면 이 제네바기어는 60°씩만 회전하므로 각속도는 일정하지 않다.

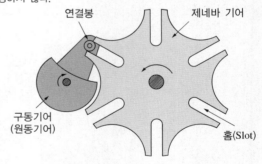

2020년 국가직 기계일반

01 대표적인 구리 합금 중 황동(Brass)의 주성분은?

① Cu, Pb
② Cu, Sn
③ Cu, Al
④ Cu, Zn

해설

황동은 구리 합금의 일종으로 Cu(구리) + Zn(아연)의 비철금속재료이다.

02 2개 이상의 기계 부품을 결합할 수 있는 체결용 기계요소에 해당하지 않는 것은?

① 볼트(Bolt) 및 너트(Nut)
② 리벳(Rivet)
③ 스프링(Spring)
④ 키(Key)

해설

스프링은 완충용 기계요소로 체결용으로 사용할 수 없다.

03 드로잉된 컵의 벽 두께를 줄이고, 더욱 균일하게 만들기 위해 사용되는 금속성형공정은?

① 블랭킹(Blanking)
② 엠보싱(Embossing)
③ 아이어닝(Ironing)
④ 랜싱(Lancing)

해설

③ 아이어닝(Ironing) : 딥드로잉 된 컵 형상의 판재 두께를 균일하게 감소시키는 프레스가공법으로 아이어닝 효과라고도 불린다. 제품 용기의 길이를 보다 길게 하는 장점이 있으나 지나친 아이어닝 가공은 제품을 파단시킬 수 있다.

① 블랭킹 : 펀치와 다이를 이용해서 판금할 재료로부터 제품의 외형을 따내는 프레스 가공의 일종이다. 따라서 따낸(잘린) 부분이 제품이 되며 이와 반대로 따낸 나머지 부분이 제품이 되는 가공법은 펀칭(Punching)이다.

② 엠보싱 : 얇은 판재를 서로 반대 형상으로 만들어진 펀치와 다이로 눌러 성형시키는 가공법으로 주로 올록볼록한 형상의 제품 제작에 사용한다.

④ 랜싱 : 판재의 일부분만 남기고 절단하는 프레스 가공법이다.

04 내연기관의 주요 용어에 대한 설명으로 옳지 않은 것은?

① 행정 : 상사점과 크랭크축 사이의 거리
② 상사점 : 피스톤이 크랭크축으로부터 가장 멀리 위치하여 실린더 체적이 최소가 되는 위치
③ 행정체적 : 1행정 시 피스톤이 밀어낸 체적
④ 간극체적 : 피스톤이 상사점에 있을 때 실린더의 체적

해설

행정(Stroke)이란 피스톤이 상사점이나 하사점에서 출발 후 반대방향 끝까지 한 번 움직인 거리이다.

05 금속시편의 체적은 소성영역에서 일정하게 유지된다. 원기둥 형태의 최초 시편은 길이 l_0, 단면적 A_0, 직경 D_0를 갖고 있으며, 균일변형 중 시편의 길이가 l, 단면적이 A, 직경이 D일 때, 진변형률 식으로 옳지 않은 것은?

① $\ln\left(\dfrac{l}{l_0}\right)$

② $\ln\left(\dfrac{A_0}{A}\right)$

③ $2\ln\left(\dfrac{D_0}{D}\right)$

④ $\ln\left(\dfrac{D}{D_0}\right)$

해설

진변형률(True Strain)은 재료가 인장됨에 따라 변화된 길이에 대한 늘어난 길이의 비율로 나타낸 비율이다. 이와 대비되는 개념인 공칭변형률(Engineering Strain)은 처음 길이에 대한 늘어난 길이의 비율이다.

① $\varepsilon = \displaystyle\int_{l_0}^{l} \dfrac{dl}{l} = [\ln l]_{l_0}^{l} = \ln\left(\dfrac{l}{l_0}\right)$ 이므로 옳은 표현이다.

② 재료는 변형이 되어도 부피는 변하지 않으므로, 다음 식이 성립된다.

$$Al = A_0 l_0, \quad \dfrac{l}{l_0} = \dfrac{A_0}{A}$$

따라서 $\ln\left(\dfrac{A_0}{A}\right)$ 는 옳은 표현이다.

③ $\ln\left(\dfrac{A_0}{A}\right) = \ln\left(\dfrac{\pi D_0{}^2}{\pi D^2}\right) = 2\ln\left(\dfrac{D_0}{D}\right)$ 이므로 옳은 표현이다.

06 금속의 열처리에 대한 설명으로 옳지 않은 것은?

① 풀림(Annealing)은 금속을 적정 온도로 가열하고 일정시간 유지한 후 서서히 냉각함으로써 냉간가공되었거나 열처리된 재료를 원래 성질로 되돌리고, 잔류응력을 해소하기 위한 열처리 공정이다.

② 뜨임(Tempering)은 경화된 강의 취성을 감소시키고 연성과 인성을 개선시켜 마텐자이트(Martensite) 조직의 응력을 완화하기 위한 열처리 공정이다.

③ 불림(Normalizing)은 풀림과 유사한 가열, 유지조건에서 실시하지만, 과도한 연화를 막기 위해 공기 중에서 냉각하여 미세한 균질 조직을 얻음으로써 기계적 성질을 향상하는 열처리 공정이다.

④ 담금질(Quenching)은 강을 가열하여 오스테나이트(Austenite)로 상변화시킨 후 급랭하여 페라이트(Ferrite) 조직으로 변태시켜 강을 강화하는 열처리 공정이다.

해설

담금질(Quenching)은 강을 가열하여 오스테나이트(Austenite)로 상변화시킨 후 급랭하여 마텐자이트(Martensite) 조직으로 변태시켜 강을 강화하는 열처리 공정이다.

07 미끄럼 베어링과 구름 베어링에 대한 설명으로 옳은 것은?

① 미끄럼 베어링 중에는 축 방향 하중과 반경 방향 하중을 동시에 지지할 수 있는 것이 있지만, 구름 베어링 중에는 없다.

② 구름 베어링은 진동 및 소음이 발생하기 쉬우나, 미끄럼 베어링은 잘 발생하지 않는다.

③ 미끄럼 베어링은 윤활에 주의할 필요가 없으나, 구름 베어링은 윤활에 주의할 필요가 있다.

④ 구름 베어링은 충격하중을 받는 곳에 주로 사용하고, 미끄럼 베어링은 정적인 회전부에 주로 사용한다.

해설

구름 베어링은 진동 및 소음이 발생하기 쉬우나, 미끄럼 베어링은 잘 발생하지 않는다.

① 구름 베어링 중에는 축 방향 하중과 반경 방향 하중을 동시에 지지할 수 있는 것이 있지만, 미끄럼 베어링 중에는 없다.

③ 구름 베어링은 윤활에 주의할 필요가 없으나, 미끄럼 베어링은 윤활에 주의할 필요가 있다.

④ 미끄럼 베어링은 충격하중을 받는 곳에 주로 사용하고, 구름 베어링은 정적인 회전부에 주로 사용한다.

08 일회용 플라스틱 병 또는 이와 유사한 용기와 같이 두께가 얇은 중공 플라스틱 제품 생산에 가장 널리 사용되는 방법은?

① 블로성형(Blow Molding)

② 반응사출성형(Reaction Injection Molding)

③ 캘린더링(Calendering)

④ 수지전이성형(Resin Transfer Molding)

해설

블로성형 : 성형 재료를 압출이나 사출에 의해 튜브형상으로 예비성형을 한 후, 이것을 금형에 장착하고 내부로 공기를 불어넣어 팽창시키면 재료가 부풀어 올라 음료수병이나 플라스틱용기와 같은 중공의 제품을 만드는 작업으로 좁은 입구를 가지는 용기 제작에 유용하다.

09 금속재료의 인장시험을 통해 얻어지는 응력-변형률 선도에 대한 설명으로 옳지 않은 것은?

① 공칭응력-공칭변형률 선도의 비례한도 내에서 응력과 변형률 사이의 관계는 선형적이며 직선의 기울기 값이 탄성계수이다.

② 변형경화가 발생하는 소재의 진응력-진변형률 선도에서 소성영역 부분을 log-log 척도로 나타내면 네킹(Necking)이 발생할 때까지 선형적이다.

③ 재료의 연신율은 네킹이 일어난 시점에서의 공칭변형률과 같다.

④ 항복점은 응력-변형률 선도에서 확인이 어려울 경우 선형탄성직선에 평행하면서 0.2[%]의 변형률만큼 이동한 직선과 만나는 곳의 응력을 의미한다.

해설

공칭변형률은 재료의 처음 단면적을 기준으로 계산되나, 연신율은 처음 단면적과 나중 단면적의 차이를 기준으로 계산하므로 서로 다르다.

10 축의 가운데 지점에 한 개의 회전체가 결합되어 있다. 이 축이 회전할 때, 축의 진동에 따른 위험속도(1차 고유진동수)를 증가시키는 방법으로 가장 적절한 것은?

① 축의 길이를 증가시킨다.
② 회전체의 질량을 증가시킨다.
③ 축의 지름을 증가시킨다.
④ 탄성계수가 작은 소재로 축을 제작한다.

해설

축의 위험속도는 축의 회전속도 및 고유진동수(f)와 관련이 크다. 고유진동수(f)는 강성(k)에 비례하고, 질량(m)에 반비례하므로 이를 기호로 나타내면 다음과 같다.

$$f \propto \sqrt{\frac{k}{m}}$$

이것을 위험 각속도(w_c)식에 적용하면 $w_c = \sqrt{\frac{k}{m}}$ 이 된다.

축의 지름을 크게 하면 강성은 커지므로, 축의 위험속도를 크게 하려면 강성을 높이기 위해 축의 지름을 증가시키거나 질량을 작게 하면 된다.

중앙에 1개의 회전질량을 가진 축의 위험속도(N_c)

$$N_c = \frac{30}{\pi} w_c = \frac{30}{\pi} \sqrt{\frac{g}{\delta}} = 300 \sqrt{\frac{1}{\delta}}$$

여기서, g : 중력가속도
δ : 변화량
축의 위험속도(N_c)
축의 고유 진동수와 축의 회전속도가 일치 했을 때 진폭이 점차 커져서 축이 위험상태에 놓이게 되어 결국 파괴에 이르게 되는 축의 회전수

11 모듈이 2이고 압력각이 20[°]이며 잇수가 각각 40, 80인 한 쌍의 표준 평기어가 맞물려 있을 때, 축간 거리[mm]는?

① 40   ② 80
③ 120   ④ 240

해설

두 기어의 중심간 거리

$$C = \frac{D_1 + D_2}{2} = \frac{(mZ_1 + mZ_2)}{2}$$
$$= \frac{(2 \times 40) + (2 \times 80)}{2} = 120[\text{mm}]$$

12 V벨트 전동장치에 대한 설명으로 옳은 것만을 모두 고르면?

> ㉠ 운전이 조용하고 고속 운전이 가능하다.
> ㉡ 미끄럼이 적고 큰 회전 속도비를 얻을 수 있다.
> ㉢ 접촉 면적이 커서 큰 동력을 전달할 수 있다.
> ㉣ 엇걸기를 통하여 전달 동력을 증가시킬 수 있다.

① ㉠
② ㉠, ㉡
③ ㉠, ㉡, ㉢
④ ㉠, ㉡, ㉢, ㉣

해설

V벨트 전동장치는 엇걸기 방식을 사용하지 않는다. 평벨트 전동장치가 엇걸기 방식을 통해 동력을 전달할 수 있다.

13 버니어 캘리퍼스(Vernier Calipers)로 측정하는 것이 적절하지 않은 것은?

① 두께 15[mm]의 철판 두께
② M10 나사의 유효 지름
③ 지름 18[mm]인 환봉의 외경
④ 지름 30[mm]인 파이프 내경

해설

버니어 캘리퍼스는 길이 측정기로 나사의 유효 지름 측정은 불가능하다.

14 Taylor 공구수명식[$VT^n = C$]에서 $n = 0.5$, $C = 400$ 인 경우, 절삭속도를 50[%] 감소시킬 때 공구수명의 증가율[%]은?

① 50   ② 100

③ 200   ④ 300

해설

절삭속도 100[%]일 때,

$VT^n = C$

$1 \times T^{\frac{1}{2}} = 400$

$\sqrt{T} = 400$

$T = 160,000$

절삭속도 50[%]일 때,

$VT^n = C$

$0.5 \times T^{\frac{1}{2}} = 400$

$\sqrt{T} = \dfrac{400}{0.5} = 800$

$T = 640,000$

위 두 개의 식을 고려하면, 공구수명 증가율은 300[%]임을 알 수 있다.

15 유압시스템에 사용되는 작동유의 점도가 너무 높을 때 발생하는 현상으로 옳지 않은 것은?

① 마찰에 의하여 동력 손실이 증가한다.
② 오일 누설이 증가한다.
③ 관내 저항에 의해 압력이 상승한다.
④ 작동유의 비활성화로 인해 응답성이 저하된다.

해설

유압 작동유의 점도가 낮을 때 오일의 누설이 증가한다.
유압 작동유의 점도가 높을 때 발생하는 현상
• 효율이 저하된다.
• 유압기기의 작동이 불활성된다.
• 캐비테이션(공동현상)이 발생한다.
• 유동저항이 커져서 에너지(압력) 손실이 커진다.
• 유압유 내부 마찰이 커지고 온도가 상승되며 동력 손실이 증가한다.

16 방전와이어컷팅에 대한 설명으로 옳지 않은 것은?

① 와이어 재료로는 황동 혹은 텅스텐 등이 사용된다.
② 방전가공과 달리 방전와이어컷팅에는 절연액이 필요하지 않다.
③ 전극와이어와 피가공물 사이의 전기방전 시 나오는 열에너지에 의해 절단이 이루어진다.
④ 재료가 전기도체이면 경도와 관계없이 가공이 가능하고 복잡한 형상의 가공도 가능하다.

해설

② 와이어 컷 방전가공(방전와이어컷팅)은 절연액이 필요하다.
와이어 컷 방전가공 : 기계가공이 어려운 합금재료나 담금질 한 강을 가공할 때 널리 사용되는 가공법으로 공작물을 (+)극으로, 가는 와이어 전극을 (−)극으로 하고 가공액(절연액) 속에서 이 와이어와 공작물 사이에서 스파크 방전을 일으키면서 공작물을 절단하는 가공법이다.

17 연삭숫돌에 대한 설명으로 옳지 않은 것은?

① 연삭숫돌의 연마재 입자크기가 크면 표면거칠기가 좋아지고, 소재제거율이 커진다.
② 연삭숫돌 표면의 마모된 입자들을 조정하여 날카로운 입자들로 새롭게 생성하기 위한 공정을 드레싱(Dressing)이라고 한다.
③ 연삭숫돌을 날카롭게 할 뿐만 아니라 숫돌의 원형 형상과 직선 원주면을 복원하는 공정을 트루잉(Truing)이라고 한다.
④ 연삭숫돌의 결합제는 연마입자들을 결합시켜 연삭숫돌의 형상과 조직을 형성한다.

해설

연삭숫돌의 연마재 입자크기가 크면 표면거칠기가 떨어진다.

18 인베스트먼트 주조에 대한 설명으로 옳지 않은 것은?

① 왁스로 만들어진 모형 패턴은 주형을 만들기 위해 내열재로 코팅된다.

② 용융금속이 주입되어 왁스와 접촉하는 순간 왁스 모형 패턴은 녹아 없어진다.

③ 로스트 왁스공정이라고도 하며 소모성주형 주조공정이다.

④ 정밀하고 세밀한 주물을 만들 수 있는 정밀 주조공정이다.

해설

인베스트먼트 주조법(로스트 왁스법, 정밀 조주법) : 제품과 동일한 모형을 왁스(양초)나 파라핀(합성수지)으로 만든 후, 그 주변을 슬러리 상태의 내화 재료로 도포한 다음 가열하여 주형을 경화시키면서 내부의 모형을 용융시켜 빼냄으로써 주형을 완성하는 주조법이므로 패턴이 녹아서 없어지지는 않는다.

19 냉동기 주요 장치들의 역할을 순환 순서대로 바르게 나열한 것은?

> ㉠ 토출된 고온, 고압 냉매 가스의 열을 상온의 공기 중에 방출하여 냉매액으로 응축시킴
> ㉡ 증발한 저온, 저압의 기체 냉매를 흡입·압축하여 압력을 상승시킴
> ㉢ 저온, 저압의 습증기(액체 + 증기)를 증기 상태로 증발시킴
> ㉣ 고온, 고압의 액체를 좁은 통로를 통해서 팽창시켜 저온, 저압의 냉매액과 증기의 혼합 매체를 만듦

① ㉠ → ㉡ → ㉣ → ㉢

② ㉡ → ㉠ → ㉣ → ㉢

③ ㉢ → ㉠ → ㉡ → ㉣

④ ㉣ → ㉡ → ㉠ → ㉢

해설

냉동사이클의 순환은 일반적으로 압축기 → 응축기 → 팽창밸브 → 증발기의 순으로 이루어진다.

• 압축기 : 증발한 저온, 저압의 냉매 기체의 압력과 온도를 높여 고온, 고압으로 만들면서 냉매에 압력을 가해 순환시킨다.

• 응축기 : 복수기라고도 불리며 냉매 기체를 액체로 상변화시키면서 고온, 고압의 액체를 만든다.

• 팽창밸브 : 고온, 고압의 액체를 교축과정 상태로 줄어든 입구를 통해 팽창시켜 냉매 액체가 무화되어 저온, 저압의 액체를 만든다.

• 증발기 : 저열원에서 열을 흡수하는 장치이다. 저온 저압의 습증기를 증기 상태로 증발시키는데 실내는 냉매의 증발 잠열로 인하여 온도가 낮아진다.

냉동사이클 구성도

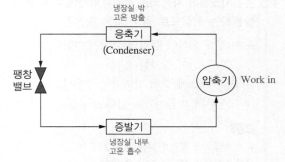

20 쾌속조형(RP ; Rapid Prototyping)공정에 대한 설명으로 옳지 않은 것은?

① STL(Stereolithography)은 광경화성 액체 고분자 재료에 레이저 빔을 직접 주사하여 고체 고분자로 각 층을 경화시켜 플라스틱 부품을 제작하는 공정이다.

② FDM(Fused-Deposition Modeling)은 가열된 압출 헤드를 통해 왁스 또는 폴리머 재료의 필라멘트를 필요한 위치에 녹여 공급하는 방법으로 모델의 각 층을 완성하는 공정이다.

③ SLS(Selective Laser Sintering)는 이동하는 레이저 빔을 이용하여 열 용융성 분말을 소결시키는 형태로 한 층을 형성하고 이를 적층하여 고형의 제품을 만드는 공정이다.

④ EBM(Electron-Beam Melting)은 층으로 슬라이싱된 CAD모델의 단면 형상대로 외곽선을 잘라 낸 시트 소재를 층층이 쌓아 올려 물리적 모델을 제작하는 공정이다.

해설

④는 LOM기술에 대한 설명이다.
EBM(Electron-Beam Melting)기술 : 전자빔을 이용한 적층조형 방법이다. SLS방식과 유사하나 전자빔을 조사해서 티타늄이나 코발트, 크롬 분말을 녹여서 금속 제품을 만드는 방식이다.

2021년 국가직 기계일반

01 용접기나 공작기계를 이용한 작업 시, 안전 주의사항에 대한 설명으로 옳은 것은?

① 선반 작업 : 절삭 작업 중에 장갑을 착용해서는 안 된다.

② 연삭 작업 : 회전하는 숫돌을 쇠망치로 강하게 타격하여 숫돌의 파손 여부를 확인한다.

③ 밀링 작업 : 주축 회전수 변환은 주축의 이송 중에 수행한다.

④ 아크용접 작업 : 밀폐된 작업 공간에서는 KF94 마스크를 착용한다.

> **해설**
>
> 선반으로 절삭가공할 때 장갑을 착용하면 회전하는 부분에 장갑이 말려 들어가는 사고가 발생할 수 있기 때문에 절대 장갑을 착용해서는 안 된다.

02 기하공차와 기호의 연결이 옳지 않은 것은?

① 온 흔들림 – ⟋↗

② 원통도 – ⌀

③ 동심도 – ◎

④ 대칭도 – ⫽

> **해설**
>
> 기하공차의 종류 및 기호

형 체		공차의 종류	기 호
단독 형체	모양 공차	진직도	──
		평면도	▱
		진원도	○
		원통도	⌀
		선의 윤곽도	⌒
		면의 윤곽도	⌓
관련 형체	자세 공차	평행도	⫽
		직각도	⊥
		경사도	∠
	위치 공차	위치도	⊕
		동축도(동심도)	◎
		대칭도	═
	흔들림 공차	원주 흔들림	↗
		온 흔들림	⟋↗

1 ① 2 ④ **정답**

03 산업용 로봇에서 링크, 기어, 조인트 등을 사용하여 인간의 팔과 손목의 움직임을 구현하는 것은?

① 엔드이펙터(End Effector)
② 머니퓰레이터(Manipulator)
③ 동력원(Power Source)
④ 제어시스템(Control System)

해설
머니퓰레이터(Manipulator) : 로봇시스템에서 링크와 관절로 이루어진 로봇의 몸체를 나타내는 기구부의 일종이다. 산업 현장에서 링크와 기어, 조인트, 벨트, 바퀴, 하우징과 같은 기계요소를 통해 구현된다.

① 엔드이펙터(End Effector) : 로봇 팔 시스템의 끝부분인 로봇 손과 같이 최종 역할을 하는 장치이다.

04 일반적으로 압전 세라믹 소재가 적용된 부품이 아닌 것은?

① 광섬유
② 음향 마이크
③ 스트레인 게이지
④ 수중 음파 탐지기

해설
압전 세라믹(Piezoelectric Ceramic)은 압력이 가해지면 전압이 발생하면서 기계적으로 변형이 일어나는 재료이다. 진동과 전기적 에너지의 상호 변환이 가능한 소자로 초음파 진동자가 사용되는 장치, 음향 마이크, 스트레인 게이지, 수중 음파 탐지기(소나) 등에 사용된다.
※ 광섬유에는 유리섬유가 사용되며, 빛의 굴절을 이용한다.

05 내열성이 좋으며 고온강도가 커서 내연기관의 실린더나 피스톤 등에 많이 사용되는 것은?

① 인 바
② Y합금
③ 6 : 4 황동
④ 두랄루민

해설
Y합금은 Al + Cu + Mg + Ni을 합금시켜 만든 재료로, 내열성이 좋고 고온강도가 커서 내연기관용 피스톤, 실린더 헤드의 재료로 사용된다.

06 스테인리스강에 대한 설명으로 옳지 않은 것은?

① 크롬계와 크롬–니켈계 등이 있다.
② 석출경화형계는 성형성이 향상되나 고온강도는 저하된다.
③ 크롬을 첨가하면 내부식성이 우수해진다.
④ 나이프, 숟가락 등의 일상용품과 화학공업용 기계설비 재료로 사용된다.

해설
석출경화형 스테인리스강(630/660)은 오스테나이트계 스테인리스강의 장점인 내열성과 내식성이 우수하며 동시에 마텐자이트계 스테인리스강의 강도를 갖는 재료로, 고온강도 또한 우수하다.

07 강의 공석변태와 조직에 대한 설명으로 옳지 않은 것은?

① 시멘타이트의 탄소 함유량은 6.67[%]이다.
② 페라이트와 시멘타이트의 혼합 조직은 마텐자이트다.
③ 공석 반응점에서 오스테나이트가 페라이트와 시멘타이트로 변한다.
④ 0.77[%] 탄소강을 A_1 변태온도 이하로 냉각하면 발생한다.

해설
펄라이트(Pearlite) : α철(페라이트) + Fe_3C(시멘타이트)의 층상구조 조직으로, 질기고 강한 성질을 갖는 금속조직이다.

08 잔류응력(Residual Stress)에 대한 설명으로 옳지 않은 것은?

① 소재의 불균일 변형으로 발생한다.
② 추가적인 소성변형을 통하여 제거하거나 감소시킬 수 있다.
③ 외력이 제거된 상태에서 내력의 정적 평형조건이 만족하도록 분포된다.
④ 표면의 압축잔류응력은 소재의 피로수명과 파괴강도를 저하시킨다.

해설
표면에 남아 있는 인장잔류응력은 피로수명과 파괴강도를 저하시킨다. 압축잔류응력은 인장잔류응력보다 피로수명과 파괴강도를 개선시킨다.

09 용적식 펌프로 분류되지 않는 것은?

① 터빈펌프
② 기어펌프
③ 베인펌프
④ 피스톤펌프

해설
터빈펌프는 비용적형 펌프에 속한다.
유압펌프의 분류

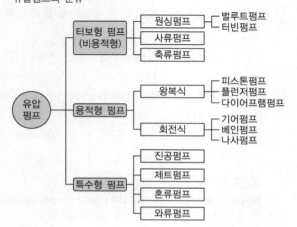

10 적시생산방식(Just-In-Time Production)의 특징이 아닌 것은?

① 주문이 있을 때 부품과 제품을 생산하는 수요시스템(Pull System)이다.
② 무재고 생산 또는 반복되는 대량 생산 공정에 효과적이다.
③ 재고 운반비용은 늘어나지만 부품검사와 재작업 필요성은 감소한다.
④ 생산을 허가하는 생산카드와 다른 작업장으로 운반을 허가하는 이송카드를 사용한다.

해설
JIT(Just-In-Time)시스템은 공정재고의 효율성을 위해 마련된 도요타의 공정재고 관리 시스템으로, 재고 운반비용과 재작업의 필요성과는 관련이 없다.

11 축의 치수가 $\phi 100^{+0.15}_{+0.1}$ [mm]이고 구멍의 치수가 $\phi 100^{+0.07}_{0}$ [mm]인 축과 구멍의 끼워맞춤 종류는?

① 헐거운끼워맞춤
② 중간끼워맞춤
③ 억지끼워맞춤
④ IT끼워맞춤

해설
축의 최소허용치수는 100.1[mm]이며, 구멍의 최대허용치수가 100.07[mm]이다. 따라서 축의 최소허용치수가 구멍의 최대허용치수보다 크므로, 억지끼워맞춤이다.

12 자동차 엔진에서 피스톤의 왕복운동을 회전운동으로 바꾸는 기계부품은?

① 차 축
② 스핀들
③ 크랭크축
④ 플렉시블축

해설

크랭크축 : 증기기관이나 자동차의 내연기관 등에서 피스톤의 왕복운동을 회전운동으로 바꾸는 기능을 하는 축이다.

13 선반가공에서 발생하는 연속칩에 대한 설명으로 옳지 않은 것은?

① 취성이 높은 재료를 낮은 절삭속도로 가공할 때 발생한다.
② 연속칩이 생기는 경우 일반적으로 표면 거칠기 값이 작아진다.
③ 연속칩이 발생하면 칩이 공구에 감기는 문제가 발생할 수 있다.
④ 공구와 칩 사이의 마찰이 작으면 연속칩이 발생하기 쉽다.

해설

선반 작업 시 발생하는 칩의 종류 중 유동형 칩은 재질이 연하고 인성이 큰 재료를 큰 경사각으로 고속절삭할 때 주로 발생한다. 이 칩은 절삭할 때 공구의 윗면 경사면 위를 연속적으로 흘러 나가는 형태로, 절삭저항이 작아서 가공표면이 가장 깨끗하며 공구의 수명도 길다.
유동형 칩의 발생원인
• 절삭깊이가 작을 때
• 공구의 윗면 경사각이 클 때
• 절삭공구의 날끝 온도가 낮을 때
• 윤활성이 좋은 절삭유를 사용할 때
• 재질이 연하고 인성이 큰 재료를 큰 경사각으로 고속절삭할 때

14 선삭용 단인공구의 여유각에 대한 설명으로 옳은 것은?

① 칩 유동방향과 공구 끝단의 강도를 조절한다.
② 양의 여유각은 절삭력과 절삭온도를 감소시킨다.
③ 공구강도와 절삭력에 영향을 미친다.
④ 공구와 공작물의 접촉 부위에서 간섭과 마찰에 영향을 준다.

해설

공구에 여유각을 두는 이유는 공구와 공작물의 접촉을 방지하여 마찰이 발생하지 않게 하기 위해서다.
바이트의 구조

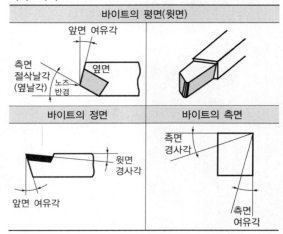

15 형단조에서 예비성형을 하는 목적으로 옳지 않은 것은?

① 후속 단조공정에서 금형 마모를 줄이기 위해서
② 후속 단조공정에서 제품의 품질을 향상시키는 단류선을 얻기 위해서
③ 후속 단조공정에서 플래시로 빠져나가는 재료의 손실을 최소화하기 위해서
④ 후속 단조공정에서 변형률 속도(Strain Rate)를 높여 유동응력을 줄이기 위해서

해설

형단조에서 예비성형을 하는 목적은 후속 단조공정 시 과도한 힘을 한 번에 주지 않기 위해서다. 단계적으로 성형에 필요한 힘을 가해야 변형률 속도를 낮춰 유동응력을 줄일 수 있다.

16 결합용 기계요소인 핀(Pin)에 대한 설명으로 옳지 않은 것은?

① 키 대신 사용되기도 하고, 코터가 빠져나오지 못하도록 고정하거나 부품의 위치를 결정하는 데 사용된다.
② 분할핀은 너트의 풀림 방지용으로 사용된다.
③ 주로 인장하중을 받아 파괴되며, 인장강도 설계가 중요하다.
④ 평행핀, 테이퍼핀, 분할핀 등이 있다.

[해설]
핀은 주로 압축하중을 받아 전단에 의한 파괴가 일어나므로, 압축강도의 설계가 중요하다.

18 사출성형에 대한 설명으로 옳지 않은 것은?

① 게이트는 용융수지가 금형 공동으로 주입되는 입구이며, 하나의 금형 공동은 복수의 게이트를 둘 수 있다.
② 성형품의 수축결함을 방지하기 위해 사출압력을 증가시키고, 성형온도는 감소시킨다.
③ 열가소성 수지뿐 아니라 열경화성 수지를 이용한 제품생산에도 사용될 수 있다.
④ 금형 내부에는 고온의 수지를 식히기 위한 냉각라인이 있다.

[해설]
사출성형 시 성형품의 수축결함을 방지하기 위해서는 수지의 유동성을 증가시키기 위해 성형온도와 사출압력을 증가시켜야 한다.

17 수평으로 설치된 평벨트 전동장치에 대한 설명으로 옳지 않은 것은?

① 벨트와 작은 풀리의 접촉각이 증가하면 최대 전달동력이 증가한다.
② 바로걸기의 경우, 장력차로 인한 접촉각 감소를 방지하기 위해 긴장측이 위쪽에 위치하도록 회전방향을 결정한다.
③ 가죽 평벨트를 사용하는 경우, 속도비를 일정하게 유지하기 어렵다.
④ 축 중심 간 거리가 먼 경우, 고속으로 벨트전동을 하면 플래핑(Flapping) 현상이 발생할 수 있다.

[해설]
수평으로 설치된 평벨트 전동장치에서 바로걸기의 경우 장력차로 인한 접촉각 감소를 방지하기 위해서 원동풀리로 들어가는 쪽을 긴장측으로 하고 아래쪽에 위치시키며, 종동풀리로 들어가는 쪽을 이완측으로 하고 위쪽에 위치시킨다.

19 미끄럼베어링 재료의 요구사항으로 옳은 것은?

① 축과 베어링 사이로 흡입된 작은 외부 입자들은 베어링 표면에 흡착되거나 박힐 수 있어야 한다.
② 유막 형성을 억제하여 낮은 마찰력을 제공하여야 한다.
③ 열응력을 최소화하기 위해 낮은 열전도율을 가져야 한다.
④ 일반적으로 축 재료보다 높은 탄성계수를 가져야 한다.

[해설]
미끄럼베어링 재료는 축과 베어링 사이에 장착되어 미끄럼을 발생시킨다. 따라서 축과 베어링 사이에 흡입된 작은 외부 입자들이 베어링 표면에 흡착되거나 박힐 경우 미끄럼에 방해가 되므로, 미끄럼베어링 재료는 밖으로 잘 배출되는 재질이어야 한다.

20 표면공정 작업에 대한 설명으로 옳지 않은 것은?

① 무전해도금법(Electroless Plating)은 외부 전류 없이 화학적 반응만으로 도금하는 것으로, 복잡한 형상의 부품에서도 균일한 도금 두께를 얻을 수 있다.

② 아노다이징(Anodizing)은 전해공정을 통해 산화피막을 가공물에 형성하는 것으로, 알루미늄 표면의 내식성이 향상된다.

③ 스퍼터링(Sputtering)은 원하는 증착재료를 고온 가열하여 기화시켜 가공물의 표면에 증착하는 방법이다.

④ 유기코팅의 방법 중 딥코팅(Dip Coating)은 부품을 액상 코팅 물질이 담긴 탱크에 담그고 꺼내는 공정으로 수행된다.

해설

스퍼터링은 물리적 기상증착법의 일종이다. 금속을 증착시키는 공정으로, 제4의 물질상태인 플라스마를 발생시키면 불활성 기체인 아르곤(Ar) 양전하가 음극과 연결된 타깃물체로 이동하면서 금속과 부딪히고, 이때 금속 입자가 튕겨져 나오면서 반대편에 있는 표면에 얇은 막이 형성된다. 따라서 ③번에서 원하는 증착재료를 고온 가열한다는 내용은 잘못된 표현이다.

2022년 국가직 기계일반

01 금속재료의 연성 및 취성에 대한 설명으로 옳지 않은 것은?

① 온도가 올라가면 재료의 연성은 증가한다.
② 온도가 내려가면 재료의 취성은 증가한다.
③ 높은 취성재료는 소성가공에 적합하지 않다.
④ 탄소강에서는 탄소의 함량이 높아질수록 연성이 증가한다.

해설

탄소강은 탄소의 함량이 높아질수록 재료가 더 단단해지기 때문에 연성은 감소하나 취성은 증가한다.

02 간접접촉에 의한 동력전달 방법에 대한 설명으로 옳지 않은 것은?

① 축간거리가 멀 때 동력을 전달하는 방법이다.
② 타이밍 벨트 전동 방법은 정확한 회전비를 얻을 수 있다.
③ 체인은 벨트 전동 방법보다 고속회전에 적합하며 진동 및 소음이 적다.
④ 평벨트 전동 방법은 약간의 미끄럼이 생겨 두 축 간의 속도비가 변경될 수 있다.

해설

체인전동방식은 체인과 스프로킷의 마찰 부위에서 진동과 소음이 발생하며, 고속보다는 저속의 동력전달에 더 적합하다. 따라서 벨트 전동 방법보다 저속회전에 더 알맞은 동력전달방식이다.

03 원추형 소재의 표면에 이(Teeth)를 만들어 넣은 것으로 서로 교차하는 두 축 사이에 동력을 전달하기 위해 사용되는 기어는?

① 웜기어
② 베벨기어
③ 스퍼기어
④ 헬리컬기어

해설

기어의 종류

구 분	명칭 및 형상			
두 축이 평행한 기어	스퍼기어	내접기어	헬리컬 기어	랙과 피니언기어
두 축이 교차하는 기어	베벨기어	스파이럴 베벨기어	마이터기어	
두 축이 나란하지도 교차하지도 않는 기어	하이포이드기어	웜과 웜휠기어	나사기어	페이스 기어

1 ④ 2 ③ 3 ② **정답**

04 단면적 500[mm²], 길이 100[mm]의 금속시편에 축방향으로 인장하중 75[kN]이 작용했을 때, 늘어난 길이 [mm]는?(단, 탄성계수는 40[GPa], 항복강도는 250[MPa]이다)

① 0.125
② 0.25
③ 0.375
④ 0.5

해설

재료가 늘어난 길이
= 변형량 δ
$= \dfrac{PL}{AE}$
$= \dfrac{75 \times 10^3 [\text{N}] \times 100[\text{mm}]}{500[\text{mm}^2] \times 40 \times 10^3 [\text{N/mm}^2]}$
$= \dfrac{7,500 \times 10^3 [\text{N} \cdot \text{mm}]}{20,000 \times 10^3 [\text{N}]}$
$= 0.375[\text{mm}]$

05 금속의 미세 조직에서 결정립(Grain)과 결정립계(Grain Boundary)에 대한 설명으로 옳지 않은 것은?

① 결정립의 크기는 냉각속도에 반비례한다.
② 결정립이 작을수록 금속의 항복강도가 커진다.
③ 결정립계는 결정립이 성장하면서 다른 결정립들과 분리되는 경계이다.
④ 결정립계는 금속의 강도 및 연성과는 무관하나 가공경화에는 영향을 미친다.

해설

결정립계는 각각의 결정립들의 경계로, 금속의 강도와 연성과 관련이 있으며 가공경화에도 영향을 미친다.

06 기계재료에 대한 설명으로 옳지 않은 것은?

① 비정질합금은 용융상태에서 급랭시켜 얻어진 무질서한 원자배열을 갖는다.
② 초고장력합금은 로켓, 미사일 등의 구조재료로 개발된 것으로 우수한 인장강도와 인성을 갖는다.
③ 형상기억합금은 소성변형을 하였더라도 재료의 온도를 올리면 원래의 형상으로 되돌아가는 성질을 가진다.
④ 초탄성합금은 재료가 파단에 이르기까지 수백 [%] 이상의 큰 신장률을 보이며 복잡한 형상의 성형이 가능하다.

해설

초탄성합금은 매우 큰 외력이 작용하더라도 탄성이 매우 커서 원래의 상태로 되돌아 올 수 있는 재료이다. 재료가 파단에 이르기까지 수백 [%] 이상의 큰 신장률을 보이며 복잡한 형상의 성형이 가능한 재료는 초소성합금이다.

① 비정질합금 : 일정한 결정구조를 갖고 있지 않는 아모르포스(Amorphous) 구조이며, 재료가 용융된 상태에서 고속으로 급랭시켜 제조하므로 무질서한 원자배열을 갖는다. 강도와 경도가 높으면서도 자기적 특성이 우수하여 변압기용 철심재료로 사용된다.
② 초고장력합금 : 로켓이나 미사일 등 매우 큰 외력이 작용되는 구조물에 사용되는 구조용 재료로 개발된 재료로, 우수한 인장강도와 인성을 갖는다.
③ 형상기억합금 : 고온에서 일정 시간 유지함으로써 원하는 형상을 기억시키면 상온에서 외력에 의해 형상이 변형되어도 기억시킨 온도로 가열만하면 변형 전 형상으로 되돌아오는 합금이다. 그 종류에는 Ni-Ti계, Ni-Ti-Cu계, Cu-Al-Ni계 합금이 있으며 니티놀이 대표적인 제품이다.

07 축과 축을 연결하여 회전토크를 전달하는 기계요소가 아닌 것은?

① 클러치(Clutch)

② 새들키(Saddle Key)

③ 유니버설 조인트(Universal Joint)

④ 원통형 커플링(Cylindrical Coupling)

해설

새들키(안장키, Saddle Key)
축에는 키 홈을 가공하지 않고 보스에만 키 홈을 파서 끼운 뒤, 축과 키 사이의 마찰에 의해 회전력을 전달하는 키로 작은 동력의 전달에 적당하다.

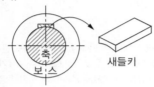

08 나사의 풀림방지 방법 중 로크너트(Lock Nut)에 대한 설명으로 옳은 것은?

① 홈붙이 6각 너트의 홈과 볼트 구멍에 분할핀을 끼워 너트를 고정한다.

② 너트의 옆면에 나사 구멍을 뚫고 멈춤나사를 박아 볼트의 나사부를 고정한다.

③ 너트와 결합된 부품 사이에 일정한 축방향의 힘을 유지하도록 탄성이 큰 스프링 와셔를 끼운다.

④ 2개의 너트로 충분히 조인 후 안쪽 너트를 반대방향으로 약간 풀어 바깥쪽 너트에 밀착시킨다.

해설

나사의 풀림방지를 위해 로크너트 2개를 사용할 때에는 모두 동일한 방향으로 조인다.

09 다음 설명에 해당하는 용접법은?

- 산화철 분말과 알루미늄 분말을 혼합하여 점화시키면 산화알루미늄(Al_2O_3)과 철(Fe)을 생성하면서 높은 열이 발생한다.
- 철도레일, 잉곳몰드와 같은 대형 강주조물이나 단조물의 균열 보수, 기계 프레임, 선박용 키의 접합 등에 적용된다.

① 가스용접(Gas Welding)

② 아크용접(Arc Welding)

③ 테르밋용접(Thermit Welding)

④ 저항용접(Resistance Welding)

해설

테르밋용접 : 알루미늄 분말과 산화철을 1 : 3의 비율로 혼합하여 테르밋제를 만든 후 냄비의 역할을 하는 도가니에 넣어 약 1,000[℃]로 점화하면 약 2,800[℃]의 열이 발생되면서 용접용 강이 만들어지게 되는데 이 강을 용접부에 주입하면서 용접하는 용접법이다.

10 주조법의 종류와 그 특징에 대한 설명으로 옳지 않은 것은?

① 다이캐스팅(Die Casting)은 용탕을 고압으로 주형 공동에 사출하는 영구주형 주조방식이다.

② 원심 주조(Centrifugal Casting)는 주형을 빠른 속도로 회전시켜 발생하는 원심력을 이용한 주조방식이다.

③ 셸 주조(Shell Molding)는 모래와 열경화성수지 결합제로 만들어진 얇은 셸 주형을 이용한 주조방식이다.

④ 인베스트먼트 주조(Investment Casting)는 주형 표면에서 응고가 시작된 후에 주형을 뒤집어 주형 공동 중앙의 용탕을 배출함으로써 속이 빈 주물을 만드는 주조방식이다.

> **해설**
>
> 슬러시 주조법 : 코어를 사용하지 않고 속이 빈 주물을 만드는 주조법이다. 용융금속을 금형 안으로 주입시킨 후 금형으로 된 주형 표면에서 응고가 시작되면 주형을 180° 회전시켜(뒤집어) 남은 용융금속을 배출함으로써 속이 빈 주물을 만든다.

[슬러시 주조법 프로세스]

11 축과 관련된 기계요소에 대한 설명으로 옳지 않은 것은?

① 저널(Journal)은 회전운동을 하는 축에서 베어링(Bearing)과 접촉하는 부분이다.

② 커플링(Coupling)은 운전 중 결합을 풀거나 연결할 수 있는 축이음 기계요소이다.

③ 구름베어링(Rolling Bearing)은 미끄럼베어링(Sliding Bearing)보다 소음이 발생하기 쉽다.

④ 베어링(Bearing)은 축에 작용하는 하중을 지지하면서 원활한 회전을 유지하도록 한다.

> **해설**
>
> 커플링은 서로 떨어져 있는 원동축과 종동축을 영구적으로 연결시키는 기계요소로, 운전 중 단속이 불가능하다.
>
> ※ 단속(斷續) : 끊을 단, 이을 속

12 역학적 물리량을 SI 단위로 나타낸 것으로 옳지 않은 것은?

① 일-[N·m]

② 힘-[kg·m/s^2]

③ 동력-[N·m/s]

④ 에너지-[N·m/s^2]

> **해설**
>
> ④ 에너지 - [N·m]
>
> 에너지(E)는 일의 단위인 Joule[J]과 같은 단위이다.
>
> SI 기본단위(국제단위계, International System of Units)

길 이	질 량	시 간	온 도	전 류	물질량	광 도
[m]	[kg]	[s]	[K]	[A]	[mol]	[cd]
(미터)	(킬로그램)	(세컨드)	(켈빈)	(암페어)	(몰)	(칸델라)

13 다음 가공공정 중 연마입자를 사용하여 가공물의 표면 정도를 향상시키는 것은?

① 선 삭   ② 밀 링
③ 래 핑   ④ 드릴링

• 래핑 : 주철이나 구리, 가죽, 천 등으로 만들어진 랩(Lap)과 공작물의 다듬질할 면 사이에 랩제를 넣고 적당한 압력으로 누르면서 상대 운동을 하면, 절삭입자가 공작물의 표면으로부터 극히 소량의 칩(Chip)을 깎아내어 표면을 다듬는 가공법이다. 주로 게이지 블록의 측정면을 가공할 때 사용한다.
• 절삭날이 선의 형태인 선삭가공법

선반가공	밀링가공	드릴링가공

14 NC 공작기계에서 사용하는 코드에 대한 설명으로 옳지 않은 것은?

① F코드 : 주축모터 각속도 지령
② M코드 : 주축모터 On/Off 제어 지령
③ T코드 : 공구교환 등 공구 기능 지령
④ G코드 : 직선 및 원호 등 공구이송 운동을 위한 지령

① F코드 : 공구의 이송속도 지령

15 공구재료에 대한 설명으로 옳은 것은?

① 세라믹 공구는 저온보다 고온에서 경도가 높아지는 장점이 있다.
② 다이아몬드 공구는 철계 금속보다 비철금속이나 비금속 가공에 적합하다.
③ 파괴파손을 피하기 위해 인성(Toughness)이 낮은 공구재료가 유리하다.
④ 고속도강은 초경합금보다 고온 경도가 높아 높은 절삭속도로 가공하기에 적합하다.

다이아몬드 공구는 경도가 가장 큰 공구재료로, 비철금속이나 비금속 가공보다 철계 금속의 절삭가공에 더 적합하다.

16 유압작동유에 기포가 발생할 경우 생기는 현상으로 옳은 것만을 모두 고른 것은?

ㄱ. 윤활작용이 저하된다.
ㄴ. 작동유의 열화가 촉진된다.
ㄷ. 압축성이 감소하여 유압기기 작동이 불안정하게 된다.

① ㄱ, ㄴ
② ㄱ, ㄷ
③ ㄴ, ㄷ
④ ㄱ, ㄴ, ㄷ

유압작동유는 비압축성 유체이나, 기포는 압축성 기체이다. 따라서 유압작동유에 기포가 발생하면 압축성이 증가하여 작동부에 원하는 양의 유압작동유가 도달하지 못해 유압기기의 작동이 불안정하게 된다.

17 동일한 가공조건으로 연삭했을 때, 가장 좋은 표면거칠기를 얻을 수 있는 연삭숫돌은?(단, 표면거칠기는 연마재의 입자크기에만 의존한다고 가정한다)

① 25 – A – 36 – L – 9 – V – 23
② 35 – C – 50 – B – 8 – B – 51
③ 45 – A – 90 – G – 5 – S – 45
④ 51 – C – 70 – Y – 7 – R – 12

[해설]

입도란 숫돌 입자의 크기를 숫자로 나타낸 것으로, 연삭가공면의 표면정밀도를 결정하는 주요 요소이다. 입도번호가 클수록 더 고운 입자임을 나타내는 수치이므로, 입도번호가 클수록 우수한 표면을 가진 제품을 얻을 수 있다. 따라서 입도번호가 90인 ③번이 가장 좋은 표면거칠기를 얻을 수 있다.

18 폴리염화비닐, ABS, 인베스트먼트 주조용 왁스, 금속, 세라믹 등 재료를 분말형태로 사용하는 쾌속조형법은?

① 광조형법(Stereolithography)
② 고체평면노광법(Solid Ground Curing)
③ 선택적 레이저 소결법(Selective Laser Sintering)
④ 용융–용착모델링법(Fused–Deposition Modeling)

[해설]

③ 선택적 레이저 소결법(SLS) : 고분자 재료나 금속분말가루를 한 층씩 도포한 후 여기에 레이저 광선을 쏘아서 소결시킨 후 다시 한 층씩 쌓아 올려서 형상을 만드는 방법으로, 미세한 분말가루를 소결시켜 만들기 때문에 다른 신속조형기술법보다 강도가 높은 제품의 제작이 가능하다.
① 광조형법(SLA) : 액체 상태의 광경화성 수지에 레이저 광선을 부분적으로 쏘아서 적층해 나가는 방법이다. 큰 부품의 처리가 가능하며 정밀도가 높아 현재 널리 사용되고 있으나, 액체 재료이므로 후처리가 필요하다.
② 고체평면노광법(SGC) : 마스크를 통해 고출력의 UV램프를 조사하여 층별 제조하는 방식의 제조법으로 프로토타입이나 패턴, 제조 부품을 제작하는 방법이다.

④ 용융–용착모델링법(용융수지압출법, FDM) : 필라멘트 선으로 된 열가소성 소재를 노즐 안에서 가열하여 용해한 후 이를 짜내어 조형면에 쌓아 올려 제품을 만드는 방법이다.

19 내연기관의 배기가스 유해성분에 대한 설명으로 옳지 않은 것은?

① 배기가스 재순환(EGR)율을 낮추면 질소산화물(NOx) 배출량이 감소한다.
② 3원촉매(Three Way Catalytic Converter)는 일산화탄소(CO), 탄화수소(HC), 질소산화물(NOx)을 정화할 수 있는 촉매이다.
③ 경유 자동차의 배출가스 중에서 유해가스로 규제되는 성분 중 입자상 물질(PM ; Particulate Matters)과 질소산화물(NOx)의 배출량이 많아 문제시되고 있다.
④ 매연여과장치(DPF ; Diesel Particulate Filter trap)는 디젤기관에서 배출되는 입자상 물질(PM)을 80[%] 이상 저감할 수 있다.

[해설]

배기가스 재순환(EGR)율을 낮추면 질소산화물(NOx) 배출량은 증가하므로, 내연기관에서는 배기가스 재순환장치(EGR 밸브)를 통해 질소산화물(NOx) 배출량을 감소시킨다.
※ 배기가스 재순환(EGR ; Exhaust Gas Recirculation)장치 : 자동차 배기가스의 일부를 흡기계통으로 재순환시켜 연소할 때 최고 온도를 낮춰줌으로써 질소산화물(NOx) 발생을 감소시키는 장치이다.

20 전해연마(Electrolytic Polishing)의 특징으로 옳지 않은 것은?

① 미세한 버(Burr) 제거 작업에도 사용된다.
② 복잡한 형상, 박판부품의 연마가 가능하다.
③ 표면에 물리적인 힘을 가하지 않고 매끄러운 면을 얻을 수 있다.
④ 철강재료는 불활성 탄소를 함유하고 있으므로 연마가 용이하다.

[해설]

철강재료는 불활성 탄소를 함유하고 있어 다른 금속들에 비해 전해연마가 어렵다. 또한 유리탄소가 함유된 주철은 전해연마가 거의 불가능하다. 따라서 전해연마는 탄소의 함유량이 적을수록 연마가 용이하다.
전해연마(Electrolytic Polishing) : 공작물을 양극(+)으로 하고 불용해성의 Cu, Zn을 음극(–)으로 하여 전해액 속에 담그면 공작물의 표면이 전기 분해되어 매끈한 가공면을 얻을 수 있는 전기화학적인 연삭가공법이다. 광택이 있는 가공면을 비교적 쉽게 가공할 수 있어서 거울이나 드릴의 홈, 주사침, 반사경 및 시계의 기어 등을 다듬는데도 사용된다. 전기도금과는 반대의 방법으로 가공한다.

2023년 국가직 기계일반

01 모재의 한쪽에 구멍을 뚫고 이를 용가재로 채워, 다른 쪽 모재와 접합하는 용접부의 종류는?

① 비드용접(Bead Weld)
② 플러그용접(Plug Weld)
③ 그루브용접(Groove Weld)
④ 덧살올림용접(Build-up Weld)

해설

플러그용접은 위와 아래로 겹쳐진 판을 접합할 때 사용하는 용접법으로 위에 놓인 판의 한쪽에 구멍을 뚫고 그 구멍의 안쪽부터 용접을 하면, 용접불꽃으로 용가재를 용해하면서 구멍을 채워나가는 용접법이다.

02 기어에 대한 설명으로 옳은 것은?

① 헬리컬기어는 평행한 두 축 사이에서 동력을 전달한다.
② 스퍼기어에서 모듈은 기어의 잇수를 피치원 지름으로 나눈 값이다.
③ 하이포이드기어는 두 축이 수직이고 축 중심이 서로 교차하는 경우에 사용하는 기어이다.
④ 사이클로이드 치형은 원통에 감긴 실을 팽팽하게 잡아당기면서 풀어 나갈 때 실의 한 점이 그리는 궤적과 같다.

해설

헬리컬기어는 평행한 두 축 사이의 동력을 전달하는 기계요소이다.
② 스퍼기어에서 모듈은 피치원 지름을 기어의 잇수로 나눈 값이다.
③ 하이포이드기어는 두 축이 나란하지도 교차하지도 않는 두 축의 동력 전달에 사용한다.
④ 인벌류트 치형은 원통에 감긴 실을 팽팽하게 잡아당기면서 풀어 나갈 때 실의 한 점이 그리는 궤적과 같다.

헬리컬기어	하이포이드기어	스퍼기어

03 M20 × 2 삼각나사에 대한 설명으로 옳지 않은 것은?

① 미터나사이다.
② 피치는 2[mm]이다.
③ 리드는 2[mm]이다.
④ 유효지름은 20[mm]이다.

해설

나사의 호칭기호에서 20은 나사의 호칭지름이다.
• M : 미터나사
• 20 : 나사의 호칭지름
• ×2 : 나사의 피치 2[mm]

04 펌프 운전 중에 토출량의 변동이 발생하여 흡입 및 토출 배관에서 주기적인 진동과 소음이 수반되는 현상은?

① 서징(Surging)
② 공동현상(Cavitation)
③ 오일포밍(Oil Foaming)
④ 축추력현상(Axial Thrust Force)

해설

• 서징(Surging, 맥동) 현상 : 펌프가 운전할 때, 압력계의 눈금이 큰 진폭을 보이면서 주기적으로 흔들림과 동시에 토출량도 변하면서 흡입과 토출 배관에서 진동과 소음을 동반하는 현상이다.
• 캐비테이션(Cavitation, 공동현상) : 유동하는 유체의 속도 변화에 의해 압력이 낮아지면 포화증기압도 함께 낮아지면서 유체 속에 녹아 있던 기체가 분리되어 유체 내부에 기포가 발생하는 현상이다. 이때 발생한 기포가 관벽이나 날개에 부딪치면서 소음과 진동이 발생한다. 주로 유체의 증기압보다 낮은 압력이 발생하는 펌프 주위에서 발생한다.

05 알루미늄 합금에 대한 설명으로 옳은 것은?

① 주물용 알루미늄 합금인 실루민(Silumin)은 절삭성이 좋다.

② 내식용 알루미늄 합금은 Al에 Cu, Ni, Fe 등을 첨가하여 내식성을 높인 것이다.

③ Al에 Cu, Si 등을 첨가한 다이캐스팅용 합금으로는 알클래드(Alclad)가 있다.

④ 초두랄루민(Super Duralumin)은 시효경화(Age Hardening)를 통해 강도를 높인 것이다.

> **해설**
>
> 초두랄루민은 기존 두랄루민을 시효경화 처리하여 강도를 높인 알루미늄 합금재료이다. 합금원소는 Al, Cu, Mg, Mn, Si, Fe 등이 있다.
> ① 실루민은 주물용 알루미늄 합금으로 절삭성이 좋지 않다. 가공용으로는 두랄루민이나 알클래드가 주로 사용된다.
> ② 내식용 알루미늄 합금은 Al에 주로 Mn, Mg, Si을 첨가하여 내식성을 높인 것이 특징이다.
> ③ 알클래드는 가공용 Al합금으로 고강도 Al합금에 다시 Al을 피복한 재료이다.

06 섬유강화플라스틱에 대한 설명으로 옳지 않은 것은?

① 유리, 탄소를 섬유로 사용할 수 있다.

② 폴리에스테르, 에폭시를 기지로 사용할 수 있다.

③ 섬유를 한 방향으로 정렬하면 소재의 이방성이 감소한다.

④ 섬유를 액체 기지에 넣은 후 다이를 통과시켜 만드는 방법을 펄트루전법(Pultrusion)이라고 한다.

> **해설**
>
> 섬유강화플라스틱(FRP ; Fiber Reinforced Plastics)은 유리섬유와 같은 물질을 플라스틱에 합금시켜 강도를 향상시킨 복합재료이다. FRP의 섬유를 한 방향으로 정렬하면 이방성(Anisotropy)은 증가한다.
> ※ 이방성 : 적층면의 길이나 폭방향 또는 두께방향으로의 물성이 다른 것

07 진응력(σ)과 진변형률(ϵ)의 관계가 $\sigma = K\epsilon^n$(K : 강도계수, n : 변형경화지수)인 금속재료를 진변형률이 0부터 ϵ_1이 될 때까지 변화시켰을 때, 소요된 단위 부피당 에너지를 구하면?(단, 주어진 식은 탄성영역 및 소성영역에 모두 적용되고 에너지 손실은 없다)

① $\dfrac{K\epsilon_1^n}{n}$　　　　② $\dfrac{K\epsilon_1^{n+1}}{n}$

③ $\dfrac{K\epsilon_1^n}{n+1}$　　　　④ $\dfrac{K\epsilon_1^{n+1}}{n+1}$

> **해설**
>
> • 진응력(True Stress) : 변화된 단면적에 대한 하중의 비
> • 진변형률(True Strain) : 변화된 길이에 대해 늘어난 길이의 비
> • 소성영역에서 진응력과 진변형률과의 관계는 다음 식과 같다.
> 　진응력, $\sigma = K\epsilon^n$
> 　여기서, K : 강도계수
> 　　　　　ϵ : 진변형률
> 　　　　　n : 변형경화지수
> 진변형률이 0부터 ϵ_1 까지 변화되었을 때 소용된 단위 부피당 에너지를 구하려면 적분을 통해 구할 수 있다.
>
> $$\int_0^{\epsilon_1} \sigma \, d\epsilon = \int_0^{\epsilon_1} K\epsilon^n \, d\epsilon,\ \text{정적분에 범위를 대입하면} \ \frac{K\epsilon_1^{n+1}}{n+1}$$
> 이다.

08 주형 안에서 두 줄기의 용탕이 한 점에서 만날 때 완전히 융합되지 않아 경계가 생기는 주물결함은?

① 기공(Blow Hole)

② 개재물(Inclusion)

③ 콜드셧(Cold Shut)

④ 편석(Segregation)

> **해설**
>
> 콜드셧(Cold Shut) : 주물결함으로 주형 안에서 두 줄기의 용탕이 한 점에서 만나서 합쳐질 때 완전히 융합되지 않아서 경계 부분이 생기는 결함이다.
> ① 기공 : 용접부에서 산소나 수소와 같은 가스가 빠져나가지 못해서 공동부를 만드는 불량
> ② 개재물(비금속 개재물) : 강 중에는 Fe_2O_3, FeO, MnS, MnO_2, Al_2O_3, SiO_2 등 여러 가지의 비금속 개재물이 섞여 있다. 이러한 비금속 개재물은 재료 내부에 점 상태로 존재하여 인성 저하와 열처리 시 균열의 원인이 되며, 산화철, 알루미나, 규산염 등은 단조나 압연 중에 균열을 일으키기 쉬우며, 적열메짐의 원인이 된다.
> ④ 편석 : 고체의 재료 내부 조성이 불균일하게 형성되는 현상

09 센터리스 연삭에 대한 설명으로 옳지 않은 것은?

① 대형 공작물은 연삭하기 어렵다.
② 고도로 숙련된 작업자가 필요하다.
③ 센터나 척(Chuck) 없이 공작물을 연삭한다.
④ 원통외면을 연속적으로 연삭하면 생산속도가 높다.

해설

센터리스 연삭은 작업자의 숙련도와 관련 없이 공작물의 중심을 잡을 수 있어서 높은 숙련도를 필요로 하지 않는다.

센터리스 연삭의 특징

• 연삭 여유가 작아도 된다.
• 작업자의 높은 숙련을 필요로 하지 않는다.
• 연속작업이 가능하여 대량생산에 적합하다.
• 연삭 깊이는 거친 연삭의 경우 0.2[mm] 정도이다.
• 센터가 필요하지 않아 센터구멍을 가공할 필요가 없다.
• 센터구멍이 필요 없는 중공물의 원통 연삭에 편리하다.
• 가늘고 긴 공작물을 센터나 척으로 지지하지 않고 가공한다.
• 일반적으로 조정 숫돌은 연삭축에 대하여 경사시켜 가공한다.
• 긴 홈이 있는 가공물이나 대형 또는 중량물의 연삭은 곤란하다.
• 연삭숫돌의 폭이 커서 숫돌의 지름방향으로 마멸이 적고 수명이 길다.

10 다음은 탄소 0.6[%]를 함유하고 있는 강을 준평형상태 조건에서 상온부터 서서히 가열할 때, 발생하는 조직의 변화를 나타낸 것이다. (가), (나), (다)에 들어갈 말을 바르게 짝지은 것은?(단, 탄소는 Fe_3C로 존재한다)

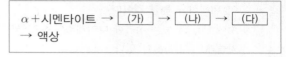

$\alpha +$ 시멘타이트 $\rightarrow$ (가) $\rightarrow$ (나) $\rightarrow$ (다) $\rightarrow$ 액상

	(가)	(나)	(다)
①	$\alpha + \gamma$	γ	$\delta +$ 액상
②	$\alpha + \gamma$	γ	$\gamma +$ 액상
③	$\gamma +$ 시멘타이트	γ	$\gamma +$ 액상
④	$\gamma +$ 시멘타이트	δ	$\delta +$ 액상

해설

탄소가 0.6[%] 함유되었다면, 아공석강에 속한다.
$Fe - Fe_3C$ 평형상태도는 철에 대한 탄소의 함유량, 온도와의 상관 관계를 나타내고 있는 것으로, 여기에 등장하는 주요 용어는 다음과 같다.

• 페라이트(Ferrite) : α철
  – 체심입방격자인 α철이 723[℃]에서 최대 0.02[%]의 탄소를 고용하는데, 이때의 고용체가 페라이트이다.
  – 전연성이 크고 자성체이다.
• 펄라이트(Pearlite)
  – α철(페라이트) + Fe_3C(시멘타이트)의 층상구조 조직으로 질기고 강한 성질을 갖는 금속조직이다.
• 시멘타이트(Cementite)
  – 순철에 6.67[%]의 탄소(C)가 합금된 금속조직으로 경도가 매우 크나 취성도 크다.
  – 재료 기호는 Fe_3C로 표시한다.

이 재료를 상온에서 가열한다면, $\alpha + Fe_3C \rightarrow [\alpha + \gamma] \rightarrow [\gamma] \rightarrow [\gamma + L] \rightarrow$ L(액상, Liquid) 순으로 조직이 변한다.

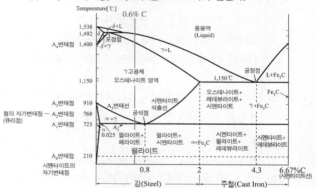

11 증기동력장치의 이상적인 사이클은?

① 디젤사이클

② 랭킨사이클

③ 오토사이클

④ 브레이튼사이클

해설

증기동력장치의 이상적인 사이클 : 랭킨사이클

① 디젤사이클 : 압축 착화 기관의 이상적인 사이클로 정압 사이클로도 불린다.

③ 오토사이클 : 불꽃 점화 기관의 기본 사이클로 정적 사이클로도 불린다.

④ 브레이튼사이클 : 가스터빈의 기본 사이클

12 용융 합금을 급속 냉각시켜 원자배열이 무질서하며 높은 투자율이나 매우 낮은 자기이력손실(Magnetic Hysteresis Loss) 등의 특성을 가진 합금은?

① 비정질합금

② 초소성합금

③ 초내열합금

④ 형상기억합금

해설

비정질합금 : 일정한 결정구조를 갖고 있지 않는 아모르포스(Amorphous) 구조로 원자배열이 무질서하다. 합금재료를 고속 급랭시킴으로써 제조할 수 있다. 투자율이 높고 자기이력손실이 매우 낮다. 강도와 경도가 높으면서도 자기적 특성이 우수하여 변압기용 철심 재료로 사용된다.

② 초소성합금 : 금속재료가 일정한 온도와 속도에서 일반 금속에서는 볼 수 없는 큰 연성을 보이면서 소성 변형을 일으키는 합금이다. 연성이 매우 커서 작은 힘으로도 복잡한 형상의 성형이 가능한 신소재이다.

③ 초내열합금 : 700[℃] 이상의 고온하에서 사용되는 합금으로 코발트계열, 니켈계열 등 첨가되는 원소에 따라 그 분류가 달라진다.

④ 형상기억합금 : 항복점을 넘어서 소성 변형된 재료는 외력을 제거해도 원래의 상태로 복원이 불가능하지만, 형상기억합금은 일정 온도에서 원하는 형상을 기억시키면 상온에서 외력에 의해 형상이 변형되어도 기억시킨 온도로 가열만 하면 변형 전의 형상으로 되돌아오는 합금이다. 그 종류에는 Ni-Ti계, Ni-Ti-Cu계, Cu-Al-Ni계가 있으며 대표적인 제품은 니티놀이다.

13 기계요소에 대한 설명으로 옳지 않은 것은?

① 클러치는 운전 중 필요에 따라 탈착이 가능한 축이음 이다.

② 코터는 회전축에 기어, 풀리 등을 고정하여 회전력을 전달하는 것이다.

③ 나사는 부품을 결합하거나 위치를 조정하며, 힘을 전달하기 위해 사용하는 것이다.

④ 리벳이음은 미리 구멍이 뚫려있는 강판에 리벳을 끼우고 머리를 만들어 결합시키는 것이다.

해설

코터는 고정용 기계요소이다. 회전축에 기어, 풀리 등을 고정하여 회전력을 전달하는 기계요소는 키(Key)이다.

14 밀링머신에 대한 설명으로 옳지 않은 것은?

① 수직형 밀링머신은 홈가공이 가능하다.

② 주축의 방향에 따라 수직형과 수평형으로 나눌 수 있다.

③ 수평형 밀링머신은 한 개의 날을 가진 커터를 사용한다.

④ 수직형 밀링머신은 절삭공구로 엔드밀을 사용할 수 있다.

해설

밀링머신에서 수평형 밀링머신은 장착되는 공구에 따라 커터의 개수를 다양하게 사용할 수 있으므로 ③은 틀린 표현이다.

[여러 개의 절삭 날을 가진 수평 밀링용 커터]

수직밀링머신	수평밀링머신
주축 칼럼 테이블 새들 니 베이스	오버 암 주축 칼럼 테이블 새들 니 베이스

15 연삭숫돌의 눈메움(Loading) 현상이 일어나는 일반적인 원인이 아닌 것은?

① 연삭숫돌의 조직이 치밀한 경우
② 연삭숫돌 입도 번호가 작은 경우
③ 연삭작업 시 연삭 깊이가 큰 경우
④ 연삭숫돌의 원주속도가 느린 경우

해설

연삭숫돌의 눈메움 현상은 조직이 너무 치밀해서(작아서) 발생한다. 입도는 입자의 크기를 나타내는데 입도 번호는 1인치 공간 안에 있는 체의 그물코 수로 나타낸다. 번호가 작으면 큰 입자가 통과되고, 번호가 작으면 작은 입자가 통과되는 것이다. 따라서 입도 번호가 커서 입자가 너무 작을 때 눈메움 불량이 발생하므로 ②는 잘못된 표현이다.

로딩(눈메움)의 발생 원인
• 조직이 치밀할 때(입도 번호가 크다)
• 연삭 깊이가 클 때
• 기공이 너무 작을 때
• 연성이 큰 재료를 연삭할 때
• 숫돌의 원주 속도가 너무 느릴 때

16 산소 – 아세틸렌 용접 작업 시 안전수칙으로 옳지 않은 것은?

① 역화가 발생하였을 때는 산소 밸브를 닫는다.
② 산소 호스와 아세틸렌 호스는 색깔로 구분하여 사용한다.
③ 작업 완료 후에는 산소 밸브를 먼저 닫고 아세틸렌 밸브를 닫는다.
④ 토치 점화 시, 조정기의 압력을 조정하고 나서 산소 밸브를 열고 점화한 후 아세틸렌 밸브를 연다.

해설

산소-아세틸렌가스 용접 시 아세틸렌가스 밸브를 먼저 열어서 토치로 점화시킨 후 산소 밸브를 열어서 가스 불꽃의 백심 길이를 맞춘다.

17 급속귀환기구(Quick Return Mechanism)를 사용하는 셰이퍼(Shaper)에 대한 설명으로 옳지 않은 것은?

① 절삭행정과 귀환행정의 길이가 같다.
② 일반적으로 공작물은 바이스에 고정한다.
③ 수평가공, 각도가공, 홈가공 등을 할 수 있다.
④ 바이트의 이동방향에 평행하게 공작물이 이동하여 가공된다.

해설

셰이퍼는 공작물은 고정되어 있고 공구만을 전진시키면서 가공하는 공작기계이다.
셰이퍼(Shaper) : 램에 설치된 바이트를 전진시키면서 공작물을 절삭하고 뒤로 후퇴시킬 때는 절삭은 하지 않는 공작기계이다. 구조가 간단하고 다루기가 쉬워서 소형 공작물의 평면가공에 주로 사용된다.

셰이퍼 가공의 특징
• 가공 정밀도가 낮다.
• 셰이퍼의 자루는 굽어져 있다.
• 바이트의 날끝이 자루의 밑면 높이를 초과해서는 안 된다.
• 바이트가 전진할 때만 절삭하고 후퇴할 때는 가공하지 않으므로 시간 낭비가 많다.

18 절삭공구수명에 대한 설명으로 옳지 않은 것은?

① 절삭속도가 증가하면 공구수명이 감소한다.
② 이송속도가 증가하면 공구수명이 감소한다.
③ 절삭온도가 높아지면 공구수명이 증가한다.
④ 공작물의 미세조직은 공구수명에 영향을 준다.

해설

절삭공구로 공작물 절삭 시 온도가 너무 높아지면 공구수명은 감소한다.

19 분말금속 성형공정에서 사용되는 열간등압성형(HIP ; Hot Isostatic Pressing)에 대한 설명으로 옳지 않은 것은?

① 초경공구의 치밀화에 사용된다.
② 가압 매개체로는 주로 물을 사용한다.
③ 균일한 결정립 구조의 압축생형(Green Compact)을 제조할 수 있다.
④ 일반적으로 냉간등압성형(CIP ; Cold Isostatic Pressing)에 비해 낮은 압력범위에서 이루어진다.

해설
열간등압성형(=열간 등방압 가압법)에서 가압 매개체는 주로 아르곤(Ar) 가스를 주로 사용한다.

20 수차에 대한 설명으로 옳지 않은 것은?

① 반동수차에는 프란시스수차, 프로펠러수차가 있다.
② 펠톤수차는 큰 낙차와 노즐분사에 의한 충동력을 이용한다.
③ 수력효율은 회전차를 지나는 유량을 수차에 공급되는 유량으로 나눈 값이다.
④ 수차의 이론적인 출력은 유체의 비중량[N/m^3], 유효낙차[m], 유량[m^3/s]의 곱으로 표현할 수 있다.

해설
수차(Hydraulic Turbine)는 낙차를 사용하여 에너지를 발생시키는 장치이다. 물의 위치에너지를 기계적 에너지로 변화시키는데 수로식, 댐식, 댐-수로식, 양수식으로 분류한다. 수차의 수력효율은 수차 내의 물이 회전차에 미치는 출력수두를 유효낙차로 나눈 값이다.
수력효율,

$$\eta = \frac{\text{수차에 흐르는 유체가 회전차에 미치는 출력수두}}{\text{유효낙차}}$$

$$= \frac{\text{유효낙차} - \text{전손실수두}}{\text{유효낙차}}$$

여기서, 유효낙차란 총낙차에서 수로나 수압관, 방수로 등에서 발생하는 손실수두를 뺀 값이다.

2024년 국가직 기계일반

01 금속재료 표면에 주철이나 세라믹 입자를 분사하여 표면층에 압축잔류응력을 발생시키는 가공법은?

① 클래딩(Cladding)

② 스퍼터링(Sputtering)

③ 숏피닝(Shot Peening)

④ 진공증착(Vacuum Deposition)

해설

숏피닝은 강이나 주철로 만든 작은 강구(볼)를 금속재료의 표면에 고속으로 분사시켜 금속표면이 냉간가공에 의한 가공경화 및 압축 잔류응력이 발생함으로써 피로수명을 향상시키는 표면경화법이다.

① 클래딩 : 금속재료 표면을 보호(Cladding) 금속으로 얇은 층을 형성시켜 덮어 버리는 공정이다. 코팅보다 더 두꺼운 작업으로 높은 접합 강도와 내구성 및 내식성, 미관 개선을 위해 사용한다.

② 스퍼터링 : 물리적 증착방법(PVD)의 일종으로, 제4의 물질 상태인 플라즈마를 발생시키면 불활성기체인 아르곤(Ar) 양전하가 음극과 연결된 목표 물체로 이동하면서 금속과 부딪히고, 이때 튕겨져 나오는 금속 입자를 반대편에 있는 금속 표면에 얇게 부착시키는 공정이다. 낮은 진공에서도 가능하며 증착속도가 진공증착보다 느리다.

④ 진공증착 : 물리적 증착방법(PVD)의 일종으로, 증착시킬 재료를 고진공 상태에서 고온이나 플라즈마, 전자빔으로 가열하면 증발(기화)되면서 금속재료 표면에 달라붙어 고품질의 얇은 박막을 정밀 제작하는 공정이다. 정밀도는 스퍼터링보다 낮은 편이나 증착속도가 빠르다.

02 다음 금속 중 융점이 가장 높고 고온에서 고강도 특성이 있어 전구의 필라멘트 선이나 용접 전극으로 활용되는 것은?

① 아 연

② 텅스텐

③ 티타늄

④ 마그네슘

해설

텅스텐(W)은 금속 중 융점이 가장 높고 고온에서도 고강도의 특성을 갖기 때문에 발열적 환경에서 사용하는 전구의 필라멘트 선이나 용접용 전극 재료(텅스텐봉, TIG)로 사용된다.

② 텅스텐(W)의 용융점 : 3,410[℃]

① 아연(Zn)의 용융점 : 420[℃]

③ 티타늄(Ti)의 용융점 : 1,668[℃]

④ 마그네슘(Mg)의 용융점 : 650[℃]

03 연강의 인장시험에서 응력과 변형률에 대한 설명으로 옳지 않은 것은?

① 진응력은 재료에 작용하는 하중을 순간 단면적으로 나눈 값이다.

② 극한강도는 재료가 파괴되지 않고 견딜 수 있는 최대 공칭응력이다.

③ 비례한도 이하에서는 응력과 변형률 사이에 훅의 법칙(Hooke's Law)이 적용된다.

④ 탄성변형은 하중을 제거하여도 변형이 그대로 유지된다.

재료의 인장시험을 통해 도출되는 실험치인 응력-변형률 곡선에서 탄성한도(변형) 영역에서는 하중(외력)을 제거하면 원래의 상태로 되돌아간다. 하중을 제거해도 변형이 그대로 유지되는 것은 소성변형의 영역이다.

응력-변형률 곡선($\sigma-\varepsilon$ 선도)

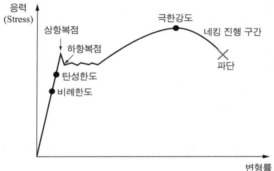

- 비례한도(Proportional Limit) : 응력과 변형률 사이에 정비례 관계인 구간으로 응력이 최대인 점이다, 이 구간은 후크의 법칙이 적용된다.
- 탄성한도(Elastic Limit) : 하중을 제거하면 시험편의 원래 치수로 되돌아가는 구간
- 항복점(Yield Point) : 인장시험에서 하중이 증가하여 어느 한도에 도달하면, 하중을 제거해도 원래 상태로 돌아가지 않고 변형이 남게 되는 그 순간의 하중이다.
- 극한강도(Ultimate Strength) : 재료가 파단되기 전, 외력에 최대로 버틸 수 있는 응력
- 네킹구간(Necking) : 극한 강도를 지나면서 재료의 단면이 줄어들면서 길게 늘어나는 구간
- 파단점 : 재료가 파괴되는 지점

04 응력집중을 완화하기 위한 설계 방안으로 옳지 않은 것은?

① 표면 거칠기 값을 작게 한다.

② 단면 변화를 완만하게 한다.

③ 응력 흐름이 급격하게 되도록 한다.

④ 단이 진 부분의 필렛 반지름을 크게 한다.

응력이 집중되면 그 부분에서 파괴되기 쉬우므로 응력은 분산되도록 설계해야 한다. 응력 흐름을 급격하게 설계하면 급격한 부분에 하중이 집중될 수 있으므로 안전을 고려하여 응력 흐름이 완만하도록 유선형으로 설계하는 것이 좋다. 용접 후 튀어나온 비드를 그라인딩으로 마무리하는 것도 같은 이유이다.

05 베어링의 호칭 번호가 '6212 ZZ'일 때, 내륜에 조립되는 축의 기준 치수[mm]는?

① 12   ② 24

③ 60   ④ 62

내륜이 조립되는 축의 지름은 베어링의 안지름과 같다. 베어링 안지름은 호칭번호 앞에서 3~4번째인 '12'이다. 12에 5를 곱한 60mm($\varnothing$60)가 베어링의 안지름이 된다.

베어링 호칭번호 구성

형식번호	• 1 : 복렬 자동조심형 • 2, 3 : 상동(큰 너비) • 6 : 단열 홈형 • 7 : 단열 앵귤러 콘택트형 • N : 원통 롤러형
치수기호	• 0, 1 : 특별경하중 • 2 : 경하중형 • 3 : 중간형
안지름번호	• 1~9 : 1~9[mm] • 00 : 10[mm] • 01 : 12[mm] • 02 : 15[mm] • 03 : 17[mm] • 04 : 20[mm] 04부터는 5를 곱한다.
접촉각기호	C
실드기호	• Z : 한쪽 실드 • ZZ : 안팎 실드
내부틈새기호	C2
등급기호	• 무기호 : 보통급 • H : 상급 • P : 정밀등급 • SP : 초정밀급

06
회전수가 N[rpm]이고 전달토크가 T[N·m]인 축의 전달동력[W]은?

① $\dfrac{\pi TN}{30}$

② $\dfrac{\pi TN}{60}$

③ $\dfrac{30}{\pi TN}$

④ $\dfrac{60}{\pi TN}$

축의 전달동력(W)

$W = T \times w$(각속도)

$= T \times \dfrac{2\pi N}{60}$

$= \dfrac{\pi TN}{30}$

07
(가)와 같이 테이퍼진 공작물을 선반가공으로 만들기 위해서 (나)와 같이 심압대를 편위할 때, 심압대 편위량 (e)은?

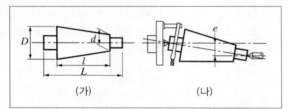

(가)   (나)

① $L \sin\left[\tan^{-1}\left(\dfrac{D-d}{2l}\right)\right]$

② $2L \sin\left[\tan^{-1}\left(\dfrac{D-d}{l}\right)\right]$

③ $l \sin\left[\tan^{-1}\left(\dfrac{D-d}{2L}\right)\right]$

④ $2l \sin\left[\tan^{-1}\left(\dfrac{D-d}{L}\right)\right]$

이 문제에서 심압대 편위량(e) 공식에서 테이퍼 각도(θ)를 먼저 구한다.

$\tan\theta = \dfrac{D-d}{2l}$

$\theta = \tan^{-1}\left(\dfrac{D-d}{2l}\right)$

위 값을 심압대 편위량(e) 공식에 대입한다.

$e = L\sin\theta$

$= L\sin\left[\tan^{-1}\left(\dfrac{D-d}{2l}\right)\right]$

08
소성가공에 해당하지 않는 것은?

① 압연가공

② 인발가공

③ 프레스가공

④ 플레이너가공

소성가공은 외력을 제거해도 되돌아오지 않는 재료의 특성을 이용한 가공법이다. 플레이너가공은 소성이 아닌 절삭가공법에 속한다.
플레이너(Planer) : 바이트가 고정되어 있는 상태에서, 테이블 위에 공작물을 설치한 후 테이블을 앞뒤로 이송하면서 공작물을 평면 가공한다.

09
주물사의 특징에 대한 설명으로 옳지 않은 것은?

① 입자가 작으면 통기성이 좋아진다.

② 입자가 작으면 주물의 표면이 우수해진다.

③ 고온에서 견딜 수 있도록 내화성이 커야 한다.

④ 주물사에 점결제(Binder)를 혼합하면 성형성이 향상된다.

주물사는 주조용 특수모래로 규사가 많이 사용된다. 주조할 때 형틀인 주형을 만드는 데 사용하며, 주물사의 입자가 작으면 통기성이 떨어지는 단점이 있다.

10 잔류응력에 대한 설명으로 옳지 않은 것은?

① 압축잔류응력은 피로수명을 향상시킨다.
② 인장잔류응력은 파괴강도를 저하시킨다.
③ 압축잔류응력은 응력균열을 발생시킨다.
④ 잔류응력은 풀림 처리를 통해 제거될 수 있다.

해설

압축잔류응력은 압축 방향으로 남아 있는 잔류응력을 말한다. 주로 재료 표면에서 발생하는데 응력균열을 줄여주며 피로수명과 파괴강도를 개선한다.

인장잔류응력 : 재료를 열처리하고 냉각하는 과정에서 비균일한 열 수축으로 인해 발생하는 잔류응력으로 주로 물체 표면에 나타나는데, 외력이 없어도 재료 내부를 인장시키는 힘이 발생되는 현상이다. 파괴강도를 저하시키는데 풀림처리로 제거할 수 있다.

11 회전하는 주형을 이용하여 파이프, 관, 실린더 라이너 등과 같이 속이 빈 주물을 제작하는 데 적합한 주조법은?

① 셀 주조   ② 진원심 주조
③ 다이캐스팅 주조   ④ 인베스트먼트 주조

해설

진원심 주조(True Centrifugal Casting) : 주형에 용융금속을 주입한 후 회전시키면 내부에 원심력이 발생하여 용융금속이 주형 내부의 벽쪽으로 밀착되면서 파이프나 관, 실린더 라이너와 같이 속이 빈 주물을 제작하는 데 적합한 주조법이다.

① 셀 주조법(셀몰드법) : 금속모형을 250~300[℃]로 가열한 후 모형 위에 박리제인 규소수지를 바르고 150~200[mesh] 정도의 규사(SiO_2)와 열경화성 합성수지를 배합한 '주형재' 속에 잠기게 하여 얇은 셀 형태의 주형을 제작한다. 여기서 만들어진 주형으로 주조한다. 주로 소형 제품의 주조에 유리하며 치수정밀도가 높고 표면이 매끄럽다.
③ 다이캐스팅 주조법 : 용융금속을 금형(다이)에 고속으로 충진한 뒤 응고 시까지 고압을 계속 가해 주물을 얻는 방법으로 주물조직이 치밀하며 강도가 크고 치수정밀도가 높아서 마무리 공정 수를 줄일 수 있다. 또한 주형을 영구적으로 사용할 수 있고 충진 시간이 매우 짧아서 생산 속도가 빨라 대량 생산에 적합하다. 주로 비철금속의 주조에 사용된다.

④ 인베스트먼트 주조법 : 제품과 동일한 형상의 모형을 왁스(양초)나 파라핀(합성수지)으로 만든 후 그 주변을 슬러리 상태의 내화 재료로 도포한 다음 가열하면 주형은 경화되면서 왁스로 만들어진 내부 모형이 용융되어 밖으로 빼내어짐으로써 주형이 완성된다. 로스트 왁스법, 치수정밀도가 좋아서 정밀 주조법으로도 불린다.

12 압입자로 재료를 눌렀을 때 생기는 압입 자국을 이용한 경도 시험법이 아닌 것은?

① 쇼어(Shore) 경도 시험법
② 브리넬(Brinell) 경도 시험법
③ 비커스(Vickers) 경도 시험법
④ 로크웰(Rockwell) 경도 시험법

해설

쇼어경도(H_S)는 다이아몬드 추를 일정한 높이(h_0)에서 낙하시켜 추의 반발높이(h)를 측정해서 경도를 측정하는 시험법이다. 압입차를 누르는 경도 측정법은 아니다.

② 브리넬 경도 시험법 : 강구를 압입자로 사용한다. 압입자인 강구에 일정량의 하중을 걸어 시험편의 표면에 압입한 후, 압입 자국의 표면적 크기와 하중의 비로 경도를 측정한다.
③ 비커스 경도 시험법 : 136° 다이아몬드 피라미드를 압입자로 사용한다. 압입자에 1~120[kg]의 하중을 걸어 자국의 대각선 길이로 경도를 측정한다. 하중을 가하는 시간은 캠의 회전속도로 조절한다.
④ 로크웰 경도 시험법 : B스케일 – 강구, C스케일 – 120° 다이아몬드를 압입자로 사용한다. 압입자에 하중을 걸어 압입 자국(홈)의 깊이로 경도를 측정한다. 예비하중은 10[kg], 시험하중은 B스케일이 100[kg], C스케일이 150[kg]이다.

13 외접 기어펌프에서 발생할 수 있는 오일 폐입(Trapping) 현상을 예방하기 위한 방법만을 모두 고르면?

> ㄱ. 인벌류트 치형을 사용한다.
> ㄴ. 정현파(Sine Curve) 형태의 특수한 치형을 사용한다.
> ㄷ. 기어 맞물림 부분의 측판에 릴리프 홈을 둔다.
> ㄹ. 전위기어를 사용하여 기어 물림률을 1보다 크게 한다.

① ㄱ, ㄷ
② ㄱ, ㄹ
③ ㄴ, ㄷ
④ ㄴ, ㄹ

폐입 현상을 예방하기 위해서는 두 기어가 맞물리는 부분의 측판에 릴리프 홈을 두거나 정현파 형태의 특수한 치형을 사용해야 한다.
ㄱ. 폐입 현상은 주로 인벌류트 치형이 적용된 기어에서 발생한다.
ㄹ. 전위기어는 기어에서 언더컷 발생을 억제하기 위해 사용한다.
폐입현상(Trapping)
기어펌프에서 두 기어가 회전하며 유압유를 이동시킬 때, 두 개의 기어 이(치형) 틈새에 갇힌 유압유가 압축과 팽창을 반복하면서 흡입 측으로 되돌려지는 현상이다. 이 과정에서 유압유 내 기포가 발생하기 때문에 캐비테이션이 발생한다.

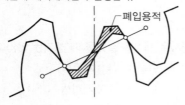

폐입용적

14 유압 작동유의 점도에 대한 설명으로 옳지 않은 것은?

① 유압 작동유의 온도가 상승하면 점도가 낮아진다.
② 점도지수가 클수록 온도에 따른 점도변화가 작아진다.
③ 유압 작동유의 점도가 낮아질수록 제어밸브의 누설이 증가한다.
④ 유압 작동유의 점도가 높아질수록 유압펌프의 효율이 증가한다.

유압 작동유의 점도(점도지수)가 높을 때 발생하는 현상
• 효율이 저하된다.
• 캐비테이션(공동현상)이 발생한다.
• 유압기기의 작동이 불활성이 된다.
• 유압유의 내부 마찰이 커지고 온도가 상승된다.
• 유동저항이 커져서 에너지(압력) 손실이 커진다.
• 점도지수가 크면 온도에 따른 점도변화도 작다.
유압 작동유의 점도가 낮을 때 발생하는 현상
• 작동유 온도가 상승하면 점도가 낮아진다.
• 점도가 낮아지면 압력유지가 잘 되지 않는다.

15 이미 생성된 구멍을 선반가공으로 확대할 때 적합한 것은?

① 널링(Knurling)
② 보링(Boring)
③ 슬로팅(Slotting)
④ 단면절삭(Facing)

선반으로 이미 가공된 구멍의 직경을 더 확대하는 작업은 보링가공이다.

널링가공	내경가공, 보링가공
슬로팅가공	단면절삭

16 냉동기의 냉매가 가져야 할 조건으로 옳은 것만을 모두 고르면?

> ㄱ. 저온에서도 증발압력이 대기압보다 커야 한다.
> ㄴ. 표면장력이 커야 한다.
> ㄷ. 비열비가 커야 한다.
> ㄹ. 임계온도가 높고 상온에서 액화하여야 한다.

① ㄱ, ㄷ   ② ㄱ, ㄹ
③ ㄴ, ㄷ   ④ ㄴ, ㄹ

해설

냉매는 저온에서도 증발압력이 대기압보다 커야 하며, 임계온도가 높고 상온에서 액화하여야 한다.

- 증발압력 : 액체가 증발해서 생긴 증기가 액체와 동적 평형 상태에 있을 때 증기가 액체 표면에 가하는 압력이다.
- 임계온도 : 어떤 물질의 상태가 기체와 액체의 구분이 없어지는 온도이다. 이 온도 이상에서는 어떤 압력을 가하더라도 물질이 액화되지 않고 기체로만 존재한다.

냉매의 구비조건
- 비열비가 작을 것
- 응축압력이 낮을 것
- 응고온도가 낮을 것
- 점도가 적고 표면장력이 작을 것
- 임계온도가 높고 상온에서 액화가 가능할 것
- 증발잠열이 크고 저온에서도 증발압력이 대기압 이상일 것
※ 냉매 : 냉동 사이클을 순환하는 작동유체로 저온에서 열을 빼앗아 고온으로 열을 이동시킨다.

17 압출공정에서 발생하는 결함이 아닌 것은?

① 수축공   ② 표면균열
③ 파이핑 결함   ④ 중심부 결함

해설

수축공은 주조에서 주물이 응고될 때 발생하는 결함으로 압출가공의 결함과는 관련이 없다.

압출가공 : 선재나 관재, 여러 형상의 단면재를 제조할 때 재료를 용기 안에 넣고 램으로 재료를 높은 압력으로 다이 구멍 쪽으로 밀어내면 재료가 다이를 통과하면서 제품이 만들어지는 소성 가공법

압출가공에서 발생하는 결함
- 표면균열
- 파이프결함
- 중심부균열(내부)
- 화살모양균열(내부)
- 세브론균열(내부)

18 평벨트 전동에 대한 설명으로 옳지 않은 것은?

① 벨트와 풀리 사이의 마찰이 없으면 장력비는 1이다.
② 림의 중앙부를 높게 하여 벨트의 이탈을 방지할 수 있다.
③ 바로 걸기에서 벨트의 이완부가 위로 가면 접촉각이 감소한다.
④ 유효장력이 증가하면 크리핑(Creeping) 현상이 발생할 수 있다.

해설

평벨트 전동에서 구동 풀리를 바로걸기로 우회전시킬 때 벨트의 이완부는 위쪽이 된다. 이때 이완부인 위쪽 벨트는 다소 늘어지는데 이때 접촉각(θ_A, θ_B)은 증가하게 된다. 접촉각이 증가하면 벨트와 풀리 간의 힘 전달 효율이 높아지게 되며 벨트가 슬립하거나 미끄러지는 현상이 줄어드는 장점이 있다.

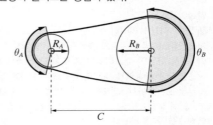

평벨트전동

바로걸기(Open)	엇걸기(Cross)
이완측(T_s) 긴장측(T_t) 원동풀리　종동풀리	원동풀리　종동풀리

19 다음 설명에 해당하는 제조 방법은?

> • 대표적인 재료로 종이나 폴리머를 사용한다.
> • 돌출부나 깨지기 쉬운 부분을 지지하기 위한 별도의 지지구조(Support)가 필요하지 않다.

① 폴리젯(Polyjet)
② 광조형법(Stereolithography)
③ 융해용착모델링(Fused-deposition Modeling)
④ 박판적층공정(Laminated-object Manufacturing)

해설

④ 박판적층법(LOM) : 박판에 레이저 광선을 쏘아서 절단한 후 박판 밑면에 부착된 종이에 부착된 접착제를 사용해서 아래층과 압착시켜 한 층씩 적층하는 방법이다. 사무실에서 사용할 만큼 크기와 가격이 적당하나 재료에 제한이 있고 정밀도가 떨어진다는 단점이 있다.

① 폴리젯 : 액상 폴리머인 수지를 미세한 노즐을 통해 분사하면서 자외선을 쏘아주면 재료가 경화되면서 적층 형상의 제품을 만든다. 제품 표면이 매끄러우며 출력 속도가 빠르다.

② 광조형법(SLA) : 액체 상태의 광경화성 수지에 레이저 광선을 부분적으로 쏘아서 적층해 나가는 방법이다. 큰 부품의 제작이 가능하며 정밀도가 높아 널리 사용되고 있으나, 환경적인 문제로 액체 재료는 후처리가 필요하다.

③ 용융수지압출법(FDM) : 직경이 3[μm]의 필라멘트 선인 열가소성 소재를 노즐 안에서 용해한 후 이를 짜내어 조형 면에 쌓아올려 제품을 만드는 방법이다. 광조형법(SLA) 다음으로 널리 사용된다.

20 다음과 같은 특성을 가진 열처리는?

> • 경화된 강 중의 잔류 오스테나이트를 마르텐사이트화시킨다.
> • 공구강의 경도를 향상시킨다.
> • 시효(Aging)에 의한 형상변화 및 치수변화를 방지할 수 있다.

① 풀림처리(Annealing)
② 침탄처리(Carburizing)
③ 불림처리(Normalizing)
④ 심랭처리(Sub-zero Treatment)

해설

심랭처리(Sub Zero) : 담금질한 강을 실온까지 냉각한 다음, 다시 계속하여 0[℃] 이하의 마르텐사이트 변태 종료 온도까지 냉각시켜 잔류 오스테나이트를 마르텐사이트 조직으로 변화시키는 열처리 작업이다. 담금질된 강의 잔류 오스테나이트를 제거하여 시효(Aging)에 의한 형상변화 및 치수변화를 방지할 수 있으며 재료의 경도도 증가시키는 효과가 있다.

① 풀림처리 : 강 속에 있는 내부응력을 제거하고 재료를 연하게 만들기 위해 A₁ 변태점 이상의 온도로 가열한 후 가열 노(Furnace)나 공기 중에서 서랭함으로써 강의 성질을 개선하기 위한 열처리법이다.

② 침탄처리 : 탄소 함유량이 0.2[%] 이하인 저탄소강이나 저탄소 함금강을 침탄제 속에 파묻은 상태로 가열하여 재료의 표면에 탄소(C)를 침투시켜 표면을 경화시키는 표면경화법이다.

③ 불림처리 : 주조나 소성가공에 의해 거칠고 불균일한 조직을 표준화 조직으로 만드는 열처리법으로 A₃변태점보다 30~50[℃] 높게 가열한 후 공랭시킨다.

CHAPTER

02

지방직
기출문제

합격 완벽 대비서

TECH BIBLE

2011년 지방직 기계일반

01 자기변태에 대한 설명으로 옳지 않은 것은?

① 자기변태가 일어나는 점을 자기변태점이라 하며, 이 변태가 일어나는 온도를 퀴리점(Curie Point)이라고 한다.

② 자기변태점에서 원자배열이 변화함으로써 자기강도가 변화한다.

③ 철, 니켈, 코발트 등의 강자성 금속을 가열하여 자기변태점에 이르면 상자성 금속이 된다.

④ 순철의 자기변태점은 768[℃]이다.

해설

자기변태

철이 퀴리점이라고 불리는 자기변태온도(A_2변태점, 768[℃])를 지나면 원자배열은 변하지 않으나 자성이 큰 강자성체에서 자성을 잃어버리는 상자성체로 변하는 현상으로 금속마다 자기변태점이 다르다.

예 시멘타이트의 자기변태 : 210[℃]

02 양쪽 끝 모두 수나사로 되어 있고, 관통하는 구멍을 뚫을 수 없는 경우에 사용하며, 한쪽 끝은 상대 쪽에 암나사를 만들어 미리 반영구적으로 박음을 하고 다른 쪽 끝에는 너트를 끼워 조이는 볼트는?

① 관통볼트

② 탭볼트

③ 스터드볼트

④ 양너트볼트

해설

스터드볼트

양쪽 끝이 모두 수나사로 되어 있는 볼트로 한쪽 끝은 암나사가 난 부분에 반영구적인 박음 작업을 하고, 다른 쪽 끝은 너트를 끼워 조이는 기계요소이다.

스터드볼트	관통볼트	탭볼트	더블너트볼트 (양너트볼트)

03 플라스틱 성형법 중에서 음료수병과 같이 좁은 입구를 가지는 용기의 제작에 가장 적합한 것은?

① 압축성형
② 사출성형
③ 블로성형
④ 열성형

블로성형
성형재료를 압출이나 사출에 의해 튜브형상으로 예비성형을 한 후, 이것을 금형에 장착하고 내부로 공기를 불어넣으면 재료가 부풀어 올라 음료수병과 같이 중공의 제품을 만드는 것으로 좁은 입구를 가지는 용기 제작에도 유용하다.
① 압축성형 : 플라스틱분말을 미리 가열되고 있는 금형(다이)의 오목한 부분에 넣은 후 반대쪽 볼록한 금형으로 가압하여 제품을 성형하는 방법으로 가장 일반적이다.
② 사출성형(射出成形 ; 쏠 사, 나가다 출, 이룰 성, 모양 형) : 가열된 실린더 안으로 호퍼를 통해 성형재료를 공급하면 실린더 내부에 설치된 이송 스크루로 성형재료를 금형다이 안으로 가압하면서 충전한 후 냉각과정을 거쳐 추출하여 제품을 성형하는 방법이다.
④ 열성형 : 열가소성 플라스틱을 성형온도까지 올린 후 용기형태로 만드는 공정으로 트레이나 일회용 용기 제작에 사용한다.

04 CNC공작기계의 프로그램에서 G코드가 의미하는 것은?

① 순서번호
② 준비기능
③ 보조기능
④ 좌표값

G코드는 CNC공작기계의 준비기능으로 불리는데, G코드를 사용한 명령어는 공구를 준비시키는 기능으로 이해하면 된다.
CNC프로그램의 5대 코드 및 기능

종 류	코 드	기 능
준비기능	G코드	CNC기계의 주요 제어장치들의 사용을 위해 준비시킨다. 예 G00 : 급속이송, G01 : 직선보간, G02 : 시계방향 공구회전
보조기능	M코드	CNC기계에 장착된 부수장치들의 동작을 실행하기 위한 것으로 주로 ON/OFF기능을 한다. 예 M02 : 주축 정지, M08 : 절삭유 ON, M09 : 절삭유 OFF
이송기능	F코드	절삭을 위한 공구의 이송 속도를 지령한다. 예 F0.02 : 0.02[mm/rev]
주축기능	S코드	주축의 회전수를 지령한다. 예 S1800 : 1,800[rpm]으로 주축회전
공구기능	T코드	공구준비 및 공구교체, 보정을 한다. 예 T0100 : 1번 공구로 교체 후, 공구에 00번으로 설정한 보정값 적용

05 두 가지 성분의 금속이 용융되어 있는 상태에서는 하나의 액체로 존재하나 응고 시 일정한 온도에서 액체로부터 두 종류의 금속이 일정한 비율로 동시에 정출되어 나오는 반응은?

① 공정반응
② 포정반응
③ 편정반응
④ 포석반응

06 자동차에서 직교하는 사각구조의 차동기어 열(Differential Gear Train)에 사용되는 기어는?

① 평기어
② 베벨기어
③ 헬리컬기어
④ 웜기어

07 나사에 대한 설명으로 옳은 것은?

① 나사의 지름은 수나사에서는 대문자로, 암나사에서는 소문자로 표기한다.
② 피치는 나사가 1회전할 때 축방향으로 이동하는 거리이다.
③ 피치가 같으면 한 줄 나사와 다중나사의 리드(Lead)는 같다.
④ 나사의 크기를 나타내는 호칭은 수나사의 바깥지름으로 표기한다.

08 다음 합금 중에서 열에 의한 팽창계수가 작아 측정기재료로 가장 적합한 것은?

① Ni-Fe
② Cu-Zn
③ Al-Mg
④ Pb-Sn-Sb

09 M-D-100-L-75-B로 표시된 연삭숫돌에서 L이 의미하는 것은?

① 결합도
② 연삭입자의 종류
③ 결합제의 종류
④ 입도지수

해설
연삭숫돌 중 다이아몬드숫돌의 표시기호에서 L은 결합도가 중간임을 나타낸다.
다이아몬드 연삭숫돌의 표시기호(M-D-100-L-75-B인 경우)

M	D	100
제조업자 기호	연삭입자의 종류	입 도
	• B : 큐빅보론 질화물 • D : 다이아몬드	20~1,000

L	75	B
결합도	다이아몬드 함유율	결합제
A(연함)~Z(단단함)	25(낮음) 50, 75, 100(높음)	• B : 레지노이드 • M : 메탈 • V : 비트리파이드

일반적인 연삭숫돌의 표시기호

WA	60	K	m	V	1호
입 자	입 도	결합도	조 직	결합제	숫돌 모양

205	x	19	x	15	
바깥 지름	x	두께	x	구멍 지름	

10 비파괴검사에 일반적으로 이용되는 것과 가장 거리가 먼 것은?

① 초음파
② 자 성
③ 방사선
④ 광탄성

해설
광탄성시험은 피측정물에 하중을 가해서 내부와 재료표면의 응력을 측정하여 응력의 분포 상태를 파악하는 파괴시험법이다.
비파괴시험법의 종류

내부결함	방사선투과시험(RT)
	초음파탐상시험(UT)
표면결함	외관검사(VT)
	누설검사(LT)
	자분탐상검사(MT)
	침투탐상검사(PT)
	와전류탐상검사(ET)

11 소성가공법에 대한 설명으로 옳은 것은?

① 냉간가공은 재결정온도 이상에서 가공한다.
② 가공경화는 소성가공 중 재료가 약해지는 현상이다.
③ 압연 시 압하율이 크면 롤 간격에서의 접촉호가 길어지므로 최고압력이 감소한다.
④ 노칭(Notching)은 전단가공의 한 종류이다.

해설
노칭(Notching)은 판재의 옆면을 여러 가지 모양으로 잘라내는 가공법으로 프레스가공 중 전단가공에 속한다.

노치부

① 냉간가공은 재결정온도 이하에서 가공한다.
② 가공경화는 소성가공 중 재료가 강해지는 현상이다.
③ 압연 시 압하율이 크면 롤 간격에서의 접촉호가 길어지므로 최고압력은 증가한다.

12 선형 탄성재료로 된 균일 단면봉이 인장하중을 받고 있다. 선형 탄성범위 내에서 인장하중을 증가시켜 신장량을 2배로 늘리면 변형에너지는 몇 배가 되는가?

① 2   ② 4
③ 8   ④ 16

해설

탄성에너지 $U = \frac{1}{2}P\delta$ 식을 응용하면

$$U = \frac{1}{2}P\delta = \frac{P}{2}\frac{PL}{AE} = \frac{P^2 L}{2AE} = \frac{\sigma^2 AL}{2E}$$ 가 된다.

$U = \frac{\sigma^2 AL}{2E}$ 이 식에서 신장량(L)을 2배로 늘리면, $2L$이 다시 인장

응력값의 제곱(σ^2)과 곱하게 된다. $A \times \sigma^2 \times 2L$이 되므로 결국 σ^2
의 2배라고 생각할 수 있으므로 탄성변형에너지(U)는 2개가 된다.
따라서 정답은 ②번이다.

탄성에너지(U) 구하는 식

$$U = \frac{1}{2}P\delta = \frac{P}{2}\frac{PL}{AE} = \frac{P^2 L}{2AE} = \frac{\sigma^2 AL}{2E}$$

13 판재의 굽힘가공에서 최소굽힘반지름에 대한 설명으로 옳지 않은 것은?

① 인장단면감소율이 0[%]에 가까워질수록 $\frac{\text{굽힘반지름}}{\text{판재두께}}$

의 비율도 0에 접근하게 되고 재료는 완전굽힘이 된다.

② $\frac{\text{굽힘반지름}}{\text{판재두께}}$ 의 비율이 작은 경우 폭이 좁은 판재는

측면에 균열이 발생할 수 있다.

③ 최소굽힘반지름은 T의 배수로 표기되는데 2T라고 하면 균열이 발생하지 않고 판재를 굽힐 수 있는 최소굽힘반지름이 판재두께의 2배라는 것을 의미한다.

④ 굽힘의 바깥 면에 균열이 발생하기 시작하는 한계굽힘반지름을 최소굽힘반지름이라고 한다.

해설

인장단면감소율이 0[%]에 가까워진다는 것은 재료가 전혀 변형되지 않는다는 의미로 해석이 가능하다. 따라서 재료는 전혀 굽혀지지 않으므로 완전굽힘은 잘못된 표현이다.

14 용접에서 열영향부(Heat Affected Zone)에 대한 설명으로 가장 적절한 것은?

① 융합부로부터 멀어져서 아무런 야금학적 변화가 발생하지 않은 부분
② 용융점 이하의 온도이지만 금속의 미세조직 변화가 일어난 부분
③ 높은 온도로 인하여 경계가 뚜렷하며 화학적 조성이 모재금속과 다른 조직이 생성된 부분
④ 용가재금속과 모재금속이 액체상태로 융해되었다가 응고된 부분

해설

열영향부는 용접 시 발생된 열 중 철의 용융점인 1,538[℃] 이하의 온도에 의해 용융부(융합부)와 인접한 금속조직이 변하게 된 부분이다.

열영향부(HAZ ; Heat Affected Zone)

용접할 때 용접부 주위가 발생 열에 영향을 받아서 금속의 성질이 처음 상태와 달라지는 부분이다.

• 열영향부는 융합부와 직접 접촉된 부분이다.
• 열영향부의 경계는 뚜렷하지 않다.
• 열영향부는 용융되지는 않았으나 용접열에 의해 영향을 받은 부분이다.

※ 야금 : 광석에서 금속을 추출하고 용융 후 정련하여 사용목적에 알맞은 형상으로 제조하는 기술

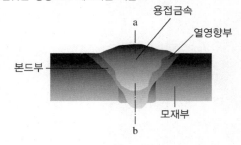

15 가스터빈에 대한 설명으로 옳지 않은 것은?

① 단위시간당 동작유체의 유량이 많다.

② 기관중량당 출력이 크다.

③ 연소가 연속적으로 이루어진다.

④ 불완전연소에 의해서 유해성분의 배출이 많다.

해설

가스터빈은 완전연소를 하므로 유해성분이 적게 배출된다.

가스터빈

압축기, 터빈, 연소실로 이루어진 내연기관으로 압축기에서 압축된 공기가 연소실에서 연료와 혼합되어 연소함으로써 고온·고압으로 팽창하는데, 이때 발생하는 힘으로 터빈을 구동해서 에너지를 얻는 열기관사이클로 실제로는 개방사이클로 이루어진다. 공기로 산소가 공급되며 냉각제의 역할도 한다. 브레이턴사이클이 대표적이며 완전연소를 하므로 유해성분이 적게 배출되고 증기터빈에 비해 중량당 동력이 크다는 장점이 있다. 항공기나 선박, 발전기에 적용되고 있다.

16 주철에 함유된 원소 중 인(P)의 영향으로 옳은 것은?

① 스테다이트(Steadite)를 형성하여 주철의 경도를 낮춘다.

② 공정온도와 공석온도를 상승시킨다.

③ 주철의 융점을 낮추어 유동성을 양호하게 한다.

④ 1[wt%] 이상 사용할 때 경도는 상승하지만 인성은 감소한다.

해설

인(P) : 주철의 용융점을 낮추고 유동성을 좋게 하는 장점이 있으나 상온취성과 편석 및 균열의 원인이 된다.

탄소강에 함유된 원소들의 영향

종 류	영 향
탄소(C)	• 경도를 증가시킨다. • 인성과 연성을 감소시킨다. • 일정 함유량까지 강도를 증가시킨다. • 함유량이 많아질수록 취성(메짐)이 강해진다.
규소(Si)	• 유동성을 증가시킨다. • 용접성을 저하시킨다. • 가공성을 저하시킨다. • 연신율과 충격값을 저하시킨다. • 인장강도, 탄성한계, 경도를 상승시킨다. • 결정립의 조대화로 충격값과 인성을 저하시킨다.
망간(Mn)	• 주철의 흑연화를 방해한다. • 고온에서 결정립성장을 억제한다. • 주조성과 담금질효과를 향상시킨다. • 탄소강에 함유된 S(황)을 MnS로 석출시켜 적열취성을 방지한다.
인(P)	• 상온취성의 원인이 된다. • 결정입자를 조대화시킨다. • 편석이나 균열의 원인이 된다.
황(S)	• 절삭성을 양호하게 한다. • 편석과 적열취성의 원인이 된다. • 철을 여리게 하며 알칼리성에 약하다.
수소(H$_2$)	• 백점, 헤어크랙의 원인이 된다.
몰리브덴(Mo)	• 내식성을 증가시킨다. • 뜨임취성을 방지한다. • 담금질깊이를 깊게 한다.
크롬(Cr)	• 강도와 경도를 증가시킨다. • 탄화물을 만들기 쉽게 한다. • 내식성, 내열성, 내마모성을 증가시킨다.
납(Pb)	• 절삭성을 크게 하여 쾌삭강의 재료가 된다.
코발트(Co)	• 고온에서 내식성, 내산화성, 내마모성, 기계적 성질이 뛰어나다.
구리(Cu)	• 고온취성의 원인이 된다. • 압연 시 균열의 원인이 된다.

종 류	영 향
니켈(Ni)	• 내식성 및 내산성을 증가시킨다.
티타늄 (Ti)	• 부식에 대한 저항이 매우 크다. • 가볍고 강력해서 항공기용 재료로 사용된다.

17 변형이 일어나지 않는 튼튼한 벽 사이에 길이 L은 50[mm]이고 지름 d는 20[mm]인 강철봉이 고정되어 있다. 온도를 10[℃]에서 60[℃]로 가열하는 경우 봉에 발생하는 열응력[MPa]은?(단, 선팽창계수는 12×10^{-6} [/℃], 봉재료의 항복응력은 500[MPa]이고 탄성계수 E는 200[GPa]이다)

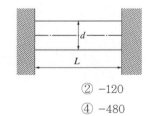

① −60
② −120
③ −240
④ −480

해설

$\sigma = E\varepsilon$
$= E\alpha\Delta t$
$= E\alpha(T_2 - T_1)$
$= (200 \times 10^9) \times (12 \times 10^{-6}) \times (60-10)$
$= 120,000 \times 10^3$
$= 120 \times 10^6$, 양쪽 벽에 고정되어 있으므로
$= -120$

18 유압장치의 구성요소에 대한 설명으로 옳지 않은 것은?

① 유압펌프는 전기적에너지를 유압에너지로 변환시킨다.
② 유압실린더는 유압에너지를 기계적에너지로 변환시킨다.
③ 유압모터는 유압에너지를 기계적에너지로 변환시킨다.
④ 축압기는 유압에너지의 보조원으로 사용할 수 있다.

해설

유압펌프는 유압에너지를 기계적에너지로 변환시키는 기계장치이다.

19 테르밋용접에 대한 설명으로 옳지 않은 것은?

① 금속산화물이 알루미늄에 의하여 산소를 빼앗기는 반응을 이용한 용접이다.
② 레일의 접합, 차축, 선박의 선미프레임 등 비교적 큰 단면을 가진 주조나 단조품의 맞대기용접과 보수용접에 사용된다.
③ 설비가 간단하여 설치비가 적게 들지만 용접변형이 크고 용접시간이 많이 걸린다.
④ 알루미늄분말과 산화철분말의 혼합반응으로 발생하는 열로 접합하는 용접법이다.

해설

테르밋용접은 설비가 간단해서 설치비가 저렴하고 용접시간이 짧아서 용접변형도 작다는 장점이 있다.
테르밋용접의 특징
• 전기가 필요 없다.
• 용접작업이 단순하다.
• 홈가공이 불필요하다.
• 용접시간이 비교적 짧다.
• 용접결과물이 우수하다.
• 용접 후 변형이 크지 않다.
• 용접기구가 간단해서 설비비가 저렴하다.
• 구조, 단조, 레일 등의 용접 및 보수에 이용한다.
• 작업장소의 이동이 쉬워 현장에서 많이 사용된다.
• 차량, 선박, 접합단면이 큰 구조물의 용접에 적용한다.
• 금속산화물이 알루미늄에 의해 산소를 빼앗기는 반응을 이용한다.
• 차축이나 레일의 접합, 선박의 프레임 등 비교적 큰 단면을 가진 물체의 맞대기용접과 보수용접에 주로 사용한다.

20 취성재료의 분리파손과 가장 잘 일치하는 이론은?

① 최대주응력설
② 최대전단응력설
③ 총변형에너지설
④ 전단변형에너지설

해설

최대주응력설
최대인장응력이나 최대압축응력의 크기가 항복강도보다 클 경우 재료의 파손이 일어난다는 이론으로 취성재료의 분리파손과 가장 일치한다.
② 최대전단응력설 : 최대전단응력이 그 재료의 항복전단응력에 도달하면 재료의 파손이 일어난다는 이론으로 연성재료의 미끄럼파손과 일치한다.
③ 총변형에너지설이란 없다.
④ 전단변형에너지설 : 변형에너지는 전단변형에너지와 체적변형에너지로 구분되는데, 전단변형에너지가 인장 시 항복점에서의 변형에너지에 도달하였을 때의 파손된다는 이론으로 연성재료의 파손 예측에 사용한다.

2012년 지방직 기계일반

01 펄라이트(Parlite) 상태의 강을 오스테나이트(Austenite) 상태까지 가열하여 급랭할 경우 발생하는 조직은?

① 시멘타이트(Cementite)

② 마텐자이트(Martensite)

③ 펄라이트(Pearlite)

④ 베이나이트(Bainite)

해설

펄라이트강을 오스테나이트 영역까지 가열한 후 급랭시키면 마텐자이트조직을 얻을 수 있다.

① 시멘타이트 : 순철에 6.67[%]의 탄소(C)가 합금된 금속조직으로 Fe_3C로 표시한다.

③ 펄라이트 : 페라이트(α철) + Fe_3C(시멘타이트)의 층상구조조직으로 질기고 강한 성질을 갖는다.

④ 베이나이트 : 항온열처리를 통해서 얻을 수 있는 금속조직이다.

02 강(Steel)의 재결정에 대한 설명으로 옳지 않은 것은?

① 냉간가공도가 클수록 재결정온도는 높아진다.

② 냉간가공도가 클수록 재결정입자크기는 작아진다.

③ 재결정은 확산과 관계되어 시간의 함수가 된다.

④ 선택적 방향성은 재결정 후에도 유지된다.

해설

철을 비롯한 대부분의 금속원소는 냉간가공도가 클수록 재결정온도는 낮아진다.

• 재결정 : 금속원소가 특정온도영역에서 새로운 결정입자가 생성되는 현상이다.

• 재결정온도 : 1시간 안에 95[%] 이상 새로운 재결정이 완전히 형성되는 온도이다. 금속이 재결정되면 불순물이 제거되어 더 순수한 결정을 얻어낼 수 있는데, 이 재결정은 금속의 순도, 조성, 소성변형의 정도, 가열시간에 큰 영향을 받는다.

03 서로 맞물려 돌아가는 기어 A와 B의 피치원의 지름이 각각 100[mm], 50[mm]이다. 이에 대한 설명으로 옳지 않은 것은?

① 기어 B의 전달동력은 기어 A에 가해지는 동력의 2배가 된다.

② 기어 B의 회전각속도는 기어 A의 회전각속도의 2배이다.

③ 기어 A와 B의 모듈은 같다.

④ 기어 B의 잇수는 기어 A의 잇수의 절반이다.

해설

기어 A와 기어 B가 서로 맞물려 돌아가므로 이 두 기어에 가해지는 동력은 서로 같다.

② 기어 A의 잇수가 기어 B보다 2배 더 많으므로 기어 A가 한 바퀴 회전할 때 기어 B는 2배로 더 회전하기 때문에 기어 B는 A보다 회전각속도가 2배이다.

③ 모듈(m)은 기어의 크기를 나타내는 척도인데 기어가 서로 맞물려 돌아가려면 모듈은 같아야 한다.

④ $PCD(D) = mZ$에서 모듈을 2로 가정하고 $D_A = mZ_A$, $D_B = mZ_B$에 대입하면 $100 = 2 \times Z_A$, $50 = 2 \times Z_B$이므로 $Z_A = 50$, $Z_B = 25$가 된다. 따라서 기어 B의 잇수(Z_B)는 A의 절반이다.

정답 1 ② 2 ① 3 ①

04 전위기어(Profile Shifted Gear)를 사용하는 목적이 아닌 것은?

① 두 기어 간 중심거리의 자유로운 변화
② 이의 강도 증가
③ 물림률 증가
④ 최소잇수 증가

전위기어는 기어의 최소잇수를 작게 하기 위하여 사용한다.

전위기어(Profile Shifted Gear)의 사용목적
- 언더컷 방지
- 물림률 증가
- 이의 강도 증가
- 최소잇수를 작게 하기 위해
- 두 기어 간 중심거리의 자유로운 변화

※ 물림률(Contact Ratio) : 동시에 물릴 수 있는 이의 수로 물림길 이를 법선피치로 나눈 값이다.

전위기어(Profile Shifted Gear)
래크공구의 기준 피치선(이 두께와 홈의 길이가 같은 곳)이 기어의 기준 피치원보다 아래에 위치하여 서로 접하지 않는 기어로 기어절삭 시 래크커터의 끝부분을 다소 후퇴시켜 이를 깎음으로써 만들 수 있는데 언더컷 방지를 목적으로 주로 사용한다.

※ 전위량 : 래크공구의 기준 피치선과 기어의 기준 피치원과의 거리

05 강관이나 알루미늄 압출튜브를 소재로 사용하며, 내부에 액체를 이용한 압력을 가함으로써 복잡한 형상을 제조할 수 있는 방법은?

① 롤포밍(Roll Forming)
② 인베스트먼트주조(Investment Casting)
③ 플랜징(Flanging)
④ 하이드로포밍(Hydroforming)

하이드로포밍
강관이나 알루미늄 압출튜브를 소재로 사용하며, 내부에 액체(Hydro)를 넣은 후 강한 압력을 가하여 복잡한 형상의 제품을 성형(Forming)하는 제조법이다.

① 롤포밍 : 두 개나 그 이상으로 나란히 연속된 롤러에 의해 연속적으로 금속판재를 넣어 원하는 형상으로 성형하는 가공법으로 순차적으로 생산하므로 제품의 외관이 좋으며 대량생산이 가능하다.

② 인베스트먼트주조법 : 제품과 동일한 형상의 모형을 왁스(양초)나 파라핀(합성수지)으로 만든 후 그 주변을 슬러리상태의 내화재료로 도포한 다음 가열하면 주형은 경화되면서 왁스로 만들어진 내부 모형이 용융되어 밖으로 빼내어짐으로써 주형이 완성되는 주조법으로 다른 말로는 로스트왁스법, 치수정밀도가 좋아서 정밀주조법으로도 불린다.

③ 플랜징 : 금속판재의 모서리를 굽히는 가공법으로 2단 펀치를 사용하여 판재에 작은 구멍을 낸 후 구멍을 넓히면서 모서리를 굽혀 마무리를 짓는 가공법이다.

06 가단주철에 대한 설명으로 옳지 않은 것은?

① 가단주철은 연성을 가진 주철을 얻는 방법 중 시간과 비용이 적게 드는 공정이다.

② 가단주철의 연성이 백주철에 비해 좋아진 것은 조직 내의 시멘타이트의 양이 줄거나 없어졌기 때문이다.

③ 조직 내에 존재하는 흑연의 모양은 회주철에 존재하는 흑연처럼 날카롭지 않고 비교적 둥근 모양으로 연성을 증가시킨다.

④ 가단주철은 파단 시 단면감소율이 10[%] 정도에 이를 정도로 연성이 우수하다.

가단주철은 백주철을 고온에서 장시간 열처리하여 시멘타이트조직을 분해하거나 소실시켜 조직의 인성과 연성을 개선한 주철이므로 제작공정이 복잡해서 시간과 비용이 상대적으로 많이 든다.

07 표면경화를 위한 질화법(Nitriding)을 침탄경화법(Carburizing)과 비교하였을 때 옳지 않은 것은?

① 질화법은 침탄경화법에 비하여 경도가 높다.

② 질화법은 침탄경화법에 비하여 경화층이 얇다.

③ 질화법은 경화를 위한 담금질이 필요 없다.

④ 질화법은 침탄경화법보다 가열온도가 높다.

침탄법의 처리온도는 약 900~950[℃]로 질화법의 처리온도인 500[℃]보다 더 높다.

질화법
암모니아(NH_3)가스 분위기(영역) 안에 재료를 넣고 500[℃]에서 50~100시간을 가열하면 재료표면에 Al, Cr, Mo원소와 함께 질소가 확산되면서 강재료의 표면이 단단해지는 표면경화법이다. 내연기관의 실린더 내벽이나 고압용 터빈날개를 표면경화할 때 주로 사용된다.

침탄법
순철에 0.2[%] 이하의 C가 합금된 저탄소강을 목탄과 같은 침탄제 속에 완전히 파묻은 상태로 약 900~950[℃]로 가열하여 재료의 표면에 C(탄소)를 침입시켜 고탄소강으로 만든 후 급랭시킴으로써 표면을 경화시키는 열처리법이다. 기어나 피스톤 핀을 표면경화할 때 주로 사용된다.

침탄법과 질화법의 특징

특 성	침탄법	질화법
경 도	질화법보다 낮다.	침탄법보다 높다.
수정여부	침탄 후 수정 가능하다.	불가능하다.
처리시간	짧다.	길다.
열처리	침탄 후 열처리가 필요하다.	불필요하다.
변 형	변형이 크다.	변형이 작다.
취 성	질화층보다 여리지 않다.	질화층부가 여리다.
경화층	질화법에 비해 깊다.	침탄법에 비해 얇다.
가열온도	질화법보다 높다.	낮다.

08 동력전달축이 비틀림을 받을 때 그 축의 반지름과 길이가 모두 두 배로 증가하였다면 비틀림각은 몇 배로 변하는가?

① $\frac{1}{2}$ 　　　　② $\frac{1}{4}$

③ $\frac{1}{8}$ 　　　　④ $\frac{1}{16}$

해설

반지름과 길이가 모두 2배로 증가했을 때 비틀림각(θ)을 구하려면 비틀림각(θ) 구하는 식에서 비틀림각(θ)과 지름(d)과 길이(L)와의 관계를 살펴보면 된다.

비틀림각 $\theta = \dfrac{T \cdot L}{G \cdot I_P} = \dfrac{T \cdot L}{G \cdot \dfrac{\pi d^4}{32}} = \dfrac{32\,T \cdot L}{G \cdot \pi d^4}$

$\theta = \dfrac{L}{d^4}$

여기서 지름과 길이를 모두 2배로 증가시키면(※ 반지름이 2배면 지름도 2배이다)

$\theta = \dfrac{L}{d^4}$,　$x\theta = \dfrac{2L}{(2d)^4}$

이를 비례식으로 풀면

$1 : x = \dfrac{L}{d^4} : \dfrac{2L}{(2d)^4}$

$\dfrac{2L}{16d^4} = x\dfrac{L}{d^4}$

$x = \dfrac{2L}{16d^4} \times \dfrac{d^4}{L}$

$x = \dfrac{1}{8}$

---

09 압축코일스프링에서 스프링 전체의 평균지름을 반으로 줄이면 축방향하중에 대한 스프링의 처짐과 스프링에 발생하는 최대전단응력은 몇 배가 되는가?

① $\frac{1}{16}$, $\frac{1}{4}$ 　　　② $\frac{1}{8}$, $\frac{1}{2}$

③ 8, 2 　　　　④ 16, 8

해설

지름을 $\frac{1}{2}$로 줄였을 때 스프링처짐(δ)

$\delta = \dfrac{8nPD^3}{Gd^4}$ 에서

$\delta : D^3 = \delta_{\frac{1}{2}} : D_{\frac{1}{2}}^3$

$\delta \left(D_{\frac{1}{2}} \right)^3 = D^3 \delta_{\frac{1}{2}}$

여기서 D에 1, $D_{\frac{1}{2}}$에 $\frac{1}{2}$을 대입하면

$\delta \left(\dfrac{1}{2} \right)^3 = 1 \times \delta_{\frac{1}{2}}$

$\dfrac{1}{8}\delta = \delta_{\frac{1}{2}}$

따라서 지름을 반으로 줄이면 $\frac{1}{8}$배가 된다.

스프링의 최대전단응력

$T = P \times \dfrac{D}{2}$, $T = \tau \times Z_p$를 대입하면

$\tau \times Z_p = \dfrac{PD}{2}$, $Z_p = \dfrac{\pi d^3}{16}$을 대입하면

$\tau \times \dfrac{\pi d^3}{16} = \dfrac{PD}{2}$

$\tau = \dfrac{PD}{2} \times \dfrac{16}{\pi d^3}$

여기서, D : 평균직경

d : 소선의 직경

$\tau = \dfrac{8PD}{\pi d^3}$

여기서 D에 1, $D_{\frac{1}{2}}$에 $\frac{1}{2}$을 대입하면

$\tau : D = \tau_{\frac{1}{2}} : D_{\frac{1}{2}}$

$\tau D_{\frac{1}{2}} = \tau_{\frac{1}{2}} D$

$\dfrac{1}{2}\tau = \tau_{\frac{1}{2}}$

따라서 최대전단응력은 $\frac{1}{2}$배이다.

10 기어를 가공하는 방법에 대한 설명으로 옳지 않은 것은?

① 주조법은 제작비가 저렴하지만 정밀도가 떨어진다.
② 전조법은 전조공구로 기어소재에 압력을 가하면서 회전시켜 만드는 방법이다.
③ 기어모양의 피니언공구를 사용하면 내접기어의 가공은 불가능하다.
④ 호브를 이용한 기어가공에서는 호브공구가 기어축에 평행한 방향으로 왕복이송과 회전운동을 하여 절삭하며, 가공될 기어는 회전이송을 한다.

> **해설**
>
> 기어모양의 피니언공구를 사용하면 내접기어도 가공할 수 있다.

[내접기어]

11 바이트날 끝의 고온·고압 때문에 칩이 조금씩 응착하여 단단해진 것을 무엇이라 하는가?

① 구성인선(Built-up Edge)
② 채터링(Chattering)
③ 치핑(Chipping)
④ 플랭크(Flank)

> **해설**
>
> 연강이나 스테인리스강, 알루미늄과 같이 재질이 연하고 공구재료와 친화력이 큰 재료를 절삭가공할 때, 칩과 공구의 윗면 사이의 경사면에 발생되는 높은 압력과 마찰열로 인해 칩의 일부가 공구의 날 끝에 달라붙어 마치 절삭날과 같이 공작물을 절삭하는 현상으로 발생 → 성장 → 분열 → 탈락의 과정을 반복한다.
>
>
>
> ② 채터링 : 절삭가공 중 공구의 떨림현상
> ③ 치핑 : 절삭 시 절삭저항에 의해 공구 끝이 떨어져 나가는 현상
> ④ 플랭크 마모(여유면 마모) : 절삭공구의 측면인 여유면과 절삭면 사이의 마찰로 인해 공구가 마모되면서 파손되는 현상

12 유압회로에서 사용하는 축압기(Accumulator)의 기능에 해당되지 않는 것은?

① 유압회로 내의 압력맥동 완화
② 유속의 증가
③ 충격압력의 흡수
④ 유압에너지 축적

> **해설**
>
> 축압기(Accumulator)는 유체를 저장해서 충격흡수, 에너지축적, 맥동완화 등의 역할을 하는 유압장치이나 유속을 증가시키지는 않는다. 유속은 주로 관의 직경을 변화시킴으로써 변화시킬 수 있다.
> 축압기의 특징
> • 충격압력의 흡수
> • 유압에너지의 축적
> • 유압회로 내 맥동의 제거 및 완화

13 다이캐스팅에 대한 설명으로 옳지 않은 것은?

① 정밀도가 높은 표면을 얻을 수 있어 후가공작업이 줄어든다.

② 주형재료보다 용융점이 높은 금속재료에도 적용할 수 있다.

③ 가압되므로 기공이 적고 치밀한 조직을 얻을 수 있다.

④ 제품의 형상에 따라 금형의 크기와 구조에 한계가 있다.

해설

다이캐스팅주조법은 주형에 용융금속을 압입하는 주조법으로 주형재료보다 용융점이 높은 금속재료를 압입하면 주형이 녹아내리기 때문에 주형보다 낮은 용융점의 재료를 사용해야 한다.

다이캐스팅주조법

용융금속을 금형(다이)에 고속으로 충진한 뒤 응고 시까지 고압을 계속 가해 주어 주물을 얻는 주조법으로 주물조직이 치밀하며 강도가 크고 치수정밀도가 높아서 마무리 공정수를 줄일 수 있다. 또한 주형을 영구적으로 사용할 수 있고 충진시간이 매우 짧아서 생산속도가 빨라 대량생산에 적합하다. 주로 비철금속의 주조에 사용된다.

다이캐스팅주조법의 특징

- 영구주형을 사용한다.
- 비철금속의 주조에 적용한다.
- 고온 체임버식과 저온 체임버식으로 나뉜다.
- 냉각속도가 빨라서 생산속도가 빠르다.
- 용융금속이 응고될 때까지 압력을 가한다.
- 기계용량의 표시는 가압유지 체결력과 관련이 있다.
- 고속으로 충진할 수 있으며 충전시간이 매우 짧다.
- 제품의 형상에 따라 금형의 크기와 구조에 한계가 있다.
- 일반 주물에 비해 치수가 정밀하지만 장치비용이 비싸다.
- 가압되므로 기공이 적고 주물조직이 치밀하며 강도가 크다.
- 정밀도가 높은 표면을 얻을 수 있어 후가공작업이 줄어든다.

14 지름이 600[mm]인 브레이크드럼의 축에 4,500[N·cm]의 토크가 작용하고 있을 때, 이 축을 정지시키는 데 필요한 최소제동력[N]은?

① 15

② 75

③ 150

④ 300

해설

$$T = P \times \frac{D}{2}$$

$$4,500[\text{N} \cdot \text{cm}] = P \times \frac{60[\text{cm}]}{2}$$

$$P = 4,500[\text{N} \cdot \text{cm}] \times \frac{1}{30[\text{cm}]} = 150[\text{N}]$$

드럼브레이크의 제동력 구하는 식

$$T = P \times \frac{D}{2} = \mu Q \times \frac{D}{2}$$

여기서, T : 토크

P : 제동력($P = \mu Q$)

D : 드럼의 지름

Q : 브레이크 드럼과 블록 사이의 수직력

μ : 마찰계수

15 아크용접법 중 전극이 소모되지 않는 것은?

① 피복 아크용접법

② 서브머지드(Submerged) 아크용접법

③ TIG(Tungsten Inert Gas) 용접법

④ MIG(Metal Inert Gas) 용접법

해설

TIG용접

전극으로 사용되는 텅스텐 전극봉은 아크만 발생시킬 뿐 용입부에 용가재를 별도로 공급해 주어야 하기 때문에 용가재가 전극이 되지 않는다. 따라서 비용극식 또는 비소모성 전극용접법이라고 불린다.

① 피복 아크용접 : 용접봉 자체가 전극봉과 용가재 역할을 동시에 하는 가장 일반적인 용접법으로 전극인 용접봉은 소모된다.

② 서브머지드 아크용접 : 용접부로 공급되는 와이어가 전극과 용가재의 역할을 동시에 하므로 전극인 와이어는 소모된다.

④ MIG용접 : 용접부로 공급되는 와이어가 전극과 용가재의 역할을 동시에 하므로 전극인 와이어는 소모된다.

용극식과 비용극식 아크용접법

용극식 용접법 (소모성 전극)	용가재인 와이어 자체가 전극이 되어 모재와의 사이에서 아크를 발생시키면서 용접부위를 채워나가는 용접방법으로, 이때 전극의 역할을 하는 와이어는 소모된다. 예 서브머지드 아크용접(SAW), MIG용접, CO_2용접, 피복금속 아크용접(SMAW)
비용극식 용접법 (비소모성 전극)	전극봉을 사용하여 아크를 발생시키고 이 아크열로 용가재인 용접을 녹이면서 용접하는 방법으로, 이때 전극은 소모되지 않고 용가재인 와이어(피복금속 아크용접의 경우 피복 용접봉)는 소모된다. 예 TIG용접

16 다음 공작기계에서 절삭 시 공작물 또는 공구가 회전운동을 하지 않는 것은?

① 브로칭머신

② 밀링머신

③ 호닝머신

④ 원통연삭기

해설

브로칭(Broaching)가공은 가공물에 홈이나 내부 구멍을 만들 때 가늘고 길며 길이방향으로 많은 날을 가진 총형공구인 브로치를 일감에 대고 누르면서 관통시켜 단 1회의 절삭공정만으로 제품을 완성시키는 가공법이다. 따라서 공작물이나 공구가 회전하지는 않는다.

② 밀링머신 : 공구 회전, 공작물 이송

③ 호닝머신 : 공구 회전, 공작물 고정

④ 원통연삭기 : 공구 회전, 공작물 이송

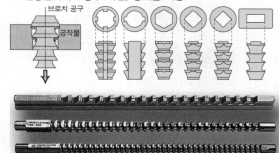

17 밀링절삭에서 상향절삭과 하향절삭을 비교하였을 때 하향절삭의 특성에 대한 설명으로 옳지 않은 것은?

① 공작물 고정이 간단하다.
② 절삭면이 깨끗하다.
③ 날 끝의 마모가 크다.
④ 동력소비가 적다.

하향절삭은 날 끝을 회전력과 자중에 의해 아래로 누르면서 가공하므로 날 끝의 마모가 작다. 그러나 상향절삭은 날 끝을 치켜 올리면서 가공하므로 마찰력이 커서 마모량도 크다.

상향절삭과 하향절삭의 특징

상향절삭	하향절삭
밀링커터 회전방향 / 공작물 이송방향 / 절삭방향 / 테이블 이송방향	밀링커터 회전방향 / 공작물 이송방향 / 절삭방향 / 테이블 이송방향
커터날의 절삭방향과 공작물 이송방향이 반대이다.	커터날의 절삭방향과 공작물 이송방향이 같다.
• 동력 소비가 크다. • 표면거칠기가 좋지 않다. • 마찰열이 커서 가공면이 거칠다. • 공구날의 마모가 빨라서 공구 수명이 짧다. • 하향절삭에 비해 가공면이 깨끗하지 못하다. • 기계에 무리를 주지 않아 강성은 낮아도 된다. • 칩이 가공할 면 위에 쌓이므로 시야가 안 좋다. • 날 끝이 일감을 치켜 올리므로 일감을 단단히 고정해야 한다. • 백래시의 영향이 적어 백래시 제거장치가 필요 없다.	• 표면거칠기가 좋다. • 공구의 수명이 길다. • 날 하나마다의 날 자리 간격이 짧다. • 백래시 제거장치가 반드시 필요하다. • 날의 마멸이 적어서 공구의 수명이 길다. • 가공면이 깨끗하고 고정밀절삭이 가능하다. • 절삭된 칩이 이미 가공된 면 위에 쌓이므로 작업시야가 좋아서 가공하기 편하다. • 커터날과 일감의 이송방향이 같아서 날이 가공물을 누르는 형태이므로 가공물 고정이 간편하다. • 절삭가공 시 마찰력은 작으나 충격량이 크기 때문에 높은 강성이 필요하다.

18 방전가공(EDM)과 전해가공(ECM)에 사용하는 가공액에 대한 설명으로 옳은 것은?

① 방전가공과 전해가공 모두 전기의 양도체의 가공액을 사용한다.
② 방전가공과 전해가공 모두 전기의 부도체의 가공액을 사용한다.
③ 방전가공은 부도체, 전해가공은 양도체의 가공액을 사용한다.
④ 방전가공은 양도체, 전해가공은 부도체의 가공액을 사용한다.

방전가공은 절연성인 부도체의 가공액을 사용하나 전해가공은 전기가 통하는 양도체의 가공액을 사용해서 절삭가공을 한다.

방전가공(EDM ; Electric Discharge Machining)
절연성의 가공액 내에서 전극과 공작물 사이에서 일어나는 불꽃방전에 의하여 재료를 조금씩 용해시켜 원하는 형상의 제품을 얻는 가공법으로 가공속도가 느린 것이 특징이다. 주로 높은 경도의 금형가공에 사용하는데 콘덴서의 용량을 크게 하면 가공시간은 빨라지나 가공면과 치수정밀도가 좋지 않다.

전해가공(ECM ; Electro Chemical Machining)
공작물을 양극에, 공구를 음극에 연결하면 도체성질의 가공액에 의한 전기화학적 작용으로 공작물이 전기 분해되어 원하는 부분을 제거하는 가공법이다.

19 지름이 50[mm]인 황동봉을 주축의 회전수 2,000[rpm]인 조건으로 원통 선삭할 때 최소절삭동력[kW]은?(단, 주절삭분력은 60[N]이다)

① 0.1π 　　　　② 0.2π
③ π 　　　　④ 2π

해설

먼저 회전수(v)를 구하면

$$v = \frac{\pi d n}{1,000}[\text{m/min}] = \frac{\pi \times 50 \times 2,000}{1,000 \times 60[\text{s}]} = 1.66\pi[\text{m/s}]$$

이를 동력(H) 구하는 식에 효율(η)을 달리해서 대입하면

• $\eta = 100[\%]$임을 가정하면

$$H = \frac{F \times v}{102 \times 9.8 \times \eta}[\text{W}]$$

$$= \frac{60 \times 1.66\pi}{102 \times 9.8 \times 1} = \frac{99.6\pi}{999.6} = 0.09\pi = 0.1\pi$$

• $\eta = 1[\%]$임을 가정하면

$$H = \frac{F \times v}{102 \times 9.8 \times \eta}[\text{W}]$$

$$= \frac{60 \times 1.66\pi}{102 \times 9.8 \times 0.01} = \frac{99.6\pi}{9.9} = 10.06\pi = 10\pi$$

따라서 최소동력은 ①번 0.1π가 된다.
동력 구하는 식

$$H = \frac{F \times v}{102 \times 9.8 \times \eta}[\text{W}]$$

20 유압기기에 사용되는 작동유의 구비조건에 대한 설명으로 옳지 않은 것은?

① 인화점과 발화점이 높아야 한다.
② 유연하게 유동할 수 있는 점도가 유지되어야 한다.
③ 동력을 전달시키기 위하여 압축성이어야 한다.
④ 화학적으로 안정하여야 한다.

해설

유압기기에 사용되는 작동유는 동력 전달의 효율성을 위하여 비압축성이어야 한다. 그리고 일반적으로 액체는 비압축성이다.

2013년 지방직 기계일반

01 환경친화형 가공기술 및 공작기계 설계를 위한 고려조건으로 옳지 않은 것은?

① 절삭유를 많이 사용하는 습식가공의 도입
② 공작기계의 소형화
③ 주축의 냉각방식을 오일냉각에서 공기냉각으로 대체
④ 가공시간의 단축

해설

절삭유를 사용하는 습식가공은 작업 후 중금속이 포함된 절삭유가 발생하기 때문에 반드시 후처리시설이 필요하다. 따라서 습식가공은 환경친화형의 가공기술과는 거리가 멀다.

02 20[mm] 두께의 소재가 압연기의 롤러(Roller)를 통과한 후 16[mm]로 되었다면 이 압연기의 압하율[%]은?

① 20
② 40
③ 60
④ 80

해설

$$압하율(r) = \frac{h_1 - h_2}{h_1} \times 100[\%]$$

여기서, h_1 : 처음 두께
h_2 : 나중 두께

$$\therefore \frac{20[\text{mm}] - 16[\text{mm}]}{20[\text{mm}]} \times 100[\%] = 20[\%]$$

03 금속의 결정구조 분류에 해당하지 않는 것은?

① 공간입방격자
② 체심입방격자
③ 면심입방격자
④ 조밀육방격자

해설

금속의 결정구조에 공간입방격자란 존재하지 않는다.
금속의 결정구조

종 류	체심입방격자 (BCC) (Body Centered Cubic)	면심입방격자 (FCC) (Face Centered Cubic)	조밀육방격자 (HCP) (Hexagonal Close Packed lattice)
성 질	• 강도가 크다. • 용융점이 높다. • 전성과 연성이 작다.	• 전기전도도가 크다. • 가공성이 우수하다. • 장신구로 사용된다. • 전성과 연성이 크다. • 연한 성질의 재료이다.	• 전성과 연성이 작다. • 가공성이 좋지 않다.
원 소	W, Cr, Mo, V, Na, K	Al. Ag, Au, Cu, Ni, Pb, Pt, Ca	Mg, Zn, Ti, Be, Hg, Zr, Cd, Ce
단위격자	2개	4개	2개
배위수	8	12	12
원자충진율	68[%]	74[%]	74[%]

04 체결된 나사가 스스로 풀리지 않을 조건(Self-locking Condition)으로 옳은 것만을 모두 고른 것은?

> ㄱ. 마찰각 > 나선각(Lead Angle)
> ㄴ. 마찰각 < 나선각(Lead Angle)
> ㄷ. 마찰각 = 나선각(Lead Angle)

① ㄱ
② ㄴ
③ ㄱ, ㄷ
④ ㄴ, ㄷ

해설

나사의 자립조건(Self Locking)

나사를 죄는 힘을 제거해도 체결된 나사가 스스로 풀리지 않을 조건으로 그 식은 다음과 같다.

나사의 마찰각(ρ) ≧ 나사의 리드각(나선각)(λ)

※ 나사의 리드각은 나선각이라고도 불린다.

05 연삭숫돌의 입자가 무디어지거나 눈메움이 생기면 연삭능력이 떨어지고 가공물의 치수정밀도가 저하되므로 예리한 날이 나타나도록 공구로 숫돌표면을 가공하는 것을 나타내는 용어는?

① 트루잉(Truing)
② 글레이징(Glazing)
③ 로딩(Loading)
④ 드레싱(Dressing)

해설

드레싱(Dressing)

눈메움이나 눈무딤 발생 시 연삭능력과 치수정밀도 향상을 위해 전용 공구인 드레서로 연삭숫돌표면에 예리한 절삭날을 생성시켜 연삭성을 회복시키는 작업이다.

① 트루잉(Truing) : 연삭숫돌은 작업 중 입자가 떨어져 나가면서 원래의 모양이 점차 변하게 되는데, 이때 숫돌을 원래의 모양으로 수정하는 작업이다. 공구는 주로 드레서를 사용하므로 트루잉과 드레싱작업이 동시에 된다는 장점이 있다.

② 글레이징(눈무딤) : 연삭숫돌의 자생작용이 잘되지 않음으로 인해 입자가 납작해져 날이 무뎌짐으로 인해 연삭성이 빠지는 현상이다. 발생원인은 연삭숫돌의 결합도가 클 때, 원주 속도가 빠를 때, 공작물과 숫돌의 재질이 맞지 않을 때 발생하는데 연삭숫돌에는 열과 균열이 발생하고 재질이 변색된다.

③ 로딩(눈메움) : 숫돌표면의 기공에 칩이 메워져서 연삭성이 나빠지는 현상으로 발생원인은 조직이 치밀할 때, 숫돌의 원주속도가 너무 느릴 때, 기공이 너무 작을 때, 연성이 큰 재료를 연삭할 때 발생한다.

연삭숫돌 구조, 입자탈락	글레이징(눈무딤)	로딩(눈메움)

06 열간가공에 대한 설명으로 옳지 않은 것은?

① 냉간가공에 비해 가공표면이 거칠다.
② 가공경화가 발생하여 가공품의 강도가 증가한다.
③ 냉간가공에 비해 가공에 필요한 동력이 작다.
④ 재결정온도 이상으로 가열한 상태에서 가공한다.

해설

가공경화는 냉간가공에서만 발생하는 현상으로 열간가공에서는 발생하지 않는다.

열간가공

재결정온도 이상의 온도에서 가공하는 방법으로 강재를 최종치수로 마무리작업을 하는 경우에 사용된다.

※ 보통 Fe(철)의 재결정온도는 350~450[℃]이다.

열간가공한 재료의 특징

• 충격이나 피로에 강하다.
• 가공도가 매우 큰 변형이 가능하다.
• 설비와 가공할 수 있는 치수에 제한이 있다.
• 불순물이나 편석이 없어지고 재질이 균일하게 된다.
• 연화 및 재결정이 이루어져 가공성을 저하시키지 않는다.
• 새로운 결정이 생기고 이것이 다시 변형, 재결정이 반복되어 결정립을 미세화한다.
• 가공이 거듭됨에 따라 기계적 성질은 향상되나 어느 정도 이상이 되면 큰 효과가 없다.
• 열간가공된 제품은 고온에서 재료의 산화가 발생되므로 냉간가공 제품에 비해 균일성이 떨어진다.

07 알루미늄에 많이 적용되며 다양한 색상의 유기염료를 사용하여 소재표면에 안정되고 오래가는 착색피막을 형성하는 표면처리방법으로 옳은 것은?

① 침탄법(Carburizing)
② 화학증착법(Chemical Vapor Deposition)
③ 양극산화법(Anodizing)
④ 고주파경화법(Induction Hardening)

해설

양극산화법

알루미늄 제조에 주로 사용되며 다양한 색상의 유기염료를 사용하여 소재 표면에 안정되고 오래가는 착색피막을 형성하는 표면처리법이다.

① 침탄법 : 순철에 0.2[%] 이하의 C(탄소)가 합금된 저탄소강을 목탄과 같은 침탄제 속에 완전히 파묻은 상태로 약 900~950[℃]로 가열하여 재료의 표면에 C를 침입시켜 고탄소강으로 만든 후 급랭시킴으로써 표면을 경화시키는 열처리법이다. 기어나 피스톤핀을 표면경화할 때 주로 사용된다.
② 화학증착법 : CVD(Chemical Vapor Deposition)법으로 기체 상태의 혼합물을 가열된 기판의 표면 위에서 화학반응을 시킴으로써 그 생성물이 기판의 표면에 증착되도록 만드는 기술이다.
④ 고주파경화법 : 고주파유도전류로 강(Steel)의 표면층을 급속 가열한 후 급랭시키는 방법으로 가열시간이 짧고 피가열물에 대한 영향을 최소로 억제하며 표면을 경화시키는 표면경화법이다. 고주파는 소형제품이나 깊이가 얕은 담금질층을 얻고자 할 때, 저주파는 대형제품이나 깊은 담금질층을 얻고자 할 때 사용한다.

08 소재에 없던 구멍을 가공하는 데 적합한 것은?

① 브로칭(Broaching)

② 밀링(Milling)

③ 셰이핑(Shaping)

④ 리밍(Reaming)

해설

완제품을 가공할 때 원래 그 소재에 없던 구멍을 가공하는 데 가장 적합한 가공법은 밀링가공이다. 브로칭가공도 구멍가공은 할 수 있으나 정밀도가 밀링가공에 비해 떨어진다.

① 브로칭(Broaching) : 가공물에 홈이나 내부구멍을 만들 때 가늘고 길며 길이방향으로 많은 날을 가진 총형공구인 브로치를 일감에 대고 누르면서 관통시켜 단 1회의 절삭공정만으로 완성시키는 절삭가공법이다. 브로치의 압입방식에는 나사식, 기어식, 유압식이 있다.

③ 셰이핑 : 공구를 전진시키면서 공작물을 절삭하고 공구를 뒤로 후퇴시킨 후 다시 전진시키면서 가공하는 공작기계인 셰이퍼로 가공하는 작업으로 구조가 간단하고 다루기가 쉬워서 소형 공작물의 평면가공에 널리 사용된다.

④ 리밍 : 드릴로 뚫은 구멍을 정밀하게 가공하기 위하여 리머공구로 구멍의 안쪽 면을 다듬는 작업이다.

09 안지름이 d_1, 바깥지름이 d_2, 지름비가 $x = \dfrac{d_1}{d_2}$ 인 중공축이 정하중을 받아 굽힘모멘트(Bending Moment) M이 발생하였다. 허용굽힘응력을 σ_a라 할 때, 바깥지름 d_2를 구하는 식으로 옳은 것은?

① $d_2 = \sqrt[3]{\dfrac{64M}{\pi(1-x^4)\sigma_a}}$

② $d_2 = \sqrt[3]{\dfrac{32M}{\pi(1-x^4)\sigma_a}}$

③ $d_2 = \sqrt[3]{\dfrac{64M}{\pi(1-x^3)\sigma_a}}$

④ $d_2 = \sqrt[3]{\dfrac{32M}{\pi(1-x^3)\sigma_a}}$

해설

가운데가 빈 중공축이 정하중으로 굽힘모멘트(σ_a)만 받는 경우

$M = \sigma_a \times Z$

$M = \sigma_a \times \dfrac{\pi d_2{}^3 (1-x^4)}{32}$

이 식을 바깥지름(d_2)로 정리하면

$\dfrac{32M}{\pi(1-x^4)\sigma_a} = d_2{}^3$

$\sqrt[3]{\dfrac{32M}{\pi(1-x^4)\sigma_a}} = d_2$

따라서 정답은 ③번이다.

단면계수(Z)

중실축 단면계수	중공축 단면계수
$\dfrac{\pi d_2{}^3}{32}$	$\dfrac{\pi d_2{}^3 (1-x^4)}{32}$ $x(\text{내외경비}) = \dfrac{d_1}{d_2}$

10 절삭가공에서 구성인선(Built-Up Edge)에 대한 설명으로 옳지 않은 것은?

① 구성인선을 줄이기 위해서는 공구경사각을 작게 한다.
② 발생 → 성장 → 분열 → 탈락의 주기를 반복한다.
③ 바이트의 절삭날에 칩이 달라붙은 것이다.
④ 마찰계수가 작은 절삭공구를 사용하면 구성인선이 감소한다.

> **해설**
> 구성인선을 줄이기 위해서는 공구경사각을 크게 해야 한다.
> **구성인선(Built-Up Edge)**
> 연강이나 스테인리스강, 알루미늄과 같이 재질이 연하고 공구재료와 친화력이 큰 재료를 절삭가공 할 때, 칩과 공구의 윗면 사이의 경사면에 발생되는 높은 압력과 마찰열로 인해 칩의 일부가 공구의 날 끝에 달라붙어 마치 절삭날과 같이 공작물을 절삭하는 현상으로 발생 → 성장 → 분열 → 탈락의 과정을 반복한다. 구성인선이 발생되면 공작물의 정밀절삭이 어렵게 되며 공구의 손상을 가져온다.
> **구성인선의 방지대책**
> • 절삭깊이를 작게 한다.
> • 세라믹공구를 사용한다.
> • 절삭속도를 빠르게 한다.
> • 바이트의 날 끝을 예리하게 한다.
> • 윤활성이 높은 절삭유를 사용한다.
> • 바이트의 윗면 경사각을 크게 한다.
> • 마찰계수가 작은 절삭공구를 사용한다.
> • 피가공물과 친화력이 작은 공구재료를 사용한다.
> • 공구면의 마찰계수를 감소시켜 칩의 흐름을 원활하게 한다.

11 고무스프링에 대한 설명으로 옳지 않은 것은?

① 충격흡수에 좋다.
② 다양한 크기 및 모양 제작이 어려워 용도가 제한적이다.
③ 변질방지를 위해 기름에 접촉되거나 직사광선에 노출되는 것을 피해야 한다.
④ 방진효과가 우수하다.

> **해설**
> 고무는 성형성이 좋아서 다양한 형상이나 크기의 고무스프링 제작이 가능하므로 그 용도가 무한하다.

12 소성가공에서 이용하는 재료의 성질로 옳지 않은 것은?

① 가소성
② 가단성
③ 취 성
④ 연 성

> **해설**
> **취 성**
> 재료가 외력에 견디지 못하고 파괴되는 성질을 말하는데 소성가공은 재료에 외력을 가해 원하는 형상을 만드는 작업이므로 취성이 있는 재료는 소성가공에 이용되지 못한다.
> ① 가소성 : 비교적 작은 외력에도 변형된 물체가 외력을 제거해도 원래의 상태로 돌아오지 않고 영구적으로 변형되는 성질로서 소성이라고도 한다.
> ② 가단성 : 단조를 가능하게 하는 성질로써 단조가공 동안 파괴가 일어나지 않고 변형되는 금속의 성질이다. 단조가공의 난이도를 나타내는 척도로써 전성의 다른 말로도 사용되는데 합금보다는 순금속의 가단성이 더 크다.
> ④ 연성 : 탄성한도 이상의 외력이 가해졌을 때 파괴되지 않고 잘 늘어나는 성질이다.
> ※ 소성가공 : 금속재료에 외력을 가함으로써 형태를 변화시켜 갖가지 모양을 만드는 가공방법으로 그 종류에는 압연, 단조, 인발, 프레스가공 등이 있다.

13 용접 안전사고를 예방하기 위한 것으로 옳지 않은 것은?

① 작업공간 안의 가연성 물질 및 폐기물 등은 사전에 제거한다.
② 용접할 때에 작업공간을 지속적으로 환기하여야 한다.
③ 용접에 필요한 가스용기는 밀폐공간 내부에 배치한다.
④ 몸에 잘 맞는 작업복을 입고 방진마스크를 쓰며 작업화를 신는다.

> **해설**
> 용접용 가스용기는 환기가 잘 통하는 곳에 배치되어야 가스에 의한 질식 사고를 예방할 수 있다. 따라서 밀폐공간에 절대로 배치해서는 안 된다.

14 생산능력과 납품기일 등을 고려하여 제품 제작순서와 생산일정을 계획하는 기계공장부서로 옳은 것은?

① 품질관리실　　　② 제품개발실
③ 설계제도실　　　④ 생산관리실

생산관리실
공장의 생산설비를 고려하여 생산순서를 결정하고 하루 총생산량을 비롯한 공장의 전반적인 생산능력을 고려하여 납기일 등의 일정을 계획하는 부서
① 품질관리실 : 공장에서 생산 중인 제품의 품질을 점검하고 고객사에 판매된 제품의 사후 품질관리를 하는 부서
② 제품개발실 : 기업의 새로운 제품을 개발하거나 시제품을 제작하는 부서
③ 설계제도실 : 기업에서 개발된 제품이 각각의 생산부서에서 제작할 수 있도록 설계도면을 작성해서 배포하거나 보관하는 업무와 제품개발실과 연계하여 신규 제품의 2D 및 3D 모델링작업을 하는 부서

15 흙이나 모래 등의 무기질재료를 높은 온도로 가열하여 만든 것으로 특수 타일, 인공 뼈, 자동차엔진 등에 사용하며 고온에도 잘 견디고 내마멸성이 큰 소재는?

① 파인세라믹　　　② 형상기억합금
③ 두랄루민　　　　④ 초전도합금

파인세라믹(Fine Ceramic)
세라믹(Ceramics)이 가진 중요한 특성인 내열성, 내식성, 전기절연성 등을 더욱 향상시키기 위해 만들어진 차세대 세라믹으로 가볍고 금속보다 훨씬 단단한 특성을 지닌 신소재이다. 1,000[℃] 이상의 온도에서도 잘 견디며 강도가 잘 변하지 않는 장점이 있으나 부서지기 쉬워 가공이 어렵다는 단점도 있다. 흙이나 모래 등의 무기질재료를 높은 온도로 가열하여 만든 것으로 특수 타일, 인공 뼈, 자동차엔진 등에 사용하며 고온에도 잘 견디고 내마멸성이 큰 신소재이다.
② 형상기억합금 : 항복점을 넘어서 소성변형된 재료는 외력을 제거해도 원래의 상태로 복원이 불가능하지만, 형상기억합금은 고온에서 일정시간 유지함으로써 원하는 형상으로 기억시키면 상온에서 외력에 의해 변형되어도 기억시킨 온도로 가열만 하면 변형전 형상으로 되돌아오는 합금이다. 그 종류에는 Ni-Ti계, Ni-Ti-Cu계, Cu-Al-Ni계 합금이 있으며 니티놀이 대표적인 제품이다.
③ 두랄루민 : Al에 Cu + Mg + Mn이 합금된 가공용 알루미늄합금으로 기계적 성질이 탄소강과 비슷하며 강도가 커서 항공기나 자동차용 재료로 사용된다.
④ 초전도합금 : 순금속이나 합금을 극저온으로 냉각시키면 전기저항이 0에 근접하는 합금으로 전동기나 변압기용 재료로 사용된다.

16 용접에 대한 설명으로 적절하지 않은 것은?

① 기밀이 요구되는 제품에 사용한다.
② 열영향으로 용접모재가 변형된다.
③ 용접부의 이음효율이 높다.
④ 용접부의 결함검사가 쉽다.

용접부의 결함은 주로 용접부 내부에 기공이나 슬래그 혼입, 크랙 등으로 존재하기 때문에 X-ray 검사가 이루어져야 한다. 따라서 용접물의 결함을 검사하기는 쉽지 않다.

17 회주철을 급랭하여 얻을 수 있으며 다량의 시멘타이트 (Cementite)를 포함하는 주철로 옳은 것은?

① 백주철　　　　　② 주 강
③ 가단주철　　　　④ 구상흑연주철

백주철
회주철을 급랭하여 얻는 주철로 파단면이 백색이다. 흑연을 거의 함유하고 있지 않으며 탄소가 시멘타이트로 존재하기 때문에 다른 주철에 비해 시멘타이트의 함유량이 많아서 단단하기는 하나 취성이 큰 단점이 있다. 마모량이 큰 제분용 볼(Mill Ball)과 같은 기계요소의 재료로 사용된다.
② 주강 : 주조작업을 할 수 있는 강(Steel) 재료이다.
③ 가단주철 : 백주철을 고온에서 장시간 열처리하여 시멘타이트조직을 분해하거나 소실시켜 조직의 인성과 연성을 개선한 주철로 가단성이 부족했던 주철을 강인한 조직으로 만들기 때문에 단조작업이 가능한 주철이다. 제작공정이 복잡해서 시간과 비용이 상대적으로 많이 든다.
④ 구상흑연주철 : 주철 속 흑연이 완전히 구상이고 그 주위가 페라이트조직으로 되어 있는데 이 형상이 황소의 눈과 닮았다고 해서 불스아이주철로도 불린다. 일반주철에 Ni(니켈), Cr(크롬), Mo(몰리브덴), Cu(구리)를 첨가하여 재질을 개선한 주철로 내마멸성, 내열성, 내식성이 대단히 우수하여 자동차용 주물이나 주조용 재료로 사용되며 다른 말로 노듈러주철, 덕타일주철로도 불린다.
※ 흑연을 구상화하는 방법 : 황(S)이 적은 선철을 용해한 후 Mg, Ce, Ca 등을 첨가하여 제조하는데, 흑연이 구상화되면 보통주철에 비해 강력하고 점성이 강한 성질을 갖게 한다.

18 레이디얼저널베어링(Radial Journal Bearing)에 관한 설명으로 옳지 않은 것은?

① 베어링은 축반경방향의 하중을 지지한다.

② 베어링이 축을 지지하는 위치에 따라 끝저널과 중간 저널로 구분한다.

③ 베어링평균압력은 하중을 압력이 작용하는 축의 표면 적으로 나눈 것과 같다.

④ 베어링재료는 열전도율이 좋아야 한다.

해설

레이디얼저널베어링은 축 선에 직각으로 작용하는 하중을 지지하는 기계요소로 베어링 평균압력(P_m)은 하중(W)을 압력이 작용하는 축의 표면적이 아닌 단면의 투영면적($d \times l$)으로 나눈 것과 같다. 따라서 정답은 ③번이다.

- $W = Pdl$, $P_m = \dfrac{W(\text{베어링하중})}{dl(\text{투영단면적})}$ 이므로 dl은 저널부 단면의 투영면적이다.

- 최대베어링하중(W)

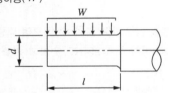

최대베어링하중(W)　$W = P \times d \times l$

여기서,　P : 최대베어링압력(P_m : 베어링평균압력)

　　　　d : 저널의 지름

　　　　l : 저널부의 길이

※ 저널이란 베어링에 의해 둘러싸인 축의 일부분을 말한다.

19 기어에 대한 설명으로 옳지 않은 것은?

① 한 쌍의 원형기어가 일정한 각속도비로 회전하기 위 해서는 접촉점의 공통법선이 일정한 점을 지나야 한다.

② 인벌류트(Involute) 치형에서는 기어 한 쌍의 중심거리가 변하면 일정한 속도비를 유지할 수 없다.

③ 기어의 모듈(Module)은 피치원의 지름[mm]을 잇수로 나눈 값이다.

④ 기어물림률(Contact Ratio)은 물림길이를 법선피치 (Normal Pitch)로 나눈 값이다.

해설

치형곡선은 2개의 기어가 모든 물림 위치에서 일정한 각속도비를 가져야 한다는 필요조건이 있기 때문에 인벌류트 치형곡선 역시 중심거리가 변해도 일정한 속도비를 유지할 수 있어야 한다.

인벌류트 곡선

원기둥을 세운 후 여기에 감은 실을 풀 때 실 중 임의 1점이 그리는 곡선 중 일부를 치형으로 사용한 곡선이다. 이뿌리가 튼튼하며 압력각이 일정할 때 중심거리가 다소 어긋나도 속도비가 크게 변하기 않고 맞물림이 원활하다는 장점이 있으나 마모가 잘된다는 단점이 있다.

① 카뮤의 정리에 따르면 2개의 기어가 일정한 속도로 회전하기 위해서는 접촉점의 공통법선은 일정한 점을 통과해야 한다.

③ 모듈(m)은 기어의 크기를 나타내는 척도로 $m = \dfrac{D(PCD)}{Z}$

④ 물림률(Contact Ratio) : 동시에 물릴 수 있는 이의 수로 물림길이를 법선피치로 나눈 값이다.

20 컴퓨터의 통제로 바닥에 설치된 유도로를 따라 필요한 작업장 위치로 소재를 운반하는 공장자동화 구성요소는?

① 자동창고시스템

② 3차원 측정기

③ NC공작기계

④ 무인반송차

해설

무인반송차(AGV ; Automated Guided Vehicle)

바닥에 설치된 유도로를 따라서 필요한 작업장 위치로 소재를 자동으로 운반하는 장치로 공장자동화시설의 핵심설비이다.

2014년 지방직 기계일반

01 두 축의 중심이 일치하지 않는 경우에 사용할 수 있는 커플링은?

① 올덤커플링(Oldham Coupling)

② 머프커플링(Muff Coupling)

③ 마찰 원통커플링(Friction Clip Coupling)

④ 셀러커플링(Seller Coupling)

해설

올덤커플링(Oldham's Coupling)

두 축이 평행하면서도 중심선의 위치가 다소 어긋나서 편심이 된 경우 각속도의 변동 없이 토크를 전달하는 데 적합한 축이음용 기계요소이다. 윤활이 어렵고 원심력에 의해 진동이 발생하므로 고속회전에는 적합하지 않다. 머프커플링, 마찰원통커플링, 셀러커플링은 모두 두 축의 중심이 일치하는 경우에 사용한다.

② 머프커플링(Muff Coupling) : 주철재질의 원통 속에 두 축을 맞대고 키(Key)로 고정한 축이음으로 축지름과 하중이 매우 작을 때 주로 사용한다. 그러나 인장력이 작용하는 곳은 축이 빠질 우려가 있으므로 사용을 자제해야 한다. 또한 두 축의 중심이 일치하는 경우에 사용한다.

③ 마찰 원통커플링(Friction Clip) : 바깥둘레가 분할된 주철재질의 원통으로 두 축의 연결단을 덮어씌운 후 연강재의 링으로 양 끝을 때려 박아 고정시키는 축이음으로 설치와 분해가 쉽고 축을 임의장소에 고정할 수 있어서 긴 전동축의 연결에 유용하다. 그러나 큰 토크의 전달은 하지 못하며 150[mm] 이하의 축을 진동이 없는 곳에서 사용해야 한다. 또한 두 축의 중심이 일치하는 경우에 사용한다.

④ 셀러커플링(Seller) : 테이퍼 슬리브커플링으로 커플링의 안쪽 면이 테이퍼처리되어 있으며 두 축의 중심이 일치하는 경우 사용한다. 원뿔과 축 사이는 패터키로 연결한다.

02 연삭가공방법의 하나인 폴리싱(Polishing)에 대한 설명으로 옳은 것은?

① 원통면, 평면 또는 구면에 미세하고 연한 입자로 된 숫돌을 낮은 압력으로 접촉시키면서 진동을 주어 가공하는 것이다.

② 알루미나 등의 연마입자가 부착된 연마벨트에 의한 가공으로 일반적으로 버핑 전 단계의 가공이다.

③ 공작물과 숫돌입자, 컴파운드 등을 회전하는 통 속이나 진동하는 통 속에 넣고 서로 마찰 충돌시켜 표면의 녹, 흠집 등을 제거하는 공정이다.

④ 랩과 공작물을 누르며 상대운동을 시켜 정밀가공을 하는 것이다.

해설

폴리싱(Polishing)

알루미나 등의 연마입자가 부착된 연마벨트로 제품표면의 이물질을 제거하여 제품의 표면을 매끈하고 광택이 나게 만드는 정밀입자가공법으로 버핑가공의 전 단계에서 실시한다.

※ 버핑가공 : 모, 면직물, 펠트 등을 여러 장 겹쳐서 적당한 두께의 원판을 만든 다음, 이것을 제품표면 위에서 회전시키고 여기에 미세한 연삭입자가 혼합된 윤활제를 사용하면 공작물의 표면을 매끈하고 광택이 나게 만드는 가공법이다.

① 슈퍼피니싱 가공에 대한 설명

③ 배럴가공에 대한 설명

④ 래핑가공에 대한 설명

03 피복금속용접봉의 피복제 역할을 설명한 것으로 옳지 않은 것은?

① 수소의 침입을 방지하여 수소기인균열의 발생을 예방한다.

② 용융금속 중의 산화물을 탈산하고 불순물을 제거하는 작용을 한다.

③ 아크의 발생과 유지를 안정되게 한다.

④ 용착금속의 급랭을 방지한다.

해설

용접봉의 심선을 둘러싸고 있는 피복제의 역할이 다양하기는 하나 원래 수소의 침입을 방지하거나 그로 인해 발생되는 불량을 예방할 수는 없다.
피복제(Flux)의 역할
• 아크를 안정시킨다.
• 전기절연작용을 한다.
• 보호가스를 발생시킨다.
• 스패터의 발생을 줄인다.
• 아크의 집중성을 좋게 한다.
• 용착금속의 급랭을 방지한다.
• 용착금속의 탈산정련작용을 한다.
• 용융금속과 슬래그의 유동성을 좋게 한다.
• 용적(쇳물)을 미세화하여 용착효율을 높인다.
• 용융점이 낮고 적당한 점성의 슬래그를 생성한다.
• 슬래그 제거를 쉽게 하여 비드의 외관을 좋게 한다.
• 적당량의 합금원소를 첨가하여 금속에 특수성을 부여한다.
• 중성 또는 환원성 분위기를 만들어 질화나 산화를 방지하고 용융금속을 보호한다.
• 쇳물이 쉽게 달라붙도록 힘을 주어 수직자세, 위보기자세 등 어려운 자세를 쉽게 한다.

04 비철금속에 대한 설명으로 옳지 않은 것은?

① 비철금속으로는 구리, 알루미늄, 티타늄, 텅스텐, 탄탈륨 등이 있다.

② 지르코늄은 고온강도와 연성이 우수하며 중성자 흡수율이 낮기 때문에 원자력용 부품에 사용한다.

③ 마그네슘은 공업용 금속 중에 가장 가볍고 진동감쇠 특성이 우수하다.

④ 니켈은 자성을 띠지 않으며 강도, 인성, 내부식성이 우수하다.

해설

니켈(Ni)은 강자성체로서 자성을 띠는 금속원소로 아름다운 광택과 내식성이 우수하다. 따라서 ④번은 틀린 표현이다.

05 금속의 가공경화에 대한 설명으로 옳지 않은 것은?

① 가공에 따른 소성변형으로 강도 및 경도는 높아지지만 연성은 낮아진다.

② 가공경화된 금속이 일정온도 이상 가열되면 강도, 경도 및 연성이 가공 전의 성질로 되돌아간다.

③ 가공경화된 금속을 가열하면 새로운 결정립이 생성되고 성장하는 단계를 거친 후 회복현상이 나타난다.

④ 냉간가공된 금속은 인장강도가 높으며 정밀도 및 표면상태를 향상시킬 수 있다.

해설

가공경화된 금속을 가열하면 금속의 결정이 새롭게 성장하는데 그 성장과정은 회복 → 재결정 → 결정립 성장의 순으로 이루어지므로 ③번의 성장순서는 잘못되었다.
금속재결정의 성장과정
회복 → 재결정 → 결정립 성장

06 전기저항용접방법 중 맞대기 이음용접에 해당하지 않는 것은?

① 플래시용접(Flash Welding)

② 충격용접(Percussion Welding)

③ 업셋용접(Upset Welding)

④ 프로젝션용접(Projection Welding)

해설

프로젝션용접은 겹치기 저항용접에 속한다.

용접법의 분류

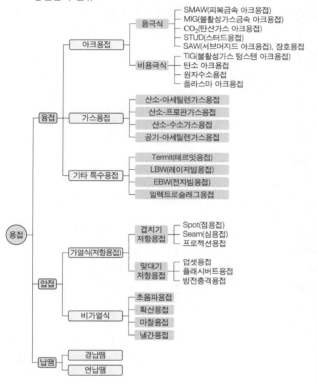

07 다음의 TTT곡선(Time Temperature Transformation diagram)에 나와 있는 화살표를 따라 강을 담금질할 때 얻게 되는 조직은?(단, 그림에서 A₁은 공석온도, Mₛ는 마텐자이트 변태개시점, Mf는 마텐자이트 변태완료점을 나타낸다)

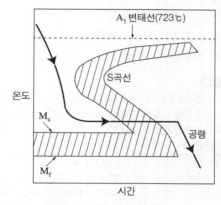

① 베이나이트(Bainite)

② 마텐자이트(Martensite)

③ 페라이트(Ferrite)

④ 오스테나이트(Austenite)

해설

TTT곡선에서 Nose(코)부분으로 불리는 곳은 Bₛ와 Bf선으로 이는 베이나이트 시작, 베이나이트 종료시점을 나타낸다. 화살표가 Bₛ와 Bf선을 지났으므로 최종 얻게 되는 조직은 항온열처리조작으로만 만들 수 있는 베이나이트 조직이다.

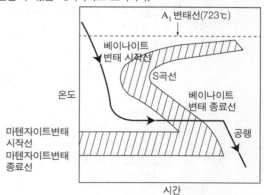

08 절삭가공에서 발생하는 크레이터마모(Crater Wear)에 대한 설명으로 옳지 않은 것은?

① 공구와 칩 경계에서 원자들의 상호이동이 주요 원인이다.

② 공구와 칩 경계의 온도가 어떤 범위 이상이면 마모는 급격하게 증가한다.

③ 공구의 여유면과 절삭면과의 마찰로 발생한다.

④ 경사각이 크면 마모의 발생과 성장이 지연된다.

해설

경사면마모로도 불리는 크레이터마모는 공구날의 윗면이 칩과의 마찰에 의해 오목하게 파이는 현상이다. 공구의 여유면과 절삭면의 마찰로 발생하는 공구불량은 플랭크마모이다.

선반용 바이트공구의 마멸형태

경사면 마멸 (크레이터 마모)	특 징	• 공구날의 윗면이 유동형 칩과의 마찰로 오목하게 파이는 현상으로 공구와 칩의 경계에서 원자들의 상호 이동 역시 마멸의 원인이 된다. • 공구경사각을 크게 하면 칩이 공구 윗면을 누르는 압력이 작아지므로 경사면 마멸의 발생과 성장을 줄일 수 있다.
	형 상	[크레이터 마모] [크레이터 현상]
여유면 마멸 (플랭크 마모)	특 징	절삭공구의 측면(여유면)과 가공면과의 마찰에 의하여 발생되는 마모현상으로 주철과 같이 취성이 있는 재료를 절삭할 때 발생하여 절삭날(공구인선)을 파손시킨다.
	형 상	플랭크 마모 마모 노치 / 플랭크 마모
치 핑	특 징	경도가 매우 크고 인성이 작은 절삭공구로 공작물을 가공할 때 발생되는 충격으로 공구날이 모서리를 따라 작은 조각으로 떨어져 나가는 현상이다.
	형 상	
채터링	특 징	절삭가공 중 공구가 떨리는 현상이다.

09 단면이 직사각형이고 길이가 l인 외팔보형 단판스프링에서 최대처짐이 δ_0이고, 스프링의 두께를 2배로 하였을 때 최대처짐이 δ일 경우 δ/δ_0는?(단, 다른 조건은 동일하다)

① 1/16   ② 1/8

③ 1/4   ④ 1/2

해설

외팔보형 단판스프링의 양단은 고정단과 자유단으로 구성되며 자유단에 하중(P)가 작용한다.

자유단의 최대처짐 구하는 식을 응용하면

$$\delta_{max} = \delta_0 = \frac{4Pl^3}{bh^3 E}$$

여기서 두께인 h를 $2h$로 높이고, 두께와 처짐만을 고려하면

$$\delta_0 : \frac{1}{h_0^3} = \delta : \frac{1}{h^3}$$

$$\delta_0 \frac{1}{h^3} = \delta \frac{1}{h_0^3}$$

$$\frac{1}{8}\delta_0 = \delta$$

$$\frac{1}{8} = \frac{\delta}{\delta_0}$$

따라서 정답은 ②번이 된다.

10 지름피치가 4이고, 압력각은 20°이며 구동기어에 대한 종동기어의 속도비는 1/3, 중심거리는 10인치인 한 쌍의 스퍼기어가 물려 있는 경우 구동기어의 잇수는?

① 10개 ② 20개
③ 30개 ④ 60개

해설

구동기어의 잇수(Z_1)는 지름피치(P_d)와 중심거리(C)를 구하는 식을 응용해서 20개임을 알 수 있다.

• 중심거리(C) $= \dfrac{D_1 + D_2}{2}$,

1[inch] $= 25.4$[mm] 이므로

$10[\text{inch}] \times 25.4 = \dfrac{D_1 + D_2}{2}$

$254[\text{mm}] = \dfrac{D_1 + D_2}{2}$

$508[\text{mm}] = D_1 + D_2$

속도비가 $\dfrac{D_1}{D_2} = \dfrac{1}{3}$ 이므로 $3D_1 = D_2$

$508[\text{mm}] = D_1 + 3D_1$

$127[\text{mm}] = D_1$

$508[\text{mm}] = D_1 + D_2$ 식에 $D_1 = 127[\text{mm}]$을 대입하면

$508[\text{mm}] = 127[\text{mm}] + D_2$

$381[\text{mm}] = D_2$

• 지름피치(P_d) $= 25.4[\text{mm}]\dfrac{Z_1}{D_1}$

$4 = \dfrac{25.4 \times Z_1}{127}$

$508 = 25.4 \times Z_1$

$20 = Z_1$

따라서 구동기어의 잇수는 20개이다.

11 열가소성 플라스틱제품의 대량생산공정에 가장 적합한 방법은?

① 압축성형(Compression Molding)
② 다이캐스팅(Die Casting)
③ 전이성형(Transfer Molding)
④ 사출성형(Injection Molding)

해설

사출성형
열가소성 플라스틱제품의 대량생산에 적합한 성형법으로 플라스틱에 열을 가하여 가소화시킨 후 유압으로 용융된 플라스틱수지를 금형에 주입하여 제품을 만들어 내는 성형법이다.
① 압축성형 : 열경화성 수지나 열가소성 수지를 금형(다이)의 오목한 부분에 넣고 압력과 열을 가하는 방법으로 가장 일반적인 성형법이다.
② 다이캐스팅 : 용융금속을 금형(다이)에 고속으로 충진한 뒤 응고시까지 고압을 계속 가해 주어 주물을 얻는 주조법으로 주물조직이 치밀하며 강도가 크고 치수정밀도가 높아서 마무리공정수를 줄일 수 있다. 또한 주형을 영구적으로 사용할 수 있고 충진시간이 매우 짧아서 생산속도가 빨라 대량생산에 적합하다. 주로 비철금속의 주조에 사용된다.
③ 전이성형 : 압축성형과 유사하며 재료를 충진할 두 부분에 연결통로를 만들어서 재료가 균일하게 금형 안으로 들어가도록 해서 제품을 만드는 성형법이다.

12 미끄럼베어링에 대한 설명으로 옳지 않은 것은?

① 오일휩(Oil Whip)에 의한 진동이 발생하기도 한다.
② 재료로는 오일흡착력이 높고 축재료보다 단단한 것이 좋다.
③ 회전축과 유막 사이의 두께는 윤활유점도가 높을수록, 회전속도가 빠를수록 크다.
④ 구름베어링에 비해 진동과 소음이 적고 고속회전에 적합하다.

해설

미끄럼베어링은 축과 베어링 사이에 윤활유로 유막이 형성되어야 하는데 만일 베어링재료가 윤활유(오일)의 흡착력이 좋을 경우 유막형성이 잘되지 않으므로 베어링재료로는 적합하지 않다. 또한 축재료보다 단단한 재료일 경우 회전 시 축에 손상이 가해질 수 있으므로 강도와 강성은 커야 하나 축재료보다는 덜 단단한 주철, 구리합금, 화이트메탈, 알루미늄합금, 카드뮴합금 등의 재료를 사용한다.

13 재료의 마찰과 관련된 설명으로 옳지 않은 것은?

① 금형과 공작물 사이의 접촉면에 초음파진동을 가하여 마찰을 줄일 수 있다.

② 접촉면에 작용하는 수직하중에 대한 마찰력의 비를 마찰계수라 한다.

③ 마찰계수는 일반적으로 링압축시험법으로 구할 수 있다.

④ 플라스틱재료는 금속에 비하여 일반적으로 강도는 작지만 높은 마찰계수를 갖는다.

해설

일반적인 플라스틱재료는 금속에 비해 강도와 마찰계수가 작지만 강화플라스틱(RP)이나 섬유강화플라스틱(FRP)처럼 금속보다 강도가 우수한 것도 있다.

14 서랭한 공석강의 미세조직인 펄라이트(Pearlite)에 대한 설명으로 옳은 것은?

① α-페라이트로만 구성된다.

② δ-페라이트로만 구성된다.

③ α-페라이트와 시멘타이트의 혼합상이다.

④ δ-페라이트와 시멘타이트의 혼합상이다.

해설

펄라이트(Pearlite)는 α-페라이트 + Fe_3C(시멘타이트)의 층상구조조직으로 질기고 강한 성질을 갖는다.

15 밀링절삭 중 상향절삭에 대한 설명으로 옳지 않은 것은?

① 공작물의 이송방향과 날의 진행방향이 반대인 절삭작업이다.

② 이송나사의 백래시(Backlash)가 절삭에 미치는 영향이 거의 없다.

③ 마찰을 거의 받지 않으므로 날의 마멸이 적고 수명이 길다.

④ 칩이 가공할 면 위에 쌓이므로 시야가 좋지 않다.

해설

상향절삭은 마찰이 커서 마모가 더 빨리되어 공구수명도 짧다.

상향절삭과 하향절삭의 특징

상향절삭	하향절삭
커터날의 절삭방향과 공작물 이송방향이 반대이다.	커터날의 절삭방향과 공작물 이송방향이 같다.
• 동력 소비가 크다. • 표면거칠기가 좋지 않다. • 마찰열이 커서 가공면이 거칠다. • 공구날의 마모가 빨라서 공구수명이 짧다. • 하향절삭에 비해 가공면이 깨끗하지 못하다. • 기계에 무리를 주지 않아 강성은 낮아도 된다. • 칩이 가공할 면 위에 쌓이므로 시야가 안 좋다. • 날 끝이 일감을 치켜 올리므로 일감을 단단히 고정해야 한다. • 백래시의 영향이 적어 백래시 제거장치가 필요 없다.	• 표면거칠기가 좋다. • 공구의 수명이 길다. • 날 하나마다의 날 자리 간격이 짧다. • 백래시 제거장치가 반드시 필요하다. • 날의 마멸이 적어서 공구의 수명이 길다. • 가공면이 깨끗하고 고정밀절삭이 가능하다. • 절삭된 칩이 이미 가공된 면 위에 쌓이므로 작업시야가 좋아서 가공하기 편하다. • 커터날과 일감의 이송방향이 같아서 날이 가공물을 누르는 형태이므로 가공물 고정이 간편하다. • 절삭가공 시 마찰력은 작으나 충격량이 크기 때문에 높은 강성이 필요하다.

16 선삭가공에 사용되는 절삭공구의 여유각에 대한 설명으로 옳지 않은 것은?

① 공구와 공작물 접촉부위에서 간섭과 미끄럼현상에 영향을 준다.

② 여유각을 크게 하면 인선강도가 증가한다.

③ 여유각이 작으면 떨림의 원인이 된다.

④ 여유각이 크면 플랭크마모(Flank Wear)가 감소된다.

해설

공구의 여유각을 너무 크게 하면 공구의 날 끝이 날카로워져서 공구의 인선강도는 감소한다.

17 나사를 1회전을 시켰을 때 축방향 이동거리가 가장 큰 것은?

① M48 × 5

② 2줄 M30 × 2

③ 2줄 M20 × 3

④ 3줄 M8 × 1

해설

나사를 1회전시켰을 때 축방향으로 이동한 거리는 리드(L)이다. $L = n \times p$이므로 이 식에 대입하면 이동한 거리가 6[mm]인 ③번이 가장 크다.

① M48×5, L = 1줄 × 5 = 5[mm]

② 2줄 M30×2, L = 2줄 × 2 = 4[mm]

③ 2줄 M20×3, L = 2줄 × 3 = 6[mm]

④ 3줄 M8×1, L = 3줄 × 1 = 3[mm]

18 유체토크컨버터(Fluid Torque Converter)에 대한 설명 중 옳지 않은 것은?

① 유체커플링과 달리 안내깃(Stator)이 존재하지 않는 구조이다.

② 압력축의 토크보다 출력축의 토크가 증대될 수 있다.

③ 자동차용 자동변속기에 사용된다.

④ 출력축이 정지한 상태에서 입력축이 회전할 수 있다.

해설

유체토크컨버터는 펌프 역할을 하는 임펠러와 터빈 그리고 스테이터(안내깃)로 구성된 토크변환용 유체기기로 주로 자동차용 자동변속기에 장착된다. 입력축보다 출력축의 토크가 증대되며 출력축이 정지한 상태에서도 입력축은 회전할 수 있다.

토크컨버터의 작동원리

엔진과 같은 회전수로 회전하는 임펠러(펌프)를 빠져나온 유체가 터빈의 깃을 쳐서 터빈을 회전시키는데 터빈을 돌리고 나온 작동유체는 안내깃인 스테이터로 유입된 후 다시 펌프로 흘러들어간다.

19 고압 증기터빈에서 저압 증기터빈으로 유입되는 증기의 건도를 높여 상대적으로 높은 보일러압력을 사용할 수 있게 하고, 터빈일을 증가시키며 터빈출구의 건도를 높이는 사이클은?

① 재열사이클(Reheat Cycle)

② 재생사이클(Regenerative Cycle)

③ 과열사이클(Superheat Cycle)

④ 스털링사이클(Stirling Cycle)

해설

재열사이클

터빈출구의 건도를 높임으로써 높은 보일러압력을 사용할 수 있도록 한 열기관사이클

20 소성가공법 중 압연과 인발에 대한 설명으로 옳지 않은 것은?

① 압연제품의 두께를 균일하게 하기 위하여 지름이 작은 작업롤러(Roller)의 위아래에 지름이 큰 받침롤러(Roller)를 설치한다.

② 압하량이 일정할 때 직경이 작은 작업롤러(Roller)를 사용하면 압연하중이 증가한다.

③ 연질재료를 사용하여 인발할 경우에는 경질재료를 사용할 때보다 다이(Die)각도를 크게 한다.

④ 직경이 5[mm] 이하의 가는 선 제작방법으로는 압연보다 인발이 적합하다.

해설

압하량이 일정할 경우 직경이 작은 롤러를 사용하면 압연하중이 감소하나 반대로 직경이 큰 롤러를 사용하면 압연하중은 증가한다.

2015년 지방직 기계일반

01 알루미늄에 대한 설명으로 옳지 않은 것은?

① 비중이 작은 경금속이다.

② 내부식성이 우수하다.

③ 연성이 높아 성형성이 우수하다.

④ 열전도도가 작다.

해설

알루미늄은 열전도도가 크고 비중이 2.7로 실용금속 중 마그네슘(1.7) 다음으로 작으며 내식성과 성형성이 우수한 비금속재료이다.

알루미늄의 성질

• 비중은 2.7이다.

• 용융점은 660[℃]이다.

• 면심입방격자이다.

• 비강도가 우수하다.

• 주조성이 우수하다.

• 열과 전기전도성이 좋다.

• 가볍고 전연성이 우수하다.

• 내식성 및 가공성이 양호하다.

• 담금질효과는 시효경화로 얻는다.

• 염산이나 황산 등의 무기산에 잘 부식된다.

※ 시효경화란 열처리 후 시간이 지남에 따라 강도와 경도가 증가하는 현상이다.

02 두 축이 평행하지도 만나지도 않을 때 사용하는 기어를 모두 고른 것은?

ㄱ. 나사기어   ㄴ. 헬리컬기어
ㄷ. 베벨기어   ㄹ. 웜기어

① ㄱ, ㄴ　　② ㄴ, ㄷ
③ ㄷ, ㄹ　　④ ㄱ, ㄹ

해설

두 축이 평행하지도 만나(교차)지도 않을 때 사용하는 기어는 나사기어와 웜과 웜휠기어이다.

기어의 종류

구 분	명칭 및 형상			
두 축이 평행한 기어	스퍼기어	내접기어	헬리컬 기어	랙과 피니언기어
두 축이 교차하는 기어	베벨기어		스파이럴 베벨기어	마이터기어
두 축이 나란하지도 교차하지도 않는 기어	하이포이드기어	웜과 웜휠기어	나사기어	페이스 기어

03 용융금속을 금형에 사출하여 압입하는 영구 주형주조 방법으로 주물치수가 정밀하고 마무리공정이나 기계가공을 크게 절감시킬 수 있는 공정은?

① 사형주조   ② 인베스트먼트주조
③ 다이캐스팅   ④ 연속주조

해설

다이캐스트주조법
용융금속을 금형(다이)에 고속으로 충진한 뒤 응고 시까지 고압을 계속 가해 주어 주물을 얻는 주조법으로 주조조직이 치밀하며 강도가 크고 치수정밀도가 높아서 마무리공정수를 줄일 수 있다. 또한 주형을 영구적으로 사용할 수 있고 충진시간이 매우 짧아서 생산속도가 빨라 대량생산에 적합하다. 주로 비철금속의 주조에 사용된다.
다이캐스팅 주조법의 특징
• 영구주형을 사용한다.
• 비철금속의 주조에 적용한다.
• 고온 체임버식과 저온 체임버식으로 나뉜다.
• 냉각속도가 빨라서 생산속도가 빠르다.
• 용융금속이 응고될 때까지 압력을 가한다.
• 기계용량의 표시는 가압유지 체결력과 관련이 있다.
• 고속으로 충진할 수 있으며 충전시간이 매우 짧다.
• 제품의 형상에 따라 금형의 크기와 구조에 한계가 있다.
• 일반 주물에 비해 치수가 정밀하지만 장치비용이 비싸다.
• 가압되므로 기공이 적고 주조조직이 치밀하며 강도가 크다.
• 정밀도가 높은 표면을 얻을 수 있어 후 가공작업이 줄어든다.

04 밀링작업을 할 때 안전수칙에 대한 설명으로 옳지 않은 것은?

① 절삭 중에는 손을 보호하기 위해 장갑을 끼고 작업한다.
② 칩을 제거할 때에는 브러시를 사용한다.
③ 눈을 보호하기 위해 보안경을 착용한다.
④ 상하좌우의 이송장치 핸들은 사용 후 풀어둔다.

해설

밀링작업뿐만 아니라 공작기계를 사용할 때는 회전부분에 장갑이 말려 들어갈 수 있으므로 작업 중에는 절대로 장갑을 착용해서는 안 된다.

05 금속결정의 격자결함에 대한 설명으로 옳은 것은?

① 실제강도가 이론강도보다 일반적으로 높다.
② 기공(Void)은 점결함이다.
③ 전위밀도는 소성변형을 받을수록 증가한다.
④ 항복강도에 영향을 미치지 않는다.

해설

전위밀도는 재료가 소성변형을 받을수록 증가하는데 그 이유는 소성변형을 받을수록 결정입자의 크기는 작아지기 때문이다. 이로 인해 외력에 저항하는 힘의 일종인 결정립계(전위)가 많아지므로 전위밀도는 증가한다.
① 실제강도는 이론강도보다 작다.
② 기공은 면결함이다.
④ 금속의 격자결함은 항복강도뿐만 아니라 금속의 성질에도 큰 영향을 미친다.

06 신속조형(RP)공정과 적용 가능한 재료가 바르게 연결되지 않은 것은?

① 융해용착법(FDM) – 열경화성 플라스틱
② 박판적층법(LOM) – 종이
③ 선택적 레이저소결법(SLS) – 열 용융성 분말
④ 광조형법(STL) – 광경화성 액상 폴리머

해설

융해용착법(FDM)은 필라멘트선과 같이 만들어진 열가소성 소재를 사용하여 조형한다.
신속조형기술(RP ; Rapid Prototyping, 쾌속조형법)
3차원 형상모델링으로 그린 제품의 설계데이터를 사용하여 제품 제작 전에 실물 크기모양(목업, Mock-up)의 입체형상을 빠르게 제작하는 방법
신속조형기술의 종류
• 광조형법(SLA) : 액체상태의 광경화성 수지에 레이저광선을 부분적으로 쏘아서 적층해 나가는 방법
• 박판적층법(SOM) : 원하는 단면에 레이저광선을 부분적으로 쏘아서 절단한 후 종이의 뒷면에 부착된 접착제를 사용해서 아래층과 압착시켜 한 층씩 쌓아가며 형상을 만드는 방법
• 용융수지압출법(FDM) : 필라멘트선으로 된 열가소성 소재를 노즐 안에서 가열하여 용해한 후 이를 짜내어 조형면에 쌓아 올려 제품 형상을 만드는 방법
• 분말소결법(SLS) : 고분자재료나 금속분말가루를 한 층씩 도포한 후 여기에 레이저광선을 쏘아서 소결시킨 후 다시 한 층씩 쌓아 올려서 형상을 만드는 방법
• 3차원 인쇄(3DP) : 분말가루와 접착제를 뿌려가며 형상을 만드는 방법으로 최근 3D 프린터기의 개발로 많이 사용되고 있는 방법

07 NC프로그램에서 보조기능인 M코드에 의해 작동되는 기능만을 모두 고른 것은?

> ㄱ. 주축 정지
> ㄴ. 좌표계 설정
> ㄷ. 공구반경 보정
> ㄹ. 원호 보간

① ㄱ
② ㄱ, ㄴ
③ ㄱ, ㄴ, ㄷ
④ ㄱ, ㄴ, ㄷ, ㄹ

해설

주축 정지는 M05와 같이 M코드 명령어로 지령하는데 좌표계 설정이나 공구반경 보정, 원호 보간은 모두 G코드를 사용한다.
CNC프로그램-M코드의 종류 및 기능

M코드	기 능
M00	프로그램 정지
M01	선택적 프로그램 정지
M02	프로그램 종료
M03	주축 정회전(주축이 시계방향으로 회전)
M04	주축 역회전(주축이 반시계방향으로 회전)
M05	주축 정지
M08	절삭유 ON
M09	절삭유 OFF
M14	심압대 스핀들 전진
M15	심압대 스핀들 후진
M16	Air Blow2 ON, 공구측정 Air
M18	Air Blow1, 2 OFF
M30	프로그램 종료 후 리셋
M98	보조프로그램 호출
M99	보조프로그램 종료 후 주프로그램으로 회기

CNC프로그램의 5대 코드 및 기능

종 류	코드	기 능
준비기능	G코드	CNC기계의 주요 제어장치들의 사용을 위해 준비시킨다. 예 G00 : 급속이송, G01 : 직선보간, 　　G02 : 시계방향 공구 회전
보조기능	M코드	CNC기계에 장착된 부수장치들의 동작을 실행하기 위한 것으로 주로 ON/OFF기능을 한다. 예 M02 : 주축 정지, M08 : 절삭유 ON, 　　M09 : 절삭유 OFF
이송기능	F코드	절삭을 위한 공구의 이송속도를 지령한다. 예 F0.02 : 0.02[mm/rev]

종 류	코드	기 능
주축기능	S코드	주축의 회전수를 지령한다. 예 S1800 : 1,800[rpm]으로 주축 회전
공구기능	T코드	공구준비 및 공구교체, 보정을 한다. 예 T0100 : 1번 공구로 교체 후, 공구에 00번으로 설정한 보정값 적용

08 응력-변형률 선도에 대한 설명으로 옳지 않은 것은?

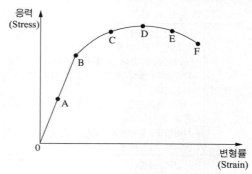

① A점은 후크의 법칙이 적용된다.
② C점에서 하중을 제거하면 영구변형이 발생한다.
③ D점은 인장강도이고 진응력-진변형률 선도에서 나타난다.
④ E점에서 네킹(Necking)이 진행된다.

해설

D점은 재료가 외력에 견딜 수 있는 최대응력인 극한강도이며 이 점은 진응력-진변형률 선도가 아닌 응력-변형률 선도에 나타난다.
A~F점의 명칭
- A점(비례한도 ; Proportional Limit) : 응력과 변형률 사이에 정비례관계가 성립하는 구간 중 응력이 최대인 점으로 후크의 법칙이 적용된다.
- B점(탄성한도 ; Elastic Limit) : 하중을 제거하면 원래의 치수로 돌아가는 구간을 말한다.
- C점(항복강도 ; Yield Point) : 인장시험에서 하중이 증가하여 어느 한도에 도달하면 하중을 제거해도 원위치로 돌아가지 않고 변형이 남게 되는 그 순간의 하중이다.
- D점(극한강도 ; Ultimate Strength) : 재료가 파단되기 전에 외력에 버틸 수 있는 최대의 응력이다.
- E점(네킹구간 ; Necking) : 극한 강도를 지나면서 재료의 단면이 줄어들면서 길게 늘어나는 구간이다.
- F점(파단점) : 재료가 파괴되는 점이다.

09 가스용접에 대한 설명으로 옳지 않은 것은?

① 전기를 필요로 하며 다른 용접에 비해 열을 받는 부위가 넓지 않아 용접 후 변형이 작다.
② 표면을 깨끗하게 세척하고 오염된 산화물을 제거하기 위해 적당한 용제가 사용된다.
③ 기화용제가 만든 가스상태의 보호막은 용접할 때 산화작용을 방지할 수 있다.
④ 가열할 때 열량 조절이 비교적 용이하다.

해설

가스용접은 산소-아세틸렌가스를 열원으로 사용하기 때문에 전기를 필요로 하지 않는다. 그리고 가열 범위가 커서 용접변형이 큰 단점이 있다.

가스용접의 장점 및 단점

장점	• 운반이 편리하고 설비비가 싸다. • 전원이 없는 곳에 쉽게 설치할 수 있다. • 아크용접에 비해 유해광선의 피해가 적다. • 가열할 때 열량 조절이 비교적 자유로워 박판용접에 적당하다. • 기화용제가 만든 가스상태의 보호막은 용접 시 산화작용을 방지한다. • 산화불꽃, 환원불꽃, 중성불꽃, 탄화불꽃 등 불꽃의 종류를 다양하게 만들 수 있다.
단점	• 폭발의 위험이 있다. • 아크용접에 비해 불꽃의 온도가 낮다. 아크(약 3,000~5,000[℃]), 산소-아세틸렌불꽃(약 3,430[℃]) • 열의 집중성이 나빠서 효율적인 용접이 어려우며 가열 범위가 커서 용접변형이 크고 일반적으로 용접부의 신뢰성이 적다.

10 재료의 성질에 대한 설명으로 옳지 않은 것은?

① 경도 – 영구적인 압입에 대한 저항성
② 크리프 – 동하중이 가해진 상태에서 시간의 경과와 더불어 변형이 계속되는 현상
③ 인성 – 파단될 때까지 단위 체적당 흡수한 에너지의 총량
④ 연성 – 파단 없이 소성변형할 수 있는 능력

해설

크리프(Creep)시험
고온에서 재료에 일정 크기의 하중(정하중)을 작용시키면 시간이 경과함에 따라 변형이 증가하는 현상을 시험하여 온도에 따른 재료의 특성인 크리프한계를 결정하거나 예측하기 위한 시험법이다. 이 시험을 통해서 보일러용 파이프나 증기터빈의 날개와 같이 장시간 고온에서 하중을 받는 기계구조물의 파괴를 방지하기 위해 실시한다. 그 단위로는 [kg/mm²]를 사용한다.

11 연마공정에 대한 설명으로 옳지 않은 것은?

① 호닝(Honing)은 내연기관 실린더 내면의 다듬질공정에 많이 사용된다.
② 래핑(Lapping)은 공작물과 래핑공구 사이에 존재하는 매우 작은 연마입자들이 섞여 있는 용액이 사용된다.
③ 슈퍼피니싱(Super Finishing)은 전해액을 이용하여 전기화학적 방법으로 공작물을 연삭하는 데 사용된다.
④ 폴리싱(Polishing)은 천, 가죽, 펠트(Felt) 등으로 만들어진 폴리싱 휠을 사용한다.

해설

전해액을 이용하여 전기화학적인 방법으로 공작물을 연삭하는 가공법은 전해연마이다. 슈퍼피니싱은 절삭가공으로 기계적 가공법에 속한다.

슈퍼피니싱(Super Finishing)
• 입도와 결합도가 작은 숫돌을 낮은 압력으로 공작물에 접촉하고 가볍게 누르면서 분당 수백에서 수천의 진동과 수 [mm]의 진폭으로 왕복운동을 하면서 공작물을 회전시켜 제품의 가공면을 단시간에 매우 평활한 면으로 다듬는 가공방법이다.
• 원통면과 평면, 구면을 미세하게 다듬질하고자 할 때 주로 사용한다.

12 구멍의 치수가 $10^{+0.012}_{-0.012}$[mm]이고, 축의 치수가 $10^{+0.025}_{+0.005}$[mm]으로 가공되었을 때 최대죔새[μm]는?

① 7
② 13
③ 17
④ 37

해설

최대죔새는 축의 최대허용치수인 10.025[mm]와 구멍의 최소허용 치수인 9.988[mm]의 차이다.

따라서 그 값은 10.025 − 9.988 = 0.037[mm] = 37[μm]

틈새와 죔새값 계산

틈새 축치수 < 구멍치수	최소틈새	구멍의 최소허용치수 − 축의 최대허용치수
	최대틈새	구멍의 최대허용치수 − 축의 최소허용치수
죔새 축치수 > 구멍치수	최소죔새	축의 최소허용치수 − 구멍의 최대허용치수
	최대죔새	축의 최대허용치수 − 구멍의 최소허용치수

13 절삭공구의 날 끝에 칩(Chip)의 일부가 절삭열에 의한 고온, 고압으로 녹아 붙거나 압착되어 공구의 날과 같은 역할을 할 때 가공면에 흠집을 만들고 진동을 일으켜 가공면이 나쁘게 되는 것을 구성인선(Built−Up Edge) 이라 하는데, 이것의 발생을 감소시키기 위한 방법이 아닌 것은?

① 효과적인 절삭유를 사용한다.
② 절삭깊이를 작게 한다.
③ 공구반경을 작게 한다.
④ 공구의 경사각을 작게 한다.

해설

구성인선을 방지하기 위해서는 공구경사각을 크게 해야 한다.

구성인선(Built−Up Edge)

연강이나 스테인리스강, 알루 미늄과 같이 재질이 연하고 공 구재료와 친화력이 큰 재료를 절삭가공할 때, 칩과 공구의

윗면 사이의 경사면에 발생되는 높은 압력과 마찰열로 인해 칩의 일부가 공구의 날 끝에 달라붙어 마치 절삭날과 같이 공작물을 절삭 하는 현상으로 발생 → 성장 → 분열 → 탈락의 과정을 반복한다. 구성인선이 발생되면 공작물의 정밀절삭이 어렵게 되며 공구의 손 상을 가져온다.

구성인선의 방지대책

• 절삭깊이를 작게 한다.
• 세라믹공구를 사용한다.
• 절삭속도를 빠르게 한다.
• 바이트의 날 끝을 예리하게 한다.
• 윤활성이 높은 절삭유를 사용한다.
• 바이트의 윗면 경사각을 크게 한다.
• 마찰계수가 작은 절삭공구를 사용한다.
• 피가공물과 친화력이 작은 공구재료를 사용한다.
• 공구면의 마찰계수를 감소시켜 칩의 흐름을 원활하게 한다.

14 내연기관에 대한 설명으로 옳지 않은 것은?

① 디젤기관은 공기만을 압축한 뒤 연료를 분사시켜 자연 착화시키는 방식으로 가솔린기관보다 열효율이 높다.

② 옥탄가는 연료의 노킹에 대한 저항성, 세탄가는 연료의 착화성을 나타내는 수치이다.

③ 가솔린기관은 연료의 옥탄가가 높고, 디젤기관은 연료의 세탄가가 낮은 편이 좋다.

④ EGR(Exhaust Gas Recirculation)은 배출가스의 일부를 흡입공기에 혼입시켜 연소온도를 억제하는 것으로서, NO_x의 발생을 저감하는 장치이다.

해설

가솔린기관은 안티노크성을 수치로 나타낸 옥탄가가 낮은 것이 좋으나 디젤기관은 착화성을 수치로 나타낸 세탄가가 높은 것이 좋다.

옥탄가(Octane Number)

가솔린연료의 안티노크성을 수치로 나타낸 값이다. 안티노크성이란 가솔린기관에서 미연소가스의 조기점화로 인해 엔진의 출력감소, 실린더과열 등이 일어나는 이상연소현상인 노킹을 일으키기 어려운 성질이다. 내폭성이 높은 연료인 이소옥탄(C_8H_{18})과 내폭성이 낮은 연료인 정헵탄(C_7H_{16})을 100과 0으로 하고, 이 두 연료를 혼합해서 만든 연료의 가치로서 "옥탄가 90 = 이소옥탄의 체적이 90[%]"임을 의미한다.

$$옥탄가(O.N) = \frac{이소옥탄}{이소옥탄 + 정헵탄} \times 100[\%]$$

가솔린기관의 노킹현상

연소 후반부에 미연소가스의 급격한 자기연소에 의한 충격파가 실린더 내부의 금속을 타격하는 현상으로 노킹이 발생하면 실린더 내의 압력이 급상승함으로써 스파크플러그나 피스톤, 실린더헤드, 크랭크축의 손상을 가져오며 출력저하를 가져오므로 옥탄가 높은 연료를 사용해야 한다.

세탄가(Cetane Number)

디젤엔진의 착화성을 수치로 표시한 것이다. 착화성이 가장 좋은 세탄의 착화성을 100, 착화성이 가장 나쁜 α-메틸나프탈렌의 착화성을 0으로 설정한 후 이들을 표준연료로 하여 착화가 지연될 때 이 표준연료 속의 세탄의 함유량을 체적비율로 표시한 것이다.

$$세탄가(C.N) = \frac{세탄}{세탄 + \alpha메틸나프탈렌} \times 100[\%]$$

15 단열 깊은 홈 볼베어링에 대한 설명으로 옳지 않은 것은?

① 내륜과 외륜을 분리할 수 없다.

② 전동체가 접촉하는 면적이 크다.

③ 마찰저항이 적어 고속회전축에 적합하다.

④ 반경방향과 축방향의 하중을 지지할 수 있다.

해설

단열 깊은 홈 볼베어링을 비롯한 모든 볼베어링은 전동체인 볼과 외면이 점으로 접촉되므로 접촉면적이 크지 않다. 반면에 미끄럼베어링은 면으로 접촉하기 때문에 면적은 상대적으로 크다.

구름(볼)베어링(점접촉)	미끄럼베어링(면접촉)

16 선삭가공에서 공작물의 회전수가 200[rpm], 공작물의 길이가 100[mm], 이송량이 2[mm/rev]일 때 절삭시간은?

① 4초
② 15초
③ 30초
④ 60초

해설

$$T = \frac{l}{n \cdot f} = \frac{\text{가공할 길이[mm]}}{\text{회전수[rev/min]} \times \text{이송속도[mm/rev]}}$$

$$= \frac{100}{200 \times 2}$$

$$= 0.25[\text{min}]$$

$$= 0.25 \times 60[\text{s}]$$

$$= 15[\text{s}]$$

따라서 절삭시간은 15초가 된다.
선반의 가공시간(T) 구하는 식

$$T = \frac{l}{n \cdot f} = \frac{\text{가공할 길이[mm]}}{\text{회전수[rpm]} \times \text{이송속도[mm/rev]}}$$

17 인벌류트 치형과 사이클로이드 치형의 공통점에 대한 설명으로 옳은 것은?

① 원주피치와 구름원의 크기가 같아야 호환성이 있다.
② 전위기어를 사용할 수 있다.
③ 미끄럼률은 이끝면과 이뿌리면에서 각각 일정하다.
④ 두 이의 접촉점에서 공통법선방향의 속도는 같다.

해설

카뮤의 정리에 따르면 2개의 기어가 일정 속도로 회전하기 위해서는 접촉점의 공통법선은 일정한 점을 통과해야 하기 때문에 인벌류트 치형과 사이클로이드 치형 모두 이의 접촉점에서 공통법선방향의 속도는 같다. 따라서 정답은 ④번이 된다.
인벌류트 곡선
원기둥을 세운 후 여기에 감은 실을 풀 때, 실 중 임의 1점이 그리는 곡선 중 일부를 치형으로 사용한 곡선이다. 이뿌리가 튼튼하며 압력각이 일정할 때 중심거리가 다소 어긋나도 속도비가 크게 변하지 않고 맞물림이 원활하다는 장점이 있으나 마모가 잘된다는 단점이 있다.
사이클로이드 곡선
평면 위의 일직선상에서 원을 회전시킨다고 가정했을 때, 원의 둘레 중 임의의 한 점이 회전하면서 그리는 곡선을 치형으로 사용한 곡선이다. 피치원이 일치하지 않거나 중심거리가 다를 때는 기어가 바르게 물리지 않으며, 이뿌리가 약하다는 단점이 있으나 효율성이 좋고 소음과 마모가 적다는 장점이 있다.

18 양단지지형 겹판스프링에 대한 설명으로 옳지 않은 것은?

① 조립 전에는 길이가 달라도 곡률이 같은 판자(Leaf)를 사용한다.
② 모판(Main Leaf)이 파단되면 사용할 수 없다.
③ 판자 사이의 마찰은 스프링이 진동하였을 때 감쇠력으로 작용한다.
④ 철도차량과 자동차의 현가장치로 사용한다.

해설

양단지지형 겹판스프링은 다음 그림과 같이 조립하는 판의 길이가 짧을수록 곡률이 작은 판자(Leaf)를 사용해야 한다.
양단지지형 겹판스프링(Multi-leaf, End-supported Spring)
중앙에 여러 개의 판으로 되어 있고 단순 지지된 양단은 1개의 판으로 구성된 스프링으로 최근 철도차량이나 화물자동차의 현가장치로 많이 사용되고 있다. 판자 사이의 마찰은 스프링 진동 시 감쇠력으로 작용하며 모판이 판단되면 사용이 불가능한 단점이 있고 길이가 짧을수록 곡률이 작은 판자를 사용한다.

19 전조가공에 대한 설명으로 옳지 않은 것은?

① 나사 및 기어의 제작에 이용될 수 있다.
② 절삭가공에 비해 생산속도가 높다.
③ 매끄러운 표면을 얻을 수 있지만 재료의 손실이 많다.
④ 소재표면에 압축잔류응력을 남기므로 피로수명을 늘릴 수 있다.

해설

전조가공은 절삭칩이 발생하지 않으므로 표면이 깨끗하고 재료의 소실이 거의 없는 가공법이다.
전조가공
재료와 공구를 각각이나 함께 회전시켜 재료 내부나 외부에 공구의 형상을 새기는 특수 압연법이다. 대표적인 제품으로는 나사와 기어가 있으며 절삭칩이 발생하지 않아 표면이 깨끗하고 재료의 소실이 거의 없다. 또한 강인한 조직을 얻을 수 있고 가공속도가 빨라서 대량생산에 적합하다.

20 방전가공에 대한 설명으로 옳지 않은 것은?

① 절연액 속에서 음극과 양극 사이의 거리를 접근시킬 때 발생하는 스파크방전을 이용하여 공작물을 가공하는 방법이다.

② 전극재료로는 구리 또는 흑연을 주로 사용한다.

③ 콘덴서의 용량이 적으면 가공시간은 빠르지만 가공면과 치수정밀도가 좋지 못하다.

④ 재료의 경도나 인성에 관계없이 전기도체이면 모두 가공이 가능하다.

해설

방전가공(EDM ; Electric Discharge Machining)
절연성의 가공액 내에서 전극과 공작물 사이에서 일어나는 불꽃방전에 의하여 재료를 조금씩 용해시켜 원하는 형상의 제품을 얻는 가공법으로 가공속도가 느린 것이 특징이다. 주로 높은 경도의 금형가공에 사용하는데 콘덴서의 용량을 크게 하면 가공시간은 빨라지나 가공면과 치수정밀도가 좋지 않다.

방전가공의 특징
• 전극이 소모된다.
• 가공속도가 느리다.
• 열변형이 적어서 가공정밀도가 우수하다.
• 간단한 전극만으로도 복잡한 가공을 할 수 있다.
• 담금질한 재료와 같이 강한 재료도 가공도 용이하다.
• 전극으로 구리, 황동, 흑연을 사용하므로 성형성이 용이하다.
• 아크릴과 같이 전기가 잘 통하지 않는 재료는 가공할 수 없다.
• 미세한 구멍이나 얇은 두께의 재질을 가공해도 변형이 생기지 않는다.
• 콘덴서의 용량을 크게 하면 가공시간은 빨라지나 가공면과 치수정밀도가 좋지 않다.

2016년 지방직 기계일반

01 재료의 원래 성질을 유지하면서 내마멸성을 강화시키는 데 가장 적합한 열처리 공정은?

① 풀림(Annealing)
② 뜨임(Tempering)
③ 담금질(Quenching)
④ 고주파 경화법(Induction Hardening)

해설

고주파 경화법 : 고주파 유도 전류로 강(Steel)의 표면층을 급속 가열한 후 급랭시키는 방법으로 가열 시간이 짧고, 피가열물에 대한 영향을 최소로 억제하며 표면을 경화시키는 표면경화법이다. 고주파수는 소형 제품이나 깊이가 얕은 담금질 층을 얻고자 할 때, 낮은 주파수는 대형 제품이나 깊은 담금질 층을 얻고자 할 때 사용한다.

기본 열처리 4단계

• 담금질(Quenching ; 퀜칭) : 재료를 강하게 만들기 위하여 변태점 이상의 온도인 오스테나이트 영역까지 가열한 후 물이나 기름 같은 냉각제 속에 집어넣어 급랭시킴으로써 강도와 경도가 큰 마텐자이트 조직을 만들기 위한 열처리 조작이다.

• 뜨임(Tempering ; 템퍼링) : 잔류 응력에 의한 불안정한 조직을 A_1 변태점 이하의 온도로 재가열하여 원자들을 좀더 안정적인 위치로 이동시킴으로써 잔류응력을 제거하고 인성을 증가시키기 위한 열처리법이다.

• 풀림(Annealing ; 어닐링) : 강 속에 있는 내부 응력을 제거하고 재료를 연하게 만들기 위해 A_1 변태점 이상의 온도로 가열한 후 가열 노나 공기 중에서 서랭함으로써 강의 성질을 개선하기 위한 열처리법이다.

• 불림(Normalizing ; 노멀라이징) : 주조나 소성가공에 의해 거칠고 불균일한 조직을 표준화 조직으로 만드는 열처리법으로 A_3 변태점보다 30~50[℃] 높게 가열한 후 공랭시킴으로써 만들 수 있다.

02 응고수축에 의한 주물제품의 불량을 방지하기 위한 목적으로 주형에 설치하는 탕구계 요소는?

① 탕구(Sprue)
② 압탕구(Feeder)
③ 탕도(Runner)
④ 주입구(Pouring Basin)

해설

라이저(압탕구) : 응고 중 용탕의 수축으로 인해 용탕이 부족한 곳을 보충하기 위한 용탕의 추가 저장소로 불량을 방지하기 위해 사용한다. 용탕에 압력을 가한다는 압탕과 높이 솟아 올라있다는 Riser를 명칭으로 사용하는 주조의 구성요소이다.

① 탕구 : 주입컵을 통과한 용탕이 수직으로 자유 낙하하여 흐르는 첫 번째 통로이다. 탕구는 보통 수직으로 마련된 유도로로서 탕도에 연결되어 있다. 탕구에서 용탕이 수직으로 낙하할 때 튀어 오르거나 소용돌이 현상을 최소화할 수 있는 모양과 크기로 만들어져야 한다.

③ 탕도 : 용탕이 탕구로부터 주형 입구인 주입구까지 용탕을 보내는 수평 부분으로 용탕을 주입구(Gate)에 알맞게 분배하며, 용탕에 섞인 불순물이나 슬래그를 최종적으로 걸러주어 깨끗한 용탕이 주입구를 통해 주형 안으로 충전되도록 한다.

④ 게이트(주입구) : 탕도에서 용탕이 주형 안으로 들어가는 부분으로 주입 시 용탕이 주형에 부딪쳐 역류가 일어나지 않으면서 주형 안에 있는 가스가 잘 빠져나가도록 하고 주형의 구석까지 잘 채워지도록 설계한다.

03 금속 판재의 가공 공정 중 가장 매끈하고 정확한 전단면을 얻을 수 있는 전단공정은?

① 슬리팅(Slitting)
② 스피닝(Spinning)
③ 파인블랭킹(Fine Blanking)
④ 신장성형(Stretch Forming)

해설
파인블랭킹 : 한 번의 블랭킹 공정으로 제품의 전 두께의 고운 전단면과 양호한 정밀도의 제품을 얻는 프레스가공법
① 슬리팅 : 슬리터라고 하는 전용기로 넓은 판재강인 Sheet Metal을 일정 간격의 폭으로 연속해서 자르는 가공법
② 스피닝 : 선반의 주축에 제품과 같은 형상의 다이를 장착한 후 심압대로 소재를 다이와 밀착시킨 후 함께 회전시키면서 강체 공구나 롤러로 소재의 외부를 강하게 눌러서 축에 대칭인 원형의 제품 만드는 박판(얇은 판) 성형가공법이다. 탄소강 판재로 이음매 없는 국그릇이나 알루미늄 주방용품을 소량 생산할 때 사용하는 가공법으로 보통 선반과 작업방법이 비슷하다.

04 다음 중 소성가공이 아닌 것은?

① 인발(Drawing)
② 호닝(Honing)
③ 압연(Rolling)
④ 압출(Extrusion)

해설
소성가공의 분류

05 각종 용접법에 대한 설명으로 옳은 것은?

① TIG용접(GTAW)은 소모성인 금속전극으로 아크를 발생시키고, 녹은 전극은 용가재가 된다.
② MIG용접(GMAW)은 비소모성인 텅스텐 전극으로 아크를 발생시키고, 용가재를 별도로 공급하는 용접법이다.
③ 일렉트로 슬래그 용접(ESW)은 산화철 분말과 알루미늄 분말의 반응열을 이용하는 용접법이다.
④ 서브머지드 아크 용접(SAW)은 노즐을 통해 용접부에 미리 도포된 용제(Flux) 속에서 용접봉과 모재 사이에 아크를 발생시키는 용접법이다.

해설
① TIG용접은 비소모성인 텅스텐 전극으로 아크를 발생시키고 용가재는 별도로 용융풀에 넣어준다.
② MIG용접은 용가재인 와이어가 소모성 전극의 역할을 하므로 별도의 용가재를 넣어주지는 않는다.
③ 일렉트로 슬래그 용접 : 용융된 슬래그와 용융 금속이 용접부에서 흘러나오지 못하도록 수랭동판으로 둘러싸고 이 용융풀에 용접봉을 연속적으로 공급하는데 이때 발생하는 용융 슬래그의 저항열에 의하여 용접봉과 모재를 연속적으로 용융시키면서 용접하는 방법이다.

06 금속의 결정격자구조에 대한 설명으로 옳은 것은?

① 체심입방격자의 단위 격자당 원자는 4개이다.

② 면심입방격자의 단위 격자당 원자는 4개이다.

③ 조밀육방격자의 단위 격자당 원자는 4개이다.

④ 체심입방격자에는 정육면체의 각 모서리와 각 면의 중심에 각각 1개의 원자가 배열되어 있다.

① 체심입방격자의 단위 격자당 원자수는 2개이다.

③ 조밀육방격자의 단위 격자당 원자수는 2개이다.

④ 체심입방격자는 8개의 모서리에 각 1개씩의 원자와 중심에 1개의 원자가 배열되어 있다.

철의 결정구조

종 류	성 질	원 소	단위 격자	배위 수	원자 충진율
체심입방격자 (BCC) (Body Center-ed Cubic)	• 강도가 크다. • 용융점이 높다. • 전성과 연성이 작다.	W, Cr, Mo, V, Na, K	2개	8	68[%]
면심입방격자 (FCC) (Face Center-ed Cubic)	• 전기전도도가 크다. • 가공성이 우수하다. • 장신구로 사용된다. • 전성과 연성이 크다. • 연한 성질의 재료이다.	Al, Ag, Au, Cu, Ni, Pb, Pt, Ca	4개	12	74[%]
조밀육방격자 (HCP) (Hexagonal Close Pack-ed lattice)	• 전성과 연성이 작다. • 가공성이 좋지 않다.	Mg, Zn, Ti, Be, Hg, Zr, Cd, Ce	2개	12	74[%]

07 다음 ㉠, ㉡에 해당하는 것은?

> ㉠ 압력을 가하여 용탕금속을 금형공동부에 주입하는 주조법으로, 얇고 복잡한 형상의 비철금속 제품 제작에 적합한 주조법이다.
>
> ㉡ 금속판재에서 원통 및 각통 등과 같이 이음매 없이 바닥이 있는 용기를 만드는 프레스가공법이다.

	㉠	㉡
①	인베스트먼트주조 (Investment Casting)	플랜징 (Flanging)
②	다이캐스팅 (Die Casting)	플랜징 (Flanging)
③	인베스트먼트주조 (Investment Casting)	딥드로잉 (Deep Drawing)
④	다이캐스팅 (Die Casting)	딥드로잉 (Deep Drawing)

• 다이캐스트 주조법 : 용융금속을 금형 다이에 고속으로 충진하여 입입하는 주조법으로 주형을 영구적으로 사용할 수 있고 충진 시간이 매우 짧아서 생산 속도가 빠르므로 대량 생산에 적합하다. 용용금속을 강한 압력으로 금형에 주입하고 가압하여 주물을 얻기 때문에 주물조직이 치밀하며 큰 강도가 특징이다. 치수 정밀도가 높아서 마무리 공정수를 줄일 수 있으며 주로 비철금속의 주조에 사용된다.

• 딥드로잉가공(Deep Drawing Work ; 오므리기 가공) : 평판에서 이음부 없이 중공 용기를 만드는 대표적인 프레스가공법으로 원통 이나 각통의 제조에 사용된다.

• 플랜징(Flanging) : 금속 판재의 모서리를 굽히는 가공법으로 2단 펀치를 사용하여 판재에 작은 구멍을 낸 후 구멍을 넓히면서 모서리를 굽혀 마무리를 짓는 가공법이다.

• 인베스트먼트 주조법 : 제품과 동일한 형상의 모형을 왁스(양초)나 파라핀(합성수지)으로 만든 후 그 주변을 슬러리 상태의 내화 재료로 도포한 다음 가열하여 주형을 경화시키면서 내부의 모형을 용융시켜 빼냄으로써 주형을 완성하는 주조법을 말한다. 다른 말로는 로스트 왁스법이라고도 하며, 주물의 치수 정밀도가 좋아서 정밀 주조법으로도 불린다.

08 레이저용접에 대한 설명으로 옳지 않은 것은?

① 좁고 깊은 접합부를 용접하는 데 유리하다.

② 수축과 뒤틀림이 작으며 용접부의 품질이 뛰어나다.

③ 반사도가 높은 용접 재료의 경우, 용접효율이 감소될 수 있다.

④ 진공 상태가 반드시 필요하며, 진공도가 높을수록 깊은 용입이 가능하다.

해설

레이저빔용접은 진공상태나 대기상태 모두 용접이 가능하다.

레이저빔용접의 특징

• 좁고 깊은 접합부의 용접에 적합하다.
• 접근이 곤란한 물체의 용접이 가능하다.
• 전자 빔 용접기 설치비용보다 설치비가 저렴하다.
• 반사도가 높은 재료는 용접효율이 감소될 수 있다.
• 수축과 뒤틀림이 작으며 용접부의 품질이 뛰어나다.
• 전자부품과 같은 작은 크기의 정밀 용접이 가능하다.
• 용접 입열이 대단히 작으며, 열영향부의 범위가 좁다.
• 용접될 물체가 불량도체인 경우에도 용접이 가능하다.
• 에너지 밀도가 매우 높으며, 고융점을 가진 금속의 용접에 이용한다.
• 열원이 빛의 빔이기 때문에 투명재료를 써서 어떤 분위기 속에서도(공기, 진공) 용접이 가능하다.

레이저빔용접(레이저용접) : 레이저란 유도 방사에 의한 빛의 증폭이란 뜻이며 레이저에서 얻어진 접속성이 강한 단색 광선으로서 강렬한 에너지를 가지고 있으며, 이때의 광선 출력을 이용하여 용접을 하는 방법이다. 모재의 열 변형이 거의 없으며, 이종 금속의 용접이 가능하고 정밀한 용접을 할 수 있으며, 비접촉식 방식으로 모재에 손상을 주지 않는다는 특징을 갖는다.

09 윤곽투영기(Optical Comparator)에 대한 설명으로 옳은 것은?

① 빛의 간섭무늬를 이용해서 평면도를 측정하는 데 사용한다.

② 측정침이 물체의 표면 위치를 3차원적으로 이동하면서 공간 좌표를 검출하는 장치이다.

③ 피측정물의 실제 모양을 스크린에 확대 투영하여 길이나 윤곽 등을 검사하거나 측정한다.

④ 랙과 피니언 기구를 이용해서 측정자의 직선운동을 회전운동으로 변환시켜 눈금판에 나타낸다.

해설

윤곽투영기 : 피측정물의 실제 모양을 스크린에 확대 투영하여 길이나 윤곽 등을 검사하거나 측정하는 장치이다.

[윤곽투영기]

10 금속 재료의 파손에 대한 설명으로 옳지 않은 것은?

① 연성 금속이라도 응력부식 균열이 발생하면 취성 재료처럼 파단된다.

② 파단면에 비치마크(Beach Mark)가 발견되면 피로에 의한 파괴로 추정할 수 있다.

③ 재료 내부에 수소 성분이 침투하면 연성이 저하되어 예상보다 낮은 하중에서 파단될 수 있다.

④ 숏피닝이나 롤러버니싱 같은 공정은 표면에 인장잔류응력을 발생시키기 때문에 제품 수명을 향상시킨다.

해설

숏피닝이나 롤러버니싱 작업은 제품의 표면에 압축잔류응력을 부여하여 피로수명을 향상시킨다.

• 숏피닝(Shot Peening) : 강이나 주철제의 작은 강구(볼)를 금속표면에 고속으로 분사하여 표면층을 냉간가공에 의한 가공경화 효과로 경화시키면서 압축잔류응력을 부여하여 금속부품의 피로수명을 향상시키는 표면경화법이다.

• 버니싱(Burnishing) : 강구를 원통구멍에 압입하여 구멍의 표면을 가압 다듬질하는 방법으로 특히 구멍의 모양이 직사각형이거나 기어의 키 구멍의 다듬질가공에 알맞다.

11 두 축의 중심선을 일치시키기 어려운 경우, 두 축의 연결 부위에 고무, 가죽 등의 탄성체를 넣어 축의 중심선 불일치를 완화하는 커플링은?

① 유체 커플링
② 플랜지 커플링
③ 플렉시블 커플링
④ 유니버설 조인트

해설

플렉시블 커플링(Flexible Coupling) : 두 축의 중심선을 일치시키기 어렵거나 고속 회전 또는 급격한 전달력의 변화로 진동이나 충격이 발생하는 경우에 사용하는 축이음 요소이다. 두 축이 평행하고 거리가 아주 가까울 때, 각 속도의 변동 없이 토크를 전달하는데 가장 적합하나 윤활이 어렵고 원심력에 의한 진동 발생으로 고속 회전에는 적합하지 않다. 진동 완화를 위해 고무나 가죽, 스프링을 사용한다.

② 플랜지 커플링(Flange Coupling) : 대표적인 고정커플링으로 일직선상의 두 축을 볼트나 키로 연결한 축이음이다.

④ 유니버설 조인트(Universal Joint) : 두 축이 만나는 각이 운전 중에 수시로 변화하는 경우에도 자유롭게 동력을 전달할 수 있는 축이음으로 공작기계나 자동차의 동력 전달용 축이음에 사용된다.

플렉시블 커플링	플랜지 커플링	유니버설 조인트

12 자동차에 사용되는 판 스프링(Leaf Spring)이나 쇽업소버(Shock Absorber)의 역할은?

① 클러치   ② 완충 장치
③ 제동 장치   ④ 동력 전달 장치

해설

자동차용 판 스프링과 쇽업소버는 모두 충격을 완화시켜 주는 완충 장치로 사용된다.

• 양단지지형 겹판 스프링(Multi-leaf, End-supported Spring) : 중앙에 여러 개의 판으로 되어 있고 단순 지지된 양단은 1개의 판으로 구성된 스프링으로 최근 철도차량이나 화물 자동차의 현가 장치로 많이 사용되고 있다. 판 사이의 마찰은 스프링 진동 시 감쇠력으로 작용하며 모단이 파단되면 사용이 불가능한 단점이 있고 길이가 짧을수록 곡률이 작은 판을 사용한다.

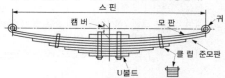

• 쇽업소버(Shock Absorber) : 축 방향의 하중 작용 시 피스톤이 이동하면서 작은 구멍의 오리피스로 기름을 나가게 하여 진동을 감쇠시키는 완충장치이다.

13 4행정 기관과 2행정 기관에 대한 설명으로 옳은 것은?

① 배기량이 같은 가솔린 기관에서 4행정 기관은 2행정 기관에 비해 출력이 작다.

② 배기량이 같은 가솔린 기관에서 4행정 기관은 2행정 기관에 비해 연료 소비율이 크다.

③ 4행정 기관은 크랭크축 1회전 시 1회 폭발하며, 2행정 기관은 크랭크축 2회전 시 1회 폭발한다.

④ 4행정 기관은 밸브 기구는 필요 없고 배기구만 있으면 되고, 2행정 기관은 밸브 기구가 복잡하다.

해설

② 배기량이 같은 가솔린 기관에서 2행정 기관의 연료 소비율이 4행정 기관보다 크다.

③ 2행정 기관은 크랭크축 1회전 시 피스톤은 상·하로 2번(행정) 움직이며 사이클을 완성하는 기관이다.

④ 2행정 기관은 밸브 기구가 필요 없으나 4행정 기관은 밸브 기구가 복잡하다.

4행정 vs 2행정 기관의 주요 특징

구 분	4행정 사이클	2행정 사이클
구 조	복잡하다.	간단하다.
제작단가	고가이다.	저가이다.
밸브기구	필요하다.	필요없다.
유효행정	길다.	짧다.
열효율	높다.	낮다.
연료소비율	2행정보다 적다.	4행정보다 많다.
체적효율	높다.	낮다.
회전력	불균일하다.	균일하다.
마력당 기관중량	무겁다.	가볍다.
동력발생	크랭크축 2회전당 1회	크랭크축 1회전당 1회
윤활유 소비	적다.	많다.
동일 배기량 시 출력	작다.	크다.

14 한 쌍의 기어가 맞물려 회전할 때 이의 간섭을 방지하기 위한 방법으로 옳지 않은 것은?

① 압력각을 작게 한다.

② 기어의 이 높이를 줄인다.

③ 기어의 잇수를 한계 잇수 이하로 감소시킨다.

④ 피니언의 잇수를 최소 잇수 이상으로 증가시킨다.

해설

이의 간섭을 방지하려면 압력각을 크게 하면 된다.

이의 간섭에 대한 원인과 대책

원 인	대 책
• 압력각이 작을 때 • 피니언의 잇수가 극히 적을 때 • 기어와 피니언의 잇수비가 매우 클 때	• 압력각을 크게 한다. • 피니언의 잇수를 최소 치수 이상으로 한다. • 기어의 잇수를 한계 치수 이하로 한다. • 치형을 수정한다. • 기어의 이 높이를 줄인다.

15 감기 전동기구에 대한 설명으로 옳지 않은 것은?

① 벨트 전동기구는 벨트와 풀리 사이의 마찰력에 의해 동력을 전달한다.

② 타이밍벨트 전동기구는 동기(Synchronous)전동을 한다.

③ 체인 전동기구를 사용하면 진동과 소음이 작게 발생하므로 고속회전에 적합하다.

④ 구동축과 종동축 사이의 거리가 멀리 떨어져 있는 경우에도 동력을 전달할 수 있다.

해설

체인 전동장치는 진동과 소음이 크며 고속회전에 부적합하다.

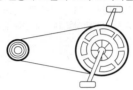

체인 전동장치의 특징
• 유지 및 보수가 쉽다.
• 접촉각은 90° 이상이 좋다.
• 체인의 길이를 조절하기 쉽다.
• 내열이나 내유, 내습성이 크다.
• 진동이나 소음이 일어나기 쉽다.
• 축간거리가 긴 경우 고속전동이 어렵다.
• 여러 개의 축을 동시에 작동시킬 수 있다.
• 마멸이 일어나도 전동 효율의 저하가 적다.
• 큰 동력 전달이 가능하며 전동 효율이 90[%] 이상이다.
• 체인의 탄성으로 어느 정도의 충격을 흡수할 수 있다.
• 고속회전에 부적합하며 저속회전으로 큰 힘을 전달하는 데 적당하다.
• 전달효율이 크고 미끄럼(슬립)이 없이 일정한 속도비를 얻을 수 있다.
• 초기 장력이 필요 없어서 베어링 마멸이 적고 정지 시 장력이 작용하지 않는다.
• 사일런트(스) 체인은 정숙하고 원활한 운전과 고속회전이 필요할 때 사용되는 체인이다.

16 냉매의 구비 조건에 대한 설명으로 옳지 않은 것은?

① 응축 압력과 응고 온도가 높아야 한다.

② 임계 온도가 높고, 상온에서 액화가 가능해야 한다.

③ 증기의 비체적이 작아야 하고, 부식성이 없어야 한다.

④ 증발 잠열이 크고, 저온에서도 증발 압력이 대기압 이상이어야 한다.

해설

저온에서 냉매가 쉽게 응고하면 냉매로서의 기능을 상실하므로 응고 온도는 낮아야 하며 응축 압력 또한 낮아야 한다.

냉매의 구비조건
• 비열비가 작을 것
• 응축 압력이 낮을 것
• 응고 온도가 낮을 것
• 점도가 적고 표면장력이 작을 것
• 임계 온도가 높고 상온에서 액화가 가능할 것
• 증발 잠열이 크고 저온에서도 증발 압력이 대기압 이상일 것

17 축 방향의 압축하중이 작용하는 원통 코일 스프링에서 코일 소재의 지름이 d일 때 최대 전단응력이 τ_1이고, 코일 소재의 지름이 $d/2$일 때 최대 전단응력이 τ_2일 경우 τ_2/τ_1는?(단, 응력 수정계수는 1로 하고, 다른 조건은 동일하다)

① 2   ② 4
③ 8   ④ 16

해설

$$\frac{\tau_2}{\tau_1} = \frac{\dfrac{8PD}{\pi\left(\dfrac{d}{2}\right)^3}}{\dfrac{8PD}{\pi d^3}} = \frac{8PD\pi d^3}{8PD\pi\left(\dfrac{d}{2}\right)^3} = \frac{d^3}{\left(\dfrac{d}{2}\right)^3} = \frac{d^3}{\dfrac{d^3}{8}} = \frac{8d^3}{d^3} = 8$$

• 스프링의 최대 전단응력(τ)

$T = P \times \dfrac{D}{2}$, $T = \tau \times Z_p$를 대입하면

$\tau \times Z_p = \dfrac{PD}{2}$, $Z_p = \dfrac{\pi d^3}{16}$을 대입하면

$\tau \times \dfrac{\pi d^3}{16} = \dfrac{PD}{2}$

$\tau = \dfrac{PD}{2} \times \dfrac{16}{\pi d^3}$ (여기서, D : 평균직경, d : 소선의 직경)

$\tau = \dfrac{8PD}{\pi d^3}$

18 유압 작동유의 점도 변화가 유압 시스템에 미치는 영향으로 옳지 않은 것은?(단, 정상운전 상태를 기준으로 한다)

① 점도가 낮을수록 작동유의 누설이 증가한다.
② 점도가 낮을수록 운동부의 윤활성이 나빠진다.
③ 점도가 높을수록 유압 펌프의 동력 손실이 증가한다.
④ 점도가 높을수록 밸브나 액추에이터의 응답성이 좋아진다.

해설

점도가 높을수록 마찰계수도 높아지므로 밸브나 액추에이터의 응답성은 떨어진다.

19 그림과 같이 폭 b, 높이 h인 직사각 단면의 보에 휨모멘트 M이 작용하고 있다. 이 모멘트에 의해 발생되는 최대 휨응력을 σ_1, 이 단면을 90° 회전하여 폭 h, 높이 b로 하였을 때 동일한 휨모멘트 M이 작용할 때의 최대 휨응력을 σ_2라 한다면 σ_2/σ_1는?(단, 다른 조건은 동일하다)

① $\dfrac{h}{b}$　　　　② $\dfrac{b}{h}$

③ $\left(\dfrac{h}{b}\right)^2$　　　④ $\left(\dfrac{b}{h}\right)^2$

해설

$$\frac{\sigma_2}{\sigma_1} = \frac{\dfrac{M}{Z_2}}{\dfrac{M}{Z_1}} = \frac{\dfrac{M}{\dfrac{hb^2}{6}}}{\dfrac{M}{\dfrac{bh^2}{6}}} = \frac{\dfrac{6M}{hb^2}}{\dfrac{6M}{bh^2}} = \frac{bh^2}{hb^2} = \frac{h}{b}$$

20 금속의 결정 구조에서 결정립에 대한 설명으로 옳은 것은?

① 피로현상은 결정립계에서의 미끄러짐과 관계 있다.
② 일반적으로 결정립의 크기는 용융금속이 급속히 응고되면 커지고, 천천히 응고되면 작아진다.
③ 결정립 자체는 등방성(Isotropy)이지만, 다결정체로 된 금속편은 평균적으로 이방성(Anisotropy)이 된다.
④ 결정립이 작을수록 단위 체적당 결정립계의 면적이 넓기 때문에 금속의 강도가 커진다.

해설

결정립이 작으면 동일 체적 내에 결정이 많이 존재하므로 그만큼 결정립계도 넓어진다. 이 결정립계는 금속에 슬립이 일어나려고 할 때 이를 저지하는 역할을 하기 때문에 금속의 강도는 더 커진다.

2016년 서울시 기계일반

01 경도시험 방법 중에서 압입자를 낙하시켰을 때 반발되어 튀어 올라오는 높이로 경도를 나타내는 방법은?

① 쇼어 경도(Shore Hardness)
② 비커스 경도(Vickers Hardness)
③ 로크웰 경도(Rockwell Hardness)
④ 브리넬 경도(Brinell Hardness)

해설

경도시험의 종류

종 류	시험 원리	압입자
브리넬 경도 (H_B)	압입자인 강구에 일정량의 하중을 걸어 시험편의 표면에 압입한 후, 압입 자국의 표면적 크기와 하중의 비로 경도 측정 • $H_B = \dfrac{P}{A} = \dfrac{P}{\pi Dh}$ $= \dfrac{2P}{\pi D(D - \sqrt{D^2 - d^2})}$ 여기서, D : 강구 지름 d : 압입 자국의 지름 h : 압입 자국의 깊이 A : 압입 자국의 표면적	강 구
비커스 경도 (H_V)	압입자에 1~120[kg]의 하중을 걸어 자국의 대각선 길이로 경도 측정(하중을 가하는 시간은 캠의 회전 속도로 조절) • $H_V = \dfrac{P(하중)}{A(압입 자국의 표면적)}$	136°인 다이아몬드 피라미드 압입자
로크웰 경도 (H_{RB}, H_{RC})	압입자에 하중을 걸어 압입 자국(홈)의 깊이를 측정하여 경도 측정 • 예비하중 : 10[kg] • 시험하중 : B스케일 : 100[kg] 　　　　　　 C스케일 : 150[kg] • $H_{RB} = 130 - 500h$ • $H_{RC} = 100 - 500h$ 여기서, h : 압입 자국의 깊이	• B스케일 : 강구 • C스케일 : 120° 다이아몬드(콘)
쇼어 경도 (H_S)	추를 일정한 높이(h_0)에서 낙하시켜, 이 추의 반발 높이(h)를 측정해서 경도 측정 • $H_S = \dfrac{10,000}{65} \times \dfrac{h(해머의 반발 높이)}{h_0(해머 낙하 높이)}$	다이아몬드 추

02 연삭숫돌바퀴(Grinding Wheel)를 고속으로 회전시켜 공작물의 가공면을 미세하게 연삭가공할 때, 사용하는 연삭숫돌바퀴에 대한 다음 설명으로 옳은 것은?

① 연삭숫돌바퀴의 3요소는 숫돌입자, 조직, 결합제이다.
② 연삭숫돌바퀴의 조직(Structure)은 결합제의 분자구조 상태를 나타낸 것이다.
③ "A 24 P 4 B"로 표시된 연삭숫돌바퀴에서 P는 결합제를 나타낸 것이다.
④ C계 숫돌바퀴는 주철, 황동 등 인장강도가 작은 재료의 연삭에 적합하다.

해설

탄화규소계 연삭입자인 C계 숫돌바퀴는 주철이나 비철금속과 같이 취성이 큰(인장강도가 작은) 재료의 연삭에 적합하다.

연삭숫돌입자의 종류

종류	입자기호	특 징	경도 및 취성값
알루미나계	A	• 연한 갈색(흑갈색)의 알루미나입자로 인장강도가 크다. • 일반 강 재료의 강력연삭이나 절단 작업용으로 사용한다.	작다. ↕ 크다.
	WA	• 담금질한 강의 다듬질에 사용한다. • 주성분인 산화알루미늄의 함유량은 99.5[%] 이상이다. • 순도가 높은 백색 알루미나의 인조입자를 원료로 만든다.	
탄화규소계	C	• 주철, 자석 등 비철금속의 다듬질에 사용한다. • 주철이나 칠드주물과 같이 경하고 취성이 많은 재료의 연삭에 적합하다. • 흑자색 탄화규소로 인장강도가 매우 커서 발열이 되면 안 된다.	
	GC	• 초경합금이나 유리 등의 연삭에 사용한다. • 녹색의 탄화규소로 경도가 매우 높아서 발열이 되면 안 된다.	

① 연삭숫돌의 3요소 : 기공, 결합제, 숫돌입자
③ "A 24 P 4 B"에서 P는 결합도를 나타내는 기호이다.

일반적인 연삭숫돌의 표시기호

WA	60	K	m	V	1호	205	×	19	×	15
입자	입도	결합도	조직	결합제	숫돌모양	바깥지름	×	두께	×	구멍지름

03 다음 중 전기저항용접법이 아닌 것은?

① 프로젝션용접   ② 심용접
③ 테르밋용접   ④ 점용접

테르밋용접은 아크열로 접합 부위를 녹여서 결합시키는 용접에 속하는 방법으로 전기저항용접법과는 관련이 없다.
테르밋용접(Termit Welding)
금속 산화물과 알루미늄이 반응하여 열과 슬래그를 발생시키는 테르밋반응을 이용하는 용접법이다. 강을 용접할 경우에는 산화철과 알루미늄 분말을 3 : 1로 혼합한 테르밋제를 만든 후 냄비의 역할을 하는 도가니에 넣은 후, 점화제를 약 1,000[℃]로 점화시키면 약 2,800[℃]의 열이 발생되어 용접용 강이 만들어지게 되는데 이 강(Steel)을 용접 부위에 주입 후 서랭하여 용접을 완료하며 철도 레일이나 차축, 선박의 프레임 접합에 주로 사용된다.
용접법의 분류

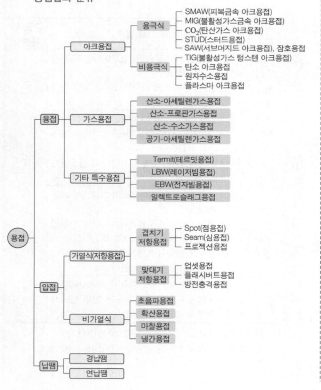

04 헬륨(He)이나 아르곤(Ar)과 같이 고온에서 금속과 반응을 하지 않는 불활성가스 중에서 아크를 발생시키는 용접법인 불활성가스 아크용접에 대한 설명으로 옳지 않은 것은?

① 용접 가능한 판의 두께 범위가 크며, 용접능률이 높다.
② 용제를 사용하여 균일한 용접을 할 수 있다.
③ 산화와 질화를 방지할 수 있다.
④ 철금속뿐만 아니라 비철금속용접이 가능하다.

불활성가스 아크용접법의 종류로는 TIG용접과 MIG용접이 있다. 이 두 용접법에는 용제(Flux)가 사용되지 않으며 따로 넣어주지도 않는다. 용접봉으로는 피복되지 않은 용접 Wire가 사용된다.

05 표면경화 열처리 방법에 대한 설명으로 옳지 않은 것은?

① 침탄법은 저탄소강을 침탄제 속에 파묻고 가열하여 재료 표면에 탄소가 함유되도록 한다.
② 청화법은 산소 아세틸렌 불꽃으로 강의 표면만을 가열하고 중심부는 가열되지 않게 하고 급랭시키는 방법이다.
③ 질화법은 암모니아가스 속에 강을 넣고 가열하여 강의 표면이 질소 성분을 함유하도록 하여 경도를 높인다.
④ 고주파경화법은 탄소강 주위에 코일 형상을 만든 후 탄소강 표면에 와전류를 발생시킨다.

청화법은 침탄법보다도 더 얇은 경화층을 얻고자 할 때 사용하는 방법으로 청화칼리나 청산소다와 같은 화학물질이 사용되며 그 처리 방법에는 "간편뿌리기법"과 "침적법"이 있다.
※ 화염경화법 : 산소-아세틸렌가스 불꽃으로 강의 표면을 급격히 가열한 후 물을 분사시켜 급랭시킴으로써 표면을 경화시키는 방법

06 다음 중 유압시스템에 대한 설명으로 옳지 않은 것은?

① 넓은 범위의 무단변속이 가능하다.

② 과부하 방지 및 원격조정이 가능하다.

③ 작은 동력으로 대동력 전달이 가능하며 전달 응답이 빠르다.

④ 에너지 손실이 적고 소음, 진동이 발생하지 않는다.

해설

유압시스템은 작동 유체의 특성에 따라서 캐비테이션 및 맥동현상이 발생할 수 있어서 에너지의 손실이 크고 소음과 진동도 발생할 수 있다.

• 캐비테이션(Cavitation ; 공동현상) : 유체가 관 속을 유동할 때 유체의 압력이 포화 증기압(기포가 발생하는 압력) 이하로 내려가면 유체에 녹아 있던 기체가 기포로 빠져나오면서 유체 내부에 공동(액체 중 존재하는 기체 공간)이 생기는 현상으로 이 기포가 관 벽을 때리면서 소음이나 진동, 깃의 손상 등이 발생하고 펌프의 성능과 효율을 저하시킨다. 유체의 증기압보다 낮은 압력이 발생하는 펌프 주위에서 주로 발생한다.

• 맥동현상(서징현상 ; Surging) : 펌프 운전 중 압력계의 눈금이 주기적이며 큰 진폭으로 흔들림과 동시에 토출량도 변하면서 흡입과 토출배관에서 주기적으로 진동과 소음을 동반하는 현상이며 영어로는 서징(Surging)현상이라고 한다.

07 각종 기계의 회전이나 동력을 전달하는 부분에 사용되는 기어(Gear)에 대한 설명으로 가장 옳은 것은?

① 모듈 $m = 4$이고 잇수 $Z_1 = 30$, $Z_2 = 45$인 한 쌍의 평기어(Spur Gear)에서 두 축 사이의 중심거리는 300[mm]이다.

② 전위기어(Profile Shifted Gear)는 표준기어에 비해 최소 잇수를 적게 할 수 있다.

③ 간섭이 일어나는 한 쌍의 기어를 회전시킬 때 발생하는 기어의 언더컷(Under-cut)은 압력각이 클 때 발생하기 쉽다.

④ 페이스(Face)기어는 베벨기어의 축을 엇갈리게 한 것으로서, 자동차의 차동 기어장치의 감속기어로 사용된다.

해설

전위기어(Profile Shifted Gear)는 래크공구의 기준 피치선(이 두께와 홈의 길이가 같은 곳)이 기어의 기준 피치원에 접하지 않는 기어로 전위량은 래크공구의 기준 피치선과 기어의 기준 피치원과의 거리를 말하는데, 이 전위기어는 표준기어에 비해 최소 잇수를 적게 할 수 있다.

전위기어(Profile Shifted Gear)의 사용목적

• 언더컷 방지
• 물림률 증가
• 이의 강도 증가
• 표준기어에 비해 최소 잇수 감소
• 두 기어 간 중심거리의 자유로운 변화

※ 물림률(Contact Ratio) : 동시에 물릴 수 있는 이의 수로 물림길이를 법선피치로 나눈 값이다.

08 수차의 유효낙차가 15[m]이고 유량이 6[m³/min]일 때 수차의 최대 출력은 몇 마력[PS]인가?(단, 물의 비중량은 1,000[kgf/m³]이다)

① 20   ② 50

③ 88   ④ 100

해설

$$L_{th} = \frac{1,000 \times (6/60) \times 15}{75} = 20[PS]$$

수차의 이론출력

$$L_{th} = \frac{\gamma Q v}{75} [PS]$$

09 비중이 가벼운 금속부터 차례로 나열된 것은?

① 마그네슘 – 알루미늄 – 타이타늄 – 니켈
② 알루미늄 – 니켈 – 타이타늄 – 마그네슘
③ 알루미늄 – 마그네슘 – 타이타늄 – 니켈
④ 니켈 – 마그네슘 – 알루미늄 – 타이타늄

해설
금속의 비중

경금속			
Mg	Be	Al	Ti
1.7	1.8	2.7	4.5

중금속											
Sn	V	Cr	Mn	Fe	Ni	Cu	Ag	Pb	W	Au	Pt	Ir
5.8	6.1	7.1	7.4	7.8	8.9	8.9	10.4	11.3	19.1	19.3	21.4	22

※ 경금속과 중금속을 구분하는 비중의 경계 : 4.5

10 역카르노사이클로 작동하는 냉동기의 증발기 온도가 250[K], 응축기 온도가 350[K]일 때 냉동사이클의 성적계수는 얼마인가?

① 0.25   ② 0.4
③ 2.5   ④ 3.5

해설

$$\varepsilon_r = \frac{증발기}{응축기 - 증발기} = \frac{250}{350 - 250} = 2.5$$

냉동사이클의 성적계수(ε_r)

$$\varepsilon_r = \frac{저온체에서\ 흡수한\ 열량}{공급열량} = \frac{T_1}{T_1 - T_2} = \frac{증발기}{응축기 - 증발기}$$

※ 성적계수(성능계수) : 냉동효과를 나타내는 기준이 되는 수치

11 다음 중 금속의 결정 구조를 올바르게 연결한 것은?

① 알루미늄(Al) – 체심입방격자
② 금(Au) – 조밀육방격자
③ 크롬(Cr) – 체심입방격자
④ 마그네슘(Mg) – 면심입방격자

해설
① Al : 면심입방격자
② Au : 면심입방격자
④ Mg : 조밀육방격자
철의 결정구조

종류	성질	원소	단위격자	배위수	원자충진율
체심입방격자 (BCC) (Body Center- ed Cubic)	• 강도가 크다. • 용융점이 높다. • 전성과 연성이 작다.	W, Cr, Mo, V, Na, K	2개	8	68[%]
면심입방격자 (FCC) (Face Center- ed Cubic)	• 전기전도도가 크다. • 가공성이 우수하다. • 장신구로 사용된다. • 전성과 연성이 크다. • 연한 성질의 재료이다.	Al, Ag, Au, Cu, Ni, Pb, Pt, Ca	4개	12	74[%]
조밀육방격자 (HCP) (Hexagonal Close Packed lattice)	• 전성과 연성이 작다. • 가공성이 좋지 않다.	Mg, Zn, Ti, Be, Hg, Zr, Cd, Ce	2개	12	74[%]

12 다음 중 금속을 연성이 큰 순서대로 나열한 것은?

① Al > Au > Cu > Fe > Pt
② Au > Al > Cu > Pt > Fe
③ Au > Cu > Al > Pt > Fe
④ Au > Al > Fe > Pt > Cu

해설
※ 문제 오류로 인해 정답 없음으로 발표됨

13 다음 중 산소−아세틸렌 용접을 통해 스테인리스강을 용접할 때, 적절한 산소와 아세틸렌의 비율(산소 : 아세틸렌)은?

① 2.0 : 1

② 1.5 : 1

③ 1.1 : 1

④ 0.9 : 1

해설

산소−아세틸렌가스 용접으로 스테인리스강을 용접할 때 산소 : 아세틸렌가스의 비율은 0.9 : 1이다.

14 인장강도란 무엇인가?

① 최대 항복응력

② 최대 공칭응력

③ 최대 진응력

④ 최대 전단응력

해설

인장강도는 최초의 단면적을 기준으로 하기 때문에 최대 공칭응력으로 나타낼 수 있다.

• 응력 : 재료나 구조물에 외력이 작용했을 때 그 외력에 대한 재료 내부의 저항력으로 일반적으로 응력이라고 하면 공칭응력을 말한다.

• 공칭응력 = $\dfrac{외력}{최초의\ 단면적} = \dfrac{F}{A}$

15 다음 그림은 오토사이클의 T−S 선도를 나타낸다. 열효율을 바르게 나타낸 것은?

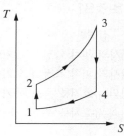

① $1 - \dfrac{T_1}{T_2}$

② $1 - \dfrac{T_1}{T_3}$

③ $1 - \dfrac{T_4 - T_1}{T_3 - T_2}$

④ $1 - \dfrac{T_2 - T_1}{T_3 - T_4}$

해설

오토사이클의 열효율, $\eta = \dfrac{Q_H - Q_L}{Q_H} = 1 - \dfrac{Q_L}{Q_H}$

$= 1 - \dfrac{C_v(T_4 - T_1)}{C_v(T_3 - T_2)} = 1 - \dfrac{T_4 - T_1}{T_3 - T_2}$

16 축(세로)방향 단면적 A의 물체에 인장하중을 가하였을 때, 인장방향 변형률이 ε이면 단면적의 변화량은?(단, 이 물체의 푸아송의 비는 0.5이다)

① εA

② $2\varepsilon A$

③ $3\varepsilon A$

④ $4\varepsilon A$

해설

• 단면적 변화율 = $\dfrac{\Delta A(단면적\ 변화량)}{A(처음\ 단면적)} = 2\nu\varepsilon$

$\Delta A = 2 \times 0.5\varepsilon \times A = \varepsilon A$

• 푸아송의 비(Poisson's Ratio) : 봉 재료가 축 방향의 인장하중을 받으면 길이가 늘어나지만 직경은 줄어들게 된다. 따라서 축방향의 변형률에 대한 직경방향의 변형률을 나타낸다.

$\nu = \dfrac{\varepsilon'}{\varepsilon} = \dfrac{횡\ 변형률}{종\ 변형률} = \dfrac{\dfrac{\delta}{d}}{\dfrac{\lambda}{l}} = \dfrac{\delta l}{d\lambda}$

17 기계요소 제작 시, 측정 정밀도가 우수한 삼침법(Three Wire Method)과 오버핀법(Over Pin Method)의 적용 범위로 옳은 것은?

	삼침법	오버핀법
①	수나사의 피치 측정	기어의 이두께 측정
②	수나사의 피치 측정	기어의 압력각 측정
③	수나사의 유효지름 측정	기어의 이두께 측정
④	수나사의 유효지름 측정	기어의 압력각 측정

해설

• 3침법(삼침법) : 수나사의 유효지름 측정
• 오버핀법 : 기어의 이두께 측정

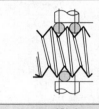

삼침법	오버핀법

18 다음과 같은 호칭번호를 갖는 구름베어링에 대한 설명으로 옳은 것은?

N2O2P

① 안지름 17[mm]
② 초정밀급
③ 특별경하중형
④ 원통롤러형

해설

형식기호 "N"은 원통롤러베어링을 나타내는 기호이다.
① "02"는 베어링 안지름이 15[mm]라는 것을 의미한다.
② 초정밀급은 "SP"로 나타낸다. "P"는 정밀등급이다.
③ 특별 경하중은 "0"이나 "1"로 나타낸다.

19 나무토막의 절반이 물에 잠긴 채 떠 있다. 이 나무토막에 작용하는 부력과 중력에 관한 설명으로 옳은 것은?

① 부력에 비해 중력의 크기가 더 크다.
② 중력에 비해 부력의 크기가 더 크다.
③ 부력과 중력의 크기가 같다.
④ 알 수 없다.

해설

나무토막이 일부 잠긴 채 떠 있다는 것은 나무토막에 작용하는 힘이 평형상태임을 나타낸다. 따라서 나무토막에 작용하는 부력과 중력의 크기는 같다.

20 웨버수(Weber Number)의 정의와 표면장력의 차원으로 옳은 것은?(단, 질량 [M], 길이 [L], 시간 [T])

① $\dfrac{관성력}{표면장력}$, 표면장력 $= [MT^{-2}]$

② $\dfrac{점성력}{표면장력}$, 표면장력 $= [MT^{-2}]$

③ $\dfrac{관성력}{표면장력}$, 표면장력 $= [MLT^{-2}]$

④ $\dfrac{점성력}{표면장력}$, 표면장력 $= [MLT^{-2}]$

해설

• 웨버수(We) = 표면장력에 영향을 미치는 것과 관련된 무차원수
$We = \dfrac{관성력}{표면장력}$

• 표면장력(σ) : 유체입자 간 응집력으로 인해 액체의 자유표면이 어떤 장력에 의해 잡아당기는 것과 같은 얇은 탄성 막이 형성되는 성질
$\sigma = \dfrac{g}{cm} = \dfrac{F}{A} = \dfrac{ma}{A} = \dfrac{kg \cdot m/s^2}{m} = kg/s^2 = [MT^{-2}]$

2016년 지방직 고졸경채 기계일반

01 금속의 소성변형을 이용하는 가공법은?

① 연 삭
② 단 조
③ 용 접
④ 래 핑

해설

소성가공의 분류

소성가공의 정의

금속재료에 외력을 가함으로써 형태를 변화시켜 다양한 형상의 제품을 만드는 가공방법으로 그 종류에는 압연, 프레스, 단조, 인발, 압출, 전조가공 등이 있다. 소성의 반대말은 탄성이다.

※ 탄성 : 재료에 외력을 가한 뒤 힘을 제거하면 다시 원래의 상태로
   되돌아오는 성질

02 가스용접의 가연성가스로 적합하지 않은 것은?

① 수 소
② 프로판
③ 이산화탄소
④ 아세틸렌

해설

이산화탄소가스(CO_2)는 불활성가스(비활성가스)에 속한다.
가스의 분류

조연성가스	다른 연소 물질이 타는 것을 도와주는 가스	산소, 공기
가연성가스 (연료가스)	산소나 공기와 혼합하여 점화하면 빛과 열을 내면서 연소하는 가스	아세틸렌, 프로판, 메탄, 부탄, 수소
불활성가스	다른 물질과 반응하지 않는 기체	아르곤, 헬륨, 네온, 이산화탄소

03 기어의 잇수가 24개, 피치원의 지름이 48[mm]일 때 모듈(Module)은?

① 0.5
② 2
③ 36
④ 1,152

해설

• 모듈(m) : 이의 크기를 나타내는 기준

$$m = \frac{PCD(=D)}{Z} = \frac{48}{24} = 2$$

• 기어의 지름(피치원 지름, D)

$$D = m(모듈) \times Z(잇수)$$

04 다음 설명에 해당하는 펌프는?

> • 케이싱 안에 반경방향의 홈이 있는 편심 회전자가 있고, 그 홈 속에 판 모양의 깃이 들어 있다.
> • 깃이 원심력이나 스프링의 장력에 의하여 벽에 밀착되면서 회전하여 유체를 운반한다.

① 기어펌프   ② 베인펌프
③ 원심펌프   ④ 왕복펌프

해설

베인펌프
회전자인 로터(Rotor)에 방사형으로 설치된 베인(Vane ; 깃)이 원심력이나 스프링의 장력에 의해 벽에 밀착되어 캠링의 내부를 회전하면서 베인과 캠링 사이에 폐입된 유체를 흡입구에서 출구로 송출하는 펌프이다. 유량이 일정하므로 용적형 펌프에 속한다.

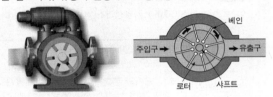

① 기어펌프 : 두 개의 맞물리는 기어를 케이싱 안에서 회전시켜 유압을 발생시키는 기어로써 구조가 간단해서 많이 사용되는 기어이다.
③ 원심펌프 : 날개(임펠러)를 회전시켜 유체에 원심력으로 인한 에너지를 줌으로써 유체를 낮은 곳에서 높은 곳으로 끌어올릴 수 있도록 한 펌프이다. 그 종류에는 속도에너지를 압력에너지로 변환하는 방법에 따라 벌류트펌프와 터빈펌프가 있다. 원통을 중심으로 축을 회전시킬 때, 유체가 원심력을 받아서 중심 부분의 압력이 낮아지고 중심에서 먼 곳의 압력은 높아지는 원리를 이용하여 유체를 송출한다.
④ 왕복펌프 : 피스톤이나 플런저와 같은 작동부의 왕복 운동에 의해 펌프를 작동시키는 펌프이다.

05 기계적 금속재료시험에 대한 설명으로 옳은 것은?

① 인장시험으로 연신율을 구할 수 있다.
② 인장시험에서 최대하중을 시편의 처음 단면적으로 나눈 값을 압축강도라 한다.
③ 브리넬 경도는 Hv로 표시한다.
④ 추를 낙하하여 반발 높이에 따라 경도를 측정하는 것을 비커스 경도시험이라 한다.

해설

인장시험
만능시험기로 시편을 축 방향으로 잡아당겨서 파단될 때까지를 그래프로 나타낸 시험으로 응력-변형률 곡선을 만들어낸다. 이 시험법으로는 항복점, 연신율, 단면수축률, 변형률, 종탄성계수를 알 수 있다.

응력-변형률 곡선($\sigma - \varepsilon$ 선도)

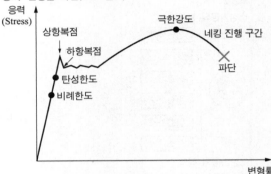

06 다음 중 동력을 전달하며 속도를 변환하는 기계요소의 종류만을 모두 고른 것은?

ㄱ. 볼트와 너트	ㄴ. 기 어
ㄷ. 스프링	ㄹ. 체인과 스프로킷 휠
ㅁ. 벨트와 풀리	ㅂ. 리 벳
ㅅ. 마찰차	ㅇ. 브레이크

① ㄱ, ㄷ, ㅂ
② ㄴ, ㅁ, ㅇ
③ ㄴ, ㄹ, ㅁ, ㅅ
④ ㄱ, ㅁ, ㅂ, ㅅ

해설

- ㄱ : 볼트와 너트 – 체결용 기계요소
- ㄷ : 스프링 – 완충용 기계요소
- ㅂ : 리벳 – 체결용 기계요소
- ㅇ : 브레이크 – 제동용 기계요소

07 소성가공 방법과 그 적용 예가 바르게 연결되지 않은 것은?

① 인발-기어
② 압출-환봉
③ 전조-나사
④ 압연-레일

해설

인발가공은 다이 구멍 안에 있는 금속 재료를 구멍 밖으로 잡아 당겨 단면적을 줄이면서 선이나 봉, 관 등의 제품을 뽑아내는 가공법이다. 재료의 인장력을 이용하는데 주로 상온에서 점진적으로 제품의 단면을 줄이는 방법이 주로 사용된다. 따라서 기어제작에는 사용되지 않는다.

기어 제작법의 종류

- 총형 커터에 의한 방법 : 기어의 치형과 같은 형상을 가진 래크나 커터공구를 회전시키면서 공작물을 1피치씩 회전시켜가며 치형을 1개씩 가공하는 방법이다. 치형 곡선이나 피치의 정밀도와 생산성이 낮아서 소량의 기어 제작에 사용한다. 인벌류트 치형을 정확히 가공할 수 있다는 장점이 있다.
- 형판에 의한 방법 : 셰이퍼의 테이블에 공작물을 고정하고 치형과 같은 형상(곡선)으로 만들어진 형판 위를 따라 움직이면서 바이트를 움직여서 기어를 모방 절삭하는 방법이다. 매끈한 다듬질 면을 얻기 힘들고 가공 능률이 낮아서 대형 스퍼 기어나 직선 베벨 기어가공에 사용된다.
- 창성법(創成法) : 기어의 치형과 동일한 윤곽을 가진 커터를 피절삭 기어와 맞물리게 하면서 상대운동을 시켜 절삭하는 방법으로 그 종류에는 래크 커터, 피니언 커터, 호브에 의한 방법이 있다.
  – 창 : 만들 창
  – 성 : 이룰 성
  – 법 : 법칙 법
- 호빙머신에 의한 절삭 : 절삭공구인 "호브"를 사용해서 기어의 치면을 절삭하는 방법이다.

08 센터리스 연삭의 장점으로 옳지 않은 것은?

① 센터 구멍을 뚫을 필요가 없다.

② 속이 빈 원통의 내면연삭도 가능하다.

③ 연속가공이 가능하여 생산속도가 높다.

④ 지름이 크거나 무거운 공작물의 연삭에 적합하다.

> **해설**
>
> 센터리스 연삭은 긴 홈이 있는 가공물이나 대형 또는 중량물의 연삭은 곤란하다.
>
> 센터리스 연삭의 특징
> • 연삭 여유가 작아도 된다.
> • 연삭작업에 숙련을 요구하지 않는다.
> • 연속작업이 가능하여 대량생산에 적합하다.
> • 연삭 깊이는 거친 연삭의 경우 0.2[mm] 정도이다.
> • 센터가 필요하지 않아 센터구멍을 가공할 필요가 없다.
> • 센터구멍이 필요 없는 중공물의 원통 연삭에 편리하다.
> • 가늘고 긴 공작물을 센터나 척으로 지지하지 않고 가공한다.
> • 일반적으로 조정 숫돌은 연삭축에 대하여 경사시켜 가공한다.
> • 긴 홈이 있는 가공물이나 대형 또는 중량물의 연삭은 곤란하다.
> • 연삭숫돌의 폭이 커서 숫돌의 지름방향으로 마멸이 적고 수명이 길다.

09 다음 겹치기 이음에서 리벳의 양쪽에 작용하는 하중 P 가 1,500[N]일 때, 각 리벳에 작용하는 응력의 종류와 크기[N/mm²]는?(단, 리벳의 지름은 5[mm], $\pi = 3$으로 계산한다)

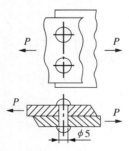

① 전단응력, 40

② 인장응력, 80

③ 전단응력, 80

④ 인장응력, 40

> **해설**
>
> 전단응력, $\tau = \dfrac{P}{A \times 리벳\ 수(N)} = \dfrac{1,500}{\dfrac{3 \times 5^2}{4} \times 2} = 40$

10 원자로의 종류 중 가압수형 경수로에 대한 설명으로 옳은 것은?

① 원자로 내의 고온·고압의 물을 순환시켜 그 열을 이용하여 증기 발생기에서 증기를 발생시킨다.

② 원자로 내에서 물을 직접 끓게 하여 증기를 발생시킨다.

③ 천연 우라늄을 사용하며 감속재는 흑연, 냉각재는 이산화탄소를 사용한다.

④ 사고발생 시 비등수형 경수로에 비하여 방사능 오염이 심하다.

> **해설**
>
> 가압경수로
> 압력을 가한 물을 냉각수로 사용하는 원자로 냉각수가 끓지 못하게 하기 위해 150기압으로 압력을 가하므로 300[℃]까지 물의 온도가 높아져도 끓지 않는다. 만약 냉각수가 끓게 되어 연료봉 표면에 기포가 생기면 열전달 능력이 저하되어 연료봉이 녹아서 큰 사고가 발생할 수 있다.
> ② 원자로 내부에서 직접 물을 끓이지 않는다.
> ③ 가압경수로는 농축우라늄을 사용한다.
> ④ 사고 시 비등수로가 가압경수로에 비해 방사능 오염이 더 심하다.

11 다음 설명에 해당하는 기계요소는?

> • 원동절의 회전운동이나 직선운동을 종동절의 왕복 직선운동이나 왕복 각운동으로 변환한다.
> • 내연기관의 밸브개폐 기구에 이용된다.

① 마찰차

② 캠

③ 체인과 스프로킷 휠

④ 벨트와 풀리

> **해설**
>
> 캠 기구
> 불규칙한 모양을 가지고 구동 링크의 역할을 하는 캠이 회전하면서 거의 모든 형태의 종동절의 상·하운동을 발생시킬 수 있는 간단한 운동변환장치로 내연기관의 밸브개폐 기구에 사용된다.

12 탄소강을 A_3 변태점 또는 A_1 변태점 이상의 온도로 가열한 후 일정 시간 유지시킨 다음, 물이나 기름 등에 급랭시키는 열처리법은?

① 담금질 ② 뜨 임
③ 풀 림 ④ 불 림

해설

담금질(Quenching ; 퀜칭)

재료를 강하게 만들기 위하여 변태점 이상의 온도(A_3 변태점 또는 A_1 변태점 이상의 온도)인 오스테나이트 영역까지 가열한 후 물이나 기름 같은 냉각제 속에 집어넣어 급랭시킴으로써 강도와 경도가 큰 마텐자이트 조직을 만들기 위한 열처리 조작이다.

② 뜨임(Tempering ; 템퍼링) : 잔류 응력에 의한 불안정한 조직을 A_1 변태점 이하의 온도로 재가열하여 원자들을 좀 더 안정적인 위치로 이동시킴으로써 잔류응력을 제거하고 인성을 증가시키기 위한 열처리법이다.

③ 풀림(Annealing ; 어닐링) : 강 속에 있는 내부 응력을 제거하고 재료를 연하게 만들기 위해 A_1 변태점 이상의 온도로 가열한 후 가열 노나 공기 중에서 서랭함으로써 강의 성질을 개선하기 위한 열처리법이다.

④ 불림(Normalizing ; 노멀라이징) : 주조나 소성가공에 의해 거칠고 불균일한 조직을 표준화 조직으로 만드는 열처리법으로 A_3 변태점보다 30~50[℃] 높게 가열한 후 공랭시킴으로써 만들 수 있다.

13 일반적으로 공작물의 회전운동에 의하여 절삭이 이루어지는 공작기계는?

① 드릴링 머신 ② 플레이너
③ 프레스 ④ 선 반

해설

선반은 공작물의 회전운동과 절삭공구의 직선운동에 의해 절삭가공을 하는 공작기계이다.

공작기계의 절삭가공 방법

종 류	공 구	공작물
선 반	축 방향 및 축에 직각(단면 방향) 이송	회 전
밀 링	회 전	고정 후 이송
보 링	직선 이송	회 전
	회전 및 직선 이송	고 정
드릴링 머신	회전하면서 상·하 이송	고 정
셰이퍼, 슬로터	전·후 왕복운동	상하 및 좌우 이송
플레이너	공작물의 운동 방향과 직각 방향으로 이송	수평 왕복운동
연삭기 및 래핑	회 전	회전 또는 고정 후 이송
호 닝	회전 후 상하운동	고 정
호 빙	회전 후 상하운동	고정 후 이송

14 유압 잭(Jack)으로 작은 힘을 이용하여 자동차를 들어올릴 때 적용되는 기본 원리나 법칙은?

① 보일의 법칙
② 샤를의 법칙
③ 파스칼의 원리
④ 보일·샤를의 법칙

해설

파스칼의 원리

밀폐된 용기 속에 있는 액체에 가한 압력은 그 액체가 접하는 모든 방향으로 같은 크기의 압력을 전달한다. 이는 유압 잭의 원리로도 사용된다.

파스칼의 원리에 의해 $P_1 = P_2$ 이므로

$$P_1 = \frac{F_1}{A_1} = \frac{F_1}{\frac{\pi D_1^{\,2}}{4}} = \frac{4F_1}{\pi D_1^{\,2}}$$

15 측정에 대한 설명으로 옳은 것만을 고른 것은?

> ㄱ. 비교측정기에는 게이지 블록, 마이크로미터 등
> 이 있다.
> ㄴ. 직접측정기에는 버니어캘리퍼스, 사인 바(Sine
> Bar), 다이얼게이지 등이 있다.
> ㄷ. 형상측정의 종류에는 진원도, 원통도, 진직도,
> 평면도 등이 있다.
> ㄹ. 3차원측정기는 측정점의 좌표를 검출하여 3차
> 원적인 크기나 위치, 방향 등을 알 수 있다.

① ㄱ, ㄴ   ② ㄱ, ㄹ
③ ㄴ, ㄷ   ④ ㄷ, ㄹ

해설
• ㄱ : 마이크로미터는 직접측정기이다.
• ㄴ : 다이얼게이지는 비교측정기이다.

16 연삭숫돌에서 발생하는 현상과 수정에 대한 설명으로
옳지 않은 것은?

① 연삭숫돌의 결합도가 너무 높을 경우에는 눈무딤 현
상이 발생할 수 있다.
② 결합도가 높은 숫돌로 연한 금속을 연삭할 때 숫돌
표면에 눈메움 현상이 발생할 수 있다.
③ 연삭숫돌의 결합도가 낮을 경우에는 숫돌입자가 마모
되기 전에 입자가 탈락하는 현상이 발생할 수 있다.
④ 눈메움, 눈무딤이 생긴 입자를 제거하여 숫돌 표면에
새로운 입자를 생성시키는 것을 버핑(Buffing)이라
한다.

해설
드레싱(Dressing)
눈메움이나 눈무딤 발생 시 절삭성 향상을 위해 연삭숫돌 표면의
숫돌입자를 제거하고, 새로운 절삭 날을 숫돌 표면에 생성시켜 절삭
성을 회복시키는 작업이며, 이때 사용하는 공구를 드레서라고 한다.

17 특수볼트의 종류에 대한 설명으로 옳지 않은 것은?

① 아이볼트–볼트의 머리부에 핀을 끼우거나 훅을 걸 수
있도록 만든 볼트이다.
② 기초볼트–기계나 구조물 등을 바닥이나 콘크리트 기
초 위에 고정시킬 때 사용하는 볼트이다.
③ T볼트–공작기계 테이블에 일감이나 기계 바이스 등
을 고정시킬 때 사용하는 볼트이다.
④ 나비볼트–두 물체 사이의 간격을 일정하게 유지하면
서 체결하는 볼트이다.

해설
• 나비볼트 : 볼트를 쉽게 조일 수 있도록 머리 부분을 날개 모양으로
만든 볼트

• 스테이볼트 : 두 장의 판의 간격을 유지하면서 체결할 때 사용하는
볼트

18 재료의 안전율(Safety Factor)에 대한 설명으로 옳은
것은?

① 안전율은 일반적으로 마이너스(–)값을 취한다.
② 기준강도가 100[MPa]이고, 허용응력이 1,000[MPa]
이면 안전율은 10이다.
③ 안전율이 너무 크면 안전성은 좋지만 경제성이 떨어
진다.
④ 안전율이 1보다 작아질 때 안전성이 좋아진다.

해설
① 안전율은 일반적으로 플러스(+)값을 취한다.
② 기준강도가 100[MPa]이고, 허용응력이 1,000[MPa]이면 안전
율은 0.1이다.
④ 안전율이 1보다 작아지면 안전성은 떨어진다.
※ 안전율(S) : 외부의 하중에 견딜 수 있는 정도를 수치로 나타
낸 것

$$S = \frac{극한강도(\sigma_u)}{허용응력(\sigma_a)} = \frac{인장강도(\sigma_y)}{허용응력(\sigma_a)}$$

19 비파괴시험법에 대한 설명으로 옳은 것은?

① 초음파탐상시험은 재료의 표면결함만 검사한다.
② 자분(자기)탐상시험은 자성체 재료의 내부결함만 검사한다.
③ 침투탐상시험은 재료의 표면결함부에 침투액을 스며들게 한 다음, 현상액으로 결함을 검사한다.
④ 방사선투과시험은 가시광선을 재료에 투과시켜 재료의 내부결함을 검사한다.

해설

① 초음파탐상검사(UT ; Ultrasonic Test) : 재료의 내부결함도 검사할 수 있다. 사람이 들을 수 없는 매우 높은 주파수의 초음파를 사용하여 검사 대상물의 형상과 물리적 특성을 검사하는 방법이다. 4~5[MHz] 정도의 초음파가 경계면, 결함표면 등에서 반사하여 되돌아오는 성질을 이용하며, 반사파의 시간과 크기를 스크린으로 관찰하여 결함의 유무, 크기, 종류 등을 검사하는 방법이다.

② 자분탐상검사(MT ; Magnetic Test) : 철강 재료 등 강자성체를 자기장에 놓았을 때 시험편 표면이나 표면 근처에 균열이나 비금속 개재물과 같은 결함이 있으면 결함 부분에는 자속이 통하기 어려워 공간으로 누설되어 누설 자속이 생긴다. 이 누설 자속을 자분(자성 분말)이나 검사 코일을 사용하여 결함의 존재를 검출하는 방법이다.

④ 방사선투과시험(RT ; Radiography Test) : 용접부 뒷면에 필름을 놓고 용접물 표면에서 X선이나 γ선을 방사하여 용접부를 통과시키면, 금속 내부에 구멍이 있을 경우 그만큼 투과되는 두께가 얇아져서 필름에 방사선의 투과량이 그만큼 많아지게 되므로 다른 곳보다 검게 됨을 확인함으로써 불량을 검출하는 방법이다.

20 주철에 대한 설명으로 옳은 것만을 고른 것은?

> ㄱ. 주철은 탄소강보다 용융점이 높고 유동성이 커 복잡한 형상의 부품을 제작하기 쉽다.
> ㄴ. 탄소강에 비하여 충격에 약하고 고온에서도 소성가공이 되지 않는다.
> ㄷ. 회주철은 진동을 잘 흡수하므로 진동을 많이 받는 기계 몸체 등의 재료로 많이 쓰인다.
> ㄹ. 가단주철은 보통주철의 쇳물을 금형에 넣고 표면만 급랭시켜 단단하게 만든 주철이다.
> ㅁ. 많이 사용되는 주철의 탄소 함유량은 보통 2.5~4.5[%] 정도이다.

① ㄱ, ㄴ, ㄷ
② ㄴ, ㄷ, ㅁ
③ ㄱ, ㄴ, ㄹ
④ ㄷ, ㄹ, ㅁ

해설

• ㄱ : 주철은 탄소강보다 용융점이 낮다.
• ㄹ : 가단주철 – 백주철을 고온에서 장시간 열처리하여 시멘타이트 조직을 분해하거나 소실시켜 조직의 인성과 연성을 개선한 주철로 가단성이 부족했던 주철을 강인한 조직으로 만들기 때문에 단조작업이 가능한 주철이다. 제작 공정이 복잡해서 시간과 비용이 상대적으로 많이 든다.

2017년 지방직 기계일반

01 회전 중에 임의로 힘의 전달을 끊을 수 없는 기계요소는?

① 맞물림 클러치(Jaw Clutch)

② 마찰차(Friction Wheel)

③ 마찰 클러치(Friction Clutch)

④ 커플링(Coupling)

해설

커플링은 서로 떨어져 있는 원동축과 종동축을 영구적으로 연결시키는 기계요소로 운전 중 단속이 불가능하다. 그러나 클러치는 운전 중에도 축이음을 차단(단속)시킬 수 있으며 마찰차 역시 원동축의 동력을 전달시키면 힘의 전달을 끊을 수 있다.

※ 단속(斷續) : 끊을 단, 이을 속

02 무단변속장치에 이용되는 마찰차가 아닌 것은?

① 원판 마찰차

② 원뿔 마찰차

③ 원통 마찰차

④ 구면 마찰차

해설

무단변속장치란 원동축의 속도를 일정하게 유지하고 종동축의 회전속도를 일정한 범위 내에서 자유롭게 연속적으로 변화시킬 수 있는 장치로, 그 종류에는 원판, 원뿔, 구면 마찰차가 있으나 원통, 홈 마찰차는 무단변속장치로 이용할 수 없다.

무단변속장치로 이용 가능한 마찰차

• 구면 마찰차

• 원판 마찰차(크라운 마찰차)

• 원뿔 마찰차(에반스 마찰차)

03 사형주조에서 사용되는 주물사의 조건이 아닌 것은?

① 성형성이 있어야 한다.

② 통기성이 있어야 한다.

③ 수축성이 없어야 한다.

④ 열전도도가 낮아야 한다.

해설

주물사의 구비조건으로는 성형성과 통기성이 있으면서 열전도도가 낮아야 한다.

주물사가 갖추어야 할 조건

• 통기성이 좋아야 한다.

• 성형성이 있어야 한다.

• 열에 의한 화학적 변화가 일어나지 않아야 한다.

• 열전도도가 낮아서 용탕이 빨리 응고되지 않아야 한다.

• 제품 분리 시 파손방지를 위해 주물표면과의 접착력(접합력)이 좋으면 안 된다.

04 펌프에서 수격현상의 방지대책으로 옳지 않은 것은?

① 송출관 내의 유속이 빠르도록 관의 지름을 선정한다.
② 펌프에 플라이휠을 설치한다.
③ 송출관로에 공기실을 설치한다.
④ 펌프의 급정지를 피한다.

해설

수격현상은 관내를 흐르는 유체의 유속이 급히 바뀌면 유체의 운동에너지가 압력에너지로 변하면서 관내압력이 비정상적으로 상승하여 배관이나 펌프에 손상을 주는 현상으로 이를 방지하기 위해서는 관의 직경을 크게 하여 가능한 유속을 낮추어야 한다.

수격현상 방지대책
• 펌프의 급정지를 피한다.
• 송출관로에 공기실을 설치한다.
• 관의 직경을 크게 하여 가능한 유속을 낮춘다.
• 펌프 토출구에 서지탱크나 수격방지기를 설치한다.
• 유량조절밸브를 펌프의 토출구 직후에 설치하여 유량을 적당히 제어한다.
• 펌프 회전축에 플라이 휠을 설치하여 펌프의 급격한 속도변화를 방지한다.

05 일반적인 금속재료의 온도를 증가시킬 때 나타날 수 있는 현상으로 옳지 않은 것은?

① 인성 및 연성이 증가한다.
② 강도에 대한 변형률속도의 영향이 감소한다.
③ 인장강도가 감소한다.
④ 탄성계수 및 항복응력이 감소한다.

해설

금속재료의 온도가 증가되면 재료가 연화되기 때문에 강도에 대한 변형률속도의 영향이 커진다.

06 재료의 피로 수명에 대한 설명으로 옳지 않은 것은?

① 시편의 파손을 일으키는 데 필요한 반복 응력 사이클 수를 피로 수명이라 한다.
② 재료 표면에 숏피닝(Shot Peening) 공정을 통해 피로 수명을 증가시킬 수 있다.
③ 반복 응력의 평균값이 클수록 피로 수명이 감소한다.
④ 재료 표면에 존재하는 노치(Notch)를 제거하면 피로 수명이 감소한다.

해설

재료 표면에 존재하는 노치(Notch)를 제거하면 피로 수명은 증가한다.

07 디젤기관의 디젤노크 저감방법으로 옳지 않은 것은?

① 발화성이 좋은 연료를 사용한다.
② 연소실 벽의 온도를 낮춘다.
③ 발화까지의 연료 분사량을 감소시킨다.
④ 가솔린 기관과 노크 저감방법이 정반대이다.

해설

디젤노크의 방지대책은 실린더 외벽의 온도를 높게 한다.

디젤노크의 방지대책
• 실린더 체적을 크게 한다.
• 압축비와 세탄가를 높게 한다.
• 엔진의 회전속도와 착화온도를 낮게 한다.
• 흡기온도와 실린더 외벽의 온도를 높게 한다.

08 플라스틱 가공 공정에 대한 설명으로 옳지 않은 것은?

① 압출 공정은 고분자 재료에 압축력을 가하여 다이 오리피스를 통과시키는 공정이다.

② 사출성형된 제품은 냉각 수축이 거의 없다.

③ 사출성형은 고분자 재료를 용융시켜 금형 공동에 고압으로 주입하고 고화시키는 공정이다.

④ 압출된 제품의 단면적은 다이 구멍의 면적보다 크다.

해설

사출성형에서 플라스틱 수지가 금형에 공급되는 그 직후부터 수지는 냉각됨과 동시에 수축이 발생된다.

09 한줄 겹치기 리벳이음의 일반적인 파괴형태에 대한 설명으로 옳지 않은 것은?

① 리벳의 지름이 작아지면 리벳이 전단에 의해 파괴될 수 있다.

② 리벳 구멍과 판 끝 사이의 여유가 작아지면 판 끝이 갈라지는 파괴가 발생할 수 있다.

③ 판재가 얇아지면 압축응력에 의해 리벳 구멍 부분에서 판재의 파괴가 발생할 수 있다.

④ 피치가 커지면 리벳 구멍 사이에서 판이 절단될 수 있다.

해설

한줄 겹치기 이음에서 피치가 커진다고 해서 반드시 리벳 구멍 사이의 판이 절단된다고는 볼 수 없다. 작용하는 힘의 크기와 방향, 리벳의 지름을 전체적으로 고려하면 리벳이 전단되기도 한다.

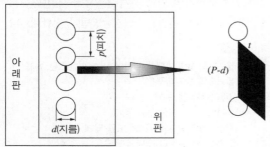

10 풀리(원판) 주위에 감겨 있는 줄에 질량 m의 블록이 연결되어있다. 블록이 아래쪽으로 운동할 때 풀리의 각가속도 α는?(단, 줄은 늘어나지 않으며 줄의 질량은 무시한다. 점 O에 대한 풀리의 회전 관성모멘트는 I, 반지름은 r, 중력가속도는 g로 가정한다)

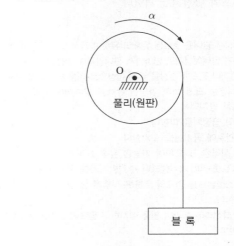

① $\alpha = \dfrac{mgr}{I}$ ② $\alpha = \dfrac{mgr}{(I+mr^2)}$

③ $\alpha = \dfrac{mg}{(I+mr^2)}$ ④ $\alpha = \dfrac{mgr^2}{(I+mgr)}$

해설

풀리의 각가속도(α)

$$\alpha = \frac{m(블록의\ 질량) \times g(중력가속도) \times r(풀리의\ 반지름)}{I(풀리의\ 회전\ 관성모멘트) + mr^2}$$

11 공압발생장치에서 공기의 온도를 이슬점 이하로 낮추어 압축공기에 포함된 수분을 제거하는 공기 건조방식은?

① 냉각식(냉동식) 건조

② 흡수식 건조

③ 흡착식 건조

④ 애프터 쿨러(After Cooler)

해설

냉각식(냉동식) 건조방식은 공압발생장치에서 공기의 온도를 이슬점 이하로 낮추어 압축공기에 포함된 수분을 제거한다.

12 백래시(Backlash)가 적어 정밀 이송장치에 많이 쓰이는 운동용 나사는?

① 사각 나사
② 톱니 나사
③ 볼 나사
④ 사다리꼴 나사

해설

③ 볼나사(볼스크루) : CNC 공작기계에서 서보모터의 회전력을 테이블의 직선운동으로 바꾸어 주는 기구로서 백래시(Back-lash)를 줄이고 운동저항을 작게 하기 위하여 사용되는 기계요소이다.

볼나사(Ball Screw)의 특징
• 마찰이 매우 적고 기계효율이 높다.
• 시동 토크나 작동 토크의 변동이 적다.
• 예압에 의하여 백래시를 작게 할 수 있다.
• 미끄럼 나사에 비해 내충격성과 감쇠성이 떨어진다.
• 예압에 의하여 치면높이(Backlash)를 작게 할 수 있다.

13 다음 설명에 가장 적합한 소재는?

> • 우주선의 안테나, 치열 교정기, 안경 프레임, 급유관의 이음쇠 등에 사용한다.
> • 소재의 회복력을 이용하여 용접 또는 납땜이 불가능한 것을 연결하는 이음쇠로도 사용 가능하다.

① 압전재료
② 수소저장합금
③ 파인세라믹
④ 형상기억합금

해설

형상기억합금
항복점을 넘어서 소성 변형된 재료는 외력을 제거해도 원래의 상태로 복원이 불가능하지만, 형상기억합금은 고온에서 일정 시간 유지함으로써 원하는 형상으로 기억시키면 상온에서 외력에 의해 변형되어도 기억시킨 온도로 가열만 하면 변형 전 형상으로 되돌아오는 합금이다. 그 종류에는 Ni-Ti계, Ni-Ti-Cu계, Cu-Al-Ni계 합금이 있으며 니티놀이 대표적인 제품이다. 주로 우주선의 안테나나 급유관의 이음쇠와 같이 소재의 회복력을 이용한 제품의 재료로 사용된다.

14 필라멘트(Filament) 형태의 소재를 사용하는 쾌속조형법(Rapid Prototyping)은?

① 융해융착모델(FDM ; Fused Deposition Modeling)
② 스테레오리소그래피(STL ; Stereolithography)
③ 폴리젯(Polyjet)
④ 선택적 레이저 소결(SLS ; Selective Laser Sintering)

해설

용융수지압출법(FDM ; Fused Deposition Modeling) : 열가소성인 3[μm] 직경의 필라멘트 선으로 된 열가소성 소재를 노즐 안에서 가열하여 용해한 후 이를 짜내어 조형 면에 쌓아 올려 제품을 만드는 방법으로 광조형법 다음으로 가장 널리 사용된다.

15 소성가공에 대한 설명으로 옳지 않은 것은?

① 절삭가공에 비하여 생산율이 낮다.
② 절삭가공 제품에 비하여 강도가 크다.
③ 취성인 재료는 소성가공에 적합하지 않다.
④ 절삭가공과 비교하여 칩(Chip)이 생성되지 않으므로 재료의 이용률이 높다.

해설

소성가공은 절삭가공에 비해 공정을 단순화시킬 수 있어서 생산율이 높은 편이다.
소성가공 : 금속재료에 외력을 가함으로써 형태를 변화시켜 다양한 형상의 제품을 만드는 가공방법으로 그 종류에는 압연, 단조, 인발, 프레스가공 등이 있다. 소성의 반대말은 탄성이다.

16 딥 드로잉 공정에서 나타나는 결함에 대한 설명으로 옳지 않은 것은?

① 플랜지가 컵 속으로 빨려 들어가면서 수직 벽에서 융기된 현상을 이어링(Earing)이라고 한다.

② 플랜지부에 방사상으로 융기된 형상을 플랜지부 주름(Wrinkling)이라고 한다.

③ 펀치와 다이 표면이 매끄럽지 못하거나 윤활이 불충분하면 제품 표면에 스크래치(Scratch)가 발생한다.

④ 컵 바닥 부근의 인장력에 의해 수직 벽에 생기는 균열을 파열(Tearing)이라고 한다.

해설

이어링(Earing, 귀생김)현상은 판재의 평면 이방성으로 인해 드로잉된 컵 형상의 벽면 끝에 생긴 파도 모양의 형상으로 귀생김과 비슷하다고 하여 귀생김 현상으로도 불린다.

※ 딥드로잉가공(Deep Drawing Work, 오므리기 가공) : 평판에서 이음부 없이 중공 용기를 만드는 대표적인 프레스 가공법으로 원통이나 각통의 제조에 사용된다.

17 드릴링 머신 작업에 대한 설명으로 옳지 않은 것은?

① 드릴 가공은 드릴링 머신의 주된 작업이다.

② 카운터 싱킹은 드릴로 뚫은 구멍의 내면을 다듬어 치수정밀도를 향상시키는 작업이다.

③ 스폿 페이싱은 볼트 머리나 너트 등이 닿는 부분을 평탄하게 가공하는 작업이다.

④ 카운터 보링은 작은 나사나 볼트의 머리가 공작물에 묻히도록 턱이 있는 구멍을 뚫는 작업이다.

해설

리밍가공은 드릴로 뚫은 구멍의 정밀도 향상을 위하여 리머 공구로 구멍의 내면을 다듬는 작업이다. 카운터 싱킹은 접시머리나사의 머리가 완전히 묻힐 수 있도록 원뿔 자리를 만드는 작업이다.

드릴링 가공의 종류

종류	그림	방법
드릴링		드릴로 구멍을 뚫는 작업
리밍		드릴로 뚫은 구멍의 정밀도 향상을 위하여 리머공구로 구멍의 내면을 다듬는 작업
보링		보링바이트로 이미 뚫린 구멍을 필요한 치수로 정밀하게 넓히는 작업
태핑		탭 공구로 구멍에 암나사를 만드는 작업
카운터 싱킹		접시머리나사의 머리가 완전히 묻힐 수 있도록 원뿔 자리를 만드는 작업
스폿 페이싱		볼트나 너트의 머리가 체결되는 바닥 표면을 편평하게 만드는 작업
카운터 보링		고정 볼트의 머리 부분이 완전히 묻히도록 원형으로 구멍을 뚫는 작업

18 Fe-Fe₃C 상태도에 대한 설명으로 옳지 않은 것은?

① 오스테나이트는 공석변태온도보다 높은 온도에서 존재한다.

② 0.5[%]의 탄소를 포함하는 탄소강은 아공석강이다.

③ 시멘타이트는 사방정계의 결정구조를 가지고 있어 높은 경도를 나타낸다.

④ 공석강은 공정반응을 보이는 탄소성분을 가진다.

해설

공석강은 순철에 0.8[%]의 C가 합금된 강으로 공석강을 서랭(서서히 냉각)시키면 펄라이트조직이 나온다. 공석강은 공석반응을 통해 나온다.

20 초소성 성형의 특징에 해당하지 않는 것은?

① 높은 변형률속도로 성형이 가능하다.

② 성형 제품에 잔류응력이 거의 없다.

③ 복잡한 제품을 일체형으로 성형할 수 있어 2차 가공이 거의 필요 없다.

④ 다른 소성가공 공구들보다 낮은 강도의 공구를 사용할 수 있어 공구 비용이 절감된다.

해설

초소성 성형은 아주 작은 변형률속도로 성형해야 가공이 용이하다.

19 알루미늄 합금인 두랄루민에 대한 설명으로 옳지 않은 것은?

① Cu, Mg, Mn을 성분으로 가진다.

② 비중이 연강의 약 1/3 정도로 경량재료에 해당된다.

③ 주물용 알루미늄 합금이다.

④ 고온에서 용체화 처리 후 급랭하여 상온에 방치하면 시효경화 한다.

해설

두랄루민은 가공용 알루미늄 합금으로 Al + Cu + Mg + Mn으로 이루어진 재료이다. 고강도로서 항공기나 자동차용 재료로 사용된다.

2017년 서울시 기계일반

01 축은 절삭하지 않고 보스(Boss)에만 홈을 파서 마찰력으로 고정시키는 키(Key)로서, 축의 임의 부분에 설치가 가능한 키는?

① 묻힘 키(Sunk Key)
② 평 키(Flat Key)
③ 반달 키(Woodruff Key)
④ 안장 키(Saddle Key)

해설

④ 안장키(새들키, Saddle Key) : 축에는 키 홈을 가공하지 않고 보스에만 키 홈을 파서 끼운 뒤, 축과 키 사이의 마찰에 의해 회전력을 전달하는 키로 작은 동력의 전달에 적당하다.
① 성크키(묻힘키, Sunk Key) : 가장 널리 쓰이는 키(Key)로 축과 보스 양쪽에 모두 키 홈을 파서 동력을 전달하는 키이다. $\frac{1}{100}$ 기울기를 가진 경사키와 평행키가 있다.
② 평키 : 축에 키의 폭만큼 편평하게 가공한 키로 안장키보다는 큰 힘을 전달한다. 축의 강도를 저하시키지 않으며 $\frac{1}{100}$ 기울기를 붙이기도 한다.
③ 반달키 : 홈이 깊게 가공되어 축의 강도가 약해지는 단점이 있으나 키와 키 홈 가공이 쉽고 자동적으로 축과 보스 사이에서 자리를 잡을 수 있어서 자동차나 공작기계에서 60[mm] 이하의 작은 축에 널리 사용된다. 특히 테이퍼 축에 사용하면 편리하다.

02 회전수 4,000[rpm]에서 최대 토크가 70[kgf·m]로 계측된 축의 축마력으로 가장 근접한 값은?

① 195.53[PS]
② 297.23[PS]
③ 391.06[PS]
④ 401.23[PS]

해설

동력 $H = T \times \omega$

$$H = 70[\text{kgf} \cdot \text{m}] \times \frac{2 \times \pi \times 4,000[\text{rev}]}{60[\text{s}]}$$

$H = 29,321.5[\text{kgf} \cdot \text{m/s}]$
여기서, 1[PS] = 75[kgf·m/s]이므로
$H = 390.95[\text{PS}]$이므로 정답은 ③번에 적합하다.
• 1[PS] : 75[kgf·m/s]
• 1[kW] : 102[kgf·m/s]

03 그림은 마이크로미터의 측정 눈금을 나타낸 것이다. 측정값은?

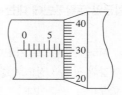

① 1.35[mm]
② 1.85[mm]
③ 7.35[mm]
④ 7.80[mm]

해설

마이크로미터 측정값 계산
7.5 + 0.30 = 7.80[mm]

04 발전용량이 100[MW]이고 천연가스를 연료로 사용하는 발전소에서 보일러는 527[℃]에서 운전되고 응축기에서는 27[℃]로 폐열을 배출한다. 카르노 효율개념으로 계산한 보일러의 초당 연료 소비량은?(단, 천연가스의 연소열은 20[MJ/kg]이다)

① 8[kg/s]　　　　② 16[kg/s]
③ 48[kg/s]　　　　④ 60[kg/s]

해설

연료소모량 공식에 적용할 효율을 구하기 위해 카르노사이클 열효율 공식에 대입한다.

• 카르노사이클의 열효율

$$\eta = 1 - \frac{Q_L}{Q_H} = 1 - \frac{T_L}{T_H}$$
$$= 1 - \frac{273[℃] + 27[℃]}{273[℃] + 527[℃]}$$
$$= 0.625$$

• 연료소모량

$$F = \frac{보일러\ 용량}{저위발열량 \times 효율}$$
$$= \frac{100 \times 10^6[J/s]}{20 \times 10^6[J/kg] \times 0.625}$$
$$= 8[kg/s]$$

05 타이어의 외경이 0.6[m]인 자동차가 36[km/h]의 속도로 달리고 있다. 다음 중 타이어의 회전 각속도는?(단, 타이어는 강체로 가정한다)

① 4[rps]　　　　② $\frac{100}{3}$[rad/s]
③ 120[rad/s]　　　　④ 360[rpm]

해설

각속도 구하는 식에 회전수를 대입하기 위하여 다음 식을 활용한다.

• 회전수 $n = \frac{v}{\pi d[m]}$
$$= \frac{36,000[m/h]}{\pi \times 0.6[m] \times 3,600[s]}$$
$$= \frac{10}{0.6\pi}[rps]$$

여기서 1[rev]는 [rad]값으로는 2π이다.

• 각속도 $\omega = 2\pi n = 2\pi \times \frac{10}{0.6\pi} = \frac{20}{0.6}$

여기서 분모와 분자를 0.2로 나누면 $\frac{100}{3}$[rad/s]가 된다.

06 전기적 에너지를 기계적 에너지로 변환시켜 공구에 진동을 주고, 공작물과 공구 사이에 연마입자를 넣어 공작물을 정밀하게 다듬질하는 가공방법은?

① 초음파가공
② 방전가공
③ 전해연마
④ 숏 피닝(Shot Peening)

해설

① 초음파가공 : 공구와 공작물 사이에 연삭입자와 공작액을 섞은 혼합액을 넣고 초음파 진동을 주면 공구가 반복적으로 연삭입자에 충격을 가하여 공작물의 표면이 미세하게 다듬질되는 가공법으로 전기적 에너지를 기계적 에너지로 변환시킨 가공법이다.

② 방전가공(EDM ; Electric Discharge Machining) : 절연성의 가공액 내에서 전극과 공작물 사이에서 일어나는 불꽃 방전에 의하여 재료를 조금씩 용해시켜 원하는 형상의 제품을 얻는 가공법으로 가공속도가 느린 것이 특징이다. 주로 높은 경도의 금형가공에 사용하는데 콘덴서의 용량을 크게 하면 가공 시간은 빨라지나 가공 면과 치수 정밀도가 좋지 않다.

③ 전해연마(Electrolytic Polishing) : 공작물을 양극(+)으로 하고 불용해성의 Cu, Zn을 음극(-)으로 하여 전해액 속에 담그면 공작물의 표면이 전기 분해되어 매끈한 가공면을 얻을 수 있는 전기화학적인 연삭 가공법이다. 광택이 있는 가공 면을 비교적 쉽게 가공할 수 있어서 거울이나 드릴의 홈, 주사침, 반사경 및 시계의 기어 등을 다듬질하는데도 사용된다. 전기도금과는 반대의 방법으로 가공한다는 것이 특징이다.

④ 숏피닝 : 강이나 주철제의 작은 강구(볼)를 금속표면에 고속으로 분사하여 표면층을 냉간가공에 의한 가공경화 효과로 경화시키면서 압축 잔류응력을 부여하여 금속부품의 피로수명을 향상시키는 표면경화법이다.

07 다음 중 펌프 내 캐비테이션에 대한 설명 중 옳은 것은?

① 펌프와 흡수면 사이의 거리가 너무 멀 때 발생한다.

② 물속의 어느 부분의 정압이 그 때의 물의 온도에 해당하는 증기압력 이상일 때 부분적으로 증기가 발생하는 현상이다.

③ 펌프에 물이 저속으로 유량이 감소할 때 펌프 입구에서 발생한다.

④ 양정곡선은 저하되나 효율곡선은 상승된다.

해설

캐비테이션은 펌프와 흡수면 사이의 거리가 너무 멀거나 유체의 증기압보다 낮은 압력이 발생하는 펌프 주위에서 주로 발생한다.
캐비테이션(Cavitation, 공동현상)
유체가 관 속을 유동할 때 유체의 압력이 포화 증기압(기포가 발생하는 압력) 이하로 내려가면 유체에 녹아 있던 기체가 기포로 빠져나오면서 유체 내부에 공동(액체 중 존재하는 기체 공간)이 생기는 현상으로 이 기포가 관 벽을 때리면서 소음이나 진동, 깃의 손상 등이 발생하고 펌프의 성능과 효율을 저하시킨다. 이것은 펌프와 흡수면 사이의 거리가 너무 멀거나 유체의 증기압보다 낮은 압력이 발생하는 펌프 주위에서 주로 발생한다.

08 다음 중 내연기관의 실린더 내에서 형성되는 압축비를 가장 잘 설명하는 것은?

① 행정체적과 간극체적의 합을 간극체적으로 나눈 값

② 행정체적을 간극체적으로 나눈 값

③ 행정체적과 간극체적의 합을 행정체적으로 나눈 값

④ 간극체적을 행정체적으로 나눈 값

해설

압축비란 내연기관에서 실린더가 피스톤에 의해 압축될 때 간극체적(연소실체적) 대비 얼마나 많은 비율이 압축되는지의 비율을 나타낸 것이다.

압축비 $\varepsilon = \dfrac{V_C(\text{간극체적}) + V_S(\text{행정체적})}{V_C(\text{간극체적})}$

09 균일 분포하중 $\omega = 10[\text{N/mm}]$가 전 길이에 작용할 때, 길이 50[cm]인 단순지지보에 생기는 최대 전단력은?

① 0.25[kN]

② 2.5[kN]

③ 25[kN]

④ 250[kN]

해설

단순지지보가 균일분포하중을 받고 있을 때 최대 전단력은 양끝단 지지부의 반력으로 볼 수 있으며 양쪽의 반력은 같기 때문에 한쪽 부분의 반력을 구하면 다음과 같다.
A지점 반력

$R_A = \dfrac{wl}{2} = \dfrac{10[\text{N/mm}] \times 500[\text{mm}]}{2} = 2,500[\text{N}] = 2.5[\text{kN}]$

10 유리 바깥쪽 온도가 안쪽보다 3[℃] 낮을 때, 가로 세로가 각각 1[m], 2[m]이고 두께가 2[mm]인 유리를 통하여 1초당 바깥쪽으로 손실되는 열량은?(단, 유리의 열전도도는 0.8[W/(m·℃)]이다)

① 2,350[J]

② 2,400[J]

③ 2,450[J]

④ 2,500[J]

해설

열관류율(U) : 특정한 두께를 가진 재료의 열전도 특성이다.
따라서, 열전도율 K에 U를 대입한다.
손실열량 $H_C = K \times A \times \Delta T$

$\qquad = \left(\dfrac{0.8}{0.002[\text{m}]}\right) \times (1[\text{m}] \times 2[\text{m}]) \times 3 = 2,400$

11 그림은 지름이 $d_1 = 50[mm]$와 $d_2 = 100[mm]$인 실린더 피스톤에 유압이 작용하는 시스템을 나타낸 것이다. 작은 피스톤을 누르는 힘이 $F_1 = 25[kN]$일 때 큰 피스톤을 밀어 올리는 힘(F_2)은?

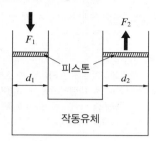

① 100[kN]
② 200[kN]
③ 300[kN]
④ 400[kN]

Pascal의 원리에 따르면 정지유체 내의 압력은 다음 식이 성립한다.

$$P_1 = P_2, \quad \frac{F_1}{A_1} = \frac{F_2}{A_2}$$

위 식에 대입해서 풀면

$$\frac{25[kN]}{\frac{\pi \times 50^2}{4}} = \frac{F_2}{\frac{\pi \times 100^2}{4}}, \quad \frac{100[kN]}{\pi \times 0.05^2} = \frac{4F_2}{\pi \times 0.1^2}$$

$$\therefore F_2 = \frac{40,000[kN] \times 0.01}{4} = 100[kN]$$

12 정반 위에 올려놓고 공작물에 평행선을 긋는 데에 사용하거나, 선반 작업 시 공작물의 중심을 맞출 때 사용하는 공구는?

① 디바이더(Divider)
② 서피스게이지(Surface Gauge)
③ 펀치(Punch)
④ 스크루 잭(Screw Jack)

서피스게이지는 정반과 같이 편평한 곳 위에 올려놓고 공작물에 평행선을 긋는 데에 사용하거나, 선반 작업 시 공작물의 중심을 맞출 때 주로 사용한다.

13 두 열원으로 구성되는 사이클 중에서 열효율이 최대인 카르노 사이클로 작동되는 열기관이 고온체에서 200 [kJ]의 열을 받아들인다. 이 기관의 열효율이 30[%]라면 방출되는 열량은?

① 30[kJ]
② 60[kJ]
③ 70[kJ]
④ 140[kJ]

카르노사이클의 열효율 $\eta = 1 - \dfrac{Q_L}{Q_H}$

$$0.3 = 1 - \frac{Q_L}{200[kJ]}$$

$$Q_L = (1 - 0.3) \times 200[kJ] = 140[kJ]$$

14 비철금속인 구리, 아연, 알루미늄, 황동의 특성에 대한 설명 중 옳지 않은 것은?

① 구리는 열과 전기의 전도율은 좋으나 기계적 강도가 낮다.
② 황동은 구리와 아연의 합금이며 주조와 압연이 용이하다.
③ 아연은 비중이 2.7 정도로 알루미늄보다 가벼우며, 매우 연한 성질을 가지고 있다.
④ 알루미늄은 공기나 물속에서 표면에 얇은 산화피막을 형성할 때 내부식성이 우수하다.

Zn(아연)의 비중은 7.140이다. 비중이 2.7인 금속은 Al(알루미늄)이다.

경금속		중금속			
Mg	1.7	Sn	5.8	Mo	10.2
Be	1.8	V	6.1	Ag	10.4
Al	2.7	Cr	7.1	Pb	11.3
Ti	4.5	Zn	7.14	W	19.1
		Mn	7.4	Au	19.3
		Fe	7.8	Pt	21.4
		Ni	8.9	Ir	22
		Cu	8.9		

※ 경금속과 중금속을 구분하는 비중의 경계 : 4.5

15 가스터빈의 기본 사이클로 옳은 것은?

① 랭킨 사이클(Rankine Cycle)
② 오토 사이클(Otto Cycle)
③ 브레이튼 사이클(Brayton Cycle)
④ 카르노 사이클(Carnot Cycle)

해설
가스터빈의 기본 사이클은 브레이튼 사이클이다.
① 랭킨 사이클 : 증기 원동소의 이상사이클
② 오토 사이클 : 가솔린 내연 기관의 이상사이클
④ 카르노 사이클 : 열기관의 이상사이클

16 유체를 매개로 하여 동력을 전달하는 장치로 유체를 가득 채운 케이싱 내부에 임펠러(Impeller)를 서로 마주보게 세워두고 회전력을 전달하는 장치는?

① 축압기
② 체크 밸브
③ 유체 커플링
④ 유압 실린더

해설
③ 유체 커플링 : 유체를 매개로 하여 동력을 전달하는 장치로 유체를 가득 채운 케이싱 내부에 임펠러를 서로 마주보게 세워두고 회전력을 전달하는 장치이다.
① 축압기 : 유체를 저장해서 충격흡수, 에너지축적, 맥동 완화 등의 역할을 하는 유압장치의 구성요소이나 유속을 증가시키지는 않는다. 유속은 관의 직경을 변화시킴으로써 변경시킬 수 있다.
② 체크 밸브 : 유체가 한쪽 방향으로만 흐르고 반대쪽으로는 흐르지 못하도록 할 때 사용하는 밸브이다.
④ 유압 실린더 : 유압 모터에 의해 발생된 유압에너지를 직선형태의 기계적 에너지로 변환시켜 실제 일을 수행하는 기계요소이다.

17 재료의 조직 경도 크기를 큰 순서대로 나열한 것은?

① 시멘타이트 > 오스테나이트 > 페라이트 > 펄라이트
② 오스테나이트 > 시멘타이트 > 페라이트 > 펄라이트
③ 시멘타이트 > 펄라이트 > 오스테나이트 > 페라이트
④ 펄라이트 > 오스테나이트 > 페라이트 > 시멘타이트

해설
금속조직의 경도순서
페라이트 < 오스테나이트 < 펄라이트 < 소르바이트< 베이나이트 < 트루스타이트 < 마텐자이트 < 시멘타이트
※ 강의 열처리 조직 중 Fe에 C(탄소)가 6.67[%] 함유된 시멘타이트 조직의 경도가 가장 높다.

18 밀링 머신의 상향절삭에 대한 설명 중 옳은 것은?

① 칩이 잘 빠져나오지 않아 절삭에 방해가 된다.
② 커터의 회전방향과 공작물의 이송방향이 같다.
③ 백래시(Backlash) 제거장치가 필요하다.
④ 하향절삭에 비해 커터의 수명이 짧고 동력 소비가 크다.

해설
상향절삭(Up Milling)이란 밀링 커터 날의 절삭방향과 공작물 이송방향이 서로 반대인 가공방법으로 절삭칩은 잘 빠져나오며 백래시 제거장치는 필요하지 않다.
상향절삭의 특징
• 마찰열이 크다.
• 동력 소비가 크다.
• 표면 거칠기가 좋지 않다.
• 공구 날의 마모가 빨라서 공구 수명이 짧다.
• 칩이 가공할 면 위에 쌓이므로 작업 시야가 좋지 않다.
• 백래시(뒤틈)의 영향이 적어 백래시 제거장치가 필요 없다.
• 날 끝이 일감을 치켜 올리므로 일감을 단단히 고정해야 한다.
• 하향절삭에 비해 가공 면이 깨끗하지 않고 표면 거칠기가 나쁘다.
• 기계에 무리를 주지 않으므로 강성은 하향절삭에 비해 낮아도 된다.

19 환봉모양의 구리합금 전극 사이에 모재를 겹쳐 놓고 전극으로 가압하면서 전류를 통할 때 발생하는 저항열로 접촉부위를 국부적으로 가압하여 접합하는 방법으로 자동차, 가전제품 등 얇은 판의 접합에 사용되는 용접법은?

① 맞대기 용접(Butt Welding)
② 점 용접(Spot Welding)
③ 심 용접(Seam Welding)
④ 프로젝션 용접(Projection Welding)

해설

② 점 용접(스폿 용접) : 재료를 2개의 전극 사이에 끼워 놓고 가압하는 방법으로 환봉모양의 구리합금 전극 사이에 모재를 겹쳐 놓고 전극으로 가압하면서 전류를 통할 때 발생하는 저항열로 접촉부위를 국부적으로 가압하여 접합하는 방법으로 자동차나 가전제품과 같은 얇은 판의 접합에 사용된다.
① 맞대기 용접 : 두 모재 사이에 용접 홈을 가공한 후 그 사이에 용융금속을 채워 용접하는 방법
③ 심용접 : 원판상의 롤러 전극 사이에 용접할 2장의 판을 두고, 전기와 압력을 가하며 전극을 회전시키면서 연속적으로 점용접을 반복하는 용접방법
④ 프로젝션용접 : 모재의 편면에 프로젝션인 돌기부를 만들어 평탄한 동전극의 사이에 물려 대전류를 흘려보낸 후 돌기부에 발생된 저항열로 용접한다.

20 주형틀에 있는 왁스 원형 모델을 유출시켜 만든 주형을 이용한 주조 방법으로, 기계가공이 곤란한 경질합금, 밀링커터 및 가스터빈 블레이드 등을 제작할 때 사용하는 주조법은?

① 다이캐스팅(Die-casting)
② CO₂법(CO₂ Process)
③ 셸 몰드법(Shell Molding)
④ 인베스트먼트법(Investment Process)

해설

④ 인베스트먼트 주조법 : 제품과 동일한 형상의 모형을 왁스(양초)나 파라핀(합성수지)으로 만든 후 그 주변을 슬러리 상태의 내화재료로 도포한 다음 가열하면 주형은 경화되면서 왁스로 만들어진 내부 모형이 용융되어 밖으로 빼내어 짐으로써 주형이 완성되는 주조법이다. 다른 말로는 로스트 왁스법, 치수 정밀도가 좋아서 정밀 주조법으로도 불린다.
① 다이캐스팅 주조법 : 용융금속을 금형(다이)에 고속으로 충진한 뒤 응고 시까지 고압을 계속 가해주어 주물을 얻는 주조법으로 주물조직이 치밀하며 강도가 크고 치수 정밀도가 높아서 마무리 공정 수를 줄일 수 있다. 또한 주형을 영구적으로 사용할 수 있고 충진 시간이 매우 짧아서 생산 속도가 빨라 대량 생산에 적합하다. 주로 비철금속의 주조에 사용된다.
③ 셸몰드법 : 금속 모형을 약 250~300[℃]로 가열한 후, 모형 위에 박리제인 규소수지를 바른다. 그리고 150~200[mesh] 정도의 SiO₂와 열경화성 합성수지를 배합한 주형제에 잠기게 하여 주형을 제작하는 주조법이다.

2017년 지방직 고졸경채 기계일반

01 용접 전류가 과대할 때 모재 용접부의 양단이 지나치게 녹아서 오목하게 파이는 용접 결함은?

① 기 포　　　　　② 균 열
③ 언더컷　　　　　④ 오버랩

해설

언더컷 불량은 용접 전류가 너무 높아서 입열량이 많아졌을 때, 아크 길이가 길 때, 운봉속도가 너무 빠를 때 용접재료가 파여서 생기게 된 것으로, 이 불량을 방지하려면 용접 전류를 알맞게 조절하거나 운봉속도를 알맞게 조절해야 한다.
① 기공(기포) : 용접부가 급랭될 때 미처 빠져나오지 못한 가스에 의해 발생하는 빈 공간
② 균열 : 용접부가 갈라지는 결함
④ 오버랩 : 용융된 금속이 용입이 되지 않은 상태에서 표면을 덮어 버린 불량

02 주조 공정에서 모형(원형) 제작 시 고려 사항이 아닌 것은?

① 주물사의 입도
② 가공 여유
③ 기울기
④ 덧붙임

해설

주조 공정에서 모형 제작 시 용탕인 쇳물이 잘 들어가기 위한 기울기와 덧붙임, 가공 여유를 고려해야 하지만 주물사의 입도를 고려할 필요는 없다.

03 다음 설명에 해당하는 관 이음쇠는?

- 배관의 최종 조립 시 관의 길이를 조정하여 연결할 때 사용한다.
- 배관의 분해 시 가장 먼저 분해하는 부분이다.

① 크로스　　　　　② 엘 보
③ 소 켓　　　　　④ 유니언

해설

유니언(Union)은 영어로 결합이라는 의미로 배관의 최종 조립 시 관의 길이를 조정하여 연결할 때 사용한다. 조립 시 제일 마지막에 조작하기 때문에 분해할 때는 가장 먼저 한다.

배관요소	그 림	배관요소	그 림
크로스 (Cross)		엘 보 (Elbow)	
소 켓 (Socket)		유니언 (Union)	

04 알루미늄에 10[%] 이내의 마그네슘을 첨가하여 내식성을 향상시켜 철도 차량, 여객선의 갑판 구조물 등에 사용하는 합금은?

① 인 바
② 인코넬
③ 두랄루민
④ 하이드로날륨

④ 하이드로날륨 : 내식성과 용접성이 우수한 알루미늄 합금으로 Al에 10[%]의 Mg을 첨가하여 내식성을 크게 향상시킨 재료로 철도 차량이나 여객선의 갑판 구조물용으로 사용된다.

① 인바 : Fe에 35[%]의 Ni, 0.1~0.3[%]의 Co, 0.4[%]의 Mn이 합금된 불변강의 일종으로 상온 부근에서 열팽창계수가 매우 작아서 길이 변화가 거의 없기 때문에 줄자나 측정용 표준자, 바이메탈용 재료로 사용한다.

② 인코넬 : 내열성과 내식성이 우수한 니켈 합금의 일종이다.

③ 두랄루민 : 가공용 알루미늄 합금으로 Al + Cu + Mg + Mn으로 이루어진 재료이다. 고강도로서 항공기나 자동차용 재료로 사용된다.

05 평벨트 전동 장치와 비교할 때, V벨트 전동 장치의 특징만을 모두 고른 것은?

> ㄱ. 운전이 조용하다.
> ㄴ. 엇걸기를 할 수 있다.
> ㄷ. 미끄럼이 적고 속도비를 크게 할 수 있다.
> ㄹ. 접촉면이 커서 큰 동력을 전달할 수 있다.

① ㄱ, ㄴ   ② ㄷ, ㄹ
③ ㄱ, ㄷ, ㄹ   ④ ㄴ, ㄷ, ㄹ

V벨트는 엇걸기가 불가능하다.
V벨트의 특징
• 운전이 정숙하다.
• 고속운전이 가능하다.
• 미끄럼이 적고 속도비가 크다.
• 베어링에 작용하는 하중이 비교적 작다.
• 벨트의 벗겨짐 없이 동력전달이 가능하다.
• 바로걸기 방식으로만 동력전달이 가능하다.
• 이음매가 없으므로 전체가 균일한 강도를 갖는다.
• 비교적 작은 장력으로 큰 동력의 전달이 가능하다.

평벨트와 V-벨트 전동장치의 형상

평벨트	바로걸기 (Open)	이완측(T_s) / 긴장측(T_t) / 원동풀리 / 종동풀리
	엇걸기 (Cross)	원동풀리 / 종동풀리
V-벨트	바로걸기 (Open)	

06 수치 제어 공작 기계의 프로그래밍에 대한 설명으로 옳은 것은?

① 주축기능은 주축의 회전수를 지정하는 것으로 어드레스 S 다음에 회전수를 수치로 지령한다.

② 이송기능은 공구와 공작물의 상대 속도를 지정하는 것으로 어드레스 T 다음에 이송 속도값을 지령한다.

③ 보조기능은 수치 제어 공작 기계의 제어를 준비하는 기능으로 어드레스 G 다음에 2자리 숫자를 붙여 지령한다.

④ 준비기능은 수치 제어 공작 기계의 여러 가지 동작을 위한 ON/OFF 기능을 수행하는 것으로 어드레스 M 다음에 2자리 숫자를 붙여 지령한다.

② 이송기능은 F코드 다음에 이송 속도값을 지령한다.
③ 보조기능은 M코드 다음에 숫자를 붙여서 지령한다.
④ 준비기능은 G코드 다음에 숫자를 붙여서 지령한다.

CNC 프로그램의 5대 코드 및 기능

종 류	코 드	기 능
준비기능	G코드	CNC기계의 주요 제어장치들의 사용을 위해 준비시킨다. 예) G00 : 급속이송, G01 : 직선보간, G02 : 시계방향 공구회전
보조기능	M코드	CNC기계에 장착된 부수장치들의 동작을 실행하기 위한 것으로 주로 ON/OFF기능을 한다. 예) M02 : 주축 정지, M08 : 절삭유 ON, M09 : 절삭유 OFF
이송기능	F코드	절삭을 위한 공구의 이송 속도를 지령한다. 예) F0.02 : 0.02[mm/rev]
주축기능	S코드	주축의 회전수를 지령한다. 예) S1800 : 1,800[rpm]으로 주축회전
공구기능	T코드	공구준비 및 공구교체, 보정을 한다. 예) T0100 : 1번 공구 교체 후 보정

07 공기조화의 4대 요소는?

① 온도, 기류, 습도, 청정도
② 습도, 조도, 건조도, 청정도
③ 기류, 조도, 습도, 건조도
④ 온도, 기류, 조도, 건조도

공기조화의 4대 요소
• 온 도
• 기 류
• 습 도
• 청정도

08 다음 설명에 해당하는 펌프는?

• 프로펠러 모양인 임펠러의 회전에 의해 유체가 원주 방향에서 축 방향으로 유입된다.
• 구조는 케이싱, 임펠러, 안내 날개, 베어링 등으로 구성된다.
• 임펠러의 날개 수는 2~8개로서 유량이 많아질 때는 날개 수를 많게 한다.
• 농업용의 양수 및 배수용, 상하수도용으로 널리 사용한다.

① 원심 펌프   ② 축류 펌프
③ 사류 펌프   ④ 회전 펌프

② 축류 펌프 : 프로펠러 모양인 임펠러의 회전으로 유체가 원주방향에서 축방향으로 이동하는 펌프로 케이싱과 임펠러, 베어링 등으로 구성되며 주로 농업용 양수 및 배수, 상하수도용 펌프로 사용된다.
① 원심 펌프 : 날개(임펠러)를 회전시켜 유체에 원심력으로 인한 에너지를 줌으로써 유체를 낮은 곳에서 높은 곳으로 끌어올릴 수 있도록 한 펌프이다. 그 종류에는 속도에너지를 압력에너지로 변환하는 방법에 따라 볼류트 펌프와 터빈 펌프가 있다. 원통을 중심으로 축을 회전시킬 때, 유체가 원심력을 받아서 중심 부분의 압력이 낮아지고 중심에서 먼 곳의 압력은 높아지는 원리를 이용하여 유체를 송출한다.
③ 사류 펌프 : 축류 펌프와 구조가 비슷한 펌프로 임펠러의 모양이 물이 축과 경사방향으로 이동하도록 되어 있다. 저양정 대유량이 필요한 곳에 주로 사용된다.
④ 회전 펌프 : 회전자인 로터의 회전으로 유체를 압축해서 이송시키는 펌프로 구조가 간단하고 취급이 용이한 것이 특징이다. 양수량의 변동이 적고 고압을 얻기 쉽다.

09 철강의 제조과정에서 제강공정의 가장 중요한 목적은?

① 용광로에서 철광석을 용해하는 것

② 금속 원소를 첨가하여 합금하는 것

③ 탄소 함유량을 줄이고 불순물을 제거하는 것

④ 열처리를 통하여 강의 성질을 개선하는 것

> **해설**
>
> 철강을 만드는 주요과정은 "제선공정 → 제강공정 → 반제품 제작단계"로 이루어진다.
>
> 제선공정은 용광로에 석회석과 철광석, 코크스를 장입한 후 약 1,200[℃]의 열풍을 불어넣어 주어 용융된 쇳물인 용선을 만드는 공정이다. 이때 용선의 평균 탄소함유량은 약 4.5[%]이다. 제강공정은 약 4.5[%]의 탄소함유량을 강의 탄소 함유량 범위인 0.02~2[%] 사이로 만들기 위해 고압의 산소를 용선에 집어넣어 주고, 용선 안의 불순물을 제거하기 위한 공정이다.

10 키(Key)의 전달 동력 크기가 큰 순서대로 바르게 나열한 것은?

① 스플라인 > 접선 키 > 묻힘 키 > 안장 키

② 스플라인 > 묻힘 키 > 접선 키 > 안장 키

③ 접선 키 > 스플라인 > 묻힘 키 > 안장 키

④ 접선 키 > 묻힘 키 > 스플라인 > 안장 키

> **해설**
>
> 키의 전달 강도가 큰 순서
>
> 세레이션 > 스플라인 > 접선키 > 성크키(묻힘키) > 경사키 > 반달키 > 평키(납작키) > 안장키(새들키)

11 연성 재료의 응력(σ)–변형률(ε) 선도에서 인장강도에 해당하는 위치는?

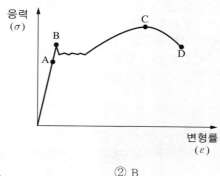

① A

② B

③ C

④ D

> **해설**
>
> 응력–변형률 곡선에서 일반적으로 극한강도로 표시된 지점이 인장강도에 해당한다.
>
> 응력–변형률 곡선($\sigma-\varepsilon$선도)
>
>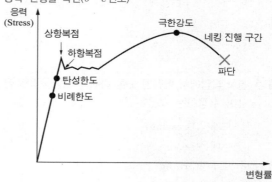
>
> • 비례한도(Proportional Limit) : 응력과 변형률 사이에 정비례관계가 성립하는 구간 중 응력이 최대인 점으로 후크의 법칙이 적용된다.
>
> • 탄성한도(Elastic Limit) : 하중을 제거하면 원래의 치수로 돌아가는 구간
>
> • 항복점(Yield Point) : 인장 시험에서 하중이 증가하여 어느 한도에 도달하면, 하중을 제거해도 원위치로 돌아가지 않고 변형이 남게 되는 그 순간의 하중
>
> • 극한강도(Ultimate Strength) : 재료가 파단되기 전에 외력에 버틸 수 있는 최대의 응력
>
> • 네킹구간(Necking) : 극한강도를 지나면서 재료의 단면이 줄어들면서 길게 늘어나는 구간
>
> • 파단점 : 재료가 파괴되는 점

12 디젤 기관의 연료 장치와 관계있는 것만을 고른 것은?

> ㄱ. 노 즐
> ㄴ. 기화기
> ㄷ. 점화 플러그
> ㄹ. 연료 분사 펌프

① ㄱ, ㄴ   ② ㄱ, ㄹ
③ ㄴ, ㄷ   ④ ㄷ, ㄹ

해설

기화기와 점화 플러그는 가솔린과 LPG 연료 장치와 관련된 장치이다.

13 연삭 작업에서 변형된 숫돌 바퀴의 모양을 바로잡기 위하여 수정하는 것은?

① 드레싱(Dressing)
② 눈메움(Loading)
③ 트루잉(Truing)
④ 눈무딤(Glazing)

해설

③ 트루잉(Truing) : 연삭숫돌은 작업 중 입자가 떨어져 나가면서 원래의 모양이 점차 변하게 되는데, 이때 숫돌을 원래의 모양으로 수정하는 작업이다. 공구는 주로 드레서를 사용하므로 트루잉과 드레싱 작업이 동시에 된다는 장점이 있다.
① 드레싱(Dressing) : 눈메움이나 눈무딤 발생 시 연삭 능력과 치수 정밀도 향상을 위해 전용 공구인 드레서로 연삭숫돌 표면에 예리한 절삭날을 생성시켜 연삭성을 회복시키는 작업이다.
② 로딩(눈메움) : 숫돌 표면의 기공에 칩이 메워져서 연삭성이 나빠지는 현상으로 발생원인은 조직이 치밀할 때, 숫돌의 원주 속도가 너무 느릴 때, 기공이 너무 작을 때, 연성이 큰 재료를 연삭할 때 발생한다.
④ 글레이징(눈무딤) : 연삭숫돌의 자생작용이 잘되지 않음으로 인해 입자가 납작해져 날이 무뎌짐으로 인해 연삭성이 나빠지는 현상이다. 발생원인은 연삭숫돌의 결합도가 클 때, 원주 속도가 빠를 때, 공작물과 숫돌의 재질이 맞지 않을 때 발생하는데 연삭숫돌에는 열과 균열이 발생하고 재질이 변색된다.

14 CAD에 의한 형상 모델링 방법 중 솔리드 모델링에 대한 설명으로 옳지 않은 것은?

① 숨은선 제거가 가능하다.
② 정확한 형상을 파악하기 쉽다.
③ 복잡한 형상의 표현이 가능하다.
④ 부피, 무게 등을 계산할 수 없다.

해설

솔리드 모델링은 공학적 해석(면적, 부피(체적), 중량, 무게중심, 관성모멘트)계산이 가능하다.
솔리드 모델링의 특징
• 간섭체크가 가능하다.
• 은선의 제거가 가능하다.
• 정확한 형상표현이 가능하다.
• 기하학적 요소로 부피를 갖는다.
• 유한요소법(FEM)의 해석이 가능하다.
• 금형설계, 기구학적 설계가 가능하다.
• 형상을 절단하여 단면도 작성이 가능하다.
• 모델을 구성하는 기하학적 3차원 모델링이다.
• 데이터의 구조가 복잡해서 모델 작성이 복잡하다.
• 조립체 설계 시 위치나 간섭 등의 검토가 가능하다.
• 서피스 모델링과 같이 실루엣을 정확히 나타낼 수 있다.
• 셀 혹은 기본곡면 등의 입체요소 조합으로 쉽게 표현할 수 있다.
• 공학적 해석(면적, 부피(체적), 중량, 무게중심, 관성모멘트)계산이 가능하다.
• 불리안 작업(Boolean Operation)에 의하여 복잡한 형상도 표현할 수 있다.
• 명암, 컬러 기능 및 회전, 이동하여 사용자가 명확히 물체를 파악할 수 있다.

15 밀링 머신의 구조에 대한 설명으로 옳지 않은 것은?

① 주축은 밀링 커터가 고정되며 회전하는 부분이다.
② 새들(Saddle)은 공작물을 좌우로 이송시키는 부분이다.
③ 니(Knee)는 공작물을 상하로 이송시키는 부분으로 가공 시 절삭 깊이를 결정한다.
④ 칼럼(Column)은 밀링 머신의 몸체로 절삭 가공 시 진동이 적고 하중을 충분히 견딜 수 있어야 한다.

해설

밀링기계에서 공작물을 좌우로 이송시키는 부분은 테이블이다. 새들은 공작물을 전후로 이동시킨다.

16 주철을 600[°C] 이상의 온도에서 가열과 냉각을 반복하였을 때 발생하는 주철의 성장 원인이 아닌 것은?

① 시멘타이트의 흑연화에 의한 팽창
② 망간(Mn)의 함유량 증가에 따른 팽창
③ 흡수되는 가스에 의하여 생기는 팽창
④ 불균일한 가열로 생기는 균열에 의한 팽창

주철의 성장은 주철을 600[°C] 이상의 온도에서 가열과 냉각을 반복하면 부피의 증가로 재료가 파열되는데, 이 현상을 주철의 성장이라고 부른다. 그러나 이것은 망간의 함유량 증가와는 전혀 관련성이 없다.

주철 성장의 원인
• 흡수된 가스에 의한 팽창
• A_1변태에서 부피 변화로 인한 팽창
• 시멘타이트(Fe_3C)의 흑연화에 의한 팽창
• 페라이트 중 고용된 Si(규소)의 산화에 의한 팽창
• 불균일한 가열에 의해 생기는 파열, 균열에 의한 팽창

17 다음 설명에 해당하는 브레이크는?

> • 축압 브레이크의 일종으로, 회전축 방향에 힘을 가하여 회전을 제동한다.
> • 부피가 작아 차량이나 자동화 장치 등에 사용한다.
> • 값이 비싸 자동차와 오토바이의 앞바퀴 제동에 주로 사용한다.

① ABS 브레이크
② 원심 브레이크
③ 내확 브레이크
④ 디스크 브레이크

원판 브레이크(디스크 브레이크) : 압축식 브레이크의 일종으로, 바퀴와 함께 회전하는 디스크를 양쪽에서 압착시켜 제동력을 얻어 회전을 멈추는 장치이다. 브레이크의 마찰 면인 원판의 수에 따라 1개-단판 브레이크, 2개 이상-다판 브레이크로 분류된다. 부피가 작고 비싸서 차량의 브레이크나 자동화 장치에 주로 사용된다.

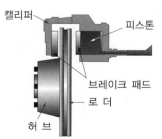

캘리퍼 / 피스톤 / 브레이크 패드 / 로 더 / 허 브

18 선반 가공에서 공작물의 지름이 10[cm]이고 절삭 속도가 314[m/min]일 때, 선반의 주축 회전수[rpm]는? (단, 원주율은 3.14이다)

① 10
② 100
③ 1,000
④ 2,000

절삭속도 $v = \dfrac{\pi dn}{1,000}$

$n = \dfrac{1,000v}{\pi d} = \dfrac{1,000 \times 314[\text{m/min}]}{3.14 \times 100[\text{mm}]} = 1,000[\text{rpm}]$

절삭속도(v) 구하는 식

$v = \dfrac{\pi dn}{1,000}$

여기서, v : 절삭속도[m/min]
　　　　d : 공작물의 지름[mm]
　　　　n : 주축회전수[rpm]

19 선반을 이용한 테이퍼 가공에 대한 설명으로 옳은 것은?(단, D : 테이퍼의 큰 지름, d : 테이퍼의 작은 지름, l : 테이퍼의 길이, L : 공작물 전체의 길이, α : 복식 공구대 회전각이다)

① 심압대 편위량은 $\dfrac{l(D-d)}{2L}$ 로 구할 수 있다.
② 복식 공구대는 길이가 길고 테이퍼 각이 작은 공작물에 사용한다.
③ 복식 공구대의 회전각은 $\tan\alpha = \dfrac{D-d}{2l}$ 에서 구할 수 있다.
④ 심압대의 편위에 의한 가공은 비교적 길이가 짧은 공작물에 사용한다.

① 심압대 편위량(e)을 구하는 식은 $e = \dfrac{L(D-d)}{2l}$ 이다.
② 복식 공구대는 길이가 짧고 테이퍼 각이 큰 공작물의 절삭에 주로 사용한다.
④ 심압대 편위에 의한 가공은 비교적 길이가 긴 공작물에 주로 사용한다.

20 합금강에 첨가되는 합금 원소와 그 효과를 바르게 연결한 것은?

① Ni-적열 메짐을 방지하고 내식성을 증가
② Mn-청열 메짐을 방지하고 내마모성을 증가
③ Cr-전자기적 성질을 개선하고 내마멸성을 증가
④ Mo-담금질 깊이를 깊게 하고 크리프 저항을 증가

해설

① Ni (니켈)은 내식성 및 내산성을 증가시킨다.
② Mn(망간)은 적열 메짐을 방지한다.
③ Cr(크롬)은 전자기적 성질을 개선하지는 않는다.

2018년 지방직 기계일반

01 다음 중 금속재료의 연성과 전성을 이용한 가공방법만을 모두 고르면?

ㄱ. 자유단조	ㄴ. 구멍 뚫기
ㄷ. 굽힘가공	ㄹ. 밀링가공
ㅁ. 압연가공	ㅂ. 선삭가공

① ㄱ, ㄴ, ㄹ   ② ㄱ, ㄷ, ㅁ
③ ㄴ, ㄷ, ㅂ   ④ ㄹ, ㅁ, ㅂ

해설

절삭가공은 바이트와 같은 절삭공구로 공작물을 깎아 내는 작업으로 전성, 연성과는 관련성이 낮다. 따라서 절삭가공에 속하는 구멍 뚫기와 밀링가공, 선삭가공은 정답에서 제외된다.

- 전성 : 넓게 펴지는 성질로 가단성으로도 불린다. 전성(가단성)이 크면 큰 외력에도 쉽게 부러지지 않아서 단조가공의 난이도를 나타내는 척도로 사용된다.
- 연성 : 탄성한도 이상의 외력이 가해졌을 때 파괴되지 않고 잘 늘어나는 성질

02 자동공구교환장치를 활용하여 구멍가공, 보링, 평면가공, 윤곽가공을 할 경우 적합한 공작기계는?

① 선 반
② 밀링머신
③ 드릴링머신
④ 머시닝센터

해설

머시닝센터(= CNC 밀링, MCT)는 자동공구교환장치인 ATC(Auto Tool Changer)가 부착되어 빠른 시간에 자동으로 공구를 교환함으로써 구멍이나 보링가공, 윤곽가공, 평면가공 등을 순차적으로 실시하여 비절삭시간을 단축할 수 있다.

03 주물의 균열을 방지하기 위한 대책으로 옳지 않은 것은?

① 각 부의 온도 차이를 될 수 있는 한 작게 한다.
② 주물을 최대한 빨리 냉각하여 열응력이 발생하지 않도록 한다.
③ 주물 두께 차이의 변화를 작게 한다.
④ 각이 진 부분은 둥글게 한다.

해설

주물은 급랭되었을 때 재료에 균열이 발생하기 쉽기 때문에 냉각할 때 최대한 천천히 해야 한다.

04 회전력을 전달할 때 축 방향으로 추력이 발생하는 기어는?

① 스퍼 기어
② 전위 기어
③ 헬리컬 기어
④ 랙과 피니언

해설

헬리컬 기어를 유체 안에 넣은 상태에서 회전시키면, 다른 기어들과는 달리 헬리컬 기어의 이가 대략 30° 정도 비스듬하게 놓여 있어서 유체를 밀면서 앞으로 나아간다. 이때 물체를 이동 방향으로 밀고 나가는 힘이 추력이다.

05 공장자동화의 구성요소로 옳은 것만을 모두 고르면?

> ㄱ. CAD/CAM
> ㄴ. CNC 공작기계
> ㄷ. 무인 반송차
> ㄹ. 산업용 로봇
> ㅁ. 자동창고

① ㄱ, ㄴ, ㄹ
② ㄷ, ㄹ, ㅁ
③ ㄱ, ㄴ, ㄷ, ㅁ
④ ㄱ, ㄴ, ㄷ, ㄹ, ㅁ

해설

공장을 자동화하기 위해서는 사람이 수동으로 하던 일을 컴퓨터나 기계가 하도록 대체해야 한다. 따라서 보기의 항목 모두 공장자동화에 반드시 필요한 요소들이다.

06 정적 인장시험으로 구할 수 있는 기계재료의 특성에 해당하지 않는 것은?

① 변형경화지수
② 점탄성
③ 인장강도
④ 인 성

해설

재료를 양쪽에서 잡아당기는 시험인 인장시험의 종류는 하중의 부가 방법에 따라 동적 인장시험(동하중)과 정적 인장시험(정하중)으로 구분한다. 정적 인장시험은 재료를 고정시킨 후 인장시험기를 통해 양쪽에서 잡아당겨서 인장시험, 압축시험, 전단시험, 굽힘 및 비틀림시험, 크리프시험을 통해서 인장강도나 항복강도, 연신율, 단면 감소율, 인성과 변형경화지수 등을 파악할 수 있다.
• 변형경화지수 : 항복점 이상의 힘을 받는 재료에 다시 소성 변형이 발생할 만한 크기의 힘을 가했을 때, 처음 응력보다 더 높은 응력에서 변형이 일어나는 정도를 지수로 표시한 것으로 항복강도가 크면 변경경화지수도 커진다.
• 점탄성 : 일정 온도 이상에서 점성 변형과 탄성 변형이 동시에 발생하는 정도이다.

07 탄소강의 열처리에 대한 설명으로 옳지 않은 것은?

① 담금질을 하면 경도가 증가한다.
② 풀림을 하면 연성이 증가된다.
③ 뜨임을 하면 담금질한 강의 인성이 감소된다.
④ 불림을 하면 결정립이 미세화되어 강도가 증가한다.

해설

기본 열처리 조작 중에서 뜨임처리를 하면 조직의 인성이 증가한다. 조직의 인성을 감소시키는 작업은 담금질이다.
뜨임(Tempering, 템퍼링)
잔류응력에 의한 불안정한 조직을 A_1 변태점 이하의 온도로 재가열하여 원자들을 좀 더 안정적인 위치로 이동시킴으로써 잔류응력을 제거하고 인성을 증가시키기 위한 열처리법이다.

08 유압기기와 비교하여 공압기기의 장점으로 옳은 것은?

① 구조가 간단하고 취급이 용이하다.
② 사용압력이 낮아 정확한 위치제어를 할 수 있다.
③ 효율이 좋아 대용량에 적합하다.
④ 부하가 변화해도 압축공기의 영향으로 균일한 작업속도를 얻을 수 있다.

해설

공압은 구조가 간단해서 취급하기 쉽지만, 압축성 유체이므로 정확한 위치제어가 불가능하다. 따라서, 효율이 떨어지고 저속에서 STICK SLIP이 발생하여 일정한 속도를 얻기 힘들다.

공압의 장점	공압의 단점
• 배관이 간단하다.	• 소음이 크다.
• 인화의 위험이 없다.	• 구동에 비용이 많이 든다.
• 무단 변속이 가능하다.	• 응답속도가 유압에 비해 느리다.
• 공기의 무한 공급이 가능한 에너지원이다.	• 유압보다 큰 힘의 전달이 어렵다.
• 저장탱크에 공기를 압축해서 저장할 수 있다.	• 공기는 압축성 유체이므로 효율이 유압이 비해 떨어진다.
• 작업속도가 빠르다(단, 응답속도는 유압에 비해 느림).	• 저속에서 Stick Slip이 발생하여 일정한 속도를 얻기 힘들다.

09 동일한 치수와 형상의 제품을 제작할 때 강도가 가장 높은 제품을 얻을 수 있는 공정은?

① 광조형법(Stereo-lithography Apparatus)
② 융해용착법(Fused Deposition Modeling)
③ 선택적 레이저소결법(Selective Laser Sintering)
④ 박판적층법(Laminated Object Manufacturing)

해설

선택적 레이저소결법(SLS ; Selective Laser Sintering)은 고분자 재료나 금속 분말가루를 한 층씩 도포한 후 여기에 레이저 광선을 쏘아서 소결시킨 후 다시 한 층씩 쌓아 올려서 형상을 만드는 방법으로 미세한 분말가루를 소결시켜 만들기 때문에 다른 신속조형기술법 등보다 강도가 높은 제품의 제작이 가능하다.

• 광조형법 : 액체 상태의 광경화성 수지에 레이저 광선을 부분적으로 쏘아서 적층해 나가는 방법이다. 큰 부품의 처리가 가능하며 정밀도가 높다는 장점 때문에 현재 널리 사용되고 있으나, 액체 재료이므로 후처리가 필요하다는 것이 단점이다.

• 박판적층법 : 원하는 단면에 레이저 광선을 부분적으로 쏘아서 절단한 후 종이의 뒷면에 부착된 접착제를 사용해서 아래층과 압착시켜 한 층씩 쌓아가며 형상을 만드는 방법으로, 사무실에서 사용할 만큼 크기와 가격이 적당하나 재료에 제한이 있고 정밀도가 떨어진다는 단점이 있다.

• 용융수지압출법 : 열가소성인 3[μm] 직경의 필라멘트선으로 된 열가소성 소재를 노즐 안에서 가열하여 용해한 후 이를 짜내어 조형면에 쌓아 올려 제품을 만드는 방법으로 광조형법 다음으로 가장 널리 사용된다.

10 선반의 절삭조건과 표면거칠기에 대한 설명으로 옳은 것은?

① 절삭유를 사용하면 공작물의 표면거칠기가 나빠진다.
② 절삭속도가 빨라지면 절삭능률은 향상되지만 절삭온도가 올라가고 공구수명이 줄어든다.
③ 절삭깊이를 크게 하면 절삭저항이 작아져 절삭온도가 내려가고 공구수명이 향상된다.
④ 공작물의 표면거칠기는 절삭속도, 절삭깊이, 공구 및 공작물의 재질에 따라 달라지지 않는다.

해설

① 절삭유를 사용하면 공작물의 표면거칠기가 향상된다.
③ 절삭깊이가 크면 절삭저항도 커져서 절삭온도가 높아지면서 공구수명은 단축된다.
④ 공작물의 표면거칠기는 절삭속도와 깊이, 재질 등과 관련이 크다.

11 다음 설명에 해당하는 작업은?

> 튜브 형상의 소재를 금형에 넣고 유체압력을 이용하여 소재를 변형시켜 가공하는 작업으로 자동차 산업 등에서 많이 활용하는 기술이다.

① 아이어닝
② 하이드로포밍
③ 엠보싱
④ 스피닝

해설

하이드로포밍은 강관이나 알루미늄 압축튜브를 소재로 사용하며, 금형 내부에 액체를 넣고 강한 압력을 가하여 소재를 변형시킴으로써 복잡한 형상의 제품을 성형하는 제조방법이다.

① 아이어닝(Ironing) : 딥드로잉된 컵 형상의 판재 두께를 균일하게 감소시키는 프레스가공법으로 아이어닝 효과라고도 한다. 제품 용기의 길이를 보다 길게 하는 장점이 있으나 지나친 아이어닝 가공은 제품을 파단시킬 수 있다.

③ 엠보싱(Embossing) : 얇은 판재를 서로 반대 형상으로 만들어진 펀치와 다이로 눌러 성형시키는 가공법으로 주로 올록볼록한 형상의 제품 제작에 사용한다.

④ 스피닝(Spinning)가공 : 선반의 주축에 제품과 같은 형상의 다이를 장착한 후 심압대로 소재를 다이와 밀착시킨 후 함께 회전시키면서 강체 공구나 롤러로 소재의 외부를 강하게 눌러서 축에 대칭인 원형의 제품 만드는 박판(얇은 판) 성형가공법이다. 탄소강 판재로 이음매 없는 국그릇이나 알루미늄 주방용품을 소량 생산할 때 사용하는 가공법으로 보통선반과 작업방법이 비슷하다.

12 열간압연과 냉간압연을 비교한 설명으로 옳지 않은 것은?

① 큰 변형량이 필요한 재료를 압연할 때는 열간압연을 많이 사용한다.

② 냉간압연은 재결정온도 이하에서 작업하며 강한 제품을 얻을 수 있다.

③ 열간압연판에서는 이방성이 나타나므로 2차 가공에서 주의하여야 한다.

④ 냉간압연은 치수가 정확하고 표면이 깨끗한 제품을 얻을 수 있어 마무리 작업에 많이 사용된다.

해설
냉간압연 가공에서 조직의 방향성이 생기는 현상인 이방성이 나타나므로 2차 가공 시 주의해야 한다.
냉간압연과 열간압연의 차이점

냉간압연	열간압연
• 얇은 판(박판)이나 마무리 작업에 이용한다.	• 치수가 큰 제품이나 주조조직 개선 시 이용한다.
• 동력 소모가 크다.	• 동력 소모가 작다.
• 변형저항이 크다.	• 변형저항이 작다.
• 열간에 비해 가공시간이 길다.	• 가공시간이 짧다.
• 가공 표면이 깨끗하다.	• 가공 표면이 산화되어 매끈하지 않다.
• 치수가 비교적 정확하다.	• 냉각 시 수축으로 인해 정밀도가 떨어진다.
• 가공경화현상으로 강도 및 경도가 증가한다.	• 가공경화현상이 발생하지 않는다.
• 조직의 방향성이 생겨 2차 가공 시 주의해야 한다.	• 조직의 방향성이 생기지 않는다.

13 4행정 사이클 기관에서 크랭크축이 12회 회전하는 동안 흡기밸브가 열리는 횟수는?

① 3회　　　　　　② 4회
③ 6회　　　　　　④ 12회

해설
4행정 사이클 기관의 작동과정은 크랭크축이 2회전할 때 흡입 → 압축 → 폭발 → 배기가 이루어지므로 크랭크축 2회전당 흡기밸브는 1번 열린다. 따라서 크랭크축이 12번 회전하면 흡기밸브는 6번 열리게 된다.
4행정 사이클 기관
크랭크축 2회전 시 피스톤이 상·하·상·하로 4번(행정) 움직이며 사이클을 완성하는 기관이다. 이 과정 동안 흡입, 압축, 폭발, 배기가 모두 완료됨으로써 동력을 전달하는 내연기관으로서 자동차용 엔진에 사용된다.

14 결합에 사용되는 기계요소만으로 옳게 묶인 것은?

① 관통 볼트, 묻힘 키, 플랜지 너트, 분할 핀
② 삼각나사, 유체 커플링, 롤러 체인, 플랜지
③ 드럼 브레이크, 공기 스프링, 웜 기어, 스플라인
④ 스터드 볼트, 테이퍼 핀, 전자 클러치, 원추 마찰차

해설
② 롤러 체인 : 동력전달용 기계요소
③ 드럼 브레이크 : 제동용, 공기스프링 : 완충용, 웜 기어와 스플라인 : 동력전달용 기계요소
④ 전자 클러치, 원추 마찰차 : 동력전달용 기계요소

15 폭 30[mm], 두께 20[mm], 길이 60[mm]인 강재의 길이 방향으로 최대 허용하중 36[kN]이 작용할 때 안전계수는?(단, 재료의 기준 강도는 240[MPa]이다)

① 2　　　　　　② 4
③ 8　　　　　　④ 12

해설

$$S = \frac{극한강도(\sigma_u)}{허용응력(\sigma_a)} = \frac{240 \times 10^6 \, [\text{Pa}]}{\dfrac{36,000 \, [\text{N}]}{0.03 \, [\text{m}] \times 0.02 \, [\text{m}]}} = 4$$

따라서 안전율은 4이다.

16 다음 설명에 해당하는 주철은?

> • 주철의 인성과 연성을 현저히 개선시킨 것으로 자동차의 크랭크축, 캠축 및 브레이크 드럼 등에 사용된다.
> • 용융 상태의 주철에 Mg합금, Ce, Ca 등을 첨가한다.

① 구상흑연주철
② 백심가단주철
③ 흑심가단주철
④ 칠드주철

해설
구상흑연주철 : 주철 속 흑연이 완전히 구상이고 그 주위가 페라이트 조직으로 되어 있는데 이 형상이 황소의 눈과 닮았다고 해서 불스아이 주철로도 불린다. 일반 주철에 Ni(니켈), Cr(크롬), Mo(몰리브덴), Cu(구리)를 첨가하여 재질을 개선한 주철로 내마멸성, 내열성, 내식성이 매우 우수하여 자동차의 크랭크축이나 캠축, 브레이크용 재료로 사용된다.
흑연을 구상화하는 방법
황(S)이 적은 선철을 용해한 후 Mg, Ce, Ca 등을 첨가하여 제조하는데, 흑연이 구상화되면 보통 주철에 비해 강력하고 점성이 강한 성질을 갖게 한다.

17 친환경가공을 위하여 최근 절삭유 사용을 최소화하는 가공방법이 도입되고 있다. 이에 대한 설명으로 옳지 않은 것은?

① 건절삭(Dry Cutting)법으로 가공한다.
② 절삭속도는 가능하면 느리게 하여 가공한다.
③ 공기-절삭유 혼합물을 미세 분무하며 가공한다.
④ 극저온의 액체질소를 공구-공작물 접촉면에 분사하며 가공한다.

해설
절삭속도를 느리게 하면 공작물을 깎는 속도가 느리다는 것이므로 가공시간이 늘어나서 절삭유는 그 시간만큼 더 공급되어야 한다.

18 플라이휠(Flywheel)에 대한 설명으로 옳은 것만을 모두 고르면?

> ㄱ. 회전모멘트를 증대시키기 위해 사용된다.
> ㄴ. 에너지를 비축하기 위해 사용된다.
> ㄷ. 회전 방향을 바꾸기 위해 사용된다.
> ㄹ. 구동력을 일정하게 유지하기 위해 사용된다.
> ㅁ. 속도 변화를 일으키기 위해 사용된다.

① ㄱ, ㄹ   ② ㄴ, ㄷ
③ ㄴ, ㄹ   ④ ㄷ, ㅁ

해설
플라이휠은 자동차 엔진이나 모터, 펌프와 연결된 동력전달 요소와 함께 부착하는 원형의 쇳덩이이다. 중량의 물체인 이 플라이휠은 전달받은 동력을 관성력의 형태로 에너지를 비축하거나 구동력을 일정하게 유지시키는 역할을 한다. 펌프의 경우 펌프 회전축에 플라이휠을 설치하여 펌프의 급격한 속도 변화를 방지한다.

플라이휠(Flywheel)

19 화학공업, 식품설비, 원자력산업 등에 널리 사용되는 오스테나이트계 스테인리스 강재에 대한 설명으로 옳은 것은?

① STS304L은 STS304에서 탄소 함유량을 낮춘 저탄소강으로 STS304보다 용접성, 내식성, 내열성이 우수하다.

② STS316은 STS304 표준조성에 알루미늄을 첨가하여 석출경화성을 부여한 것으로 STS304보다 내해수성이 우수하다.

③ STS304는 고크롬계 스테인리스강에 니켈을 8[%] 이상 첨가한 것으로 일반적으로 자성을 가진다.

④ STS304, STS316은 체심입방구조의 강재로 가공성은 떨어지지만 내부식성이 우수하다.

STS는 STainless Steel의 약자이며 뒤의 숫자는 계열을 의미하므로 큰 의미를 둘 필요는 없다.
STS 304L은 STS 304에서 탄소의 함량을 줄인 것으로 뒤에 붙은 L은 'Low Carbon'의 약자이다. STS 304보다 용접성과 내식성, 내열성이 우수하나 강도는 떨어진다.

• STS 304 : STainless Steel
 – 오스테나이트계 스테인리스강
 – 면심입방격자이며 자성이 없고 열처리로 경화되지 않는다.
 – 일반적으로 많이 사용되는 스테인리스강이다.

• STS 304L
 – 오스테나이트계 스테인리스강
 – 면심입방격자이며 자성이 없고 열처리로 경화되지 않는다.
 – STS 304의 탄소 함유량을 최저로 줄인 강으로 강도는 떨어진다.
 – STS 304보다 입계부식에 강한 편이다.
 – STS 304보다 용접성과 내식성, 내열성이 우수하다.

• STS 316
 – 오스테나이트계 스테인리스강
 – 면심입방격자이며 자성이 없고 열처리로 경화되지 않는다.
 – STS 304보다 내식성과 내산성이 우수하다.
 – STS 304에 Mo(몰리브덴)을 첨가한 강이다.
 – STS 304보다 강도가 약하다.

• STS 316L
 – 오스테나이트계 스테인리스강
 – 면심입방격자이며 자성이 없고 열처리로 경화되지 않는다.
 – STS 316의 탄소 함유량을 최저로 줄인 강으로 강도는 떨어진다.
 – STS 316보다 입계부식에 강한 편이다.

20 다음 용접방법 중 모재의 열변형이 가장 적은 것은?

① 가스용접법
② 서브머지드 아크용접법
③ 플라스마용접법
④ 전자 빔용접법

전자 빔용접은 열원인 전자빔을 국부적으로 용접 모재에 가하기 때문에 열변형이 가장 적다.
전자 빔용접
고밀도로 집속되고 가속화된 전자 빔을 높은 진공($10^{-4} \sim 10^{-6}$[mmHg]) 속에서 용접물에 고속도로 조사시키면 빛과 같은 속도로 이동한 전자가 용접물에 충돌하면서 전자의 운동에너지를 열에너지로 변환시켜 국부적으로 고열을 발생시키는데, 이때 생긴 열원으로 용접부를 용융시켜 용접하는 방식이다. 텅스텐(3,410[℃])과 몰리브덴(2,620[℃])과 같이 용융점이 높은 재료의 용접에 적합하다.

① 가스용접 : 주로 산소-아세틸렌 가스를 열원으로 하여 용접부를 용융하면서 용가재를 공급하여 접합시키는 용접법으로 그 종류에는 사용하는 연료가스에 따라 산소-아세틸렌 용접, 산소-수소용접, 산소-프로판 용접, 공기-아세틸렌 용접 등이 있다. 산소-아세틸렌 가스의 불꽃온도는 약 3,430[℃]이다.

② 서브머지드 아크용접 : 용접 부위에 미세한 입상의 플럭스를 용제호퍼를 통해 다량으로 공급하면서 도포하면 용접선과 나란히 설치된 레일 위를 주행대차가 지나가면서 와이어 릴에 감겨 있는 와이어를 이송 롤러를 통해 용접부로 공급시키면 플럭스 내부에서 아크가 발생하는 자동용접법이다. 이때 아크가 플럭스 속에서 발생되므로 불가시 아크용접, 잠호용접, 개발자의 이름을 딴 케네디 용접, 그리고 이를 개발한 회사의 상품명인 유니언 멜트용접이라고도 한다. 용접봉인 와이어의 공급과 이송이 자동이며 용접부를 플럭스가 덮고 있으므로 복사열과 연기가 많이 발생하지 않는다.

③ 플라스마 아크용접 : 높은 온도를 가진 플라스마를 한 방향으로 모아서 분출시키는 것을 일컬어 플라스마 제트라고 한다. 이를 이용하여 용접이나 절단에 사용하는 용접방법으로 설비비가 많이 드는 단점이 있다.

2018년 서울시 제1회 기계일반

01 담금질 강의 냉각조건에 따른 변화조직에 해당하지 않는 것은?

① 시멘타이트
② 트루스타이트
③ 소르바이트
④ 마텐자이트

해설

시멘타이트는 강을 강화시키고자 열을 가한 후 급랭시켰을 때 만들어지는 최종 단계의 조직으로 기존의 시멘타이트를 급랭시키더라도 다른 조직으로 변화되지 않는다.

02 판의 두께 16[mm], 리벳의 지름 16[mm], 리벳의 구멍지름 17[mm], 피치 64[mm]인 1줄 리벳 겹치기 이음에서 판의 효율은?

① 70.5[%]
② 71.7[%]
③ 73.4[%]
④ 75.0[%]

해설

리벳 이음에서 강판의 효율(η)을 구하므로, d = 리벳의 구멍지름을 적용한다.
일반적으로 리벳의 지름과 구멍지름이 같은 문제가 주로 출제되었으나, 리벳의 구멍지름이 따로 주어진 경우는 구멍지름으로 강판의 효율에 대입해야 한다.

$$\eta = \left(1 - \frac{\text{리벳 구멍지름}}{p} \right) \times 100[\%]$$

$$= \left(1 - \frac{17[\text{mm}]}{64[\text{mm}]} \right) \times 100[\%]$$

$$\fallingdotseq 73.4[\%]$$

03 큐폴라(Cupola)의 용량에 대한 설명으로 가장 옳은 것은?

① 1회에 용해할 수 있는 구리의 무게를 [kg]으로 표시한다.
② 1시간에 용해할 수 있는 구리의 무게를 [kg]으로 표시한다.
③ 1회에 용해할 수 있는 쇳물의 무게를 [ton]으로 표시한다.
④ 1시간에 용해할 수 있는 쇳물의 무게를 [ton]으로 표시한다.

해설

큐폴라(= 용선로) : 주철을 용해하는 대표적인 용해로이며 내부는 강판 위에 내열벽돌로 채워진 형태이다. 최근 전기로의 보급으로 많이 사용되지는 않으나 설치비가 적고 짧은 시간에 많은 양을 용해할 수 있어서 지속적으로 사용되고 있는 용해로이다.

• 큐폴라의 용해능력 : 1시간당 용해할 수 있는 쇳물의 양을 [ton]으로 표시한다[ton/h].
• 큐폴라의 특징
 - 노의 구조가 간단하다.
 - 설치비가 적고 유지보수가 쉽다.
 - 짧은 시간에 많은 양을 용해할 수 있다.
 - 장시간의 연속조업이 가능하므로 대량 생산에 적합하다.
 - 재료가, 연료인 코크스와 직접 접촉하므로 열효율이 높다.

04 원형 소재의 테이퍼절삭에 가장 적합한 공작기계는?

① 선 반
② 밀링머신
③ 보링머신
④ 드릴링머신

> **해설**
> 원형의 가공물을 선반의 척에 고정시킨 후 회전시킨 후 바이트가
> 장착된 공구대를 회전시켜 다음 그림처럼 가공하면 테이퍼가공이
> 완성된다.

[테이퍼가공]

05 4행정 사이클 기관에서 2사이클을 진행하면 크랭크축
은 몇 회전하는가?

① 2회전
② 4회전
③ 6회전
④ 8회전

> **해설**
> 4행정 사이클은 2회전 할 때 1과정의 사이클(흡입 → 압축 → 폭발
> → 배기)이 완성된다. 따라서 1사이클이 2회전이므로, 2사이클은
> 4회전이 된다.

06 유니파이 보통나사에 대한 설명으로 가장 옳은 것은?

① 산의 각도 55° – 기밀유지용 나사
② 산의 각도 60° – 기호 UNC
③ 산의 각도 55° – 1인치 내 산의 수로 표시
④ 산의 각도 60° – 미터 단위 표시

> **해설**
> 유니파이 나사의 나사산 각도는 60°이다.
> • 유니파이 보통나사의 기호 : UNC
> • 유니파이 가는나사의 기호 : UNF

07 전단금형에서 펀치와 다이의 틈새가 작을 경우 발생하
는 현상에 대한 설명으로 가장 옳은 것은?

① 금형의 파손 가능성이 적다.
② 전단 날의 마모가 적다.
③ 파단면의 각도가 커진다.
④ 제품의 정도가 향상된다.

> **해설**
> 전단가공 시 펀치와 다이 간 틈새가 작으면 정확한 치수의 절단이
> 가능하므로 제품의 정도(정밀도)는 더욱 향상된다.

08 공작기계인 선반의 구조에서 공구대를 포함하는 부분
은?

① 왕복대
② 심압대
③ 주축대
④ 베 드

> **해설**
> 선반에서 공구대는 왕복대 위에 설치되어 있다. 왕복대는 새들과
> 에이프런, 공구대, 복식공구대를 장착하고 있는 하나의 기계모듈로
> 왕복대의 맨 위에 장착된 공구대에 바이트를 장착한 후 절삭을 위해
> 공작물로 이송시키는 역할을 한다.

09 회전수 400[rpm], 이송량 2[mm/rev]로 120[mm] 길
이의 공작물을 선삭가공할 때 걸리는 가공시간은?

① 7초
② 9초
③ 11초
④ 13초

> **해설**
> $$T = \frac{\text{가공할 길이}}{\text{회전수} \times \text{이송속도}} = \frac{120[\text{mm}]}{400[\text{rev/min}] \times 2[\text{mm/rev}]}$$
> $$= 0.15[\text{min}] = 0.15 \times 60[\text{s}] = 9[\text{s}]$$
> 따라서 절삭시간은 9초가 된다.
> 선반가공의 가공시간(T)을 구하는 식
> $$T = \frac{l}{n \cdot f} = \frac{\text{가공할 길이[mm]}}{\text{회전수[rpm]} \times \text{이송속도[mm/rev]}}$$

10 진원도를 측정하는 방법 중 측정한 도형을 n등분하여 구한 평균원의 중심을 기준으로 외접원과 내접원의 반경 차를 진원도로 결정하는 방법은?

① 최소 영역중심법　　② 최소 외접원중심법
③ 최대 내접원중심법　　④ 최소 자승중심법

해설

최소 자승중심법(LSC ; Least Square Center) : 측정한 도형의 중심으로부터 충분한 수의 선을 반지름 방향으로 그려서 n등분한 후에 평균원을 구한 뒤 그 중심을 기준으로 외접원과 내접원의 반지름 차를 진원도로 결정하는 방법
진원도(Roundness) : 둥근 형상의 물체가 기준원인 진원에서 벗어난 정도를 말하는데 그 측정법에는 크게 직경법과 3점법, 반경법이 있다. 반경법의 종류에 최소 영역중심법, 최소 외접원중심법, 최대 내접원중심법, 최소 자승중심법이 있다.

11 재료의 재결정온도보다 높은 온도에서 가공하는 열간 가공의 특징으로 가장 옳은 것은?

① 치수 정밀도 저하
② 큰 변형응력 요구
③ 정밀한 치수
④ 가공경화로 인한 강도 상승

해설

열간가공은 냉간가공에 비해 거칠기 때문에 치수 정밀도는 떨어진다.
냉간가공과 열간가공의 차이점

구 분	냉간가공	열간가공
가공온도	재결정온도 이하	재결정온도 이상
표면거칠기 정도	우수하다.	냉간가공에 비해 거칠다.
치수 정밀도	높다.	낮다.
가공동력	많이 든다.	적게 든다.
가공경화	가공경화로 강도가 증가한다.	가공경화가 발생하지 않는다.

• 냉간가공 : 재결정온도 이하의 온도에서 가공하는 방법으로 강의 조직은 치밀해지나 가공이 진행될수록 내부에 변형이 일어나서 점성이 감소하는 단점이 있다. 약 200~300[℃] 부근에서는 청열 취성이 발생하므로 이 온도 구간에서는 가공을 피해야 한다. 경량의 형강이 주로 냉간가공으로 제조된다.
• 열간가공 : 재결정온도 이상의 온도에서 가공하는 방법으로 강재를 최종 치수로 마무리 작업을 하는 경우에 사용된다.
• 재결정온도 : 냉간가공과 열간가공을 구분하는 온도이다.

12 4개의 케이블로 지탱되고 있는 자중 500[kgf]의 엘리베이터에 몸무게 80[kgf]인 성인 남자 6명이 동시 탑승하였다. 이때 각 케이블에 작용하는 응력의 크기는? (단, 케이블의 단면적은 10^4[mm²]이다)

① 245[kgf/m²]
② 2,401[kgf/m²]
③ 24,500[kgf/m²]
④ 240,100[kgf/m²]

해설

$$응력(\sigma) = \frac{F}{A} = \frac{500[\text{kgf}] + (80[\text{kgf}] \times 6)}{4 \times (10^4 \times 10^{-6})[\text{m}^2]} = \frac{980[\text{kgf}]}{0.04[\text{m}^2]}$$
$$= 24,500[\text{kgf/m}^2]$$

13 단면적이 250[mm²]이고 표점 길이가 25[cm]인 원형 단면을 가진 재료시편의 탄성계수 E를 측정하기 위해 탄성범위 내에서 500[kN]의 인장력을 가하였을 때 변형된 길이가 5[mm]였다면 이 재료의 선형 탄성계수는?

① 100[kPa]　　② 100[GPa]
③ 2[kPa]　　④ 2[GPa]

해설

재료의 늘어난 길이인 변형량(δ)을 구하는 식을 이용한다.
$$변형량(\delta) = \frac{PL}{AE}$$
$$E = \frac{500 \times 10^3[\text{N}] \times 0.25[\text{m}]}{250[\text{m}^2] \times 10^{-6} \times 0.005[\text{m}]} = 100 \times 10^9[\text{N/m}^2]$$
$$= 100[\text{GPa}]$$

14 보기와 같이 호스 단면의 직경 $D_1 = 4$[cm], 노즐 단면의 직경 $D_2 = 2$[cm]인 소방호스가 있다. 이 호스를 통하여 초속 1[m/s]의 물을 대기 중으로 분출하기 위해 필요한 소방호스 내부 수압을 설명한 것으로 가장 옳은 것은?(단, 호스 내부의 마찰손실과 대기압은 무시하며 물의 밀도는 1,000[kg/m^3]이다)

┤보기├

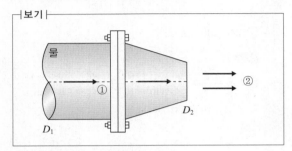

① 200~300[Pa] 범위의 값이다.
② 300~400[Pa] 범위의 값이다.
③ 400~500[Pa] 범위의 값이다.
④ 500~600[Pa] 범위의 값이다.

해설

• 연속방정식에 대입한다.

$$A_1 v_1 = A_2 v_2$$

$$\frac{\pi \times (0.04[\text{m}])^2}{4} \times v_1 = \frac{\pi \times (0.02[\text{m}])^2}{4} \times 1[\text{m/s}]$$

$$0.0016[\text{m}^2] \times v_1 = 0.0004[\text{m}^2] \times [\text{m/s}]$$

$$v_1 = \frac{0.0004}{0.0016} \times 1[\text{m/s}] = 0.25[\text{m/s}]$$

• 베르누이 방정식을 이용한다.

$$\frac{P_1}{\gamma} + \frac{v_1^2}{2g} + z_1 = \frac{P_2}{\gamma} + \frac{v_2^2}{2g} + z_2, \text{ 양변에 } \gamma = \rho g \text{를 곱한다.}$$

z_1과 z_2는 같으므로 소거된다.

$$P_1 + \frac{\rho v_1^2}{2} = P_2 + \frac{\rho v_2^2}{2}, \quad P_2 : \text{대기압은 무시한다.}$$

$$P_1 + \frac{1,000 \times (0.25)^2}{2} = \frac{1,000 \times 1^2}{2}$$

$$P_1 = \frac{1,000 - 62.5}{2} = 468.75[\text{Pa}]$$

15 유체기계 사용 시 점성을 동반하는 유체 유동의 동점성계수(Kinematic Viscosity)를 설명한 것이다. 옳은 것을 보기에서 모두 고른 것은?

┤보기├

ㄱ. 유체의 압력을 밀도로 나눈 값이다.
ㄴ. 유체의 점성계수(Coefficient of Viscosity)를 밀도로 나눈 값이다.
ㄷ. 단위는 [Poise(P)]이다.
ㄹ. 단위는 [Stoke(St)]이다.

① ㄱ, ㄷ
② ㄱ, ㄹ
③ ㄴ, ㄷ
④ ㄴ, ㄹ

해설

ㄴ. 동점성계수 : $\nu = \dfrac{\mu}{\rho}$ [stokes]

ㄹ. 동점성계수의 단위 : 1[stokes] = $1[\text{cm}^2/\text{s}]$
$\qquad\qquad\qquad\qquad\qquad = 100[\text{centistokes (cSt)}]$

동점성계수(ν) : 유체가 유동할 때 밀도를 고려한 점성계수로 점성계수를 유체가 가진 밀도로 나눈 값이다.

16 인발가공(Drawing)에 대한 설명 중 가장 옳은 것은?

① 다이의 구멍보다 작은 일정한 단면의 소재를 구멍의 크기와 모양으로 줄이는 가공이다.

② 압출력에 의한 소성변형가공이다.

③ 와이어 드로잉 머신에서는 직경 약 5[mm] 이상의 선을 뽑을 수 있다.

④ 냉간 인발은 가공에 큰 힘이 소요되지 않으며 가는 재료의 가공에 사용된다.

해설

인발가공에서 냉간 인발은 가공에 큰 힘이 소요되지 않고 직경이 가는 재료의 가공에 주로 사용한다.

① 다이 구멍보다 큰 단면의 소재를 구멍의 크기와 모양으로 단면적을 감소시키면서 제품을 뽑아낸다.

② 인발은 재료에 인장력을 가하는 가공이다. 압축력에 의한 가공은 압출이다.

③ 와이어 드로잉머신은 일반적으로 출구 직경을 5[mm] 이하의 Wire(선재)를 뽑는다.

인발가공

다이 구멍 안에 있는 금속재료를 구멍 밖으로 잡아당겨 단면적을 줄이면서 선이나 봉, 관 등의 제품을 뽑아내는 가공법이다. 재료의 인장력을 이용하는데 상온에서 점진적으로 제품의 단면을 줄이는 방법이 주로 사용된다.

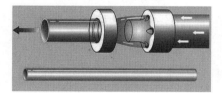

17 유체 경계층(Boundary Layer)에 대한 설명으로 가장 옳은 것은?

① 정상 유동과 비정상 유동의 경계를 이루는 층

② 층류영역과 난류영역의 경계를 이루는 층

③ 점성 유동영역과 비점성유동 영역의 경계를 이루는 층

④ 아음속 유동과 초음속 유동 사이의 변화에 의해 발생하는 층

해설

경계층 : 유체가 흐를 때 물체 표면과의 마찰로 인하여 표면에 생성되는 층으로 점성 유동영역과 비점성 유동영역의 경계를 나타낸다.

18 원통 내면에 대한 가공방법 중 호닝이 연삭에 비해 우수한 점이 아닌 것은?

① 열에 의한 변질층이 적다.

② 내마멸성과 윤활성이 우수한 다듬질면을 얻을 수 있다.

③ 가공능률이 높다.

④ 가공에 의한 표면 변질이 적다.

해설

호닝가공은 주로 원형 제품에서 내면의 가공하므로 회전속도를 낮추어서 가공해야 하므로 가공능률은 연삭에 비해 떨어진다.

호닝(Honing)가공

드릴링, 보링, 리밍 등으로 1차 가공한 재료를 더욱 정밀하게 연삭하는 가공법으로 각봉 형상의 세립자로 만든 공구를 공작물에 스프링이나 유압으로 접촉시키면서 회전운동과 왕복운동을 동시에 주어 매끈하고 정밀한 제품을 만드는 가공법이다. 주로 내연기관의 실린더와 같이 구멍의 진원도와 진직도, 표면거칠기 향상을 위해 사용한다.

19 프레스 베드에 놓인 성형 다이 위에 블랭크를 놓고, 위 틀에 채워져 있는 고무 탄성에 의해 블랭크를 아래로 밀어 눌러 다이의 모양으로 성형하는 방법은?(단, 판 누르개의 역할을 하는 부판은 없다)

① 게링법
② 마폼법
③ 하이드로폼법
④ 스탬핑법

게링법(Guering Process) : 판재를 다이 위에 놓고 고무 펀치로 압입하여 성형하는 방법
② 마폼법 : 판재를 다이 위에 놓고 고무를 채운 리테이너를 하강시 키면서 펀치를 밀어 넣어 성형하는 방법
③ 하이드로포밍 : 강관이나 알루미늄 압축튜브를 소재로 사용하 며, 내부에 액체를 넣고 강한 압력을 가하여 복잡한 형상의 제품 을 성형하는 제조방법
④ 스탬핑법 : 재료에 펀치를 이용해 제품을 가공하는 각인방식의 가공방법이다. 그 종류에는 코이닝, 엠보싱 등이 있다.

20 수면에 떠 있는 선체의 저항 측정시험과 풍동실험을 통해 자동차 공기저항 측정시험을 하고자 한다. 이때 모형 과 원형 사이에 서로 역학적 상사를 이루려면 두 시험에 서 공통적으로 고려해야 하는 무차원수는?

① 마하수(Ma)
② 레이놀즈수(Re)
③ 오일러수(Eu)
④ 프루드수(Fr)

자유표면(수면)이 존재할 경우 프루드수나 레이놀즈수가 같아야 역학적 상사성이 존재하지만, 자동차의 풍동시험의 경우 수면이 존재하지 않는 유체의 흐름이므로 자유표면이 없으면 레이놀즈수가 모형과 원형의 값이 같아야 한다. 따라서 선체와 자동차 풍동시험은 공통적으로 레이놀즈수가 같은지의 여부를 역학적 상사를 이루기 위해 고려해야 한다.
상사성(Similarity) : 모형시험을 할 때 모형(프로토타입 모델)이 원형에 대해 가져야 할 조건
① 마하수 : 유체의 유동속도와 음속의 비를 나타내는 용어로서 무차원 수이다.
③ 오일러수 : 유체의 압력 변화와 밀도와 유체의 속도 간 관계를 나타낸 무차원수이다.
④ 프루드수(Froude Number) : 유체 유동을 관성과 중력의 비로 나타내는 무차원수로 유동의 역학적 상사성을 판단하기 위해 사용한다. 자유표면 유동 해석에 중요한 영향을 미친다.

2018년 서울시 제2회 기계일반

01 점도 μ와 동점도 ν에 대한 설명으로 옳은 것을 보기에서 모두 고른 것은?

─┤보기├─

ㄱ. 공기의 점도는 온도가 증가하면 증가한다.
ㄴ. 물의 점도는 온도가 증가하면 감소한다.
ㄷ. 동점도의 단위는 [m²/s]이다.
ㄹ. 점도의 단위는 [N/(m·s)]이다.

① ㄱ, ㄴ, ㄷ
② ㄱ, ㄴ, ㄹ
③ ㄱ, ㄷ, ㄹ
④ ㄴ, ㄷ, ㄹ

해설

점도(Viscosity, 점성계수)인 μ의 단위는 $[N \cdot s/m^2] = [Pa \cdot s]$이다.
따라서 "ㄹ"은 틀린 표현이다.
동점성계수(Dynamic Viscosity)

$\nu = \dfrac{\mu}{\rho} \, [m^2/s, \ cm^2/s]$

02 화학기상증착법(CVD ; Chemical Vapor Deposition)에 대한 설명으로 가장 옳지 않은 것은?

① 화학반응 또는 가스분해에 의해 가열된 기판 표면 위에 박막을 성장시키는 공정이다.
② CVD는 인(P) 불순물이 섞인 이산화규소처럼 도핑된 SiO_2의 층을 만드는 데 사용될 수 있다.
③ 일반적으로 화학기상증착에 의해 생성된 실리콘 산화물 막의 밀도와 기판에 대한 접합성은 열산화에 의해 생성된 것보다 우수하다.
④ 반도체 웨이퍼 공정에 이산화실리콘, 질화실리콘 및 실리콘 층을 추가하기 위해 널리 사용된다.

해설

열산화물막 방법의 물성치가 좋으며 모든 면에 고르게 증착되나 CVD는 작업하는 면만 가능한 특성을 가지므로 열산화물막 방법의 접합성이 화학기상증착(CVD)법보다 더 우수한다.
• 산화물막이란 공정 중 발생하는 불순물로부터 실리콘의 표면을 보호하는 막이다.
• 산화물막 형성방법
 - 열산화물 방법 : 1,000[℃] 내외의 고온에서 얇고 균일하게 산화막 형성
 - 전기 화학적 산화
 - 화학적 기상 증착법
 - 플라스마 화학 기상 증착법

03 한계 게이지 중 플러그 게이지의 통과쪽과 정지쪽의 가공치수로 가장 옳은 것은?

	통과쪽	정지쪽
①	축의 최대 허용치수	축의 최소 허용치수
②	축의 최소 허용치수	축의 최대 허용치수
③	구멍의 최대 허용치수	구멍의 최소 허용치수
④	구멍의 최소 허용치수	구멍의 최대 허용치수

해설
플러그 게이지의 측정치수
• 통과측 : 구멍의 최소 허용치수
• 정지측 : 구멍의 최대 허용치수
한계게이지
허용할 수 있는 부품의 오차범위인 최대와 최소의 치수를 설정하고 제품치수가 그 공차범위 안에 드는지를 검사하는 측정기기이다. 그 종류에는 봉게이지, 플러그게이지, 스냅게이지 등이 있다.

04 1,000[K] 고온과 300[K] 저온 사이에서 작동하는 카르노 사이클이 있다. 한 사이클 동안 고온에서 50[kJ]의 열을 받고 저온으로 30[kJ]의 열을 방출하면서 일을 발생시킨다. 한 사이클 동안 이 열기관의 손실일(Lost Work)은?

① 5[kJ] ② 10[kJ]
③ 15[kJ] ④ 20[kJ]

해설
카르노 사이클에서 손실일은 열효율과 비교하여 방출한 열량(Q_L)을 구하면 된다.

$$\frac{Q_L}{Q_H} = \frac{T_L}{T_H}$$

$$\frac{Q_L}{50[\text{kJ}]} = \frac{300[\text{K}]}{1,000[\text{K}]}$$

$$Q_L = 50[\text{kJ}] \times \frac{300[\text{K}]}{1,000[\text{K}]} = 15[\text{kJ}]$$

05 다이캐스팅에 대한 설명으로 가장 옳지 않은 것은?

① 쇳물을 금형에 압입하여 주조하는 방법이다.
② 매끄러운 표면과 높은 치수 정확도를 갖는 제품을 생산할 수 있다.
③ 장치비용이 비싸지만 공정이 많이 자동화되어 있어 대량 생산에 경제적이다.
④ 용탕이 금형 벽에서 느리게 식기 때문에 주물은 미세 입자를 갖고, 중심부보다 강한 표면부를 형성한다.

해설
다이캐스팅 주조법은 용탕이 금형 벽에서 빨리 식는다.

06 펌프에 대한 설명으로 가장 옳지 않은 것은?

① 원심 펌프는 임펠러를 고속으로 회전시켜 양수 또는 송수한다.
② 터빈 펌프는 효율이 높아 비교적 높은 양정일 때 사용하는 원심 펌프이다.
③ 버킷 펌프(Bucket Pump)는 피스톤에 배수 밸브를 장치한 원심 펌프의 일종이다.
④ 벌류트 펌프(Volute Pump)는 날개차의 외주에 맴돌이형 실을 갖고 있는 펌프로 원심 펌프의 일종이다.

해설
버킷 펌프는 피스톤 펌프의 일종으로 예전 가정의 수돗가에 설치했던 우물장치를 생각하면 이해하기 쉽다.

07 부품의 잔류응력에 대한 설명으로 가장 옳지 않은 것은?

① 부품 표면의 압축잔류응력은 제품의 피로수명 향상에 도움이 된다.

② 풀림처리(Annealing)를 통해 잔류응력을 제거하거나 감소시킬 수 있다.

③ 부품 표면의 인장잔류응력은 부품의 피로수명과 피로강도를 저하시킨다.

④ 숏피닝(Shot Peening)이나 표면압연(Surface Rolling)을 통해 표면의 압축잔류응력을 제거할 수 있다.

해설

숏 피닝이나 롤러 버니싱 작업은 제품의 표면에 압축잔류응력을 부여함으로써 피로수명을 향상시킨다(2016년 지방직 기계일반 9급 10번 문제에도 비슷한 문제가 출제되었다).

※ 제품의 표면에 남아 있는 인장잔류응력은 피로수명과 파괴강도를 저하시킨다.

08 냉동기의 COP가 2이다. 저온부에서 1초당 5[kJ]의 열을 흡수할 때 고온부에서 방출하는 열량은?

① 5.5[kW] ② 6.5[kW]
③ 7.5[kW] ④ 8.5[kW]

해설

성적계수(COP ; Coefficient Of Performance)

$$\varepsilon_r = \frac{\text{저온체에서 흡수한 열량}}{\text{공급열량}} = \frac{Q_2}{Q_1 - Q_2}$$

$$2 = \frac{5[\text{kJ/s}]}{Q_1 - 5[\text{kJ/s}]}$$

$$2(Q_1 - 5[\text{kJ/s}]) = 5[\text{kJ/s}]$$

$$2Q_1 - 10[\text{kJ/s}] = 5[\text{kJ/s}]$$

$$2Q_1 = 15[\text{kJ/s}]$$

$$Q_1 = 7.5[\text{kJ/s}] = 7.5[\text{kW}]$$

냉동사이클의 성적계수(ε_r, 성능계수) : 냉동효과를 나타내는 기준이 되는 수치

$$\varepsilon_r = \frac{\text{저온체에서 흡수한 열량}}{\text{공급열량}} = \frac{Q_2}{Q_1 - Q_2}$$

$$= \frac{T_2}{T_1 - T_2} = \frac{\text{증발기}}{\text{응축기} - \text{증발기}}$$

여기서, T_1 : 고온

T_2 : 저온

09 연삭가공에 사용되는 숫돌의 경우 구성요소가 되는 항목을 표면에 표시하도록 규정하고 있다. 이 항목 중 숫자만으로 표시하는 항목은?

① 결합제
② 숫돌의 입도
③ 입자의 종류
④ 숫돌의 결합도

해설

연삭숫돌의 결합제와 결합도, 입자의 종류는 모두 알파벳 기호를 사용한다.

연삭숫돌의 표시기호

WA	60	K	m	V	1호
입자	입도	결합도	조직	결합제	숫돌 모양
205	x	19	x	15	
바깥 지름	x	두께	x	구멍 지름	

입도

입도란 숫돌입자의 크기를 숫자로 나타낸 것으로 연삭가공면의 표면 정밀도를 결정하는 주요 요소이다. 입도번호가 클수록 더 고운 입자임을 나타내는 수치이므로, 입도번호가 클수록 우수한 표면을 가진 제품을 얻을 수 있다.

연삭숫돌의 입도번호

구 분	거친 연마용	일반 연마용	정밀 연마용
입도번호	4~220	230~1,200	240~8,000

10 응력의 분포 상태가 국부적인 곳에서 큰 응력이 발생하는 현상을 응력집중(Stress Concentration)이라고 한다. 보기와 같이 작은 구멍이 있는 사각 형판에 인장하중이 작용할 때 단면상 응력이 가장 크게 발생하는 곳은?(단, 검은 점은 위치를 나타내기 위한 기호임)

┌ 보기 ├──

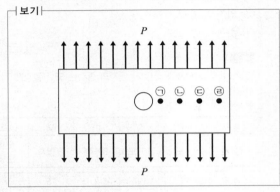

① ㄱ   ② ㄴ
③ ㄷ   ④ ㄹ

해설

응력은 구멍에서 가장 가까운 곳에 가장 크게 작용하므로 정답은 "ㄱ"이다.

응력집중계수$(\sigma_k) = \dfrac{\sigma_{max}}{\sigma_n}$

여기서, σ_n : 평균응력

단면의 형상별 응력 분포 상태

정상 단면	구멍 있는 단면	노치 있는 단면

11 원형 단면봉에 8[N/mm²]의 인장응력과 3[N/mm²]의 전단응력이 동시에 작용하고 있을 때, 최대 주응력[N/mm²]과 최대 전단응력[N/mm²] 값으로 가장 옳은 것은?

	최대 주응력	최대 전단응력
①	4	3
②	9	5
③	8	6
④	11	9

해설

최대 주응력설

최대 인장응력이나 최대 압축응력의 크기가 항복강도보다 클 경우 재료의 파손이 일어난다는 이론으로, 취성재료의 분리 파손과 가장 일치한다.

$$\sigma_{max} = \frac{1}{2}(\sigma_x + \sigma_y) + \frac{1}{2}\sqrt{(\sigma_x + \sigma_y)^2 + 4\tau_{xy}^2}$$

$$= \frac{1}{2}(8) + \frac{1}{2}\sqrt{(8)^2 + 4(3)^2}$$

$$= 4 + \frac{1}{2}\sqrt{64 + 36}$$

$$= 9$$

최대 전단응력설

최대 전단응력이 그 재료의 항복전단응력에 도달하면 재료의 파손이 일어난다는 이론으로 연성재료의 미끄럼 파손과 일치한다.

$$\tau_{max} = \frac{1}{2}\sigma_Y = \frac{1}{2}\sqrt{\sigma_x^2 + 4\tau^2}$$

$$= \frac{1}{2}\sqrt{8^2 + 4(3)^2}$$

$$= \frac{1}{2}\sqrt{64 + 36}$$

$$= 5$$

12 원통의 진원도, 축의 흔들림 등의 측정에 사용되는 비교 측정기로 가장 옳은 것은?

① 다이얼 게이지(Dial Gauge)
② 마이크로미터(Micrometer)
③ 버니어 캘리퍼스(Vernier Calipers)
④ 한계 게이지(Limit Gauge)

해설

다이얼 게이지를 선반의 베드 위에 설치한 후 원통이나 축을 척에 고정시킨 후 회전시켜 가면서 진원도나 축의 흔들림 정도를 측정할 수 있다. 진원도란 원형 측정물의 단면 부분이 진원으로부터 어긋남의 크기로서 그 측정방법에는 지름법과 반지름법이 있다.

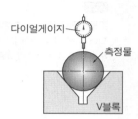

다이얼게이지
측정물
V블록

13 수평으로 놓여 있는 원형 파이프 내부의 완전 발달된 층류 유동에 대한 압력손실을 파이프의 길이 L, 파이프의 지름 D, 내부를 흐르는 유체의 점도 μ와 부피 유량 Q의 함수로 표시할 때 가장 옳지 않은 것은?

① 압력손실은 L에 비례한다.
② 압력손실은 D^2에 비례한다.
③ 압력손실은 μ에 비례한다.
④ 압력손실은 Q에 비례한다.

해설

하겐-푸아죄유 방정식에 의하면 원형관을 흐르는 유량, Q는 다음과 같다.

$$Q = \frac{\Delta p \pi D^4}{128\mu L}$$

여기서, Δp : 압력구배(압력차)
　　　　D : 관의 직경
　　　　μ : 점성계수
　　　　L : 관의 길이

그러므로 압력변화, $\Delta p = \dfrac{128\mu L Q}{\pi D^4}$ 로 변화시키면 위의 보기들의 오류 여부를 검토할 수 있다.

① 압력손실은 L에 비례한다(○).
② 압력손실은 D^2에 비례한다(×).
③ 압력손실은 μ에 비례한다(○).
④ 압력손실은 Q에 비례한다(○).

14 베어링 호칭번호가 '6204C2P6'일 경우, 이 번호로부터 알 수 있는 것에 해당하지 않는 것은?

① 형식번호
② 내경번호
③ 실드기호
④ 정밀도 등급

해설

• 6 : 형식번호
• 2 : 치수기호
• 04 : 베어링 안지름 번호, 20[mm]
• C2 : 내부 틈새기호
• P6 : 정밀 등급기호

베어링 호칭번호

형식번호	• 1 : 복렬 자동조심형 • 2, 3 : 상동(큰 너비) • 6 : 단열 홈형 • 7 : 단열 앵귤러 콘택트형 • N : 원통 롤러형
치수기호	• 0, 1 : 특별 경하중 • 2 : 경하중형 • 3 : 중간형
안지름번호	• 1~9 : 1~9[mm] • 00 : 10[mm] • 01 : 12[mm] • 02 : 15[mm] • 03 : 17[mm] • 04 : 20[mm] • 04부터는 5를 곱한다.
접촉각 기호	C
실드기호	• Z : 한쪽 실드 • ZZ : 안팎 실드
내부 틈새기호	C2
등급기호	• 무기호 : 보통급 • H : 상급 • P : 정밀등급 • SP : 초정밀급

15 나사풀림방지장치로 쓰이는 것을 보기에서 모두 고른 것은?

┤보기├

ㄱ. 고정 와셔　　　　ㄴ. 톱니붙이 와셔
ㄷ. 스프링 와셔　　　　ㄹ. 로크너트

① ㄱ, ㄹ　　　　　　② ㄱ, ㄴ, ㄷ
③ ㄴ, ㄷ, ㄹ　　　　④ ㄱ, ㄴ, ㄷ, ㄹ

해설

톱니붙이 와셔는 나사의 풀림방지와는 거리가 멀다.
나사의 풀림방지법
• 철사를 사용하는 방법
• 와셔를 사용하는 방법(스프링 와셔, 고정 와셔 등)
• 분할 핀을 사용하는 방법
• 로크너트를 사용하는 방법
• 멈춤나사를 이용하는 방법
• 자동 죔 너트를 사용하는 방법
• 플라스틱 플러그를 사용하는 방법

16 적은 내부 누설량을 무시하면 시스템 압력의 변동에 무관하게 펌프의 토출량이 일정한 특성을 갖는 펌프가 용적식 펌프(Positive Displacement Pump)이다. 용적식 펌프에 해당하지 않는 것은?

① 기어 펌프
② 임펠러 펌프
③ 베인 펌프
④ 피스톤 펌프

해설

임펠러 펌프는 유체에 에너지를 부여하는 터보형으로 분류된다.
임펠러 펌프 : 임펠러 날개가 케이싱 내부에
서 회전하면서 진공 상태를 만들면서 유체를
끌어들이고, 이 유체는 임펠러 날개로 담아
토출구로 배출시키는 펌프다.

17 용융금속이 응고할 때 수축이 불균일한 경우 응력이 발생하여 주물에 균열이 발생한다. 균열방지법에 대한 설명으로 가장 옳지 않은 것은?

① 각 부분의 온도 차이를 작게 한다.
② 주물을 급랭시키지 않는다.
③ 둥근 부분을 각을 갖도록 수정한다.
④ 주물의 두께 차이를 갑자기 변화시키지 않는다.

해설

주물 제품에 각이 진 부분이 있으면 그 부분으로 불순물들이 모이게 되어 작은 내부응력에도 쉽게 균열이 발생한다. 따라서 각이 진 부분을 둥글게 처리를 해 주어야 균열을 방지할 수 있다.

18 모터사이클(Motorcycle)의 현가시스템의 구성과 응답이 보기와 같을 때 이 시스템에 해당하는 감쇠비(Damping Ratio)로 가장 옳은 것은?

┤보기├
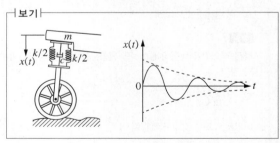

① $\zeta = 0$　　　　　　② $\zeta > 1$
③ $\zeta = 1$　　　　　　④ $0 < \zeta < 1$

해설

처음에 현가시스템에 가해진 충격량에 비해 주기를 가지고 점차 줄어들기 때문에 감쇠비는 $0 < \zeta < 1$ 범위 안에 있다고 볼 수 있다.
감쇠비(Damping Ratio)

$$\zeta(제타) = \frac{c(감쇠계수)}{2\sqrt{km}} = \frac{c}{2m\omega_n}, \ k : 강성$$

19 $\phi45 \, \mathrm{H7}\left(\phi45_{0}^{+0.024}\right)$인 구멍에 $\phi45 \, \mathrm{k6}\left(\phi45_{+0.003}^{+0.017}\right)$인 축을 끼워 맞춤할 때, 최대 틈새와 최대 죔새 중 가장 옳은 것은?

① 최대 틈새 : 0.021
② 최대 틈새 : 0.017
③ 최대 죔새 : 0.007
④ 최대 죔새 : 0.003

> **해설**

- 최대 틈새 = 구멍의 최대 허용치수 – 축의 최소 허용치수
  = 45.024 – 45.003 = 0.021
- 최대 죔새 = 축의 최대 허용치수 – 구멍의 최소 허용치수
  = 45.017 – 45 = 0.017

틈새와 죔새값 계산

최소 틈새	구멍의 최소 허용치수 – 축의 최대 허용치수
최대 틈새	구멍의 최대 허용치수 – 축의 최소 허용치수
최소 죔새	축의 최소 허용치수 – 구멍의 최대 허용치수
최대 죔새	축의 최대 허용치수 – 구멍의 최소 허용치수

20 유체의 흐름에 대한 저항이 작고 압력에도 강하여 발전소의 도입관 또는 상수도의 주관 등과 같이 지름이 큰 관이나 밸브를 자주 개폐할 필요가 없는 관에 주로 사용하는 밸브는?

① 스톱 밸브(Stop Valve)
② 체크 밸브(Check Valve)
③ 슬루스 밸브(Sluice Valve)
④ 스로틀 밸브(Throttle Valve)

> **해설**

게이트 밸브로도 불리는 슬루스 밸브는 유체 차단 막인 게이트로 흐름을 차단시키는 가장 일반적으로 밸브다. 유체의 흐름에 대한 저항이 적고 압력에 강해서 발전소의 도입관이나 상수도 주관과 같이 지름이 큰 관이나 자주 개폐할 필요가 없는 관의 밸브로 사용된다.
슬루스 밸브기호

2018년 지방직 고졸경채 기계일반

01 내식성과 내마멸성이 우수하여 도시가스 공급관, 수도용 급수관, 통신용 케이블관 등과 같이 매설용으로 널리 사용되는 관의 재료는?

① 고 무 ② 주 철
③ 구 리 ④ 강

해설
주철(Cast Iron)은 내식성과 내마멸성이 우수하여 수도용 급수관이나 가스 공급관, 케이블 매설용 관용재료로 사용된다. 순철에 2~6.67[%]의 탄소를 합금한 재료로 탄소 함유량이 많아서 단조작업이 곤란하므로 주조용 재료로 사용되는 철강재료이다.

02 파스칼의 원리에 대한 설명으로 옳은 것은?

① 밀폐된 용기 내부의 압력은 용기의 체적에 비례한다.
② 밀폐된 이상유체에 가한 압력은 용기의 벽에 수평 방향으로 작용한다.
③ 밀폐된 이상유체에 가한 압력은 밀도에 따라 다른 크기로 전달된다.
④ 밀폐된 이상유체에 가한 압력은 유체의 모든 부분과 용기의 모든 벽에 같은 크기로 작용한다.

해설
파스칼의 원리 : 밀폐된 용기 속에 있는 액체에 가한 압력은 그 액체가 접하는 모든 방향으로 같은 크기의 압력을 전달한다. 이는 유압잭의 원리로도 사용된다.
파스칼의 원리에 의해 $P_1 = P_2$ 이므로,

$$P_1 = \frac{F_1}{A_1} = \frac{F_1}{\frac{\pi D_1^2}{4}} = \frac{4F_1}{\pi D_1^2}$$

03 유체의 누설을 막기 위한 너트로 가장 적절한 것은?

① 나비 너트 ② 캡 너트
③ 사각 너트 ④ 아이 너트

해설
캡 너트 : 유체가 나사의 접촉면 사이의 틈새나, 볼트와 볼트 구멍의 틈으로 새어 나오는 것을 방지하는 목적으로 사용하는 너트
① 나비 너트 : 너트를 쉽게 조일 수 있도록 머리 부분을 나비의 날개 모양으로 만든 너트
③ 사각 너트 : 겉모양이 사각형으로 주로 목재에 사용하는 너트
④ 아이 너트 : 아이 볼트에서 볼트 부분을 너트로 대체한 결합요소

04 그림과 같이 접시 머리 나사를 이용하여 공작물을 체결하고자 할 때 나사머리가 들어갈 수 있게 가공하는 방법으로 가장 적절한 것은?

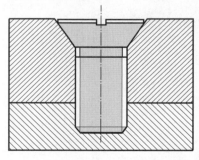

① 태 핑 ② 스폿 페이싱
③ 카운터 보링 ④ 카운터 싱킹

해설
카운터 싱킹 : 접시머리 나사의 머리가 완전히 묻힐 수 있도록 원뿔자리를 만드는 작업

1 ② 2 ④ 3 ② 4 ④ **정답**

05 열경화성 수지에 해당하지 않는 것은?

① 요소수지

② 페놀수지

③ 멜라민 수지

④ 폴리에틸렌 수지

> **해설**
>
> 열경화성 수지
>
> • 요소수지, 페놀수지, 멜라민 수지, 에폭시 수지, 폴리에스테르 등
> • 한 번 열을 가해 성형을 하면 다시 열을 가해도 형태가 변하지 않는 수지
>
> 열가소성 수지
>
> • 폴레에틸렌 수지, 폴리프로필렌, 폴리염화비닐 등
> • 열을 가해 성형한 뒤에도 다시 열을 가하면 형태를 변형시킬 수 있는 수지

06 체인을 이용하여 동력을 전달하는 방식에 대한 설명으로 옳지 않은 것은?

① 미끄럼이 없는 일정한 속도비를 얻을 수 있다.

② 진동과 소음의 발생 가능성이 크고 고속회전에 적당하지 않다.

③ 초기장력이 필요하며 베어링의 마찰손실이 발생한다.

④ 여러 개의 축을 동시에 구동할 수 있다.

> **해설**
>
> 체인전동장치는 초기 장력이 필요 없어서 베어링 마멸이 적고 정지 시 장력이 작용하지 않는다.
>
>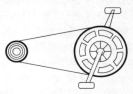
>
> 체인전동장치의 특징
>
> • 유지 및 보수가 쉽다.
> • 접촉각은 90° 이상이 좋다.
> • 체인의 길이를 조절하기 쉽다.
> • 내열이나 내유, 내습성이 크다.
> • 진동이나 소음이 일어나기 쉽다.
> • 축간거리가 긴 경우 고속전동이 어렵다.
> • 여러 개의 축을 동시에 작동시킬 수 있다.
> • 마멸이 일어나도 전동효율의 저하가 작다.
> • 큰 동력전달이 가능하며 전동효율이 90[%] 이상이다.
> • 체인의 탄성으로 어느 정도의 충격을 흡수할 수 있다.
> • 고속회전에 부적당하며 저속회전으로 큰 힘을 전달하는 데 적당하다.
> • 전달효율이 크고 미끄럼(슬립)이 없이 일정한 속도비를 얻을 수 있다.
> • 초기 장력이 필요 없어서 베어링 마멸이 적고 정지 시 장력이 작용하지 않는다.
> • 사일런트 체인은 정숙하고 원활한 운전과 고속회전이 필요할 때 사용되는 체인이다.

07 입도가 작고 연한 숫돌입자를 공작물 표면에 접촉시킨 후 낮은 압력과 미세한 진동을 주어 고정밀도의 표면으로 다듬질하는 가공방법은?

① 래 핑　　　　　　② 호 닝
③ 리 밍　　　　　　④ 슈퍼 피니싱

해설

슈퍼 피니싱(Super Finishing) : 입도와 결합도가 작은 숫돌을 공작물에 가볍게 누르고 매분당 수백~수천의 진동과 수 [mm]의 진폭으로 진동하면서 왕복운동을 하면서 공작물을 회전시켜 가공면을 단시간에 매우 평활한 면으로 다듬는 가공방법

① 래핑(Lapping) : 주철이나 구리, 가죽, 천 등으로 만들어진 랩(Lap)과 공작물의 다듬질할 면 사이에 랩제를 넣고 적당한 압력으로 누르면서 상대운동을 하면, 절삭입자가 공작물의 표면으로부터 극히 소량의 칩(Chip)을 깎아 내어 표면을 다듬는 가공법이다. 주로 게이지 블록의 측정면을 가공할 때 사용한다.

② 호닝(Honing) : 드릴링, 보링, 리밍 등으로 1차 가공한 재료를 더욱 정밀하게 연삭하는 가공법으로 각봉 형상의 세립자로 만든 공구를 공작물에 스프링이나 유압으로 접촉시키면서 회전운동과 왕복운동을 동시에 주어 매끈하고 정밀한 제품을 만드는 가공법이다. 주로 내연기관의 실린더와 같이 구멍의 진원도와 진직도, 표면거칠기 향상을 위해 사용한다.

③ 리밍(Reaming) : 드릴로 뚫은 구멍의 정밀도 향상을 위하여 리머 공구로 구멍의 내면을 다듬는 작업

08 전기저항용접(Electric Resistance Welding)이 아닌 것은?

① Forge Welding
② Seam Welding
③ Projection Welding
④ Spot Welding

해설

전기저항용접 : 심용접, 프로젝션 용접, 점용접, 업셋 용접, 플래시버트 용접, 방전충격용접

09 가솔린 기관 중 4행정 사이클 기관과 비교한 2행정 사이클 기관의 특징으로 옳지 않은 것은?

① 크랭크축 1회전 시 1회 폭발한다.
② 밸브기구가 필요하며 구조가 복잡하다.
③ 배기량이 같은 경우 큰 동력을 얻을 수 있다.
④ 혼합 기체가 많이 손실되며 효율이 떨어진다.

해설

2행정 사이클은 밸브기구가 필요하지 않다.
4행정 기관과 2행정 기관의 차이점

항 목	4행정 사이클	2행정 사이클
구 조	복잡하다.	간단하다.
제작단가	고가이다.	저가이다.
밸브기구	필요하다.	필요없다.
유효 행정	길다.	짧다.
열효율	높다.	낮다.
연료 소비율	2행정보다 적다.	4행정보다 많다.
체적효율	높다.	낮다.
회전력	불균일	균 일
마력당 기관 중량	무겁다.	가볍다.
동력 발생	크랭크축 2회전당 1회	크랭크축 1회전당 1회
윤활유 소비	적다.	많다.
동일 배기량 시 출력	작다.	크다.

10 절삭 시 발생하는 칩에 대한 설명으로 옳은 것만을 고른 것은?

> ㄱ. 칩이 공구의 날 끝에 붙어 원활하게 흘러가지 못하면 균열형 칩이 생성된다.
> ㄴ. 메짐성이 큰 재료를 저속으로 절삭하면 열단형 칩이 생성된다.
> ㄷ. 공구의 진행 방향 위쪽으로 압축되면서 불연속적인 미끄럼이 생기면 전단형 칩이 생성된다.
> ㄹ. 연성재료에서 절삭조건이 맞고 절삭저항 변동이 작으면 유동형 칩이 생성된다.

① ㄱ, ㄴ
② ㄱ, ㄷ
③ ㄴ, ㄹ
④ ㄷ, ㄹ

해설

ㄱ. 열단형 칩 : 칩이 날 끝에 달라붙어 경사면을 따라 원활히 흘러나가지 못해 공구에 균열이 생기고 가공 표면이 뜯겨진 것처럼 보인다.

ㄴ. 균열형 칩 : 주철과 같이 취성(메짐)이 있는 재료를 저속으로 절삭할 때 발생하며 가공면에 깊은 홈을 만들기 때문에 재료의 표면이 매우 불량해진다.

11 용접 부위에 공급된 용제 속에서 아크를 발생시켜 용접하는 방법은?

① 전기 아크용접
② 텅스텐 불활성 가스 아크용접
③ 서브머지드 아크용접
④ 이산화탄소 아크용접

해설

서브머지드 아크용접(SAW) : 용접 부위에 미세한 입상의 플럭스를 용제호퍼를 통해 다량으로 공급하면서 도포하면 용접선과 나란히 설치된 레일 위를 주행대차가 지나가면서 와이어 릴에 감겨 있는 와이어를 이송 롤러를 통해 용접부로 공급시키면 플럭스 내부에서 아크가 발생하는 자동용접법이다. 용접봉인 와이어의 공급과 이송이 자동이며 용접부를 플럭스가 덮고 있으므로 복사열과 연기가 많이 발생하지 않는다.

① 피복 금속 아크용접(= 전기 아크용접) : 보통 전기용접, 피복 아크용접이라고도 불리며, 피복제로 심선을 둘러쌓은 용접봉과 모재 사이에서 발생하는 아크열(약 6,000[℃])을 이용하여 모재와 용접봉을 녹여서 용접하는 용극식 용접법이다.

② TIG 용접(불활성 가스 텅스텐 아크용접) : Tungsten(텅스텐) 재질의 전극봉으로 아크를 발생시킨 후 모재와 같은 성분의 용가재를 녹여 가며 용접하는 특수용접법으로 불활성 가스 텅스텐 아크용접으로도 불린다. 용접 표면을 Inert Gas(불활성 가스)인 Ar(아르곤) 가스로 보호하기 때문에 용접부가 산화되지 않아 깨끗한 용접부를 얻을 수 있다.

④ 이산화탄소 아크용접 : Coil로 된 용접 와이어를 송급모터에 의해 용접토치까지 연속으로 공급시키면서 토치 팁을 통해 빠져 나온 통전된 와이어 자체가 전극이 되어 모재와의 사이에 아크를 발생시켜 접합하는 용극식 용접법이다.

12 다음 작업들을 수행하는 공통적인 목적으로 가장 적절한 것은?

> • 로크너트를 사용한다.
> • 스프링 와셔, 이붙이 와셔를 사용한다.
> • 볼트 끝부분에 구멍을 뚫어 분할핀을 장착한다.

① 전단응력의 감소
② 결합풀림의 방지
③ 결합모재의 보호
④ 응력집중의 방지

해설
로크너트, 와셔, 분할핀 등은 모두 결합된 나사의 풀림을 방지하는 역할을 하는 기계요소이다.
나사의 풀림방지법
• 철사를 사용하는 방법
• 와셔를 사용하는 방법(스프링 와셔, 고정 와셔 등)
• 분할 핀을 사용하는 방법
• 로크너트를 사용하는 방법
• 멈춤나사를 이용하는 방법
• 자동 죔 너트를 사용하는 방법
• 플라스틱 플러그를 사용하는 방법
분할핀
핀 전체가 두 갈래로 되어 있어 너트의 풀림방지나 핀이 빠져나오지 않게 하는 데 사용된다.

13 강의 표면경화 열처리 방법이 아닌 것은?

① 침탄법
② 화염경화법
③ 풀림법
④ 질화법

해설
풀림(Annealing)은 강의 일반 열처리로 재료의 내부까지 열처리하는 방법이다.
① 침탄법 : 순철에 0.2[%] 이하의 C가 합금된 저탄소강을 목탄과 같은 침탄제 속에 완전히 파묻은 상태로 약 900~950[℃]로 가열하여 재료의 표면에 C(탄소)를 침입시켜 고탄소강으로 만든 후 급랭시킴으로써 표면을 경화시키는 열처리법이다. 기어나 피스톤 핀을 표면경화할 때 주로 사용된다. 액체침탄법은 재료 표면의 내마모성 향상을 위해 KCN(시안화칼륨), NaCN(시안화나트륨), 시안화소다 등을 750~900[℃]에서 30분~1시간 침탄시키는 표면경화법이다.
② 화염경화법 : 산소 – 아세틸렌 가스 불꽃으로 강의 표면을 급격히 가열한 후 물을 분사시켜 급랭시킴으로써 담금질성 있는 재료의 표면을 경화시키는 방법이다.
④ 질화법 : 암모니아(NH₃) 가스 분위기(영역) 안에 재료를 넣고 500[℃]에서 50~100시간을 가열하면 재료 표면에 Al, Cr, Mo 원소와 함께 질소가 확산되면서 강재료의 표면이 단단해지는 표면경화법이다. 내연기관의 실린더 내벽이나 고압용 터빈날개를 표면경화할 때 주로 사용된다.

14 내부조직이 치밀하고 강인한 작은 기어나 나사를 대량 생산할 때 사용하는 가공 방법으로 가장 적절한 것은?

① 전조 가공
② 호빙 머신 가공
③ 기어 셰이퍼(Shaper) 가공
④ 기어 셰이빙(Shaving)

해설

전조가공(Form Rolling)
두 개 또는 그 이상의 다이나 롤러 사이에 재료나 공구 또는 재료와 공구를 함께 회전시켜 재료 내·외부에 공구의 표면 형상을 새기는 특수압연법이다.
전조가공의 특징
• 강인한 조직을 얻을 수 있다.
• 가공속도가 빨라서 대량 생산에 적합하다.
• 나사가공이나 기어 제작에도 사용이 가능하다.
• 절삭 칩이 발생하지 않아 표면이 깨끗하고 재료의 소실이 거의 없다.

15 재료 시험방법에 대한 설명으로 옳지 않은 것은?

① 인장시험은 축 방향으로 잡아당기는 힘에 대한 재료의 저항성을 측정하는 시험이다.
② 경도시험은 일정한 온도에서 하중을 가하여 시간에 따른 변형을 측정하는 시험이다.
③ 충격시험은 고속으로 가해지는 하중에 대한 재료의 저항성을 측정하는 시험이다.
④ 굽힘시험은 시험편에 굽힘하중을 가하여 재료의 손상이나 저항성 등을 측정하는 시험이다.

해설

크리프(Creep)
고온에서 재료에 일정 크기의 하중(정하중)을 작용시키면 시간이 경과함에 따라 변형이 증가하는 현상이다. 이것은 변형량과 시간과의 관계를 나타낸다.
경도시험
재료의 표면경도를 측정하기 위한 시험으로 강구나 다이아몬드와 같은 압입자에 일정한 하중을 가한 후 시험편에 나타난 자국을 측정하여 경도값을 구한다.

16 증기압축식 냉동기에서 냉매가 움직이는 경로를 바르게 나열한 것은?

① 압축기 → 응축기 → 팽창밸브 → 증발기 → 압축기
② 압축기 → 팽창밸브 → 증발기 → 응축기 → 압축기
③ 압축기 → 증발기 → 팽창밸브 → 응축기 → 압축기
④ 압축기 → 응축기 → 증발기 → 팽창밸브 → 압축기

해설

냉동 사이클에서 냉매는 압축기 → 응축기 → 팽창밸브 → 증발기로 순환하는 경로를 갖는다.
냉동기의 4대 구성요소
• 압축기 : 냉매기체의 압력과 온도를 높여 고온, 고압으로 만들면서 냉매에 압력을 가해 순환시킨다.
• 응축기 : 복수기라고도 불리며 냉매기체를 액체로 상변화시키면서 고온, 고압의 액체를 만든다.
• 팽창밸브 : 교축과정 상태로 줄어든 입구를 지나면서 냉매액체가 무화되어 저온, 저압의 액체를 만든다.
• 증발기 : 냉매액체가 대기와 만나면서 증발되면서 기체가 된다. 실내는 냉매의 증발잠열로 인하여 온도가 낮아진다. 저열원에서 열을 흡수하는 장치이다.

17 CAD 작업에서 설계물의 관성모멘트를 계산할 수 있는 형상모델링 방법은?

① Dot-wire Modeling
② Wire-frame Modeling
③ Surface Modeling
④ Solid Modeling

해설

CAD 작업에서는 솔리드 모델링만 관성모멘트와 같은 고차원적인 해석이 가능하다.

18 그림과 같은 마이크로미터를 이용하여 수나사에서 측정할 수 있는 것은?

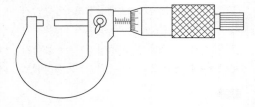

① 골지름
② 피 치
③ 호칭지름
④ 나사산 높이

해설
나사와 암나사의 호칭지름은 모두 수나사의 바깥지름으로 표시하는데, 마이크로미터로 수나사의 바깥지름 측정이 가능하다.
마이크로미터
나사를 이용한 길이측정기로 정밀한 측정을 할 때 사용한다. 측정영역에 따라서 내경 측정용인 내측 마이크로미터와 외경 측정용인 외측 마이크로미터로 나뉜다. 나사 마이크로미터는 나사의 유효지름을 측정하기 위해 사용한다.

19 금속재료의 인장시험을 통해 얻을 수 있는 성질로만 묶은 것은?

① 파단점, 내마모성, 인장강도
② 푸아송비, 단면 수축률, 연신율
③ S-N 선도, 항복점, 연성
④ 응력-변형률 선도, 탄성한도, 전성

해설
금속을 양쪽에서 잡아당기는 인장시험을 통해서 푸아송비, 단면 수축률, 연신율 등을 알 수 있다.

20 그림과 같은 기구의 평면운동에 대한 설명으로 옳은 것은?(단, 링크 A, B, C는 모두 강체이며 링크 사이의 O는 회전관절을 나타낸다)

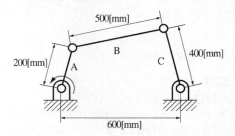

① A가 360° 회전할 때, C는 왕복 각운동을 한다.
② A와 C는 모두 360° 회전한다.
③ A, B, C는 모두 왕복 각운동만 한다.
④ C는 360° 회전하나 A와 B는 왕복 각운동을 한다.

해설
A가 회전하면 C는 좌우로 왕복 각운동을 한다.
② A는 360° 회전하지만 C는 좌우로 왕복 각운동을 한다.
③ A는 회전운동, B와 C는 왕복 각운동을 한다.
④ A는 360° 회전, B와 C는 왕복 각운동을 한다.

18 ③ 19 ② 20 ① 정답

2019년 지방직 기계일반

01 사형주조법에서 주형을 구성하는 요소로 옳지 않은 것은?

① 라이저(Riser)
② 탕구(Sprue)
③ 플래시(Flash)
④ 코어(Core)

해설

주물을 만드는 주형의 주요 구성요소
• 라이저
• 탕 구
• 탕 도
• 코 어
• 주입구
• 플로 오프

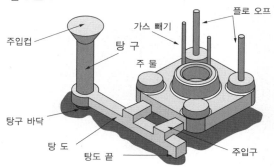

[주형의 구성요소]

02 소성가공에 대한 설명으로 옳지 않은 것은?

① 열간가공은 냉간가공보다 치수 정밀도가 높고 표면상태가 우수한 가공법이다.
② 압연가공은 회전하는 롤 사이로 재료를 통과시켜 두께를 감소시키는 가공법이다.
③ 인발가공은 다이 구멍을 통해 재료를 잡아당김으로써 단면적을 줄이는 가공법이다.
④ 전조가공은 소재 또는 소재와 공구를 회전시키면서 기어, 나사 등을 만드는 가공법이다.

해설

열간가공한 재료는 냉간가공한 것에 비해 치수정밀도와 표면상태가 떨어진다.

냉간가공과 열간가공의 차이점

항 목	냉간가공	열간가공
가공온도	재결정온도 이하	재결정온도 이상
표면거칠기 정도	우수하다.	냉간가공에 비해 거칠다.
치수정밀도	높다.	낮다.
가공동력	많이 소요된다.	적게 소요된다.
가공경화	가공경화로 강도가 증가한다.	가공경화가 발생하지 않는다.

※ 재결정온도 : 냉간가공과 열간가공을 구분하는 온도

냉간가공

재결정온도 이하의 온도에서 가공하는 방법으로 강의 조직은 치밀해지나 가공이 진행될수록 내부에 변형이 일어나서 점성이 감소하는 단점이 있다. 약 200~300[℃] 부근에서는 청열취성이 발생하므로 이 온도 구간에서는 가공을 피해야 한다. 경량의 형강이 주로 냉간가공으로 제조된다.

열간가공

재결정온도 이상의 온도에서 가공하는 방법으로 강재를 최종 치수로 마무리 작업을 하는 경우에 사용된다.

03 TIG 용접에 대한 설명으로 옳지 않은 것은?

① 불활성 가스인 아르곤이나 헬륨 등을 이용한다.
② 소모성 전극을 사용하는 아크 용접법이다.
③ 텅스텐 전극을 사용한다.
④ 용제를 사용하지 않으므로 후처리가 용이하다.

해설
TIG 용접은 비소모성 전극을 사용하는 아크 용접법이다.

04 드릴 가공에서 회전당 공구 이송(Feed)이 1[mm/rev], 드릴 끝 원추 높이가 5[mm], 가공할 구멍 깊이가 95[mm], 드릴의 회전속도가 200[rpm]일 때, 가공시간은?

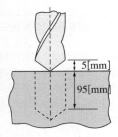

① 10초   ② 30초
③ 1분   ④ 0.5시간

해설
주어진 조건에서 드릴 1[rev]당 이송길이는 1[mm]다.
따라서, 200[rpm]은 1분(60[s])당 200[rev]이며 이동길이는 200 [mm]다. 총가공길이가 100[mm]이므로, 100[mm] 가공하는데 걸리는 시간은 30[s]이다.

05 플라스틱 사출성형공정에서 수축에 대한 설명으로 옳지 않은 것은?

① 동일한 금형으로 성형된 사출품이라도 고분자재료의 종류에 따라 제품의 크기가 달라진다.
② 사출압력이 증가하면 수축량은 감소한다.
③ 성형온도가 높으면 수축량이 감소한다.
④ 제품의 두께가 두꺼우면 수축량이 감소한다.

해설
플라스틱 사출성형 시 제품의 두께가 두꺼울수록 재료의 수축량은 증가한다.

06 관용나사에 대한 설명으로 옳지 않은 것은?

① 관용 테이퍼나사의 테이퍼값은 $\frac{1}{16}$ 이다.
② 관용 평행나사와 관용 테이퍼나사가 있다.
③ 관 내부를 흐르는 유체의 누설을 방지하기 위해 사용한다.
④ 관용나사의 나사산각은 60°이다.

해설
관용나사의 나사산각은 55°이다.

3 ② 4 ② 5 ④ 6 ④ **정답**

07 절삭가공에 대한 설명으로 옳지 않은 것은?

① 초정밀가공(Ultra-precision Machining)은 광학 부품 제작 시 단결정 다이아몬드 공구를 사용하여 주로 탄소강의 경면을 얻는 가공법이다.

② 경식선삭(Hard Turning)은 경도가 높거나 경화처리 된 금속재료를 경제적으로 제거하는 가공법이다.

③ 열간절삭(Thermal Assisted Machining)은 소재에 레이저빔, 플라스마 아크 같은 열원을 집중시켜 절삭 하는 가공법이다.

④ 고속절삭(High-speed Machining)은 강성과 회전 정밀도가 높은 주축으로 고속 가공함으로써 공작물의 열팽창이나 변형을 줄일 수 있는 이점이 있는 가공법 이다.

해설

초정밀가공에 대한 가공법은 너무 다양해서 하나의 규정된 가공방 법을 설정하기에는 무리가 따른다. 이 문제에 대한 출제자의 의도를 파악해 보자면 초정밀가공(Ultra-precision Machining)은 재료에 경면을 얻기 위한 가공법으로 단결정 및 다결정 공구를 사용하며 주로 합금강이나 스테인리스강에 사용된다. 보기 ①에서 주로 탄소 강의 경면에 사용된다는 표현은 옳지 않다.

※ 경면 : 거울처럼 매끈하고 광택이 나는 재료의 표면

08 다음과 같은 수치제어 공작기계 프로그래밍의 블록 구성에서, ㉠~㉤에 들어갈 내용을 바르게 연결한 것은?

N_	G_	X_.	Y_.	Z_.	F_	S_	T_	M_	;
전개 번호	㉠		좌표어		㉡	㉢	㉣	㉤	EOB

	㉠	㉡	㉢	㉣	㉤
①	준비기능	이송기능	주축기능	공구기능	보조기능
②	준비기능	주축기능	이송기능	공구기능	보조기능
③	준비기능	이송기능	주축기능	보조기능	공구기능
④	보조기능	주축기능	이송기능	공구기능	준비기능

해설

㉠ G : 준비기능
㉡ F : 이송기능
㉢ S : 주축기능
㉣ T : 공구기능
㉤ M : 보조기능

CNC프로그램의 5대 코드 및 기능

종 류	코드	기 능
준비 기능	G코드	CNC기계의 주요 제어장치들을 사용하기 위해 준비시킨다. 예 G00 : 급속이송, G01 : 직선보간, G02 : 시계 방향 공구 회전
보조 기능	M코드	CNC기계에 장착된 부수장치들의 동작을 실행하기 위한 것으로 주로 ON/OFF기능을 한다. 예 M02 : 주축 정지, M08 : 절삭유 ON, M09 : 절삭유 OFF
이송 기능	F코드	절삭을 위해 공구의 이송 속도를 지령한다. 예 F0.02 : 0.02[mm/rev]
주축 기능	S코드	주축의 회전수를 지령한다. 예 S1800 : 1,800[rpm]으로 주축회전
공구 기능	T코드	공구 준비 및 공구 교체, 보정을 한다. 예 T0100 : 1번 공구 교체 후 보정

09 벨트 전동의 한 종류로 벨트와 풀리(Pulley)에 이(Tooth)를 붙여서 이들의 접촉에 의하여 구동되는 전동 장치의 일반적인 특징으로 옳지 않은 것은?

① 효과적인 윤활이 필수적으로 요구된다.
② 미끄럼이 대체로 발생하지 않는다.
③ 정확한 회전비를 얻을 수 있다.
④ 초기 장력이 작으므로 베어링에 작용하는 하중을 작게 할 수 있다.

해설

타이밍벨트 : 벨트와 풀리간 동력 전달 시 미끄럼 방지를 위해 벨트의 안쪽 면에 치형(이)을 붙여 맞물림에 의해 동력을 전달하는 벨트로 정확한 속도비가 필요한 경우에 사용한다. 초기 장력이 작아서 베어링에 작용하는 하중을 작게 한다.

10 다음 설명에 해당하는 경도시험법은?

- 끝에 다이아몬드가 부착된 해머를 시편의 표면에 낙하시켜 반발 높이를 측정한다.
- 경도값은 해머의 낙하 높이와 반발 높이로 구해진다.
- 시편에는 경미한 압입 자국이 생기며, 반발 높이가 높을수록 시편의 경도가 높다.

① 누프 시험(Knoop Test)
② 쇼어 시험(Shore Test)
③ 비커스 시험(Vickers Test)
④ 로크웰 시험(Rockwell Test)

해설

쇼어 경도(H_S) : 다이아몬드 추를 일정한 높이(h_0)에서 낙하시켜, 이 추의 반발 높이(h)를 측정해서 경도값을 얻는 경도시험법이다. 시험편에는 압입 자국이 생기며 추의 반발 높이가 높을수록 경도가 높다고 판단한다.

$$H_S = \frac{10,000}{65} \times \frac{h(해머의\ 반발\ 높이)}{h_0(해머의\ 낙하\ 높이)}$$

11 다음 설명에 해당하는 스프링은?

- 비틀었을 때 강성에 의해 원래 위치로 되돌아가려는 성질을 이용한 막대 모양의 스프링이다.
- 가벼우면서 큰 비틀림 에너지를 축적할 수 있다.
- 자동차와 전동차에 주로 사용된다.

① 코일 스프링(Coil Spring)
② 판 스프링(Leaf Spring)
③ 토션 바(Torsion Bar)
④ 공기 스프링(Air Spring)

해설

토션 바(Torsion Bar)
긴 봉의 한쪽 끝을 고정하고 다른 쪽 끝을 비틀었을 때 강성에 의해 원래의 위치로 뒤돌아올 때의 비틀림 변위를 이용한 막대 모양의 스프링이다. 가벼우면서도 큰 비틀림 에너지를 축적할 수 있어서 자동차나 전동차에 주로 사용된다.

12 디젤 기관에 대한 설명으로 옳지 않은 것은?

① 공기만을 흡입 압축하여 압축열에 의해 착화되는 자기착화 방식이다.
② 노크를 방지하기 위해 착화지연을 길게 해 주어야 한다.
③ 가솔린 기관에 비해 압축 및 폭발압력이 높아 소음, 진동이 심하다.
④ 가솔린 기관에 비해 열효율이 높고, 연료소비율이 낮다.

해설

디젤 기관에서 노킹은 압축행정 시 연료가 분사되고 점화시기까지의 시간이 길어지면서 나타나는 이상 현상이며, 이를 방지하기 위해서는 착화지연시간을 짧게 해 주어야 한다.
디젤 노크의 방지대책
- 압축비와 세탄가를 높게 한다.
- 실린더 내 와류를 발생시킨다.
- 착화성 높은 연료를 사용한다.
- 착화기간 중 분사량을 적게 한다.
- 연료 분사 시 분무를 양호하게 한다.
- 엔진의 회전속도와 착화온도를 낮게 한다.
- 흡기온도와 실린더 외벽의 온도를 높게 한다.
- 실린더 체적을 크게 하여 흡입공기량을 많게 한다.

13 프레스 가공에 해당하지 않는 것은?

① 블랭킹(Blanking)

② 전단(Shearing)

③ 트리밍(Trimming)

④ 리소그래피(Lithography)

해설

리소그래피는 화학적 가공의 일종이다.

리소그래피(Lithography) : 평판 또는 석판에 인쇄하는 기술로 주로 반도체 공정에서 사용하는 용어다. 빛이 반도체 웨이퍼 표면의 감광막에 도달하면 화학반응을 일으키면서 광학적 패턴이 새겨지는 기술이다.

리소그래피의 주요 공정 순서

> 실리콘 웨이퍼 세정 및 표면처리 → 코팅(도포) → 베이크(열처리) → 노광(노출) → 현상 → 하드베이크

14 방전가공에 대한 설명으로 옳지 않은 것은?

① 소재제거율은 공작물의 경도, 강도, 인성에 따라 달라진다.

② 스파크방전에 의한 침식을 이용한 가공법이다.

③ 전도체이면 어떤 재료도 가공할 수 있다.

④ 전류밀도가 클수록 소재제거율은 커지나 표면거칠기는 나빠진다.

해설

방전가공의 소재제거율은 주로 콘덴서의 용량에 따라 달라진다. 방전가공(EDM ; Electric Discharge Machining)은 절연성의 가공액 내에서 전극과 공작물 사이에서 일어나는 불꽃방전에 의해 재료를 조금씩 용해시켜 원하는 형상의 제품을 얻는 가공법으로 가공속도가 느린 것이 특징이다. 주로 높은 경도의 금형가공에 사용하는데 콘덴서의 용량을 크게 하면 가공시간은 빨라지나 가공면과 치수정밀도가 저하된다.

15 합성 수지에 대한 설명으로 옳지 않은 것은?

① 합성 수지는 전기 절연성이 좋고 착색이 자유롭다.

② 열경화성 수지는 성형 후 재가열하면 다시 재생할 수 없으며 에폭시 수지, 요소 수지 등이 있다.

③ 열가소성 수지는 성형 후 재가열하면 용융되며 페놀 수지, 멜라민 수지 등이 있다.

④ 아크릴 수지는 투명도가 좋아 투명 부품, 조명 기구에 사용된다.

해설

페놀 수지와 멜라민 수지는 열경화성 수지에 속한다. 열경화성 수지란 한 번 열을 가해 성형하면 다시 열을 가해도 변형시킬 수 없다. 열가소성 수지란 열을 가해 성형한 뒤에도 다시 열을 가하면 형태를 변형시킬 수 있는 수지로 그 종류에는 폴리에틸렌, 폴리프로필렌, 폴리염화비닐, 폴리비닐알코올 등이 있다.

16 기계제도에서 사용하는 선에 대한 설명으로 옳지 않은 것은?

① 외형선은 굵은 실선으로 표시한다.

② 지시선은 가는 실선으로 표시한다.

③ 가상선은 가는 2점 쇄선으로 표시한다.

④ 중심선은 굵은 1점 쇄선으로 표시한다.

해설

도면을 제도할 때 중심선은 가는 1점 쇄선으로 그린다.

17 측정 대상물을 지지대에 올린 후 촉침이 부착된 이동대를 이동하면서 촉침(Probe)의 좌표를 기록함으로써, 복잡한 형상을 가진 제품의 윤곽선을 측정하여 기록하는 측정기기는?

① 공구 현미경   ② 윤곽 투영기

③ 삼차원 측정기   ④ 마이크로미터

해설

3차원 측정기 : 측정 대상물을 지지대에 올린 후 촉침(Probe)이 부착된 이동대를 물체의 길이나 각도, 형상부위를 촉침(Probe)으로 접촉시키면서 이동시켜 그 좌표를 기록함으로써 제품의 윤곽선을 측정하는 측정기기

18 물리량과 단위의 연결로 옳지 않은 것은?

① 일률 – [N·m/s]
② 압력 – [N/m²]
③ 힘 – [kg·m/s²]
④ 관성모멘트 – [kg·m/s]

해설

관성모멘트, $I = mr^2$
　　　　　　 = 질량×(회전축에서 질점까지의 수직거리)²
　　　　　　 = [kg·m²]

관성모멘트(I)
물체가 자신의 회전운동을 유지하려는 정도로 회전축에서 각 질점까지의 수직한 거리의 제곱과 질량을 곱한 값이다.

$$I = mr^2$$

19 담금질에 의한 잔류 응력을 제거하고, 재질에 적당한 인성을 부여하기 위해 담금질 온도보다 낮은 변태점 이하의 온도에서 일정 시간을 유지하고 나서 냉각시키는 열처리 방법은?

① 불림(Normalizing)
② 뜨임(Tempering)
③ 풀림(Annealing)
④ 표면경화(Surface Hardening)

해설

뜨임(Tempering, 템퍼링) : 잔류 응력에 의한 불안정한 조직을 A₁ 변태점 이하의 온도로 재가열하여 원자들을 좀 더 안정적인 위치로 이동시킴으로써 잔류 응력을 제거하고 인성을 증가시키는 열처리법이다.

20 응력–변형률 선도에 대한 설명으로 옳은 것은?

① 탄성한도 내에서 응력을 제거하면 변형된 상태가 유지된다.
② 진응력–진변형률 선도에서의 파괴강도는 공칭응력–공칭변형률 선도에서 나타나는 값보다 크다.
③ 연성재료의 경우, 공칭응력–공칭변형률 선도상에서 파괴강도는 극한강도보다 크다.
④ 취성재료의 경우, 공칭응력–공칭변형률 선도상에 하항복점과 상항복점이 뚜렷이 구별된다.

해설

진응력–진변형률 선도에서의 파괴강도는 공칭응력–공칭변형률 선도에서 나타나는 값보다 크다.
① 탄성한도를 벗어난 영역서 외력을 제거하면 소성영역이 되므로 변형된 상태가 유지된다.
③ 연성재료의 경우 공칭응력–공칭변형률 선도상 극한강도가 파괴강도보다 크다.
④ 취성재료는 공칭응력–공칭변형률 선도에서 하항복점과 상항복점이 뚜렷이 구분되지 않는다.

[관련이론]
"응력–변형률 곡선"은 작용 힘에 대한 단면적의 적용방식에 따라 공칭응력과 진응력으로 나뉘는데, 시험편의 최초 단면적을 적용하는 것을 "공칭응력" 혹은 "응력"이라고 한다.
• 공칭응력(Nominal Stress) : 시험편의 최초 단면적에 대한 하중의 비
• 진응력(True Stress) : 시험 중 변화된 단면적에 대한 하중의 비
• 공칭응력(Nominal Stress, 실선)과 진응력(True Stress, 점선)의 차이

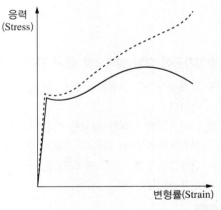

• 응력-변형률 곡선($\sigma - \varepsilon$ 선도)

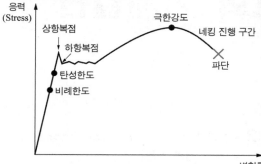

- 비례한도(Proportional Limit) : 응력과 변형률 사이에 정비례관계가 성립하는 구간 중 응력이 최대인 점으로 훅의 법칙이 적용된다.
- 탄성한도(Elastic Limit) : 하중을 제거하면 시험편의 원래 치수로 돌아가는 구간
- 항복점(Yield Point) : 인장 시험에서 하중이 증가하여 어느 한도에 도달하면, 하중을 제거해도 원위치로 돌아가지 않고 변형이 남게 되는 그 순간의 하중
- 극한강도(Ultimate Strength) : 재료가 파단되기 전에 외력에 버틸 수 있는 최대의 응력
- 네킹구간(Necking) : 극한 강도를 지나면서 재료의 단면이 줄어들면서 길게 늘어나는 구간
- 파단점 : 재료가 파괴되는 점

2019년 서울시 제1회 기계일반

01 1,200[W]의 전열기로 1[kg]의 물을 20[℃]에서 100[℃]까지 가열하는 데 걸리는 시간은 얼마인가?(단, 가열 중 에너지손실은 발생하지 않으며 물의 비열은 4.2[J/g·K]로 일정하다고 가정한다)

① 1분 7초
② 2분 30초
③ 3분 10초
④ 4분 40초

해설

먼저 1[kg]의 물을 20[℃] → 100[℃]로 가열하는데 필요한 열량(Q)을 구한다.

$Q = m \times c \times \Delta T$

여기서, m : 질량
c : 비열
ΔT : 나중온도 − 처음온도

$Q = 1,000[g] \times 4.2[J/g] \times (373.15[K] − 293.15[K])$
$= 336,000[J]$

※ [℃] + 273.15 = [K](Kelvin)
1,200[W] = 1,200[J/s]이므로

$\dfrac{336,000[J]}{1,200[J/s]} = 280[s] = 4분 40초$

02 구성인선(BUE ; Built-Up Edge)에 대한 설명으로 가장 옳지 않은 것은?

① 구성인선으로 인한 가공면의 표면거칠기의 값은 작아진다.
② 절삭유와 윤활성이 좋은 윤활제 사용으로 방지할 수 있다.
③ 발생과정은 발생 → 성장 → 분열 → 탈락의 순서로 주기적으로 반복된다.
④ 절삭속도를 높게 하거나, 절삭깊이를 작게 하여 방지할 수 있다.

해설

구성인선이 발생하면 절삭 날 끝에 칩이 달라붙어 정밀하고 매끈한 공작물 절삭이 어렵기 때문에 표면거칠기 값은 커진다.

구성인선(Built-Up Edge)

연강이나 스테인리스강, 알루미늄과 같이 재질이 연하고 공구 재료와 친화력이 큰 재료를 절삭가공할 때, 칩과 공구의 윗면 사이의 경사면에 발생되는 높은 압력과 마찰열로 인해 칩의 일부가 공구의 날 끝에 달라붙어 마치 절삭 날과 같이 공작물을 절삭하는 현상이다. 발생 → 성장 → 분열 → 탈락의 과정을 반복하는데 구성인선이 발생되면 공작물의 치수정밀도를 떨어뜨리고 탈락될 때 절삭공구도 같이 파손시킨다.

[구성인선]

구성인선의 방지대책

• 절삭깊이를 작게 한다.
• 세라믹 공구를 사용한다.
• 절삭속도를 빠르게 한다.
• 바이트의 날 끝을 예리하게 한다.
• 윤활성이 높은 절삭유를 사용한다.
• 바이트의 윗면 경사각을 크게 한다.
• 마찰계수가 작은 절삭공구를 사용한다.
• 피가공물과 친화력이 작은 공구 재료를 사용한다.
• 공구면의 마찰계수를 감소시켜 칩의 흐름을 원활하게 한다.

03 기준치수에 대한 구멍의 공차가 $\phi 260^{+0.05}_{0}$, 축의 공차가 $\phi 260^{+0.04}_{-0.09}$일 때 끼워맞춤의 종류는?

① 헐거운 끼워맞춤
② 억지 끼워맞춤
③ 중간 끼워맞춤
④ 축 기준 끼워맞춤

구멍의 치수 범위는 260~260.05[mm]이고, 축의 치수 범위는 259.91~260.04[mm]이므로 260~260.04[mm] 구간의 치수가 겹치므로 중간 끼워맞춤으로 볼 수 있다.

끼워맞춤의 종류

분 류	축과 구멍의 상관관계
억지 끼워맞춤	축의 크기 > 구멍의 크기
중간 끼워맞춤	축의 크기 = 구멍의 크기
헐거운 끼워맞춤	축의 크기 < 구멍의 크기

04 다음 중 무차원수는?

① 비 중
② 비중량
③ 점성계수
④ 동점성계수

무차원수란 단위가 모두 소거되어 차원이 없는 수로 비중이 이에 속한다.
비중(Specific Gravity)은 어떤 물질의 밀도와 표준물질(4[℃] 물 or 1기압하 0[℃]의 공기)의 밀도와의 비율이므로 단위가 모두 소거되므로 차원이 없는 무차원수다.

비중 $s = \dfrac{\rho_x}{\rho_w} = \dfrac{\gamma_x}{\gamma_w}$

무차원수의 종류

• 코시수 $Ca = \dfrac{\rho v^2}{K}$
• 오일러수 $Eu = \dfrac{\Delta P}{\rho v^2}$

• 웨버수 $We = \dfrac{\rho v^2 L}{\sigma}$
• 프루드수 $Fr = \dfrac{v}{\sqrt{Lg}}$

• 마하수 $M = \dfrac{v}{c}$
• 레이놀즈수 $Re = \dfrac{\rho v D}{\mu}$

• 비중 $s = \dfrac{\rho_x}{\rho_w} = \dfrac{\gamma_x}{\gamma_w}$

05 재료시험 항목과 시험 방법의 관계로 옳지 않은 것은?

① 충격시험 : 샤르피(Charpy)시험
② 크리프(Creep)시험 : 표면거칠기 시험
③ 경도시험 : 로크웰(Rockwell)경도시험
④ 피로시험 : 시편에 반복응력(Cyclic Stresses) 시험

크리프(Creep)시험은 보일러용 파이프나 증기 터빈의 날개와 같이 장시간 고온에서 하중을 받는 기계 구조물의 파괴를 방지하기 위해 실시하는 피로시험으로 표면거칠기를 시험하지 않는다.
크리프(Creep)
고온에서 재료에 일정 크기의 하중(정하중)을 작용시키면 시간이 경과함에 따라 변형이 증가하는 현상이다. 이것은 변형량과 시간과의 관계를 나타낸다. 단위로는 [kg/mm²]를 사용한다.

06 복잡하고 정밀한 모양의 금형에 용융된 마그네슘 또는 알루미늄 등의 합금을 가압 주입하여 주물을 만드는 주조방법에 해당하는 것은?

① 셸 몰드 주조법
② 진원심 주조법
③ 다이캐스팅 주조법
④ 인베스트먼트 주조법

다이캐스트 주조법
용융금속을 금형 다이에 고속으로 충진, 압입하는 주조법으로 충진시간이 매우 짧아서 생산속도가 빠르므로 대량생산에 적합하다. 용융금속을 강한 압력으로 금형에 주입하고 가압하여 주물을 얻기 때문에 주물조직이 치밀하며 강도가 큰 특징이 있다. 치수정밀도가 높아서 마무리 공정수를 줄일 수 있다. 주로 비철금속의 주조에 사용된다.
다이캐스팅 주조법의 특징
• 비철금속의 주조에 적용한다.
• 주형의 영구적 사용이 가능하다.
• 고온체임버식과 저온체임버식으로 나뉜다.
• 냉각속도가 빨라서 생산속도가 빠르다.
• 용융금속이 응고될 때까지 압력을 가한다.
• 기계용량의 표시는 가압유지 체결력과 관련이 있다.
• 고속으로 충진할 수 있으며 충진시간이 매우 짧다.
• 제품의 형상에 따라 금형의 크기와 구조에 한계가 있다.
• 일반 주물에 비해 치수가 정밀하지만 장치비용이 비싸다.
• 가압되므로 기공이 적고 주물조직이 치밀하며 강도가 크다.
• 정밀도가 높은 표면을 얻을 수 있어서, 후가공 작업이 줄어든다.

07 압연가공에서 압하율[%]을 구하는 식으로 가장 옳은 것은?(단, H_0 : 변형 전 두께, H_1 : 변형 후 두께)

① $\dfrac{H_1 - H_0}{H_0} \times 100$

② $\dfrac{H_0 - H_1}{H_0} \times 100$

③ $\dfrac{H_1 - H_0}{H_1} \times 100$

④ $\dfrac{H_0 - H_1}{H_1} \times 100$

해설

압연가공의 가공도는 "압하율"이나 "압하량"으로 표시한다.
압하율(壓下率) : 누를 압, 아래 하, 율 율. 아래로 누르는 힘으로 두께 감소 비율을 말한다.
처음 두께는 H_0, 변형 후 두께는 H_1로 다음 일반식에 대입하면

압하율 $= \dfrac{\text{처음 두께} - \text{나중 두께}}{\text{처음 두께}} = \dfrac{H_0 - H_1}{H_0} \times 100\%$

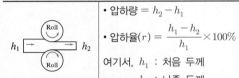

• 압하량 $= h_2 - h_1$
• 압하율$(r) = \dfrac{h_1 - h_2}{h_1} \times 100\%$

여기서, h_1 : 처음 두께
h_2 : 나중 두께

08 4사이클 6실린더 기관에서 실린더 지름 40[mm], 행정 30[mm]일 때 총배기량[cc]은?

① 24π

② 72π

③ 80π

④ 96π

해설

배기량은 자동차로 대표되는 내연기관의 피스톤이 1회 움직였을 때 배출되는 기체의 부피. 따라서 실린더의 부피를 측정하면 그것이 곧 배기량이다.
자동차 총배기량

$Vs = \dfrac{\pi \times (4[\text{cm}])^2}{4} \times 3[\text{cm}] \times 6$

$\quad = 4\pi \times 18[\text{cm}^3] = 72\pi[\text{cm}^3 = \text{cc}]$

자동차 총배기량(Vs)

$Vs = A \times L \times Z = \dfrac{\pi D^2}{4} \times L \times Z$

여기서, L : 행정길이
Z : 실린더 수

09 직경이 10[mm]이며, 인장강도가 400[MPa]의 연강봉재에 6,280[N]의 축방향 인장하중이 작용할 때 이 봉재의 안전율은?(단, $\pi = 3.14$로 가정한다)

① 3

② 5

③ 7

④ 9

해설

안전율, $S = \dfrac{\sigma_u}{\sigma_a} = \dfrac{400 \times 10^6 [\text{N/m}^2]}{\dfrac{6,280[\text{N}]}{\dfrac{3.14 \times (0.01[\text{m}])^2}{4}}} = \dfrac{400,000,000}{80,000,000} = 5$

안전율(S) : 외부의 하중에 견딜 수 있는 정도를 수치로 나타낸 것

$S = \dfrac{\text{극한강도}(\sigma_u)}{\text{허용응력}(\sigma_a)} = \dfrac{\text{인장강도}(\sigma_y)}{\text{허용응력}(\sigma_a)}$

10 보기와 같이 동일 재료의 단붙이축을 탄성한도 이내의 힘 F로 양쪽에서 당겼더니, 축 A와 축 B의 변형량이 같았다. $d_B = 2d_A$일 때 L_A와 L_B의 관계로 가장 옳은 것은?(단, 단면의 변화는 고려하지 않는다)

┤보기├

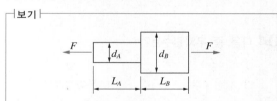

① $L_B = 0.5 L_A$

② $L_B = \sqrt{2}\, L_A$

③ $L_B = 2 L_A$

④ $L_B = 4 L_A$

해설

$\delta_1 = \delta_2$

$\dfrac{P L_A}{\dfrac{\pi \left(\dfrac{1}{2} d_B\right)^2}{4} E} = \dfrac{P L_B}{\dfrac{\pi d_B^2}{4} E}$ ※ $d_A = \dfrac{1}{2} d_B$ 대입

$\therefore\ 4 L_A = L_B$

변형량(δ)

$\delta = \dfrac{PL}{AE}$

여기서, P : 작용한 하중[N]
L : 재료의 길이[mm]
A : 단면적[mm²]
E : 세로탄성계수[N/mm²]

11 가솔린기관에서 노크가 발생할 때 일어나는 현상으로 가장 옳지 않은 것은?

① 연소실의 온도가 상승한다.
② 금속성 타격음이 발생한다.
③ 배기가스의 온도가 상승한다.
④ 최고압력은 증가하나 평균유효압력은 감소한다.

가솔린기관에서 노킹이 발생하면 실린더 내부인 연소실의 압력이 급상승함으로써 스파크플러그나 피스톤, 실린더 헤드, 크랭크축의 손상을 가져온다. 또한 최고압력은 증가하지만 평균유효압력으로 대표되는 출력의 저하가 일어나므로 배기가스의 온도는 떨어진다.
가솔린기관의 노킹현상
연소 후반부에 미연소가스의 급격한 자기연소에 의한 충격파가 실린더 내부의 금속을 타격하면서 충격음을 발생하는 현상이다.

12 수평면에 놓인 질량 $\sqrt{2}$ [kg]의 물체에 보기와 같은 방향으로 F의 일정한 힘이 작용하여 오른쪽으로 1[m/s²] 의 등가속도로 미끄러지고 있다. 수평면과 물체 사이의 운동마찰계수가 0.5이고, 중력가속도를 10[m/s²]으로 가정할 때, 힘 F의 크기[N]는?

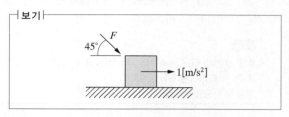

① 5
② $5\sqrt{2}$
③ 12
④ 24

물체에 작용하는 힘 중에서 실제 물체를 미는 힘(F)은 F_x 방향인 $F \cdot \cos 45°$만 작용한다.

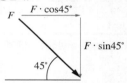

하지만 물체에 작용하는 마찰력, $f = \mu N$이 존재하므로 마찰력만큼 더 큰 힘을 전달해 주어야 하므로 다음과 같은 식이 성립된다.
$F_x - f = ma$,
여기서, 마찰력 $f = \mu(mg + F \cdot \sin 45°)$
$$= \frac{1}{2}\left((\sqrt{2}\times 10) + \frac{F\sqrt{2}}{2}\right) = 5\sqrt{2} + \frac{F\sqrt{2}}{4}$$

※ 계산 편의상 $\mu = 0.5$ 대신 $\frac{1}{2}$로 대입

$F \cdot \cos 45° - (5\sqrt{2} + \frac{F\sqrt{2}}{4}) = \sqrt{2}\times 1 [m/s^2]$

$\frac{F\sqrt{2}}{2} - 5\sqrt{2} - \frac{F\sqrt{2}}{4} = \sqrt{2}$, 양변을 정리하면

$\frac{F\sqrt{2}}{4} = 6\sqrt{2}$, 양변에 4를 곱하면

$F\sqrt{2} = 24\sqrt{2}$, 양변을 $\sqrt{2}$로 나누면
$F = 24$

13 상온에서 비중이 작은 금속부터 순서대로 바르게 나열된 것은?

① 알루미늄 – 마그네슘 – 타이타늄
② 알루미늄 – 타이타늄 – 마그네슘
③ 마그네슘 – 알루미늄 – 타이타늄
④ 타이타늄 – 마그네슘 – 알루미늄

해설

비중 크기가 작은 금속부터 나열하면 마그네슘(1.7) → 알루미늄(2.7) → 타이타늄(4.5) 순이다.

경금속과 중금속의 비중(S)

경금속			
Mg	Be	Al	Ti
1.7	1.8	2.7	4.5

중금속						
Sn	V	Cr	Mn	Fe	Ni	Cu
5.8	6.1	7.1	7.4	7.8	8.9	8.9
Mo	Ag	Pb	W	Au	Pt	Ir
10.2	10.4	11.3	19.1	19.3	21.4	22

※ 경금속과 중금속을 구분하는 비중의 경계 : 4.5

14 주철 조직에 관한 마우러(Maurer) 선도와 관계 있는 원소는?

① Si   ② Mn
③ P   ④ S

해설

마우러 조직도는 주철 조직을 지배하는 주요 요소인 C와 Si의 함유량에 따른 주철 조직의 변화를 나타낸 그래프이다.

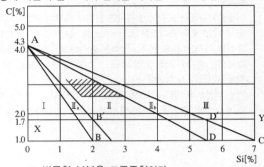

※ 빗금친 부분은 고급주철이다.

[마우러 조직도]

영 역	주철 조직	경 도
I	백주철	
II$_a$	반주철	최대
II	펄라이트 주철	⇕
II$_b$	회주철	최소
III	페라이트 주철	

15 보기와 같이 간격이 L인 두 개의 커다란 평행 평판 사이에 점성계수 μ인 뉴턴 유체가 놓여 있다. 아래 평판은 고정되어 있으며, 면적이 A인 위 평판에 힘 F를 가해 위 평판을 일정 속도 v로 움직인다. 다음의 서술 중 가장 옳지 않은 것은?

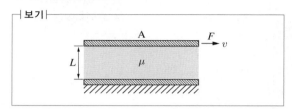

① 거리 L이 커질수록 필요한 힘 F가 커진다.
② 힘 F가 클수록 속도 v는 비례하여 커진다.
③ 평판 면적 A가 커질수록 필요한 힘 F가 커진다.
④ 점성계수 μ가 클수록 필요한 힘 F가 커진다.

[해설]

유체의 유동에 많은 영향을 미치는 뉴턴의 점성력, $F = \eta \dfrac{dv}{dx}s$ 에서 보면 평판 사이의 거리 x가 커질수록 점성력 F가 작아지므로 평판의 이동에 필요한 힘도 작아진다.

뉴턴의 점성력(F)

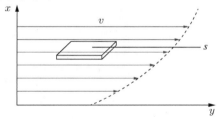

$$F = \eta \frac{dv}{dx}s$$

여기서, η : 점성계수
　　　 v : 속도
　　　 x : 평판으로부터 떨어진 거리
　　　 s : y축에 투영한 넓이
※ 해당 문제의 그림에서 뉴턴의 점성력은 다음과 같다.

$$F = \mu \frac{dv}{dL}A$$

16 부력에 관한 설명으로 가장 옳지 않은 것은?

① 유체 내에 잠겨 있는 물체에 작용하는 부력은 그 물체에 의해 배제된 유체의 무게와 같다.
② 유체 위에 떠 있는 물체에 작용하는 부력은 그 물체의 무게와 같다.
③ 부력은 배제된 유체의 무게중심을 통과하여 상향으로 작용한다.
④ 일정한 밀도를 갖는 유체 내에서의 부력은 자유표면으로부터 거리가 멀어질수록 증가한다.

[해설]

부력은 물체가 물에 잠겼을 때 잠김 부피와 관련이 있으며 자유표면으로부터의 떨어진 거리와는 관련이 없으므로 ④는 틀린 표현이다.
부력(浮力, 뜰 부, 힘 력)
물체를 액체 속에 넣었을 때 중력의 반대방향으로 물체를 밀어 올리는 힘이다. 부력의 크기는 액체 내에서 물체가 차지하는 부피에 상당하는 액체의 무게로 표시한다.
부력, $F_B = \rho g V$

여기서, ρ : 물의 밀도
　　　 g : 중력가속도
　　　 V : 물체의 잠긴 부피

17 이상기체의 교축과정(Throttling Process)에 대한 설명으로 가장 옳지 않은 것은?

① 엔탈피의 변화가 없다.
② 온도의 변화가 없다.
③ 압력의 변화가 없다.
④ 비가역 단열과정이다.

[해설]

교축과정은 압력의 변화가 급격히 떨어지는 현상이 발생되므로 ③번은 틀린 표현이다. 교축(얽힌 관을 수축시킴)이란 유체가 흐르는 단면을 수축시켜 압력을 갑작스럽게 떨어뜨리는 현상으로, 이 과정 중에는 열교환이 없는 단열과정으로 가정하므로 엔탈피 변화도 없으므로 교축과정은 등엔탈피과정으로도 불린다.

18 범용선반(Lathe)의 크기를 표시하는 방법에 해당하지 않는 것은?

① 베드 위의 스윙
② 왕복대상의 스윙
③ 테이블의 최대이동거리
④ 양센터 사이의 최대이동거리

범용선반(일명 보통선반)의 크기를 표시하는 규격
• 양센터 사이의 최대거리 : 깎을 수 있는 공작물의 최대거리
• 베드 위의 스윙 : 일감이 베드에 닿지 않고 깎을 수 있는 공작물의 최대지름
• 왕복대 위의 스윙 : 왕복대 위에서 공작물이 닿지 않고 깎을 수 있는 최대지름

19 아크 용접 결함인 언더컷의 주요 발생원인으로 가장 옳지 않은 것은?

① 아크 길이가 너무 길 때
② 전류가 너무 낮을 때
③ 용접봉 선택이 부적당할 때
④ 용접속도가 너무 빠를 때

용접 전류가 너무 낮으면 오버랩(Overlap) 불량이 발생한다.
언더컷 불량은 용접 전류가 너무 높아서 입열량이 많아졌을 때, 아크 길이가 길 때, 운봉속도가 너무 빠를 때 용접재료가 파여서 생기게 된 것으로 이 불량을 방지하려면 용접 전류를 알맞게 조절하거나 운봉속도를 알맞게 조절해야 한다.

20 도면의 표제란에 기입하는 내용에 해당하는 것을 보기에서 모두 고른 것은?

┌보기┐
㉠ 품 명   ㉡ 수 량
㉢ 척 도   ㉣ 각법(투상법)
㉤ 재 질   ㉥ 표면거칠기
└────────────────┘

① ㉠, ㉡, ㉢
② ㉠, ㉡, ㉢, ㉣
③ ㉠, ㉡, ㉢, ㉣, ㉤
④ ㉠, ㉡, ㉢, ㉣, ㉤, ㉥

표제란은 도면에서 우측 하단부에 작성되는데 '표면거칠기'는 하나의 부품에서도 위치별로 다를 수 있으므로 주서나 개별주서, 부품의 표면이나 치수선 위에 요구되는 '표면거칠기'의 종류를 그려 넣는다.
표제란
도면관리에 필요한 사항과 도면 내용에 관한 중요 사항으로서 도명, 도면 번호, 기업(소속명), 척도, 투상법, 작성연월일, 설계자 등이 기입된다.

2019년 서울시 제2회 기계일반

01

x면에 작용하는 수직응력 $\sigma_x = 100$[MPa], y면에 작용하는 수직응력 $\sigma_y = 100$[MPa], x방향의 단면에서 작용하는 y방향 전단응력 $\tau_{xy} = 20$[MPa]일 때, 주응력 σ_1, σ_2의 값[MPa]은?

① 120[MPa], 80[MPa]

② -100[MPa], 300[MPa]

③ -300[MPa], 500[MPa]

④ 220[MPa], 180[MPa]

해설

• 최대주응력

$$\sigma_1 = \frac{100+100}{2} + \sqrt{\left(\frac{100-100}{2}\right) + (20)^2}$$
$$= 100 + 20 = 120$$

• 최소주응력

$$\sigma_2 = \frac{100+100}{2} - \sqrt{\left(\frac{100-100}{2}\right) + (20)^2}$$
$$= 100 - 20 = 80$$

• 최대주응력

$$\sigma_1 = \frac{\sigma_x + \sigma_y}{2} + \sqrt{\left(\frac{\sigma_x - \sigma_y}{2}\right) + \tau_{xy}^2}$$

여기서, σ_x : x면에 작용하는 수직응력

　　　σ_y : y면에 작용하는 수직응력

　　　τ_{xy} : x방향 단면에 작용하는 y방향의 전단응력

• 최소주응력

$$\sigma_2 = \frac{\sigma_x + \sigma_y}{2} - \sqrt{\left(\frac{\sigma_x - \sigma_y}{2}\right) + \tau_{xy}^2}$$

02

그림과 같은 단순보(Simple Beam)에서 중앙 C점에서의 전단력 V와 굽힘모멘트 M의 값은?(단, 보의 자중은 무시한다)

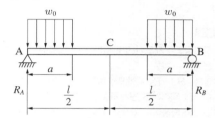

① $V = 0$, $M = \dfrac{w_0 l^2}{4}$

② $V = 0$, $M = \dfrac{w_0 a^2}{2}$

③ $V = w_0 a$, $M = \dfrac{w_0 a^2}{4}$

④ $V = w_0 a$, $M = \dfrac{w_0 l^2}{2}$

해설

• C점을 기준으로 좌우 대칭인 단순지지보에서 C점의 전단력은 0이다.

• C점에서의 모멘트를 구하기 위해 A지점에서 C점으로 해석해 나간다.

• C점에 작용하는 모멘트

$$M = \left(R_a \times \frac{l}{2}\right) - w_0 a\left(\frac{l}{2} - \frac{a}{2}\right)$$
$$= \left(w_0 a \times \frac{l}{2}\right) - w_0 a\left(\frac{l}{2} - \frac{a}{2}\right)$$
$$= \frac{w_0 al}{2} - \frac{w_0 al}{2} + \frac{w_0 a^2}{2}$$
$$= \frac{w_0 a^2}{2}$$

03 보기의 ㉠과 ㉡에 해당하는 것을 순서대로 바르게 나열한 것은?

┌─ 보기 ─────────────────────────────┐
  ㉠ 재료가 파단하기 전에 가질 수 있는 최대 응력
  ㉡ 0.05[%]에서 0.3[%] 사이의 특정한 영구변형률
     을 발생시키는 응력
└──────────────────────────────────┘

① 항복강도, 극한강도
② 극한강도, 항복강도
③ 항복강도, 탄성한도
④ 극한강도, 탄성한도

해설

• 극한강도 : 재료가 파단되기 전에 외력에 버틸 수 있는 최대의 응력
• 항복강도 : 인장 시험에서 하중이 증가하여 어느 한도에 도달하면, 하중을 제거해도 원위치로 돌아가지 않고 변형이 남게 되는 그 순간의 하중이다. 0.05~0.3[%] 사이에서 영구변형이 발생된다.

04 그림과 같이 상태 1에서 상태 2로 변화하는 이상 기체 상태변화의 이름과 상호 관계를 옳게 짝지은 것은?

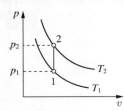

① 등온변화, $v_1 T_2 = v_2 T_1$
② 정압변화, $v_1 T_2 = v_2 T_1$
③ 정압변화, $p_1 T_2 = p_2 T_1$
④ 정적변화, $p_1 T_2 = p_2 T_1$

해설

그림은 $p-v$선도이다. 가로축은 비체적이며 "1 → 2" 과정은 수직선이므로 $\Delta v = 0$이고 체적의 변화가 없는 정적과정을 나타내며, 정답은 ④번이다.

05 습증기의 건도는 액체와 증기의 혼합물 질량에 대한 포화증기 질량의 비로 나타낸다. 어느 1[kg]의 습증기의 건도가 0.6일 때, 이 습증기의 엔탈피의 값[kJ/kg]은? (단, 포화액체의 엔탈피는 500[kJ/kg]이며, 포화증기의 엔탈피는 2,000[kJ/kg]으로 계산한다)

① 1,200[kJ/kg]
② 1,400[kJ/kg]
③ 1,700[kJ/kg]
④ 2,300[kJ/kg]

해설

습증기란 증기에 습기가 포함된 상태를 말한다.
$$h_x = h_f + x(h_g - h_f)$$
$$= 500 + 0.6(2,000 - 500)$$
$$= 500 + 900$$
$$= 1,400$$
습증기의 엔탈피(h_x) 구하는 식
$$h_x = h_f + x(h_g - h_f)$$
여기서, h_f : 포화액체의 엔탈피[kJ/kg]
$\quad\quad\quad h_g$: 포화증기의 엔탈피[kJ/kg]
$\quad\quad\quad x$: 건도

06 기압계의 수은 눈금이 750[mm]이고, 중력 가속도 $g = 10[m/s^2]$인 지점에서 대기압의 값[kPa]은?(단, 수은의 온도는 10[℃]이고, 이때의 밀도는 10,000[kg/m³]로 한다)

① 75[kPa]
② 150[kPa]
③ 300[kPa]
④ 750[kPa]

해설

대기압, $P = \rho g h$
$$= 10,000[kg/m^3] \times 10[m/s^2] \times 0.75[m]$$
$$= 75,000[kg/ms^2 = Pa]$$
$$= 75[kPa]$$

07 아주 매끄러운 원통관에 흐르는 공기가 층류유동일 때, 레이놀즈수(Reynolds Number)는 공기의 밀도, 점성계수와 어떤 관계에 있는가?

① 공기의 밀도와 점성계수 모두와 반비례 관계를 갖는다.
② 공기의 밀도와 점성계수 모두와 비례 관계를 갖는다.
③ 공기의 밀도에는 반비례하고, 점성계수에는 비례한다.
④ 공기의 밀도에는 비례하고, 점성계수에는 반비례한다.

해설

레이놀즈수를 구하는 공식, $Re = \dfrac{관성력}{점성력} = \dfrac{\rho v d}{\mu}$ 에서와 같이 공기의 밀도 ρ 에는 비례하고, 점성계수 μ 에는 반비례함을 알 수 있다.

• 레이놀즈수, $Re = \dfrac{관성력}{점성력} = \dfrac{\rho v d}{\mu} = \dfrac{VD}{\nu}$

  여기서, ρ : 밀도
  $\quad\quad\quad v$: 속도
  $\quad\quad\quad d$: 관의 지름
  $\quad\quad\quad \nu$: 동점성계수
• 레이놀즈수(Re) : "무차원 수"로 층류와 난류를 구분하는 척도

08 압력이 600[kPa], 비체적이 0.1[m³/kg]인 유체가 피스톤이 부착된 실린더 내에 들어 있다. 피스톤은 유체의 비체적이 0.4[m³/kg]이 될 때까지 움직이고, 압력은 일정하게 유지될 때 유체가 한 일의 값[kJ/kg]은?(단, 피스톤이 움직일 때 마찰은 없으며, 이 과정은 등압가역과정이라 가정한다)

① 60[kJ/kg]
② 120[kJ/kg]
③ 180[kJ/kg]
④ 240[kJ/kg]

해설

유체가 한 일, $W = Pdv$
$\quad\quad\quad\quad\quad = P(v_2 - v_1)$
$\quad\quad\quad\quad\quad = 600[kN/m^2](0.4[m^3/kg] - 0.1[m^3/kg])$
$\quad\quad\quad\quad\quad = 600[kN/m^2] \times 0.3[m^3/kg]$
$\quad\quad\quad\quad\quad = 180[kN \cdot m/kg]$
$\quad\quad\quad\quad\quad = 180[kJ/kg]$

09 아크 용접의 이상 현상 중 용접 전류가 크고 용접속도가 빠를 때 발생하는 현상으로 가장 옳은 것은?

① 오버랩
② 스패터
③ 용입 불량
④ 언더컷

해설

언더컷은 용접 전류가 너무 높아서 입열량이 많아졌을 때, 아크 길이가 길 때, 운봉속도가 너무 빠를 때 용접재료가 파여서 생기게 된 것으로 이 불량을 방지하려면 용접 전류를 알맞게 조절해야 하거나 운봉속도를 알맞게 조절해야 한다.
① 오버랩 : 용융된 금속이 용입이 되지 않은 상태에서 표면을 덮어버린 불량
② 스패터 : 용접 시 아크가 발생하면서 주변으로 비산하는 불순물 덩어리
③ 용입불량 : 용융지에 용융금속이 전부 채워지지 않은 불량

10 보기의 설명에 해당하는 용접 방법으로 가장 옳은 것은?

┌ 보기 ┐
• 원판 모양으로 된 전극 사이에 용접 재료를 끼우고, 전극을 회전시키면서 용접하는 방법이다.
• 기체의 기밀, 액체의 수밀을 요하는 관 및 용기 제작 등에 적용된다.
• 통전 방법으로 단속 통전법이 많이 쓰인다.
└────────┘

① 업셋 용접(Upset Welding)
② 프로젝션 용접(Projection Welding)
③ 스터드 용접(Stud Welding)
④ 심 용접(Seam Welding)

해설

④ 심 용접(Seam Welding) : 원판상의 롤러 전극 사이에 용접할 2장의 판을 두고, 전기와 압력을 가하며 전극을 회전시키면서 연속적으로 점용접을 반복하는 용접
① 업셋 용접 : 금속체의 면과 면을 맞대고 압력을 가한 후 열을 주어 맞댄 면을 접합하는 용접
② 프로젝션 용접 : 모재의 편면에 프로젝션인 돌기부를 만들어 평탄한 동전극의 사이에 물려 대전류를 흘려보낸 후 돌기부에 발생된 저항열로 용접한다.
③ 스터드 용접 : 점용접의 일종으로 봉재나 볼트와 같은 스터드를 판이나 프레임과 같은 구조재에 직접 심는 능률적인 용접법이다. 여기서, 스터드란 판재에 덧대는 물체인 봉이나 볼트 같이 긴 물체를 일컫는 용어이다.

11 선반(Lathe)으로 직경 50[mm], 길이 200[mm]인 재료를 200[rpm]으로 가공했을 때, 주분력이 400[N]이었다. 이 때의 절삭동력의 값[kW]은?(단, 1[kW] = 1[kN·m/s]이고, 원주율 π = 3으로 간주한다)

① 0.2[kW]　　　　　② 0.4[kW]

③ 0.6[kW]　　　　　④ 0.8[kW]

해설

절삭동력, $P = F \times v$

$$= 400[\text{N}] \times \frac{3 \times 50[\text{mm}] \times 200[\text{rpm}]}{1,000 \times 60[\text{s}]}$$

$$= 200[\text{N} \cdot \text{m/s}] = 0.2[\text{kW}]$$

12 소성가공에서 직접(전방)압출과 간접(후방)압출을 구분하는 기준에 대한 설명으로 가장 옳은 것은?

① 램(Ram)의 진행방향과 제품의 진행방향에 따라 구분한다.

② 램(Ram)과 컨테이너(Container) 사이의 마찰에 따라 구분한다.

③ 압출 다이(Die)의 전후 위치에 따라 구분한다.

④ 압출 다이(Die)와 컨테이너(Container)의 접촉 상태에 따라 구분한다.

해설

소성가공에서 전방압출과 후방압출의 구분 기준은 램의 진행방향과 제품의 진행방행에 따라서 구분한다.

13 보통선반의 구조에 대한 설명으로 가장 옳지 않은 것은?

① 주축대 : 공작물을 고정하며 회전시키는 장치

② 왕복대 : 주축에서 운동을 전달 받아 이송축까지 전달하는 장치

③ 심압대 : 공작물의 한 쪽 끝을 센터로 지지하는 장치

④ 베드 : 선반의 주요 부분을 얹는 부분

해설

왕복대는 새들과 에이프런, 공구대, 복식공구대를 장착하고 있는 하나의 기계모듈로 왕복대의 맨 위에 장착된 공구대에 바이트를 장착한 후 절삭을 위해 공작물로 이송시키는 역할을 한다.

14 원통 용기 소재를 1차 드로잉률이 0.6, 재드로잉률이 0.8이 되도록 드로잉(Drawing)을 실시하여 지름이 24[mm]인 원통 용기를 제작하였다. 처음 소재의 지름의 값[mm]은?

① 30[mm]　　　　　② 40[mm]

③ 50[mm]　　　　　④ 60[mm]

해설

처음 소재의 지름은 x, 1차 드로잉 후 지름 x_1, 재드로잉 후 지름 x_2로 하면

• 재드로잉 전 소재 지름

$$\frac{x_2}{x_1} = \frac{24}{x_1} = 0.8, \ x_1 = 30$$

• 1차 드로잉 전 소재 지름(처음 소재의 지름)

$$\frac{x_1}{x} = \frac{30}{x} = 0.6$$

∴ $x = 50$

15 보기에서 설명한 특징을 모두 만족하는 입자가공 방법으로 가장 옳은 것은?

┤보기├

- 원통 내면의 다듬질 가공에 사용된다.
- 회전운동과 축방향의 왕복운동에 의해 접촉면을 가공하는 방법이다.
- 여러 숫돌을 스프링/유압으로 가공면에 압력을 가한 상태에서 가공한다.

① 호닝(Honing)
② 전해연마(Electrolytic Polishing)
③ 버핑(Buffing)
④ 숏피닝(Shot Peening)

해설

① 호닝(Honing)가공 : 드릴링, 보링, 리밍 등으로 1차 가공한 재료의 내면을 더욱 정밀하게 연삭하는 가공법으로 각봉 형상의 세립자로 만든 공구를 공작물에 스프링이나 유압으로 접촉시키면서 회전운동과 왕복운동을 동시에 주어 매끈하고 정밀한 제품을 만드는 가공법이다. 주로 내연기관의 실린더와 같이 구멍의 진원도와 진직도, 표면거칠기 향상을 위해 사용한다.
② 전해연마 : 공작물을 양극(+)으로 하고 불용해성의 Cu, Zn을 음극(−)으로 하여 전해액 속에 담그면 공작물의 표면이 전기분해되어 매끈한 가공면을 얻을 수 있는 전기화학적인 연삭가공법이다. 광택이 있는 가공 면을 비교적 쉽게 가공할 수 있어서 거울이나 드릴의 홈, 주사침, 반사경 및 시계의 기어 등을 다듬질하는 데도 사용된다. 전기도금과는 반대의 방법으로 가공한다는 것이 특징이다.
③ 버핑 : 모, 면직물, 펠트 등을 여러장 겹쳐서 적당한 두께의 원판을 만든 다음 이것을 제품 표면위에서 회전시키고 여기에 미세한 연삭입자가 혼합된 윤활제를 사용하면 공작물의 표면을 매끈하고 광택이 나게 만드는 가공법
④ 숏피닝 : 강이나 주철제의 작은 강구(볼)를 금속표면에 고속으로 분사하여 표면층을 냉간가공에 의한 가공경화 효과로 경화시키면서 압축 잔류응력을 부여하여 금속부품의 피로수명을 향상시키는 표면경화법

16 보기에서 구성인선(BUE ; Built-Up Edge)을 억제하는 방법에 해당하는 것을 옳게 짝지은 것은?

┤보기├

- ㉠ 절삭깊이를 깊게 한다.
- ㉡ 공구의 절삭각을 크게 한다.
- ㉢ 절삭속도를 빠르게 한다.
- ㉣ 칩과 공구 경사면상의 마찰을 작게 한다.
- ㉤ 절삭유제를 사용한다.
- ㉥ 가공재료와 서로 친화력이 있는 절삭공구를 선택한다.

① ㉡, ㉣, ㉤
② ㉠, ㉡, ㉢, ㉣
③ ㉠, ㉡, ㉣, ㉥
④ ㉢, ㉣, ㉤

해설

㉠ 절삭깊이는 작게 해야 한다.
㉡ 공구의 윗면 경사각을 크게 하고 절삭각은 작게 해야 한다.
㉥ 가공재료와 친화력이 작은 절삭공구를 선택해서 서로 붙지 않아야 한다.

구성인선

연강이나 스테인리스강, 알루미늄과 같이 재질이 연하고 공구 재료와 친화력이 큰 재료를 절삭가공할 때, 칩과 공구의 윗면 사이의 경사면에 발생되는 높은 압력과 마찰열로 인해 칩의 일부가 공구의 날 끝에 달라붙어 마치 절삭 날과 같이 공작물을 절삭하는 현상이다. 이것은 공작물의 치수정밀도를 떨어뜨리고 탈락될 때 절삭공구도 같이 파손시킨다.

구성인선의 방지대책

- 절삭깊이를 작게 한다.
- 세라믹 공구를 사용한다.
- 절삭속도를 빠르게 한다.
- 바이트의 날 끝을 예리하게 한다.
- 윤활성이 좋은 절삭유를 사용한다.
- 바이트의 윗면 경사각을 크게 한다.
- 마찰계수가 작은 절삭공구를 사용한다.
- 피가공물과 친화력이 작은 공구 재료를 사용한다.
- 공구면의 마찰계수를 감소시켜 칩의 흐름을 원활하게 한다.

17 펌프 내 발생하는 공동현상을 방지하기 위한 설명으로 가장 옳지 않은 것은?

① 펌프의 설치 위치를 낮춘다.
② 펌프의 회전수를 증가시킨다.
③ 단흡입 펌프를 양흡입 펌프로 만든다.
④ 흡입관의 직경을 크게 한다.

해설
공동현상을 방지하기 위해서는 펌프의 회전수를 낮추어야 한다.

18 유량이 0.5[m³/s]이고 유효낙차가 5[m]일 때 수차에 작용할 수 있는 최대동력에 가장 가까운 값[PS]은?(단, 유체의 비중량은 1,000[kgf/m³]이다)

① 15[PS]
② 24.7[PS]
③ 33.3[PS]
④ 40[PS]

해설
소요동력, $L = \dfrac{\gamma Q H}{75\eta}$ [PS]

$\qquad = \dfrac{1,000 \times 0.5 \times 5}{75 \times 1} ≒ 33.333$ [PS]

19 기하공차의 종류와 그 기호가 바르게 연결되지 않은 것은?

① 진원도, ⌖
② 원통도, ⌀̸
③ 동심도, ◎
④ 온 흔들림, ↗↗

해설
기하공차 종류 및 기호

형 체	공차의 종류		기 호
단독 형체	모양 공차	진직도	——
		평면도	▱
		진원도	○
		원통도	⌀̸
		선의 윤곽도	⌒
		면의 윤곽도	⌓
관련 형체	자세 공차	평행도	∥
		직각도	⊥
		경사도	∠
	위치 공차	위치도	⌖
		동축도(동심도)	◎
		대칭도	=
	흔들림 공차	원주 흔들림	↗
		온 흔들림	↗↗

20 보기에서 가는 2점 쇄선이 사용되는 경우에 해당하는 것을 옳게 짝지은 것은?

┤보기├

   ㉠ 도시된 단면의 앞쪽에 있는 부분을 표시하는 데 사용한다.
   ㉡ 인접 부분을 참고로 표시하는 데 사용한다.
   ㉢ 대상물의 일부를 파단한 경계 또는 일부를 떼어 낸 경계를 표시하는 데 사용한다.
   ㉣ 도면에서 어떤 부위가 평면이라는 것을 나타낼 때 사용한다.
   ㉤ 가공 전 또는 가공 후의 모양을 표시하는 데 사용한다.

① ㉡, ㉢, ㉤
② ㉠, ㉢, ㉣
③ ㉠, ㉡, ㉤
④ ㉡, ㉢, ㉣

해설

가는 2점 쇄선으로 표시되는 가상선의 용도
• 반복되는 것을 나타낼 때
• 가공 전이나 후의 모양을 표시할 때
• 도시된 단면의 앞부분을 표시할 때
• 물품의 인접 부분을 참고로 표시할 때
• 이동하는 부분의 운동 범위를 표시할 때
• 공구 및 지그 등 위치를 참고로 나타낼 때
• 무게 중심을 연결한 선을 표시할 때

2019년 지방직 고졸경채 기계일반

01 빌트업 에지(Built-up Edge) 발생 시 억제하는 방법으로 옳지 않은 것은?

① 절삭 깊이를 깊게 한다.
② 절삭 속도를 높인다.
③ 절삭 날을 예리하게 한다.
④ 바이트의 경사각을 크게 한다.

해설

구성인선을 방지하려면 절삭 깊이를 작게 한다.
구성인선(Built-up Edge, 빌트업 에지)의 방지대책
• 절삭 깊이를 작게 한다.
• 세라믹 공구를 사용한다.
• 절삭 속도를 빠르게 한다.
• 바이트의 날 끝을 예리하게 한다.
• 윤활성이 좋은 절삭유를 사용한다.
• 바이트의 윗면 경사각을 크게 한다.
• 마찰계수가 작은 절삭공구를 사용한다.
• 피 가공물과 친화력이 작은 공구 재료를 사용한다.
• 공구면의 마찰계수를 감소시켜 칩의 흐름을 원활하게 한다.
구성인선(Built-up Edge, 빌트업 에지)
연강이나 스테인리스강, 알루미늄과 같이 재질이 연하고 공구 재료와 친화력이 큰 재료를 절삭가공 할 때, 칩과 공구의 윗면 사이의 경사면에 발생되는 높은 압력과 마찰열로 인해 칩의 일부가 공구의 날 끝에 달라붙어 마치 절삭 날과 같이 공작물을 절삭하는 현상이다. 이것은 공작물의 치수 정밀도를 떨어뜨리고 탈락될 때 절삭공구도 같이 파손시킨다.

02 재료의 전연성을 이용한 가공법만을 모두 고르면?

㉠ 단 조	㉡ 호 닝
㉢ 인 발	㉣ 전 조
㉤ 트루잉	

① ㉠, ㉡
② ㉠, ㉢, ㉣
③ ㉠, ㉡, ㉢, ㉤
④ ㉡, ㉢, ㉣, ㉤

해설

㉠ 단조 : 재료에 충격을 가해 성형하는 가공법으로 전연성을 이용한다.
㉢ 인발 : 재료를 늘이는 가공법으로 전연성을 이용한다.
㉣ 전조 : 재료를 다이로 눌러서 나사산과 같은 형상을 만드는 성형가공법으로 전연성을 이용한다.
㉡ 호닝 : 재료를 연삭숫돌로 절삭가공을 하므로 전연성을 이용하지 않는다.
㉤ 트루잉 : 연삭숫돌은 작업 중 입자가 닳거나 떨어져 나가면서 원래의 모양에서 점차 변형이 되는데, 이때 숫돌을 원래의 모양으로 수정하는 작업으로 절삭에 속하므로 전연성을 이용하지 않는다.

03 연삭 숫돌에 다음과 같이 표기되었을 때 K의 의미는?

WA 60 K m V

① 입 도
② 숫돌 입자
③ 결합제
④ 결합도

해설

연삭 숫돌의 표기
WA 60 K m V
• WA : 숫돌입자
• 60 : 입도
• K : 결합도
• m : 조직
• V : 결합제

04 다음에서 설명하는 주조법은?

> • 쇳물을 고온, 고압으로 주입하여 얇고 복잡한 형상의 제품을 생산함
> • 대량생산에 적합한 방식

① 원심 주조법
② 셸 몰드 주조법
③ 인베스트먼트 주조법
④ 다이캐스팅 주조법

해설

다이캐스팅 주조법 : 용융금속을 금형 다이에 고온, 고압, 고속으로 충진하여 압입하는 주조법으로 주형을 영구적으로 사용할 수 있으며 충진 시간이 매우 짧아서 생산 속도가 빠르므로 대량 생산에 적합하다. 용융금속을 강한 압력으로 금형에 주입하고 가압하여 주물을 얻기 때문에 주물조직이 치밀하며 복잡한 형상의 제품 제작이 가능하고 강도가 크다. 치수 정밀도가 높아서 마무리 공정수를 줄일 수 있고 주로 비철금속의 주조에 사용된다.

05 비철금속 재료에 대한 설명으로 옳지 않은 것은?

① 청동은 황동보다 내식성과 내마멸성이 좋다.
② 마그네슘 합금은 비강도가 알루미늄 금속보다 우수하므로 항공기, 자동차 등에 사용된다.
③ 니켈-구리 합금은 내식성이 우수하나 기계 가공이 어렵다.
④ 금형 주조가 발달하여 피스톤, 실린더 헤드 커버 등도 주물용 알루미늄 합금으로 생산되고 있다.

해설

니켈-구리 합금은 내식성이 우수하며 강도가 크지 않아서 기계 가공성도 우수하다.

06 주철에 대한 설명으로 옳지 않은 것은?

① 인장 강도가 강에 비하여 작고 메짐성이 크다.
② 고온에서 소성변형이 잘 된다.
③ 산에는 약하지만 알칼리에는 강하다.
④ 복잡한 형상도 쉽게 주조가 된다.

해설

주철은 고온이든, 저온이든 취성이 커서 소성변형은 잘 되지 않는다.

07 다음에서 설명하는 압력제어 밸브는?

> • 두 개 이상의 분기 회로가 있을 때 액추에이터를 순차적으로 작동시키기 위하여 사용한다.
> • 압축 공기는 밸브의 설정 압력이 될 때 유로가 접속구와 연결되어 흐르게 된다.

① 압력 시퀀스 밸브　　② 압력 조절 밸브
③ 압력 제한 밸브　　　④ 감압 밸브

해설

시퀀스 밸브 : 정해진 순서에 따라 순차적으로 작동시키는 밸브로 기계의 조작 순서를 확실하게 조정하는 밸브
감압 밸브 : 유체의 압력을 감소시키기 위한 밸브로 급속귀환장치가 부착된 공작기계에서 고압펌프와 귀환 시 사용할 저압의 대용량 펌프를 병행해서 사용할 경우 동력 절감을 위해 사용하는 밸브

08 측정에 대한 설명으로 옳은 것만을 모두 고르면?

> ㉠ 버니어캘리퍼스 어미자의 한 눈금은 0.1[mm]이다.
> ㉡ 형상측정에는 진직도, 평면도, 진원도 측정 등이 있다.
> ㉢ 하이트 게이지는 스크라이버를 이용하여 측정한다.
> ㉣ 사인 바는 길이 측정기이다.

① ㉠, ㉢　　　　　　　② ㉠, ㉣
③ ㉡, ㉢　　　　　　　④ ㉡, ㉣

해설

㉠ 버니어캘리퍼스 어미자의 한 눈금은 1[mm]이다.
㉣ 사인 바는 각도 측정기이다.

09 유압유가 갖추어야 할 성질이 아닌 것은?

① 압축성이고 유동성이 좋을 것
② 인화점이 높고 온도에 대한 점도 변화가 적을 것
③ 거품이 일지 않고 수분을 쉽게 분리시킬 수 있을 것
④ 장시간 사용해도 물리적, 화학적 성질의 변화가 없을 것

해설

유압유는 비압축성이어야 한다.
유압유가 갖추어야 할 성질
• 인화점이 높을 것
• 거품이 일지 않을 것
• 비압축성이고 유동성이 좋을 것
• 온도에 대한 점도 변화가 적을 것
• 수분을 쉽게 분리시킬 수 있을 것
• 장시간 사용해도 물리적, 화학적 성질의 변화가 없을 것

10 심용접(Seam Welding)에 대한 설명으로 옳은 것은?

① 모재보다 용융점이 낮은 금속을 모재 사이에 녹여 접합하는 방법
② 전극으로 사용하는 롤러 사이 모재를 겹쳐 놓고 전류를 통하면서 가열, 가압하여 접합하는 방법
③ 겹쳐 놓은 두 모재의 위 아래에 전극을 점 접촉시켜 강하게 가압하면서 전류를 흘려 접합하는 방법
④ 아르곤 또는 헬륨 등의 불활성 가스 환경하에서 텅스텐 봉이나 금속 전극봉과 모재 사이에 아크를 발생시켜 용접하는 방법

해설

① 납땜에 대한 정의
③ 점용접법(스폿용접)에 대한 정의
④ 불활성 가스 메탈 아크 용접에 대한 정의(TIG, MIG용접)
심용접 : 원판상의 롤러 전극 사이에 용접할 2장의 판을 두고, 전기와 압력을 가하며 전극을 회전시키면서 연속적으로 점용접을 반복하는 용접방법

11 블록게이지의 등급 중 정밀도가 가장 낮은 것은?

① 0급 ② 1급
③ 2급 ④ 3급

해설

블록게이지의 정밀도는 2급이 제일 낮고 00급이 제일 높다.
블록게이지(= 게이지블록)의 등급에 따른 사용목적

등 급	사용목적	사용내용	검사주기
AA(00)급	연구소용, 참조용	• 연구용, 학술용	3년
A(0)급	표준용	• 측정기의 정도 검사	2년
B(1)급	검사용	• 부품이나 공구 검사 • 게이지 제작	1년
C(2)급	공작용	• 공구 설치 • 측정기의 정도 조정	6개월

게이지블록
길이 측정의 표준이 되는 게이지로 공장용 게이지들 중에서 가장 정확하다. 개개의 블록게이지를 밀착시킴으로써 그들 호칭치수의 합이 되는 새로운 치수를 얻을 수 있다.
• 블록게이지 조합의 종류 : 9개조, 32개조, 76개조, 103개조가 있다.

12 재료의 경도 시험법에 대한 설명으로 옳은 것만을 모두 고르면?

> ㉠ 브리넬 경도는 다이아몬드 추를 압입자로 사용하며 오목자국의 깊이를 경도의 척도로 삼는다.
> ㉡ 쇼어 경도는 완성품 검사에 사용된다.
> ㉢ 비커스 경도는 강철구를 압입자로 사용하며 오목자국의 표면적을 측정하여 경도를 계산한다.
> ㉣ 로크웰 경도는 다이아몬드 추를 일정 높이에서 낙하시켜 반발 높이로 경도를 측정한다.

① ㉡
② ㉣
③ ㉠, ㉡
④ ㉢, ㉣

해설

㉠ 브리넬 경도는 강구를 압입자로 사용한다.
㉢ 비커스 경도는 136[°]인 다이아몬드 피라미드 압입자를 사용한다.
㉣ 로크웰 경도는 압입자에 하중을 걸어 압입 자국(홈)의 깊이를 측정하여 경도를 측정한다.

경도시험의 종류

종 류	시험 원리	압입자
브리넬 경도 (H_B)	압입자인 강구에 일정량의 하중을 걸어 시험편의 표면에 압입한 후, 압입 자국의 표면적 크기와 하중의 비로 경도 측정 $H_B = \dfrac{P}{A} = \dfrac{P}{\pi Dh}$ $= \dfrac{2P}{\pi D(D - \sqrt{D^2 - d^2})}$ 여기서, D : 강구 지름 d : 압입 자국의 지름 h : 압입 자국의 깊이 A : 압입 자국의 표면적	강 구
비커스 경도 (H_V)	압입자에 1~120[kg]의 하중을 걸어 자국의 대각선 길이로 경도 측정한다. 하중을 가하는 시간은 캠의 회전 속도로 조절한다. $H_V = \dfrac{P(\text{하중})}{A(\text{압입 자국의 표면적})}$	136°인 다이아몬드 피라미드 압입자
로크웰 경도 (H_{RB}, H_{RC})	압입자에 하중을 걸어 압입 자국(홈)의 깊이를 측정하여 경도 측정 • 예비하중 : 10[kg] • 시험하중 – B스케일 : 100[kg] – C스케일 : 150[kg] $\quad H_{RB} = 130 - 500h$ $\quad H_{RC} = 100 - 500h$ 여기서, h : 압입 자국의 깊이	• B스케일 : 강구 • C스케일 : 120° 다이아몬드(콘)

종 류	시험 원리	압입자
쇼어 경도 (H_S)	추를 일정한 높이(h_0)에서 낙하시켜, 이 추의 반발 높이(h)를 측정해서 경도 측정 $H_S = \dfrac{10,000}{65} \times \dfrac{h(\text{해머의 반발 높이})}{h_0(\text{해머 낙하 높이})}$	다이아몬드 추

13 다음에서 설명하는 기계요소는?

> • 유체를 한 방향으로만 흐르게 하기 위한 역류 방지용이다.
> • 대부분 외력을 사용하지 않고 유체 자체의 압력으로 조작한다.

① 플랜지 커플링
② 토션 바
③ 체크 밸브
④ 글러브 밸브

해설

③ 체크 밸브 : 유체가 한쪽 방향으로만 흐르고 반대쪽으로는 흐르지 못하도록 할 때 사용하는 밸브이다.
① 플랜지 커플링 : 대표적인 고정 커플링으로 일직선상의 두 축을 볼트나 키로 연결한 축이음이다.
② 토션 바 : 긴 봉의 한쪽 끝을 고정하고 다른 쪽 끝을 비틀었을 때 강성에 의해 원래의 위치로 뒤돌아올 때의 비틀림 변위를 이용한 막대 모양의 스프링이다. 가벼우면서도 큰 비틀림 에너지를 축적할 수 있어서 자동차나 전동차에 주로 사용된다.
④ 글로브 밸브(글러브 밸브) : 입구와 출구의 중심선이 일직선상에 있으면서 유체가 S자형으로 흐르는 밸브로 소형이며 가볍지만, 유체에 대한 마찰저항손실이 크다는 단점을 갖는 밸브다. 스톱 밸브로도 불린다.

14 다음의 탄소강 중 탄소의 함량이 가장 높은 것은?

① 연 강
② 경 강
③ 탄소 공구강
④ 표면 경화강

강의 종류에 따라 탄소 함유량이 정해진 수치는 없으나, 대략 다음과 같은 수치를 갖는다. 따라서 보기 중 ③번 탄소 공구강의 탄소 함유량이 가장 높다.
① 연강의 탄소 함유량 : 0.1~0.2[%]
② 경강의 탄소 함유량 : 0.4~0.5[%]
③ 탄소 공구강의 탄소 함유량 : 0.7~1.5[%]
④ 표면 경화강의 탄소 함유량 : 침탄강의 경우 약 0.15[%] 내외

15 다음에서 설명하는 기관은?

- 대기에서 흡입한 공기를 모두 압축기로 압축한 후 연소실로 보내 연료를 분사시켜 연소시킨다.
- 고온·고압의 연소가스를 압축기 구동용 터빈에 분출시켜 터빈을 구동한다.
- 고속에서 효율이 높으며, 주로 항공기용으로 사용된다.

① 터보팬 기관(Turbofan Engine)
② 터보제트 기관(Turbojet Engine)
③ 터보프롭 기관(Turboprop Engine)
④ 터보샤프트 기관(Turboshaft Engine)

터보제트 기관(Turbojet Engine)은 제트 엔진과 같은 구조로 고온·고압의 연소가스를 압축기 구동용 터빈에 분출시켜 터빈을 구동한다.

16 다음 중 공업규격을 제정하여 표준화를 하는 이유만을 모두 고르면?

ㄱ 품질 향상
ㄴ 생산원가 절감
ㄷ 작업 능률 향상
ㄹ 부품의 호환성 증가
ㅁ 차별화된 제품 생산
ㅂ 개성 있는 제품을 소량 생산

① ㄱ, ㄴ, ㄷ
② ㄴ, ㄷ, ㄹ
③ ㄹ, ㅁ, ㅂ
④ ㄱ, ㄴ, ㄷ, ㄹ

공업규격을 제정하면 부품이 표준화되기 때문에 ㅁ의 차별화된 제품 생산이 되지 않으며, ㅂ의 개성 있는 제품의 소량생산이 아닌 대량 생산체제에 적합하므로 ㄱ, ㄴ, ㄷ, ㄹ이 표준화를 제정하는 이유에 속한다.

17 (가), (나)에서 설명하는 금속을 바르게 연결한 것은?

(가) 비중이 4.5 정도로 은백색의 금속이며, 무게가 철의 $\frac{1}{2}$ 정도이나, 단단하고 내식 내열성이 우수하다. 그 합금은 가스 터빈용, 항공기 구조용으로 다양하게 쓰이고 있다.
(나) 비중이 8.9이며 인성이 풍부한 은백색 광택의 금속으로, 전연성이 좋아 동전 등의 화폐를 만드는 데 쓰이기도 한다.

	(가)	(나)
①	알루미늄	마그네슘
②	마그네슘	알루미늄
③	니 켈	티타늄
④	티타늄	니 켈

(가) 티타늄 : 비중이 4.5이며 은백색의 금속이다. 내식, 내열성이 우수하여 가스 터빈, 항공기 구조용 재료로 사용
(나) 니켈 : 비중이 8.9이며 은백색 광색을 갖는 금속이다. 전연성이 좋아서 동전 등 화폐용 재료로 사용

18 다음에서 설명하는 연삭 방법은?

> • 고정하기 어려운 가늘고 긴 공작물을 연삭하는 방법이다.
> • 바깥지름 연삭과 안지름 연삭이 모두 가능하다.
> • 지름이 크거나 무거운 공작물의 연삭은 어렵다.
> • 연속 가공이 가능하여 대량 생산에 적합하다.

① 센터리스 연삭
② 수평 평면 연삭
③ 공작물 왕복형 원통 연삭
④ 숫돌 왕복형 원통 연삭

해설

센터리스 연삭은 고정하기 어려운 가늘고 긴 공작물의 연삭이 가능하며 내외경의 가공이 모두 가능하나 무거운 공작물의 연삭이 어려운 특징을 갖는다.

센터리스 연삭의 특징

• 연삭 여유가 작아도 된다.
• 연삭작업에 숙련을 요구하지 않는다.
• 연속작업이 가능하여 대량 생산에 적합하다.
• 연삭 깊이는 거친 연삭의 경우 0.2[mm] 정도이다.
• 센터가 필요하지 않아 센터구멍을 가공할 필요가 없다.
• 센터구멍이 필요 없는 중공물의 원통 연삭에 편리하다.
• 가늘고 긴 공작물을 센터나 척으로 지지하지 않고 가공한다.
• 일반적으로 조정숫돌은 연삭축에 대하여 경사시켜 가공한다.
• 긴 홈이 있는 가공물이나 대형 또는 중량물의 연삭은 곤란하다.
• 연삭숫돌의 폭이 커서 숫돌의 지름방향으로 마멸이 적고 수명이 길다.

19 원동축 기어의 잇수가 30, 종동축 기어의 잇수가 10이며 모듈이 2인 스퍼기어에 대한 설명으로 옳은 것만을 모두 고르면?

> ㉠ 두 기어의 중심거리는 40이다.
> ㉡ 원동축의 피치원 지름은 50이다.
> ㉢ 종동축의 원주피치는 원동축의 원주피치와 같다.
> ㉣ 원동축이 20회전을 할 때 종동축은 30회전을 한다.

① ㉠, ㉡   ② ㉠, ㉢
③ ㉡, ㉢   ④ ㉢, ㉣

해설

㉠ 두 기어의 중심간 거리,
$$C = \frac{D_1 + D_2}{2} = \frac{(mZ_1 + mZ_2)}{2} = \frac{(2 \times 30) + (2 \times 10)}{2} = 40$$

㉢ 종동축의 원주피치와 원동축의 원주피치는 같다.

㉡ 원동축의 피치원 지름, $D_1 = m_1 Z_1 = 2 \times 30 = 60$

㉣ 다음 공식에 따르면 원동축이 20회전하면, 종동축은 60회전을 한다.
$$i = \frac{n_2}{n_1} = \frac{Z_1}{Z_2}$$

$$\frac{n_2}{20} = \frac{30}{10}$$

∴ 종동축 회전수 $n_2 = 20 \times \frac{30}{10} = 60$

20 용접과 비교하여 설명한 리벳이음의 특징으로 옳지 않은 것은?

① 열과 잔류 응력으로 인한 변형이 없다.
② 열에 약한 금속이나 얇은 판의 접합이 불가능하다.
③ 작업에 숙련도를 요하지 않으며 검사도 간단하다.
④ 구멍 가공으로 인하여 판의 강도가 약화된다.

해설

리벳이음은 기계적 접합법으로 열에 약한 금속이나 얇은 판의 접합도 가능하다.

리벳(Rivet)

판재나 형강을 영구적으로 이음을 할 때 사용되는 결합용 기계요소로 구조가 간단하고 잔류변형이 없어서 기밀을 요하는 압력용기나 보일러, 항공기, 교량 등의 이음에 주로 사용된다. 간단한 리벳작업은 망치도 가능하나, 큰 강도를 요하는 곳을 리벳이음 하기 위해서는 리베팅 장비가 필요하다.

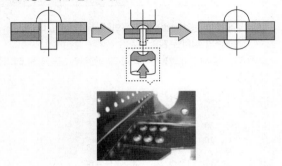

2020년 지방직 기계일반

01 최소 측정 단위가 0.05[mm]인 버니어 캘리퍼스를 이용한 측정 결과가 그림과 같을 때 측정값[mm]은?(단, 아들자와 어미자 눈금이 일직선으로 만나는 화살표 부분의 아들자 눈금은 4이다)

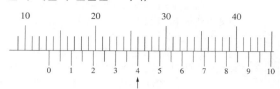

① 13.2
② 13.4
③ 26.2
④ 26.4

해설

아들자의 0이 시작된 부분이 13이고, 어미자와 아들자의 눈금이 만나는 수치가 0.4이므로 이를 합치면 13.4가 된다.

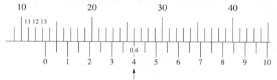

02 한쪽 방향으로만 힘을 받는 바이스(Vice)의 이송나사로 가장 적합한 것은?

① 삼각 나사
② 사각 나사
③ 톱니 나사
④ 관용 나사

해설

톱니 나사는 한쪽 방향으로 힘을 받을 때 주로 사용하는데 바이스, 압착기 등의 이송용 나사로 사용한다.

03 물체에 가한 힘을 제거해도 원래 형태로 돌아가지 않고 변형된 상태로 남는 성질은?

① 탄성(Elasticity)
② 소성(Plasticity)
③ 항복점(Yield Point)
④ 상변태(Phase Transformation)

해설

소성 : 물체에 가한 힘을 제거해도 원래 형태로 돌아가지 않고 변형된 상태로 남는 성질
탄성 : 물체에 가한 힘을 제거하면 원래의 형태로 되돌아가는 성질로, 변형이 남지 않는다.

04 연삭작업 중 공작물과 연삭숫돌 간의 마찰열로 인하여 공작물의 다듬질면이 타서 색깔을 띠게 되는 연삭 버닝의 발생 조건이 아닌 것은?

① 숫돌입자의 자생 작용이 일어날 때
② 매우 연한 공작물을 연삭할 때
③ 공작물과 연삭숫돌 간에 과도한 압력이 가해질 때
④ 연삭액을 사용하지 않거나 부적합하게 사용할 때

해설

숫돌입자의 자생 작용이 일어나면 무딘 연삭입자가 새로 생성되므로 버닝(검게 타는 현상)은 발생되지 않는다.

05 선삭의 외경절삭 공정 시 공구의 온도가 최대가 되는 영역에서 발생하는 공구 마모는?

① 플랭크 마모(Flank Wear)
② 노즈반경 마모(Nose Radius Wear)
③ 크레이터 마모(Crater Wear)
④ 노치 마모(Notch Wear)

해설

③ 크레이터 마모(Crater Wear, 경사면 마멸) : 선삭의 외경절삭 공정 시 공구의 온도가 최대가 되는 영역에서 발생하는 공구 마모
① 플랭크 마모(여유면 마멸) : 절삭공구의 측면(여유면)과 가공면과의 마찰에 의하여 발생되는 마모현상으로 주철과 같이 취성이 있는 재료를 절삭할 때 발생하여 절삭날(공구인선)을 파손시킨다.

경사면 마멸

여유면 마멸

06 보통의 주철 쇳물을 금형에 넣어 표면만 급랭시켜 내열성과 내마모성을 향상시킨 것은?

① 회주철
② 가단주철
③ 칠드주철
④ 구상흑연주철

해설

③ 칠드주철 : 보통의 주철 쇳물을 금형에 넣어 표면만 급랭시켜 내열성과 내마모성을 향상시킨 주철이다.
① 회주철(Gray Cast Iron) : GC200으로 표시되는 주조용 철로서 200은 최저 인장강도를 나타낸다. 탄소가 흑연 박편의 형태로 석출되며 내마모성과 진동흡수 능력이 우수하고 압축강도가 좋아서 엔진 블록이나 브레이크 드럼용 재료, 공작기계의 베드용 재료로 사용된다.
② 가단주철 : 백주철을 고온에서 장시간 열처리하여 시멘타이트 조직을 분해하거나 소실시켜 조직의 인성과 연성을 개선한 주철로 가단성이 부족했던 주철을 강인한 조직으로 만들기 때문에 단조작업을 가능하게 한다.
④ 구상흑연주철 : 주철 속 흑연이 완전히 구상이고 그 주위가 페라이트조직으로 되어 있는데 이 형상이 황소의 눈과 닮았다고 해서 불스아이 주철로도 불린다. 일반주철에 Ni(니켈), Cr(크롬), Mo(몰리브덴), Cu(구리)를 첨가하여 재질을 개선한 주철로 내마멸성, 내열성, 내식성이 대단히 우수하여 자동차용 주물이나 주조용 재료로 사용되며 다른 말로 노듈러주철, 덕타일주철로도 불린다.
흑연을 구상화하는 방법 : 황(S)이 적은 선철을 용해한 후 Mg, Ce, Ca 등을 첨가하여 제조하는데, 흑연이 구상화되면 보통주철에 비해 강력하고 점성이 강한 성질을 갖게 한다.

07 양쪽 끝에 플랜지(Flange)가 있는 대형 곡관을 주조할 때 사용하는 모형은?

① 회전 모형 ② 분할 모형
③ 단체 모형 ④ 골격 모형

해설

④ 골격 모형 : 양쪽 끝에 플랜지(Flange)가 있는 대형 곡관을 주조할 때 사용하는 모형
① 회전모형 : 주물의 형상이 축을 기준으로 대칭인 경우, 한쪽 판을 회전시켜 주형사를 긁어내서 주형을 제작하는 데 사용되는 모형
② 분할모형 : 현형의 일종으로 여러 개를 조합해서 하나의 모형으로 사용하는 형상
③ 단체모형 : 현형의 일종으로 하나의 형태를 모형으로 사용하는 형상

08 주로 대형 공작물의 길이방향 홈이나 노치 가공에 사용되는 공정으로, 고정된 공구를 이용하여 공작물의 직선운동에 따라 절삭행정과 귀환행정이 반복되는 가공법은?

① 브로칭(Broaching)
② 평삭(Planning)
③ 형삭(Shaping)
④ 보링(Boring)

해설

고정된 공구를 이용하여 공작물의 직선운동에 따라 절삭행정과 귀환행정이 반복되는 가공법은 평삭(Planning)이다.
① 브로칭가공 : 가공물에 홈이나 내부 구멍을 만들 때 가늘고 길며 길이 방향으로 많은 날을 가진 총형 공구인 브로치를 일감에 대고 누르면서 관통시켜 단 1회의 절삭 공정만으로 제품을 완성시키는 가공법이다. 따라서 공작물이나 공구가 회전하지는 않는다.
③ 형삭 : 바이트가 고정된 램의 왕복운동으로 평면을 가공하는 작업으로, 램이 전면으로 나가면서 절삭이 이루어지고, 돌아갈 때는 비절삭이므로 능률을 위해 급속귀환장치가 설치되었다. 대표적 설비로 셰이퍼가 있으며 셰이퍼의 크기는 램의 최대 행정으로 표시한다.
④ 보링 : 보링바이트로 이미 뚫린 구멍을 필요한 치수로 정밀하게 넓히는 작업

09 마찰이 없는 관속 유동에서 베르누이(Bernoulli) 방정식에 대한 설명으로 옳은 것은?

① 압력수두, 속도수두, 온도수두로 구성된다.
② 벤투리미터(Venturimeter)를 이용한 유량 측정에 사용되는 식이다.
③ 가열부 또는 냉각부 등 온도 변화가 큰 압축성 유체에도 적용할 수 있다.
④ 각 항은 무차원 수이다.

해설

① 압력수두, 속도수두, 위치수두로 구성된다.
③ 베르누이 정리는 비압축성 유체에 적용한다.
④ 베르누이 정리는 유체의 유동 관련 식을 수두의 형태로 표현한 것으로 [m] 단위를 사용하므로 무차원 수는 잘못된 표현이다.

10 형단조(Impression Die Forging)의 예비성형 공정에서 오목면을 가지는 금형을 이용하여 최종 제품의 부피가 큰 영역으로 재료를 모으는 단계는?

① 트리밍(Trimming)
② 풀러링(Fullering)
③ 에징(Edging)
④ 블로킹(Blocking)

해설

① 트리밍 : 제품 치수보다 크게 만드는 드로잉 가공을 마친 후 제품의 최종 치수를 맞추기 위하여 여분의 재료를 절단하는 작업으로 별도의 트리밍용 다이가 필요하다.
② 풀러링 : 재료를 일정한 형상의 형태로 분산시키는 작업
④ 블로킹 : 중간 다이를 사용한 거친 형상의 성형작업으로 최종 형상 작업 직전의 형단조 공정이다.

11 프란츠 뢸로(Franz Reuleaux)가 정의한 기계의 구비 조건에 해당하지 않는 것은?

① 물체의 조합으로 구성되어 있을 것
② 각 부분의 운동은 한정되어 있을 것
③ 구성된 조립체는 저항력이 없을 것
④ 에너지를 공급받아서 유효한 기계적 일을 할 것

해설

프란츠 뢸로(Franz Reuleaux)는 링크 구조 연구에 독보적인 19세기 독일의 기계공학자이다. '기계란 내구성을 가진 물체들의 정교한 조합으로서 각각이 한정된 운동을 하며 에너지를 받아 유용한 일을 한다.'로 기계를 정의했다. 이를 종합해보면 구성된 조립체에 대한 저항력이 없다고 본 의견은 없다.

12 결합용 기계 요소인 나사에 대한 설명으로 옳은 것은?

① 미터보통나사의 수나사 호칭 지름은 바깥지름을 기준으로 한다.
② 원기둥의 바깥 표면에 나사산이 있는 것을 암나사라고 한다.
③ 오른나사는 반시계방향으로 돌리면 죄어지며, 왼나사는 시계방향으로 돌리면 죄어진다.
④ 한줄나사는 빨리 풀거나 죌 때 편리하나, 풀어지기 쉬우므로 죔나사로 적합하지 않다.

해설

② 원기둥의 바깥 표면에 나사산이 있는 것을 수나사라고 한다.
③ 오른나사는 시계방향으로 돌리면 죄어지며, 왼나사는 반시계방향으로 돌리면 죄어진다.
④ 두 줄 이상의 나사는 빨리 풀거나 죌 때 편리하나, 풀어지기 쉬우므로 죔나사로 적합하지 않다.

13 가공공정에 대한 설명으로 옳지 않은 것은?

① 리밍(Reaming)은 구멍을 조금 확장하여, 치수 정확도를 향상할 때 사용한다.
② 드릴 작업 시 손 부상을 방지하기 위하여 장갑을 끼고 작업한다.
③ 카운터 싱킹(Counter Sinking)은 원뿔 형상의 단이 진 구멍을 만들 때 사용한다.
④ 탭핑(Tapping)은 구멍의 내면에 나사산을 만들 때 사용한다.

해설

드릴 날이 회전할 때 장갑을 끼면 말림에 의한 재해가 발생할 수 있으므로 드릴 작업 시 장갑을 끼고 작업하면 안 된다.

14 실린더 행정과 안지름이 각 10[cm]이고, 연소실 체적이 250[cm³]인 4행정 가솔린 엔진의 압축비는?(단, $\pi = 3$으로 계산한다)

① $\dfrac{4}{3}$ ② 2

③ 3   ④ 4

해설

$$\varepsilon = \frac{\left(\dfrac{\pi \times d^2}{4} \times L\right) + 250[cm^3]}{250[cm^3]}$$

$$= \frac{\left(\dfrac{3 \times 10^2[cm^2]}{4} \times 10[cm]\right) + 250[cm^3]}{250[cm^3]}$$

$$= \frac{1,000[cm^3]}{250[cm^3]} = 4$$

압축비 : 내연기관에서 실린더가 피스톤에 의해 압축될 때 간극체적(연소실체적) 대비 얼마나 많은 비율이 압축되는지의 비율을 나타낸 것이다.

$$\varepsilon = \frac{V_C(간극체적) + V_S(행정체적)}{V_C(간극체적)}$$

15 카르노(Carnot) 사이클의 $P-v$ 선도에서 각 사이클 과정에 대한 설명으로 옳은 것은?(단, q_1 및 q_2는 열량이다)

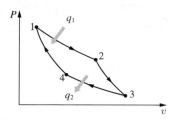

① 상태 1 → 상태 2 : 가역단열팽창과정
② 상태 2 → 상태 3 : 등온팽창과정
③ 상태 3 → 상태 4 : 등온팽창과정
④ 상태 4 → 상태 1 : 가역단열압축과정

해설
주어진 카르노사이클에서 4 → 1과정은 단열압축과정이다.
① 상태 1 → 상태 2 : 등온팽창과정
② 상태 2 → 상태 3 : 단열팽창과정
③ 상태 3 → 상태 4 : 등온압축과정
카르노사이클의 $P-v$, $T-s$ 선도(단, 내부 과정별 번호는 문제와 다름)

$P-v$ 선도	$T-s$ 선도
(그림)	(그림)
• 1 → 2과정 : 단열압축	• 2 → 3과정 : Q_H In
• 2 → 3과정 : 등온팽창(Q_H In)	• 4 → 1과정 : Q_L Out
• 3 → 4과정 : 단열팽창	• 1 → 2과정 : 등엔트로피
• 4 → 1과정 : 등온압축(Q_L Out)	• 3 → 4과정 : 등엔트로피

16 일반적으로 CAD에 사용되는 모델링 가운데 솔리드 모델링(Solid Modeling)의 특징이 아닌 것은?

① 숨은선 제거와 복잡한 형상 표현이 가능하다.
② 표면적, 부피 및 관성모멘트 등을 계산할 수 있다.
③ 실물과 근접한 3차원 형상의 모델을 만들 수 있다.
④ 간단한 자료구조를 갖추고 있어 처리해야 할 데이터 양이 적다.

해설
실물과 같은 3차원 형상의 모델링을 표현할 수 있는 솔리드 모델링(Solid Modeling)은 선(Wire)만으로 형태를 표현한 와이어프레임 모델링과 면의 형태로 표현한 서피스 모델링보다 더 복잡한 자료구조를 갖고 있어서 처리해야 할 데이터량이 많다.

17 다음은 탄소강에 포함된 원소의 영향에 대한 설명이다. 이에 해당하는 원소는?

> 고온에서 결정 성장을 방지하고 강의 점성을 증가시켜 주조성과 고온 가공성을 향상시킨다. 탄소강의 인성을 증가시키고, 열처리에 의한 변형을 감소시키며, 적열취성을 방지한다.

① 인(P)   ② 황(S)
③ 규소(Si)   ④ 망간(Mn)

해설
망간(Mn)이 합금된 탄소강의 성질
• 인성 증가
• 적열취성 방지
• 열처리에 의한 변형 감소
• 고온에서 결정의 성장 방지
• 강의 점성을 증가시켜 주조성과 고온 가공성 향상

18 실온에서 탄성계수가 가장 작은 재료는?

① 납(Lead)
② 구리(Copper)
③ 알루미늄(Aluminum)
④ 마그네슘(Magnesium)

해설
실온에서의 탄성계수
• 납(Lead) : 약 16GPa
• 구리(Copper) : 약 130GPa
• 알루미늄(Aluminum) : 약 70GPa
• 마그네슘(Magnesium) : 약 45GPa

19 구름 베어링의 호칭번호가 6208 C1 P2일 때, 옳은 것은?

① 안지름이 8[mm]이다.
② 단열 앵귤러 콘택트 볼베어링이다.
③ 정밀도 2급으로 매우 우수한 정밀도를 가진다.
④ 내륜과 외륜 사이의 내부 틈새는 가장 큰 것을 의미한다.

해설
구름베어링의 호칭 번호[KS B 2012]에 따르면,
P2는 정밀도 2급으로 매우 우수한 정밀도를 가진다는 것의 의미하는 기호이다. 정밀도가 높은 등급 순서(P2 > P4 > P5 > P6 > P6X > 없음)
① 08 : 안지름, 40[mm]이다.
② 6 : 형식기호, 깊은 홈 볼 베어링

20 반도체 제조공정에서 기판 표면에 코팅된 양성 포토레지스트(Positive Photoresist)에 마스크(Mask)를 이용하여 노광공정(Exposing)을 수행한 후, 자외선이 조사된 영역의 포토레지스트만 선택적으로 제거하는 공정은?

① 현상(Developing)
② 식각(Etching)
③ 에싱(Ashing)
④ 스트립핑(Stripping)

해설
② 식각(Etching) : 반도체에 부식액을 도포시켜 회로 패턴을 제외한 부분을 부식에 의해 제거하여 반도체 회로를 만드는 공정으로 건식과 습식으로 나뉜다. 건식은 고비용이며 정확성이 좋은 반면 습식은 비용이 낮으나 정확성이 떨어진다.
③ 에싱(Ashing) : 식각(에칭)공정에서 웨이퍼에 도포한 부식액을 제거하는 공정
④ 스트립핑(Stripping) : 가스나 증기를 사용해서 액체 안에 녹아 있는 가스나 불순물을 제거하는 공정

2020년 서울시 기계일반

01
기계제도의 정투상법에서 사용되는 제3각법과 제1각법의 설명 중 가장 옳은 것은?

① 제3각법에서는 정면도의 오른쪽에 우측면도가 위치한다.
② 제3각법에서는 정면도 기준으로 우측면도와 배면도를 위주로 그린다.
③ 우리나라에서는 대부분의 회사에서 제1각법을 채택하고 있다.
④ 제1각법에서는 평면도가 정면도의 위에 배치된다.

해설

제3각법에서는 정면도의 오른쪽에는 우측면도가 위치해 있고, 왼쪽에는 좌측면도가 위치한다.
② 제3각법에서는 정면도 기준으로 우측면도와 평면도를 위주로 그린다.
③ 우리나라에서는 대부분의 회사에서 제3각법을 채택하고 있다.
④ 제1각법에서는 평면도가 정면도의 아래에 배치된다.

제1각법과 제3각법

제1각법	제3각법
투상면을 물체의 뒤에 놓는다.	투상면을 물체의 앞에 놓는다.
눈 → 물체 → 투상면	눈 → 투상면 → 물체

02
체인 전동의 특징에 대한 설명으로 가장 옳지 않은 것은?

① 속비가 일정하며 미끄럼이 없다.
② 유지 및 수리가 어렵고 체인의 길이조절이 불가능하다.
③ 체인의 탄성에 의해 외부 충격을 어느 정도 흡수할 수 있다.
④ 초기 장력이 필요가 없어 작용 베어링에 예압이 거의 없다.

해설

체인 전동 장치의 체인 길이는 쉽게 늘이거나 줄일 수 있어서 유지보수도 쉽다.
체인 전동 장치 : 체인을 원동축과 종동축의 스프로킷에 걸어 동력을 전달하는 기계장치

 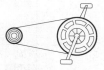

[체 인]   [스프로킷]   [체인 전동 장치]

03 강구(Steel Ball)를 일정한 하중으로 시험편 표면에 압입하여 재료의 경도를 시험하는 방법은?

① 쇼어(Shore) 경도 시험
② 비커스(Vikers) 경도 시험
③ 침투탐상법(Penetrant Inspection)
④ 브리넬(Brinell) 경도 시험

해설

브리넬 경도시험은 강구를 압입자로 사용한다.
경도시험의 종류

종류	시험 원리	압입자
브리넬 경도 (H_B)	압입자인 강구에 일정량의 하중을 걸어 시험편의 표면에 압입한 후, 압입 자국의 표면적 크기와 하중의 비로 경도 측정 $$H_B = \frac{P}{A} = \frac{P}{\pi Dh}$$ $$= \frac{2P}{\pi D(D - \sqrt{D^2 - d^2})}$$ 여기서, D : 강구 지름 $\quad\quad d$: 압입 자국의 지름 $\quad\quad h$: 압입 자국의 깊이 $\quad\quad A$: 압입 자국의 표면적	강구
비커스 경도 (H_V)	압입자에 1~120[kg]의 하중을 걸어 자국의 대각선 길이로 경도 측정한다. 하중을 가하는 시간은 캠의 회전 속도로 조절한다. $$H_V = \frac{P(하중)}{A(압입 자국의 표면적)}$$	136°인 다이아몬드 피라미드 압입자
로크웰 경도 (H_{RB}, H_{RC})	압입자에 하중을 걸어 압입 자국(홈)의 깊이를 측정하여 경도 측정 • 예비하중 : 10[kg] • 시험하중 $\quad$ – B스케일 : 100[kg] $\quad$ – C스케일 : 150[kg] $\quad\quad H_{RB} = 130 - 500h$ $\quad\quad H_{RC} = 100 - 500h$ 여기서, h : 압입 자국의 깊이	• B스케일 : 강구 • C스케일 : 120° 다이아몬드(콘)
쇼어 경도 (H_S)	추를 일정한 높이(h_0)에서 낙하시켜, 이 추의 반발 높이(h)를 측정해서 경도 측정 $$H_S = \frac{10,000}{65} \times \frac{h(해머의 반발 높이)}{h_0(해머 낙하 높이)}$$	다이아몬드 추

04 유압펌프에서 공동현상(Cavitation)을 방지하는 방법으로 가장 옳지 않은 것은?

① 펌프 설치 높이를 가능한 한 낮춤
② 두 대 이상의 펌프를 사용
③ 저항을 작게 하여 손실 수두를 줄임
④ 펌프의 회전수를 높임

해설

캐비테이션 방지 대책
• 양 흡입 펌프를 사용한다.
• 펌프의 회전수를 작게 한다.
• 두 대 이상의 펌프 사용한다.
• 펌프 흡입관의 직경을 크게 한다.
• 스트레이너의 면적이 큰 것을 사용한다.
• 회전차를 수중에 완전히 잠기도록 한다.
• 펌프의 설치 높이를 낮추어 흡입 양정을 짧게 한다.
• 저항을 작게 하여 손실 수두를 줄임
캐비테이션 : 유체가 관 속을 유동할 때 유체의 압력이 포화 증기압(기포가 발생하는 압력) 이하로 내려가면 유체에 녹아 있던 기체가 기포로 빠져나오면서 유체 내부에 공동(액체 중 존재하는 기체 공간)이 생기는 현상으로 유체의 증기압보다 낮은 압력이 발생하는 펌프 주위에서 주로 발생한다. 이때 발생한 기포가 관 벽을 때리면서 소음이나 진동, 깃의 손상 등이 발생하고 펌프의 성능과 효율을 저하시킨다.

05 주조에 대한 설명으로 가장 옳지 않은 것은?

① 목형을 제작할 때 목형의 치수는 주물의 치수보다 커야 한다.
② 주입구(Gate)는 탕도에서 직접 쇳물이 흘러들어가는 부분이다.
③ 셸몰드법(Shell Mold Process)은 주로 대형 주조에 유리하다.
④ 다이캐스팅법(Die Casting Process)은 금형이 정밀하고 용융점이 낮은 금속에 적합하다.

해설

셸몰드법은 금속 모형을 약 250~300[℃]로 가열한 후, 모형 위에 박리제인 규소수지를 바르고 150~200[mesh] 정도의 SiO_2와 열경화성 합성수지를 배합한 주형재 속에 잠기게 하여 주형을 제작하는 주조법으로 주로 소형 제품의 주조에 유리하다.

06 2중나사(2줄나사)에서 나사를 25[mm] 전진시키는 데 2.5회전을 요한다면 이 나사의 피치(Pitch)는?

① 5[mm] ② 10[mm]
③ 15[mm] ④ 20[mm]

해설

$L = n(줄 수) \times p(피치)$

$\dfrac{25[mm]}{2.5} = 2 \times p$

$p = 10[mm] \times \dfrac{1}{2} = 5[mm]$ 이므로 암나사가 이동한 거리는 나사 피치의 3배이다.

07 기어의 피치원 지름이 20[mm]이고 잇수가 10개일 때, 이의 크기를 나타내는 모듈의 값은?

① 0.4 ② 0.5
③ 2 ④ 4

해설

모듈(m) : 이의 크기를 나타내는 기준

$m = \dfrac{PCD(=D)}{Z} = \dfrac{20}{10} = 2$

기어의 지름(피치원 지름, D)

$D = m(모듈) \times Z(잇수)$

08 티타늄(Titanium)에 대한 설명으로 가장 옳지 않은 것은?

① 녹는점이 낮아 고온보다 저온에서 작동하는 기계구조에만 사용된다.
② 생체 친화도가 높아 치아 임플란트(Implant)에 사용된다.
③ 비중에 비해 강도가 높다.
④ 내식성이 우수하여 화학공업용 재료에 사용된다.

해설

티타늄의 용융점은 약 1,668[℃]로 철(1,538[℃])보다 더 높아서 고온에서 작용하는 기계의 구조용 재료로 사용한다. 따라서 ①번은 잘못된 표현이다.

09 CNC공작기계의 서보기구를 제어하는 방식과 그에 대한 설명을 옳게 짝지은 것은?

┤보기 1├

(가) 개방회로 제어방식(Open Loop System)
(나) 반폐쇄회로 제어방식(Semi-closed Loop System)
(다) 폐쇄회로 제어방식(Closed Loop System)

┤보기 2├

ⓐ 검출기나 피드백 회로를 가지지 않기 때문에 구성은 간단하지만 구동계의 정밀도에 직접 영향을 받는다.
ⓑ 위치 검출 정보를 축의 회전각으로부터 얻는 것과 같이 물리량을 직접 검출하지 않고 다른 물리량의 관계로부터 검출하는 방식으로 정밀하게 제작된 구동계에서 사용된다.
ⓒ 위치를 직접 검출한 후 위치 편차를 피드백하는 방식으로 특별히 정도를 필요로 하는 정밀공작기계에 사용된다.

	(가)	(나)	(다)
①	ⓐ	ⓑ	ⓒ
②	ⓑ	ⓒ	ⓐ
③	ⓒ	ⓐ	ⓑ
④	ⓐ	ⓒ	ⓑ

해설

(가) = ⓐ, (나) = ⓑ, (다) = ⓒ에 대한 설명이다.

(가) 개방회로 제어방식 : 검출기나 피드백 회로가 없으므로 구조가 간단하며 펄스 전동기의 회전 정밀도와 볼나사의 정밀도에 직접적인 영향을 받는 서보기구 제어 방식이다.

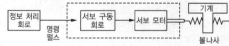

(나) 반폐쇄회로 제어방식 : 위치 검출 정보를 축의 회전각으로부터 얻는 것과 같이 물리량을 직접 검출하지 않고 위치 검출을 서보 모터 축이나 볼나사의 회전 각도로 검출하기도 한다.

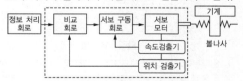

(다) 폐쇄회로 제어방식 : 위치를 직접 검출한 후 위치 편차를 피드백하는 방식으로 특별히 정도를 필요로 하는 정밀공작기계에 사용된다. NC 기계의 테이블에서 이동량을 직접 검출하므로 정밀도가 좋다.

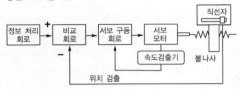

10 보기의 유압기기 기호에 대한 설명으로 가장 옳은 것은?

┌ 보기 ┐

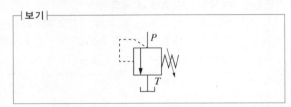

① 일부분에서의 압력(2차측)을 주회로 압력(1차측)보다 낮은 설정값으로 유지할 목적으로 사용하는 밸브
② 미리 설정한 압력으로 유지할 목적으로 사용하는 밸브
③ 여러 액추에이터 사이의 작동순서를 자동으로 제어하는 밸브
④ 유량을 설정한 값으로 제어하는 밸브

해설

그림은 릴리프밸브에 대한 기호이다. 이 릴리프밸브는 미리 설정한 압력으로 관로 내부의 유압을 유지함으로써 유압회로를 보호하는 역할을 한다.

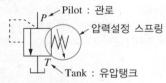

[릴리프밸브의 구조]

① 일부분에서의 압력(2차측)을 주회로 압력(1차측)보다 낮은 설정 값으로 유지할 목적으로 사용하는 밸브 : 감압밸브
③ 여러 액추에이터 사이의 작동순서를 자동으로 제어하는 밸브 : 시퀀스밸브
④ 유량을 설정한 값으로 제어하는 밸브 : 유량제어밸브

11 용접의 종류 중 융접에 해당하지 않는 것은?

① 저항용접
② 가스용접
③ 아크용접
④ 플라스마용접

해설

저항용접은 압접에 속한다.
용접 : 2개의 서로 다른 물체를 접합하고자 할 때 사용하는 기술로 융접과 압접, 납땜으로 나뉜다.
• 융접 : 접합부위를 용융시켜 여기에 용가재인 용접봉을 넣어 접합하는 기술
• 압접 : 접합부위를 녹기 직전까지 가열할 후 압력을 가해 접합하는 기술
• 납땜 : 모재를 녹이지 않고 모재보다 용융점이 낮은 금속(납)을 녹여 접합부에 넣어 표면장력(원자간 확산침투)으로 접합하는 기술
용접의 분류

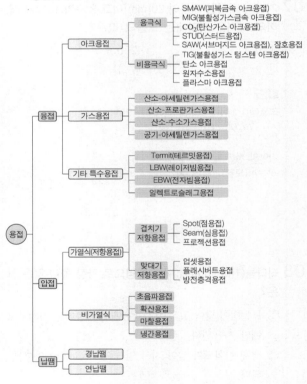

12 가공 재료의 표면을 다듬는 입자가공에 대한 설명으로 가장 옳지 않은 것은?

① 래핑(Lapping)은 랩(Lap)과 가공물 사이에 미세한 분말상태의 랩제를 넣고 이들 사이에 상대운동을 시켜 매끄러운 표면을 얻는 방법이다.

② 호닝(Honing)은 주로 원통내면을 대상으로 한 정밀다듬질 가공으로 공구를 축 방향의 왕복운동과 회전운동을 동시에 시키며 미소량을 연삭하여 치수 정밀도를 얻는 방법이다.

③ 배럴가공(Barrel Finishing)은 회전 또는 진동하는 다각형의 상자 속에 공작물과 연마제 및 가공액 등을 넣고 서로 충돌시켜 매끈한 가공면을 얻는 방법이다.

④ 숏피닝(Shot Peening)은 정밀 다듬질된 공작물 위에 미세한 숫돌을 접촉시키고 공작물을 회전시키면서 축방향으로 진동을 주어 치수 정밀도가 높은 표면을 얻는 방법이다.

> 해설
> ④ 슈퍼피니싱가공에 대한 설명이다.
> 숏피닝(Shot Peening) : 강이나 주철제의 작은 강구(볼)를 금속표면에 고속으로 분사하여 표면층을 냉간가공에 의한 가공경화 효과로 경화시키면서 압축 잔류응력을 부여하여 금속부품의 피로수명을 향상시키는 표면경화법

13 응력-변형률 선도의 비례한도(Proportional Limit) 내에서는 응력과 변형률 사이에 후크의 법칙(Hooke's Law)이 성립한다. 즉 $\sigma = E\varepsilon$가 된다. 이때, E에 해당하는 것으로 가장 옳은 것은?

① 탄성한도　　　　② 공칭응력
③ 종탄성계수　　　④ 진응력

> 해설
> 후크의 법칙(Hooke's Law) : 비례한도 내에서 외력이 가해졌을 때 응력과 변형률은 비례한다.
> $\sigma = E \times \varepsilon$
> 여기서, E : 세로탄성계수(종탄성계수, 영계수)
> 　　　　ε : 변형률

14 길이의 변화를 나사의 회전각과 지름에 의해 확대하고 확대된 길이에 눈금을 붙여 미소의 길이변화를 읽도록 한 측정기기는?

① 버니어 캘리퍼스(Vernier Calipers)
② 마이크로미터(Micrometer)
③ 하이트 게이지(Height Gauge)
④ 한계 게이지(Limit Gauge)

> 해설
> 마이크로미터
> 길이의 변화를 나사의 회전각과 지름에 의해 확대하고 확대된 길이에 눈금을 붙여 미소의 길이변화를 읽도록 한 길이 측정기기다. 측정 영역에 따라서 내경 측정용인 내측 마이크로미터와 외경 측정용인 외측 마이크로미터로 나뉜다. 나사 마이크로미터는 나사의 유효지름을 측정하기 위해 사용한다.

15 보기에서 설명하는 것으로 가장 옳은 것은?

> ┤보기├
> 담금질에 의해 생긴 단단하고 취약하며 불안정한 조직을 변태 또는 석출을 진행시켜 다소 안정한 조직으로 만들고 동시에 잔류응력을 감소시키며, 적당한 인성을 부여하기 위하여 페라이트와 오스테나이트 및 시멘타이트(Fe_3C)가 평형상태에 있는 온도 영역 이하의 온도로 가열 후 냉각하는 열처리 방법

① 어닐링(Annealing)
② 노멀라이징(Normalizing)
③ 템퍼링(Tempering)
④ 세라다이징(Sheradizing)

> 해설
> 보기에서 키워드를 정리하면 다음과 같은 3가지로 정리되므로 템퍼링(뜨임)임을 알 수 있다.
> • 불안전한 조직을 다소 안정한 조직으로 만든다.
> • 잔류응력을 감소시킨다.
> • 페라이트와 오스테나이트 및 시멘타이트(Fe_3C)가 평형상태에 있는 온도 영역(723[℃]) 이하의 온도로 가열하여 냉각시키는 열처리법

16 연화한 열가소성수지 튜브 내에 압축공기를 불어 넣고 금형의 안쪽에서 팽창시켜 각종 플라스틱용기를 성형하는 공정으로 가장 옳은 것은?

① 압출성형
② 블로우성형
③ 열성형
④ 회전성형

해설

블로우성형 : 성형 재료를 압출이나 사출에 의해 튜브형상으로 예비 성형을 한 후, 이것을 금형에 장착하고 내부로 공기를 불어넣어 팽창시키면 재료가 부풀어 올라 음료수병이나 플라스틱용기와 같은 중공의 제품을 만드는 작업으로 좁은 입구를 가지는 용기 제작에 유용하다.
③ 열성형 : 열가소성 플라스틱을 성형 온도까지 올린 후 용기 형태로 만드는 공정으로 트레이나 일회용 용기 제작에 사용한다.

17 보기와 같이 길이 l인 단순보에 집중하중 P가 보의 중앙에 작용하고 있을 때의 최대 처짐량을 δ_c라고 하면, 집중하중 P의 작용점을 $a = \dfrac{3}{4}l$, $b = \dfrac{l}{4}$로 이동하였을 때의 최대 처짐량은 δ_c의 몇 배가 되는가?(단, 보의 자중은 무시한다)

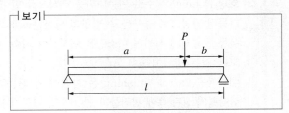

① $\dfrac{3}{4}$

② $\dfrac{9}{16}$

③ $\dfrac{4}{3}$

④ $\dfrac{16}{9}$

해설

- δ_c : 보의 중심에 집중하중이 작용할 때의 변형량
- δ_1 : 보의 집중하중이 중심에서 a, b점으로 이동했을 때의 변형량

$$\delta_c = \frac{P\left(\dfrac{l}{2}\right)^2\left(\dfrac{l}{2}\right)^2}{3lEI} \; : \; \delta_1 = \frac{P\left(\dfrac{3}{4}l\right)^2\left(\dfrac{l}{4}\right)^2}{3lEI}$$

$$\delta_c = \frac{l^2}{4} \times \frac{l^2}{4} = \frac{l^4}{16}$$

$$\delta_1 = \frac{9l^2}{16} \times \frac{l^2}{16} = \frac{9l^4}{256}$$

위 식을 정리하면

$$\frac{\delta_1}{\delta_c} = \frac{\dfrac{9l^4}{256}}{\dfrac{l^4}{16}} = \frac{144l^4}{256l^4} = \frac{144 \div 16}{256 \div 16} = \frac{9}{16}$$

집중하중을 받는 단순보의 처짐량

$$\delta = \frac{Pa^2b^2}{3lEI}$$

18 기어에서 이의 간섭이 발생하는 것을 방지하기 위한 방법으로 가장 옳지 않은 것은?

① 피니언의 잇수를 최소 치수 이상으로 한다.

② 기어의 잇수를 한계치수 이하로 한다.

③ 압력각을 크게 한다.

④ 기어와 피니언의 잇수비를 매우 크게 한다.

해설

이의 간섭이란 한 쌍의 기어가 맞물려 회전할 때, 한 쪽 기어의 이끝이 상대쪽 기어의 이뿌리에 부딪쳐서 회전할 수 없게 되는 간섭현상으로 이에 대한 대책으로는 기어의 잇수 및 잇수비를 한계치수 이하로 해야 한다.

이의 간섭에 대한 원인과 대책

원 인	대 책
• 압력각이 작을 때 • 피니언의 잇수가 극히 적을 때 • 기어와 피니언의 잇수비가 매우 클 때	• 압력각을 크게 한다. • 피니언의 잇수를 최소 치수 이상으로 한다. • 기어의 잇수를 한계치수 이하로 한다. • 치형을 수정한다. • 기어의 이 높이를 줄인다.

19 보일러에서 연소가스의 폐열을 이용하여 보일러 급수를 예열시키는 장치는?

① 절탄기(Economizer)

② 과열기(Super Heater)

③ 공기예열기(Air Preheater)

④ 집진기

해설

절탄기(Economizer) : 보일러의 연도에 흐르는 연소가스의 잔열인 폐열을 이용하여 보일러에 공급되는 급수를 예열함으로써 보일러의 효율을 높이기 위한 장치로 석탄을 절약할 수 있어서 절탄기로 부른다.

② 과열기(Super Heater) : 보일러의 수냉 벽에서 증발된 포화증기를 더욱 가열하여 과열증기로 만드는 기계장치

20 보기와 같이 직육면체 물체(OPQRABCD)에 힘 F가 점 C에 작용할 때 점 O와 점 A에서의 모멘트는?(단, $F = Fj$이다)

보기

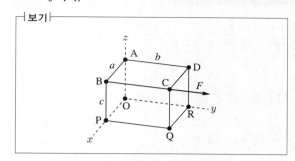

	점 O에서의 모멘트	점 A에서의 모멘트
①	bFj	bFj
②	$-bj$	$-bj$
③	$-cFi+aFk$	aFk
④	$cFi-aFk$	$-aFk$

해설

힘, F가 작용하는 방향을 j로 규정했으므로, 정사각형 형태인 i와 k의 크기는 같다.

따라서, 점 A에서의 모멘트를 구하면 다음과 같다.

$M = F \times L = Fai = Fak = aFk$

따라서 정답은 ③번이다.

2020년 지방직 고졸경채 기계일반

01 철강을 순철, 강, 주철로 분류하는 기준은?

① 황(S) 함유량
② 인(P) 함유량
③ 탄소(C) 함유량
④ 규소(Si) 함유량

해설

철강은 철(Iron)과 강(Steel)의 합성어로, 탄소(C) 함유량을 기준으로 다음과 같이 분류된다.

분 류	영 문	탄소 함유량
순 철	Pure Iron	0.02[%] 이하
강	Steel	0.02~2.0[%]
주 철	Cast Iron	2.0~6.67[%]

02 분해가 어려운 영구적인 고정방식에 사용되는 결합용 기계요소는?

① 키
② 핀
③ 볼트
④ 리벳

해설

리벳은 판재나 형강을 영구적으로 이음할 때 사용되는 결합용 기계요소로, 구조가 간단하고 잔류변형이 없어서 기밀을 요하는 압력용기나 보일러, 항공기, 교량 등의 이음에 주로 사용된다. 간단한 리벳작업은 망치도 가능하지만, 큰 강도를 요하는 곳을 리벳이음하기 위해서는 리베팅 장비가 필요하다.

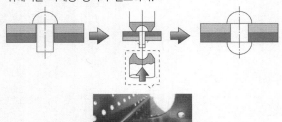

03 나사를 1회전시켰을 때 축방향 이동거리인 리드(Lead)가 가장 큰 미터나사는?

① 2줄 M25 × 5
② 2줄 M30 × 4
③ 3줄 M20 × 3
④ 3줄 M25 × 2

해설

① $L = np = 2 \times 5 = 10[\text{mm}]$
② $L = np = 2 \times 4 = 8[\text{mm}]$
③ $L = np = 3 \times 3 = 9[\text{mm}]$
④ $L = np = 3 \times 2 = 6[\text{mm}]$

04 지름이 30[mm], 표점거리가 100[mm]인 시편으로 인장시험하여 파단 시 표점거리가 120[mm]가 되었을 때의 연신율[%]은?

① 5
② 10
③ 15
④ 20

해설

연신율(인장변형률, ε)
재료가 축방향의 인장하중을 받으면 길이가 늘어나는데, 처음 길이에 비해 늘어난 길이의 비율이다.

$$\varepsilon = \frac{\text{변형된 길이}}{\text{처음 길이}} = \frac{\Delta l}{l} \times 100[\%]$$

$$= \frac{120[\text{mm}] - 100[\text{mm}]}{100[\text{mm}]} \times 100[\%] = 20[\%]$$

1 ③ 2 ④ 3 ① 4 ④ **정답**

05 5개의 기어로 구성된 복합 기어열이 있고, 기어들의 잇수는 Z_A(기어 A의 잇수) = 10, Z_B = 40, Z_C = 10, Z_D = 20, Z_E = 100이다. 기어 A의 회전속도 N_A = 200[rpm]일 때, 기어 E의 회전속도 N_E[rpm]는?

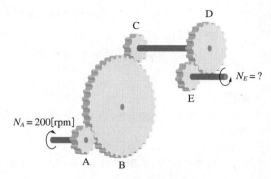

① 50
② 100
③ 200
④ 400

속도비(i)

$$i = \frac{n_2}{n_1} = \frac{w_2}{w_1} = \frac{D_1}{D_2} = \frac{z_1}{z_2}$$

여기서, $n = N$, $z = Z$이다.

- $\dfrac{n_B}{n_A} = \dfrac{z_A}{z_B}$, $\dfrac{n_B}{200[\mathrm{rpm}]} = \dfrac{10}{40}$, $n_B = 50[\mathrm{rpm}]$

- $\dfrac{n_C}{n_B} = \dfrac{z_B}{z_C}$, $\dfrac{n_C}{50[\mathrm{rpm}]} = \dfrac{40}{10}$, $n_C = 200[\mathrm{rpm}]$

- C와 D가 같은 축에 연결되어 있으므로, $n_D = 200[\mathrm{rpm}]$ 이다.

- $\dfrac{n_E}{n_D} = \dfrac{z_D}{z_E}$, $\dfrac{n_E}{200[\mathrm{rpm}]} = \dfrac{20}{10}$

∴ $n_E = 400[\mathrm{rpm}]$

06 측정오차에 대한 설명으로 옳지 않은 것은?

① 정기적으로 측정기를 검사하여 사용하므로 측정기는 오차가 없다.
② 온도, 습도, 진동 등 주위 환경요인에 의하여 오차가 발생될 수 있다.
③ 측정자의 숙련도 부족, 습관, 부주의 등으로 발생될 수 있다.
④ 우연오차를 줄이는 방법 중 하나는 측정횟수를 늘려 그 평균값을 측정값으로 하는 것이다.

측정기를 사용할 때 발생되는 유격과 측정자의 숙련도 부족으로 측정기의 오차가 발생할 수 있다.

07 벨트전동장치에 대한 설명으로 옳지 않은 것은?

① 두 축 간의 거리가 먼 경우 벨트를 사용하여 간접적으로 동력을 전달하는 장치이다.
② 평벨트는 바로걸기(Open Belting)와 엇걸기(Cross Belting)가 가능하다.
③ V벨트는 바로걸기만 가능하다.
④ 같은 조건에서 평벨트는 V벨트보다 마찰력이 증대되어 전동효율이 더 높다.

벨트전동장치에서 동일한 조건이라면 평벨트가 V벨트보다 접촉면적이 작기 때문에 평벨트가 더 마찰력이 작고 전동효율도 낮다.

08 모스테이퍼(Morse Taper)로 되어 있는 주축대에 설치하는 선반의 부속장치가 아닌 것은?

① 면 판　　　　② 연동척
③ 방진구　　　　④ 돌림판

해설

방진구(Work Rest) : 지름이 작고 길이가 지름보다 20배 이상 긴 공작물(환봉)을 가공할 때 공작물이 휘거나 떨리는 것을 방지하기 위해 베드 위에 설치하여 공작물을 받쳐 주는 역할을 하는 부속장치이다.

09 회전력을 전달하는 축에 대한 설명으로 옳은 것은?

① 차축은 휨과 비틀림하중을 동시에 받으며, 일반적인 동력전달용 축으로 사용된다.
② 전동축은 휨하중을 받는 축으로, 자동차, 철도용 차량 등의 중량을 차륜에 전달한다.
③ 크랭크축은 직선운동을 회전운동으로 바꾸거나 회전운동을 직선운동으로 바꾸는 데 사용된다.
④ 플렉시블축은 비틀림하중을 받는 축으로, 한쪽만 지지하고 있는 선반이나 밀링머신의 주축으로 사용된다.

해설

크랭크축 : 증기기관이나 내연기관 등에서 피스톤의 왕복운동을 회전운동으로 바꾸는 기능을 하는 축이다.

① 차축은 자동차나 철도차량 등에 쓰이는 축으로, 중량을 차륜에 전달하는 역할을 한다.
② 전동축은 주로 비틀림에 의해서 동력을 전달하는 축이다.
④ 플렉시블축은 고정되지 않은 두 개의 서로 다른 물체 사이에 회전하는 동력을 전달하는 축이다.

10 일반적인 합성수지에 대한 설명으로 옳지 않은 것은?

① 열팽창계수가 작고 내열성이 크다.
② 절연성이 크고 피막 형성 성능이 우수하며 착색이 자유롭다.
③ 가벼워서 운반 및 취급이 용이하고 대기에 의한 부식 현상이 적다.
④ 내산성, 내알칼리성, 내염류성, 내용제성 등의 내약품성이 크다.

해설

일반적인 합성수지는 열팽창계수가 큰 반면, 내열성은 작다.
합성수지
• 종 류
　– 열경화성 수지 : 한 번 열을 가해 성형을 하면 다시 열을 가해도 형태가 변하지 않는 수지이다.
　– 열가소성 수지 : 열을 가해 성형한 뒤에도 다시 열을 가해 형태를 변형시킬 수 있는 수지이다.
• 특 징
　– 가볍고 튼튼하다.
　– 큰 충격에 약하다.
　– 전기절연성이 좋다.
　– 금속에 비해 열에 약하다.
　– 가공성이 크고 성형이 간단하다.
　– 피막 형성 성능이 우수하며, 착색이 자유롭다.
　– 가공 시 형태를 유지하는 가소성이 좋다.
　– 내식성이 좋아 산, 알칼리, 기름 등에 잘 견딘다.

11 원의 중심에서 반지름이 이상적인 진원으로부터 벗어난 크기를 의미하는 형상 정밀도는?

① 진직도
② 평면도
③ 진원도
④ 윤곽도

해설

진원도 : 원의 중심에서 반지름을 그렸을 때 이상적인 원이라고 판단되는 진짜 원인 '진원'으로부터 벗어난 크기를 의미하는 형상 정밀도이다.

12 실내 또는 특정 장소의 공기를 사용 목적에 적합하도록 조절하기 위한 공기조화(Air Conditioning)의 4대 요소가 아닌 것은?

① 청정도(Cleanliness)
② 습도(Humidity)
③ 기류(Air Movement)
④ 압력(Pressure)

해설
공기조화의 4대 요소
• 온도(Temperature)
• 습도(Humidity)
• 기류(Air Movement)
• 청정도(Cleanliness)

13 공작물이 회전운동하는 경우, 절삭속도가 600[m/min]이고 공작물의 지름이 10[cm]일 때, 회전수[rpm]는? (단, $\pi = 3$이다)

① 20   ② 2,000
③ 4,000   ④ 20,000

해설
절삭속도
$$v = \frac{\pi d n}{1,000}$$
여기서, v : 절삭속도[m/min]
   d : 공작물의 지름[mm]
   n : 주축 회전수[rpm]
$$\therefore n = \frac{1,000 v}{\pi d} = \frac{1,000 \times 600[\text{m/min}]}{3 \times 100[\text{mm}]} = 2,000[\text{rpm}]$$

14 다음에서 설명하는 유압펌프(Hydraulic Pump)는?

• 원통 모양의 케이싱 안에 편심 회전자와 판 모양의 깃으로 구성되어 있다.
• 회전체의 편심량을 조절하여 송출량을 조절할 수도 있다.
• 구조가 간단하고 취급이 용이하다.
• 송출압력의 맥동이 거의 없으므로 원활한 운동이 가능하다.

① 나사펌프(Screw Pump)
② 베인펌프(Vane Pump)
③ 피스톤펌프(Piston Pump)
④ 기어펌프(Gear Pump)

해설
베인펌프 : 회전자인 로터(Rotor)에 방사형으로 설치된 베인(Vane, 깃)이 캠링의 내부를 회전하면서 베인과 캠링 사이에 폐입된 유체를 흡입구에서 출구로 송출하는 펌프이다. 유량이 일정하므로 용적형 펌프에 속한다.

① 나사펌프 : 나사와 케이싱 사이의 홈으로 유체를 압축시켜 유압을 발생시키는 펌프로, 장기간 사용해도 성능 저하가 작은 펌프이다.
③ 피스톤펌프 : 피스톤이나 플런저 작동부의 왕복운동에 의해 펌프를 작동시키는 펌프로, 고압이나 고속펌프에 적합하며 다른 유압펌프에 비해 효율이 가장 크다.
④ 기어펌프 : 두 개의 맞물리는 기어를 케이싱 안에서 회전시켜 유압을 발생시키는 기어로서 구조가 간단해서 많이 사용된다. 신뢰도가 높고 보수작업이 비교적 용이하며, 1회 토출량이 일정한 정용량형 펌프에 속한다.

15 직육면체 소재를 다음과 같은 형상으로 밀링(Milling) 가공하고자 할 때 필요한 절삭공구가 아닌 것은?

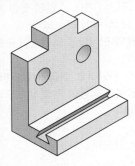

① 맨드릴(Mandrel)
② 더브테일 커터(Dovetail Cutter)
③ 엔드밀(Endmill)
④ 정면커터(Face Cutter)

해설
맨드릴(Mandrel, 심봉)은 선반가공에서 기어나 벨트, 풀리와 같이 구멍이 있는 공작물의 안지름과 바깥지름이 동심원을 이루도록 가공할 때 공작물을 고정하기 위해 사용하는 부속장치다.

② 더브테일 커터(Dovetail Cutter) : 더브테일 형상의 가공에 사용된다.
③ 엔드밀(Endmill) : 수직밀링머신에서 가공물의 홈과 좁은 평면, 윤곽가공, 구멍가공 등에 사용한다.
④ 정면커터(Face Cutter) : 넓은 평면을 빨리 깎는데 적합하며, 외경 주위로 여러 개의 절삭날(인서트팁)이 장착된다.

더브테일 커터 (Dovetail Cutter)	엔드밀 (Endmill)	정면커터 (Face Cutter)

16 펌프에서 흡입구 및 배출구 쪽의 진공계와 압력계의 지침이 흔들리고 송출유량이 변화하는 현상은?

① 공동현상(Cavitation)
② 맥동현상(Surging)
③ 수격현상(Water Hammer)
④ 모세관현상(Capillarity)

해설
맥동현상(서징현상, Surging) : 펌프 운전 중 압력계의 눈금이 주기적으로 큰 진폭으로 흔들림과 동시에 토출량도 변하면서 흡입과 토출배관에서 주기적으로 진동과 소음을 동반하는 현상으로, 서징(Surging)현상이라고도 한다.
① 공동현상(캐비테이션) : 유체가 관 속을 유동할 때 유체의 압력이 포화증기압(기포가 발생하는 압력) 이하로 내려가면 유체에 녹아 있던 기체가 기포로 빠져나오면서 유체 내부에 공동(액체 중 존재하는 기체 공간)이 생기는 현상으로, 이때 발생한 기포가 관 벽을 때리면서 소음이나 진동, 깃의 손상 등이 발생하고 펌프의 성능과 효율을 저하시킨다. 주로 유체의 증기압보다 낮은 압력이 발생하는 펌프 주위에서 발생한다.
③ 수격현상 : 관 내를 흐르는 유체의 유속이 급히 바뀌면 유체의 운동에너지가 압력에너지로 변하면서 관 내 압력이 비정상적으로 상승하여 배관이나 펌프에 손상을 주는 현상이다.
※ 송출량과 송출압력이 주기적으로 변하는 현상은 맥동현상이다.
④ 모세관(毛細管, 직경이 작은 관)현상 : 물속에 모세관을 세로로 넣으면 관 내부의 액체 표면이 외부 액체의 표면보다 높거나 낮아지는 현상이다. 물분자와 유리벽 사이의 접착력이 액체의 응집력보다 더 클 때 발생한다.
※ 毛(가벼울, 줄기 모), 細 (가늘 세), 管(대롱 관)

17 기어의 특징에 대한 설명으로 옳지 않은 것은?

① 큰 동력을 전달할 수 있다.
② 정확한 회전비율을 얻을 수 있다.
③ 소음과 진동이 발생하지 않는다.
④ 큰 감속비를 얻을 수 있다.

해설
기어는 한 쌍의 기어들이 서로 맞물려 돌아가게 되고, 이때 마찰력이 발생되면서 동력을 전달하기 때문에 소음과 진동이 발생한다.

18 알루미늄(Al)에 대한 설명으로 옳은 것만을 모두 고르면?

> ㄱ. 비중이 약 2.7로 가벼우며, 가공성이 좋고 주조가 용이하다.
> ㄴ. 다른 금속과 합금하면 기계적 성질이 현저히 향상되는 특징이 있다.
> ㄷ. 보호피막을 형성하여 대기 및 해수에서 내식성이 우수하다.
> ㄹ. 전기, 열의 양도체이며 구리(Cu)보다 전기전도율이 높다.

① ㄱ, ㄴ   ② ㄱ, ㄷ
③ ㄴ, ㄹ   ④ ㄷ, ㄹ

해설
알루미늄(Al)
• 비중이 약 2.7로 가벼우며, 가공성과 주조성이 우수하다.
• 다른 금속(Cu, Mg, Mn, Si)과 합금되면 기계적 성질이 현저히 향상된다.
• 은백색의 무른 금속으로, 대기와 해수에 노출되면 내식성이 감소해 부식이 일어난다. 특히 대기보다 해수에서 부식이 더 크게 발생된다.
• 전기전도율은 도체의 전도율 값으로 판단되며, 구리(Cu)의 도체 전도율이 알루미늄(Al)보다 대략 50[%] 정도 더 높기 때문에 구리의 전기전도율이 알루미늄보다 더 높다.

19 접합하려는 두 금속 사이에 전기적 저항을 일으켜 용접에 필요한 열을 발생시키고, 그 부분에 압력을 가해 용접하는 방법은?

① 테르밋용접
② 프로젝션용접
③ 산소-수소용접
④ 전기아크용접

해설
프로젝션용접 : 모재의 편면에 프로젝션인 돌기부를 만들어 평탄한 동전극 사이에 물려 대전류를 흘려보낸 후 돌기부에 발생된 저항열로 용접한다.
① 테르밋용접 : 금속산화물과 알루미늄이 반응하여 열과 슬래그를 발생시키는 테르밋반응을 이용하는 용접법이다. 강을 용접할 때 산화철과 알루미늄 분말을 3 : 1로 혼합한 테르밋제를 만든 후 냄비의 역할을 하는 도가니에 넣고 점화제를 약 1,000[℃]로 점화시키면 약 2,800[℃]의 열이 발생되어 용접용 강이 만들어지는데 이 강(Steel)을 용접 부위에 주입한 후 서랭하여 용접을 완료한다. 철도 레일이나 차축, 선박의 프레임 접합에 주로 사용된다.
③ 가스용접(산소-수소용접) : 주로 산소-아세틸렌 가스를 열원으로 하여 용접부를 용융하면서 용가재를 공급하여 접합시키는 용접법이다. 종류로는 사용하는 연료가스에 따라 산소-아세틸렌용접, 산소-수소용접, 산소-프로판용접, 공기-아세틸렌용접 등이 있다. 산소-아세틸렌 가스의 불꽃 온도는 약 3,430[℃]이다.
④ 전기아크용접(피복금속아크용접) : 피복제로 심선을 둘러싼 용접봉과 모재 사이에서 발생하는 아크열(약 6,000[℃])을 이용하여 모재와 용접봉을 녹여서 용접하는 용극식 용접법이다.

20 내연기관(Internal Combustion Engine)에 대한 설명으로 옳은 것은?

① 가솔린기관은 공기만을 높은 압력으로 압축한 후 연료를 분사하여 자연 착화시킨다.

② 4행정 사이클 디젤기관은 압축행정 → 배기행정 → 흡입행정 → 폭발행정의 순서로 작동된다.

③ 불꽃점화기관은 사용하는 연료 및 점화방법에 따라 가스기관, 소구기관, 제트기관 등이 있다.

④ 디젤기관은 가솔린기관에 비해 압축비와 압축압력이 높다.

> 해설

① 디젤기관은 연소실 내에서 공기만을 압축하여 450~550[℃]의 고온이 되면 분사펌프로 연료를 분사하여 점화플러그 없이도 점화하는 자기착화기관이다.

② 4행정 사이클 디젤기관은 흡입행정 → 압축행정 → 폭발행정 → 배기행정의 순서로 작동된다.

③ 불꽃점화기관은 사용하는 연료 및 점화 방법에 따라 가솔린기관, 디젤기관 등이 있다.

※ 소구기관 : 내연기관의 일종으로 압축점화기관인 디젤기관, 스파크점화기관인 가솔린기관과는 다른 형태이다. 작은 철로 만들어진 구 형상의 기계요소에 열을 가해 착화시켜 동력을 발생시키는 기관이다.

2021년 지방직 기계일반

01 순철에 대한 설명으로 옳지 않은 것은?

① 연성이 좋다.
② 탄소의 함유량이 1.0[%] 이상이다.
③ 변압기와 발전기의 철심에 사용된다.
④ 강도가 낮아 기계구조용 재료로 적합하지 않다.

해설

순철의 탄소 함유량은 0.02[%] 이하이다.

02 레이놀즈수를 계산할 때 사용되지 않는 변수는?

① 유체의 속도
② 유체의 밀도
③ 유체의 점도
④ 유체의 열전도도

해설

레이놀즈수를 계산할 때 유체의 열전도도는 고려되지 않는다.
레이놀즈수(Re) : 층류와 난류를 구분하는 척도로, 무차원 수이다.

$$Re = \frac{관성력}{점성력} = \frac{\rho v d}{\mu} = \frac{v d}{\nu}$$

여기서, ρ : 밀도
 v : 속도
 d : 관의 지름
 μ : 점성계수
 ν : 동점성계수

03 다음 특징을 가진 동력전달용 기계요소는?

- 초기장력을 줄 필요가 없다.
- 일정한 속도비를 얻을 수 있다.
- 유지보수가 간단하고 수명이 길다.
- 미끄럼 없이 큰 힘을 전달할 수 있다.

① 벨 트
② 체 인
③ 로 프
④ 마찰차

해설

체인전동장치는 스프로킷에 체인이 걸려 있어서 벨트전동장치와 같이 초기장력이 필요하지 않으며, 미끄럼 없이 큰 동력을 전달할 수 있는 동력전달장치이다.
체인전동장치의 특징
- 유지 및 보수가 쉽다.
- 접촉각은 90° 이상이 좋다.
- 체인의 길이를 조절하기 쉽다.
- 내열성, 내유성, 내습성이 크다.
- 진동이나 소음이 일어나기 쉽다.
- 축간거리가 긴 경우 고속전동이 어렵다.
- 여러 개의 축을 동시에 작동시킬 수 있다.
- 마멸이 일어나도 전동효율의 저하가 작다.
- 큰 동력전달이 가능하며, 전동효율이 90[%] 이상이다.
- 체인의 탄성으로 어느 정도의 충격을 흡수할 수 있다.
- 고속회전에 부적당하며 저속회전으로 큰 힘을 전달하는 데 적당하다.
- 전달효율이 크고 미끄럼(슬립) 없이 일정한 속도비를 얻을 수 있다.
- 초기장력이 필요 없어서 베어링 마멸이 적고, 정지 시 장력이 작용하지 않는다.
- 사일런트 체인은 정숙하고 원활한 운전과 고속회전이 필요할 때 사용되는 체인이다.

04 선반가공에서 공작물의 지름이 40[mm]일 때 절삭속도가 31.4[m/min]이면, 주축의 회전수[rpm]는?(단, 원주율은 3.14이다)

① 2.5
② 25
③ 250
④ 2,500

해설

절삭속도

$$v = \frac{\pi dn}{1,000}$$

여기서, v : 절삭속도[m/min]
d : 공작물의 지름[mm]
n : 주축 회전수[rpm]

$$\therefore \ n = \frac{1,000v}{\pi d} = \frac{1,000 \times 31.4[\text{m/min}]}{3.14 \times 40[\text{mm}]} = 250[\text{rpm}]$$

06 주조과정에 대한 설명으로 옳지 않은 것은?

① 주형에 용융금속을 주입한 후 응고시키는 과정을 거친다.
② 탕구계를 적절히 설계하면 완성 주물의 결함을 최소화할 수 있다.
③ 미스런(Misrun)이나 탕경(Cold Shut)과 같은 결함이 발생하면 주입온도를 낮춘다.
④ 용융금속에 포함된 불순물들은 응고과정에서 반응하거나 배출되면서 주물결함을 일으킬 수 있다.

해설

미스런(Misrun)이나 탕경(Cold Shut)과 같은 결함은 모두 용탕의 주입 및 게이트 이후 부분의 흐름이 원활하지 못해서 발생한 불량이므로 주입온도를 높여야 한다.
• Misrun(미스런) : 용탕주입결함
• Cold Shut(콜드셧) : 표면에 줄이 생기는 결함

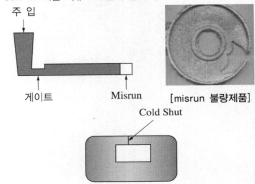

05 용접할 두 표면을 회전공구로 강하게 문지를 때 발생하는 마찰열을 이용하여 접합하는 방법은?

① 초음파용접(Ultrasonic Welding)
② 마찰교반용접(Friction Stir Welding)
③ 선형마찰용접(Linear Friction Welding)
④ 관성마찰용접(Inertia Friction Welding)

해설

마찰용접(마찰교반용접) : 모재를 서로 강하게 맞대어 접촉시킨 후 상대운동을 시켜 이때 발생하는 마찰열로 접합하는 방법이다.

07 절삭공구의 피복재료에 요구되는 성질로 적절하지 않은 것은?

① 높은 열전도도
② 높은 고온경도와 충격저항
③ 공구 모재와의 양호한 접착성
④ 공작물 재료와의 화학적 불활성

해설

절삭 시 발생되는 열이 절삭공구에 적게 전달되어야 절삭공구의 파손을 방지할 수 있으므로, 절삭공구의 피복재료는 열전도도가 낮아야 한다.

08 인발작업과 관련된 힘에 대한 설명 중 가장 적절하지 않은 것은?

① 마찰계수가 커지면 인발하중이 커진다.
② 역장력을 가하면 다이압력이 커진다.
③ 단면감소율이 커지면 인발하중이 커진다.
④ 인발하중이 최소가 되는 최적다이각이 존재한다.

해설
인발작업 시 역장력을 가하면 다이압력이 작아진다.
※ 역장력 : 인발력과 반대방향으로 가해지는 힘이다.

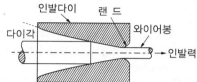

09 주전자 등과 같이 배부른 형상의 성형에 주로 적용되는 공법으로 튜브형의 소재를 분할다이에 넣고 폴리우레탄 플러그같은 충전재를 이용하여 확장시키는 성형법은?

① 벌징(Bulging)
② 스피닝(Spinning)
③ 엠보싱(Embossing)
④ 딥드로잉(Deep Drawing)

해설
벌징(Bulging) : 꽃병이나 주전자와 같이 입구가 작고 중앙부가 큰 배부른 형상의 용기 제작에 이용되는 성형가공법이다. 다이에 튜브형의 재료를 올려놓고 폴리우레탄 플러그, 고무와 같은 충전재를 이용해 가압하면 다이형상과 같은 제품을 만들 수 있다.
② 스피닝(Spinning) : 선반의 주축에 제품과 같은 형상의 다이를 장착한 후 심압대로 소재를 다이와 밀착시킨 후 함께 회전시키면서 강체 공구나 롤러로 소재의 외부를 강하게 눌러서 축에 대칭인 원형의 제품 만드는 박판(얇은 판) 성형가공법이다. 탄소강 판재로 이음매 없는 국그릇이나 알루미늄 주방용품을 소량 생산할 때 사용하는 가공법으로, 보통 선반과 작업방법이 비슷하다.
③ 엠보싱(Embossing) : 얇은 판재를 서로 반대 형상으로 만들어진 펀치와 다이로 눌러 성형시키는 가공법으로, 주로 올록볼록한 형상의 제품 제작에 사용한다.
④ 딥드로잉가공(Deep Drawing Work, 오므리기 가공) : 평판에서 이음부 없이 중공 용기를 만드는 대표적인 프레스 가공법으로, 원통이나 각통의 제조에 사용된다.

10 비파괴시험법과 원리에 대한 설명으로 적절하지 않은 것은?

① 초음파검사법은 초음파가 결함부에서 반사되는 성질을 이용하여 주로 내부결함을 탐지하는 방법이다.
② 액체침투법은 표면결함의 열린 틈으로 액체가 침투하는 현상을 이용하여 표면에 노출된 결함을 탐지하는 방법이다.
③ 음향방사법은 제품에 소성변형이나 파괴가 진행되는 경우 발생하는 응력파를 검출하여 결함을 감지하는 방법이다.
④ 자기탐상법은 제품의 결함부가 와전류의 흐름을 방해하여 이로 인한 전자기장의 변화로부터 결함을 탐지하는 방법이다.

해설
④ 자기탐상법은 자분탐상검사(MT ; Magnetic Test)의 다른 용어로, 철강재료 등 강자성체를 자기장에 놓았을 때 시험편 표면이나 표면 근처에 균열이나 비금속 개재물과 같은 결함이 있으면 결함부분에는 자속이 통하기 어려워 공간으로 누설되어 누설자속이 생기는데 이 누설자속을 자분(자성 분말)이나 검사 코일을 사용하여 결함의 존재를 검출하는 방법이다.
※ 와전류탐상검사(ET ; Eddy Current Test) : 도체에 전류가 흐르면 도체 주위에는 자기장이 형성되며, 반대로 변화하는 자기장 내에서는 도체에 전류가 유도된다. 이때 표면에 흐르는 전류의 형태를 파악하여 검사하는 방법이다. 결함의 크기나 두께, 재질의 변화를 동시에 검사할 수 있으며, 결함이 모니터에 전기적 신호로 나타나 기록 보존과 재생이 용이하다. 또한 표면부 결함의 탐상감도가 우수하며, 고온에서 검사가 가능하고 얇고 가는 소재와 구멍의 내부 등을 검사할 수 있으나 재료 내부의 결함은 검사할 수 없다.

11 금속의 파괴 형태에 대한 설명으로 옳은 것은?

① 취성파괴 : 소성변형이 거의 없이 갑자기 발생되는 파괴
② 크리프파괴 : 수소의 존재로 인해 연성이 저하되고 취성이 커져 발생되는 파괴
③ 연성파괴 : 반복응력이 작용할 때 정하중하의 파단응력보다 낮은 응력에서 발생되는 파괴
④ 피로파괴 : 주로 고온의 정하중하에서 시간의 경과에 따라 서서히 변형이 커지면서 발생되는 파괴

해설

취성파괴는 재료가 갑작스럽게 끊어지는 파괴이다.
② 크리프(Creep)파괴 : 고온에서 재료에 일정 크기의 하중(정하중)을 작용시키면 시간이 경과함에 따라 변형이 증가하면서 파괴되는 현상이다.
③ 연성파괴 : 소성변형을 수반하면서 서서히 끊어지는 파괴로, 균열이 매우 천천히 진행된다.
④ 피로파괴 : 재료에 반복적으로 하중을 가하면 시간이 경과되면서 재료가 파괴되는 현상이다.

12 기계가공법에 대한 설명으로 옳지 않은 것은?

① 보링은 구멍 내면을 확장하거나 마무리하는 내면선삭 공정이다.
② 리밍은 이미 만들어진 구멍의 치수 정확도와 표면정도를 향상시키는 공정이다.
③ 브로칭은 회전하는 단인절삭공구를 공구의 축방향으로 이동하며 절삭하는 공정이다.
④ 머시닝센터는 자동공구교환 기능을 가진 CNC 공작기계로 다양한 절삭작업이 가능하다.

해설

브로칭은 절삭날이 여러 개 부착된 다인공구로, 회전하지 않는 상태에서 축방향으로 1회 이동하면서 형상을 절삭한다.
브로칭(Broaching) 가공
• 가공물에 홈이나 내부 구멍을 만들 때, 가늘고 길며 길이방향으로 많은 날을 가진 총형 공구인 브로치를 일감에 대고 누르면서 관통시켜 단 1회의 절삭공정만으로 제품을 완성시키는 가공법이다.
• 브로칭 가공에 의한 제품 형상

• 브로칭 공구

13 냉매에 필요한 성질로 옳은 것은?

① 임계온도가 낮을 것
② 응고온도가 낮을 것
③ 응축압력이 높을 것
④ 증발잠열이 작을 것

해설

냉매의 구비조건
• 비열비가 작을 것
• 응축압력이 낮을 것
• 응고온도가 낮을 것
• 점도와 표면장력이 작을 것
• 임계온도가 높고, 상온에서 액화가 가능할 것
• 증발잠열이 크고, 저온에서도 증발압력이 대기압 이상일 것
※ 냉매 : 냉동 사이클을 순환하는 작동유체로, 저온에서 열을 빼앗아 고온으로 열을 이동시킨다.

14 볼나사의 일반적인 특징으로 옳지 않은 것은?

① 정밀한 위치제어가 가능하다.
② 마찰계수가 작아 기계효율이 높다.
③ 하나의 강구를 이용하여 동력을 전달한다.
④ 예압을 주어 백래시(Backlash)를 작게 할 수 있다.

해설

볼나사는 회전부에 여러 개의 강구를 사용해서 이동할 요소의 위치 이동을 원활하게 한다.

15 형상기억합금에 대한 설명으로 옳지 않은 것은?

① 인공위성 안테나, 치열 교정기 등에 사용된다.
② 대표적인 합금으로는 Ni-Ti 합금이나 Cu-Zn-Al 합금 등이 있다.
③ 에너지 손실이 없어 고압 송전선이나 전자석용 선재에 활용된다.
④ 변형이 가해지더라도 특정 온도에서 원래 모양으로 회복되는 합금이다.

해설

형상기억합금은 에너지 손실이 있어 고압 송전선용 재료로 사용하지 않는다.

16 유압시스템에 대한 설명으로 옳지 않은 것은?

① 무단변속이 가능하여 속도제어가 쉽다.
② 충격에 강하며 높은 출력을 얻을 수 있다.
③ 구동용 유압발생장치로 기어펌프, 베인펌프 등의 용적형 펌프가 사용된다.
④ 릴리프밸브와 감압밸브 등은 유압회로에서 유체방향을 제어하는 밸브이다.

해설

릴리프밸브와 감압밸브는 유압회로에서 압력을 제어하는 압력제어밸브이다.
• 릴리프밸브 : 유압회로에서 회로 내 압력이 설정치 이상이 되면 그 압력에 의해 밸브가 열려 압력을 일정하게 유지시키는 역할을 하는 밸브로서 안전밸브의 역할을 한다.

• 감압밸브 : 유체의 압력을 감소시키기 위한 밸브로, 급속귀환장치가 부착된 공작기계에서 고압펌프와 귀환 시 사용할 저압의 대용량 펌프를 병행해서 사용할 경우 동력 절감을 위해 사용하는 밸브이다.

17 증기원동기에 대한 설명으로 옳은 것은?

① 고압의 증기를 만드는 장치는 복수기이다.

② 냉각된 물을 보일러로 공급하는 장치는 급수펌프이다.

③ 유체에너지를 기계에너지로 변환하는 장치는 보일러이다.

④ 팽창 후 증기를 냉각시켜 물로 만들어 주는 장치는 증기터빈이다.

> 해설
>
> 증기로 동력을 발생시키는 증기원동기에서 급수펌프는 냉각된 물을 보일러로 보내 주는 급수의 기능을 한다.
> ① 고압의 증기를 만드는 장치는 보일러이다.
> ③ 유체에너지를 기계에너지로 변환하는 장치는 증기터빈이다.
> ④ 팽창 후 증기를 냉각시켜 물로 만들어 주는 장치는 응축기(복수기)이다.

18 철강재료의 표준조직에 대한 설명으로 옳지 않은 것은?

① 페라이트는 연성이 크며 상온에서 자성을 띤다.

② 시멘타이트는 Fe와 C의 금속간화합물이며 경도와 취성이 크다.

③ 오스테나이트는 면심입방구조이며 성형성이 비교적 양호하다.

④ 펄라이트는 페라이트와 오스테나이트의 층상조직으로 연성이 크며 절삭성이 좋다.

> 해설
>
> 펄라이트(Pearlite) : α철(페라이트) + Fe_3C(시멘타이트)의 층상구조 조직으로 질기고 강한 성질을 갖는 금속조직이다.

19 펌프의 효율을 저하시키는 공동현상(Cavitation)을 줄이기 위한 대책으로 옳지 않은 것은?

① 배관을 완만하고 짧게 한다.

② 마찰저항이 작은 흡입관을 사용한다.

③ 규정 이상으로 회전수를 올리지 않는다.

④ 펌프의 설치 위치를 높여 흡입양정을 크게 한다.

> 해설
>
> 공동현상(캐비테이션)
> • 유체가 관 속을 유동할 때 유체의 압력이 포화증기압(기포가 발생하는 압력) 이하로 내려가면 유체에 녹아 있던 기체가 기포로 빠져나오면서 유체 내부에 공동(액체 중 존재하는 기체 공간)이 생기는 현상으로, 이때 발생한 기포가 관 벽을 때리면서 소음이나 진동, 깃의 손상 등이 발생하고 펌프의 성능과 효율을 저하시킨다. 유체의 증기압보다 낮은 압력이 발생하는 펌프 주위에서 주로 발생한다.
> • 방지 대책
> – 양 흡입펌프를 사용한다.
> – 펌프의 회전수를 작게 한다.
> – 두 대 이상의 펌프 사용한다.
> – 펌프 흡입관의 직경을 크게 한다.
> – 스트레이너의 면적이 큰 것을 사용한다.
> – 회전차를 수중에 완전히 잠기도록 한다.
> – 펌프의 설치 높이를 낮추어 흡입양정을 짧게 한다.

20 볼트에 대한 설명으로 옳지 않은 것은?

① 스테이볼트는 볼트의 머리부에 훅(Hook)을 걸 수 있도록 만든 볼트이다.

② 관통볼트는 죄려고 하는 2개의 부품에 관통구멍을 뚫고 너트로 체결한다.

③ 스터드볼트는 볼트의 머리부가 없고 환봉의 양단에 나사가 나있는 볼트이다.

④ 탭볼트는 관통구멍을 뚫기 어려운 두꺼운 부품을 결합할 때 부품에 암나사를 만들어 체결한다.

해설

스테이볼트 : 두 장의 판의 간격을 유지하면서 체결할 때 사용하는 볼트이다.

※ 아이볼트 : 나사의 머리 부분을 고리 형태로 만들어 이 고리에 로프나 체인, 훅 등을 걸어 무거운 물건을 들어올릴 때 사용한다.

2021년 서울시 기계일반

01 보기는 동력전달장치의 조립도이다. (가)~(라)에 해당하는 부품에 대한 설명으로 가장 옳지 않은 것은?

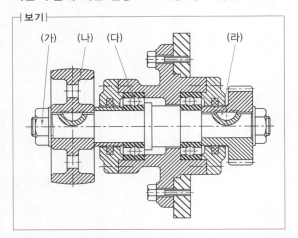

┤ 보기 ├

① (가)는 동력전달축에 회전체를 고정하는 너트(Nut)이다.
② (나)는 동력전달축에 고정한 기어(Gear)이다.
③ (다)는 동력전달축을 지지하는 볼베어링(Ball Bearing)이다.
④ (라)는 동력전달축에 회전체를 고정한 키(Key)이다.

해설

(나)는 평벨트풀리이다.

02 버(Burr) 제거 작업 공정이 아닌 것은?

① 숏피닝
② 숏블라스팅
③ 연마제유동가공
④ 진동피니싱

해설

버(Burr)란 공작물의 가장자리에 남아 있는 거스러미이다. 숏피닝은 거스러미를 제거하는 공정이 아닌 표면경화법의 일종으로, 강이나 주철제의 작은 강구(볼)를 금속 표면에 고속으로 분사하여 표면층을 냉간가공에 의한 가공경화 효과로 경화시키면서 압축잔류응력을 부여하여 금속 부품의 피로수명을 향상시키는 작업이다.

03 풀림(Annealing) 처리를 하는 목적 중 가장 옳지 않은 것은?

① 경도를 감소시키고 내부응력을 제거한다.
② 불균일한 조직을 균일화한다.
③ 결정조직을 미세화하고, 결정조직과 기계적 성질 등을 표준화시킨다.
④ 내부의 가스나 불순물을 방출시키거나 확산시킨다.

해설

결정조직을 미세화하고, 기계적 성질을 표준화시키는 열처리 조작은 불림이다.
불림(Normalizing, 노멀라이징) : 주조나 소성가공에 의해 거칠고 불균일한 조직을 표준화 조직으로 만드는 열처리법으로, A_3 변태점보다 30~50[℃] 높게 가열한 후 공랭시켜 만든다.

04 차축과 차체를 연결하여 주행 중 노면에서 받는 진동이나 충격을 흡수하고 운전자가 승차감이 좋도록 느끼게 하며 차량의 안전성을 향상시키는 현가장치의 주요 구성요소가 아닌 것은?

① 스프링(Spring)
② 쇽업소버(Shock Absorber)
③ 스태빌라이저(Stabilizer)
④ 스테이터(Stator)

해설

현가장치(Suspension System)
• 자동차가 주행하는 동안 노면으로부터 전달되는 충격이나 진동을 완화하여 바퀴와 노면의 접착력을 향상시켜 승차감을 높여 주는 장치로, 차축과 차체 사이에 설치한다.
• 구성 요소
 − 스프링
 − 쇽업소버
 − 스태빌라이저

05 유효낙차 100[m], 유량 200[m³/s]인 수력발전소의 수차에서 이론출력의 값[kW]은?

① 392×10^3
② 283×10^3
③ 196×10^3
④ 90×10^3

해설

수차의 이론출력

$$L_{th} = \frac{\gamma QH}{102}[\text{kW}]$$

$$= \frac{1,000 \times 200 \times 100}{102}$$

$$\fallingdotseq 196,078[\text{kW}] \fallingdotseq 196 \times 10^3[\text{kW}]$$

여기서, γ : 물의 비중량(= 1,000[kgf/m³])
　　　　 Q : 유량[m³/s]
　　　　 H : 유효낙차[m]

06 인발(Drawing)에 영향을 주는 요인에 대한 설명으로 가장 옳지 않은 것은?

① 단면수축률이 일정할 때 다이각이 증가하면 전단변형량이 증가하게 되므로 각 재료의 경도 및 강도에 따라 적정 다이각을 선택해야 한다.
② 단면수축률은 인발 전후의 단면적 변화량과 인발 후 소재의 단면적과의 비율로 표시한다.
③ 일반적으로 인발속도가 증가함에 따라 인발력은 급속히 증가하나, 속도가 어느 한도 이상이 되면 인발력에 대한 속도의 영향이 작아진다.
④ 소재에 역장력(인발방향과 반대방향으로 가하는 힘)을 가하면 인장응력은 증가하나 인발력에서 역장력을 뺀 다이추력(인발저항)은 감소한다.

해설

인발의 단면수축률은 소재의 인발 전 단면적 변화량과 인발 후 단면적의 비율로 표시한다.

07 잇수가 10개인 평기어와 잇수가 30개인 평기어가 맞물려 회전하고 있다. 모듈이 5일 때, 두 평기어의 회전축 사이의 거리를 나타내는 중심거리의 값[mm]은?

① 400
② 300
③ 200
④ 100

해설

두 기어 간 중심거리

$$C = \frac{D_1 + D_2}{2} = \frac{m(Z_1 + Z_2)}{2} = \frac{5(10+30)}{2} = 100[\text{mm}]$$

여기서, D : 지름[mm]
　　　　 m : 모듈
　　　　 Z : 잇수

08 $\phi 100G7$의 구멍이 헐거운끼워맞춤용으로 위공차만으로 표기되고 있다. G구멍의 아래치수 허용차는 $4[\mu\mathrm{m}]$이고, IT7급에 해당하는 치수공차는 $35[\mu\mathrm{m}]$이다. 이 구멍의 치수를 공차방식으로 표시하였을 때 가장 옳은 것은?

① $\phi 100^{+0.039}_{+0.004}$

② $\phi 100^{+0.031}_{-0.004}$

③ $\phi 100^{+0.035}_{+0.004}$

④ $\phi 100^{+0.035}_{-0.004}$

- 기준치수 $= \phi 100$
- 아래치수 허용차 $= 4[\mu\mathrm{m}]$
- 위치수 허용차
  $=$ IT7급에서 정한 치수공차의 영역 + 아래치수 허용차
  $= 35 + 4 = 39[\mu\mathrm{m}]$
- $\therefore \phi 100^{+0.039}_{+0.004}$

09 점(Spot)용접, 심(Seam)용접에 해당하는 용접방법은?

① 비피복아크용접

② 피복아크용접

③ 탄소아크용접

④ 전기저항용접

전기저항용접은 용접하고자 하는 2개의 금속면을 서로 맞대어 놓고 적당한 기계적 압력을 주며 전류를 흘리면 접촉면에 존재하는 접촉저항 및 금속 자체의 저항 때문에 접촉면과 그 부근에 열이 발생하여 온도가 올라가면 그 부분에 가해진 압력 때문에 양면이 완전히 밀착되는데 이때 전류를 끊어서 용접을 완료한다.
용접법의 종류

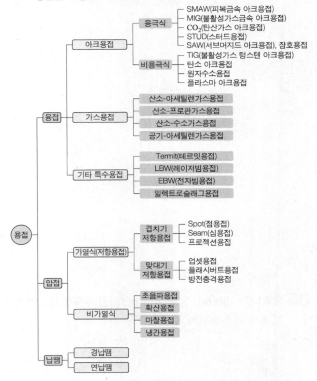

10 체인전동장치에서 스프로킷 휠의 회전수가 1,200[rpm], 잇수가 40, 체인피치가 10[mm]일 때, 체인의 평균속도의 값[m/s]은?

① 2

② 4

③ 8

④ 12

> **해설**
>
> 체인의 평균속도
>
> $$v = \frac{pzN}{1,000 \times 60}[\text{m/s}]$$
>
> $$= \frac{10 \times 40 \times 1,200}{1,000 \times 60} = 8[\text{m/s}]$$
>
> 여기서, p : 체인의 피치[mm]
>
> z : 스프로킷의 잇수
>
> N : 스프로킷 휠의 회전수[rpm]

11 구리의 특성에 대한 설명으로 가장 옳은 것은?

① 아연(Zn), 주석(Sn), 니켈(Ni) 등과 합금을 만들 수 없다.

② 유연하고 연성이 작아 가공이 어렵다.

③ 전성이 작고 귀금속적인 성질이 우수하다.

④ 전기 및 열의 전도성이 우수하다.

> **해설**
>
> 구 리
> - 연한 금속으로, 전성이 커서 유연성이 크다.
> - 전기 및 열의 전도성이 우수하다.
> - 다른 금속(Zn, Sn, Ni)과 합금되면 새로운 성질의 재료를 만들 수 있다.

12 베어링 메탈의 구비조건이 아닌 것은?

① 하중에 견딜 수 있도록 충분한 강도와 강성을 가져야 한다.

② 열전도율이 낮아야 한다.

③ 내식성과 피로강도가 커야 한다.

④ 마찰 마멸이 작아야 한다.

> **해설**
>
> 베어링 메탈(재료)은 내부에서 발생한 열을 외부로 빨리 방출해야 재료의 열변형을 막을 수 있으므로 열전도율이 높아야 한다.

13 파스칼의 원리에 대한 설명으로 가장 옳지 않은 것은?

① 오일은 힘을 전달할 수 있다.

② 오일은 운동을 전달할 수 있다.

③ 단면적을 변화시키면 힘을 증대할 수 있다.

④ 공기는 압축되며, 오일도 압축된다.

> **해설**
>
> 파스칼의 원리 : 밀폐된 용기 속에 있는 액체에 가한 압력은 그 액체가 접하는 모든 방향으로 같은 크기의 압력을 전달한다. 이는 유압책의 원리로도 사용된다.
>
> 파스칼의 원리에 의해 $P_1 = P_2$이므로
>
> $$P_1 = \frac{F_1}{A_1} = \frac{F_1}{\frac{\pi D_1^2}{4}} = \frac{4F_1}{\pi D_1^2}$$ 이다.

14 금속재료 탭 작업 시 주의사항으로 가장 옳지 않은 것은?

① 탭은 한쪽 방향으로만 계속 돌린다.
② 재료를 수평으로 단단히 고정한다.
③ 기름을 충분히 넣는다.
④ 재료의 구멍의 중심과 탭의 중심을 일치시킨다.

해설
금속재료를 탭 작업할 때는 한쪽 방향으로 작업하다가 칩 배출을 위해 반대 방향으로 되돌렸다가 다시 원래 방향으로 작업해야 칩에 의한 오차 발생을 방지할 수 있다.

15 18-8형 스테인리스강의 성분으로 옳은 것은?

① 니켈 18[%], 크롬 8[%]
② 타이타늄 18[%], 니켈 8[%]
③ 크롬 18[%], 니켈 8[%]
④ 크롬 18[%], 타이타늄 8[%]

해설
스테인리스강은 일반 강 재료에 Cr(크롬)을 12[%] 이상 합금하여 만든 내식용 강으로, 부식이 잘 일어나지 않아서 최근 많이 사용되는 금속재료이다.
스테인리스강의 분류

구 분	종 류	주요 성분	자 성
Cr계	페라이트계 스테인리스강	Fe + Cr 12[%] 이상	자성체
	마텐자이트계 스테인리스강	Fe + Cr 13[%]	자성체
Cr + Ni계	오스테나이트계 스테인리스강	Fe + Cr 18[%] + Ni 8[%]	비자성체
	석출경화계 스테인리스강	Fe + Cr + Ni	비자성체

16 기계의 안전 설계 시 고려해야 할 안전율(Safety Factor)에 대한 정의로 가장 옳은 것은?

① 재료의 기준강도와 전단응력과의 비
② 재료의 기준강도와 허용응력과의 비
③ 재료의 극한강도와 사용응력과의 비
④ 재료의 극한강도와 잔류응력과의 비

해설
안전율 : 외부의 하중에 견딜 수 있는 정도를 수치로 나타낸 것이다.

$$S = \frac{극한강도(\sigma_u)}{허용응력(\sigma_a)} = \frac{기준강도(\sigma_y)}{허용응력(\sigma_a)} = \frac{인장강도(\sigma_y)}{허용응력(\sigma_a)}$$

17 환봉에 반경방향으로의 압축력이 작용하면 중심에 인장력이 발생하는 원리를 이용한 공정으로, 길고 두꺼운 이음매 없는 파이프와 튜브(Seamless Pipe and Tube)를 만드는 열간가공 공정으로 가장 옳은 것은?

① 회전천공
② 관재압연
③ 링압연
④ 강구전조 작업

해설
공작물을 회전시키면서 이음매 없는 튜브나 파이프를 만드는 가공법은 회전천공이다.

18 산소 8[kg]과 질소 2[kg]으로 혼합된 기체가 있다. 산소의 정압비열은 1,000[J/kg·K]이고, 질소의 정압비열은 1,500[J/kg·K]이라 할 때, 이 혼합기체가 갖는 정압비열의 값[J/kg·K]은?(단, 주어진 조건 이외에는 고려하지 않는다)

① 1,100 ② 1,200
③ 1,300 ④ 1,400

해설

혼합기체의 정압비열

$$C_P = \frac{m_1 C_1 + m_2 C_2}{m_1 + m_2}$$
$$= \frac{(8 \times 1,000) + (2 \times 1,500)}{8 + 2}$$
$$= 1,100[\text{J/kg} \cdot \text{K}]$$

20 길이 10[cm], 단면 2[cm]×3[cm]의 물체에 3[ton]의 인장력을 가하였을 때, 인장력에 의해 0.1[cm] 늘어났다. 물체에 작용하는 응력[kgf/cm²]과 변형률[%]은?

	응 력	변형률
①	50	1
②	50	0.01
③	500	1
④	500	0.01

해설

• 응력 $\sigma = \dfrac{F}{A} = \dfrac{3,000[\text{kgf}]}{2[\text{cm}] \times 3[\text{cm}]} = 500[\text{kgf/cm}^2]$

• 변형률 $\varepsilon = \dfrac{\Delta l}{l} \times 100[\%] = \dfrac{0.1[\text{cm}]}{10[\text{cm}]} \times 100[\%] = 1[\%]$

19 금속재료들의 열전도율과 전기전도율이 좋은 순서대로 바르게 나열한 것은?

① Al > Cu > Pb > Fe
② Cu > Al > Fe > Pb
③ Al > Cu > Fe > Pb
④ Cu > Al > Pb > Fe

해설

열 및 전기전도율이 높은 순서
Ag > Cu > Au > Al > Mg > Zn > Ni > Fe > Pb > Sb

2021년 지방직 고졸경채 기계일반

01 맞물리는 기어 중 두 축이 평행하지 않은 것은?

① 스퍼기어
② 베벨기어
③ 헬리컬기어
④ 더블헬리컬기어

해설

기어의 종류

구 분	명칭 및 형상			
두 축이 평행한 기어	스퍼기어	내접기어	헬리컬 기어	랙과 피니언기어
				피니언 기어 랙 기어
두 축이 교차하는 기어	베벨기어		스파이럴 베벨기어	마이터기어
두 축이 나란하지도 교차하지도 않는 기어	하이포이 드기어	웜과 웜휠기어	나사기어	페이스 기어
		웜기어 웜휠기어		

02 알루미늄(Al) 합금이 아닌 것은?

① 알민(Almin)
② 알드레이(Aldrey)
③ 엘린바(Elinvar)
④ 두랄루민(Duralumin)

해설

엘린바는 불변강으로 니켈(Ni)계 합금이다. 불변강의 종류에는 엘린바와 인바, 슈퍼인바, 퍼멀로이, 플래티나이트, 코엘린바가 있다.

알루미늄 합금의 종류 및 특징

분 류	종 류	구성 및 특징
주조용 (내열용)	실루민	• Al + Si(10~14[%] 함유), 알팩스로도 불린다. • 해수에 잘 침식되지 않는다.
	라우탈	• Al + Cu 4[%] + Si 5[%] • 열처리에 의하여 기계적 성질을 개량할 수 있다.
	Y합금	• Al + Cu + Mg + Ni • 내연기관용 피스톤, 실린더 헤드의 재료로 사용된다.
	로엑스 합금 (Lo-Ex)	• Al + Si 12[%] + Mg 1[%] + Cu 1[%] + Ni • 열팽창계수가 작아서 엔진, 피스톤용 재료로 사용된다.
	코비탈륨	• Al + Cu + Ni에 Ti, Cu 0.2[%] 첨가 • 내연기관의 피스톤용 재료로 사용된다.
가공용	두랄루민	• Al + Cu + Mg + Mn • 고강도로서 항공기나 자동차용 재료로 사용된다.
	알클래드	• 고강도 Al 합금에 다시 Al을 피복한 것
내식성	알민 (Almin)	• Al + Mn • 내식성과 용접성이 우수한 알루미늄 합금
	알드레이 (Aldrey)	• Al + Mg + Si • 강인성이 없고 가공변형에 잘 견딘다.
	하이드로 날륨	• Al + Mg • 내식성과 용접성이 우수한 알루미늄 합금

03 두 축 사이의 동력을 전달하고자 할 때 사용되는 전동용 기계요소가 아닌 것은?

① 기 어
② 체 인
③ 마찰차
④ 스프링

스프링
• 재료의 탄성을 이용하여 충격과 진동을 완화하는 기계요소이다.
• 역 할
  – 충격 완화
  – 진동 흡수
  – 힘의 축적
  – 운동과 압력의 억제
  – 에너지를 저장하여 동력원으로 사용

04 제동장치 또는 완충장치와 그 종류가 바르게 연결되지 않은 것은?

① 제동장치 – 베어링(Bearing)
② 제동장치 – 밴드 브레이크(Band Brake)
③ 완충장치 – 토션 바(Torsion Bar)
④ 완충장치 – 쇽업소버(Shock Absorber)

베어링은 동력전달장치이다.
베어링 : 회전하고 있는 기계의 축을 본체 내부의 일정한 위치에 고정시키고 축의 자중과 축에 걸리는 하중을 지지하면서 동력을 전달하고자 하는 곳에 사용하는 기계요소이다.

[구름(볼)베어링]　　　　[미끄럼베어링]

05 다음에서 설명하는 전동장치는?

> • 벨트와 풀리가 톱니 모양의 이(Tooth)로 서로 맞물리면서 동력을 전달한다.
> • 벨트와 풀리 간의 미끄러짐이 거의 없어 발열이 적고 비교적 정확한 속도비로 동력을 전달한다.
> • 장치를 소형으로 만들 수 있고 고속 전동에 적합하다.

① 링크기구
② 로프전동장치
③ 평벨트전동장치
④ 타이밍벨트전동장치

설명에서 벨트와 풀리 간 미끄러짐이 거의 없다고 했으므로, 벨트의 일종임을 알 수 있다. 따라서 ①번과 ②번은 제외된다. 또한 벨트와 풀리가 톱니 모양의 이로 서로 맞물리면서 동력을 전달한다고 했으므로 ③번도 제외된다.
타이밍벨트 : 미끄럼을 방지하기 위하여 벨트 안쪽의 접촉면에 치형(이)을 붙여 맞물림에 의해 동력을 전달하는 벨트로, 정확한 속도비가 필요한 경우에 사용한다.

06 비금속재료에 대한 설명으로 옳지 않은 것은?

① 연마재는 분말 등의 형태로 되어 있으며, 알루미나·다이아몬드 연마재 등이 있다.

② 세라믹은 내열성·내마모성·내식성이 크고, 산화물계·질화물계·탄화물계 세라믹 등이 있다.

③ 열경화성 수지는 열을 가하여 성형한 뒤에도 다시 열을 가하면 유동성을 가지게 되는 합성수지로서, 폴리에틸렌·폴리프로필렌 등이 있다.

④ 단열재는 사용하는 온도에 따라 약 100~500[℃]는 보온재, 약 500~1,100[℃]는 단열재, 약 1,100[℃] 이상은 내화 단열재 등으로 구분한다.

해설

합성수지의 종류 및 특징
• 열경화성 수지 : 한 번 열을 가해 성형을 하면 다시 열을 가해도 형태가 변하지 않는 수지이다.
• 열가소성 수지 : 열을 가해 성형한 뒤에도 다시 열을 가해 형태를 변형시킬 수 있는 수지이다.

종 류		특 징
열경화성 수지	요소수지	• 광택이 있다. • 착색이 자유롭다. • 건축재료, 성형품에 이용한다.
	페놀수지	• 전기절연성이 높다. • 베크라이트라고도 불린다. • 전기 부품재료, 식기, 판재, 무음기어, 프로펠러 등에 사용된다.
	멜라민수지	• 내수성, 내열성이 있다. • 책상, 테이블판 가공에 이용한다.
	에폭시수지	• 내열성, 전기절연성, 접착성이 우수하다. • 경화 시 휘발성 물질을 발생하고 부피가 수축된다.
	폴리에스테르	• 치수 안정성과 내열성, 내약품성이 있다. • 소형차의 차체, 선체, 물탱크 재료 이용한다.
	거품 폴리우레탄	• 비중이 작고 강도가 크다. • 매트리스나 자동차의 쿠션, 가구에 이용한다.

종 류		특 징
열가소성 수지	폴리에틸렌	• 전기절연성, 내수성, 방습성이 우수하며 독성이 없다. • 연료 탱크나 어망, 코팅 재료로 이용한다.
	폴리프로필렌	• 기계적, 전기적 성질이 우수하다. • 가전제품의 케이스, 의료기구, 단열재로 이용한다.
	폴리염화비닐	• 내산성, 내알칼리성이 우수하다. • 텐트나 도료, 완구 제품에 이용한다.
	폴리비닐알코올	• 무색, 투명하며 인체에 무해하다. • 접착제나 도료에 이용한다.
	폴리스티렌	• 투명하고 전기절연성이 좋다. • 통신기의 전열재료, 선풍기 팬, 계량기판에 이용한다.
	폴리아미드 (나일론)	• 내식성과 내마멸성의 합성 섬유이다. • 타이어나 로프, 전선 피복재료로 이용한다.

07 재료의 특성을 분석하는 시험에 대한 설명으로 옳지 않은 것은?

① 충격시험은 재료의 인성과 취성의 정도를 분석하는 시험이다.

② 크리프시험은 접촉한 두 물체의 상대 미끄럼운동에 의해 발생하는 재료의 소모현상을 분석하는 시험이다.

③ 경도시험은 시험편을 강구·다이아몬드 등의 압입자로 누를 때 발생하는 변형에 대한 저항의 크기를 측정하는 시험이다.

④ 인장시험은 시험편을 시험기에 걸어 축방향으로 잡아당기면서 파단될 때까지의 변형과 힘을 측정하여 재료의 변형에 대한 저항의 크기를 분석하는 시험이다.

해설

크리프(Creep)시험은 재료의 소모현상을 분석하는 것이 아니라 변형의 정도를 파악하는 시험법이다.

크리프(Creep)시험 : 고온에서 재료에 일정 크기의 하중(정하중)을 작용시키면 시간이 경과함에 따라 변형이 증가하는 현상을 시험하여 온도에 따른 재료의 특성인 크리프 한계를 결정하거나 예측하기 위한 시험법이다. 이 시험을 통해서 보일러용 파이프나 증기 터빈의 날개와 같이 장시간 고온에서 하중을 받는 기계 구조물의 파괴를 방지하기 위해 실시한다. 단위는 [kg/mm^2]를 사용한다.

08 (가), (나)에 해당하는 용어를 바르게 연결한 것은?

> (가)은 매우 낮은 온도 영역에서 (나)이 0(zero)에 가까워지는 합금이다. (가)은 Nb-Ti계 합금, Nb-Zr계 합금 등이 있으며 자기부상열차, 컴퓨터 및 계측기 등의 여러 분야에 응용되고 있다.

	(가)	(나)
①	비정질합금	전기저항
②	비정질합금	전기전도율
③	초전도합금	전기저항
④	초전도합금	전기전도율

해설

초전도합금
- 순금속이나 합금을 극저온으로 냉각시키면 전기저항이 0에 근접하는 합금이다.
- 자기부상열차, 컴퓨터 및 계측기, 전동기나 변압기용 재료로 사용된다.
- Nb-Ti계 합금, Nb-Zr계 합금 등이 있다.

09 다음에서 설명하는 밸브는?

> - 밸브 시트가 유체 흐름에 대하여 직각으로 미끄러져 유로를 개폐한다.
> - 고속, 고압용이며 밸브를 자주 개폐하지 않는 곳에 사용된다.

① 체크밸브(Check Valve)
② 릴리프밸브(Relief Valve)
③ 슬루스밸브(Sluice Valve)
④ 감압밸브(Pressure Reducing Valve)

해설

슬루스밸브(게이트밸브)
- 밸브의 본체가 유체의 흐름에 직각으로 되어 있어서 유체의 흐름을 개폐할 때 직각으로 미끄러져서 작동한다.
- 유체 차단막인 게이트로 흐름을 차단시키는 가장 일반적인 밸브 형태이다.
- 유체의 흐름에 대한 저항이 작고 압력에 강하다.
- 고속, 고압용으로 주로 발전소의 도입관이나 상수도의 주관과 같이 지름이 큰 관이나 밸브를 자주 개폐할 필요가 없는 곳에 사용된다.
- 기호 : ─▷◁─

10 기계에서 운동 전달을 위해 두 개의 부분이 접촉하여 움직이는 짝(Pair)의 종류와 그 접촉 형태를 바르게 연결한 것은?

① 구면짝 – 점접촉
② 나사짝 – 선접촉
③ 회전짝 – 선접촉
④ 미끄럼짝 – 면접촉

해설

운동을 전달한다는 점에 포커스를 맞추고 문제를 풀어야 한다. 공작기계의 테이블에 주로 사용하는 더브테일 이동면을 고려하면, 면접촉이 이루어진다. 따라서 미끄럼짝-면접촉이 정답이다.
① 구면짝 : 링크절을 고려하면 면접촉에 해당한다.
② 나사짝 : 나사산이 접촉하는 부분은 면접촉에 해당한다.
③ 회전짝 : 축과 하우징 사이에 베어링이라는 회전짝이 존재하며, 베어링과 하우징부는 면접촉에 해당한다.

11 공작물을 공구로 절삭할 때 발생하는 칩(Chip)의 유형 중 다음에서 설명하는 것은?

> - 공구의 진행방향 위쪽으로 압축이 되면서 칩이 분리되어 나타난다.
> - 공구 윗면 경사각이 작거나 절삭깊이가 크고 절삭속도가 느릴 때 발생한다.

① 열단형(Tear Type) 칩
② 유동형(Flow Type) 칩
③ 전단형(Shear Type) 칩
④ 균열형(Crack Type) 칩

해설

전단형 칩은 선반가공 시 발생하는 칩으로, 칩이 분리되어 나오는 형태이다. 주로 공구의 윗면 경사각이 작거나 절삭속도가 느릴 때 발생한다.

12 구멍이 있는 공작물의 측면이나 바깥지름을 가공할 때 공작물의 구멍에 끼워서 사용하는 선반의 부속장치는?

① 베 드　　　　② 면 판
③ 방진구　　　　④ 맨드릴

해설

맨드릴 : 선반에서 기어나 벨트, 풀리와 같이 구멍이 있는 공작물의 안지름과 바깥지름이 동심원을 이루도록 가공할 때 사용한다.

맨드릴

② 면판(Face Plate) : 척으로 고정하기 힘든 큰 크기의 공작물이나 불규칙하고 복잡한 형상의 공작물을 고정할 때 사용한다.

[공작물 장착 전]　　　　[공작물 장착 후]

13 선반으로 할 수 있는 가공의 종류가 아닌 것은?

① 널링가공
② 총형가공
③ 테이퍼가공
④ 더브테일가공

해설

더브테일가공은 밀링으로 가공할 수 있다.

[더브테일 형상가공]

14 펌프를 구조와 원리에 따라 분류할 때 터보형 펌프가 아닌 것은?

① 회전식 펌프
② 사류식 펌프
③ 축류식 펌프
④ 원심식 펌프

해설

유압펌프의 분류

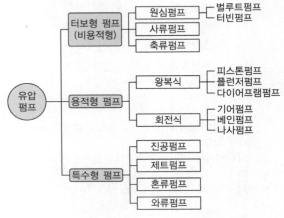

15 다음에서 설명하는 연삭숫돌의 구성 요소는?

• 숫돌 입자의 크기를 숫자로 나타낸 것
• 연삭가공면의 표면거칠기를 결정하는 중요한 요소

① 입 도　　　　② 조 직
③ 결합제　　　　④ 결합도

해설

입도란 숫돌 입자의 크기를 숫자로 나타낸 것으로, 연삭가공면의 표면정밀도를 결정하는 주요 요소이다. 입도번호가 클수록 더 고운 입자임을 나타내는 수치이므로, 입도번호가 클수록 우수한 표면을 가진 제품을 얻을 수 있다.

연삭숫돌의 입도번호

구 분	거친 연마용	일반 연마용	정밀 연마용
입도번호	4~220	230~1200	240~8000

16 다음에서 설명하는 길이 측정기는?

> • 스케일이 부착되어 있는 직각자와 서피스게이지를 조합한 측정기이다.
> • 정반 표면을 기준으로 금긋기 작업을 하거나 높이를 측정하기 위해 사용한다.

① 마이크로미터
② 하이트게이지
③ 다이얼게이지
④ 버니어 캘리퍼스

스크라이버

해설
스케일(자)이 부착되어 있으며, 직각자와 서피스게이지를 조합한 측정기는 하이트게이지이다.

17 밀링 작업에서 하향절삭과 비교하여 설명한 상향절삭의 특징으로 옳은 것은?

① 다듬질면이 하향절삭보다 거칠다.
② 작업 시 충격이 크기 때문에 높은 기계강성이 필요하다.
③ 절삭날이 공작물을 누르는 형태이므로 공작물이 안정적으로 고정된다.
④ 절삭날에 작용하는 마찰작용이 작아 날의 마모가 작고 수명이 길다.

해설
상향절삭과 하향절삭의 특징

상향절삭	하향절삭
밀링커터 회전방향 공작물 이송방향 절삭방향 → 테이블 이송방향	밀링커터 회전방향 공작물 이송방향 절삭방향 테이블 이송방향 ←
커터날의 절삭방향과 공작물 이송방향이 반대이다.	커터날의 절삭방향과 공작물 이송방향이 같다.
• 동력 소비가 크다. • 표면거칠기가 좋지 않다. • 마찰열이 커서 가공면이 거칠다. • 공구날의 마모가 빨라서 공구수명이 짧다. • 하향절삭에 비해 가공면이 깨끗하지 못하다. • 기계에 무리를 주지 않아 강성은 낮아도 된다. • 칩이 가공할 면 위에 쌓이므로 시야가 안 좋다. • 날 끝이 일감을 치켜 올리므로 일감을 단단히 고정해야 한다. • 백래시의 영향이 작아 백래시 제거장치가 필요 없다.	• 표면거칠기가 좋다. • 공구의 수명이 길다. • 날 하나마다의 날 자리 간격이 짧다. • 백래시 제거장치가 반드시 필요하다. • 날의 마멸이 작아서 공구의 수명이 길다. • 가공면이 깨끗하고 고정밀절삭이 가능하다. • 절삭된 칩이 이미 가공된 면 위에 쌓이므로 작업시야가 좋아서 가공하기 편하다. • 커터날과 일감의 이송방향이 같아서 날이 가공물을 누르는 형태이므로 가공물 고정이 간편하다. • 절삭가공 시 마찰력은 작으나 충격량이 크기 때문에 높은 강성이 필요하다.

18 가솔린기관에서 2행정 사이클기관과 비교하여 4행정 사이클기관에 대한 설명으로 옳지 않은 것은?

① 크랭크축이 2회전할 때 1회 폭발한다.

② 밸브 기구가 필요하여 구조가 복잡하다.

③ 2행정 사이클기관과 배기량이 같은 경우 연료 소비율이 크다.

④ 4개의 행정이 각각 독립적으로 이루어져 각 행정마다 작용이 정확하며 효율이 좋다.

해설

4행정 사이클기관은 각 실린더별로 독립적인 행정이 이루어지므로 2행정 사이클기관보다 연료 소비율이 작다.

19 다음에서 설명하는 공압장치의 구성요소는?

> • 압축기로부터 발생하는 맥동을 감소시켜 공기 공급을 안정되게 하는 역할을 한다.
> • 압축공기를 냉각시켜 공기에 포함된 수증기가 물로 응축되도록 한다.

① 공기탱크

② 공기필터

③ 공압모터

④ 공기건조기

해설

공기탱크는 압축된 공기를 저장하는 공간으로, 공기에 수분이 있을 경우 물로 변환시켜 드레인밸브로 수분을 제거하는 기능이 있다. 또한 압축기에서 일정하게 압축된 공기의 공급이 없을 경우나 배관을 바로 액추에이터에 연결할 경우 원활한 공기의 공급이 불가능하지만, 중간에 공기탱크를 두면 해결할 수 있다.

20 증기원동기에 대한 설명으로 옳은 것은?

① 고온·저압의 증기를 이용한다.

② 기계적 에너지를 열에너지로 변환시킨다.

③ 주요 구성장치인 복수기는 일종의 열교환기이다.

④ 증기터빈은 증기기관에 비해 진동 발생이 크고 출력이 작다.

해설

복수기(Condenser) : 터빈을 돌리고 빠져나온 물과 증기가 섞인 유체를 차가운 물을 담고 유동하고 있는 파이프 주변을 지나게 하면 이 유체는 냉각되면서 물이 된다. 이처럼 증기를 수(水)로 되돌리는 장치라 하여 복수기라고 한다.

2022년 지방직 기계일반

01 연강의 인장시험에서 알 수 있는 재료의 물성치가 아닌 것은?

① 경도(Hardness)

② 연신율(Elongation)

③ 탄성계수(Modulus of Elasticity)

④ 인장강도(Tensile Strength)

【해설】

연강의 인장시험은 재료를 시험기에 넣고 양쪽으로 잡아 당겨 그 물성치를 파악하는 시험법으로 연신율과 탄성계수, 인장강도는 알 수 있지만 경도(재료 표면의 단단한 정도)는 알 수 없다.

※ 물성치(Material Property) : 물질이 가지고 있는 성질

02 고온에서 강에 탄성한도보다 낮은 인장하중이 장시간 작용할 때 변형이 서서히 커지는 현상은?

① 피 로

② 크리프

③ 잔류응력

④ 바우싱거 효과

【해설】

크리프(Creep) : 고온에서 재료에 일정 크기의 하중(정하중)을 작용시키면 시간이 경과함에 따라 변형이 증가하는 현상을 시험하여 온도에 따른 재료의 특성인 크리프한계를 결정하거나 예측하기 위한 시험법이다. 보일러용 파이프나 증기 터빈의 날개와 같이 장시간 고온에서 하중을 받는 기계 구조물의 파괴를 방지하기 위해 실시하며, 단위로는 $[kg/mm^2]$를 사용한다.

03 그림과 같이 원주를 따라 슬릿(Slit)이 배열된 관형 구조의 선삭용 공작물 고정장치는?

공작물

① 면 판

② 콜 릿

③ 연동척

④ 단동척

【해설】

② 콜릿 : 3개의 클로(Claws)를 움직여서 직경이 작은 원형의 공구 또는 공작물의 고정에 사용한다.

① 면판(Face Plate) : 척으로 고정하기 힘든 큰 크기의 공작물이나, 불규칙하고 복잡한 형상의 공작물을 고정할 때 사용한다.

[공작물 장착 전]　　　[공작물 장착 후]

③ 연동척 : 척핸들을 사용해서 척의 측면에 만들어진 1개의 구멍을 조이면, 120° 간격으로 배치된 3개의 조(Jaw)가 동시에 움직여서 공작물을 고정시킨다. 원형이나 삼각, 육각 제품의 가공에 적합하다.

④ 단동척 : 척핸들을 사용해서 조(Jaw)의 끝부분과 척의 측면이 만나는 곳에 만들어진 4개의 구멍을 각각 조이면, 90° 간격으로 배치된 4개의 조(Jaw)도 각각 움직여서 공작물을 고정시킨다.

04 선반가공에서 발생하는 불연속형 칩에 대한 설명으로 가장 옳은 것은?

① 칩 브레이커에 의해 발생한다.

② 가공면은 우수한 표면 정도를 갖는다.

③ 취성이 큰 재료를 작은 경사각과 큰 절삭깊이로 가공할 때 발생한다.

④ 공구와 칩 사이의 마찰로 인하여 공작물 재료의 일부분이 절삭날 근처의 경사면에 들러붙어 발생한다.

해설

불연속형 칩(전단형 칩)은 취성이 크고 인성이 작은 재료를 큰 절삭깊이로 가공하거나 작은 경사각으로 가공할 때 주로 발생한다.

05 기계공작용 측정기에 대한 설명으로 가장 옳은 것은?

① 다이얼게이지는 구멍의 안지름을 측정할 수 있다.

② 블록게이지는 원기둥의 진원도를 측정할 수 있다.

③ 마이크로미터는 회전체의 흔들림을 측정할 수 있다.

④ 버니어캘리퍼스는 원통의 바깥지름, 안지름, 깊이를 측정할 수 있다.

해설

④ 버니어캘리퍼스는 원형 제품의 바깥지름과 안지름, 깊이를 측정할 수 있다.

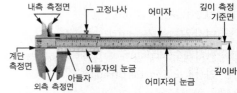

① 다이얼게이지를 선반의 베드 위에 설치한 후 원통이나 축을 척에 고정시킨 후 회전시켜 가면서 진원도나 축의 흔들림 정도를 측정할 수 있다.

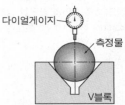

② 블록게이지(게이지블록)는 길이 측정의 표준이 되는 게이지로 공장용 게이지들 중에서 가장 정확하다. 개개의 블록게이지를 밀착시킴으로써 그들 호칭치수의 합이 되는 새로운 치수를 얻을 수 있다. 블록게이지 조합의 종류로는 9개조, 32개조, 76개조, 103개조가 있다.

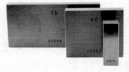

③ 마이크로미터는 길이의 변화를 나사의 회전각과 지름에 의해 확대하고 확대된 길이에 눈금을 붙여 미소의 길이변화를 읽도록 한 길이 측정기기다. 측정 영역에 따라서 내경 측정용인 내측 마이크로미터와 외경 측정용인 외측 마이크로미터로 나뉜다. 나사 마이크로미터는 나사의 유효지름을 측정하기 위해 사용한다.

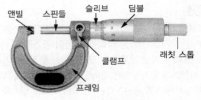

[외측 마이크로미터]

06 축이음 기계요소에 대한 설명으로 옳지 않은 것은?

① 원판 클러치와 원추 클러치는 구동축과 종동축 사이에 있는 접촉면의 마찰력에 의하여 동력을 전달한다.

② 유니버설조인트의 구동축과 종동축이 평행하지 않을 때, 축의 회전각도에 따라 종동축과 구동축의 각속도 비가 일정하지 않고 변동한다.

③ 올덤커플링은 두 축이 평행하고 축 중심이 약간 편심되어 있는 경우에 사용하는 축이음으로 원심력에 의한 진동 때문에 고속회전에는 부적합하다.

④ 플렉시블커플링은 두 축의 중심을 일치시키기 어렵거나 진동이 발생하기 쉬운 경우에 사용하는 커플링으로서 동작 중에 연결하거나 분리할 수 있다.

해설

플렉시블커플링(Flexible Coupling)

두 축의 중심선을 일치시키기 어렵거나 고속회전 또는 급격한 전달력의 변화로 진동이나 충격이 발생하는 경우에 사용하는 축이음 요소이다. 두 축이 평행하고 거리가 아주 가까울 때, 각속도의 변동 없이 토크를 전달하는데 가장 적합하나 윤활이 어렵고 원심력에 의한 진동 발생으로 고속회전에는 적합하지 않다. 진동 완화를 위해 고무나 가죽, 스프링을 사용한다.

※ 동력이 전달되는 동작 중에 연결하거나 분리할 수 있는 축이음 기계요소는 클러치이며, 커플링은 영구적인 이음으로 불가능하다.

[플렉시블커플링]

07 경도에 대한 설명으로 옳지 않은 것은?

① 다이아몬드는 지금까지 알려진 재료 중 경도가 가장 높아 깨지지 않는다.

② 경도는 압입에 대한 재료의 저항값으로, 높은 경도의 재료는 내마모성이 좋다.

③ 브리넬 경도는 구형 압입체를 시험편에 누른 후 압입 하중과 압입자국의 직경을 이용하여 측정한다.

④ 로크웰 경도는 압입체를 시험편에 초기하중으로 누른 후, 시험하중을 가해 발생하는 추가적인 압입깊이를 이용하여 측정한다.

해설

다이아몬드는 경도(재료 표면의 단단함 정도)가 높은 편이지만 인성(파괴가 일어나기까지의 재료의 에너지 흡수력)이 낮아서 깨질 수도 있다.

08 유체의 유량을 측정하는 장치로 옳지 않은 것은?

① 위어(Weir)

② 오리피스(Orifice)

③ 액주계(Manometer)

④ 벤투리미터(Venturi Meter)

해설

③ 액주계(Manometer) : 관로 내부에 있는 유체의 압력을 측정하는 장치이다.

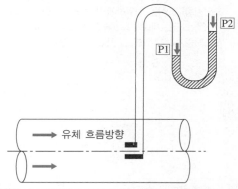

① 위어(Weir) : 유체의 흐름량(유량)을 측정하거나 제어하는 장치이다.

삼각위어	사각위어	사다리꼴위어

② 오리피스 : 유체가 흐르는 관 내부를 작은 구멍이 뚫린 판으로 가로막아 유체가 이 좁은 구멍을 통과하게 함으로써 유속을 변화시킨다.

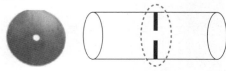

[오리피스]

④ 벤투리미터 : 관(Tube)로의 지름이 변화된 부분들에서 관을 따로 빼내어 이 두 개의 관로 사이를 지나가는 유체의 수압 변화로 유량을 구하는 장치이다.

09 재료의 피로수명을 향상시킬 수 있는 공정으로 옳지 않은 것은?

① 연 마
② 표면경화
③ 전기도금
④ 숏피닝(Shot Peening)

해설
피로(Fatigue)수명은 재료의 내부(표면경화, 숏피닝)나 외부(연마, 표면경화) 조직을 치밀하게 만듦으로써 향상시킬 수 있다.
※ 전기도금은 재료의 표면에 도금물질을 입히는 것으로, 주로 부식을 방지하기 위한 가공방법이다.

10 (가)와 (나)가 같은 크기의 물리량으로 짝지어지지 않은 것은?(단, 중력가속도는 9.8[m/s²]이다)

	(가)	(나)
①	3,000[rpm]	100π[rad/s]
②	1[PS]	75[J/s]
③	1[MPa]	1,000[kN/m²]
④	100[kgf]	980[N]

해설
1[PS] = 75[kg · m/s] ≒ 735[N · m/s] = 735[J/s]

11 둥근키에 대한 설명으로 옳은 것은?

① 축을 키의 폭만큼 평평하게 깎아서 키를 때려 박아 토크를 전달한다.
② 기울기가 없는 키를 사용하여 보스가 축 방향으로 이동할 수 있도록 하면서 토크를 전달한다.
③ 키 홈을 파지 않고 축과 보스 사이에 원추(원뿔)를 끼워 박아서 마찰력으로 토크를 전달한다.
④ 축과 보스를 끼워맞춤하고 축과 보스 사이에 구멍을 가공하여 원형단면의 평행핀 또는 테이퍼핀을 때려 박아서 토크를 전달한다.

해설
둥근키(Round Key) : 둥근 환봉형태의 키로 동력을 전달하는 기계요소이다.

12 나사에 대한 설명으로 옳지 않은 것은?

① 마찰계수와 나선각(리드각)이 같을 경우 삼각나사보다 사각나사의 마찰력이 크다.
② 나사의 마찰각이 나사의 나선각(리드각)보다 큰 경우에는 저절로 풀리지 않는다.
③ 미터 보통나사의 나사산각은 60°이고, 수나사의 바깥지름[mm]을 호칭치수로 한다.
④ 나사의 자립은 외력이 작용하지 않을 경우 나사가 저절로 풀리지 않는 상태를 말한다.

해설
마찰계수와 나선각(리드각)이 같을 경우 삼각나사의 마찰면적이 사각나사의 마찰면적보다 크기 때문에 마찰력도 삼각나사가 사각나사보다 크다.

13 평기어에 대한 설명으로 옳지 않은 것은?

① 인벌류트 기어의 물림률을 증가시키려면 접촉호의 길이를 크게 해야 한다.

② 인벌류트 기어에서 언더컷은 잇수가 적을 때 혹은 압력각이 작을 때 발생하기 쉽다.

③ 인벌류트 기어에서 피치원지름이 일정할 경우, 모듈(Module)이 커질수록 잇수는 적어지고 이높이는 커진다.

④ 사이클로이드 기어는 이의 마멸이 균일하고 작용할 수 있는 추력(Thrust)이 커서 주로 동력전달장치, 공작기계 등에 사용한다.

해설

사이클로이드 곡선을 띈 사이클로이드 기어는 추력이 작다.

사이클로이드 곡선(Cycloid Circle)

평면 위의 일직선상에서 원을 회전시킨다고 가정했을 때, 원의 둘레 중 임의의 한 점이 회전하면서 그리는 곡선을 기어의 치형으로 사용한 곡선이다. 피치원이 일치하지 않거나 중심거리가 다를 때는 기어가 바르게 물리지 않으며, 이뿌리가 약하다는 단점이 있으나 효율성이 좋고 소음과 마모가 적다는 장점이 있다.

이 선 중 일부가
사이클로이드 곡선이 된다.

14 가공공정에 대한 설명으로 옳지 않은 것은?

① 전자빔가공은 진공챔버에서 수행된다.

② 초음파가공은 세라믹, 유리 등 단단하고 취성이 큰 재료의 가공에 적합하다.

③ 레이저가공은 광학렌즈에 의해 집중된 빛을 이용하며 기화나 용융에 의해 재료를 제거하는 공정이다.

④ 방전가공은 공구(전극)와 공작물 사이에 있는 전해액 속에서 생성된 스파크에 의해 재료를 제거하는 공정이다.

해설

방전가공은 절연성의 가공액 내에서 가공이 이루어지지만, 전해가공은 전해액 속에서 가공이 이루어진다. 따라서 ④번은 전해가공에 대한 설명이다.

• 방전가공(EDM ; Electric Discharge Machining) : 절연성의 가공액 내에서 전극과 공작물 사이에서 일어나는 불꽃방전에 의하여 재료를 조금씩 용해시켜 원하는 형상의 제품을 얻는 가공법으로, 가공속도가 느린 것이 특징이다. 주로 높은 경도의 금형가공에 사용하는데 콘덴서의 용량을 크게 하면 가공시간은 빨라지나 가공면과 치수정밀도가 좋지 않다.

• 전해연마(Electrolytic Polishing) : 공작물을 양극(+)으로 하고 불용해성의 Cu, Zn을 음극(−)으로 하여 전해액 속에 담그면 공작물의 표면이 전기 분해되어 매끈한 가공면을 얻을 수 있는 전기화학적인 연삭가공법이다. 광택이 있는 가공면을 비교적 쉽게 가공할 수 있어서 거울이나 드릴의 홈, 주사침, 반사경 및 시계의 기어 등을 다듬는데도 사용된다. 전기도금과는 반대의 방법으로 가공한다.

15 가솔린기관에서 크랭크축이 1회전하는 동안, 소요시간은 $\frac{1}{50}$초이고 피스톤의 평균 이동속도는 10[m/s]이다. 피스톤의 행정거리(Stroke)[mm]는?

① 50 ② 100

③ 200 ④ 400

해설

피스톤 1회전은 2Stroke로 소요시간은 $\frac{1}{50}$초이며,

피스톤 $\frac{1}{2}$회전은 1Stroke로 소요시간은 $\frac{1}{100}$초이다.

피스톤의 평균 이동속도는 10[m/s]이므로

$1[\text{s}] : 10[\text{m}] = \frac{1}{100}[\text{s}] : x$

$\therefore \ x = \frac{1}{10}[\text{m}] = 0.1[\text{m}] = 100[\text{mm}]$

16 냉동기용 압축기의 종류 중 원심식압축기(터보압축기)에 대한 설명으로 옳은 것은?

① 실린더 안에서 왕복운동하는 피스톤에 의해 냉매를 흡입, 압축하여 배출한다.

② 실린더 안에 설치된 암·수 두 개의 로터(Rotor) 사이의 공간으로 냉매를 흡입, 압축하여 배출한다.

③ 임펠러(Impeller)가 고속회전할 때 생기는 원심력을 이용하여 냉매를 흡입, 압축하여 배출한다.

④ 회전축에 대하여 편심된 회전자의 회전에 의해 회전자와 실린더 사이로 냉매를 흡입, 압축하여 배출한다.

> 해설
>
> 원심식압축기는 원형의 형태로, 원심력을 이용한다. 압축기의 내부에서 회전하는 임펠러가 고속으로 회전할 때 발생하는 원심력으로 유체를 흡입하고, 반대편으로 압축하여 배출함으로써 유체의 흐름에 압력을 주는 장치이다.
>
> ※ 압축기 : 냉매 기체의 압력과 온도를 높여 고온, 고압으로 만들면서 냉매에 압력을 가해 순환시키는 장치이다.

[원심식압축기]

17 왕복펌프에 대한 설명으로 옳지 않은 것은?

① 송출압력이 낮은 곳에서는 피스톤펌프보다 플런저펌프가 사용된다.

② 피스톤펌프는 실린더 내에서 피스톤을 왕복운동시켜 유체를 흡입하고 송출한다.

③ 버킷펌프는 피스톤 중앙부에 구멍을 뚫어 밸브를 설치한 것으로 수동펌프로 사용된다.

④ 유체의 누설이 차단되는 다이어프램펌프는 이물질이 혼입되지 않아야 하는 식품제조 공정에서 사용한다.

> 해설
>
> 높은 압력이 필요한 곳에서는 피스톤펌프보다는 플런저펌프를 사용한다.

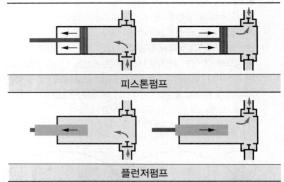

> ※ 작동부 단면이 연결부보다 크면 피스톤이고, 연결부의 끝부분이 작동부가 되면 플런저이다.

18 금속의 소성가공에 대한 설명으로 옳지 않은 것은?

① 금속 박판의 블랭킹 공정에서 펀치 직경은 제품 직경과 같게 설계한다.

② 금속 박판의 굽힘가공에서 스프링백(Springback)은 과도굽힘으로 보정할 수 있다.

③ 형단조에서 플래시는 재료가 금형 내 복잡한 세부 부분까지 채워지도록 도와준다.

④ 딥드로잉 공정에서 설계 제품의 드로잉비가 한계를 초과한 경우, 두 번 이상의 단계로 드로잉을 수행한다.

> 해설
>
> 펀치의 직경은 제품의 직경보다 크게 설계한다.
>
> 블랭킹(Blanking) : 펀칭으로 잘려진 부분이 제품이 되는 가공으로, 제품의 외형을 따내는 작업이다. 재료 손실이 커서 비효율적이다.

16 ③ 17 ① 18 ① 정답

19 층(Layer)을 쌓아 제품을 제작하는 방식인 적층제조 (Additive Manufacturing) 공정에 대한 설명으로 옳지 않은 것은?

① 조립과정을 거쳐야만 구현 가능한 복잡한 내부 형상을 가진 부품을 일체형으로 제작할 수 있다.

② FDM(Fused Deposition Modeling) 공정으로 제작된 제품은 경사면이 계단형이다.

③ SLS(Selective Laser Sintering) 공정은 돌출부를 지지하기 위한 별도의 구조물이 필요하다.

④ 분말층 위에 접착제를 프린팅하는 공정을 이용하여 세라믹 제품의 제작이 가능하다.

해설

공정에서 돌출부를 지지하기 위해 별도의 구조물이 필요한 적층제조 공정은 용융수지압출법(FDM)이다.

선택적 레이저 소결법(SLS)

고분자 재료나 금속분말가루를 한 층씩 도포한 후 여기에 레이저 광선을 쏘아서 소결시킨 후 다시 한 층씩 쌓아 올려서 형상을 만드는 방법이다.

20 평판압연공정에서 압하량(Draft)과 압하력(Roll Force)에 대한 설명으로 옳지 않은 것은?

① 마찰계수가 클수록 최대 압하량은 증가한다.

② 평판의 폭이 증가할수록 압하력은 증가한다.

③ 동일한 압하량에서 압연롤의 직경이 증가할수록 압하력은 증가한다.

④ 동일한 압하량에서 평판의 초기 두께가 증가할수록 압하력은 증가한다.

해설

동일한 압하량이라면 평판의 초기 두께가 증가하더라도 압하력은 동일하다.

• 압하력 = 평균 압력 × 롤 시트의 폭 × 접촉호의 투영길이

• 압하율$(r) = \dfrac{h_1 - h_2}{h_1} \times 100 [\%]$

　여기서, h_1 : 처음 두께

　　　　　 h_2 : 나중 두께

※ 압하력을 감소시키는 방법

　• 마찰계수를 감소시킨다.

　• 접촉면적을 감소시키기 위해 직경의 크기가 작은 롤을 사용한다.

　• 접촉면적을 감소시키기 위해 압하율을 감소시킨다.

　• 항복강도를 감소시키기 위해 소재의 온도를 올린다.

　• 항복강도를 감소시키기 위해 소재에 장력을 가한다.

2022년 서울시 기계일반

---

01 기계재료의 결합 형식 중 양이온화된 금속이온과 음의 자유전자 간의 정전기적 인력에 의한 결합은?

① 이온결합
② 공유결합
③ 금속결합
④ 반데르발스 결합

해설

① 이온결합 : 양이온과 음이온의 정전기적인 인력에 의해 결합하는 방식으로, 전자를 잃기 쉬운 금속원소와 전자를 얻기 쉬운 비금속원소 사이에서 주로 이루어진다.

② 공유결합 : 원자가전자가 비슷한 원자들이 각각의 전자들을 내놓아 전자쌍을 만든 후 이 전자쌍을 공유함으로써 안전한 전자배치를 만드는 결합방식으로, 결합력이 강하다.

④ 반데르발스 결합 : 원자와 분자 사이에서 당기거나 밀어내는 방식으로, 극히 미약한 물리적인 결합력을 나타내는 결합방식이다.

※ 원자가전자(Valence Electron, 가전자)
 • 원자의 가장 바깥부분에서 화학반응에 참여하는 전자다.
 • 원자가 전자를 잃으면 (−)전하량보다 (+)전하량이 더 많아지므로 양이온이 되며, 반대로 원자가 다른 원자에서 전자를 얻으면 (+)전하량보다 (−)전하량이 더 많아지므로 음이온이 된다.

---

02 축방향과 잇줄의 방향이 일치하지 않는 기어로, 이의 물림이 좋고 진동 및 소음이 적으며 스퍼기어에 비해 하중 전달력이 크다는 장점을 지닌 기어는?

① 헬리컬기어
② 베벨기어
③ 내접기어
④ 웜기어

해설

헬리컬기어(Helical Gear) : 잇줄이 축방향과 일치하지 않고 사선으로 나아 있는 기어로, 맞물리는 기어의 잇줄방향은 서로 반대이다. 이의 물림이 좋고 조용한 운전이 가능하나 축방향의 하중이 발생하는 단점이 있다.

베벨기어	내접기어	웜과 웜휠기어
		웜기어 / 웜휠기어
두 축이 교차하는 기어	두 축이 평행한 기어	두 축이 나란하지도 교차하지도 않는 기어

---

03 잇수가 40이고, 모듈이 5인 스퍼기어의 바깥지름(이끝원 지름)[mm]은?

① 180
② 190
③ 200
④ 210

해설

기어의 이끝원 지름

$$D_{이끝원} = D_{PCD} + 2m$$
$$= mZ + 2m$$
$$= 5 \times 40 + 2 \times 5$$
$$= 210[mm]$$

---

04 밀링가공 시 밀링커터의 외경이 100[mm], 밀링커터의 회전수가 300[rpm]이라면, 이때 절삭속도[m/min]는? (단, $\pi = 3$이다)

① 90   ② 100

③ 120   ④ 150

해설

밀링가공 시 절삭속도

$$v = \frac{\pi dn}{1,000}$$

여기서 v : 절삭속도[m/min]

$\qquad d$: 밀링커터의 지름[mm]

$\qquad n$: 주축(커터)의 회전수[rpm]

$$\therefore\ v = \frac{3 \times 100[\text{mm}] \times 300[\text{rev/min}]}{1,000}$$

$$= 90[\text{m/min}]$$

05 보기에서 진원도 측정방법으로 모두 고른 것은?

┌─ 보기 ─────────────────────┐

ㄱ. 직경법

ㄴ. 삼점법

ㄷ. 반경법

└────────────────────────────┘

① ㄱ   ② ㄱ, ㄷ

③ ㄴ, ㄷ   ④ ㄱ, ㄴ, ㄷ

해설

진원도 측정방법

• 직경법(지름법) : 지름을 여러방향으로 측정한 후 최댓값과 최솟값 과의 차이를 계산해서 측정한다.

• 반경법(반지름법) : 원형 물체에서 한 부분인 단면을 정하고, 그 중심점에서 반지름을 측정한 후 최댓값과 최솟값의 차이를 계산해 서 측정한다.

• 3점법(삼침법) : 두 개의 점을 지지한 후, 두 점 사이를 수직 이등 분하여 그 중심점에서 이동한 최댓값을 기준으로 원을 그려 측정 한다.

※ 진원도 : 원형 측정물의 단면 부분이 진원으로부터 어긋남의 크기이다.

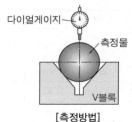

[측정방법]

06 압출가공에서 냉간압출에 대한 설명으로 가장 옳지 않은 것은?

① 가공경화에 의하여 단단한 제품을 얻을 수 있다.

② 산화가 발생하지 않는다.

③ 열간압출에 비해 가공면이 거칠다.

④ 열간압출에 비해 공구에 가해지는 압력이 크다.

해설

소성가공의 일종인 압출가공을 냉간상태에서 할 경우 열간압출에 비해 가공면이 더 치밀하고 좋다.

냉간압연의 특징

• 동력소모가 크다.

• 변형저항이 크다.

• 가공표면이 깨끗하다.

• 치수가 비교적 정확하다.

• 열간가공에 비해 가공시간이 길다.

• 가공경화현상으로 강도 및 경도가 증가한다.

• 얇은 판(박판)이나 마무리 작업에 이용한다.

• 조직의 방향성이 생겨 2차 가공 시 주의가 필요하다.

※ 열간압연 : 재료의 소성되는 정도가 커서 작은 동력으로 변형을 크게 할 수 있다.

07 보기에서 설명하는 특징을 모두 만족하는 용접공정으로 가장 옳은 것은?

┌ 보기 ├─
• 노즐을 통해 중력으로 용접부에 공급되는 과립 용제로 용접아크를 덮는다.
• 소모성 용접봉을 사용하며, 용접건의 관을 통해 자동 공급한다.

① 가스방호금속 아크용접(GMAW ; Gas Metal Arc Welding)
② 서브머지드 아크용접(SAW ; Submerged Arc Welding)
③ 유심용제 아크용접(FCAW ; Flux-Cored Arc Welding)
④ 일렉트로가스 용접(EGW ; Electrogas Welding)

해설

서브머지드 아크용접(SAW)
• 용접 부위에 미세한 입상의 플럭스를 용제호퍼를 통해 다량으로 공급하면서 도포하면 용접선과 나란히 설치된 레일 위를 주행대차가 지나가면서 와이어 릴에 감겨 있는 와이어를 이송 롤러를 통해 용접부로 공급시키면 플럭스 내부에서 아크가 발생하는 자동용접법이다.
• 용접부가 직선형상일 때 주로 사용한다.
• 아크가 용제 속에서 발생하여 보이지 않는다.
• 용접봉의 공급과 이송 등을 자동화한 자동용접법이다.
• 복사열과 연기가 많이 발생하지 않는다.

08 유효낙차가 7.5[m]인 수력 터빈에서 0.2[m³/s]의 유량이 수차로 공급될 때 얻을 수 있는 최대 동력[kW]은? (단, 물의 밀도는 1,000[kg/m³]이고 중력가속도는 9.8[m/s²]이다)

① 1.47
② 14.7
③ 2
④ 20

해설

수차의 동력
$L = pQ = \gamma HQ = \rho g HQ$
여기서, p : 유체의 압력
    Q : 유량
    γ : 비중량
    H : 유효낙차
    ρ : 밀도
    g : 중력가속도
$\therefore L = 1,000[\text{kg/m}^3] \times 9.8[\text{m/s}^2] \times 7.5[\text{m}] \times 0.2[\text{m}^3/\text{s}]$
    $= 14,700[\text{kg} \cdot \text{m}^2/\text{s}^3] = 14,700[\text{W}] = 1.47[\text{kW}]$
※ $1[\text{kg} \cdot \text{m}^2/\text{s}^3] = 1[\text{W}] = 1[\text{J/s}]$

09 물리량의 차원이 잘못 표시된 것은?(단, M은 질량, L은 길이, T는 시간을 의미한다)

① 밀도 : ML^{-3}
② 에너지 : $ML^{-1}T^{-1}$
③ 운동량 : MLT^{-1}
④ 압력 : $ML^{-1}T^{-2}$

해설

• 기본 차원의 종류
  – FLT계
    $[F]$: Force, 힘, $[L]$: Length, 길이, $[T]$: Time, 시간
  – MLT계
    $[M]$: Mass, 질량, $[L]$: Length, 길이, $[T]$: Time, 시간
• 물리량별 표시방법

물리량	기 호	단 위	FLT계	MLT계
밀 도	$\rho = \dfrac{m}{V}$	kg/m³	$FL^{-4}T^2$	ML^{-3}
에너지	E	N·m	FL	ML^2T^{-2}
운동량	$p = mv$	N·s	FT	MLT^{-1}
압 력	P	N/m²	FL^{-2}	$ML^{-1}T^{-2}$

10 직경 60[cm]의 벨트 풀리를 갖는 전동기에서 풀리 외주면의 원주속도가 20[m/s]일 때 전동기 축의 회전수 [rpm]는?

① $\dfrac{600}{\pi}$ ② $\dfrac{1,200}{\pi}$

③ $\dfrac{1,500}{\pi}$ ④ $\dfrac{2,000}{\pi}$

> **해설**
>
> 원주속도
> $$v = \frac{\pi d n}{1,000}$$
> 여기서 v : 회전속도[m/min]
> $\quad\quad\quad d$: 회전체의 지름[mm]
> $\quad\quad\quad n$: 주축 회전수[rpm]
> $$\therefore\ n = \frac{1,000 v}{\pi d}$$
> $$= \frac{1,000 \times 20[\text{m/s}] \times 60[\text{s/min}]}{\pi \times 600}$$
> $$= \frac{1,000 \times 1,200[\text{m/min}]}{600\pi}$$
> $$= \frac{2,000}{\pi}[\text{rev/min}]$$

11 기계부품 제조 시에 형성되는 수축공, 기공 등의 주조결함과 단조나 용접 시에 가공균열처럼 큰 덩어리 형태의 결함을 일컫는 것으로 가장 옳은 것은?

① 체적결함
② 적층결함
③ 선결함
④ 점결합

> **해설**
>
> 고체 내부의 결함의 일종인 체적결함은 3차원 형태의 부피결함으로 기포(기공), 수축공 등 주조결함과 단조나 용접 시의 가공균열 등이 있다.
> ② 적층결함 : BCC, FCC 등 적층이 될 때 원래의 적층모양과 다른 형태로 적층된 형태의 결함이다.
> ③ 선결함 : 선의 형태로 원자들이 빠진 결함으로, 칼날전위 등이 있다.
> ④ 점결함 : 점의 형태로 불순물이 빠지거나 대체된 결함으로 공공(기존 결정구조에서 원자가 빠진 결함), 치환형 불순물, 침입형 불순물 등이 있다.

12 종탄성계수 및 푸아송비가 각각 200[GPa], 0.25인 재료에 전단력을 가하여 전단변형의 선형구간 내에서 0.001의 전단변형률이 발생했을 때 가해진 전단응력의 크기 [MPa]는?

① 20 ② 50
③ 80 ④ 100

> **해설**
>
> - 전단탄성계수(G, 가로탄성계수, 횡탄성계수, 강성계수)
>   - 탄성한도 내에서 전단응력과 전단변형률 사이의 관계를 수치로 나타낸 것이다.
>   - $G = \dfrac{\tau}{\gamma}$
>
>   여기서, τ : 전단응력
> $\quad\quad\quad\gamma$: 전단변형률
> - 전단탄성계수(G), 종탄성계수(E), 체적탄성계수(K), 푸아송수(m) 사이의 관계
>   - $mE = 2G(m+1) = 3K(m-2)$
>   - $G = \dfrac{mE}{2(m+1)} = \dfrac{E}{2(1+\nu)}$
>
>   여기서, ν : 푸아송비
> $$\therefore\ \tau = G \times \gamma$$
> $$= \frac{E}{2(1+\nu)} \times \gamma$$
> $$= \frac{200 \times 10^9 [\text{Pa}]}{2(1+0.25)} \times 0.001$$
> $$= 80,000,000[\text{Pa}]$$
> $$= 80[\text{MPa}]$$

13 직경이 1[cm]이고 종탄성계수와 열팽창계수가 각각 200[GPa], 10×10^{-6}[/℃]인 균일단면 균일재료 봉의 온도가 20[℃]만큼 증가하여 봉의 길이가 늘어났을 때, 이 봉의 길이를 원래대로 돌려놓기 위해 봉에 가해야 할 압축력의 크기[N]는?

① 500π ② $1,000\pi$

③ $2,000\pi$ ④ $4,000\pi$

해설

열응력(Thermal Stress)

• 열에 의해 팽창하거나 수축하면서 발생하는 응력이다.

• 철과 같은 금속으로 만들어진 관의 신축량은 열팽창계수나 온도변화에 비례한다.

• $\sigma = E\alpha(t_2 - t_1) = E\alpha\Delta t$

여기서, E : 세로탄성계수

$\quad\quad \alpha$: 선팽창계수

$\quad\quad t_2$: 나중 온도

$\quad\quad t_1$: 처음 온도

$\sigma = E\alpha(t_2 - t_1) = \dfrac{F}{A}$ 이므로

$\therefore\ F = A \times E\alpha(t_2 - t_1)$

$\quad = \dfrac{\pi \times (0.01[\text{m}])^2}{4} \times 200 \times 10^9\,[\text{N/m}^2] \times 10 \times 10^{-6}\,[/℃]$

$\quad\quad \times 20[℃]$

$\quad = \dfrac{\pi \times (0.01[\text{m}])^2}{4} \times 2,000 \times 10^3\,[\text{N/m}^2 \cdot ℃] \times 20[℃]$

$\quad = 1,000\pi\,[\text{N}]$

14 정밀입자가공(숫돌입자가공)은 매우 작고 단단한 알갱이나 입도가 작은 숫돌을 이용하여, 높은 정밀도를 꾀하고 거울과 같이 매끈한 표면으로 다듬는 가공법이다. 정밀입자가공에 해당하지 않는 것은?

① 래핑(Lapping)

② 호닝(Honning)

③ 슈퍼피니싱(Super Finishing)

④ 전해연마(Electrolytic Polishing)

해설

④ 전해연마 : 공작물을 양극(+)으로 하고 불용해성의 Cu, Zn을 음극(−)으로 하여 전해액 속에 담그면 공작물의 표면이 전기분해되어 매끈한 가공면을 얻을 수 있는 전기화학적인 연삭가공법이다. 광택이 있는 가공면을 비교적 쉽게 가공할 수 있어서 거울이나 드릴의 홈, 주사침, 반사경 및 시계의 기어 등을 다듬는 데도 사용된다. 전기도금과는 반대의 방법으로 가공한다.

① 래핑 : 주철이나 구리, 가죽, 천 등으로 만들어진 랩(Lap)과 공작물의 다듬질할 면 사이에 랩제를 넣고 적당한 압력으로 누르면서 상대 운동을 하면, 절삭입자가 공작물의 표면으로부터 극히 소량의 칩(Chip)을 깎아내어 표면을 다듬는 가공법이다. 주로 게이지 블록의 측정면을 가공할 때 사용한다.

② 호닝 : 드릴링, 보링, 리밍 등으로 1차 가공한 재료를 더욱 정밀하게 연삭하는 가공법으로 각봉 형상의 세립자로 만든 공구를 공작물에 스프링이나 유압으로 접촉시키면서 회전운동과 왕복운동을 동시에 주어 매끈하고 정밀한 제품을 만드는 가공법이다. 주로 내연기관의 실린더와 같이 구멍의 진원도와 진직도, 표면거칠기 향상을 위해 사용한다.

③ 슈퍼피니싱 : 입도와 결합도가 작은 숫돌을 공작물에 가볍게 누르고 분당 수백~수천의 진동과 수 [mm]의 진폭으로 진동하면서 왕복운동을 하여 공작물을 회전시켜 가공면을 단시간에 매우 평활한 면으로 다듬는 가공법이다. 원통면과 평면, 구면을 미세하게 다듬을 때 주로 사용한다.

15 보기에서 옳은 것을 모두 고른 것은?

┌─보기────────────────────────────┐
ㄱ. 방전가공 시 전극과 재료가 접촉하지 않은 상태에서 가공이 진행된다.
ㄴ. 레이저가공 시 재료 표면의 반사도가 높을수록 가공효율이 높다.
ㄷ. 전해연삭 공정에서 연삭작용에 의한 재료제거량은 전체 제거량의 5[%] 미만이다.
└──────────────────────────────┘

① ㄱ
② ㄴ
③ ㄱ, ㄷ
④ ㄱ, ㄴ, ㄷ

해설

ㄴ. 레이저가공 시 재료 표면의 반사도가 높을수록 가공효율이 낮다.
• 방전가공(EDM ; Electric Discharge Machining) : 절연성의 가공액 내에서 전극과 공작물 사이에서 일어나는 불꽃방전에 의하여 재료를 조금씩 용해시켜 원하는 형상의 제품을 얻는 가공법으로 가공속도가 느린 것이 특징이다. 주로 높은 경도의 금형가공에 사용하는데 콘덴서의 용량을 크게 하면 가공시간은 빨라지나 가공면과 치수정밀도가 좋지 않다.
• 전해가공(ECM ; Electro Chemical Machining) : 공작물을 양극에, 공구를 음극에 연결하면 도체 성질의 가공액에 의한 전기화학적 작용으로 공작물이 전기 분해되어 원하는 부분을 제거하는 가공법이다.

16 압연에 대한 설명으로 가장 옳지 않은 것은?

① 단면의 형상변화를 일으키는 공정이다.
② 가공 후에 형상뿐만 아니라 금속의 물성도 변한다.
③ 평판, 박판, 관, 레일을 만들 수 있다.
④ 금속의 탄성변형을 주로 이용하는 공정이다.

해설

압연가공은 금속의 소성변형을 주로 이용하는 공정이다.
※ 소성 : 물체에 변형을 준 뒤 외력을 제거해도 원래의 상태로 되돌아오지 않고 영구적으로 변형되는 성질로, 가소성이라고도 한다.

17 클램프 설계에서 고려할 사항으로 가장 옳지 않은 것은?

① 절삭력은 클램프가 위치한 방향으로 작용하도록 한다.
② 클램핑하는 힘은 공작물에 변형을 주지 않아야 한다.
③ 조작이 간단하도록 설계한다.
④ 손상, 변형, 뒤틀림을 방지하기 위하여 여러 개의 작은 힘으로 분산시킨다.

해설

절삭작업 시 발생되는 절삭력의 영향을 아예 제거할 수는 없지만, 가급적 절삭력은 클램프가 위치한 방향으로 작용하지 않도록 설계해야 한다.
※ 저자의견 : 정확히 출제자가 어떤 방향을 클램프의 위치로 정의했는지 알 수 없지만, 다음 그림에서 보면 대략 공작물을 고정하는 Griper 부분 근처에 절삭력이 집중되지 않도록 해야 한다는 의미로 생각된다.

18 흰색 당구공이 2.0[m/s]의 속도로 이동하며 이동선상에 정지되어 있는 빨간색 당구공과 충돌한다. 두 당구공의 질량은 200[g]으로 같고, 충돌에 대한 반발계수는 0.8일 때, 충돌 후 빨간색 당구공의 속도[m/s]는?(단, 운동량은 보존된다)

① 0.9   ② 1.5
③ 1.8   ④ 2.0

해설

- 흰색 당구공의 충돌 전 질량과 속도 : m_1, v_1
- 흰색 당구공의 충돌 후 질량과 속도 : $m_1{}'$, $v_1{}'$
- 빨간색 당구공의 충돌 전 질량과 속도 : m_2, v_2
- 빨간색 당구공의 충돌 후 질량과 속도 : $m_2{}'$, $v_2{}'$

운동량 보존법칙과 반발계수 공식을 이용하여 계산한다.

- 운동량 보존법칙

운동량 = 질량(Mass) × 속도(Velocity)

$m_1 v_1 + m_2 v_2 = m_1 v_1{}' + m_2 v_2{}'$

여기서, 질량은 동일하므로

$v_1 + v_2 = v_1{}' + v_2{}'$

$(2+0)[\text{m/s}] = v_1{}' + v_2{}'$

$v_1{}' = 2[\text{m/s}] - v_2{}'$ ··· ㉠

- 반발계수

$e = \dfrac{v_2{}' - v_1{}'}{v_1 - v_2}$

$e(v_1 - v_2) = v_2{}' - v_1{}'$

$0.8 \times 2.0[\text{m/s}] = v_2{}' - v_1{}'$ ··· ㉡

㉡식에 ㉠식을 대입하면

$1.6[\text{m/s}] = v_2{}' - (2[\text{m/s}] - v_2{}') = v_2{}' - 2[\text{m/s}] + v_2{}'$

$2v_2{}' = 3.6[\text{m/s}]$

$\therefore v_2{}' = 1.8[\text{m/s}]$

19 어떤 액체에 5[MPa]의 압력을 가했더니 부피가 0.05[%] 감소했다. 이 액체의 체적탄성계수[GPa]는?

① 1
② 5
③ 10
④ 100

해설

체적탄성계수(K)

- 유체가 힘을 받을 때 압축되는 정도를 수치로 나타낸 것이다.

- $K = \dfrac{\Delta P}{\dfrac{\Delta V}{V}}$

여기서, P : 압력

V : 부피

액체의 부피가 0.05[%] 감소했으므로 부피비는 0.0005가 된다.

$\therefore K = \dfrac{5 \times 10^6 [\text{Pa}]}{0.0005} = \dfrac{5 \times 10^6 [\text{Pa}]}{5 \times 10^{-4}} = 1 \times 10^{10} [\text{Pa}] = 10[\text{GPa}]$

20 각각 균일하고 단일한 물질로 구성된 고체 덩어리 A, 액체 B, 액체 C의 밀도는 각각 ρ_A, ρ_B, ρ_C이다. 고체 덩어리 A를 액체 B와 액체 C에 각각 담갔더니, 부피 기준으로 A가 B에 40[%], A가 C에 50[%] 잠겼다. 이 때, $\dfrac{\rho_B}{\rho_C}$ 는?(단, 부력과 중력을 제외한 다른 효과는 무시한다)

① 0.4 ② 0.6

③ 0.8 ④ 1.25

해설

부 력

$F_B = \rho g V = \gamma V$

여기서, ρ : 액체의 밀도

$\quad\quad g$: 중력가속도

$\quad\quad V$: 물체의 잠긴 부피

$\quad\quad \gamma$: 비중량

$\dfrac{\rho_B}{\rho_C}$ 를 도출하기 위해 부력 평형식으로 정리하면 다음과 같다.

$F_A = F_B = F_C$

$\rho_A \cdot g \cdot V_A = \rho_B \cdot g \cdot V_B = \rho_C \cdot g \cdot V_C$

고체 덩어리 A를 액체 B에 담갔더니 부피가 40[%] 잠겼으므로 $0.4 V_A = V_B$이고, 고체 덩어리 A를 액체 C에 담갔더니 부피가 50[%] 잠겼으므로 $0.5 V_A = V_C$이다.

$\rho_A \cdot g \cdot V_A = \rho_B \cdot g \cdot 0.4 V_A = \rho_C \cdot g \cdot 0.5 V_A$

이를 ρ_B와 ρ_C로 정리하면

$\rho_B \cdot g \cdot 0.4 V_A = \rho_C \cdot g \cdot 0.5 V_A$

$\therefore \dfrac{\rho_B}{\rho_C} = \dfrac{0.5}{0.4} = 1.25$

※ 부력(浮力, 뜰 부, 힘 력, Buoyancy) : 물체를 액체 속에 넣었을 때 중력의 반대방향으로 물체를 밀어 올리는 힘이다. 부력의 크기는 액체 내에서 물체가 차지하는 부피에 상당하는 액체의 무게로 표시한다.

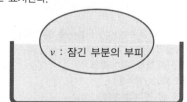

v : 잠긴 부분의 부피

2022년 지방직 고졸경채 기계일반

01 다음 비철금속 중 비중이 가장 낮은 것은?

① 알루미늄(Al)
② 티타늄(Ti)
③ 마그네슘(Mg)
④ 구리(Cu)

해설

금속의 비중

경금속			
Mg	Be	Al	Ti
1.7	1.8	2.7	4.5

중금속												
Sn	V	Cr	Mn	Fe	Ni	Cu	Ag	Pb	W	Au	Pt	Ir
5.8	6.1	7.1	7.4	7.8	8.9	8.9	10.4	11.3	19.1	19.3	21.4	22

※ 경금속과 중금속을 구분하는 비중의 경계 : 4.5

02 두 축의 만나는 각이 수시로 변하는 경우에 사용되는 축이음은?

① 플랜지커플링(Flange Coupling)
② 슬리브커플링(Sleeve Coupling)
③ 유니버설커플링(Universal Coupling)
④ 올덤커플링(Oldham Coupling)

해설

유니버설커플링 : 두 축이 만나는 각이 운전 중에 수시로 변화하는 경우에도 자유롭게 동력을 전달할 수 있는 축이음으로, 공작기계나 자동차의 동력 전달용 축이음에 사용된다.

03 나사산의 각도가 60°인 인치계 나사는?

① 미터나사
② 톱니나사
③ 관용나사
④ 유니파이나사

04 절삭공구의 재료로서 요구되는 특성이 아닌 것은?

① 고온강도가 클 것
② 내마모성이 클 것
③ 고온경도가 클 것
④ 마찰계수가 클 것

해설

절삭공구는 마찰계수(μ)가 작을수록 절삭저항도 작아지므로, 공구와 공작물의 정밀도가 향상되며 공구의 파손도 방지할 수 있다.

절삭공구 재료의 구비 조건
• 내마모성이 커야 한다.
• 충격에 잘 견뎌야 한다.
• 고온경도가 커야 한다.
  ※ 고온경도 : 접촉 부위의 온도가 높아지더라도 경도를 유지하는 성질이다.
• 열처리와 가공이 쉬워야 한다.
• 절삭 시 마찰계수가 작아야 한다.
• 강인성(억세고 질긴 성질)이 커야 한다.
• 성형성이 용이하고 가격이 저렴해야 한다.

1 ③ 2 ③ 3 ④ 4 ④ **정답**

05 경도(Hardness)에 대한 설명으로 옳지 않은 것은?

① 경도는 외력에 대한 저항의 크기로, 재료의 단단한 정도를 수치로 나타낸 것이다.
② 브리넬(Brinell) 경도는 다이아몬드로 된 피라미드 형상의 압입자를 사용한다.
③ 쇼(Shore) 경도는 일정한 높이에서 해머를 시편 위에 낙하시켜 측정한다.
④ 로크웰(Rockwell) 경도는 기준 하중과 시험 하중으로 생긴 자국의 깊이 차를 사용한다.

> **해설**
> 브리넬 경도(H_B)는 압입자인 강구에 일정량의 하중을 걸어 시험편의 표면에 압입한 후, 압입 자국의 표면적 크기와 하중의 비로 경도를 측정한다. 136°인 다이아몬드로 된 피라미드 형상의 압입자를 사용하는 경도시험은 비커스 경도시험법이다.

06 (가), (나)에 들어갈 용어를 바르게 연결한 것은?

> [가] 는 반복하중에 파단되지 않고 견딜 수 있는 최대 응력이다. [나] 는 일정 온도하에서 규정된 부하시간에 규정된 변형이 생기는 응력이다.

	(가)	(나)
①	피로강도	크리프강도
②	항복강도	전단강도
③	피로강도	전단강도
④	항복강도	크리프강도

> **해설**
> • 피로강도(피로한도) : 재료에 하중을 반복적으로 가했을 때 파괴되지 않는 응력변동의 최대 범위로, S–N 곡선으로 확인할 수 있다. 재질이나 반복하중의 종류, 표면 상태나 형상에 큰 영향을 받는다.
> • 크리프강도 : 고온에서 재료에 일정 크기의 하중(정하중)을 작용시키면 시간이 경과함에 따라 변형이 증가하면서 응력이 생기는데, 이때의 강도를 말한다. 온도에 따른 재료의 특성인 크리프한계를 결정하거나 예측하기 위한 중요한 수치이다.

07 키에 대한 설명으로 옳은 것은?

① 반달키는 원주방향에 여러 개의 키 홈을 가공한 축으로 큰 토크를 전달할 수 있다.
② 스플라인(Spline)은 축 둘레에 작은 삼각형의 키를 많이 만들고 보스(Boss)를 압입하여 고정한다.
③ 평키는 축과 보스에 키 홈을 만들어 고정하며 경사키와 평행키가 있다.
④ 안장키는 축이 아닌 보스에만 키 홈을 가공하여 고정한다.

> **해설**
> 안장키(새들키, Saddle Key) : 축에는 키 홈을 가공하지 않고 보스에만 키 홈을 파서 끼운 뒤, 축과 키 사이의 마찰에 의해 회전력을 전달하는 키로 작은 동력의 전달에 적당하다.
> ※ 보스 : 축이 회전할 때 키의 전달력으로 동력이 전달되는 형체의 총칭

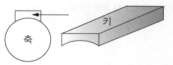

08 왕복펌프가 아닌 것은?

① 버킷펌프(Bucket Pump)
② 기어펌프(Gear Pump)
③ 플런저펌프(Plunger Pump)
④ 다이어프램펌프(Diaphragm Pump)

> **해설**
> 왕복식 펌프는 피스톤이나 플런저와 같은 작동부의 왕복 운동에 의해 펌프를 작동시키는 펌프로 버킷펌프, 플런저펌프, 다이어프램펌프, 피스톤펌프가 있다. 기어펌프는 회전식 펌프의 일종으로, 이 외에도 베인펌프와 나사펌프가 회전식 펌프에 속한다.

09 유압장치의 특징에 대한 설명으로 옳지 않은 것은?

① 윤활성이 좋다.
② 무단 변속이 가능하다.
③ 소형으로 큰 힘을 낼 수 있다.
④ 유압유의 점도는 온도가 변해도 일정하다.

해설

유압유의 점도는 온도에 따라 그 성질이 변하기 때문에 작동상황의 온도를 고려하여 알맞은 점도를 선택해 사용한다.
• 유압작동유의 점도가 높을 때 발생하는 현상
  – 효율이 저하된다.
  – 캐비테이션(공동현상)이 발생한다.
  – 유압기기의 작동이 불활성된다.
  – 유압유 내부 마찰이 커지고 온도가 상승된다.
  – 유동저항이 커져서 에너지(압력) 손실이 커진다.
• 유압작동유의 점도가 낮을 때 발생하는 현상
  – 압력유지가 잘 되지 않는다.
  – 미세 크랙이 발생한 경우 유압유가 누설될 수도 있다.

11 공구나 공작물이 회전하면서 가공하는 공작기계가 아닌 것은?

① 선 반
② 밀링머신
③ 플레이너
④ 드릴링머신

해설

플레이너(Planer) : 절삭공구인 바이트가 고정되어 있는 상태에서 크고 튼튼한 테이블 위에 공작물을 설치한 후 테이블을 앞뒤로 이송하면서 가공한다.

10 표준 스퍼기어의 모듈이 2이고 잇수가 35일 때, 이끝원 지름[mm]은?

① 68   ② 70
③ 72   ④ 74

해설

기어의 이끝원 지름

$D_{이끝원} = D_{PCD} + 2m$
$\quad\quad = mZ + 2m$
$\quad\quad = 2 \times 35 + 2 \times 2$
$\quad\quad = 74[mm]$

12 가공된 구멍을 넓히거나 구멍의 진원도와 표면거칠기를 좋게 하기 위한 가공방법은?

① 태핑(Tapping)
② 스폿페이싱(Spot Facing)
③ 보링(Boring)
④ 카운터싱킹(Counter Sinking)

보링은 보링바이트로 이미 뚫린 구멍을 필요한 치수로 정밀하게 넓힘으로써 진원도와 표면거칠기를 좋게 한다.
드릴링 가공의 종류

종 류	그 림	방 법
보 링		보링바이트로 이미 뚫린 구멍을 필요한 치수로 정밀하게 넓히는 작업
태 핑		탭 공구로 구멍에 암나사를 만드는 작업
카운터 싱킹		접시머리나사의 머리가 완전히 묻힐 수 있도록 원뿔 자리를 만드는 작업
스폿 페이싱		볼트나 너트의 머리가 체결되는 바닥 표면을 편평하게 만드는 작업

13 다음 금속 중 전기전도율이 가장 높은 것은?

① 은(Ag)
② 금(Au)
③ 구리(Cu)
④ 알루미늄(Al)

열 및 전기전도율이 높은 순서
Ag > Cu > Au > Al > Mg > Zn > Ni > Fe > Pb > Sb

14 선반가공에서 절삭속도가 314[m/min], 회전수가 2,500 [rpm]일 때, 공작물의 지름[mm]은?(단, $\pi = 3.14$)

① 40
② 50
③ 400
④ 500

절삭속도

$$v = \frac{\pi d n}{1,000} [\text{m/min}]$$

여기서, v : 절삭속도[m/min]
d : 공작물의 지름[mm]
n : 주축 회전수[rpm]

$$314[\text{m/min}] = \frac{3.14 \times d \times 2,500[\text{rev/min}]}{1,000}$$

$$\therefore d = \frac{314 \times 1,000}{3.14 \times 2,500} = 40[\text{mm}]$$

15 소재를 회전시키며 압력을 가해 나사를 만드는 가공법은?

① 인발가공   ② 압출가공
③ 단조가공   ④ 전조가공

해설

전조가공은 두 개 또는 그 이상의 다이나 롤러 사이에 재료나 공구, 또는 재료와 공구를 함께 회전시켜 재료 내·외부에 공구의 표면 형상을 새기는 특수압연법이다. 주로 나사나 기어 제작에 사용되며 강인한 조직을 얻을 수 있고 가공속도가 빨라서 대량생산에 적합하다.

나사
다이
다이

16 다음에서 설명하는 척(Chuck)은?

• 직경이 작은 공작물의 고정에 편리하다.
• 슬리브에 부착하여 사용한다.

① 콜릿척   ② 단동척
③ 연동척   ④ 마그네틱척

해설

콜릿척은 3개의 클로(Claws)를 움직여서 직경이 작은 공작물을 고정하는데 사용한다.

[콜릿척]

[밀링용 슬리브]

17 다음에서 설명하는 공기조화장치의 구성요소는?

• 외기와 실내에서 되돌아오는 공기를 혼합한다.
• 가열코일, 냉각코일, 가습장치 등을 갖추고 있다.

① 열원기기
② 공기조화기
③ 열매체운반기기
④ 자동제어기기

해설

공기조화기(Air Conditioning 또는 Air Handling Unit)는 공기를 쾌적한 상태로 유지시키는 장치로, 공조기라고도 한다. 온도와 습도를 유지하고 먼지와 유해가스를 제거함으로써 실내·외에 원하는 상태의 환경을 만들어 주는 기계장치로, 그 종류는 형태 및 목적에 따라 다양하다.

18 연강의 응력-변형률 선도에 대한 설명으로 옳지 않은 것은?

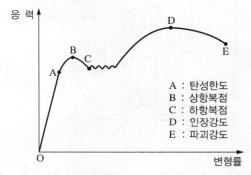

A : 탄성한도
B : 상항복점
C : 하항복점
D : 인장강도
E : 파괴강도

① A에서 하중을 제거하면 시편은 원래 모양으로 되돌아간다.
② B에서 C까지의 구간에서는 훅의 법칙(Hooke's Law)이 적용된다.
③ D는 외력에 버틸 수 있는 최대 응력이다.
④ E는 재료가 더 이상 늘어나지 못하고 파괴되는 지점이다.

해설

② A에서 B까지의 구간(비례한도 구간)에서 훅의 법칙이 적용된다.
※ 비례한도(Proportional Limit) : 응력과 변형률 사이에 정비례 관계가 성립하는 구간 중 응력이 최대인 점으로, 훅의 법칙이 적용된다.

19 원통형 외접 마찰차에서 지름이 100[mm]인 종동차에 원동차가 회전수 200[rpm]으로 동력을 미끄럼 없이 전달한다. 축간거리가 250[mm]일 때, 종동차의 회전수[rpm]는?

① 50
② 100
③ 400
④ 800

해설

마찰차의 속도비 $i = \dfrac{n_2}{n_1} = \dfrac{d_1}{d_2}$

여기서, n_2 : 종동차의 회전수[rpm]
$\qquad\quad n_1$: 원동차의 회전수[rpm]
$\qquad\quad d_1$: 원동차의 지름[mm]
$\qquad\quad d_2$: 종동차의 지름[mm]

d_1은 축간거리(C) 구하는 공식을 이용하여 구한다.

축간거리 $C = \dfrac{d_1 + d_2}{2}$

$250[\text{mm}] = \dfrac{d_1 + 100[\text{mm}]}{2}$

$d_1 = 400[\text{mm}]$

$\therefore\ n_2 = n_1 \times \dfrac{d_1}{d_2}$

$\qquad = 200[\text{rpm}] \times \dfrac{400[\text{mm}]}{100[\text{mm}]}$

$\qquad = 800[\text{rpm}]$

20 용적형 공기압축기가 아닌 것은?

① 베인(Vane)압축기
② 터보(Turbo)압축기
③ 스크루(Screw)압축기
④ 피스톤(Piston)압축기

해설

공기압축기는 크게 용적형 공기압축기와 터보형 공기압축기로 구분한다. 용적형 압축기는 흡입된 공기의 체적을 감소시켜 공기를 압축하며, 터보형 압축기는 주로 임펠러와 디퓨저, 스크롤 등으로 구성되어 있다.

※ 용적(容積, 담을 용, 쌓을 적) : 형상이 고정된 상태를 의미한다.

01 최대응력 200[MPa], 최소응력 80[MPa]의 반복응력이 주기적으로 작용할 때 응력진폭[MPa]은?

① 60
② 120
③ 140
④ 200

해설

응력진폭은 최대응력과 최소응력의 차이의 $\frac{1}{2}$ 이다.

따라서, $\frac{200[\text{MPa}] - 80[\text{MPa}]}{2} = 60[\text{MPa}]$

02 나사에 대한 설명으로 옳은 것은?

① M20×2 삼각나사의 피치는 20[mm]이다.
② 나사의 유효지름은 피치와 줄 수를 곱한 값이다.
③ 두줄나사의 리드는 피치가 동일한 한줄나사보다 짧다.
④ 삼각나사의 종류 중 미터나사는 나사산의 각도가 60°이다.

해설

삼각나사의 나사산 각도는 미터나사와 유니파이나사 모두 60°이다.
① M20×2에서 피치는 2[mm]이다.
② 나사의 유효지름이란 나사축 방향으로 산의 길이와 골의 길이가 같은 지점에서 가상의 원통을 그렸을 때의 지름이다. 사각나사의

유효지름은 대략 $\frac{\text{안지름} + \text{바깥지름}}{2}$

삼각나사의 유효지름은 수나사의 바깥지름 = $\frac{5\sqrt{3}}{8}p$이다.
③ $L = n \times p$이므로, 두줄나사의 리드는 피치가 같은 한줄나사보다 길다.

03 부품의 두께를 미터계 마이크로미터로 측정한 결과이다. 사용된 마이크로미터의 분해능[mm]과 측정값[mm]은?

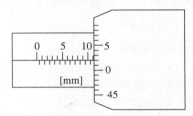

	분해능	측정값
①	0.01	11.02
②	0.01	11.20
③	0.02	11.02
④	0.02	11.20

해설

마이크로미터의 최소 측정값이 0.01단위로 가능하므로 분해능은 0.01이 된다. 마이크로미터 측정값은 다음 그림과 같이 11.02로 읽으면 된다.

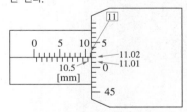

04 한 축에서 다른 축으로 동력을 전달하는 동안 필요에 따라 축이음을 단속할 수 있는 기계요소는?

① 리벳(Rivet)
② 클러치(Clutch)
③ 커플링(Coupling)
④ 판스프링(Leaf Spring)

해설

클러치 : 운전 중에도 축이음을 단속(끊을 단, 이을 속)시킬 수 있는 동력전달장치로 관성력은 작게 해야 한다.

① 리벳 : 판재나 형강을 영구적으로 이음을 할 때 사용되는 결합용 기계요소로 결합시킬 두 재료를 겹쳐 놓고 구멍을 뚫은 후 그곳에 리벳용 핀 재료를 삽입하고 이를 때려 박아 영구적으로 빠지지 못하게 결합시킨다.

③ 커플링 : 서로 떨어져 있는 원동축과 종동축을 영구적으로 연결시키는 기계요소이다.

④ 판스프링(겹판스프링) : 중앙부에는 여러 개의 판으로 겹겹이 쌓여 있고, 1개의 긴 판은 양단에 단순 지지되어 있는 스프링이다. 최근 철도차량이나 화물 자동차의 현가장치로 많이 사용되고 있다.

[겹판스프링]

05 밀링가공에서 500[rpm]으로 회전하는 밀링 커터의 날(Tooth)당 이송량이 0.2[mm/날]이고, 테이블의 분당 이송속도가 200[mm/min]일 때 커터의 날 수는?

① 1
② 2
③ 4
④ 10

해설

밀링의 테이블 이송속도(f)를 구하는 식에 대입하면
$f = f_z \times z \times n$
$200[\text{mm/min}] = 0.2[\text{mm}] \times z \times 500[\text{rpm}]$
날의 수, $z = \dfrac{200[\text{mm/min}]}{0.2[\text{mm}] \times 500[\text{rev/min}]} = \dfrac{200}{100} = 2$

06 마멸에 대한 설명으로 옳지 않은 것은?

① 부식마멸은 표면과 주위 환경 사이의 화학작용이나 전해작용에 의해 발생한다.
② 피로마멸은 돌출부가 있는 단단한 표면과 연한 표면이 서로 미끄럼 운동을 할 때 발생한다.
③ 제품에 생긴 버(Burr)를 제거하는 텀블링 가공은 충격마멸 현상을 제조공정에 응용한 것이다.
④ 스커핑(Scuffing)은 응착마멸에서 마찰열에 의해 한 표면이 다른 표면에 용융부착되면서 떨어져 나가는 현상이다.

해설

피로마멸은 재료의 표면이 반복하중을 받을 때 발생하는 마멸 형태로 베어링이나 해머링과 같은 단조작업을 할 때 주로 발생한다.

07 알루미늄산화물이나 실리콘카바이드 막대숫돌 공구를 이용하여 구멍 내면을 미세한 표면정도로 가공하는 방법은?

① 보링(Boring)
② 호닝(Honing)
③ 태핑(Tapping)
④ 드릴링(Drilling)

해설

호닝가공은 드릴링이나 보링, 리밍 등으로 1차 가공한 재료를 더욱 정밀하게 연삭하는 가공법으로 알루미늄산화물이나 실리콘카바이드와 같은 세립자를 각봉(막대숫돌) 형상으로 만든 공구를 공작물에 스프링이나 유압으로 접촉시키면서 회전운동과 왕복운동을 동시에 주어 매끈하고 정밀한 제품을 만드는 가공법이다. 주로 내연기관의 실린더 같이 구멍의 진원도와 진직도, 표면거칠기 향상을 위해 사용한다.

① 보링 : 보링바이트로 이미 뚫린 구멍을 필요한 치수로 정밀하게 넓히는 작업
③ 태핑 : 구멍에 탭 공구로 암나사를 만드는 작업
④ 드릴링 : 드릴로 구멍을 뚫는 작업

08 펌프 내에서 유체의 압력이 국부적으로 포화증기압 이하로 낮아져 기포가 발생했다가 고압부에서 급격히 소멸하는 과정이 반복하여 펌프의 성능을 저하시키는 원인으로 옳은 것은?

① 초킹현상
② 공진현상
③ 수격현상
④ 공동현상

해설

공동현상(Cavitation, 캐비테이션) : 유동하는 유체의 속도 변화에 의해 압력이 낮아지면 포화증기압도 함께 낮아지면서 유체 속에 녹아 있던 기체가 분리되어 유체 내부에 기포가 발생하는 현상이다. 이때 발생한 기포가 관벽이나 날개에 부딪치면서 소음과 진동이 발생한다. 주로 유체의 증기압보다 낮은 압력이 발생하는 펌프 주위에서 발생한다.

09 가솔린기관의 연소 과정에서 발생하는 노크(Knock) 현상의 특징으로 옳지 않은 것은?

① 배기가스의 색깔이 변화한다.
② 기관의 출력과 열효율을 저하시킨다.
③ 옥탄가가 낮은 연료를 사용하면 노크 현상을 방지할 수 있다.
④ 미연소가스의 급격한 자연발화(Self-ignition)에 의해 발생한 충격파가 실린더 벽을 타격한다.

해설

가솔린기관에서 노크를 방지하려면 옥탄가가 높은 연료를 사용해야 한다.

10 금속의 결정구조에 대한 설명으로 옳지 않은 것은?

① 체심입방구조(BCC ; Body-Centered Cubic)의 배위수는 8이다.
② 면심입방구조(FCC ; Face-Centered Cubic)의 배위수는 12이다.
③ 조밀육방결정구조(HCP ; Hexagonal Close-Packed)의 배위수는 12이다.
④ 체심입방구조의 원자충진율은 면심입방구조의 원자충진율보다 크다.

해설

체심입방격자의 원자 충진율은 68[%]로 면심입방격자 74[%]도 적다.
• 배위수 : 한 원자를 둘러싸는 가장 가까운 원자의 수
• Fe의 결정구조의 종류 및 특징

종 류	체심입방격자 (BCC ; Body Centered Cubic)	면심입방격자 (FCC ; Face Centered Cubic)	조밀육방격자 (HCP ; Hexagonal Close Packed lattice)
성 질	• 강도가 크다. • 용융점이 높다. • 전성과 연성이 작다.	• 전기전도도가 크다. • 가공성이 우수하다. • 장신구로 사용된다. • 전성과 연성이 크다. • 연한 성질의 재료이다.	• 전성과 연성이 작다. • 가공성이 좋지 않다.
원 소	W, Cr, Mo, V, Na, K	Al, Ag, Au, Cu, Ni, Pb, Pt, Ca	Mg, Zn, Ti, Be, Hg, Zr, Cd, Ce
단위격자	2개	4개	2개
배위수	8	12	12
원자충진율	68[%]	74[%]	74[%]

11 구름베어링에서 사용하는 베어링 호칭번호의 구성요소가 아닌 것은?

① 형식기호

② 안지름번호

③ 접촉각기호

④ 정격하중번호

해설

베어링 호칭번호(기호) 구성에서 정격하중번호는 사용되지 않는다.

베어링 호칭번호 구성요소

형식번호	• 1 : 복렬 자동조심형 • 2, 3 : 상동(큰 너비) • 6 : 단열 홈형 • 7 : 단열 앵귤러 콘택트형 • N : 원통 롤러형
치수기호	• 0, 1 : 특별 경하중 • 2 : 경하중형 • 3 : 중간형
안지름번호	• 1~9 : 1~9[mm] • 00 : 10[mm] • 01 : 12[mm] • 02 : 15[mm] • 03 : 17[mm] • 04 : 20[mm] • 04부터는 5를 곱한다.
접촉각기호	C
실드기호	• Z : 한쪽 실드 • ZZ : 안팎 실드
내부틈새기호	C2
등급기호	• 무기호 : 보통급 • H : 상급 • P : 정밀등급 • SP : 초정밀급

12 강괴를 탈산 정도에 따라 분류할 때 용강 중에 탈산제를 첨가하여 완전히 탈산시킨 강은?

① 림드강(Rimmed Steel)

② 캡드강(Capped Steel)

③ 킬드강(Killed Steel)

④ 세미킬드강(Semi-killed Steel)

해설

킬드강은 평로나 전기로에서 제조된 용강을 Fe-Mn, Fe-Si, Al 등으로 완전히 탈산시킨 강이다. 상부에 작은 수축관과 소수의 기포만이 존재하며 탄소 함유량이 0.15~0.3[%] 정도이다.

① 림드강 : 평로나 전로에서 제조된 것을 Fe-Mn으로 가볍게 탈산시킨 강이다.

② 캡트강 : 림드강을 주형에 주입한 후 탈산제를 넣거나 주형에 뚜껑을 덮고 리밍 작용을 억제하여 표면을 림드강처럼 깨끗하게 만듦과 동시에 내부를 세미킬드강처럼 편석이 적은 상태로 만든 강이다.

④ 세미킬드강 : 탈산의 정도가 킬드강과 림드강 중간으로 림드강에 비해 재질이 균일하며 용접성이 좋고, 킬드강보다는 압연이 잘 된다.

킬드강	림드강	세미킬드강

13 부품을 정반 위에 올려놓고 정반면을 기준으로 하여 높이를 측정하거나 스크라이버(Scriber) 끝으로 금긋기 작업을 하는 데 사용하는 측정기는?

① 사인바(Sine Bar)

② 블록게이지(Block Gauge)

③ 다이얼게이지(Dial Gauge)

④ 하이트게이지(Height Gauge)

해설

하이트게이지(Height Gauge) : 부품을 정반 위에 올려놓고 공작물의 높이를 하이트게이지의 스크라이버 밑면을 밀착시킨 후 그 높이를 읽는다. 또한 밀링에서는 하이트게이지 스크라이버에서 끝부분에 위치한 날카로운 부분으로 공작물의 치수를 드로잉하는 등 금긋기 작업에도 사용된다.

스크라이버

14 금속 빌렛(Billet)을 컨테이너에 넣고 램(Ram)으로 압력을 가하면서 다이(Die)의 구멍으로 소재를 밀어내어, 단면이 일정한 각종 형상의 단면재와 관재 등을 가공하는 방법은?

① 압연(Rolling) ② 단조(Forging)

③ 인발(Drawing) ④ 압출(Extrusion)

해설

압출가공(Extrusion) : 선재나 관재 또는 여러 형상의 단면재를 제조할 때 가열된 재료를 용기 안에 넣고 램이나 플런저로 재료를 높은 압력으로 구멍이 있는 다이 쪽으로 밀어내면 재료가 이 다이를 통과하면서 제품이 만들어지는 소성가공법이다.

① 압연 : 소성 변형이 비교적 잘 되는 금속재료를 두 개나, 그 이상의 롤러 사이를 통과시켜 판재나 형재, 관재 등의 제품을 만드는 가공법이다.

② 단조 : 기계나 다이를 이용하여 재료에 충격을 가해 제품의 형상을 만드는 가공법이다. 주조 시 강괴에 발생한 편석이나 기공, 과대조직과 내부결함 등을 압착시켜 결정입자를 미세화하여 강도와 경도, 충격값을 상승시킨다.

③ 인발 : 다이의 구멍 안에 있는 금속재료를 구멍 밖으로 잡아당겨서 재료의 단면적을 줄이면서 선이나 봉, 관 등의 제품을 뽑아내는 가공법이다.

15 유체의 흐름 방향을 제어하는 밸브로 옳지 않은 것은?

① 스풀밸브(Spool Valve)

② 체크밸브(Check Valve)

③ 교축밸브(Throttle Valve)

④ 셔틀밸브(Shuttle Valve)

해설

교축밸브는 단면을 수축시켜 압력을 갑작스럽게 줄임으로써 관내에 흐르는 유량을 조절하는 밸브이다.

※ 교축 : 얽힌 관을 수축시킴

① 스풀밸브 : 하나의 배관에 여러 개의 밸브 면을 둠으로써 유체의 흐름을 변환시키는 밸브이다.

② 체크밸브 : 유체가 한쪽 방향으로만 흐르고 반대쪽으로는 흐르지 못하도록 하는 밸브이다.

④ 셔틀밸브 : 항상 고압인 쪽의 유압만을 통과시키는 방향전환 밸브이다.

16 이상적인 열기관 사이클에 대한 설명으로 옳지 않은 것은?

① 카르노(Carnot) 사이클은 가역 사이클이다.

② 오토(Otto) 사이클은 불꽃점화(Spark-ignition) 내연기관의 이상 사이클이다.

③ 랭킨(Rankine) 사이클에서 응축기의 압력이 감소하면 사이클의 열효율은 감소한다.

④ 디젤(Diesel) 사이클은 1개의 등엔트로피 압축과 1개의 등엔트로피 팽창 과정을 가진다.

해설

랭킨 사이클의 주요 구성요소인 응축기(Condenser)는 증기를 물로 다시 되돌리는 복수기로서 정압 방열을 한다. 이 응축기의 압력이 감소하면 랭킨 사이클의 열효율은 반대로 높아진다.

랭킨 사이클 : 증기원동소의 이상 사이클. 발전소에서 증기터빈을 돌려 전기를 생산하는 원리가 되는 이론이다.

랭킨 사이클의 효율을 높이는 방법

• 보일러의 압력을 높인다.

• 터빈 입구의 온도를 높인다.

• 응축기(복수기)의 압력을 낮춘다.

랭킨 사이클의 열효율은 일에너지를 공급된 에너지로 나눈 값이다.

$$\eta = \frac{(h_3 - h_4) - (h_2 - h_1)}{h_3 - h_2}$$

17 마찰차에 대한 설명으로 옳지 않은 것은?

① 정확한 속도비를 유지할 수 있다.

② 구름 접촉에 의한 회전으로 동력을 전달한다.

③ 마찰계수를 크게 하기 위해 접촉면에 고무, 가죽 등을 붙인다.

④ 원통 마찰차는 외접하면 서로 반대방향으로 회전하고, 내접하면 서로 같은 방향으로 회전한다.

마찰차는 원동차와 종동차 간 마찰력을 감당할 수 있는 범위를 넘어서 작용했을 때 미끄럼이 발생한다. 그로 인해 정확한 속도비를 유지할 수 없는 단점이 있다.

18 다음 설명에서 (가)~(다)에 들어갈 내용을 바르게 연결한 것은?

> 금속재료는 외력에 의해 변형하며 가해지는 외력이 (가) 를 넘게 되면 외력을 제거하여도 변형이 남게 된다. 외력을 제거하면 원상태로 돌아오는 변형을 (나) 이라 하고, 외력을 제거하여도 영구적으로 돌아오지 않는 변형 (다) 이라 한다.

	(가)	(나)	(다)
①	탄성계수	탄성변형	소성변형
②	탄성한도	탄성변형	소성변형
③	탄성계수	소성변형	탄성변형
④	탄성한도	소성변형	탄성변형

• 탄성한도 : Fe–C 평형상태도에서 외력(하중)을 제거하면 원래의 치수로 돌아가는 구간으로 후크의 법칙이 적용된다.
• 탄성변형 : 외력을 제거하면 원래의 상태로 되돌아오는 변형
• 소성변형 : 외력을 제거해도 영구적으로 되돌아오지 않는 변형

19 인장시험에서 시편의 초기 단면적이 400[mm²]이고 파단 후의 단면적이 300[mm²]일 때 단면 감소율[%]은?

① 25

② 33

③ 50

④ 75

$$단면감소율 = \frac{처음단면적 - 나중단면적}{처음단면적} \times 100[\%]$$

$$= \frac{400 - 300}{400} \times 100[\%]$$

$$= 25[\%]$$

20 선반 작업 중 널링(Knurling)에 대한 설명으로 옳은 것은?

① 축에 직각인 부품 끝단을 평평한 표면으로 가공하는 작업이다.

② 공구를 회전축과 경사지게 이송시켜 외면 또는 내면을 절삭하는 작업이다.

③ 이전 공정에 의해서 생성된 구멍이나 원통 내부를 확대하는 작업이다.

④ 미끄럼 방지용 손잡이와 같이 원통 외면에 규칙적인 형태의 무늬를 만드는 작업이다.

널링가공은 선반에서 원통의 외면에 미끄럼대 방지용 무늬를 만드는 가공법으로 널링공구와 공작물을 상대 회전시키면서 만든다. 널링은 주로 손잡이 부분에 만드는데, 미끄럼 방지가 주목적이다.

널링가공

2023년 서울시 기계일반

01 〈보기〉와 같이 스프링을 이용하여 500[kg]의 물체를 매달았다. 이때 물체의 처짐량[mm]은?(단, 탄성계수 $k_1 = 100$[N/mm], $k_2 = 150$[N/mm], $k_3 = 300$[N/mm]이고, 중력 가속도는 10[m/s²]이며, 스프링 질량은 무시한다)

┌ 보기 ┐
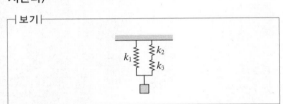

① 20
② 25
③ 30
④ 35

해설

물체의 처짐량을 구하기 위해 스프링 처짐량 공식을 사용한다.

스프링 처짐량, $\delta = \dfrac{P(\text{작용하중})}{k(\text{스프링상수})}$, $\delta = \dfrac{500 \times 10[\text{m/s}^2]}{k_{\text{병렬}}}$

여기서, 위 공식에 대입할 병렬 스프링상수를 구하기 위해서는 3개의 스프링을 살펴봐야 한다.

그림에서 스프링의 연결상태를 보면 k_1과 $k_2 + k_3$가 서로 마주보며 병렬로 연결되어 있고, $k_2 + k_3$는 직렬로 연결되어 있다. 우선, 직렬로 연결된 $k_2 + k_3$의 통합 스프링상수를 구한다.

직렬연결된 스프링상수($k_{\text{직렬}}$)

$k_{\text{직렬}} \dfrac{1}{\dfrac{1}{k_2} + \dfrac{1}{k_3}} = \dfrac{1}{\dfrac{1}{150} + \dfrac{1}{300}} = \dfrac{1}{\dfrac{2}{300} + \dfrac{1}{300}} = \dfrac{1}{\dfrac{1}{100}} = 100$

병렬연결된 스프링상수($k_{\text{병렬}}$)

$k_{\text{병렬}} = 100 + 100 = 200$[N/mm]

따라서, 위 도출된 값을 스프링 처짐량 공식에 대입한다.

• 스프링 처짐량, $\delta = \dfrac{P(\text{작용하중})}{k(\text{스프링상수})}$,

$\delta = \dfrac{500[\text{kg}] \times 10[\text{m/s}^2]}{200[\text{N/mm}]} = \dfrac{5{,}000[\text{N}]}{200[\text{N/mm}]} = 25[\text{mm}]$

• 스프링상수(k) 구하기

직렬연결 시	병렬연결 시
$k = \dfrac{1}{\dfrac{1}{k_1} + \dfrac{1}{k_2}}$	$k = k_1 + k_2$
(그림: k_1, k_2 직렬, W)	(그림: k_1, k_2 병렬, W)

02 금속을 소성영역까지 인장시켰다가 하중을 제거한 후 압축했을 때 압축 항복강도가 인장 시보다 작아지는 현상으로 가장 옳은 것은?

① 가공경화
② 시효경화
③ 탄성여효
④ 바우싱거 효과

해설

바우싱거 효과 : 이처럼 어떤 변형되는 힘을 가한 뒤 반대쪽 힘을 가하면 처음 항복응력보다 현저히 저하되는 현상이다. 좀 더 구체적으로 살펴보면 재료를 소성영역인 탄성한도 이상으로 인장시켰다가 그 힘을 제거한 후 이 재료에 압축력을 가하면 인장시킬 때의 탄성한도보다 압축 항복강도가 낮아진다. 이러한 탄성한도를 곡선으로 나타내서 그리는 것이 아래와 같은 히스테리시스 곡선이다.

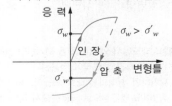

03 크리프 현상에 대한 설명으로 가장 옳지 않은 것은?

① 크리프는 재료에 높은 온도로 큰 하중이 일정하게 작용될 때 재료 내의 응력과 변형률이 증가되는 현상이다.

② 고온의 경우 시간의 경과에 따라 재료의 항복응력보다 훨씬 낮은 응력에서도 파단이 일어날 수 있다.

③ 크리프 한도응력은 특정 온도에서 응력이 작용하여 일정 시간 경과 후에 크리프 속도가 0이 되는 한계응력을 의미한다.

④ 일정한 온도에서 하중의 크기가 클수록 크리프 속도가 증가하여 파단에 이르는 시간이 짧아진다.

> **해설**
>
> 크리프 시험에서 재료에 고온의 상황에서 큰 하중이 일정하게 작용했을 때 일정 시간이 지나면 내부응력이 감소하는 경향을 보이기 때문에 ①번은 잘못된 표현이다.
>
> 크리프(Creep) 시험
>
> 고온에서 재료에 일정 크기의 하중(정하중)을 작용시키면 시간이 경과함에 따라 변형이 증가하는 현상을 시험하여 온도에 따른 재료의 특성인 크리프 한계를 결정하거나 예측하기 위한 시험법이다. 이 시험을 통해서 보일러용 파이프나 증기터빈의 날개와 같이 장시간 고온에서 하중을 받는 기계 구조물의 파괴를 방지하기 위해 실시한다.

04 원동차 모듈 2, 원동차 잇수 48, 종동차 모듈 2, 종동차 잇수 16인 스퍼기어 한쌍에서 원동차가 1분에 600번 회전할 때 종동차 회전수의 값[rpm]은?

① 600
② 900
③ 1,200
④ 1,800

> **해설**
>
> 속도비, $i = \dfrac{\text{종동차 회전수, } n_2}{\text{원동차 회전수, } n_1} = \dfrac{Z_1}{Z_2}$
>
> 종동차의 회전수, $n_2 = \dfrac{Z_1}{Z_2} \times n_1 = \dfrac{48}{16} \times 600\,[\mathrm{rpm}]$
> $= 1,800\,[\mathrm{rpm}]$

05 외접하는 원추 마찰차에서 원동차의 원추각이 30°, 종동차의 원추각이 60°일 때 원동축의 각속도 ω_1[rad/s]에 대한 종동축의 각속도 ω_2[rad/s]의 회전속도비 $\dfrac{\omega_2}{\omega_1}$ 값은?

① $\dfrac{1}{2}$
② $\dfrac{1}{\sqrt{3}}$
③ $\dfrac{\sqrt{3}}{2}$
④ $\sqrt{3}$

> **해설**
>
> 회전속도비, $i = \dfrac{w_2}{w_1} = \dfrac{\text{원동차의 원추각, } \sin\delta_1}{\text{종동차의 원추각, } \sin\delta_2}$
>
> $= \dfrac{\sin 30°}{\sin 60°} = \dfrac{\dfrac{1}{2}}{\dfrac{\sqrt{3}}{2}} = \dfrac{2}{2\sqrt{3}} = \dfrac{1}{\sqrt{3}}$

06 총형가공법에 의한 기어절삭에 사용되는 절삭공구로 가장 옳은 것은?

① 피니언 커터
② 호 브
③ 래크 커터
④ 브로치

07 지름 10[mm]의 트위스트 드릴을 사용하여, 마그네슘 블록에 구멍을 뚫는 작업을 한다. 이송량이 0.1[mm/rev], 스핀들의 회전수는 1,200[rpm]일 때 재료제거율의 값[mm³/s]은?(단, π는 3이다)

① 150
② 600
③ 3,000
④ 9,000

해설

재료제거율은 Material Removal Rate로 약자는 MRR이다.

$$\text{MRR} = AfN = \frac{\pi d^2}{4} \times 0.1[\text{mm/rev}] \times 1200[\text{rpm}]$$

$$= \frac{3 \times (10[\text{mm}])^2}{4} \times 0.1[\text{mm/rev}] \times \frac{1200}{60}[\text{rps}]$$

$$= 150[\text{mm}^3/\text{s}]$$

08 주조 공정 중 소모성 주형 주조 공정에 해당하지 않는 것은?

① 풀몰드법(Full Molding)
② 셸주조법(Shell Molding)
③ 원심주조법(Centrifugal Casting)
④ 인베스트먼트 주조법(Investment Casting)

해설

원심주조법 : 고속으로 회전하는 사형이나 금형주형에 용탕(쇳물)을 주입한 후 대략 300~3,000[rpm]으로 회전시키면, 용탕에 원심력이 작용해서 주형 내면에 용탕이 압착된 상태에서 응고시켜 주물을 얻는 주조법으로 관이나 중공의 주물인 주철관, 주강관, 라이너, 포신을 제작할 때 사용한다.

09 피복금속아크용접(SMAW ; Shielded Metal Arc Welding)에서 아크 용접봉 피복제의 역할로 가장 옳지 않은 것은?

① 슬래그를 발생시키고 용융금속의 유동성을 좋게 한다.
② 전류를 잘 통하게 하여 아크의 안정성을 좋게 한다.
③ 스패터링을 적게 한다.
④ 용접 중 산화 및 질화를 방지한다.

해설

피복금속아크용접에서 아크 용접봉용 피복제는 전류가 잘 통하지 못하게 전기 절연 작용을 잘 해서 아크의 안정성을 좋게 한다.
피복제(Flux)의 역할
• 아크를 안정시킨다.
• 전기 절연 작용을 한다.
• 보호가스를 발생시킨다.
• 스패터의 발생을 줄인다.
• 아크의 집중성을 좋게 한다.
• 용착 금속의 급랭을 방지한다.
• 용착 금속의 탈산정련 작용을 한다.
• 용융 금속과 슬래그의 유동성을 좋게 한다.
• 용적(쇳물)을 미세화하여 용착효율을 높인다.
• 용융점이 낮고 적당한 점성의 슬래그를 생성한다.
• 슬래그 제거를 쉽게 하여 비드의 외관을 좋게 한다.
• 적당량의 합금 원소를 첨가하여 금속에 특수성을 부여한다.
• 중성 또는 환원성 분위기를 만들어 질화나 산화를 방지하고 용융 금속을 보호한다.
• 쇳물이 쉽게 달라붙도록 힘을 주어 수직 자세, 위보기 자세 등 어려운 자세를 쉽게 한다.

10 〈보기〉와 같이 집중하중 P가 작용하는 보에서의 BMD (Bending Moment Diagram, 굽힘 모멘트 선도)로 가장 옳은 것은?

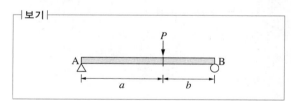

①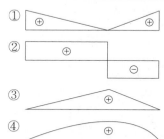

②

③

④

BMD는 굽힘 모멘트 선도이다.
양단 지지보에서 좌측 지지점인 A지점에서 하중 P가 작용하는 지점까지 모멘트가 상승하다가 반대로 B지점까지는 낮아진다. 그러므로 이런 형상을 갖는 ③이 정답이다.

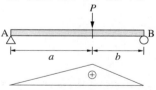

11 내연기관에 대한 설명 중 가장 옳지 않은 것은?

① 외연기관 대비 소형화에 유리하다.
② 오토 사이클(Otto Cycle)은 전기 점화 내연기관의 이상적인 열역학 사이클이다.
③ 연료 연소 시 노킹(Knocking)이 발생할 수 있다.
④ 같은 배기량에서 2행정 기관이 4행정 기관보다 출력은 떨어지나 열효율이 우수하다.

같은 배기량일 때 2행정 기관이 4행정 기관보다 출력이 더 크지만 열효율은 4행정 기관이 더 우수하다.
4행정 vs 2행정 기관의 주요 특징

구 분	4행정 사이클	2행정 사이클
구 조	복잡하다.	간단하다.
제작단가	고가이다.	저가이다.
밸브기구	필요하다.	필요 없다.
유효행정	길다.	짧다.
열효율	높다.	낮다.
연료소비율	2행정보다 적다.	4행정보다 많다.
체적효율	높다.	낮다.
회전력	불균일하다.	균일하다.
마력당 기관중량	무겁다.	가볍다.
동력발생	크랭크축 2회전당 1회	크랭크축 1회전당 1회
윤활유 소비	적다.	많다.
동일 배기량 시 출력	작다.	크다.

12 카르노 사이클(Carnot Cycle)로 작동되는 열기관이 227[℃]의 고온체로부터 500[kJ]의 열을 받아 27[℃]의 저온체로 열을 방출시키고 있다. 이 열기관의 열효율[%]과 이 열기관이 저온체에 방출하는 열량[kJ]을 가장 옳게 짝지은 것은?

	열효율[%]	열량[kJ]
①	40	200
②	40	300
③	88	200
④	88	300

해설

• 카르노 사이클의 열효율

$$\eta = 1 - \frac{Q_L}{Q_H} = (1 - \frac{T_L}{T_H}) \times 100[\%]$$

$$= (1 - \frac{273[℃] + 27[℃]}{273[℃] + 227[℃]}) \times 100[\%]$$

$$= (1 - \frac{300}{500}) \times 100[\%]$$

$$= (1 - 0.6) \times 100\%$$

$$= 40[\%]$$

• 카르노 사이클의 저온체로 방출 열량을 구하려면, 카르노 사이클 열효율 공식을 이용한다.

$$\eta = (1 - \frac{Q_L}{Q_H}) \times 100[\%]$$

$$0.4 = 1 - \frac{x[kJ]}{500[kJ]}$$

$$x[kJ] = 0.6 \times 500[kJ]$$

$$x = 300$$

따라서 저온체로 버린 열량은 300[kJ]이다.

13 지름이 10[mm]인 원형 단면을 가지는 봉에 300[kgf]의 추를 달았을 때 허용인장응력에 도달하였다. 이 봉의 인장강도가 500[kgf/cm²]라고 하면 안전계수의 값은?(단, π는 3이다)

① 1.25 ② 5
③ 12.5 ④ 50

해설

안전율,

$$S = \frac{극한강도(\sigma_u)}{허용응력(\sigma_a)} = \frac{500[kgf/cm^2]}{\frac{F}{A}}$$

$$= \frac{500[kgf/cm^2]}{\frac{300[kgf]}{\frac{\pi d^2}{4}}} = \frac{500[kgf/cm^2]}{\frac{300[kgf]}{\frac{3 \times (1[cm])^2}{4}}} = \frac{500[kgf/cm^2]}{\frac{300[kgf]}{\frac{3[cm^2]}{4}}}$$

$$= \frac{500[kgf/cm^2]}{\frac{1200[kgf]}{3[cm^2]}} = \frac{1500[kgf]}{1200[kgf]} = 1.25$$

기계의 설계 시 안전율은 재료의 기준강도와 허용응력과의 비이다.

안전율(S) : 외부의 하중에 견딜 수 있는 정도를 수치로 나타낸 것

$$S = \frac{극한강도(\sigma_u)}{허용응력(\sigma_a)} = \frac{기준강도(\sigma_y)}{허용응력(\sigma_a)} = \frac{인장강도(\sigma_y)}{허용응력(\sigma_a)}$$

14 선반에서 수행이 가능한 작업들을 〈보기〉에서 모두 고른 것은?

┤보기├
| ㄱ. 원통가공 | ㄴ. 테이퍼 가공 |
| ㄷ. 나사가공 | ㄹ. 드릴링 |

① ㄱ
② ㄴ, ㄷ
③ ㄱ, ㄴ, ㄷ
④ ㄱ, ㄴ, ㄷ, ㄹ

해설

선반으로 수행 가능한 작업
• 원통가공(내경, 외경)   • 나사가공
• 드릴링 가공   • 테이퍼 가공
• 단면가공   • 홈가공
• 널링가공   • 총형가공
• 절단가공   • 구멍가공

15 나사에 대한 설명으로 가장 옳은 것은?

① 사각나사는 주로 운동용 나사로 사용되며, 일반적으로 공작이 쉽지만 나사효율이 낮다.

② 미터가는나사는 미터보통나사에 비해 수나사의 골지름 부위 틈새가 더 작다.

③ 1-12 UNF로 표시되는 나사의 피치는 12[mm]이다.

④ 두줄나사의 경우 나사의 피치는 리드의 두 배이다.

해설

미터가는나사는 미터보통나사에 비해 피치가 더 작기 때문에 수나사의 골지름 부위의 틈새도 더 작다.

① 사각나사는 주로 운동용(동력전달용)으로 사용된다. 그리고 나사산의 단면이 정방향에 가깝게 절삭되어야 하므로 사다리꼴나사보다는 가공하기가 더 어렵기 때문에 공작은 어렵다.

③ 유니파이가는나사의 기호 : UNF

　※ 1-12에서 1 : 바깥지름, 1[inch]×25.4[mm]=19.05[mm], 12는 나사산 수를 의미한다.

④ 두줄나사의 리드, $L=2np$이므로, 나사의 피치는 리드의 두 배가 아니다.

16 유압기호 중 가변용량형 유압 펌프로 가장 옳은 것은?

① 　②

③ 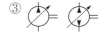　④

해설

가변용량형 유압펌프 : 1회전당 유압유의 토출량을 변화시킬 수 있는 펌프이다.

17 체인전동장치의 특징으로 가장 옳지 않은 것은?

① 유지 및 수리가 간단하고 수명이 길다.

② 미끄럼이 없어 일정한 속도비를 얻을 수 있다.

③ 체인은 인장강도가 작아서 작은 동력전달에 쓰인다.

④ 전동효율이 일반적으로 95[%] 이상이다.

해설

체인은 인장강도가 커서 큰 동력의 전달에도 사용된다.

18 구리에 대한 설명으로 가장 옳지 않은 것은?

① 전기전도도가 높고 가공성이 우수하다.

② 주석, 니켈, 은 등과 용이하게 합금을 만들 수 있다.

③ 우수한 내부식성과 낮은 열전도도로 고온부품에 흔히 사용된다.

④ 구리와 아연의 합금을 황동(Brass)이라 한다.

해설

구리는 열전도도가 높다.

구리(Cu)의 성질

• 비중은 8.96

• 용융점 1,083[℃]

• 끓는점 2,560[℃]

• 비자성체이다.

• 내식성이 좋다.

• 전기전도율이 우수하다.

• 전기와 열의 양도체이다.

• 전연성과 가공성이 우수하다.

• Ni, Sn, Zn 등과 합금이 잘 된다.

• 건조한 공기 중에서 산화하지 않는다.

• 방전용 전극 재료로 가장 많이 사용된다.

• 아름다운 광택과 귀금속적 성질이 우수하다.

• 결정격자는 면심입방격자이며 변태점이 없다.

• 황산, 염산에 용해되며 습기, 탄소가스, 해수에 녹이 생긴다.

19 〈보기〉와 같이 지름이 4[m]인 원형평판이 물속에 수직으로 잠겨있다. 이 평판의 한쪽 면에 작용하는 전체 압력에 의한 힘의 값[kN]은?(단, 물의 밀도는 1[g/mL]이고, 중력 가속도는 10[m/s²]이며, π는 3이다)

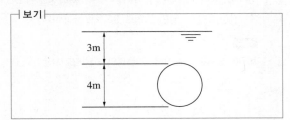

① 600
② 3,600
③ 6,000
④ 8,400

해설

이 문제에서는 물의 밀도의 단위환산, 뉴턴의 단위를 아는 것이 중요하다.
- $1[L] = 10^{-3}[m^3]$
- $1[N] = 1[kg \cdot m/s^2]$
- 평판에 작용하는 힘,

$$F = \gamma \times h \times A$$
$$= \rho g \times h \times A$$
$$= 1[g/mL] \times 10 \times 5 \times \frac{\pi d^2}{4}$$
$$= 1[kg/L] \times 10[m/s^2] \times 5[m] \times \frac{3 \times (4[m])^2}{4}$$
$$= 1[kg/10^{-3} m^3] \times 10[m/s^2] \times 5[m] \times 12[m^2]$$
$$= 1,000[kg/m^3] \times 10[m/s^2] \times 5[m] \times 12[m^2]$$
$$= 600,000 [kg \cdot m/s^2]$$
$$= 600[kN]$$

20 〈보기〉와 같이 길이 L, 질량 m, 단면적 A인 균질하고 가느다란 막대의 x축에 대한 질량관성모멘트로 가장 옳은 것은?(단, 막대 끝을 지나는 x축은 막대에 수직하다)

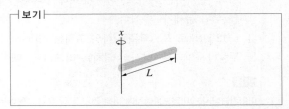

① $\frac{1}{12}mL^2$　　　② $\frac{1}{3}mL^2$

③ $\frac{2}{5}mL^2$　　　④ $\frac{2}{3}mL^2$

해설

원통형 물체의 끝부분에서 단면방향을 축으로 하는 질량관성모멘트는 $\frac{1}{3}mL^2$ 이다.

기타 암기해야 할 질량관성모멘트는 공식으로는 아래와 같다.
- 원통형 물체의 길이 방향의 중심축에서 발생하는 질량관성모멘트 $= \frac{1}{2}mr^2$
- 원통형 물체의 중심부에서 단면 방향으로 발생하는 질량관성모멘트 $= \frac{1}{12}mL^2$

2023년 지방직 고졸경채 기계일반

01 전기 전도율이 높은 금속부터 순서대로 나열하면?

① 금(Au) > 은(Ag) > 알루미늄(Al) > 마그네슘(Mg)
② 은(Ag) > 금(Au) > 알루미늄(Al) > 마그네슘(Mg)
③ 금(Au) > 은(Ag) > 마그네슘(Mg) > 알루미늄(Al)
④ 은(Ag) > 금(Au) > 마그네슘(Mg) > 알루미늄(Al)

해설

열 및 전기 전도율이 높은 순서
Ag(은) > Cu(구리) > Au(금) > Al(알루미늄) > Mg(마그네슘)
> Zn(아연) > Ni(니켈) > Fe(철) > Pb(납) > Sb(안티몬)

02 주 절삭운동이 공구의 회전인 가공 방법은?

① 선반(Lathe)가공
② 밀링(Milling)가공
③ 셰이퍼(Shaper)가공
④ 플레이너(Planer)가공

해설

밀링가공은 여러 개의 절삭날을 가진 밀링커터(공구)를 공작물 위에서 회전시키고 공작물을 고정한 테이블을 전후, 좌우, 상하 방향으로 이송하여 절삭하는 공작기계이다. 평면가공을 주로 하며 다양한 공구를 사용하여 불규칙한 면의 가공이나 각도가공, 드릴의 홈가공, 기어의 치형가공, 나선가공 등에 사용한다.
① 선반가공 : 주축대에 장착된 척(Chuck)에 공작물을 고정시킨 후 적당한 회전수(rpm)로 공작물을 회전시키면서 절삭공구인 바이트를 직선 이송시켜 절삭한다.
③ 셰이퍼가공 : 램에 설치된 절삭공구인 바이트를 전진시키면서 공작물을 절삭하고 공구를 뒤로 후퇴시킨 후 다시 전진시키면서 가공한다. 주로 소형 공작물의 평면 가공에 널리 사용된다.
④ 플레이너가공 : 바이트가 고정되어 있는 상태에서, 크고 튼튼한 테이블 위에 공작물을 설치한 후 테이블을 앞뒤로 이송하면서 가공한다.

03 절삭가공에 사용되는 절삭유가 갖추어야 할 조건으로 옳은 것만을 모두 고르면?

> ㄱ. 냉각작용
> ㄴ. 윤활작용
> ㄷ. 세척작용

① ㄱ, ㄴ
② ㄱ, ㄷ
③ ㄴ, ㄷ
④ ㄱ, ㄴ, ㄷ

해설

절삭유는 냉각, 윤활, 세척작용을 모두 한다.
절삭유의 구비조건
• 마찰계수가 작을 것
• 화학적 변화가 작을 것
• 유막의 내압이 높을 것
• 냉각성과 윤활성이 좋을 것
• 인화점과 발화점이 높을 것
• 악취가 없으며 인체에 무해할 것
• 산화나 열에 대한 안정성이 높을 것
• 절삭유가 칩을 모재로부터 잘 배출(분리)할 것
절삭유의 역할 및 특징
• 공구와의 마찰을 감소시킨다.
• 다듬질 면의 정밀도를 좋게 한다.
• 공구와 가공물의 친화력을 줄인다.
• 냉각작용과 윤활작용을 동시에 한다.
• 절삭된 칩을 제거하여 절삭작업을 쉽게 한다.
• 공구의 마모를 줄이고 윤활 및 세척작용으로 가공표면을 좋게 한다.
• 가공물과 절삭공구를 냉각시켜 공구의 경도저하를 막고 수명을 늘린다.
• 식물성 유제는 윤활성이 다소 떨어지나 냉각성능이 좋은 반면, 광물성유는 윤활성은 좋으나 냉각성능은 떨어진다.

04 소성가공에 해당하지 않는 것은?

① 단 조

② 인 발

③ 납 땜

④ 압 출

납땜은 용접법으로 소성가공에 속하지 않는다.

05 단기통 4행정 사이클 가솔린기관에서 크랭크축이 4회 전하였을 때 폭발 횟수는?(단, 사이클은 흡입 행정부터 시작한다)

① 1회

② 2회

③ 3회

④ 4회

가솔린 엔진은 크랭크축 2회전당 폭발이 1회 발생한다. 그래서 크랭크축이 총 4회 회전했다면 폭발은 총 2회 발생한다.

06 외접하여 맞물려 돌아가는 한 쌍의 표준 스퍼기어에서 모듈이 5이고 두 기어의 중심거리가 375[mm]이다. 원동축 기어 잇수가 100개일 때, 종동축 기어 잇수[개]는?

① 50

② 75

③ 100

④ 125

두 기어의 중심 간 거리,

$$C = \frac{D_1 + D_2}{2} = \frac{(mZ_1 + mZ_2)}{2}$$

$$375 = \frac{(5 \times 100) + (5 \times Z_2)}{2}$$

$$750 = 500 + 5Z_2$$

종동축 기어, $Z_2 = \frac{750 - 500}{5} = 50$

07 구름베어링에서 볼이나 롤러를 고르게 배치하고 상호 간의 접촉을 피하게 하며 소음과 마모를 방지하는 역할을 하는 것은?

① 저 널

② 내 륜

③ 외 륜

④ 리테이너

리테이너는 강구의 간격을 고르게 배치함으로써 강구 사이의 접촉을 방지하여 마모와 소음을 예방하는 역할을 한다.

구름베어링의 구성 요소

• 내륜

• 외륜

• 리테이너

• 볼 or 롤러

- 외 륜
- 볼 or 롤러
- 리테이너
- 내 륜

08 강의 열처리에 대한 설명으로 옳지 않은 것은?(단, 온도선은 아공석강－과공석강 순서로 표기한다)

① 뜨임(Tempering)은 내부응력을 제거하고 인성을 증가시키기 위하여 온도선 $A_1 - A_1$보다 낮은 온도로 가열한 후 냉각하는 것이다.

② 담금질(Quenching)은 경도를 증가시키기 위하여 온도선 $A_3 - A_1$보다 30~50[℃] 높은 온도로 가열한 후 급랭하는 것이다.

③ 완전풀림(Full Annealing)은 연성을 증가시키기 위하여 온도선 $A_3 - A_1$보다 30~50[℃] 높은 온도로 가열한 후 서랭하는 것이다.

④ 불림(Normalizing)은 결정 조직을 균일화시키기 위하여 온도선 $A_3 - A_{cm}$보다 30~50[℃] 낮은 온도로 가열한 후 공랭하는 것이다.

불림(Normalizing, 노멀라이징)은 주조나 소성가공에 의해 거칠고 불균일한 조직을 표준화 조직으로 만드는 열처리법으로 A_3 변태점 또는 A_{cm} 변태선보다 30~50[℃] 높게 가열한 후 공랭시켜 만든다.
① 뜨임은 A_1 변태점 이하의 온도에서 가열 후 적정 속도로 냉각시킨다.
② 담금질은 아공석강인 경우 A_3 변태점보다 30~50[℃] 높고, 과공석강인 경우 A_1 변태점보다 30~50[℃] 높은 온도로 가열 후 급랭시킨다.
③ 일반 풀림은 A_3 또는 A_{cm} 변태선보다 30~50[℃] 높고, 완전풀림은 A_3 또는 A_1 변태점보다 30~50[℃] 높은 온도로 가열 후 서랭한다.

09 내연기관 중 왕복형 기관만을 모두 고르면?

> ㄱ. 가스기관
> ㄴ. 가스터빈
> ㄷ. 압축착화기관

① ㄱ, ㄴ   ② ㄱ, ㄷ
③ ㄴ, ㄷ   ④ ㄱ, ㄴ, ㄷ

해설

내연기관을 크게 나누면 왕복형, 회전형, 분사추진형 기관으로 분류할 수 있는데, 왕복형 기관은 피스톤의 왕복운동을, 회전형 기관은 회전운동을 한다.
왕복형 기관에는 가스기관과 압축착화기관(디젤기관), 불꽃점화기관(가솔린기관) 등이 있고, 회전형 기관에는 가스터빈, 로터리기관이 있다.

가스터빈
압축기, 터빈, 연소실로 이루어진 내연기관으로 압축기에서 압축된 공기가 연소실에서 연료와 혼합되어 연소함으로써 고온 고압으로 팽창하는데, 이때 발생하는 힘으로 터빈을 구동해서 에너지를 얻는 열기관 사이클로 실제로는 개방 사이클로 이루어진다. 공기로 산소가 공급되며 냉각제의 역할도 한다. 브레이튼 사이클이 대표적이며 완전연소를 하므로 유해성분이 적게 배출되고 증기터빈에 비해 중량당 동력이 크다는 장점이 있다. 항공기나 선박, 발전기에 적용되고 있다.

10 연삭가공에 대한 설명으로 옳지 않은 것은?

① 입도의 숫자가 클수록 거친 숫돌이다.
② 거친 연삭에서는 연삭 깊이를 깊게 하여 가공한다.
③ 정밀 다듬질일수록 치밀한 조직의 숫돌을 사용한다.
④ 숫돌의 결합도가 낮으면 입자 탈락 현상이 발생하기 쉽다.

해설

입도란 숫돌 입자 크기를 숫자로 나타낸 것으로 연삭 가공면의 표면 정밀도를 결정하는 주요 요소이다.
입도번호가 클수록 더 고운 입자임을 나타내기 때문에 입도번호가 클수록 우수한 표면을 가진 제품을 얻을 수 있다.

• 연삭 숫돌의 입도번호

구 분	거친 연마용	일반 연마용	정밀 연마용
입도번호	4~220	230~1200	240~8000

• 체인전동장치
체인을 원동축과 종동축의 스프로킷에 걸어 동력을 전달하는 기계 장치

  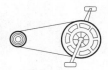

[체 인]   [스프로킷]   [체인전동장치]

11 동력전달용 기계요소에 대한 설명으로 옳지 않은 것은?

① 기어는 두 축이 평행하지 않을 때도 동력을 전달할 수 있다.
② 체인은 큰 동력을 고효율로 전달할 수 있지만 미끄럼이 발생한다.
③ 마찰차는 무단 변속장치로 사용할 수 있지만 큰 동력 전달에는 부적합하다.
④ 평벨트는 충격하중에 대해 안전장치 역할을 하지만 정확한 속도비를 얻을 수 없다.

해설

체인은 미끄럼이 발생하지 않는 동력전달장치로 일정한 속도비를 얻을 수 있다.

12 두줄나사를 같은 방향으로 2회전시켰을 때 축 방향으로 진행한 거리가 8[mm]이다. 나사의 피치[mm]는?

① 1　　　　　　② 2
③ 4　　　　　　④ 8

해설

리드(L) : 나사가 1회전했을 때 축 방향으로 이동한 거리로 $L=np$ 이다.

$L=n$(나사의 줄 수)$\times p$(피치)

여기서, 2회전 시 8[mm]를 이동했으면, 1회전 시 이동거리는 4[mm]가 된다.

이를 피치 구하는 식에 대입한다.

피치, $p=\dfrac{L}{n}=\dfrac{4[mm]}{2}=2[mm]$

13 운동용 나사의 종류로 옳은 것만을 모두 고르면?

```
ㄱ. 볼나사
ㄴ. 톱니나사
ㄷ. 관용나사
ㄹ. 유니파이나사
```

① ㄱ, ㄴ
② ㄱ, ㄹ
③ ㄴ, ㄷ
④ ㄷ, ㄹ

해설

체결용 나사 : 관용나사와 유니파이나사

14 그림과 같이 볼트의 머리 부분이 들어갈 수 있도록 단가공을 하는 가공 방법은?

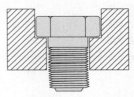

① 널링(Knurling)
② 태핑(Tapping)
③ 카운터 보링(Counter Boring)
④ 카운터 싱킹(Counter Sinking)

해설

카운터 보링은 작은 나사나 볼트의 머리가 공작물에 묻히도록 턱이 있는 구멍을 뚫는 작업이다.

드릴링 머신에 의한 가공의 종류

종 류	그 림	방 법
드릴링		드릴로 구멍을 뚫는 작업
리 밍		드릴로 뚫은 구멍의 정밀가공을 위해 리머공구로 구멍의 내면을 다듬는 작업
보 링		보링바이트로 이미 뚫린 구멍을 필요한 치수로 정밀하게 넓히는 작업
태 핑		구멍에 탭 공구로 암나사를 만드는 작업
카운터 싱킹		접시머리나사의 머리가 완전히 묻힐 수 있도록 원뿔 자리를 만드는 작업
스폿 페이싱		볼트나 너트 머리가 체결되는 바닥 표면을 편평하게 만드는 작업으로 구멍 주위를 평면으로 깎는 작업
카운터 보링		고정 볼트의 머리 부분이 완전히 묻힐 수 있도록 원형의 구멍을 뚫는 작업

15 미세하고 연한 입자로 된 숫돌을 공작물 표면에 낮은 압력으로 접촉시킨 후, 공작물의 회전운동과 숫돌의 미세한 진동으로 고정밀도의 다듬질 면을 얻는 정밀 입자가공은?

① 래핑(Lapping)

② 호닝(Honing)

③ 드레싱(Dressing)

④ 슈퍼피니싱(Super Finishing)

슈퍼피니싱 : 입도와 결합도가 작은 숫돌을 낮은 압력으로 공작물에 접촉하고 가볍게 누르면서 분당 수백~수천의 진동과 수 [mm]의 진폭으로 왕복운동하면서 공작물을 회전시켜 제품의 표면을 단시간에 매우 평활한 면으로 다듬질하는 가공법이다. 원통면과 평면, 구면을 미세하게 다듬질할 때 주로 사용한다.

① 래핑 : 주철이나 구리, 가죽, 천 등으로 만들어진 랩(Lap)과 공작물의 다듬질할 면 사이에 랩제를 넣고 적당한 압력으로 누르면서 상대운동을 하면, 절삭입자가 공작물의 표면으로부터 극히 소량의 칩(Chip)을 깎아내어 표면을 다듬는 가공법이다. 주로 게이지 블록의 측정 면을 가공할 때 사용한다.

② 호닝 : 드릴링, 보링, 리밍 등으로 1차 가공한 재료를 더욱 정밀하게 연삭하는 가공법으로 각봉 형상의 세립자로 만든 공구를 공작물에 스프링이나 유압으로 접촉시키면서 회전운동과 왕복운동을 동시에 주어 매끈하고 정밀한 제품을 만드는 가공법이다. 주로 내연기관의 실린더와 같이 구멍의 진원도와 진직도, 표면거칠기 향상을 위해 사용한다.

③ 드레싱 : 눈메움이나 눈무딤 발생 시 절삭성 향상을 위해 연삭숫돌 표면의 숫돌 입자를 제거하고, 새로운 절삭 날을 숫돌 표면에 생성시켜 절삭성을 회복시키는 작업이며, 이때 사용하는 공구를 드레서라고 한다.

16 (가), (나)에 들어갈 내용을 바르게 연결한 것은?

> (가) 은 끝에 다이아몬드가 부착된 추를 일정한 높이 h_0에서 시편의 표면에 낙하시켜 반발한 높이 h를 측정하는 방법이다. 이때, 경도를 구하는 식은 (나) 이다.

	(가)	(나)
①	쇼어(Shore) 경도 시험	$\frac{10000}{65} \times \frac{h}{h_0}$
②	로크웰(Rockwell) 경도 시험	$130 - 500(h_0 - h)$
③	쇼어(Shore) 경도 시험	$\frac{65}{10000} \times \frac{h}{h_0}$
④	로크웰(Rockwell) 경도 시험	$500 - 130(h_0 - h)$

쇼어 경도 시험은 다이아몬드 추를 일정한 높이(h_0)에서 시험편의 표면에 낙하시켜, 이 추의 반발 높이(h)를 측정해서 경도값을 구한다.

쇼어 경도 시험, $H_S = \frac{10,000}{65} \times \frac{h(\text{해머의 반발 높이})}{h_0(\text{해머의 낙하 높이})}$

17 제어밸브 중 압력제어밸브만을 모두 고르면?

> ㄱ. 체크밸브
> ㄴ. 감압밸브
> ㄷ. 릴리프밸브
> ㄹ. 슬라이드밸브

① ㄱ, ㄴ   ② ㄱ, ㄹ

③ ㄴ, ㄷ   ④ ㄷ, ㄹ

보기 중 압력제어밸브는 감압밸브, 릴리프밸브이다.
• 압력제어밸브 : 감압밸브, 릴리프밸브, 카운터밸런스밸브, 무부하밸브
• 유량제어밸브 : 교축밸브, 유량제어밸브
• 방향제어밸브 : 체크밸브, 슬라이드밸브, 셔틀밸브, 스풀밸브, 포핏밸브, 스톱밸브, 게이트밸브

18 탄소강에 첨가되는 합금 원소의 영향에 대한 설명으로 옳지 않은 것은?

① 니켈(Ni)은 내식성 및 강인성을 증가시킨다.

② 크로뮴(Cr)은 내열성, 내식성 및 내마멸성을 증가시킨다.

③ 텅스텐(W)은 연성을 증가시키고 전자기적 성질을 개선한다.

④ 몰리브덴(Mo)은 뜨임 취성을 방지하고 내식성을 증가시킨다.

해설

텅스텐(W)은 내마모성, 고온경도와 고온강도를 증가시키는 합금 원소이므로 연성은 반대로 감소한다.

19 공압기기의 특징에 대한 설명으로 옳지 않은 것은?

① 구조가 간단하고 취급이 용이하다.

② 힘과 속도를 쉽게 조절할 수 있다.

③ 효율이 높고 큰 힘을 낼 수 있다.

④ 균일한 작업 속도를 얻기가 어렵다.

해설

공압은 유압보다 효율은 낮고 큰 힘을 전달하기 어렵다. 그리고 저속에서 Stick Slip이 발생하여 일정한 속도도 얻기 힘든 단점을 갖는다.

20 자동차의 양호한 제동 상태를 유지할 수 있도록 브레이크 제동 압력을 전자 제어장치로 조절하는 제동 장치는?

① 밴드 브레이크(Band Brake)

② 드럼 브레이크(Drum Brake)

③ 블록 브레이크(Block Brake)

④ 잠김 방지 브레이크 시스템(ABS ; Anti-lock Brake System)

해설

ABS는 자동차에 장착되는 제동용 안전장치이다. 미끄러운 노면에서 자동차가 제동할 때 제동 상태를 유지할 수 있도록 제동 압력을 전자 제어장치로 조절한다.

① 밴드 브레이크 : 브레이크 드럼의 바깥 둘레에 강철 밴드를 감고 밴드의 끝이 연결된 레버를 잡아당겨 밴드와 브레이크 드럼 사이에 마찰력을 발생시켜서 제동력을 얻는 장치

② 드럼 브레이크 : 바퀴와 함께 회전하는 브레이크 드럼의 안쪽에 마찰재인 초승달 모양의 브레이크 패드(슈)를 밀착시켜 제동시키는 장치

③ 블록 브레이크 : 마찰 브레이크의 일종으로 브레이크 드럼에 브레이크 블록을 밀어 넣어 제동시키는 장치

2024년 지방직 기계일반

01 재료를 두드리거나 압착하면 얇고 넓게 펴지는 기계적 성질은?

① 전 성　　　　　② 소 성
③ 탄 성　　　　　④ 취 성

해설

전성은 재료에 외력을 가했을 때 넓게 펴지는 성질로 가단성이라고도 불린다. 전성(가단성)이 크면 큰 외력에도 쉽게 부러지지 않아서 단조가공의 난이도를 나타내는 척도로 사용된다.

② 소성 : 물체에 가한 힘을 제거해도 원래 형태로 되돌아가지 않고 변형된 상태로 남는 성질이다.
③ 탄성 : 물체에 가한 힘을 제거하면 원래의 형태로 되돌아가는 성질로 변형이 남지 않는다.
④ 취성 : 재료가 외력에 견디지 못하고 파괴되는 성질이다.

02 열가소성 수지(Thermoplastic Resin)에 해당하는 것만을 모두 고르면?

| ㄱ. 폴리에틸렌(Polyethylene) |
| ㄴ. 에폭시 수지(Epoxy Resin) |
| ㄷ. 페놀 수지(Phenol Resin) |
| ㄹ. 나일론(NJylon) |

① ㄱ, ㄴ　　　　　② ㄱ, ㄹ
③ ㄴ, ㄷ　　　　　④ ㄷ, ㄹ

해설

폴리에틸렌과 나일론은 열가소성 수지이다. 에폭시와 페놀 수지는 열경화성 수지에 속한다.

• 열가소성 수지 : 열을 가해 성형한 뒤에도 다시 열을 가하면 형태를 변형시킬 수 있는 수지
• 열경화성 수지 : 한 번 열을 가해 성형을 하면 다시 열을 가해도 형태가 변하지 않는 수지

합성수지의 종류 및 특징

종 류		특 징
열경화성 수지	요소수지	• 광택이 있다. • 착색이 자유롭다. • 건축재료, 성형품에 이용한다.
	페놀수지	• 전기절연성이 높다. • 베크라이트라고도 불린다. • 전기 부품재료, 식기, 판재, 무음기어, 프로펠러 등에 사용된다.
	멜라민 수지	• 내수성, 내열성이 있다. • 책상, 테이블판 가공에 이용한다.
	에폭시 수지	• 내열성, 전기절연성, 접착성이 우수하다. • 경화 시 휘발성 물질을 발생하고 부피가 수축된다.
	폴리에스테르	• 치수 안정성과 내열성, 내약품성이 있다. • 소형차의 차체, 선체, 물탱크 재료로 이용한다.
	거품 폴리우레탄	• 비중이 작고 강도가 크다. • 매트리스나 자동차의 쿠션, 가구에 이용한다.
열가소성 수지	폴리에틸렌	• 전기절연성, 내수성, 방습성이 우수하며 독성이 없다. • 연료 탱크나 어망, 코팅 재료로 이용한다.
	폴리프로필렌	• 기계적, 전기적 성질이 우수하다. • 가전제품의 케이스, 의료기구, 단열재로 이용한다.
	폴리염화비닐	• 내산성, 내알칼리성이 우수하다. • 텐트나 도료, 완구 제품에 이용한다.
	폴리비닐알코올	• 무색, 투명하며 인체에 무해하다. • 접착제나 도료에 이용한다.
	폴리스티렌	• 투명하고 전기절연성이 좋다. • 통신기의 전열재료, 선풍기 팬, 계량기판에 이용한다.
	폴리아미드 (나일론)	• 내식성과 내마멸성의 합성 섬유이다. • 타이어나 로프, 전선 피복재료로 이용한다.

정답 1 ① 2 ②

03 비철금속 재료만을 모두 고르면?

> ㄱ. 알루미늄   ㄴ. 마그네슘
> ㄷ. 세라믹   ㄹ. 아 연

① ㄱ
② ㄷ, ㄹ
③ ㄱ, ㄴ, ㄹ
④ ㄱ, ㄴ, ㄷ, ㄹ

해설

세라믹 재료는 비금속 재료에 속하므로 비철금속 재료는 아니다.
세라믹은 고온에서 소결한 것으로 1,200[℃]의 절삭열에도 경도
변화가 없는 신소재이다.

04 탄소강의 열처리에 대한 설명으로 옳지 않은 것은?

① 불림(Normalizing)을 하면 내부응력이 증가한다.
② 뜨임(Tempering)을 하면 인성이 증가한다.
③ 담금질(Quenching)을 하면 경도가 증가한다.
④ 풀림(Annealing)을 하면 연성이 증가한다.

해설

불림은 거칠고 불균일한 조직을 품질이 높은 표준화 조직으로 만들
기 때문에 내부응력은 감소한다.
기본 열처리 4단계
- 담금질(Quenching, 퀜칭) : 재료를 강하게 만들기 위하여 변태점
  이상의 온도인 오스테나이트 영역까지 가열한 후 물이나 기름
  같은 냉각제 속에 집어넣어 급랭시킴으로써 강도와 경도가 큰
  마르텐사이트 조직을 만들기 위한 열처리법이다.
- 뜨임(Tempering, 템퍼링) : 잔류응력에 의한 불안정한 조직을
  A_1변태점 이하의 온도로 재가열하여 원자들을 좀 더 안정적인
  위치로 이동시킴으로써 잔류응력을 제거하고 인성을 증가시키는
  위한 열처리법이다.
- 풀림(Annealing, 어닐링) : 강 속에 있는 내부응력을 제거하고
  재료를 연하게 만들기 위해 A_1변태점 이상의 온도로 가열한 후
  가열 노나 공기 중에서 서랭함으로써 강의 성질을 개선하기 위한
  열처리법이다.
- 불림(Normalizing, 노멀라이징) : 주조나 소성가공에 의해 거칠고
  불균일한 조직을 표준화 조직으로 만드는 열처리법으로 A_3변태점
  보다 30~50[℃] 높게 가열한 후 공랭시키는 열처리법이다.

05 나사의 용어 정의에 대한 설명에서 (가), (나)에 들어갈 내용을 바르게 연결한 것은?

> (가) ___은(는) 서로 인접한 나사산과 나사산 사이
> 의 축방향 거리를 말한다.
> (나) ___은(는) 나사의 바깥지름과 골지름의 평균
> 지름을 말한다.

	(가)	(나)
①	리 드	호칭지름
②	리 드	유효지름
③	피 치	호칭지름
④	피 치	유효지름

해설

나사의 피치는 나사산과 바로 인접한 나사산 사이의 거리 또는 골과
바로 인접한 골 사이의 거리를 말한다.
나사의 유효지름 : 나사의 바깥지름과 골지름 사이의 평균지름
- 나사의 리드 : 나사를 1회전시켰을 때 축 방향으로 이동한 거리
- 나사의 호칭지름 : 수나사의 바깥지름

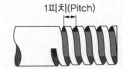

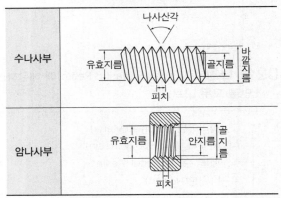

06 리드각 λ, 마찰각 ρ인 사각나사의 효율은?(단, 사각나사를 조이는 경우이고 자리면의 마찰은 무시한다)

① $\dfrac{\tan\lambda}{\tan\rho}$ ② $\dfrac{\tan\rho}{\tan\lambda}$

③ $\dfrac{\tan\rho}{\tan(\lambda+\rho)}$ ④ $\dfrac{\tan\lambda}{\tan(\lambda+\rho)}$

해설

사각나사의 효율, $\eta = \dfrac{\text{마찰이 없는 경우의 회전력}}{\text{마찰이 있는 경우의 회전력}} = \dfrac{pQ}{2\pi T}$

$= \dfrac{Ql}{2\pi pr} = \dfrac{\tan\lambda}{\tan(\lambda+\rho)}$

위 식에서 p : 나사의 피치

Q : 축방향 하중

l : 나사의 회전당 전진길이(리드)

r : 유효 반지름

07 유연 커플링(Flexible Coupling)의 종류에 해당하지 않는 것은?

① 고무(Rubber) 커플링

② 체인(Chain) 커플링

③ 플랜지(Flange) 커플링

④ 기어(Gear) 커플링

해설

플랜지 커플링은 고정 커플링에 속한다. 유연 커플링(플렉시블)은 고무 커플링, 체인 커플링, 기어 커플링, 유체 커플링이 있다.

08 나사의 풀림방지 방법으로 옳지 않은 것은?

① 캡 너트(Cap Nut) 사용

② 로크 너트(Lock Nut) 사용

③ 분할 핀(Split Pin) 사용

④ 스프링 와셔(Spring Washer) 사용

해설

캡 너트는 유체의 누출 방지를 위해 사용한다. 나사의 풀림방지용으로는 사용하지 않는다.

나사의 풀림방지법

• 철사를 사용하는 방법

• 와셔를 사용하는 방법(스프링 와셔, 고정 와셔 등)

• 분할 핀을 사용하는 방법

• 로크 너트를 사용하는 방법

• 멈춤나사를 이용하는 방법

• 자동 죔 너트를 사용하는 방법

• 플라스틱 플러그를 사용하는 방법

[캡 너트]

09 두 축이 평행한 기어의 종류는?

① 웜기어(Worm Gear)

② 스퍼기어(Spur Gear)

③ 베벨기어(Bevel Gear)

④ 하이포이드기어(Hypoid Gear)

해설

두 축이 평행할 때 사용하는 기어는 스퍼기어이다.

기어의 종류

구 분	명칭 및 형상			
두 축이 평행한 기어	스퍼기어	내접기어	헬리컬 기어	랙과 피니언기어
두 축이 교차하는 기어	베벨기어	스파이럴 베벨기어	마이터기어	
두 축이 나란하지도 교차하지도 않는 기어	하이포이드기어	웜과 웜휠기어	나사기어	페이스기어

10 두 개의 회전하는 롤러(Roller) 사이에 재료를 통과시켜 단면적 또는 두께를 감소시키는 소성가공은?

① 압 출
② 압 연
③ 인 발
④ 전 조

해설

압연은 소성변형이 비교적 잘 되는 금속재료를 두 개나, 그 이상의 롤러 사이를 통과시켜 단면적이나 두께를 감소시켜서 판재나 형재, 관(Pipe) 등의 제품을 만드는 가공법이다.
① 압출 : 선재나 관재 그리고 다양한 형상의 단면 제품을 제조할 때 가열된 재료를 용기 안에 넣고 램이나 플런저로 재료를 높은 압력으로 다이 구멍 쪽으로 밀어내면 재료가 다이를 통과하면서 제품이 만들어지는 소성가공법이다.
③ 인발 : 다이 구멍 안에 있는 금속재료를 구멍 밖으로 잡아당겨 단면적을 줄이면서 선이나 봉, 관 등의 제품을 뽑아내는 가공법이다.
④ 전조 : 재료를 다이로 눌러서 나사산과 같은 형상을 만드는 성형가공법으로 전연성을 이용한다.

11 용접의 종류 중 압접(Pressure Welding)에 해당하는 것은?

① 납 땜
② 가스 용접
③ 전기저항 용접
④ 아크(Arc) 용접

해설

압접은 저항용접의 일종으로 접합 부위를 녹기 직전까지 가열한 후 압력을 가해 접합하는 기술이다.

용접법의 종류

- 용접
  - 용접
    - 아크용접
      - 용극식
        - SMAW(피복금속 아크용접)
        - MIG(불활성가스금속 아크용접)
        - CO_2(탄산가스 아크용접)
        - STUD(스터드용접)
        - SAW(서브머지드 아크용접), 잠호용접
      - 비용극식
        - TIG(불활성가스 텅스텐 아크용접)
        - 탄소 아크용접
        - 원자수소용접
        - 플라스마 아크용접
    - 가스용접
      - 산소-아세틸렌가스용접
      - 산소-프로판가스용접
      - 산소-수소가스용접
      - 공기-아세틸렌가스용접
    - 기타 특수용접
      - Termit(테르밋용접)
      - LBW(레이저빔용접)
      - EBW(전자빔용접)
      - 일렉트로슬래그용접
  - 압접
    - 가열식(저항용접)
      - 겹치기 저항용접
        - Spot(점용접)
        - Seam(심용접)
        - 프로젝션용접
      - 맞대기 저항용접
        - 업셋용접
        - 플래시버트용접
        - 방전충격용접
    - 비가열식
      - 초음파용접
      - 확산용접
      - 마찰용접
      - 냉간용접
  - 납땜
    - 경납땜
    - 연납땜

12 절삭가공에서 선반작업의 종류에 해당하지 않는 것은?

① 래핑(Lapping)
② 외경절삭(Turning)
③ 나사절삭(Threading)
④ 테이퍼절삭(Taper Turning)

해설

래핑은 정밀입자가공의 일종으로 평면가공에 속한다. 따라서 선반으로는 작업이 불가능하다.

외경가공(절삭)	나사가공	테이퍼가공

래핑가공 : 주철이나 구리, 가죽, 천 등으로 만들어진 랩(Lap)과 공작물의 다듬질할 면 사이에 랩제를 넣고 적당한 압력으로 누르면서 상대운동을 하면, 절삭입자가 공작물의 표면으로부터 극히 소량의 칩(Chip)을 깎아내어 표면을 다듬는 가공법이다. 주로 게이지 블록의 측정 면을 가공할 때 사용한다.

13 용접 결함의 종류에 해당하지 않는 것은?

① 기공(Blow Hole)

② 편석(Segregation)

③ 오버랩(Overlap)

④ 언더컷(Undercut)

해설

편석은 금속이 응고할 때 처음 응고되는 부분과 나중에 응고되는 부분과의 성분상 차이인 조성이 불균형인 불량으로 직접적인 용접 불량에 속하지는 않는다.

14 선삭가공에서 3개의 조(Jaw)가 동시에 움직이며 원형단면봉 또는 육각단면봉 등의 물림에 적합한 척 (Chuck)은?

① 단동척(Independent Chuck)

② 연동척(Universal Cchuck)

③ 콜릿척(Collet Chuck)

④ 전자척(Magnetic Chuck)

해설

연동척		3개의 조(Jaw)가 120° 간격으로 배치되어 있으며, 조가 동일한 방향으로 동일한 크기로 동시에 움직여서 원형이나 삼각, 육각 제품의 가공에 적합하다.
단동척		4개의 조가 90° 간격으로 배치되어 있으며, 척핸들로 조의 끝부분과 척의 측면이 만나는 곳에 만들어진 4개의 구멍을 이용해서 각각의 조를 움직여서 공작물을 고정시킨다.

15 소성가공의 종류에 해당하는 것은?

① 단조   ② 선삭

③ 주조   ④ 보링(Boring)

해설

단조는 재료에 충격을 가해 변형시키는 가공법으로 전연성을 이용한 소성가공법의 일종이다.

소성가공 : 금속재료에 외력을 가함으로써 형태를 변화시켜 다양한 형상의 제품을 만드는 가공방법으로 그 종류에는 압연, 단조, 인발, 프레스가공 등이 있다. 소성의 반대말은 탄성이다.

※ 탄성 : 재료에 외력을 가한 뒤 힘을 제거하면 다시 원래의 상태로 되돌아오는 성질

16 연삭가공에서 연삭숫돌의 3요소에 해당하지 않는 것은?

① 칩(Chip)

② 기공(Pore)

③ 결합제(Bond)

④ 숫돌입자(Abrasive Grain)

해설

연삭숫돌의 3요소
- 숫돌입자(Abrasive Grain)
- 기공(Pore)
- 결합제(Bond)

17 밀링가공에서 밀링커터의 지름이 D[mm], 밀링커터의 회전수가 N[rpm]인 경우 절삭속도 V[m/min]는?

① $\dfrac{\pi \times D \times N}{1{,}000}$

② $\dfrac{1{,}000}{\pi \times D \times N}$

③ $\dfrac{\pi \times D}{1{,}000 \times N}$

④ $\dfrac{\pi \times N}{1{,}000 \times D}$

해설

절삭속도(v) 구하는 식

$$v = \frac{\pi d n}{1{,}000}$$

여기서 v : 절삭속도[m/min]

$\quad\quad\ d$: 공작물의 지름[mm]

$\quad\quad\ n$: 주축 회전수[rpm]

18 펌프의 종류 중 용적형 펌프에 해당하지 않는 것은?

① 기어펌프   ② 터빈펌프
③ 베인펌프   ④ 피스톤펌프

해설

터빈펌프는 비용적형 펌프에 속한다.
유압펌프의 종류

종 류		분 류
용적형 펌프	회전펌프	• 기어펌프 • 나사펌프 • 베인펌프
	피스톤펌프	• 회전피스톤펌프 • 왕복동 펌프
비용적형 펌프 (터보형 펌프)	원심펌프	• 볼류트펌프 • 터빈펌프
	축류펌프	
	혼유형 펌프	

19 디젤기관의 노크(Knock) 현상을 저감하기 위한 방법으로 옳지 않은 것은?

① 압축비를 크게 한다.
② 실린더 체적을 크게 한다.
③ 착화지연시간을 짧게 한다.
④ 연소실 벽의 온도를 낮게 한다.

해설

디젤 노크의 방지대책은 연소실 벽인 실린더 외벽의 온도를 높게 하면 된다.
디젤 노크의 방지대책
• 실린더 체적을 크게 한다.
• 압축비와 세탄가를 높게 한다.
• 착화지연기간을 짧게 한다.
• 엔진의 회전속도와 착화온도를 낮게 한다.
• 흡기온도와 실린더 외벽의 온도를 높게 한다.

20 드릴가공의 종류에 대한 설명에서 (가), (나)에 들어갈 내용을 바르게 연결한 것은?

> (가) ___은(는) 공작물의 구멍 내부에 암나사를 가공하는 작업을 말한다.
> (나) ___은(는) 접시머리나사를 사용할 구멍에 나사머리가 들어갈 부분을 원추형으로 가공하는 작업을 말한다.

    (가)   (나)
① 리밍(Reaming)   카운터보링(Counter Boring)
② 리밍(Reaming)   카운터싱킹(Counter Sinking)
③ 태핑(Tapping)   카운터보링(Counter Boring)
④ 태핑(Tapping)   카운터싱킹(Counter Sinking)

해설

태핑은 구멍 내부에 암나사를 가공하는 방법이다. 카운터싱킹은 접시머리나사의 머리가 완전히 묻힐 수 있도록 원뿔 자리를 만드는 작업이다.
드릴링 가공의 종류

종 류	그 림	방 법
드릴링		드릴로 구멍을 뚫는 작업
리 밍		드릴로 뚫은 구멍의 정밀도 향상을 위하여 리머공구로 구멍의 내면을 다듬는 작업
보 링		보링바이트로 이미 뚫린 구멍을 필요한 치수로 정밀하게 넓히는 작업
태 핑		탭 공구로 구멍에 암나사를 만드는 작업
카운터 싱킹		접시머리나사의 머리가 완전히 묻힐 수 있도록 원뿔 자리를 만드는 작업
스폿 페이싱		볼트나 너트의 머리가 체결되는 바닥 표면을 편평하게 만드는 작업
카운터 보링		고정 볼트의 머리 부분이 완전히 묻히도록 원형으로 구멍을 뚫는 작업

2024년 서울시 제1회 기계일반

01 표면경화를 위한 열처리 방법이 아닌 것은?

① 침탄법(Carburizing)
② 질화법(Nitriding)
③ 템퍼링(Tempering)
④ 고주파경화법(Induction Hardening)

해설

템퍼링(Tempering, 뜨임)은 재료의 내부와 외부를 모두 열처리하는 전체 열처리법에 속한다.

① 침탄법 : 순철에 0.2[%] 이하의 C가 합금된 저탄소강을 목탄과 같은 침탄제 속에 완전히 파묻은 상태로 약 900~950[℃]로 가열하여 재료의 표면에 C(탄소)를 침입시켜 고탄소강으로 만든 후 급랭시킴으로써 표면을 경화시키는 열처리법이다. 기어나 피스톤핀을 표면경화할 때 주로 사용된다.

② 질화법 : 암모니아(NH₃)가스 분위기(영역) 안에 재료를 넣고 500[℃]에서 50~100시간을 가열하면 재료표면에 Al, Cr, Mo 원소와 함께 질소가 확산되면서 강 재료의 표면을 경화시키는 열처리법이다. 내연기관의 실린더 내벽이나 고압용 터빈날개를 표면경화할 때 주로 사용된다.

④ 고주파경화법 : 고주파 유도전류로 강(Steel)의 표면층을 급속 가열한 후 급랭시키는 방법으로 가열시간이 짧고, 피가열물에 대한 영향을 최소로 억제하며 표면을 경화시키는 표면경화법. 고주파수는 소형 제품이나 깊이가 얕은 담금질 층을 얻고자 할 때, 낮은 주파수는 대형 제품이나 깊은 담금질 층을 얻고자 할 때 사용한다.

02 2개 이상의 판재를 영구적으로 결합시키는 기계요소인 리벳(Rivet)에 대한 설명으로 가장 옳은 것은?

① 리벳 구멍은 일반적으로 리벳의 지름보다 1~1.5[mm] 정도 작게 뚫는다.
② 리벳의 길이는 일반적으로 지름의 5배 이하로 한다.
③ 리벳 효율은 리벳의 전단강도와 구멍이 있는 강판의 인장강도에 대한 비이다.
④ 기밀을 필요로 할 때는 리벳 작업이 끝난 후 리벳 머리의 주위와 강판의 가장자리를 정과 같은 공구로 두드리는 풀러링 작업을 한다.

해설

리벳의 길이(l)는 일반적으로 지름(D)의 5배 이하로 해야 한다.

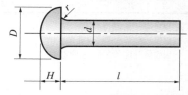

① 리벳 구멍은 일반적으로 리벳 지름보다 1~1.5[mm] 크게 뚫는다.
③ 리벳 강판의 효율은 구멍이 있을 때의 인장응력과 구멍이 없을 때의 인장응력의 비이다.
④ 기밀 및 수밀을 위해 작업 후 리벳 머리 주위와 강판의 가장자리를 정과 같은 공구로 두드리는 작업은 코킹이다.

리벳(Rivet) : 판재나 형강을 영구적으로 이음을 할 때 사용되는 결합용 기계요소로 구조가 간단하고 잔류변형이 없어서 기밀을 요하는 압력용기나 보일러, 항공기, 교량 등의 이음에 주로 사용된다. 간단한 리벳 작업은 망치도 가능하나, 큰 강도를 요하는 곳을 리벳 이음 하기 위해서는 리베팅 장비가 필요하다.

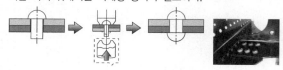

03 이산화탄소를 저장하기 위해 구형의 용기(Tank)가 사용된다. 용기의 안지름은 2[m], 벽의 두께는 2[mm]이며 용기 재료에서 사용되는 응력이 100[MPa]라면 허용되는 용기의 최대 내부 압력값[kPa]은?

① 200
② 400
③ 600
④ 800

해설

구형 압력용기 내부에 걸리는 최대압력은 압력용기에서 축 방향으로 작용하는 응력과 같다.

내부압력, $\sigma = \dfrac{PD}{4t}$

$$P = \dfrac{4t\sigma}{D}$$
$$= \dfrac{4 \times 0.002[\text{m}] \times 100[\text{MPa}]}{2[\text{m}]}$$
$$= \dfrac{4 \times 2[\text{m}] \times 100[\text{kPa}]}{2[\text{m}]}$$
$$= 400[\text{kPa}]$$

내압용기의 하중 방향에 따른 응력

원주 방향 응력	축(길이) 방향 응력 / 구형 내압용기
$\sigma = \dfrac{PD}{2t}$	$\sigma = \dfrac{PD}{4t}$

여기서, 압력용기의 내경 : D
압력용기의 두께 : t
압력용기에 작용하는 내압 : P

04 지름 0.2[m]인 도르래의 원주에 2[kN]의 힘이 작용하여 300[rpm]의 회전속도로 동력을 전달할 때 회전축에 걸리는 모멘트[N·m]와 전달동력[kW]의 값은?(단, π는 3으로 한다)

	모멘트	전달동력
①	200	3
②	200	6
③	400	6
④	400	12

해설

모멘트, $M = F \times r$
$$= 2{,}000[\text{N}] \times 0.1[\text{m}]$$
$$= 200[\text{N} \cdot \text{m}]$$

전달동력, $P = T \times w$
$$= (F \times r) \times \dfrac{2\pi N}{60}$$
$$= (2{,}000[\text{N}] \times 0.1[\text{m}]) \times \dfrac{2 \times 3 \times 300[\text{rpm}]}{60[\text{s}]}$$
$$= 200[\text{N}] \times 30[\text{m/s}]$$
$$= 6[\text{kN}] \cdot [\text{m/s}]$$
$$= 6[\text{kW}]$$

05 〈보기〉에서 단인공구를 사용하는 공작기계를 모두 고른 것은?

┌ 보기 ┐
ㄱ. 선 반   ㄴ. 플레이너
ㄷ. 셰이퍼
└─────────────┘

① ㄱ, ㄴ
② ㄱ, ㄷ
③ ㄴ, ㄷ
④ ㄱ, ㄴ, ㄷ

해설

단인공구란 공구의 인선, 즉 절삭날이 하나인 공구이다. 주로 선삭이나 형삭, 평삭에 사용하므로 선반, 플레이너, 셰이퍼 가공이 이에 속한다. 다인공구는 절삭날이 여러 개인 것으로 리밍, 브로칭, 드릴링 가공이 속한다.

단인공구	다인공구

06 두 박판의 일부분을 함께 포개 접어 결합시키는 기계적 이음 공정은?

① 시밍(Seaming)
② 스티칭(Stitching)
③ 크림핑(Criming)
④ 스냅인 체결구(Snap-in Fasteners)

해설

시밍(Seaming)은 두 개의 판재 일부분을 서로 포개 접은 후 힘을 가해 결합시키는 작업이다.

- 스티칭 : 주로 봉제작업에 사용하는 결합 방식으로 다양한 무늬가 사용된다.
- 크림핑 : 병뚜껑같이 제품의 가장자리에 압착을 가하면서 오므리면서 결합시키는 작업이다.
- 스냅인 체결구 : 손목 힘으로 체결하는 기구이다.

스티칭	크림핑	스냅인 체결구

07 피치원 지름이 132[mm], 잇수가 24인 평기어의 원주 피치값[mm]은?(단, π는 3으로 한다)

① 15.5
② 16
③ 16.5
④ 17

해설

원주피치는 피치원지름상에서 인접기어의 같은 위치 간 거리이다. 기어의 치형 설계와 맞물림 관계에서 중요한 요소로 두 기어가 원활히 작동하려면 맞물리는 기어들의 원주피치가 동일해야 한다.

원주피치, $p = \dfrac{\pi D}{Z}$

$= \dfrac{3 \times 132[\text{mm}]}{24}$

$= 16.5[\text{mm}]$

08 〈보기〉의 스프링 백(Spring Back)에 대한 설명으로 옳은 것을 모두 고른 것은?

┤보기├

ㄱ. 재료의 탄성한도가 높을수록 스프링 백은 커진다.
ㄷ. 판 두께에 대한 굽힘반지름의 비가 클수록 스프링 백은 커진다.
ㄷ. V형 굽힘가공 시 펀치 끝에 돌기를 설치하여 가공하면 스프링 백이 줄어든다.

① ㄱ, ㄴ
② ㄱ, ㄷ
③ ㄴ, ㄷ
④ ㄱ, ㄴ, ㄷ

해설

스프링 백은 재료를 굽혔을 때 복원되는 정도를 나타내는 성질로 탄성한도가 높을수록, 판 두께에 대한 굽힘반지름의 비가 클수록 스프링 백은 커진다. 반면 V형 굽힘 시 펀치에 돌기를 설치하면 반대로 작아진다.

스프링 백(탄성복원) : 소성재료의 굽힘가공에서 재료를 굽힌 후 외력을 제거하면 원상태로 복원되려는 성질로서 물체를 변형시킨 후 물체 내부에 탄성이 어느 정도 남아 있느냐에 따라 그 크기가 결정되는데 이는 물체의 복원력에 비례한다. 예를 들어 탄성 영역에서는 모든 재료의 복원력은 100[%]이나 찰흙 반죽은 표면을 누른 후 힘을 제거해도 복원되지 않으므로 스프링 백은 거의 발생하지 않는다.

스프링 백

09 펌프에서 발생하는 여러 가지 현상 중 〈보기〉의 설명에 해당하는 것은?

┌ 보기 ┐
펌프의 송출 밸브가 열린 상태에서 펌프를 정지시키면 관 속에 흐르는 유체의 속도가 변화하게 되어 관로에 급격히 압력이 높아지는 부분이 생기며, 이 고압 부분은 관로 속에서 압력파가 되어 반복하며 왕복하게 된다.
└─────┘

① 공동현상(Cavitation)
② 맥동현상(Surging)
③ 노킹현상(Knocking)
④ 수격현상(Water Hammer)

해설
수격현상은 유체 관로 내부의 압력변화로 유체의 유동이 고르지 못하고 울컥거림이 발생하는 현상이다.
① 공동현상(Cavitation) : 유동하는 유체의 속도변화에 의해 압력이 낮아지면 포화증기압도 함께 낮아지면서 유체 속에 녹아 있던 기체가 분리되어 유체 내부에 기포가 발생하고, 이 기포가 관벽이나 날개에 부딪치면서 소음과 진동이 발생하는 현상. 유체의 증기압보다 낮은 압력이 발생하는 펌프 주위에서 주로 발생한다.
② 맥동현상(=서징) : 펌프 운전 중 압력계의 눈금이 주기적이며 큰 진폭으로 흔들림과 동시에 토출량도 변하면서 흡입과 토출배관에서 주기적으로 진동과 소음을 동반하는 현상이다.
③ 노킹현상 : 내연기관 자동차의 엔진 연소과정에서 연소실 내부의 이상폭발 현상이다. 연소 후반부에 미연소가스의 급격한 자기연소에 의한 충격파가 실린더 내부의 금속을 타격하는 현상으로 노킹이 발생하면 실린더 내의 압력이 급상승함으로써 스파크플러그나 피스톤, 실린더헤드, 크랭크축의 손상을 가져오며 출력저하를 가져오므로 옥탄가가 높은 연료를 사용해야 한다.

10 니형(Column-and-knee Type) 밀링머신에 대한 설명으로 가장 옳지 않은 것은?

① 수직형 밀링머신은 아버 없이 밀링커터를 주축에 장착한다.
② 새들은 작업대를 지지하며 종방향으로 움직인다.
③ 오버암은 주로 수직형 밀링머신에서 쓰인다.
④ 니는 새들을 지지하며 절삭깊이 조절 및 다양한 높이를 가진 공작물의 가공이 가능하도록 수직 방향으로 움직인다.

해설
니형 밀링머신이란 니(Knee) 구조가 있어서 상하로 움직일 수 있는 장치가 있는 것으로 수직, 수평, 유니버설 밀링머신이 이에 속한다. 오버암은 수평형 밀링머신에 있는 장치이다.

수직밀링머신	수평밀링머신

11 길이가 L, d인 원형봉에 토크 T를 가했을 때 생기는 비틀림각을 θ라고 하자. 이 원형봉의 길이를 잘라 절반으로 줄이고 토크도 절반으로 줄여 가한다면 비틀림각은?

① 0.25θ ② 0.5θ
③ 0.75θ ④ θ

해설
중실축의 비틀림각 구하는 공식을 이용한다.

축의 비틀림각 $\theta = \dfrac{T \cdot L}{G \cdot I_P} = \dfrac{T \cdot L}{G \cdot \dfrac{\pi d^4}{32}} = \dfrac{32 T \cdot L}{G \cdot \pi d^4}$

위 비틀림각(θ) 공식에서 원형봉의 길이(L)와 토크(T)를 모두 $\dfrac{1}{2}$로 줄인 후 비례식으로 정리한다.

$\dfrac{32 T \cdot L}{G \cdot \pi d^4} : \dfrac{\dfrac{32 T}{2} \cdot \dfrac{L}{2}}{G \cdot \pi d^4}$

$32 T \cdot L : 16 T \cdot \dfrac{L}{2}$

$32 TL : 8 TL$

$1\,TL : 0.25\,TL$

따라서 정답은 0.25θ가 된다.
비틀림각(θ) 구하는 식

$\theta = \dfrac{T \cdot L}{G \cdot I_P} = \dfrac{T \cdot L}{G \cdot \dfrac{\pi d^4}{32}} = \dfrac{32 T \cdot L}{G \cdot \pi d^4}$

여기서 I_P : 극단면 2차 모멘트, $I_P = \dfrac{\pi d^4}{32}$

12 재료의 경도를 측정하기 위한 시험방법이 아닌 것은?

① 브리넬 시험(Brinell Test)

② 누프 시험(Knoop Test)

③ 크리프 시험(Creep Test)

④ 듀로미터(Durometer)

크리프 시험은 보일러용 파이프나 증기 터빈의 날개와 같이 장시간 고온에서 하중을 받는 기계 구조물의 파괴를 방지하기 위해 고온에서의 재료 안정성을 평가하는 시험이다. 경도 측정과는 거리가 멀다.

① 브리넬 시험 : 강구를 압입자로 사용한다. 압입자인 강구에 일정량의 하중을 걸어 시험편의 표면에 압입한 후, 압입 자국의 표면적 크기와 하중의 비로 경도를 측정한다.

② 누프 경도 시험 : 매우 작은 부품이나 박막, 세라믹 등 단단한 재료의 미세한 경도를 비대칭의 다이아몬드 피라미드 압입자로 1[g]~1[kg]의 초소형 하중을 측정하는 시험법이다.

④ 듀로미터 : 고무나 플라스틱 등 폴리머 재료의 탄성 및 경도를 측정하는 시험법으로 둥근 입자를 압입자로 1~10[kg]의 하중으로 측정하며 경도값은 0~100 사이이다.

13 나사의 제도에 대한 설명으로 가장 옳은 것은?

① 암나사의 골지름은 가는 실선으로 그린다.

② 수나사의 바깥지름은 굵은 실선으로 그린다.

③ 수나사의 불완전나사부 경계는 가는 실선으로 그린다.

④ 수나사의 호칭지름은 수나사의 유효지름으로 표시한다.

수나사의 바깥지름과 암나사의 골지름은 굵은 실선으로 그린다.

① 암나사의 골지름 : 굵은 실선

③ 수나사의 불완전나사부 경계 : 굵은 실선

④ 수나사의 호칭지름 : 수나사의 바깥지름

14 각속도 50[rad/s]로 회전하던 원판이 일정한 직가속도로 각속도가 증가하여 5초 후 각속도가 200[rad/s]가 되었다. 직가속도의 값[rad/s^2]은?

① 30

② 35

③ 40

④ 45

직가속도, $\alpha = \dfrac{\triangle w}{\triangle t} = \dfrac{w_2 - w_1}{5[\mathrm{s}]} = \dfrac{200[\mathrm{rad/s}] - 50[\mathrm{rad/s}]}{5[\mathrm{s}]}$

$= \dfrac{150[\mathrm{rad}]}{5[\mathrm{s}^2]} = 30[\mathrm{rad/s}^2]$

15 피치가 1[mm]인 2줄 수나사를 여러 번 회전하여 이 수나사가 축 방향으로 10[mm] 이동한다면, 이 수나사의 회전수는?

① 4

② 5

③ 10

④ 20

• 주어진 조건 1 : 2줄 나사이고 피치가 1[mm]이므로 이 수나사의 리드, $L = 2$[mm]이다.

• 주어진 조건 2 : 10[mm] 이동했다면, 이 수나사는 5회전한 것이다.

리드(L) : 나사가 축 방향으로 이동한 거리이다.

$L = n$(나사의 줄 수) $\times p$(피치)

16 직교절삭 가공 공정에서 공구의 경사각은 30°, 절삭 깊이는 0.5[mm], 절삭 후 측정한 칩 두께는 1.0[mm]이다. 공구동력계를 이용하여 측정한 주분력과 배분력이 각각 500[N]과 200[N]일 때 총 절삭에너지에 대한 공구-칩 접촉면에서의 마찰력 극복에 소산된 에너지의 비율[%]은?(단, $\sqrt{3} = 1.74$로 한다)

① 32.0
② 42.3
③ 58.5
④ 67.4

※ 이 문제는 난이도가 매우 높은 문제로, 전공 서적 중 Kalpakjian 공업재료가공학의 칩형성역학에서 유사 문제를 찾아볼 수 있다. 마찰극복에 사용된 에너지 비율 구하는 공식은 아래와 같다.

$$\frac{마찰에너지}{총에너지} = \frac{마찰력(F) \times 절삭비(r)}{주분력(F_c)}$$

이 문제에서는 아래 식을 활용한다.

① F_c : 주분력, $F_c = R\cos(\beta - \alpha)$
② F_t : 배분력, $F_t = R\sin(\beta - \alpha)$
③ F : 마찰력, $F = R\sin\beta$
④ 합성력, $R = \sqrt{F_c^2 + F_t^2}$
$\quad = \sqrt{250,000 + 40,000}$
$\quad = \sqrt{290,000}$
$\quad = 538.5$
⑤ 절삭비, $r = \dfrac{절삭깊이(t_o)}{칩두께(t_c)} = \dfrac{0.5}{1} = 0.5$
⑥ 주분력 공식을 이용하여 마찰각(β)을 구한다.
$\quad F_c = R\cos(\beta - \alpha)$
$\quad 500 = 538.5\cos(\beta - 30°)$
$\quad \cos(\beta - 30°) = \dfrac{500}{538.5}$
$\quad \cos(\beta - 30°) = 0.9285$
$\quad \beta = 51.8°$

위 식들을 이용하여 최종 마찰극복에 사용된 에너지 비율을 구한다.

$$\frac{마찰에너지}{총에너지} = \frac{마찰력(F) \times 절삭비(r)}{주분력(F_c)}$$
$$= \frac{R\sin\beta \times 0.5}{500}$$
$$= \frac{538.5 \times \sin51.8° \times 0.5}{500}$$
$$= 0.4231$$

위 값을 백분율로 변경하면 약 42.3%이다.

17 표면조도를 조절하는 마무리 공정이 아닌 것은?

① 호닝(Honing)
② 래핑(Lapping)
③ 스피닝(Spinning)
④ 와이어브러싱(Wire Brushing)

스피닝은 선반으로 원형의 제품을 만드는 가공법으로 마무리 공정에 속하지 않는다.

스피닝 가공(Spinning) : 선반의 주축에 제품과 같은 형상의 다이를 장착한 후 심압대로 소재를 다이와 밀착시켜 함께 회전시키면서 강체 공구나 롤러로 소재의 외부를 강하게 눌러서 축에 대칭인 원형의 제품을 만드는 박판(얇은 판) 성형가공법이다. 탄소강 판재로 이음매 없는 국그릇이나 알루미늄 주방용품을 소량 생산할 때 사용하는 가공법으로 보통 선반과 작업방법이 비슷하다.

18 역카르노 사이클 냉동기에서 증발기의 온도가 −23[℃], 응축기의 온도가 27[℃]일 때, 이 냉동기의 성적계수는?

① 4.0
② 4.5
③ 5.0
④ 5.5

성적계수(성능계수)란 냉동기의 냉동효과를 나타내는 기준이 되는 수치이다.

• 냉동기의 성적계수, $\varepsilon_r = \dfrac{증발기}{응축기 - 증발기}$
$\quad = \dfrac{(273 + 23)\text{K}}{(273 + 27)\text{K} - (273 + (-23))\text{K}}$
$\quad = \dfrac{250\text{K}}{50\text{K}} = 5$

• 냉동사이클의 성적계수, $\varepsilon_r = \dfrac{저온체에서 흡수한 열량}{공급열량}$
$\quad = \dfrac{Q_2}{Q_1 - Q_2}$
$\quad = \dfrac{T_1}{T_1 - T_2}$
$\quad = \dfrac{증발기}{응축기 - 증발기}$

19 4행정 사이클 가솔린 기관에서 각 행정별 밸브의 개폐 상태로 가장 옳지 않은 것은?

행 정	흡입 밸브	배기 밸브
① 폭 발	닫 힘	닫 힘
② 압 축	닫 힘	닫 힘
③ 흡 입	열 림	닫 힘
④ 폭 발	열 림	열 림

해설

4행정 가솔린 사이클은 흡입 → 압축 → 폭발 → 배기의 순서로 4행정의 과정 동안 크랭크축이 2회전하며 동력을 발생시킨다. 배기 행정 시 흡입 밸브는 닫히면서 배기 밸브는 열린다.

행정 순서	흡입(흡기) 밸브	배기 밸브
흡 입	열 림	닫 힘
압 축	닫 힘	닫 힘
폭 발	닫 힘	닫 힘
배 기	닫 힘	열 림

• 2행정 기관은 크랭크축 1회전 시 피스톤은 상·하로 2번(행정) 움직이며 사이클을 완성하는 기관이다.
• 4행정 기관은 크랭크축 2회전 시 피스톤은 상·하로 4번(행정) 움직이며 사이클을 완성하는 기관이다.

20 기하공차의 기호와 종류를 옳게 짝지은 것은?

① ⊕ = 동심도
② ↗ = 원주 흔들림
③ ◎ = 진원도
④ ⌓ = 대칭도

해설

① 위치도
③ 동축도(동심도)
④ 면의 윤곽도
기하공차의 종류 및 기호

형 체		공차의 종류	기 호
단독 형체	모양 공차	진직도	—
		평면도	▱
		진원도	○
		원통도	⌀
		선의 윤곽도	⌒
		면의 윤곽도	⌓
관련 형체	자세 공차	평행도	∥
		직각도	⊥
		경사도	∠
	위치 공차	위치도	⊕
		동축도(동심도)	◎
		대칭도	=
	흔들림 공차	원주 흔들림	↗
		온 흔들림	↗↗

2024년 서울시 제2회 기계일반

01 열간압출에 비해 냉간압출이 갖는 장점으로 가장 옳은 것은?

① 가공경화로 인해 기계적 성질이 개선된다.
② 산화막이 생길 수 있다.
③ 성형하는 공구의 경도가 비교적 낮다.
④ 윤활이 중요하지 않다.

해설

냉간압출이란 재료를 재결정온도 이하에서 작업하는 것으로 열간압출에 비해 가공경화로 인한 기계적 성질이 더 쉽게 개선된다. 열간압출은 가공 중 재결정이 일어나기 때문에 가공경화 효과가 적다. 가공경화가 일어나면 금속 조직이 더 치밀해지고 전위밀도가 증가하여 강도와 경도가 높아지는 장점이 있다.
② 산화막은 열간압출에서 발생한다.
③ 냉간압출은 성형하는 공구의 경도는 큰 편이다.
④ 냉간압출은 재료가 다이를 통과할 때 마찰력이 증가하면서 압출력이 커져서 윤활이 부족하면 가공이 어렵기 때문에 윤활은 매우 중요하다.
압출가공 : 선재나 관재, 여러 형상의 단면재를 제조할 때 재료를 용기 안에 넣고 램으로 재료를 높은 압력으로 다이 구멍 쪽으로 밀어내면 재료가 다이를 통과하면서 제품이 만들어지는 소성가공법이다. 압출가공은 냉간압출과 열간압출로 나뉘는데 재결정온도 이하에서 가공하면 냉간압출이고, 재결정온도 이상에서 가공하면 열간압출이 된다.

02 한 쌍의 원통형 마찰차의 접촉점에서 작용하여 반경 방향으로 미는 힘은 100[N]이다. 미끄럼 없이 회전하여 마찰계수가 0.4이고 한 개의 마찰차의 지름이 200[mm]라면 이 마찰차에 요구되는 전달 토크[N·m]는?

① 1 　　　　　② 2
③ 4 　　　　　④ 8

해설

원통 마찰차의 전달토크 $T = F \times r$
$$= \mu P \times 100[\text{mm}]$$
$$= (0.4 \times 100\text{N}) \times 0.1[\text{m}]$$
$$= 4[\text{N} \cdot \text{m}]$$

마찰차의 최대 전달력(F)
$F = \mu P$ 이다.
여기서 μ : 마찰계수, P : 밀어붙이는 힘(접촉력)

03 직경이 50[mm], 두께가 2[mm]인 원판을 프레스 가공으로 블랭킹(Blanking)하려고 한다. 재료의 전단강도는 500[N/mm²]이다. 필요한 전단력[N]은?

① 60,000 　　　　② 90,000
③ 120,000 　　　④ 150,000

해설

프레스로 블랭킹 작업을 위한 전단력(F)을 구하기 위해 전단응력 공식을 사용한다. 블랭킹은 원래 재료에서 프레스 작업으로 구멍을 내고 남은 원래의 재료가 제품이 되는 공정이다.
전단응력 공식을 활용하여 전단력, F를 구한다.

전단응력 $\tau = \dfrac{F}{A}$

$500[\text{N/mm}^2] = \dfrac{F}{\pi d t}$

$500[\text{N/mm}^2] = \dfrac{F}{3 \times 50[\text{mm}] \times 2[\text{mm}]}$

전단력 $F = 500 \times 300 = 150,000[\text{N}]$

04 두 개의 기어축이 평행하지도 교차하지도 않는 기어의 종류로 옳지 않은 것은?

① 웜(Worm)기어
② 나사(Screw)기어
③ 하이포이드(Hypoid)기어
④ 더블 헬리컬(Double Helical)기어

해설

더블헬리컬기어는 헬리컬기어의 일종으로 두 축이 평행할 때 동력 전달을 위해 사용하는 기어이다.

기어의 종류

구 분	명칭 및 형상			
두 축이 평행한 기어	스퍼기어	내접기어	헬리컬 기어	랙과 피니언기어
두 축이 교차하는 기어	베벨기어	스파이럴 베벨기어	마이터기어	
두 축이 나란하지도 교차하지도 않는 기어	하이포이드기어	웜과 웜휠기어	나사기어	페이스 기어

05 길이가 l, 지름이 d인 중실축 A가 축의 길이 방향으로 압축 하중을 받고 있다. 동일한 하중을 받고 있는 상태에서 축의 길이를 $2l$로 변경하고 내부에 길이 방향으로 관통하는 직경 $d/2$의 구멍을 형성한 새로운 중공축을 B라고 할 때, 축A와 축B에 발생하는 압축 응력의 비 ($\sigma_A : \sigma_B$)는?

① 1 : 1
② 3 : 4
③ 1 : 2
④ 3 : 8

해설

이 문제는 중실축 A와 중공축 B의 단면적(A)을 구해서 압축응력(σ) 구하는 공식에 대입하는 것이 핵심이다.

또한, 중실축 A의 지름이 d_1이고, 중공축 B의 구멍지름은 $\dfrac{d_1}{2}$임을 고려해주면 된다.

• A : 중실축 – 길이 l, 지름 d_1

  B : 중공축 – 길이 $2l$, 지름 $\dfrac{d_1}{2}$

  위 내용을 적용하여 비례식으로 정리한다.

• $\sigma_A : \sigma_B = \dfrac{F}{A_A} : \dfrac{F}{A_B}$

여기서, 하중은 동일하므로 제거한 후 정리한다.

$$\frac{\sigma_A}{A_B} = \frac{\sigma_B}{A_A}$$

$$\frac{\sigma_A}{\sigma_B} = \frac{A_B}{A_A}$$

단면적을 정리한다.

$$\frac{\sigma_A}{\sigma_B} = \frac{\dfrac{\pi d_1^2}{4} - \dfrac{\pi \left(\dfrac{1}{2} d_1\right)^2}{4}}{\dfrac{\pi d_1^2}{4}}$$

$$\frac{\sigma_A}{\sigma_B} = \frac{d_1^2 - \dfrac{1}{4} d^2}{d_1^2}$$

$$\frac{\sigma_A}{\sigma_B} = \frac{\dfrac{3}{4}}{1}$$

$$\frac{\sigma_A}{\sigma_B} = \frac{3}{4}$$

따라서 정답은 3 : 4이다.

06 기체 동력사이클이 아닌 것은?

① 오토(Otto) 사이클
② 랭킨(Rankine) 사이클
③ 디젤(Diesel) 사이클
④ 브레이튼(Brayton) 사이클

해설

기체 동력사이클(Gas Power Cycle)은 연료가 연소할 때 발생하는 기체를 작동 유체로 활용해서 기계적인 일을 직접 발생시키는 열역학적 사이클로 엔진이나 터빈과 같은 열기관에서 주로 사용된다. 오토, 디젤, 브레이튼 사이클이 이에 속하며 작동유체는 동력 발생 후 배출된다. 반면, 랭킨 사이클은 보일러에서 증기 발생 후 과열기를 거쳐 터빈을 회전시킨 후 복수기에서 다시 물로 변환된다. 이 물은 다시 보일러로 재공급되는데 작동유체는 배출되지 않고 재사용된다. 따라서 직접 동력 발생에 작동유체가 사용되는 다른 사이클과 달라 기체 동력사이클로도 보기 힘들다.
① 오토(Otto) 사이클 : 가솔린 엔진에서 사용하는 열역학 사이클로 기계 동력사이클이다.
③ 디젤(Diesel) 사이클 : 디젤 엔진에서 사용하는 열역학 사이클로 기계 동력사이클이다.
④ 브레이튼(Brayton) 사이클 : 가스터빈 엔진에서 사용하는 열역학 사이클로 기계 동력사이클이다.

07 주조공정에 대한 설명으로 가장 옳은 것은?

① 인베스트먼트 주조는 정밀한 제품 주조에 적합하다.
② 다이캐스팅은 표면이 거칠어 후가공이 필수적이다.
③ 망간(Mn)은 주철에서 탄소의 흑연화를 촉진시킨다.
④ 강괴의 응고과정에서 완전하게 탈산시킨 강은 림드강이다.

해설

인베스트먼트 주조법은 정밀한 제품의 제작이 가능하다.
② 다이캐스팅은 용융금속을 강한 압력으로 금형에 주입하고 가압하여 주물을 얻기 때문에 주물조직이 치밀하다. 따라서 후가공은 필수적이지 않다.
③ 망간(Mn)은 주철에서 탄소의 흑연화를 방지한다.
④ 강괴 제작과정에서 완전 탈산시킨 강은 킬드강이다.
인베스트먼트 주조법 : 제품과 동일한 모형을 왁스(양초)나 파라핀(합성수지)으로 만든 후, 그 주변을 슬러리 상태의 내화 재료로 도포한 다음 가열하여 주형을 경화시키면서 내부의 모형을 용융시켜 빼냄으로써 주형을 완성하는 주조법으로 정밀한 제출의 주조가 가능하다.

08 삼각형 산 모양으로 이 높이가 낮고 잇수가 많아 비교적 작은 지름의 축에 사용되며, 보스와 결합할 때 위상을 미세하게 조정할 수 있는 것으로 가장 옳은 것은?

① 세레이션   ② 스플라인
③ 코터   ④ 핀

해설

세레이션(Serration Key)은 축과 보스에 작은 삼각형의 이를 만들어 조립시킨 키로, 키 중에서 가장 큰 힘을 전달한다. 삼각형 산 모양으로 이 높이가 낮고 잇수가 많아 비교적 작은 지름의 축에 사용되며, 보스와 결합할 때 위상을 미세하게 조정할 수 있다.

② 스플라인 : 축의 둘레에 원주방향으로 여러 개의 키 홈을 깎아 만든 것으로 세레이션 키 다음으로 큰 동력(토크)을 전달할 수 있다. 내구성이 크고 축과 보스와의 중심축을 정확히 맞출 수 있어서 축 방향으로 자유로운 미끄럼운동이 가능하므로 자동차 변속기의 축용 재료로 많이 사용된다.
③ 코터 : 두 축을 연결해서 결합시키는 기계요소로 소켓과 로드와 함께 사용하는 것이 특징이다.
④ 핀 : 위치 결정이나 부품 고정용으로 사용되는 기계요소이다. 보통 압축하중을 받기 때문에 전단에 의한 파괴가 일어나므로 압축강도의 설계가 중요하다.

09 〈보기〉에서 구성인선의 방지책으로 옳은 것을 모두 고른 것은?

┌보기┐
ㄱ. 날끝을 예리하게 한다.
ㄴ. 절삭속도를 빠르게 한다.
ㄷ. 경사각을 크게 한다.

① ㄱ
② ㄴ
③ ㄱ, ㄴ
④ ㄱ, ㄴ, ㄷ

[해설]

구성인선이 발생하면 절삭날 끝에 칩이 달라붙기 때문에 정밀하고 매끈한 공작물 절삭이 어려운데, 이에 대한 방지책은 보기의 ㄱ, ㄴ, ㄷ 모두 해당한다.
구성인선(Built-up Edge) : 연강이나 스테인리스강, 알루미늄과 같이 재질이 연하고 공구 재료와 친화력이 큰 재료를 절삭가공할 때, 칩과 공구의 윗면 사이의 경사면에 발생되는 높은 압력과 마찰열로 인해 칩의 일부가 공구의 날 끝에 달라붙어 마치 절삭날과 같이 공작물을 절삭하는 현상이다. 발생 → 성장 → 분열 → 탈락의 과정을 반복하는데 구성인선이 발생하면 공작물의 치수정밀도를 떨어뜨리고 탈락될 때 절삭공구도 같이 파손시킨다.

[구성인선]

구성인선의 방지대책
• 절삭 깊이를 작게 한다.
• 세라믹 공구를 사용한다.
• 절삭속도를 빠르게 한다.
• 바이트의 날 끝을 예리하게 한다.
• 윤활성이 높은 절삭유를 사용한다.
• 바이트의 윗면 경사각을 크게 한다.
• 마찰계수가 작은 절삭공구를 사용한다.
• 피가공물과 친화력이 작은 공구 재료를 사용한다.
• 공구면의 마찰계수를 감소시켜 칩의 흐름을 원활하게 한다.

10 2,000[kg]의 자동차가 16[m/s]의 속력으로 경사 없는 평면을 달리다가 전방의 물체를 보고 제동을 시작하였다. 자동차의 평균 제동력이 20[kN]이고 등감속한다고 가정할 때, 자동차가 멈추기 위해 요구되는 시간[s]은?(단, 자동차는 직선운동만 하고 자동차의 크기는 무시한다)

① 1.6
② 3.2
③ 6.4
④ 12.8

[해설]

자동차가 멈추는 데 걸리는 시간을 구하기 위해 운동방정식과 조건 3가지를 이용하여 시간(t)을 구한다.
운동방정식
$$v = v_0 + at$$
$$t = \frac{v - v_0}{a}$$

이 문제를 풀기 위한 조건
• 초기속도 : 16[m/s]
• 나중속도 : 정지이므로 0[m/s]
• 가속도(a)를 구하기 위해 $F = m \times a$ 공식을 이용한다.
위 조건을 적용해서 시간을 구한다.

$$t = \frac{v - v_0}{a} = \frac{16[\text{m/s}] - 0[\text{m/s}]}{\frac{F}{m}}$$

$$= \frac{16}{\frac{20,000}{2,000}} = \frac{32,000}{20,000} = 1.6[\text{s}]$$

11 탄소, 질소가 철과 작용하여 침탄과 질화가 동시에 일어나게 하는 표면경화법은?

① 크로마이징(Chromizing)
② 칼로라이징(Calorizing)
③ 청화법(Cyaniding)
④ 고주파 경화법(Induction Hardening)

해설

청화법은 표면을 경화시킬 재료를 시안화염 용액에 침지시킨 후 침탄법과 질화법이 재료 표면에서 동시에 일어나게 하는 표면경화법으로 탄소와 질소를 재료 표면에 동시에 확산 침투시킨다. 이를 통해 재료 표면의 경도와 내마모성이 향상된다.

① 크로마이징 : 재료 표면에 Zn(아연)을 침투시키는 금속침투법이다.
② 칼로라이징 : 재료 표면에 Al(알루미늄)을 침투시키는 금속침투법이다.
④ 고주파경화법 : 고주파 유도전류로 강(Steel)의 표면층을 급속 가열한 후 급랭시키는 방법으로 가열시간이 짧고, 피가열물에 대한 영향을 최소로 억제하며 표면을 경화시키는 표면경화법이다. 고주파는 소형 제품이나 깊이가 얕은 담금질 층을 얻고자 할 때, 저주파는 대형 제품이나 깊은 담금질 층을 얻고자 할 때 사용한다.

12 비열에 대한 설명으로 가장 옳지 않은 것은?

① 물질의 상태(기체, 액체, 고체)와 상관없이 비열이 일정하다.
② 압력이 일정할 때의 비열을 정압비열, 체적이 일정할 때의 비열을 정적비열이라 한다.
③ 이상기체(Ideal Gas)는 정압비열이 정적비열보다 항상 크다.
④ 정적비열에 대한 정압비열의 비를 비열이라 한다.

해설

비열이란 1[kg]의 물질을 1[℃] 올리는 데 필요한 열량을 말한다. 물질이 기체, 액체, 고체로 상변화되면 그 비열값도 달라진다.
• 고체인 얼음의 비열 : 2.1[kJ/kg]
• 물의 비열 : 4.181[kJ/kg]
• 수증기의 정적비열(C_v) : 약 1.91[kJ/kg]
• 수증기의 정압비열(C_p) : 약 1.51[kJ/kg]

13 용접의 특징에 대한 설명으로 가장 옳지 않은 것은?

① 기밀과 수밀성이 우수하다.
② 작업의 자동화가 용이하다.
③ 작업자의 숙련도에 따라 결합부의 강도가 영향을 받는다.
④ 균열이 발생하였을 때 용접부에만 국소적으로 영향을 받는다.

해설

용접한 제품에 균열이 발생한다면 용접부 및 전체 모재에 걸쳐 균열이 발생하며 국소(일부분)적으로만 영향을 미치지는 않는다.

14 〈보기〉에서 기어 치형에 대한 설명으로 옳은 것을 모두 고른 것은?

┌ 보기 ┐
ㄱ. 인벌류트 치형은 압력각이 일정하다.
ㄴ. 인벌류트 치형은 기어 이에 대한 마모가 균일하게 일어난다.
ㄷ. 사이클로이드 치형은 언더컷이 발생한다.
ㄹ. 사이클로이드 치형은 조립 시 중심거리가 정확해야 한다.
└─────────────────────────┘

① ㄱ, ㄴ   ② ㄱ, ㄹ
③ ㄴ, ㄷ   ④ ㄷ, ㄹ

해설

인벌류트 치형은 압력각이 일정하고, 사이클로이드 치형은 조립 시 중심거리가 정확해야 한다.

ㄴ. 인벌류트 치형 기어는 마모가 불균일하나, 사이클로이드 치형 기어의 마모는 균일하다.
ㄷ. 사이클로이드 곡선은 언더컷이 발생하지 않는다. 반면 인벌류트 치형 기어는 언더컷이 발생한다.
• 사이클로이드 곡선 : 평면 위의 일직선상에서 원을 회전시킨다고 가정했을 때, 원의 둘레 중 임의의 한 점이 회전하면서 그리는 곡선을 치형으로 사용한 곡선이다. 피치원이 일치하지 않거나 중심거리가 다를 때는 기어가 바르게 물리지 않으며, 이뿌리가 약하다는 단점이 있으나 효율성이 좋고 소음과 마모가 균일하면서 언더컷이 발생하지 않는다는 장점이 있다.
• 인벌류트 곡선 : 원기둥을 세운 후 여기에 감은 실을 풀 때, 실 중 임의 1점이 그리는 곡선 중 일부를 치형으로 사용한 곡선이다. 이뿌리가 튼튼하며 압력각이 일정할 때 중심거리가 다소 어긋나도 속도비가 크게 변하지 않고 맞물림이 원활하다는 장점이 있으나 마모가 불균일하게 일어나며 언더컷이 발생한다는 단점이 있다.

15 회전하는 롤러형의 전극 사이에 판재를 끼워 발열과 동시에 압력을 가하여 판재를 연속적으로 용접하는 방법은?

① 심용접
② 점용접
③ 프로젝션 용접
④ 업셋 버트 용접

해설

심용접은 회전하는 원판상의 롤러 전극 사이에 용접할 2장의 판을 끼워 두고, 전기와 압력을 가해 전극을 회전시키면서 연속적으로 점용접을 반복하는 용접법이다.
② 점용접 : 재료를 2개의 전극 사이에 끼워 놓고 가압하여 결합시키는 용접법이다.
③ 프로젝션 용접 : 모재의 편면에 프로젝션인 돌기부를 만들어 평탄한 동전극 사이에 물려 대전류를 흘려보낸 후 돌기부에 발생된 열로써 용접한다.
④ 업셋 버트 용접 : 저항용접의 일종으로 두 재료 사이에 전류를 흐르게 한 후 접촉 부위에서 발생하는 저항열로 접촉부를 용융시키면서 가압하는 용접법이다.

16 나사부의 골지름에 대한 설명으로 가장 옳은 것은?

	수나사	암나사
①	최대지름	최소지름
②	최대지름	최대지름
③	최소지름	최소지름
④	최소지름	최대지름

해설

• 수나사의 골지름은 최소지름이다.
• 암나사의 골지름은 최대지름이다.

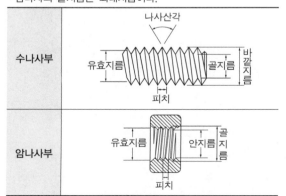

17 〈보기〉에서 연강의 인장시험을 통해 측정할 수 있는 것을 모두 고른 것은?

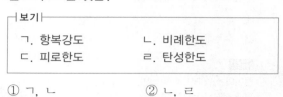

보기

ㄱ. 항복강도　　　ㄴ. 비례한도
ㄷ. 피로한도　　　ㄹ. 탄성한도

① ㄱ, ㄴ　　　　　② ㄴ, ㄹ
③ ㄱ, ㄴ, ㄹ　　　④ ㄱ, ㄴ, ㄷ, ㄹ

해설

재료를 인장시험하면 재료의 응력과 변형률 곡선을 만들 수 있다. 이 곡선에 의하면 비례한도, 탄성한도, 항복점(상항복점, 하항복점), 극한강도, 네킹구간, 파단값을 측정할 수 있다. 피로한도는 인장시험이 아닌 피로시험을 통해 도출이 가능하다.

응력-변형률 곡선($\sigma - \varepsilon$ 선도)

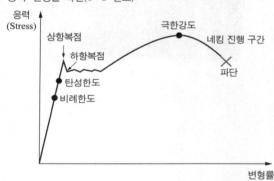

• 비례한도(Proportional Limit) : 응력과 변형률 사이에 정비례 관계인 구간으로 응력이 최대인 점이다. 이 구간은 후크의 법칙이 적용된다.
• 탄성한도(Elastic Limit) : 하중을 제거하면 시험편의 원래 치수로 되돌아가는 구간
• 항복점(Yield Point) : 인장시험에서 하중이 증가하여 어느 한도에 도달하면, 하중을 제거해도 원래 상태로 돌아가지 않고 변형이 남게 되는 그 순간의 하중이다.
• 극한강도(Ultimate Strength) : 재료가 파단되기 전, 외력에 최대로 버틸 수 있는 응력
• 네킹구간(Necking) : 극한 강도를 지나면서 재료의 단면이 줄어들면서 길게 늘어나는 구간
• 파단점 : 재료가 파괴되는 지점

18 선반의 주요 구성부분 중에서 일반적으로 드릴이나 리머를 고정하여 작업하는 것으로 가장 옳은 것은?

① 베드   ② 심압대
③ 주축대   ④ 왕복대

해설

선반의 심압대(Tail Stock)는 주축의 맞은 편에 장착된 것으로 센터드릴, 라이브센터, 드릴, 리머와 같은 내경 절삭공구를 고정할 때 사용한다.

19 구의 반지름이 50임을 표기하기 위한 기호 및 표시로 가장 옳은 것은?

① R50   ② ϕ50
③ SR50   ④ ⌒50

해설

구의 반지름(Sphere Radius) '50'은 치수보조기호 'SR50'으로 표시한다.

치수보조기호의 종류

기 호	구 분	기 호	구 분
ϕ	지름	p	피 치
Sϕ	구의 지름	⌒50	호의 길이
R	반지름	50	비례척도가 아닌 치수
SR	구의 반지름	□50	이론적으로 정확한 치수
□	정사각형	(50)	참고 치수
C	45° 모따기	~~50~~	치수의 취소(수정 시 사용)
t	두께		

20 2[kg]의 이상기체(Ideal Gas)가 압력 200[kPa], 체적 5[m³]의 상태에서 압력 2[MPa], 체적 1[m³]의 상태로 변화하고 내부 에너지는 1,000[kJ] 증가하였다. 이 과정에서 정압비열은 5[kJ(kg · K)]로 일정하다고 가정할 때, 온도변화로 가장 적절한 값[K]은?

① 10   ② 20
③ 100   ④ 200

해설

온도변화량($\triangle T$)을 구하기 위해 열량(Q)과 일량(W) 공식을 이용한다.

$Q = m \times C_p \times \triangle T$

$Q = W(일) + \triangle U(내부에너지 변화량)$

위 식을 정리하면

온도변화 $\triangle T = \dfrac{Q}{m \times C_p} = \dfrac{W + \triangle U}{2 \times 5}$

$= \dfrac{(P_2 V_2 - P_1 V_1) + 1,000[kJ]}{10[kJ/K]}$

$= \dfrac{[(2,000[kPa] \times 1[m^3]) - (200[kPa] \times 5[m^3])] + 1,000[kN \cdot m]}{10[kJ/K]}$

$= \dfrac{(2,000[kN \cdot m] - 1,000[N \cdot m]) + 1,000[kN \cdot m]}{10k[N \cdot m/K]}$

$= \dfrac{2,000[K]}{10}$

$= 200[K]$

2024년 지방직 고졸경채 기계일반

01 〈보기〉에서 설명하는 생산 방식으로 가장 옳은 것은?

┤보기├

생산 라인에 자동화 시스템이나 로봇을 배치하여 제품이 바뀔 때마다 프로그램의 교체만으로도 새로운 제품 생산에 신속히 적응할 수 있어 다양한 종류의 제품을 다양한 양으로 제조할 수 있다는 장점이 있다. 일반적으로 자동화된 자재 운반, 로봇 및 CNC 장치, 검사 및 조립 장치 등에 컴퓨터 하드웨어와 소프트웨어가 결합된 형태로 구성되어 있다.

① CAD/CAM 시스템
② 로봇 시스템
③ 컴퓨터 통합 생산 시스템
④ 유연 생산 시스템

해설

유연 생산 시스템(FMS ; Flexible Manufacturing System)은 하나의 제조라인에서 다양한 제품을 생산하기 위해 설계된 자동화 생산 시스템이다. 제품을 다르게 생산할 때 로봇 등 제작 시스템의 프로그램 변경만으로도 빠르게 다른 제품을 생산라인에 투입할 수 있다.
① CAD/CAM 시스템 : CAD는 컴퓨터를 이용한 설계 및 도면 제작, CAM은 컴퓨터를 이용한 제조방법을 설계하는 시스템이다.
② 로봇 시스템 : 사람이 하던 작업을 로봇으로 대체하여 작업의 효율성을 높인 시스템이다.
③ 컴퓨터 통합 생산 시스템 : 컴퓨터를 이용하여 설계, 제조, 재고 관리 등을 통합적으로 관리하는 시스템이다.

02 〈보기〉의 (가), (나)에 해당하는 재료의 특성을 옳게 짝지은 것은?

┤보기├

재료가 외력을 받는 정도에 따라 가해진 외력을 제거하면 변형 없이 원상태로 돌아오는 성질은 (가)이고, 변형되어 원래의 형상으로 되돌아오지 않는 성질은 (나) 또는 가소성이다.

	(가)	(나)
①	탄성	소성
②	소성	탄성
③	접합성	절삭성
④	절삭성	접합성

해설

• 탄성 : 물체에 가한 힘을 제거하면 원래의 형태로 되돌아가는 성질로 변형이 남지 않는다.
• 소성 : 물체에 가한 힘을 제거해도 원래 형태로 돌아가지 않고 변형된 상태로 남는 성질이다.
• 절삭성 : 재료가 쉽게 절삭되는 정도를 말하는데, 절삭력이 작거나 공구수명이 길어지고 가공정밀도가 우수한 것은 모두 절삭성이 좋음을 의미한다.
• 접합성 : 두 물질이나 표면이 서로 결합하는 능력이다.

03 표준화를 함으로써 얻을 수 있는 효과에 대한 설명으로 가장 옳은 것은?

① 인력과 자재의 수요 증가
② 작업 능률 향상과 자동화 용이
③ 생산 능률 향상과 생산 원가 증가
④ 부품의 호환성 증가로 부품 교환 곤란

해설

표준화는 부품의 표준화, 작업방법의 표준화, 재질의 표준화 등 다양한 부분들에서 어떤 기준을 만드는 것으로 작업 능률 향상과 작업의 자동화를 용이하게 한다.

04 황동과 청동에 대한 설명으로 가장 옳지 않은 것은?

① 황동은 구리와 아연의 합금이다.

② 황동은 구리에 비해 주조성, 가공성이 나쁘지만 전연성이 좋은 합금이다.

③ 포금은 주석을 8~12% 함유하고 있다.

④ 청동은 무기, 장신구, 불상, 종 등에 사용한다.

해설

황동(Brass)은 구리(Cu)와 아연(Zn)의 합금으로 구리에 비해 가공성이 좋다. 구리는 황동에 비해 연해서 가공은 쉽지만 쉽게 변형되어 가공하기 어렵다. 또한 주조성도 황동이 구리보다 더 우수하다.

05 〈보기〉의 (가), (나), (다)에서 설명하는 기계 재료의 부재료를 옳게 짝지은 것은?

┤보기├

(가) 기계의 접촉면에 발생하는 마찰을 감소시켜 미끄럼면의 운동을 원활하게 하기 위해 사용한다.

(나) 공작물과 공구를 냉각시키고 공구의 마찰성을 줄이면서 칩을 제거하는 역할을 한다.

(다) 동력의 전달, 활동부의 윤활, 금속면의 방청 등 유압장치의 성능과 수명에 많은 영향을 끼친다.

	(가)	(나)	(다)
①	작동유	절삭유	윤활유
②	작동유	윤활유	절삭유
③	윤활유	절삭유	작동유
④	윤활유	작동유	절삭유

해설

• 윤활유(Lubricating Oil) : 기계 부품 간 접촉면에서 발생하는 마찰을 줄여주는 액체로 미끄럼면의 운동을 원활하게 하는 것이 주목적이다.

• 절삭유(Cutting Fluid) : 절삭작업에서 공구가 공작물을 절삭할 때 발생하는 열을 냉각시키고 칩을 배출하여 매끈한 절삭이 이루어지도록 하며 공구의 마찰성을 좋게 만드는 역할을 한다.

• 작동유(Hydraulic Oil) : 기계 부품 간 마찰을 줄여 내구성을 높여주고 방청 작용을 하는 것이 주목적으로 유체 시스템의 수명에 큰 영향을 미친다.

06 〈보기〉에서 설명하는 드릴링 머신의 종류로 가장 옳은 것은?

┤보기├

• 비교적 대형 공작물의 구멍 가공에 사용한다.

• 주축 속도 변속은 주로 기어식이 사용된다.

• 주축 역회전 장치가 있어 태핑 가공을 할 수 있다.

• 자동이송이 가능하다.

① 탁상 드릴링 머신

② 직립 드릴링 머신

③ 레이디얼 드릴링 머신

④ 다축 드릴링 머신

해설

직립 드릴링 머신은 비교적 대형 공작물에 사용하면서 역회전 장치가 있어서 태핑 가공도 가능하다.

작업 형태와 크기에 따른 드릴링 머신의 분류

• 탁상 드릴링 머신(Bench Drilling Machine) : 작업대 위에 설치하는 소형 드릴링 머신이다. 주로 지름 13[mm] 이하의 작은 구멍을 뚫는 데 사용한다.

• 직립 드릴링 머신(Upright Drilling Machine) : 주축이 수직으로 설치되어 있으며, 비교적 대형 공작물의 구멍을 뚫을 때 사용한다.

• 레이디얼 드릴링 머신(Radial Drilling Machine) : 공작물을 테이블에 고정한 상태에서 주축을 필요한 위치로 이동시켜 구멍을 뚫는 머신으로, 대형 공작물의 가공에 적합하다.

• 다축 드릴링 머신(Multi-spindle Drilling Machine) : 같은 평면 내에 여러 개의 구멍을 동시에 뚫을 수 있어 생산 효율을 높일 수 있다.

탁상 드릴링 머신	직립 드릴링 머신
레이디얼 드릴링 머신	다축 드릴링 머신

07 〈보기〉의 (   )에 해당하는 열처리는?

┌─ 보기 ─────────────────────────────┐

강은 어느 온도 이하에서 소성 가공을 하면 가공 전보다 단단하게 되어 가공을 계속하기가 어렵게 되거나 절삭성이 나빠질 때가 있다. 이러한 현상을 제거하여 연하게 하거나 또는 절연성을 향상시키기 위한 조작을 (   )이라 한다.

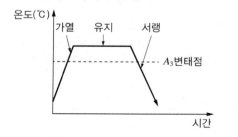

└────────────────────────────────────┘

① 담금질(Quenching)

② 뜨임(Tempering)

③ 풀림(Annealing)

④ 불림(Normalizing)

해설

풀림(Annealing, 어닐링)은 강 속에 있는 내부 응력을 제거하고 재료를 연하게 만들기 위해 A₁변태점 이상의 온도로 가열한 후 가열 노나 공기 중에서 서랭함으로써 강의 성질을 개선하기 위한 열처리법이다.

① 담금질(quenching, 퀜칭) : 재료를 강하게 만들기 위하여 변태점 이상의 온도인 오스테나이트 영역까지 가열한 후 물이나 기름 같은 냉각제 속에 집어넣어 급랭시킴으로써 강도와 경도가 큰 마르텐사이트 조직을 만들기 위한 열처리 조작이다.

② 뜨임(Tempering, 템퍼링) : 잔류응력에 의한 불안정한 조직을 A₁변태점 이하의 온도로 재가열하여 원자들을 좀 더 안정적인 위치로 이동시킴으로써 잔류응력을 제거하고 인성을 증가시키기 위한 열처리법이다.

④ 불림(Normalizing, 노멀라이징) : 주조나 소성가공에 의해 거칠고 불균일한 조직을 표준화 조직으로 만드는 열처리법으로 A₃변태점보다 30~50[℃] 높게 가열한 후 공랭시킴으로써 만들 수 있다.

08 용접부의 결함에 대한 설명으로 가장 옳지 않은 것은?

① 모재의 변질부와 용착 금속 내에 균열이 생기는 결함은 용접 균열이다.

② 용접 전류가 과대할 때 모재의 용접부가 지나치게 녹아 오목하게 파이는 결함은 언더컷이다.

③ 탈산이 부족하거나 용제에 수분이 있을 경우 이산화탄소나 수소 등의 가스에 의해 생기는 결함은 기포이다.

④ 아크가 너무 길거나 용접 속도가 느릴 때 용착 금속의 과잉으로 용착 금속이 용입부 밖으로 나오는 결함은 용입 부족이다.

해설

용접 결함 중에서 용입 부족은 용접부에 용착 금속이 모두 채워지지 않은 불량으로 용착 금속이 용입부 밖으로 나오는 것은 아니다. 따라서 ④번은 틀린 표현이다.

09 〈보기〉에서 설명하는 가공방법으로 가장 옳은 것은?

┌─보기─────────────────────────────┐
연삭 입자와 가공액을 혼합하여 압축공기와 함께
노즐을 통하여 공작물의 표면에 고속으로 분사시켜
일감의 표면을 아름답게 다듬는 가공

압축공기
연마제와 가공액
노즐
θ
공작물
└─────────────────────────────────┘

① 액체 호닝   ② 슈퍼피니싱
③ 래핑 가공   ④ 연삭 가공

해설
액체 호닝 : 물과 혼합한 연마제를 압축공기를 이용하여 노즐로
가공할 표면에 고속으로 분사시켜 공작물의 표면을 매끄럽게 다듬
는 가공법이다.
② 슈퍼피니싱 : 입도와 결합도가 작은 숫돌을 낮은 압력으로 공작
  물에 접촉하고 가볍게 누르면서 분당 수백~수천의 진동과 수
  mm의 진폭으로 왕복운동하면서 공작물을 회전시켜 제품의 표
  면을 단시간에 매우 평활한 면으로 다듬질하는 가공법이다. 원통
  면과 평면, 구면을 미세하게 다듬질할 때 주로 사용한다.
③ 래핑 : 주철이나 구리, 가죽, 천 등으로 만들어진 랩(Lap)과 공작
  물의 다듬질할 면 사이에 랩제를 넣고 적당한 압력으로 누르면서
  상대운동을 하면, 절삭입자가 공작물의 표면으로부터 극히 소량
  의 칩(Chip)을 깎아내어 표면을 다듬는 가공법이다. 주로 게이지
  블록의 측정 면을 가공할 때 사용한다.
④ 연삭가공 : 연삭기를 사용하여 절삭입자들로 결합된 연삭숫돌을
  고속으로 회전시켜 재료의 표면을 매끄럽게 만드는 정밀입자가
  공법이다.

10 바이트에 대한 설명으로 가장 옳은 것은?

① 바이트의 크기는 폭×높이로 나타낸다.
② 바이트는 크게 날 부분, 자루 부분으로 나눌 수 있다.
③ 단체 바이트는 날 부분과 자루 부분을 다른 재질로
   사용한다.
④ 팁 바이트는 탄소강 팁을 경납땜으로 접합하여 사용
   한다.

해설
바이트(Bite) : 크게 섕크와 플랭크 부분으로 나눌 수 있다. 날 부분과
자루 부분으로 나뉘는 공구는 드릴(Drill)이다.

11 철에 함유되는 대표적인 5대 원소가 아닌 것은?

① 규 소
② 망 간
③ 인
④ 구 리

해설
탄소강의 5대 합금 원소 : C(탄소), Si(규소, 실리콘), Mn(망간),
P(인), S(황)

12 스퍼기어의 속도비는 1/3이며 원동기어의 잇수는 60개이다. 두 기어 축간 거리의 값[mm]은?(단, $\pi = 3$으로 계산하며 모듈이 2인 한쌍의 스퍼기어가 맞물려 돌아간다)

① 120   ② 180

③ 240   ④ 360

해설

• 스퍼기어의 속도비 : $\dfrac{1}{3}$

• 원동기어, Z_1 : 60

• 종동기어, Z_2는 다음 식으로 구한다.

속도비, $i = \dfrac{1}{3} = \dfrac{D_1}{D_2}$

$\dfrac{1}{3} = \dfrac{mZ_1}{mZ_2}$

$Z_2 = 3(60) = 180$

• 두 축 기어 간 거리, $\dfrac{D_1 + D_2}{2} = \dfrac{mZ_1 + mZ_2}{2}$

$= \dfrac{(2 \times 60) + (2 \times 180)}{2}$

$= \dfrac{120 + 360}{2}$

$= 240$

• 속도비(i) 일반식

$i = \dfrac{n_2}{n_1} = \dfrac{w_2}{w_1} = \dfrac{D_1}{D_2} = \dfrac{z_1}{z_2}$

13 기어 이의 크기를 표시하는 방법에 대한 설명으로 가장 옳지 않은 것은?

① 모듈이 클수록 이의 크기는 작아진다.

② 인치식으로 표기된 이의 크기는 지름피치로 표시한다.

③ 원주피치는 피치원 둘레의 길이를 이의 수로 나눈 값이다.

④ 이의 크기를 표시하는 방법에는 모듈, 원주피치, 지름피치가 있다.

해설

모듈은 기어 이의 크기를 나타내는 척도이다. 따라서 모듈이 클수록 기어 이의 크기는 커진다.

14 연삭숫돌의 수정 요인 및 수정 방법에 대한 설명으로 가장 옳지 않은 것은?

① 눈무딤은 연삭숫돌의 결합도가 필요 이상으로 높을 경우 발생한다.

② 입자 탈락은 결합도가 낮을 경우 숫돌 입자가 탈락하는 현상이다.

③ 눈메움이 생긴 입자를 제거하는 드레싱은 합금 공구강 드레서를 주로 사용한다.

④ 숫돌을 정확한 모양으로 깎아 내는 작업을 트루잉이라고 한다.

해설

드레싱 작업을 위한 드레서는 강한 성질이 있어야 하므로 다이아몬드, CBN, 텅스텐 카바이드 드레서를 주로 사용한다.

• 드레싱(Dressing) : 눈메움이나 눈무딤 발생 시 절삭성 향상을 위해 연삭숫돌 표면의 숫돌 입자를 제거하고, 새로운 절삭날을 숫돌 표면에 생성시켜 절삭성을 회복시키는 작업이며, 이때 사용하는 공구를 드레서라고 한다.

• 눈메움(Loading) : 숫돌 표면의 기공에 칩이 메워져서 연삭성이 나빠지는 현상으로 조직이 치밀할 때, 숫돌의 원주 속도가 너무 느릴 때, 기공이 너무 작을 때, 연성이 큰 재료를 연삭할 때 발생한다.

15
소재의 표면에 생긴 결함부에 침투액을 스며들게 한 다음, 현상액으로 결함을 검출하는 비파괴검사시험의 명칭으로 가장 옳은 것은?

① 침투탐상시험
② 초음파탐상시험
③ 자분탐상시험
④ 누설자속탐상시험

해설

침투탐상검사(PT ; Penetrant Test)는 검사하려는 대상물의 표면에 침투력이 강한 형광성 침투액을 도포 또는 분무하거나 표면 전체를 침투액 속에 침적시켜 표면의 흠집 속에 침투액이 스며들게 한 다음 이를 백색 분말의 현상액을 뿌려서 침투액을 표면으로부터 빨아내서 결함을 검출하는 방법이다.

※ 침투액이 형광물질이면 형광침투탐상시험이라고 한다.

② 초음파탐상검사(UT ; Ultrasonic Test) : 재료의 내부결함도를 검사할 수 있다. 사람이 들을 수 없는 매우 높은 주파수의 초음파를 사용하여 검사 대상물의 형상과 물리적 특성을 검사하는 방법. 4~5[MHz] 정도의 초음파가 경계면, 결함표면 등에서 반사하여 되돌아오는 성질을 이용하는 방법으로 반사파의 시간과 크기를 스크린으로 관찰하여 결함의 유무, 크기, 종류 등을 검사하는 방법

③ 자분탐상검사(MT ; Magnetic Test) : 철강 재료 등 강자성체를 자기장에 놓았을 때 시험편 표면이나 표면 근처에 균열이나 비금속 개재물과 같은 결함이 있으면 결함 부분에는 자속이 통하기 어려워 공간으로 누설되어 누설자속이 생긴다. 이 누설자속을 자분(자성분말)이나 검사 코일을 사용하여 결함의 존재를 검출하는 방법

④ 누설자속탐상시험(Magnetic Flux Leakage) : 강한 자기장을 이용해서 강자성체의 표면 및 내부 결함을 검출하는 비파괴검사법

16
피치가 3[mm]인 두줄나사를 1회전시켰을 때 축 방향으로 진행한 거리의 값[mm]은?

① 1
② 2
③ 3
④ 6

해설

리드(L)는 나사가 1회전할 때 축 방향으로 이동한 거리이다.
$L = n(줄 수) \times p(피치)$
$= 2 \times 3$
$= 6[mm]$

17
〈보기〉에서 외측 마이크로미터의 구성 요소별 명칭을 옳게 짝지은 것은?

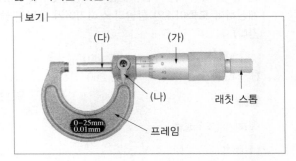

	(가)	(나)	(다)
①	앤빌	멈춤나사	슬리브
②	앤빌	클램프	슬리브
③	심블	멈춤나사	스핀들
④	심블	클램프	스핀들

해설

• 심블(Thimble, 딤블) : 나사산과 연결된 원통형 부품으로 심블을 회전하면 스핀들이 이동해서 공작물이 고정된다.
• 클램프(Clamp) : 클램프를 회전시키면 스핀들의 회전이 고정된다. 공작물을 앤빌과 스핀들 사이에 고정시킨 후 측정값을 읽을 때 사용한다.
• 스핀들(Spindle) : 공작물의 길이 측정을 위해 앤빌에 공작물을 밀착시키는 부분으로 긴 원형봉 형태이다.

마이크로미터의 구조

18 〈보기〉에서 (가), (나)에 들어갈 용어를 옳게 짝지은 것은?

(가)은(는) 꼭짓점, 모서리점 등의 점들을 지정하고 이를 선으로 연결하여 나타낸 형태로 표면적, 부피, 무게 등을 계산할 수 없는 가장 기본적인 입체 구조물 모델링이다. (나)은(는) 실물과 가장 근접한 3차원 모델링으로 부피, 무게, 관성 모멘트 등의 물리적 성질 계산이 가능하다. 복잡한 형상 표현이 가능하고 단면도 작성도 쉽지만 많은 정보를 가지고 있기 때문에 파일의 크기가 다른 모델링 방법보다 크다.

	(가)	(나)
①	서피스 모델링	솔리드 모델링
②	솔리드 모델링	서피스 모델링
③	와이어프레임 모델링	솔리드 모델링
④	와이어프레임 모델링	서피스 모델링

해설

- 와이어프레임 모델링은 선(Wire)으로만 형상을 표현하는 모델링이다. 꼭짓점, 모서리점 등의 점들을 지정하고 이를 선으로 연결하여 나타낸 형태로 표면적이나 부피, 무게 등을 계산할 수 없다. 모델링 방법 중에서 데이터량이 가장 적은 모델링 작성방법이다.
- 솔리드 모델링은 3차원 형상 및 물리적 표현이 가능하기 때문에 와이어프레임, 서피스 모델링보다 더 많은 데이터량을 필요로 한다.

3차원 CAD의 모델링의 종류

종류	형상	특징
와이어프레임 모델링 (Wire Frame Modeling)	선에 의한 그림	• 작업이 쉽다. • 처리속도가 빠르다. • 데이터 구성이 간단하다. • 은선 제거가 불가능하다. • 단면도 작성이 불가능하다. • 3차원 물체의 가장자리 능선을 표시한다. • 질량 등 물리적 성질의 계산이 불가능하다. • 내부 정보가 없어 해석용 모델로 사용할 수 없다.
서피스 모델링 (Surface Modeling)	면에 의한 그림	• 은선 제거가 가능하다. • 단면도 작성이 가능하다. • NC 가공 정보를 얻을 수 있다. • 복잡한 형상의 표현이 가능하다. • 물리적 성질을 계산하기 곤란하다.
솔리드 모델링 (Solid Modeling)	3차원 물체의 그림	• 간섭 체크가 용이하다. • 은선 제거가 가능하다. • 단면도 작성이 가능하다. • 곡면 기반 모델이라고도 한다. • 복잡한 형상의 표현이 가능하다. • 데이터의 처리가 많아 용량이 커진다. • 이동이나 회전을 통해 형상 파악이 가능하다. • 여러 개의 곡면으로 물체의 바깥 모양을 표현한다. • 와이어프레임 모델링에 면의 정보를 부가한 형상이다. • 질량, 중량, 관성 모멘트 등 물성값의 계산이 가능하다. • 형상만이 아닌 물체의 다양한 성질을 좀 더 정확하게 표현하기 위해 고안된 방법이다.

19 수치제어 공작기계 프로그램의 기능에 대한 설명으로 가장 옳지 않은 것은?

① 주축기능은 주축의 회전수 또는 절삭속도를 지정하는 것으로, S 다음에 회전값을 지정한다.

② 공구기능은 공구나 공작물이 움직이는 이송속도를 지정하는 것으로, F 다음에 이송 속도값을 지정한다.

③ 보조기능은 수치제어 공작기계의 여러 동작으로 제어하는 것으로, 준비기능 명령이 수행될 때 필요한 절삭유, 주축 회전 방향 등을 명령하는 기능이다.

④ 준비기능은 수치제어 공작기계의 가공과 관련된 제어기능으로, NC공작기계가 공구 이송, 주축 회전 등의 제어기능을 준비하도록 명령하는 기능이다.

해설

공구 기능은 CNC공작기계에서 공구를 준비시키고 교체하는 것이다. F코드는 이송기능에 속한다.

CNC프로그램의 5대 코드 및 기능

종 류	코 드	기 능
준비기능	G코드	CNC기계의 주요 제어장치들의 사용을 위해 준비시킨다. 예) G00 : 급속이송, G01 : 직선보간, 　　G02 : 시계방향 공구회전
보조기능	M코드	CNC기계에 장착된 부수장치들의 동작을 실행하기 위한 것으로 주로 ON/OFF기능을 한다. 예) M02 : 주축 정지, M08 : 절삭유 ON, 　　M09 : 절삭유 OFF
이송기능	F코드	절삭을 위한 공구의 이송 속도를 지령한다. 예) F0.02 : 0.02[mm/rev]
주축기능	S코드	주축의 회전수를 지령한다. 예) S1800 : 1,800[rpm]으로 주축회전
공구기능	T코드	공구준비 및 공구교체, 보정을 한다. 예) T0100 : 1번 공구로 교체 후, 공구에 00번으로 설정한 보정값 적용

20 〈보기〉는 4행정 사이클 가솔린 기관 행정의 내용이다. 흡입 행정 후 과정을 순서대로 바르게 나열한 것은?

┤보기├

ㄱ. 점화 플러그의 불꽃에 의해 압축된 혼합 기체가 폭발하여 동력을 발생시키는 행정

ㄴ. 배기 밸브가 열리고 피스톤이 상사점까지 올라가면서 혼합 기체가 연소되어 생긴 가스를 배출하는 행정

ㄷ. 흡기 밸브가 닫히면서 피스톤이 하사점에서 상사점까지 올라가고, 혼합 기체가 연소되어 동력을 얻을 수 있도록 압축하는 행정

① ㄱ - ㄴ - ㄷ

② ㄱ - ㄷ - ㄴ

③ ㄷ - ㄱ - ㄴ

④ ㄷ - ㄴ - ㄱ

해설

4행정 사이클 기관은 크랭크축 2회전 시 피스톤이 하·상·하·상로 4번(행정) 움직이며 '흡입 → 압축 → 폭발 → 배기'의 1사이클을 완성하는 기관이다.

• ㄷ. 압축행정

• ㄱ. 폭발행정

• ㄴ. 배기행정

합격의 공식
시대에듀

많이 보고 많이 겪고 많이 공부하는 것은
배움의 세 기둥이다.

– 벤자민 디즈라엘리 –

참 / 고 / 문 / 헌

- 금속제조, 교육과학기술부, ㈜두산동아
- 기초제도, 교육과학기술부, ㈜두산동아
- 기계제도, 교육과학기술부, ㈜두산동아
- 기계설계, 교육과학기술부, ㈜두산동아
- 기계설계공작, 교육과학기술부, ㈜두산동아
- 원동기, 교육과학기술부, ㈜두산동아
- 기계일반, 교육과학기술부, ㈜두산동아
- 금속재료, 교육과학기술부, ㈜두산동아
- 소성가공, 교육과학기술부, ㈜두산동아
- 기계기초공작, 교육과학기술부, ㈜두산동아
- 기계공작법, 교육과학기술부, ㈜두산동아
- 공작기계 I, 교육과학기술부, ㈜두산동아
- 공작기계 II, 교육과학기술부, ㈜두산동아
- 주조, 교육과학기술부, ㈜두산동아
- 산업설비(상), 교육과학기술부, ㈜두산동아
- 산업설비(하), 교육과학기술부, ㈜두산동아
- 간추린 금속재료, 이승평, 청호
- Win-Q 용접기능사, 홍순규, 시대고시기획
- Win-Q 전산응용기계제도기능사, 홍순규, 시대고시기획
- Win-Q 컴퓨터응용가공산업기사, 홍순규, 시대고시기획

기술직 기계일반 한권으로 끝내기

개정8판1쇄 발행	2025년 04월 10일 (인쇄 2025년 02월 14일)
초 판 발 행	2017년 02월 10일 (인쇄 2016년 06월 29일)
발 행 인	박영일
책 임 편 집	이해욱
편 저	홍순규
편 집 진 행	윤진영, 김혜숙
표지디자인	권은경, 길전홍선
편집디자인	정경일, 심혜림
발 행 처	(주)시대고시기획
출 판 등 록	제10-1521호
주 소	서울시 마포구 큰우물로 75 [도화동 538 성지 B/D] 9F
전 화	1600-3600
팩 스	02-701-8823
홈 페 이 지	www.sdedu.co.kr

I S B N	979-11-383-8830-6(13350)
정 가	26,000원